Casa-grande & senzala

Introdução à história da sociedade patriarcal no Brasil – 1

Casa-grande & senzala

Formação da família brasileira
sob o regime da economia patriarcal

Gilberto Freyre

Apresentação de Fernando Henrique Cardoso
Biobibliografia de Edson Nery da Fonseca
Notas bibliográficas revistas e índices atualizados por Gustavo Henrique Tuna

© **Fundação Gilberto Freyre, 2003**
Recife-Pernambuco-Brasil
51ª Edição, Global Editora, São Paulo 2006
14ª Reimpressão, 2022

Jefferson L. Alves – diretor editorial
Francisco M. P. Teixeira – editor adjunto
Gustavo Henrique Tuna – atualização de notas e índices
Flávio Samuel – gerente de produção
Ana Cristina Teixeira – coordenação de revisão
Ana Cristina Teixeira e Rinaldo Milesi – revisão
Fundação Gilberto Freyre e Global Editora – iconografia
Lúcia Helena S. Lima – projeto gráfico
Victor Burton – capa
Lúcia Helena S. Lima e Antonio Silvio Lopes – editoração eletrônica

A Global Editora agradece a gentil cessão do material iconográfico pela Fundação Gilberto Freyre e Instituto de Estudos Brasileiros da USP.

CIP-BRASIL. CATALOGAÇÃO NA PUBLICAÇÃO
SINDICATO NACIONAL DOS EDITORES DE LIVROS, RJ

Freyre, Gilberto, 1900-1987.
Casa-grande & senzala : formação da família brasileira sob o regime da economia patriarcal / Gilberto Freyre ; apresentação de Fernando Henrique Cardoso. – 51ª ed. rev. – São Paulo : Global, 2006. – (Introdução à história da sociedade patriarcal no Brasil ; 1).

"Notas bibliográficas revistas e índices atualizados por Gustavo Henrique Tuna"
"Biobibliografia de Edson Nery da Fonseca."

ISBN 978-85-260-0869-4

1. Brasil – Usos e costumes 2. Escravidão – Brasil 3. Família – Brasil 4. Índios da América do Sul – Brasil I. Cardoso, Fernando Henrique. II. Título. III. Série.

03-4544 CDD: 981

Índice para catálogo sistemático:

1. Brasil : Formação do povo : Aspectos sociais : História   981

Obra atualizada conforme o
NOVO ACORDO ORTOGRÁFICO DA LÍNGUA PORTUGUESA

Global Editora e Distribuidora Ltda.
Rua Pirapitingui, 111 — Liberdade
CEP 01508-020 — São Paulo — SP
Tel.: (11) 3277-7999
e-mail: global@globaleditora.com.br

(g) globaleditora.com.br   (🐦) @globaleditora
(f) /globaleditora   (📷) @globaleditora
(▶) /globaleditora   (in) /globaleditora
(💬) blog.grupoeditorialglobal.com.br

 Direitos reservados.
Colabore com a produção científica e cultural.
Proibida a reprodução total ou parcial desta obra sem a autorização do editor.

Nº de Catálogo: **2389**

À memória dos meus avós

Alfredo Alves da Silva Freire
Maria Raymunda da Rocha Wanderley
Ulysses Pernambucano de Mello
Francisca da Cunha Teixeira de Mello

Gilberto Freyre fotografado por Pierre Verger, 1945.
Acervo da Fundação Gilberto Freyre.

O outro Brasil que vem aí*

Gilberto Freyre

Eu ouço as vozes

eu vejo as cores

eu sinto os passos

de outro Brasil que vem aí

mais tropical

mais fraternal

mais brasileiro.

O mapa desse Brasil em vez das cores dos Estados

terá as cores das produções e dos trabalhos.

Os homens desse Brasil em vez das cores das três raças

terão as cores das profissões e das regiões.

As mulheres do Brasil em vez de cores boreais

terão as cores variamente tropicais.

Todo brasileiro poderá dizer: é assim que eu quero o Brasil,

todo brasileiro e não apenas o bacharel ou o doutor

o preto, o pardo, o roxo e não apenas o branco e o semibranco.

---

* *O outro Brasil que vem aí*, Gilberto Freyre, 1926.
Talvez Poesia, Rio de Janeiro, José Olympio, 1962.

Qualquer brasileiro poderá governar esse Brasil

lenhador

lavrador

pescador

vaqueiro

marinheiro

funileiro

carpinteiro

contanto que seja digno do governo do Brasil

que tenha olhos para ver pelo Brasil,

ouvidos para ouvir pelo Brasil

coragem de morrer pelo Brasil

ânimo de viver pelo Brasil

mãos para agir pelo Brasil

mãos de escultor que saibam lidar com o barro forte e novo dos Brasis

mãos de engenheiro que lidem com ingresias e tratores

       [europeus e norte-americanos a serviço do Brasil

mãos sem anéis (que os anéis não deixam o homem criar nem trabalhar)

mãos livres

mãos criadoras

mãos fraternais de todas as cores

mãos desiguais que trabalhem por um Brasil sem Azeredos,

sem Irineus

sem Maurícios de Lacerda.

Sem mãos de jogadores

  nem de especuladores nem de mistificadores.

Mãos todas de trabalhadores,

pretas, brancas, pardas, roxas, morenas,

de artistas

de escritores

de operários

de lavradores

de pastores

de mães criando filhos

de pais ensinando meninos

de padres benzendo afilhados

de mestres guiando aprendizes

de irmãos ajudando irmãos mais moços

de lavadeiras lavando

de pedreiros edificando

de doutores curando

de cozinheiras cozinhando

de vaqueiros tirando leite de vacas chamadas comadres dos homens.

Mãos brasileiras

brancas, morenas, pretas, pardas, roxas

tropicais

sindicais

fraternais.

Eu ouço as vozes

eu vejo as cores

eu sinto os passos

desse Brasil que vem aí.

Casa-grande & senzala*

Manuel Bandeira

Casa-grande & senzala,
Grande livro que fala
Desta nossa leseira
    Brasileira.

Mas com aquele forte
Cheiro e sabor do Norte
– Dos engenhos de cana
    (Massangana!)

Com fuxicos danados
E chamegos safados
De mulecas fulôs
    Com sinhôs.

A mania ariana
Do Oliveira Viana
Leva aqui a sua lambada
    Bem puxada.

Se nos brasis abunda
Jenipapo na bunda,
Se somos todos uns
    Octoruns,

Estrela da vida inteira, 11ª ed., Rio de Janeiro, José Olympio, 1986.

Que importa? É lá desgraça?
Essa história de raça,
Raças más, raças boas
    – Diz o Boas –

É coisa que passou
Com o franciú Gobineau.
Pois o mal do mestiço
    Não está nisso.

Está em causas sociais.
De higiene e outras que tais:
Assim pensa, assim fala
    Casa-grande & senzala.

Livro que à ciência alia
A profunda poesia
Que o passado evoca
    E nos toca

A alma de brasileiro,
Que o portuga femeeiro
Fez e o mau fado quis
    Infeliz!

A Gilberto Freyre*

CARLOS DRUMMOND DE ANDRADE

Velhos retratos; receitas
de carurus e guisados;
as tortas Ruas Direitas;
os esplendores passados;

a linha negra do leite
coagulando-se em doçura;
as rezas à luz do azeite;
o sexo na cama escura;

a casa-grande; a senzala;
inda os remorsos mais vivos,
tudo ressurge e me fala,
grande Gilberto, em teus livros.

Viola de bolso novamente encordoada, Rio de Janeiro, José Olympio, 1955.

Casa-grande & senzala*

João Cabral de Melo Neto

Ninguém escreveu em português
no brasileiro de sua língua:
esse à vontade que é o da rede,
dos alpendres, da alma mestiça,
medindo sua prosa de sesta,
ou prosa de quem se espreguiça.

*Museu de tudo, Rio de Janeiro, José Olympio, 1975.

Um livro perene

Nova edição de *Casa-grande & senzala*. Quantos clássicos terão tido a ventura de serem reeditados tantas vezes? Mais ainda: Gilberto Freyre sabia-se "clássico". Logo ele, tão à vontade no escrever, tão pouco afeito às normas. E todos que vêm lendo *Casa-grande & senzala*, há setenta anos, mal iniciada a leitura, sentem que estão diante de obra marcante.

Darcy Ribeiro, outro renascentista caboclo, desrespeitador de regras, abusado mesmo e com laivos de gênio, escreveu no prólogo que preparou para ser publicado na edição de *Casa-grande & senzala* pela biblioteca Ayacucho de Caracas que este livro seria lido no próximo milênio. Como escreveu no século passado, quer dizer nos anos 1900, no século vinte, seu vaticínio começa a cumprir-se neste início de século vinte e um.

Mas por quê?

Os críticos nem sempre foram generosos com Gilberto Freyre. Mesmo os que o foram, como o próprio Darcy, raramente deixaram de mostrar suas contradições, seu conservadorismo, o gosto pela palavra sufocando o rigor científico, suas idealizações e tudo o que, contrariando seus argumentos, era simplesmente esquecido.

É inútil rebater as críticas. Elas procedem. Pode-se fazê-las com mordacidade, impiedosamente ou com ternura, com compreensão, como seja. O fato é que até já perdeu a graça repeti-las ou contestá-las. Vieram para ficar, assim como o livro.

É isso que admira: *Casa-grande & senzala* foi, é e será referência para a compreensão do Brasil.

Por quê? Insisto.

A etnografia do livro é, no dizer de Darcy Ribeiro, de boa qualidade. Não se trata de obra de algum preguiçoso genial. O livro se deixa ler preguiçosa, languidamente. Mas isso é outra coisa. É tão bem escrito, tão embalado na atmosfera oleosa, morna, da descrição frequentemente idílica que o autor faz para caracterizar o Brasil patriarcal, que leva o leitor no embalo.

Mas que ninguém se engane: por trás das descrições, às vezes romanceadas e mesmo distorcidas, há muita pesquisa.

Gilberto Freyre tinha a pachorra e a paixão pelo detalhe, pela minúcia, pelo concreto. A tessitura assim formada, entretanto, levava-o frequentemente à simplificação habitual dos grandes muralistas. Na projeção de cada minúcia para compor o painel surgem construções hiper-realistas mescladas com perspectivas surrealistas que tornam o real fugidio.

Ocorreu dessa forma na descrição das raças formadoras da sociedade brasileira. O português descrito por Gilberto não é tão mourisco quanto o espanhol. Tem pitadas de sangue celta, mas desembarca no Brasil como um tipo histórico tisnado com as cores quentes da África. O indígena é demasiado tosco para quem conhece a etnografia das Américas. Nosso autor considera os indígenas meros coletores, quando, segundo Darcy Ribeiro, sua contribuição para a domesticação e o cultivo das plantas foi maior que a dos africanos.

O negro, e neste ponto o antirracismo de Gilberto Freyre ajuda, faz-se orgiástico por sua situação social de escravo e não como consequência da raça ou de fatores intrinsecamente culturais. Mesmo assim, para quem tinha o domínio etnográfico de Gilberto Freyre, o negro que aparece no painel é idealizado em demasia.

Todas essas caracterizações, embora expressivas, simplificam e podem iludir o leitor. Mas, com elas, o livro não apenas ganha força descritiva como se torna quase uma novela, e das melhores já escritas e, ao mesmo tempo, ganha força explicativa.

Nisto reside o mistério da criação. Em outra oportunidade, tentando expressar meu encantamento de leitor, apelei a Trotsky para ilustrar o que depreendia esteticamente da leitura de *Casa-grande & senzala*. O grande revolucionário dizia: "todo verdadeiro criador sabe que nos momentos da criação alguma coisa de mais forte do que ele próprio lhe guia a mão. Todo verdadeiro orador conhece os minutos em que exprime pela boca algo que tem mais força que ele próprio".

Assim ocorreu com Gilberto Freyre. Sendo correta ou não a minúcia descritiva e mesmo quando a junção dos personagens faz-se em uma estrutura imaginária e idealizada, brota algo que, independentemente do método de análise, e às vezes mesmo das conclusões parciais do autor, produz o encantamento, a iluminação que explica sem que se saiba a razão.

Como entretanto não se trata de pura ilusão há de reconhecer-se que *Casa-grande & senzala* eleva à condição de mito um paradigma que mostra o movimento da sociedade escravocrata e ilumina o patriarcalismo vigente no Brasil pré-urbano-industrial.

Latifúndio e escravidão, casa-grande e senzala eram, de fato, pilares da ordem escravocrata. Se nosso autor tivesse ficado só nisso seria possível dizer que outros já o haviam feito e com mais precisão. É no ir além que está a força de Gilberto Freyre. Ele vai mostrando como, no dia a dia, essa estrutura social, que é fruto do sistema de produção, recria-se. É assim que a análise do nosso antropólogo--sociólogo-historiador ganha relevo. As estruturas sociais e econômicas são apresentadas como processos vivenciados. Apresentam-se não só situações de fato, mas pessoas e emoções que não se compreendem fora de contextos. A explicação de comportamentos requer mais do que a simples descrição dos condicionantes estruturais da ação. E aparece no livro como comportamento efetivo e não apenas como padrão cultural.

Assim fazendo, Gilberto Freyre inova nas análises sociais da época: sua sociologia incorpora a vida cotidiana. Não apenas a vida pública ou o exercício de funções sociais definidas (do senhor de engenho, do latifundiário, do escravo, do bacharel), mas a vida privada.

Hoje ninguém mais se espanta com a sociologia da vida privada. Há até histórias famosas sobre a vida cotidiana. Mas, nos anos 30, descrever a cozinha, os gostos alimentares, mesmo a arquitetura e, sobretudo, a vida sexual, era inusitado.

Mais ainda, ao descrever os hábitos do senhor, do patriarca e de sua família, por mais que a análise seja edulcorada, ela revela não só a condição social do patriarca, da sinhá e dos ioiôs e iaiás, mas das mucamas, dos moleques de brinquedo, das mulatas apetitosas, enfim, desvenda a trama social existente. E nesse desvendar aparecem fortemente o sadismo e a crueldade dos senhores, ainda que Gilberto Freyre tenha deixado de dar importância aos escravos do eito, à massa dos negros que mais penava nos campos.

É indiscutível, contudo, que a visão do mundo patriarcal de nosso autor assume a perspectiva do branco e do senhor. Por mais que ele valorize a cultura negra e mesmo o comportamento do negro como uma das bases da "brasilidade" e que proclame a mestiçagem como algo positivo, no conjunto fica a sensação de uma certa nostalgia do "tempo dos nossos avôs e bisavós". Maus tempos, sem dúvida, para a maioria dos brasileiros.

De novo, então, por que a obra é perene?

Talvez porque ao enunciar tão abertamente como valiosa uma situação cheia de aspectos horrorosos, Gilberto Freyre desvende uma dimensão que, gostemos ou não, conviveu com quase todos os brasileiros até o advento da sociedade urbanizada, competitiva e industrializada. No fundo, a história que ele conta era a história que os brasileiros, ou pelos menos a elite que lia e escrevia sobre o Brasil, queriam ouvir.

Digo isso não para "desmistificar". Convém recordar que outro grande invento-realidade, o de Mário de Andrade, Macunaíma, expressou também (e não expressará ainda?) uma característica nacional que, embora criticável, nos é querida. O personagem principal é descrito como herói sem nenhum caráter. Ou melhor, com caráter variável, acomodatício, oportunista. Esta, por certo, não é toda a verdade da nossa alma. Mas como negar que exprime algo dela? Assim também Gilberto Freyre descreveu um Brasil que, se era imaginário em certo nível, em outro, era real. Mas, como seria gostoso se fosse verdade por inteiro, à condição de todos terem sido senhores...

É essa característica de quase mito que dá à *Casa-grande & senzala* a força e a perenidade. A história que está sendo contada é a história de muitos de nós, de quase todos nós, senhores e escravos. Não é por certo a dos imigrantes. Nem a das populações autóctones. Mas a história dos portugueses, de seus descendentes e dos negros, que se não foi exatamente como aparece no livro, poderia ter sido a história de personagens ambíguos que, se abominavam certas práticas da sociedade escravocrata, se embeveciam com outras, com as mais doces, as mais sensuais.

Trata-se, reitero, de dupla simplificação, a que está na obra e a que estou fazendo. Mas que capta, penso eu, algo que se repete na experiência e na análise de muitos. É algo essencial para entender o Brasil. Trata-se de uma simplificação formal que caracteriza por intermédio de oposições simples, quase sempre binárias, um processo complexo.

Não será próprio da estrutura do mito, como diria Lévi-Strauss, esse tipo de oposição binária? E não é da natureza dos mitos perenizarem-se? E eles, por mais simplificadores que sejam, não ajudam o olhar do antropólogo a desvendar as estruturas do real?

Basta isso para demonstrar a importância de uma obra que formula um mito nacional e ao mesmo tempo o desvenda e assim explica, interpreta, mais que a nossa história, a formação de um esdrúxulo "ser nacional".

Mas, cuidado! Essa "explicação" é toda própria. Nesse ponto, a exegese de Ricardo Benzaquen de Araújo em *Guerra e paz* é preciosa. Gilberto Freyre seria o mestre do equilíbrio dos contrários. Sua obra está perpassada por antagonismos. Mas dessas contradições não nasce uma dialética, não há a superação dos contrários, nem por consequência se vislumbra qualquer sentido da História. Os contrários se justapõem, frequentemente de forma ambígua, e convivem em harmonia.

O exemplo mor que Ricardo Benzaquen de Araújo extrai de *Casa-grande & senzala* para explicar o equilíbrio de contrários é a análise de como a língua portuguesa no Brasil nem se entregou completamente à forma corrupta como era falada nas senzalas, com muita espontaneidade, nem se enrijeceu como almejariam os jesuítas professores de gramática.

"A nossa língua nacional resulta da interpenetração das duas tendências." Enriqueceu-se graças à variedade de antagonismos, o que não ocorreu com o português da Europa. Depois de mostrar a diversidade das formas pronominais que nós usamos, Gilberto Freyre diz:

"A força, ou antes, a potencialidade da cultura brasileira parece-nos residir toda na riqueza de antagonismos equilibrados (...) Não que no brasileiro subsistam, como no anglo-americano, duas metades inimigas: a branca e a preta; o ex-senhor e o ex-escravo. De modo nenhum. Somos duas metades confraternizantes que se veem mutuamente enriquecendo de valores e experiências diversas; quando nos completarmos num todo, não será com o sacrifício de um elemento ao outro" (*Casa-grande & senzala*, Rio de Janeiro, Maia e Schmidt Ltda., 1933, p. 376-377).

A noção de equilíbrio dos contrários é extremamente rica para entender o modo de apreensão do real utilizado por Gilberto Freyre. Até porque também ela é "plástica". E tem tudo a ver com a maneira pela qual Gilberto Freyre interpreta seus objetos de análise.

Primeiro porque transforma seus "objetos" em processos contínuos nos quais o próprio autor se insere. É a convivialidade com a análise, o estar à vontade na maneira de escrever, o tom moderno de sua prosa, que envolvem não só o autor, como o leitor, o que distingue o estilo de *Casa-grande & senzala*.

Depois, porque Gilberto Freyre, explicitamente, ao buscar a autenticidade, tanto dos depoimentos e dos documentos usados quanto dos seus próprios sentimentos, e ao ser tão antirretórico que às vezes perde o que os pretensiosos chamam de "compostura acadêmica", não visava propriamente *demonstrar*, mas *convencer*. E convencer significa vencer junto, autor e leitor. Este procedimento supõe uma certa "revelação", quase uma epifania, e não apenas um processo lógico ou dialético.

Por isso mesmo, e essa característica vem sendo notada desde as primeiras edições de *Casa-grande & senzala*, Gilberto Freyre não conclui. Sugere, é incompleto, é introspectivo, mostra o percurso, talvez mostre o arcabouço de uma sociedade. Mas não "totaliza". Não oferece, nem pretende, uma explicação global. Analisa fragmentos e com eles faz-nos construir pistas para entender partes da sociedade e da história.

Ao afastar-se da visão metódica e exaustiva, abre-se, naturalmente, à crítica fácil. Equivocam-se porém os que pensarem que por isso Gilberto não retrate o que ao seu ver realmente importa para a interpretação que está propondo.

Por certo, obra assim concebida é necessariamente única. Não é pesquisa que, repetida nos mesmos moldes por outrem, produza os mesmos resultados, como prescrevem os manuais na versão pobre do cientificismo corrente. Não há intersubjetividade que garanta a objetividade. É a captação de um momento divinatório que nos convence, ou não, da autenticidade da interpretação proposta. A obra não se separa do autor, seu êxito é a confirmação do que se poderia chamar de criatividade em estado puro. Quando bem-sucedida, essa técnica beira a genialidade.

Não digo isso para negar valor às interpretações, ou melhor, aos *insights* de Gilberto Freyre, até porque a esta altura, seria negar a evidência. Digo apenas para, ao subscrever as análises já referidas sobre os equilíbrios entre contrários, mostrar as suas limitações e, quem sabe, explicar, por suas características metodológicas, o mal-estar que a obra de Gilberto Freyre causou, e quem sabe ainda cause, na Academia.

As oposições simplificadoras, os contrários em equilíbrio, se não *explicam* logicamente o movimento da sociedade, servem para salientar características fundamentais. São, nesse aspecto, instrumentos heurísticos, construções do espírito cuja fundamentação na realidade conta menos do que a inspiração derivada delas, que permite captar o que é essencial para a interpretação proposta.

Não preciso referir-me aos aspectos vulneráveis já salientados por muitos comentadores de Gilberto Freyre: suas confusões entre raça e cultura, seu ecletismo metodológico, o quase embuste do mito da democracia racial, a ausência de conflitos entre as classes, ou mesmo a "ideologia da cultura brasileira" baseada na plasticidade e no hibridismo inato que teríamos herdado dos ibéricos. Todos esses aspectos foram justamente apontados por muitos críticos, entre os quais Carlos Guilherme Mota.

E como, apesar disso, a obra de Freyre sobrevive, e suas interpretações não só são repetidas (o que mostra a perspicácia das interpretações), como continuam a incomodar a muitos, é preciso indagar mais o porquê de tanta resistência para aceitar e louvar o que de positivo existe nela.

Neste passo, devo a Tarcísio Costa, em apresentação no Instituto de Estudos Avançados da USP, a deixa para compreender razões adicionais à pinimba que muitos de nós, acadêmicos, temos com Gilberto Freyre. Salvo poucas exceções, diz Tarcísio Costa, as interpretações do Brasil posteriores a *Casa-grande & senzala* partiram de premissas opostas às de Gilberto Freyre, em uma rejeição velada de suas ideias.

Em que sentido?

Na visão da evolução política do país e, portanto, na valorização de aspectos que negam o que Gilberto Freyre analisou e em que acreditou.

Ricardo Benzaquen de Araújo ressalta um ponto pouco percebido da obra gilbertiana, seu lado "político". Um politicismo, como tudo nela, original. Referindo-se ao *New Deal* de Roosevelt, Gilberto Freyre valoriza as "ideias", não os ideais. A grande eloquência, o tom exclamatório dos "grandes ideais", messiânicos, tudo isso é posto à margem e substituído pela valorização de práticas econômicas e humanas que, de alguma maneira, refletem a experiência comprovada de muitas pessoas. Mais a rotina do que o grande gesto.

Quando se contrasta as interpretações valorativas de Gilberto Freyre com as opções posteriores, vê-se que sua visão do Brasil patriarcal, da casa-grande, da plasticidade cultural portuguesa, do sincretismo está baseada na valorização de uma ética dionisíaca. As paixões, seus excessos, são sempre gabados, e esse "clima cultural" não favorece a vida pública e menos ainda a democracia.

Gilberto Freyre opta por valorizar um *ethos* que, se garante a identidade cultural dos senhores (é ele próprio quem compara o patriarcalismo nordestino com o dos americanos do Sul e os vê próximos), isola os valores da casa-grande e da senzala em seus muros. Da moral permissiva, dos excessos sexuais ou do arbítrio selvagem dos senhores, não há passagem para uma sociabilidade mais ampla, nacional. Fica-se atolado no patrimonialismo familístico, que Freyre confunde frequentemente com o feudalismo. Não se entrevê o Estado, nem mesmo o estado patrimonialista dos estamentos de Raymundo Faoro e, muito menos, o *ethos* democrático buscado por Sérgio Buarque de Holanda e tantos outros. A "política" de Gilberto Freyre estiola fora da casa-grande. Com esta, ou melhor, com as características culturais e com a situação social dos habitantes do latifúndio, não se constrói uma nação, não se desenvolve capitalisticamente um país e, menos ainda, poder-se-ia construir uma sociedade democrática.

É por aí que Tarcísio Costa procura explicar o afastamento de Gilberto Freyre da intelectualidade universitária e dos autores, pesquisadores e ensaístas pós-Estado Novo. Estes queriam construir a democracia e Gilberto foi, repetindo José Guilherme Merquior, "nosso mais completo anti-Rui Barbosa".

Não que Rui fosse da preferência das novas gerações. Mas Gilberto Freyre contrapunha a tradição patriarcal a todos os elementos que pudessem ser constitutivos do capitalismo e da democracia: o puritanismo calvinista, a moral vitoriana, a modernização política do Estado a partir de um projeto liberal e tudo o que fundamentara o estado de direito (o individualismo, o contrato, a regra geral), numa palavra, a modernidade.

Claro está que o pensamento crítico de inspiração marxista ou apenas esquerdista tampouco assumiu como valor o calvinismo, a ética puritana da acumulação, e, nem mesmo, o mecanismo das regras universalizadoras. Mas foi sempre mais tolerante com essa "etapa" da marcha para outra moral – democrática e, talvez, socialista – do que com a regressão patriarcal patrimonialista.

Os pensadores mais democráticos do passado, como o já referido Sérgio Buarque ou Florestan Fernandes e também os mais recentes, como Simon Schwartzman ou José Murilo de Carvalho (este olhando mais para a sociedade do que para o Estado), farão críticas implícitas quando não explícitas ao iberismo e à visão de uma "cultura nacional", mais próxima da emoção do que da razão. E outra não foi a atitude crítica de Sérgio Buarque diante do "homem cordial". O patriarca de Gilberto Freyre poderia ter sido um déspota doméstico. Mas seria, ao mesmo tempo, lúdico, sensual, apaixonado. De novo, no equilíbrio entre contrários, aparece uma espécie de racionalização que, em nome das características "plásticas", tolera o intolerável, o aspecto arbitrário do comportamento senhorial se esfuma no clima geral da cultura patriarcal, vista com simpatia pelo autor.

Terá sido mais fácil assimilar o Weber da *Ética protestante* e da crítica ao patrimonialismo do que ver no tradicionalismo um caminho fiel às identidades nacionais para uma construção do Brasil moderno.

Dito em outras palavras e a modo de conclusão: o Brasil urbano, industrializado, vivendo uma situação social na qual as massas estão presentes e são reivindicantes de cidadania e ansiosas por melhores condições de vida, vai continuar lendo Gilberto Freyre. Aprenderá com ele algo do que fomos ou do que ainda somos em parte. Mas não o que queremos ser no futuro.

Isso não quer dizer que as novas gerações deixarão de ler *Casa-grande & senzala*. Nem que ao lê-lo deixarão de enriquecer seu conhecimento do Brasil. É difícil prever como serão reapreciados no futuro os aspectos da obra de Gilberto Freyre a que me referi criticamente.

Mas não é difícil insistir no que de realmente novo – além do painel inspirador de *Casa-grande & senzala* como um todo – veio para ficar. De alguma forma Gilberto Freyre nos faz fazer as pazes com o que somos. Valorizou o negro. Chamou atenção para a região. Reinterpretou a raça pela cultura e até pelo meio físico. Mostrou, com mais força do que todos, que a mestiçagem, o hibridismo, e mesmo (mistificação à parte) a plasticidade cultural da convivência entre contrários, não são apenas uma característica, mas uma vantagem do Brasil.

E, acaso não é essa a carta de entrada do Brasil em um mundo globalizado no qual, em vez da homogeneidade, do tudo igual, o que mais conta é a diferença, que não impede a integração nem se dissolve nela?

FERNANDO HENRIQUE CARDOSO
São Paulo, julho de 2003

Prefácio à 1ª Edição

Em outubro de 1930 ocorreu-me a aventura do exílio. Levou-me primeiro à Bahia; depois a Portugal, com escala pela África. O tipo de viagem ideal para os estudos e as preocupações que este ensaio reflete.

Em Portugal foi surpreender-me em fevereiro de 1931 o convite da Universidade de Stanford para ser um dos seus *visiting professors* na primavera do mesmo ano. Deixei com saudade Lisboa, onde desta vez pudera familiarizar-me, em alguns meses de lazer, com a Biblioteca Nacional, com as coleções do Museu Etnológico, com sabores novos de vinho do Porto, de bacalhau, de doces de freiras. Juntando-se a isto o gosto de rever Sintra e os Estoris e o de abraçar amigos ilustres. Um deles, João Lúcio de Azevedo, mestre admirável.

Igual oportunidade tivera na Bahia – minha velha conhecida, mas só de visitas rápidas. Demorando-me em Salvador pude conhecer com todo o vagar não só as coleções do Museu Afro-baiano Nina Rodrigues e a arte do trajo das negras quituteiras e a decoração dos seus bolos e tabuleiros como certos encantos mais íntimos da cozinha e da doçaria baiana que escapam aos simples turistas. Certos gostos mais finos da velha cozinha das casas-grandes que fez dos fornos, dos fogões e dos tabuleiros de bolo da Bahia seu último e Deus queira que invencível reduto.[1] Deixo aqui meus agradecimentos às famílias Calmon, Freire de

Carvalho, Costa Pinto; também ao professor Bernardino de Sousa, do Instituto Histórico, a frei Filoteu, superior do convento dos Franciscanos, e à preta Maria Inácia, que me prestou interessantes esclarecimentos sobre o trajo das baianas e a decoração dos tabuleiros. *"Une cuisine et une politesse! Oui, les deux signes de vieille civilisation..."*, lembro-me de ter aprendido em um livro francês. É justamente a melhor lembrança que conservo da Bahia: a da sua polidez e a da sua cozinha. Duas expressões de civilização patriarcal que lá se sentem hoje como em nenhuma outra parte do Brasil. Foi a Bahia que nos deu alguns dos maiores estadistas e diplomatas do Império; e os pratos mais saborosos da cozinha brasileira em lugar nenhum se preparam tão bem como nas velhas casas de Salvador e do Recôncavo.

Realizados os cursos que por iniciativa do professor Percy Alvin Martin me foram confiados na Universidade de Stanford – um de conferências, outro de seminário, cursos que me puseram em contato com um grupo de estudantes, moças e rapazes, animados da mais viva curiosidade intelectual – regressei da Califórnia a Nova York por um caminho novo para mim: através do Novo México, do Arizona, do Texas; de toda uma região que ao brasileiro do Norte recorda, nos seus trechos mais acres, os nossos sertões ouriçados de mandacarus e de xiquexiques. Descampados em que a vegetação parece uns enormes cacos de garrafa, de um verde duro, às vezes sinistro, espetados na areia seca.

Mas regressando pela fronteira mexicana, visava menos a esta sensação de paisagem sertaneja que a do velho Sul escravocrata. Este se alcança ao chegar o transcontinental aos canaviais e alagadiços da Luisiana, Alabama, Mississipi, as Carolinas, Virgínia – o chamado *"deep South"*. Região onde o regime patriarcal de economia criou quase o mesmo tipo de aristocrata e de casa-grande, quase o mesmo tipo de escravo e de senzala que no Norte do Brasil e em certos trechos do Sul; o mesmo gosto pelo sofá, pela cadeira de balanço, pela boa cozinha, pela mulher, pelo cavalo, pelo jogo; que sofreu, e guarda as cicatrizes, quando não as feridas abertas, ainda sangrando, do mesmo regime devastador de exploração agrária – o fogo, a derrubada, a coivara, a "lavoura parasita da natureza",[2] no dizer de Monteiro Baena referindo-se ao Brasil. A todo estudioso da formação patriarcal e da economia escravocrata do Brasil impõe-se o conhecimento do chamado *"deep*

South". As mesmas influências de técnica de produção e de trabalho – a monocultura e a escravidão – uniram-se naquela parte inglesa da América como nas Antilhas e na Jamaica, para produzir resultados sociais semelhantes aos que se verificam entre nós. Às vezes tão semelhantes que só varia o acessório: as diferenças de língua, de raça e de forma de religião.

    Tive a fortuna de realizar parte da minha excursão pelo sul dos Estados Unidos na companhia de dois antigos colegas da Universidade de Colúmbia – Ruediger Bilden e Francis Butler Simkins. O primeiro vem se especializando com o rigor e a fleuma de sua cultura germânica no estudo da escravidão na América, em geral, e no Brasil, em particular; o segundo, no estudo dos efeitos da abolição nas Carolinas, assunto que acaba de fixar em livro interessantíssimo, escrito em colaboração com Robert Hilliard Woody: *South Carolina during reconstruction*, Chapel Hill, 1932. Devo aos meus dois amigos, principalmente a Ruediger Bilden, sugestões valiosas para este trabalho; e ao seu nome devo associar o de outro colega, Ernest Weaver, meu companheiro de estudos de antropologia no curso do professor Franz Boas.

    O professor Franz Boas é a figura de mestre de que me ficou até hoje maior impressão. Conheci-o nos meus primeiros dias em Colúmbia. Creio que nenhum estudante russo, dos românticos, do século XIX, preocupou-se mais intensamente pelos destinos da Rússia do que eu pelos do Brasil na fase em que conheci Boas. Era como se tudo dependesse de mim e dos de minha geração; da nossa maneira de resolver questões seculares. E dos problemas brasileiros, nenhum que me inquietasse tanto como o da miscigenação. Vi uma vez, depois de mais de três anos maciços de ausência do Brasil, um bando de marinheiros nacionais – mulatos e cafuzos – descendo não me lembro se do *São Paulo* ou do *Minas* pela neve mole de Brooklyn. Deram-me a impressão de caricaturas de homens. E veio-me à lembrança a frase de um livro de viajante americano que acabara de ler sobre o Brasil: *"the fearfully mongrel aspect of most of the population"*. A miscigenação resultava naquilo. Faltou-me quem me dissesse então, como em 1929 Roquette-Pinto aos arianistas do Congresso Brasileiro de Eugenia, que não eram simplesmente mulatos ou cafuzos os indivíduos que eu julgava representarem o Brasil, mas cafuzos e mulatos doentes.

Foi o estudo de antropologia sob a orientação do professor Boas que primeiro me revelou o negro e o mulato no seu justo valor – separados dos traços de raça os efeitos do ambiente ou da experiência cultural. Aprendi a considerar fundamental a diferença entre *raça* e *cultura*; a discriminar entre os efeitos de relações puramente genéticas e os de influências sociais, de herança cultural e de meio. Neste critério de diferenciação fundamental entre raça e cultura assenta todo o plano deste ensaio. Também no da diferenciação entre hereditariedade de raça e hereditariedade de família.

Por menos inclinados que sejamos ao materialismo histórico, tantas vezes exagerado nas suas generalizações – principalmente em trabalhos de sectários e fanáticos – temos que admitir influência considerável, embora nem sempre preponderante, da técnica da produção econômica sobre a estrutura das sociedades; na caracterização da sua fisionomia moral. É uma influência sujeita a reação de outras; porém poderosa como nenhuma na capacidade de aristocratizar ou de democratizar as sociedades; de desenvolver tendências para a poligamia ou a monogamia; para a estratificação ou a mobilidade. Muito do que se supõe, nos estudos ainda tão flutuantes de eugenia e de cacogenia, resultado de traços ou taras hereditárias preponderando sobre outras influências, deve-se antes associar à persistência, através de gerações, de condições econômicas e sociais, favoráveis ou desfavoráveis ao desenvolvimento humano. Lembra Franz Boas que, admitida a possibilidade da eugenia eliminar os elementos indesejáveis de uma sociedade, a seleção eugênica deixaria de suprimir as condições sociais responsáveis pelos proletariados miseráveis – gente doente e mal nutrida; e persistindo tais condições sociais, de novo se formariam os mesmos proletariados.[3]

No Brasil, as relações entre os brancos e as raças de cor foram desde a primeira metade do século XVI condicionadas, de um lado pelo sistema de produção econômica – a monocultura latifundiária; do outro, pela escassez de mulheres brancas, entre os conquistadores. O açúcar não só abafou as indústrias democráticas de pau-brasil e de peles, como esterilizou a terra, em uma grande extensão em volta aos engenhos de cana, para os esforços de policultura e de pecuária. E exigiu uma enorme massa de escravos. A criação de gado, com possibilidade de vida democrática, deslocou-se para os sertões. Na zona agrária desenvolveu-se, com a monocultura absorvente, uma sociedade semifeudal – uma minoria de brancos e brancarões dominando patriarcais, polígamos, do alto das casas-grandes de pedra e cal, não só os escravos criados aos magotes nas senzalas como os lavradores de partido, os agregados, moradores de casas de taipa e de palhas[4] vassalos das casas-grandes em todo o rigor da expressão.[5]

Vencedores no sentido militar e técnico sobre as populações indígenas; dominadores absolutos dos negros importados da África para o duro trabalho da bagaceira, os europeus e seus descendentes tiveram entretanto de transigir com índios e africanos quanto às relações genéticas e sociais. A escassez de mulheres brancas criou zonas de confraternização entre vencedores e vencidos, entre senhores e escravos. Sem deixarem de ser relações – as dos brancos com as mulheres de cor – de "superiores" com "inferiores" e, no maior número de casos, de senhores desabusados e sádicos com escravas passivas, adoçaram-se, entretanto, com a necessidade experimentada por muitos colonos de constituírem família dentro dessas circunstâncias e sobre essa base. A miscigenação que largamente se praticou aqui corrigiu a distância social que de outro modo se teria conservado enorme entre a casa-grande e a mata tropical; entre a casa-grande e a senzala. O que a monocultura latifundiária e escravocrata realizou no sentido de aristocratização, extremando a sociedade brasileira em senhores e escravos, com uma rala e insignificante lambujem de gente livre sanduichada entre os extremos antagônicos, foi em grande parte contrariado pelos efeitos sociais da miscigenação. A índia e a negra-mina a princípio, depois a mulata, a cabrocha, a quadrarona, a oitavona, tornando-se caseiras, concubinas e até esposas legítimas dos senhores brancos, agiram poderosamente no sentido de democratização social no Brasil. Entre os filhos mestiços, legítimos e mesmo ilegítimos, havidos delas pelos senhores brancos, subdividiu-se parte considerável das grandes propriedades, quebrando-se assim a força das sesmarias feudais e dos latifúndios do tamanho de reinos.

Ligam-se à monocultura latifundiária males profundos que têm comprometido, através de gerações, a robustez e a eficiência da população brasileira, cuja saúde instável, incerta capacidade de trabalho, apatia, perturbações de crescimento, tantas vezes são atribuídas à miscigenação. Entre outros males, o mau suprimento de víveres frescos, obrigando grande parte da população ao regime de deficiência alimentar caracterizado pelo abuso do peixe seco e de farinha de mandioca (a que depois se juntou a carne de charque); ou então ao incompleto e perigoso, de gêneros importados em condições péssimas de transporte, tais como as que precederam a navegação a vapor e o uso, recentíssimo, de câmaras frigoríficas nos vapores. A importância da hiponutrição, destacada por Armitage,[6] McCollurn e Simmonds[7] e recentemente por Escudero;[8] da fome crônica, originada não tanto da redução em quantidade como dos defeitos da qualidade dos alimentos, traz a problemas indistintamente chamados "decadência" ou "inferioridade" de raças, novos aspectos e, graças a Deus, maiores possibilidades de solução. Salientam-se entre as consequências da hiponutrição a diminuição da estatura, do peso e do perímetro torácico; deformações esqueléticas; descalcificação dos dentes; insuficiências tiróidea, hipofisária e gonadial provocadoras da velhice prematura, fertilidade em geral pobre, apatia, não raro infecundidade. Exatamente os traços de vida estéril e de físico inferior que geralmente se associam às sub-raças: ao sangue maldito das chamadas "raças inferiores". Não se devem esquecer outras influências sociais que aqui se desenvolveram com o sistema patriarcal e escravocrata de colonização: a sífilis, por exemplo, responsável por tantos dos "mulatos doentes" de que fala Roquette-Pinto e a que Ruediger Bilden atribui grande importância no estudo da formação brasileira.

A formação patriarcal do Brasil explica-se, tanto nas suas virtudes como nos seus defeitos, menos em termos de "raça" e de "religião" do que em termos econômicos, de experiência de cultura e de organização da família, que foi aqui a unidade colonizadora. Economia e organização social que às vezes contrariaram não só a moral sexual católica como as tendências semitas do português aventureiro para a mercancia e o tráfico.

Spengler salienta que uma raça não se transporta de um continente a outro; seria preciso que se transportasse com ela o meio físico. E recorda a propósito os resultados dos estudos de Gould e de Baxter, e os de Boas, no sentido da uniformização da média de estatura, do tempo médio de desenvolvimento e até, possivelmente, a estrutura de corpo e da forma de cabeça a que tendem indivíduos de várias procedências reunidos sob as mesmas condições de "meio físico".⁹ De condições bioquímicas talvez mais do que físicas; as modificações por efeito possivelmente de meio, verificadas em descendentes de imigrantes – como nos judeus sicilianos e alemães estudados por Boas nos Estados Unidos[10] – parecem resultar principalmente do que Wissler chama de influência do *biochemical content*.[11] Na verdade, vai adquirindo cada vez maior importância o estudo, sob o critério da bioquímica, das modificações apresentadas pelos descendentes de imigrantes em clima ou meio novo, rápidas alterações parecendo resultar do iodo que contenha o ambiente. O iodo agiria sobre as secreções da glândula tiroide. E o sistema de alimentação teria uma importância considerável na diferenciação dos traços físicos e mentais dos descendentes de imigrantes.

Admitida a tendência do meio físico e principalmente do bioquímico *(biochemical content)* no sentido de recriar à sua imagem os indivíduos que lhe cheguem de várias procedências, não se deve esquecer a ação dos recursos técnicos dos colonizadores em sentido contrário: no de impor ao meio formas e acessórios estranhos de cultura, que lhes permitem conservar-se o mais possível como raça ou cultura exótica.

O sistema patriarcal de colonização portuguesa do Brasil, representado pela casa-grande, foi um sistema de plástica contemporização entre as duas tendências. Ao mesmo tempo que exprimiu uma imposição imperialista da raça adiantada à atrasada, uma imposição de formas europeias (já modificadas pela experiência asiática e africana do colonizador) ao meio tropical, representou uma contemporização com as novas condições de vida e de ambiente. A casa-grande de engenho que o colonizador começou, ainda no século XVI, a levantar no Brasil grossas paredes de taipa ou de pedra e cal, coberta de palha ou de telha-vã, alpendre na frente e dos lados, telhados caídos em um máximo de proteção contra o sol forte e as chuvas tropicais – não foi nenhuma reprodução das casas portuguesas, mas uma expressão nova, correspondendo ao nosso ambiente físico e a uma fase surpreendente, inesperada, do imperialismo português: sua atividade agrária e sedentária nos trópicos; seu patriarcalismo rural e escravocrata. Desde esse momento que o português, guardando embora aquela saudade do reino que Capistrano de Abreu chamou "transoceanismo", tornou-se luso-brasileiro; o fundador de uma nova ordem econômica e social; o criador de um novo tipo de habitação. Basta comparar-se a planta de uma casa-grande brasileira do século XVI com a de um solar lusitano do século XV para sentir-se a diferença enorme entre o português do reino e o português do Brasil. Distanciado o brasileiro do reinol por um século apenas de vida patriarcal e de atividade agrária nos trópicos já é quase outra raça, exprimindo-se em outro tipo de casa. Como diz Spengler – para quem o tipo de habitação apresenta valor histórico-social superior ao da raça – à energia do sangue que imprime traços idênticos através da sucessão dos séculos deve-se acrescentar a força "cósmica, misteriosa, que enlaça num mesmo ritmo os que convivem estreitamente unidos".[12] Esta força, na formação brasileira, agiu do alto das casas-grandes, que foram centros de coesão patriarcal e religiosa: os pontos de apoio para a organização nacional.

A casa-grande, completada pela senzala, representa todo um sistema econômico, social, político: de produção (a monocultura latifundiária); de trabalho (a escravidão); de transporte (o carro de boi, o banguê, a rede, o cavalo); de religião (o catolicismo de família, com capelão subordinado ao *pater familias*, culto dos mortos etc.); de vida sexual e de família (o patriarcalismo polígamo); de higiene do corpo e da casa (o "tigre", a touceira de bananeira, o banho de rio, o banho de gamela, o banho de assento, o lava-pés); de política (o compadrismo). Foi ainda fortaleza, banco, cemitério, hospedaria, escola, santa-casa de misericórdia amparando os velhos e as viúvas, recolhendo órfãos. Desse patriarcalismo, absorvente dos tempos coloniais a casa-grande do engenho Noruega, em Pernambuco, cheia de salas, quartos, corredores, duas cozinhas de convento, despensa, capela, puxadas, parece-me expressão sincera e completa. Expressão do patriarcalismo já repousado e pacato do século XVIII; sem o ar de fortaleza que tiveram as primeiras casas-grandes do século XVI. "Nas fazendas estava-se como num campo de guerra", escreve Teodoro Sampaio referindo-se ao primeiro século de colonização. "Os ricos-homens usavam proteger as suas vivendas e solares por meio de duplas e poderosas estacas à moda do gentio, guarnecidas pelos fâmulos, os apaniguados e índios escravos, e servindo até para os vizinhos quando de súbito acossados pelos bárbaros."[13]

Nos engenhos dos fins do século XVII e do século XVIII estava-se porém como em um convento português – uma grande fazenda com funções de hospedaria e de santa-casa. Nem mesmo o não sei quê de retraído das casas dos princípios do século XVII, com alpendres como que trepados em pernas de pau, verifica-se nas habitações dos fins desse século, do XVIII e da primeira metade do XIX casas quase de todo desmilitarizadas, acentuadamente paisanas, oferecendo-se aos estranhos em uma hospitalidade fácil, derramada. Até mesmo nas estâncias do Rio Grande, Nicolau Dreys foi encontrar, em princípios do século XIX, o costume dos conventos medievais de tocar-se um sino à hora da comida: "serve elle para avisar o viajante vagando pelo campo, ou o desvalido da visinhança, que pode chegar à mesa do dono que está se apromptando; e, com effeito, assenta-se quem quer a essa mesa de hospitalidade. Nunca o dono repelle a ninguem, nem sequer pergunta-se-lhe quem he [...]".[14]

Não me parece inteiramente com a razão José Mariano Filho ao afirmar que a nossa arquitetura patriarcal não fez senão seguir o modelo da religiosa, aqui desenvolvida pelos jesuítas[15] – os inimigos terríveis dos senhores de engenho. O que a arquitetura das casas--grandes adquiriu dos conventos foi antes certa doçura e simplicidade franciscana. Fato que se explica pela identidade de funções entre uma casa de senhor de engenho e um convento típico de frades de São Francisco. A arquitetura jesuítica e de igreja foi, não há dúvida, e nisto me encontro de inteiro acordo com José Mariano Filho, a expressão mais alta e erudita de arquitetura no Brasil colonial. Influenciou certamente a da casa-grande. Esta, porém, seguindo seu próprio ritmo, seu sentido patriarcal, e experimentando maior necessidade que a puramente eclesiástica de adaptar-se ao meio, individualizou-se e criou tamanha importância que acabou dominando a arquitetura de convento e de igreja. Quebrando-lhe o roço jesuítico, a verticalidade espanhola para achatá-la doce, humilde, subserviente em capela de engenho. Dependência da habitação doméstica. Se a casa-grande absorveu das igrejas e conventos valores e recursos de técnica, também as igrejas assimilaram caracteres da casa-grande: o copiar, por exemplo. Nada mais interessante que certas igrejas do interior do Brasil com alpendre na frente ou dos lados como qualquer casa de residência. Conheço várias – em Pernambuco, na Paraíba, em São Paulo. Bem característica é a de São Roque de Serinhaém. Ainda mais: a capela do engenho Caieiras, em Sergipe, cuja fisionomia é inteiramente doméstica. E em São Paulo, a igrejinha de São Miguel, ainda dos tempos coloniais.

A casa-grande venceu no Brasil a Igreja, nos impulsos que esta a princípio manifestou para ser a dona da terra. Vencido o jesuíta, o senhor de engenho ficou dominando a colônia quase sozinho. O verdadeiro dono do Brasil. Mais do que os vice-reis e os bispos.

A força concentrou-se nas mãos dos senhores rurais. Donos das terras. Donos dos homens. Donos das mulheres. Suas casas representam esse imenso poderio feudal. "Feias e fortes". Paredes grossas. Alicerces profundos. Óleo de baleia. Refere uma tradição nortista que um senhor de engenho mais ansioso de perpetuidade não se conteve: mandou matar dois escravos e enterrá-los nos alicerces da casa. O suor e às vezes o sangue dos negros foi o óleo que mais do que o de baleia ajudou a dar aos alicerces das casas-grandes sua consistência quase de fortaleza.

O irônico, porém, é que, por falta de potencial humano, toda essa solidez arrogante de forma e de material foi muitas vezes inútil: na terceira ou quarta geração, casas enormes edificadas para atravessar séculos começaram a esfarelar-se de podres por abandono e falta de conservação. Incapacidade dos bisnetos ou mesmo netos para conservarem a herança ancestral. Veem-se ainda em Pernambuco as ruínas do grande solar dos barões de Mercês; neste até as cavalariças tiveram alicerces de fortaleza. Mas toda essa glória virou monturo. No fim de contas as igrejas é que têm sobrevivido às casas-grandes. Em Massangana, o engenho da meninice de Nabuco, a antiga casa-grande desapareceu; esfarelou-se a senzala; só a capelinha antiga de São Mateus continua de pé com os seus santos e as suas catacumbas.

O costume de se enterrarem os mortos dentro de casa – na capela, que era uma puxada da casa – é bem característico do espírito patriarcal de coesão de família. Os mortos continuavam sob o mesmo teto que os vivos. Entre os santos e as flores devotas. Santos e mortos eram afinal parte da família. Nas cantigas de acalanto portuguesas e brasileiras as mães não hesitaram nunca em fazer dos seus filhinhos uns irmãos mais moços de Jesus, com os mesmos direitos aos cuidados de Maria, às vigílias de José, às patetices de vovó de Sant'Ana. A São José encarrega-se com a maior sem-cerimônia de embalar o berço ou a rede da criança:

> *Embala, José, embala,*
> *que a Senhora logo vem:*
> *foi lavar seu cueirinho*
> *no riacho de Belém.*

E a Sant'Ana de ninar os meninozinhos no colo:

> *Senhora Sant'Ana,*
> *ninai minha filha;*
> *vede que lindeza*
> *e que maravilha.*

> *Esta menina*
> *não dorme na cama,*
> *dorme no regaço*
> *da Senhora Sant'Ana.*

E tinha-se tanta liberdade com os santos que era a eles que se confiava a guarda das terrinas de doce e de melado contra as formigas:

> *Em louvor de São Bento*
> *que não venham as formigas*
> *cá dentro.*

escrevia-se em um papel que se deixava à porta do guarda-comida. E em papéis que se grudavam às janelas e às portas:

> *Jesus, Maria, José,*
> *rogai por nós que recorremos a vós.*

Quando se perdia um dedal, uma tesoura, uma moedinha, Santo Antônio que desse conta do objeto perdido. Nunca deixou de haver no patriarcalismo brasileiro, ainda mais que no português, perfeita intimidade com os santos. O Menino Jesus só faltava engatinhar com os meninos da casa; lambuzar-se na geleia de araçá ou goiaba; brincar com os moleques. As freiras portuguesas, nos seus êxtases, sentiam-no muitas vezes no colo brincando com as costuras ou provando dos doces.[16]

Abaixo dos santos e acima dos vivos ficavam, na hierarquia patriarcal, os mortos, governando e vigiando o mais possível a vida dos filhos, netos, bisnetos. Em muita casa-grande conservavam-se seus retratos no santuário, entre as imagens dos santos, com direito à mesma luz votiva de lamparina de azeite e às mesmas flores devotas. Também se conservavam às vezes as tranças das senhoras, os cachos dos meninos que morriam anjos. Um culto doméstico dos mortos que lembra o dos antigos gregos e romanos.

Mas a casa-grande patriarcal não foi apenas fortaleza, capela, escola, oficina, santa casa, harém, convento de moças, hospedaria. Desempenhou outra função importante na economia brasileira: foi também banco. Dentro das suas grossas paredes, debaixo dos tijolos ou mosaicos, no chão, enterrava-se dinheiro, guardavam-se joias, ouro, valores. Às vezes guardavam-se joias nas capelas, enfeitando os santos. Daí Nossas Senhoras sobrecarregadas à baiana de teteias, balangandãs, corações, cavalinhos, cachorrinhos e correntes de ouro. Os ladrões, naqueles tempos piedosos, raramente ousavam entrar nas capelas e roubar os santos. É verdade que um roubou o esplendor e outras joias de São Benedito; mas sob o pretexto, ponderável para a época, de que "negro não devia ter luxo". Com efeito, chegou a proibir-se, nos tempos coloniais, o uso de "ornatos de algum luxo" pelos negros.[17]

Por segurança e precaução contra os corsários, contra os excessos demagógicos, contra as tendências comunistas dos indígenas e dos africanos, os grandes proprietários, nos seus zelos exagerados de privativismo, enterraram dentro de casa as joias e o ouro do mesmo modo que os mortos queridos. Os dois fortes motivos das casas-grandes acabarem sempre mal-assombradas com cadeiras de balanço se balançando sozinhas sobre tijolos soltos que de manhã ninguém encontra; com barulho de pratos e copos batendo de noite nos aparadores; com almas de senhores de engenho aparecendo aos parentes ou mesmo estranhos pedindo padres-nossos, ave-marias, gemendo lamentações, indicando lugares com botijas de dinheiro. Às vezes dinheiro dos outros de que os senhores ilicitamente se haviam apoderado. Dinheiro que compadres, viúvas e até escravos lhes tinham entregue para guardar. Sucedeu muita dessa gente ficar sem os seus valores e acabar na miséria devido à esperteza ou à morte súbita do depositário. Houve senhores sem escrúpulos que, aceitando valores para guardar, fingiram-se depois de estranhos e desentendidos: "Você está maluco? Deu-me lá alguma cousa para guardar?"[18] Muito dinheiro enterrado sumiu misteriosamente. Joaquim Nabuco, criado por sua madrinha na casa-grande de Massangana, morreu sem saber que destino tomara a ourama para ele reunida pela boa senhora; e provavelmente enterrada em algum desvão de parede. Já ministro em Londres, um padre velho falou-lhe do tesouro que Da. Ana Rosa juntara para o afilhado querido. Mas nunca se encontrou uma libra sequer. Em várias casas-grandes da Bahia, de Olinda, de Pernambuco se têm encontrado, em demolições ou escavações, botijas de dinheiro. Na que foi dos Pires d'Ávila ou Pires de Carvalho, na Bahia, achou-se, em um recanto de parede, "verdadeira fortuna em moedas de ouro". Em outras casas-grandes só se têm desencavado do chão ossos de escravos, justiçados pelos senhores e mandados enterrar no quintal, ou dentro de casa, à revelia das autoridades. Conta-se que o visconde de Suaçuna, na sua casa-grande de Pombal, mandou enterrar no jardim mais de um negro supliciado por ordem de sua justiça patriarcal. Não é de admirar. Eram senhores, os das casas-grandes, que mandavam matar os próprios filhos. Um desses patriarcas, Pedro Vieira, já avô, por descobrir que o filho mantinha relações com a mucama de sua predileção, mandou matá-lo pelo irmão mais velho. "Como Deus foi servido que eu mandasse matar meu filho", escreveu ao padre coadjutor de Canavieira depois de cumprida a ordem terrível.[19]

Também os frades desempenharam funções de banqueiros nos tempos coloniais. Muito dinheiro se deu para guardar aos frades nos seus conventos[20] duros e inacessíveis como fortalezas. Daí as lendas, tão comuns no Brasil, de subterrâneos de convento com dinheiro ainda por desenterrar. Mas foram principalmente as casas-grandes que se fizeram de bancos na economia colonial; e são quase sempre almas penadas de senhores de engenho que aparecem pedindo padres--nossos e ave-marias.

Os mal-assombrados das casas-grandes se manifestam por visagens e ruídos que são quase os mesmos por todo o Brasil. Pouco antes de desaparecer, estupidamente dinamitada, a casa-grande de Megaípe, tive ocasião de recolher, entre os moradores dos arredores, histórias de assombrações ligadas ao velho solar do século XVII. Eram barulhos de louça que se ouviam na sala de jantar; risos alegres de dança na sala de visita; tilintar de espadas; ruge-ruge de sedas de mulher; luzes que se acendiam e se apagavam de repente por toda a casa; gemidos; rumor de correntes se arrastando; choro de menino; fantasmas do tipo cresce-míngua. Assombrações semelhantes me informaram no Rio de Janeiro e em São Paulo povoar os restos de casas-grandes do vale do Paraíba.[21] E no Recife, da capela da casa-grande que foi de Bento José da Costa, assegura-me um antigo morador do sítio que toda noite, à meia-noite, costuma sair montada em um burro, como Nossa Senhora, uma moça muito bonita, vestida de branco. Talvez a filha do velho Bento, que ele por muito tempo não quis que casasse com Domingos José Martins, fugindo à tirania patriarcal. Porque os mal-assombrados costumam reproduzir as alegrias, os sofrimentos, os gestos mais característicos da vida nas casas-grandes.

Em contraste com o nomadismo aventureiro dos bandeirantes – em sua maioria mestiços de brancos com índios – os senhores das casas-grandes representaram na formação brasileira a tendência mais caracteristicamente portuguesa, isto é, pé de boi, no sentido de estabilidade patriarcal. Estabilidade apoiada no açúcar (engenho) e no negro (senzala). Não que estejamos a sugerir uma interpretação étnica da formação brasileira ao lado da econômica. Apenas acrescentando a um sentido puramente material, marxista, dos fatos, ou antes, das tendências, um sentido psicológico. Ou psicofisiológico. Os estudos de Cannon,[22] por um lado, e, por outro, os de Keith[23] parecem indicar que atuam sobre as sociedades, como sobre os indivíduos, independente de pressão econômica, forças psicofisiológicas, suscetíveis, ao que se supõe, de controle pelas futuras elites científicas – dor, medo, raiva – ao lado das emoções de fome, sede, sexo. Forças de uma grande intensidade de repercussão. Assim, o islamismo, no seu furor imperialista, nas formidáveis realizações, na sua exaltação mística dos prazeres sensuais, terá sido não só a expressão de motivos econômicos, como de forças psicológicas que se desenvolveram de modo especial entre populações do norte da África. Do mesmo modo, o movimento das bandeiras – em que emoções generalizadas de medo e raiva se teriam afirmado em reações de superior combatividade. O português mais puro, que se fixou em senhor de engenho, apoiado antes no negro do que no índio, representa talvez, na sua tendência para a estabilidade, uma especialização psicológica em contraste com a do índio e a do mestiço de índio com português para a mobilidade. Isto sem deixarmos de reconhecer o fato de que em Pernambuco e no Recôncavo a terra se apresentou excepcionalmente favorável para a cultura intensa do açúcar e para a estabilidade agrária e patriarcal.

A verdade é que em torno dos senhores de engenho criou-se o tipo de civilização mais estável na América hispânica; e esse tipo de civilização, ilustra-o a arquitetura gorda, horizontal, das casas-grandes. Cozinhas enormes; vastas salas de jantar; numerosos quartos para filhos e hóspedes; capela; puxadas para acomodação dos filhos casados; camarinhas no centro para a reclusão quase monástica das moças solteiras; gineceu; copiar; senzala. O estilo das casas-grandes – estilo no sentido spengleriano – pode ter sido de empréstimo; sua arquitetura, porém, foi honesta e autêntica. Brasileirinha da Silva. Teve alma. Foi expressão sincera das necessidades, dos interesses, do largo ritmo de vida patriarcal que os proventos do açúcar e o trabalho eficiente dos negros tornaram possível.

Essa honestidade, essa largueza sem luxo das casas-grandes, sentiram-na vários dos viajantes estrangeiros que visitaram o Brasil colonial. Desde Dampier a Maria Graham. Maria Graham ficou encantada com as casas de residência dos arredores do Recife e com as de engenho, do Rio de Janeiro; só a impressionou mal o número excessivo de gaiolas de papagaio e de passarinho penduradas por toda parte. Mas estes exageros de gaiolas de papagaio animando a vida de família do que hoje se chamaria cor local; e os papagaios tão bem-educados, acrescenta Mrs. Graham, que raramente gritavam ao mesmo tempo.[24] Aliás, em matéria de domesticação patriarcal de animais, d'Assier observou exemplo ainda mais expressivo: macacos tomando a bênção aos moleques do mesmo modo que estes aos negros velhos e os negros velhos aos senhores brancos.[25] A hierarquia das casas-grandes estendendo-se aos papagaios e aos macacos.

A casa-grande, embora associada particularmente ao engenho de cana, ao patriarcalismo nortista, não se deve considerar expressão exclusiva do açúcar, mas da monocultura escravocrata e latifundiária em geral: criou-a no Sul o café tão brasileiro como no Norte o açúcar. Percorrendo-se a antiga zona fluminense e paulista dos cafezais, sente-se, nos casarões em ruínas, nas terras ainda sangrando das derrubadas e dos processos de lavoura latifundiária, a expressão do mesmo impulso econômico que em Pernambuco criou as casas-grandes de Megaípe, de Anjos, de Noruega, de Monjope, de Gaipió, de Morenos; e devastou parte considerável da região chamada "da mata". Notam-se, é certo, variações devidas umas a diferenças e clima, outras a contrastes psicológicos e ao fato da monocultura latifundiária ter sido, em São Paulo, pelo menos, um regime sobreposto, no fim do século XVIII, ao da pequena propriedade.[26] Não nos deve passar despercebido o fato de que "enquanto os habitantes do Norte procuravam para habitações os lugares altos, os pendores das serras, os paulistas, pelo comum, preferiam as baixadas, as depressões do solo para a edificação de suas vivendas [...]".[27] Eram casas, as paulistas, "sempre construídas em terreno íngreme, de forte plano inclinado, protegidas do vento sul, de modo que do lado de baixo o prédio tinha um andar térreo, o que lhe dava desse lado aparência de sobrado". Surpreende-se nos casarões do Sul um ar mais fechado e mais retraído do que nas casas nortistas; mas o "terraço, de onde com a vista o fazendeiro abarcava todo o organismo da vida rural", é o mesmo do Norte; o mesmo terraço hospitaleiro, patriarcal e bom. A sala de jantar e a cozinha, as mesmas salas e cozinhas de convento. Os sobrados que, viajando-se de Santos ao Rio em vapor pequeno que venha parando em todos os portos, avistam-se à beira da água – em Ubatuba, São Sebastião, Angra dos Reis – recordam os patriarcais, de rio Formoso. E às vezes, como no Norte, encontram-se igrejas com alpendre na frente – convidativas, doces, brasileiras.

A história social da casa-grande é a história íntima de quase todo brasileiro: da sua vida doméstica, conjugal, sob o patriarcalismo escravocrata e polígamo; da sua vida de menino; do seu cristianismo reduzido à religião de família e influenciado pelas crendices da senzala. O estudo da história íntima de um povo tem alguma coisa de introspecção proustiana; os Goncourt já o chamavam "*ce roman vrai*". O arquiteto Lúcio Costa diante das casas velhas de Sabará, São João del-Rei, Ouro Preto, Mariana, das velhas casas-grandes de Minas, foi a impressão que teve: "A gente como que se encontra... E se lembra de coisas que a gente nunca soube, mas que estavam lá dentro de nós; não sei – Proust devia explicar isso direito".[28]

Nas casas-grandes foi até hoje onde melhor se exprimiu o caráter brasileiro; a nossa continuidade social. No estudo da sua história íntima despreza-se tudo o que a história política e militar nos oferece de empolgante por uma quase rotina de vida: mas dentro dessa rotina é que melhor se sente o caráter de um povo. Estudando a vida doméstica dos antepassados sentimo-nos aos poucos nos completar: é outro meio de procurar-se o "tempo perdido". Outro meio de nos sentirmos nos outros – nos que viveram antes de nós; e em cuja vida se antecipou a nossa. É um passado que se estuda tocando em nervos; um passado que emenda com a vida de cada um; uma aventura de sensibilidade, não apenas um esforço de pesquisa pelos arquivos.

Isto, é claro, quando se consegue penetrar na intimidade mesma do passado; surpreendê-lo nas suas verdadeiras tendências, no seu à vontade caseiro, nas suas expressões mais sinceras. O que não é fácil em países como o Brasil; aqui o confessionário absorveu os segredos pessoais e de família, estancando nos homens, e principalmente nas mulheres, essa vontade de se revelarem aos outros que nos países protestantes provê o estudioso de história íntima de tantos diários, confidências, cartas, memórias, autobiografias, romances autobiográficos. Creio que não há no Brasil um só diário escrito por mulher. Nossas avós, tantas delas analfabetas, mesmo quando baronesas e viscondessas, satisfaziam-se em contar os segredos ao padre confessor e à mucama de estimação; e a sua tagarelice dissolveu-se quase toda nas conversas com as pretas bocetеiras, nas tardes de chuva ou nos meios-dias quentes, morosos. Debalde se procuraria entre nós um diário de dona de casa cheio de *gossip* no gênero dos ingleses e dos norte-americanos dos tempos coloniais.[29]

Em compensação, a Inquisição escancarou sobre nossa vida íntima da era colonial, sobre as alcovas com camas que em geral parecem ter sido de couro, rangendo às pressões dos adultérios e dos coitos danados; sobre as camarinhas e os quartos de santos; sobre as relações de brancos com escravos – seu olho enorme, indagador. As confissões e denúncias reunidas pela visitação do Santo Ofício às partes do Brasil[30] constituem material precioso para o estudo da vida sexual e de família no Brasil dos séculos XVI e XVII. Indicam-nos a idade das moças casarem – doze, quatorze anos; o principal regalo e passatempo dos colonos – o jogo de gamão; a pompa dramática das procissões

– homens vestidos de Cristo e de figuras da Paixão e devotos com caixas de doce dando de comer aos penitentes. Deixam-nos surpreender, entre as heresias dos cristãos-novos e das santidades, entre os bruxedos e as festas gaiatas dentro das igrejas, com gente alegre sentada pelos altares, entoando trovas e tocando viola, irregularidades na vida doméstica e moral cristã da família – homens casados casando-se outra vez com mulatas, outros pecando contra a natureza com efebos da terra ou da Guiné, ainda outros cometendo com mulheres a torpeza que em moderna linguagem científica se chama, como nos livros clássicos, felação, e que nas denúncias vem descrita com todos os *ff* e *rr*; desbocados jurando pelo "pentelho da Virgem"; sogras planejando envenenar os genros; cristãos-novos metendo crucifixos por baixo do corpo das mulheres no momento da cópula ou deitando-os nos urinóis; senhores mandando queimar vivas, em fornalhas de engenho, escravas prenhes, as crianças estourando ao calor das chamas.

Também houve – isto no século XVIII e no XIX – esquisitões Pepys de meia-tigela, que tiveram a pachorra de colecionar, em cadernos, *gossip* e mexericos: chamavam-se "recolhedores de fatos". Manuel Querino fala-nos deles com relação à Bahia; Arrojado Lisboa, em conversa, deu-me notícia de uns cadernos desses, relativos a Minas,[31] e em Pernambuco, na antiga zona rural, tenho encontrado traços de "recolhedores de fatos". Alguns "recolhedores de fatos", antecipando-se aos pasquins, colecionavam casos vergonhosos, que, em momento oportuno, serviam para emporcalhar brasões ou nomes respeitáveis. Em geral, exploravam-se os preconceitos de branquidade e de sangue nobre; desencavava-se alguma remota avó escrava ou mina; ou tio que cumpria sentença; avô que aqui chegara de sambenito. Registravam-se irregularidades sexuais e morais de antepassados. Até mesmo de senhoras.

Outros documentos auxiliam o estudioso da história íntima da família brasileira: inventários, tais como os mandados publicar em São Paulo pelo antigo presidente Washington Luís; cartas de sesmaria, testamentos, correspondências da Corte e ordens reais – como as que existem em manuscritos na Biblioteca do Estado de Pernambuco ou dispersas por velhos cartórios e arquivos de família; pastorais e relatórios de bispos, como o interessantíssimo, de frei Luís de Santa Teresa, que amarelece, em latim, copiado em bonita letra eclesiástica, no arquivo da catedral de Olinda; atas de sessões de Ordens Terceiras, confrarias, santas casas como as conservadas, inacessíveis e inúteis, no arquivo da Ordem Terceira de São Francisco, no Recife, e referentes ao século XVII; os *Documentos interessantes para a história e costumes de São Paulo*, de que tanto se tem servido Afonso de E. Taunay para os seus notáveis estudos sobre a vida colonial em São Paulo; as atas e o registro-geral da Câmara de São Paulo; os livros de assentos de batismo, óbitos e casamentos de livres e escravos e os de rol de famílias e autos de processos matrimoniais que se conservam em arquivos eclesiásticos; os estudos de genealogia de Pedro Taques, em São Paulo, e de Borges da Fonseca, em Pernambuco; relatórios de juntas de higiene, documentos parlamentares, estudos e teses médicas, inclusive as de doutoramento nas faculdades do Rio de Janeiro e da Bahia; documentos publicados pelo Arquivo Nacional,[32] pela Biblioteca Nacional, pelo Instituto Histórico Brasileiro, na sua *Revista*, e pelos Institutos de São Paulo, Pernambuco e da Bahia. Tive a fortuna de conseguir não só várias cartas do arquivo da família Paranhos, que me foram gentilmente oferecidas pelo meu amigo Pedro Paranhos, como o acesso a importante arquivo de família, infelizmente já muito danificado pela traça e pela umidade, mas com documentos ainda dos tempos coloniais – o do engenho Noruega, que pertenceu por longos anos ao capitão-mor Manuel Tomé de Jesus, e, depois, aos seus descendentes. Seria para desejar que esses restos de velhos arquivos particulares fossem recolhidos às bibliotecas ou aos museus, e que os eclesiásticos e das Ordens Terceiras fossem convenientemente catalogados. Vários documentos que permanecem em manuscritos nesses arquivos e bibliotecas devem quanto antes ser publicados. É pena – seja-me lícito observar de passagem – que algumas revistas de história dediquem páginas e páginas à publicação de discursos patrióticos e de crônicas literárias, quando tanta matéria de interesse rigorosamente histórico permanece desconhecida ou de acesso difícil para os estudiosos.

Para o conhecimento da história social do Brasil não há talvez fonte de informação mais segura que os livros de viagem de estrangeiros – impondo-se, entretanto, muita discriminação entre os autores superficiais ou viciados por preconceitos – os Thévet, os Expilly, os Debadie – e os bons e honestos da marca de Léry, Hans Staden, Koster, Saint-Hilaire, Rendu, Spix, Martius, Burton, Tollenare, Gardner, Mawe, Maria Graham, Kidder, Fletcher. Destes me servi largamente,[33] valendo-me de uma familiaridade com esse gênero não sei se diga de literatura – muitos são livros mal escritos, porém deliciosos na sua candura quase infantil – que data dos meus dias de estudante; das pesquisas para a minha tese *Social life in Brazil in the middle of the 19th century*, apresentada em 1923 à Faculdade de Ciências Políticas e Sociais da Universidade de Colúmbia. Trabalho que Henry L. Mencken fez-me a honra de ler, aconselhando-me que o expandisse em livro. O livro, que é este, deve esta palavra de estímulo ao mais antiacadêmico dos críticos.

Volto à questão das fontes para recordar os valiosos dados que se encontram nas cartas dos jesuítas. O material publicado já é grande; mas deve haver ainda – lembra-me em carta João Lúcio de Azevedo, autoridade no assunto – deve haver ainda na sede da Companhia muita coisa inédita. Os jesuítas não só foram grandes escritores de cartas – muitas delas tocando em detalhes íntimos da vida social dos colonos – como procuraram desenvolver nos caboclos e mamelucos, seus alunos, o gosto epistolar. Escrevendo da Bahia em 1552 dizia o jesuíta Francisco Pires sobre as peregrinações dos meninos da terra ao sertão: "[...] o que eu não escreverei porque o padre lhes mandou que escrevessem aos meninos de Lisboa; e porque poderá ser que suas cartas as vejais o não escreverei [...]". Seria interessante descobrir essas cartas e ver o que diziam para Lisboa os caboclos do Brasil do século XVI. Frequentemente depara-se nas cartas dos jesuítas com uma informação valiosa sobre a vida social no primeiro século de colonização; sobre o contato da cultura europeia com a indígena e a africana. O padre Antônio Pires, em carta de 1552, fala-nos de uma procissão de negros de Guiné em Pernambuco, já organizados em confraria do Rosário, todos muito em ordem "uns traz outros com as mãos sempre alevantadas, dizendo todos: *Ora pro nobis*". O mesmo padre Antônio Pires, em carta de Pernambuco, datada de 2 de agosto de 1551, refere-se aos colonos da terra de Duarte Coelho como "melhor gente que de todas as outras capitanias"; outra carta informa que os índios a princípio "tinham empacho de dizer Santa Jooçaba, que em nossa língua quer dizer – pelo Signal da Cruz, por lhes parecer aquilo gatimonhas".[34] Anchieta menciona os muitos bichos peçonhentos que atormentavam a vida doméstica dos primeiros colonos – cobras jararacas andando pelas casas e caindo dos telhados sobre as camas; "e quando os homens despertam se acham com elas enroladas no pescoço e nas pernas e quando se vão a calçar pela manhã as acham nas botas"; e tanto Anchieta como Nóbrega destacam irregularidades sexuais na vida dos colonos, nas relações destes com os indígenas e os negros, e mencionam o fato de serem medíocres os mantimentos da terra, custando tudo "o tresdobro do que em Portugal". Anchieta lamenta nos nativos o que Camões já lamentara nos portugueses – "a falta de engenhos", isto é, de inteligência, acrescida do fato de não estudarem com cuidado e de tudo se levar em festas, cantar e folgar; salientando ainda a abundância dos doces e regalos, laranjada, aboborada, marmelada etc., feitos de açúcar.[35] Detalhes de um realismo honesto, esses, que se colhem em grande número, nas cartas dos padres, por entre as informações de interesse puramente religioso ou devoto. Detalhes que nos esclarecem sobre aspectos da vida colonial, em geral desprezados pelos outros cronistas. Não nos devemos, entretanto, queixar dos leigos que em crônicas como a de Pero de Magalhães Gandavo e a de Gabriel Soares de Sousa também nos deixam entrever flagrantes expressivos da vida íntima nos primeiros tempos de colonização. Gabriel Soares chega a ser pormenorizado sobre as rendas dos senhores de engenho; sobre o material de suas casas e capelas; sobre a alimentação, a confeitaria e doçaria das casas-grandes; sobre os vestidos das senhoras. Um pouco mais, e teria dado um bisbilhoteiro quase da marca de Pepys.

De outras fontes de informações ou simplesmente de sugestões, pode servir-se o estudioso da vida íntima e da moral sexual no Brasil dos tempos de escravidão: do folclore rural nas zonas mais coloridas pelo trabalho escravo; dos livros e cadernos manuscritos de modinhas e receitas de bolo,[36] das coleções de jornais; dos livros de etiqueta; e finalmente do romance brasileiro que nas páginas de alguns dos seus maiores mestres recolheu muito detalhe interessante da vida e dos costumes da antiga família patriarcal. Machado de Assis em *Helena*, *Memórias póstumas de Brás Cubas*, *Iaiá Garcia*, *Dom Casmurro* e em outros de seus romances e dos seus livros de contos, principalmente em *Casa Velha*, publicado recentemente com introdução escrita pela Sra. Lúcia Miguel Pereira; Joaquim Manuel de Macedo n'*As vítimas algozes*, *A moreninha*, *O moço louro*, *As mulheres de mantilha*, romances cheios de sinhazinhas, de iaiás, de mucamas; José de Alencar em *Mãe*, *Lucíola*, *Senhora*, *Demônio familiar*, *Tronco do ipê*, *Sonhos de ouro*, *Pata da gazela*; Francisco Pinheiro Guimarães na *História de uma moça rica* e *Punição*; Manuel Antônio de Almeida nas *Memórias de um sargento de milícias*; Raul Pompeia n'*O ateneu*; Júlio Ribeiro n'*A carne*; Franklin Távora, Agrário de Meneses, Martins Pena, Américo Werneck, França Júnior são romancistas, folhetinistas ou escritores de teatro que fixaram com maior ou menor realismo aspectos característicos da vida doméstica e sexual do brasileiro; das relações entre senhores e escravos; do trabalho nos engenhos; das festas e procissões. Também os fixou a seu jeito, isto é, caricaturando-os, o poeta satírico do século XVIII, Gregório de Matos. E em memórias e reminiscências, o visconde de Taunay, José de Alencar, Vieira Fazenda, os dois Melo Morais, deixaram-nos dados valiosos. Romances de estrangeiros procurando retratar a vida brasileira do tempo da escravidão existem alguns,[37] mas nenhum que valha grande coisa, do ponto de vista da história social. Quanto à iconografia da escravidão e da vida patriarcal está magistralmente feita por artistas da ordem de Franz Post, Zacarias Wagener, Debret, Rugendas; sem falarmos de artistas menores e mesmo toscos – desenhadores, litógrafos, gravadores, aquarelistas, pintores de ex-votos – que desde o século XVI – muitos deles ilustrando livros de viagem – reproduziram e fixaram, com emoção ou realismo, cenas de intimidade doméstica, flagrantes de rua e de trabalho rural, casas-grandes de engenhos e de sítios, tipos de senhoras, de escravos, de mestiços.[38] Dos últimos cinquenta anos da escravidão, restam-nos além de retratos a óleo, daguerreótipos e fotografias fixando perfis aristocráticos de senhores, nas suas gravatas de volta, de sinhá-donas e sinhá-moças de penteados altos, tapa-missa no cabelo; meninas no dia da primeira comunhão – todas de branco, luvas, grinalda, véu, livrinho de missa, rosário; grupos de família – as grandes famílias patriarcais, com avós, netos, adolescentes de batina de seminarista, meninotas abafadas em sedas de senhoras de idade.

Não devo estender este prefácio, que tanto se vai afastando do seu propósito de simplesmente dar uma ideia geral do plano e do método do ensaio que se segue, das condições em que foi escrito. Ensaio de sociologia genética e de história social, pretendendo fixar e às vezes interpretar alguns dos aspectos mais significativos da formação da família brasileira.

O propósito de condensar em um só volume todo o trabalho, não o consegui infelizmente realizar. O material esborrou, excedendo os limites razoáveis de um livro. Fica para um segundo o estudo de outros aspectos do assunto – que aliás admite desenvolvimento ainda maior.

A interpretação, por exemplo, do 1900 brasileiro – das atitudes, das tendências, dos preconceitos da primeira geração brasileira depois da Lei do Ventre Livre e da *débâcle* de 88 – deve ser feita, relacionando-se as reações antimonárquicas, da classe proprietária, seus pendores burocráticos, a tendência do grande número para as carreiras liberais, para o funcionalismo público, para as sinecuras republicanas – sinecuras em que se perpetuasse a vida de ócio dos filhos de senhores arruinados e desaparecessem as obrigações aviltantes de trabalho manual para os filhos de escravos, ansiosos de se distanciarem da senzala – relacionando-se todo esse regime de burocracia e de improdutividade que no antigo Brasil agrário, com exceção das zonas mais intensamente beneficiadas pela imigração europeia, se seguiu à abolição do trabalho escravo – à escravidão e à monocultura. Estas continuaram a influenciar a conduta, os ideais, as atitudes, a moral sexual dos brasileiros. Aliás a monocultura latifundiária, mesmo depois de abolida a escravidão, achou jeito de subsistir em alguns pontos do país, ainda mais absorvente e esterilizante do que no antigo regime; e ainda mais feudal nos abusos. Criando um proletariado de condições menos favoráveis de vida do que a massa escrava. Roy Nash ficou surpreendido com o fato de haver terras no Brasil, nas mãos de um só homem, maiores que Portugal inteiro: informaram-lhe que no Amazonas os Costa Ferreira eram donos de uma propriedade de área mais extensa que a Inglaterra, a Escócia e a Irlanda reunidas.[39] Em Pernambuco e Alagoas, com o desenvolvimento das usinas de açúcar, o latifúndio só tem feito progredir nos últimos anos, subsistindo à sua sombra e por efeito da monocultura a irregularidade e a deficiência no suprimento de víveres: carnes, leite, ovos, legumes. Em Pernambuco, em Alagoas, na Bahia continua a consumir-se a mesma carne ruim que nos tempos coloniais. Ruim e cara.[40] De modo que da antiga ordem econômica persiste a parte pior do ponto de vista do bem-estar geral e das classes trabalhadoras – desfeito em 88 o patriarcalismo que até então amparou os escravos, alimentou-os com certa largueza, socorreu-os na velhice e na doença, proporcionou-lhes aos filhos oportunidades de acesso social. O escravo foi substituído pelo pária de usina; a senzala pelo mucambo; o senhor de engenho pelo usineiro ou pelo capitalista ausente. Muitas casas-grandes ficaram vazias, os capitalistas latifundiários rodando de automóvel pelas cidades, morando em chalés suíços e palacetes normandos, indo a Paris se divertir com as francesas de aluguel.

Devo exprimir meus agradecimentos a todos aqueles que me auxiliaram, quer no decorrer das pesquisas, quer no preparo do manuscrito e na revisão das provas deste ensaio. Na revisão do manuscrito e das provas ajudou-me principalmente Manuel Bandeira. Outro amigo, Luís Jardim, auxiliou-me a passar a limpo o manuscrito que, entretanto, acabou seguindo para o Rio todo riscado e emendado. Agradeço-lhes o concurso inteligente como também o daqueles que gentilmente me auxiliaram na tradução de trechos antigos de latim, de alemão e de holandês e em pesquisas de biblioteca e folclóricas: meu pai – o Dr. Alfredo Freyre; meu primo José Antônio Gonsalves de Melo, neto; meus amigos Júlio de Albuquerque Belo e Sérgio Buarque de Holanda; Maria Bernarda, que bastante me instruiu em tradições culinárias; os ex-escravos e pretos velhos criados em engenho – Luís Mulatinho, Maria Curinga, Jovina, Bernarda. Sérgio Buarque traduziu-me do alemão quase o trabalho inteiro de Wätjen. Júlio Belo, no seu engenho de Queimadas, reuniu-me interessantes dados folclóricos sobre relações de senhores com escravos. Sozinho ou na companhia de Pedro Paranhos e Cícero Dias, realizei excursões para pesquisas folclóricas ou conhecimento de casas-grandes características por vários trechos da antiga zona aristocrática de Pernambuco. Devo deixar aqui meus agradecimentos a quantos me dispensaram sua hospitalidade durante essas excursões: Alfredo Machado, no engenho Noruega, André Dias de Arruda Falcão, no engenho Mupã, Gerôncio Dias de Arruda Falcão, em Dois Leões, Júlio Belo, em Queimadas, a baronesa de Contendas, em Contendas, Domingos de Albuquerque, em Ipojuca, Edgar Domingues, em Raiz – verdadeiro asilo da velhice desamparada, onde fui encontrar centenário um, e octogenários os outros, quatro remanescentes das velhas senzalas de engenho. O mais velho, Luís Mulatinho, com uma memória de anjo. De outras zonas, já minhas conhecidas velhas, recordarei gentilezas recebidas de Joaquim Cavalcanti, Júlio Maranhão, Pedro Paranhos Ferreira, senhor de Juparanduba, neto do visconde e sobrinho do barão do Rio Branco, Estácio Coimbra, José Nunes da Cunha; da família Lira, em Alagoas; da família Pessoa de Melo, no norte de Pernambuco; dos parentes do meu amigo José Lins do Rego, no sul da Paraíba; dos meus parentes Sousa e Melo, no engenho de São Severino dos Ramos, em Pau-d'Alho – o primeiro engenho que conheci e que sempre hei de rever com emoção particular. Meus agradecimentos a Paulo Prado, que me proporcionou tão interessante excursão pela antiga zona escravocrata que se estende do Estado do Rio a São Paulo, hospedando-me depois, ele e Luís Prado, na fazenda de café de São Martinho. Agradeço-lhe também o conselho de regressar de São Paulo ao Rio por mar, em vapor pequeno, parando nos velhos portos coloniais; conselho que lhe costumava dar Capistrano de Abreu. O autor do *Retrato do Brasil*, desconfiado e comodista, nunca pôs em prática, é verdade, o conselho do velho caboclo – talvez antevendo os horrores a que se sujeitam, no afã de conhecer trecho tão expressivo da fisionomia brasileira, os ingênuos que se entregam a vapores da marca do *Irati*.

Devo ainda agradecer gentilezas recebidas nas bibliotecas, arquivos e museus por onde andei vasculhando matéria: na Biblioteca Nacional de Lisboa, no Museu Etnológico Português, organizado e dirigido por um sábio – Leite de Vasconcelos; na Biblioteca do Congresso, em Washington, especialmente na seção de documentos; na coleção Oliveira Lima, da Universidade Católica dos Estados Unidos – tão rica em livros raros, de viagem, sobre a América portuguesa; na coleção John Casper Branner, da Universidade de Stanford, igualmente especializada em livros de cientistas estrangeiros sobre o Brasil – cientistas que foram, muitas vezes, como Saint-Hilaire, Koster, Maria Graham, Spix, Martius, Gardner, Mawe e Príncipe Maximiliano excelentes observadores da vida social e de família dos brasileiros na seção de documentos da Biblioteca de Stanford, onde me servi da valiosa coleção de relatórios diplomáticos e de documentos parlamentares ingleses[41] sobre a vida do escravo nas plantações brasileiras; na Biblioteca Nacional do Rio de Janeiro, hoje dirigida pelo meu amigo e mestre Rodolfo Garcia; na biblioteca do Instituto Histórico Brasileiro, onde fui sempre tão gentilmente recebido por Max Fleiuss; na do Instituto Arqueológico Pernambucano, no Museu Nina Rodrigues da Bahia; na seção de documentos da Biblioteca do Estado de Pernambuco; no arquivo do cartório de Ipojuca, cujos inventários do século XIX constituem interessantes documentações para o estudo da economia escravocrata e da vida de família patriarcal; na parte do arquivo da catedral de Olinda – manuscritos de pastorais e relatórios de bispos sobre modas, moral sexual, relações de senhores com escravos etc. – que o cônego Carmo Barata gentilmente facultou ao meu estudo. Agradeço aos meus bons amigos André e Gerôncio Dias de Arruda Falcão e Alfredo Machado terem-me franqueado seu arquivo de família, no engenho Noruega, com documentos virgens, do tempo do capitão-mor Manuel Tomé de Jesus; outros da época do barão de Jundiá; alguns de vivo interesse para o estudo da vida social dos senhores de engenho; das suas relações com os escravos. A José Maria Carneiro de Albuquerque e Melo, diretor da Biblioteca do Estado de Pernambuco, agradeço as excelentes reproduções de Piso, Barléus e Henderson, que, a meu pedido, preparou para ilustração deste livro; a Cícero Dias e ao arquiteto Carlos Pacheco Leão as plantas da casa-grande de Noruega. Um nome me falta associar a este ensaio: o do meu amigo Rodrigo M. F. de Andrade. Foi quem me animou a escrevê-lo e a publicá-lo.

Lisboa, 1931
Pernambuco, 1933

Notas ao prefácio

1. Merecem um estudo à parte os motivos decorativos e porventura místicos que orientam as pretas quituteiras na Bahia, em Pernambuco e no Rio de Janeiro no recorte dos papéis azuis, encarnados, amarelos etc. Para enfeite dos tabuleiros e acondicionamento de doces, as formas que dão aos bolos, alfenins, rebuçados etc. A decoração dos tabuleiros é uma verdadeira arte de renda em papel, feita quase sem molde.
2. Antônio Ladislau Monteiro Baena, *Ensaio corográfico sobre a província do Pará*, Pará, 1839.
3. Boas salienta o fato de que nas classes de condições econômicas desfavoráveis de vida os indivíduos desenvolvem-se lentamente, apresentando estatura baixa, em comparação com a das classes ricas. Entre as classes pobres encontra-se uma estatura baixa aparentemente hereditária, que, entretanto, parece suscetível de modificar-se, uma vez modificadas as condições de vida econômica. Encontram-se – diz Boas – proporções do corpo determinadas por ocupações, e aparentemente transmitidas de pai a filho, no caso do filho seguir a mesma ocupação que o pai (Franz Boas, *Anthropology and modern life*, Londres, 1929). Veja-se também a pesquisa de H. P. Bouditch, "The growth of children", 8th *Annual Report of the State Bureau of Health of Massachusetts*. Na Rússia, devido à fome de 1921-1922 – resultado não só da má organização das primeiras administrações soviéticas como do bloqueio da Nova República pelos governos capitalistas – verificou-se considerável diminuição na estatura da população (A. Ivanovsky, "Physical modifications of the population of Russia under famine", *American Journal of Physical Anthropology*, nº 4, 1923). Por outro lado, os estudos de Hrdlicka na população norte-americana acusam o aumento de estatura (Ales Hrdlicka, *The old americans*, Baltimore, 1925). Sobre as diferenças de estatura e de outros característicos físicos e mentais de uma classe social para outra veja-se o trabalho clássico de A. Niceforo, *Les classes pauvres*, Paris, 1905; entre os recentes o de Pitirim Sorokin, *Social mobility*, Nova York, 1927. Quanto à correlação entre a inteligência e a classe social da criança, veja-se o notável trabalho do professor L. M. Terman, da Universidade de Stanford, *Genetic studies of genius*, Stanford University, 1925-1930. O interessante nessas diferenças – excetuados, é claro, casos extraordinários – é determinar até que ponto são hereditárias ou genéticas ou deixam de sê--lo para refletir o favor ou o desfavor sucessivo das condições econômicas, do ambiente social e do regime alimentar de ricos e pobres. Ou – vendo-se o problema de outro ponto de vista – quais as possibilidades de tornarem-se hereditariamente transmissíveis qualidades adquiridas e cultivadas através de gerações. Dendy salienta que Oliver Wendel Holmes observou ter-se formado uma aris-

tocracia intelectual e social na Nova Inglaterra pela repetição das mesmas influências, geração após geração (Arthur Dendy, *The biological foundation of society*, Londres, 1924). Sobre este ponto vejam-se também J. A. Detlefsen, *Our present knowledge of heredity*, Filadélfia, 1925; H. S. Jennings, *Prometheus*, Nova York, 1925; C. M. Child, *Physiological foundations of behavior*, Nova York, 1924; A. J. Herrick, *Neurological foundations of animal behavior*, Nova York, 1924; F. B. Davenport, *Heredity in relation to eugenies*, Nova York, 1911; A. Myerson, *The inheritance of mental disorders*, Baltimore, 1925.

4. Sobre a correlação do material de construção com a aristocratização das sociedades veja-se George Plekhanov, *Introduction à l'histoire sociale de la Russie* (trad.), Paris, 1926.

5. Refutando a teoria de Oliveira Viana – a inexistência da luta de classes na formação social do Brasil – lembra Astrojildo Pereira as guerras, os conflitos dos "senhores" com os indígenas e com os negros fugidos (quilombolas) e da própria burguesia nascente com a aristocracia rural já estratificada. Também os conflitos dos representantes da Coroa, quando fortalecidos pela descoberta das minas, com os caudilhos rurais. Estes, embora atravessando crises e sofrendo depressões de poderio, foram a força preponderante (Astrojildo Pereira, "Sociologia ou apologética?", *A Classe Operária*, Rio de Janeiro, 1º de maio de 1929).

Já depois de escrito este ensaio, apareceu o trabalho de Caio Prado Júnior, *Evolução política do Brasil (ensaio de interpretação materialista da história brasileira)*, São Paulo, 1933, com o qual me encontro de acordo em vários pontos. Veja-se do mesmo autor *Formação do Brasil contemporâneo — Colônia*, São Paulo, 1942. Sobre o assunto vejam-se também os ensaios de Nelson Werneck Sodré, *Formação da sociedade brasileira*, Rio de Janeiro, 1944 e o de Alfredo Ellis Júnior, "Amador Bueno e a evolução da psicologia planaltina", *História da civilização brasileira*, nº 4, *Boletim LXII da Faculdade de Filosofia, Ciências e Letras da Universidade de São Paulo*. O critério de ter sido a economia agrária patriarcal, modificada por diferenças de condições regionais, a força dominante na formação brasileira — critério esboçado no presente ensaio — foi estendido ao estudo da história da literatura brasileira por José Osório de Oliveira em *História breve da literatura brasileira*, Lisboa, 1939.

6. F. P. Armitage, *Diet and race*, Londres, 1922.

7. E. V. McCollum e Nina Simmonds, *The newer knowledge of nutrition — The use of foods for the preservation of vitality and health*, Nova York, 1929.

8. Pedro Escudero, "Influencia de la alimentación sobre la raza", *La Prensa*, 27 de março de 1933. Interessantes os artigos do professor argentino, embora pouco acrescentem de original aos estudos dos fisiologistas norte-americanos e europeus: Armitage, McCollum, Simmonds, Lusk, Benedict, McCay, Nitti.

9. Oswald Spengler, *La decadencia del Ocidente* (trad.), Madri, 1927.

10. Franz Boas, "Changes in bodily forms of descendants of immigrants", *Senate Documents*, Washington, 1910-1911.

11. Clark Wissler, *Man and culture*, Nova York, 1923.

12. Oswald Spengler, op. cit. O valor da *casa* já fora destacado por G. Schmoller, em páginas clássicas.

13. Teodoro Sampaio, "São Paulo de Piratininga no fim do século XVI", *Rev. Inst. Hist. de São Paulo*, vol. II.

14. Nicolau Dreys, *Notícia descriptiva da província do Rio Grande de São Pedro do Sul*, Rio de Janeiro, 1839, p. 174.

15. José Mariano Filho, Conferência na Escola de Belas-Artes do Recife, abril de 1923. A sugestão de que o copiar que se observa em numerosas capelas brasileiras de áreas rurais represente influência da arquitetura da casa-grande sobre aquele tipo de arquitetura religiosa é impugnada pelo Sr. Luís Saia em artigo intitulado "O alpendre nas capelas brasileiras" (*Revista do Serviço do Patrimônio Histórico e Artístico Nacional*, Rio de Janeiro, nº 3, 1939, p. 235). Seu principal argumento é o de que o edifício religioso alpendrado data dos primeiros tempos do cristianismo. Mas ao meu ver, não do modo por que se manifesta o alpendre em capelas do Brasil, onde chega a cercar completamente o edifício religioso, como no caso da capela do engenho Caieiras (Sergipe). Quem comparar o alpendre da basílica de São Lourenço (Roma), que o Sr. Saia apresenta como ilustração do fato de ter havido "edifícios religiosos alpendrados nos primeiros tempos do cristianismo", com o copiar da capela do engenho Caieiras (Sergipe) ou mesmo com o da de Socorro (Paraíba) ou São Roque de Serinhaém (Pernambuco), verá que aquele não altera o caráter religioso do edifício, enquanto os brasileiros são inconfundivelmente domésticos ou patriarcais: autênticos copiares de casas--grandes transferidos para edifícios religiosos, assimilados, por este meio, ao sistema patriarcal ou feudal-tropical brasileiro de edificação. Deve-se notar que o Sr. Luís Saia admite a assimilação de "detalhes da arquitetura religiosa" no Brasil pela residencial, e vice-versa, referindo "um caso curiosíssimo de solução evidentemente de edifício religioso incorporada à construção residencial: fazenda Acaunã, Estado da Paraíba, Mun. de Sousa" (p. 237).

Sem tomar conhecimento da sugestão que aqui se faz desde 1933 sobre a influência da arquitetura doméstica sobre a de igreja, no Brasil, o Sr. Philip L. Goodwin, em seu trabalho *Brazil builds – Architecture new and old,* 1652-1942, ilustrado pelo Sr. G. E. Kidder Smith e publicado em Nova York, em 1943, com o texto inglês acompanhado de tradução portuguesa, afirma que "a vida e a arquitetura do período colonial" sofreram entre outras influências consideráveis, "a da igreja, quase tão poderosa no Brasil como o próprio rei" (p. 18). Essa influência – da arquitetura de igreja sobre a doméstica – não pode ser negada; mas a recíproca parece ser também verdadeira, como indicam capelas do tipo da Conceição do engenho Caieiras (Sergipe).

Recentemente, em interessante relatório sobre a excursão realizada a Monlevade, São Domingos do Prata e fazenda São Julião por um grupo de estudiosos de geografia física e cultural, a professora Mariam Tiomno referindo-se ao aspecto da paisagem cultural além da vila Papini destaca que predominam aí "habitações de tipo colonial" e que as casas de residência, isto é, sobrevivências de casas-grandes, "são construídas sobre estacas formando um porão alto e coberto onde se abrigam os animais. Dominando a frente dos aposentos há uma grande varanda. Até a venda e a capela são desse tipo" (*Boletim Geográfico*, Rio de Janeiro, nº 17, agosto de 1944, p. 703). Outro caso de assimilação de edifícios não residenciais pelo residencial, dos vários que se encontram no Brasil nas áreas de antigo domínio ou de sobrevivência da casa-grande de engenho ou fazenda, ou do sistema feudal-tropical brasileiro.

Com seu olhar de arquiteto, o francês Louis Léger Vauthier escreveu da casa-grande de Camaragibe (Pernambuco) que ele conheceu em 1840 que era "grande e comprido edifício, tendo três faces que dão para um pátio e a quarta para uma espécie de jardim maltratado. Sobre a mais longa das três faces correspondentes ao pátio, no rés do chão, espécie de claustro cujo acesso se faz por alguns degraus em ruína. Essa fachada dá para leste. Sobre a face sul, fica a escada principal, coberta por uma parte do teto que se projeta além das paredes da fachada e é sustentada por 3 colunas" (*Diário íntimo do engenheiro Vauthier* (tradução portuguesa do manuscrito em francês oferecido a Gilberto Freyre por Paulo Prado que o adquiriu de alfarrabista parisiense), prefácio e notas de Gilberto Freyre, publicação nº 4 do Serviço do Patrimônio Histórico e Artístico Nacional, Ministério da Educação e Saúde, Rio de Janeiro, 1940, p. 91).

Continuando a tradição do seu compatriota Jean-Baptiste Debret (*Voyage pittoresque et historique au Brésil ou séjour d'un artiste français au Brésil depuis 1816 jusq'en 1831*, Paris, 1834-1839), a quem se devem as primeiras observações de interesse a um tempo artístico e sociológico sobre a arquitetura doméstica do Brasil, Vauthier deixou-nos no diário referido e em cartas publicadas na *Revue Générale de l'Architecture et des Travaux Publiques* (Paris, XI, 1853), sob o título "Des maisons d'habitation au Brésil", e traduzidas ao português por Vera Melo Franco de Andrade e publicadas pelo mesmo Serviço em sua *Revista*, VII, Rio de Janeiro, 1943, com introdução e notas de Gilberto Freyre, informações e reparos valiosos sobre a arquitetura doméstica considerada em suas relações com a vida patriarcal em nosso país, em plena época de escravidão.

Sobre o assunto veja-se também no mesmo número VII da referida *Revista do Serviço do Patrimônio Histórico e Artístico Nacional* o excelente estudo do engenheiro Joaquim Cardozo, "Um tipo de casa rural do Distrito Federal e Estado do Rio", enriquecido com fotografias de casas-grandes da subárea estudada e nas quais, como nas do norte do Brasil, quase sempre se encontra o alpendre ou copiar.

Aliás, neste estudo, o Sr. Joaquim Cardozo concorda com sugestões feitas neste ensaio desde 1933, de que as casas-grandes brasileiras receberam "influência franciscana": "não há a menor dúvida", escreve ele, "de que esses alpendres receberam influência dos claustros franciscanos" (p. 236). Escreve também: "[…] pode-se muito bem aceitar, em alguns casos, bem se vê, a sugestão […] de que as capelas tenham herdado o seu alpendre das casas-grandes" (p. 251).

Sobre o retardamento com que apareceu a casa-grande construída de material nobre e duradouro, na subárea campista (Rio de Janeiro), veja-se o recente e bem documentado trabalho do engenheiro Alberto Ribeiro Lamego, *O homem e o brejo* (publicação nº 1 da Série A, "Livros", Biblioteca Geográfica Brasileira, Instituto Brasileiro de Geografia e Estatística, Rio de Janeiro, 1945). Informa o mesmo pesquisador – talvez o que melhor conhece o solo, a paisagem e o passado da área fluminense, em geral, e da subárea campista, em particular – que "de todo o correr dos fins de Setecentos até a ascensão de Pedro II ao trono, só temos notícia de uma casa de senhor de engenho ainda existente hoje na antiga região dos goitacás: é a residência de Mato de Pipa no morgadio de Quissamã, levantada em 1786 por Manuel Carneiro da Silva, pai do 1º visconde de Araruama. De um só piso e avarandada. Com suas velhas portas arqueadas, seu oratório interno de imagens antiquíssimas, sua vetusta cama de cabiúna com embutidos de pequiá-marfim, a casa de Mato de Pipa, precioso testemunho arquitetônico dessa época e residência de uma das grandes famílias da planície, nada tem que denote luxo e fausto" (p. 129-130). Sobre o assunto veja-se também o recente estudo de José Wasth Rodrigues, *Documentário arquitetônico relativo à antiga construção civil no Brasil*, São Paulo, 1944.

Acerca da excelência técnica da construção portuguesa, veja-se Paul-Antoine Evin, *L'Architecture portugaise au Maroc et le style manuelin*, Lisboa, 1942. Escreve o Sr. Paul-Antoine Evin que "*les Portugais ont vivement frappé l'imagination des indigènes par leurs magnifiques qualités de tailleurs de pierres, de stéréotomistes. De nos jours, la voix populaire it encore au Maroc de tout monument ancien bien appareillé qu'il est l'oeuvre des Portugais*" (p. 10).

16. À soror Mariana de Beja o Menino Jesus vinha ajudar "a dobar as meadas e o novelo" de sua costura; à venerável madre Rosa Maria de Santo Antônio aparecia para brincar com a roda do tear etc. (Gustavo de Matos Sequeira, *Relação de vários casos notáveis e curiosos sucedidos em tempo na cidade de Lisboa* etc., Coimbra, 1925).

17. Carta régia de 3 de setembro de 1709 e bando de 1740 no Maranhão, cit. por Agostinho Marques Perdigão Malheiro, *A escravidão no Brasil, ensaio jurídico-histórico-social*, Rio de Janeiro, 1866.

18. J. da Silva Campos, "Tradições baianas", *Rev. Inst. Geog. Hist. da Bahia*, nº 56.

19. Tristão de Alencar Araripe, "*Pater-familias* no Brasil dos tempos coloniais", *Rev. Inst. Hist. Geog. Br.*, vol. 55.

20. José Vieira Fazenda, "Antigualhas e memórias do Rio de Janeiro", *Rev. Inst. Hist. Geog. Br.*, vol. 149, tomo 95.

21. Também em Minas. Na tapera de Samangolê, município de Paracatu, havia até há pouco um baile de noite de São João concorrido por gente de toda parte, que vinha em seges e cadeirinhas, escoltadas de pajens etc. As orquestras tocavam a noite inteira. Mas, ao amanhecer, tudo tinha

desaparecido. Ultimamente este mal-assombrado se desencantou. Entre as mais famosas casas velhas mal-assombradas do Brasil está a do padre Correia (Petrópolis) onde "conta-se que a alma dos veneráveis Correias por ali erravam à noite protestando contra o abandono da propriedade" (Lourenço L. Lacombe, "A mais velha casa de Correias", *Revista do Serviço do Patrimônio Histórico e Artístico Nacional*, Rio de Janeiro, nº 2, 1928, p. 96).

22. Walter B. Cannon, *Bodily changes in pain, hunger, fear and rage*, Nova York. Londres, 1929.

23. Arthur Keith, "On certain factors concerned in the evolution of human races", *Journal of the Royal Anthropological Institute*, Londres, vol. XLVI.

24. Maria Graham, *Journal of a voyage to Brazil and residence there during the years 1821, 1822, 1823*, Londres, 1824, p. 127.

25. Adolphe d'Assier, *Le Brésil contemporain – Races – Moeurs – Institutions – Paysages*, Paris, 1867, p. 89.

26. Alfredo Ellis Júnior, em *Raça de gigantes*, demonstra, baseado nos *Inventários e nas sesmarias*, que até o fim do século XVIII dominou em São Paulo o regime da pequena propriedade, as casas de morada não passando de edifícios de taipas e pilão, a princípio cobertas de sapé: "Tinham em ordinário três lanços, com o seu quintal, e eram pessimamente mobiliadas [...]". Porém grandes, com imensas salas de jantar, e já com "casa dos negros", ou senzala. Na casa setecentista de Francisco Mariano da Cunha achou Ellis Júnior dezesseis quartos de grandes dimensões e sala de jantar de 13 x 5,40. Oliveira Viana, no seu *Populações meridionais do Brasil*, salienta o contraste entre as fazendas paulistas anteriores ao século do café – o XIX – fazendolas "que se mediam às braças, sendo as maiores de uma légua em quadra, com as fazendas mineiras e fluminenses que são latifúndios de dez mil alqueires ou mais". Os verdadeiros latifúndios foram, porém, os de Pernambuco e da Bahia, do tipo do de Garcia d'Ávila.

27. João Vampré, "Fatos e festas na tradição", *Rev. Inst. Hist. de São Paulo*, vol. XIII.

Deve-se salientar que C. A. Taunay, em seu *Manual do agricultor brasileiro*, publicado no Rio de Janeiro em 1839, aconselhava os senhores de engenho e fazendeiros do Brasil a levantarem suas casas em "elevação medíocre" e dando a frente para "o oriente e sul". Nas suas palavras (p. 20-21): "O oriente e sul são as duas exposições mais favoráveis para a frente das casas, por haver menos sol e melhor viração. O local preferível he huma elevação mediocre, no centro da planicie com hum declive suave da parte da frente e quasi insensivel da banda dos fundos para collocação das dependencias. Bem entendido que deve haver agua proxima, e, se possivel, dentro de casa; mas as localidades e circunstancias peculiares de cada fazenda modificão estas regras".

"O chão de todas as habitações e officinas deve ser levantado acima do nivel do terreno visinho: huma mistura de barro, tubatinga, arêa e bosta de boi applicada e soccada torna-se quasi tão dura como ladrilho e serve bem para argamassar tanto os terreiros como os pavimentos."

No exemplar do *Manual* que possuo há, com relação à expressão "menos sol e melhor viração", este comentário do antigo dono do livro, fazendeiro contemporâneo de C. A. Taunay: "e mais chuva e mais humidade, não é? Ora va rezar –".

Sobre o assunto vejam-se também: *Cartas econômico-políticas sobre o comércio e a agricultura da Bahia*, Lisboa, 1821; F. P. L. Wernecke, *Memória sobre a fundação de uma fazenda*, Rio de Janeiro, 1860; F. L. C. Burlamaqui, *Monografia da cana do açúcar*, Rio de Janeiro, 1862; Alberto Lamego Filho, *A planície do solar e da senzala*, Rio de Janeiro, 1934; Afonso Várzea, *Geografia do açúcar no leste do Brasil*, Rio de Janeiro, 1943; "Geografia dos engenhos cariocas", *Brasil Açucareiro*, nº 1, vol. XXII, janeiro de 1944; "Engenhos dentre Guanabara-Sepetiba", *Brasil Açucareiro*, nº 2, vol. XXV, fevereiro de 1945; Miguel Calmon du Pin e Almeida, *Ensaio sobre o fabrico do açúcar*, Bahia, 1834.

28. Lúcio Costa, "O Aleijadinho e a arquitetura tradicional", *O Jornal*, edição especial de Minas Gerais, Rio de Janeiro.

29. "Livros de assentos" de senhores de engenho, existem alguns. Graças à gentileza de uma velha parenta, Da. Maria (Iaiá) Cavalcanti de Albuquerque Melo, foi-me dado para consulta o "livro de assentos particulares" iniciado em Olinda em 1º de março de 1843 por seu pai Félix Cavalcanti de Albuquerque Melo (1821-1901), registrando fatos não só de interesse para a família de Francisco Casado de Holanda Cavalcanti de Albuquerque (1776-1832), antigo senhor do engenho Jundiá, que vendeu em 1832, e para as famílias de seus filhos e genros, como de interesse geral – epidemia de cólera, mata-mata marinheiro, hecatombe de Vitória etc.

30. *Primeira visitação do Santo Ofício às partes do Brasil pelo licenciado Heitor Furtado de Mendonça – Confissões da Bahia – 1591-1592*, São Paulo, 1922; *Primeira visitação do Santo Ofício às partes do Brasil etc. – Denunciações da Bahia – 1591-1593*, São Paulo, 1925; *Primeira visitação do Santo Ofício às partes do Brasil etc. – Denunciações de Pernambuco*, São Paulo, 1929. Esses documentos fazem parte da série Eduardo Prado, editada por Paulo Prado; os dois primeiros volumes trazem introduções de Capistrano de Abreu; o terceiro, de Rodolfo Garcia.

31. Estes cadernos, tive a fortuna de encontrá-los em recente viagem a Minas. Acham-se alguns em Caeté, outros em Belo Horizonte, em mãos de um particular, que gentilmente nos franqueou à leitura.

Representam o esforço pachorrento, e tudo indica que escrupuloso, não de um simples bisbilhoteiro, mas de velho pesquisador municipal, falecido há anos: Luís Pinto. Pinto passou a vida vasculhando arquivos, atas, livros de registro de casamento e batismo, testamentos, na colheita de dados genealógicos de algumas das mais importantes famílias mineiras. Tive o gosto de ver confirmadas por esses dados generalizações a que me arriscara, na primeira edição deste trabalho, sobre a formação da família naquelas zonas do Brasil onde foi maior a escassez de mulher branca. É assim que Jacintha de Siqueira, "a celebre mulher africana que em fins do século XVII ou princípios do XVIII veio com diversos bandeirantes da Bahia" e a quem "se deve o descobrimento de ouro no correго Quatro Vintens e ereção do Arraial à Villa Nova do Principe em 1714", aparece identificada como o tronco, por assim dizer matriarcal, de todo um grupo de ilustres famílias do nosso país. "Os pais de todos os filhos de Jacintha Siqueira – acrescenta o genealogista – foram homens importantes e ricos e muitos figurão entre os homens da governança [...]." Entre outros, um sargento-mor.

32. Entre outros, documentos de terras. Prefaciando a "Synopsis das sismarias registradas nos livros existentes no Archivo da Thesouraria da Fazenda da Bahia" (*Publicações do Arquivo Nacional*, XXVII), Alcides Bezerra salienta o interesse desses documentos para o sociólogo, o antropossociólogo ou o mero genealogista. Constituem, com efeito, "pedra fundamental para a história territorial brasileira", e no conhecimento desta deve basear-se a interpretação do nosso desenvolvimento social.

33. Servi-me, algumas vezes, na transcrição de trechos dos livros de viagem mais conhecidos, de traduções já existentes em português. Mas cotejando-as sempre com os originais, e em certos pontos discordando dos tradutores e retificando-os. Os textos dos livros de viajantes mais antigos – séculos XV, XVI, XVII, XVIII e princípios do XIX – são transcritos, quando conservados no original, com todos os seus arcaísmos. Também os textos das crônicas, tratados e documentos antigos portugueses e brasileiros. Dos livros considerados fontes principais, vão indicadas as páginas de que aparecem citações.

34. *Cartas jesuíticas (1550-1568)*, Rio de Janeiro, 1887, p. 41.

35. Joseph de Anchieta, *Informações e fragmentos históricos*, Rio de Janeiro, 1886, p. 37.

36. Possuo um que foi de Gerôncio Dias de Arruda Falcão, por algum tempo senhor do engenho Noruega, e grande *gourmet*. Sentado em uma cadeira de balanço, o velho Gerôncio seguia às vezes o preparo dos guisados ou das sobremesas mais finas. Livro de modinhas, possuo também um: foi do meu tio-avô Cícero Brasileiro de Melo.

37. Entre outros, o de Adrien Delpech, *Roman brésilien*, e o de Saint-Martial, *Au Brésil*; também o de Mme. Julie Delafage-Breffier, *Les Portugais d'Amérique (souvenirs historiques de la guerre du Brésil en 1635)*, Paris, 1847. O Sr. Agrippino Grieco, em artigo de crítica a este ensaio, lembrou o romance do espanhol Juan Valera, *Genio y figura*, "onde há cenas das mais sugestivas sobre o Rio dos meados do Segundo Império".

38. Entre os álbuns destacam-se o *Album brésilien* (águas-tintas) de Ludwig & Briggs sobre o Rio de Janeiro e *Memória de Pernambuco* (lit. de F. H. Carls e desenhos de L. Schlappriz). Aquarelas e gravuras soltas existem várias, salientando-se as da Brasiliana Oliveira Lima, hoje na Universidade Católica, em Washington; as do antigo Museu Baltar, por iniciativa feliz do ex-governador Estácio Coimbra adquiridas para o Museu do Estado de Pernambuco, organizado por Aníbal Fernandes; as do Museu Histórico e as da Biblioteca Nacional do Rio de Janeiro. Também apre-

sentam interesse histórico quadros de ex-votos dispersos pelas sacristias de velhas igrejas, capelinhas de engenho etc. Na igrejinha do Sítio da Capela, perto do Recife, apodreceram uns, bem interessantes.

39. Roy Nash, *The conquest of Brazil*, Nova York, 1926.

40. Segundo estatísticas oficiais (*Anuário Estatístico de Pernambuco*, Recife, 1929-1930) a zona sacrificada em Pernambuco à monocultura abrange uma área de 1.200.000 hectares com apenas 138.000 cobertos com lavoura. Em palestra realizada no Rotary Clube do Recife o Sr. André Bezerra, da empresa arrendatária do matadouro da capital pernambucana, salientou o fato de que 88,5% da referida zona se acham completamente incultos, enquanto 20% do total da zona, ou 240.000 hectares, "transformados em campos de pastagem com gramíneas selecionadas, convenientemente divididos em cercados, com bebedouros adequados, banheiros carrapaticidas etc., dão para manter um rebanho de 240.000 reses, que na base de 10% utilizável para o corte, forneceria 24.000 reses para o açougue [...]" (*Diário de Pernambuco*, 2 de abril de 1933). Do assunto pretendo me ocupar com mais detalhes, em trabalho próximo. De passagem direi que não se compreendem os obstáculos criados, em Pernambuco, à importação de carnes congeladas do Rio Grande do Sul e de São Paulo que viriam melhorar a qualidade da alimentação e baratear-lhe o preço, enquanto não se dá melhor destino, do ponto de vista do bem-estar geral, às terras sacrificadas à monocultura latifundiária. A não ser que os governos assim procedam sob a influência dos chamados "interesses inconfessáveis".

41. *British and foreign state papers* (Londres), 1825-1841, e *Parliamentary papers* (Londres), especialmente *Reports from committees sugar and coffee, planting, house of commons, Session 1847-1848*.

I | Características gerais da colonização portuguesa do Brasil: formação de uma sociedade agrária, escravocrata e híbrida

Visita a uma fazenda, J.-B. Debret, *Voyage Pittoresque et Historique au Brésil*, 1834, vol. 2, pr. 10. Acervo do Instituto de Estudos Brasileiros da USP.

Quando em 1532 se organizou econômica e civilmente a sociedade brasileira, já foi depois de um século inteiro de contato dos portugueses com os trópicos; de demonstrada na Índia e na África sua aptidão para a vida tropical. Mudado em São Vicente e em Pernambuco o rumo da colonização portuguesa do fácil, mercantil, para o agrícola; organizada a sociedade colonial sobre base mais sólida e em condições mais estáveis que na Índia ou nas feitorias africanas, no Brasil é que se realizaria a prova definitiva daquela aptidão. A base, a agricultura; as condições, a estabilidade patriarcal da família, a regularidade do trabalho por meio da escravidão, a união do português com a mulher índia, incorporada assim à cultura econômica e social do invasor.

Formou-se na América tropical uma sociedade agrária na estrutura, escravocrata na técnica de exploração econômica, híbrida de índio – e mais tarde de negro – na composição. Sociedade que se desenvolveria defendida menos pela consciência de raça, quase nenhuma no português cosmopolita e plástico, do que pelo exclusivismo religioso desdobrado em sistema de profilaxia social e política. Menos pela ação oficial do que pelo braço e pela espada do particular. Mas tudo isso subordinado ao espírito político e de realismo econômico e jurídico que aqui, como em Portugal,[1] foi desde o primeiro século elemento decisivo de formação nacional; sendo que entre nós através das grandes famílias proprietárias e autônomas: senhores de engenho com altar e capelão dentro de casa e índios de arco e flecha ou negros armados de arcabuzes às suas ordens; donos de terras e de escravos que dos senados de Câmara falaram sempre grosso aos representantes del-Rei e pela voz liberal dos filhos padres ou doutores clamaram contra toda espécie de abusos da metrópole e da própria Madre Igreja. Bem diversos dos *criollos* ricos e dos bacharéis letrados da América espanhola – por longo tempo inermes à sombra dominadora das catedrais e dos palácios dos vice-reis, ou constituídos em *cabildos* que em geral só faziam servir de mangação aos reinóis todo-poderosos.

A singular predisposição do português para a colonização híbrida e escravocrata dos trópicos, explica-a em grande parte o seu passado étnico, ou antes, cultural, de povo indefinido entre a Europa e a África. Nem intransigentemente de uma nem de outra, mas das duas. A influência africana fervendo sob a europeia e dando um acre requeime à vida sexual, à alimentação, à religião; o sangue mouro ou negro correndo por uma grande população brancarana quando não predominando em regiões ainda hoje de gente escura;[2] o ar da África, um ar quente, oleoso, amolecendo nas instituições e nas formas de cultura as durezas germânicas; corrompendo a rigidez moral e doutrinária da Igreja medieval; tirando os ossos ao cristianismo, ao feudalismo, à arquitetura gótica, à disciplina canônica, ao direito visigótico, ao latim, ao próprio caráter do povo. A Europa reinando mas sem governar; governando antes a África.

Corrigindo até certo ponto tão grande influência do clima amolecedor, atuaram sobre o caráter português, entesando-o, as condições sempre tensas e vibráteis de contato humano entre a Europa e a África; o constante estado de guerra (que entretanto não excluiu nunca a miscigenação nem a atração sexual entre as duas raças, muito menos o intercurso entre as duas culturas);[3] a atividade guerreira, que se compensava do intenso esforço militar relaxando-se, após a vitória, sobre o trabalho agrícola e industrial dos cativos de guerra, sobre a escravidão ou a semiescravidão dos vencidos. Hegemonias e subserviências essas que não se perpetuavam; revezavam-se[4] tal como no incidente dos sinos de Santiago de Compostela. Os quais teriam sido mandados levar pelos mouros à mesquita de Córdoba às costas dos cristãos e por estes, séculos mais tarde, mandados reconduzir à Galiza às costas dos mouros.

Quanto ao fundo considerado autóctone de população tão movediça, uma persistente massa de dólicos morenos,[5] cuja cor a África árabe e mesmo negra, alagando de gente sua largos trechos da Península, mais de uma vez veio avivar de pardo ou de preto. Era como se os sentisse intimamente seus por afinidades remotas apenas empalidecidas; e não os quisesse desvanecidos sob as camadas sobrepostas de nórdicos nem transmudados pela sucessão de culturas europeizantes. Toda a invasão de celtas, germanos, romanos, normandos – o anglo-escandinavo, o *H. Europaeus L.*, o feudalismo, o cristianismo, o direito romano, a monogamia. Que tudo isso sofreu restrição ou refração em um Portugal influenciado pela África, condicionado pelo clima africano, solapado pela mística sensual do islamismo.

"Em vão se procuraria um tipo físico unificado", notava há anos em Portugal o conde Hermann de Keyserling. O que ele observou foram elementos os mais diversos e mais opostos, "figuras com ar escandinavo e negroides", vivendo no que lhe pareceu "união profunda". "A raça não tem aqui papel decisivo", concluiu o arguto observador.[6] E já da sociedade moçárabe escrevera Alexandre Herculano: "População indecisa no meio dos dois bandos contendores [nazarenos e maometanos], meia cristã, meia sarracena, e que em ambos contava parentes, amigos, simpatias de crenças ou de costumes".[7]

Esse retrato do Portugal histórico, traçado por Herculano, talvez possa estender-se ao pré e pró-histórico; o qual nos vai sendo revelado pela arqueologia e pela antropologia tão dúbio e indeciso quanto o histórico. Antes dos árabes e berberes: capsienses, libifenícios, elementos africanos mais remotos. O *H. Taganus*.[8] Ondas semitas e negras, ou negroides, batendo-se com as do Norte.

A indecisão étnica e cultural entre a Europa e a África parece ter sido sempre a mesma em Portugal como em outros trechos da Península. Espécie de bicontinentalidade que correspondesse em população assim vaga e incerta à bissexualidade no indivíduo. E gente mais flutuante que a portuguesa, dificilmente se imagina; o bambo equilíbrio de antagonismos reflete-se em tudo o que é seu, dando-lhe ao comportamento uma fácil e frouxa flexibilidade, às vezes perturbada por dolorosas hesitações,[9] e ao caráter uma especial riqueza de aptidões, ainda que não raro incoerentes e difíceis de se conciliarem para a expressão útil ou para a iniciativa prática.

Ferraz de Macedo, a quem a sensibilidade patriótica de seus conterrâneos não perdoa o amargo de algumas conclusões justas, entre muitas de um grosso exagero, procurando definir o tipo normal português, deu logo com a dificuldade fundamental: a falta de um tipo dinâmico determinado. O que encontrou foram hábitos, aspirações, interesses, índoles, vícios, virtudes variadíssimas e com origens diversas – étnicas, dizia ele; culturais, talvez dissesse mais cientificamente.

Entre outros, verificou Ferraz de Macedo no português os seguintes característicos desencontrados: a "genesia violenta" e o "gosto pelas anedotas de fundo erótico", "o brio, a franqueza, a lealdade"; "a pouca iniciativa individual", "o patriotismo vibrante"; "a imprevidência", "a inteligência"; "o fatalismo", "a primorosa aptidão para imitar".[10]

Mas o luxo de antagonismos no caráter português, surpreendeu-o magnificamente Eça de Queirós. O seu Gonçalo, d'*A ilustre casa de Ramires*, é mais que a síntese do fidalgo[11] – é a síntese do português de não importa que classe ou condição. Que todo ele é e tem sido desde Ceuta, da Índia, da descoberta e da colonização do Brasil como o Gonçalo Ramires: "cheio de fogachos e entusiasmos que acabam logo em fumo" mas persistente e duro "quando se fila à sua ideia"; de "uma imaginação que o leva [...] a exagerar até a mentira" e ao mesmo tempo de um "espírito prático sempre atento à realidade útil"; de uma "vaidade", de "uns escrúpulos de honra", de "um gosto de se arrebicar, de luzir" que vão quase ao ridículo, mas também de uma grande "simplicidade"; melancólico ao mesmo tempo que "palrador, sociável"; generoso, desleixado, trapalhão nos negócios; vivo e fácil em "compreender as coisas": sempre à espera de "algum milagre, do velho Ourique que sanará todas as dificuldades"; "desconfiado de si mesmo, acovardado, encolhido até que um dia se decide e aparece um herói".[12] Extremos desencontrados de introversão e extroversão ou alternativas de sintonia e esquizoidia, como se diria em moderna linguagem científica.

Considerando no seu todo, o caráter português dá-nos principalmente a ideia de "vago impreciso", pensa o crítico e historiador inglês Aubrey Bell; e essa imprecisão é que permite ao português reunir dentro de si tantos contrastes impossíveis de se ajustarem no duro e anguloso castelhano, de um perfil mais definidamente gótico e europeu.[13] O caráter português – comparação do mesmo Bell – é como um rio que vai correndo muito calmo e de repente se precipita em quedas de água: daí passar do "fatalismo" a "rompantes de esforço heroico"; da "apatia" a "explosões de energia na vida particular e a revoluções na vida pública"; da "docilidade" a "ímpetos de arrogância e crueldade"; da "indiferença" a "fugitivos entusiasmos", "amor ao progresso", "dinamismo"... É um caráter todo de arrojos súbitos que entre um ímpeto e outro se compraz em certa indolência voluptuosa muito oriental, na saudade, no fado, no lausperene. "Místicos e poéticos" – são ainda os portugueses segundo Bell (o inglês que depois de Beckford melhor tem sentido e compreendido a gente e a vida de Portugal), "com intervalos de intenso utilitarismo [...] caindo dos sonhos vãos numa verdadeira volúpia de proveito imediato; das alturas da alegria na tristeza, no desespero, no suicídio; da vaidade no pessimismo [...] alternando a indolência com o amor da aventura e do esporte".[14]

O que se sente em todo esse desadoro de antagonismos são as duas culturas, a europeia e a africana, a católica e a maometana, a dinâmica e a fatalista encontrando-se no português, fazendo dele, de sua vida, de sua moral, de sua economia, de sua arte um regime de influências que se alternam, se equilibram ou se hostilizam. Tomando em conta tais antagonismos de cultura, a flexibilidade, a indecisão, o equilíbrio ou a desarmonia deles resultantes, é que bem se compreende o especialíssimo caráter que tomou a colonização do Brasil, a formação *sui generis* da sociedade brasileira, igualmente equilibrada nos seus começos e ainda hoje sobre antagonismos.

Vários antecedentes dentro desse de ordem geral – bicontinentalidade, ou antes, dualismo de cultura e de raça – impõem-se à nossa atenção em particular: um dos quais a presença, entre os elementos que se juntaram para formar a nação portuguesa, dos de origem ou estoque semita,[15] gente de uma mobilidade, de uma plasticidade, de uma adaptabilidade tanto social como física que facilmente se surpreendem no português navegador e cosmopolita do século XV.[16] Hereditariamente predisposto à vida nos trópicos por um longo *habitat* tropical, o elemento semita, móvel e adaptável como nenhum outro, terá dado ao colonizador português do Brasil algumas das suas principais condições físicas e psíquicas de êxito e de resistência. Entre outras, o realismo econômico que desde cedo corrigiu os excessos de espírito militar e religioso na formação brasileira.

A mobilidade foi um dos segredos da vitória portuguesa; sem ela não se explicaria ter um Portugal quase sem gente,[17] um pessoalzinho ralo, insignificante em número – sobejo de quanta epidemia, fome e sobretudo guerra afligiu a Península na Idade Média – conseguido salpicar virilmente do seu resto de sangue e de cultura populações tão diversas e a tão grandes distâncias umas das outras: na Ásia, na África, na América, em numerosas ilhas e arquipélagos. A escassez de capital-homem, supriram-na os portugueses com extremos de mobilidade e miscibilidade: dominando espaços enormes e onde quer que pousassem, na África ou na América, emprenhando mulheres e fazendo filhos, em uma atividade genésica que tanto tinha de violentamente instintiva da parte do indivíduo quanto de política, de calculada, de estimulada por evidentes razões econômicas e políticas da parte do Estado.

Os indivíduos de valor, guerreiros, administradores, técnicos, eram por sua vez deslocados pela política colonial de Lisboa como peças em um tabuleiro de gamão: da Ásia para a América ou daí para a África, conforme conveniências de momento ou de religião. A Duarte Coelho, enriquecido pela experiência da Índia, entrega D. João III a nova capitania de Pernambuco; seus filhos, Jorge e Duarte de Albuquerque, adestrados nos combates contra os índios americanos, são chamados às guerras mais ásperas na África; da Madeira vêm para os engenhos do norte do Brasil técnicos no fabrico do açúcar. Aproveitam-se os navios da carreira das Índias para o comércio com a colônia americana. Transportam-se da África para o trabalho agrícola no Brasil nações quase inteiras de negros. Uma mobilidade espantosa. O domínio imperial realizado por um número quase ridículo de europeus correndo de uma para outra das quatro partes do mundo então conhecido como em um formidável jogo de quatro cantos.[18]

Quanto à miscibilidade, nenhum povo colonizador, dos modernos, excedeu ou sequer igualou nesse ponto aos portugueses. Foi misturando-se gostosamente com mulheres de cor logo ao primeiro contato e multiplicando-se em filhos mestiços que uns milhares apenas de machos atrevidos conseguiram firmar-se na posse de terras vastíssimas e competir com povos grandes e numerosos na extensão de domínio colonial e na eficácia de ação colonizadora. A miscibilidade, mais do que a mobilidade, foi o processo pelo qual os portugueses compensaram-se da deficiência em massa ou volume humano para a colonização em larga escala e sobre áreas extensíssimas. Para tal processo preparara-os a íntima convivência, o intercurso social e sexual com raças de cor, invasora ou vizinhas da Península, uma delas, a de fé maometana, em condições superiores, técnicas e de cultura intelectual e artística, à dos cristãos louros.[19]

O longo contato com os sarracenos deixara idealizada entre os portugueses a figura da moura-encantada, tipo delicioso de mulher morena e de olhos pretos,[20] envolta em misticismo sexual – sempre de encarnado,[21] sempre penteando os cabelos ou banhando-se nos rios ou nas águas das fontes mal-assombradas[22] – que os colonizadores vieram encontrar parecido, quase igual, entre as índias nuas e de cabelos soltos do Brasil. Que estas tinham também os olhos e os cabelos pretos, o corpo pardo pintado de vermelho,[23] e, tanto quanto as nereidas mouriscas, eram doidas por um banho de rio onde se refrescasse sua ardente nudez e por um pente para pentear o cabelo.[24] Além do que, eram gordas como as mouras. Apenas menos ariscas: por qualquer bugiganga ou caco de espelho estavam se entregando, de pernas abertas, aos "caraíbas" gulosos de mulher.

Em oposição à lenda da moura-encantada, mas sem alcançar nunca o mesmo prestígio, desenvolveu-se a da moura-torta. Nesta vazou-se porventura o ciúme ou a inveja sexual da mulher loura contra a de cor. Ou repercutiu, talvez, o ódio religioso: o dos cristãos louros descidos do Norte contra os infiéis de pele escura. Ódio que resultaria mais tarde em toda a Europa na idealização do tipo louro, identificado com personagens angélicas e divinas em detrimento do moreno, identificado com os anjos maus, com os decaídos, os malvados, os traidores.[25] O certo é que, no século XVI, os embaixadores mandados pela República de Veneza às Espanhas a fim de cumprimentarem o rei Felipe II, notaram que em Portugal algumas mulheres das classes altas tingiam os cabelos de "cor loura" e lá na Espanha várias "arrebicavam o rosto de branco e encarnado" para "tornarem a pele, que é algum tanto ou antes muito trigueira, mais alva e rosada, persuadidas de que todas as trigueiras são feias".[26]

Pode-se, entretanto, afirmar que a mulher morena tem sido a preferida dos portugueses para o amor, pelo menos para o amor físico. A moda de mulher loura, limitada aliás às classes altas, terá sido antes a repercussão de influências exteriores do que a expressão de genuíno gosto nacional. Com relação ao Brasil, que o diga o ditado: "Branca para casar, mulata para f..., negra para trabalhar";[27] ditado em que se sente, ao lado do convencialismo social da superioridade da mulher branca e da inferioridade da preta, a preferência sexual pela mulata. Aliás o nosso lirismo amoroso não revela outra tendência senão a glorificação da mulata, da cabocla, da morena celebrada pela beleza dos seus olhos, pela alvura dos seus dentes, pelos seus dengues, quindins e embelegos muito mais do que as "virgens pálidas" e as "louras donzelas". Estas surgem em um ou em outro soneto, em uma ou em outra modinha do século XVI ou XIX. Mas sem o relevo das outras.

Outra circunstância ou condição favoreceu o português, tanto quanto a miscibilidade e a mobilidade, na conquista de terras e no domínio de povos tropicais: a aclimatabilidade.

Nas condições físicas de solo e de temperatura, Portugal é antes África do que Europa. O chamado "clima português" de Martone, único na Europa, é um clima aproximado do africano. Estava assim o português predisposto pela sua mesma mesologia ao contato vitorioso com os trópicos: seu deslocamento para as regiões quentes da América não traria as graves perturbações da adaptação nem as profundas dificuldades de aclimatação experimentadas pelos colonizadores vindos de países de clima frio. Por mais que Gregory insista[28] em negar ao clima tropical a tendência para produzir *per se* sobre o europeu do Norte efeitos de degeneração, recordando ter Elkington verificado em 1922 na colônia holandesa de Kissav, fundada em 1783, condições satisfatórias de salubridade e prosperidade, sem nenhuma evidência de degeneração física (*"obvious evidence of physical degeneration"*) entre os colonos louros,[29] grande é a massa de evidências que parecem favorecer o ponto de vista contrário: o daqueles que pensam revelar o nórdico fraca ou nenhuma aclimatabilidade nos trópicos. O professor Oliveira Viana, desprezando com extrema parcialidade depoimentos como os de Elkington e Gregory, aos quais nem sequer alude, reuniu contra a pretendida capacidade de adaptação dos nórdicos aos climas tropicais o testemunho de alguns dos melhores especialistas modernos em assunto de climatologia e antropogeografia: Taylor, Glenn Trewarka, Huntington, Karl Sapper. Deste cita o sociólogo brasileiro expressivo juízo sobre os esforços colonizadores dos europeus do Norte nos trópicos: "Os europeus do Norte não têm conseguido constituir, nos planaltos tropicais, senão estabelecimentos temporários. Eles têm tentado organizar, nestas regiões, uma sociedade permanente, de base agrícola, em que o colono viva do seu próprio trabalho manual; mas em todas essas tentativas têm fracassado".[30] Mas é Taylor,[31] talvez, aquele dentre os antropólogos cujas conclusões se contrapõem com mais força e atualidade às de Gregory. Antes dos estudos de Taylor e de Huntington, de antropogeografia e antropologia cultural e dos de Dexter, de climatologia, já Benjamin Kidd observara quanto à aclimatação dos europeus do Norte nos trópicos: "todas as experiências nesse sentido têm sido vãs e inúteis esforços desde logo destinados a fracasso" (*foredoomed to failure*).[32] E Mayo Smith concluíra do ponto de vista da estatística aplicada à sociologia: "As nossas estatísticas não são suficientemente exatas para indicarem ser impossível aclimatar-se permanentemente o europeu nos trópicos, mas mostram ser isto extremamente difícil".[33]

Ao contrário da aparente incapacidade dos nórdicos, é que os portugueses têm revelado tão notável aptidão para se aclimatarem em regiões tropicais. É certo que através de muito maior miscibilidade que os outros europeus: as sociedades coloniais de formação portuguesa têm sido todas híbridas, umas mais, outras menos. No Brasil, tanto em São Paulo como em Pernambuco – os dois grandes focos de energia criadora nos primeiros séculos da colonização, os paulistas no sentido horizontal, os pernambucanos no vertical[34] – a sociedade capaz de tão notáveis iniciativas como as bandeiras, a catequese, a fundação e consolidação da agricultura tropical, as guerras contra os franceses no Maranhão e contra os holandeses em Pernambuco, foi uma sociedade constituída com pequeno número de mulheres brancas e larga e profundamente mesclada de sangue indígena. Diante do que torna-se difícil, no caso do português, distinguir o que seria aclimatabilidade de colonizador branco – já de si duvidoso na sua pureza étnica e na sua qualidade, antes convencional que genuína de europeu – da capacidade de mestiço, formado desde o primeiro momento pela união do advantício sem escrúpulos nem consciência de raça com mulheres da vigorosa gente da terra.

De qualquer modo o certo é que os portugueses triunfaram onde outros europeus falharam: de formação portuguesa é a primeira sociedade moderna constituída nos trópicos com característicos nacionais e qualidades de permanência. Qualidades que no Brasil madrugaram, em vez de se retardarem como nas possessões tropicais de ingleses, franceses e holandeses.

Outros europeus, estes brancos, puros, dólico-louros habitantes de clima frio, ao primeiro contato com a América equatorial sucumbiriam ou perderiam a energia colonizadora, a tensão moral, a própria saúde física, mesmo a mais rija, como os puritanos colonizadores de Old Providence; os quais, da mesma fibra que os pioneiros da Nova Inglaterra, na ilha tropical se deixaram espapaçar em uns dissolutos e moleirões.[35]

Não foi outro o resultado da emigração de *loyalists* ingleses da Geórgia e de outros dos novos estados da União Americana para as ilhas Bahamas – duros ingleses que o meio tropical em menos de cem anos amolengou em "*poor white trash*";[36] o mesmo teria provavelmente sucedido aos calvinistas franceses que no século XVI tentaram muito anchos e triunfantes estabelecer no Brasil uma colônia exclusivamente branca e daqui se retiraram quase sem deixar traços de sua ação colonizadora. Os que deixaram foi em areia de praia; ou então em recifes por onde andaram se agarrando os mais persistentes dos companheiros de Villegaignon antes de abandonarem definitivamente as costas brasileiras.[37] A estes, sim, poderia frei Vicente do Salvador ter chamado caranguejos: limitaram-se com efeito a arranhar o litoral.

Nem convém esquecer que os franceses, desde 1715 estabelecidos nas ilhas Reunião e Maurício, mostram-se hoje inferiores em energia e eficiência aos das primeiras gerações.[38]

Não três nem quatro, mas duas gerações apenas bastaram para enlanguescer os anglo-americanos que foram estabelecer-se no Havaí.[39] E Semple recorda que a pesquisa realizada em 1900 pela International Harvester Company of America revela o enlanguescimento da energia alemã no sul do Brasil, região, aliás, subtropical.[40]

O português não: por todas aquelas felizes predisposições de raça, de mesologia e de cultura a que nos referimos, não só conseguiu vencer as condições de clima e de solo desfavoráveis ao estabelecimento de europeus nos trópicos, como suprir a extrema penúria de gente branca para a tarefa colonizadora unindo-se com mulher de cor. Pelo intercurso com mulher índia ou negra multiplicou-se o colonizador em vigorosa e dúctil população mestiça, ainda mais adaptável do que ele puro ao clima tropical. A falta de gente, que o afligia, mais do que a qualquer outro colonizador, forçando-o à imediata miscigenação – contra o que não o indispunham, aliás, escrúpulos de raça, apenas preconceitos religiosos – foi para o português vantagem na sua obra de conquista e colonização dos trópicos. Vantagem para a sua melhor adaptação, senão biológica, social.

Semple nega aos movimentos de população europeia nas regiões tropicais da Ásia, Austrália, África e América, e de americana nas Filipinas, o caráter de genuína expansão étnica: parece-lhe que até hoje a colonização europeia e anglo-americana dos trópicos têm sido antes exploração econômica ou domínio político:[41] a colonização do tipo que representam os 76 mil ingleses que dirigem por assim dizer de luvas e preservados de mais íntimo contato com os nativos por profiláticos de borracha os negócios comerciais e políticos da Índia. Abre Semple exceção para os portugueses que pela hibridização[42] realizariam no Brasil obra verdadeira de colonização, vencendo a adversidade do clima.

Embora o clima já ninguém o considere o senhor-deus-todo--poderoso de antigamente, é impossível negar-se a influência que exerce na formação e no desenvolvimento das sociedades, senão direta, pelos efeitos imediatos sobre o homem, indireta pela sua relação com a produtividade da terra, com as fontes de nutrição, e com os recursos de exploração econômica acessíveis ao povoador.

Estão meio desacreditadas as doenças tropicais. Não se nega, porém, que o clima, *per se* ou através de fatos sociais ou econômicos por ele condicionados, predisponha os habitantes dos países quentes a doenças raras ou desconhecidas nos países de clima frio.[43] Que diminua-lhes a capacidade de trabalho.[44] Que os excite aos crimes contra a pessoa.[45] Do mesmo modo que parece demonstrado resistirem umas raças melhor do que outras a certas influências patogênicas peculiares, caráter ou intensidade, ao clima tropical.[46]

A importância do clima vai sendo reduzida à proporção que dele se desassociam elementos de algum modo sensíveis ao domínio ou à influência modificadora do homem. Parece demonstrado, por experiências recentes, que nos é possível modificar pela drenagem a natureza de certos solos, influenciando assim as fontes de umidade para a atmosfera; alterar a temperatura pela irrigação de terras secas; quebrar a força dos ventos ou mudar-lhes a direção por meio de grandes massas de arvoredos convenientemente plantadas. Isso sem falar nas sucessivas vitórias que vêm sendo obtidas sobre as doenças tropicais, amansadas e quando não subjugadas pela higiene ou pela engenharia sanitária.

De modo que o homem já não é o antigo mané-gostoso de carne abrindo os braços ou deixando-os cair, ao aperto do calor ou do frio. Sua capacidade de trabalho, sua eficiência econômica, seu metabolismo alteram-se menos onde a higiene e a engenharia sanitária, a dieta, a adaptação do vestuário e da habitação às novas circunstâncias criam-lhe condições de vida de acordo com o físico e a temperatura da região. Os próprios sistemas de comunicação moderna – fáceis, rápidos e higiênicos – fazem mudar de figura um problema outrora importantíssimo ligado às condições físicas de solo e de clima: o da qualidade e até certo ponto o da quantidade de recursos de alimentação ao dispor de cada povo. Ward salienta a importância do desenvolvimento da navegação a vapor, mais rápida e regular que a navegação à vela: veio beneficiar grandemente as populações tropicais.[47] O mesmo pode dizer-se com relação aos processos de preservação e refrigeração dos alimentos. Por meio desses processos e da moderna técnica de transporte, o homem vem triunfando sobre a dependência absoluta das fontes de nutrição regionais a que estavam outrora sujeitas as populações coloniais dos trópicos.

Neste ensaio, entretanto, o clima a considerar é o cru e quase todo-poderoso aqui encontrado pelo português em 1500: clima irregular, palustre, perturbador do sistema digestivo; clima na sua relação com o solo desfavorável ao homem agrícola e particularmente ao europeu, por não permitir nem a prática de sua lavoura tradicional regulada pelas quatro estações do ano nem a cultura vantajosa daquelas plantas alimentares a que ele estava desde há muitos séculos habituado.[48]

O português no Brasil teve de mudar quase radicalmente o seu sistema de alimentação, cuja base se deslocou, com sensível déficit, do trigo para a mandioca; e o seu sistema de lavoura, que as condições físicas e químicas de solo, tanto quanto as de temperatura ou de clima, não permitiram fosse o mesmo doce trabalho das terras portuguesas. A esse respeito o colonizador inglês dos Estados Unidos levou sobre o português do Brasil decidida vantagem, ali encontrando condições de vida física e fontes de nutrição semelhantes às da mãe-pátria. No Brasil verificaram-se necessariamente no povoador europeu desequilíbrios de morfologia tanto quanto de eficiência pela falta em que se encontrou de súbito dos mesmos recursos químicos de alimentação do seu país de origem. A falta desses recursos como a diferença nas condições meteorológicas e geológicas em que teve de processar-se o trabalho agrícola realizado pelo negro mas dirigido pelo europeu dá à obra de colonização dos portugueses um caráter de obra criadora, original, a que não pode aspirar nem a dos ingleses na América do Norte nem a dos espanhóis na Argentina.[49]

Embora mais aproximado o português que qualquer colonizador europeu da América do clima e das condições tropicais, foi, ainda assim, uma rude mudança a que ele sofreu transportando-se ao Brasil. Dentro das novas circunstâncias de vida física, comprometeu-se a sua vida econômica e social.

Tudo era aqui desequilíbrio. Grandes excessos e grandes deficiências, as da nova terra. O solo, excetuadas as manchas de terra preta ou roxa, de excepcional fertilidade, estava longe de ser o bom de se plantar nele tudo o que se quisesse, do entusiasmo do primeiro cronista. Em grande parte rebelde à disciplina agrícola. Áspero, intratável, impermeável. Os rios, outros inimigos da regularidade do esforço agrícola e da estabilidade da vida de família. Enchentes mortíferas e secas esterilizantes – tal o regime de suas águas. E pelas terras e matagais de tão difícil cultura como pelos rios quase impossíveis de ser aproveitados economicamente na lavoura, na indústria ou no transporte regular de produtos agrícolas – viveiros de larvas, multidões de insetos e de vermes nocivos ao homem.

Particularmente ao homem agrícola, a quem por toda parte afligem mal ele inicia as plantações, as "formigas que fazem muito dano" à lavoura; a "lagarta das roças"; as pragas que os feiticeiros índios desafiam os padres que destruam com os seus sinais e as suas rezas.[50]

Contrastem-se essas condições com as encontradas pelos ingleses na América do Norte, a começar pela temperatura: substancialmente a mesma que a da Europa Ocidental (média anual 56° F), considerada a mais favorável ao progresso econômico e à civilização à europeia. De modo que não parece tocar ao caso brasileiro a generalização do professor Bogart sobre o povo por ele vagamente chamado "raça latino-americana". O qual nem por se achar rodeado de grandes "riquezas naturais" se teria elevado às mesmas condições de progresso agrícola e industrial que os anglo-americanos. Essa incapacidade atribui o economista a ser a tal "raça latino-americana" *"a weak ease loving race"* e não *"a virile, energetic people"* como os anglo-americanos. Estes, sim, souberam desenvolver os recursos naturais à sua disposição: "*devoted themselves to the exploitation of the natural resources with wonderful sucess*".[51] Mas foi esse mesmo povo tão viril e enérgico que fracassou em Old Providence e nas Bahamas.

O português vinha encontrar na América tropical uma terra de vida aparentemente fácil; na verdade dificílima para quem quisesse aqui organizar qualquer forma permanente ou adiantada de economia e de sociedade. Se é certo que nos países de clima quente o homem pode viver sem esforço da abundância de produtos espontâneos, convém, por outro lado, não esquecer que igualmente exuberantes são, nesses países, as formas perniciosas de vida vegetal e animal, inimigas de toda cultura agrícola organizada e de todo trabalho regular e sistemático.

No homem e nas sementes que ele planta, nas casas que edifica, nos animais que cria para seu uso ou sua subsistência, nos arquivos e bibliotecas que organiza para sua cultura intelectual, nos produtos úteis ou de beleza que saem de suas mãos – em tudo se metem larvas, vermes, insetos, roendo, esfuracando, corrompendo. Semente, fruta, madeira, papel, carne, músculos, vasos linfáticos, intestinos, o branco do olho, os dedos dos pés, tudo fica à mercê de inimigos terríveis.

Foi dentro de condições físicas assim adversas que se exerceu o esforço civilizador dos portugueses nos trópicos. Tivessem sido aquelas condições as fáceis e doces de que falam os panegiristas da nossa natureza e teriam razão os sociólogos e economistas que, contrastando o difícil triunfo lusitano no Brasil com o rápido e sensacional dos ingleses naquela parte da América de clima estimulante, flora equilibrada, fauna antes auxiliar que inimiga do homem, condições agrológicas e geológicas favoráveis, onde hoje esplende a formidável civilização dos Estados Unidos, concluem pela superioridade do colonizador louro sobre o moreno.

Antes de vitoriosa a colonização portuguesa do Brasil, não se compreendia outro tipo de domínio europeu nas regiões tropicais que não fosse o da exploração comercial através de feitorias ou da pura extração de riqueza mineral. Em nenhum dos casos se considerara a sério o prolongamento da vida europeia ou a adaptação dos seus valores morais e materiais a meios e climas tão diversos; tão mórbidos e dissolventes.

O colonizador português do Brasil foi o primeiro entre os colonizadores modernos a deslocar a base da colonização tropical da pura extração de riqueza mineral, vegetal ou animal – o ouro, a prata, a madeira, o âmbar, o marfim – para a de criação local de riqueza. Ainda que riqueza – a criada por eles sob a pressão das circunstâncias americanas – à custa do trabalho escravo: tocada, portanto, daquela perversão de instinto econômico que cedo desviou o português da atividade de produzir valores para a de explorá-los, transportá-los ou adquiri-los.

Semelhante deslocamento, embora imperfeitamente realizado, importou em uma nova fase e em um novo tipo de colonização: a "colônia de plantação", caraterizada pela base agrícola e pela permanência do colono na terra, em vez do seu fortuito contato com o meio e com a gente nativa. No Brasil iniciaram os portugueses a colonização em larga escala dos trópicos por uma técnica econômica e por uma política social inteiramente novas: apenas esboçadas nas ilhas subtropicais do Atlântico. A primeira: a utilização e o desenvolvimento de riqueza vegetal pelo capital e pelo esforço do particular; a agricultura; a sesmaria; a grande lavoura escravocrata. A segunda: o aproveitamento da gente nativa, principalmente da mulher, não só como instrumento de trabalho mas como elemento de formação da família. Semelhante política foi bem diversa da de extermínio ou segregação seguida por largo tempo no México e no Peru pelos espanhóis, exploradores de minas, e sempre e desbragadamente na América do Norte pelos ingleses.

A sociedade colonial no Brasil, principalmente em Pernambuco e no Recôncavo da Bahia, desenvolveu-se patriarcal e aristocraticamente à sombra das grandes plantações de açúcar, não em grupos a esmo e instáveis; em casas-grandes de taipa ou de pedra e cal, não em palhoças de aventureiros. Observa Oliveira Martins que a população colonial no Brasil, "especialmente ao norte, constituiu-se aristocraticamente, isto é, as casas de Portugal enviaram ramos para o ultramar; desde todo o princípio a colônia apresentou um aspecto diverso das turbulentas imigrações dos castelhanos na América Central e Ocidental".[52] E antes dele já escrevera Southey que nas casas de engenho de Pernambuco encontravam-se, nos primeiros séculos de colonização, as decências e o conforto que debalde se procurariam entre as populações do Paraguai e do Prata.[53]

No Brasil, como nas colônias inglesas de tabaco, de algodão e de arroz da América do Norte, as grandes plantações foram obra não do Estado colonizador, sempre somítico em Portugal, mas de corajosa iniciativa particular. Esta é que nos trouxe pela mão de um Martim Afonso, ao Sul, e principalmente de um Duarte Coelho, ao Norte,[54] os primeiros colonos sólidos, as primeiras mães de família, as primeiras sementes, o primeiro gado, os primeiros animais de transporte, plantas alimentares, instrumentos agrícolas, mecânicos judeus para as fábricas de açúcar, escravos africanos para o trabalho de eito e de bagaceira (de que logo se mostrariam incapazes os indígenas molengos e inconstantes). Foi a iniciativa particular que, concorrendo às sesmarias, dispôs-se a vir povoar e defender militarmente, como era exigência real, as muitas léguas de terra em bruto que o trabalho negro fecundaria. Como Payne salienta, na sua *History of European colonies*, os portugueses colonizadores do Brasil foram os primeiros europeus a verdadeiramente se estabelecerem em colônias, vendendo para esse fim quanto possuíam em seu país de origem e transportando-se com a família e cabedais para os trópicos.[55]

Leroy-Beaulieu[56] assinala como uma das vantagens da colonização portuguesa da América tropical, pelo menos, diz ele, nos dois primeiros séculos, "a ausência completa de um sistema regular e complicado de administração", a "liberdade de ação" (*"la liberté d'action que l'on trouvait dans ce pays peu gouverné"*) característica do começo da vida brasileira. *"L'organisation coloniale ne précède pas, elle suivit le développement de la colonisation"*, observa o economista francês no seu estudo sobre a colonização moderna.

E Ruediger Bilden escreve, com admirável senso crítico, que no Brasil a colonização particular, muito mais que a ação oficial, promoveu a mistura de raças, a agricultura latifundiária e a escravidão, tornando possível, sobre tais alicerces, a fundação e o desenvolvimento de grande e estável colônia agrícola nos trópicos. Isto além de nos ter alargado grandemente para o oeste o território, o que teria sido impossível à ação oficial cerceada por compromissos políticos internacionais.[57]

A partir de 1532, a colonização portuguesa do Brasil, do mesmo modo que a inglesa da América do Norte e ao contrário da espanhola e da francesa nas duas Américas, caracteriza-se pelo domínio quase exclusivo da família rural ou semirrural. Domínio a que só o da Igreja faz sombra, através da atividade, às vezes hostil ao familismo, dos padres da Companhia de Jesus.

A família, não o indivíduo, nem tampouco o Estado nem nenhuma companhia de comércio, é desde o século XVI o grande fator colonizador no Brasil, a unidade produtiva, o capital que desbrava o solo, instala as fazendas, compra escravos, bois, ferramentas, a força social que se desdobra em política, constituindo-se na aristocracia colonial mais poderosa da América. Sobre ela o rei de Portugal quase reina sem governar. Os senados de Câmara, expressões desse familismo político, cedo limitam o poder dos reis e mais tarde o próprio imperialismo ou, antes, parasitismo econômico, que procura estender do reino às colônias os seus tentáculos absorventes.

A colonização por indivíduos – soldados de fortuna, aventureiros, degredados, cristãos-novos fugidos à perseguição religiosa, náufragos, traficantes de escravos, de papagaios e de madeira – quase não deixou traço na plástica econômica do Brasil. Ficou tão no raso, tão à superfície e durou tão pouco que política e economicamente esse povoamento irregular e à toa não chegou a definir-se em sistema colonizador.

O seu aspecto puramente genético não deve entretanto ser perdido de vista pelo historiador da sociedade brasileira. Sob esse critério há mesmo quem o considere "tara étnica inicial" e surpreenda "entre traços da fisionomia coletiva do povo brasileiro, inequívocos vestígios dos estigmas hereditários, impressos por aqueles patriarcas pouco recomendáveis da nacionalidade". De Azevedo Amaral (de quem é essa observação) aceitamos, sobre o período em apreço, duas generalizações que nos parecem caracterizá-lo com toda a exatidão: uma, que foi pela sua "heterogeneidade racial" um período, não português, mas promíscuo, o cunho português só se imprimindo sobre a confusão de etnias pelo predomínio do idioma; outra, que constitui uma espécie de "pré-história nacional". "Eliminar os primeiros cinquenta anos", escreve Azevedo Amaral, "durante os quais à revelia de qualquer supervisão política e fora mesmo da civilização, o Brasil recebeu os primeiros aluviões complexos de povoadores, equivale a suprimir um elemento básico da formação nacional, cuja influência, projetada pelos séculos seguintes, podemos induzir seguramente de fatos positivos, que a moderna pesquisa biológica demonstra suficientemente.

Se quisermos, qualifiquemos esse período, em uma categoria à parte, de pré-história nacional".⁵⁸

Onde Azevedo Amaral nos parece lamentavelmente exagerado é em considerar todos aqueles povoadores (sobre os quais reconhece ser "tão escassa e precária [...] a informação acessível") uns "tarados, criminosos e semiloucos."⁵⁹ Refere-se principalmente aos degredados; não há, entretanto, fundamentos nem motivos para duvidar de que alguns fossem gente sã, degredada pelas ridicularias por que então se exilavam súditos, dos melhores, do reino para os ermos.

Era estreitíssimo o critério que ainda nos séculos XV e XVI orientava entre os portugueses a jurisprudência criminal. No seu direito penal o misticismo, ainda quente dos ódios de guerra contra os mouros, dava uma estranha proporção aos delitos. Carlos Malheiros Dias afirma que "não existia na legislação coeva código de severidade comparável ao Livro V das Ordenações Manuelinas". E acrescenta: "cerca de duzentos delitos eram nele punidos com degredo".⁶⁰

A Lei de 7 de janeiro de 1453, de D. Dinis, diz-nos o general Morais Sarmento, que "mandava tirar a língua pelo pescoço e queimar vivos os que descriam de Deus ou dirigiam doestos a Deus ou aos Santos"; e por usar de feitiçarias "per que uma pessoa queira bem ou mal a outra...",⁶¹ como por outros crimes místicos ou imaginários, era o português nos séculos XVI e XVII "degredado para sempre para o Brasil".⁶² Em um país de formação antes religiosa do que etnocêntrica, eram esses os grandes crimes e bem diversa da moderna, ou da dos países de formação menos religiosa, a perspectiva criminal.

Enquanto quem dirigisse doestos aos santos tinha a língua tirada pelo pescoço e quem fizesse feitiçaria amorosa era degredado para os ermos da África ou da América; pelo crime de matar o próximo, de desonrar-lhe a mulher, de estuprar-lhe a filha, o delinquente não ficava, muitas vezes, sujeito a penas mais severas que a de "pagar de multa uma galinha" ou a de "pagar mil e quinhentos módios".⁶³ Contanto que fosse acoitar-se a um dos numerosos "coitos de homiziados".

Não faziam esses coitos mistério de sua função protetora de homicidas, adúlteros e servos fugidos, antes proclamavam-na abertamente pela voz dos forais. "Não se julgue", diz Gama Barros, "que as terras onde o soberano decretava que os criminosos ficassem imunes, consideravam desonra para elas a concessão de tal privilégio".⁶⁴ E o professor Mendes Correia informa-nos que Sabugal em 1369 pedia que fossem dadas "mais garantias aos refugiados nesse coito"; que no foral de Azurara a "imunidade chegava ao ponto de se punir gravemente quem perseguisse até dentro da vila o criminoso fugitivo".[65] Tem-se a impressão de que os lugares mal povoados do reino disputavam a concessão do privilégio do coito; e a gente que acoitavam eram, com o grande número de servos fugidos, os celerados de crime de morte e de estupro; vindo para o Brasil antes os autores de delitos leves ou de crimes imaginários que a perspectiva criminal portuguesa da época deformava em atentados horríveis, do que mesmo os criminosos de fato. Estes, entretanto, devem ter vindo em número não de todo insignificante para a colônia americana: de outro modo, deles não se teria ocupado tão veementemente o donatário Duarte Coelho em uma de suas muitas cartas de administrador severo e escrupuloso, rogando a el-Rei que lhe não mandasse mais dos tais degredados: pois eram piores que peçonha.[66]

É possível que se degredassem de propósito para o Brasil, visando ao interesse genético ou de povoamento, indivíduos que sabemos terem sido para cá expatriados por irregularidades ou excessos na sua vida sexual: por abraçar e beijar, por usar de feitiçaria para querer bem ou mal, por bestialidade, molície, alcovitice.[67] A ermos tão mal povoados, salpicados, apenas, de gente branca, convinham superexcitados sexuais que aqui exercessem uma atividade genésica acima da comum, proveitosa talvez, nos seus resultados, aos interesses políticos e econômicos de Portugal no Brasil.

Atraídos pelas possibilidades de uma vida livre, inteiramente solta, no meio de muita mulher nua, aqui se estabeleceram por gosto ou vontade própria muitos europeus do tipo que Paulo Prado retrata em traços de forte realismo.[68] Garanhões desbragados.

Outros, como os grumetes que fugiram da armada de Cabral sumindo-se pelos matos, aqui se teriam deixado ficar por puro gosto de aventura ou "afoiteza de adolescência":[69] e as ligações destes, de muitos dos degredados, de "intérpretes" normandos, de náufragos, de cristãos-novos; as ligações de todos esses europeus, tantos deles na flor da idade e no viço da melhor saúde, gente nova, machos sãos e vigorosos, "aventureiros moços e ardentes, em plena força",[70] com mulheres gentias, também limpas e sãs, nem sempre terão sido dos tais "conúbios disgênicos" de que fala Azevedo Amaral. Ao contrário. Tais uniões devem ter agido como "verdadeiro processo de seleção sexual",[71] dada a liberdade que tinha o europeu de escolher mulher entre dezenas de índias. De semelhante intercurso sexual só podem ter resultado bons animais, ainda que maus cristãos ou mesmo más pessoas.

Junte-se às vantagens, já apontadas, do português do século XV sobre os povos colonizadores seus contemporâneos, a da sua moral sexual, a moçárabe, a católica amaciada pelo contato com a maometana, e mais frouxa, mais relassa que a dos homens do Norte. Nem era entre eles a religião o mesmo duro e rígido sistema que entre os povos do Norte reformado e da própria Castela dramaticamente católica, mas uma liturgia antes social que religiosa, um doce cristianismo lírico, com muitas reminiscências fálicas e animistas das religiões pagãs: os santos e os anjos só faltando tornar-se carne e descer dos altares nos dias de festa para se divertirem com o povo; os bois entrando pelas igrejas para ser benzidos pelos padres; as mães ninando os filhinhos com as mesmas cantigas de louvar o Menino-Deus; as mulheres estéreis indo esfregar-se, de saia levantada, nas pernas de São Gonçalo do Amarante; os maridos cismados de infidelidade conjugal indo interrogar os "rochedos dos cornudos" e as moças casadouras os "rochedos do casamento"; Nossa Senhora do Ó adorada na imagem de uma mulher prenhe.

No caso do Brasil, que foi um fenômeno do século XVII, o português trazia mais a seu favor, e a favor da nova colônia, toda a riqueza e extraordinária variedade de experiências acumuladas durante o século XV, na Ásia e na África, na Madeira e em Cabo Verde. Entre tais experiências, o conhecimento de plantas úteis, alimentares e de gozo que para aqui seriam transplantadas com êxito, o de certas vantagens do sistema de construção asiático, adaptáveis ao trópico americano, o da capacidade do negro para o trabalho agrícola.

Todos esses elementos, a começar pelo cristianismo liricamente social, religião ou culto de família mais do que de catedral ou de igreja – que nunca as tiveram os portugueses grandes e dominadoras do tipo das de Toledo ou das de Burgos, como nunca as teria o Brasil da mesma importância e prestígio que as da América Espanhola; todos esses elementos e vantagens viriam favorecer entre nós a colonização, que na América Portuguesa, como nas "colônias de proprietários" dos ingleses na América do Norte, repousaria sobre a instituição da família escravocrata; da casa-grande; da família patriarcal; sendo que nestas bandas acrescida a família de muito maior número de bastardos e dependentes em torno dos patriarcas, mais femeeiros que os de lá e um pouco mais soltos, talvez, na sua moral sexual.

A nossa verdadeira formação social se processa de 1532 em diante, tendo a família rural ou semirrural por unidade, quer através de gente casada vinda do reino, quer das famílias aqui constituídas pela união de colonos com mulheres caboclas ou com moças órfãs ou mesmo à toa, mandadas vir de Portugal pelos padres casamenteiros.

Vivo e absorvente órgão da formação social brasileira, a família colonial reuniu, sobre a base econômica da riqueza agrícola e do trabalho escravo, uma variedade de funções sociais e econômicas. Inclusive, como já insinuamos, a do mando político: o oligarquismo ou nepotismo, que aqui madrugou, chocando-se ainda em meados do século XVI com o clericalismo dos padres da Companhia.[72] Em oposição aos interesses da sociedade colonial, queriam os padres fundar no Brasil uma santa república de "índios domesticados para Jesus" como os do Paraguai; seráficos caboclos que só obedecessem aos ministros do Senhor e só trabalhassem nas suas hortas e roçados. Nenhuma individualidade nem autonomia pessoal ou de família. Fora o cacique, todos vestidos de camisola de menino dormir como em um orfanato ou em um internato. O trajo dos homens igualzinho ao das mulheres e das crianças.

Pela presença de um tão forte elemento ponderador como a família rural ou, antes, latifundiária, é que a colonização portuguesa do Brasil tomou desde cedo rumo e aspectos sociais tão diversos da teocrática, idealizada pelos jesuítas – e mais tarde por eles realizada no Paraguai – da espanhola e da francesa. Claro que esse domínio de família não se teria feito sentir sem a base agrícola, em que repousou entre nós, como entre os ingleses colonizadores da Virgínia e das Carolinas, a colonização. "Estabelecido nas ilhas do Atlântico", diz Manuel Bonfim do colono português, "e não encontrando aí outra forma de atividade, nem possibilidade de fortuna senão a exploração estável, agrícola, o povoamento regular, assim procedeu e mostrou, antes de qualquer outro povo da Europa medieval, ser excelente povoador, porque juntava as qualidades de pioneiro às de formador de vida agrícola e regular em terras novas".[73]

É verdade que muitos dos colonos que aqui se tornaram grandes proprietários rurais não tinham pela terra nenhum amor nem gosto pela sua cultura. Há séculos que em Portugal o mercantilismo burguês e semita, por um lado, e, por outro lado, a escravidão moura sucedida pela negra, haviam transformado o antigo povo de reis lavradores no mais comercializado e menos rural da Europa. No século XVI é o próprio rei que dá despacho não em nenhum castelo gótico cercado de pinheiros mas por cima de uns armazéns à beira do rio; e ele e tudo que é grande fidalgo enriquecem no tráfico de especiarias asiáticas. O que restava aos portugueses do século XVI de vida rural era uma fácil horticultura e um doce pastoreio: e, como outrora entre os israelitas, quase que só florescia entre eles a cultura da oliveira e da vinha. Curioso, portanto, que o sucesso da colonização portuguesa do Brasil se firmasse precisamente em base rural.

Considerando o elemento colonizador português em massa, não em exceções como Duarte Coelho – tipo perfeito de grande agricultor – pode dizer-se que seu ruralismo no Brasil não foi espontâneo, mas de adoção, imposto pelas circunstâncias. Para os portugueses o ideal teria sido não uma colônia de plantação, mas outra Índia com que israelitamente comerciassem em especiarias e pedras preciosas; ou um México ou Peru de onde pudessem extrair ouro e prata. Ideal semita. As circunstâncias americanas é que fizeram do povo colonizador de tendências menos rurais ou, pelo menos, com o sentido agrário mais pervertido pelo mercantilismo, o mais rural de todos: do povo que a Índia transformara no mais parasitário, o mais criador.

Entre aquelas circunstâncias avultam imperiosas: as qualidades e as condições físicas da terra; as condições morais e materiais da vida e cultura de seus habitantes.

Terra e homem estavam em estado bruto. Suas condições de cultura não permitiam aos portugueses vantajoso intercurso comercial que reforçasse ou prolongasse o mantido por eles com o Oriente. Nem reis de Cananor nem sobas de Sofala encontraram os descobridores do Brasil com que tratar ou negociar. Apenas morubixabas. Bugres. Gente quase nua e à toa, dormindo em rede ou no chão, alimentando-se de farinha de mandioca, de fruta do mato, de caça ou peixe comido cru ou depois de assado em borralho. Nas suas mãos não cintilavam pérolas de Cipango nem rubis de Pegu; nem ouro de Sumatra nem sedas de Catar lhes abrilhantavam os corpos cor de cobre, quando muito enfeitados de penas; os pés em vez de tapetes da Pérsia pisavam a areia pura. Animal doméstico ao seu serviço não possuíam nenhum. Agricultura, umas ralas plantações de mandioca ou mindubi, de um ou outro fruto. Oliveira Viana tem razão quando escreve que entre as Índias "com uma maravilhosa riqueza acumulada e uma longa tradição comercial com os povos do Oriente e Ocidente" e o Brasil "com uma população de aborígines ainda na idade da pedra polida" havia diferença essencial. "Essa ausência de riqueza organizada, essa falta de base para organização puramente comercial", acrescenta o autor da *Evolução do povo brasileiro*, "é que leva os peninsulares para aqui transplantados a se dedicarem à exploração agrícola".[74]

Cravo, pimenta, âmbar, sândalo, canela, gengibre, marfim, nenhuma substância vegetal ou animal de valor consagrado pelas necessidades e gostos da Europa aristocrática ou burguesa os portugueses encontraram nos trópicos americanos. Isto sem falar no ouro e na prata, mais farejados do que tudo e de que logo se desiludiram os exploradores da nova terra. A conclusão melancólica de Vespúcio resume o amargo desapontamento de todos eles: "infinitas arvores de pau brasil e canna fistula..."[75] "Arvoredos de ponta a ponta" e "agoas muytas", notara o arguto cronista do descobrimento, Pero Vaz de Caminha.[76]

Enormes massas de água, é certo, davam grandeza à terra coberta de grosso matagal. Dramatizavam-na. Mas grandeza sem possibilidades econômicas para a técnica e conhecimentos da época. Ao contrário: às necessidades dos homens que criaram o Brasil aquelas formidáveis massas, rios e cachoeiras, só em parte, e nunca completamente, se prestaram às funções civilizadoras de comunicação regular e de dinamização útil.

Um rio grande daqueles quando transbordava em tempo de chuva era para inundar tudo, cobrindo canaviais e matando gado e até gente. Destruindo. Devastando. Lavoura e pecuária eram quase impossíveis às suas margens, porque tanto tinha de fácil o estabelecimento quanto de fatal a destruição pelas enchentes, pelas cheias que ou dizimavam as manadas ou corrompiam-lhes o pasto; e em vez de beneficiarem as plantações, destruíam-nas completamente ou em grande parte.

Sem equilíbrio no volume nem regularidade no curso, variando extremamente em condições de navegabilidade e de utilidade, os rios grandes foram colaboradores incertos – se é que os possamos considerar colaboradores – do homem agrícola na formação econômica e social do nosso país. Muito deve o Brasil agrário aos rios menores porém mais regulares: onde eles docemente se prestaram a moer as canas, a alagar as várzeas, a enverdecer os canaviais, a transportar o açúcar, a madeira e mais tarde o café, a servir aos interesses e às necessidades de populações fixas, humanas e animais, instaladas às suas margens; aí a grande lavoura floresceu, a agricultura latifundiária prosperou, a pecuária alastrou-se. Rios do tipo do Mamanguape, do Una, do Pitanga, do Paranamirim, do Serinhaém, do Iguaçu, do Cotindiba, do Pirapama, do Ipojuca, do Mundaú, do Paraíba, foram colaboradores valiosos, regulares, sem as intermitências nem os transbordamentos dos grandes na organização da nossa economia agrária e da sociedade escravocrata que à sua sombra se desenvolveu. Do Paraíba escreveu Alberto Rangel que pelo tempo do braço escravo foi "o rio paradisíaco, Eufrates das senzalas com Taubaté por metrópole".[77] Tanto mais rica em qualidade e condições de permanência foi a nossa vida rural do século XVI ao XIX onde mais regular foi o suprimento de água; onde mais equilibrados foram os rios ou mananciais.

Se os grandes rios brasileiros já foram glorificados em monumento e cantada em poema célebre a cachoeira de Paulo Afonso (por tanto tempo de um interesse puramente estético para não dizer cenográfico em nossa vida), aos rios menores, tão mais prestadios, falta o estudo que lhes fixe o importante papel civilizador em nossa formação; ligados às nossas tradições de estabilidade tanto quanto os outros – os mais românticos talvez, porém não mais brasileiros – às de mobilidade, de dinamismo, de expansão pelos sertões adentro de bandeirantes e padres, à procura de ouro, de escravos e de almas para Nosso Senhor Jesus Cristo. Os grandes foram por excelência os rios do bandeirante e do missionário, que os subiam vencendo dificuldades de quedas de água e de curso irregular; os outros, os do senhor de engenho, do fazendeiro, do escravo, do comércio de produtos da terra. Aqueles dispersaram o colonizador; os rios menores fixaram-no tornando possível a sedentariedade rural.

Tendo por base física as águas, ainda que encachoeiradas, dos grandes rios, prolongou-se no brasileiro a tendência colonial do português de derramar-se em vez de condensar-se. O bandeirante, particularmente, torna-se desde os fins do século XVI um fundador de subcolônias. Ainda não é dono da terra em que nasceu mas simples colonial e já se faz de senhor das alheias em um imperialismo que tanto tem de ousado quanto de precoce. Com o bandeirante o Brasil autocoloniza-se. Já Pedro Dantas fixou essa possível constante da nossa história: derramamo-nos em superfície antes de nos desenvolvermos "em densidade e profundidade".[78] A mesma tendência dispersiva da expansão colonial portuguesa. No Brasil, prolongou-se a tendência – talvez vinda de longe, do semita[79] – no que pareceu a Alberto Torres o nosso "afã de ir estendendo populações aventureiras e empresas capitalistas [...] por todo o território". Afã que ao seu ver devíamos contrariar por uma "política de conservação da natureza, de reparação das regiões estragadas, de concentração das populações nas zonas já abertas à cultura, sendo educado o homem para aproveitá-las e para fazer frutificar, valorizando-as".[80] Outra coisa não desejaria Pedro Dantas para o Brasil de hoje que essa concentração das populações dinâmicas nas zonas já abertas à cultura: "que o nosso desenvolvimento se processasse em densidade e profundidade". Esta foi aliás a tendência esboçada no Brasil agrário, de senhores de engenho e fazendeiros, de que Azevedo Amaral se mostra tão severo crítico nas páginas dos *Ensaios brasileiros*.[81]

Se é certo que o furor expansionista dos bandeirantes conquistou-nos verdadeiros luxos de terras, é também exato que nesse desadoro de expansão comprometeu-se a nossa saúde econômica e quase que se comprometia a nossa unidade política. Felizmente aos impulsos de dispersão e aos perigos, deles decorrentes, de diferenciação e separatismo, opuseram-se desde o início da nossa vida colonial forças quase da mesma agressividade, neutralizando-os ou pelo menos amolecendo-os. A começar pelo físico da região formando aquele *"ensemble naturel"* que Horace Say há quase um século contrastava com o da América espanhola: *"Aucune limite ne s'élève pour séparer les diverses provinces les unes des autres et c'est là un avantage de plus que les possessions portugaises ont eu sur les possessions espagnoles en Amérique".*[82]

A mesma mobilidade que nos dispersa desde o século XVI em paulistas e pernambucanos, ou paulistas e baianos, e daí ao século XIX em vários subgrupos, mantém-nos em contato, em comunhão mesmo, através de difícil mas nem por isso infrequente intercomunicação colonial. "Fluminenses e paulistas estiveram a combater na Bahia e em Pernambuco, que se defendiam do holandês", lembra Manuel Bonfim a propósito da afirmativa de Euclides da Cunha de que essa luta do Norte contra o estrangeiro se realizara "com divórcio completo das gentes meridionais". São também paulistas que "acodem aos repetidos chamados da Bahia na defesa contra o gentio Aimoré, como na defesa contra o holandês, como a Pernambuco para resolver o caso dos Palmares".[83] Mais tarde – é ainda Bonfim quem o destaca – "espontaneamente correm os cearenses a socorrer o Piauí ainda dominado pelas tropas portuguesas, e juntos, piauienses e cearenses vão em prol do Maranhão";[84] pela mesma época correm os pernambucanos em auxílio da Bahia, alcançando com os baianos a vitória de 2 de julho.

Os jesuítas foram outros que pela influência do seu sistema uniforme de educação e de moral sobre um organismo ainda tão mole, plástico, quase sem ossos, como o da nossa sociedade colonial nos séculos XVI e XVII, contribuíram para articular como educadores o que eles próprios dispersavam como catequistas e missionários. Estavam os padres da S. J. em toda parte; moviam-se de um extremo ao outro do vasto território colonial; estabeleciam permanente contato entre os focos esporádicos de colonização, através da "língua-geral", entre os vários grupos de aborígines.[85] Sua mobilidade, como a dos paulistas, se por um lado chegou a ser perigosamente dispersiva, por outro lado foi salutar e construtora, tendendo para aquele "unionismo" em que o professor João Ribeiro surpreendeu uma das grandes forças sociais da nossa história.[86]

Para o "unionismo" prepara-nos aliás a singular e especialíssima situação do povo colonizador; o qual chega às praias americanas unido política e juridicamente; e por maior que fosse a sua variedade íntima ou aparente de etnias e de crenças, todas elas acomodadas à organização política e jurídica do Estado unido à Igreja Católica. Como observa M. Bonfim, "a formação de Portugal se caracteriza por uma precocidade política tal, que o pequeno reino nos aparece como a primeira nação completa na Europa do século XVI". Observação que já fizera Stephens na sua *The story of Portugal*.[87]

Os portugueses não trazem para o Brasil nem separatismos políticos, como os espanhóis para o seu domínio americano, nem divergências religiosas, como os ingleses e franceses para as suas colônias. Os marranos em Portugal não constituíam o mesmo elemento intransigente de diferenciação que os huguenotes na França ou os puritanos na Inglaterra; eram uma minoria imperecível em alguns dos seus característicos, economicamente odiosa, porém não agressiva nem perturbadora da unidade nacional. Ao contrário: a muitos respeitos, nenhuma minoria mais acomodatícia e suave.

O Brasil formou-se, despreocupados os seus colonizadores da unidade ou pureza de raça. Durante quase todo o século XVI a colônia esteve escancarada a estrangeiros, só importando às autoridades coloniais que fossem de fé ou religião católica. Handelmann notou que para ser admitido como colono do Brasil no século XVI a principal exigência era professar a religião cristã: "somente cristãos" – e em Portugal isso queria dizer católicos – "podiam adquirir sesmarias". "Ainda não se opunha todavia", continua o historiador alemão, "restrição alguma no que diz respeito à nacionalidade: assim é que católicos estrangeiros podiam emigrar para o Brasil e aí estabelecer-se [...]".[88] Oliveira Lima salienta que no século XVI Portugal tolerava em suas possessões muitos estrangeiros, não sendo a política portuguesa de colonização e povoamento a de "rigoroso exclusivismo posteriormente adotado pela Espanha".[89]

Através de certas épocas coloniais observou-se a prática de ir um frade a bordo de todo navio que chegasse a porto brasileiro, a fim de examinar a consciência, a fé, a religião do adventício.[90] O que barrava então o imigrante era a heterodoxia; a mancha de herege na alma e não a mongólica no corpo. Do que se fazia questão era da saúde religiosa: a sífilis, a bouba, a bexiga, a lepra entraram livremente trazidas por europeus e negros de várias procedências.

O perigo não estava no estrangeiro nem no indivíduo disgênico ou cacogênico, mas no herege. Soubesse rezar o padre-nosso e a ave-maria, dizer creio-em-Deus-Padre, fazer o pelo-sinal-da-Santa-Cruz – e o estranho era bem-vindo no Brasil colonial. O frade ia a bordo indagar da ortodoxia do indivíduo como hoje se indaga da sua saúde e da sua raça. "Ao passo que o anglo-saxão", nota Pedro de Azevedo, "só considera de sua raça o indivíduo que tem o mesmo tipo físico, o português esquece raça e considera seu igual aquele que tem religião igual à que professa".[91]

Temia-se no adventício acatólico o inimigo político capaz de quebrar ou de enfraquecer aquela solidariedade que em Portugal se desenvolvera junto com a religião católica. Essa solidariedade manteve-se entre nós esplendidamente através de toda a nossa formação colonial, reunindo-nos contra os calvinistas franceses, contra os reformados holandeses, contra os protestantes ingleses. Daí ser tão difícil, na verdade, separar o brasileiro do católico: o catolicismo foi realmente o cimento da nossa unidade.⁹²

Nos começos da nossa sociedade colonial encontramos em união com as famílias de origem portuguesa estrangeiros de procedências diversas, sendo que alguns, filhos de países reformados ou tocados de heresia: Arzam, Bandemborg, Bentinck, Lins, Cavalcanti, Doria, Hollanda, Accioly, Furquim, Novilher, Barewel, Lems; mais tarde, no século XVII, Van der Lei.⁹³ Ainda outros cujos nomes se dissolveram nos portugueses. Os originários de terras protestantes ou já eram católicos ou aqui se converteram: o bastante para que fossem recebidos na intimidade da nossa vida social e até política, aqui constituíssem família casando com a melhor gente da terra e adquirissem propriedade agrícola, influência e prestígio.

Sílvio Romero observa que no Brasil foram o catecismo dos jesuítas e as Ordenações do Reino que "garantiram desde os primórdios a unidade religiosa e a do direito".⁹⁴

Por sua vez o mecanismo da administração colonial, a princípio com tendências feudais, sem aquela adstringência do espanhol, antes frouxo, bambo, deixando à vontade as colônias e em muitos respeitos os donatários, quando o endureceu a criação do governo-geral foi para assegurar a união de umas capitanias com as outras, conservando-as sob os mesmos provedores-mores, o mesmo governador-geral, o mesmo Conselho Ultramarino, a mesma Mesa de Consciência, embora separando-as no que fosse possível sujeitar cada uma de per si a tratamento especial da metrópole. Visava-se assim impedir que a consciência nacional (que fatalmente nasceria de uma absoluta igualdade de tratamento e de regime administrativo) sobrepujasse à regional; mas não ao ponto de sacrificar-se a semelhante medida de profilaxia contra o perigo do nacionalismo na colônia a sua unidade essencial, assegurada pelo catecismo e pelas Ordenações, pela liturgia católica e pela língua portuguesa auxiliada pela "geral" de criação jesuítica.

As condições físicas no Brasil, que poderiam ter concorrido para aprofundar a extremos perigosos as divergências regionais, não só toleradas como até estimuladas ao ponto de assegurarem a colônia tão extensa a relativa saúde política de que sempre gozou; as condições físicas não agiram senão fracamente no sentido separatista, através de diferenças, consideráveis porém não dominadoras, de clima e de qualidade física e química de solo; de sistema de alimentação e de forma de cultura agrícola. Pode-se antes afirmar que tais condições concorreram no Brasil para que as colônias se conservassem unidas e dentro do parentesco, da solidariedade assegurada pelas tendências e pelos processos da colonização portuguesa: regionalista mas não separatista; unionista no melhor sentido, no que justamente coincidia com o interesse da catequese católica.

O clima não variando de Norte a Sul, nem da altitude máxima à mínima, o bastante para criar diferenças profundas no gênero de vida colonial, nem variando a qualidade física e química do solo ao ponto de estimular o desenvolvimento de duas sociedades radicalmente antagônicas nos interesses econômicos e sociais, venceu a tendência no sentido da uniformização. Por mais que a comprometesse a espantosa mobilidade dos bandeirantes e missionários, sua influência se fez sentir desde o primeiro século de povoamento e de expansão territorial.

A cana-de-açúcar começou a ser cultivada igualmente em São Vicente e em Pernambuco, estendendo-se depois à Bahia e ao Maranhão a sua cultura, que onde logrou êxito – medíocre como em São Vicente ou máximo como em Pernambuco, no Recôncavo e no Maranhão – trouxe em consequência uma sociedade e um gênero de vida de tendências mais ou menos aristocráticas e escravocratas. Por conseguinte de interesses econômicos semelhantes. O antagonismo econômico se esboçaria mais tarde entre os homens de maior capital, que podiam suportar os custos da agricultura da cana e da indústria do açúcar, e os menos favorecidos de recursos, obrigados a se espalharem pelos sertões em busca de escravos – espécie de capital vivo – ou a ficarem por lá, como criadores de gado. Antagonismo que a terra vasta pôde tolerar sem quebra do equilíbrio econômico. Dele resultaria entretanto o Brasil antiescravocrata ou indiferente aos interesses da escravidão representado pelo Ceará em particular, e de modo geral pelo sertanejo ou vaqueiro.

A igualdade de interesses agrários e escravocratas que através dos séculos XVI e XVII predominou na colônia, toda ela dedicada com maior ou menor intensidade à cultura do açúcar, não a perturbou tão profundamente, como à primeira vista parece, a descoberta das minas ou a introdução do cafeeiro. Se o ponto de apoio econômico da aristocracia colonial deslocou-se da cana-de-açúcar para o ouro e mais tarde para o café, manteve-se o instrumento de exploração: o braço escravo. Mesmo porque a divergência de interesses que se definiu, a diferença de técnica de exploração econômica entre o Nordeste persistentemente açucareiro e a capitania de Minas Gerais, e entre estes e São Paulo cafeeiro, de algum modo compensou-se nos seus efeitos separatistas pela migração humana que o próprio fenômeno econômico provocou, dividindo entre a zona açucareira do Nordeste e a mineira e a cafeeira ao Sul um elemento étnico – o escravo de origem africana – que conservado em bloco pelo Nordeste – até então a região mais escravocrata das três por ser a terra por excelência da cana-de-açúcar – teria resultado em profunda diferença regional de cultura humana.

Para as necessidades de alimentação foram-se cultivando de norte a Sul, através dos primeiros séculos coloniais, quase que as mesmas plantas indígenas ou importadas. Na farinha de mandioca fixou-se a base do nosso sistema de alimentação. Além da farinha cultivou-se o milho; e por toda parte tornou-se quase a mesma a mesa colonial, com especializações regionais apenas de frutas e verduras: dando-lhe mais cor ou sabor local em certos pontos a maior influência indígena; em outros, um vivo colorido exótico a maior proximidade da África; e em Pernambuco, por ser o ponto mais perto da Europa, conservando-se como um equilíbrio entre as três influências: a indígena, a africana e a portuguesa.

No planalto paulista – onde o sucesso apenas compensador da cultura da cana, fez que se desviasse para outras culturas o esforço agrícola dos povoadores, esboçando-se assim como uma tendência salutar para a policultura – tentou-se no primeiro século de colonização e logrou relativo êxito o plantio regular do trigo. Tivesse sido o êxito completo e maior a policultura, apenas esboçada, e teriam resultado esses dois fatos em profunda diferenciação de vida e de tipo regional. Mesmo dentro de sua relatividade, tais fatos se fizeram sentir poderosamente na maior eficiência e na mais alta eugenia do paulista, comparado com os brasileiros de outras zonas, de formação escravocrata, agrária e híbrida tanto quanto a deles, porém menos beneficiados pelo equilíbrio de nutrição resultante em grande parte das condições referidas. "O regime nutritivo dos paulistas não teria sido, pois, dos fatores que menos concorreram para a prosperidade da gente do planalto",[95] conclui Alfredo Ellis Júnior no sugestivo capítulo que em *Raça de gigantes* dedica à influência do clima e da nutrição sobre o desenvolvimento eugênico dos paulistas. De modo geral, em toda parte onde vingou a agricultura, dominou no Brasil escravocrata o latifúndio, sistema que viria privar a população colonial do suprimento equilibrado e constante de alimentação sadia e fresca. Muito da inferioridade física do brasileiro, em geral atribuída toda à raça, ou vaga e muçulmanamente ao clima, deriva-se do mau aproveitamento dos nossos recursos naturais de nutrição. Os quais sem serem dos mais ricos, teriam dado para um regime alimentar mais variado e sadio que o seguido pelos primeiros colonos e por seus descendentes, dentro da organização latifundiária e escravocrata.

É ilusão supor-se a sociedade colonial, na sua maioria, uma sociedade de gente bem alimentada. Quanto à quantidade, eram-no em geral os extremos: os brancos das casas-grandes e os negros das senzalas. Os grandes proprietários de terras e os pretos seus escravos. Estes porque precisavam de comida que desse para os fazer suportar o duro trabalho da bagaceira.

Sucedia, porém, que os plantadores de cana, "como o de que vivem é somente do que granjeiam com tais escravos" (os de Guiné), não ocupavam quase os seus negros – "a nenhum deles" – em coisa que não fosse tocante "à lavoura que professam".[96] Daí, conclui o autor dos *Diálogos das grandezas do Brasil*, que escreveu suas notas nos princípios do século XVII, "resulta a carestia e falta destas coisas".[97]

Adversas ao trigo as condições de clima e de solo quase que só insistiram em cultivá-lo os padres da S. J. para o preparo de hóstias. E a farinha de mandioca usada em lugar do trigo, abandonam os plantadores de cana a sua cultura aos caboclos instáveis. Daí: pela ausência quase completa do trigo entre os nossos recursos ou possibilidades naturais de nutrição, o rebaixamento do padrão alimentar do colonizador português; pela instabilidade na cultura da mandioca abandonada aos índios – agricultores irregulares – a consequente instabilidade do nosso regime de alimentação. Ao que deve acrescentar-se a falta de carne fresca, de leite e de ovos, e até de legumes, em várias das zonas de colonização agrária e escravocrata; talvez em todas elas com a só exceção, e essa mesma relativa, do planalto paulista.

De modo que, admitida a influência da dieta – influência talvez exagerada por certos autores modernos[98] – sobre o desenvolvimento físico e econômico das populações, temos que reconhecer ter sido o regime alimentar do brasileiro, dentro da organização agrária e escravocrata que em grande parte presidiu a nossa formação, dos mais deficientes e instáveis. Por ele possivelmente se explicarão importantes diferenças somáticas e psíquicas entre o europeu e o brasileiro, atribuídas exclusivamente à miscigenação e ao clima.

É certo que, deslocando-se a responsabilidade do clima ou da miscigenação para a dieta na acentuação de tais diferenças, não se tem inocentado de todo o primeiro: afinal dele, e das qualidades químicas do solo, é que depende em grande parte o regime alimentar seguido pela população. Que condições, senão as físicas e químicas, de solo e de clima, determinam o caráter da vegetação espontânea e as possibilidades da agrícola, e através desse caráter e dessas possibilidades, o caráter e as possibilidades do homem?

No caso da sociedade brasileira o que se deu foi acentuar-se, pela pressão de uma influência econômico-social – a monocultura – a deficiência das fontes naturais de nutrição que a policultura teria talvez atenuado ou mesmo corrigido e suprido, através do esforço agrícola regular e sistemático. Muitas daquelas fontes foram por assim dizer pervertidas, outras estancadas pela monocultura, pelo regime escravocrata e latifundiário, que em vez de desenvolvê-las, abafou-as, secando-lhes a espontaneidade e a frescura. Nada perturba mais o equilíbrio da natureza que a monocultura, principalmente quando é de fora a planta que vem dominar a região – nota o professor Konrad Guenther.[99] Exatamente o caso brasileiro.

Na formação da nossa sociedade, o mau regime alimentar decorrente da monocultura, por um lado, e por outro da inadaptação ao clima,[100] agiu sobre o desenvolvimento físico e sobre a eficiência econômica do brasileiro no mesmo mau sentido do clima deprimente e do solo quimicamente pobre. A mesma economia latifundiária e escravocrata que tornou possível o desenvolvimento econômico do Brasil, sua relativa estabilidade em contraste com as turbulências nos países vizinhos, envenenou-o e perverteu-o nas suas fontes de nutrição e de vida.

Mais bem alimentados, repetimos, eram na sociedade escravocrata os extremos: os brancos das casas-grandes e os negros das senzalas. Natural que dos escravos descendam elementos dos mais fortes e sadios da nossa população. Os atletas, os capoeiras, os cabras, os marujos. E que da população média, livre mas miserável, provenham muitos dos piores elementos; dos mais débeis e incapazes. É que sobre eles principalmente é que têm agido, aproveitando-se da sua fraqueza de gente mal alimentada, a anemia palúdica, o beribéri, as verminoses, a sífilis, a bouba. E quando toda essa quase inútil população de caboclos e brancarões, mais valiosa como material clínico do que como força econômica, se apresenta no estado de miséria física e de inércia improdutiva em que a surpreenderam Miguel Pereira e Belisário Pena, os que lamentam não sermos puros de raça nem o Brasil região de clima temperado o que logo descobrem naquela miséria e naquela inércia é o resultado dos coitos para sempre danados, de brancos com pretas, de portugas com índias. É da raça a inércia ou a indolência. Ou então é do clima, que só serve para o negro. E sentencia-se de morte o brasileiro porque é mestiço e o Brasil porque está em grande parte em zona de clima quente.

Do que pouco ou nenhum caso tem feito essa sociologia, mais alarmada com as manchas da mestiçagem do que com as da sífilis, mais preocupada com os efeitos do clima do que com os de causas sociais suscetíveis de controle ou retificação, e da influência que sobre as populações mestiças, principalmente as livres, terão exercido não só a escassez de alimentação, devida à monocultura e ao regime do trabalho escravo, como a pobreza química dos alimentos tradicionais que elas, ou antes, que todos os brasileiros, com uma ou outra exceção regional, há mais de três séculos consomem, é da irregularidade no suprimento e da má higiene na conservação e na distribuição de grande parte desses gêneros alimentícios. São populações ainda hoje, ou melhor, hoje mais do que nos tempos coloniais, pessimamente nutridas. Entre caboclos do Norte as pesquisas de Araújo Lima fizeram-no concluir que a maior parte desse elemento – liricamente considerado pelos ingênuos a grande reserva de vitalidade brasileira – vive reduzida a um "estado de inferioridade orgânica [...] às vezes de falência declarada". O caboclo, escreve esse higienista, "anula o seu valor econômico e social numa insuficiência nutritiva que, secundada pelo alcoolismo e pela dupla ação distrófica do impaludismo e das verminoses, tem de ser reconhecida como um dos fatores de sua inferioridade física e intelectual".[101]

E não só terá sido afetada pela má ou insuficiente alimentação a grande massa de gente livre, mas miserável, como também aqueles extremos da nossa população – as grandes famílias proprietárias e os escravos das senzalas – em que Couty foi encontrar, na falta de "povo", as únicas realidades sociais no Brasil.[102] Senhores e escravos que se consideramos bem alimentados – em certo sentido estes melhor que aqueles[103] – é apenas em relação aos matutos, caipiras, caboclos, agregados e sertanejos pobres – os seis milhões de inúteis do cálculo de Couty para uma população de doze, o vácuo enorme que lhe pareceu haver no Brasil entre os senhores das casas-grandes e os negros das senzalas. "*La situation fonctionnalle de cette population peut se résumer d'un mot: le Brésil n'a pas de peuple*", escreveu Couty.[104] Palavras que Joaquim Nabuco repetiria dois anos depois do cientista francês: "São milhões", escrevia Nabuco em 1883, "que se acham nessa condição intermédia, que não é o escravo, mas também não é o cidadão...". Párias inúteis vivendo em choças de palha, dormindo em rede ou estrado, a vasilha de água e a panela seus únicos utensílios, sua alimentação a farinha com bacalhau ou charque; e "a viola suspensa ao lado da imagem".[105]

Os próprios senhores de engenho dos tempos coloniais que, através das crônicas de Cardim e de Soares, nos habituamos a imaginar uns regalões no meio de rica variedade de frutas maduras, verduras frescas e lombos de excelente carne de boi, gente de mesa farta comendo como uns desadorados – eles, suas famílias, seus aderentes, seus amigos, seus hóspedes; os próprios senhores de engenho de Pernambuco e da Bahia nutriam-se deficientemente: carne de boi má e só uma vez ou outra, os frutos poucos e bichados, os legumes raros. A abundância ou excelência de víveres que se surpreendesse seria por exceção e não geral entre aqueles grandes proprietários.

Grande parte de sua alimentação davam-se eles ao luxo tolo de mandar vir de Portugal e das ilhas; do que resultava consumirem víveres nem sempre bem conservados: carne, cereais e até frutos secos, depreciados nos seus princípios nutritivos, quando não deteriorados pelo mau acondicionamento ou pelas circunstâncias do transporte irregular e moroso. Por mais esquisito que pareça, faltavam à mesa da nossa aristocracia colonial legumes frescos, carne verde e leite. Daí, certamente, muitas das doenças do aparelho digestivo,[106] comuns na época e por muito doutor caturra atribuídas aos "maus ares".

Pelo antagonismo que cedo se definiu no Brasil entre a grande lavoura, ou melhor, a monocultura absorvente do litoral, e a pecuária, por sua vez exclusivista, dos sertões, uma se afastando da outra quanto possível, viu-se a população agrícola, mesmo a rica, a opulenta, senhora de léguas de terra, privada do suprimento regular e constante de alimentos frescos. Cowan tem razão quando apresenta o desenvolvimento histórico da maior parte dos povos condicionado pelo antagonismo entre a atividade nômade e a agrícola.[107] No Brasil esse antagonismo atuou, desde os primeiros tempos, sobre a formação social do brasileiro: em uns pontos favoravelmente; nesse da alimentação, desfavoravelmente.

Da Bahia, tão típica da agricultura latifundiária por um lado, e da pecuária absorvente por outro, que uma imensa parte de suas terras chegou a pertencer quase toda a duas únicas famílias, a do Senhor da Torre e a do mestre de campo Antônio Guedes de Brito, a primeira com "260 léguas de terra pelo rio de São Francisco acima à mão direita indo para o sul" e "indo do dito rio para o norte [...] 80 léguas"; a segunda com "160 léguas [...] desde o morro dos Chapéus até à nascente do rio das Velhas";[108] da Bahia latifundiária sabe-se que os grandes proprietários de terra, a fim de não padecerem danos nas duas lavouras – a de açúcar ou a de tabaco – evitavam nos vastos domínios agrícolas os animais domésticos, sendo "as ovelhas e as cabras consideradas como criaturas inúteis",[109] os porcos difíceis por se tornarem monteses com o abandono, o gado vacum insuficiente para o "serviço dos engenhos, gastos dos açougues e fornecimento dos navios".[110]

Na zona agrícola tamanho foi sempre o descuido por outra lavoura exceto a da cana-de-açúcar ou a do tabaco, que a Bahia, com todo o seu fasto, chegou no século XVIII a sofrer de "extraordinária falta de farinhas", pelo que de 1788 em diante mandaram os governadores da capitania incluir nas datas de terra a cláusula de que ficava o proprietário obrigado a plantar "mil covas de mandioca por cada escravo que possuísse empregado na cultura da terra".[111] Uma espécie de providência tomada pelo conde de Nassau com relação aos senhores de engenho e aos lavradores de Pernambuco no século XVII.[112]

É certo que o padre Fernão Cardim, nos seus *Tratados*, está sempre a falar da fartura de carne, de aves e até verduras e de frutas com que foi recebido por toda parte no Brasil do século XVI, entre os homens ricos e os colégios de padres.[113]

Mas de Cardim deve-se tomar em consideração o seu caráter de padre visitador, recebido nos engenhos e colégios com festas e jantares excepcionais. Era um personagem a quem todo agrado que fizessem os colonos era pouco: a boa impressão que lhe causassem a mesa farta e os leitos macios dos grandes senhores de escravos talvez atenuasse a péssima, da vida dissoluta que todos eles levavam nos engenhos de açúcar: "os peccados que se cometem nelles [nos engenhos] não tem conta: quasi todos andam amancebados por causa das muitas occasiões; bem cheio de peccados vai esse doce por que tanto fazem; grande é a paciência de Deus que tanto sofre".[114]

Pelos grandes jantares e banquetes, por essa ostentação de hospitalidade e de fartura não se há de fazer ideia exata da alimentação entre os grandes proprietários; muito menos da comum, entre o grosso dos moradores. Comentando a descrição de um jantar colonial em Boston no século XVIII – um jantar de dia de festa com pudim de ameixa, carne de porco, galinha, toucinho, bife, carne de carneiro, peru assado, molho grosso, bolos, pastéis, queijos etc. (todo um excesso de proteína de origem animal) – o professor Percy Goldthwait Stiles, de Harvard, observa muito sensatamente que semelhante fartura talvez não fosse típica do regime alimentar entre os colonos da Nova Inglaterra; do ordinário, do comum, do de todo dia. Que as festas gastronômicas entre eles talvez se compensassem com os jejuns.[115] O que parece poder aplicar-se, com literal exatidão, aos banquetes coloniais no Brasil intermeados decerto por muita parcimônia alimentar, quando não pelos jejuns e pelas abstinências mandadas observar pela Santa Igreja. Desta a sombra matriarcal se projetava então muito mais dominadora e poderosa sobre a vida íntima e doméstica dos fiéis do que hoje.

Impossível concluir dos banquetes que o padre Cardim descreve, e a que alude Soares, que fosse sempre de fartura o passadio dos colonos; forte e variada sua alimentação; que o Brasil dos primeiros séculos coloniais fosse o tal "país de Cocagne" da insinuação um tanto literária de Capistrano de Abreu.[116] É ainda no próprio Cardim que vamos recolher este depoimento de um flagrante realismo: no Colégio da Bahia "nunca falta um copinho de vinho de Portugal, sem o qual não se sustenta bem a natureza por a terra ser desleixada e os mantimentos fracos".[117] Note-se de passagem que nesse mesmo vinho de Portugal os puritanos da Nova Inglaterra afogavam a sua tristeza.[118]

País de Cocagne coisa nenhuma: terra de alimentação incerta e vida difícil é que foi o Brasil dos três séculos coloniais. A sombra da monocultura esterilizando tudo. Os grandes senhores rurais sempre endividados. As saúvas, as enchentes, as secas dificultando ao grosso da população o suprimento de víveres.

O luxo asiático, que muitos imaginam generalizado ao norte açucareiro, circunscreveu-se a famílias privilegiadas de Pernambuco e da Bahia. E este mesmo um luxo mórbido, doentio, incompleto. Excesso em umas coisas, e esse excesso à custa de dívidas;[119] deficiências em outras. Palanquins forrados de seda, mas telha-vã nas casas-grandes e bichos caindo na cama dos moradores.

No Pará no século XVII "as famílias de alguns homens nobres" não podem vir à cidade pelas festas de Natal (1661) "por causa de suas filhas donzelas não terem que vestir para irem ouvir missa".[120] Recorda João Lúcio de Azevedo que exprobrando Antônio Vieira à Câmara do Pará não haver na cidade açougue, nem ribeira, ouvira em resposta ser impossível o remédio "como impossível era haver pagamento pelo sustento ordinário". E acrescenta: "A alimentação trivial, de caça e pescado, abundante nos primeiros tempos rarefez-se à proporção que o número de habitantes aumentava [...]. As terras, sem amanho nem inteligente cultura, perdiam a primitiva fertilidade e os moradores retiravam-se, passando para outras estâncias suas casas e lavouras".[121] Do Maranhão é o padre Vieira quem salienta não haver, no seu tempo, em todo o Estado, "açougue, nem ribeira, nem horta, nem tendas onde se vendessem as cousas usuais para o comer ordinário".[122] De todo o Brasil é o padre Anchieta quem informa andarem os colonos do século XVI, mesmo "os mais ricos e honrosos" e os missionários, de pé descalço, à maneira dos índios;[123] costume que parece ter-se prolongado ao século XVII e aos próprios fidalgos olindenses – os tais dos leitos de seda para a hospedagem dos padres-visitadores e dos talheres de prata para os banquetes de dia de festa. Seus tecidos finos seriam talvez para as grandes ocasiões. Por uma cena que Maria Graham presenciou em Pernambuco dos princípios do século XIX[124] parece igualmente ter prevalecido entre nossos fidalgos de garfo de prata... para inglês ver (mas inglês raramente se deixa iludir por aparências douradas ou prateadas) o gosto de comer regaladamente com a mão. Nem esqueçamos este formidável contraste nos senhores de engenho: a cavalo grandes fidalgos de estribo de prata, mas em casa uns franciscanos, descalços, de chambre de chita e às vezes só de ceroulas. Quanto às grandes damas coloniais, ricas sedas e um luxo de teteias e joias na igreja, mas na intimidade, de cabeção, saia de baixo, chinelo sem meias.[125] Efeito em parte do clima, esse vestuário tão à fresca; mas também expressão do franciscanismo colonial, no trajar como no comer de muito fidalgo, dos dias comuns.

A própria Salvador da Bahia, quando cidade dos vice-reis, habitada por muito ricaço português e da terra, cheia de fidalgos e de frades, notabilizou-se pela péssima e deficiente alimentação. Tudo faltava: carne fresca de boi, aves, leite, legumes, frutas; e o que aparecia era da pior qualidade ou quase em estado de putrefação. Fartura só a de doce, geleias e pastéis fabricados pelas freiras nos conventos: era com que se arredondava a gordura dos frades e das sinhá-donas.

Má nos engenhos e péssima nas cidades: tal a alimentação da sociedade brasileira nos séculos XVI, XVII e XVIII. Nas cidades, péssima e escassa. O bispo de Tucumã, tendo visitado o Brasil no século XVII, observou que nas cidades "mandava comprar um frangão, quatro ovos e um peixe e nada lhe traziam, porque nada se achava na praça nem no açougue"; tinha que recorrer às casas particulares dos ricos.[126] As cartas do padre Nóbrega falam-nos da "falta de mantimentos"[127] e Anchieta refere nas suas que em Pernambuco não havia matadouro na vila, precisando os padres do colégio de criar algumas cabeças de bois e vacas para sustento seu e dos meninos: "se assim não o fizessem, não teria o que comer". E acrescenta: "Todos sustentam-se mediocremente ainda que com trabalho por as cousas valerem mui caras, e tresdobro do que em Portugal".[128] Da carne de vaca informa não ser gorda: "não muito gorda por não ser a terra fertil de pastos".[129] E quanto a legumes: "da terra ha muito poucos". É ainda do padre Anchieta a informação: "Alguns ricos comem pão de farinha de trigo de Portugal, máxime em Pernambuco e Bahia, e de Portugal também lhes vem vinho, azeite, vinagre, azeitona, queijo, conserva e outras cousas de comer".[130]

Era uma dieta, a da Bahia dos vice-reis, com os seus fidalgos e burgueses ricos vestidos sempre de seda de Gênova, de linhos e algodão da Holanda e da Inglaterra e até de tecidos de ouro importados de Paris e de Lião; era uma dieta, a deles, em que na falta de carne verde se abusava de peixe, variando-se apenas o regime ictiófago com carnes salgadas e queijos do reino, importados da Europa juntamente com outros artigos de alimentação.[131] "Não se vê carneiro e raro é o gado bovino que preste", informava sobre a Bahia o abade

Reynal.[132] Nem carne de vaca nem de carneiro nem mesmo de galinha. Nem frutas nem legumes; que legumes eram raros na terra e frutos quase que só chegavam à mesa já bichados ou então tirados verdes para escaparem à gana dos passarinhos, dos tapurus e dos insetos. A carne que se encontrava era magra, de gado vindo de longe, dos sertões, sem pastos que o refizessem da penosa viagem. Porque as grandes lavouras de açúcar ou de tabaco não se deixavam manchar de pastos para os bois descidos dos sertões e destinados ao corte. Bois e vacas que não fossem os de serviço eram como se fossem animais danados para os latifundiários.

Vacas leiteiras sabe-se que havia poucas nos engenhos coloniais, quase não se fabricando neles nem queijos nem manteiga, nem se comendo, senão uma vez por outra, carne de boi. Isto, explica Capistrano de Abreu, "pela dificuldade de criar reses em lugares impróprios à sua propagação". Dificuldade que reduziu este gado ao estritamente necessário ao serviço agrícola.[133] Era a sombra da monocultura projetando-se por léguas e léguas em volta das fábricas de açúcar e a tudo esterilizando ou sufocando, menos os canaviais e os homens e bois a seu serviço.

Não só na Bahia, em Pernambuco e no Maranhão como em Sergipe del-Rei e no Rio de Janeiro verificou-se com maior ou menor intensidade, através do período colonial, o fenômeno, tão perturbador da eugenia brasileira, da escassez de víveres frescos, quer animais quer vegetais. Mas talvez em nenhum ponto tão agudamente como em Pernambuco.[134] Nessa capitania por excelência açucareira e latifundiária, onde ao findar o século XVIII e principiar o XIX, calculava-se a melhor terra agrícola, vizinha do mar, no domínio de oito ou dez senhores de engenho para duzentos vizinhos – "entre duzentos vizinhos, oito ou dez proprietários" que de ordinário só permitiam aos rendeiros "plantar canna para ficarem com a meação"[135] – a carestia de mantimentos de primeira necessidade se faz sentir às vezes angustiosamente entre os habitantes. Debalde tentara o conde de Nassau no século XVII dar jeito a semelhante desequilíbrio na vida econômica da grande capitania açucareira. E como na Bahia e em Pernambuco, também no Rio de Janeiro o gado não chegou nunca para "o consumo dos açougues e serviço dos engenhos",[136] evitando-se a sua presença nas plantações de cana e mesmo a sua proximidade; e tanto quanto naquelas capitanias do Norte estiveram sempre as terras no Rio de Janeiro concentradas nas mãos de poucos: grandes latifundiários plantadores de cana – inclusive os frades do mosteiro de São Bento. Sob semelhante regime de monocultura, de latifúndio e de trabalho escravo não desfrutou nunca a população da abundância de cereais e legumes verdes.

De modo que a nutrição da família colonial brasileira, a dos engenhos e notadamente a das cidades, surpreende-nos pela sua má qualidade: pela pobreza evidente de proteínas de origem animal[137] e possível de albuminoides em geral; pela falta de vitaminas; pela de cálcio e de outros sais minerais; e, por outro lado, pela riqueza certa de toxinas. O brasileiro de boa estirpe rural dificilmente poderá, como o inglês, voltar-se para o longo passado de família na certeza de 10 ou 12 gerações de avós bem alimentados de bifesteque e legumes, de leite e ovos, de aveia e frutas a lhe assegurarem de longe o desenvolvimento eugênico, a saúde sólida, a robustez física, tão difíceis de ser perturbadas ou afetadas por outras influências sociais quando predomina a da higiene de nutrição.

Se a quantidade e a composição dos alimentos não determinam sozinhas como querem os extremistas – os que tudo creem poder explicar pela dieta[138] – as diferenças de morfologia e de psicologia, o grau de capacidade econômica e de resistência às doenças entre as sociedades humanas, sua importância é entretanto considerável, como o vão revelando pesquisas e inquéritos nesse sentido. Já se tenta hoje retificar a antropogeografia dos que, esquecendo os regimes alimentares, tudo atribuem aos fatores raça e clima; nesse movimento de retificação deve ser incluída a sociedade brasileira, exemplo de que tanto se servem os alarmistas da mistura de raças ou da malignidade dos trópicos a favor da sua tese de degeneração do homem por efeito do clima ou da miscigenação. É uma sociedade, a brasileira, que a indagação histórica revela ter sido em larga fase do seu desenvolvimento, mesmo entre as classes abastadas, um dos povos modernos mais desprestigiados na sua eugenia e mais comprometidos na sua capacidade econômica pela deficiência de alimento. Aliás, a indagação levada mais longe, aos antecedentes do colonizador europeu do Brasil, mesmo dos colonos de prol, revela-nos no peninsular dos séculos XV e XVI, como adiante veremos, um povo profundamente perturbado no seu vigor físico e na sua higiene por um pernicioso conjunto de influências econômicas e sociais. Uma delas, de natureza religiosa: o abuso dos jejuns.

Pode-se generalizar sobre as fontes e o regime de nutrição do brasileiro: as fontes – vegetação e águas – ressentem-se da pobreza química do solo, exíguo, em larga extensão, de cálcio;[139] o regime, quando não peca pela deficiência em qualidade tanto quanto em quantidade, ressente-se sempre da falta de equilíbrio.[140] Esta última situação, geral: inclui as classes abastadas. A deficiência pela qualidade e pela quantidade é e tem sido desde o primeiro século o estado de parcimônia alimentar de grande parte da população. Parcimônia às vezes disfarçada pela ilusão da fartura que dá a farinha de mandioca[141] intumescida pela água.

A pobreza de cálcio do solo brasileiro escapa quase de todo ao controle social ou à retificação pelo homem; as outras duas causas, porém, encontram explicação na história social e econômica do brasileiro – na monocultura, no regime de trabalho escravo, no latifúndio, responsáveis pelo reduzido consumo de leite, ovos e vegetais entre grande parte da população brasileira.[142] São suscetíveis de correção ou de controle.

Se excetuamos da nossa generalização sobre a deficiência alimentar na formação brasileira as populações paulistas, é por terem atuado sobre elas condições um tanto diversas das predominantes no Rio de Janeiro e ao Norte: geológicas e meteorológicas, favorecendo o esforço agrícola generalizado e até a cultura, embora medíocre, do trigo; de provável superioridade de composição química do solo, dando em resultado maior riqueza dos produtos destinados à alimentação; sociais e econômicas, da parte dos primeiros povoadores, que não sendo gente das mesmas tradições e tendências rurais nem dos mesmos recursos pecuniários dos colonizadores de Pernambuco, mas na maior parte ferreiros, carpinteiros, alfaiates, pedreiros, tecelões, entregaram-se antes à vida semirrural e gregária que à latifundiária e de monocultura; e ainda econômicas, por ter prevalecido no planalto paulista a concentração das duas atividades, a agrícola e a pastoril,[143] em vez da divisão quase balcânica em esforços separados e por assim dizer inimigos, que condicionou o desenvolvimento da Bahia, do Maranhão, de Pernambuco, do Rio de Janeiro.

As generalizações do professor Oliveira Vianna, que nos pintou com tão bonitas cores uma população paulista de grandes proprietários e opulentos fidalgos rústicos, têm sido retificadas naqueles seus falsos dourados e azuis, por investigadores mais realistas e mais bem documentados que o ilustre sociólogo das *Populações meridionais do Brasil*: Afonso de E. Taunay,[144] Alfredo Ellis Júnior,[145] Paulo Prado,[146] e Alcântara Machado.[147] Baseados nesses autores e na documentação riquíssima mandada publicar por Washington Luís,[148] é que divergimos do conceito de ter sido a formação paulista latifundiária e aristocrática tanto quanto a das capitanias açucareiras do Norte. Ao contrário: não obstante as profundas perturbações do bandeirismo, foi talvez a que se processou com mais equilíbrio. Principalmente no tocante ao sistema de alimentação.

"Muito equilibrada, além de farta, teria sido a nutrição nos primeiros séculos, quanto aos seus elementos químicos", escreve da alimentação dos povoadores paulistas Alfredo Ellis Júnior, que, para afirmá-lo, baseia-se em informações dos *Inventários e testamentos*; "pois", acrescenta, "não só tinham eles em abundância a proteína da carne de seus rebanhos de bovinos como também lhes sobrava a carne de porco, que é rica em matérias gordurosas de grande valor, o que os fazia carnívoros, além de copiosa variedade na alimentação cerealífera, como o trigo, a mandioca, o milho, o feijão etc., cujas plantações semeavam às redondezas paulistanas e que contêm elevada percentagem de hidrocarbonatos, muito ricos em calorias". É ainda Alfredo Ellis Júnior que lembra esta observação de Martius sobre as populações paulistas: que o caráter das doenças em São Paulo diferia consideravelmente das condições patológicas observadas no Rio de Janeiro.[149] Martius atribui o fato à diferença de clima – fator que estava então em moda exaltar-se – e, vagamente, a diferenças de constituição dos habitantes. Fosse mais longe no diagnóstico e chegaria sem dúvida a importante causa ou fato social determinante daquela diferença de condições patológicas entre populações tão próximas. Essa causa, a diferença nos dois sistemas de nutrição. Um, o deficiente, de populações sufocadas no seu desenvolvimento eugênico e econômico pela monocultura; o outro, equilibrado, em virtude da maior divisão de terras e melhor coordenação de atividades – a agrícola e a pastoril – entre os paulistas.[150] Destes a saúde econômica se transmitiria mais tarde aos mineiros; os quais, passada a fase turbulenta do ouro e dos diamantes, se aquietariam na gente mais estável, mais equilibrada e, talvez, mais bem nutrida do Brasil.

Cremos poder-se afirmar que na formação do brasileiro – considerada sob o ponto de vista da nutrição – a influência mais salutar tem sido a do africano: quer através dos valiosos alimentos, principalmente vegetais, que por seu intermédio vieram-nos da África, quer através do seu regime alimentar, mais equilibrado do que o do branco – pelo menos aqui, durante a escravidão. Dizemos aqui, como escravo, porque bem ou mal os senhores de engenho tiveram no Brasil o seu arremedo de taylorismo, procurando obter do escravo negro, comprado caro, o máximo de esforço útil e não simplesmente o máximo de rendimento.

Da energia africana ao seu serviço cedo aprenderam muitos dos grandes proprietários que, abusada ou esticada, rendia menos que bem conservada: daí passarem a explorar o escravo no objetivo do maior rendimento mas sem prejuízo da sua normalidade de eficiência. A eficiência estava no interesse do senhor conservar no negro – seu capital, sua máquina de trabalho, alguma coisa de si mesmo: de onde a alimentação farta e reparadora que Peckolt observou dispensarem os senhores aos escravos no Brasil.[151] A alimentação do negro nos engenhos brasileiros podia não ser nenhum primor de culinária; mas faltar nunca faltava. E sua abundância de milho, toucinho e feijão recomenda-a como regime apropriado ao duro esforço exigido do escravo agrícola.

O escravo negro no Brasil parece-nos ter sido, com todas as deficiências do seu regime alimentar, o elemento mais bem nutrido em nossa sociedade patriarcal, e dele parece que numerosos descendentes conservaram bons hábitos alimentares, explicando-se em grande parte pelo fator *dieta* – repetimos – serem em geral de ascendência africana muitas das melhores expressões de vigor ou de beleza física em nosso país: as mulatas, as baianas, as crioulas, as quadraronas, as oitavanas,[152] os cabras de engenho,[153] os fuzileiros navais,[154] os capoeiras, os capangas, os atletas, os estivadores no Recife e em Salvador, muitos dos jagunços dos sertões baianos e dos cangaceiros do Nordeste. A exaltação lírica que se faz entre nós do caboclo, isto é, do indígena tanto quanto do índio civilizado ou do mestiço de índio com branco, no qual alguns querem enxergar o expoente mais puro da capacidade física, da beleza e até da resistência moral da sub-raça brasileira,[155] não corresponde senão superficialmente à realidade. Nesse ponto já o mestre ilustre que é o professor Roquette-Pinto insinuou a necessidade de retificar-se Euclides da Cunha, nem sempre justo nas suas generalizações. Muito do que Euclides exaltou como valor da raça indígena, ou da sub-raça formada pela união do branco com o índio, são virtudes provindas antes da mistura das três raças que da do índio com o branco; ou tanto do negro quanto do índio ou do português. "A mestiçagem", diz Roquette-Pinto, "deu o jagunço: o jagunço não é mameluco, filho de índio e branco. Euclides estudou-o na Bahia; Bahia e Minas são os dois estados da União em que mais se espalhou o africano".[156]

Salienta mais o antropólogo brasileiro que "é grave erro acreditar que no grande sertão central e na baixada amazônica o sertanejo seja só caboclo". "Tanto nas chapadas do Nordeste como nos seringais", acrescenta, "há *cafuzos* ou *caborés*, representantes de uma parte de sangue africano". E sublinha o fato de muito negro ter deixado o litoral ou a zona açucareira para ir se aquilombar no sertão: "Muitos escravos fugiam para se aquilombar nas matas, nas vizinhanças de tribos índias. A fuga das mulheres era mais difícil; de sorte que o rapto das índias foi largamente praticado pelos pretos quilombolas".[157]

Já no seu estudo *Rondônia*[158] Roquette-Pinto publicara interessante documentação por ele desencantada do arquivo do Instituto Histórico Brasileiro sobre os caborés da serra do Norte, em pleno Brasil central: híbridos de negros fugidos das minas com mulheres índias por eles raptadas. Os raptos a que se entregaram por toda parte os negros aquilombados não foram apenas de "sabinas pretas [...] pelos engenhos", como diz Ulisses Brandão,[159] mas também, e principalmente, de caboclas. Gastão Cruls, viajando há anos pelo baixo Cuminá, deu com vários remanescentes de antigos mucambos ou quilombos, isto é, de negros fugidos de engenhos e de fazendas. "Aliás", escreve ele, "quase todos os rios da Amazônia tiveram desses refúgios de escravos e até no alto Içá, Crevaux foi surpresar a choça de uma preta velha".[160] Por onde se vê que até mesmo onde se supõe conservar-se mais puro o sangue ameríndio ou o híbrido de português com índio chegou o africano: ao coração mesmo da Amazônia, à serra do Norte e aos sertões.

A suposta imunidade absoluta do sertanejo do sangue ou da influência africana não resiste a exame demorado. Se são numerosos os brancos puros em certas zonas sertanejas, em outras se fazem notar resíduos africanos. Um estudo interessantíssimo a fazer seria a localização de redutos de antigos escravos que teriam borrado de preto, hoje empalidecido, muita região central do Brasil. Essas concentrações de negros puros correspondem necessariamente a manchas negroides no seio de populações afastadas dos centros de escravaria. Escasseavam entre os escravos fugidos as mulheres de sua cor, recorrendo eles, para suprir a falta, "ao rapto das índias" ou caboclas de povoados e aldeamentos próximos: teriam assim espalhado o seu sangue por muita zona considerada depois virgem de influência negra. Aliás os movimentos, sertões adentro ou rio Amazonas acima, de negros fugidos, representam quase arrojo igual ao dos bandeirantes paulistas ou dos povoadores cearenses.

Brancarana, ou então mestiça de branco com índio, e, em menor proporção, mistura de três raças, a maior parte da população livre que correspondeu, em nossa organização escravocrata, ao "*poor white trash*" nas colônias inglesas da América, sobre esse elemento relativamente pouco carregado de influência ou colorido africano, é que a anemia palúdica, o beribéri,[161] as verminoses exerceram a sua maior ação devastadora, só depois do descalabro da abolição estendida com igual intensidade aos negros e pardos já agora desamparados da assistência patriarcal das casas-grandes e privados do regime alimentar das senzalas. Os escravos negros gozaram sobre os caboclos e brancarões livres da vantagem de condições de vida antes conservadoras que desprestigiadoras da sua eugenia: puderam resistir melhor às influências patogênicas, sociais e do meio físico e perpetuar-se assim em descendências, mais sadias e vigorosas.

Da ação da sífilis já não se poderá dizer o mesmo; que esta foi a doença por excelência das casas-grandes e das senzalas. A que o filho do senhor de engenho contraía quase brincando entre negras e mulatas ao desvirginar-se precocemente aos doze ou aos treze anos. Pouco depois dessa idade já o menino era donzelão. Ridicularizado por não conhecer mulher e levado na troça por não ter marca de sífilis no corpo. A marca da sífilis, notou Martius que o brasileiro a ostentava como quem ostentasse uma ferida de guerra;[162] e cinquenta anos depois de Martius um observador francês, Emile Béringer, negando ao clima do norte do Brasil influência preponderante na morbilidade da região, salientava a importância verdadeiramente trágica da sífilis: "A sífilis produz grandes estragos. A maior parte dos habitantes não a considera como uma moléstia vergonhosa e não têm grande cuidado. Independentemente de sua influência sobre o desenvolvimento de numerosas afecções especiais, fornece um contingente de dez falecimentos sobre mil".[163]

À vantagem da miscigenação correspondeu no Brasil a desvantagem tremenda da sifilização. Começaram juntas, uma a formar o brasileiro – talvez o tipo ideal do homem moderno para os trópicos, europeu com sangue negro ou índio a avivar-lhe a energia; outra, a deformá-lo. Daí certa confusão de responsabilidades; atribuindo muitos à miscigenação o que tem sido obra principalmente da sifilização; responsabilizando-se a raça negra ou a ameríndia ou mesmo a portuguesa, cada uma das quais, pura ou sem cruzamento, está cansada de produzir exemplares admiráveis de beleza e de robustez física, pelo "feio" e pelo "bisonho"[164] das nossas populações mestiças mais afetadas de sífilis ou mais roídas de verminose.

De todas as influências sociais talvez a sífilis tenha sido, depois da má nutrição, a mais deformadora da plástica e a mais depauperadora da energia econômica do mestiço brasileiro. Sua ação começou ao mesmo tempo que a da miscigenação; vem, segundo parece, das primeiras uniões de europeus, desgarrados à toa pelas nossas praias, com as índias que iam elas próprias oferecer-se ao amplexo sexual dos brancos. "A tara étnica inicial" de que fala Azevedo Amaral foi antes tara sifilítica inicial.

Costuma dizer-se que a civilização e a sifilização andam juntas: o Brasil, entretanto, parece ter-se sifilizado antes de se haver civilizado. Os primeiros europeus aqui chegados desapareceram na massa indígena quase sem deixar sobre ela outro traço europeizante além das manchas de mestiçagem e de sífilis. Não civilizaram: há, entretanto, indícios de terem sifilizado a população aborígine que os absorveu.

Precisamente sob o duplo ponto de vista da miscigenação e da sifilização é que nos parece ter sido importantíssima a primeira fase de povoamento. Sob o ponto de vista da miscigenação foram aqueles povoadores à toa que prepararam o campo para o único processo de colonização que teria sido possível no Brasil: o da formação, pela poligamia – já que era escasso o número de europeus – de uma sociedade híbrida. Dos Diogos Álvares, dos Joões Ramalhos, um tanto impropriamente de Jerônimo de Albuquerque (que já pertence a outra fase de povoamento) escreveu Paulo Prado que "proliferam largamente, como que indicando a solução para o problema da colonização e formação da raça no nosso país".[165] Do seu contato com a população ameríndia resultaram, na verdade, as primeiras camadas de mestiçagem formando porventura pontos mais fáceis à penetração da segunda leva de gente europeia. Quando os povoadores regulares aqui chegaram, já foram encontrando sobre o pardo avermelhado da massa indígena aquelas manchas de gente mais clara. Ainda que sem definida caracterização europeia, esses mestiços, quase pelo puro fato da cor mais próxima da dos brancos e por um ou outro traço de cultura moral ou material já adquirido dos pais europeus, devem ter sido um como calço ou forro de carne amortecendo para colonos portugueses ainda virgens de experiências exóticas – e os havia decerto numerosos, vindos do Norte – o choque violento de contato com criaturas inteiramente diversas do tipo europeu.

Muitos dos primeiros povoadores não fizeram senão dissolver-se no meio da população nativa. Raros os "verdadeiros régulos"[166] de que fala Paulo Prado: os grandes patriarcas brancos que, sozinhos no meio dos índios, conseguiram em parte sujeitar à sua vontade de europeus bandos consideráveis de gente nativa.

Mesmo aqueles, porém, que desaparecem no escuro da vida indígena sem deixar nome, impõem-se, pelas evidentes consequências de sua ação procriadora e sifilizadora, à atenção de quem se ocupe da história genética da sociedade brasileira. Bem ou mal, neles é que madrugou essa sociedade. Deles se contaminou a formação brasileira de alguns dos seus vícios mais persistentes e característicos: taras étnicas, diria Azevedo Amaral; sociais, preferimos dizer.

A sifilização do Brasil resultou, ao que parece, dos primeiros encontros, alguns fortuitos, de praia, de europeus com índias. Não só de portugueses como de franceses e espanhóis. Mas principalmente de portugueses e franceses. Degredados, cristãos-novos, traficantes normandos de madeira de tinta que aqui ficavam, deixados pelos seus para irem se acamaradando com os indígenas; e que acabavam muitas vezes tomando gosto pela vida desregrada no meio de mulher fácil e à sombra de cajueiros e araçazeiros.

Oscar da Silva Araújo, a quem se devem indagações valiosas sobre o aparecimento da sífilis no Brasil, liga-o principalmente ao contato dos indígenas com os franceses. "No século XVI", recorda o cientista brasileiro, "surgiu na França a grande epidemia de sífilis; nas crônicas dos contrabandistas dessa época veem-se referências à existência de doenças venéreas entre eles, dizimando, muitas vezes, as populações. É de presumir que os aventureiros franceses que comerciavam com os nossos indígenas estivessem também infectados e que tenham sido os introdutores e primeiros propagadores dessa doença entre eles".[167]

Menos infectados não deviam estar os portugueses, gente ainda mais móvel e sensual que os franceses. "O mal que assolou o Velho Mundo em fins do século XV", observa em outro dos seus trabalhos Oscar da Silva Araújo, "propagou-se no Oriente, tendo sido para aí levado pelos portugueses. As investigações de Okamura, Dohi e Susuky no Japão e na China, e as de Jolly e outros na Índia, demonstram que a sífilis apareceu nesses países somente depois que eles se puseram em relações com os europeus. Na Índia apareceu depois da chegada de Vasco da Gama em 1498, tendo ele saído de Portugal em 1497. Gaspar Correia, nas *Lendas da Índia,* refere que "em Cacotorá, no ano de 1507, a gente começou a adoecer de maus ares e de mau comer e principalmente com a conversação com as mulheres, de que morriam".[168] Recorda ainda Oscar da Silva Araújo que "Engelbert Koempfer, citado por Astruc, assegura que o termo japonês *manbakassam*, com a sua significação literal *doença dos portugueses*, é aquele com que no Japão se designa a sífilis. E ainda nos nossos dias – acrescenta – em muitos países do Oriente *mal português* é sinônimo de lues. Nos idiomas indiano, japonês e chinês não há nomes indígenas para a doença".[169]

Ainda que vários tropicalistas, alguns deles com estudos especializados sobre o Brasil, como Sigaud, deem a sífilis como autóctone,[170] as evidências reunidas por Oscar da Silva Araújo fazem-nos chegar a conclusão diversa. "Os viajantes médicos," lembra ainda o autor brasileiro, "que nos últimos tempos estudaram as doenças dos nossos índios ainda não mesclados com civilizados e entre eles os Drs. Roquette-Pinto, Murilo de Campos e Olímpio da Fonseca Filho, nunca observaram a sífilis entre esses indígenas, não obstante terem assinalado a existência de várias dermatoses." Acresce que: "os primeiros viajantes e escritores que se referem ao clima e às doenças do Brasil nunca assinalaram a existência desse mal entre os silvícolas que até então viviam isolados e não tinham tido contato com os europeus [...]".[171] De igual parecer é outro investigador ilustre, o professor Pirajá da Silva, que julga a lepra e a sífilis "introduzidas no Brasil pelos colonos europeus e africanos".[172] O que parece é ter havido muita confusão de *pian* ou mal boubático com a sífilis.

O intercurso sexual entre o conquistador europeu e a mulher índia não foi apenas perturbado pela sífilis e por doenças europeias de fácil contágio venéreo: verificou-se – o que depois se tornaria extensivo às relações dos senhores com as escravas negras – em circunstâncias desfavoráveis à mulher. Uma espécie de sadismo do branco e de masoquismo da índia ou da negra terá predominado nas relações sexuais como nas sociais do europeu com as mulheres das raças submetidas ao seu domínio. O furor femeeiro do português se terá exercido sobre vítimas nem sempre confraternizantes no gozo; ainda que se saiba de casos de pura confraternização do sadismo do conquistador branco com o masoquismo da mulher indígena ou da negra. Isso quanto ao sadismo de homem para mulher – não raro precedido pelo de senhor para moleque. Através da submissão do moleque, seu companheiro de brinquedos e expressivamente chamado *leva-pancadas*, iniciou-se muitas vezes o menino branco no amor físico.

Quase que do moleque leva-pancadas se pode dizer que desempenhou entre as grandes famílias escravocratas do Brasil as mesmas funções de paciente do senhor moço que na organização patrícia do Império Romano o escravo púbere escolhido para companheiro do menino aristocrata: espécie de vítima, ao mesmo tempo que camarada de brinquedos, em que se exercem os *"premiers élans génésiques"* do filho-família.[173]

Moll salienta que a primeira direção tomada pelo impulso sexual na criança – sadismo, masoquismo, bestialidade ou fetichismo – depende em grande parte de oportunidade ou chance, isto é, de influências externas sociais.[174] Mais do que de predisposição ou de perversão inata.

Refere-se o autor de *The sexual life of the child* ao período de "indiferenciação sexual" – que segundo Penta e Max Dessoir[175] todo indivíduo atravessa – como particularmente sensível àquelas influências. Nesse período é que sobre o filho de família escravocrata no Brasil agiam influências sociais – a sua condição de senhor cercado de escravos e animais dóceis – induzindo-o à bestialidade e ao sadismo. Este, mesmo dessexualizado depois, não raro guardava em várias manifestações da vida ou da atividade social do indivíduo, aquele *"sexual undertone"*, que segundo Pfister, *"is never lacking to wellmarked sadistic pleasure"*.[176] Transforma-se o sadismo do menino e do adolescente no gosto de mandar dar surra, de mandar arrancar dente de negro ladrão de cana, de mandar brigar na sua presença capoeiras, galos e canários – tantas vezes manifestado pelo senhor de engenho quando homem feito; no gosto de mando violento ou perverso que explodia nele ou no filho bacharel quando no exercício de posição elevada, política ou de administração pública; ou no simples e puro gosto de mando, característico de todo brasileiro nascido ou criado em casa-grande de engenho. Gosto que tanto se encontra, refinado em um senso grave de autoridade e de dever, em um D. Vital, como abrutalhado em rude autoritarismo em um Floriano Peixoto.

Resultado da ação persistente desse sadismo, de conquistador sobre conquistado, de senhor sobre escravo, parece-nos o fato, ligado naturalmente à circunstância econômica da nossa formação patriarcal, da mulher ser tantas vezes no Brasil vítima inerme do domínio ou do abuso do homem;[177] criatura reprimida sexual e socialmente dentro da sombra do pai ou do marido. Não convém, entretanto, esquecer-se o sadismo da mulher, quando grande senhora, sobre os escravos, principalmente sobre as mulatas; com relação a estas, por ciúme ou inveja sexual.

Mas esse sadismo de senhor e o correspondente masoquismo de escravo, excedendo a esfera da vida sexual e doméstica, têm-se feito sentir através da nossa formação, em campo mais largo: social e político. Cremos surpreendê-los em nossa vida política, onde o mandonismo tem sempre encontrado vítimas em quem exercer-se com requintes às vezes sádicos; certas vezes deixando até nostalgias logo transformadas em cultos cívicos, como o do chamado marechal de ferro. A nossa tradição revolucionária, liberal, demagógica, é antes aparente e limitada a focos de fácil profilaxia política: no íntimo, o que o grosso do que se pode chamar "povo brasileiro" ainda goza é a pressão sobre ele de um governo másculo e corajosamente autocrático. Mesmo em sinceras expressões individuais – não de todo invulgares nesta espécie de Rússia americana que é o Brasil[178] – de mística revolucionária, de messianismo, de identificação do redentor com a massa a redimir pelo sacrifício de vida ou de liberdade pessoal, sente-se o laivo ou o resíduo masoquista: menos a vontade de reformar ou corrigir determinados vícios de organização política ou econômica que o puro gosto de sofrer, de ser vítima, ou de sacrificar-se.

Por outro lado, a tradição conservadora no Brasil sempre se tem sustentado do sadismo do mando, disfarçado em "princípio de Autoridade" ou "defesa da Ordem". Entre essas duas místicas – a da Ordem e a da Liberdade, a da Autoridade e a da Democracia – é que se vem equilibrando entre nós a vida política, precocemente saída do regime de senhores e escravos. Na verdade, o equilíbrio continua a ser entre as realidades tradicionais e profundas: sadistas e masoquistas, senhores e escravos, doutores e analfabetos, indivíduos de cultura predominantemente europeia e outros de cultura principalmente africana e ameríndia. E não sem certas vantagens, as de uma dualidade não de todo prejudicial à nossa cultura em formação, enriquecida de um lado pela espontaneidade, pelo frescor de imaginação e emoção do grande número e, de outro lado, pelo contato, através das elites, com a ciência, com a técnica e com o pensamento adiantado da Europa. Talvez em parte alguma se esteja verificando com igual liberalidade o encontro, a intercomunicação e até a fusão harmoniosa de tradições diversas, ou antes, antagônicas, de cultura, como no Brasil. É verdade que o vácuo entre os dois extremos ainda é enorme; e deficiente a muitos respeitos a intercomunicação entre duas tradições de cultura. Mas não se pode acusar de rígido, nem de falta de mobilidade vertical – como diria Sorokin – o regime brasileiro, em vários sentidos sociais um dos mais democráticos, flexíveis e plásticos.

Uma circunstância significativa resta-nos destacar na formação brasileira: a de não se ter processado no puro sentido da europeização. Em vez de dura e seca, rangendo do esforço de adaptar-se a condições inteiramente estranhas, a cultura europeia se pôs em contato com a indígena, amaciada pelo óleo da mediação africana. O próprio sistema jesuítico – talvez a mais eficiente força de europeização técnica e de cultura moral e intelectual, a agir sobre as populações indígenas; o próprio sistema jesuítico, no que logrou maior êxito no Brasil dos primeiros séculos foi na parte mística, devocional e festiva do culto católico. Na cristianização dos caboclos pela música, pelo canto, pela liturgia, pelas profissões, festas, danças religiosas, mistérios, comédias; pela distribuição de verônicas com ágnus-dei, que os caboclos penduravam no pescoço, de cordões, de fitas e rosários; pela adoração de relíquias do Santo Lenho e de cabeças das Onze Mil Virgens. Elementos, muitos desses, embora a serviço da obra de europeização e de cristianização, impregnados de influência animística ou fetichista vinda talvez da África.

Porque os próprios *Exercícios espirituais* parece que assimilara-os Loyola de originais africanos; são, pelo menos, produtos do mesmo clima místico ou religioso que as manifestações do voluptuoso misticismo dos árabes. O céu jesuítico, como o purgatório ou o inferno, cujas delícias ou horrores o devoto que pratique os *Exercícios* acabará vendo, sentindo-lhes o cheiro e o gosto, ouvindo-lhes os cantos de gozo ou os ai-jesus de desespero – esse céu, esse purgatório e esse inferno ao alcance dos sentidos por meio daquela técnica admirável, aproxima-os o estudo comparado das religiões de antigos sistemas de mística muçulmana. Um livro sobre as origens da Companhia de Jesus, o de Hermann Muller, conclui, talvez precipitadamente, pela imitação da técnica muçulmana por Santo Inácio de Loyola. E Chamberlain, na sua interpretação, toda em termos de raça – e esta a nórdica – da cultura religiosa da Europa moderna, repudia em absoluto Santo Inácio de Loyola por enxergar no seu sistema qualidades antieuropeias de imaginação, de sentimento e de técnica de misticismo. Ou, no seu entender, de antimisticismo. Chamberlain não sente no sistema de Loyola nenhum perfume místico: para ele os *Exercícios* resumem-se num "método grosseiramente mecânico, arranjado com suprema arte para excitar o indivíduo [...]".[179]

A possível origem africana – Chamberlain considera-a definitivamente provada – do sistema jesuítico nos parece importantíssima na explicação da formação cultural da sociedade brasileira: mesmo onde essa formação dá a ideia de ter sido mais rigidamente europeia – a catequese jesuítica – teria recebido a influência amolecedora da África. A mediação africana no Brasil aproximou os extremos, que sem ela dificilmente se teriam entendido tão bem, da cultura europeia e da cultura ameríndia, estranhas e antagônicas em muitas das suas tendências.

Considerada de modo geral, a formação brasileira tem sido, na verdade, como já salientamos às primeiras páginas deste ensaio, um processo de equilíbrio de antagonismos. Antagonismos de economia e de cultura. A cultura europeia e a indígena. A europeia e a africana. A africana e a indígena. A economia agrária e a pastoril. A agrária e a mineira. O católico e o herege. O jesuíta e o fazendeiro. O bandeirante e o senhor de engenho. O paulista e o emboaba. O pernambucano e o mascate. O grande proprietário e o pária. O bacharel e o analfabeto. Mas predominando sobre todos os antagonismos, o mais geral e o mais profundo: o senhor e o escravo.

É verdade que agindo sempre, entre tantos antagonismos contundentes, amortecendo-lhes o choque ou harmonizando-os, condições de confraternização e de mobilidade social peculiares ao Brasil: a miscigenação, a dispersão da herança, a fácil e frequente mudança de profissão e de residência, o fácil e frequente acesso a cargos e a elevadas posições políticas e sociais de mestiços e de filhos naturais, o cristianismo lírico à portuguesa, a tolerância moral, a hospitalidade a estrangeiros, a intercomunicação entre as diferentes zonas do país. Esta, menos por facilidades técnicas do que pelas físicas: a ausência de um sistema de montanhas ou de rios verdadeiramente perturbador da unidade brasileira ou da reciprocidade cultural e econômica entre os extremos geográficos.

Notas ao Capítulo I

1. Em Portugal, como adiante veremos, mais através da burguesia marítima, que ali cedo se arredondou em força dominadora, do que pela vontade ou ação da nobreza rural. Esta, após a morte de D. Fernando em 1383, chegou a inclinar-se à reunião de Portugal com Castela, contra o que levantou-se a burguesia, escolhendo para ocupar o trono o mestre de Avis. Os partidários do mestre de Avis, diz-nos Antônio Sérgio (*A sketch of the history of Portugal*, Lisboa, 1928) que eram "a minoria mas tinham a seu favor [...] o dinheiro da classe média".

2. Na Beira Baixa abundam "as localizações da raça pequena, dolicocéfala, do tipo de Mugem", como no Alentejo predominam "altas estaturas talvez pela influência de uma raça árabe, mesaticéfala", e no Algarve como em outros pontos do litoral português se encontram representantes numerosos de um "tipo semito-fenício de estatura mediana" (A. A. Mendes Correia, *Os criminosos portugueses*, Lisboa, 1914). Veja-se também Fonseca Cardoso, "Antropologia portuguesa", em *Notas sobre Portugal*, Lisboa, 1908. No Concelho de Alcácer do Sal são numerosas as famílias mulatas, segundo informa Leite de Vasconcelos (cit. por Mendes Correia, *Os povos primitivos da Lusitânia*, Porto, 1924).

3. Rafael Altamira na sua *Filosofia de la historia y teoria de la civilización* (Madri, 1915) observa que as influências recíprocas se operam "*entre pueblos enemigos a quienes separan odios*" e cita precisamente o exemplo dos muslins e dos cristãos; "*los cuales no obstante sus guerras continuas se influyeron mutuamente en alto grado*".

4. Freeman salienta "*the general law by which, in almost all periods, either the masters of Spain have borne rule in Africa or the masters of Africa have borne rule in Spain*" (E. A. Freeman, *Historical geography of Europe,* Londres, 1882). Mas é principalmente em Portugal que se tem verificado essa alternativa de domínio continental, de constante ajustamento e reajustamento de valores de cultura e preponderâncias de raça.

5. Segundo a pesquisa craniométrica e osteométrica de Paula e Oliveira. Dois outros antropólogos portugueses, Silva Bastos e Fonseca Cardoso, encontraram nas regiões montanhosas de Beira Alta, Trás-os-Montes, Beira Baixa "em estado de relativa pureza os representantes da raça dolicocéfala de Mugem (tipo Beaumes-Chaudes) que constitui", diz Mendes Correia, "o fundo antropológico do povo português". (Vejam-se Mendes Correia, *Os criminosos portugueses*, e Fonseca Cardoso, loc. cit.; também os trabalhos de Costa Ferreira, "La capacité du crâne chez les Portugais", *Bulletins*

et Mémoires de la Société d'Anthropologie de Paris, série V, vol. IV, e Ferraz de Macedo, *Bosquejos de antropologia criminal*, Lisboa, 1900.)

6. Conde Hermann de Keyserling, "Portugal" (trad. do alemão por Herta Oppenheimer e Osório de Oliveira), em *Descobrimento*, nº 2, Lisboa, 1931.

7. Alexandre Herculano, *História de Portugal*, Lisboa, 1853.

8. Mendes Correia, *Os povos primitivos da Lusitânia*, cit.

9. A incapacidade de tomar resoluções prontas, que Teófilo Braga responsabiliza pela "falta de iniciativa" no português (*O povo português*, Lisboa, 1885).

10. Ferraz de Macedo, op. cit.

11. Opinião de Antônio Arroio, "O povo português", em *Notas sobre Portugal*, Lisboa, 1908. Entretanto lê-se no próprio Eça, após a descrição de Gonçalo:
    "Assim todo completo, com o bem, com o mal, sabem vocês quem ele me lembra?...
    – Quem?
    – Portugal!".

12. Eça de Queirós, *A ilustre casa de Ramires*, Porto, 1904. O autor menciona outros característicos.
    Em relação com a nossa ideia (vejam-se *O mundo que o português criou*, Rio de Janeiro, 1940 e *Uma cultura ameaçada: a luso-brasileira*, Recife, 1940) de que o português sempre uniu ao espírito de aventura o de precaução, rotina, segurança, utilidade, não nos devemos esquecer de que modernos historiadores do direito e do comércio marítimos atribuem aos portugueses a invenção dos seguros marítimos, criados – destaca o Sr. Jaime Cortesão – "na longa prática do tráfego por mar a distância, durante os séculos XIII e XIV e consagrados pela legislação de Dom Fernando [...]" ("Tradição", em *Cartas à mocidade*, Lisboa, 1940, p. 71). Jaime Cortesão, a propósito dessa e de outras antecipações dos portugueses na solução dos problemas técnicos e de organização social, insurge-se contra "uma falsa história em que [os portugueses] entramos apenas com o nosso valor, definindo-se por ela o português dos descobrimentos como um tipo aventureiro e de impulsivo, tutelado na sua ignorância pela ciência estrangeira" (p. 73). Palavras hoje inglesas, mas derivadas da língua portuguesa, como *curral, cuspidor, molasses, cruzado, albatroz* (veja-se nosso *Brazil: an interpretation*, Nova York, 1945) indicam que a influência portuguesa sobre a cultura ocidental se faz sentir na zona da técnica (inclusive a rural-pastoril).

13. Desconhecemos em que elementos se apoia Waldo Frank para escrever: "*El português es mas europeo que el español: posee un linaje semítico más debil, un linaje gótico más fuerte*" ("La selva", em *Sur*, Buenos Aires, nº 1, 1931).
    Pensamos exatamente o contrário: que o português sendo mais cosmopolita que o espanhol, é entretanto dos dois talvez o menos gótico e o mais semita, o menos europeu e o mais africano: em

todo o caso o menos definidamente uma coisa ou outra. O mais vago e impreciso, como expressão de caráter continental europeu. O mais extraeuropeu. O mais atlântico.

14. Aubrey F. G. Bell, *Portugal of the Portuguese*, Londres, 1915. O autor, cujas observações sobre o lirismo no caráter português coincidem com as de Miguel de Unamuno (*Por tierras de Portugal y España*, Madri, 1911) e as de ensaístas mais novos, salienta outros contrastes.

15. Fonseca Cardoso verificou antropologicamente a presença do elemento semito-fenício em populações atuais de Portugal (Fonseca Cardoso, loc. cit.) e o professor Mendes Correia, destacando o papel etnogênico dos judeus na formação portuguesa, diz que sua importância já seria grande na época visigótica (*Raça e nacionalidade*, Porto, 1919). Sob o ponto de vista da história social, o estudo definitivo sobre a infiltração israelita em Portugal é o de João Lúcio de Azevedo: *História dos cristãos-novos portugueses* (Lisboa, 1915).

16. D. G. Dalgado no seu estudo *The climate of Portugal* (Lisboa, 1914) destaca o fato de os portugueses se aclimarem em várias partes do mundo melhor que quase todos os outros europeus (*"acclimatize themselves in various parts of the world better than almost all the other European races"*). Talvez – é opinião de muitos recolhida por Dalgado – por serem um povo em cuja formação a raça semita entrou com forte contingente (*"the great admixture of the people of the country with the semitic race"*). Emile Béringer nos seus *Estudos sobre o clima e a mortalidade da capital de Pernambuco* (trad. de Manuel Duarte Pereira – Pernambuco, 1891) escreve sobre o assunto: "a raça portuguesa parece dotada de um temperamento que lhe permite adaptar-se mais facilmente que outras raças a climas diferentes do da mãe-pátria. Atribui-se esta qualidade não só ao cruzamento dos portugueses com os israelitas que se domiciliaram em Portugal depois de sua expulsão, e que possuem uma notável aptidão para aclimação, como também à influência persistente de sangue negro, que foi largamente propagado em Portugal na época em que, no próprio país, se fazia um importante tráfico de escravos". E Hermann Wätjen em *Das Judentum und die Anfänge der modernen Kolonisation* (apud *Das Holländische Kolonialreich in Brasilien*, Gota, 1921) salienta que a raiva dos holandeses contra os judeus em Pernambuco (raiva que quase se aguçou em antissemitismo) era em parte devida ao fato dos israelitas se aclimarem com espantosa facilidade enquanto os flamengos custavam a adaptar-se à vida nos trópicos.

Já em 1901 escrevia com exagero apologético um homem de ciência paulista, Luís Pereira Barreto: "O que a observação científica dos nossos dias nos ensina é que nenhuma raça no mundo iguala a portuguesa como aptidão para se adaptar a todas as condições imagináveis da existência terrestre. É a raça privilegiada, é a única que teve o dom de anular a seu favor as mais inclementes influências climatéricas: o aclimamento universal é o seu apanágio. O português, é o preferido, no serviço das baleeiras norte-americanas e, nesse posto, o vemos impertérrito arrostar os frios glaciais das costas da Islândia. Na zona tórrida, a mais mortífera da África, o encontramos sempre a prumo, robusto, inabalável, jovial e altaneiro. Lá onde nenhuma raça medra, o português prospera. Lá onde os soberbos colossos louros, os belos Apolos do Norte, ruem por terra, derretendo-se como cera mole ao calor de uma temperatura média anual de 28°, o português campeia impondo e implanta duradoura prole" ("O século XX sob o ponto de vista brasileiro", *O Estado de S. Paulo*, 23 de abril de 1901). Páginas de igual fervor apologético, embora escritas de ponto de vista diferente do de Pereira Barreto, sobre "o elemento português na demografia do Brasil" são as da memória apresentada com esse título ao Congresso Luso-Brasileiro de História em Lisboa, 1940, por outro homem de ciência, este português, o professor A. A. Mendes Correia, cujos pendores etnocêntricos no sentido da exaltação do "português branco" coincidem com os do sociólogo brasileiro Oliveira Viana e com os do romancista Afrânio Peixoto. Uma apresentação mais sobriamente científica de aspectos interessantes do mesmo assunto é oferecida pelo professor tenente-coronel-médico Alberto C. Germano da Silva Correia em seus trabalhos "Les lusos descendants de l'inde portugaise", Goa, 1928, e "Os lusos descendentes de Angola – Contribuição para o seu estudo antropológico", *Memória*, 3º Congresso Colonial Nacional, 1930.

O fato da área amazônica no Brasil permanecer ainda quase sem colonização parece indicar que o português, ao contrário da afirmativa enfática de Pereira Barreto, não tem o dom de, por disposições puramente étnicas, "anular a seu favor as mais inclementes influências climatéricas". Essa área provavelmente só será colonizada plenamente com o desenvolvimento e barateamento da técnica de ar-condicionado e de outras formas de domínio do clima pelo homem civilizado, ainda que não deva ser esquecida nunca a importância, na valorização de áreas do tipo da amazônica, dos motivos e valores espirituais que animem os colonizadores. Importância destacada pelos mais modernos estudiosos do assunto como S. F. Markham em *Climate and the energy of nations*, Londres, 1944.

17. Impossível precisar qual fosse a reduzida população portuguesa nos séculos XV e XVI. Computam-na de modo diverso os historiadores. Talvez no século XV não passasse de 1.010.000 do cálculo de Rebelo Silva (*Memória sobre a população e agricultura de Portugal desde a fundação da monarquia até 1865*, Lisboa, 1868). Dos escritores mais aproximados da época consultem-se sobre o assunto Manuel de Severim de Faria, *Notícias de Portugal*, Lisboa, 1655, e Duarte Nunes de Leão, *Descrição geral do reino de Portugal*, 1610. Entre os modernos, vejam-se os cálculos de Adrien Balbi, *Essai statistique sur le Portugal*, Paris, 1822; Gama Barros, *História da administração pública em Portugal nos séculos XV e XVI*, Lisboa, 1896; Costa Lobo, *A história da sociedade em Portugal, no século XV*, Lisboa, 1904; Oliveira Martins, *A história de Portugal*, Porto, 1882; J. Lúcio de Azevedo, "Organização econômica", em *História de Portugal*, 27, II; J. J. Soares de Barros, "Memórias sobre as causas da diferente população de Portugal em diferentes tempos da monarquia portuguesa", em *Memórias econômicas da Academia Real das Ciências*, 2ª ed., Lisboa, 1885.

Faz algum tempo, escreveu o professor Everett V. Stonequist a propósito das relações dos portugueses e espanhóis com as gentes de cor na América que "*it is to be noted that the Spanish and Portuguese had already experienced prolonged contact with African peoples and were themselves of the brunette Caucasian type"* ("Race, mixture and the mulatto", em *Race relations and the race problem*, organizado por Edgar T. Thompson, Durham, 1939, p. 248), pontos acentuados no presente ensaio desde 1933. O professor Stonequist admite a possibilidade do português ter se revelado no Brasil portador ainda menos vigoroso que o espanhol de "consciência de raça" (trabalho cit., p. 249, nota). Essa possibilidade não é admitida por todos os estudiosos do assunto. O professor Sílvio Zavala, por exemplo, em seus ensaios sobre a colonização espanhola do México, mostra-se inclinado a considerar os espanhóis tão liberais quanto os portugueses em suas atividades para com as gentes de cor, tendo mesmo impugnado as afirmativas ou sugestões que se fazem a respeito no presente ensaio. *"Permita se nos sugerir"* – escreveu o ilustre historiador mexicano a propósito do presente ensaio – *"incidentalmente que es necesario hacer una revisión de los conceptos que emite el A. en varios lugares sobre la colonización española, de la qual parece tener una idea tan somera como discutible"* ("Casa-grande & senzala" etc., *Revista de História de América*, nº 15, dezembro, 1942, p. 1942). Igual objeção às generalizações feitas no presente ensaio sobre o colonizador português em confronto com o espanhol, em suas relações com os indígenas da América, é levantada pelo professor Lewis Hanke que, entretanto, reconhece: *"Sea lo que fuere, parece cierto que el colonizador portugués poseía mayor espirito cosmopolita y mayor plasticidad social que ningún otro europeo en América"* (*Gilberto Freyre – Vida y obra – Bibliografia, antologia*, Nova York, 1939).

Sobre esse aspecto da ação do colonizador espanhol na América – suas relações com os indígenas – vejam-se os trabalhos do mesmo professor Hanke, *The first social experiments in America – A study in the development of Spanish indian policy in the sixteenth century*, Cambridge, 1935, e *Cuerpo de documentos del siglo XVI*, México, 1943; Rómulo D. Carbia, *História de la leyenda negra hispano-americana*, Buenos Aires, s.d.; Arthur Helps, *The Spanish conquest in America and its relations to the history of slavery and the government of colonies*, Londres, 1900-1905; Robert Ricard, *Études et documents pour l'histoire missionaire de l'Espagne et Portugal*, Paris, 1931; Sílvio Zavala e María Castelo, *Fuentes para la historia del trabajo en Nueva España*, México, 1939-1941, e Sílvio Zavala, *New viewpoints on the Spanish colonization of America*, Filadélfia, 1943.

18. Permitia aos portugueses tão grande mobilidade a quase perfeição que, para a época, atingira em Portugal a técnica de transporte marítimo. Perfeição e abundância de veículos. "Em compensação do exíguo material humano", nota Carlos Malheiros Dias, "Portugal possuía como nenhum outro país nos primeiros decênios do século XVI, abundantes veículos de transporte marítimo" (*História da colonização portuguesa do Brasil*, Introdução, Lisboa, 1934, vol. I).

Se é certo que, oficialmente, as embarcações vindas da Índia para Lisboa ou idas de Lisboa para a Índia, durante os séculos XVI e XVII, não tocavam – ou não deviam tocar – no Brasil, parece que de fato, e sob pretextos vários, foi constante esse contato. Aliás, foi o mesmo regularizado em 1672, quando afinal o governo metropolitano reconheceu sua conveniência ou necessidade. Indicam-

-no documentos do século XVII com relação às "naus da Índia", alguns dos quais incluídos nas coleções de portarias, cartas, leis, provisões, alvarás etc., publicadas pela Biblioteca Nacional do Rio de Janeiro. Portaria datada da Bahia, em 9 de julho de 1672, nos dá notícia não só de socorro a soldados vindos no galeão *São Pedro de Rates* "que indo para Índia arribou nesta Bahia", como do "donativo do dote de paz consignado por Sua Alteza às despesas das naus da Índia que indo, ou vindo tomarem este porto" (*Biblioteca Nacional, documentos históricos, portarias e cartas dos governadores-gerais e governo interno*, vol. VIII da série VI dos *Documentos da Biblioteca Nacional*, Rio de Janeiro, 1929, p. 95). A existência de tal donativo parece indicar que não era raro o contato de naus da Índia com o Brasil. Pela portaria de 1º de julho de 1674, relativa ao galeão *Nossa Senhora do Rosário, São Caetano* e *São Francisco Xavier* "arribado a este porto" [Bahia], tendo partido de Portugal para a Bahia, vê-se que se exigia do capitão de nau assim arribada dar conta "das causas que teve para não seguir viagem" (*Documentos*, cit., p. 193). Também que os representantes do governo metropolitano no Brasil se serviam de tais naus no interesse geral do Império (p. 201). São esses contatos, que parecem ter sido frequentes, que explicam o fato de terem a vida, os costumes e a arquitetura no Brasil colonial recebido constante influência direta do Oriente, acusada pelo uso, generalizado entre a gente de prol, de palanquins, banguês, chapéus de sol, leques da China com figuras de seda estofada e caras de marfim, sedas, colchas da Índia, porcelana, chá etc., e ainda hoje atestada pelos antigos leões de louça de feitio oriental – ou, especificamente, chinês – que guardam, com expressão ameaçadora e zangada, os portões de velhas casas e o frontão da igreja do convento de São Francisco do Recife. Atestada também pelas sobrevivências de porcelanas e caixas de sândalo, artigos que, segundo tradições brasileiras de família, foram comuns no nosso país durante o período colonial. Um cronista nos fala dos últimos anos desse período como tempos em que, no Recife, as famílias burguesas, estiradas em compridas esteiras de pipiri, ceavam à calçada ou à porta da rua, em "pratos de verdadeira louça da China, sarapintados de várias cores", que "produziam um magnífico efeito à luz da lua" (F. P. do Amaral, *Escavações – Fatos da história de Pernambuco*, Recife, 1889, p. 279).

Note-se, ainda, que segundo documentos do século XVII, há indícios de capitães das naus vindas da Índia para Lisboa (naus que arribavam em portos do Brasil mas logo conseguiam, ao que parece, regularizar sua situação comercial no interesse não só do Império, como de particulares) daqui terem partido com artigos produzidos no Brasil em troca dos quais é possível que, irregularmente, deixassem objetos do Oriente. Por portaria de 12 de março de 1673 se vê que "porquanto veiu arribada a este porto a nau caravella vindo da Índia para Lisboa, e me representar o capitão Simão de Souza de Tavora que era conveniente levasse alguma carga de assucares de particulares para poder ir com mais segurança. O provedor-mor da Fazenda Real deste Estado mande lançar pelos mercadores cento e vinte caixas de assúcar [...]" (*Documentos*, cit., p. 151). Ainda na citada coleção de documentos se lê a transcrição de uma carta do Príncipe, datada de Lisboa de 8 de março de 1672, a Afonso Furtado de Mendonça, referente às naus da Índia, da qual transcrevemos este trecho: "Eu o Príncipe vos envio muito saudar. Por ter resoluto (como tereis entendido da provisão que com esta se vos remete) que as embarcações da Índia que partirem da Índia para este reino venham tomar a Bahia para melhor segurança de sua viagem [...]" (*Documentos*, cit., p. 93). Por aí se vê que houve em 1672, da parte do governo metropolitano, medida no sentido de regularizar o contato das naus da Índia com o Brasil no interesse geral do Império Português. Por outro lado, não é preciso dispor alguém de excessiva imaginação histórica para entrever irregularidades, ligadas ao contato das naus da Índia e da Angola com o Brasil, semelhantes – embora em escala muito menor – às que se verificaram na própria Índia, durante a época de domínio português no Oriente, e em ligação com o comércio de especiarias. Dessas próprias irregularidades, porém, parece ter resultado considerável riqueza de intercurso de valores culturais entre as várias partes do Império lusitano, particularmente favorável ao Brasil. Semelhante vantagem talvez não tivesse se verificado se as leis portuguesas de regulamentação do mesmo intercurso – leis que visavam o interesse exclusivo dos reis mercadores – tivessem sido rigidamente executadas com prejuízo da intercomunicação entre várias colônias portuguesas e do enriquecimento recíproco de sua cultura comum. Sobre aspectos gerais do assunto leiam-se: Girolamo Priuli, *I Diarii*, Città di Castello, 1911; Bolonha, 1933; J. Lúcio de Azevedo, *Épocas de Portugal econômico*, Lisboa, 1929; Charles de Lannoy, *Histoire de l'expansion de peuples européens*, Bruxelas, 1907; Francisco Antônio Correia, *História econômica de Portugal*, Lisboa, 1929, e *Documentos históricos do arquivo municipal, Atas da Câmara, 1625-1641*, vol. I, Prefeitura Municipal do Salvador, Bahia, s.d.

Veja-se mais sobre o assunto Alexander Marchant, "Colonial Brasil as a way station for the Portuguese India Fleets", *The Geographical Review*, Nova York, nº 3, vol. 31, julho de 1941. O autor desse interessante artigo sustenta que entre 1500 e 1730 somente "cerca de vinte naus da Índia tocaram no Brasil", desgarradas das respectivas esquadras, sob circunstâncias extraordinárias. O que parece é que só "sob circunstâncias extraordinárias", nunca oficial ou regularmente, deviam as mesmas naus tocar no Brasil; mas que entre a lei – visando assegurar privilégios de grupo metropolitano – ou a normalidade oficial e a prática, a distância foi lusitanamente grande. Assim o número de naus da Índia, aparentemente "desgarradas", a se refugiarem em portos brasileiros teria sido considerável; e, segundo indícios ou sugestões dos próprios documentos oficiais, em vez de simplesmente arribadas, aqui teriam tocado por interesse no comércio de açúcar. Açúcar possivelmente trocado por objetos orientais. De onde a abundância dos mesmos na região brasileira do açúcar durante o período colonial.

19. Roy Nash em *The conquest of Brazil* (Nova York, 1926) salienta o fato do colonizador do Brasil ter, antes do seu domínio imperial sobre as raças de cor, experimentado, por sua vez, o domínio de um povo de pele escura, superior aos hispano-godos em organização e em técnica. "*Under such conditions*" escreve Nash, "*it would be deemed an honor for the white to marry or mate with governing class, the brown man, instead of the reverse*". Ruediger Bilden ("Brasil, laboratory of civilization", em *Nation*, Nova York, 16, CXXVIII, janeiro, 1929) põe igualmente em destaque o fato das relações dos portugueses com povos de cor se terem iniciado em circunstâncias desfavoráveis aos brancos. Refere-se, é claro, à fase histórica.

20. Luís Chaves, *Lendas de Portugal,* Porto, 1924.

21. "É o vermelho [...] que o povo português vê em tudo que é maravilhoso: desde os trajos românticos das mouras-encantadas [...]" (Luís Chaves, *Páginas folclóricas,* Lisboa, 1920).

22. Às mouras-encantadas se atribui em Portugal como salienta Leite de Vasconcelos (*Tradições populares de Portugal*, Porto, 1882) "o papel de divindade das águas". É vulgar a crença, segundo se lê nesse e em outros trabalhos do eminente investigador e nos de Consiglieri Pedroso (*Contos populares portugueses*) e Luís Chaves (*Lendas de Portugal*), de que as mouras-encantadas aparecem quase sempre junto às fontes e a pentear-se: às vezes com "pentes de ouro". Comum é também a crença de que as mouras não só andam vestidas de encarnado como aproximam-se de quem lhes mostre um "lenço vermelho" ou "cousas vermelhas" (Leite de Vasconcelos, op. cit.). Circunstâncias todas essas que parecem confirmar ser a crença nas mouras-encantadas uma expressão de misticismo sexual ou erótico, espécie de culto da mulher de cor ou da Vênus fosca entre os portugueses.

23. Talvez entre os indígenas do Brasil, a cor erótica por excelência, além de mística e profilática. Sobre o assunto, de que adiante trataremos com mais detalhes, veja-se o estudo do professor Rafael Karsten, *The civilization of the South American Indians, with special reference to magic and religion*, Nova York, 1926.

24. "Penteiam-se as mulheres muitas vezes", notou Ives D'Evreux entre as índias do Brasil (*Voyage au nord du Brésil*). Quanto à frequência dos banhos entre as índias, salientaram-na quase todos os observadores dos costumes indígenas nos séculos XVI e XVII. Entre outros, Pero Vaz de Caminha, companheiro de Pedralves, na sua carta escrita em 1º de maio de 1500, em Manuel Aires de Casal, *Corografia brasílica*, 2ª edição, tomo I, Rio de Janeiro, 1833, p. 10.

25. Madison Grant, *The passing of the great race*, Nova York, 1916.

26. "Viagem a Portugal dos cavaleiros Trom e Lippomani" (1580), trad. de Alexandre Herculano, *Opúsculos*, Lisboa, 1897.

27. Este adágio vem registrado por H. Handelmann na sua *História do Brasil* (trad.), Rio de Janeiro, 1931.

28. J. W. Gregory, *The menace of color*, Filadélfia, 1925.

29. Já Quatrefaces mencionara alguns casos notáveis de aclimatabilidade: dos franceses na Córsega, dos fugitivos do Edito de Nantes na Colônia do Cabo. E Hintze, em estudo feito entre descendentes dos povoadores brancos da ilha de Sabá, colonizada em 1640, não encontrou nessa população pura, sem mestiços, efeitos de degeneração (A. Balfour, "Sejourners in the tropics", *The lancet*, vol. I, 1923, p. 1.329). Mas nenhum caso tão impressionante como o dos holandeses em Kissav, citado por Gregory.

30. Karl Sapper, apud Oliveira Viana, *Raça e assimilação*, São Paulo, 1932.

31. Griffith Taylor, *Environment and race*, Oxford, 1926.

32. Benjamin Kidd, *The control of the tropics*, Londres, 1898. Sobre o assunto vejam-se também John W. Gregory, "Inter-racial problems and white colonization in the tropics", *Report of the British Association for the Advancement of Science*, Toronto, 1924; Edgar Sydenstricker, *Health and environment*, Nova York, 1933; A. Grenfell Price, *White settlers in the tropics*, Nova York, 1939; S. E. Markham, *Climate and the energy of nations*, Londres, Nova York, Toronto, 1944.

33. Mayo Smith, *Statistics and sociology*, Nova York, 1907. Um amigo nos chama a atenção para as pesquisas de A. Osório de Almeida sobre "o metabolismo basal do homem tropical de raça branca", cujos primeiros resultados foram publicados em 1919, no *Journal de Physiologie et de Pathologie Générale*. Osório verificou em dez indivíduos brancos residentes no Rio de Janeiro que o seu metabolismo basal era inferior aos padrões europeus e americanos. O mesmo verificou, posteriormente, em negros, também residentes no Rio de Janeiro. Baseado nessas pesquisas o notável cientista brasileiro considera "essa redução como um fator fundamental da aclimação nos países quentes", acreditando que "a aclimação consiste essencialmente na modificação lenta e progressiva do metabolismo basal, até a sua fixação em um valor compatível com as novas condições de clima em que se acha o indivíduo". "A teoria de aclimatação de A. Osório de Almeida", escreve O. B. de Couto e Silva, "vem esclarecer muitos pontos até agora completamente obscuros. Assim se explica a inferioridade em que se encontra o europeu para lutar contra o clima tropical" (O. B. de Couto e Silva, "Sobre a lei de Rubner-Richet", tese para livre-docência, Rio de Janeiro, 1926). O assunto é daqueles que têm sido notavelmente enriquecidos nos últimos anos, com trabalhos e pesquisas científicas.

34. As palavras *horizontal* e *vertical* não vêm aqui empregadas no puro e restrito sentido sociológico que lhes atribui o professor Pitirim Sorokin (*Social mobility*, Nova York, 1927). Quanto à atividade vertical dos pernambucanos, referimo-nos menos à mudança de atividade econômica, seguida de social e política, do conceito de Sorokin, do que à concentração regional de esforço no estabelecimento da agricultura da cana e da indústria do açúcar, na consolidação da sociedade escravocrata e agrária, na expulsão dos holandeses perturbadores desse esforço e desse processo de aristocratização. Isto em contraste com a atividade paulista, ou antes, com a mobilidade horizontal, como diria Sorokin, dos caçadores de escravos e de ouro, dos fundadores de fazenda de criar nos sertões e dos missionários. Note-se, porém, que no sentido particular da terminologia de Sorokin, a sociedade colonial brasileira foi móbil tanto no sentido horizontal como no vertical. Neste, pelas mudanças, às vezes bruscas, que aqui se operaram, principalmente no sul, na posição ou escala econômica e social do indivíduo. O velho ditado parece indicar o fenômeno: "Pai taverneiro, filho cavalheiro, neto indigente". É que no Brasil, mesmo onde a colonização foi mais aristocrática como em Pernambuco, o patriarcalismo nunca foi absoluto, nem o podia ser com "a quase geral

transmissão parcelada das heranças e domínios" a que se referiu Sílvio Romero em carta a Ed. Demmolins (*Provocações e debates*, Porto, 1916). As exceções, como a do morgadio dos Pais Barreto, no Cabo, em Pernambuco, foram raras.

35. Acerca da atividade colonizadora dos puritanos ingleses nos trópicos, veja-se A. P. Newton, *The colonizing activities of the English puritans*, New Haven, 1914. Vejam-se também Albert Galloway Keller, *Colonization: a study of the founding of new societies*, Boston, Nova York, 1908 e Herbert I. Priestley, *The coming of the white man*, Nova York, 1929.

36. E. Huntington, *Civilization and climate*, New Haven, 1915. "*Poor white trash*" quer dizer "brancos degenerados". Sobre "*poor white*" em relação com a colonização e o desenvolvimento social do sul dos Estados Unidos veja-se *Culture in the South* (organizado por W. T. Couch), Chapel Hill, 1935, especialmente Capítulo XX. Veja-se também a obra em cinco volumes que reúne o resultado das pesquisas da Comissão Carnegie sobre o mesmo problema na África do Sul: *The poor white problem in South Africa,* Stellenbosch, 1935.

37. Em um desses recifes, perto de Olinda, é que um francês escreveu a frase amarga recolhida por Sebastião da Rocha Pita: "*Le monde va de pi ampis*" (*sic*). Veja-se Rocha Pita, *História da América portuguesa*, Lisboa, 1730. Sobre a atividade dos franceses no Brasil no século XVI, leia-se o livro de Paul Gaffarel, *Histoire du Brésil Français ou seizième siècle*, Paris, 1878.

38. C. Keller, *Madagascar, Mauritius and other East African islands*, Londres, 1901.

39. Ellen Churchill Semple, *Influences of geographic environment*, Nova York, 1911.

40. Semple, op. cit. Gregory, entretanto, dá os colonos alemães, desde 1847 estabelecidos no sul do Brasil, como provando a aclimatabilidade dos europeus nos trópicos (J. W. Gregory, op. cit.). Sobre a aclimatabilidade dos europeus nos trópicos, veja-se o notável livro de A. G. Price, *White settlers in the tropics*, cit.; F. V. Adams, *The conquest of the tropics*, Nova York, 1914; Alleyne Ireland, *Tropical colonization, an introduction to the study of the subject,* Nova York, Londres, 1899; Aldo Castellani, *Climate and acclimatization,* Londres, s.d.

41. Semple, op. cit.

42. Semple, op. cit.

43. Os antigos acreditavam que as doenças viessem todas de "miasmas" e de "ventos" – crença que se prolongou na das doenças tropicais atribuídas ao clima, sem mais discriminação. Não há dúvida que, indiretamente, várias doenças se associam às condições de clima – a malária, entre outras. Como generaliza o professor Carl Kelsey em *The physical basis of society* (Nova York, Londres, 1928), "*bacterial diseases are likely to be more numerous in the warmer and moister regions of the Earth and to be least in evidence in high mountain countries and polar regions*". Dalgado (op. cit.) nas suas pesquisas sobre os efeitos do clima na população portuguesa verificou que na região

quente (Sul) preponderavam a diarreia, a enterite etc., correspondendo a maior morbidade nessa zona que na do Norte aos resultados gerais de investigações de Adolphe Quetelet (*physique sociale*, Bruxelas, 1869), relativas ao norte e ao sul da Europa. Reconhecida a influência patológica do clima quente acusada pelas estatísticas de doenças, crimes e suicídios, e pelas de eficiência econômica e capacidade de trabalho (vejam-se E. Huntington, *Civilization and climate*; Huntington e Williams, *Business geography*; Robert de Courcy Ward, *Climate considered especially in relation to man*, Nova York, 1908; Edwin Grant Dexter, *Weather influences,* Nova York, 1904), é preciso não exagerar tal influência, como é tendência dos que confundem a ação do clima *per se* com a de causas sociais e econômicas – pobreza, miséria, ignorância, sífilis, ineficiência de defesa sanitária. Defesa sanitária não só do homem (contra os germes que o ataquem diretamente) como de suas fontes, animais e vegetais, de nutrição e de água potável. Semple insiste (op. cit.) em que se discriminem com rigor os efeitos diretos do clima dos indiretos, os transitórios dos permanentes, os fisiológicos dos psicológicos. Ao seu ver vários dos efeitos diretos ainda se acham imperfeitamente demonstrados. Reconhece entretanto que o clima modifica nos indivíduos muitos processos fisiológicos e afeta neles a imunidade a certas doenças e a suscetibilidade a outras, a energia, a capacidade de esforço, continuado ou apenas intermitente, determinando-lhes, portanto, a eficiência como agentes econômicos e políticos. De modo geral, as conclusões de Julius Hann, *Handbuch der Klimatologie*, Stuttgart, 1897; de E. Huntington, *Civilization and climate*; de Griffith Taylor, *Environment and race*; de Robert de Courcy Ward, *Climate considered especially in relation to man*; de M. R. Thorpe e colaboradores, *Organic adaptation to environment*, Nova York, 1918; de Jean Brunhes, *La géographie humaine*, Paris, 1912; de Francis Albert Rollo Russell, *The atmosphere in relation to human life and health*, Smithsonian Institution, *misc. collection*, vol. 39. Com relação ao clima nas suas influências sobre a vida brasileira, veja-se a *Bibliografia do clima brasílico*, Rio de Janeiro, 1929, de Tancredo de Barros Paiva, onde vêm indicados os principais trabalhos nacionais e estrangeiros.

44. Huntington e Williams, op. cit.

45. Dexter, op. cit.

    A influência, em geral aceita, do clima quente ou da temperatura alta sobre os crimes contra as pessoas foi posta em dúvida pelo professor Todd, que os atribui ao maior contato do indivíduo com indivíduo, permitido por aquele clima ou por aquela temperatura. A causa direta, diz ele, é social.

46. "[...] *diseases attack some races more than others. Whether this is due to some original quality of the body or to some immunity acquired by long contact with the disease involved is disputed*" (Kelsey, op. cit.).

47. Ward, op. cit.

48. "As primeiras cartas dos jesuítas falam em procissões motivadas pelas secas ou enchentes. O padre Manuel da Nóbrega refere-se a uma na qual saiu o povo "pedindo chuva pela grande seca que

havia, de maneira que secavam os mantimentos", *Cartas do Brasil (1549-1560)*, Rio de Janeiro, 1931, p. 182.

49. "Já observara Alberto Torres em *O problema nacional brasileiro* (Rio de Janeiro, 1914): "Os Estados Unidos e, em grande parte, a Argentina são países de terras semelhantes, senão iguais, às terras que habitavam os colonizadores europeus. O clima e a natureza do solo não diferem do clima e do solo da mãe-pátria [...]. A colonização é uma mudança ordinária de casa velha para casa nova". O professor Konrad Guenther, em *Das Antliz Brasiliens* (Leipzig, 1927), salienta o fato da semelhança de vegetação entre a América do Norte e a Europa.

50. Veja-se a correspondência do padre Nóbrega, *Cartas do Brasil (1549-1560)*, cit.

51. Ernest Ludlow Bogart, *The economic history of the United States,* Nova York, 1913.

52. Oliveira Martins, op. cit.

53. Robert Southey, *History of Brazil,* cit.

54. No sul, onde aliás já se encontravam, prosperando, à custa do próprio esforço, povoadores; do tipo de Ramalho e do bacharel de Cananeia, com grande progênie mestiça e centenas de escravos ao seu serviço, a colônia de São Vicente foi oficialmente fundada em 1532, como mais tarde a da Bahia, a expensas da Coroa, "que correra com todas as despesas da armada e da instalação ao contrário do que sucederia nas restantes capitanias, cuja colonização se processou exclusivamente a expensas dos donatários" (Carlos Malheiros Dias, "O regime feudal dos donatários anteriormente à instituição do governo-geral", *História da colonização portuguesa do Brasil, III*). Foi em Pernambuco que o primeiro século de colonização mais vivo esplendeu o espírito de iniciativa particular, de esforço individual dos moradores. O que faz crer que estes foram, entre os portugueses vindos para o Brasil no século XVI, os mais capazes economicamente. A gente de melhores recursos e aptidões para a colonização agrária.

55. Edward J. Payne, *History of European colonies,* Londres, 1878. Veja-se também de Edward J. Payne, *History of the new world called America,* Oxford, 1892-1899.

Parece-nos inegável a importância da família patriarcal ou parapatriarcal como unidade colonizadora no Brasil. É certo que o fato dessa importância, antes qualitativa que quantitativa, não exclui o fato, igualmente importante, de entre grande parte da população do Brasil patriarcal "a escravidão, a instabilidade e segurança econômicas" terem dificultado a "constituição da família, na sua expressão integral, em bases sólidas e estáveis", como salientam os Srs. Caio Prado Júnior (*Formação do Brasil contemporâneo – Colônia,* São Paulo, 1942) e Nelson Werneck Sodré (*Formação da sociedade brasileira,* Rio de Janeiro, 1944). Mas o elemento decisivo na formação e na caracterização da sociedade que aqui começou a formar-se desde o século XVI foi, decerto, o da minoria portuguesa e, depois, de origem portuguesa, em particular ou europeia, em geral, que as circunstâncias tornaram aristocrática e até feudal em suas relações com os demais elementos da população. Estes, sempre que lhe foi possível a ascensão, os estilos de vida que procuraram imitar foram os daquela minoria influente: inclusive sua constituição de família ou seu familismo. Dos próprios padres, vigários e frades sabe-se que muitos, quando prósperos, em vez de apenas simbolicamente paternais, tornaram-se desde cedo, no Brasil, fundadores e pais de famílias reais, cuidando delas – embora não fossem, para os moralistas, famílias em sua "expressão integral" – com o maior zelo e tornando-se rivais dos senhores das casas-grandes como povoadores, colonizadores e dominadores da América portuguesa através da família ou do familismo. Expressão nítida desse familismo nos parece a generalização, no Brasil patriarcal – hoje a desintegrar-se – tanto entre gente moradora de casas de pedra e cal como entre moradores de casas de taipa, de barro e de palha, isto é, entre todas, ou quase todas, as camadas da população, do sentimento de honra do homem com relação à mulher (esposa ou companheira) e às filhas moças. Sentimento a que se devem numerosos crimes. "Não mui raro é um drama passional", escreve Alfredo Brandão referindo-se à significação das muitas cruzes pretas que "de quando em quando" se encontram "numa dobra do caminho, no meio da mata ou num vale engargantado entre montanhas alpestres" de qualquer região brasileira de formação agrário-patriarcal ("A vida no engenho", *Viçosa de Alagoas*, Recife, 1914, p. 226).

Em ligação com o assunto devemo-nos recordar de que o familismo no Brasil compreendeu não só o patriarcado dominante – e formalmente ortodoxo do ponto de vista católico-romano – como outras formas de família: parapatriarcais, semipatriarcais e mesmo antipatriarcais. É claro que o observador que se colocar do ponto de vista de moral estritamente católico-romana terá de desprezar as formas antipatriarcais que floresceram então no Brasil como organizações de família. Mas o mesmo não poderá ser feito pelo estudioso de assunto cujo ponto de vista for antes o sociológico que o ético ou jurídico condicionado por esta ou aquela filosofia moral ou do direito. E do ponto de vista sociológico, temos que reconhecer o fato de que desde os dias coloniais vêm se mantendo no Brasil, e condicionando sua formação, formas de organizações de famílias extrapatriarcais, extracatólicas que o sociólogo não tem, entretanto, o direito de confundir com prostituição ou promiscuidade. Várias delas parecem ter aqui se desenvolvido como resultado de influência africana, isto é, como reflexos, em nossa sociedade compósita, de sistemas morais e religiosos diversos do lusitano-católico mas de modo nenhum imorais para grande número de seus praticantes. É possibilidade admitida pelos estudiosos mais sérios do assunto como o professor René Ribeiro em seu "On the *amaziado* relationship, and other aspects of the family in Recife (Brazil)", *American Sociological Review*, nº I, vol. X, fevereiro, 1945. Sobre o assunto vejam-se também E. F. Frazier, "The negro in Bahia, Brazil: a problem in method", *American Sociological Review*, VIII, ago., 1943, e Donald Pierson, *Negroes in Brazil*, Chicago, 1942.

Idêntica fora a nossa conclusão diante de formas de união de sexos e organização de família por nós encontradas em nossos estudos da sociedade patriarcal do Brasil em zonas social e geograficamente marginais da mesma sociedade. Uma dessas formas, a descrita pelo missionário capuchinho frei Plácido de Messina e por ele observada em 1842 em Riacho de Navio (Pernambuco): "neste lugar demorei-me pela primeira vez vinte dias, pregando, confessando, baptizando e cresmando hum crescido numero de meninos; casei a infinitos que vivião na mais escandalosa mancebia; mediante o Divino auxílio consegui extirpar os muitos abusos que entre aquelles povos havião sendo hum dos mais repugnantes a troca mutua que os casados fazião de suas mulheres em prova do mais subido grau de honra a que denominavão 'despique', fazendo que cada hum delles restituisse a que conservava em seu poder ao seu legitimo marido e finalmente obrigando--se a seguir huma vida verdadeiramente christã e observar as maximas saudaveis que ligão os homens em sociedade e que os tornão obedientes ás leis, ao imperador, aos seus delegados e a todas as authoridades legalmente constituídas" (Officio de frei Placido de Messina ao presidente de Pernambuco barão da Boa Vista, datado de 26 de novembro de 1842, dando conta da missão de que fora encarregado no interior da província, manuscrito no arquivo do Instituto Arqueológico, Histórico e Geográfico Pernambucano). No "despique" parece que se refletia influência, deformada, de costume ou instituição indígena ligada a deveres de hospitalidade. Ao nosso ver seria erro considerá-lo "promiscuidade" ou "prostituição", como tendem a fazê-lo os estudiosos da formação social do Brasil inclinados a considerar mínima, na mesma formação, a influência do familismo quer patriarcal, quer extra ou antipatriarcal.

56. Paul Leroy-Beaulieu, *De la colonization chez les peuples modernes*, Paris, 1891. Sobre o assunto, destacaremos aqui, como fundamental, a obra que nos foi recomendada pelo nosso colega do curso de verão de 1939 na Universidade de Michigan, o professor Leo Waibel: *Die Europaeische Eroberung nach Kolonisation Amerikas*, Stuttgart, vol. I, 1930; vols. II e III, 1937, Stuttgart, de George Friederici. Vejam-se também A. Zimmermann, *Die Europaeischen Kolonien*, Berlim, 1896-1903; Charles de Lannoy, *Histoire de l'expansion des peuples européens*, Bruxelas, 1907; Francisco Antônio Correia, *História econômica de Portugal*, Lisboa, 1929; Jaime Cortesão, "A cartografia do açúcar e o seu significado histórico", *Brasil Açucareiro*, nº I, vol. XXV, jan. 1945; Imre Ferenzi, *International migrations*, Nova York, 1929-1931; A. P. Newton, *The great age of discovery*, Londres, 1932; Edgar Prestage, *The Portuguese pioneers*, Londres, 1934; Carl Conrad Eckardt, *The papacy and world affairs as reflected in the secularization of politics*, Chicago, 1937.

57. Em livro sobre o desenvolvimento econômico e social do Brasil, cujo primeiro manuscrito nos foi franqueado à leitura. Acerca do processo sociológico da expansão brasileira para o oeste, o Sr. Sérgio Buarque de Holanda já publicou interessante trabalho: *Monções*, Rio de Janeiro, 1945. Sobre o assunto, veja-se também *Marcha para oeste*, de Cassiano Ricardo, Rio de Janeiro, 1939.

58. Azevedo Amaral, *Ensaios brasileiros*, Rio de Janeiro, 1930.

59. Azevedo Amaral, op. cit.

60. *História da colonização portuguesa do Brasil*, Introdução, III, p. 315.

61. Morais Sarmento, *Dom Pedro I e sua época*, Porto, 1924.

62. *Ordenações Filipinas*, L. V, tit. III.

63. Mendes Correia, *A nova antropologia criminal*, Porto, 1931.

64. Gama Barros, op. cit., II. Trecho citado por Mendes Correia, op. cit.

65. Mendes Correia, op. cit. No estudo do ilustre antropólogo vêm citados outros coitos privilegiados. Monforte de Rio Livre, Segura, Nondal, Marvão, Miranda, Penha, Garcia e Caminha, que foi "couto de marítimos fugidos".

66. Carta de Duarte Coelho a el-Rei em *História da colonização portuguesa do Brasil*, cit.

67. *Jornal de Timon*. Obras de João Francisco Lisboa, ed. de Luís Carlos Pereira de Castro e Dr. A. Henriques Leal, São Luís do Maranhão, 1864.

68. Paulo Prado, *Retrato do Brasil*, São Paulo, 1928.

69. Paulo Prado, op. cit.

70. Paulo Prado, op. cit.

71. Roy Nash, *The conquest of Brazil*, cit.

72. O clericalismo dos padres da Companhia foi logo colidindo com a oligarquia que se formara em Pernambuco em torno da figura de Duarte Coelho e da do seu cunhado, o patriarca Jerônimo de Albuquerque. Colidindo também com o patriarcalismo de Ramalho.

73. Manuel Bonfim, *O Brasil na América*, Rio de Janeiro, 1929.

74. Oliveira Viana, *Evolução do povo brasileiro*, São Paulo, 1933. Em um dos estudos críticos publicados em seu livro *Cobra de vidro* (São Paulo, 1944), o Sr. Sérgio Buarque de Holanda diz a respeito do autor do presente ensaio, isto é, dos seus pontos de vista com relação à colonização agrária do Brasil pelos portugueses: "Quando o autor [de *Casa-grande & senzala*] critica, por exemplo o Sr. Sérgio Milliet, pela afirmação de que o português colonizador não se afeiçoa muito ao trabalho da terra, penso que a razão está com o Sr. Sérgio Milliet, não com o Sr. Gilberto Freyre" ("Panlusismo", *Cobra de vidro*, p. 74).

Cremos que a "afirmação" a que se refere o Sr. Sérgio Buarque de Holanda é a sugestão feita em nota ao trabalho *Uma cultura ameaçada: a luso-brasileira*, Recife, 1940, p. 82: "Ao autor não parece que o desapego ao 'trabalho duro e lento da terra', da parte do colonizador português, tenha sido completo no Brasil nem que, estabelecido (como fato) esse desapego absoluto, esteja provado o nenhum gosto do colonizador português do Brasil pelo trabalho lento, rotineiro, construtor. Esse gosto existiu ao lado do espírito de aventura. E a explicação 'racial' – no sentido biológico de 'racial' – não parece ao autor explicação adequada, nem a esse, nem a nenhum fato de natureza principalmente social e cultural". Sobre o assunto veja-se também nosso *Continente e ilha* (conferência lida em Porto Alegre em 1940), Rio de Janeiro, 1943. A verdade é que apresentando, no presente ensaio – que data de 1933 – o português como o primeiro, entre os colonizadores modernos, a deslocar a base da colonização tropical da pura "extração de riqueza mineral, vegetal ou animal: para a de 'criação local de riqueza' sempre tivemos o cuidado de acentuar que riqueza, a criada por eles no Brasil, à custa de trabalho escravo: tocada, portanto, daquela perversão de instinto econômico que cedo desviou o português da atividade de produzir valores para a de explorá-los, transportá-los ou adquiri-los" (p. 104-105). E mais: "muitos dos colonos que aqui se tornaram grandes proprietários rurais não tinham pela terra nenhum amor nem gosto pela sua cultura" (p. 116).

A relação do desamor do português (ainda em Portugal e principalmente no Brasil) pela terra, pela lavoura e pelo trabalho agrícola (tal como esse trabalho tem sido estimado em outros países) com o sistema econômico e industrial da escravidão, parece-nos evidente. Dessa relação apercebeu-se, embora vagamente, C. A. Taunay ao observar, no começo do século XIX, que devido ao pequeno número de colonos portugueses dispostos, no Brasil, aos "officios manuaes, não só da mineração e agricultura, mas quasi de todas as profissões, bem como do serviço urbano" estes ofícios e serviços passaram a ser desempenhados e prestados por escravos "resultando dalli hum inveterado costume, huma opinião quasi invencivel, de o desdouro do trabalho manual particularmente do campo [...]", *Manual do agricultor brasileiro*, Rio de Janeiro, 1839, p. 125-126). Quase o mesmo vinha sucedendo, segundo o mesmo observador, com emigrantes de outros países, admitidos no Brasil desde 1808: "Vem negociantes, artistas, feitores, officiaes de officio, chefes de estabelecimentos; mas nenhuns ou bem poucos jornaleiros para agricultura, a mineração e outros rudes serviços manuaes" (p. 127). Não tinha assim a presença desses outros europeus produzido, até mil oitocentos e trinta e tantos, "resultados extensivos para modificar o systema de produção." C. A. Taunay, entretanto, admitia o relativo sucesso na lavoura de alguns grupos de colonos europeus introduzidos no Brasil pelo governo português e depois pelo brasileiro e aqui localizados – destaquemos o fato, desprezado por aquele observador – em áreas menos oprimidas ou menos influenciadas diretamente pelo sistema de produção e de trabalho dominante, que era o escravocrata. Deixa C. A. Taunay de salientar outro fato significativo: o de que os açorianos – tanto em sua terra de origem como nas suas áreas principais de colonização no Brasil, homens mais livres que outros portugueses da influência do trabalho escravo – foram na América bons colonos de tipo agrário e pastoril, em cujos descendentes se desenvolveria maior amor à terra e ao trabalho e à vida de campo que na maioria dos descendentes de grandes senhores de escravos por um lado, e de escravos, por outro.

Ainda a respeito do critério sob o qual temos procurado desde 1933, neste ensaio e em outros trabalhos, estudar o processo e as condições da colonização portuguesa do Brasil, por tanto tempo e ainda hoje objeto de generalizações que coincidiam em apresentar o colonizador lusitano como incapaz de iniciativa ou esforço agrícola – vejam-se os estudos de Péricles Madureira de Pinho, *Fundamentos da organização corporativa das profissões rurais*, Rio de Janeiro, 1941; Vítor Viana, *Formação econômica do Brasil*, Rio de Janeiro, 1922; Almir de Andrade, *Formação da sociologia brasileira*, Rio de Janeiro, 1941; Luís Sousa Gomes, *A evolução econômica do Brasil e seus principais fatores*, Rio de Janeiro, 1941; Afonso Arinos de Melo Franco, *Síntese da história econômica do Brasil*, Rio de Janeiro, 1938. Referindo-se à divergência entre nosso critério e o de outros autores que se têm ocupado do assunto, inclusive o Sr. Sérgio Buarque de Holanda, escreve o Sr. P. Madureira de Pinho: "Quer nos parecer aliás que a divergência nada tem de essencial e apenas o que pretende Gilberto Freyre é ressalvar que não foi absoluto o desapego do português às lavouras" (*Fundamentos da organização corporativa das profissões rurais*, cit., p. 9). Tanto não foi "absoluto" que os portugueses fundaram no Brasil, sobre base principalmente agrária, a maior civilização moderna nos trópicos, tornando-se também lavradores notáveis em outras partes da América.

Quanto ao Sr. Luís Sousa Gomes, concorda com Vítor Viana em que os portugueses e seus descendentes no Brasil "desanimados da riqueza fácil" tiveram de "tratar da exploração da cultura da terra e da extração de madeiras. Lentamente evoluiu a colonização nos primeiros tempos, mas já nos meados do século XVIII Adam Smith podia dizer que o Brasil, com os seus 600.000 habitantes, era a colônia mais populosa da América. É que os aventureiros, os que aqui vinham tentar fortuna nas pedras preciosas e no ouro, penetravam no sertão profundamente e iam, sem o querer, colonizando". Baseado principalmente em Vítor Viana, pensa o Sr. Luís Sousa Gomes que o português no Brasil "venceu pelo trabalho e pela tenacidade" (*A evolução econômica do Brasil e seus principais fatores*, cit., p. 8-9). Pode-se admitir que o português no Brasil fez agricultura como Mr. Jourdain fazia prosa; mas a verdade é que desenvolveu-se aqui com ele e com o negro e a mulher índia como elementos auxiliares, uma organização agrária considerável.

75. Carta de Américo Vespúcio, cit. por Capistrano de Abreu, *O descobrimento do Brasil*, Rio de Janeiro, 1922.

76. "[...] terra [...] muyto chea de grandes arvoredos de ponta a ponta [...] agoas [...] muytas infindas" (Carta de Pero ou Pedro Vaz de Caminha, publicada por Manuel Aires de Casal, *Corografia brasílica*, 2ª ed., Rio de Janeiro, 1845, tomo I, p. 10).

77. Alberto Rangel, *Rumos e perspectivas*, Rio de Janeiro, 1914.

Em seu *O homem e o brejo* (Rio de Janeiro, 1945), o Sr. Alberto Ribeiro Lamego escreve, em interessantes páginas de caracterização da paisagem e da formação social da subárea campista: "Nada de pequenos rios [...]. O que temos em Campos é uma vasta planície de aluviões alagadiços" (p. 161). Tenho escrito em página anterior, a propósito da importância que reconhece terem sido os rios pequenos na formação social do norte (área do açúcar), de acordo com sugestão aparecida neste ensaio (1933) e em nosso *Nordeste* (Rio de Janeiro, 1937, p. 45) e que mereceu a atenção e a aprovação do geógrafo Pierre Monbeig: "Nisto sobretudo é que a civilização açucareira do Norte difere da campista [...]. Toda a formação deste grande núcleo meridional se deu exatamente sobre a planície baixa e marginal a um grande rio" (p. 160). Foi assim Campos uma das manchas de exceção no mapa que talvez se possa traçar, do Brasil, para indicar as relações da organização agrário-patriarcal com os rios grandes e com os pequenos. Ao nosso ver, nessas relações avultam como valores os rios pequenos ou médios, em contraste com os grandes ou enormes. Esse contraste pode ser bem observado na Bahia entre o rio São Francisco – rio grande e quase hostil à organização agrária e patriarcal – e os rios médios e pequenos, junto aos quais melhor se desenvolveu ali, como em outras partes do Brasil, a mesma organização. Uma viva impressão desse contraste nos é transmitida, sem preocupações de generalização científica mas com grande conhecimento direto das subáreas baianas, por Durval Vieira de Aguiar em suas *Descrições práticas da província da Bahia*, Bahia, 1888; e com critério a um tempo científico e prático é a mesma situação descrita e analisada por Teodoro Sampaio em trabalho baseado em notas de 1879 e publicado pela primeira vez em livro sob o título *O rio São Francisco e a chapada Diamantina*, na Bahia, em 1938. Reconhece aí o engenheiro Sampaio no rio São Francisco "um oásis no deserto" pelo refúgio oferecido às populações assoladas pelas secas dos sertões da Bahia ao Ceará, de Pernambuco ao Piauí. Mas assim resume suas observações sobre o estilo de vida da maior parte da população que conheceu em 1879, instalada precariamente às margens do grande rio: "Não se vê agricultura alguma nem trabalho permanente [...]. As habitações constroem-se aqui pequenas e baixas, à falta de madeira, empregando-se por essa razão, até o mandacaru, cujo tronco mais grosso fornece um tabuado branco aproveitado para portas e para o pobre mobiliamento que se usa. As casas voltam-se todas para as estradas onde o comércio é frequente e não raro deixam o rio distante por causa das enchentes" (p. 68). A mesma precariedade observa-se no gênero de economia e no tipo de habitação que até hoje aparece às margens do Amazonas e dos seus afluentes. Essa precariedade ninguém a retratou melhor que Euclides da Cunha ao fixar os característicos do caucheiro: "Neste viver oscilante ele dá a tudo quanto pratica, na terra que devasta e desama, um caráter provisório – desde a casa que constrói em dez dias para durar cinco anos, às mais afetuosas ligações que às vezes duram anos e ele destrói num dia" ("Amazônia", *À margem da história*, Porto, 1909, p. 95). À agricultura instalada às margens dos rios pequenos – que foi principalmente a das casas-grandes – foi possível no Brasil desenvolver condições de relativa permanência.

Antepondo a generalização científica a essas considerações de ordem prática, é que Alberto Rangel escreve nas vigorosas páginas do seu ensaio "Aspectos gerais do Brasil" (*Rumos e perspectivas*, São Paulo, 1934) que "a vastíssima região do nordeste brasileiro não oferece de valor, sob o ponto de vista hidrográfico, senão as lagoas e as lagunas de Pochi a Maceió, estas os depósitos inesgotáveis e gordos do marisco sururu, o São Francisco, que é o vice-rei da potamografia brasileira, e o fronteiro e raso Parnaíba" (p. 170). Alberto Rangel apenas refere-se de raspão aos "bravos riachos" do Brasil oriental (p. 171), sem se fixar na importância dos rios pequenos ou médios, junto aos quais desenvolveram-se canaviais, engenhos de açúcar e casas-grandes que, com todos os seus defeitos de organização econômica ou social, foram a base menos precária da economia da sociedade e da cultura brasileiras do século XVI ao XIX; a principal condição para o desenvolvimento de característicos nacionais ou gerais no Brasil. Este foi durante o mesmo período expandido ou alargado pelos bandeirantes através dos rios grandes do centro, assim como por vaqueiros e aventureiros, através dos rios grandes do Nordeste e dos igarapés amazônicos. Esforço admirável, o desses expansionistas, que criou, entretanto, para o brasileiro, os problemas de desajustamento, entre a área econômica e a área política, assinalados por J. F. Normano (*Brazil, a study of economic types*, Chapel Hill, 1935) e posteriormente pelo então coronel Inácio José Veríssimo ("Problemas do reagrupamento das nossas populações", *Política*, São Paulo, nº 2, 1945). São problemas que só hoje vamos procurando estudar e cuja solução parece exigir, entre várias outras providências, a substituição, no tempo e no espaço, não só da antiga casa-grande, civilizadora mas hoje arcaica, como da palhoça, do mucambo ou do barracão do seringueiro, por um tipo de casa pequena ou média que adotando característicos desenvolvidos por essas habitações pioneiras em séculos de adaptação de residência de homem agrário ou apenas aventureiro, ao meio tropical e subtropical, contribua com outros elementos de cultura já brasileira para a extensão da área econômica do Brasil, até corresponder à sua área política.

78. Pedro Dantas, "Perspectivas", *Revista Nova*, São Paulo, nº 4, 1931. Sobre o assunto vejam-se também J. F. Normano, *Brazil, a study of economic types*, Chapel Hill, 1935 e Isaiah Bowman, *The pioneer fringe*, Nova York, 1931. A respeito de paisagens pioneiras do Brasil que representam um como ajustamento da fronteira econômica à fronteira geográfica vejam-se "A paisagem do núcleo colonial Barão de Antonina" e outros estudos incluídos na obra do professor Pierre Monbeig, *Ensaios de geografia humana brasileira*, São Paulo, 1940.

79. São Paulo foi provavelmente o núcleo brasileiro de população mais colorida pelo sangue semita. Não tendo chegado até lá os tentáculos do Santo Ofício, que entretanto se fixaram ameaçadoramente sobre a Bahia e Pernambuco, só faltando mesmo armar as fogueiras, a essa circunstância costumava em conversa atribuir Capistrano de Abreu (segundo nos informa Paulo Prado, seu íntimo e constante antigo) o fato de se ter tornado São Paulo o ponto preferido dos cristãos-novos. "De fato nenhum outro sítio povoado do território colonial oferecia melhor acolhida para a imigração judia", escreve Paulo Prado em *Paulística* (2ª ed., Rio de Janeiro, 1934). E acrescenta: "Em São Paulo não os perseguia esse formidável instrumento da Inquisição, que nunca chegou à capitania do Sul". Sobre a infiltração israelita no Brasil, leia-se o ensaio de Solidônio Leite Filho, *Os judeus no Brasil*, Rio de Janeiro, 1923. Sobre o assunto veja-se também o quase desconhecido *Essai historique sur la Colonie de Surinan* [...] *le tout redigé sur des pièces authentiques y joustes & mis en Ordre par les Regens & Représentans de la dite Nation Juive Portugaise, à Paramaribo, 1788*, onde se diz que "*ces Juifs donc rencontrant au Brésil leurs frères* [...] *ceux du Brésil étoient la plupart dei gens de condition & três versés dans le commerce & l'agriculture* [...]".

80. Alberto Torres, *O problema nacional brasileiro*, cit. Veja-se também do mesmo autor *A organização nacional*, Rio de Janeiro, 1914.

81. Azevedo Amaral, *Ensaios brasileiros*, cit.

82. Horace Say, *Histoire des relations commerciales entre la France et le Brésil*, Paris, 1839.

83. M. Bonfim, *O Brasil na história*, Rio de Janeiro, 1931.

84. Bonfim baseia-se para contradizer a afirmativa de Euclides da Cunha em documentos paulistas (testamentos, inventários, sesmarias etc.) da grande e valiosa massa mandada publicar pelo antigo presidente do Estado de São Paulo, Sr. Washington Luís, e que serviu ao professor Alcântara Machado para organizar um tão interessante livro, o seu *Vida e morte do bandeirante* (São Paulo, 1930), como a Afonso Taunay para o estudo definitivo das bandeiras. Documentos pernambucanos por nós minuciosamente examinados na seção de manuscritos da Biblioteca Pública do Estado e na Coleção do Instituto Arqueológico, Histórico e Geográfico Pernambucano, confirmam a contradita de Manuel Bonfim. Referimo-nos aos livros de *Sesmarias*, onde vêm registradas concessões de terras pernambucanas a paulistas por haverem colaborado com os nossos nas "campanhas contra os negros levantados dos Palmares". O caso de João Pais de Mendonça Arraide e do seu pai Cristóvão de Mendonça Arraide ("Registro de sesmarias e datas de terras", 1689-1730, manuscrito na Biblioteca Pública do Estado de Pernambuco) e o de Pascoal Leite de Mendonça, "Capitão de Infantaria dos Paulistas", a quem o capitão-general de Pernambuco concede em 1702 "três léguas de terra em quadra das conquistadas a Palmares" onde foi "o Engenho de Cristovão Dias na ribeira de Setuba" (coleção de manuscritos do Instituto Arqueológico Histórico e Geográfico Pernambucano).

85. O padre Simão de Vasconcelos na sua *Crônica da Companhia de Jesus do Estado do Brasil, e do que obraram seus filhos nesta parte do novo mundo*, 2ª ed., Rio de Janeiro, 1864, p. 41, diz do padre Leonardo Nunes que era tal a pressa com que corria os lugares "que vieram a pôr-lhe por nome na língua do Brasil, Abaré bebé", isto é, "padre que voa". E na introdução à mesma crônica escreve o cônego Fernandes Pinheiro dos primeiros missionários que dar-se-ia terem "resolvido o problema da ubiquidade". Varnhagen observa que viajando continuamente os missionários foram "estabelecendo mais frequências de notícias e relações de umas vilas para outras".

    Pode-se generalizar de todos os missionários no Brasil que eram padres que voavam. Alguns deles é certo que viajando de rede, às costas dos índios: estes é que voavam.

86. Para João Ribeiro, que vê sempre tão claro os fatos e tendências do nosso desenvolvimento histórico, no Brasil o "particularismo local distingue-se [...] pelo espírito superior de unionismo [...]" (*História do Brasil*, curso superior, Rio de Janeiro, 1900). Aliás, como mostra Manuel Bonfim, o próprio Euclides da Cunha se contradiz na ideia de ser o Brasil "agrupamentos desquitados entre si" quando salienta em *Os sertões* a importância do sertanejo – o mesmo das raias setentrionais de Minas a Goiás, ao Piauí, aos extremos do Maranhão, e Ceará, pelo Ocidente e Norte, e às serranias das lavras baianas a leste.

87. H. M. Stephens, *The story of Portugal*, Nova York, 1891. Para conhecimento mais profundo do assunto, veja-se o trabalho de H. Schäffer, *Geschichte von Portugal*, Hamburgo, 1836-1854, do qual existe tradução portuguesa.

88. H. Handelmann, *História do Brasil* (trad.), Rio de Janeiro, 1931.

89. Oliveira Lima, "A nova Lusitânia", em *História da colonização portuguesa do Brasil*, cit., II, p. 297.

Não nos parece que a gente de origem anglo-saxônica, dominante na formação dos Estados Unidos, tenha revelado, ou revele hoje, as mesmas disposições confraternizantes que o português, no Brasil, em relação com emigrantes de outras origens e com suas respectivas culturas. Pelo menos com relação aos negros e aos judeus – e suas respectivas culturas, excetuado o aspecto ostensivamente religioso – a atitude portuguesa no Brasil parece-nos ter sido, desde o início da colonização, mais largamente confraternizante que a dos anglo-americanos. Entre estes só recentemente o pluralismo de cultura vem sendo admitido, pelos indivíduos e grupos de visão mais larga e ideias mais avançadas, ao lado do verdadeiro americanismo, por muito tempo rigidamente unionista. Um dos mais autorizados estudiosos do assunto pergunta em ensaio sociológico: *"May it not be that in our zeal to make the many 'one', we have given undue emphasis to the oneness of American life and culture and have failed to recognize or appreciate adequately the contributions of the 'many'?"* (Francis J. Brown, "The contribution of the immigrant", em *Our racial and national minorities*, org. por Francis J. Brown e Joseph Slabey Roucek, Nova York, 1937, p. 758). O que entre os anglo-americanos é teoria recente (*"a new theory"*, como salienta o professor E. George Payne na mesma obra, em estudo sob o título "Education and cultural pluralism") na América portuguesa é velha prática na qual se revela há séculos que a xenofobia nunca foi traço saliente do caráter português. Sobre o assunto veja-se nosso *O mundo que o português criou*, Rio de Janeiro, 1940.

90. Veja-se Ritter von Schäffer, *Brasilien als Unabhaengiges Reich*, Altona, 1824. Essa como quarentena de hereges é referida e comentada por Tristão de Ataíde: "Em 1813 indagava-se das crenças religiosas e do passaporte. Hoje indaga-se do passaporte, das bagagens, das crenças políticas, dos costumes privados, do estado de saúde" (*Estudos*, 1ª série, Rio de Janeiro, 1927). Sobre os frades e padres que velavam nos portos pela ortodoxia católica da colônia, às vezes com uma suavidade que falta aos modernos inspetores de saúde e funcionários de polícia de imigração, ver ainda "Certain notes of the voyage to Brazil with the Minion of London [...] in the year 1580 written by Thomas Grigs Purser of the same ship", em *The principal navigations voyages traffiques & discoveries of the English nation* [...] by Richard Hakluyt, Londres, 1927, vol. VIII, p. 13-44.

91. Pedro de Azevedo, "Os primeiros donatários", *História da colonização portuguesa do Brasil*, cit., III, p. 194.

92. No Brasil o incrédulo Fustel de Coulanges, ainda mais do que na França – desde a Revolução dividida em duas, a negra e a vermelha – se sentiria no dever de ser católico por nacionalismo.

Aliás, foi a atitude de Oliveira Lima, que na falta de um ideal religioso mais ardente, declarou-se uma vez "católico histórico".

93. Isto sem contarmos os numerosos colonos de outras partes da península Ibérica aqui logo confundidos com os de origem portuguesa. Entre outros, os Buenos, Camargo, Aguirre, Lara y Ordones, Freyre, Bonilha. Nem os colonos de origem hebreia, incorporados à comunhão católica.

94. Sílvio Romero, op. cit.

95. Alfredo Ellis Júnior, *Raça de gigantes*, São Paulo, 1926.

96. *Diálogos das grandezas do Brasil*, Rio de Janeiro, 1930, p. 33. Em sugestivo trabalho (*Novos ensaios*, 2ª série, Recife, 1945), João Peretti salienta que Brandônio, nos *Diálogos das grandezas do Brasil*, já sugeria, no século XVI, o desenvolvimento da riqueza açucareira do Brasil "ao modo dos mercadores de Holanda, que se constituíam à sua própria custa e despesa, em sociedade, metendo uns mais, outros menos, segundo o muito ou pouco dinheiro com que se acham", isto é, acentua João Peretti, por meio de "uma organização econômica mesmo independente do Estado" (p. 86). Essa organização de algum modo parece ter existido no Brasil, formada por negociantes judeus, explicando-se talvez pelas vantagens que ela trazia aos plantadores de cana o fato de ter havido em Pernambuco, no século XVI, a "abundância de judeus" constatada por Rodolfo Garcia ("Introdução", *Primeira visitação do Santo Ofício em Pernambuco*), João Peretti e outros estudiosos da economia brasileira durante aquele século e "uma maior tolerância por parte dos zeladores das crenças católicas do que em outras partes do Brasil" (João Peretti, op. cit., p. 29).

Deve-se notar que para João Peretti, o Bento Teixeira, autor da *Prosopopeia* – o primeiro poema composto no Brasil e que teria sido uma expressão da vida de lazer e de refinamento cedo criada no país pela economia açucareira – "não é o mesmo Bento Teixeira envolvido nas *Denunciações*" (*Barléu e outros ensaios*, Recife, 1941, e *Novos ensaios*, 2ª série, Recife, 1945).

97. Refere-se o cronista (op. cit.) a frutas, legumes e carne de boi.

98. F. P. Armitage, *Diet and race*, Londres, 1922; E. V. McCollum e Nina Simmonds, *The newer knowledge of nutrition – The use of foods for the preservation of vitality and health*, Nova York, 1929.

99. Guenther, *Das Antlitz Brasiliens*, cit.

100. Em interessante artigo, "Fundamentos científicos da alimentação racional nos climas quentes", *Brasil Médico*, Rio de Janeiro, ano XLV, nº 40, ocupou-se completamente do assunto o médico Sinval Lins. Segundo ele, o brasileiro permanece no seu regime de alimentação um inadaptado ao clima. "Abusa de doces [...] em pleno verão, quando tudo o convida a defender-se do calor, abusa de pratos gordurosos e por vezes também de bebidas alcoólicas [...] abusa de líquidos às refeições sem reparar que quanto mais bebe mais sua [...] gosta de comidas adubadas [...] quase não usa legumes." "As consequências de tantos erros", acrescenta o higienista, "já se vêm

fazendo sentir há muito tempo. Nossos dentes são fracos e vivem cariados; por falta de cálcio, isto é, de vegetais [...]." Sofrem ainda "a pele, os rins, o estômago". Sinval Lins destaca a "preguiça pós-prandial" do brasileiro, atribuindo-lhe, tanto quanto à "autointoxicação resultante do abuso de azotados o da prisão de ventre tão banal entre nós por falta de vegetais e de frutas na alimentação [...]", "a fadiga de que tanta gente se queixa no nosso meio". Fadiga pela qual, ao seu ver, se tem injustamente responsabilizado o clima. Também o Dr. Araújo Lima, estudando o regime alimentar das populações do extremo norte do Brasil, insiste na importância do fator alimentação na interpretação da "indolência lendária e desabonadora dos homens destas paragens" (J. F. de Araújo Lima, "Ligeira contribuição do estudo do problema alimentar das populações rurais do Amazonas", *Boletim Sanitário*, ano 2, nº 4, Rio de Janeiro, 1923).

101. J. F. de Araújo Lima, "Ligeira contribuição ao estudo do problema alimentar das populações rurais do Amazonas", *Boletim Sanitário*, ano 2, nº 4, Rio de Janeiro, 1923. Essa observação, relativa ao caboclo do extremo norte, pode-se generalizar, com uma ou outra restrição regional, ao brasileiro pobre das demais zonas rurais. Em certas regiões do baixo Amazonas, Araújo Lima foi encontrar os trabalhadores de grandes plantações de algodão alimentando-se exclusivamente de um singelo mingau de arroz comido de manhã. "Um xibé, cuja base é a farinha-d'água, tão pobre em vitaminas, constitui muitas vezes o alimento exclusivo dum homem nas 24 horas."

Já Azevedo Pimentel surpreendera quase que as mesmas condições entre os habitantes do Brasil central: maior que a ação devastadora das moléstias sifilíticas e venéreas, só a dos "desequilíbrios ou perversões de nutrição orgânica" devida a "impróprias e pouco nutrientes substâncias alimentares". Quem deu relevo à situação das nossas populações rurais. Mal alimentadas e ainda por cima vítimas fáceis de uma série macabra de doenças – impaludismo, beribéri, ancilostomíase, disenteria, lepra, sífilis – foi Miguel Pereira, logo ratificado por Belisário Pena. Com relação às populações rurais e sertanejas da Paraíba depõe o Sr. José Américo de Almeida: "A miséria orgânica determinada pela carestia da vida e insuficiência da alimentação é o campo preparado que vai sendo invadido pelos meios ordinários de infecção" (*A Paraíba e seus problemas*, Paraíba, 1924). Sobre o assunto vejam-se ainda: as respostas ao inquérito realizado em 1778 pelo Senado do Rio de Janeiro sobre o clima e a salubridade da mesma cidade (*Anais Brasilienses de Medicina*, ano II, nº 5, vol. 2); *Discurso* na sessão solene aniversária da Academia Imperial de Medicina de 30 de julho de 1847 por Roberto Jorge Haddock Lobo, Rio de Janeiro, 1848; J. F. X. Sigaud, *Du climat et des maladies du Brésil*, Paris, 1844; Alp. Rendu, *Études topographiques, médicales et agronomiques sur le Brésil*, Paris, 1848; J. B. A. Imbert, *Ensaio higiênico e médico sobre o clima do Rio de Janeiro e o regime alimentar de seus habitantes*, Rio de Janeiro, 1837; *Discurso sobre as moléstias que mais afligem a classe pobre do Rio de Janeiro [...]* por José Martins da Cruz Jobim, Rio de Janeiro, 1837; Azevedo Pimentel, *Subsídios para o estudo da higiene do Rio de Janeiro*, Rio de Janeiro, 1890; Azevedo Pimentel, *O Brasil Central*, Rio de Janeiro, 1907; Louis Couty, "L'alimentation au Brésil et dans les pays voisins", *Revue d'Hygiène de Paris*, 1881; Eduardo Magalhães, *Higiene alimentar*, Rio de Janeiro, 1908; Alfredo Antônio de Andrade, "Alimentos brasileiros", *Anais da Faculdade de Medicina do Rio de Janeiro*, vol. VI, 1922; Alberto da Cunha, "Higiene alimentar", *Arquivos de Higiene*, Rio de Janeiro, nº 11; Manuel Querino, *A arte culinária na Bahia*, 1928; Theodoro Peckolt, *História das plantas alimentares e de gozo do Brasil*, Rio de Janeiro, 1871; e as seguintes teses de concursos ou doutoramento: Antônio José de Sousa, *Do regímen das classes pobres e dos escravos na cidade do Rio de Janeiro em seus alimentos e bebidas*, Faculdade de Medicina do Rio de Janeiro, 1851; José Maria Regadas, *Do regímen das classes abastadas no Rio de Janeiro*, 1852; José Rodrigues de Lima Duarte, *Ensaio sobre a higiene da escravatura no Brasil*, Rio de Janeiro, 1849; Antônio Correia de Sousa Costa, *Qual a alimentação de que vive a classe pobre do Rio de Janeiro e sua influência sobre a mesma classe?* Rio de Janeiro, 1865; Francisco Fernandes Padilha, *Qual o regímen das classes pobres do Rio de Janeiro?* Rio de Janeiro, 1842; Francisco Antônio dos Santos Sousa, *Alimentação na Bahia*, Faculdade de Medicina da Bahia, 1909; Renato Sousa Lopes, *Regime alimentar nos climas tropicais*, Rio de Janeiro, 1909.

São cada dia mais numerosos os trabalhos brasileiros sobre o problema da alimentação entre nós, destacando-se os dos médicos Silva Melo, Sinval Lins, Josué de Castro, Rui Coutinho, Paula e Sousa, Couto e Silva, Peregrino Júnior, Dante Costa. A bibliografia acima, apresentada na primeira edição deste ensaio, tem sido largamente transcrita e citada por alguns desses autores.

102. Louis Couty, *L'esclavage au Brésil*, Paris, 1881, p. 87. Opinião também do mais claro dos nossos pensadores políticos, o professor Gilberto Amado, no estudo que, do ponto de vista político, faz da nossa sociedade escravocrata: "As instituições políticas e o meio social do Brasil", em *Grão de areia*, Rio de Janeiro, 1919. Aliás, já no século XVIII escrevia Morgado de Mateus: "Nesta terra não ha povo, e por isso não ha quem sirva ao estado; excepto muito poucos mulatos que uzão seos officios, todos os mais são senhores ou escravos que servem aquelles senhores" (Paulo Prado, *Paulística*, 2ª ed., Rio de Janeiro, 1934).

103. Thedoro Peckolt, na sua *História das plantas alimentares e de gozo do Brasil*, I, Rio de Janeiro, 1871, chega a considerar o trabalhador europeu da época "menos bem alimentado" que o escravo brasileiro. "Assim o escravo no Brasil e o trabalhador da roça em geral", escreve ele, "recebe uma alimentação bôa e nutritiva introduzida desde tempos antigos pela experiencia e não por calculo scientifico [...]". Refere-se ao trabalhador sob o regime patriarcal: operário que estava no interesse do proprietário suprir de boa alimentação.

104. Louis Couty, op. cit., p. 87.

105. Joaquim Nabuco, *O abolicionismo*, Londres, 1883. Herbert S. Smith fala-nos também dessa classe intermédia de párias inúteis que encontrou em suas viagens pelo interior do Brasil nos fins do século XIX (*Do Rio de Janeiro a Cuiabá*, São Paulo Caieiras Rio de Janeiro, 1922). Atribui a miséria e a incapacidade econômica desses matutos ao fato de serem mestiços de índios e de negros, esquecido de

que se viajasse, no seu próprio país, pelo velho sul escravocrata e pelas montanhas de Kentuckly e das Carolinas, haveria de encontrar o mesmo detrito humano. Porém gente branca: os *"poor white"*.

106. Alguém nos escreve de São Paulo considerando "asneira" o emprego da expressão "sistema" (ver edições anteriores), em vez de "aparelho" digestivo e citando-nos como autoridade máxima no assunto o autor de conhecida *Zoologia elementar*. De fato é convencional dizer-se em português "aparelho digestivo"; e em face dessa convenção não hesitamos em substituir "sistema" – expressão empregada nas edições anteriores – por "aparelho". Entretanto, cremos que o mais que se pode dizer contra a expressão "sistema digestivo" é que seja um anglicismo: em inglês diz-se *"digestive system"*, e não *"apparel"* – incluindo-se em sistema digestivo *"every organ, function and process concerned with the utilization of food-stuffs* etc." (*The Encyclopaedia Britannica*, 11ª ed., Cambridge, 1910, vol. 8, p. 263). De modo que a ideia de "sistema" não implica "conjunto de órgãos de estrutura homogênea", senão pelo uso convencional que se vem fazendo da palavra entre nós para distingui-la de "aparelho". De acordo com suas raízes gregas "sistema" significa todo conjunto de órgãos ou partes essenciais ao desempenho de alguma função ou funções particulares (Webster) ou toda "reunião das partes de um todo" (Quicherat). Do francês é que parece ter passado ao português a convenção de chamar-se "aparelho" ao sistema digestivo, exato como é que o francês designa por *"appareil"* [...] *"assemblage d'organes qui concourent à une même fonction"*. Daí nos parecer haver no mínimo lastimável exagero na qualificação da expressão "sistema digestivo" como "asneira".

107. Andrew Reid Cowan, *Master clues in world history*, Londres, 1914.

108. André João Antonil, *Cultura e opulência do Brasil por suas drogas e minas*, p. 264, com um estudo biobibliográfico por Afonso de E. Taunay, São Paulo/Rio de Janeiro, 1923.

109. "Afim de que os agricultores não padeçam damno nas suas lavouras por toda a parte são poucos os animais domesticos", informa Manuel Aires de Casal na sua já citada *Corografia brasílica*, II, p. 89.
    Em *extracto sobre os engenhos de assucar e sobre o methodo já então praticado da fartura deste sal essencial, tirado da* obra *riqueza e opulencia do Brasil para se combinar com os novos methodos que agora se propõem debaixo dos auspicios de S. Alteza Real o Principe Regente Nosso Senhor por fr. José Mariano Velloso* (Lisboa, 1800), as cabras são destacadas entre os inimigos da cana: "as cabras, tanto que a canna começa a aparecer fora da terra, a vão envestir". Pelo que os proprietários de canaviais se viam às vezes obrigados a matar "porcos, cabras e bois, que outros não trarão de advertir e guardar nos pastos cercados ou em parte remota [...]" (p. 47).

110. Manuel Aires de Casal, op. cit., II, p. 119. Casal atribui o fato à circunstância dos pastos não serem geralmente bons e haver "na maior parte [...] falta d'água". Mas sem deixar de atinar com a causa social: "afim de que os agricultores não padeçam damno nas suas lavouras". Capistrano

diz, referindo-se ao afastamento do gado, que era porque "cumpria defender os canaviais e outras plantações de seus ataques" (*Diálogos das grandezas do Brasil*, p. 13, Introdução de Capistrano de Abreu e Notas de Rodolfo Garcia, edição da Academia Brasileira de Letras, Rio de Janeiro, 1930).

111. "Fragmentos de uma memoria sobre as sesmarias da Bahia" (cópia de um manuscrito que parece ter sido da biblioteca do falecido marquês de Aguiar e talvez de sua pena) ... em *Livro das terras ou collecção da lei, regulamentos e ordens expedidas a respeito desta materia até ao presente* [...], 2ª ed., Rio de Janeiro, 1860, p. 24.

112. Hermann Wätjen, op. cit. Entre os documentos existentes no Arquivo Real de Haia e relativos ao Brasil, publicados na *Revista do Instituto Arqueológico e Geográfico Pernambucano*, nº 33, Recife, 1887, acham-se vários editais nesse sentido. Aliás já no século XVI encontramos evidências de intervenção do governo no sentido de regularizar a lavoura de mantimentos sacrificada pela do açúcar. Nas *Atas da Câmara de São Paulo* (1562-1601) encontrou Taunay uma requisição do governador-geral do Brasil de oitocentos alqueires de farinha destinados a Pernambuco; capitania que, por ser a mais açucareira, seria também a mais exposta à carestia ou escassez de mantimentos locais. A requisição era, porém, superior à capacidade dos paulistas: fornecida toda aquela farinha a Pernambuco, eles é que ficariam em penúria. "Decidiu a Câmara", escreve Taunay, "apregoar para o conhecimento de todos os moradores da vila e termo, uma postura em que ficavam intimados a fazer farinha, em obediência a uma provisão do capitão-mor e do ouvidor da capitania de São Vicente. Tudo sob a ameaça de cinquenta cruzados de multa e dois anos de degredo para as paragens inóspitas do Estreito de Magalhães. Tal solicitude pelo aprovisionamento de farinha bem mostra quanto era irregular a produção da lavoura" (Afonso de E. Taunay, São Paulo *nos Primeiros Tempos, 1554-1601*, Tours, 1920).

113. Fernão Cardim, *Tratados da terra e gente do Brasil*, Introdução e Notas de Batista Caetano, Capistrano de Abreu e Rodolfo Garcia, Rio de Janeiro, 1925.

A afirmativa do Sr. A. Marchant (*Do escambo à escravidão* (trad.), São Paulo, 1943, p. 183), com referência à capital da Bahia em 1580, de que "os citadinos eram bem aprovisionados por esses produtos locais", isto é, frutas e verduras, baseia-se principalmente em informação de Cardim que se refere à presença de "legumes da terra e de Portugal: berinjelas, alfaces, abóboras, rabãos e outros legumes e hortaliças" (*Tratados da terra e gente do Brasil*, cit., p. 289). Se houve então abundância desses e de outros produtos destinados à alimentação, parece que foi por um curto período durante o qual os primeiros colonos da Bahia puderam combinar com a grande lavoura tropical, inimiga da policultura, seu velho gosto pela horticultura. No princípio do século XVII, Salvador padeceria – é verdade que concorrendo então para a escassez de alimentos a situação de guerra no Norte – de falta até de farinha de mandioca, como o indicam documentos recentemente publicados (*Documentos históricos do Arquivo Municipal – Atas da Câmara – 1625-1641*, Salvador, 1944, páginas 399, 401 e outras). Desde então o testemunho dos cronistas e viajantes é no sentido de que a alimentação em Salvador foi difícil e com os preços dos alimentos geralmente altos. Do próprio Cardim, aliás, deve-se ter em conta – insistamos neste ponto – seu caráter de "padre-visitador", excepcionalmente bem recebido nas cidades e engenhos, do mesmo modo que com relação aos tratados de Pero de Magalhães Gandavo devemos nos recordar, com o arguto Capistrano de Abreu, que eram de certo modo propaganda para induzir europeus a virem para o Brasil como colonos. Lendo-se o mais objetivo Gabriel Soares de Sousa vê-se que na fase anterior à monocultura absorvente, fase ainda de conciliação da grande lavoura – o açúcar – com o gosto tradicional dos portugueses pela horticultura e a que já nos referimos, parecem ter sido excepcionais as plantações como a de João Nogueira francamente policultoras, com roças de mantimentos, porcos e rebanhos de gado. É que a terra de sua propriedade era pobre demais para a cultura da cana e nela os rios eram pequenos demais para tocar engenhos. (Vejam-se Gabriel Soares de Sousa, *Tratado descritivo do Brasil em 1587*, p. 148 e o resumo das suas informações sobre este ponto e interessantes comentários a esse respeito e a respeito das relações das plantações monocultoras e imperialistas ou expansionistas – dados os altos preços do açúcar – com plantações ou roças de mantimentos – na maioria nas mãos de índios – apresentados por Alexandre Marchant no seu citado *Do escambo à escravidão*, p. 140-142.) (Do mesmo autor, leia-se "Feudal and capitalistic elements in the Portuguese settlement of Brazil", *The Hispanic American Historical Review*, XXII, 1942, p. 493-512.) Sobre o processo de sucessão ecológica da policultura e da pequena lavoura pela monocultura e pela grande propriedade, quando favoráveis a estas as condições de comércio, veja-se o excelente estudo do professor Andrew W. Lind, *An island community, ecological succession in Hawaii*, Chicago, 1938, especialmente o Capítulo VII – "The plantation and capital investment", em que repele a sugestão de ser sempre a grande plantação, pelo seu caráter paternalista, pré-capitalista, para acentuar *"its equally important functions as a scheme for the organization and investment of capital"* (p. 157), em áreas como o Havaí. Aliás acentua o mesmo autor não ter correspondido a grande plantação no Havaí à generalização de Keller sobre as grandes plantações como sistema: tenderem à devastação do solo e dos homens (Albert G. Keller, *Colonization*, Boston/Nova York, 1908, p. 10). O que o professor Lind atribui a vários fatos, inclusive o de alguns engenhos do Havaí terem sido fundados e desenvolvidos por missionários protestantes, cujo interesse na terra não era só econômico e cuja ação antes criadora que devastadora da terra e dos homens pode ser comparada – acrescentemos – com a de alguns dos frades ou religiosos senhores de engenho no Brasil (beneditinos, jesuítas etc.), dados a experiências de interesse agronômico e social, às quais se entregaram também senhores patriarcais do tipo de Manuel (Minô) Cavalcanti de Albuquerque. Nas mãos de tais senhores de engenho, o sistema de grande plantação desenvolveu alguns dos característicos do paternalismo mais favoráveis à comunidade. No Brasil pode-se, porém, afirmar que nas áreas mais características o sistema da grande plantação foi, desde os primeiros anos de colonização, misto: pré-capitalista e capitalista, feudal e comercial. E também: criador de valores ao mesmo tempo que devastador do solo e dos homens.

Do ponto de vista da alimentação, estudiosos modernos do assunto, interessados em preparar, baseados em inquéritos regionais, um mapa da alimentação no Brasil, e também Josué de Castro, confirmam o que neste ensaio se diz desde 1933 sobre as relações entre o sistema feudal-capitalista de plantação e a paisagem. Segundo o professor Josué de Castro, no Nordeste, "a monocultura intempestiva de cana, destruindo quase que inteiramente o revestimento florestal da região, subvertendo por completo o equilíbrio ecológico da paisagem e entravando todas as tentativas de cultivo de outras plantas alimentares no lugar, constituiu-se degradante da alimentação regional [...]". "No Nordeste do Brasil os hábitos alimentares prejudiciais à saúde foram consequência quase que exclusiva da monocultura e do latifundismo" ("Áreas alimentares do Brasil", *Resenha Clínico-Científica*, São Paulo, ano XIV, nº 4, abril de 1945, p. 155). Sobre o assunto veja-se também nosso *Nordeste*, Rio de Janeiro, 1937. Aí, e em outros dos nossos trabalhos, já se encontra esse critério de interpretação da situação alimentar do Brasil não só no Nordeste agrário como em outras subáreas de monocultura.

Não nos esqueçamos, a propósito de áreas e subáreas, ou regiões e sub-regiões, de que a influência do patriarcado monocultor e escravocrata que teve seus centros mais intensos e de vida mais constante e longa em Pernambuco, na Bahia e no Rio de Janeiro foi, no Norte, até a subárea amazônica, no Sul, até o Rio Grande do Sul e, no Centro, até Mato Grosso. Constituiu assim aquele sistema – talvez o de maior influência na fixação de característicos nacionais e gerais no Brasil – um sistema ou complexo transregional e não apenas regional, como supõem alguns pesquisadores de história ou de sociologia da gente brasileira. Formou uma constelação de áreas ou subáreas ou uma espécie de supra-área de cultura, original em sua configuração e em sua extensão, e não apenas correspondente à área ou região geográfica a que é geralmente associada: o Nordeste ou o Norte agrário do Brasil. Sobre a presença de característicos sociais e de cultura – inclusive a própria arquitetura doméstica – senão idênticos, semelhantes aos que se encontram no Nordeste agrário, monocultor e por muito tempo escravocrata, em áreas geograficamente afastadas e diferentes do mesmo Nordeste, vejam-se os estudos de caráter sociológico ou parassociológico de José Verissimo e do professor Artur Reis sobre a Amazônia; de Dante de Laytano, Atos Damasceno Ferreira, Ernani Correia, Tales de Azevedo sobre o Rio Grande do Sul, Augusto de Lima Júnior e M. de Barros Latif sobre Minas, José de Mesquita sobre Mato Grosso. Sobre a área rio-grandense-do-sul, veja-se, do ponto de vista mais sociologicamente objetivo sob que pode ser constatada a presença daquela influência, ou daquela coincidência de expressões sociais e de traços de cultura, em meios diferentes em várias de suas condições físicas e em vários dos elementos de sua composição étnica, nosso pequeno trabalho acerca do sobrado no Rio Grande do Sul (*Problemas brasileiros de antropologia*, Rio de Janeiro, 1943). Também Tales de Azevedo, *Gaúchos – Notas de antropologia social*, Bahia, 1943; Dante de Laytano, "O português dos Açores na consolidação moral do domínio lusitano no extremo sul do Brasil", *Revista do Ensino*, Porto Alegre, nº 15-18, nov. 1940-fev. 1941; Atos Damasceno, *Imagens sentimentais da cidade*, Porto Alegre, 1940; Ernani Correia, "A arquitetura do Rio Grande do Sul", *Lanterna Verde*, Rio de Janeiro, julho, 1944.

114. Cardim, op. cit., p. 321.

115. Percy Goldthwait Stiles, *Nutrional physiology*, Filadélfia e Boston, 1931.

Em interessante artigo ("Folclore do açúcar", XVII, *Brasil Açucareiro*, vol. XXV, nº 3, março, 1945) Joaquim Ribeiro escreve: "aqui convém denunciar um erro de apreciação de Gilberto Freyre. Ele pinta a cozinha dos senhores de engenho como regalada e opulenta. A verdade porém é que é uma cozinha relativamente pobre. A alimentação popular nos engenhos ainda é pior. O lavrador de cana passa vida miserável de subnutrido".

Evidentemente o distinto crítico não leu o que sobre o assunto e sobre as relações da alimentação com a monocultura se diz neste ensaio desde 1933. Tampouco nega o autor do presente ensaio aqui ou em qualquer outro trabalho que tenha havido influência holandesa sobre a cozinha brasileira. Apenas tem salientado que dessa influência resta ou sobrevive muito pouco. De positivo parece que só o brote. Quanto à interpretação do requeijão nordestino como possível "adaptação sertaneja da indústria pecuária holandesa", sugerida por Joaquim Ribeiro e José Honório Rodrigues no seu *Civilização holandesa no Brasil*, São Paulo, 1940, é realmente "hipótese a estudar". Sobre o assunto vejam-se também: F. C. Hoehne, *Botânica e agricultura no Brasil no século XVI*, São Paulo, 1937; Josué de Castro, *A alimentação brasileira à luz da geografia humana*, São Paulo, 1937; A. J. de Sampaio, *A alimentação sertaneja e do interior da Amazônia*, São Paulo, 1944.

116. Capistrano de Abreu, *Tratados da terra e gente do Brasil*, apenso, p. 433.

117. Cardim, op. cit., p. 290.

118. Stiles, op. cit.

119. Cardim, op. cit., p. 334.

120. Bernardo Pereira Berredo, apud J. Lúcio de Azevedo, *Os jesuítas no Grão-Pará*, 2ª ed., Coimbra, 1930.

121. J. Lúcio de Azevedo, op. cit.

122. Padre Antônio Vieira, apud J. Lúcio de Azevedo, op. cit.

123. *Informações e fragmentos históricos do padre Joseph de Anchieta, S. J., 1584-1586*, Rio de Janeiro, 1886, p. 47.

124. Maria Graham, *Journal*, cit., p. 119.

125. Sobre o desmazelo no trajo doméstico da nossa gente colonial, mesmo a ilustre, leiam-se James Henderson, *A history of the Brazil*, Londres, 1821; John Luccock, *Notes on Rio de Janeiro and the Southern parts of Brazil*, Londres, 1820. O último já foi publicado no Brasil.

126. *História do Brasil*, por frei Vicente do Salvador, ed. revista por Capistrano de Abreu, São Paulo e Rio de Janeiro, 1918, p. 16-17.

127. Nóbrega, *Cartas*, cit., p. 162.

128. "Informações e fragmentos históricos do padre Joseph de Anchieta, S.J. (1584-1586)", em *Materiais e Achegas para a História e Geografia por Ordem do Ministério da Fazenda*, Rio de Janeiro, nº 1, 1886, p. 34.

129. Anchieta, *Informações*, cit., p. 50.

130. Anchieta, *Informações*, cit., p. 41.

131. "*Il y a quantité de Boeufs, de Cochons, de Mountons, de Volailles & de Gibier; mais tout y est extrémement cher. La Flote qui y vient tous les ans de Portugal apporte des vins, des farines, de l'huile, du fromage* [...]", informa a *Relation du voyage autour du monde de Mr. de Gennes au Détroit de Magellan par le Sr. Froger*, Amsterdã, 1699, p. 81. Veja-se também de Gentil de La Barbinais, *Nouveau voyage autour du Monde*, Paris, 1728-1729.
    Ainda sobre a falta de carne e mantimentos na Bahia do século XVII, vejam-se os documentos às páginas 250, 315, 401, 447 em *Documentos Históricos do Arquivo Municipal – Atas da Câmara, 1625-1641*, vol. I, Prefeitura Municipal do Salvador, Bahia, s.d. Por um desses documentos – "Sobre os obrigados do assougue da cidade para darem carne" – se vê que em 1636 os oficiais da Câmara da cidade de Salvador "mandaram vir perante sy a Simam Alvares, e Domingos da Costa a quem estam a cargo os Curais do Conselho para os obrigarem a dar carne ao assougue da Cidade por haverem muitos mezes que nam havia carne nelle [...]" (p. 315).

132. "*On n'y voit pont de moutons; la volaille y est rare & le boeuf mauvais. Les formis y désolent, comme dans le reste de la colonie, le fruit et les légumes. D'un autre coté les vins, les farines, tous les vivres qu'on apporte d'Europe, n'arrivent pas toujours bien conservés. Ce qui a échappé à la corruption est d'une cherté prodigieuse*" (*Histoire philosophique et politique des etablissements & du commerce des européens dans les deux indes*, III, à Genève, 1775, p. 91).

133. Capistrano de Abreu, Introdução aos *Diálogos das grandezas do Brasil*, cit.

134. Um documento do século XVI, quase desconhecido no Brasil – "A discourse of the West Indies and South Sea written by Lopes Vaz a Portugal borne in the citie of Elvas continued unto the yere 1587, etc." – incluído em *The principal navigations voyages traffiques & Discoveries of the English nation* [...] *by Richard Hakluyt*, Londres, 1927, VIII, p. 172, informa sobre o Pernambuco do século XVI, opulento de engenhos de açúcar: "[...] *yet are they in great want of victuals that come either from Portugal or from some places upon the coast of Brazil*". A carestia era até de farinha: "da qual ordinariamente há carestia", diz-nos Manuel Aires de Casal, op. cit. Sobre a formação social do Rio de Janeiro, vejam-se Alberto Lamego, *A terra goitacá*, Rio de Janeiro, 1913-1925 e Alberto Lamego Filho, *A planície do solar e da senzala*, Rio de Janeiro, 1934.

135. Manuel Aires de Casal, op. cit., II, p. 146.

136. Manuel Aires de Casal, op. cit., II, p. 45.

137. Proteína de origem animal, de alto valor biológico, ou "proteína de primeira classe", para distinguir da de origem vegetal, que é de "segunda classe". Sobre o critério mais moderno na classificação de proteínas veja-se o *Report of Committee on Nutrition*, de E. K. Le Fleming e outros, *Supp. to The British Medical Journal*, 1933, vol. II.

138. E. V. McCollum e Nina Simmonds no seu trabalho *The newer knowledge of nutrition* (Nova York, 1929) opõem ao critério de Huntington o da dieta: por ele explicam, entre outros fatos atribuídos à influência do clima ou da raça, a diferença que em poucas gerações operou-se entre ingleses do mesmo plantel: os que emigraram da Geórgia nos fins do século XVIII, uns para o Canadá, outros para as ilhas Bahamas. Estes degeneraram; aqueles conservaram-se vigorosos. A dieta dos primeiros: leite, vegetais, carne, trigo em abundância. A dos outros uma espécie de dieta brasileira.

139. Em estudo sobre o valor nutritivo dos alimentos brasileiros, Alfredo Antônio de Andrade salienta que o cálcio "difunde-se exíguo no solo brasileiro, para concentrar-se em depósitos riquíssimos por determinados pontos do território". As plantas "não o encerram comumente em teor muito alto". Quase uma sentença de morte em face do apurado pelas pesquisas modernas: que "em torno do cálcio gira a defesa orgânica, máxime a resistência às causas infectuosas e às doenças discrásicas e dele dependem todos os fenômenos subordinados à atividade dos músculos, nervos e glândulas, presa a suas proporções com os iônions, sódio, potássio e magnésio. Infelizmente essa escassez se dá, por igual, em nossas águas [...]" (Alfredo Antônio de Andrade, *Alimentos brasileiros*, cit.). É duvidoso que o cálcio na água tem a importância que lhe atribui Andrade. Pelo menos, os resultados de pesquisas realizadas entre os habitantes dos Alpes, em uma região em que a água de beber é particularmente rica em cálcio, são em sentido contrário ao de sua opinião. O raquitismo foi aí encontrado do mesmo modo que em regiões relativamente pobres em cálcio. É o que nos indica A. F. Hesse, *Rickets, inclunding osteomalacia and tetany*, Henry Kimpton, Londres, 1930, p. 51, apud Rui Coutinho, *Valor social da alimentação*, São Paulo, 1935.

140. Antônio Martins de Azevedo Pimentel, *Subsídios para o estudo da higiene do Rio de Janeiro*, Rio de Janeiro, 1890.

141. A farinha – alimento hidrocarbonado, com proteína de segunda classe e pobre de vitaminas e de sais minerais – é considerada por vários especialistas em assuntos de nutrição alimento de fraco valor. Mesmo quando ingerida seca – observava pitorescamente em 1909 um estudioso do regime de alimentação na Bahia – "duplicando de volume, distende fortemente as paredes do estômago [...]" podendo dar lugar a "fermentações anormais". Além do que, pela "existência de fibras lenhosas da raiz de mandioca", contribui para "a formação de bolos fecais endurecidos, constituindo verdadeiros fecalomas, capazes de resistirem às mais fortes lavagens e aos mais enérgicos purgativos...", Francisco Antônio dos Santos Sousa, *Alimentação na Bahia*, tese apresentada à Faculdade de Medicina da Bahia, 1909. Já houve no Brasil uma espécie de exaltação mística da

farinha de mandioca, em parte baseada em conclusões parece que precipitadas de pesquisadores paulistas. Pesquisas realizadas posteriormente pelo Dr. Antenor Machado no Instituto de Química Agrícola do Ministério da Agricultura indicam que a farinha de mandioca comum não contém vitamina B e a farinha de raspa possui apenas vestígios da mesma vitamina.

142. Inteiramente errado, ao nosso ver, o Sr. Josué de Castro no seu trabalho *O problema fisiológico da alimentação brasileira*, Recife, 1933 – no qual chega, aliás, do ponto de vista fisiológico e através da técnica mais recente na sua especialidade, às mesmas conclusões gerais que o Autor deste ensaio, pelo critério sociológico e pela sondagem dos antecedentes sociais do brasileiro, isto é, "muitas das consequências mórbidas incriminadas aos efeitos desfavoráveis do nosso clima são o resultado do pouco caso dado aos problemas básicos do regime alimentar" – quando considera os alimentos ricos de hidratos de carbono os "de aquisição mais barata pela sua abundância natural, num país agrícola como o nosso". "A alimentação intuitiva, habitual, das classes pobres, trabalhadoras", acrescenta, "está sob este ponto, de acordo com os fundamentos fisiológicos". Procuramos indicar neste ensaio justamente o contrário: que a monocultura sempre dificultou entre nós a cultura de vegetais destinados à alimentação. Do que ainda hoje se sente o efeito na dieta do brasileiro – na do rico e especialmente na do pobre. Nesta o legume entra raramente; uma fruta ou outra, a rapadura ou o mel de furo, um peixinho fresco ou a carne de caça, quebra, quando Deus é servido, a rigidez do regime alimentar do brasileiro pobre: farinha, charque e bacalhau. O próprio feijão já é luxo. E a farinha tem faltado várias vezes. Nos tempos coloniais sucederam-se *crises de farinha* que também têm se verificado no período da independência.

143. Diz Anchieta na sua "Informação da província do Brasil para nosso padre" (1585, p. 45), que em Piratininga a terra era "de grandes campos, fertilissima de muitos pastos e gados", "abastada de muitos mantimentos", informação que coincide com outro depoimento, quinhentista como o de Anchieta, transcrito pelo professor Taunay em *Non ducor, duco* (São Paulo, 1924): o do padre Baltasar Fernandes, que escrevera de Piratininga em 1569 "haver muito pasto dos campos [...] que são de quem os quer", além de "bom mantimento" e "muito gado vaccum".

144. É já das mais vastas a obra, que se poderia classificar de profundo realismo histórico, do professor Afonso de E. Taunay. A ele somos todos devedores de importantes revisões e retificações na história social e econômica do nosso país. Na sua obra avulta o estudo definitivo das bandeiras paulistas – *História geral das bandeiras paulistas*, São Paulo, 1924-1929 – que é talvez a investigação histórica especializada mais séria que já se empreendeu no Brasil.

145. Alfredo Ellis Júnior, *Raça de gigantes*, cit.

146. Paulo Prado, *Paulística*, 2ª ed., Rio de Janeiro, 1934.

147. Antônio Alcântara Machado, *Vida e morte do bandeirante*, cit.

148. Principalmente os *Inventários e testamentos*, Arquivo do Estado de São Paulo, 1920-1921.

149. "Verificam-se aqui com mais frequência", escrevia Martius de São Paulo (Alfredo Ellis Júnior, op. cit.), "doenças reumáticas e estados inflamatórios, principalmente dos olhos, do peito, do pescoço e subsequente tísica pulmonar e traqueal etc. Ao contrário, as doenças gástricas são mais raras, faltando aquela fraqueza geral do sistema digestivo, assim como as cardialgias que são frequentes nos habitantes das regiões mais próximas do Equador, parecendo aumentar na mesma proporção do calor". Ruediger Bilden desvia do clima e da miscigenação para a escravidão a responsabilidade pelos nossos principais vícios de formação social, moral e econômica: nós nos inclinamos a desviá-la antes para a monocultura e para o latifúndio, sem desconhecermos por um momento, nem pretendermos diminuir a importância tremenda da escravidão. Apenas se tivéssemos de condicionar ou subordinar uma à outra, subordinaríamos a escravidão à monocultura latifundiária.

150. Nos fins da época colonial o médico sueco Gustavo Beyer, tanto quanto os cronistas jesuítas do século XVI, salientava "a enorme abundância de víveres dos mercados" em São Paulo: frutas e legumes, cereais e tubérculos, aves e animais de corte. E acrescentava que nunca como em São Paulo vira população de tão belo aspecto, jamais encontrara tão poucos aleijados... (veja-se Afonso de E. Taunay, *Non ducor, duco*, cit.).

151. Peckolt, op. cit. Peckolt acrescenta quanto ao regime alimentar dos escravos: "o fazendeiro acertou com os meios próprios para a substituição do material gasto".

152. Sílvio Romero, *História da literatura brasileira*, Rio de Janeiro, 1888.

153. José Américo de Almeida no seu estudo sobre as populações paraibanas diz, referindo-se à negroide dos "antigos centros da escravaria" nos brejos: "esse homem [o brejeiro], malcomido e malvestido, lida no eito, curvado sobre a enxada, de sol a sol ou ao rigor das inverneiras, com uma infatigabilidade de que nenhum outro seria capaz... Apesar desse regime de privações e esgotamento, o tipo não é dos mais apoucados: apresenta, ao contrário, exemplos de robusta compleição – cabras hercúleos que resistem às mais penosas labutas, como a da bagaceira" (op. cit.). Igual observação fizera Lafcadio Hearn entre as populações mestiças (mulatos, quadrarões, oitavões etc.) das Índias Ocidentais Francesas. "*Without fear of exaggerating facts, I can venture to say that the muscular development of the workingmen here is something which must be seen in order to be believed – to study fine displays of it, one should watch the blacks and half-breeds working naked to the waist – on the landings, in the gas-houses and slaughter-houses or in the nearest plantations*" (*Two years in the French West Indies*, Nova York e Londres, 1923). De Lafcadio pode-se dizer, em resposta à alegação de que seria simples escritor e não cientista, que enxergava mais, como simples escritor, do que muito sociólogo. Aliás ele cita a seu favor o depoimento de J. J. Cornilli, que no seu estudo médico *Recherches chronologiques et historiques sur l'origine et la propagation de la Fièvre Jaune aux Antilles* salienta a robustez e o vigor físico do mestiço da Martinica.

154. Já em princípios do século XIX, o inglês Henry Koster contrastava em Pernambuco os regimentos de milícia formados exclusivamente por pretos e mulatos com os regimentos de linha, formados por portugueses, concluindo pela melhor aparência física dos homens de cor (*Travels in Brazil*, Londres, 1816).

155. Chamar-se alguém de "caboclo" no Brasil quase é sempre elogio do seu caráter ou da sua capacidade de resistência moral e física. Em contraste com "mulato", "negro", "moleque", "crioulo", "pardo", "pardavasco", "sarará", que em geral envolvem intenção depreciativa da moral, da cultura ou da situação social do indivíduo. Muito mulato brasileiro de elevada posição social ou política faz questão de dizer-se caboclo: "nós caboclos", "não fosse eu caboclo" etc. E Júlio Belo refere que o velho Sebastião do Rosário, conhecido senhor de engenho pernambucano do século XIX, Wanderley puro, dos bons, dos de Serinhaém – gente quase toda com a pele avermelhada de europeu, os olhos azuis, o cabelo ruivo – quando exaltava-se, contente, nos seus grandes jantares, era para gabar-se, falsamente, de ser "caboclo". Mulato ou tocado de sangue negro é que ninguém quer ser quando nas alturas. Raríssimas as exceções.

156. Roquette-Pinto, *Seixos rolados*, Rio de Janeiro, 1927. "Todavia elementos não faltam no livro *Os sertões*", acrescenta Roquette-Pinto para provar que aqueles homens que "antes de tudo eram fortes" tinham farta gota de sangue negro. É só reler a descrição do poviléu de Canudos: "Todas as idades, todos os tipos, todas as cores [...] grenhas maltratadas de crioulas retintas; cabelos corredios de caboclas, trunfas escandalosas de africana; madeixas castanhas e louras de brancas legítimas embaralhavam-se sem uma fita, sem um grampo, sem uma flor, toucado ou coifa por mais pobre".

157. Roquette-Pinto, op. cit.

158. Roquette-Pinto, *Rondônia*, Rio de Janeiro, 1917.

159. Ulisses Brandão, *A Confederação do Equador*, Pernambuco, 1924.

160. Gastão Cruls, *A Amazônia que eu vi*, Rio de Janeiro, 1930.

161. Notadamente o beribéri, avitaminose resultante da falta de vitamina B, e não uma infecção. Pelo menos é a conclusão de estudiosos profundos do assunto: Sherman, Mendel, Aykroyd, Cowgill, Sure. Sobre o beribéri no Brasil, veja-se o estudo de V. Batista, *Vitaminas e avitaminoses*, São Paulo, 1934. Também o trabalho de Rui Coutinho, já citado.

162. Johann Baptist von Spix e C. F. P. von Martius, *Travels in Brazil*, (trad.), Londres, 1824.

163. Emile Béringer, op. cit. Tão sensível pareceu a Béringer a morbilidade do norte do Brasil aos aperfeiçoamentos da técnica sanitária e do conforto geral de vida, que concluiu dos seus estudos de climatologia em Pernambuco: "com os progressos da higiene e da civilização muitas causas desaparecerão. Já hoje os habitantes brancos mais abastados, mais prudentes, mais apreciadores

do seu bem-estar que os pardos ou os pretos, estão sujeitos a uma mortalidade menor". Béringer respondia assim à interrogação que, pela mesma época, saía da pena de Capistrano de Abreu: "[...] o clima ardente a que tantas responsabilidades se atribuem em todos os nossos defeitos, que sabemos de sua ação?" (Prefácio à *Geografia geral do Brasil* de A. W. Sellin, traduzida do alemão, Rio de Janeiro, 1889). Era como se atinasse o perspicaz historiador com a moderna atitude de antropogeografia em relação ao fator clima: a tendência no sentido de reduzir-lhe as responsabilidades.

164. A. Carneiro Leão, *Oliveira Lima*, Recife, 1913; Paulo de Morais Barros, *Impressões do nordeste*, São Paulo, 1923.

165. Paulo Prado, op. cit.

166. Paulo Prado, op. cit.

167. Oscar da Silva Araújo, *Alguns comentários sobre a sífilis no Rio de Janeiro*, Rio de Janeiro, 1928.

168. Oscar da Silva Araújo, *Subsídios ao estudo da framboesia trópica*, Rio de Janeiro, 1928.

169. Oscar da Silva Araújo, *Subsídios*, cit.

170. "*La syphilis*", escreve Sigaud, "*fait beaucoup de ravages dans les populations nomades, et bien que certains observateurs pesent qu'elle se soit propagée davantage après la conquête des portugais, a été constaté que la maladie existait déjà chez les indigènes qui n'avaient eu aucun rapport avec des européens. Le voyageur Ribeiro de Sampaio, dans sa relation publiée 1775, págs. 9, 24, dit avoir recontré des tribus avec des symptomes évidents de maladie vénérienne*" (J. F. X. Sigaud, *Du climat et les maladies du Brésil*, Paris, 1844). O professor Milton J. Rosenau, da Universidade de Harvard, diz que o estudo de ossos encontrados em sepulturas pré-colombianas parece indicar a origem americana da sífilis (Milton J. Rosenau, *Preventive medicine and hygiene*, 5ª ed., Nova York/Londres, 1927). O assunto, porém, continua ponto de controvérsia.

Alguém que se esconde sob as iniciais A. S., enviou-nos um recorte já velho de jornal do Rio de Janeiro, sem designação de nome nem data, onde o Dr. Nicolau Ciancio afirma que a origem da sífilis é fora de toda dúvida americana, atribuindo nossas dúvidas a respeito ao fato de não sermos médico: "O autor não sendo médico" etc. Esqueceu-se o bom Dr. Nicolau que o problema da origem da sífilis é também um problema de história social; e sob esse aspecto – e não o médico – é que nos animamos a feri-lo, aliás de passagem. É oportuno salientar que a mesma atitude assumiram com relação ao nosso trabalho alguns engenheiros e arquitetos, como que ofendidos em seus melindres de exclusiva propriedade profissional do assunto "casa" por nos termos aventurado a tratar de arquitetura civil ou doméstica no Brasil, sem sermos engenheiro ou arquiteto. Esquecem-se médicos e engenheiros assim melindrados de que se procuramos arranhar tais assuntos, sempre o fazemos do ponto de vista ou sob aspectos que pouco têm que ver com a técnica da medicina ou da engenharia, isto é, sempre o encaramos do ponto de vista da história ou antropologia social; do ponto de vista da sociologia genética. Não seria justo que nem a engenharia nem a medicina – técnicas ou artes que têm ainda seus problemas sem solução ou de solução difícil – anexassem imperialmente ao seu domínio exclusivo ou absoluto largos trechos da antropologia ou história social como a história da habitação humana e a história da sífilis, enxotando desses trechos, como a uns intrusos, os pobres dos antropólogos, dos sociólogos e dos historiadores.

Quanto à origem da sífilis, é do professor Milton J. Rosenau a informação de que antes de 1493 ou 1494 – quando o mal rebentou com violência na Europa – nada consta sobre a sífilis como "entidade clínica". Historicamente, porém, ela se deixa entrever ou pelo menos suspeitar em crônicas antigas, embora seja sempre difícil distinguir nessas fontes a sífilis de outras doenças venéreas ou da pele. Supõe-se – adverte Rosenau – que os chineses, dois mil anos antes de Cristo, já conhecessem a doença. Mas a história da sífilis anterior a 1493 ou 1494 se acha envolta em dificuldades: *"shrouded in difficulties"* (Milton J. Rosenau, *Preventive medicine and hygiene*, 5ª ed., Nova York/Londres, 1927).

Ainda mais enérgica em sentido contrário ao das afirmativas enfáticas quanto à origem de doenças sociais é a advertência do professor L. W. Lyde. A propósito de doenças que teriam sido propagadas pelo negro ("Skin colour", *The Spectator*, Londres, 16 de maio de 1931) ele escreve: "Ninguém pode afirmar quando nem onde se originou qualquer doença" ("The colour bar", *The Spectator*, Londres, junho, 1931, p. 892). Ao professor Lyde parece ter sido da América que os espanhóis levaram a sífilis para a Europa: o escravo negro é que teria introduzido a doença na América de onde ela teria se comunicado à Europa.

A favor da origem americana da sífilis deve ser destacado, entre as evidências mais recentes, o fato, verificado em Guatemala pela expedição médica dirigida pelo Dr. George C. Shattuck (Instituição Carnegie de Washington) e que consta do relatório publicado em 1932 pela mesma organização, dos maias apresentarem *"una resistencia extraordinaria contra el mal y quizás también contra la infección devido al virus de sífilis. Esto infiere que la sífilis es una enfermedad antigua entre los mayas, y que por lo tanto, ellos han adquirido un grado mayor de inmunidad contra la enfermedad de lo que se ha demonstrado en cualquier otra raza. Esta hipótesis tiene una importante relación con la historia de la sífilis, pués significa que la enfermedad existió en la América Central mucho antes de la Conquista, que tuvo alli su origen, y que los marineros de Colón originalmente la llevaron a Europa del Nuevo Mundo"* (Sección de Investigaciones Históricas, Institución Carnegie, *Informe Anual de la Subsección de História Antigua de América*, Washington, 1932, p. 24). A "resistência extraordinária" dos maias à sífilis é que é um fato; a origem americana da doença, como inferência desse fato é, porém, uma hipótese.

Na matéria a autoridade máxima, do ponto de vista da Antropologia física é, entretanto, o professor Ales Hrdlicka. Em artigo sobre "Disease, medicine and surgery among the American aborigenes" (*The Journal of the American Medical Association*, vol. 99, nº 20, nov.

1932) Hrdlicka resume a situação patológica do americano pré-colombiano, através do que se conhece a respeito pelo estudo de restos de esqueletos; e depois de salientar a ausência de raquitismo, tuberculose, microcefalia ou hidrocefalia patológica, cólera, peste, tifo, varíola, sarampo, lepra, e a raridade do câncer, observa: "A despeito do que se pretende em contrário, não há até hoje um só exemplo de sífilis pré-colombiana completamente autenticado" (p. 1.662). E considera a origem da sífilis questão aberta diante da base precária das conclusões a favor da origem americana da doença: "[...] *the matter is still a problem on which all further light is higher desirable*".

Sobre o assunto veja-se também o que dizem Durval Rosa Borges, *Estudos sobre a sífilis* etc., Rio de Janeiro, 1941; Danilo Perestrelo, *Sífilis,* Rio de Janeiro, 1943; Henrique de Moura Costa, "Aspectos e particularidades da sífilis no Brasil", *Brasil Médico*, Rio de Janeiro, nº 11, 16 de março de 1935, p. 245); Oscar da Silva Araújo, *L'organisation de la lutte antivénérienne au Brésil*, Paris, 1928.

171. Oscar da Silva Araújo, *Comentários*, cit.

172. *Diálogos das grandezas do Brasil*, cit., nota 12 ao "Diálogo segundo".

173. F. Buret, *La syphilis aujourd'hui et chez les anciens*, Paris, 1890.

174. Albert Moll, *The sexual life of the child* (trad.), Nova York, 1924.

175. Pascale Penta, *I pervertimenti sessuali*, Napoles, 1893; Max Dessoir, "Zur psychologie der vita sexualis" em *Allegemeine Zeitschrift fur Psychischgerichtliche Medicin*, apud Westermarck *The origin and development of moral ideas*, Londres, 1926.

176. Oscar Pfister, *Love in children and its aberrations*, (trad.), Londres, 1924.

177. Não deve ficar sem reparo o fato de, em um país por longos séculos de escravos e de mulheres recalcadas pela extrema pressão masculina, o culto dominante entre a maioria católica ser o masoquista, sentimental, do Coração de Jesus. É comum entre os poetas um como exibicionismo do coração sofredor. A nossa literatura amorosa, tanto quanto a devocional e mística, está cheia de corações a sangrarem voluptuosamente: ou então magoados, doloridos, feridos, amargurados, dilacerados, em chamas etc. etc.

178. A expressão "Rússia americana" pareceu a um crítico que gentilmente se ocupou deste ensaio, "fórmula antiquada, depois de Vicente Licínio Cardoso e do Sr. Otávio de Faria." Talvez tenha se enganado o crítico. Pelo menos, em parte. A referida expressão usamo-la pela primeira vez há mais de dez anos no trabalho "Vida social no nordeste", *Diário de Pernambuco*, 1º centenário, 1925.

179. Houston Stewart Chamberlain, *The foundations of the nineteenth century*, Londres, 1911.

Ilustre crítico literário argentino, o Sr. Ricardo Sáenz Hayes escreveu sobre a citação de que aqui se faz de H. S. Chamberlain, a propósito de Loyola e dos Exercícios que "para buscarle ascendencias a su misticismo [como faz Chamberlain] es necesario no estar familiarizado con las fuentes cristianas del cristianismo". E cita sua autoridade: El islam cristianizado de A. Palacios, Madri, 1931 (Introdução à Casa-grande & senzala, ed. espanhola, Buenos Aires, 1942). Mas autoridade igualmente considerável é o padre Asin Palacios que escreveu La escatologia musulmana en la Divina Comedia, Madri, 1919. Se não é desonra para a poesia cristã de Dante ter ascendências islâmicas e africanas, por que o seria para Loyola e para seus exercícios? Com todo o seu ocidentalismo, o escritor católico francês M. Legendre reconhece que "lé semitisme arabe a mis dans le temperament spirituel de l'Espagne une forte note d'originalité [...]". Não só o árabe: o africano da África Menor. E acrescenta considerar "un signe de pusillanimité chez certains Espagnols [...] repudier cet africanisme" (Portrait de l'Espagne, Paris, 1923, p. 51).

II | O indígena na formação da família brasileira

Índios botocudos na Corte do Rio de Janeiro. J.-B. Debret, *Voyage Pittoresque et Historique au Brésil*, 1834, vol. 1, pr. 9. Acervo do Instituto de Estudos Brasileiros da USP.

Com a intrusão europeia desorganiza-se entre os indígenas da América a vida social e econômica; desfaz-se o equilíbrio nas relações do homem com o meio físico.

Principia a degradação da raça atrasada ao contato da adiantada; mas essa degradação segue ritmos diversos, por um lado conforme a diferença regional de cultura humana ou de riqueza do solo entre os nativos – máxima entre os incas e astecas e mínima nos extremos do continente; por outro lado, conforme as disposições e recursos colonizadores do povo intruso ou invasor.

Os espanhóis apressam entre os incas, astecas e maias a dissolução dos valores nativos na fúria de destruírem uma cultura já na fase de semicivilização; já na segunda muda; e que por isso mesmo lhes pareceu perigosa ao cristianismo e desfavorável à fácil exploração das grandes riquezas minerais. Apressam-na entre gentes mais atrasadas, os puritanos ingleses querendo conservar-se imaculados do contato sexual e social de povos que lhes repugnavam pela diferença de cor e de costumes e que evocavam à sua consciência de raça e de cristãos o espantalho da miscigenação e do paganismo dissoluto.

Os portugueses, além de menos ardentes na ortodoxia que os espanhóis e menos estritos que os ingleses nos preconceitos de cor e de moral cristã, vieram defrontar-se na América, não com nenhum povo articulado em império ou em sistema já vigoroso de cultura moral e material – com palácios, sacrifícios humanos aos deuses, monumentos, pontes, obras de irrigação e de exploração de minas – mas, ao contrário, com uma das populações mais rasteiras do continente.

De modo que não é o encontro de uma cultura exuberante de maturidade com outra já adolescente, que aqui se verifica; a colonização europeia vem surpreender nesta parte da América quase que bandos de crianças grandes; uma cultura verde e incipiente; ainda na primeira dentição; sem os ossos nem o desenvolvimento nem a resistência das grandes semicivilizações americanas.

Dos valores morais e materiais acumulados pelos incas ou pelos astecas e maias resultaria uma indepressão de bronze ao contato europeu; o que levou os espanhóis a despedaçarem esse bronze nativo que tão duramente lhes resistiu ao domínio para entre os estilhaços estabelecerem mais a cômodo o seu sistema colonial de exploração e de cristianização.

Mas entre os indígenas das terras de pau-de-tinta outras foram as condições de resistência ao europeu: resistência não mineral mas vegetal. Por sua vez o invasor pouco numeroso foi desde logo contemporizando com o elemento nativo; servindo-se do homem para as necessidades de trabalho e principalmente de guerra, de conquista dos sertões e desbravamento do mato virgem; e da mulher para as de geração e de formação de família.

A reação do domínio europeu, na área de cultura ameríndia invadida pelos portugueses, foi quase a de pura sensibilidade ou contratilidade vegetal, o índio retraindo-se ou amarfanhando-se ao contato civilizador do europeu por incapacidade de acomodar-se à nova técnica econômica e ao novo regime moral e social. Mesmo quando acirrou-se em inimigo, o indígena ainda foi vegetal na agressão: quase mero auxiliar da floresta. Não houve da parte dele capacidade técnica ou política de reação que excitasse no branco a política do extermínio seguida pelos espanhóis no México e no Peru. Explica-se assim – sem esquecermos outros fatores – que mais se tivesse aproveitado, a princípio, da cultura americana pobre, que era a da floresta tropical, do que da rica, dos metais: a das duas semicivilizações duras, compactas, hieráticas, que se despedaçaram sob a invasão espanhola e sob o domínio católico, para só quatro séculos depois seus fragmentos, reunidos, irem de novo formando um todo não europeu e original.

Ruediger Bilden traça de modo sugestivo as diferentes condições de amalgamento de raça e de cultura que, ao seu ver, dividiram em quatro grandes grupos ("*a fourfold division*")[1] a massa étnica e cultural indistintamente englobada por muitos na fácil mas vaga expressão "América Latina".

O primeiro grupo seria o formado pelas repúblicas brancas ou brancaranas do Prata e pelo Chile. Nestas regiões, observa Ruediger Bilden, "o clima e as condições físicas em geral encorajaram o tipo de colonização mais favorável ao desenvolvimento de uma sociedade predominantemente europeia". Excetuados os araucanos no Chile, "as raças indígenas eram demasiado insignificantes em número e primitivas em cultura para obstruírem seriamente o rumo [europeu] da colonização".[2]

O segundo grupo seria "o que o Brasil tipifica quase sozinho ('*almost exclusively*'); região onde o elemento europeu nunca se encontrou em "situação de absoluto e indisputado domínio". "Por mais rígido", acrescenta, "que fosse o seu domínio econômico e político sobre os outros elementos étnicos, social e culturalmente os portugueses foram forçados pelo meio geográfico e pelas exigências da política colonizadora a competirem com aqueles numa base aproximadamente igual".

O terceiro grupo seria o representado pelo México ou pelo Peru, onde o conflito do europeu com as civilizações indígenas já desenvolvidas, a presença de riquezas minerais, o sistema colonial de exploração resultaram antes em "justaposição e antagonismo de raças" do que em "harmonioso amalgamento"; na "criação de uma superestrutura europeia sob a qual se agitam correntes estranhamente remotas". Mais cedo ou mais tarde – acrescenta – essas correntes acabarão absorvendo a "delgada e anêmica superestrutura e transmutando os valores de origem europeia".

O quarto grupo seria o constituído pelo Paraguai, pelo Haiti e "possivelmente pela República Dominicana". Neste "o elemento europeu é quando muito um verniz". Representa uma "incongruente mistura cultural de substância francamente índia ou negroide com fragmentos ou elementos mal-assimilados de origem europeia".[3]

Híbrida desde o início, a sociedade brasileira é de todas da América a que se constituiu mais harmoniosamente quanto às relações de raça: dentro de um ambiente de quase reciprocidade cultural que resultou no máximo de aproveitamento dos valores e experiências dos povos atrasados pelo adiantado; no máximo de contemporização da cultura adventícia com a nativa, da do conquistador com a do conquistado. Organizou-se uma sociedade cristã na superestrutura, com a mulher indígena, recém-batizada, por esposa e mãe de família; e servindo-se em sua economia e vida doméstica de muitas das tradições, experiências e utensílios da gente autóctone.

Zacarias Wagener observaria no século XVII que entre as filhas das caboclas iam buscar esposas legítimas muitos portugueses, mesmo dos mais ricos, e até "alguns neerlandeses abrasados de paixões".[4] Já não seria então, como no primeiro século, essa união de europeus com índias, ou filhas de índias, por escassez de mulher branca ou brancarana, mas por decidida preferência sexual. Paulo Prado foi surpreender "o severo Varnhagen" insinuando que, por sua vez, a mulher indígena, "mais sensual que o homem como em todos os povos primitivos [...] em seus amores dava preferência ao europeu, talvez por considerações priápicas".[5] Capistrano de Abreu sugere, porém, que a preferência da mulher gentia pelo europeu teria sido por motivo mais social que sexual: "da parte das índias a mestiçagem se explica pela ambição de terem filhos pertencentes à raça superior, pois segundo as ideias entre eles correntes só valia o parentesco pelo lado paterno".[6]

No primeiro século às "considerações priápicas" há que sobrepor a circunstância da escassez, quando não da falta absoluta, de mulher branca. Mesmo que não existisse entre a maior parte dos portugueses evidente pendor para a ligação, livre ou sob a bênção da Igreja, com as caboclas, a ela teriam sido levados pela força das circunstâncias, gostassem ou não de mulher exótica. Simplesmente porque não havia na terra quase nenhuma branca; e sem a gentia "mal se pudera remediar nem povoar tão larga costa...", como em carta de 1612 mandava dizer a el-Rei Diogo de Vasconcelos.[7]

Observou Southey que o sistema colonial português se revelara mais feliz do que nenhum outro no tocante às relações do europeu com as raças de cor; mas salientando que semelhante sistema fora antes "filho da necessidade" do que de deliberada orientação social ou política.⁸ O que mais tarde seria repetido pelo arguto observador Koster em palavras que a indiofilia de Manuel Bonfim se apressou em recolher, abaixo das de Southey, nas páginas de *O Brasil na América*. "Esta vantagem", escreveu Koster, referindo-se à ausência de discriminações aviltantes da parte dos portugueses contra os indígenas, "provém mais da necessidade que de um sentimento de justiça".

Para a formidável tarefa de colonizar uma extensão como o Brasil, teve Portugal de valer-se no século XVI do resto de homens que lhe deixara a aventura da Índia. E não seria com esse sobejo de gente, quase toda miúda,⁹ em grande parte plebeia e, além do mais, moçárabe, isto é, com a consciência de raça ainda mais fraca que nos portugueses fidalgos ou nos do Norte, que se estabeleceria na América um domínio português exclusivamente branco ou rigorosamente europeu. A transigência com o elemento nativo se impunha à política colonial portuguesa: as circunstâncias facilitaram-na. A luxúria dos indivíduos, soltos sem família, no meio da indiada nua, vinha servir a poderosas razões de Estado no sentido de rápido povoamento mestiço da nova terra. E o certo é que sobre a mulher gentia fundou-se e desenvolveu-se através dos séculos XVI e XVII o grosso da sociedade colonial, em um largo e profundo mestiçamento, que a interferência dos padres da Companhia salvou de resolver-se todo em libertinagem para em grande parte regularizar-se em casamento cristão.

O ambiente em que começou a vida brasileira foi de quase intoxicação sexual.

O europeu saltava em terra escorregando em índia nua; os próprios padres da Companhia precisavam descer com cuidado, senão atolavam o pé em carne. Muitos clérigos, dos outros, deixaram-se contaminar pela devassidão. As mulheres eram as primeiras a se entregarem aos brancos, as mais ardentes indo esfregar-se nas pernas desses que supunham deuses. Davam-se ao europeu por um pente ou um caco de espelho.

"*Las mujeres andan desnudas y no saben negar a ninguno mas aun ellas mismas acometen y importunan los hombres hallandose con ellos en las redes; porque tienen por honra dormir com los Xianos*", escrevia o padre Anchieta;¹⁰ e isto de um Brasil já um tanto policiado; e não o dos primeiros tempos, de solta libertinagem, sem batinas de jesuítas para abafarem-lhe a espontaneidade.

Neste o amor foi só o físico; com gosto só de carne, dele resultando filhos que os pais cristãos pouco se importaram de educar ou de criar à moda europeia ou à sombra da Igreja. Meninos que cresceram à toa, pelo mato; alguns tão ruivos e de pele tão clara, que, descobrindo-os mais tarde a eles e a seus filhos entre o gentio, os colonos dos fins do século XVI facilmente os identificaram como descendentes de normandos e bretões. Desses franceses escreveria em 1587 Gabriel Soares, no seu *Roteiro geral* que muitos "se amancebaram na terra, onde morreram, sem se quererem tornar para França, e viveram como gentios com muitas mulheres, dos quaes, e dos que vinham todos annos à Bahia e ao rio de Segerípe em náos da França, se inçou a terra de mamelucos, que nasceram, viveram, e morreram como gentios; dos quaes ha hoje muitos seus descendentes, que são louros, alvos e sardos, e havidos por indios Tupinambás, e são mais barbaros que elles".[11]

Esse contingente francês no primeiro povoamento do Brasil não deve ser esquecido. Suas principais localizações foram na Bahia e por todos aqueles pontos do litoral mais ricos de pau-de-tinta. Como os primeiros portugueses, deram-se os franceses ao único luxo possível nas rudes circunstâncias de desbravamento, da nova terra: o de cercarem-se de muitas mulheres. Se da numerosa progênie mestiça, deles e dos portugueses, muitos foram de todo absorvidos pelas populações indígenas, outros conservaram-se em uma espécie de meio-termo entre a vida selvagem e a dos traficantes e flibusteiros, um pouco sob a influência europeia das naus francesas ou das feitorias portuguesas.

Mas é só a partir do meado do século XVI que pode considerar-se formada, diz Basílio de Magalhães, "a primeira geração de mamelucos"; os mestiços de portugueses com índios, com definido valor demogênico e social. Os formados pelos primeiros coitos não oferecem senão o interesse, que já destacamos, de terem servido de calço ou de forro para a grande sociedade híbrida que ia constituir-se.

À mulher gentia temos que considerá-la não só a base física da família brasileira, aquela em que se apoiou, robustecendo-se e multiplicando-se, a energia de reduzido número de povoadores europeus, mas valioso elemento de cultura, pelo menos material, na formação brasileira. Por seu intermédio enriqueceu-se a vida no Brasil, como adiante veremos, de uma série de alimentos ainda hoje em uso, de drogas e remédios caseiros, de tradições ligadas ao desenvolvimento da criança, de um conjunto de utensílios de cozinha, de processos de higiene tropical – inclusive o banho frequente ou pelo menos diário, que tanto deve ter escandalizado o europeu porcalhão do século XVI.

Ela nos deu ainda a rede em que se embalaria o sono ou a volúpia do brasileiro; o óleo de coco para o cabelo das mulheres; um grupo de animais domésticos amansados pelas suas mãos.

Da cunhã é que nos veio o melhor da cultura indígena. O asseio pessoal. A higiene do corpo. O milho. O caju. O mingau. O brasileiro de hoje, amante do banho e sempre de pente e espelhinho no bolso, o cabelo brilhante de loção ou de óleo de coco, reflete a influência de tão remotas avós.

Antes, porém, de salientarmos a contribuição da cunhã ao desenvolvimento social do Brasil, procuremos fixar a do homem. Foi formidável: mas só na obra de devastamento e de conquista dos sertões, de que ele foi o guia, o canoeiro, o guerreiro, o caçador e pescador.[12] Muito auxiliou o índio ao bandeirante mameluco, os dois excedendo ao português em mobilidade, atrevimento e ardor guerreiro; sua capacidade de ação e de trabalho falhou, porém, no rame-rame tristonho da lavoura de cana, que só as reservas extraordinárias de alegria e de robustez animal do africano tolerariam tão bem. Compensou-se o índio, amigo ou escravo dos portugueses, da inutilidade no esforço estável e contínuo pela extrema bravura no heroico e militar. Na obra de sertanismo e de defesa da colônia contra espanhóis, contra tribos inimigas dos portugueses, contra corsários.

Índios e mamelucos formaram a muralha movediça, viva, que foi alargando em sentido ocidental as fronteiras coloniais do Brasil ao mesmo tempo que defenderam, na região açucareira, os estabelecimentos agrários dos ataques de piratas estrangeiros. Cada engenho de açúcar nos séculos XVI e XVII precisava de manter em pé de guerra suas centenas ou pelo menos dezenas de homens prontos a defender contra selvagens ou corsários a casa de vivenda e a riqueza acumulada nos armazéns: esses homens foram na sua quase totalidade índios ou caboclos de arco e flecha.

A enxada é que não se firmou nunca na mão do índio nem na do mameluco; nem o seu pé de nômade se fixou nunca em pé de boi paciente e sólido. Do indígena quase que só aproveitou a colonização agrária no Brasil o processo da coivara, que infelizmente viria a empolgar por completo a agricultura colonial. O conhecimento de sementes e raízes, outras rudimentares experiências agrícolas, transmitiu-as ao português menos o homem guerreiro que a mulher trabalhadora do campo ao mesmo tempo que doméstica.

Se formos apurar a colaboração do índio no trabalho propriamente agrário, temos que concluir, contra Manuel Bonfim – indianófilo até a raiz dos cabelos[13] – pela quase insignificância desse esforço. O que não é de estranhar, se considerarmos que a cultura americana ao tempo da descoberta era a nômade, a da floresta, e não ainda a agrícola; que o pouco da lavoura – mandioca, cará, milho, jerimum, amendoim, mamão – praticado por algumas tribos menos atrasadas, era trabalho desdenhado pelos homens – caçadores, pescadores e guerreiros – e entregue às mulheres, diminuídas assim na sua domesticidade pelo serviço de campo tanto quanto os homens nos hábitos de trabalho regular e contínuo pelo de vida nômade. Daí não terem as mulheres índias dado tão boas escravas domésticas quanto as africanas, que mais tarde as substituíram vantajosamente como cozinheiras e amas de menino do mesmo modo que os negros aos índios como trabalhadores de campo.

Os estudos de Martius,[14] de Karl von den Steinen[15] sobre as tribos do Brasil central; de Paul Ehrenreich[16] acerca das de Mato Grosso, Goiás e Amazonas; as pesquisas de Whiffen,[17] Roquette-Pinto,[18] Koch--Grünberg,[19] Schmidt,[20] Krause,[21] E. Nordenskiöld,[22] as observações deixadas por visitantes e missionários que surpreenderam a vida dos caboclos ainda virgem do contato europeu, autorizam-nos a generalização de ter sido a cultura indígena, mesmo a menos rasteira, encontrada na América pelos portugueses – e da qual restam ainda pedaços em estado bruto – inferior à da maior parte das áreas de cultura africana de onde mais tarde se importariam negros puros ou já mestiços para as plantações coloniais de açúcar. Várias dessas áreas de cultura africana se acham caracterizadas, segundo a técnica antropológica mais recente, por Leo Frobemus;[23] as da América, magistralmente, por Wissler e Kroeber; o que nos permite o confronto entre os valores morais e materiais acumulados nos dois continentes.

Whiffen resume os principais traços da cultura das tribos do Nordeste do Brasil nos seguintes, muitos deles extensivos a quase todo o

Brasil:[24] caça, pesca, cultura de mandioca, tabaco e coca, e em menor extensão de milho, inhame ou cará, jerimum, pimenta; os campos clareados a fogo (coivara) e cavados a pau e não à enxada; nenhum animal doméstico; toda vida animal aproveitada como alimento; uso do mel, havendo certa domesticação de abelhas; a farinha ou o bolo de mandioca e a caça pequena conservada em caldo grosso, apimentado – os dois alimentos de resistência; a raiz de mandioca espremida depois de embrulhada em palha ou esteira; a coca mascada e as sementes de mimosa usadas como rapé; o tabaco usado apenas como bebida e só em certas cerimônias; o conhecimento e uso do curare e outros venenos; uso da flecha, lança, arco e remo; captura de peixe pelo processo de lançar veneno na água, mas também por anzol, armadilha, rede e fisga denteada; hábito de comer barro; canibalismo; sinais por meio de tambores; decorações fálicas; redes de fibra de palmeira; cerâmica; cestos; nenhum metal; pouco uso da pedra; instrumentos de madeira; canoas cavadas na madeira; árvores derrubadas por meio de cunhas; grandes pilões de pau para pisar coca, tabaco e milho; frequente deslocamento de habitações e de lavouras; comunidades inteiras em uma casa só, grande e quadrangular, coberta de palha, quatro caibros sustentando-a no interior, sem chaminé; o terreno em redor da casa limpo, mas esta escondida no meio do mato e só acessível por caminhos e veredas confusas; nenhuma indumentária, a não ser de casca de árvore para os homens; pentes para as mulheres feitos de pedaços de palmeira; colares de dentes humanos; ligaduras decorativas para o corpo, fusos atravessados no nariz, chocalho atado às pernas, pintura elaborada do corpo; espécie de conferência ou conclave em torno de uma bebida negra, de tabaco, antes de iniciar-se qualquer empresa importante, de guerra ou de paz; *couvade*; proibição às mulheres de se associarem às cerimônias mais sérias e de estarem presentes às de iniciação dos meninos na puberdade; os nomes de pessoa não pronunciados alto e os dos caracteres míticos apenas sussurrados; importância da feitiçaria; fraudes grosseiras de feitiçaria; as doenças sugadas pelo feiticeiro, cuja principal função seria, entretanto, tirar espíritos maus; duas grandes cerimônias para celebrar épocas de colheita ou de amadurecimento de frutas, a da mandioca e a do abacaxi; os meninos cruelmente espancados nas cerimônias da puberdade; prova das formigas mordedeiras; os ressentimentos ou mágoas do indivíduo por ele formalmente apresentados ao grupo; uma espécie de dança de ciranda; gaita, flauta, castanhola e maracá; cada um dos grupos acomodados em uma só habitação, exógamo; descendência por via paterna; monogamia; cada habitação com um chefe, sendo o conselho formado por todos os adultos do sexo masculino; contos com semelhança aos do folclore europeu; contos de animais fazendo lembrar os do *lore* africano; o Sol e a Lua, venerados; os mortos, sepultados.

São traços extensivos à cultura que Wissler classifica de "cultura de floresta tropical" e que inclui quase o Brasil inteiro.

À cultura do litoral atlântico – aquela com que primeiro se puseram em contato os europeus no Brasil – devem-se acrescentar os seguintes traços: o hábito de fumar tabaco em cachimbo; as aldeias cercadas de pau a pique; bons instrumentos de pedra; em vez do simples enterramento, os mortos colocados em urnas. Ao mesmo tempo que a cultura dos Jê-Botocudo ou Tapuia do centro há que subtrair vários dos traços mencionados: o pouco de lavoura e tecelagem, o começo de astrologia encontrados entre tribos do Norte e da costa, o fabrico e uso de instrumentos de pedra, o uso de rede para dormir. Acentua-se na cultura dos Jê-Botocudo traços que, segundo Wissler, os aproximam dos Patagônios, colocando-os em estádio inferior ao dos Tupi. Entre outros, o canibalismo.[25]

Quanto a animais domesticados, entre quaisquer dos dois grupos principais — os Tupi e os Jê-Botocudo[26] – deve-se notar, contra a generalização de Wissler, a presença de "algumas aves domesticadas como os jacamins; de roedores, tais como a cutia e a paca; e de alguns macacos".[27] É verdade que nenhum desses animais a serviço doméstico nem empregado no transporte de fardos, todo ele feito penosamente ao dorso do homem e principalmente da mulher. Os animais domesticados entre os indígenas quase eram simplesmente para fazer companhia à pessoa e não para servi-la nem fornecer-lhe alimento. A não ser que se considerem ao serviço do homem as abelhas fabricantes de mel e as aves amansadas que Roquette-Pinto foi encontrar servindo de bonecos às crianças, entre os Nhambiquara.[28]

Teodoro Sampaio, que pelo estudo da língua tupi tanto chegou a desvendar da vida íntima dos indígenas do Brasil, afirma que em torno à habitação selvagem e "invadindo-a mesmo com a máxima familiaridade, desenvolvia-se todo um mundo de animais domesticados, a que chamavam *mimbaba*". Mas eram todos animais antes de convívio e de estimação do que de uso ou serviço: "Aves de formosa plumagem, como o guará, a arara, o canindé, o tucano, grande número de perdizes (ianhambi ou iambu), urus e patos (ipeca), animais como o macaco, o quati, a irara, o veado, o gato (pichana) e até cobras mansas se encontravam no mais íntimo convívio".[29]

Havia entre os ameríndios desta parte do continente, como entre os povos primitivos em geral, certa fraternidade entre o homem e o animal, certo lirismo mesmo nas relações entre os dois. Karsten encontrou entre os Jibaro o mito de ter havido época em que os animais falaram e agiram do mesmo modo que os homens. E ainda hoje – acrescenta – "o índio não faz distinção definida entre o homem e o animal. Acredita que todos os animais possuam alma, em essência da mesma qualidade que a do ser humano; que intelectual e moralmente seu nível seja o mesmo que o do homem". Daí, e independentemente mesmo do totemismo de que adiante nos ocuparemos, a intimidade por assim dizer lírica do primitivo habitante do Brasil com numeroso grupo de animais, principalmente pássaros, por ele amansados ou criados em casa, sem nenhum propósito de servir-se de sua carne ou dos seus ovos para alimento, nem de sua energia para o trabalho doméstico ou agrícola ou para a tração, nem do seu sangue para sacrifício religioso.

Quanto à monogamia, nunca foi geral nas áreas de cultura americana invadidas pelos portugueses, a poligamia tendo existido e existindo ainda entre tribos que se conservam intactas da influência moral europeia. E "não só os chefes, como todos os fortes – os que podem manter família grande – casam-se com muitas mulheres".[30]

Nem deve ser desprezado, entre os traços de cultura mais característicos dos indígenas encontrados no Brasil, um que Wissler parece ter esquecido: o uso das máscaras demoníacas ou máscaras-animais, de importante significação mística e cultural, salientada por Koch-Grunberg[31] e última e notadamente por Karsten.[32]

Da cultura moral dos primitivos habitantes do Brasil, interessa-nos principalmente, dentro dos limites que nos impusemos neste ensaio: as relações sexuais e de família; a magia e a mítica. São traços que se comunicaram à cultura e à vida do colonizador português – a princípio com grande vivacidade de cor, e que embora empalidecidos depois pela maior influência africana, subsistem no fundo primitivo da nossa organização social, moral e religiosa, quebrando-lhe ou pelo menos comprometendo-lhe seriamente a suposta uniformidade do padrão católico ou europeu.

Entre os indígenas do Brasil, notou nos meados do século XVI o padre Anchieta que a mulher não se agastava com o fato de o homem, seu companheiro, tomar outra ou outras mulheres: "ainda que a deixe de todo, não faz caso disso, porque se ainda é moça, ela toma outro". E "se a mulher acerta ser varonil e virago, também ela deixa o marido e toma outro".[33]

Era ponto, naturalmente, esse de variar marido de mulher e mulher de marido, com o qual não podia transigir, nem transigia no Brasil, a moral católica: isto é, a dura, ortodoxa, representada pelos padres da Companhia. Destes o esforço no sentido de fazer praticar na colônia estrita monogamia teve que ser tremendo. E não só entre os índios batizados como entre os colonos portugueses, a quem os próprios clérigos, em conflito com os jesuítas, facilitavam a livre união "com as negras". Já afeiçoados à poligamia pelo contato com os mouros, os portugueses encontraram na moral sexual dos ameríndios o campo fácil onde expandir-se aquela sua tendência, de moçárabes (nos últimos dois séculos um tanto recalcada e agora de repente solta), para viverem com muitas mulheres.

Foram sexualidades exaltadas as dos dois povos que primeiro se encontraram nesta parte da América; o português e a mulher indígena. Contra a ideia geral de que a lubricidade maior comunicou-a ao brasileiro o africano, parece-nos que foi precisamente este, dos três elementos que se juntaram para formar o Brasil, o mais fracamente sexual; e o mais libidinoso, o português.

Pelo menos entre os negros – os puros, imunes de influência muçulmana eram mais frequentes e ardorosas as danças eróticas que entre os ameríndios e os portugueses; e as danças eróticas parece que quanto mais frequentes e ardorosas, mais fraca sexualidade indicam. Assim o consideram vários etnólogos e antropólogos modernos, divergindo dos antigos: entre outros Crawley, que consagra ao assunto uma de suas melhores páginas,[34] e Westermarck. E do ponto de vista da psicologia sexual e da sociologia genética, Havelock Ellis, mestre de todos na matéria.[35]

Desempenhando funções de afrodisíaco, de excitante ou de estímulo à atividade sexual, tais danças correspondem à carência e não ao excesso, como a princípio pareceu a muitos e ainda parece a alguns, de lubricidade ou de libido. Danças eróticas como a presenciada por Koch-Grumberg entre tribos do noroeste do Brasil – os homens mascarados, cada um armado com formidável *membrum virile*, fingindo praticar o ato sexual e espalhar esperma – parecem ter sido menos frequentes entre os ameríndios do que entre os africanos. O que nos leva à conclusão de que naqueles a sexualidade precisasse menos de estímulo. Convém, entretanto, atentarmos no fato de que muito do ardor animal no índio nômade e guerreiro da América absorviam-no, impedindo-o de sexualizar-se, necessidades de competição: as guerras entre as tribos, as migrações, a caça, a pesca, a defesa contra animais bravios. Nem havia entre eles o *surplus* de lazer e de alimento que Adlez, do ponto de vista biológico, e Thomas, do sociológico, ligam ao desenvolvimento do sistema sexual do homem.[36]

Paulo Prado salienta que o "desregramento do conquistador europeu" veio encontrar-se em nossas praias com a "sensualidade do índio". Da índia, diria mais precisamente. Das tais "caboclas priápicas", doidas por homem branco.

O ensaísta do *Retrato do Brasil* recorda dos primeiros cronistas as impressões que nos deixaram da moral sexual entre o gentio. Impressões de pasmo ou de horror. É Gabriel Soares de Sousa dizendo dos Tupinambá que são "tão luxuriosos que não há peccado de luxúria que não cometam"; é o padre Nóbrega alarmado com o número de mulheres que cada um tem e com a facilidade com que as abandonam; é Vespúcio escrevendo a Lorenzo dei Medici que os indígenas "tomam tantas mulheres quantas querem e o filho se junta com a mãe, e o irmão com a irmã, e o primo com a prima, e o caminhante com a que encontra".[37]

Era natural a europeus surpreendidos por uma moral sexual tão diversa da sua concluírem pela extrema luxúria dos indígenas; entretanto, dos dois povos, o conquistador talvez fosse o mais luxurioso.

Da predominância de relações incestuosas de que fala a carta de Vespúcio, algumas dezenas de anos depois do italiano um observador mais exato, o padre Anchieta, daria informações detalhadas. Notou o missionário que os indígenas tinham para si como "parentesco verdadeiro" o que vinha "pela parte dos pais que são os agentes"; e que as "mães não são mais que uns sacos [...] em que se criam as crianças"; por isso usavam "das filhas das irmãs sem nenhum pejo *ad copulam*".[38] Acrescentando que a estas os padres casavam "agora [meados do século XVI] com seus tios, irmãos das mães, se as partes são contentes, pelo poder que teem de dispensar com eles...". O que mostra ter a moral sexual dos índios afetado logo aos princípios da colonização à moral católica e às próprias leis da Igreja relativas a impedimentos de sangue para o matrimônio.

Aliás o intercurso sexual entre os indígenas desta parte da América não se processava tão à solta e sem restrições como Vespúcio dá a entender; nem era a vida entre eles a orgia sem fim entrevista pelos primeiros viajantes e missionários. A laxidão, a licença sexual, a libertinagem, observa Fehlinger que não se encontra entre nenhum povo primitivo; e Baker salienta a inocência de certos costumes – como o de oferta de mulheres ao hóspede – praticados sem outro intuito senão o de hospitalidade. O que desfigura esses costumes é a má interpretação dos observadores superficiais.

Ao contrário: o que hoje se pode afirmar é a relativa fraqueza de expressões do impulso sexual no selvagem americano. Pelo menos no homem – a vida mais sedentária e regular da mulher dotando-a de uma sexualidade superior à do macho, em uma desproporção que talvez explique o priapismo de muitas em face dos brancos.

Gabriel Soares refere o rude processo dos Tupinambá fazerem aumentar de volume o *membrum virile*, concluindo daí que eles fossem uns grandes libidinosos. Insatisfeitos "com o membro genital como a natureza o formou", conta o cronista do século XVI que os Tupinambá punham-lhe "o pello de um bicho tão peçonhento, que lh'o faz logo inchar, com o que se tem grandes dores, mais de seis mezes, que se lhe vão gastando por espaço de tempo; com o que se lhe faz o seu cano tão disforme de grosso que os não podem as mulheres esperar, nem sofrer [...]".[39] Pois mesmo essa prática, aparentemente de puro deboche, indica naqueles indígenas antes a necessidade de se compensarem de deficiência física ou psíquica para a função genésica que desbragamento ou sadismo-masoquismo. Segundo alguns observadores, entre certos grupos de gente de cor os órgãos genitais apresentam--se em geral menos desenvolvidos que entre os brancos;[40] além do que, como já ficou dito, os selvagens sentem necessidade de práticas saturnais ou orgiásticas para compensarem-se, pelo erotismo indireto, da dificuldade de atingirem a seco, sem o óleo afrodisíaco que é o suor das danças lascivas, ao estado de excitação e intumescência tão facilmente conseguido pelos civilizados. Estes estão sempre prontos para o coito; os selvagens, em geral, só o praticam picados pela fome sexual. Parece que os mais primitivos tinham até época para a união de machos com fêmeas.[41]

Aos indígenas do Brasil não faltavam restrições ao intercurso sexual; só por ignorância, ou tendência para a fantasia, supuseram cronistas do século XVI que o amor entre os caboclos fosse simples descarga dos sentidos, o macho agarrando e submetendo ao amplexo viril a primeira fêmea ao alcance dos seus braços.

A exogamia era restrição seguida por quase todos: cada grupo por assim dizer dividindo-se em metades exógamas, que por sua vez se subdividiam ainda em menores grupos ou clãs.

Já nos explicou a palavra do padre Anchieta por que entre os Tupi não existia repugnância em unir-se sobrinha com o tio materno: o parentesco importante e que restringia o intercurso entre os sexos, regulando por conseguinte a vida de família, era o traçado pelo lado do pai. Não é que faltasse ao ameríndio, a noção do incesto e mesmo a da consanguinidade: esta era, entretanto, unilateral; e ambas vagas e imprecisas. Notou Gabriel Soares entre os Tupinambá que "a moça [...] a todos os parentes da parte do pai chamava pai, e elles a ella filha [...]". "O tio, irmão do pai da moça", é ainda informação do autor do *Roteiro*, "não casa com a sobrinha, nem lhe toca quando fazem o que devem, mas tem-na em lugar de filha, e ella como a pai lhe obedece, depois da morte do pai [...]".[42] É verdade que o mesmo cronista acrescenta não ser raro entre os Tupinambá dormir irmão com irmã; mas às escondidas pelo mato.

Fora da noção, embora vaga, do incesto, e da unilateral, da consanguinidade, havia mais entre os indígenas do Brasil, como restrição ao intercurso sexual, o totemismo segundo o qual o indivíduo do grupo que se supusesse descendente ou protegido de determinado animal ou planta não se podia unir a mulher de grupo da mesma descendência ou sob idêntica proteção. Sabe-se que a exogamia por efeito do totemismo estende-se a grupos os mais distantes uns dos outros em relações de sangue. Esses grupos formam, entretanto, alianças místicas correspondentes às do parentesco, os supostos descendentes do javali ou da onça ou do jacaré evitando-se tanto quanto irmão e irmã ou tio e sobrinha para o casamento ou a união sexual.

Com tantas restrições, vê-se que não era de desbragamento a vida sexual entre os indígenas desta parte da América, mas ouriçada de tabus e impedimentos. Não seriam tantos nem tão agudos esses impedimentos como os que dificultam entre os europeus as relações amorosas do homem com a mulher. Davam, entretanto, para criar um estado social bem diverso do de promiscuidade ou de deboche.

É aliás erro, e dos maiores, supor-se a vida selvagem não só neste, mas em vários outros dos seus aspectos, uma vida de inteira liberdade. Longe de ser o livre animal imaginado pelos românticos, o selvagem da América, aqui surpreendido em plena nudez e nomadismo, vivia no meio de sombras de preconceito e de medo; muitos dos quais nossa cultura mestiça absorveu, depurando-os de sua parte mais grosseira ou indigesta. É assim que a noção de caiporismo, tão ligado à vida psíquica do brasileiro de hoje, deriva-se da crença ameríndia no gênio agourento do caipora; este era um caboclinho nu, andando de uma banda só, e que quando aparecia aos grandes era sinal certo de desgraça. Sumiu-se o caipora, deixando em seu lugar o caiporismo, do mesmo modo que desapareceram os pajés, deixando atrás de si primeiro as "santidades" do século XVI,[43] depois várias formas de terapêutica e de animismo, muitas delas hoje incorporadas, junto com sobrevivências de magia ou de religião africana, ao baixo espiritismo, que tanta concorrência faz à medicina à europeia e ao exorcismo dos padres, nas principais cidades e por todo o interior do Brasil.

No trajo popular do brasileiro rural e suburbano – a gente pobre moradora de mucambo ou de tejupar – como na sua dieta, na vida íntima, na arte doméstica, na atitude para com as doenças, os mortos, as crianças recém-nascidas, as plantas, os animais, os minerais, os astros etc., subsiste muita influência do fetichismo, do totemismo, da astrologia em começo e dos tabus ameríndios. Às vezes influência quase pura; em muitos casos reforçada e em outros contrariada pela africana; quase sempre empalidecida pela sutil influência católica.

Um nosso amigo e conterrâneo, viajadíssimo pelos sertões do Brasil, o médico pernambucano Samuel Hardman Cavalcanti, perguntava-nos uma vez a que atribuir a frequência da cor vermelha no trajo das mulheres do interior. O fato observa-se tanto no Nordeste quanto no extremo norte e na Bahia; observamo-lo também no interior dos estados de São Paulo e do Rio de Janeiro, embora nessas regiões menos frequentemente do que naquelas. Na Amazônia, entre caboclos puros, e híbridos de caboclo com negro, Gastão Cruls surpreendeu o fato, registrando-o no seu *A Amazônia que eu vi:* "Noto, nestas paragens, como já observara no interior do Nordeste, a decidida predileção das mulheres pelo encarnado. Não sei se vai nisso apenas uma questão de gosto ou, como me explicaram por lá, a procura de um mimetismo que as há de poupar de possíveis vexames em certos dias do mês".[44] Igual observação o médico Samuel Uchoa fizera nessas mesmas paragens.[45]

É um caso, o da frequência do encarnado no trajo popular da mulher brasileira, principalmente no Nordeste e na Amazônia, típico daqueles em que as três influências – a ameríndia, a africana e a portuguesa – aparecem reunidas em uma só, sem antagonismo nem atrito. Em sua origem, e por qualquer das três vias, trata-se de um costume místico, de proteção ou de profilaxia do indivíduo contra espíritos ou influências más. Mas a influência maior parece ter sido a do índio, para quem a pintura do corpo de encarnado (urucu) nunca foi a expressão de simples gosto de bizarria que pareceu aos primeiros cronistas. Sem desprezarmos o fato de que pintando-se, ou antes, untando-se do oleoso urucu, parece que se protegiam os selvagens durante a caça ou a pesca, da ação do sol sobre a pele, das picadas de mosquitos e de outros insetos e das oscilações de temperatura – costume, observado pelo professor von den Steinen entre as tribos do Xingu, por Krause entre os Caiará e por Crevaux entre os Japurá[46] – encontramos a pintura do corpo desempenhando entre os indígenas do Brasil função puramente mística, de profilaxia contra os espíritos maus, e, em número menor de casos, erótica, de atração ou exibição sexual. E como profilaxia contra os espíritos maus era o encarnado cor poderosíssima, como demonstra o estudo de Karsten.

Aos portugueses parece que a mística do vermelho se teria comunicado através dos mouros e dos negros africanos; e tão intensamente que em Portugal: o vermelho domina como em nenhum país da Europa, não só o trajo das mulheres do povo – as varinas de Lisboa, as tricanas de Coimbra, Aveiro e Ilhavo, as vianesas, as minhotas, as "ribeiras", de Leiria – como por profilaxia contra malícias espirituais, várias outras expressões da vida popular e da arte doméstica. Vermelho deve ser o telhado das casas para proteger quem mora debaixo deles:

> *As telhas do teu telhado*
> *São vermelhas, têm virtude.*
> *Passei por elas doente,*
> *Logo me deram saúde.*[47]

É a cor de que se pintam os barcos de pesca, os quadros populares dos *milagres* e das *alminhas*, os arreios dos muares, as esteiras; de que se debruam vários produtos da indústria portuguesa;[48] a que se usa, por suas virtudes miríficas, nas fitas em torno do pescoço dos animais – jumentos, vacas, bois, cabras.[49] Embora já um tanto perdida entre o povo a noção profilática do vermelho, é evidente que a origem dessa predileção prende-se a motivos místicos. E é ainda o encarnado entre os portugueses a cor do amor, do desejo de casamento.[50]

Nos africanos, encontra-se a mística do vermelho associada às principais cerimônias da vida, ao que parece com o mesmo caráter profilático que entre os ameríndios.

Nos vários Xangôs e seitas africanas que temos visitado no Recife, e nos seus arredores é o vermelho a cor que prevalece, notando-se entre os devotos homens de camisa encarnada. Nos turbantes, saias e xales das mulheres de Xangô domina o vermelho vivo. Ortiz nos seus estudos sobre a mítica afro-cubana diz que ao culto de Xangô corresponde entre os negros de Cuba a cor encarnada. As mulheres, como promessa por um favor solicitado e recebido de Xangô, vestem-se de vermelho; de branco por uma graça alcançada de Obatalá (Virgem das Mercês) etc.[51]

Nos nossos maracatus e reisados, o rei do Congo ou a rainha aparece sempre de manto vermelho; e encarnados são sempre os estandartes, com cabeças de animais ou emblemas de ofícios pintados ou bordados a ouro, dos clubes populares de carnaval; clubes de que de passagem salientaremos o interesse, quer como formas dissimuladas – dentro do ambiente oficialmente católico da vida brasileira

– de totemismo ou de animismo africano (assunto já meio desfolhado por Nina Rodrigues), quer como formas degeneradas, ou pervertidas pelo sistema de trabalho escravo aqui dominante, das corporações de ofício medievais. Essas corporações, na Espanha pelo menos, haviam sido impostas ou permitidas aos mouros e negros nos séculos anteriores à colonização da América.

No Brasil a tendência para o vermelho, já salientada no trajo da mulher do povo, nos estandartes dos clubes de carnaval, nos mantos de rainha de maracatu etc., observa-se ainda em outros aspectos da vida popular ou da arte doméstica; na pintura externa das casas e na decoração do interior; na pintura dos baús de folha de flandres; na pintura de vários utensílios domésticos, de lata ou de madeira, como regadores, gaiolas de papagaio e de passarinho; na pintura de ex-votos; na decoração dos tabuleiros de bolo e de doce – cujo interesse erótico adiante destacaremos ao recordar-lhes a nomenclatura impregnada de erotismo e ao salientar certas associações, frequentes entre os brasileiros, do gozo do paladar com o gozo sexual.

Mas o que se pode concluir é ser a preferência pelo encarnado no brasileiro um traço de origem principalmente ameríndia. Como salienta Karsten, o selvagem considera os grandes inimigos do corpo não os insetos e bichos, mas os espíritos maus.[52] Estes o homem primitivo imagina sempre à espreita de oportunidade para lhe penetrarem no corpo: pela boca, pelas ventas, pelos olhos, pelos ouvidos, pelo cabelo. Importa, pois, que todas essas partes, consideradas as mais críticas e vulneráveis do corpo, sejam particularmente resguardadas das influências malignas. Daí o uso de batoques, penas e fusos atravessados no nariz ou nos lábios; de pedras, ossos e dentes de animais; a raspagem de cabelo, que no Brasil Pero Vaz de Caminha foi o primeiro a notar nos índios e nas índias nuas; os dentes às vezes pintados de preto. Tudo para esconjurar espíritos maus, afastá-los das partes vulneráveis do homem. Daí ainda o uso de uma espécie de cosmético de que se servem várias tribos sul-americanas – desde a Terra do Fogo à Guiana – para besuntar o cabelo: em geral ocre encarnado; às vezes um suco vegetal, também cor de sangue.

Von den Steinen surpreendeu os Bororo besuntando o cabelo de encarnado para poderem tomar parte em danças e cerimônias fúnebres – ocasiões em que o índio se sente particularmente exposto à ação maléfica do espírito morto e à de outros espíritos, todos maus, que os selvagens julgam soltar-se ou assanhar-se nesses momentos.[53] Koch-Grunberg encontrou o mesmo costume nas tribos do rio Negro: viu uma tribo inteira pintada de vermelho depois de um funeral; só se excetuava da pintura o pajé. Em danças de esconjuro com maracás notou, entretanto, o etnólogo alemão que os feiticeiros traziam os rostos horrivelmente pintados de encarnado.[54]

Von den Steinen teve ocasião de presenciar a cerimônia com que índios do rio Xingu esconjuraram um meteoro: os baris, ou curandeiros, gesticulando com veemência e cuspindo para o ar. E a fim de enfrentarem o inimigo, haviam-se cautelosamente pintado de vermelho vivo de urucu.

De vermelho de caraiuru pintam-se os indígenas do rio Negro quando algum deles cai doente de catarro ou de ronco do peito: a ideia é a de se resguardarem em tempo do mal por meio de pintura profilática. E entre os Kobeua encontrou Koch-Grunberg o costume das mulheres pintarem de encarnado os meninos recém-nascidos com o mesmo fim profilático. Costume que já Léry observava entre os Tupi do litoral ao tempo da descoberta e von Spix e von Martius entre os Coroado nos princípios do século XIX.

Entre os Toba encontra-se o costume, diz Karsten, das mulheres se pintarem de vermelho (urucu) quando menstruadas; o que ele atribui à profilaxia ou à desinfecção de espíritos maus que se supõe agirem com especial furor sobre a menstruada. Del Campana observou entre as mulheres dos Chiriguano que, para prepararem a chicha, ou bebida sagrada, pintavam-se de encarnado; que de encarnado pintavam-se também depois de paridas. Homens e mulheres pintavam-se de encarnado na convalescença para criarem forças. Entre os Caraiá, os Jibaro e várias outras tribos do Orinoco, quando um membro da tribo sai em visita a outra, deve apresentar-se pintado de vermelho – pintura que é renovada depois de chegar o hóspede ao seu destino. Karsten julga que também nesse caso trata-se de medida profilática.[55] Aliás ao sábio professor de Helsingfors pode-se atribuir verdadeira teoria de interpretação da pintura do corpo entre os ameríndios como medida profilática ou mágica em vez de simples decoração para exercer sobre o sexo oposto encanto puramente estético ou apelo aos sentidos.

Mas para os selvagens da América do Sul o vermelho não era só, ao lado do preto, cor profilática, capaz de resguardar o corpo humano de influências maléficas; nem cor tonificante, com a faculdade de dar vigor às mulheres paridas e aos convalescentes e resistência aos indivíduos empenhados em trabalho duro ou exaustivo; nem a cor da felicidade, com o poder mágico de atrair a caça ao caçador (visando o que, os Canelo pintavam até os cachorros). Era ainda a cor erótica, de sedução ou atração, menos por beleza ou qualidade estética do que por magia: a cor de que se pintavam os mesmos Canelo para seduzir mulher; de que se serviam os Cainguá do alto Paraná para atrair ao mato a fêmea do seu desejo ou da sua fome sexual, às vezes intimidando-a mais do que cortejando-a.

Qual fosse o motivo fundamental da preferência do selvagem da América pelo vermelho não é fácil de precisar: talvez o fato de ser a cor do sangue e, por isso mesmo, misticamente prestigiosa entre povos entregues ainda à caça e à guerra permanente. Alguns antropólogos, com efeito, sugerem que para os povos primitivos da América o vermelho do urucu e de outras tinturas talvez fosse empregado como substituto do vermelho do sangue.

*

Considerando neste ensaio o choque das duas culturas, a europeia e a ameríndia, do ponto de vista da formação social da família brasileira – em que predominaria a moral europeia e católica – não nos esqueçamos, entretanto, de atentar no que foi para o indígena, e do ponto de vista de sua cultura, o contato com o europeu. Contato dissolvente. Entre as populações nativas da América, dominadas pelo colono ou pelo missionário, a degradação moral foi completa, como sempre acontece ao juntar-se uma cultura, já adiantada, com outra atrasada.[56]

Sob a pressão moral e técnica da cultura adiantada, esparrama-se a do povo atrasado. Perde o indígena a capacidade de desenvolver-se autonomamente tanto quanto a de elevar-se de repente, por imitação natural ou forçada, aos padrões que lhe propõe o imperialismo colonizador. Mesmo que se salvem *formas* ou *acessórios* de cultura, perde-se o que Pitt-Rivers considera o *potencial*, isto é, a capacidade construtora da cultura, o seu elã, o seu ritmo.

A história do contato das raças chamadas superiores com as consideradas inferiores é sempre a mesma. Extermínio ou degradação. Principalmente porque o vencedor entende de impor ao povo submetido a sua cultura moral inteira, maciça, sem transigência que suavize a imposição. O missionário tem sido o grande destruidor de culturas não europeias, do século XVI ao atual; sua ação mais dissolvente que a do leigo.

No caso do Brasil verificou-se primeiro o colapso da moral católica: a da reduzida minoria colonizadora, intoxicada a princípio pelo ambiente amoral de contato com a raça indígena. Mas sob a influência dos padres da S. J. a colonização tomou rumo puritano – ainda que menos rigidamente seguido nesta parte da América pelos cristãos portugueses que na outra, na do Norte, pelos verdadeiros puritanos: os ingleses. Deu, entretanto, para sufocar muito da espontaneidade nativa: os cantos indígenas, de um tão agreste sabor, substituíram-nos os jesuítas por outros, compostos por eles, secos e mecânicos; cantos devotos, sem falar em amor, apenas em Nossa Senhora e nos santos. À naturalidade das diferentes línguas regionais superimpuseram uma só, a "geral". Entre os caboclos ao alcance da sua catequese acabaram com as danças e os festivais mais impregnados dos instintos, dos interesses e da energia animal da raça conquistada, só conservando uma ou outra dança, apenas graciosa, de culumins.

Ainda mais: procuraram destruir, ou pelo menos castrar, tudo o que fosse expressão viril de cultura artística ou religiosa em desacordo com a moral católica e com as convenções europeias. Separaram a arte da vida. Lançaram os fundamentos no Brasil para uma arte, não de expressão, de alongamento da vida e da experiência física e psíquica do indivíduo e do grupo social; mas de composição, de exercício, de caligrafia.

O que se salvou dos indígenas no Brasil foi a despeito da influência jesuítica; pelo gosto dos padres não teria subsistido à conquista portuguesa senão aquela parte mole e vaga de cultura ameríndia por eles inteligentemente adaptada à teologia de Roma e à moral europeia. Nem podia ser outra a sua orientação de bons e severos soldados da Igreja; tocados mais que quaisquer outros na vocação catequista e imperialista. O imperialismo econômico da Europa burguesa antecipou-se no religioso dos padres da S. J.; no ardor europeizante dos grandes missionários católicos dos séculos XVI e XVII,[57] depois substituídos pelos presbiterianos e metodistas – estes mais duros e mais intransigentes do que os jesuítas.

Com a segregação dos indígenas em grandes aldeias parece-nos terem os jesuítas desenvolvido no seio das populações aborígines uma das influências letais mais profundas. Era todo o ritmo de vida social que se alterava nos índios. Os povos acostumados à vida dispersa e nômade sempre se degradam quando forçados à grande concentração e à sedentariedade absoluta.

Debaixo do ponto de vista da Igreja repetimos que é forçoso reconhecer terem os padres agido com heroísmo, com admirável firmeza na sua ortodoxia; com lealdade aos seus ideais; toda crítica que se faça à interferência deles na vida e na cultura indígena da América – que foram os primeiros a degradarem sutil e sistematicamente – precisa de tomar em consideração aquele seu superior motivo de atividade moral e religiosa. Considerando-os, porém, sob outro critério – puros agentes europeus de desintegração de valores nativos – temos que concluir pela sua influência deletéria.[58] Tão deletéria quanto a dos colonos, seus antagonistas, que, por interesse econômico ou sensualidade pura, só enxergavam no índio a fêmea voluptuosa a emprenhar ou o escravo indócil a subjugar e a explorar na lavoura.

Se atentarmos no quadro organizado por Pitt-Rivers, das influências deletérias – despovoamento, degeneração, degradação – que o antropólogo inglês atribui ao contato das raças atrasadas com as adiantadas,[59] verificamos que grande, senão o maior número, são influências que no Brasil operaram sobre o índio através da catequese ou do sistema moral, pedagógico e de organização e divisão sexual do trabalho imposto pelos jesuítas. Das quinze ali classificadas parece-nos que nove, pelo menos, caberiam, em um ajuste das responsabilidades europeias na degradação da raça e da cultura indígena no Brasil, ao sistema civilizador dos jesuítas: 1) a concentração dos aborígines em grandes aldeias (medida por que muito se esforçaram os missionários no Brasil);[60] 2) vestuário à europeia (outra imposição jesuítica aos catecúmenos);[61] 3) segregação nas plantações;[62] 4) obstáculo ao casamento à moda indígena; 5) aplicação de legislação penal europeia a supostos crimes de fornicação; 6) abolição de guerras entre as tribos; 7) abolição da poligamia; 8) aumento da mortalidade infantil devido a novas condições de vida; 9) abolição do sistema comunal e da autoridade dos chefes (acrescentemos: da autoridade dos pajés, mais visados que aqueles pela rivalidade religiosa dos padres e mais importantes que os morubixabas).[63]

Algumas dessas responsabilidades deveriam talvez ser repartidas com os colonos: entre outras, a segregação dos selvagens nas plantações e a divisão sexual do trabalho à europeia. E os colonos, e não os jesuítas, terão sido, em grande número de casos, os principais agentes disgênicos entre os indígenas: os que lhes alteraram o sistema de alimentação e de trabalho, perturbando-lhes o metabolismo; os que introduziram entre eles doenças endêmicas e epidêmicas; os que lhes comunicaram o uso da aguardente de cana.

Vê-se, entretanto, que maior, por mais sistematizada, foi a influência letal ou deletéria da moralização, do ensino e da técnica de exploração econômica empregada pelos padres. Aos colonos, por exemplo, pouco incomodava a nudez dos escravos ou "administrados" nas plantações. Nudez que até lhes convinha sob o ponto de vista do interesse econômico. De um colono rico dos primeiros tempos sabe-se que ia ao extremo de fazer-se servir à mesa por índias nuas;[64] e não parece que fosse caso isolado o seu. Enquanto os padres desde o princípio insistiram cristã e pudicamente em vestir os índios, apenas tolerando a nudez dos meninos; ou em meninos e gente grande quando absoluta a falta de pano para roupa.[65]

Da imposição de vestuário europeu a populações habituadas à pura nudez ou a cobrirem-se apenas do bastante para lhes decorar o corpo ou protegê-lo do sol, do frio ou dos insetos conhecem-se hoje os imediatos e profundos efeitos disgênicos. Atribui-se ao seu uso forçado influência não pequena no desenvolvimento das doenças da pele e dos pulmões que tanto concorrem para dizimar populações selvagens logo depois de submetidas ao domínio dos civilizados; doenças que no Brasil dos séculos XVI e XVII foram terríveis.[66]

O vestuário imposto aos indígenas pelos missionários europeus vem afetar neles noções tradicionais de moral e de higiene, difíceis de se substituírem por novas. É assim que se observa a tendência, em muitos dos indivíduos de tribos acostumadas à nudez, para só se desfazerem da roupa europeia quando esta só falta largar de podre ou de suja. Entretanto são povos de um asseio corporal e até de uma moral sexual às vezes superior à daqueles que o pudor cristão faz cobrirem-se de pesadas vestes.

Quanto ao asseio do corpo, os indígenas do Brasil eram decerto superiores aos cristãos europeus aqui chegados em 1500. Não nos esqueçamos de que entre estes exaltavam-se por essa época santos como Santo Antão, o fundador no monaquismo, por nem os pés dar-se à vaidade de lavar; ou como São Simeão, o Estilita, de quem de longe se sentia a inhaca do sujo.[67] E não seriam os portugueses os menos limpos entre os europeus do século XVI, como a malícia antilusitana talvez esteja a imaginar; mas, ao contrário, dos mais asseados, devido à influência dos mouros.

Dos primeiros cronistas são os franceses os que mais se espantam da frequência do banho entre os caboclos: Ives d'Evreux[68] e Jean de Léry.[69] E um higienista francês, Sigaud, atribuiria aos banhos frios o fato de sofrerem os indígenas do Brasil – os já influenciados pela civilização europeia – de desordens do aparelho respiratório, desde o simples catarro à pleurisia aguda e à bronquite.[70] Aos banhos frios e ao hábito de andarem quase nus. Quando pelos estudos modernos de higiene o que se apura é exatamente o contrário: que essas moléstias do sistema respiratório desenvolvem-se entre populações selvagens pela imposição de vestuário e de resguardos europeus a gente habituada a andar inteiramente nua.

O século da descoberta da América – o XV – e os dois imediatos, de colonização intensa, foram por toda a Europa época de grande rebaixamento nos padrões de higiene. Em princípios do século XIX – informa um cronista alemão citado por Lowie – ainda se encontravam pessoas na Alemanha que em toda a sua vida não se lembravam de ter tomado banho uma única vez.[71] Os franceses não se achavam, a esse respeito, em condições superiores às dos seus vizinhos. Ao contrário. O autor de *Primitive society* recorda que a elegante rainha Margarida de Navarra passava uma semana inteira sem lavar as mãos; que o rei Luís XIV quando lavava as suas era com um pouco de álcool perfumado, uns borrifos apenas; que um manual francês de etiqueta do século XVII aconselhava o leitor a lavar as mãos uma vez por dia e o rosto quase com a mesma frequência; que outro manual, do século anterior, advertia os jovens da nobreza a não assoarem o nariz à mesa com a mão que estivesse segurando o pedaço de carne; que em

1530 Erasmo considerava decente assoar-se a pessoa a dedo, uma vez que esfregasse imediatamente com a sola do sapato o catarro que caísse no chão; que um tratado de 1539 trazia receitas contra os piolhos, provavelmente comuns em grande parte da Europa.[72]

Pela Europa os banhos à romana, ou de rio, às vezes promíscuos, contra os quais por muito tempo a voz da Igreja clamara em vão, haviam cessado quase de todo, depois das Cruzadas e dos contatos comerciais mais íntimos com o Oriente. O europeu se contagiara de sífilis e de outras doenças, transmissíveis e repugnantes. Daí resultara o medo ao banho e o horror à nudez.[73]

Em contraste com tudo isso é que surpreendeu aos primeiros portugueses e franceses chegados nesta parte da América um povo ao que parece sem mancha de sífilis na pele; e cuja maior delícia era o banho de rio. Que se lavava constantemente da cabeça aos pés; que se conservava em asseada nudez; que fazia uso de folhas de árvores, como os europeus mais limpos de toalhas de enxugar as mãos e de panos de limpar menino novo; que ia lavar no rio a sua roupa suja, isto é, as redes de algodão – trabalho esse, a cargo dos homens.

Ainda que urinando de ordinário dentro das ocas, os Tupi – observou Léry – "[...] *vont néantmoins fort loin faire leurs excremens*".[74] Dos indígenas parece ter ficado no brasileiro rural ou semirrural o hábito de defecar longe de casa; em geral no meio de touça de bananeiras perto do rio. E de manhã, antes do banho. Um gole de cachaça com caju e às vezes um pelo-sinal para guardar o corpo precedem ordinariamente esse banho higiênico. O caju, para limpar o sangue. Toda uma liturgia ou ritual sanitário e profilático.

Nas mulheres a cargo de quem se achava toda a série de cuidados de higiene doméstica entre os indígenas, com exceção da lavagem das redes sujas, era ainda maior que nos homens o gosto pelo banho e pelo asseio do corpo. São asseadíssimas, nota Gabriel Soares. E Léry atribui a esse maior amor da cunhã à água e à higiene do corpo enfeitarem-se elas menos que os homens; fato que o cronista anota *"entre les choses doublement estranges & vraiment esmerveillables, que l'ay observées en ces femmes brésiliennes"*. Na verdade, segundo o depoimento do escrupuloso protestante (que revela invulgar senso crítico através de toda sua relação de viagem e, logo às primeiras páginas, nas retificações que opõe, não sem certo ódio teológico, ao livro de frei André Thévet sobre o Brasil), na verdade foi nas mulheres que os europeus encontraram maior resistência à imposição do vestuário moralizador mas para elas anti-higiênico: *"des robbes de frise & des chemises"*. O que alegavam é que tanto pano por cima do corpo dificultava-lhes o costume de se lavarem livre e frequentemente no rio; às vezes quase de hora em hora. Dez, doze banhos por dia. Diz Léry que *"il n'a jamais esté en nostre puissance de les faire vestir [...]"*. *"Elles disoyente que ce leur seroit trop de peine de se despouiller si souvent. Ne voila pas une belle & bien pertinente raison?"*[75] As tentativas de conservar as cunhãs vestidas à europeia foram por elas frustradas sistematicamente nos primeiros tempos; quando obrigadas pelos calvinistas franceses a andarem vestidas durante o dia claro, às primeiras sombras da noite despiam saias e camisas e largavam-se nuas pelas praias em delicioso à vontade. O pastor protestante diz que viu-as repetidas vezes nesse estado, concluindo que as índias *"quant au naturel, ne doivent rien aux autres en beauté"*. E é observação sua que *"les attiffets, fards, fausses perruques, cheveux tortillez, grands collets fraisez vertugales, robbes sur robbes, & autres infinies bagatelles dont les femmes & filles de par deçà se contrefont & n'ont jamais assez, sont sans comparaison cause de plus de maux que n'est la nudité ordinaire des femmes sauvages [...]"*.[76] Havia qualquer coisa de um Havelock Ellis em Jean de Léry.

Por alguns cronistas antigos sabemos de muita intimidade da rotina econômica entre os indígenas; da sua divisão sexual de trabalho – tanto o trabalho de campo, quase todo entregue às mulheres, como o de dentro de casa, também principalmente feminino; fatos observados às vezes com uma exatidão que as pesquisas recentes dos etnólogos só têm feito confirmar.

Escrevendo dos Tupinambá, informa Gabriel Soares que os machos é que "costumam a roçar os mattos, e os queimam e limpam a terra delles"; que "vão buscar lenha com que se aquentam e se servem porque não dormem sem fogo ao longo das redes, que é a sua cama"; que "costumam ir lavar as redes aos rios quando estão sujas". Isto sem inisistirmos nas responsabilidades principais do homem de abastecer a taba de carne e de peixe e de defendê-la de inimigos e de animais bravios.

As mulheres, porém, diz-nos Léry, trabalhavam, sem comparação, mais do que os homens; *"car excepté quelques matines (& non au chaut du jour) qu'ils coupent & effertend du bois pour faire ler jardins, ils ne font gueres autre chose qu'aller à la guerre, à la chasse, à la pescherie fabriquer leurs espées de bois, arcs, fleches, habillements de plume [...]".*[77]

Gabriel Soares não precisa de que sexo ou idade fosse cada uma das atividades de caráter industrial ou artístico que encontrou entre os Tupinambá. Os "balaios de folhas de palma, e outras vasilhas da mesma folha a seu modo, e do seu uso", os "cestos de vara, a que chamam samburá, e outras vasilhas em lavores, como as de rota da Índia", teriam sido arte de iniciativa masculina. Seriam atividade de ambos os sexos e não de um só: atividade também dos meninos, e não apenas de gente grande.

O cronista salienta como trabalho exclusivo das mulheres as redes de fio de algodão e as "fitas como passamanes, e algumas mais largas, com que ennastram os cabellos". E pormenoriza: "As mulheres já de idade teem cuidado de fazerem a farinha de que se mantem, e de trazerem a mandioca ás costas para casa; e as que são muito velhas teem cuidado de fazerem vasilhas de barro a mão como são os potes em que fazem os vinhos, e fazem alguns tamanhos que levam tanto como uma pipa, em os quaes e em outros menores fervem os vinhos que bebem: fazem mais estas velhas panellas, pucaros e alguidares a seu uso, em que cozem a farinha, e outros em que a deitam e em que comem, lavrados de tintas de cores; a qual louça cozem em uma cova que fazem no chão, e põem a lenha por cima; e teem e creem estas indias que se cozer esta louça outra pessoa que não seja a que a faz, que ha de arrebentar no fogo; as quaes velhas ajudam tambem a fazer farinha que se faz no seu lanço".[78]

Eram ainda as mulheres que plantavam o mantimento e que iam buscar a água à fonte; que preparavam a comida; que cuidavam dos meninos. Vê-se que não era pequena a importância da mulher velha entre os indígenas; enorme a da mulher, em geral; e nessa categoria o estudo comparado da arte e da indústria entre os primitivos autoriza--nos a colocar o homem efeminado ou mesmo o invertido sexual, comum entre várias tribos brasílicas.

Hartt salienta o fato da arte da cerâmica entre os indígenas do Brasil ter-se desenvolvido pelas mãos da mulher; e essa generalização do sábio norte-americano confirmou-a, depois de observar os Cadiueu, o seu discípulo Herbert S. Smith.[79] Confirmam-na, com relação à cerâmica de Marajó, pesquisas recentes de Heloísa Alberto Torres.[80] É certo que discriminam esses estudos ter sido a fabricação de louça entre os indígenas do Brasil arte tardia e precedida pela dos trançados; pela utilização durante muito tempo de trançados impermeabilizados como vasilhame para condicionar líquidos; e esses trançados, arte dos homens mais do que das mulheres.

A produção artística, exclusiva ou principalmente dos homens, resumia-se no fabrico de arcos e flechas, de instrumentos de música e de certos adornos para o corpo. Na construção da oca era seu trabalho mais duro; seu esforço de levantar em volta da aldeia a cerca de pau a pique, que os portugueses adotariam mais tarde como meio de defender as casas-grandes de engenho dos ataques de inimigos. E obra dos homens eram ainda as canoas feitas de um só pau, igualmente adotadas pelos primeiros colonos nos seus *raids* sertões adentro.

Já dissemos, às primeiras páginas deste capítulo, que sob o ponto de vista da organização agrária em que se estabilizou a colonização portuguesa do Brasil, maior foi a utilidade social e econômica da mulher que a do homem indígena. Este se retraiu quase por completo aos esforços dos colonos e mesmo aos agrados dos padres para o incorporarem à nova técnica de exploração econômica e ao novo regime de vida social. Melhor ajustamento se verificou da parte da mulher; o que se compreende, dada a sua superioridade técnica entre os povos primitivos; e dada a sua tendência maior para a estabilidade entre os povos nômades.

A toda contribuição que se exigiu dela na formação social do Brasil – a do corpo que foi a primeira a oferecer ao branco, a do trabalho doméstico e mesmo agrícola, a da estabilidade (estado por que ansiava, estando seus homens ainda em guerra com os invasores e ela aos emboléus, de trouxa à cabeça e filho pequeno ao peito ou escarranchado às costas) – a cunhã correspondeu vantajosamente.

Entre os seus era a mulher índia o principal valor econômico e técnico. Um pouco besta de carga e um pouco escrava do homem. Mas superior a ele na capacidade de utilizar as coisas e de produzir o necessário à vida e ao conforto comuns.

A poligamia não corresponde entre os selvagens que a praticam – incluídos neste número os que povoavam o Brasil – apenas ao desejo sexual, tão difícil de satisfazer no homem com a posse de uma só mulher; corresponde também ao interesse econômico de cercar-se o caçador, o pescador ou o guerreiro dos valores econômicos vivos, criadores, que as mulheres representam.

Diz-nos Thomas que entre os primitivos o homem é a atividade violenta e esporádica; a mulher, a estável, sólida, contínua.[81] Funda-se esse antagonismo na organização física da mulher, que a habilita antes à resistência que ao movimento. Antes à agricultura e à indústria que à caça e à guerra. Daí a atividade agrícola e industrial desenvolver-se quase sempre pela mulher; pela mulher desenvolver-se a própria técnica da habitação, a casa; e em grande parte a domesticação de animais. Mesmo a magia e a arte, se não se desenvolvem principalmente pela mulher, desenvolvem-se pelo homem efeminado ou bissexual, que à vida de movimento e de guerra de homem puro prefere a doméstica e regular da mulher. Os indígenas do Brasil estavam, pela época da descoberta, ainda na situação de relativo parasitismo do homem e sobrecarga da mulher. Eram as mãos criadoras da cunhã que reuniam os principais trabalhos regulares de arte, de indústria, de agricultura.

Quanto aos pajés, é provável que fossem daquele tipo de homens efeminados ou invertidos que a maior parte dos indígenas da América antes respeitavam e temiam do que desprezavam ou abominavam.[82] Uns, efeminados pela idade avançada, que tende a masculinizar certas mulheres e a efeminar certos homens; outros, talvez, por perversão congênita ou adquirida. A verdade é que para as mãos de indivíduos bissexuais ou bissexualizados pela idade resvalaram em geral os poderes e funções de místicos, de curandeiros, pajés, conselheiros, entre várias tribos americanas.

A própria *couvade*, complexo de cultura tão característico das tribos brasílicas, talvez possa alguém arriscar-se a interpretá-la pelo critério da bissexualidade. Notada entre povos que em geral respeitam, em vez de desprezar ou ridicularizar, os efeminados, e enxergam neles poderes ou virtudes extraordinárias, é possível que o costume da *couvade* se tenha originado desses diferenciados sexuais: indivíduos de forte influência e sugestão mística sobre a maioria. Wissler observa que certos traços de cultura incorporam-se, ainda que raramente, à prática geral de uma tribo ou de um grupo, por influência de indivíduos excepcionais que os iniciem.[83] O homem invertido, sabe-se que é às vezes um indivíduo à procura de sensações e atividades criadoras e dolorosas que lhe substituam as impossíveis de feminilidade e maternidade: o masoquismo, a flagelação, a arte da escultura, da pintura, da caligrafia e da música entre os monges da Idade Média; o mesmo masoquismo entre os faquires da Índia; e segundo Silberer, no seu trabalho *The problems of mysticism and symbolism*, a própria alquimia teria representado o desejo de se compensarem alguns indivíduos da introversão.[84] Sabe-se também que em certas doenças, como a tuberculose e a prisão de ventre, alguns introvertidos parecem encontrar prazer ou compensação.[85]

São sugestões, todas essas, que embora insuficientes como elementos de convicção, constituem talvez a base para uma possível interpretação sexual da *couvade* pelo critério da bissexualidade. Parece, com efeito, haver na *couvade* muito daquele desejo que Faithful salienta no homem introvertido de obter pela identificação com a mulher a alegria da maternidade (*"to obtain by identification with their mates the joy of motherhood"*).[86] Os efeminados, pelo seu prestígio através das práticas de magia sexual – atividade dominada por eles entre várias tribos – teriam sido os iniciadores da *couvade* – complexo de cultura em que são tantas as evidências do mecanismo de compensação de que se serve o invertido: o repouso, o resguardo, a dieta, a identificação do homem com a mulher. Porque em geral eram os dois que ficavam de resguardo e de dieta, e não o homem só, como de ordinário se pensa.

Goldenweiser,[87] do ponto de vista da antropologia, Westermarck, do da sociologia,[88] e Faithful,[89] do da sexologia, destacam o fato de não raro assumirem os homo ou bissexuais posição de mando ou influência nas sociedades primitivas; fato que R. Lowe Thompson dá-se ao luxo de interpretar, em um dos seus estudos, com um desassombro a que talvez não o autorize a pura ciência.[90]

No seu *Intermediate types among primitive men*, Carpenter vai igualmente ao extremo de sugerir que muitas das mais importantes diferenciações de vida social teriam decorrido de variações de natureza sexual; que a cultura se teria enriquecido e a atividade diferenciado entre os primitivos por efeito da homo ou da bissexualidade. Teriam os homo e os bissexuais desempenhado valiosa função criadora, lançando as bases de ciências, artes e religiões. Teriam sido os profetas, os videntes, os curandeiros, os médicos, os sacerdotes, os artistas plásticos.[91]

É uma teoria que talvez atribua demasiada importância no desenvolvimento da ciência, da religião e da arte, ao errático, ao estrambólico, ao romântico, desprezando um elemento que nem por dar pouco na vista é menos ativo e criador: o bom-senso dos extrovertidos. Não o bom-senso rotineiro, mas o que não é senão equilíbrio e saúde intelectual e física; o rabelaisiano, o johnsoniano, o cervantino; aquele de que fala Marett, identificando-o com a experiência e a tradição do grande número; o folclórico, o do povo; o das nações maduras como a França; o das igrejas grandes e antigas como a de Roma (que entretanto não tem deixado de se enriquecer espiritualmente à custa de introvertidos quase delirantes, como Santa Teresa de Jesus).

Da frequência da homomixia entre várias das sociedades primitivas da América são numerosas – já o dissemos – as evidências; Westermarck sugere que o ritmo guerreiro da vida dessas sociedades talvez favorecesse o intercurso sexual de homem com homem e mesmo de mulher com mulher. As sociedades secretas de homens, possível expressão, ou antes, afirmação – na fase sexual e social de cultura atravessada por muitas das tribos ameríndias ao verificar-se a descoberta do continente – do prestígio do macho contra o da fêmea, do regime patronímico ao matronímico, talvez fossem melhor estímulo que a vida de guerra à prática da pederastia. O certo é que nos *baito*, espécie de lojas de maçonaria indígena só franqueadas aos homens depois de severas provas de iniciação, pôde surpreender von den Steinen, entre os Bororo, os mancebos em livre intercurso sexual uns com os outros; isto sem ar de pecado, mas naturalmente.

Já no século XVI Gabriel Soares se horrorizara de ver os Tupinambá "mui affeiçoados ao peccado nefando, entre os quaes se não tem por affronta; e o que serve de macho, se tem por valente, e contam esta bestialidade por proeza; e nas suas aldeias pelo certo há alguns que teem tenda publica a quantos os querem como mulheres publicas".[92]

É impossível apurar até que ponto a homomixia ocorresse na América primitiva por perversão congênita; a verdade é que entre os ameríndios se praticava a pederastia sem ser por escassez ou privação de mulher. Quando muito pela influência social da segregação ou do internato dos mancebos nas casas secretas dos homens.

Por crime de sodomia aparecem, no fim do século XVI, perante o visitador do Santo Ofício,[93] vários indígenas e mamelucos: homens ainda mal cristianizados, católicos ainda meio crus. A Igreja fulminou neles como pecado dos mais profundos – um dos quatro *clamantia peccata* da teologia da Idade Média[94] – o que para a moral sexual desses primitivos – dos selvagens que o padre Cardim ouvindo em confissão achara tão cândidos – seria quando muito um pecadilho. Parece, entretanto, que a mentalidade portuguesa cedo identificou os indígenas com a prática da pederastia; prática para os cristãos tão abominável.

A denominação de bugres dada pelos portugueses aos indígenas do Brasil em geral e a uma tribo de São Paulo em particular talvez exprimisse o horror teológico de cristãos mal saídos da Idade Média ao pecado nefando, por eles associado sempre ao grande, ao máximo, de incredulidade ou heresia. Já para os hebreus o termo *gentio* implicava ideia de sodomita; para o cristão medieval foi o termo *bugre* que ficou impregnado da mesma ideia pegajosa de pecado imundo. Quem fosse herege era logo havido por sodomita; como se uma danação arrastasse inevitavelmente à outra. *"Indeed so closely was sodomy associated with heresy that the same name was applied to both"*, escreve Westermarck. E acrescenta: *"the French bougre (from the Latin Bulgarus, Bulgarian), as also its English synonym, was originally a name given to a sect of heretics who came from Bulgaria in the eleventh century, and was afterwards applied to other heretics, but at the same time it became the regular expression for a person guilty of unnatural intercourse"*.[95] Em ligação com o assunto, encontra-se em Léry uma passagem digna de nota. Referindo-se aos Tupi, diz o cronista: *"toutefois, à fin de ne les faire pas assi plus gens de bien qu'ils ne sont, parce que quelque fois en se despitans l'un contre l'autre, ils s'appellent* Tyvire, *on peut de là coniecturer (car je n'en afferme rien) que c'est abominable pesché se commet entr'eux"*.[96]

*

Através das informações de Léry, de Gabriel Soares, de Hans Staden; das crônicas dos jesuítas do século XVI; dos livros de Ives d'Evreux e de Claude d'Abbeville, vê-se que para a mulher tupi a vida de casada era de contínuo trabalho: com os filhos, com o marido, com a cozinha, com os roçados. Isto sem esquecermos as indústrias domésticas a seu cargo, o suprimento de água e o transporte de fardos. Mesmo grávida a mulher índia mantinha-se ativa dentro e fora de casa, apenas deixando de carregar às costas os volumes extremamente pesados.[97] Mãe, acrescentava às suas muitas funções a de tornar-se uma espécie de berço ambulante da criança;[98] de amamentá-la, às vezes até aos sete anos; de lavá-la; de ensinar as meninas a fiar algodão e a preparar a comida.

A seu cargo, diz-nos Léry, estava toda a organização doméstica; *"toute la charge du ménage"*.[99] E eram trabalho de suas próprias mãos os utensílios de que se servia para fazer a comida, para guardá-la, para pisar o milho ou o peixe, moquear a carne, espremer as raízes, peneirar as farinhas; os alguidares, as urupemas, as cuias, as cabaças de beber água, os balaios. Utensílios muitos desses que se incorporaram ao trem de cozinha colonial. Ainda hoje o vasilhame de qualquer casa brasileira do norte ou do centro do Brasil contém numerosas peças de origem ou feitio puramente indígena. A nenhuma cozinha que se preze de verdadeiramente brasileira falta a urupema ou o pilão, o alguidar ou o pote de água. A algumas dessas vasilhas domésticas, feitas de barro, de madeira, de casco de animal ou de casca de fruta o ralo, de cascas de ostras – não só davam as cunhãs recorte ou formas graciosas, como animavam-nas de desenhos pintados a cor: *"mille petites gentillesses"*, diz Léry.[100]

Das comidas preparadas pela mulher as principais eram as que se faziam com a massa ou a farinha de mandioca. As raízes de mandioca viu-as Gabriel Soares raspadas pelos índios de 1500 até ficarem alvíssimas; "depois de lavadas, ralam-nas em uma pedra ou ralo que para isso tem, e depois de bem raladas, espremem essa maça em um engenho de palma a que chamam tipiti que lhe faz lançar a agua que tem toda fora, e fica essa maça enxuta, da qual se faz a farinha que se come, que cozem em um alguidar para isso feito, em o qual deitam esta maça e a enxugam sobre o fogo onde uma índia a meche com um meio cabaço, como quem faz confeitos, até que fica enxuta, e sem nenhuma humidade, e fica como cuscuz; mas mais branca, e desta maneira se come, é muito doce e saborosa".[101]

A farinha de mandioca adotaram-na os colonos em lugar do pão de trigo; preferindo a princípio os proprietários rurais a fresca, feita todos os dias; acerca do que diz Gabriel Soares: "e ainda digo que a mandioca é mais sadia e proveitosa que o bom trigo, por ser de melhor digestão. E por se averiguar por tal, os governadores Thomé de Sousa, D. Duarte e Mem de Sá não comiam no Brasil pão de trigo por se não acharem bem com elle, e assim o fazem outras muitas pessoas".[102]

Foi completa a vitória do complexo indígena da mandioca sobre o trigo: tornou-se a base do regime alimentar do colonizador (é pena que sem se avantajar ao trigo em valor nutritivo e em digestibilidade, como supôs a ingenuidade de Gabriel Soares). Ainda hoje a mandioca é o alimento fundamental do brasileiro e a técnica do seu fabrico permanece, entre grande parte da população, quase que a mesma dos indígenas. No extremo norte a farinha preferida é a de água; e a maneira de prepararem-na os caboclos é assim descrita por H. C. de Sousa Araújo: "A maceração termina quando a mandioca larga a casca, sendo então transportada para cochos com água, onde permanece mais alguns dias. Depois de bem mole, é esmagada ou ralada e a massa colocada em longos tipitis cônicos, feitos de embira ou de taquara trançada. Esses tipitis têm um e meio a dois metros e outro tanto de comprido e são pendurados na cumeeira da casa depois de bem cheios, amarrando-se na sua extremidade inferior uma grande pedra. Quando a água da mandioca, chamada tucupi, cessa de escorrer, tiram a massa amilácea, e levam-na ao sol para secar, operação esta que termina ao forno. Resulta sempre uma farinha grossa, constituída de bolinhas duras, de difícil trituração na boca".[103] No Nordeste a farinha geralmente fabricada é a seca, outrora chamada guerra; nesta região tanto quanto no extremo norte, o tipiti – "cesto tubular elástico, feito de folhas de palmeira", da definição de Teodoro Sampaio[104] – continua a caracterizar, nas zonas mais rústicas na sua economia ou na sua cultura, a técnica do preparo da farinha.

Variado era o uso da mandioca na culinária indígena; e muitos dos produtos preparados outrora pelas mãos avermelhadas da cunhã, preparam-nos hoje as mãos brancas, pardas, pretas e morenas da brasileira de todas as origens e de todos os sangues. Da índia a brasileira aprendeu a fazer de mandioca uma série de delicados quitutes: a farinha fina, de curimã, para o filho pequeno; o mingau; o *mbeiu* ou beiju. "Conheciam", escreve Couto de Magalhães dos indígenas do

Brasil, "processos de fermentação pelos quais preparavam excelentes conservas alimentares e próprias para estômagos enfraquecidos; entre outros, citarei os bolos de carimã, com os quais quase todos nós fomos alimentados durante o período da nossa infância".[105]

Do beiju cita Araújo Lima uma variedade de modernas especializações amazonenses. Além do beiju simples, conhecido de todo brasileiro por esse nome ou pelo de tapioca – "bolo de massa fresca, ainda úmida, ou de polvilho (tapioca), passada pela urupema, de modo a formar grumos, que pela ação do calor ficam ligados pelo glúten próprio da massa" – o beijuaçu, "redondo, feito da mesma massa que o beiju-ticanga, e cozido no forno"; o beijucica, "feito de massa de macaxeira, em grumos bem finos"; o de tapioca, "feito de tapioca umedecida, de maneira a cair da urupema em grumos pequeninos e, quando pronto, enrolado sobre si mesmo depois de se lhe pôr manteiga na face exterior"; o beiju ticanga, "feito da massa da mandioca mole e seca (ticanga) ao sol"; o caribé – "o beijuaçu posto de molho e reduzido a uma massa, a que se acrescenta mais água, morna ou fria, formando uma espécie de mingau, mais ou menos ralo, conforme o gosto" – mingau que se toma de manhã com água morna, e no andar do dia, com água fria; o curadá, "beiju grande e bastante espesso, feito de tapioca umedecida, de grumos maiores que o enrolado, e levando castanha crua em pequenos fragmentos".[106] Tudo comida de índio adotada pelo brasileiro do extremo norte.

Não só em relação ao beiju, mas a tudo quanto é comida indígena, a Amazônia é a área de cultura brasileira mais impregnada de influência cabocla: o que aí se come tem ainda gosto de mato; é enrolado em folha de palmeira ou de bananeira; leva castanha de caju; prepara-se em cuia; é polvilhado de puçanga feita de folhas de *kurumikáa* torrada; e os nomes são ainda os dos índios; com um quer que seja de estrangeiro à primeira vista. Mas só à primeira vista. Quitutes e nomes de quitutes indígenas desmancham-se familiarmente na boca do brasileiro: um gosto de conhecidos velhos desfaz a primeira impressão de exóticos. É quando sentimos o muito que nos ficou de fundamentalmente agreste no paladar e no ritmo do idioma; o muito que nos ficou dos nossos antepassados tupis e tapuias.

A culinária nacional – seja dito de passagem – ficaria empobrecida, e sua individualidade profundamente afetada, se se acabasse com os quitutes de origem indígena: eles dão um gosto à alimentação brasileira que nem os pratos de origem lusitana nem os manjares africanos jamais substituiriam. Mas deve-se salientar que foi nas cozinhas das casas-grandes que muitos desses quitutes perderam o ranço regional, o exclusivismo caboclo, para se abrasileirarem.

No extremo norte faz-se ainda de mandioca uma comida indígena chamada macapatá: um bolo feito de massa de mandioca mole que "depois de espremida no tipiti", diz Araújo Lima, "amassada com banha de tartaruga e com pedaços de castanha crua é espalmada em pequenas porções oblongas, envolvidas em folhas de bananeira, para serem assadas em rescaldo". Faz-se mais uma bebida, o tarubá, de beijus que depois de ligeiramente mergulhados dentro de água, de modo a ficarem apenas umedecidos, são postos um a um sobre folhas de curumi (*kurumikáa*) em "uma cama de folha de bananeira estendida num jirau especial feito na casca da farinha ou na cozinha", sendo então polvilhado com puçanga e coberto com folha de curumi. Cobrem-se então todos os beijus de folha de curumi e de banana; e assim se deixa ficar por três dias – quando deles começa a escorrer uma espécie de melaço. Desfaz-se então toda a massa em água, passa-se pela urupema e deixa-se descansar. Está pronta uma deliciosa bebida que tomada em excesso embriaga. Tem um doce perfume, esse tarubá.

A folha de bananeira-de-são-tomé, de uso frequente no Nordeste para envolver produtos de coco, de mandioca, de arroz e de milho, será talvez efeito de intrusão africana; contágio do complexo negro da bananeira. É certo que não faltava aos indígenas a bananeira caauaçu ou pacova-sororoca; mas duvidoso que entre eles o complexo da bananeira tivesse atingido o mesmo desenvolvimento que entre os africanos. Estes davam à banana e à folha de bananeira larga aplicação.

Na tapioca de coco, chamada molhada, estendida em folha de bananeira africana, polvilhada de canela, temperada com sal, sente-se o amálgama verdadeiramente brasileiro de tradições culinárias: a mandioca indígena, o coco asiático, o sal europeu, confraternizando-se em um só e delicioso quitute sobre a mesma cama africana de folha de bananeira. Cremos, aliás, ser o Nordeste, isto é, a zona de influência pernambucana, e mais para o norte o Maranhão, os dois pontos mais intensos dessa confraternização de cultura; confraternização materializada na culinária e sutilizada em outras esferas onde mais difícil se torna o discernimento ou a diferenciação pelos estudos de psicologia social, de etnografia, de folclore e de sociologia.

A maçoca, de que se fazem vários bolos, além do caribé, não se restringe ao Amazonas: pode ser considerada de uso generalizado ao norte e ao centro do Brasil, embora menos que o mingau, a canjica de milho e a muqueca: estes se incorporaram ao sistema nacional da alimentação brasileira logo depois dos produtos por assim dizer originais ou brutos – o cará, o milho, a batata, o cacau, o mindubi, a mandioca. A maçoca é a massa da mandioca passada pelo tipiti e, depois de bem socada ao pilão e seca ao sol, posta em paneiro; e este pendurado a certa altura do fogo usual para manter-se a massa sempre enxuta.

Do milho preparavam as cunhãs, além da farinha (*abatiuî*), hoje usada no preparo de vários bolos, a *acanijic*, que sob o nome de canjica tornou-se um dos grandes pratos nacionais do Brasil, a *pamuna* – hoje pamonha – envolvida, depois de pronta, na própria palha do milho, a pipoca, que, segundo Teodoro Sampaio, quer dizer "epiderme estalada"; e ainda uma bebida fermentada, o *abatí-i*.[107]

Do peixe ou da carne pilada e misturada com farinha faziam a *paçoka* ou paçoca, ainda tão usada no Norte; faziam o *piracuí*, "areia do peixe", feita do peixe desfeito a mão, depois de tiradas as espinhas, torrado no forno, pilado e empaneirado; mas o processo mais característico de prepararem as cunhãs peixe ou a carne de caça era o de *mokaen*, que nos ficou sob o nome de moquém – isto é, o peixe ou a carne assada sobre brasas; "ou então sobre um gradeado de madeira", esclarece Teodoro Sampaio.[108]

Como no caso da mandioca, no do peixe é a Amazônia a região de cultura brasileira que se conserva mais próxima das tradições indígenas; na culinária amazônica o pirarucu ocupa lugar importantíssimo: logo após a tartaruga, que é sozinha um complexo. Para as populações rurais do extremo norte o pirarucu faz as vezes do bacalhau ou do charque: "é aproveitado em conserva, salgado apenas (salmoura) para o consumo de dias mais próximos, ou salgado e dessecado ao sol (seco), em mantas, para resistir muito mais tempo e ser exportado". Outros peixes muito em uso na Amazônia são o tucunaré e o tambaqui: este aproveitado pelo processo tão caracteristicamente indígena da mixiria. O processo da mixiria não se restringe ao peixe:

pode haver mixiria de carne. Peixe ou carne assada na própria banha a fogo brando, depois de feita em pedaços. Assim preparada é a carne, de caça ou de peixe, conservada na própria banha e fechada em vasilhas próprias; antigamente, pelos indígenas, em potes de barro; hoje, diz-nos Araújo Lima, em latas cilíndricas de folha de flandres. Faz-se mixiria de peixe-boi, de tartaruga, de tambaqui, de anta etc.[109]

Há entretanto um processo indígena de preparar peixe que se generalizou no Brasil: o da *pokeka*, "de que se fez por corruptela, moqueca", informa Teodoro Sampaio no seu vocabulário geográfico brasílico, "e significa embrulho". Embrulho de peixe em folhas. Moqueca é o peixe assado no rescaldo, que vem todo embrulhado em folha de bananeira – espécie de bebezinho envolto no seu cueiro. A moqueca mais apreciada é mesmo a que se faz de peixinho novo, ainda transparente, pequenininho: bebê de peixe. Na Bahia e em Pernambuco, a *pokeka* se africanizou, ou antes, se abrasileirou, deliciosamente, em moqueca, nas cozinhas das casas-grandes.

A tartaruga, como já foi dito, constitui sozinha um complexo, dos vários que o indígena transmitiu ao sistema alimentar brasileiro; dela se faz no extremo norte uma variedade de quitutes, cada qual mais louvado pelos *gourmets*; cada qual mais gostoso. Um deles é o arabu, feito com a gema dos ovos de tartaruga ou tracajá e farinha – sem mais nada; outro, este mais fino e delicado, é a abunã – os ovos de tartaruga ou tracajá "moqueados antes de completa gestação", diz Araújo Lima, "tendo a tartaruguinha ou tracajá certa porção de gema segura ao peito"; come-se a abunã com sal e farinha. E há ainda o mujanguê: um mingau que se faz com as gemas dos ovos de tartaruga ou tracajá e farinha de mandioca mole, intumescida de água; alguns europeízam esse pirão, acrescentando-lhe sal ou açúcar. Há mais a paxicá, picado feito de fígado de tartaruga, temperado com sal, limão e pimenta-malagueta.

Sabe-se o abuso que faziam os indígenas da pimenta: abuso que se prolonga na culinária brasileira de hoje.[110] No extremo norte existe o juquitaia – condimento híbrido, feito de malagueta e sal: depois de seca a malagueta, nos próprios ramos quebrados da pimenteira e pendurados na cozinha, é passada no forno e levada ao pilão para ser socada com sal. O complexo da pimenta aguçou-se no Brasil pela influência da culinária africana, ainda mais amiga que a indígena dos requeimes e excitantes do paladar: é a cozinha afro-baiana que mais se salienta pelo abuso da pimenta. Mas o indígena não a desprezava, como não desprezava o pijericu, o pixurim, o limão, e, para fazer as vezes do sal, a cinza. Sigaud dá como causa dos frequentes ataques de disenteria entre os índios brasílicos – ataques de que nos falam as relações dos jesuítas – o uso imoderado de gengibre, pimenta e limão: *"Les Indiens doivent à l'usage immodéré du gingembre, du piment el du limon, de fréquents attaques de dysentérie"*.

Peckolt salienta ter sido o milho o único cereal encontrado pelos europeus no Brasil; e menciona os outros alimentos vegetais dos aborígines de que logo se utilizaram os adventícios: a mandioca, a batata-doce, o cará, os pinhões, o cacau, o mindubi. De legumes verdes a terra era escassa; e aos poucos que havia os indígenas não ligavam importância. "Os legumes verdes eram pouco procurados pelos índios; porém as mulheres colhiam para fins alimentícios certas plantas silvestres, como os carurus de várias qualidades, a serralha, mas principalmente o palmito que, tanto cru como cozido, era alimento predileto".[111]

De frutos era mais farta a terra descoberta por Pedr'Álvares; mas que tivesse sido transmitida pelos indígenas aos europeus pode-se mencionar apenas a cultura do mamoeiro e do araçazeiro. Dos índios transmitiu-se igualmente ao europeu o complexo do caju[112] – com uma série de aplicações medicinais e culinárias; destacando-se, porém, o seu uso no fabrico de um vinho muito bom, hoje caracteristicamente brasileiro.

Seria longa a lista de plantas e ervas medicinais de conhecimento e uso dos índios: delas mais teria aproveitado a cultura brasileira, se melhores tivessem sido as relações entre os primeiros missionários e os pajés e curandeiros indígenas. Ainda assim os jesuítas *"dès le principe de leur établissement s'appliquèrent à recueillir, à étudier lés productions locales et à faire leur profit des connaissances et des observations indigènes"*, escreve Sigaud. Mas, acrescenta o cientista francês a quem tanto deve a medicina brasileira: *"Du mélange des pratiques indigènes et des formules copiées des livres de médecine européens, naquit une thérapeutique informe, grossière, extravagante qui se transmit par tradition dans les classes des cultivateurs de sucre et de coton et gardiens de troupeaux dans les montagnes ou sertões; et ce mélange primitif, altéré par les arcanes des nègres venus de Guinée et d'Angola, fut dès lors le partage exclusif des hommes qui s'intitulèrent médecins du peuple ou guérisseurs".*

Senhor de engenho da espécie mencionada por Sigaud, dado a curar doentes por essa terapêutica híbrida, grosseira, mas às vezes de melhores resultados que a europeia e acadêmica, era Gabriel Soares. O seu *Roteiro* vem cheio de receitas aprendidas com os índios: carimã desfeita na água para meninos que têm lombriga ou para indivíduo tocado de peçonha ("uma cousa e outra está muito experimentada, assim pelos índios como pelos portugueses", acrescenta); milho cozido para doentes de boubas; sumo do caju pela manhã, em jejum, para "conservação do estômago", higiene da boca ("e fazem bom bafo a quem os come pela manhã", diz ainda Gabriel Soares dos cajus); olho de embaíba para curar feridas e chagas velhas; emplastros de almécega para "soldar carne quebrada"; petume para mal do sesso e, sorvido o seu fumo por um canudo de palha, aceso na ponta – o avô indígena do cachimbo – excelente para "todo homem que se toma de vinho". De posse, com os demais colonos senhores de engenho, de tão preciosos conhecimentos, Gabriel Soares não via necessidade de cirurgiões na Bahia; "porque cada um o é em sua casa". Uma página inteira do seu *Roteiro* ele a consagra ao amendoí, ou mindubi, produto que os indígenas não colhiam à toa pelo mato: era dos raros que faziam parte do seu rudimentar sistema de agricultura: "em a qual planta e benefício della não entra homem macho; só as indias os costumam plantar [...]".[113]

Outros conhecimentos úteis à atividade ou à economia doméstica transmitiram-se da cultura vegetal do indígena à civilização do colonizador europeu, que os conservou ou desenvolveu, adaptando-os às suas necessidades: o conhecimento de várias fibras para tecelagem ou entrançado – o algodão, o tucum, o caraguatá-bravo; o de peipeçaba para fazer vassouras; o de abóboras semeadas pelo gentio especialmente para serverem-se dos cabaços como vasilhas de carregar água e de guardar farinha, como gamelas e parece que como urinóis; o método de curar jerimum no fumo para durar o ano inteiro; o conhecimento de várias madeiras e outros elementos vegetais de construção, como o cipó, o timbó e o sapé ou a palha de pindoba, empregada por muito tempo na cobertura das casas: o de animais, pássaros, peixes, mariscos etc., valiosos para a alimentação, prestando-se ao mesmo tempo os seus cascos, penas, peles, lanugem ou couro a vários fins úteis na vida íntima e diária da família colonial; para cuias, agasalho, enchimento de travesseiros, almofadas, colchões, redes; o de junco de tabuá, material excelente para esteiras; o de tintas de várias cores, logo empregadas na caiação das casas, na tintura de panos, na pintura do rosto das mulheres, no fabrico de tintas de escrever – o branco de tabatinga, o encarnado de raribá, de pau-brasil e de urucu; o preto de jenipapo, o amarelo de tatajuba; o conhecimento de gomas e resinas diversas – prestando-se para grudar papéis, cerrar cartas à maneira de lacre etc. Se na utilização, aproveitamento ou adaptação de todo esse material de cultura indígena entrou, na maior parte das vezes, a inteligência ou a técnica do europeu com função quase criadora, ou pelo menos transmutadora, em outros casos o que se deu foi a pura transmissão dos valores ou conhecimentos de uma cultura à outra – da nativa à adventícia.

Vários desses processos e conhecimentos, ainda uma vez vale a pena acentuar que recebeu-os o colonizador europeu das mãos da mulher – elemento mais produtor que o homem nas culturas primitivas. Dela também se transmitiram à organização da família brasileira valiosos métodos de higiene infantil e doméstica que merecem ser destacados; para fazê-lo torna-se necessário esboçar em traços gerais não só a pedagogia como a vida de menino entre os indígenas. Do menino, aliás, salientaremos mais adiante o papel que representou em momento, se não dramático, decisivo, de contato entre as duas culturas, a europeia e a indígena; quer como veículo civilizador do missionário católico junto ao gentio, quer como o conduto por onde preciosa parte de cultura aborígine escorreu das tabas para as "missões" e daí para a vida, em geral, da gente colonizadora. Para as próprias casas-grandes patriarcais.

Estava longe o culumim de ser o menino livre imaginado por J. J. Rousseau: criado sem medo nem superstições. Tanto quanto entre os civilizados, vamos encontrar entre os selvagens numerosas abusões em volta à criança: umas profiláticas, correspondendo a receios da parte dos pais de espíritos ou influências malignas; outras pedagógicas, visando orientar o menino no sentido do comportamento tradicional da tribo ou sujeitá-lo indiretamente à autoridade dos grandes.

Frank Clarence Spencer, a quem se deve um dos estudos mais interessantes sobre a pedagogia ameríndia, *Education of the pueblo child,* salienta que a vida primitiva, não só na América como em geral, nem é a doce e idílica que supuseram os europeus do século XVIII, nem *"the dogged, sullen subjection described by some late writers"*. E sim um meio-termo: *"They are in constant subjection to their superstitious fears, and yet they are generally joyful and happy"*.[114]

O mesmo pesquisador foi encontrar entre os Pueblo uma dança destinada especialmente a fazer medo aos meninos e incutir-lhes sentimentos de obediência e respeito aos mais velhos. Os personagens da dança eram uns como papões ou terríveis figuras de outro mundo, descidos a este para devorar ou arrebatar meninos maus. Stevenson informa-nos de dança semelhante entre os Zuñi, esta macabra, terminando na morte de uma criança, escolhida entre as de pior comportamento da tribo: mas realizando-se com intervalos de longos anos.[115] O fim, o moral, o pedagógico, de influir pelo medo ou pelo exemplo do castigo tremendo sobre a conduta do menino.

O trabalho, hoje clássico, de Alexander Francis Chamberlain acerca da criança na cultura primitiva e no folclore, das culturas históricas,[116] indica ser o papão, complexo generalizado entre todas elas; e quase sempre, ao que parece, com fim moralizador ou pedagógico. Entre antigos hebreus era *o Libith,* monstro cabeludo e horrendo que voava de noite em busca de crianças; entre os gregos roubavam menino umas velhas feiíssimas, as *Strigalai*; entre os romanos a *Caprimulgus* saía de noite para tirar leite de cabra e comer menino – talvez avó remota da cabra-cabriola – enquanto de dia dominava nos matos o espírito mau da floresta, *Silvanus.* Entre os russos é um horroroso papão, terrível como tudo o que é russo, que à meia-noite vem roubar as crianças em pleno sono; entre os alemães, é o *Papenz;* entre os escoceses e os ingleses, o *Boo Man,* o *Bogle Man.* Champlain e os primeiros cronistas do Canadá falam em um horrível monstro, terror das crianças entre os aborígenes; entre os maia havia a crença em gigantes que de noite vinham roubar menino – os *balams,* o *culcalkin.* E entre os índios Gaulala, da Califórnia, Powers foi encontrar danças do diabo, que comparou às *haberfeld treiber* da Baviária – instituição para amedrontar as mulheres e as crianças e conservá-las em ordem. Eram danças em que aparecia uma figura horrenda: *"an ugly apparition"*. Na cabeça uma pele de urso, nas costas um manto de penas, o peito listrado como uma zebra.[117]

Danças semelhantes de "diabo" – ou Jurupari – havia entre os indígenas do Brasil; e com o mesmo fim de amedrontar as mulheres e as crianças e conservá-las em boa ordem. Sendo que entre os ameríndios desta parte da América as máscaras de dança desempenhavam função importante; Koch-Grunberg salienta que eram guardadas como coisa sagrada e que o seu misterioso poder se transmitia ao dançarino. Eram máscaras imitando animais demoníacos nos quais supunha o selvagem transformarem-se os mortos, e sua eficácia mágica era aumentada pelo fato de serem humanos ou de origem animal muitos dos materiais de sua composição: cabelo de gente, pelo de bichos, penas etc. Por sua vez o dançarino devia imitar os movimentos e as vozes do animal demoníaco tal como nas danças descritas pelos primeiros cronistas. E como as máscaras, os instrumentos sagrados eram igualmente considerados cheios de misterioso poder.

Os jesuítas conservaram danças indígenas de meninos, fazendo entrar nelas uma figura cômica de diabo, evidentemente com o fim de desprestigiar pelo ridículo o complexo Jurupari. Cardim refere-se a uma dessas danças. Desprestigiados o Jurupari, as máscaras e os maracás sagrados, estava destruído entre os índios um dos seus meios mais fortes de controle social: e vitorioso, até certo ponto, o cristianismo. Permanecera, entretanto, nos descendentes dos indígenas o resíduo de todo aquele seu animismo e totemismo. Sob formas católicas, superficialmente adotadas, prolongaram-se até hoje essas tendências totêmicas na cultura brasileira. São sobrevivências fáceis de identificar, uma vez raspado o verniz de dissimulação ou simulação europeia: e onde muito se acusam é em jogos e brinquedos de crianças com imitação de animais – animais verdadeiros ou vagos, imaginários, demoníacos. Também nas histórias e contos de bichos – de uma fascinação especial para a criança brasileira. Por uma espécie de memória social, como que herdada, o brasileiro, sobretudo na infância, quando mais instintivo e menos intelectualizado pela educação europeia, se sente estranhamente próximo da floresta viva, cheia de animais e monstros, que conhece pelos nomes indígenas e, em grande parte, através das experiências e superstições dos índios.[118] É um interesse quase instintivo, o do menino brasileiro de hoje pelos bichos temíveis. Semelhante ao que ainda experimenta a criança europeia pelas histórias de lobo e de urso; porém muito mais vivo e forte; muito mais poderoso e avassalador na sua mistura de medo e fascinação; embora na essência mais vago. O menino brasileiro do que tem medo não é tanto de nenhum bicho em particular, como do bicho em geral, um bicho que não se sabe bem qual seja, espécie de síntese da ignorância do brasileiro tanto da fauna como da flora do seu país. Um bicho místico, horroroso, indefinível; talvez o carrapatu. Ainda hoje se ninam os meninozinhos do Norte:

> *Durma, durma, meu filhinho,*
> *Lá no mato tem um bicho*
> *Chamado carrapatu.*

Talvez o *hupupiara*; ou o *macobeba*, nome e concepção que um amigo nosso recolheu há alguns anos de uma criança de seis anos de Barreiros, no Estado de Pernambuco. Quase toda criança brasileira, mais inventiva ou imaginosa, cria o seu *macobeba*, baseado nesse pavor vago, mas enorme, não de nenhum bicho em particular – nem da cobra, nem da onça, nem da capivara – mas do bicho – do bicho tutu, do bicho carrapatu, do zumbi: em última análise, do Jurupari. Medo que nos comunica o fato de estarmos ainda tão próximos da mata viva e virgem e de sobreviver em nós, diminuído mas não destruído, o animismo indígena.

O complexo brasileiro do *bicho* merece estudo à parte; é dos mais significativos para quem se interesse pelos problemas de relações e contato entre culturas desiguais. No que há de vago no medo do *bicho* se manifesta o fato de sermos ainda, em grande parte, um povo de integração incompleta no *habitat* tropical ou americano: mas já a fascinação por tudo o que é história de animais, mesmo assim vagamente conhecidos, o grande número de superstições ligadas a eles,[119] indicam um processo, embora lento, de integração completa no meio; ao mesmo tempo que a sobrevivência de tendências totêmicas e animistas. Da nossa ignorância dos nomes precisos, exatos para designar os animais e plantas que nos rodeiam pasmou-se o alemão Ruediger Bilden na sua visita ao Brasil. Já outro viajante, citado pelo professor Roquette-Pinto, notara que no Brasil todo animal é apenas um bicho.¹²⁰ E Roquette-Pinto comenta: "Mesmo na roça todo besouro é um cascudo e nada mais... Com as plantas é um pouco melhor, o povo consegue formar e batizar grupos naturais: é um gravatá, é um angico, é um coqueiro". Resultado de antagonismos de cultura: os nomes de animais e plantas conservaram-se na língua indígena, de onde se comunicaram mais aos descendentes, em grande parte analfabetos, dos índios nos sertões que à cultura mais acentuadamente europeia ou africana do litoral e da zona agrícola. Quanto mais abundante for a comunicação entre as duas subculturas, do elemento que, por mais instintivo e menos intelectualizado, guarda no seu analfabetismo maior número de conhecimentos indígenas da flora e da fauna, receberá o outro, mais europeu em cultura, um contingente ou camada riquíssima de valores nativos ainda sem função viva e criadora no sistema social do Brasil.

Voltemos à infância do selvagem, que acentuamos ser rodeada desde o berço, isto é, da rede ou da tipoia, de superstições e medos de animais monstruosos. A tipoia – o menino carregado às costas da mãe, preso por uma tira de pano – é traço que se perdeu nos costumes brasileiros; só se explicava, aliás, pela atividade extradoméstica da mãe índia. Vingou, com o complexo da rede, o costume de rede-berço, que só agora vai desaparecendo das tradições do Norte: muito nortista ilustre, hoje homem feito, terá sido criado ainda em rede, embalada pela mãe ou pela ama negra;¹²¹ terá muitas vezes adormecido, em pequeno, ouvindo o ranger tristonho do punho da rede. Cardim observou que ao punho da rede associavam os índios as primeiras cerimônias em torno do nascimento do filho: aí penduravam, no caso de ser macho o recém-nascido, um arco com flechas e "molhos d'ervas". Tudo simbólico ou talvez profilático. Através da infância continuavam as medidas de profilaxia da criança contra as influências malignas: "têm muitos agouros, porque lhe põem algodão sobre a cabeça, penna de passaros e paus, deitão-nos sobre as palmas das mãos, e roção-nos por ellas para que cresção".¹²²

Era também o corpo pintado de urucu ou jenipapo: os beiços, o septo, as orelhas perfuradas; batoques, fusos, penas enfiadas nesses orifícios; dentes de animais pendurados ao pescoço. Tudo para desfigurar, mutilar a criança, com o fim de torná-la repulsiva aos espíritos maus; guardá-la do mau-olhado e das más influências.

Algumas dessas preocupações profiláticas, disfarçadas às vezes, ou confundidas com motivos decorativos e devotos, permanecem em torno à criança brasileira. No Norte ainda é comum ver meninos cheios de teteias penduradas ao pescoço – dentes de animais, figas de madeira ou de ouro, bentos e medalhas católicas, mechas de cabelo. Aliás no costume, entre as famílias mais devotamente católicas do norte e do centro do Brasil, de ofertar os cachos ou a cabeleira do menino, quando atingida a idade de cortar-lhe o cabelo rente, à imagem do Senhor dos Passos ou do Senhor Morto, talvez sobreviva aquele receio ameríndio do cabelo, dos dentes ou das unhas do indivíduo, principalmente da criança, servirem de objeto a práticas de feitiçaria ou de magia. Que melhor meio de evitar semelhante risco que o de oferecer ao próprio Jesus o cabelo da criança?

A idealização de que foram objeto os meninos filhos dos índios nos primeiros tempos da catequese e da colonização – época, precisamente, de elevada mortalidade infantil, como se depreende das próprias crônicas jesuíticas[123] – tomou muitas vezes caráter meio mórbido; resultado, talvez, da identificação da criança com o anjo católico. A morte da criança passou a ser recebida quase com alegria; pelo menos sem horror. De semelhante atitude subsiste a influência em nossos costumes: ainda hoje entre matutos e sertanejos, e mesmo entre a gente pobre das cidades do Norte, o enterro de criancinha, ou de anjo, como geralmente se diz, contrasta com a sombria tristeza dos enterros de gente grande. Nos tempos da catequese, os jesuítas, talvez para atenuar entre os índios o mau efeito do aumento da mortalidade infantil que se seguiu ao contato ou intercurso em condições disgênicas, entre as duas raças, tudo fizeram para enfeitar ou embelezar a morte da criança. Não era nenhum pecador que morria, mas um anjo inocente que Nosso Senhor chamava para junto de si. A história que refere Montoya é típica desse ambiente mórbido que se criou pela excessiva idealização da criança: um menino, filho de um irmão do Rosário, teve inveja quando viu o enterro de um seu companheiro; "o corpo dele conforme o costume estava todo enfeitado de flores, e na cabeça tinha-se-lhe posto uma coroa de flores as mais bonitas. Por isso então ele às vezes pedia a seu pai para morrer, dizendo-lhe: *'Deixa-me morrer, ó meu pai'* – e se punha como o corpo do seu companheiro falecido, que ele tinha visto, e ficava todo estendido no chão. O pai, tendo ouvido muitas vezes as falas de seu filho, assim lhe disse um dia: *'Meu filho, se Deus quiser que tu morras, seja feita a sua vontade'*. Em ouvindo as palavras de seu pai assim disse-lhe a criança: *'Está bom, meu pai, vou morrer agora"*. Foi deitar-se na cama e sem doença alguma morreu'"*.[124]

A mãe selvagem ninava o filho pequeno, deitado na rede, com palavras cheias de ternura pelo meninozinho que, sob a influência do catolicismo, ia ser idealizado em anjo. Roquette-Pinto conseguiu recolher dos Pareci esta cantiga:

*Essá-mokocê cê-maká
(Menino dorme na rede...).*[125]

E nas ocas, ou habitações coletivas dos índios, casas-grandes mas bem diversas, pelo seu caráter comunista e pela sua composição vegetal, das fortes, sólidas, de taipa ou de pedra e cal, que o imperialismo colonizador dos europeus instalaria ao lado dos engenhos de açúcar, deviam muitas vezes misturar-se essas cantigas de mães ninando os meninos. Eram oitenta, cem pessoas que habitavam as ocas imensas (feitas de caibros e cobertas de pindoba) e muitas as crianças.[126]

Entre algumas tribos as mães faziam para os filhos brinquedos de barro não cozido representando figuras de animais e de gente, estas "predominantemente do sexo feminino", notaria o etnólogo Erland Nordenskiöld em pesquisas realizadas entre tribos do norte do Brasil.[127]

Figuras "em forma muitíssimo simplificada", "desprovidas geralmente de extremidades e até de cabeça, mas com a indicação das tatuagens em sua parte superior". Nordenskiöld atribui a extrema simplificação das bonecas de barro dos indígenas do Pilcomaio "à preocupação de torná-las menos quebradiças nas mãos das crianças". O que parece, entretanto, é que teriam essas figuras de gente e de animais o seu sentido oculto; que não seriam simples brinquedos. Ou antes: que aos brinquedos das crianças estendiam-se untuosamente o animismo, o totemismo, a magia sexual. Nas bonecas de barro dos índios Carajá, no rio Araguaia, Emílio Goeldi foi encontrar reminiscência dos "ídolos falomorfos de barro cozido, como eles se encontram nas necrópoles dos índios que outrora habitavam a foz do Amazonas".[128] A tradição indígena das bonecas de barro não se comunicou à cultura brasileira; a boneca dominante tornou-se a de pano, de origem talvez africana. Mas o gosto da criança pelos brinquedos de figuras de animais é ainda traço característico da cultura brasileira, embora vá desaparecendo com a estandardização dessa indústria pelos padrões americano e alemão: brinquedos mecânicos. Entretanto nas nossas feiras do interior ainda se encontram interessantes brinquedos de figuras de animais: notadamente de macacos, besouros, tartarugas, lagartixas, sapos. E convém não esquecermos o costume indígena de aves domésticas serverm de bonecas às crianças:[129] ainda hoje pegar passarinhos pelo sistema indígena do bodoque ou pelo alçapão com rodela de banana, e criá-los depois, mansos, de não fugirem da mão, é muito do menino brasileiro.

Na sua "Informação da missão do P. Christovão de Gouvêa às partes do Brasil, anno de 83", diz o padre Cardim que os meninos entre os índios tinham "muitos jogos a seu modo". Mas com precisão não descreve nenhum. Nota que os caboclinhos brincavam "com muito mais festa e alegria que os meninos portugueses". E dá essa ideia geral dos tais brinquedos: "Nestes jogos arremedam vários pássaros, cobras, e outros animais, etc., os jogos são mui graciosos, e desenfadasíssimos, nem ha entre elles desavenças, nem queixumes, pelejas, nem se ouvem pulhas, ou nomes ruins, e deshonestos". Não nos fala – quem sabe se por pudor de missionário? – em jogos eróticos que talvez houvesse entre os meninos e adolescentes do Brasil, como os observados na Melanésia pelo professor Malinowsky.[130] A julgar pelas "cantigas lascivas" a que aludem vários dos primeiros missionários, cantigas que o padre Anchieta deu-se ao trabalho de substituir por hinos à Virgem e cantos devotos, é de presumir que existissem daqueles jogos eróticos entre os indígenas do Brasil. Encontra-se ainda em Cardim referência a jogos brincados pelos meninos índios dentro da água, nos rios: "os meninos da aldeia tinham feito algumas ciladas no rio, as quais faziam a nado, arrebentando de certos passos com grande grita e urros, e faziam outros jogos e festas n'água a seu modo mui graciosos, umas vezes tendo a canoa, outras mergulhando por baixo, e saindo em terra todos com as mãos levantadas diziam: Louvado seja Jesus Christo! – e vinham tomar a benção do padre [...]".

Nota-se nos folguedos de menino referidos pelo padre Cardim, como nas danças de magia, de guerra e de amor da gente grande, a tendência dos selvagens americanos de misturarem à sua vida a dos animais. Seus diabos têm cabeças de bichos e são assim representados nas máscaras de dança. Suas cantorias fingem vozes de animais; suas danças imitam-lhes os movimentos; suas cuias e potes repetem-lhes as formas.

Da tradição indígena ficou no brasileiro o gosto pelos jogos e brinquedos infantis de arremedo de animais: o próprio jogo de azar, chamado do bicho, tão popular no Brasil, encontra base para tamanha popularidade no resíduo animista e totêmico de cultura ameríndia reforçada depois pela africana.[131] Há, entretanto, uma contribuição ainda mais positiva do menino ameríndio aos jogos infantis e esportes europeus: a da bola de borracha por ele usada em um jogo de cabeçada. Este jogo brincavam-no os índios com uma bola provavelmente revestida de caucho, que aos primeiros europeus pareceu de um pau muito leve; rebatiam-na com as costas, às vezes deitando-se de borco para fazê-lo. Jogo evidentemente do mesmo estilo do *matanaaríti*, que o ínsigne Cândido Rondon achou entre os Pareci; sendo que neste a bola – informa Roquette-Pinto em *Rondônia* – é feita da borracha da mangabeira; e a maneira de jogar, às cabeçadas. Logo após a descoberta da América viu-o jogado por meninos selvagens, em Sevilha – ponto de confluência das novidades americanas nos séculos XVI e XVII em virtude de sua *Casa de Contratación* – o embaixador de Veneza junto a Carlos V de Espanha. O qual nos diz que a tal bola era do tamanho de um maracotão: *"tamaño como un melocotón ó mayor, y no lo rebatian con las manos ni con los piés, sino con los costados, lo que hacian con tal destreza que causaba maravilla verlo; a veces se tendian casi en tierra para rebater la pelota y todo lo hacian con gran presteza"*. Os jogadores que o embaixador viu em Sevilha eram um bando de rapazinhos selvagens levados das Índias à Espanha por um frade.[132]

Dos jogos e das danças dos selvagens do Brasil vários tinham evidente intuito pedagógico; sendo de notar a "quietação e amizade" – em outras palavras o *"fair play"* – que o padre Cardim tanto admirou nos caboclos brasílicos de 1500. Nada de "nome ruim ou pulha" de um jogador a outro. Nada de "chamarem nomes aos pais e mães". E é possível que para fixar bem o contraste desse proceder com o dos meninos europeus exagere o padre: "raramente quando jogam se desconcertam, nem desavenhem por cousa alguma, e raramente dão uns nos outros, nem pelejam".[133]

Bem cedo os culumins aprendiam a dançar e a cantar. O referido padre Cardim descreve várias danças só de meninos. Algumas os missionários da Companhia adotaram no seu sistema de educação e catequese. A mais comum talvez fosse a *Sairé* descrita pelo padre João Daniel.[134]

Pode-se generalizar do menino indígena que crescia livre de castigos corporais e de disciplina paterna ou materna. Entretanto a meninice não deixava de seguir uma espécie de liturgia ou ritual, como aliás toda a vida do primitivo.

Ao atingir a puberdade cortavam-lhe o cabelo no estilo que frei Vicente do Salvador descreve como de cabelo de frade; também à menina cortava-se o cabelo à homem. A segregação do menino, uma vez atingida a puberdade, nos clubes ou casas secretas dos homens, chamadas *baito* entre as tribos do Brasil Central, parece que visava assegurar ao sexo masculino o domínio sobre o feminino: educar o adolescente para exercer esse domínio. Eram casas vedadas às mulheres (a não ser as velhas, masculinizadas ou dessexualizadas pela idade) e aos meninos, antes de iniciados. Nelas se guardavam as gaitas e os maracás que mulher nenhuma se lembrasse de querer avistar mesmo de longe: significava a morte certa. Durante a segregação o menino aprendia a tratar a mulher de resto; a sentir-se sempre superior a ela; a abrir-se em intimidades não com a mãe nem com mulher nenhuma, mas com o pai e com os amigos. As afinidades que se exaltavam eram as fraternas, de homem para homem; as de afeto viril. Do que resultava ambiente propício à homossexualidade.

As provas de iniciação eram as mais rudes. Algumas tão brutas que o iniciando não as suportava e morria em consequência do excessivo rigor. Já nos referimos à flagelação, à tatuagem, à perfuração do septo, dos lábios e das orelhas; outras provas em uso eram a de arrancar dentes e a de limá-los; da última e da tatuagem africana ainda havendo reminiscências entre sertanejos do Nordeste e pescadores.

Segundo Webster, no seu trabalho, hoje clássico, *Primitive secret societies*, nessas organizações secretas dos primitivos processava-se uma verdadeira educação moral e técnica do menino; o seu preparo para as responsabilidades e privilégios de homem. Aí se iniciava ele nos mistérios mais sutis da técnica de construção, da caça, da pesca, da guerra, do canto, da música; em tudo que de magia e de religião tocasse ao leigo aprender. Aí, ao contato dos mais velhos, ele se impregnava das tradições da tribo. Era um processo rápido mas intenso de educação, a doutrinação e o ensino agindo sobre verdes noviços em estado de extrema sensitividade, conseguida a poder de jejuns, vigílias e privações. De modo que não havendo castigo corporal nem disciplina de pai e mãe entre os indígenas do Brasil – de que tanto se espantaram os primeiros cronistas – havia, entretanto, essa severa disciplina, a cargo principalmente dos velhos. Conta o padre João Daniel de outro missionário, seu conhecido, que mandando um dia, logo ao amanhecer, indagar de uns gritos de menino que tinha ouvido de noite, soube que era "F, que toda a noite esteve dando pancadas e tratos a seu sobrinho para o fazer valente, animoso e reforçado".[135] De que estava livre a criança selvagem era do puxavante de orelha ou do muxicão disciplinador: até "erros e crimes" observou frei Vicente ficarem sem castigo entre os indígenas do Brasil.[136] E Gabriel Soares escreve dos Tupinambá no seu *Roteiro:* "não dão os tupinambás aos seus filhos nenhum castigo nem os doutrinam, nem os reprehendem por cousa que façam". Eram, entretanto, espancados e até flagelados os meninos – e às vezes os grandes se flagelavam uns aos outros – com os fins pedagógicos e de profilaxia de espíritos maus que já notamos. Porque já possuíssem o complexo da flagelação, fácil lhes foi adaptarem-se ao da penitência, introduzido pelos missionários, e no qual desde os primeiros tempos se notabilizaram: Cardim registra o gosto com que os nativos cumpriam as penitências católicas.

Espancar a pessoa até tirar-lhe sangue, ou sarjá-la com dente agudo de animal, era para o primitivo um processo de purificação e de esconjuração, aplicado com particular rigor ao menino ou à menina ao iniciar-se na puberdade. O mesmo pode dizer-se, segundo Rafael Karsten, de violentos exercícios físicos – danças, lutas de corpo, corrida, queda de braço – capazes de provocar abundante transpiração. Pelo suor, como pelo sangue, supunha o primitivo eliminar-se o demônio do corpo do indivíduo. Daí certos selvagens sujeitarem seus doentes, considerados sempre endemoniados ou encafifados – a fortes exercícios coreográficos de um caráter todo cerimonial e mágico e não de divertimento nem de sociabilidade. Não é o suor lúbrico mas o místico que se procura nessas danças, durante as quais é comum os indivíduos se espancarem uns aos outros. Vários jogos brasileiros de meninos – entre os quais o da peia queimada e o da manja – refletem o complexo da flagelação.

Não faltavam à criança indígena cuidados da mãe pela sua saúde: indicam-no as muitas medidas profiláticas; mostra-o o asseio em que era conservado o culumim. E acima de tudo a sua alegria e o seu bem-estar.

Léry levou para a Europa entre as suas melhores lembranças de contato com os índios do Brasil, a dos *conomis-miri* – brincando ou dançando no terreiro das tabas. Maior que o seu encanto só o do padre Cardim. Os culuminzinhos descritos pelo padre já eram meninos ensinados pelos missionários: mas evidentemente não haviam perdido, à sombra das roupetas jesuíticas, toda a sua alegria de selvagens. Léry pôde surpreendê-los ainda em plena liberdade: *"fessus, grassets & refais qu'ils sont, beaucoup plus que ceux de par deçà, avec leurs poinçons d'os blancs dans leurs lèvres fendues, les cheveux tondus à leur mode & quelquefois le corps peinturé, ne failloyent jamais de venir en troupe dansans au devant de nous quand ils nous croyoyent arriver en leurs villages".* Na sua fala errada pediam os caboclinhos que lhes sacudissem anzóis: *"Coutoaffat, amabé, pinda".* Quando Léry os atendia, era uma festa: *"[...] c'estoit un passe temps de voir ceste petite marmaille toute nue laquelle pour trouver & masser ces hameçons trepilloit & gargoit la terre comme conn ils degarenne".*[137]

Esses meninos que o francês achou tão fortes, vinham ao mundo como animais. Léry ouviu uma vez uns gritos de mulher; alarmista, como todo bom francês, botou logo para o *ian-ouare*, bicho que uma vez por outra comia selvagens. Mas foi ver o que se passava, acompanhado de outro francês, e descobriram os dois que os gritos eram de uma mulher parindo. O marido servia de parteira: foi ele quem Léry viu cortar a dente o umbigo do menino; ele quem o francês surpreendeu achatando o nariz do bebê em vez de afiná-lo, segundo o costume europeu; lavando e pintando de encarnado e preto o recém-nascido.[138] Este era depois colocado em uma pequena rede de algodão ou metido em uns "pedaços de redes que chamam tipoia"[139] e amarrado às costas ou aos quadris da mãe.

Léry ficou encantado com a higiene infantil e doméstica dos indígenas. Contrasta-a com a dos europeus. E conclui pela superioridade do processo americano. O menino crescia livre de fraldas, cueiros e panos que lhe dificultassem os movimentos. Mas não implicava essa liberdade em descuido das mães. Por faltar cueiros e fraldas de pano aos bebês dos Tupi nem por isso cresciam eles sujos ou nojentos. Ao contrário: sua limpeza e asseio impressionaram o observador francês. Nas palavras francas de Léry *"qu'encores que les femmes de ce pays là n'ayent aucuns linges pour toucher le derrière des leurs enfans, mesmes qu'elles ne se servent non plus à cela des feuilles d'arbres & d'herbes, dont toutefois elles ont grande abondance: neantmoins elles en sont si soigneuses, que seulement avec de petits bois que elles rompent, comme petites chevilles, elles les nettoyent si bien que vous ne les verriez jamais breneux"*.[140] Folhas e lascas de madeira serviam para os indígenas do Brasil não só de prato, de toalha e de guardanapo, como de papel higiênico e cueiro de menino.

Gabriel Soares fixa o costume entre os índios de porem nos filhos nomes de animais, peixes, árvores etc.,[141] nomes que Karsten verificou serem em geral os dos mesmos animais representados nas máscaras de danças sagradas.[142] Expressão, portanto, do animismo e da magia de que se achava impregnada a vida toda do primitivo. Whiffen salienta o fato dos nomes de pessoa entre as tribos brasílicas do Noroeste não se pronunciarem senão em voz baixa, religiosamente.[143] Eram os nomes[144] em certas tribos substituídos por uns como apelidos, parecendo pertencer a essa categoria os nomes "nada poéticos" recolhidos por Teodoro Sampaio: *Guiraguinguira* (o traseiro do pássaro), *Miguiguaçu* (as nádegas grandes), *Cururupeba* (o sapo miúdo), *Mandiopuba* (a mandioca podre) etc. Parece que o fim desses nomes era tornar a pessoa repugnante aos demônios.

Do que não estava livre entre os selvagens a vida de menino nem de gente grande era de horrorosos medos. Medo de que o céu caísse por cima deles. Medo de que a terra lhes fosse embora dos pés.[145] Além do grande medo do Jurupari.

Até de dia, estando tudo claro pelos terreiros, os meninos andavam vendo mal-assombrado, inclusive o próprio diabo, bem no meio dos seus brinquedos: corriam então para casa assustados ou aos gritos. Os demônios apareciam em geral com cabeças horríveis de bicho. Uns que o padre Antônio Ruiz Montoya descreve com certo luxo de pormenor por terem aparecido justamente a um caseiro de jesuítas, é verdade que já nos tempos da catequese, tinha "os pés como de animaes, as unhas compridas, as pernas finas, os olhos afogueados".[146] Talvez influência do diabo cristão. O diabo do sistema católico veio juntar-se ao complexo Jurupari ou mesmo absorvê-lo.

Mas não era só mal-assombrado. Nem era apenas o diabo na figura de bichos que vivia a aperrear a vida do selvagem. Eram monstros que hoje não se sabe bem o que seriam: os *quaiazis*, os *coruqueamas*, os *maiturus* (homens de pé para trás), as *iiboiucus*, a horrível *simia-vulpina*[147] e, mais danados que todos, os *hipupiaras* ou *hupupiaras*; estes uns homens marinhos, que espalhavam o terror pelas praias.[148] *Gourmets* ao seu jeito, os *hipupiaras* não comiam da pessoa que pegavam a carne toda, mas uma felpa ou outra. O bastante, entretanto, para deixar a vítima um mulambo. Comiam-lhe os "olhos, narizes, e pontas dos dedos dos pés e mãos, e as genitálias". O resto deixavam que apodrecesse pelas praias.

Aliás a vida selvagem toda, através de suas diversas fases, se achava impregnada de um animismo, de um totemismo, de uma magia sexual que forçosamente se comunicariam à cultura do invasor: esta só os fez deformar. Não os destruiu.[149]

Do indígena de cultura totêmica e animista, ficaria no brasileiro, especialmente quando menino, uma atitude insensivelmente totêmica e animista em face das plantas e dos animais (ainda tão numerosos nesta parte do mundo); tantos deles investidos pela imaginação da gente do povo, tanto quanto pela infantil, de uma malícia verdadeiramente humana, de qualidades quase humanas e às vezes de inteligência ou poder superior ao do homem. É o folclore, são os contos populares, as superstições, as tradições que o indicam. São as muitas histórias, de sabor tão brasileiro, de casamento de gente com animais, de compadrismo ou amor entre homens e bichos, no gosto das que Hartland filia às culturas totêmicas.[150] Histórias que correspondem, na vida real, a uma atitude de tolerância, quando não de nenhuma repugnância, pela união sexual do homem com besta; atitude generalizadíssima entre os meninos brasileiros do interior.[151] No sertanejo mais do que no de engenho; neste, porém, bastante comum para poder ser destacada como complexo – nesse caso tanto sociológico como freudiano – da cultura brasileira.

Em ambos – no menino de engenho, como no sertanejo – a experiência física do amor se antecipa no abuso de animais e até de plantas; procuram satisfazer o furor com que o instinto sexual madruga neles servindo-se de vacas, de cabras, de ovelhas, de galinhas, de outros bichos caseiros; ou de plantas e frutas – da bananeira, da melancia, da fruta do mandacaru. São práticas que para o sertanejo suprem até a adolescência, às vezes até mesmo ao casamento, a falta ou escassez de prostituição doméstica ou pública – as amas, as mulatas, os moleques de casa, as mulheres públicas – de que tão cedo se contaminam os meninos nos engenhos e nas cidades do litoral.

Outros traços de vida elementar, primitiva, subsistem na cultura brasileira. Além do medo, que já mencionamos, de bicho e de monstro, outros pavores, igualmente elementares, comuns ao brasileiro, principalmente à criança, indicam estarmos próximos da floresta tropical como, talvez, nenhum povo moderno civilizado. Aliás o mais civilizado dos homens guarda dentro de si a predisposição a muitos desses grandes medos primitivos; em nós brasileiros, eles apenas atuam com mais força por ainda nos acharmos à sombra do mato virgem. À sombra também da *cultura da floresta tropical* – da América e da África – que o português incorporou e assimilou à sua como nenhum colonizador moderno, sujeitando-nos, por isso, a frequentes relapsos na mentalidade e nos pavores e instintos primitivos. Hall escreveu que todo civilizado guarda em si, da ancestralidade selvagem, a tendência para acreditar em fantasmas, almas do outro mundo, duendes: *"a prepotent bias, which haunts the very nerves and pulses of the most cultured to believe in ghosts"*.[152] O brasileiro é por excelência o povo da crença no sobrenatural: em tudo o que nos rodeia sentimos o toque de influências estranhas; de vez em quando os jornais revelam casos de aparições, mal-assombrados, encantamentos. Daí o sucesso em nosso meio do alto e do baixo espiritismo.[153]

Também são frequentes, entre nós, os relapsos no furor selvagem, ou primitivo, de destruição, manifestando-se em assassinatos, saques, invasões de fazendas por cangaceiros: raro aquele dos nossos movimentos políticos ou cívicos em que não tenham ocorrido explosões desse furor recalcado ou comprimido em tempos normais. Sílvio Romero chegou a criticar-nos pela ingenuidade com que "damos o pomposo nome de *revoluções liberais*" a "assanhamentos desordeiros". O caráter, antes de choque de culturas desiguais, ou antagônicas, do que cívico ou político, desses movimentos, parece não ter escapado ao arguto observador: "os elementos selvagens ou bárbaros que repousam no fundo étnico de nossa nacionalidade, vieram livremente à tona, alçaram o colo e prolongaram a anarquia, a desordem espontânea", escreve ele,¹⁵⁴ referindo-se às balaiadas, sabinadas, cabanadas, que têm agitado o Brasil. Poderia talvez estender-se a caracterização aos mata-matamarinheiro, quebra-quilos, farrapos; quem sabe mesmo se atualizá-la, aplicando-a a movimentos mais recentes, embora animados de um fervor ideológico mais intenso do que aqueles? A revolução pernambucana de 1817 parece-nos permanecer em nossa história política "a única digna desse nome", da frase de Oliveira Lima; é sem dúvida aquela que se revestiu menos do caráter de pura desordem propícia ao saque, ou menos sofreu da deformação de fins políticos ou ideológicos. Não que a consideremos exclusivamente política, sem raízes econômicas; o que desejamos acentuar é que se processou de modo diverso das abriladas, com um programa e um estilo político definidos. Da vinagrada de 1836, no Pará, escreveu Sílvio Romero: "o elemento tapuio alçou o colo, tripudiando sobre a vida e a propriedade alheia".

Isto sem falarmos em movimentos francamente de revolta de escravos, explosões ou de ódio de raça ou de classe social e economicamente oprimida – a insurreição de negros em Minas, por exemplo. Ou como nos terremotos de cultura: culturas oprimidas explodindo para não morrer sufocadas, rompendo a crosta da dominante para respirar, como parece ter sido o movimento de negros na Bahia em 1835. A cultura negra maometana contra a portuguesa católica.¹⁵⁵ Estes são movimentos à parte, de um profundo sentido social, como à parte é o de Canudos – resultado da diferenciação da cultura que se operou entre o litoral e o sertão. Os relapsos em furor selvagem observamo-los em movimentos de fins aparentemente políticos ou cívicos, mas na verdade pretexto de regressão à cultura primitiva, recalcada porém não destruída.

É natural que na noção de propriedade como na de outros valores, morais e materiais, inclusive o da vida humana, seja ainda o Brasil um campo de conflito entre antagonismos os mais violentos. No tocante à propriedade para nos fixarmos nesse ponto, entre o comunismo do ameríndio e a noção de propriedade privada do europeu. Entre o descendente do índio comunista, quase sem noção de posse individual, e o descendente do português particularista que até princípios do século XIX viveu, entre alarmes de corsários e ladrões, a enterrar dinheiro em botija, a esconder bens e valores em subterrâneos, a cercar-se de muros de pedra e estes, ainda por cima, ouriçados de cacos de vidro contra os gatunos. Saint-Hilaire, em viagem pelo interior de São Paulo nos princípios do século XIX, identificaria como reminiscência dos tempos da descoberta – na verdade, expressão do conflito que salientamos, entre as duas noções de propriedade – o fato da mercadoria, nas vendas, em vez de estar exposta ao público, ser guardada no interior das casas vindo ter às mãos do vendeiro por um postigo. Interpreta o cientista francês: "Precisavam os taverneiros, naturalmente, tomar precauções contra a gulodice dos índios e a rapacidade dos mamelucos, que em matéria de discriminação do teu e do meu não deviam ter ideias muito mais exatas do que os próprios índios".[156]

*

Gabriel Soares, com a sua sagacidade de homem prático, apresenta os caboclos aqui encontrados em 1500 como "engenhosos para tomarem quanto lhes ensinam os brancos"; excetuando precisamente aqueles exercícios mnemônicos e de raciocínio e abstração, que os padres da S. J. insistiram, a princípio, em ensinar aos índios em seus colégios; "coisa de conta" ou de "sentido", nas palavras do cronista.[157] Ler, contar, escrever, soletrar, rezar em latim. Em tais exercícios se revelariam os indígenas sem gosto nenhum de aprender; sendo fácil de imaginar a tristeza que deve ter sido para eles o estudo nos colégios dos padres. Tristeza apenas suavizada pelas lições de canto e música; pela representação de milagres e de autos religiosos; pela aprendizagem de um ou outro ofício manual. Daí concluir Anchieta pela "falta de engenho" dos indígenas; o próprio Gabriel Soares descreve os Tupinambá como "muitos bárbaros" de entendimento.

Gabriel Soares encontrou nos mesmos Tupinambá "uma condição muito boa para frades franciscanos": possuírem tudo em comum. Poderia mencionar outra: a sua queda ou pendor para os ofícios manuais; a sua repugnância pelas muitas letras. O indígena do Brasil era precisamente o tipo de neófito ou catecúmeno que uma vez fisgado pelos brilhos da catequese não correspondia à ideologia jesuítica. Um entusiasta da Ordem Seráfica poderia sustentar a tese: o missionário ideal para um povo comunista nas tendências e rebelde ao ensino intelectual como o indígena da América teria sido o franciscano. Pelo menos o franciscano em teoria; inimigo do intelectualismo; inimigo do mercantilismo; lírico na sua simplicidade; amigo das artes manuais e das pequenas indústrias; e quase animista e totemista na sua relação com a Natureza, com a vida animal e vegetal.

Para São Francisco dois grandes males afligiam o mundo cristão do seu tempo: a arrogância dos ricos e a arrogância dos eruditos. Diz--se que informado de haver certo doutor parisiense, dos finos, dos sutis, entrado como frade em um convento franciscano, teria dito: "Estes doutores, meus filhos, serão a destruição da minha vinha". Os jesuítas tornaram-se precisamente os doutores da Igreja; os seus mais agudos intelectuais. Os seus grandes homens de ciência. Tornaram-se notáveis pelas suas gramáticas, pelos seus compêndios de retórica, pelos seus relógios, mapas e globos geográficos. E entretanto, como observa Freer, *"with all their self confidence they failed; for, unlike the Franciscans, their spirit was not the spirit of the coming ages".*[158]

O seu grande fracasso pode-se afirmar ter sido na América. No Paraguai. No Brasil. Aos índios do Brasil parece que teria beneficiado mais a orientação do ensino missionário dos franciscanos. Estes – salienta em sugestivo livro frei Zephyrin Engelhardt – onde tiveram o encargo de missões junto a ameríndios, orientaram-nas em sentido técnico ou prático. Sentido que faltou ao esforço jesuítico no Brasil.

Os franciscanos preocuparam-se acima de tudo em fazer dos índios artífices e técnicos, evitando sobrecarregá-los da *"mental exertion which the Indians hated more than manual labor".*[159] Acrescenta frei Engelhardt sobre o método franciscano de cristianizar os índios: *"we do not find that Christ directed His Apostles to teach reading, writing and arithmetic"*. Ironia que vai, evidentemente, cravar-se nas iniciais S. J. E rebatendo a acusação de que os franciscanos só se teriam preocupado nas suas missões em formar aprendizes ou técnicos: *"they gave the Indians the education which was adapted to their present needs and probable future condition in society"*. Enquanto os primeiros jesuítas no Brasil quase que se envergonham, através das suas crônicas, do fato de lhes ter sido necessário exercer ofícios mecânicos. Seu gosto teria sido se dedicarem por completo a formar letrados e bachareizinhos dos índios. Pelo que escreve o padre Simão de Vasconcelos na sua *Chronica da Companhia de Jesus do Estado do Brasil e do que obraram seus filhos nesta parte do Brasil* vê-se que os padres da Companhia aqui chegaram sem nenhum propósito de desenvolver entre os caboclos atividades técnicas ou artísticas; e sim as literárias e acadêmicas. Tiveram de improvisar-se em artífices; de franciscanizar-se. Do que os justifica o padre Simão como de uma fraqueza: "e deste tempo ficou introduzido trabalharem os irmãos em alguns officios mechanicos, e proveitosos a communidade, por razão da grande pobreza, em que então viviam. Nem deve parecer cousa nova, e muito menos indecente, que religiosos se occupem em officios semelhantes; pois nem São José achou que era cousa indigna de um pae de Christo (qual elle era na commum estimação dos homens); nem São Paulo de um apostolo do Collegio de Jesus, ganhar o que haviam de comer, pelo trabalho de suas mãos, e suor de seu corpo: antes foi exemplo, que imitaram os mais perfeitos religiosos da antiguidade, acostumando, com esta traça, o corpo ao trabalho, e a alma a humildade; chegou a ser regra vinda do céo, que os anjos dictaram a Pacomio abbade santo".[160] Entre os primeiros jesuítas do Brasil parece que só o padre Leonardo trouxera do século o ofício de ferreiro; quase todos os outros, puros acadêmicos ou doutores da espécie que São Francisco de Assis tanto temia, precisaram de improvisar-se em carpinteiros ou sangradores. Mas sem gosto nem entusiasmo pelo trabalho manual ou artístico, antes desculpando-se dele pela alegação de imprescindível nas rudes circunstâncias da catequese.

Que para os indígenas teria sido melhor o sistema franciscano que o dos jesuítas parece-nos evidente. Gabriel Soares descreve os Tupinambá como tendo "grande destino para saberem logo estes officios", isto é, os de "carpinteiros de machado, serradores, oleiros"; e "para todos os officios de engenhos de assucar"; e, ainda para "criarem vaccas". As mulheres para "criar gallinhas", "coser e lavar", fazer "obras de agulha" etc.[161]

Inserindo-se na vida dos colonizadores como esposas legítimas, concubinas, mães de família, amas de leite, cozinheiras, puderam as mulheres exprimir-se em atividades agradáveis ao seu sexo e à sua tendência para a estabilidade. O homem indígena, porém, quase que só encontrou, nos adventícios, senhores de engenho para os fazerem trabalhar na lavoura da cana e padres para os obrigarem a aprender a contar, a ler e a escrever; mais tarde a mourejar nas plantações de mate e de cacau. Qualquer dessas atividades impostas ao índio cativo ou ao catecúmeno vinha torcer-lhes ou desviar-lhes a energia em direções as mais repugnantes à sua mentalidade de primitivos;[162] a imposta pelos padres afastando-os do contato, que tanto os atraía aos adventícios, das ferramentas europeias, para fixá-los na tristeza dos cadernos e dos exercícios de gramática;[163] as outras afetando-os no que é tão profundo nos selvagens quanto nos civilizados – a divisão sexual do trabalho; obrigando-os a uma sedentariedade letal para homens tão andejos; segregando-os;[164] concentrando-os nas plantações ou nas aldeias em grandes massas de gente, por um critério inteiramente estranho a tribos acostumadas à vida comunária mas em pequenos grupos, e estes exógamos e totêmicos. Quando o que mais convinha a selvagens arrancados ainda tão crus da floresta e sujeitos a condições deletérias de sedentariedade era a lide com as ferramentas europeias; um doce trabalho manual que não os extenuasse como o outro, o da enxada, mas preparasse neles a transição da vida selvagem para a civilizada.

Realizar essa transição deveria ter sido a grande, a principal missão dos catequistas. Por semelhante processo muito da habilidade manual, da aptidão artística, do talento decorativo, que quase se perdeu de todo nos indígenas do Brasil, se teria recolhido e prolongado em novas formas e através de amplos e plásticos recursos de técnica europeia. A verdade, porém, é que dominou as missões jesuíticas um critério, ora exclusivamente religioso, os padres querendo fazer dos caboclos uns dóceis e melífluos seminaristas; ora principalmente econômico de se servirem os missionários dos índios, seus aldeados, para fins mercantis; para enriquecerem, tanto quanto os colonos, na indústria e no comércio de mate, de cacau, de açúcar e de drogas.

Campeões da causa dos índios, deve-se em grande parte aos jesuítas não ter sido nunca o tratamento dos nativos da América pelos portugueses tão duro nem tão pernicioso como pelos protestantes ingleses. Ainda assim os indígenas nesta parte do continente não foram tratados fraternal ou idilicamente pelos invasores, os mesmos jesuítas extremando-se às vezes em métodos de catequese os mais cruéis. Da boca de um deles, e logo do qual, do mais piedoso e santo de todos, José de Anchieta, é que vamos recolher estas duras palavras: "espada e vara de ferro, que é a melhor pregação".[165]

A melhor atenção do jesuíta no Brasil fixou-se vantajosamente no menino indígena. Vantajosamente sob o ponto de vista, que dominava o padre da S. J., de dissolver no selvagem, o mais breve possível, tudo o que fosse valor nativo em conflito sério com a teologia e com a moral da Igreja. O eterno critério simplista do missionário que não se apercebe nunca do risco enorme de ser incapaz de reparar ou substituir tudo quanto destrói. Ainda hoje se observa o mesmo simplismo nos missionários ingleses na África e em Fiji.[166]

O culumim, o padre ia arrancá-lo verde à vida selvagem: com dentes apenas de leite para morder a mão intrusa do civilizador; ainda indefinido na moral e vago nas tendências. Foi, pode-se dizer, o eixo da atividade missionária: dele o jesuíta fez o homem artificial que quis.

O processo civilizador dos jesuítas consistiu principalmente nesta inversão: no filho educar o pai; no menino servir de exemplo ao homem; na criança trazer ao caminho do Senhor e dos europeus a gente grande.[167]

O culumim tornou-se o cúmplice do invasor na obra de tirar à cultura nativa osso por osso, para melhor assimilação da parte mole aos padrões de moral católica e de vida europeia; tornou-se o inimigo dos pais, dos pajés, dos maracás sagrados, das sociedades secretas. Do pouco que havia de duro e de viril naquela cultura e capaz de resistir, ainda que fracamente, à compreensão europeia. Longe dos padres quererem a destruição da raça indígena: queriam era vê-la aos pés do Senhor, domesticada para Jesus. O que não era possível sem antes quebrar-se na cultura moral dos selvagens a sua vértebra e na material tudo o que estivesse impregnado de crenças e tabus difíceis de assimilar ao sistema católico. Às vezes os padres procuraram, ou conseguiram, afastar os meninos da cultura nativa, tornando-a ridícula aos seus olhos de catecúmenos: como no caso do feiticeiro referido por Montoya. Conseguiram os missionários que um velho feiticeiro, figura grotesca e troncha, dançasse na presença da meninada: foi um sucesso. Os meninos acharam-no ridículo e perderam o antigo respeito ao bruxo, que daí em diante teve de contentar-se em servir de cozinheiro dos padres.[168]

A posse do culumim significava a conservação, tanto quanto possível, da raça indígena sem a preservação de sua cultura. Quiseram, entretanto, os jesuítas ir além e em um ambiente de estufa – o dos colégios do século XVI ou das missões guaranis – fazer dos indígenas figuras postiças, desligadas não já das tradições morais da cultura nativa mas do próprio meio colonial e das realidades e possibilidades sociais e econômicas desse meio. Foi onde o esforço educativo e civilizador dos jesuítas artificializou-se, não resistindo mais tarde seu sistema de organização dos índios em "aldeia" ou "missões" aos golpes da violenta política antijesuítica do marquês de Pombal.

Mesmo realizada artificialmente, a civilização dos indígenas do Brasil foi obra quase exclusiva dos padres da Companhia; resultado de esforço seu a cristianização, embora superficial e pela crosta, de grande número de caboclos.

Essa cristianização, repetimos, processou-se através do menino índio, do culumim, de quem foi grande o valor na formação social de um Brasil diverso das colônias portuguesas na África; orientado em sentido oposto ao das feitorias africanas. Joaquim Nabuco, apologeta, como Eduardo Prado, do esforço jesuítico, ou antes, católico, no Brasil, pouco exagera quando afirma: "Sem os jesuítas a nossa história colonial não seria outra coisa senão uma cadeia de atrocidades sem nome, de massacres como os das Reduções; o país seria cortado de estradas, como as que iam do coração da África aos mercados das costas, por onde só passavam as longas filas de escravos".[169]

No Brasil o padre serviu-se principalmente do culumim, para recolher de sua boca o material com que formou a língua tupi-guarani – o instrumento mais poderoso de intercomunicação entre as duas culturas: a do invasor e a da raça conquistada. Não somente de intercomunicação moral como comercial e material. Língua que seria, com toda a sua artificialidade, uma das bases mais sólidas da unidade do Brasil. Desde logo, e pela pressão do formidável imperialismo religioso do missionário jesuíta, pela sua tendência para uniformizar e estandardizar valores morais e materiais,[170] o tupi-guarani aproximou entre si tribos e povos indígenas, diversos e distantes em cultura, e até inimigos de guerra, para, em seguida, aproximá-los todos do colonizador europeu. Foi a língua, essa que se formou do colonizador do culumim com o padre, das primeiras relações sociais e de comércio entre as duas raças, podendo-se afirmar do povo invasor que adotou para o gasto ou o uso corrente a fala do povo conquistado, reservando a sua para uso restrito e oficial. Quando mais tarde o idioma português – sempre o oficial – predominou sobre o tupi, tornando-se, ao lado deste, língua popular, já o colonizador estava impregnado de agreste influência indígena; já o seu português perdera o ranço ou a dureza do reinol; amolecera-se em um português sem *rr* nem *ss*; infantilizara-se quase, em fala de menino, sob a influência do ensino jesuítico de colaboração com os culumins.

Ficou-nos, entretanto, dessa primeira dualidade de línguas, a dos senhores e a dos nativos, uma de luxo, oficial, outra popular, para o gasto – dualidade que durou seguramente século e meio e que prolongou-se depois, com outro caráter, no antagonismo entre a fala dos brancos das casas-grandes e a dos negros das senzalas – um vício, em nosso idioma, que só hoje, e através dos romancistas e poetas mais novos, vai sendo corrigido ou atenuado: o vácuo enorme entre a língua escrita e a língua falada. Entre o português dos bacharéis, dos padres e dos doutores, quase sempre propensos ao purismo, ao preciosismo e ao classicismo, e o português do povo, do ex-escravo, do menino, do analfabeto, do matuto, do sertanejo. O deste ainda muito cheio de expressões indígenas, como o do ex-escravo ainda quente da influência africana.

É que a conquista dos sertões realizou-se no período de influência ou predominância do tupi como língua popular. "As levas, que partiam do litoral, a fazerem descobrimentos", escreve Teodoro Sampaio, "falavam, no geral, o tupi; pelo tupi designavam as novas descobertas, os rios, as montanhas, os próprios povoados que fundavam e que eram outras tantas colônias, espalhadas nos sertões, falando também o tupi e encarregando-se naturalmente de difundi-lo".[171]

Tupis ficaram no Brasil os nomes de quase todos os animais e pássaros; de quase todos os rios; de muitas das montanhas; de vários dos utensílios domésticos. Escrevia no século XVII o padre Antônio Vieira (que tanto se preocupou com os problemas das relações entre colonos e indígenas): "Primeiramente he certo que as familias dos portugueses e indios em São Paulo, estão tão ligadas hoje umas com as outras, que as mulheres, e os filhos, se crião mistiça e domesticamente, e a lingua, que nas ditas familias se fala, he a dos indios, e a portuguesa a vão os meninos aprender á escola; e deshunir esta tão natural, ou tão naturalizada união seria genero de crueldade entre os que assim se crião, e ha muitos annos vivem. Digo, pois, que todos os indios, e indias, que tiverem tal amor a seus chamados senhores, que queirão ficar com elles por sua vontade, o possão fazer sem outra alguma obrigação mais que a do dito amor, que he o mais doce captiveiro, e a liberdade mais livre".[172]

Enquanto nas casas de família criavam-se "mistiçamente" portugueses e índios, predominando nessas relações domésticas a língua dos escravos ou semiescravos, nas escolas missionárias a língua dos indígenas era ensinada e cultivada ao lado da dos brancos e da latina, da Igreja; e nos púlpitos os pregadores e evangelistas serviam-se do tupi. "Falavam os padres a língua dos aborígines", informa Teodoro Sampaio, "escreviam-lhe a gramática e o vocabulário, e ensinavam e pregavam nesse idioma. Nos seminários para meninos e meninas, *curumins* e *cunhatains*, filhos dos índios, mestiços, ou brancos, ensinavam, de ordinário, o português e o tupi, preparando deste modo os primeiros catecúmenos, os mais idôneos, para levar a conversão ao lar paterno".[173]

Do menino indígena, já o dissemos, os padres recolheram o material para a organização da "língua tupi": esta resultou do intercurso intelectual entre catequista e catecúmeno. Pela mulher transmitiu-se da cultura indígena à brasileira o melhor que hoje nos resta dos valores materiais dos ameríndios; pelo menino veio-nos a maior parte de elementos morais incorporados à nossa cultura: o conhecimento da língua, o de vários medos e abusões, o de diversos jogos e danças recreativas.

O padre Simão de Vasconcelos esclarece-nos sobre o sistema de intercurso intelectual adotado pelos jesuítas com relação ao culumim. É assim que de Anchieta nos informa: "no mesmo tempo era mestre & era discipulo"; e dos culumins: "lhe serviam de discipulos & mestres"; sucedendo que o padre "na mesma classe falando latim alcançou da fala dos que o ouviam a mor parte da lingua do Brasil".[174]

Em outra esfera foram os culumins mestres: mestres dos próprios pais, dos seus maiores, da sua gente. Aliados dos missionários contra os pajés na obra de cristianização do gentio. Dos primeiros culumins internados pelos jesuítas nos seus colégios diz o referido padre Simão: "Espalhavam-se a noite pellas cazas de seus parentes a cantar as cantigas pias de Ioseph em sua propria lingua contrapostas ás que elles costumavão cantar vãas & gentilicas; & vinham a ser mestres os que ainda eram discipulos [...]".[175]

E Varnhagen comenta a emulação provocada entre o gentio pelos jesuítas com as suas procissões de culumins cristianizados: "Feitos acólitos os primeiros piás mansos, todos os mais caboclinhos lhes tinham inveja, do que aproveitaram os jesuítas, entrando com eles pelas aldeias em procissões de cruz alçada, entoando a ladainha, cantando rezas e arrebanhando muitos; com o que se honravam às vezes os pais".[176] Procissão que o padre Américo Novais, baseado em Southey, evoca em cores ainda mais vivas: meninos e adolescentes vestidos de branco, uns com açafates de flores, outros com vasos de perfume, outros com turíbulos de incenso, todos louvando Jesus triunfante entre repiques de sino e roncos de artilharia.[177] Eram as futuras festas de igreja, tão brasileiras, com incenso, folha de canela, flores, cantos sacros, banda de música, foguete, repique de sino, vivas a Jesus Cristo, esboçando-se nessas procissões de culumins. Era o cristianismo, que já nos vinha de Portugal cheio de sobrevivências pagãs, aqui se enriquecendo de notas berrantes e sensuais para seduzir o índio. Nóbrega chegava a ser de opinião que pela música conseguiria trazer ao grêmio católico tudo quanto fosse índio nu das florestas da América; e pelo impulso que deu à música tornou-se – diz Varnhagen – "quase um segundo Orfeu".[178]

De música inundou-se a vida dos catecúmenos. Os culumins acordavam de manhã cedo cantando. Bendizendo os nomes de Jesus e da Virgem Maria: "dizendo os de hu coro: Bendito & louvado seja o santissimo nome de Iesu & respondendo os do outro, & o da bem aventurada Virgem Maria para sempre, Amen". E todos juntos em grave latim de igreja: *"Gloria Patri & Filio & Spiritui Sancto, Amen".*[179]

Mas esses louvores a Jesus e à Virgem não se limitavam à expressão portuguesa ou latina: transbordavam no tupi. Ao toque da ave-maria quase toda a gente dizia em voz alta, fazendo o pelo-sinal: *Santa Caruçá rangana recê*; para então repetir cada um na sua língua a oração da tarde. E era em tupi que as pessoas se saudavam: *Enecoêma*; que quer dizer bom-dia.[180]

A poesia e a música brasileiras surgiram desse conluio de culumins e padres. Quando mais tarde apareceu a modinha, foi guardando ainda certa gravidade de latim de igreja, uma doçura piedosa e sentimental de sacristia a açucarar-lhe o erotismo, um misticismo de colégio de padre a dissimular-lhe a lascívia já mais africana do que ameríndia. Verificara-se, porém, desde o primeiro século a contemporização hábil do estilo religioso ou católico de ladainha com as formas de canto indígena. "Na poesia lírica brasileira do tempo da colonização", nota José Antônio de Freitas, "os jesuítas [...] ensaiavam as formas que mais se assemelhavam aos cantos dos Tupinambás, com voltas e refréns, para assim atraírem e converterem os indígenas à fé católica". E acrescenta: "Numa época em que os cantos populares eram proibidos pela Igreja, numa época em que o sentimento poético das multidões estava completamente sufocado e atrofiado, o colono, para dar expansão à saudade que lhe ia na alma, não deixava de repetir aqueles cantares, que os jesuítas autorizavam".[181] Graças ao imperador D. Pedro II, que obteve, em Roma, cópia das quadras escritas pelos jesuítas para os meninos dos seus colégios e missões no Brasil, conhece-se hoje a seguinte, publicada por Taunay:

O Virgem Maria
Tupan ey êté
Aba pe ara pora
Oicó endê yabê.

Que traduzida quer dizer o seguinte, diz Taunay: "Ó Virgem Maria, mãe de Deus verdadeira, os homens deste mundo estão bem convosco".[182]

"Os jesuítas", escreve Couto de Magalhães, "não coligiram literatura dos aborígines, mas serviram-se de sua música e de suas danças religiosas para atraí-los ao cristianismo [...]. As toadas profundamente melancólicas dessas músicas e a dança foram adaptadas pelos jesuítas, com profundo conhecimento que tinham do coração humano, para as festas do divino Espírito Santo, São Gonçalo, Santa Cruz, São João e Senhora da Conceição".[183]

Um outro traço simpático, nas primeiras relações dos jesuítas com os culumins, para quem aprecie a obra missionária, não com olhos devotos de apologeta ou sectário da Companhia mas sob o ponto de vista brasileiro da confraternização das raças: a igualdade em que parece terem eles educado, nos seus colégios dos séculos XVI e XVII, índios e filhos de portugueses, europeus e mestiços, caboclos arrancados às tabas e meninos órfãos vindos de Lisboa. As crônicas não indicam nenhuma discriminação ou segregação inspirada por preconceito de cor ou de raça contra os índios; o regime que os padres adotaram parece ter sido o de fraternal mistura dos alunos. O colégio estabelecido por Nóbrega na Bahia dá Varnhagen como frequentado por filhos de colonos, meninos órfãos vindos de Lisboa e piás da terra.[184]

Terá sido assim a vida nos colégios dos padres um processo de coeducação das duas raças – a conquistadora e a conquistada: um processo de reciprocidade cultural entre os filhos da terra e meninos do reino. Terão sido os pátios de tais colégios um ponto de encontro e de amalgamento de tradições indígenas com as europeias; de intercâmbio de brinquedos; de formação de palavras, jogos e superstições mestiças. O bodoque de caçar passarinho, dos meninos índios, o papagaio de papel, dos portugueses, a bola de borracha, as danças etc., terão aí se encontrado, misturando-se. A carrapeta – forma brasileira de pião – deve ter resultado desse intercâmbio infantil. Também a gaita de canudo de mamão e talvez certos brinquedos com quenga de coco e castanha de caju.

É pena que posteriormente, ou por deliberada orientação missionária, ou sob a pressão irresistível das circunstâncias, os padres tivessem adotado o processo de rigorosa segregação dos indígenas em aldeias ou missões. Justificam-no os apologetas: a segregação teria visado unicamente subtrair os indígenas "à ação desmoralizadora dos relaxados cristãos".[185] Mas a verdade é que, segregando os missionários aos catecúmenos da vida social, o que sucedeu foi se artificializarem estes em uma população à parte da colonial; estranha às suas necessidades, aos seus interesses e aspirações; paralisada em crianças grandes; homens e mulheres incapazes de vida autônoma e de desenvolvimento normal. E nem sempre conservaram-se os padres da S. J., transformados em donos de homens, fiéis aos ideais dos primeiros missionários; muitos resvalaram para o mercantilismo em que os viria surpreender a violência do marquês de Pombal.

Decorrido o período que Pires de Almeida considera heroico da atividade jesuítica no Brasil, várias missões só faltaram tornar-se armazéns de exportação, negociando com açúcar e com drogas, mas principalmente com mate, no Sul, e com cacau, no Norte. Isso em prejuízo da cultura moral e mesmo religiosa dos indígenas, reduzidos agora a puro instrumento do mercantilismo dos padres. O general

Arouche, nomeado em 1798 Diretor-Geral das Aldeias dos Índios, no Brasil, acusaria os missionários – tanto os jesuítas como os franciscanos – "de promover o casamento de índios com pretas e pretos, batizando os filhos como servos".[186] Os padres teriam se deixado escorregar para as delícias do escravagismo ao mesmo tempo que para os prazeres do comércio. Não fossem eles bons portugueses e talvez até bons semitas, cuja tradicional tendência para a mercancia não se modificara sob a roupeta de jesuíta nem com os votos de pobreza seráfica.

Acresce que, fugindo não só à sedentariedade da segregação como às violências civilizadoras, praticadas nas próprias aldeias de missionários,[187] muitos dos indígenas cristianizados deram para ganhar o mato, "sem se lembrarem", diz Arouche, "das mulheres e filhos que deixaram [...]".[188] Situação que mais se aguçou quando, desmontada a possante máquina de civilização dos jesuítas, os índios se encontraram, por um lado presos, pela moral que lhes fora imposta, à obrigação de sustentar mulher e filhos, por outro lado em condições econômicas de não se poderem manter nem a si próprios. Ao contrário: pretendeu-se sistematizar de tal modo a exploração do trabalhador indígena em benefício dos brancos e da Igreja, que de um salário de 100 réis por dia apenas recebia o índio aldeado para se sustentar a si, mulher e filhos a miserável quantia de 33 réis.[189] Ocorreu então a dissolução de muita família cristã de caboclo pela falta de base ou apoio econômico: aumentando dentro de tais circunstâncias a mortalidade infantil (dada a miséria a que ficaram reduzidos numerosos lares cristãos, artificialmente organizados) e diminuindo a natalidade, não só pela "falta de propagação", como pelos abortos praticados, na ausência de maridos e pais, por mulheres já eivadas de escrúpulos cristãos de adultério e de virgindade.[190] Por onde se vê que o sistema jesuítico de catequese e civilização impondo uma nova moral de família aos indígenas sem antes lançar uma permanente base econômica, fez trabalho artificial, incapaz de sobreviver ao ambiente de estufa das missões; e concorreu poderosamente para a degradação da raça que pretendeu salvar. Para o despovoamento do Brasil de sua gente autóctone.

Esse despovoamento, os processos de simples captura dos indígenas, e não já de segregação e de trabalho, forçado ou excessivo, nas fazendas e nas missões, precipitaram de maneira infernal. Eram processos que se faziam acompanhar de grande desperdício de gente: talvez maior que na captura e transporte de africanos. Quando as expedições de captura eram bem-sucedidas, informa João Lúcio de Azevedo, referindo-se às realizadas no Amazonas para suprir de escravos, ou "administrados", as fazendas do Maranhão e do Pará, que "chegava somente a metade: imagine-se o que seria nas outras".[191] E recorda o historiador estas palavras de Vieira: "Por mais que sejam os escravos que se fazem, mais são sempre os que morrem". "Para isso concorria", explica João Lúcio, "o trabalho das fazendas, sobretudo a cultura de cana-de-açúcar e de tabaco, tarefa em demasia pesada aos índios mal habituados à continuidade dos serviços penosos. Além das doenças que estas raças inferiores sempre adquirem ao contato dos brancos, os maus-tratos que recebiam eram outras tantas causas de moléstia e morte, não obstando a isso as leis repressivas repetidamente promulgadas. Dos tormentos a que os sujeitavam basta lembrar que era corrente marcarem-se os cativos com ferro em brasa, para os distinguir dos forros, e também para serem reconhecidos pelos donos".[192]

Causa de muito despovoamento[193] foram ainda as guerras de repressão ou de castigo levadas a efeito pelos portugueses contra os índios, com evidente superioridade técnica. Superioridade que os triunfadores não raras vezes ostentaram contra os vencidos, mandando amarrá-los à boca de peças de artilharia que, disparando, "semeavam a grandes distâncias os membros dilacerados";[194] ou infligindo-lhes suplícios adaptados dos clássicos às condições agrestes da América. Um desses o de Tulo Hostílio, de prender-se o paciente a dois fogosos cavalos, logo soltos em rumos opostos. Esse horrível suplício foi substituído no extremo norte do Brasil pelo de amarrar-se o índio a duas canoas, correndo estas, à força de remos, em direções contrárias até partir-se em dois o corpo do supliciado.[195] No Maranhão e no Pará[196] as crueldades contra os indígenas não foram menores do que as exercidas no Sul pelos paulistas: estes chegavam a incumbir-se de "guerras contra os índios" como de uma especialização macabra.[197] O resgate, ou fosse a venda de índios, capturados e trazidos dos sertões às fazendas em condições tais que só chegava a metade ou a terça parte, praticava-o o próprio governo em benefício da construção de igrejas.[198]

Dos efeitos da escravidão do índio no Maranhão informa João Lúcio de Azevedo: "Absolutamente entregues [os colonos] à exploração do índio, nada sabiam nem podiam fazer, senão por ele e com ele".[199] Isto no segundo século de colonização. Fora a mesma coisa no primeiro. O senhor de engenho, parasita do índio. O funcionário reinol, parasita do senhor de engenho. Os dois desadorados na "conjugação do verbo *rapio*", de que falaria o pregador no seu célebre sermão na Misericórdia.

Tudo se processou através do escravo ou do "administrado" cujo braço possante era "a só riqueza, o único objeto a que tendiam as ambições dos colonizadores".[200] Até que essa riqueza se foi corrompendo sob os efeitos disgênicos do novo regime de vida. O trabalho sedentário e contínuo, as doenças adquiridas ao contato dos brancos, ou pela adoção, forçada ou espontânea, dos seus costumes a sífilis, a bexiga, a disenteria, os catarros foram dando cabo dos índios: do seu sangue, da sua vitalidade, da sua energia.

De São Paulo refere um documento de 1585: "Vay esta terra em tanta diminuição, que já não se acha mantimento a comprar, cousa que nunca ouve até agora, e isto tudo por causa se os moradores não terem escraveria com que plantar e beneficiar suas fazendas". É que "pelos anos de 1580, terrível epidemia disentérica matara milhares de índios cativos [...] mais de duas mil peças de escravos [...]".[201]

As doenças novas, foram-nas os índios atribuindo, e não sem certa razão, aos jesuítas. Em certos lugares, à aproximação dos padres, queimavam pimenta e sal para esconjurá-los.[202] Tudo inútil, porém. O sistema escravocrata por um lado, e o missionário por outro, continuariam a sua obra de devastação da raça nativa, embora mais lenta e menos cruel do que na América espanhola ou na inglesa. E com aspectos criadores que se opõem aos destruidores.

A tendência, a quase diferenciação biológica do português em escravocrata – diferenciação que Keller comparou à de certas formigas estudadas por Darwin[203] – achou no índio da América presa facílima. O número de índios possuídos pelo colono, quer sob o nome de "peças", quer sob a dissimulação de "administrados", tornou-se o índice do poder ou da importância social de cada um; tornou-se o capital de instalação do colono na terra (sendo o valor desta secundário). Ao mesmo tempo cada "peça" em si era como se fosse gênero ou moeda; pagando-se dívidas e adquirindo-se mantimentos com escravos ou "resgate".[204] Moedas cor de cobre depois substituídas pelas "peças de Guiné";

na realidade moedas de carne, todas elas, que por facilmente se corromperem ou puírem no gasto constituíam um capital incerto e instável. De modo que a política econômica era natural que fosse a de sofreguidão por escravos, por índios, por homens que se pudessem trocar como moedas; que se renovassem à proporção que a velhice, a doença e a invalidez exercessem sua ação devastadora sobre carne tão fraca, fazendo as vezes dos mais fortes metais. "A gente que de vinte annos a esta parte [1583] é gastada nesta Bahia", informa um jesuíta citado por Taunay,[205] "parece cousa que se não pode crer, porque nunca ninguém cuidou que tanta gente se gastasse nunca, quanto mais em tão pouco tempo". Gasta em trabalho; em abusos; em serviço de transporte; gasta em passar como coisa ou besta das mãos de um a outro senhor. Referindo-se já à fase de transição do escravo da terra para o da Guiné (que, veremos mais adiante, foi quem acabou suportando quase sozinho, sem ajuda do índio, à dureza do trabalho agrícola e das minas) escreveu o padre Cardim que os senhores de engenho viviam endividados pelo fato de lhes morrerem "muitos escravos".[206] O trabalho agrícola mais devastador era, talvez, o da lavoura da cana.

Que os escravos índios, como depois os africanos, foram, no Brasil dos primeiros tempos, o capital de instalação dos brancos, muitas vezes chegados aqui sem recurso nenhum, mesmo modesto, indicam-no as palavras de Gandavo: "si uma pessoa chega na terra e alcança dois delles (ainda que outra cousa não tenha de seu) logo tem remedio, para poder honradamente sustentar sua familia: porque um lhe pesca, outro lhe caça, os outros lhe cultivam e granjeiam suas roças, e desta maneira não fazem os homens despesa em mantimentos, nem com elles, nem com suas pessôas".[207] E o padre Nóbrega informa ainda mais claro: "Os homens que aqui vem, não acham outro modo de viver sinão do trabalho dos escravos que pescão e vão buscar-lhes os alimentos, e tanto os domina a preguiça e são dados ás cousas sensuaes e vicios diversos que nem curão de estar excommungados possuindo os ditos escravos".[208]

Enquanto o esforço exigido pelo colono do escravo índio foi o de abater árvores, transportar os toros aos navios, granjear mantimentos, caçar, pescar, defender os senhores contra os selvagens inimigos e corsários estrangeiros, guiar os exploradores através do mato virgem – o indígena foi dando conta do trabalho servil. Já não era o mesmo selvagem livre de antes da colonização portuguesa; mas esta ainda não o arrancara pela raiz do seu meio físico e do seu ambiente moral; dos seus interesses primários, elementares, hedônicos; aqueles sem os quais a vida se esvaziaria para eles de todos os gostos estimulantes e bons: a caça, a pesca, a guerra, o contato místico e como que esportivo com as águas, a mata, os animais. Esse desenraizamento viria com a colonização agrária, isto é, a latifundiária: com a monocultura, representada principalmente pelo açúcar. O açúcar matou o índio. Para livrar o indígena da tirania do engenho é que o missionário o segregou em aldeias. Outro processo, embora menos violento e mais sutil, de extermínio da raça indígena no Brasil: a sua preservação em salmoura, mas não já a sua vida própria e autônoma.

Às exigências do novo regime de trabalho, o agrário, o índio não correspondeu, envolvendo-se em uma tristeza de introvertido. Foi preciso substituí-lo pela energia moça, tesa, vigorosa do negro, este um verdadeiro contraste com o selvagem americano pela sua extroversão e vivacidade. Não que o português aqui tivesse deparado em 1500 com uma raça de gente fraca e mole, incapaz de maior esforço que o de caçar passarinho com arco e flecha e atravessar a nado lagoas e rios fundos: os depoimentos dos primeiros cronistas são todos em sentido contrário. Léry salienta nos indígenas seu grande vigor físico abatendo a machado árvores enormes e transportando-as aos navios franceses sobre o dorso nu.[209] Gabriel Soares descreve-os como indivíduos "bem feitos e bem-dispostos";[210] Cardim destaca-lhes a ligeireza e a resistência nas longas caminhadas a pé;[211] e o português que primeiro os surpreendeu, ingênuos e nus, nas praias descobertas por Pedrálvares, fala com entusiasmo da robustez, da saúde e da beleza desses "como aves ou alimareas montezes": "por que hos corpos seus sam tam limpos, e tam gordos, e tam fremosos, que nem pode mais ser [...]". Robustez e saúde que não esquece de associar ao sistema de vida e de alimentação seguido pelos selvagens: ao "ar" – isto é, ao ar livre – "a que se criam"; e ao "inhame, que aquy haa muyto [...]. Elles nom lauram, nem criam, nem haa aquy boy, nem vaca, nem cabra, nem ovelha, nem galinha, nem outra nenhuma alimarea, que costumada seja aho viver dos homeens; nem comem senom dese inhame, que aquy haa muyto, e desa semente, e fruitos que ha terra, e has arvores de sy lançam: e com isto andam taaes, e tam rijos, e tam nedeos, que ho nom somonós tanto com quanto trigo, e legumes comernos".²¹²

Se índios de tão boa aparência de saúde fracassaram, uma vez incorporados ao sistema econômico do colonizador é que foi para eles demasiado brusca a passagem do nomadismo à sedentariedade; da atividade esporádica à contínua; é que neles se alterou desastrosamente o metabolismo ao novo ritmo de vida econômica e de esforço físico. Nem o tal inhame nem os tais frutos da terra bastariam agora à alimentação do selvagem submetido ao trabalho escravo nas plantações de cana. O resultado foi evidenciar-se o índio no labor agrícola o trabalhador banzeiro e moleirão que teve de ser substituído pelo negro. Este, vindo de um estádio de cultura superior ao do americano, corresponderia melhor às necessidades brasileiras de intenso e contínuo esforço físico. Esforço agrícola, sedentário. Mas era outro homem. Homem agrícola. Outro, seu regime de alimentação, que, aliás, pouca alteração sofreria no Brasil, transplantadas para cá muitas das plantas alimentares da África: o feijão, a banana, o quiabo; e transportados das ilhas portuguesas do Atlântico para a colônia americana o boi, o carneiro, a cabra, a cana-de-açúcar.

Do indígena se salvaria a parte por assim dizer feminina de sua cultura. Esta, aliás, quase que era só feminina na sua organização técnica, mais complexa, o homem limitando-se a caçar, a pescar, a remar e a fazer a guerra. Atividades de valor, mas de valor secundário para a nova organização econômica – a agrária estabelecida pelos portugueses em terras da América. O sistema português do que precisava, fundamentalmente, era do trabalhador de enxada para as plantações de cana. Trabalhador fixo, sólido, pé de boi.

Entre culturas de interesses e tendências tão antagônicos era natural que o contato se verificasse com desvantagem para ambas. Apenas um conjunto especialíssimo de circunstâncias impediu, no caso do Brasil, que europeus e indígenas se extremassem em inimigos de morte, antes se aproximassem como marido e mulher, como mestre e discípulo, daí resultando uma degradação de cultura por processos mais sutis e em ritmo mais lento do que em outras partes do continente.

Goldenweiser aponta para o destino dos mongóis submetidos pelos russos; dos ameríndios, dos nativos da Austrália, da Melanésia, da Polinésia e da África, sempre o mesmo drama: as culturas atrasadas desintegrando-se sob o jugo ou à pressão das adiantadas. E o que mata esses povos primitivos é perderem quase a vontade de viver, "o interesse pelos seus próprios valores",²¹³ diz Goldenweiser, uma vez alterado o seu ambiente; quebrado o equilíbrio de sua vida pelo civilizado. Dos primitivos da Melanésia já escrevera W. H. R. Rivers que estavam *"dying from lack of interest"*.²¹⁴ Morrendo de desinteresse pela vida. Morrendo de banzo. Ou chegando mesmo a se matar, como aqueles índios que Gabriel Soares observou irem definhando e inchando: o diabo lhes aparecia e mandava que comessem terra até morrerem.

Ainda assim o Brasil é dos países americanos onde mais se tem salvo da cultura e dos valores nativos. O imperialismo português – o religioso dos padres, o econômico dos colonos – se desde o primeiro contato com a cultura indígena feriu-a de morte, não foi para abatê-la de repente, com a mesma fúria dos ingleses na América do Norte. Deu-lhe tempo de perpetuar-se em várias sobrevivências úteis.

Sem que no Brasil se verifique perfeita intercomunicação entre seus extremos de cultura – ainda antagônicos e por vezes até explosivos, chocando-se em conflitos intensamente dramáticos como o de Canudos – ainda assim podemos nos felicitar de um ajustamento de tradições e de tendências raro entre povos formados nas mesmas circunstâncias imperialistas de colonização moderna dos trópicos.

A verdade é que no Brasil, ao contrário do que se observa em outros países da América e da África de recente colonização europeia, a cultura primitiva – tanto a ameríndia como a africana – não se vem isolando em bolões duros, secos, indigestos, inassimiláveis; ao sistema social do europeu. Muito menos estratificando-se em arcaísmos e curiosidades etnográficas. Faz-se sentir na presença viva, útil, ativa, e não apenas pitoresca, de elementos com atuação criadora no desenvolvimento nacional. Nem as relações sociais entre as duas raças, a conquistadora e a indígena, aguçaram-se nunca na antipatia ou no ódio cujo ranger, de tão adstringente, chega-nos aos ouvidos de todos os países de colonização anglo-saxônica e protestante. Suavizou-as aqui o óleo lúbrico da profunda miscigenação, quer a livre e danada, quer a regular e cristã sob a bênção dos padres e pelo incitamento da Igreja e do Estado.

Nossas instituições sociais tanto quanto nossa cultura material deixaram-se alagar de influência ameríndia, como mais tarde da africana, da qual se contaminaria o próprio direito: não diretamente, é certo, mas sutil e indiretamente. Nossa "benignidade jurídica" já a interpretou Clóvis Beviláqua como reflexo da influência africana.[215] Certa suavidade brasileira na punição do crime de furto talvez reflita particular contemporização do europeu com o ameríndio, quase insensível à noção desse crime em virtude do regime comunista ou meio comunista de sua vida e economia.[216]

Vários são os complexos característicos da moderna cultura brasileira, de origem pura ou nitidamente ameríndia: o da rede, o da mandioca, o do banho de rio, o do caju, o do "bicho", o da "coivara", o da "igara", o do "moquém", o da tartaruga, o do bodoque, o do óleo de coco-bravo, o da "casa do caboclo", o do milho, o de descansar ou defecar de cócoras, o do cabaço para cuia de farinha, gamela, coco de beber água etc. Outros, de origem principalmente indígena: o do pé descalço,[217] o da "muqueca", o da cor encarnada, o da pimenta etc. Isto sem falarmos no tabaco e na bola de borracha, de uso universal, e de origem ameríndia, provavelmente brasílica.

No costume, ainda muito brasileiro, muito do interior e dos sertões, de não aparecerem as mulheres e os meninos aos estranhos, nota-se também influência da cultura ameríndia; da crença, salientada por Karsten,[218] de serem as mulheres e os meninos mais expostos que os homens aos espíritos malignos. Entre caboclos do Amazonas, Gastão Cruls observou o fato de as mulheres e crianças serem sempre postas "ao abrigo do olhar estrangeiro".[219]

Notas ao Capítulo II

1. Ruediger Bilden, "Race relations in Latin America with special reference to the development of indigenous culture", *Institute of Public Affairs,* University of Virginia, 1931. Sobre o assunto – condições de contato entre raças e culturas diferentes em geral ou na América em particular – vejam-se também: Francisco Maldonado Guevara, *El primer contacto de blancos y gentes de color en América,* Valladolid, 1924; William C. Mac Lead, *The American Indian frontier,* Nova York-Londres, 1928; Earl Edward Muntz, *Race contact,* Nova York-Londres, 1928; Earl Edward Muntz, *Race contact,* Nova York, 1927; Nathanael S. Shaler, *The neighbor: the natural history of human contacts,* Boston, 1904; Melville J. Herskovits, *Acculturation,* Nova York, 1938; Artur Ramos, *Introdução à antropologia brasileira,* Rio de Janeiro, 1943, especialmente o capítulo dedicado ao indígena.

2. Ruediger Bilden, loc. cit.

3. Ruediger Bilden, loc. cit.

4. Alfredo de Carvalho, "O zoobiblion de Zacharias Wagener", *Revista do Inst. Arq. Hist. Geog. de Pernambuco,* tomo XI, 1904.

5. Paulo Prado, op. cit.

6. Capistrano de Abreu, *Capítulos de história colonial,* Rio de Janeiro, 1928.

7. Manuel Bonfim, *O Brasil na América,* cit.

8. Robert Southey, *History of Brazil*, Londres, 1810-1819.

9. Miúda, considerada nos seus recursos econômicos; foi o elemento que deu a São Paulo, como verificou Alfredo Ellis Júnior, as grandes figuras do bandeirismo (Ellis, op. cit.).

10. Carta a Laynes, apud Paulo Prado, *Retrato do Brasil,* cit.

11. Gabriel Soares de Sousa, *Tratado descritivo do Brasil em 1587*, ed. de E. A. Varnhagen, *Revista do Inst. Hist. Geog. Bras.,* tomo XIV, p. 342.

12. *"Les Indiens, qui excellent dans la navigation des fleuves, redoutent la pleine mer et la vie des champs leur est fatale par le contraste de la discipline avec la vie nomade des forêts"* (Sigaud, op. cit.).

Em prefácio à edição brasileira do trabalho do professor Alexandre Marchant, publicado entre nós com o título *Do escambo à escravidão* (São Paulo), diz o tradutor dessa valiosa obra, o Sr. Carlos Lacerda, que "nenhum dos nossos historiadores tivera até agora oportunidade de estudar, destacando-o do conjunto dos problemas da história colonial, o caso específico das relações entre os índios e os colonos portugueses, vale dizer, o papel do índio na formação econômica do Brasil colonial". Entretanto, o presente capítulo de um estudo, ou tentativa de estudo, da formação social do Brasil – que considerada sob o mais amplo critério de formação social, inclui a econômica, não se limitando porém a esse aspecto o desenvolvimento da sociedade que aqui se formou, biologicamente pela miscigenação, economicamente pela técnica escravocrata de produção e sociologicamente pela interpenetração de culturas – talvez possa ser considerado um pequeno esforço no sentido da caracterização do papel do índio no desenvolvimento brasileiro. Críticos menos rigorosos que o Sr. Carlos Lacerda assim o consideraram, entre outros mestres especializados no assunto como os Srs. A. Métraux, Roquette-Pinto, Carlos Estêvão (por algum tempo diretor do Museu Goeldi) e Gastão Cruls e a Sra. Heloísa Alberto Torres.

Entre os adultos sobre as relações de portugueses e outros europeus com populações e culturas ameríndias, particularmente com as da área ou áreas hoje ocupadas pelo Brasil, e sobre a situação do ameríndio nas novas combinações de sociedade e de cultura, inclusive de organização econômica, formadas no continente americano, destacam-se pelo seu interesse sociológico histórico-social, os seguintes: Francisco Maldonado Guevara, *El primer contacto de blancos y gentes de color en América*, Valladolid, 1924; W. C. Mac Lead, *The American Indian fontier*, Nova York-Londres, 1928; Herbert I. Priestley, *The coming of the white man, 1492-1848*, Nova York, 1929; Jerônimo Becker, *La política española en las Indias,* Madri, 1920; Paul S. Taylor, *An American-Mexican frontier,* Chapel Hill, 1934; Robert Redfield, *Topoltzlan*, Chicago, 1930; E. Nordenskiöld, *Modifications in Indian culture through inventions and loans,* Gotemburgo, 1930; P. A. Means, *Democracy and civilization*, Boston, 1918; Paulo Hernandez, *Organización social de las doctrinas guaranies de la Compañia de Jesús*, Barcelona, 1913; Guillermo Nuñez Vásquez, "La conquista de los indios americanos por los primeros misioneros", *Biblioteca Hispana Missionum*, Barcelona, 1930.

Sobre o assunto, não devem ser esquecidas pelo estudioso brasileiro as obras clássicas: Gonzalo Fernández de Oviedo y Valdés, *La hystoria general de las Indias*, Madri, 1851-1855; Bartolomé de Las Casas, *Apologética historia de las Indias*, Madri, edição de 1909; Juan Solorzano Pereira, *Política indiana*, Madri, 1647; Gabriel Soares de Sousa, "Tratado descritivo do Brasil", *Rev. Inst. Hist. Geogr. Br.,* Rio de Janeiro, XIV.

Sobre os indígenas do Brasil e da América, em geral, considerados sob critério etnológico e ao mesmo tempo sociológico, vejam-se as notas bibliográficas em *América indigena*, por Louis Pericoty García, ("El hombre americano – Los pueblos de América" Barcelona, 1936) tomo I, p. 692-727 e em *Handbook of Latin American studies*, Cambridge, Estados Unidos, 1936; e as seguintes obras básicas: *Handbook of American Indian language*, por F. Boas, *40th Bulletin* *of American Indian Ethnology*, Washington, 1911; *The American Indian*, por Clark Wissler, Nova York, 1922; *The civilisation of the South American Indian, with special reference to magic and religion*, por R. Karsten, Nova York, 1926; *La civilisation matérielle des tribus tupi-guarani*, Gotemburgo, 1928 e *La religion des tupinamba*, por A. Métraux, Leroux, 1928; *Indianerleben: el gran chaco*, por E. Nordenskiöld, Leipzig, 1912; "Kulturkreise und Kulturchichten in Sudamerika", por W. Schmidt (*Zeitschrift fur Ethnologie*), Berlim, 1913; *In den Wildnissen Brasiliens*, por F. Krause, Leipzig, 1911; *Unter den Naturvölkern Zentral-Brasiliens*, por Karl von den Steinen, Berlim, 1894; *Zwei Jahre unter den Indianern Nordwest Brasiliens*, por T. Koch-Grunberg, Stuttgart, 1921; *Rondônia*, por E. Roquette-Pinto, Rio de Janeiro, 1917; *Indians of South America*, por Paul Radin, Nova York, 1942; "The dual organization of the Canella of Northern Brazil", por Curt Nimuendajú e Robert H. Lowie, *American Anthropologist*, vol. 39; *El nuevo indio*, por J. Uriel García, Cuzco, 1937; *Hiléia amazônica*, por Gastão Cruls, Rio de Janeiro, 1944.

Jorge R. Zamudio Silva, "Para una caracterización de la sociedad del rio de la Plata (siglos XVI a XVIII) – La contribución indígena", *Revista de la Universidad de Buenos Aires*, ano II, nº 4, outubro-dezembro 1944, p. 259-298, sugestivo estudo seguido por dois outros; sobre "La contribución europea" (ano III, nº 1, janeiro-março de 1945, p. 63-102) e sobre "La contribución africana" (ano III, nº 2, abril-junho de 1945, p. 293-314) da mesma revista. No primeiro desses estudos chega o pesquisador argentino à conclusão de que *"ni la historia social argentina, ni la de sus ideas, pueden prescindir del aborigem considerado como integrante de nuestra evolución"* (p. 298), citando a esse respeito, entre outros, Ricardo Levene, *Introducción a la historia del derecho indiano*, Buenos Aires, 1924; Emílio Ravignani, *El verreynato del plata (1776-1810)*, em *Historia de la nación argentina*, Buenos Aires, 1940, vol. IV; Sílvio Zavala, *Las instituciones jurídicas en la conquista de América*, Madri, 1935. Em seus estudos sobre a formação da sociedade argentina – nos quais tantas vezes se refere a este trabalho brasileiro – chega o professor Zamudio Silva à mesma conclusão que nós, no presente ensaio, isto é, admite que no caso do africano *"las condiciones de asimilación fueron más positivas que las del indio"* ("La contribución africana", p. 314). A respeito cita, entre outros, os seguintes trabalhos referentes ao negro africano e à escravidão no rio da Prata: Diego Luís Molinari, *Introducción*, tomo VII, *Documentos para la historia argentina, comercio de Indias, consulado, comercio de negros y de extranjeros (1791-1809)*, Buenos Aires, 1916; José Torre Revello, "sociedad colonial, las clases sociales: la ciudad y la campaña", em *Historia de la nación argentina*, Buenos Aires, 1939, vol. VI; Ildefonso Pereda Valdés, *Negros esclavos y negros libres*, Montevidéu, 1941; Bernardo Kordon, *Candombe, contribución al estudio de la raza negra en el rio de la Plata*, Buenos Aires, 1938. São estudos que podem ser lidos ou consultados com proveito pelo estudioso da história da sociedade patriarcal, no Brasil, interessado em compará-la com a de outras sociedades americanas que foram também patriarcais ou semipatriarcais em sua estrutura e, como a nossa, basearam-se no maior ou menor contato do europeu com o índio e o africano.

13. Leia-se o seu *O Brasil na América*, cit.

14. C. F. Phil von Martius, *Beiträge zur Ethnographie und Sprachenkunde Amerika's zumal Brasiliens*, Leipzig, 1867.

15. Karl von den Steinen, *Unter den Naturvölkern Zentral-Brasiliens*, Berlim, 1894. Este livro já se encontra em tradução portuguesa, mas é tido como obra rara nessa língua.

16. Paul Ehrenreich, *Beiträge zur Völkerkunde Brasiliens*, Berlim, 1891.

17. Thomas Whiffen, *The North-West Amazon*, Londres, 1951.

18. E. Roquette-Pinto, *Rondônia*, 1917.

19. Teodor Koch-Grunberg, *Zwei Jahre unter den Indianern,* Stuttgart, 1908-1910.

20. Max Schmidt, *Indianerstudien in Zentralbrasilien*, Berlim, 1905. Deste livro há igualmente tradução portuguesa, também rara.

21. Fritz Krause, *In den Wildnissen Brasiliens*, Leipzig, 1911.

22. Erland Nordenskiöld, *Indianerleben: el gran chaco*, Leipzig, 1912.

23. Leo Frobenius, *Ursprung der Afrikanischen Kulturen*, apud Melville J. Herskovits, "A preliminary consideration of the culture areas of Africa", *American Anthropologist*, vol. XXVI, 1924. Sobre a correlação de traços de cultura entre várias culturas primitivas veja-se o trabalho de L. T. Hobhouse, G. C. Wheeler e M. Ginsberg, *The material culture and social institucions of the simpler peoples*, Londres, 1915.

    No mapa organizado por Herskovits a África vem dividida em áreas de cultura, segundo o conceito americano de "área de cultura" definido por Alexander A. Goldenweiser em "Diffusionism and the American school of historical ethnology", *American Journal of Sociology*, vol. XXXI, 1925, e por Clark Wissler em *Man and culture*, e, de acordo com a respectiva técnica, aplicada por Wissler ao estudo das duas Américas.

    Em nota – nota 64, p. 70 – com que enriquece o texto do seu estudo *As culturas negras do novo mundo* (Rio de Janeiro, 1937), o professor Artur Ramos, com a elegância de sempre nos dá preciosa lição sobre questões de caracterização de áreas africanas, estranhando que em *Casa-grande & senzala* – tanto na 1ª edição (Rio de Janeiro, 1933) como na 2ª (Rio de Janeiro, 1936) – tenhamos deixado de mencionar "a subárea do Golfo da Guiné". Ensina-nos o douto antropólogo brasileiro que foi "a subárea ocidental do Golfo da Guiné que forneceu *as culturas mais características* [o grifo é do professor Ramos] ao Novo Mundo, com o tráfico de escravos, como demonstraremos neste trabalho". Salienta ainda o fato de termos "inadvertidamente" incluído "os reinos ou monarquias do Daomé, Ashanti, Ioruba" [...] "na área do Sudão ocidental, em lugar de fazê-lo na subárea ocidental do Golfo da Guiné, seu *habitat* exato". E invoca a seu favor, como autoridade máxima no assunto, o trabalho do professor M. J. Herskovits: "The significance of West Africa for negro resear", *The Journal of Negro History*, vol. XXI, 1936, p. 15 e segs.

Esquece o professor Artur Ramos que seguimos naquela primeira edição deste ensaio, publicada em 1933 – bem como na 2ª e na 3ª, publicadas à nossa revelia – o esboço de áreas de cultura que aquele mestre norte-americano em assuntos de africanologia – meu e talvez também do professor Ramos que é, entretanto, ele próprio, já mestre reconhecido e laureado na matéria – publicara como "consideração preliminar" em 1924 (*American Anthropologist*, nº 1, vol. XXVI, janeiro-março, de 1924) e ao qual acrescentou depois subáreas: as que vêm marcadas III-A e IV-A no seu mapa de áreas de cultura, tanto quanto possível definitivo – há também do professor Herskovits um estudo, "The culture areas of Africa", aparecido em 1930 em *Africa*, 3, p. 59-77 – publicado no ensaio "The social history of the negro", capítulo 7, p. 207-267, de *A handbook of social psychology*, organizado por Carl Murchison, Worcester, Massachusetts, 1935.

A caracterização da área do Sudão Ocidental como "região de grandes monarquias ou reinos – Daomé, Benim, Ashanti, Haúça, Bornu, Ioruba" – que o professor Ramos critica como "inexata" não é nossa, mas do professor Herskovits. Divergência entre mestres. A caracterização do professor Herskovits criticada pelo professor Ramos e por ele considerada "inexata" é, porém, de 1924. Como se sabe, não nos foi possível fazer a revisão da primeira edição de *Casa-grande & senzala*; e a segunda e terceira foram edições feitas à nossa revelia. Daí termos continuado na 2ª edição a citar do professor Herskovits seu trabalho de 1924 em vez do de 1935, que o superou, ou mesmo o de 1930.

Nossos agradecimentos, de qualquer maneira, ao professor Artur Ramos por ter chamado nossa atenção para o fato de vir citado em trabalho nosso um estudo do professor Herskovits publicado em 1924 quando há trabalho definitivo do mesmo autor aparecido em 1935. Este, porém – insistamos neste esclarecimento – não poderia ter sido por nós citado em 1933; nem em 1936 e 1938, em edições publicadas à revelia do Autor, embora para a de 1936 tivéssemos escrito algumas notas, confiando em um editor que não merecia nossa confiança.

Seja dito de passagem que fomos nós que tivemos a honra de iniciar, cremos que em 1935, o professor Ramos nos trabalhos do professor Herskovits, mestre na especialidade do professor Ramos mais do que na nossa. Cremos ter tido, igualmente, a honra de revelar ao público do Brasil interessado em assuntos de sociologia e antropologia o professor Herskovits através do seu mapa de áreas de cultura africana (esboçado em 1924 e dado como definitivo – tanto quanto possível – em 1935) e por nós adaptado em 1933 aos propósitos do nosso primeiro estudo sistemático, ou quase sistemático, da sociedade patriarcal brasileira. Um dos propósitos do nosso estudo era destacar a diversidade de graus e estilos de cultura nos elementos africanos importados para as senzalas brasileiras, reforçando com informações colhidas em estudos recentes como o do professor Herskovits observações já feitas por Nina Rodrigues.

O mapa do professor Herskovits sobre áreas de cultura africana que deve ser consultado pelos leitores do nosso ensaio particularmente interessados em se aprofundarem no estudo do problema é, repitamos, o que vem no seu referido estudo *The social history of the negro*. Não sendo assunto da nossa especialidade, não nos julgamos no dever de desenvolvê-lo aos últimos e mais exatos pormenores em um ensaio que não é, de modo nenhum, de africanologia, mas o primeiro de uma série, toda ela simples tentativa de introdução ao estudo sociológico da história da sociedade patriarcal no Brasil. Sociedade que teve no negro, importado de várias áreas africanas, um dos seus elementos sociologicamente mais importantes. Importante, do nosso ponto de vista, mais como escravo do que como negro ou africano, embora sua importância como negro ou africano seja enorme e suas áreas de origem mereçam a atenção e os estudos dos especialistas.

Entretanto, já que estamos à beira do assunto – "áreas de cultura africanas" – não nos furtaremos à tentação de referir que as próprias classificações consideradas ou oferecidas como definitivas pelo professor Artur Ramos – em quem temos o prazer de mais uma vez reconhecer nossa maior autoridade em assuntos de africanologia – parecem vir sendo superadas por estudos recentes como o de Wilfrid D. Hambly, que no seu *Source-book for African anthropology* (publicado em Chicago em 1937 mas, ao que parece, ainda desconhecido ou pouco conhecido entre nós) ocupa-se magistralmente do assunto na parte I, seção II, sob o título "The culture area concept". Recordando que foi A. de Préville (1894) o primeiro antropólogo cultural a se ocupar do assunto, destaca dos trabalhos posteriores os de Dowd (1907), R. Thurnwold (1929) e M. J. Herskovits (1929, 1930). E adverte-nos contra a tendência para o considerar-se o estudo de áreas de cultura principalmente enumeração de traços característicos: *"mainly of enumerating the characteristic traits"* (p. 328). Para Hambly, o assunto deve ser considerado principalmente do ponto de vista social e psicológico, como fazem Benedict em *Patterns of culture* e Mead em *Sex and temperament in three primitive societies*. O que se deve procurar no estudo de uma área é fixar seu *ethos*, isto é, *"the dynamic or driving force; the character, sentiment, and disposition of a community, the spirit which actuates moral codes, ideals, attitudes, magic and religion"*. Daí a necessidade de novos estudos – compreensivos e não simplesmente descritivos – do assunto.

É claro que ao lado do estudo de A. de Préville, *Les sociétés africaines,* Paris, 1894, que Hambly, considera obra de pioneiro, não devem ser esquecidos os trabalhos, já clássicos, sobre áreas de cultura africanas, de L. Frobenius; *Der Udrsprung der Afrikanischen Kulturen*, Leipzig, 1844, e *Atlas africanus*, Munique, 1922. Sobre as áreas de procedência dos escravos africanos das senzalas brasileiras, deve ser consultado "On the provenience of new world negroes", de M. J. Herskovits (*Soc. Forces*, 1933, p. 247-262).

24. Whiffen, op. cit. O autor menciona outros traços além dos que aqui destacamos como mais característicos e importantes.

25. Wissler, *The American Indian*, Nova York, 1922.

26. Como diz Roquette-Pinto, "podemos, de modo geral, separar todas as nossas tribos em dois grupos, quanto ao seu estado de cultura [...]. É a primitiva divisão que ressurge, não mais pela

apreciação linguística isolada, mas pela força do critério sociológico" (*Seixos rolados*, Rio de Janeiro, 1926).

27. Roquette-Pinto, *Seixos Rolados*, cit.

28. Roquette-Pinto, *Rondônia*, cit.

29. Teodoro Sampaio, *O tupi na geografia nacional*, 3ª ed., Bahia, 1928.

30. Rafael Karsten, *The civilization of the South American indians*, Nova York, 1926. Veja-se também Roquette-Pinto, *Seixos rolados*, cit.

31. Theodor Koch-Grunberg, *Zwei Jahre unter den Indianern*, cit.

32. Karsten, op. cit.

33. "Informação dos casamentos dos índios do Brasil pelo padre José d'Anchieta", *Revista do Inst. Hist. Geog. Bras.*, vol. VIII, p. 105.

34. *"The notion that the negro race is peculiarly prone to sexual indulgence seems to be due partly to the expansive temperament of the race, and the sexual character of many of their festivals – a fact which indicates rather the contrary and demonstrates the need of artificial excitement"* (Ernest Crawley, *Studies of savages and sex*, edited by Theodore Besterman, Londres, 1929). Veja-se também sobre o assunto *The mystic rose*, ed. by Besterman, Nova York, 1927, pelo mesmo autor; E. A. Westermarck, *The history of human marriage*, Londres, 1921; *The origin and development of moral ideas*, Londres, 1926. A ideia, entretanto, da fraca sexualidade dos primitivos não é universal entre os antropólogos modernos: entre outros pensam diferente de Crawley, de Havelock Ellis e Westermarck, pelo menos com relação aos africanos, Leo Frobenius, *Und Africa Sprach*, "Unter den Unsträflichen Aethiopen", Charlottenburg, 1913, e Georg Schweinfurth, *Im Herzen von Africa*, 3ª ed., Leipzig, 1908. Veja-se H. Fehlinger, *Sexual life of primitive people*, Londres, 1921.

A esse respeito, é interessante salientar a deformação que vêm sofrendo no Brasil não só danças de xangôs africanos como o próprio samba. Deformação no sentido de maior licenciosidade. Sobre o samba escreve em sua *Descrição da festa de Bom Jesus de Pirapora* (São Paulo. 1937, p. 33) o Sr. Mário Wagner Vieira da Cunha: "O samba dos negros foi visto pelos brancos como coisa altamente imoral: reboleio de quadris, esfregar de corpos, seios balanceantes, gestos desenvoltos... Os brancos compreenderam, então, a festa como uma oportunidade de praticar gestos livres. Daí, ao introduzirem novos aspectos à festa, é a licenciosidade que tende a ressaltar deles. Por seu turno os pretos, e melhor, as pretas, passam a exagerar, no samba e em toda parte, as atitudes que foram mais notadas" [pelos brancos]. Sobre o assunto veja-se também o estudo de Mário de Andrade, "O samba rural paulista" (*Revista do Arquivo Municipal de São Paulo*, 1937, vol. 41, p. 37-116), que se segue ao trabalho citado. Salienta aí o ilustre mestre de pesquisa folclórica no Brasil, a propósito de dança afro-brasileira que viu dançar em 1931: "Nunca senti maior sensação artística de sexualidade... Era sensualidade? Deve ser isso que fez tantos viajantes e cronistas chamarem de 'indecentes' os sambas dos negros... Mas se não tenho a menor intenção de negar haja danças sexuais e que muitas danças primitivas guardam um forte e visível contingente de sexualidade, não consigo ver neste samba rural coisa que o caracterize mais como sexual" (p. 43).

35. Havelock Ellis, *Studies in the psychology of sex,* Filadélfia, 1908.

36. Adlez, citado por Crawley, *Studies,* cit.; W. I. Thomas, *Sex and society*, Chicago, 1907.

37. Paulo Prado, *Retrato do Brasil*, cit.

38. "Informação dos casamentos dos índios do Brasil pelo padre José d'Anchieta", *Rev. Inst. Hist. Geog. Bras.*, vol. VIII. Sobre a distinção que faz Anchieta entre as sobrinhas filhas de irmãos e as sobrinhas filhas de irmãs, escreve Rodolfo Garcia: "Àquelas respeitavam os índios, tratavam-nas de filhas, nessa conta as tinham e, assim, *neque fornicari* as conheciam, porque consideravam que o parentesco verdadeiro vinha pela parte dos pais, que eram os agentes, enquanto as mães não eram mais do que sacos em que se criavam as crianças; por isso das filhas das irmãs usavam sem nenhum pejo *ad copulam* e faziam delas suas mulheres" (*Diálogos das grandezas do Brasil*, [...] com introdução de Capistrano de Abreu e notas de Rodolfo Garcia, nota 7, "Diálogo sexto", p. 316).

39. Gabriel Soares, op. cit., p. 316.

40. Ploss-Bartels, *Das Weib*, Berlim, 1927.

41. E. A. Westermarck, *The history of human marriage*, Londres, 1921.

42. Gabriel Soares, op. cit. John Baker, do Museu da Universidade de Oxford, salienta no seu trabalho *Sex in man and animals* (Londres, 1926) que entre muitas sociedades primitivas não há palavra especial para pai ou mãe. Sob as palavras *pai* e *mãe* classificam-se, indistintamente, grande número de parentes. Para alguns etnólogos o fato indica ter havido fase na vida sexual das sociedades primitivas em que às mulheres de um grupo permitia-se livre intercurso com qualquer homem do grupo oposto – dos dois grupos em que se divide cada sociedade. Semelhante processo de relações entre os sexos, com as crianças criadas comunariamente, teria constituído o *casamento entre grupos (group marriage)*.

43. Nas denunciações ao Santo Ofício referentes ao Brasil, encontram-se numerosas referências às "santidades". Entre elas as seguintes que indicam ter tido essas manifestações, híbridas de religião e magia, certo caráter (fálico). Domingos de Oliveira viu Fernão Pires "tirar de huma das figuras de Nossa Senhora ou Christo, hum pedaço de barro, do qual fez uma figura de natureza de homem" (*Primeira visitação do Santo Ofício às partes do Brasil – Denunciações da Bahia – 1591--1593*, São Paulo, 1925, p. 264; "Fernão Cabral de Tayde christão velho no tempo da graça"

[2 de agosto de 1591], "confesando dise que auerá seis annos pouco mais ou menos que se leuantou hu gentio no sertão cõ hua noua seita que chamauão Santidade auendo hum que se chamaua papa e hua gentia que se chamaua may de Deos e o sacristão, e tinha hu jdolo a que chamauão Maria que era hua figura de pedra que ne demonstraua ser figura de home ne de molher ne de outro animal, ao qual jdolo adorauão e rezauão certas cousas per contas e pendurauão na casa que chamauão igreja huas tauoas com hus riscos que dizião que erão contas bentas e assim ao seu modo contrafazião o culto deuino dos christãos"; "Gonçallo Fernandes christão velho mamaluco" [13 de janeiro de 1592], "confesando dixe que avera seis annos pouco mais ou menos que no sertão desta capitania pera a banda de Jaguaripe se alevantou hua erronia e jdolatria gentilica á qual sustentavão e fazião os brasis delles pagãos e delles christãos e delles foros e delles escravos, que fugião a seus senhores pera a dita jdolatria e na companhia da dita abusão e jdolatria usávão de contrafazer as cerimonias da ygreja e fingiam trazer contas de rezar como que rezavão e falavão certa lingoagem por elles inventada e defumavão se com fumos de erva que chamão erva Sancta e bebiam o dito fumo até que cayam bebados com elle dizendo que com aquelle fumo lhes entrava o espirito da sanctidade e tinhão hum jdolo de pedra a que faziam suas cerimonias e adoravão dizendo que vinha já o seu Deus a livrallos do cautiveiro em que estavão e fazellos senhores da gente branca e que os brancos aviam de ficar seus captivos e que quem não creesse naquella sua abusão e jdolatria a que elles chamavão Santidade se avia de converter em passaro e em bichos do matto e assim diziam e faziam na dita jdolatria outros muitos despropositos" (*Primeira visitação do Santo Ofício às partes do Brasil pelo licenciado Heitor Furtado de Mendonça – Confissões da Bahia*, São Paulo, 1925, p. 28 e 87).

44. Gastão Cruls, *A amazônia que eu vi*, Rio de Janeiro, 1930. Veja-se do mesmo autor *Hiléia amazônica*, Rio de Janeiro, 1944, obra verdadeiramente notável.

45. Samuel Uchoa, "Costumes amazônicos" *Boletim Sanitário* (Departamento Nacional de Saúde Pública, Rio de Janeiro, ano 2, nº 4, 1923).

46. Jules Crévaux, *Voyages dans l'Amérique du Sud*, Paris, 1883. Para A. Osório de Almeida deve-se considerar o emprego do urucu entre os índios tropicais da América "não como simples adorno, mas como meio eficaz de proteção contra a luz e o calor tropicais" ("A ação protetora do urucu", separata do *Boletim do Museu Nacional*, Rio de Janeiro, vol. VII, nº I, 1931). Sinval Lins (citado por Gastão Cruls, *A Amazônia que eu vi*, cit.) diz que ainda é costume no interior de Minas pintar de urucu a pele dos variolosos.

47. Pedro Fernandes Tomás, *Canções populares da Beira*, Lisboa, 1896.

48. Luís Chaves, *Páginas folclóricas*, Lisboa, 1929.

49. Leite de Vasconcelos, *Ensaios etnográficos*, cit.

50. Uma quadra popular citada por Leite de Vasconcelos (*Ensaios*, cit.) diz:

> *Trazes vermelho no peito,*
> *Sinal de casamento.*
> *Deita o vermelho fora.*
> *Qu'o casar inda tem tempo.*

51. Fernando Ortiz, *Hampa afrocubana – Los negros brujos*, Madri, 1917.

52. Karsten, op. cit.

53. Von den Steinen, op. cit.

54. Koch-Grunberg, op. cit.

55. Karsten, op. cit.

56. *"Degeneration probably operates even more actively in the lower than in the higher culture"*, diz Edward B. Tylor, *Primitive culture,* 5ª ed., Londres, 1929. Veja-se também sobre o assunto o trabalho de James Bryce, *The relations of the advanced and backward races of mankind*, Oxford, 1902.

57. Divergindo de Max Weber, que no seu estudo *Gesammelte Aufsatze zur Religionsoziologie*, Berlim, 1922, identifica o capitalismo moderno e, consequentemente, o imperialismo colonizador, com o calvinismo e o puritanismo, R. H. Tawney salienta o fato de terem sido católicos, e não protestantes, os centros de finança e de espírito capitalista no século XV; Florença, Veneza, o sul da Alemanha, Flandres (*Religion and the rise of capitalism,* Londres, 1926). Aqui, entretanto, referimo-nos ao imperialismo religioso, predecessor do econômico: desse imperialismo os jesuítas foram os campeões nos séculos XVI e XVII. Sobre a tese de Weber, vejam-se: W. R. Robertson, *Aspects of the rise of capitalism,* Cambridge, 1929 e Amintore Fanfani, *Cattolicismo e protestantismo nella formazione storica del capitalismo,* Milão, 1934.

58. Gonçalves Dias no seu *O Brasil e a Oceânia* (São Luís, 1869) salienta a ação dissolvente do sistema jesuítico: "Relaxavam", diz ele dos padres, "os laços de família, tornando os filhos e mulheres denunciantes dos pais e maridos, tiravam-lhes a vontade e o amor à independência, e à força de humilhações, de disciplinas, de castigos infamantes impostos em praça pública, impostos até nos maiorais e por estes recebidos como atos meritórios, apagaram e consumiram um tal qual sentimento de dignidade própria, sem a qual nenhum esforço louvável se pode conseguir da nossa espécie".

59. George Henry Lane-Fox Pitt-Rivers, *The clash of cultures and the contact of races*, Londres, 1927.

60. Quem o destaca é um historiador extremamente simpático aos jesuítas, Capistrano de Abreu: "Os jesuítas, observadores, inteligentes e práticos, tinham concentrado seus esforços em fazer de várias

tabas um só aldeamento, regido por uma espécie de meirinho nomeado pelo governador, com a vara de ofício, que o enfunava de vaidade, com meios de se fazer obedecer, podendo pôr gente no tronco; em extinguir a antropofagia, a poligamia e a bebedice de vinhos de frutas em que os índios eram insignes" (Apenso aos *Tratados da terra e gente do Brasil*, cit.) e Manuel Aires de Casal (op. cit., I, p. 129) resume o sistema civilizador dos jesuítas: "Em poucos lustros reduzirão os jesuítas as varias hordas da nação a uma vida sedentaria em grandes aldeias denominadas *Reduções*, cujo numero pelos annos de 1630 subia a 20 com 70.000 habitantes [...]". Refere-se às célebres, dos Guarani, no Sul, cuja rotina pormenoriza: "Cada huma das Reduções, por outro nome Missões, era huma considerável, ou grande villa; e todas por hum mesmo risco com ruas direitas e encruzadas em angulos rectos; as cazas geralmente terreas, cubertas de telha, branqueadas, e com varandas pelos lados para preservarem do calor e da chuva; de sorte que vendo-se huma, se forma idea verdadeira das outras... Hum vigario, e hum cura, ambos Jesuitas, erão os únicos ecclesiasticos, e suficientes para exercer todas as funções parochiaes; sendo ainda os inspetores em toda a economia civil, debaixo de cuja direcção havia corregedores eleitos annualmente, hum cacique vitalicio, e outros officiaes, cada hum com sua inspecção e alçada. Á excepção destes, todos os individuos d'hum e outro sexo uzavão d'huma camizola talar, ou quasi de algodão branco... Tudo passava á vista dos corregedores, ou d'outros subalternos". Puro regime de internato de colégio de padre. Ou de orfanato. Tudo aparado por igual. Sedentariedade absoluta. Grande concentração de gente. Severa vigilância e fiscalização. A nudez dos caboclos tapada, em todos os homens e mulheres, com feias camisolas de menino dormir. Uniformidade. As raparigas à parte, segregadas dos homens. Enfim, o regime jesuítico que se apurou no Paraguai, e que em forma mais branda dominou no Brasil, por isso mesmo que admiravelmente eficiente, foi um regime destruidor de quanto nos indígenas era alegria animal, frescura, espontaneidade, ânimo combativo, *potencial de cultura*; qualidades e potencial que não poderiam subsistir à total destruição de hábitos de vida sexual, nômade e guerreira, arrancados de repente dos índios reunidos em grandes aldeias.

61. Capistrano de Abreu, loc. cit.; Manuel Aires de Casal, op. cit.

62. Manuel Aires de Casal, op. cit., I, p. 129.

63. "Às léguas", diz Afonso de E. Taunay, "fugiam os pajés dos detestados inacianos, que a seu turno os abominavam, infelizmente, pois das informações dos pajés muito se poderia ter aproveitado" ("A fundação de São Paulo", vol. 3, tomo especial do 1º Congresso Internacional de História da América, *Rev. Inst. Hist. Geog. Bras.*, Rio de Janeiro, 1927).

64. Trata-se de Pascoal Barrufo da Bertioga. O caso é referido pelo padre Simão de Vasconcelos: "A tempo do jantar traçaram que servissem à mesa algumas Indias moças, descompostas e nuas...". Era um jantar a que se achavam presentes jesuítas, que se escandalizaram. (*Vida do veneravel padre Joseph de Anchieta da Companhia de Iesu* [...] *Composto pello padre Simão de*

Vasconcellos [...], Lisboa, 1672, p. 92). Teodoro Sampaio registra o fato, acrescentando que "as escravas índias, formosas na sua tez morena, davam lugar a amiudadas tempestades domésticas" ("São Paulo no tempo de Anchieta", *III Centenário do Venerável Joseph de Anchieta*, São Paulo, 1900).

65. Diz Capistrano de Abreu (loc. cit.), referindo-se aos primeiros índios cristianizados, que "como os vestuários não chegavam para todos, andavam mulheres nuas". Baseia-se no padre Cardim. O padre visitador do século XVI nos dá este flagrante das primeiras índias vestidas: "vão tão modestas, serenas, direitas e pasmadas, que parecem estátuas encostadas a seus pagens, e a cada passo lhes caem os pantufos, porque não têm de costume" (*Tratados da terra e gente do Brasil*, cit.). Por onde se sente o ridículo, com sua ponta de tristeza, que deve ser acompanhado a imposição de vestuários aos indígenas de 1500. Anchieta informa dos índios sob a influência cristã dos primeiros missionários: "Quando casam vão ás bodas vestidos e á tarde se vão passear somente com o gorro na cabeça sem outra roupa e lhes parece que vão assim mui galantes" (*Informações e fragmentos históricos do padre Joseph de Anchieta*, cit. p. 47).

66. Entre outros cronistas registra essas doenças Simão de Vasconcelos: "Accendeu-se quasi de repente uma como peste terrivel de tosse e catarro mortal sobre certas casas de indios baptisados [...]" (*Crônica da Companhia de Jesus dos Estados do Brasil*, 2ª ed., Rio de Janeiro, 1864, p. 65). W. D. Hambly atribui à intermitência no uso do vestuário pelo selvagem – que frequentemente se verificou no Brasil – a responsabilidade de muitas doenças dizimadoras dos primitivos quando postos em contato com os civilizados (*Origins of education among primitive peoples,* Londres, 1926). Teodoro Sampaio generaliza sobre a higiene e saúde dos primeiros índios escravizados pelos colonos no Brasil: "Não eram sadios os escravos. A vida sedentária nas lavouras fazia-lhes mal, morrendo grande número de pleurises, câmaras de sangue, afecções catarrais e do cobrelo, que se tornara terrível e mui frequente entre eles" ("São Paulo no fim do século XVI", *Rev. Inst. Hist. de São Paulo*).

67. Westermack, *The origin and development of moral ideas*, cit.

68. Ives D'Evreux, cit.

69. Jean de Léry, *Histoire d'un voyage raict en la t'erre du Brésil* (*Nouvelle édition avec une introduction et des notes par Paul Gaffarel*), Paris, 1880.

70. Sigaud, op. cit.

71. Robert H. Lowie, *Are we civilized?*, Londres, s.d.

72. Robert H. Lowie, op. cit.

73. William Graham Summer, *Folkways*, Boston, 1906.

74. Léry, op. cit., II, p. 9.

75. Léry, op. cit., p. 136. Parece-nos Jean de Léry um dos dois mais seguros cronistas que escreveram sobre o Brasil do século XVI. O outro é Gabriel Soares de Sousa, de quem diz com toda a razão Oliveira Lima: "O senhor de engenho baiano, tão minucioso nas suas descrições topográficas, quão meticuloso nas etnográficas, pode considerar-se um dos guias mais seguros para o estudo da rudimentar psicologia tupi. Não lhe toldavam o espírito exclusivas tendências de proselitismo, como aos padres da Companhia, Simão de Vasconcelos, por exemplo; nem ilusões de uma teologia romântica, como aos capuchinhos franceses do Maranhão, Claude D'Abbeville e Ives D'Evreux" (*Aspectos da literatura colonial brasileira*, Leipzig, 1895). De frei André Thévet nem é bom falar. Convém ler o seu livro – cheio de reparos interessantes – mas como se lê um romance ou novela. É o primeiro em francês sobre o Brasil: *Les singularitez de la France antarctique, autrement nommée Amérique* [...] par F. André Thévet. E é Thévet, dos primeiros cronistas, quem se ocupa com mais exatidão do caju: o livro traz uma gravura de índio trepado a um cajueiro tirando caju. Faz o elogio da castanha assada: *"Quãt ou noyau qui est dedãs, il est très bon à manger, pourueu qu'il ait passé legerement par le feu"*. O professor A. Métraux serviu-se largamente de Thévet para seu notável estudo sobre a religião dos Tupinambá, iniciando assim a reabilitação do ingênuo e às vezes fantástico capuchinho francês, do qual há na verdade páginas insubstituíveis no meio das novelescas, pelas informações e sugestões que oferecem. Essa reabilitação está sendo continuada pelo tradutor de Thévet ao português, Prof. Estevão Pinto.

O professor Manuel Soares Cardoso, da Universidade Católica de Washington, que estudou demoradamente o caso Thévet, chegou sobre o assunto a conclusões que se caracterizam pelo equilíbrio e objetividade. Escreve o professor Cardoso: *"What may one say in conclusion? It is plain, certainly, that Thévet is not a great figure in the historiography of colonial Brazil, although he ranks high for the quality of his information on the aborigines and on natural history* [...] *it will not do to exaggerate his importance, for it is true that if we place him in the company of distinguished foreigners who wrote on Brazil during colonial times, in whose company he of course belongs, he cannot measure up either as a chronicler or as a historian, to men like Vespucci, Barlaeus and, later, Southey"* ("Some remarks concerning André Thévet", *The Americas*, nº 1, vol. 1, julho, 1944). Colocando-se contra os que ultimamente vêm exagerando a importância de Thévet mas, ao mesmo tempo, reconhecendo valor na obra do franciscano, o professor Cardoso apresenta a questão nos seus justos termos.

76. Léry, op. cit., I, p. 139.

77. Léry, op. cit., I, p. 125.

78. Gabriel Soares, op. cit., p. 320.

79. Herbert S. Smith, op. cit.

80. Heloísa Alberto Torres, "Cerâmica de marajó" (conferência), Rio de Janeiro, 1929.

81. Thomas, op. cit.

82. Westermarck, *The origin and development of moral ideas*, cit.

83. Wissler, *Man and culture*, cit.

84. Theodore Faithful, *Bisexuality*, Londres, 1927.

85. Pensam cientistas modernos que certas formas de tuberculose e prisão de ventre, de tratamento psíquico, são meios de compensação, no homem introvertido, da impossibilidade de satisfazer-se femininamente nos seus desejos sexuais. Theodore Faithful escreve a esse respeito no seu ensaio já referido: *"Consumption is a ready means of satisfaction to an introvert who cannot use the libido in artistic or mental creative work, and who either has not a womb to use, or if possessed of one does not wish to use it, or whose desires in that direction are inhibited by attachments to relatives or economic necessity".* E ainda sobre os meios de compensar-se o homem introvertido da impossibilidade de expressão sexual feminina: *"Chronic constipation is one of these ways, and it is used to satisfy introverted or female desires [...] In introverted men also it gives a satisfaction to the psyche unobtainable by the use of their reproductive apparatus. [...] The abnormal laying on of abdominal fat is another means of psychical satisfaction to introverted men who are unable to use up the libido in creative work; and in unmarried extraverted women".*

86. O choco ou *couvade* colocava o homem em situação de receber, por "doente", atenções que de outra maneira caberiam só à mulher, com a qual ele se identificava pelos resguardos e cuidados especiais que se impunha: "o marido se deita logo na rede, onde está muito coberto [...] em o qual lugar o visitam seus parentes e amigos, e lhe trazem presentes de comer e beber, e a mulher lhe faz muitos mimos [...]" (Gabriel Soares de Sousa, *Roteiro geral*, cit.). R. R. Schuller explica a *couvade* pelo *"egoísmo paterno,* acompanhado duma boa dose de rivalidade com a parida" ("A couvade", *Boletim do Museu Goeldi,* vol. VI, 1910); explicação que se aproxima, mas vagamente e de longe, da sugestão aqui esboçada. Sociologicamente talvez represente a *couvade* o primeiro passo no sentido de reconhecer-se a importância biológica do pai na geração. É preciso considerar o fato de raramente haver conexão essencial para o selvagem entre o intercurso sexual e a concepção. A noção de paternidade ou maternidade, noção antes sociológica, pela qual se estabelecem a descendência e a família entre os primitivos, corresponde em geral ao conhecimento apenas aproximado, vago da interferência de um ou outro sexo no processo de geração. Entre várias tribos do Brasil dominava a crença de nascer o primeiro filho da interferência de um demônio chamado *uauiara* – muito significativamente para um freudiano – com a forma de um peixe, o boto, considerado o espírito tutelar dos demais peixes (Couto de Magalhães, *O selvagem*,

Rio de Janeiro, 1876). Parece, entretanto, que a noção mais geral, ao tempo da descoberta, era a referida por Anchieta de ser o ventre da mulher um saco no qual o homem depositasse o embrião. Noção mais adiantada que aquela. Von den Steinen (op. cit.), aprofundando-se no estudo da *couvade*, foi dar com a noção, entre os indígenas do Brasil Central, de ser o homem quem deita o ovo ou os ovos no ventre da mulher, chocando-os durante o período da gravidez. O ovo é identificado com o pai; de tal modo, que a palavra *ovo* e a palavra *pai* em Bakairi têm igual derivação. O filho não é considerado senão a miniatura. No ventre da mãe só faz desenvolver-se como a semente na terra. Daí supor o selvagem que os males que afetam o pai possam afetar, por efeito de magia simpática, ao filho recém-nascido. Daí resguardarem-se em geral os dois: pai e mãe; ou exclusivamente o pai. Veja-se sobre o assunto, além dos trabalhos mencionados por Schuller no seu estudo já referido, "A couvade", e dos acima citados – especialmente o de Von den Steinen – os estudos recentes de Rafael Karsten, que dedica à *couvade* um dos melhores capítulos do seu *The civilization of the South American Indians*; de Walter E. Roth, "An inquiry into the animism and the folklore of the Guiana Indians", *13th Annual Report, Bureau of American Ethnology*, Washington, 1915. Também o de H. Ling Roth, "On the significance of the couvade", *Journal of the Anthropological Institute of Great Britain and Ireland*, vol. 22, 1893. – *"The sociological problem it involves can hardly be said to have been completely solved"*, diz Karsten da *couvade*.

87. *"Numerous reports attest the presence in various tribes of effeminate men who avoid male occupations and disregard masculine astir; they dress as women and participate in feminine activities. Not infrequently such men function as magicians and seers"* (Alexander Goldenweiser, "Sex and primitive society", em *Sex and civilization*, ed. by Calverton e Schmalhausen, Londres, 1929).

88. Westermarck, *The origin and development of the moral ideas*, cit.

89. *"The female or introverted men became the priests, the medicine men, the inventors, the magicians and the extraverted the fighters"* (Theodore J. Faithful, *Bisexuality*, cit.).

90. Para Thompson os homens efeminados *"though they may have a poor physique, a less stable mentality and no great love for mainly sports or warlike exercises, often have, by reason of their bisexual outlook, a stereoscopic view of life, a quick intelligence, cunning, tenacity, patience, and a power of opportune adaptation, together with a strong desire for self-expression. In fact, they often have an unusually large amount of emulation and emotional energy, which cannot, of course, be expressed in motherhood and may not find an adequate outlet in paternity, since their proper sexual impulses are apt to be weak or confused or restrained by various conventions. They are, indeed, lustful rather than lusty fellows"* (R. Lowe Thompson, *The history of the devil*, Londres, 1929).

91. Carpenter, apud Coldenweiser, op. cit.

92. Soares de Sousa, op. cit., p. 313.

93. Entre outros casos o do índio Luís, "somitigo que usa do peccado nefando, sendo paciente em lugar de fêmea, o qual he moço de idade de arredor de dezoito annos" (*Primeira visitação do santo ofício às partes do Brasil, pelo licenciado Heitor Furtado de Mendonça – Denunciações da Bahia – 1591-1593*, São Paulo, 1925, p. 458); do índio Acauí, contra o qual depõe Francisco Barbosa por o ter visto praticar o "pecado nefando" com Baltasar de Lomba, "ambos em hua rede e sentio a rede rugir e a elles ofegarem como que estavão no trabalho nefando e assim entendeo estarem elles fazendo o ditto peccado e ouvio ao ditto negro huas palavras na língua que querião dizer queres mais" (*Primeira visitação do santo ofício às partes do Brasil – Denunciações de Pernambuco – 1593-1595*, São Paulo, 1929, p. 399).

94. Tomás de Aquino, *Summa theologica*; e já o apóstolo Paulo na *Epístola aos Coríntios*: "Nem os efeminados, nem os sodomitas [...] hão de possuir o reino de Deus".

95. Westermarck, *The origin and development of the moral ideas*, cit.

96. Léry, op. cit., II, p. 87.

97. Léry, op. cit., II, p. 87.

98. O berço dos indígenas desta parte da América parece ter sido a tipoia ou faixa de pano prendendo a criança às costas da mãe, e a rede pequena. Sobre o berço entre os ameríndios em geral, veja-se O. T. Mason, "Cradles of the American aborigines", *Report of the States National Museum*, 1886-1887. É interessante para os brasileiros o fato de que a rede ameríndia para adultos – cama ambulante e móvel – tornou-se conhecida na Europa ou, pelo menos, na Inglaterra, sob o nome "cama brasileira" (*"Brazil bed"*). No meado do século XVI, Sir Walter Raleigh dizia das redes em que se deitavam os indígenas da América: "[...] hammocks, which me call *Brazil beds*" (*Oxford English Dictionary*, citado por Siegfried Giedion, *Mechanization takes comand: a contribution to anonymous history*, Nova York, 1948, p. 473).

Leia-se também o que Giedion escreve sobre o processo de mecanização da rede, mecanização baseada em mobilidade. Desse processo se aproxima, segundo o mesmo autor, a arte do escultor norte-americano Alexander Calder, na qual "a obsessão" do norte-americano pela solução dos problemas de movimento teria encontrado sua primeira expressão nitidamente artística. A rede, entretanto, pode ser considerada manifestação já artística do gosto de repouso combinado com o prazer do movimento, que se comunicou dos indígenas da América aos primeiros conquistadores europeus do continente, entre os quais o próprio Cristóvão Colombo em 1492. Colombo foi um dos primeiros europeus a fazerem a apologia da rede (Samuel Eliot Morison, *Admiral of the south sea*, Boston, 1942, cit. por Giedion, op. cit.). No Brasil, a *"Brazil bed"* desenvolveu-se em uma das expressões mais características não só do gosto de repouso, temperado por fácil recurso à sensação de movimento, do senhor patriarcal de casa-grande, como da própria arte brasileira de tecido e de decoração. É assunto – a rede no Brasil – que pede estudo especializado, no qual se analise sua importância sob critério psicossociológico, considerando-se, ao mesmo tempo, sua importância artística.

Euclides da Cunha, em *Os sertões*, refere-se, mais uma vez, à rede no Brasil sertanejo ou pastoril, acentuando, em uma dessas referências, o contraste, na vida do vaqueiro, da "máxima quietude" com a "máxima agitação": "[...] passando [...] da rede preguiçosa e cômoda para o lombilho duro, que o arrebata, como um raio, pelos *arrastadores* estreitos, em busca das malhadas" (*Os sertões*, 20ª ed., Rio de Janeiro, 1946, p. 120).

99. Léry, op. cit., II, p. 98.

100. Léry, op. cit., II, p. 99.

101. Soares, op. cit., p. 164.

102. Soares, op. cit., p. 170.

103. H. C. de Sousa Araújo, "Costumes paraenses", *Boletim Sanitário*, ano 2, nº 5, Rio de Janeiro, 1924.

104. Teodoro Sampaio, op. cit.

105. Couto de Magalhães, op. cit.

106. J. F. de Araújo Lima, op. cit.

107. Teodoro Sampaio, op. cit.

108. Teodoro Sampaio, op. cit.

109. Araújo Lima, loc. cit. O autor menciona outro processo indígena de preparar o peixe entre as populações rurais da Amazônia: a *mujica*. Trata-se de "qualquer qualidade de peixe, cozido ou moqueado, desfeito em pequenos fragmentos, depois de retiradas as espinhas, e engrossado no caldo próprio com farinha-d'água ou com polvilho (tapioca)".

110. *"L'emploi du piment pour relever l'insipidité des aliments"*, diz Sigaud (op. cit.), *"s'est introduit depuis lors dans les habitudes au point de constituer aujourd'hui l'indipsensable assaisonnement de tous les banquets* [...]". Em Pernambuco diz-se que o barão de Nazaré não ia a banquete sem levar pimentas no bolso da casaca, com receio de que o anfitrião, por elegância europeia, não as oferecesse à mesa.

111. Peckolt, op. cit.

112. A palavra "complexo" é empregada através deste ensaio no seu sentido antropológico ou sociológico, significando aquela série de traços ou processos que constituem uma espécie de constelação

cultural. É assim que existem o complexo da mandioca, o da *couvade,* o do leite, o da exogamia, o do tabaco etc. É preciso, diz Wissler em *Man and culture,* não confundir esse uso antropológico com o psicopatológico.

113. Soares, op. cit., p. 151.

114. Frank Clarence Spencer, "Education of the pueblo child", *Columbia University Contributions to Philosophy, Psychology and Education*, nº I, vol. 7, Nova York, 1899.

115. T. E. Stevenson, "The religious life of the zuñi child", *Bureau of Ethnology Report*, Washington, vol. V.

116. Alexander Francis Chamberlain, *The child and childhood in folk-thought,* Nova York, 1896.

117. Powers apud Chamberlain, op. cit.

118. No Brasil dos primeiros tempos, tanto quanto entre os selvagens, estava-se exposto a picadas e mordidelas de mil e um bichos venenosos ou daninhos: de cobra, de aranha caranguejeira, de lacrau, de piolho-de-cobra, de muriçoca, de mutuca, de nenê-de-galinha, de marimbondo, de bicho-de-pé, de onça, de piranha, de besouro. Mato, areia, a água dos rios – tudo povoado de vermes e insetos, de répteis e peixes sôfregos de sangue humano. Sigaud (op. cit.) escreve a esse respeito, referindo-se particularmente aos indígenas: *"Les piqûres, les morsures des animaux ou insectes venimeux les exposent au tétanos* [...]".

119. Muitas delas herdadas dos indígenas. Refere o autor dos *Diálogos das grandezas do Brasil*, cit., p. 275, que os índios, por mais animosos, se a caminho de alguma empresa "ouvirem cantar um passaro [a peitica] do qual já fiz menção, agourento para elles, desamparam a jornada, e se tornam a recolher [...]". É superstição que permanece no brasileiro do Norte, a da peitica: "Nos Estados do Norte ainda a têm por agourenta e não suportam sua presença na vizinhança das habitações", escreve Rodolfo Garcia em comentário ao diálogo sexto daquela crônica seiscentista. E em algumas das superstições e crenças nitidamente totêmicas dos indígenas, mencionadas pelo padre João Daniel, é fácil de reconhecer a origem de muitas das abusões hoje correntes no Norte, quando não em todo o Brasil, entre a gente do povo: "Também desde pequenos se crião", escreve o missionário, "com vários agouros em passaros, em feras do mato, e muitos contingentes; e por isso há passaros a quem não matão, nem fazem mal. E quando se avistam com algumas feras em taes tempos e occasiões, apprehendem que lhes há de succeder esta ou aquella desgraça, ou que hão de morrer, e são tão aferrados a estes dogmas, em que os criam os pais, que ainda que vejam o contrario não ha de tirar-lhes da cabeça. Um destes seus agouros é com a anta, de que fallamos acima: similhante tem com o ouriço cacheiro, a que chamam gandú-açu, que lhes annuncia a morte, porque o viram deste ou daquelle modo; e com muitos outros animais ("Thesouro descoberto no maximo rio Amazonas", Principio da 2ª Parte, que trata dos Indios do Amazonas, da sua fé, vida, costumes etc. – copiada de um manuscripto da Biblioteca Pública do Rio de Janeiro, *Rev.*

do Inst. Hist. Geog. Bras., nº 7, vol. II, Rio de Janeiro, 1858). Informa Montoya ("Manuscrito Guarani da Biblioteca Nacional do Rio de Janeiro sobre a primitiva catechese dos indios das missões", *Anais da Biblioteca Nacional*, vol. VI) que entre indígenas por ele observados, entrando no meio de gente um veado ou um sapo, era sinal de morte próxima de um dos presentes. Pela lista de superstições regionais que preparou, com seus colaboradores do Recife, o professor Ulisses Pernambucano de Mello, vê-se que grande número das crendices populares no Norte relacionam-se, como as dos índios, a animais e vegetais agourentos ou que dão felicidade; o besouro mangangá entrando dentro de casa é péssimo sinal, como é qualquer borboleta preta ou sapo, mas já a aranha e a "esperança" vêm trazer ou anunciar felicidade. Sobre o assunto vejam-se os interessantes ensaios de João Alfredo de Freitas, "Algumas palavras sobre o fetichismo religioso e político entre nós", Pernambuco, 1883, e "Lendas e superstições do norte do Brasil", Recife, 1884. Também o *Folk-lore brésilien*, do barão de Sant'Anna Nery, Paris, 1889. O estudo de Basílio de Magalhães, *O folclore no Brasil* (Rio de Janeiro, 1928), traz excelente bibliografia, registrando os trabalhos mais importantes que têm aparecido sobre as superstições e crendices do brasileiro.

120. Já Mansfield observara em 1852: *"I find the people here (at least the English people to whom I have spoken) know very little about the natural productions"* (Charles B. Mansfield, *Paraguay, Brazil and the Plate*, Cambridge, 1856).

121. A rede figura na história social do Brasil como leito, meio de condução ou viagem e de transporte de doentes e cadáveres. Existe a convenção da rede branca conduzir cadáveres e a vermelha feridos. "O transporte dos cadáveres, nas zonas rurais, em toda a extensão do Brasil, efetuava-se e ainda se efetua em redes. São essas redes, que colocadas aos ombros robustos de sertanejos e matutos, devoram léguas, até depor o cadáver na igreja ou cemitério da freguesia" (Francisco Luís da Gama Rosa, "Costumes do povo nos nascimentos, batizados, casamentos e enterros", *Rev. do Inst. Hist. Geog. Bras.*, tomo especial, Primeiro Congresso de História Nacional, parte V, Rio de Janeiro, 1917).

122. Cardim, op. cit., p. 170.

123. Montoya (op. cit., p. 296) fala de povoações como Itapuã onde "a vida das crianças não era duradoura, morriam muito facilmente; algumas morrem até no ventre de suas mães, outras apenas em nascidas, sem serem batizadas". Sobre o assunto, leia-se também Afonso de E. Taunay, *São Paulo nos primeiros anos*, 1920. O Sr. Sérgio Milliet sugere, em página inteligente, que a importância dada aos anjos e crianças em nossa sociedade colonial (conforme evidências apresentadas neste ensaio) talvez se relacione com o "desenvolvimento do barroco" no Brasil, salientado pelo professor Roger Bastide ("Psicologia do cafuné", *Planalto*, 1-XI-1941, São Paulo).

124. Montoya, op. cit., p. 308.

125. Roquette-Pinto, *Rondônia*, cit.

126. Léry, op. cit., II, p. 95.

127. Erland Nordenskiöld, cit. em análise bibliográfica do *Boletim do Museu Goeldi (Museu Paraense) de História Natural e Etnografia*, vol. VII, Pará, 1913.

128. *Boletim do Museu Goeldi*, cit. Aliás já J. W. Fewkes chegara à conclusão de serem as bonecas dos civilizados sobrevivências de ídolos dos primitivos (apud A. F. Chamberlain, *The child*, 3ª ed., Londres).

129. Roquette-Pinto, *Rondônia*, cit.

130. Bronislaw Malinowsky, *The sexual life of savages in North Western Melanesia*, Londres, 1929.

131. A. F. Chamberlain salienta um fato que nos parece lícito associar ao complexo brasileiro do jogo do bicho: o de noviços e neófitos, entre várias sociedades primitivas, serem postos em reclusão ou jejum até verem em sonho ou alucinação o animal destinado a ser o seu gênio tutelar e cuja forma lhes é muitas vezes tatuada no corpo (*The child and childhood in folk-thought*, cit.). Muito jogador de bicho tem o seu animal predileto que lhe aparece em sonho para "trazer-lhe a sorte".

132. J. García Mercadal, *España vista por los extranjeros; relaciones de viajores y embajadores (siglo XVI)*, Madri, s.d.

133. Cardim, op. cit., p. 175 e 310. Em artigo no jornal *A Manhã*, de 12 de abril de 1942, sob o título "Mundo imaginário", o Sr. Afonso Arinos de Melo Franco lamenta não se lembrar de nenhum trabalho brasileiro sobre jogos e brinquedos tradicionais. As páginas dedicadas ao assunto, neste ensaio, são de 1933.

134. João Daniel, op. cit., p. 112.

135. João Daniel, op. cit., p. 291.

136. Frei Vicente do Salvador, op. cit., p. 59.

137. Léry, op. cit., p. 137-138.

138. Léry, op. cit., p. 88.

139. Cardim, op. cit., p. 170.

140. Léry, op. cit., p. 91.

141. Soares, op. cit., p. 314.

142. Karsten, op. cit.

143. Whiffen, op. cit.

144. Isto é, os verdadeiros nomes, recebidos na infância: estes se supõem ligados magicamente à alma do indivíduo (Karsten, op. cit.).

145. "[...] alguns delles pela manhã, em despertando, se levantam e fazem fincapé no chão, com as mãos para o céo, para terem mão nelle que não caia e assim lhes parece que fica direito por todo aquelle dia" (padre Luís Figueira, *Relação do Maranhão, documentos para a história do Brasil e especialmente do Ceará, 1608-1625,* Fortaleza, 1904).

146. Montoya, op. cit., p. 164-165.

147. Simão de Vasconcelos, *Vida do veneravel padre Joseph de Anchieta da Companhia de Iesu, taumaturgo do novo mundo na provincia do Brasil* [...], Lisboa, 1672, p. 102.

148. Cardim, Gabriel Soares, Gandavo, todos se referem horrorizados, ao monstro marinho. Na sua *História da província de Santa Cruz* [...] (ed. de 1858) Gandavo traz a figura do *hipupiara*: é de aterrar. Desse monstro diz ainda o padre Cardim (op. cit.) que os naturais lhe tinham tão grande medo que "só de cuidarem nelle morrem muitos e nenhum que o vê escapa". E pormeniza: "parece-se com homens propriamente de bôa estatura mas tem os olhos muito encovados". Havia fêmeas: "as femeas parecem mulheres, tem cabellos compridos e são formosas; acham-se esses monstros nas barras dos rios doces. Em Jagoaripe sete ou oito leguas da Bahia se tem achado muitos [...]". Artur Neiva acredita que o *hipupiara* fosse algum "exemplar desgarrado da *Otaria Jubata* Forster, 1755" (*Esboço histórico sobre a botânica e zoologia no Brasil,* São Paulo, 1929).

149. Da magia sexual no Brasil pretendia ocupar-se, de modo geral, em trabalho de que só deixou as primeiras páginas, publicadas na *Rev. do Inst. Hist. Geog. de Pernambuco*, nº 102, Recife, 1910, o historiador e crítico brasileiro Alfredo de Carvalho.

150. "*It follows*", diz Hartland, "*that peoples in that stage of thought cannot have, in theory at all events, the repugnance to a sexual union between man and the lower animals with which religious training and the growth of civilization have impressed all the higher races. Such peoples admit the possibility of a marriage where in one part may be human and the other an animal of a different species, or even a tree or a plant*" (Edwin Sidney Hartland, *The science of fairy tales,* 2ª ed., Londres, 1925).

151. Gilberto Freyre, "Vida social no nordeste", em *Livro do Nordeste* (comemorativo do centenário do *Diário de Pernambuco*), Recife, 1925; e posteriormente José Lins do Rego, *Menino de engenho* (novela), Rio de Janeiro, 1932. Do assunto também se ocupa Cícero Dias, no seu romance auto-biográfico, em preparo, *Jundiá*.

152. G. S. Hall, "Study of fears", apud Alexander Francis Chamberlain, *The child, a study in the evolution of man*, 3ª ed., Londres.

153. Os medos que Hall chama de "gravidade", isto é, medo de cair, de perder a direção, o tino, e da terra fugir dos pés etc., comuns entre os primitivos, exprimiram-se em várias abusões e lendas correntes no Brasil dos primeiros tempos e ainda encontradas no interior e nos sertões. "Das águas

do Grão-Paraguai", escreve Teodoro Sampaio referindo-se ao século XVI, "lá no íntimo dos sertões, corria a fama de que, precipitando-se em formidanda catadupa, com espantoso estrondo, faziam tremer a terra e perder o tino ao vivente que do espaço o ouvia" (cit. por Taunay, *São Paulo nos primeiros tempos*, cit.). Sobre outras lendas e superstições ligadas aos grandes rios e à floresta, e de origem ameríndia, veja-se o livro póstumo de Afonso Arinos, *Lendas e tradições brasileiras*, São Paulo, 1917.

154. Sílvio Romero, *Provocações e debates*, cit.

155. Abbé Étienne, "La secte musulmane des malés du Brésil et leur révolte en 1835", *Anthropos*, Viena, jan.-mar., 1909.

156. Auguste de Saint-Hilaire, *Voyages dans l'intérieur du Brésil*, Paris, 1852.

157. Soares, op. cit., p. 321.

158. Arthur S. B. Freer, *The early franciscan and jesuits*, Londres, 1922.

159. Fr. Zephyrin Engelhardt, *The missions and missionaries of California*, 1929. Veja-se também o livro de frei Basílio Röwer, *Páginas da história franciscana no Brasil*, Rio de Janeiro, 1941, com abundante bibliografia, inclusive de manuscritos, e várias notas interessantes sobre conflitos da atividade dos franciscanos com a dos jesuítas, no Brasil. A atividade dos jesuítas se acha opulentamente descrita pelo padre Serafim Leite na sua *História da Companhia de Jesus no Brasil*, Lisboa, 1938, obra notável pela seleção, ordem, método e documentação. A seleção, é claro, do ponto de vista jesuítico.

Em um dos seus eruditos estudos sobre a formação do Brasil diz o Sr. Sérgio Buarque de Holanda não acreditar que a ação dos jesuítas sobre a cultura dos indígenas tenha sido desintegradora "senão na medida em que ela é inerente a toda atividade civilizadora, a toda transição violenta de cultura, provocada pela influência dos agentes externos. Onde os inacianos se distinguiram dos outros – religiosos e leigos – foi, isso sim, na maior obstinação e na eficácia maior do trabalho que desenvolveram. E sobretudo no zelo todo particular com que se dedicaram, de corpo e alma, ao mister de adaptar o índio à vida civil, segundo concepções cristãs" ("S. J.", *Cobra de vidro*, São Paulo, 1944, p. 97).

Talvez haja nessas palavras excesso de generalização. Pois ao contrário do que parece sugerir o ilustre ensaísta, pode-se admitir diferença de grau na ação desintegradora de culturas indígenas exercida pelos diversos grupos missionários cristãos que se têm posto em contato com as populações indígenas da América, da África, da Ásia, da Austrália e de várias ilhas. É que seus métodos de "adaptar o índio à vida civil" e suas "concepções cristãs" têm variado consideravelmente. Sobre essa diversidade de critério e de método vejam-se: Robert Ricard, *Études et documents pour l'histoire missionaire de l'Espagne et Portugal*, Paris, 1931 e a *"Conquête spirituelle" du Mexique – Essai sur l'apostolat et lês méthodes missionaires des ordres mendiants en Nouvelle-Espagne de 1523-24 a 1572*, Paris, 1933; Juan Suárez de Peralta, *Noticias históricas de la Nueva España* (edição de Justo Zaragoza), Madri, 1878 (que procura explicar por que os indígenas da área por ele estudada preferiam os franciscanos aos outros missionários): J. Alves Correia, *A dilatação da fé no império português*, Lisboa, 1936; Lewis Hanke, *The first social experiments in America*, Cambridge, 1935. O professor Hanke mostra que a atitude do governo e das ordens religiosas espanholas em relação aos ameríndios foi quase sociologicamente experimental e que nos inquéritos que se realizaram sob esse critério colheram-se opiniões contraditórias, uns julgando os indígenas *"abiles, demuy buenos juyzios e entendiementos"* e outros, *"gente que quiere ser mandada y no dexallo a su querer"* ("Appendix B"). A última parece ter sido a ideia predominante entre os missionários jesuítas, derivando-se provavelmente daí seu método considerado por alguns excessivamente paternalista, de lidar com os indígenas do Brasil e de outras partes da América. Outros críticos, como os antropólogos William Cecil Dampier e Catherine Durning Whethan, no seu *The family and the nation – A study in natural inheritance and social responsability*, Londres, 1909, p. 160, louvam os jesuítas precisamente pela política, por eles seguida nas Américas, de segregação dos indígenas em reduções (evitando-se assim a miscigenação) e pelo seu sistema de *"perpetual parental tutelage"* desde que, para os mesmos jesuítas, segundo os referidos antropólogos, *"the Indian wind was incapable of a high development"* ("a inteligência do índio era incapaz de alto desenvolvimento"). É certo que no Brasil os jesuítas, na sua primeira fase de ação missionária, deram à educação dos meninos indígenas rumo intelectualista. Na sua segunda fase é que seguiram o sistema das reduções caracterizado pela segregação de grandes grupos ameríndios sob um regime de absoluto paternalismo. Este regime culminou no "Estado" paraguaio (1601-1767) caracterizado pelo professor Walter Goetz como *"a virtual autocracy controlling the native population by communistic economic and social regulation"* (*Encyclopaedia of the Social Sciences*, Nova York, 1935, p. 388).

Sobre o assunto vejam-se mais: A. H. Snow, *The question of aborigines*, Nova York, 1921; W. C. Mac Lead, *American Indian frontier*, Nova York, Londres, 1928; Carmelo Vinas Mey, *El estatuto del obrero indígena en la colonización española*, Madri, 1929; George W. Hinman, *The American Indian and christian missions*, Nova York, 1933; Jules Harmand, *Domination et colonisation*, Paris, 1910; G. H. L-F. Pitt-Rivers, *The clash of cultures and the contact of races*, Londres, 1927; frei Basílio Röwer, *Páginas da história franciscana no Brasil*, Rio de Janeiro, 1941. Este destaca (p. 51-52) que os franciscanos fundaram aldeias no norte do Brasil mas "no sul seguiam sempre o sistema das missões volantes, quer dizer, doutrinaram o gentio no seu próprio *habitat* [...]". "E se no fim do século XVII se encarregaram da administração espiritual e temporal de diversas aldeias já existentes foi a instâncias da autoridade civil. Com isto, porém, não deixaram o sistema a que davam preferência e que parece mais consentâneo à regra e índole da Ordem", isto é, o de liberdade dos índios. Diante do que torna-se evidente ter sido maior a intensidade e extensão da inevitável ação desintegradora exercida pelas reduções jesuíticas que a exercida pelos franciscanos. Os jesuítas das reduções não só afastavam os indígenas do seu *habitat* para conservá-los em meios artificiais como os privaram de liberdade de expressão e de ambiente favorável ao desenvolvimento de suas aptidões e capacidades, fazendo-os, ao contrário, seguir vida puramente mecânica e duramente regulada de eternas crianças, eternos aprendizes e eternos robôs, cujo trabalho era aproveitado por seus tutores.

Ao mesmo tempo, nenhum estudioso honesto do assunto pode negar que no Brasil os missionários jesuítas destacaram-se dos demais pela "maior obstinação" e "eficácia maior do trabalho que desenvolveram". Os do primeiro século de colonização chegaram a ser heroicos, tal a intensidade do seu esforço no meio de tremendas dificuldades.

160. Vasconcelos, *Chronica*, cit., p. 43.

161. Soares de Sousa, op. cit., p. 321.

162. Sobre os característicos e tendências da chamada "mentalidade primitiva" leia-se o trabalho de Lévy Bruhl, *Mentalité primitive,* Paris, 1922.

163. Cadernos escritos à mão por Anchieta: "ainda naquelle tempo não havia nestas partes copia de livros, por onde pudessem os discipulos aprender os preceitos da grammatica. Esta grande falta, remediava-a a caridade de José à custa do seu suor, e trabalho, escrevendo por propria mão tantos quadernos dos ditos preceitos quantos eram os discipulos que ensinava [...]" (Vasconcelos, *Chronica,* cit., p. 118).

164. Os estudos sobre a chamada "mentalidade primitiva" mostram como é doloroso para eles separarem-se de vez do seu meio físico regional, a que estão ligados por um sistema de relações místicas: totêmicas e animistas. Este equilíbrio de relações místicas rompia-se com a segregação jesuítica.

165. Cit. por João Lúcio de Azevedo, *Os jesuítas no Grão-Pará*, cit.

166. Simplismo considerado por Sir J. G. Frazer *"always dangerous and not seldom disastrous"*, esse de se abolirem velhos sistemas morais sem lhes assegurar a substituição real, e não artificial (Introdução ao livro de C. W. Hobey, *Bantu beliefs and magic*, Londres, 1922). Também Wissler (*Man and culture*, cit.) indica as desvantagens que decorrem para as populações selvagens das boas intenções moralizadoras e civilizadoras dos missionários, mesmo quando neles não se antecipa o imperialismo econômico dos grandes países capitalistas. E Pittrivers (op. cit.) escreve: *"the inevitable result of destroying all the old culture forms and environmental conditions in the endeavour to impose too dissimilar a culture upon a people specialized by a long process of adaptation to particular conditions is actually to exterminate them"*. Acrescentando: *"It follows from this that all Missionary endeavour among heathen and savage peoples [...] is incapable of achieving any result in the end except to assist in the extermination of the people it professes to assist"*.

O triângulo rural do Nordeste: casa, engenho e capela. Desenho de M. Bandeira, 1937.

ACERVO DA FUNDAÇÃO GILBERTO FREYRE

Cícero Braga de Souza Leão. Engenho Floresta. Jaboatão, Pernambuco.

Antônio de Siqueira Cavalcanti. Engenho Metapagipe. Cabo, Pernambuco.

Maria dos Anjos Magarinos de Souza Leão.
Engenho Caraúna. Jaboatão, Pernambuco.

Beleza típica do Brasil no século XIX.
Acervo da Fundação Gilberto Freyre.

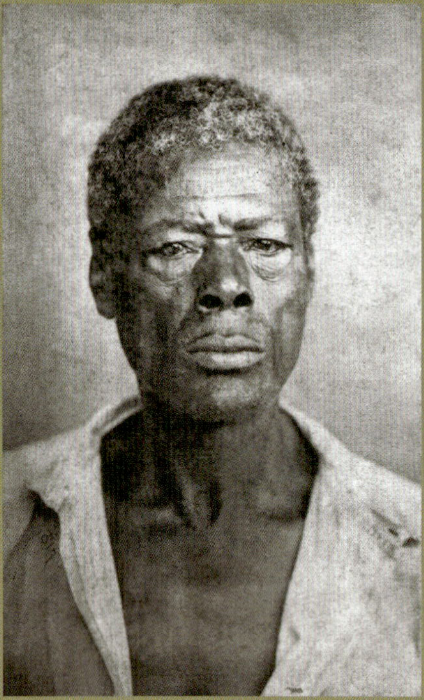

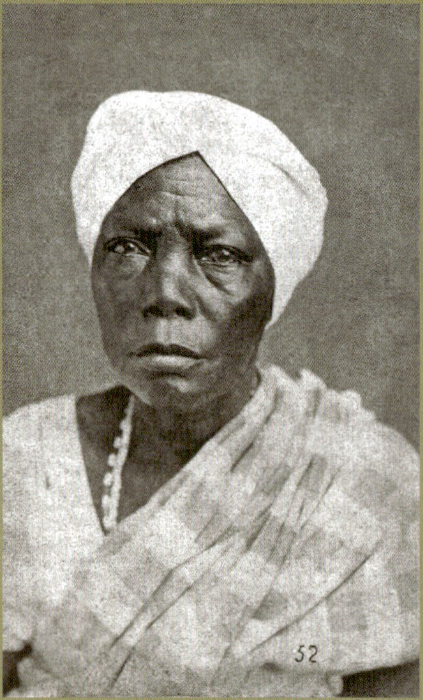
52

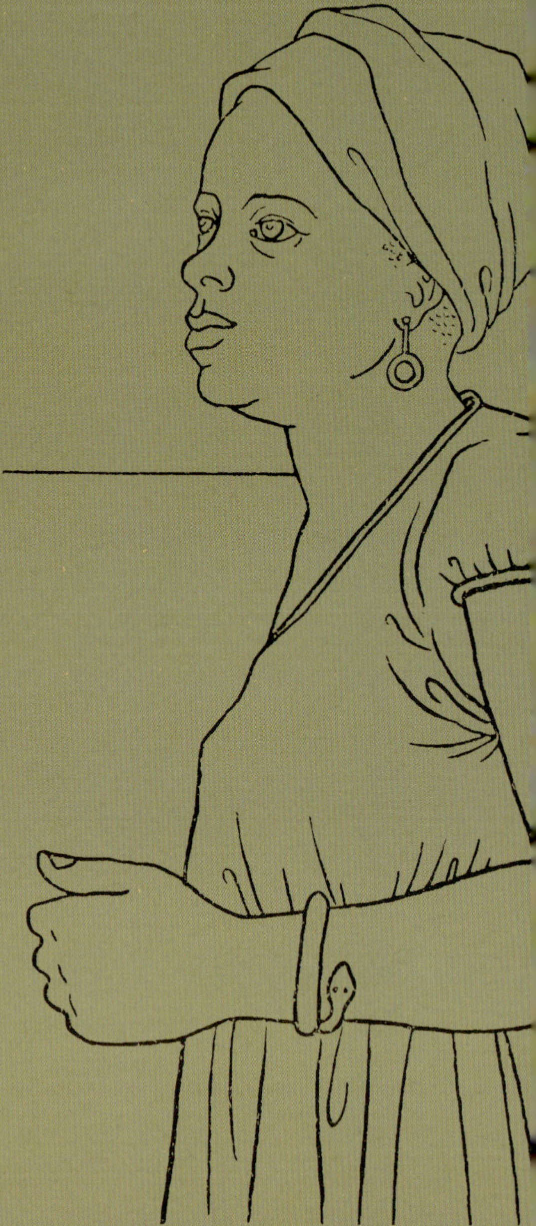

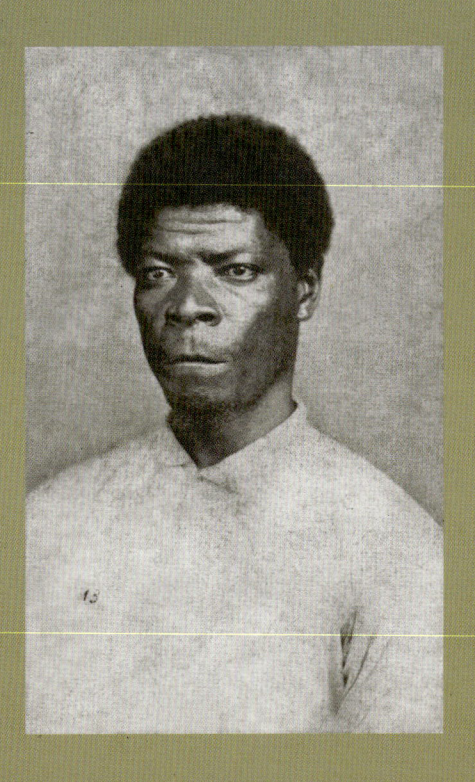

Escravos ou alforriados do Brasil agrário-patriarcal.

Nota-se a dignidade de porte salientada por vários observadores estrangeiros que conheceram o Brasil escravocrático.

ACERVO DA FUNDAÇÃO GILBERTO FREYRE

Acima: **Mulher Camacan Mongoyo.**

Ao lado: **Tipos de habitação indígena.**

J.-B. Debret em *Voyage Pittoresque et historique au Brésil.*

Acervo da Fundação Gilberto Freyre

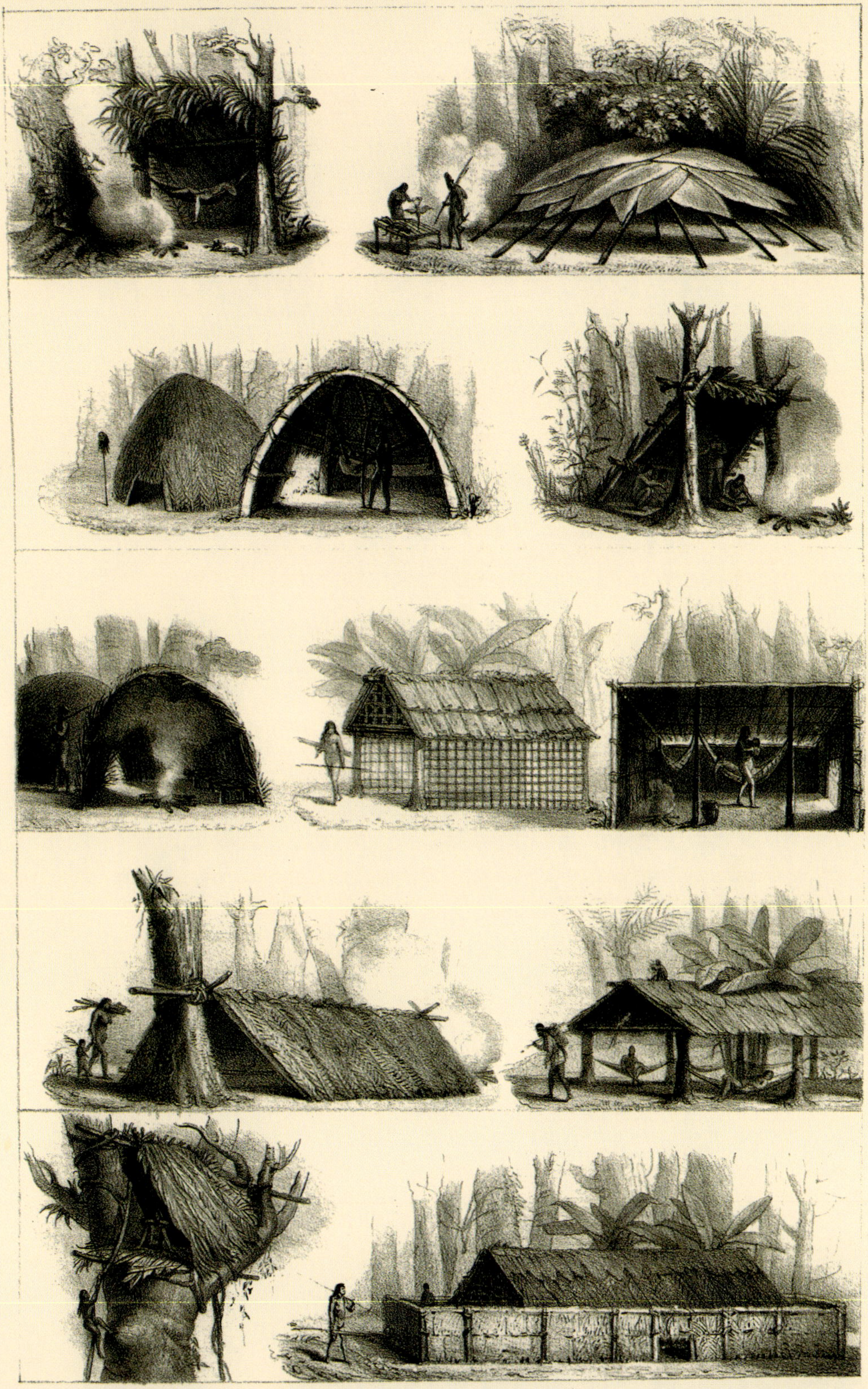

ACIMA:

Casa-grande e capela do Engenho Monjope. Igarassu, Pernambuco. Foto de Wilson Carneiro da Cunha.

Casa-grande do Engenho Riqueza. Escada, Pernambuco.

AO LADO:

Engenho Noruega.

Mobiliário característico das antigas casas-grandes.

ACERVO DA FUNDAÇÃO GILBERTO FREYRE

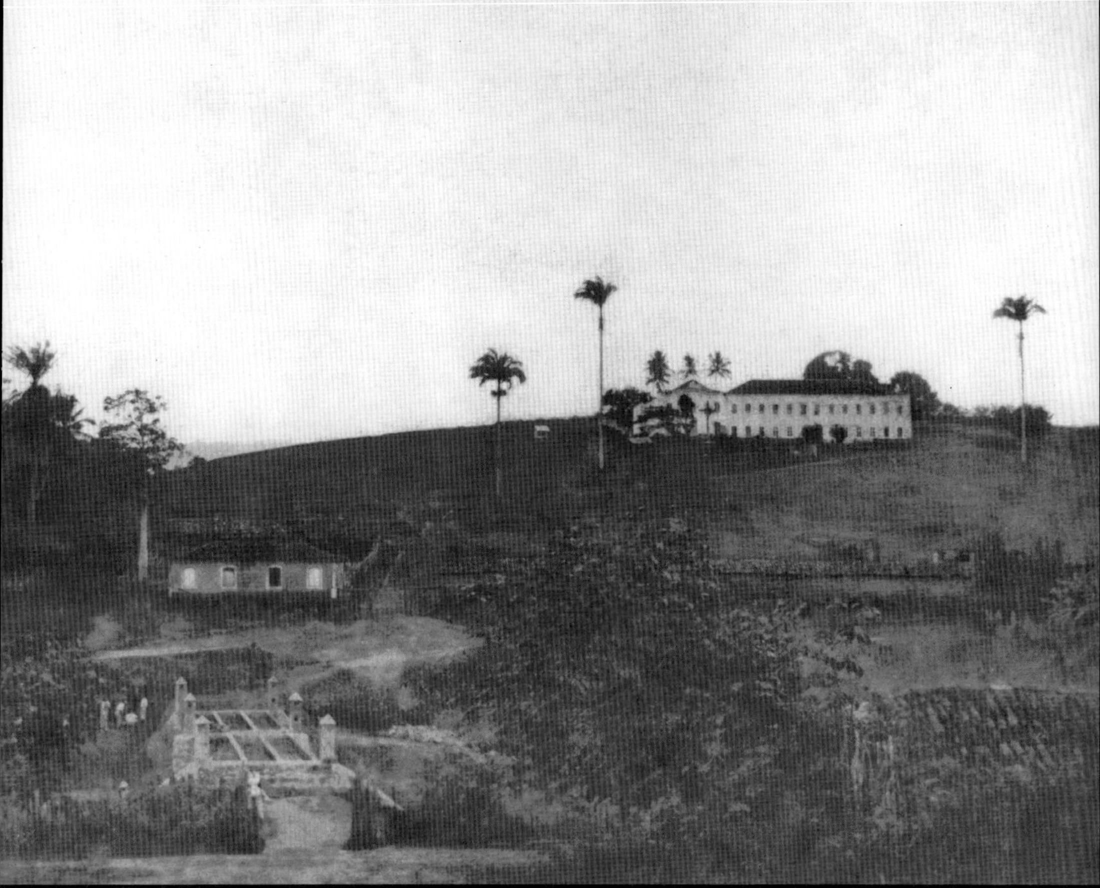

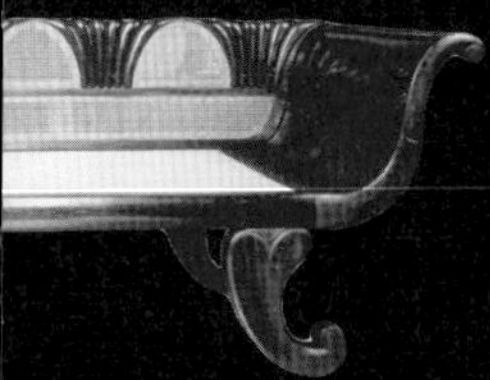

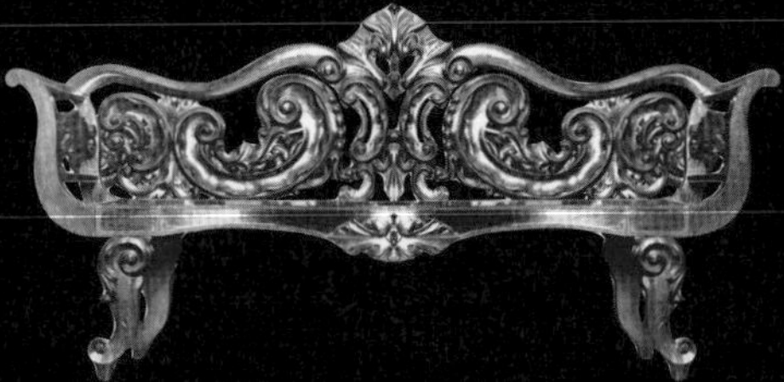

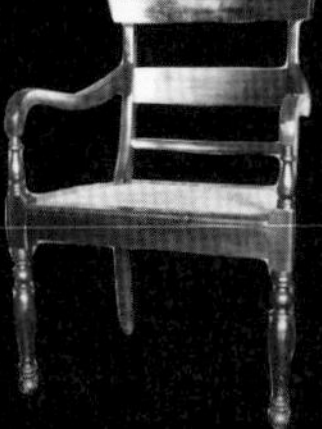

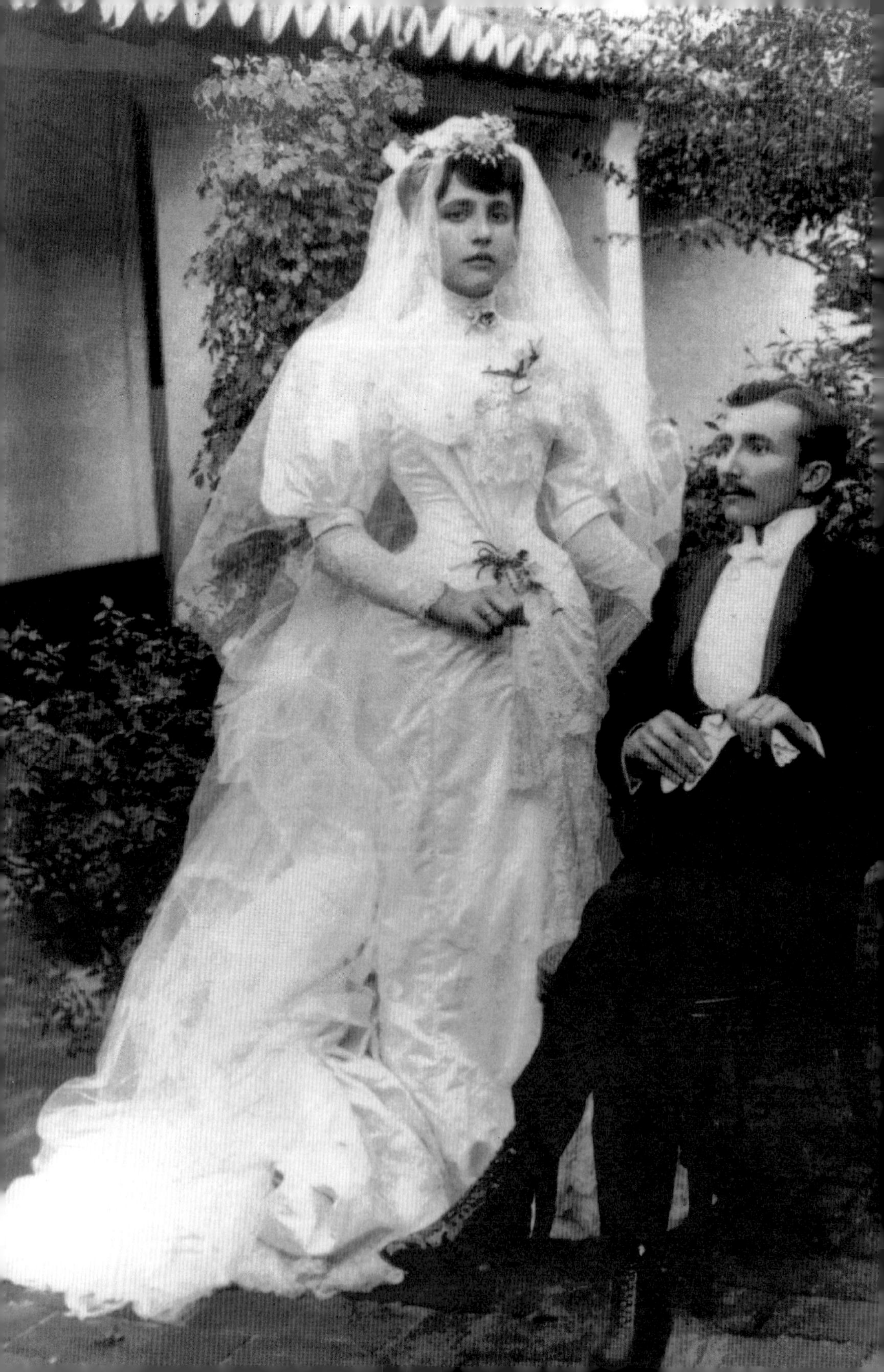

À ESQUERDA: **João Joaquim de Albuquerque Mello e Maria Digna Pessoa de Mello. Usina Água Branca. Quipapá, Pernambuco.**

À DIREITA: **Casais da segunda metade do século XIX.**

ACERVO DA FUNDAÇÃO GILBERTO FREYRE

Acima: **Vestuário típico das brasileiras de meados do século XIX.**

Ao lado: **Ama escrava e menino Augusto Gomes Leal (c. 1860).**

Acervo da Fundação Gilberto Freyre

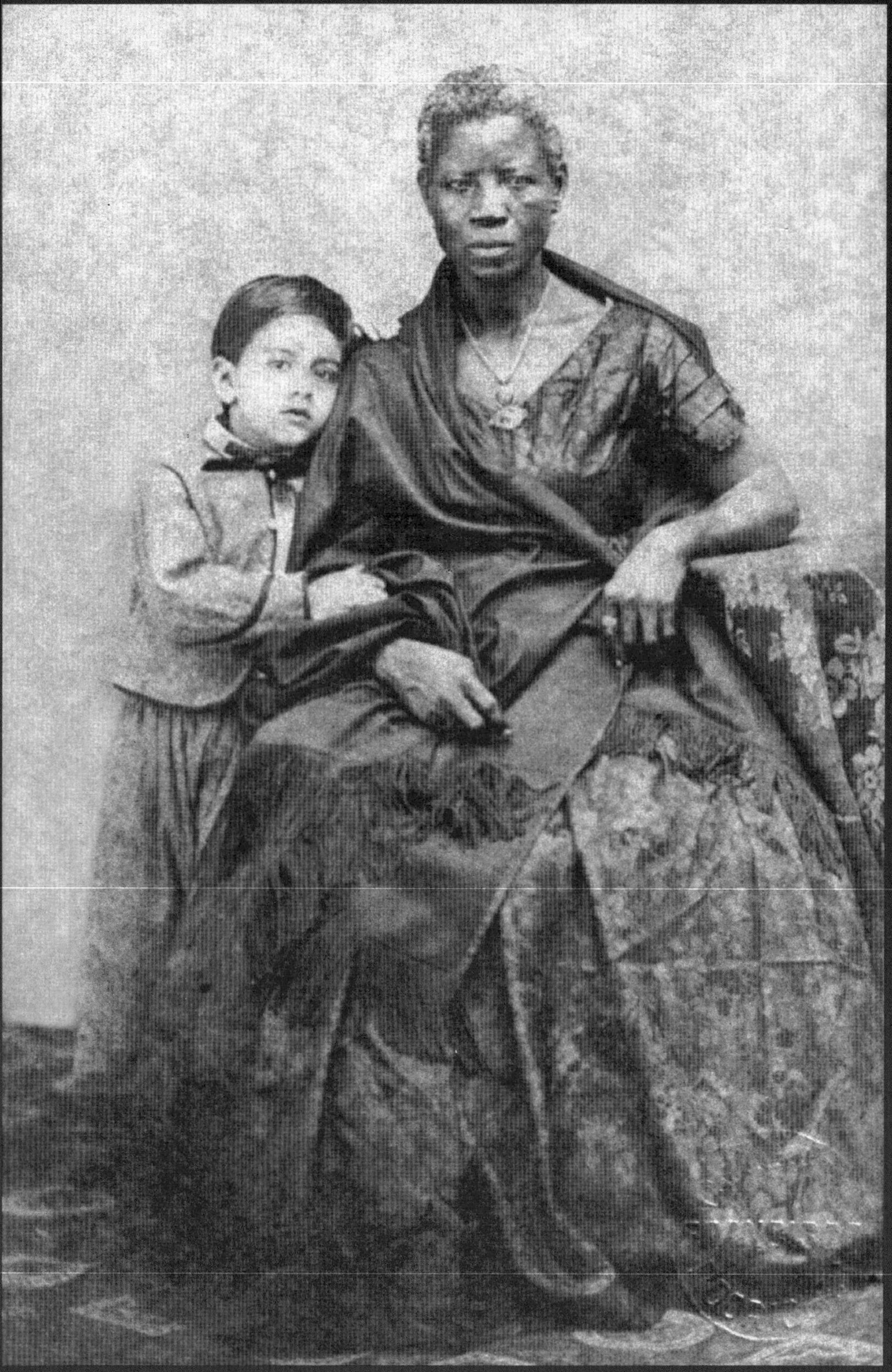

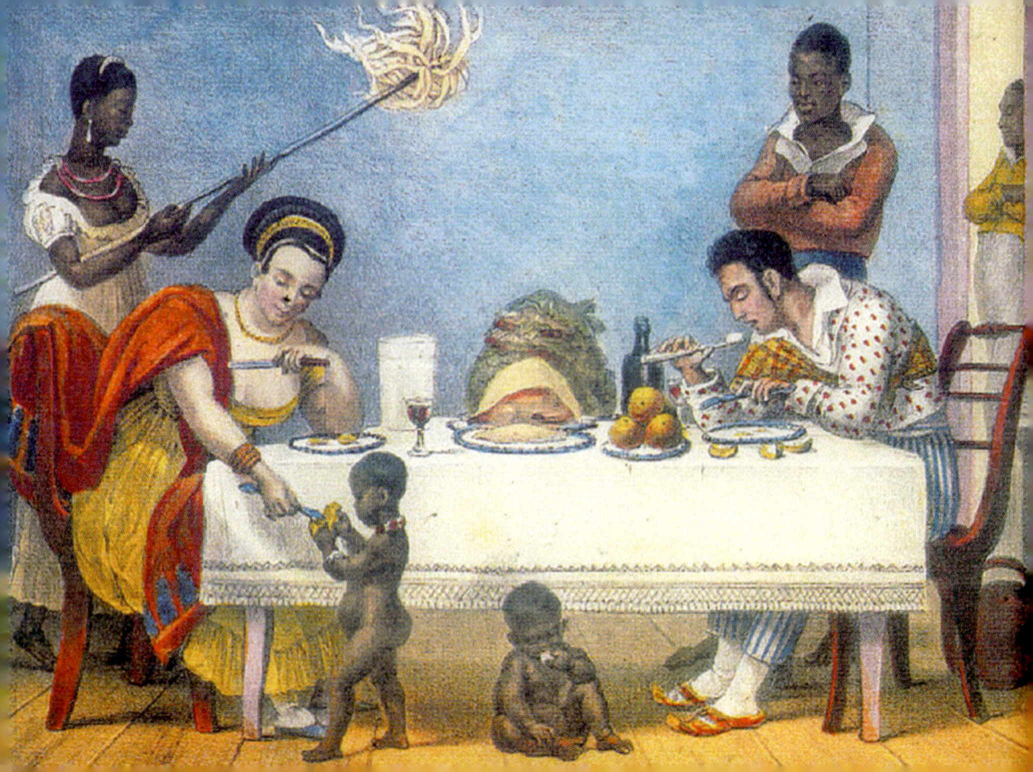

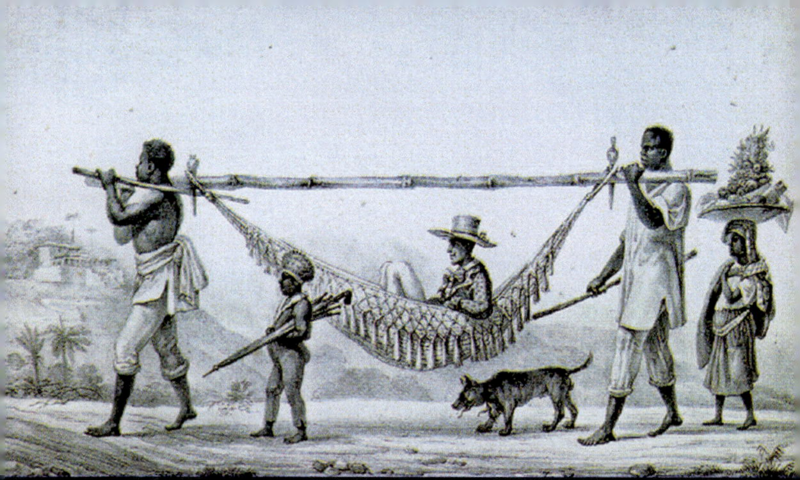

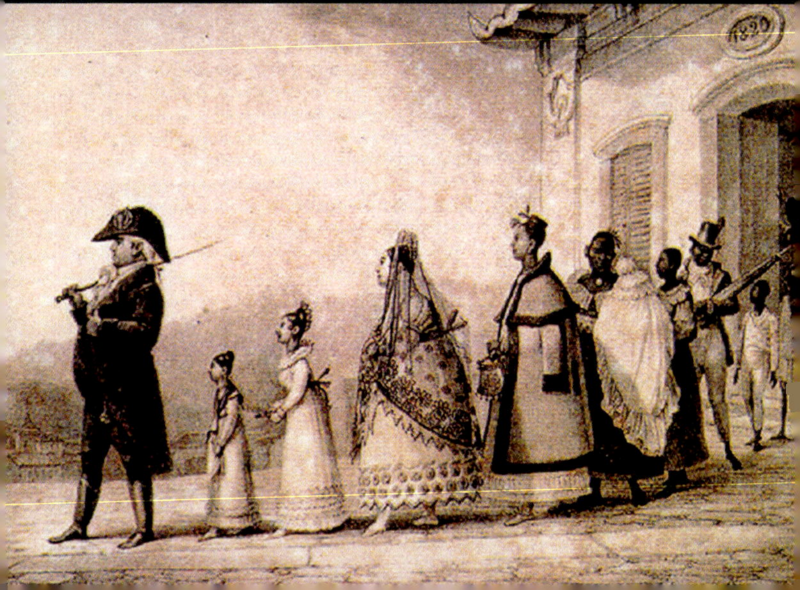
1820

Ao lado: **Roda-d'água do Engenho Jaboatãozinho (Moreno - PE). Foto de Alcir Lacerda, 1980.**

Abaixo: **Carro de Boi. Bico de pena de Poty, 1972.**

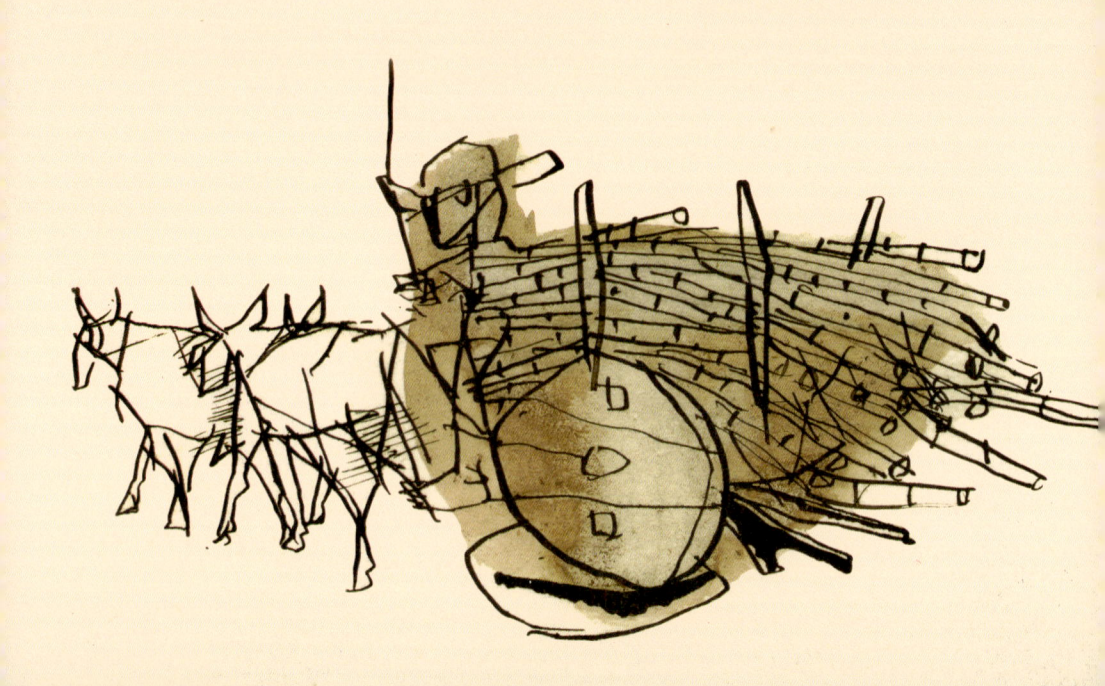

Acervo da Fundação Gilberto Freyre

167. "A primeira traça com que sahiram", escreve dos jesuítas o padre Simão, "foi fazer familiares de casa (ainda à custa de dadivas e mimos) os meninos filhos dos indios; porque estes, por menos divertidos e por mais habeis que os grandes, em todas as nações do Brasil, são mais faceis de doutrinar; e doutrinados os filhos, por elles se começariam a doutrinar os paes: traça que a experiência mostrou ser vinda do céo [...]". Granjeados os meninos filhos de índios, foram pelos jesuítas postos a aprender a "ler, escrever, contar, ajudar a missa e doutrina christã: e os que estavam mais provectos sahiam em procissões pelas ruas entoando canto de solfa, as orações, e os mysterios da fé, compostos em estylo. Com o que se alegravam immensamente os paes". "Chegava a ser demasiada a opinião que se tinha destes meninos entre os indios; porque os respeitavam como cousa sagrada; nenhum ousava obrar cousa alguma contra sua vontade, criam no que diziam e cuidavam que nelles estava posta alguma divindade: até os caminhos enramavam por onde haviam de passar" (Vasconcelos, *Chronica*, cit., p. 125). Sobre o assunto escreve Couto de Magalhães: "estes meninos, quando chegavam a ser homens, eram escolas vivas, porque possuindo igualmente bem as duas línguas, eram o cio indispensável para aproximar as duas raças" (*O selvagem*, cit.). Leia-se também sobre o sistema de catequese e pedagógico dos primeiros jesuítas, Pires de Almeida, *L'instruction publique au Brésil,* Rio de Janeiro, 1889.

168. Era um velho feiticeiro chamado Teguacari. Os padres soltaram-no no meio da meninada, que a princípio teve medo; mas "pouco a pouco foi passando o medo, e por fim de contas todos juntos atiravam-se para a banda delle, accometeram-no, deram com elle no chão e o maltrataram de todos os modos" (Montoya, op. cit., p. 250).

169. *III Centenário do venerável, padre Joseph de Anchieta*, Paris-Lisboa, 1900.

170. É verdade que os etnólogos lamentam o fato de que no Brasil a "Igreja nivelou mais, apagou os característicos traços étnicos e peculiares de tantas tribos indígenas, extintas já ou prestes a extinguir-se. Uma correnteza poderosa abraçou todos os elementos que encontrou no seu percurso e uniformizou todos e em toda parte" (Emílio Goeldi, "O estado atual dos conhecimentos sobre os índios do Brasil", em *Boletim do Museu Paraense de História Natural e Etnografia*, nº 4, vol. II).

171. Teodoro Sampaio, *O tupi*, cit.

172. Cit. por Taunay, *História geral das bandeiras*, cit.

173. Teodoro Sampaio, *O tupi*, cit.

174. *Vida do venerável padre Joseph de Anchieta, da Companhia de Iesu* [...] *composta pello P. Siman de Vasconcellos* [...], Lisboa, 1622, p. 126.

175. Vasconcelos, *Vida do venerável padre Joseph de Anchieta,* cit., p. 130.

176. F. A. Varnhagen, *História geral do Brasil*, cit.

177. *III Centenário do venerável padre Joseph de Anchieta,* cit.

178. Varnhagen, op. cit.

179. Vasconcelos, *Vida do venerável padre Joseph de Anchieta,* cit., p. 130.

180. Teodoro Sampaio, *O tupi,* cit.

181. José Antônio de Freitas, *O lirismo brasileiro,* Lisboa, 1873.

182. Afonso de Escragnolle Taunay, *São Paulo no século XVI,* Tours, 1921.

183. *III Centenário do venerável padre Joseph de Anchieta,* cit.

184. Varnhagen, op. cit.

185. J. M. de Madureira, S. J.,*A liberdade dos índios e a Companhia de Jesus, sua pedagogia e seus resultados,* Rio de Janeiro, 1927 (tomo especial do Congresso Internacional de História da América, vol. IV).

"Quanto a nós", escreve sobre o sistema dos jesuítas o cônego Fernandes Pinheiro, "grande erro era o d'aniquilar inteiramente a vontade dos catechumenos e neophytos, reduzindo-os ao mesquinho papel de machinas ambulantes. Considerando os indios como meninos que necessitam de guias para se não despenharem nos abysmos do vicio, de tutores para não dissiparem a propria fazenda, entenderam os varões apostolicos que primeiro os chamaram ao gremio da Igreja e da civilização, que deveram ser elles esses guias; no que não se enganaram. Levando, porém, mais longe o zelo que pela familia espiritual tinham, transmitiram intacto tão grande poder aos seus successores, esquecendo que era elle por sua natureza precario, e apenas proprio para a primeira phase de transição da vida selvagem para a civilizada. Daqui nasceu o abuso que assignalamos, daqui proveio que jamais teve o indio autonomia, jamais pensou em dirigir-se por suas inspirações, em assumir a responsabilidade de seus atos: daqui originou-se finalmente a destruição total da obra da catechese, que tão prospera e vivaz parecia, logo que faltou-lhe o braço jesuitico que de pé a sustinha" (Introdução à *Chronica da Companhia de Jesus do Estado do Brasil* etc., pelo padre Simão de Vasconcelos, 2ª ed., Rio de Janeiro, 1864). Do mesmo cônego Fernandes Pinheiro leia-se sobre o assunto "Ensaio sobre os jesuítas",*Rev. Inst. Hist. Geog. Bras.*, tomo XVIII. Convém ler, ao lado de ensaios sobre os jesuítas mais ou menos impregnados de fervor apologético – os de Joaquim Nabuco, Eduardo Prado, Teodoro Sampaio, Brasílio Machado (*III Centenário do venerável padre Joseph de Anchieta,* Paris-Lisboa, 1900); J. P. Calógeras, *Os jesuítas e o ensino,* Rio de Janeiro, 1911; Eugênio Vilhena de Morais, "Qual a influência dos jesuítas em nossas letras?", *Rev. Inst. Hist. Geog. Bras.*, (tomo especial, Congresso de História Nacional, Parte V, Rio de Janeiro, 1917), as poucas tentativas de crítica histórica, como os "Apontamentos para a história dos jesuitas, extrahidos dos chronistas da Companhia de Jesus" (*Rev. Inst. Hist. Geog. Bras.,* tomo XXXIV, Rio de Janeiro, 1871) de Antônio Henrique Leal. Este, aliás, é o primeiro a reconhecer a dificuldade de "refletir criticamente" sobre a história dos jesuítas, de que "eles são os próprios escritores e, por consequência, não isenta de grande soma de parcialidade e inverossimilhança". Sobre a organização do trabalho nas missões jesuíticas no Brasil, veja-se Livro IV, Cap. I de *Le travail en Amérique avant et après Colomb*, de L. Capitain e Henri Lorin, Paris, 1930. Os recentes trabalhos do padre Serafim Leite, sobre a história da Companhia de Jesus no Brasil são ricos de informações valiosas notando-se, entretanto, que o material é apresentado apologeticamente, dentro do ponto de vista jesuítico.

186. José Arouche Toledo Rendon, "Memória sobre as aldeias de índios da província de São Paulo", *Rev. do Inst. Hist. Geog. Bras.*, VI; João Mendes Júnior, *Os indígenas no Brasil – seus direitos individuais e políticos*, São Paulo, 1912.

187. "Não era talvez menor a tirania do religioso, na missão, que a do lavrador, na fazenda", escreve João Lúcio de Azevedo. E ainda: "não resta dúvida que certos padres não tinham com os neófitos a caridade devida; por leves culpas os mandavam açoutar e meter em troncos; e nem sequer os *principais*, que o prestígio de sua autoridade devera resguardar, escapavam aos humilhantes castigos" (*Os jesuítas no Grão-Pará, suas missões e a colonização*, 2ª ed., Coimbra, 1930).

188. Arouche, "Memória", cit.

189. Arouche, "Memória", cit.

190. João Lúcio de Azevedo, *Os jesuítas no Grão-Pará*, cit.

191. João Lúcio de Azevedo, op. cit.

192. João Lúcio de Azevedo, *Os jesuítas no Grão-Pará*, cit.

193. O despovoamento parece ter sido enorme. Difícil de precisar qual fosse a população aborígine ao verificar-se a descoberta do Brasil, há evidências de sua relativa densidade "pelos menos", diz Azevedo, "no litoral do oceano e às margens dos rios". O mesmo fato é salientado por M. Bonfim, *O Brasil na América*, cit.

194. Azevedo, op. cit.

195. *Crônica da Companhia de Jesus pelo Padre Jacinto de Carvalho*, manuscrito da Biblioteca de Évora, apud Azevedo, op. cit.

196. *Memórias sobre o Maranhão*, do padre José de Morais, apud A. J. de Melo Morais, *Corografia*, Rio de Janeiro, 1858; João Francisco Lisboa, *Timon*, cit.; Arouche, "Memória", cit.; padre Antônio Vieira, *Obras várias*, Lisboa, 1856 e 1857; Agostinho Marques Perdigão Malheiro, *A escravidão no Brasil*, Rio de Janeiro, 1866; J. J. Machado de Oliveira, "Notícia raciocinada sobre as aldeias de índios da província de São Paulo", *Rev. do Inst. Hist. Geog. Bras.*, VIII.

197. Perdigão Malheiro, op. cit.

198. J. F. Lisboa, *Timon*, cit.

199. João Lúcio de Azevedo, *Os jesuítas no Grão-Pará*, cit.

200. Antônio Vieira, citado por Azevedo, op. cit.

201. Taunay, *São Paulo no século XVI*, cit.

202. Vasconcelos, *Chronica*, cit., p. 65.

203. Escreve Keller dos portugueses: *"They were so given to the slave-system that they could no longer provide for themselves. A biological differentiation of functions, as it were, had left them, like Darwin's slave-making ants, in a sort of parasitic relation to a subject race"* (A. G. Keller, *Colonization, etc.*, cit., Boston, Nova York, 1908).

204. Vejam-se as *Atas da Câmara de São Paulo*, cit.

205. Taunay, *História geral das bandeiras paulistas*, cit.

206. Cardim, op. cit., p. 320.

207. Gandavo, op. cit., p. 119.

208. Nóbrega, *Cartas*, cit., p. 110.

209. Léry, op. cit., I, p. 122-123.

210. Soares, op. cit., p. 306. Acrescenta Soares: "[...] bons dentes, alvos, miúdos, sem nunca lhes apodrecerem [...] pernas bem feitas, pés pequenos [...] homens [...] de grandes forças" (p. 306).

211. Cardim, op. cit.

212. Pero Vaz de Caminha, *Carta*, cit.

213. Alexander Goldenweiser, "The significance of the study of culture for sociology", *Journal of Social Forces*, vol. III, 1924.

214. Rivers, apud Goldenweiser, loc. cit.

215. Citado por J. Isidoro Martins Júnior, *História do direito nacional*, Rio de Janeiro, 1895.

216. No que chama "direito público interno" dos indígenas encontra Beviláqua "quase nula repressão do furto", "o comunismo tribal com ausência absoluta do domínio territorial", penas às mulheres adúlteras, do talião, vindita de família etc. ("Instituições e costumes jurídicos dos indígenas brasileiros no tempo da conquista", apud Martins Júnior, op. cit.).

217. Este costume indígena foi adotado pelos primeiros colonos. Anchieta escreve, referindo-se aos colonos e aos padres: "andarem descalços é uso da terra e não lhes dá tanta pena o trabalho como

si fora na Europa e desta maneira fazem os mui ricos e honrados da terra" (*Informações e fragmentos do padre Joseph de Anchieta, S. J., 1584-1586*, cit.).

Quanto à coivara, não se deve entender por sua influência sobre a técnica da lavoura no Brasil patriarcal o puro fato de se devastarem matas – prática muito do Portugal antigo e da Europa mediterrânea de antes da colonização lusitana do Brasil – mas a sistematização de tais devastações pelo fogo segundo processos ameríndios adotados pelos portugueses. Tudo indica que estes, em seu maior número, agiram na América do Sul de modo idêntico a muitos colonos ingleses na América do Norte, isto é, praticavam a chamada "lavoura de pioneiros" valendo-se de métodos ou sugestões ameríndias. Métodos simplistas e às vezes brutais.

Em 1849 o professor J. F. Johnston já notava terem os agricultores brancos da Nova Inglaterra seguido os métodos pouco econômicos de lavoura encontrados entre os ameríndios. O assunto foi posteriormente estudado pelo professor Alfred Holt Stone no seu trabalho "Some problems of Southern economic history" em *Readings in the economic history of American agriculture* (organizado por Schmidt e Ross, Nova York, 1925, p. 274-292) onde chegou à conclusão de tenderem os pioneiros em terras vastas e baratas à exploração do solo por métodos menos econômicos que os empregados no seu país de origem. Também F. J. Turner (*The frontier in American history*, Nova York, 1921) estudou o assunto destacando a tendência dos pioneiros europeus na América para seguirem técnicas ameríndias; e o professor Rupert B. Vance em *Human geography of the south – A study in regional resources and human adequacy* (Chapel Hill, 1932) analisa o conflito entre processos de pioneiros e processos de colonização patriarcal-escravocrata (*"plantation"*). Esse conflito, porém, não excluiu a preservação de técnicas adquiridas dos ameríndios pelos pioneiros em suas primeiras expansões de fronteira econômica europeia sobre terras americanas.

Entre nós, Peckolt estudou esse aspecto da colonização europeia para concluir atribuindo ao sistema de trabalho escravo o que aqui se denomina a sistematização da coivara como método de exploração da terra (Theodoro Peckolt, *História das plantas alimentares e de gozo do Brasil*, Rio de Janeiro, 1871). Peckolt destaca que o fato de, no Brasil, o cultivador procurar "esgotar as terras o mais depressa possível" foi estimulado pela escravidão, devido a faltarem braços (escravos) "para a laboriosa estrumação de terras" como a praticada na Europa (p. 62). A "estrumação unicamente pelas cinzas" característica do processo indígena, pois este não se limitava à queima de mata para limpeza sumária, rápida e brutal de terreno a ser utilizado com fins agrícolas – dispensava os cuidados e conhecimentos de estrumação menos simplista conhecidos e praticados pelos lavradores europeus.

Diante disso não parece ter razão o Sr. Afonso Arinos de Melo Franco ao procurar negar, em notável trabalho (*Desenvolvimento da civilização material no Brasil*, Rio de Janeiro, 1944, p. 18), a influência direta da coivara, como traço de cultura indígena, sobre a lavoura do Brasil português. Embora ninguém ignore que em Portugal e na Europa mediterrânea praticou-se a devastação de matas, antes de descoberto e colonizado o Brasil, verificou-se aqui a revivescência do processo como "processo pioneiro" de lavoura com desprezo por técnicas mais adiantadas e econômicas de estrumação praticadas na Europa.

No mesmo trabalho o autor parece esquecer, entre os elementos de civilização material a adoção, por um país, de plantas utilizadas por outro: adoções com que quase sempre se enriquece uma economia ou uma cultura quando em contato com outra. No Brasil foi considerável a adoção pelos portugueses, de plantas alimentares, medicinais e de gozo cultivadas ou utilizadas pelos ameríndios e pelos africanos. É pena que o autor de *Desenvolvimento da civilização material no Brasil* tenha desprezado esse aspecto das relações da cultura europeia com as extraeuropeias no Brasil. Tal omissão é tanto mais para ser notada quanto o referido historiador parece ser dos que tendem a defender a tese de que a civilização brasileira pouco tem de extraeuropeia. Esta tese seria igualmente defendida com especial vigor pelo escritor Afrânio Peixoto que, em brilhante ensaio sobre "O homem cósmico da América", apresentado ao 3º Congresso Internacional de Catedráticos de Literatura Ibero-americana reunido em 1942 em Nova Orleans e publicado na *Memória* do mesmo Congresso (Nova Orleans, 1944), sustenta: "Chega-se a falar, para ofender a Europa, em civilizações 'ameríndias' e 'afro-índias', que são apenas desabafos políticos ou tendências eleitorais efêmeras, por não consistentes. Na realidade, só há uma civilização na América: é a civilização branca importada, apenas americanizada" (p. 116-117). As conclusões de Afrânio Peixoto foram impugnadas, no mesmo Congresso, pelos professores W. Rex Crawford, Vásquez Amaral, Alberto Rembao e outros, tendo o professor Crawford lembrado a influência africana no desenvolvimento de várias culturas americanas. Veja-se também sobre o assunto Gilberto Freyre, *Problemas brasileiros de antropologia*, Rio de Janeiro, 1943.

Em comentário ao estudo do Sr. João Dornas Filho, *Influência social do negro brasileiro* (Curitiba, 1943), o Sr. Aires da Mata Machado Filho transcreve do mesmo estudo o seguinte trecho: "Quanto ao seu valor específico, ao 'tonus' do seu estádio intelectual em relação ao aborígine do Brasil, Max Schmidt destaca dois aspectos essenciais que lhe dão superioridade sobre este e que são o trabalho dos metais e a criação de gado. Gilberto Freyre acrescenta a arte culinária e ambos se esquecem da agricultura que o negro já praticava racionalmente, como se sabe, com a cana-de-açúcar e o milho, sendo que este último o índio só utilizava cozido ou assado, desconhecendo o processo de moagem para o fubá e outros mingaus, que o negro introduziu na nossa dieta" ("Índios e negros", *Planalto*, São Paulo, janeiro, 1945, p. 26-27). A observação é interessante no que se relaciona à contribuição do negro para o desenvolvimento da civilização material, no Brasil, com valores e técnicas um tanto desprezadas pelo Sr. Afonso Arinos de Melo Franco em seu referido *Desenvolvimento da civilização material no Brasil*. Aí escreve o Sr. A. A. de Melo Franco que Nina Rodrigues e o professor Artur Ramos reconhecem "a pequenez da contribuição especificamente negra para a nossa civilização material", acrescentando que Artur Ramos, tratando da civilização material dos negros, apenas se refere à importação de pequenos objetos de bronze e outros metais e à fabricação de instrumentos de música de culto e de uso doméstico" (p. 19). Ficariam no olvido contribuições à agricultura como as destacadas pelo Sr. Dornas Filho – que certamente usa a palavra "milho" em sentido lato – à culinária, à arquitetura, à escultura, à pintura e ao trajo popular (o trajo da baiana, o turbante etc.) e à ourivesaria semipopular baiana.

218. Karsten, op. cit.

219. Gastão Cruls, op. cit., Sílvio Romero e João Ribeiro assim resumem a contribuição ameríndia à cultura brasileira: "Aos índios deve a nossa gente atual, especialmente nas paragens em que mais cruzaram, como é o caso no centro, norte, oeste, leste, e mesmo sul do país, muitos dos conhecimentos e instrumentos da caça e da pesca, várias plantas alimentares e medicinais, muitas palavras da linguagem corrente, muitos costumes locais, alguns fenômenos da mítica popular, várias danças plebeias e certo influxo na poesia anônima, especialmente no ciclo de *romances de vaqueiros*, muito corrente na região sertaneja do Norte, na famosa zona das secas, entre o Paraguaçu e o Parnaíba, a velha pátria dos Cariris" (*Compêndio de história da literatura*, 2ª edição refundida, Rio de Janeiro, 1909). E Afonso Cláudio no seu estudo sobre "As três raças na sociedade colonial – Contribuição social de cada uma" salienta que para a formação brasileira o indígena concorreu: "a) com o seu braço que foi um dos instrumentos de trabalho colonial; b) com o conhecimento dos cursos de água interiores do país, em que navegava e das florestas que varava e das quais foi sempre o guia nas explorações industriais e científicas e nas missões religiosas; c) com a divulgação de vegetais convinháveis à alimentação, como a farinha de mandioca, o *cauim* ou *cauaba*, nozes e castanhas silvestres; d) com a prática de extração de raízes, frutas, óleos e folhas, cipós e flores de propriedades terapêuticas, desconhecidas dos europeus; e) com o ensino do manejo do arco e flecha, dos laços e armadilhas para a captura do peixe e da caça, como o mundéu, o fojo, o jequiá e o tingui; f) com os empréstimos de seu vocabulário dialetal, para designar fatos de linguagem sem expressões correspondentes nas línguas portuguesa e africana; g) com o ensino e preparo da coivara, o governo das igaras nos rios e lagoas e o transporte nos rápidos e cachoeiras; h) com a aplicação ao uso doméstico e ao vestuário, das fibras têxteis, cipós e taquaras; i) com a tecelagem da rede de dormir e da de apreender o peixe, da tarrafa de tucum e da fisga; j) com o conhecimento e preparo do ticuna ou curare" (*Rev. do Inst. Hist. Geog. Bras.*, 1927, (tomo especial, vol. III). Entre outras muitas palavras que nos ficaram do tupi Teodoro Sampaio menciona as seguintes: arapuca, pereba, sapeca, embatucar, tabaréu, pipoca, teteia, caipira, todas de uso corrente no Brasil ("São Paulo de Piratininga no fim do século XVI", Rev. do Inst. Hist. Geog. de São Paulo, tomo IV).

III | O colonizador português: antecedentes e predisposições

Lavadeiras à beira do rio. J.-B. Debret, *Voyage Pittoresque et Historique au Brésil*, 1834, vol. 2, pr. 48. Acervo do Instituto de Estudos Brasileiros da USP.

V́arios pontos em que tocamos de leve no primeiro capítulo vamos neste ferir com mais força na tentativa de caracterizar a figura do colonizador português do Brasil. Figura vaga, falta-lhe o contorno ou a cor que a individualize entre os imperialistas modernos. Assemelha-se em uns pontos à do inglês; em outros à do espanhol. Um espanhol sem a flama guerreira nem a ortodoxia dramática do conquistador do México e do Peru; um inglês sem as duras linhas puritanas. O tipo do contemporizador. Nem ideais absolutos, nem preconceitos inflexíveis.

O escravocrata terrível que só faltou transportar da África para a América, em navios imundos, que de longe se adivinhavam pela inhaca, a população inteira de negros, foi por outro lado o colonizador europeu que melhor confraternizou com as raças chamadas inferiores. O menos cruel nas relações com os escravos. É verdade que, em grande parte, pela impossibilidade de constituir-se em aristocracia europeia nos trópicos: escasseava-lhe para tanto o capital, senão em homens, em mulheres brancas. Mas independente da falta ou escassez de mulher branca o português sempre pendeu para o contato voluptuoso com mulher exótica. Para o cruzamento e miscigenação. Tendência que parece resultar da plasticidade social, maior no português que em qualquer outro colonizador europeu.

Nenhum menos rígido no contorno. Menos duro nas linhas do caráter. Daí prestar-se a tantas e tão profundas deformações. Não é uma "lenda negra", como a grande, sinistra, que prestigia, mesmo denegrindo, a figura do conquistador espanhol, a que envolve o colonizador português, mas uma tradição pegajenta de inépcia, de estupidez e de salacidade.

A deformação do vulto, por natureza gótico, vertical, do castelhano, tem sido a grecoide. O alongamento mórbido. A *"ferrea austeridad"* exagerada em crueldade. O orgulho em fanfarronice quixotesca. A valentia em bravado. Mas conservada a nobreza angulosa do todo. A deformação do português tem sido sempre em sentido horizontal. O achatamento. O arredondamento. O exagero da carne em enxúndia. Seu realismo econômico arredondado em mercantilismo, somiticaria, materialização bruta de todos os valores da vida. Seu culto da Vênus fosca, de formação tão romântica como o das virgens louras, desfigurado em erotismo rasteiro: furor de don-juan das senzalas desadorado atrás de negras e molecas.

Não é pelo estudo do português moderno, já tão manchado de podre, que se consegue uma ideia equilibrada e exata do colonizador do Brasil – o português de Quinhentos e de Seiscentos, ainda verde de energia, o caráter amolegado por um século, apenas, de corrupção e decadência. Foi o que tentou Keyserling para concluir pelo seu plebeísmo e quase negar-lhe a qualidade de povo imperial. Mesmo que esse plebeísmo fosse característico do português de hoje não seria do português dos séculos XV e XVI. Sem aguçar-se nunca no aristocratismo do castelhano, no que o português se antecipou aos europeus foi no burguesismo. Mas esse burguesismo precoce sofreria no Brasil refração séria em face das condições físicas da terra e das de cultura dos nativos; e o povo que, segundo Herculano, mal conhecera o feudalismo,[1] retrocedeu no século XVI à era feudal, revivendo-lhe os métodos aristocráticos na colonização da América. Uma como compensação ou retificação de sua própria história.

A colonização do Brasil se processou aristocraticamente – mais do que a de qualquer outra parte da América. No Peru terá havido maior brilho cenográfico; maior ostentação das formas e dos acessórios da aristocracia europeia. Lima chegou a ter quatro mil carruagens rodando pelas ruas e, dentro delas, magníficos e inúteis, centenas de grandes da Espanha. Quarenta e cinco famílias só de marqueses e condes. Mas onde o processo de colonização europeia afirmou-se essencialmente aristocrático foi no norte do Brasil. Aristocrático, patriarcal, escravocrata. O português fez-se aqui senhor de terras mais vastas, dono de homens mais numerosos que qualquer outro colonizador da América. Essencialmente plebeu, ele teria falhado na esfera aristocrática em que teve de desenvolver-se seu domínio colonial no Brasil. Não falhou, antes fundou a maior civilização moderna nos trópicos.

Há muito que descontar nas pretensões de grandeza do português. Desde fins do século XVI ele vive parasitariamente de um passado cujo esplendor exagera. Supondo-se diminuído ou negado pela crítica estrangeira, artificializou-se em um português-para-inglês--ver, que os ingleses têm sido, entretanto, os mais perspicazes em retratar ao natural, restituindo-lhe os contornos e as cores exatas. Uns em livros admiráveis como o de Beckford e o de Bell, outros em desenhos ou aquarelas estupendas de realismo como as de Kinsey, de Bradford, de Murphy. Já no século XVI Buchanan troçava em versos latinos dos portugueses. Da grandeza antes mercantil do que imperial do seu rei:

> *Tu és o incomparável Lusitano,*
> *O Algarvio d'aquém e d'além-mar,*
> *O Árabe, o Índico, o Persa e o da Guiné;*
> *Grande senhor de terras africanas*
> *Do Congo e Manicongo e de Zalofo.*

E logo, profético, antevendo os desastrosos efeitos do mercantilismo oficial, acrescentava o letrado:

> *Se porém algum dia, ao rei dos nomes*
> *A guerra ou o mar em fúria s'inflamando*
> *Lhe fecharem a tenda da pimenta,*
> *Bem pode alimentar-se dessa fama*
> *Mercadejada em terras d'além-mar...*
> *Fará pesadas dívidas*
> *Ou morrerá de fome.*[2]

Foi o que sucedeu, estancadas as fontes asiáticas de opulência. Longe de conformar-se com uma viuvez honesta, de nação decaída – como mais tarde a Holanda, que depois de senhora de vasto império entregou-se ao fabrico do queijo e da manteiga – continuou Portugal, após Alcácer-Quebir, a supor-se o Portugal opulento de D. Sebastião vivo. A alimentar-se da fama adquirida nas conquistas de ultramar. A iludir-se de uma mística imperialista já sem base. A envenenar-se da mania de grandeza. "Celebram Lisboa com tal cópia de palavras, que a fazem igual às principais cidades do mundo, e por isso costumam dizer: – Quem não vê Lisboa, não vê cousa boa", escreviam dos portugueses em fins do século XVI os embaixadores venezianos Trom e Lippomani. E acrescentavam: "A gente miúda gosta que lhe deem o tratamento de *Senhor*, manha esta comum a toda a Espanha".[3]

Do século XVI até hoje só tem feito aguçar-se no português a simulação de qualidades europeias e imperiais, que possuiu ou encarnou por tão curto período. É um povo que vive a fazer de conta que é poderoso e importante. Que é supercivilizado à europeia. Que é grande potência colonial. Bell observou entre os portugueses dos princípios do século XX que seus ideais de engrandecimento nacional continuavam a variar entre "a conquista da Espanha e a construção de uma marinha de guerra".[4] A Suíça que condense o seu leite e a Holanda que fabrique seus queijos. Portugal continua de ponta de pé, no esforço de aparecer entre as grandes potências europeias.

Foram esses exageros que o impressionismo de Keyserling não soube descontar ou descontou mal, reduzindo os portugueses a um povo sem grandeza nenhuma: quase uma Andorra ou uma São Marinho. República de opereta onde todos os homens fossem doutores e se tratassem por Vossa Excelência. Diminuiu-lhes a importância da função criadora que nos séculos XV e XVI afirmou-se não só na técnica da navegação e da construção naval como no arrojo dos descobrimentos e das conquistas, nas guerras da África e da Índia, na opulenta literatura de viagens, no eficiente imperialismo colonizador. Só lhes deixou de original a música popular ou plebeia; e de grande o ódio ao espanhol. Ódio igualmente plebeu.

Pelo ódio ou antagonismo ao espanhol é que o português se teria tornado e conservado autônomo. Independente.

Mas antes do ódio ao espanhol, salientado por Keyserling, outro, talvez mais profundo e criador, atuou sobre o caráter português, predispondo-o ao nacionalismo e até ao imperialismo: o ódio ao mouro. Quase o mesmo ódio que se manifestou mais tarde no Brasil nas guerras aos bugres e aos hereges. Principalmente aos hereges – o inimigo contra quem se uniram energias dispersas e até antagônicas. Jesuítas e senhores de engenho. Paulistas e baianos. Sem esse grande espantalho comum talvez nunca se tivesse desenvolvido "consciência de espécie"[5] entre grupos tão distantes uns dos outros, tão sem nexo político entre si, como os primeiros focos de colonização lusitana no Brasil. A unificação moral e política realizou-se em grande parte pela solidariedade dos diferentes grupos contra a heresia, ora encarnada pelo francês, ora pelo inglês ou holandês; às vezes, simplesmente pelo bugre.

Repetiu-se na América, entre portugueses disseminados por um território vasto, o mesmo processo de unificação que na Península: cristãos contra infiéis. Nossas guerras contra os índios nunca foram guerras de branco contra peles-vermelhas, mas de cristãos contra bugres. Nossa hostilidade aos ingleses, franceses, holandeses teve sempre o mesmo caráter de profilaxia religiosa: católicos contra hereges. Os padres de Santos que em 1580 tratam com os ingleses da *Minion*, não manifestam contra eles nenhum duro rancor: tratam-nos até com alguma doçura. Seu ódio é profilático. Contra o pecado e não contra o pecador, diria um teólogo. É o pecado, a heresia, a infidelidade que não se deixa entrar na colônia, e não o estrangeiro. É o infiel que se trata como inimigo no indígena, e não o indivíduo de raça diversa ou de cor diferente.

Bryce atinou com o sentido religioso da formação hispânica da América. *"Religion has been in the past almost as powerful a dissevering force as has racial antagonism"*, escreve ele. E acrescenta: *"In the case of the Spaniard and the Portuguese, religion, as soon as the Indians had been baptized, made race differences seem insignificant"*.[6] Principalmente – poderia ter adiantado – no caso dos portugueses, ainda mais sem consciência de raça do que os espanhóis. Estes teriam maior que os portugueses o senso da ortodoxia católica; mais grave o sentimento do castigo; mas em ambos ficara da luta contra os mouros o ódio profilático ao herege.

No fundo, esse purismo de religião, como o mais moderno e caracteristicamente anglo-saxônico, ou teutônico, de raça, do que se origina ou se alimenta é quase sempre de antagonismos econômicos. Nem outra coisa foram em essência as guerras entre cristãos e mouros de que resultaria o ardoroso nacionalismo português. Se as considerarmos de feição religiosa, é menos pelos seus motivos essenciais que pela sua forma e pela sua mística. Já observou João Lúcio de Azevedo: "na reconquista não estava o principal fundamento na religião nem na raça".[7] E no seu estudo *Organização econômica*, Azevedo fere a mesma nota: nas guerras da reconquista foram escravizados e esbulhados mouros e cristãos indistintamente. Do que resultou "pelejarem às vezes os cristãos contra os da sua fé ao lado dos sarracenos, defendendo assim a posse de seus bens e a liberdade". Pode-se afirmar que nesses casos os esbulhos e a escravidão se fizeram em proveito, menos dos antigos hispano-romanos, do que de elementos "na procedência alheios ao solo, quase tanto quanto podiam ser os sarracenos".[8]

Elementos em grande maioria novos na Península; adventícios. Aventureiros louros vindos do Norte a quem as guerras ou cruzadas aos infiéis facilitavam constituírem-se em classe proprietária, à custa da lenda suave de reconquista cristã. Mas a verdade é que o capital de instalação desse elemento aventureiro foi muitas vezes o cativo de guerra moçárabe e portanto cristão; o gado, a terra e os bens desses seus correligionários, e não apenas dos infiéis.

Mas foi pela mística religiosa que o movimento da reconquista se definiu. Cristãos contra infiéis. "Quando cumpria aplicar uma designação que representasse o habitante da parte da Península livre do jugo do Islão, só uma palavra havia: *Cristianos*", diz-nos Alexandre Herculano[9] da época belicosa que antecedeu a organização dos portugueses e espanhóis em nações. "O epíteto que indicava a crença representava a nacionalidade." Esta só depois se definiu politicamente sem entretanto perder de todo, a não ser largos séculos depois da reconquista, o nexo ou o cunho religioso.

Na expressão popular, hoje irônica – "Vá queixar-se ao bispo" – esgotados os apelos à polícia, ao governo, à justiça, sobrevive a antiga ideia do prestígio eclesiástico maior que o civil dentro da qual formou-se o espírito da gente peninsular. Principalmente na Espanha. No Brasil já esse prestígio não seria tão grande. As condições de colonização criadas pelo sistema político das capitanias hereditárias e mantidas pelo econômico, das sesmarias e da grande lavoura – condições francamente feudais – o que acentuaram de superior aos governos e à justiça del-Rei foi o abuso do coito ou homizio pelos grandes proprietários de engenhos; e não pelas catedrais e pelos mosteiros. Criminoso ou escravo fugido que se apadrinhasse com senhor de engenho livrava-se na certa das iras da justiça ou da polícia. Mesmo que passasse preso diante da casa-grande bastava gritar: – "Valha-me, seu Coronel Fulano". E agarrar-se à porteira ou a um dos moirões da cerca. Da mesma maneira que outrora, em Portugal, refugiando-se o criminoso à sombra das igrejas, escapava ao rigor da justiça del-Rei.

As igrejas portuguesas tornaram-se até escandalosas na proteção a criminosos. Anteciparam-se nesses abusos aos engenhos patriarcais do Brasil. Ao de Da. Francisca do Rio Formoso, em Pernambuco. Ao de Machado da Boa Vista, na Bahia.[10]

No século XVII a disciplina canônica juntou-se à autoridade del-Rei (Afonso V) no sentido de restringir as condições de asilo nas igrejas portuguesas como mais tarde, no Brasil, o imperador D. Pedro II tentaria restringir a onipotência dos proprietários de engenho, muitas vezes couteiros de assassinos. Pelos limites impostos no século XVII aos abusos de asilo nas igrejas, em Portugal,[11] verificam-se os desmandos em que se extremavam, dentro delas, os acoutados. Banqueteavam-se. Punham-se à porta ou no adro a tanger viola. Jogavam. Conversavam safadeza. Punham-se em contato com mulheres suspeitas. Os mais afoitos comiam, bebiam e dormiam na própria capela-mor.

No Brasil, a catedral ou a igreja mais poderosa que o próprio rei seria substituída pela casa-grande de engenho. Nossa formação social, tanto quanto a portuguesa, fez-se pela solidariedade de ideal ou de fé religiosa, que nos supriu a lassidão de nexo político ou de mística ou consciência de raça. Mas a igreja que age na formação brasileira, articulando-a, não é a catedral com o seu bispo a que se vão queixar os desenganados da justiça secular; nem a igreja isolada e só, ou de mosteiro ou abadia, onde se vão acoitar criminosos e prover-se de pão e restos de comidas mendigos e desamparados. É a capela de engenho. Não chega a haver clericalismo no Brasil. Esboçou-se o dos padres da Companhia para esvair-se logo, vencido pelo oligarquismo e pelo nepotismo dos grandes senhores de terras e escravos.

Os jesuítas sentiram, desde o início, nos senhores de engenho, seus grandes e terríveis rivais. Os outros clérigos e até mesmo frades acomodaram-se, gordos e moles, às funções de capelães, de padres-mestres, de tios-padres, de padrinhos de meninos; à confortável situação de pessoas da família, de gente de casa, de aliados e aderentes do sistema patriarcal, no século XVIII muitos deles morando nas próprias casas-grandes. Contra os conselhos, aliás, do jesuíta Andreoni que enxergava nessa intimidade o perigo da subserviência dos padres aos senhores de engenho e do demasiado contato – não diz claramente, mas o insinua em meias palavras com negras e mulatas moças. Ao seu ver devia o capelão manter-se "familiar de Deus, e não de outro homem"; morar sozinho, fora da casa-grande; e ter por criada escrava velha.[12] Norma que parece ter sido seguida raramente pelos vigários e capelães dos tempos coloniais.

Em certas zonas do interior de Pernambuco, tradições maliciosas atribuem aos antigos capelães de engenho a função útil, embora nada seráfica, de procriadores. Neste ponto havemos de nos deter com mais vagar; e esperamos que sem malícia nem injustiça para com o clero brasileiro dos tempos da escravidão. O qual se não primou nunca, a não ser sob a roupeta de jesuíta, pelo ascetismo ou pela ortodoxia, sempre se distinguiu pelo brasileirismo. Durante certa época o facho da cultura e até do civismo esteve nas suas mãos: antes dos bacharéis e doutores tomarem a dianteira sob a proteção do imperador D. Pedro II. Este tudo indica que teria preferido o título de doutor ao de imperador; a toga ao manto com papo de tucano.

Na falta de sentimento ou da consciência da superioridade da raça, tão salientes nos colonizadores ingleses, o colonizador do Brasil apoiou-se no critério da pureza da fé. Em vez de ser o sangue foi a fé que se defendeu a todo transe da infecção ou contaminação com os hereges. Fez-se da ortodoxia uma condição de unidade política. Mas não se deve confundir esse critério de profilaxia e de seleção, tão legítimo à luz das ideias do tempo como o eugênico dos povos modernos, com a pura xenofobia.

Handelmann faz do colonizador português do Brasil quase um xenófobo por natureza.[13] Mas os antecedentes portugueses contradizem essa suposta xenofobia; nega-a a história do direito lusitano – nesse ponto dos mais liberais da Europa. Tão liberal que nele não figuram nunca o direito de albinágio, o de detração e o de naufrágio. Em outras palavras: o de apropriar-se o Estado da sucessão dos estrangeiros mortos em seu território com exclusão de herdeiros e legatários (albinágio); o de deduzir-se o imposto na quarta parte dos bens exportados dos estrangeiros falecidos no país (detração); o de se apoderarem reis e senhores das pessoas e cousas naufragadas no mar e nos rios (naufrágio).[14] O Direito português iniciou-se, não sufocando e abafando as minorias étnicas dentro do reino – os mouros e os judeus – suas tradições e costumes, mas, reconhecendo-lhes a faculdade de se regerem por seu direito próprio e até permitindo-lhes magistrados à parte, como mais tarde no Brasil colonial, com relação aos ingleses protestantes.

Nas Ordenações Afonsinas, que Coelho da Rocha no seu *Ensaio sobre a história da legislação de Portugal* e Cândido Mendes em Introdução ao *Código Filipino* salientam ter sido o primeiro código completo de toda a Europa depois da Idade Média, recolheu-se do direito foraleiro e costumeiro a tendência para conceder privilégios a mouros e judeus. Tendência que cedeu, nas Ordenações Manuelinas, à pressão de preconceitos religiosos, então inflamados; mas nunca à da pura xenofobia. Tanto que as vantagens aí concedidas a estrangeiros católicos seriam depois pleiteadas pelos próprios nacionais. É que a luta contra os mouros, como mais tarde o movimento separatista de que resulta a Independência, são eles mesmos favoráveis ao cosmopolitismo que se desenvolve no português ao lado, e em harmonia, com seu precoce nacionalismo. De modo que a nenhum desses dois ódios ou antagonismos – o ódio ao mouro e o ódio ao espanhol – pode-se atribuir ter atuado no português em um só sentido e este inferior: o de crispá-lo. O de estreitar-lhe o espírito nacional. O de ouriçar-lhe o caráter de cacos de vidro contra tudo e contra todos.

Na falta de grandes fronteiras naturais ou físicas, defendendo-se de agressões e absorções, tiveram os portugueses de entesar-se em muralhas vivas, de carne, contra o imperialismo muçulmano e mais tarde contra o de Castela; mas nesse próprio esforço de suprir com pura resistência ou tensão humana a quase nenhuma defesa geográfica – a falta de grande rio ou montanha – valeram-se do concurso de estrangeiros. Tanto nas Cruzadas como nas guerras de independência esse concurso se fez sentir de maneira notável. É o que explica no português não só seu nacionalismo quase sem base geográfica como o cosmopolitismo. Cosmopolitismo favorecido, este sim, em grande parte, pela situação geográfica do reino: a de país largamente marítimo, desde remotos tempos variando de contatos humanos. Por um lado, recebendo em suas praias sucessivas camadas ou simples, mas frequentes, salpicos de povos marítimos. Por outro lado, indo seus navegantes, pescadores e comerciantes às praias e águas alheias comerciar, pescar e farejar novos mercados.

Não muito depois de 1184 pensa João Lúcio de Azevedo que se teriam iniciado as relações comerciais dos portugueses com Flandres: e com a Inglaterra desde os primeiros anos do século XIII. E havia também "mercadores que iam aos portos do levante designados na linguagem da época por portos de além-mar".[15] No tempo de D. Dinis barcos portugueses, alguns enormes para a época, de mais de cem toneladas, frequentaram portos do Norte e do Mediterrâneo. O Porto intensificou-se na atividade marítima e mercantil. Em 1239 seus burgueses conseguiram eximir-se do serviço militar na conquista de Algarve "contribuindo para ela com dinheiro".[16] Por onde se vê quão precocemente agiu sobre a formação portuguesa o cosmopolitismo comercial. A finança. O mercantilismo burguês.

É, assim, aos elementos "não hispânicos", como escreve Antônio Sérgio, ou sejam os elementos estrangeiros, de origens diversas, que se deve atribuir o fato de não se ter incorporado a Castela o trecho ocidental da Península "onde o comércio do norte da Europa encontrou-se com o do Mediterrâneo".[17] Despertaram os estrangeiros na população desse ponto dúbio, impressionável, de confluência do norte com o sul da Europa e com o Levante, tendências cosmopolitas e separatistas, marítimas e comerciais; e essas tendências cedo se desenvolveram em forças impetuosas de diferenciação e autonomia.

A precoce ascendência das classes marítimas e comerciais na economia e na política portuguesa resultou igualmente da extraordinária variedade de contatos marítimos e de estímulos comerciais. A princípio os grandes agentes de diferenciação e autonomia foram os cruzados. Os aventureiros vindos do Norte e que no condado portucalense se constituíram em aristocracia militar e territorial. Um deles em fundador mesmo da monarquia. Mas esse elemento se estratificou depois em camada conservadora, inclinando-se por vantagem econômica de classe à própria reunião com Castela. Foi quando a atividade diferenciadora e autonomista, e bem assim o sentimento nativista ou de pátria, concentrou-se nas cidades marítimas e mercantis. Em Lisboa. No Porto. Entre burgueses e nas classes populares. Segundo Alberto Sampaio e Antônio Sérgio, desde os começos da vida portuguesa que se esboçou o antagonismo entre a classe comercial das cidades marítimas e a aristocracia territorial do centro.[18] Aguçado esse antagonismo econômico e de classe, acentuada a divergência entre os interesses rurais e os marítimos, a política dos reis, no desejo de libertar-se de tudo o que fosse pressão aristocrática sobre o poder real, inclinou-se para a burguesia mercantil e para o povo das cidades. As leis promulgadas por D. Fernando no sentido de proteger o comércio marítimo e animar a construção naval, o apoio ao mestre de Avis contra a aristocracia territorial, a conquista de Ceuta – são iniciativas e movimentos que refletem a precoce ascendência da burguesia em Portugal.

A descoberta do Brasil enquadra-se no grande programa marítimo e comercial inaugurado pela viagem de Vasco da Gama; a colonização da vasta terra americana afastou-se, porém, das normas comerciais e burguesas do primeiro século do imperialismo português para reviver os métodos de como que autocolonização aristocrática e agrária, aplicados no próprio Portugal ao território reconquistado aos mouros.

O Brasil foi como uma carta de paus puxada em um jogo de trunfo em ouros. Um desapontamento para o imperialismo que se iniciara com a viagem à Índia de Vasco da Gama. Daí o gesto mole, desinteressado, sem vontade, com que a Coroa recolheu ao seu domínio as terras de pau-de-tinta descobertas por Pedrálvares Cabral. Só em nova fase de atividade portuguesa – a propriamente colonizadora, a do fim do século XVI e parte do século XVII – o Brasil teria força de trunfo no jogo das competições imperialistas das nações europeias. Essa transformação, em virtude da repentina valorização do açúcar nos mercados aristocráticos e burgueses da Europa. O açúcar tornou-se artigo de luxo, vendido a preços elevadíssimos e dando lucros enormes a produtores e intermediários. Até o mascavo, notou Dampier, quando esteve na Bahia nos fins do século XVII, que se exportava para a Europa valendo cerca de vinte xelins por cem libras.[19]

Não nos interessa, porém, senão indiretamente, neste ensaio, o aspecto econômico ou político da colonização portuguesa do Brasil. Diretamente, só nos interessa o social, no sentido particular de social que coincide com o sociológico. E nenhum antecedente social mais importante a considerar no colonizador português que a sua extraordinária riqueza e variedade de antagonismos étnicos e de cultura; que o seu cosmopolitismo.

O Brasil não recolheu de Portugal a suposta falta de liberalidade para com o estrangeiro que alguns têm enxergado na colonização lusitana da América. A política de segregação no Brasil só a inspirou, no século XVII, e principalmente no XVIII, o ciúme do ouro; o que houve antes, com aparência de xenofobia obedeceu à polícia de defesa, como que sanitária, da colônia contra infecções heréticas.

Iniciada a colonização do Brasil pelo esforço de portugueses, ao sangue do colonizador oficial logo se misturou livremente o de europeus das mais variadas procedências: ingleses, franceses, florentinos, genoveses, alemães, flamengos, espanhóis. Citamos os ingleses em primeiro lugar porque neles é que se encarnou com mais relevo a heresia protestante, tão odiosa, aos olhos dos portugueses e espanhóis, do século XVI, como hoje o tracoma, o sangue negro e o bolchevismo aos da burguesia norte-americana. A presença de ingleses entre os primeiros colonos de São Vicente mostra que, livres da suspeita de hereges, eram recebidos fraternalmente. Narra Coreal que dizendo um dia a um santista já ter servido entre ingleses flibusteiros o homem imediatamente se arrepiou. Perguntou-lhe mais de trinta vezes se Coreal não seria herege. E apesar de todas as suas afirmativas em contrário não resistiu ao desejo de espargir com água benta o aposento em que estavam.[20] Entretanto, vamos encontrar o inglês John Whitall perfeitamente acomodado entre os primeiros colonos do Brasil: escrevendo em Santos uma carta ao seu conterrâneo Richard Stapes, na Inglaterra, que deixa ver claramente a liberalidade para com os estrangeiros na colônia portuguesa da América. "Dou graças a Deus", diz Whitall, "por me haver proporcionado tamanha honra e abundância de todas as coisas". E acrescenta contente de haver-se tornado súdito de Portugal no Brasil: *"now I am a free denizen of this countrey"*. Ele se casara com a filha do *"signor Ioffo Dore"*, natural da cidade de Gênova e por sua vez instalado principescamente no Brasil; tanto que deu ao genro um engenho com sessenta ou setenta escravos. E como mais tarde Henry Koster, cujo nome se aportuguesou no de Henrique da Costa, John Whitall teve o seu aportuguesado em Leitão: *"Here in this countrey they called me John Leitoan: so that they have used this name so long time that at his present there is no remedie but it must remaine so"*.[21]

Já antes de Whitall outros ingleses haviam estado no Brasil comerciando ou farejando novidades: Robert Renigar e Thomas Borey em 1540; certo Pudsey em 1542; Martin Cockeran e William Hankins em 1530 e 1532. Hankins, segundo referem crônicas da época, teria levado à Inglaterra um cacique brasileiro, apresentando-o no meio de grande sensação ao rei e à Corte.[22] O pobre do morubixaba porém não resistiu – ignora-se se ao frio, se ao horrível da culinária inglesa.

A nenhum inglês nem flamengo o fato, em si, da nacionalidade ou da raça, impediu que fosse admitido na sociedade colonial portuguesa da América no século XVI. O que era preciso é que fosse católico-romano ou aqui se desinfetasse com água benta da heresia pestífera. Que se batizasse. Que professasse a fé católica, apostólica, romana. É o que encontramos praticando Thomas Avilkinson, de idade de 26 anos, Thomas Pratt, de idade de 32 anos, Patrício Guatusmus, de idade de 27 anos, e Thomas Perking, de idade de 48 anos, todos "ingleses de Nação", perante o padre da Companhia de Jesus encarregado pelo bispo de Pernambuco, frei Luís de Santa Teresa, de receber a absolvição de heresia dos excomungados.[23] A Igreja era uma espécie de desinfetório ao serviço da saúde moral da colônia; um lazareto onde as almas ficavam em quarentena.

Handelmann salienta que a principal exigência para adquirir sesmaria no Brasil era professar o colono a religião católica.[24] Seria católico Whitall ou aqui se teria ligado à Igreja antes de casar-se com a filha de Adorno; do mesmo modo que Gaspar van der Lei, para unir-se pelo casamento à família Melo, em Pernambuco, teve de abraçar a religião da noiva, filha de rico senhor de engenho. Do fidalgo holandês, porém, ficaram murmurando os seus compatriotas que era homem dúbio e incerto. Não perdoaram nunca ao ilustre fundador da família Wanderley no Brasil haver se bandeado para os portugueses e para o papismo.

Parece-nos evidente a liberalidade para com o estrangeiro na América portuguesa do século XVI. Liberalidade vinda de longe: das raízes mesmas da nação portuguesa. Não se trata de nenhuma virtude descida do céu sobre os portugueses mas do resultado quase químico da formação cosmopolita e heterogênea desse povo marítimo.

Os que dividem Portugal em dois, um louro, que seria o aristocrático, outro moreno ou negroide, que seria o plebeu, ignoram o verdadeiro sentido da formação portuguesa. Nesta andaram sempre revezando-se as hegemonias e os predomínios não só de raça como de cultura e de classe. O quase permanente estado de guerra em que viveu, por largos anos, Portugal, situado entre a África e a Europa, deu-lhe uma constituição social vulcânica que se reflete no quente e plástico do seu caráter nacional, das suas classes e instituições, nunca endurecidas nem definitivamente estratificadas. O estado de conquista e reconquista, de fluxo e refluxo, não deixou que se estabelecesse em Portugal nenhuma hegemonia, a não ser de momento. Nenhum exclusivismo – a não ser oficial ou superficial – de raça ou de cultura.

Predisposto pela sua situação geográfica a ponto de contato, de trânsito, de intercomunicação e de conflito entre elementos diversos, quer étnicos, quer sociais, Portugal acusa em sua antropologia, tanto quanto em sua cultura, uma grande variedade de antagonismos, uns em equilíbrio, outros em conflito. Esses antagonismos em conflito são apenas a parte indigesta da formação portuguesa: a parte maior se mostra harmoniosa nos seus contrastes, formando um todo social plástico, que é o caracteristicamente português.

A heterogeneidade étnica e de cultura vamos surpreendê-la nas origens remotas do português. Do homem paleolítico em Portugal não se sabe o bastante para precisar-lhe a origem: europeia para uns, africana para outros. Mendes Correia admite a primeira hipótese para o chéleoa-cheulense mas considera-a duvidosa para o mustierense.[25] No que se entrevê remota indecisão do peninsular entre a Europa e a África.

Essa indecisão se acentua com relação à época do paleolítico superior, período em que, provavelmente, terá havido na Europa consideráveis infiltrações étnicas e culturais de origem africana (capsienses) deixando traços mais fundos, localizações mais espessas nas zonas meridionais extremas. Entre outras indicações da penetração africana nesse período destacam-se representações de escultura na arte capsiense peninsular de mulheres com nádegas salientes que recordam a esteatopigia das boximanas e hotentotes.[26] Quase o mesmo pode dizer-se da etnologia pós-paleolítica do território português em que a capsienses *H. Taganus* e braquicéfalos (mugem), e a novos capsienses de Leste, se teriam reunido dolicocéfalos "talvez descendentes dos dolicocéfalos de feição europeia" e possíveis portadores dos "elementos essenciais da cultura neolítica", além de novas penetrações – aliás duvidosas – de origem africana.[27]

No período neoneolítico e neolítico continua na Península o íntimo contato entre a Europa e a África. Segue-se um período – o da Idade de Bronze – que alguns consideram de estabilização. O homem da Península, passado pela primeira fervura de miscigenação, teria sido deixado a esfriar por alguns séculos, sem invasões africanas ou do Norte que lhe perturbassem o processo como que de endurecimento de cultura e de definição do tipo físico. Mas a última invasão africana da Península – a de Almeria – deixara muito que digerir à Europa nesse largo período de assimilação. Vêm mais tarde os contatos com os gregos e cartagineses dar novas cores à cultura peninsular no Sul e a Leste; ao mesmo tempo que no Centro e no Oeste surgem as formas da cultura pós-hallstatiana, obra talvez dos celtas,[28] invasores da Península, primeiro pelo nordeste e depois pelo ocidente dos Pireneus. Esboçam-se duas áreas de cultura: uma de influência do Norte ou céltica; outra de influência mediterrânea. Mas sem perderem de comum entre si traços indígenas que mesmo na zona por alguns considerada de influência predominantemente céltica sobreviveram na cerâmica malcozida.

Essa dualidade de formas de cultura caracterizaria a situação da Península, em geral, e do território hoje português, em particular, ao verificar-se a invasão romana, sendo entretanto provável que o tipo moreno e de cabelo crespo fosse o mais característico, encarnando formas de cultura porventura mais mediterrâneas do que nórdicas; mais africanas do que europeias. Bem expressivo é o célebre autorretrato de Marcial: *hispanis ego contumax capillis*. Esse tipo moreno e talvez negroide seria mais próximo do indígena e o mais frequente. Nunca porém o exclusivo. O ponto a fixar é exatamente o nenhum exclusivismo de tipo no passado étnico do povo português; a sua antropologia mista desde remotos tempos pré e proto-históricos; a extrema mobilidade que lhe tem caracterizado a formação social.

Os dados fornecidos a Ripley por Ferraz de Macedo permitiram àquele antropólogo concluir pela persistência da dolicocefalia e da estatura baixa em Portugal;[29] mas sem predomínio nem pureza de nenhum estoque. Conclusão, também, de Fonseca Cardoso.[30] Este dá como característicos fundamentais da população portuguesa no meio de toda a extraordinária variedade de tipos, a estatura abaixo da média, a dolicocefalia, os olhos e cabelos escuros, o nariz longo, leptorrínico, de base um tanto longa. Característicos que acusam a persistência de raça pequena, dolicocéfala, morena, que se supõe ter formado o fundo autóctone da população. Os descendentes da Beaumes-Chaudes-Mugem. Seus representantes mais puros se encontram hoje nas regiões montanhosas do alto Minho (Castro Laboreiro), Trás-os-Montes e Beira. Já na região cantábrica de Oviedo, na margem direita do baixo Guadalquivir e em outros pontos do Norte o antropólogo português foi encontrar mais puramente representada a raça braquicéfala, de estatura também abaixo da média, mesorrínica, cabeça globulosa e o *occiput* vertical; raça que teria sido a primeira entre as imigrantes. Enquanto em vários pontos do Minho, em Gaia, Póvoa de Varzim surpreendem-se localizações de nórdicos de alta estatura, dolicocéfalos, ou mesato-dolicoides, nariz longo e fino, leptorrínico, pele cor-de-rosa, cabelo louro, ou ruivo, olhos claros. Representantes mais puros da raça loura do Norte que várias vezes invadiu o território hoje português. À sua influência sobre a população portuguesa, Fonseca Cardoso atribui a *facies* mestiça que a cada passo se nota entre os portugueses.

A esses elementos juntem-se os semito-fenícios, de que o antropólogo português foi achar representantes mais puros na população piscatória do litoral interamnense; e entre invasores mais recentes, os judeus, berberes, mouros, alemães, negros, flamengos, ingleses.

Se as invasões do Sul só fizeram acentuar, como pretende Haddon,[31] os caracteres fundamentais da população indígena, as do

Norte trouxeram para a antropologia portuguesa elementos novos e até antagônicos. Estes elementos se emprenharam em um como conflito com os indígenas, parecendo às vezes ir vencê-los, mas acabando sempre por fazer as pazes com eles. Contemporizando em dualidades bizarras de mestiçagem tão características da população propriamente portuguesa.

Portugal é por excelência o país europeu do louro transitório ou do meio-louro. Nas regiões mais penetradas de sangue nórdico, muita criança nasce loura e cor-de-rosa como um Menino Jesus flamengo para tornar-se, depois de grande, morena e de cabelo escuro. Ou então – o que é mais característico – revela-se a dualidade, o equilíbrio de antagonismos, naqueles minhotos de que nos fala Alberto Sampaio: homens de barba loura e cabelo escuro.[32] Homens morenos de cabelo louro. Esses mestiços com duas cores de pelo é que formaram, ao nosso ver, a maioria dos portugueses colonizadores do Brasil, nos séculos XVI e XVII; e não nenhuma elite loura ou nórdica, branca pura: nem gente toda morena e de cabelo preto. Nem os dólico-louros de Oliveira Viana, nem os judeus de Sombart, nem os moçárabes de Debbané, mas portugueses típicos. Gente mista na sua antropologia e na sua cultura. Mendes Correia fixa a frequência da transitória pigmentação loura que apresentam crianças não só portuguesas, como do tipo mediterrâneo em geral, para sugerir um possível "vestígio da filiação do tipo mediterrâneo num velho cruzamento em que teriam entrado a raça nórdica e um tipo proto-etiópico".[33] Suposição, também, de antropólogos italianos.

No Brasil, o louro transitório, o meio-louro e o falso-louro são ainda mais frequentes do que em Portugal. Mas antes de ser o Brasil o país do índio, sarará, descrito por Gabriel Soares em crônica do século XVI[34] – e mais caracteristicamente do "mulato cor-de-rosa", como o eminente diplomata brasileiro chamava, na intimidade, o Eça de Queirós – já Portugal se antecipara na produção de curiosos tipos de homem de pigmentação clara ou de cabelo ruivo, mas de lábios ou ventas de negro ou judeu. Não nos esqueçamos, porém, a propósito de louros, em Portugal, que no norte da África têm se identificado localizações antigas de louros;[35] que na massa morena de muçulmanos que invadiu Portugal vieram também indivíduos de cabelo claro.

Que muita moura-encantada foi vista de noite penteando cabelos dourados como o sol. Recebeu assim Portugal louros também dos lados do Sul. Da África – sanduichados entre grossas camadas de homens pardos, muitos deles negroides.

Durante a época histórica, os contatos de raça e de cultura, apenas dificultados, nunca porém impedidos pelos antagonismos de religião, foram em Portugal os mais livres e entre elementos os mais diversos. Invadida a Península pelos romanos, a resistência indígena, a princípio heroica e tremenda, acabou cedendo à pressão imperial. Inaugurou-se então o período de romanização ou latinização da Ibéria. Foi um domínio, o exercido sobre a Península pelos romanos, de caráter principalmente econômico e político. Trouxe às populações submetidas, mas não esmagadas, vantagens da técnica imperial: estradas, termas, aquedutos, arcos, fábricas de louça. Desceu ao fundo da terra para explorar as minas. E fez-se acompanhar de influências sensíveis sobre a cultura moral, e, em menor escala, sobre a antropologia ibérica. À sombra imperial ergueram-se no território hoje português templos a deuses latinos. Deuses que tal devoção conquistaram no sentimento popular que os santos católicos teriam mais tarde de tomar-lhes a semelhança e muitos dos atributos para se popularizarem. A fala peninsular latinizou-se. Romanizou-se o tipo antigo de habitação. Romanizaram-se várias instituições. Anato Lusitano notaria mesmo semelhanças fisionômicas entre os lisboetas e os habitantes de Roma.[36]

À conquista pelos romanos sucederam-se as invasões de alanos, de vândalos, de suevos. Quebradas por essa primeira onda de bárbaros de cabelo ruivo as represas romanas, largo trecho da Península inundou-se de gente vinda do Norte, estabelecendo-se depois sem duro esforço, o domínio visigótico. Domínio de três séculos que entretanto não destruiu a influência da colonização romana, antes acomodou-se às linhas gerais de sua estrutura latina e imperial. Em religião foram os invasores que abandonaram as doutrinas arianas para adotar o credo católico dos hispano-romanos; em direito deixaram-se os adventícios influir pelo de Roma, embora mantendo costumes que criariam definitivas raízes na antiga província romana.

Foi entre essas duas influências – o direito escrito dos romanos e o de costumes, dos invasores do Norte – foi entre essas duas influências e amaciando-lhes os antagonismos que uma terceira sutilmente interveio, dando às instituições peninsulares novo sabor jurídico: o direito canônico. Estabeleceu-se uma nobreza episcopal com gestos de quem abençoa ou pacifica mas na verdade de quem manda e domina. Domínio efetivo, através da autoridade conferida aos bispos de decidirem em causas civis.

Com a conversão dos godos arianos à ortodoxia católica, a Igreja, pela mão dos seus bispos, ganhou nas Espanhas prestígio superior ao dos reis, juízes e barões: em Toledo, no concílio celebrado em 633, os bispos tiveram o gosto de ver o rei prostrado aos seus pés.[37] No novo direito peninsular, ou antes, no código que a fusão do direito romano com o bárbaro produziu – o chamado *Fuero Juego* – de tal modo insinuou-se o prestígio canônico que nas suas leis ficou autorizada a jurisdição dos bispos em causas civis desde que o autor ou réu optasse pelo julgamento episcopal. Desde que o autor ou réu preferisse queixar-se ao bispo. Porque nas palavras do jurisconsulto espanhol Sempere y Guarinos que vêm no livro de Buckle: *"los querellantes lesionados por la sentencia de un juez, podiam quejarse a los bispos, y estos avocar a si las pendencias, reformarlas y castigar a los magistrados".*[38] A intervenção episcopal podia fazer-se sentir em causas iniciadas em tribunal civil, pela reforma de sentenças. Durham salienta a vigilância contínua que exerciam os bispos sobre a administração da justiça e sobre os juízes.[39] Sobre os próprios reis, pode acrescentar-se. Um que, em Portugal, tentou governar à revelia dos bispos – Sancho II – teve o reinado cortado ao meio; e salva a cabeça por muito favor. Triunfaram os padres sobre a rebeldia tão ousada com o auxílio do próprio irmão de Sancho, depois sagrado rei sob o nome de Afonso III.

Na Espanha e em Portugal, o alto clero não só tornou-se detentor de extraordinário prestígio místico, moral e até jurídico sobre populações dotadas pelas circunstâncias físicas e sociais de vida – os terremotos, as secas, as fomes, as pestes, as guerras, toda a trepidação peculiar às regiões de trânsito ou de conflito – da extrema sensitividade religiosa que Buckle salientou nos espanhóis e portugueses, como de grande poder intelectual e político. Reflexo do irradiado da Roma papal sobre a nova Europa convertida ao cristianismo. Em Portugal houve ordens religiosas que foram também militares, reunindo esse outro prestígio – o guerreiro – ao eclesiástico. Das guerras de reconquista se aproveitou largamente a Igreja na Península, através de suas ordens militares, para tornar-se proprietária de latifúndios enormes, não deixando exclusivamente aos cruzados a partilha das terras reavidas dos infiéis. Gordo quinhão coube aos Templários, desde o tempo de Da. Teresa senhores de Soure e de toda a doce região entre Coimbra e Leiria; depois de Tomar, de Almoral, de Pombal. Outras ordens fizeram-se grandes proprietárias de terras: a de Avis e a de Santiago. Ainda outras, de terras menos ricas.[40] A colonização latifundiária e semifeudal mais tarde aplicada ao Brasil teve seu começo em Portugal, nessa colonização semieclesiástica. Apenas o predomínio eclesiástico foi entre nós eclipsado pela iniciativa particular dos Duarte Coelho, dos Garcia d'Ávila, dos Pais Barreto. Dos sertanistas da marca de Domingos Afonso Mafrense, por alcunha o Sertão, que quando morreu deixou trinta fazendas de gado no Piauí. Dos grandes latifundistas, colonizadores à sua própria custa.

Em Portugal, as ordens religiosas desempenharam importante função criadora não só na reorganização econômica do território reconquistado aos mouros como na organização política das populações heterogêneas. Deram-lhes nexo político através da disciplina canônica. A nação constitui-se religiosamente, sem prejuízo das duas grandes dissidências que, por tolerância política da maioria, conservaram-se à sombra dos guerreiros mata-mouros: os judeus e os mouriscos. Essas relações de tolerância política permaneceram até que os segregados, ou pela superioridade do seu gênio mercantil e industrial, ou pela circunstância de serem um tanto estranhos ao meio e por conseguinte mais sem escrúpulos do que os outros, tornaram-se detentores das grandes fortunas peninsulares. Foi quando a maioria se apercebeu de que sua tolerância estava sendo abusada. Pelo menos pelos judeus.

Para conter os ódios que se levantaram quentes, fervendo, contra a minoria israelita, é que se organizou o Tribunal do Santo Ofício, reunindo à função de examinar as consciências o poder de examinar a frio e metodicamente os bens acumulados por mãos de herege. Os judeus haviam se tornado antipáticos menos pela sua abominação religiosa do que pela falta completa de delicadeza de sentimentos, tratando-se de questões de dinheiro com os cristãos. Suas fortunas acumularam-se principalmente pela usura, proibida pela Igreja aos cristãos, ou pelo exercício, na administração pública, nas grandes casas fidalgas e mesmo nas corporações católicas, de cargos que convinham aos interesses dos cristãos latifundiários fossem exercidos por indivíduos desembaraçados de escrúpulos católico-romanos e das leis da Igreja.

A dualidade na cultura e no caráter dos portugueses acentuara-se sob o domínio mouro; e uma vez vencido o povo africano persistiu sua influência através de uma série de efeitos da ação e do trabalho dos escravos sobre os senhores. A escravidão a que foram submetidos os mouros e até moçárabes, após a vitória cristã, foi o meio pelo qual se exerceu sobre o português decisiva influência não só particular do mouro, do maometano, do africano, mas geral, do escravo. Influência que o predispõe como nenhuma outra para a colonização agrária, escravocrata e polígama – patriarcal, enfim – da América tropical. As condições físicas da parte da América que tocou aos portugueses exigiram dele um tipo de colonização agrária e escravocrata. Sem a experiência moura, o colonizador teria provavelmente fracassado nessa tarefa formidável. Teria fracassado, impotente para corresponder a condições tão fora da sua experiência propriamente europeia.

Não é aqui o lugar de se pormenorizar as relações de raça e de cultura entre muçulmanos e cristãos na Península Ibérica, particularmente entre mouros e portugueses. Apenas procuraremos salientar aqueles traços de influência moura que nos parecem ter aberto predisposições mais fundas no caráter e na cultura do povo português para a colonização vitoriosa dos trópicos.

Que a invasão moura e berbere não foi a primeira a alagar de pardo ou de preto os extremos meridionais da Europa, particularmente Portugal – fácil região de trânsito para onde primeiro e com mais vigor transbordaram as ondas de exuberância africana – já ficou indicado. Indicada a possibilidade de ter sido de origem africana o fundo considerado indígena da população peninsular. De modo que ao invadirem a Península, árabes, mouros, berberes, muçulmanos foram-se assenhoreando de região já amaciada pelo sangue e pela sua cultura;

e talvez mais sua do que da Europa. Sua por esse passado humano; e, em largos trechos, pelo clima, pela vegetação.

Na invasão da Península, os maometanos vindos da África teriam tido o concurso de hispanos contrários aos visigodos – circunstância que assinalamos para destacar o fato de que desde o princípio confundiram-se ali interesses europeus e africanos. Com a exceção do pequeno número de intransigentes que se concentraram em Astúrias, centro da independência cristã, grande parte das populações cristãs submeteu-se ao domínio político dos mouros. E com eles desenvolveu relações íntimas, conservando porém relativa pureza de fé.

Foram essas populações – os moçárabes – gente impregnada da cultura e mesclada do sangue do invasor, que se constituíram no fundo e no nervo da nacionalidade portuguesa. Nacionalidade que, a princípio diferenciada de Castela pelo interesse separatista dos aventureiros ruivos, descidos do Norte para a luta contra os mouros, depois se afirmou, menos pelo ardor de tais nobres, prontos a confraternizarem com os vizinhos por interesse econômico de classe, do que pela intransigência da plebe moçárabe. João Lúcio de Azevedo chega a salientar como psicologia de raça em Portugal a intransigência de sentimento nacional do povo e a fraqueza desse mesmo sentimento nos nobres. Tendências verificadas nas grandes crises de 1383, 1580 e 1808. "Quando a ideia de pátria", escreve João Lúcio, "perdida na unidade romana, acordou novamente na Península, o povo foi entre nós o depositário do sentimento nacional que faltou na classe dominadora".[41] Àquele atribui o historiador português, além do ardor patriótico, índole pacífica, incúria, toques de fanatismo semita; a esta, o pendor guerreiro e hábitos predatórios.

Não nos parece aceitável, senão em parte, a interpretação etnocêntrica sugerida por João Lúcio de Azevedo do papel representado, no desenvolvimento português, pela aristocracia de fundo nórdico e pela plebe indígena, penetrada fortemente de sangue mouro e berbere. Porque em país nenhum, dos modernos, tem sido maior a mobilidade de uma classe para outra e, digamos assim, de uma raça para outra, do que em Portugal. Na história do povo português o fato que, ao nosso ver, se deve tomar na maior consideração é o social e econômico da precoce ascendência da burguesia, da qual cedo se fizeram aliados os reis contra os nobres. Destes, o prestígio logo empalideceu sob o dos burgueses. E quase toda a seiva da aristocracia territorial, absorveu-a a onipotência das ordens religiosas latifundiárias ou a astúcia dos capitalistas judeus. Este fato explica não ter a aristocracia territorial em Portugal se ouriçado dos mesmos duros preconceitos que nos países de formação feudal, nem contra os burgueses em geral, nem contra os judeus e mouros em particular. Debilitados sob a pressão dos latifúndios eclesiásticos, não poucos aristocratas, dos de origem nórdica, foram buscar na classe média, impregnada de sangue mouro e hebreu, moça rica com quem casar. Daí resultou em Portugal uma nobreza quase tão mesclada de raça quanto a burguesia ou a plebe. Porque a mobilidade de famílias e indivíduos de uma classe para outra foi constante. Impossível concluir por estratificações étnico-sociais em um povo que se conservou sempre tão plástico e inquieto.

Durante o domínio mouro, a cultura indígena absorveu da invasora larga série de valores; e os dois sangues se mesclaram intensamente. Escrever como já o fez Pontes de Miranda, em erudito trabalho, que "os árabes nos povos que invadiam, ou dominavam, como que boiavam como azeite e não tinham com eles suficiente miscibilidade",[42] é exigir da palavra miscibilidade não sabemos que extraordinário sentido. Porque se os árabes – mouros, diria mais precisamente o douto mestre de Direito, tão rigorista em questões de terminologia – não se misturaram com as populações lusitanas, ignoramos o que seja miscigenação. Aliás o próprio Pontes de Miranda, trinta páginas adiante daquela em que faz tão esquisita afirmativa, corrige-a, escrevendo: "só a religião, mais estabilizada e estabilizadora, evitaria a fusão completa das raças". E cita a propósito o trecho de Alexandre Herculano em que o processo de fusão social dos cristãos vencidos com os mouros vitoriosos está magistralmente fixado.

O que a cultura peninsular, no largo trecho em que se exerceu o domínio árabe ou mouro – ou onde se verificou a escravidão de cativos africanos, uma vez revezados os papéis de senhor e de escravo – guardou da cultura dos invasores é o que hoje mais diferencia e individualiza esta parte da Europa. Conservados em grande parte pelos vencidos a religião e o direito civil, nas demais esferas da vida econômica e social a influência, árabe em certos trechos, em outros moura, foi profunda a intensa. O grosso da população hispano-romano-goda, excluída somente irredutível minoria refugiada em Astúrias, deixou-se impregnar nos seus gostos mais íntimos da influência árabe ou moura. Quando essa maioria acomodativa refluiu à Europa cristã, sob a forma de moçárabe, foi para constituir em Portugal o substrato mesmo da nacionalidade. Nacionalidade militar e politicamente fundada por outros, mas por eles constituída econômica e socialmente. E fecundada pelo seu sangue e pelo seu suor até os dias gloriosos das navegações e conquistas. Quando aquela população socialmente móvel, mobilíssima mesmo, voltou à Europa cristã, foi trazendo consigo uma espessa camada de cultura e uma enérgica infusão de sangue mouro e negro que persistiriam até hoje no povo português e no seu caráter. Sangue e cultura que viriam ao Brasil; que explicam muito do que no brasileiro não é europeu, nem indígena, nem resultado do contato direto com a África negra através dos escravos. Que explicam o muito de mouro que persistiu na vida íntima do brasileiro através dos tempos coloniais. Que ainda hoje persiste até mesmo no tipo físico.

Na viagem que em princípios do século XIX realizou pelo interior da capitania de São Paulo, como diretor-geral das minas e matas, Martim Francisco de Andrada observou, em grande extensão, homens de fisionomia acentuadamente mourisca. Se os portugueses dessa origem se extinguissem na metrópole, acreditava Martim Francisco que haveriam de persistir no Brasil muitos exemplares conservando a magnífica pureza da raça primitiva, tão numerosos lhe pareceram os paulistas de origem e característicos de raça mourisca.[43]

Grande como foi a influência do mouro dominador, não foi menor a do mouro cativo de guerra. Foi o vigor do seu braço que tornou possível em Portugal o regime de autocolonização agrária pela grande propriedade e pelo trabalho escravo. Regime depois empregado tão vantajosamente no Brasil. Mercê dos mouros e dos religiosos, diz-nos J. M. Esteves Pereira que o Portugal dos primeiros tempos teve "a agricultura, sua principal indústria, melhor desenvolvida do que os outros países mais ao norte". Mercê principalmente dos mouros. "A *picata* ou *cegonha*, essa máquina simples e primitiva de tirar água dos fundos dos poços, é obra sua. A *nora*, esse engenho de elevar a água que a suave poesia dos campos torna agradável, é com o calabre e com os alcatruzes um invento dos árabes; ou pelo menos uma das máquinas trazidas por eles à Península."⁴⁴ Se foram os cruzados que trouxeram às Espanhas o moinho de vento, aplicado em certas partes da América – nas Índias Ocidentais, por exemplo – à indústria do açúcar, foram os mouros que introduziram em Portugal o moinho de água, ou azenha, avô do engenho colonial brasileiro de moer cana pelo impulso da queda de água sobre uma grande roda de madeira. João Lúcio de Azevedo salienta que a própria oliveira parece se ter tornado melhor utilizada em Portugal depois da vinda dos mouros. Explica João Lúcio: "a nomenclatura, proveniente do latim para as árvores – oliveira, olival, olivedo – de origem árabe no produto – azeitona, azeite – leva a pensar em um maior aproveitamento dessa espécie vegetal no período muçulmano".⁴⁵ O fato é significativo; como significativo é o verbo mourejar ter-se tornado sinônimo de trabalhar em língua portuguesa; significativa a frase, tão comum em Portugal e no Brasil, "trabalhar como mouro". É que foi o mouro a grande força operária em Portugal. O técnico. O lavrador. Ele quem deu às cousas sua maior e melhor utilização econômica. Quem valorizou a terra. Quem a salvou das secas por meio de inteligente irrigação. Não só a oliveira foi aumentada de valor e utilidade pela ciência dos mouros; também as vinhas. Além do que foram eles que trouxeram à Península a laranjeira, o algodão e o bicho-da-seda. Desempenharam função de técnicos e não apenas de energia principalmente animal (como mais tarde os escravos da Guiné) ou de simples mercantilismo como os judeus.

E não só o algodão, o bicho-da-seda e a laranjeira introduziram os árabes e mouros na Península: desenvolveram a cultura da cana-de-açúcar que, transportada depois da ilha da Madeira para o Brasil, condicionaria o desenvolvimento econômico e social da colônia portuguesa na América, dando-lhe organização agrária e possibilidades de permanência e fixidez. O mouro forneceu ao colonizador do Brasil os elementos técnicos de produção e utilização econômica da cana.

Os portugueses que aqui, um tanto à maneira dos Templários em Portugal, tornaram-se grandes latifundistas, por um lado seguiram o exemplo dos cruzados, principalmente o dos freires – capitalistas e proprietários de latifúndios, não raras vezes os bens, os gados e homens das terras reavidas aos infiéis ou tomadas aos moçárabes constituindo seu único capital de instalação –; por outro lado, repetiram a técnica dos invasores africanos, senão nos processos de devastação da terra – no que preferimos seguir sugestões indígenas – no tocante à utilização industrial dos produtos. De modo que a sombra do mouro, sua grande figura de criador e não apenas explorador de valores, projetou-se beneficamente, sobre os começos da economia agrária brasileira. O sistema econômico adotado no Brasil foi o mesmo inaugurado pelos aventureiros nórdicos em Portugal após a reconquista cristã, com a diferença do prestígio eclesiástico não ter aqui absorvido o do particular, o da família, o do senhor feudal. Mas a técnica industrial foi a dos mouros. O engenho de roda de água, principalmente.

Até que ponto o sangue português, já muito semita, por infiltrações remotas de fenícios e judeus, infiltrou-se também do mouro, durante os fluxos e refluxos da invasão maometana, é quase impossível determinar. Deve ter sido profunda essa infiltração de sangue infiel, considerando-se não só as íntimas relações entre conquistadores e conquistados, durante a invasão africana, como as que se seguiram, entre cristãos e cativos mouros; e entre hispano-romanos e moçárabes. Estes pela sua superioridade técnica impuseram-se à ascendência na escala social e econômica. Ascendência favorecida pelo precoce desenvolvimento da burguesia em Portugal e consequente êxodo dos trabalhadores do campo para as cidades. Dentro desse desenvolvimento valorizam-se extraordinariamente as artes industriais e os ofícios de utilidade antes urbana do que rural. Artes e ofícios dominados pela inteligência dos mouros.

Outra circunstância foi-lhes favorável à ascendência: o estado de guerras, de secas, de pestes e fomes que por muito tempo afligiu a população portuguesa, sujeita pela situação de seus portos – ponto de encontro entre o Norte e o Mediterrâneo – a toda espécie de contatos disgênicos. Duas grandes pestes enegreceram o reinado de Sancho I; uma, esta pandemia, de origem oriental, em 1348. Em 1356 refere uma crônica monástica citada por João Lúcio de Azevedo terem morrido, por efeito da fome, dois terços da população do reino.[46] Às perturbações de clima e do meio físico juntaram-se em Portugal os males do regime latifundiário – inclusive a devastação das matas – produzindo frequentes crises sociais por escassez de víveres.

A lei de sesmarias de D. Fernando, promulgada em 1375, tentou enfrentar os dois problemas. O do latifúndio e o do êxodo de trabalhadores do campo para as cidades. Contra o latifúndio, pelo esbulho do proprietário que por incúria ou falta de meios deixasse inaproveitadas as terras aráveis. Mas mesmo em tais leis deixou-se a porta, senão escancarada, entreaberta, para o êxodo dos mouros e moçárabes dos campos para as cidades. Para os portos movimentados cujo progresso era o rei o primeiro a animar. Das obrigações de permanência no campo, impostas aos filhos e netos de cultivadores, e aos trabalhadores rurais, deve ter sido relativamente fácil aos mouros e moçárabes, valiosos como eram, pela sua superior aptidão técnica, evadirem-se, deslocando-se para as cidades marítimas e comerciais. Convém salientar, a esta altura, que as cidades medievais precisavam incluir em sua população agricultores para cultivarem as hortas e as chamadas "terras de pão" destinadas à sua subsistência:[47] de modo que na própria indústria rural tiveram onde se empregar com vantagem os braços peritos dos mouros e moçárabes ao fugirem do humilhante estado de servidão rural para a sombra protetora dos forais burgueses. Tudo indica ter sido enorme a circulação, não só horizontal como vertical, que se operou então na sociedade portuguesa – de uma para outra esfera, de uma para outra zona econômica – do elemento mouro e moçárabe que a reconquista deixara adstrito à gleba. Foi certamente este o elemento que, pela sua maior riqueza de aptidões industriais, mais se aproveitou das oportunidades dos coitos para deslocar-se daquelas terras a que o prendiam obrigações de cativeiro ou de servidão para outras, igualmente agrícolas ou semiurbanas, onde sua situação já seria diversa. Cultivadores livres, fácil lhes foi, nas novas circunstâncias, o triunfo econômico. Fácil sua ascensão na escala social.

Assim se explica que o elemento hispânico, indígena, de sangue recentemente avivado na cor pelo do mouro e do berbere, tenha deixado de circular só por baixo da vitoriosa camada hispano-goda, ou de localizar-se em uma só região, para espalhar-se vantajosamente por todo o país, subindo por vezes às esferas mais elevadas da sociedade portuguesa. Convém, aliás, não esquecer o elemento hispano, chamado, depois do contato com os mouros, de moçárabe, que durante o domínio muçulmano sofrera diminuição econômica e social;

que essa diminuição, para grande número, se acentuara durante a reconquista, dirigida quase toda por adventícios descidos do Norte – espécie de novos-ricos e novos-poderosos. O que depois se verificou foi, assim, menos ascensão do que reajustamento de posição, conseguido em parte pelo fato de durante o domínio maometano a capacidade técnica e industrial do elemento hispano, que contemporiza com o invasor, haver-se enriquecido e apurado ao contato da superior cultura norte-africana.

Mas antes de verificar-se esse processo de reajustamento social, logo ao primeiro contato dos invasores maometanos com as populações cristãs, estas sofreram, não só nas classes populares como nas elevadas, a penetração do elemento vitorioso. Penetração facilitada não só pela situação de domínio do povo africano como pela sua tendência para a poligamia. Abdul-Aziz-Ibn-Muza não só tomou por esposa a viúva de Roderico como por concubinas muitas virgens cristãs. Por outro lado, Ramiro II, de Leão, fascinado pela beleza de uma sarracena de estirpe nobre – sem dúvida das que depois se tornaram mouras-encantadas – matou a mulher legítima, casando-se em seguida com a exótica, de quem teve numerosa prole. Os dois casos são típicos: um, da penetração pela violência exercida pelo invasor polígamo sobre as mulheres do povo vencido; outro, da atração da mulher sarracena, especialmente quando nobre, sobre os homens da população desbaratada.

Inúmeras as famílias nobres que em Portugal, como na Espanha, absorveram sangue de árabe ou mouro. Alguns dos cavaleiros que mais se salientaram nas guerras de reconquista pelo ardor mata-mouros do seu cristianismo conservaram nas veias sangue infiel. Muito terá sido, por outro lado, o sangue espanhol ou português, ortodoxamente cristão, que, dissolvido no de maometanos, emigrou para a África Menor. Sabe-se que até frades franciscanos o reflexo maometano arrebanhou à África. Frades polígamos e femeeiros. Muito Mem ou Mendo; muito Pelágio; muito Soeiro; muito Egas; muito Gonçalo; muitos que pelo nome e pelo fervor cristão se diriam hispano-godos sem mancha nenhuma de islamismo na ascendência foram portugueses de avô ou avó moura ou árabe. Do conde de Coimbra D. Sesnando afirmam as crônicas que, mestiço de cristão com mouro, até vizir fora entre os sarracenos.

De outro mestiço, D. Files Serrassim, sabe-se que incorporou-se à nobreza cristã pelo seu casamento com uma Mendes de Bragança.

Nenhum elemento de identificação mais inseguro de hispanos e de mouros, de cristãos e infiéis, de vencidos e vencedores, de nobres e plebeus na sociedade portuguesa que os nomes de pessoa e de família – tão baralhadas andaram sempre na Península as etnias, as culturas e as classes sociais, sem que o peso atado aos pés de uns pela escravidão ou pelo espólio de guerra os impedisse nunca de flutuar de novo.

Refere Alexandre Herculano que, após a invasão acompanhada de intensa miscibilidade, tornaram-se comuns os nomes mistos: Pelágio Iban Alafe, Egas Abdallah Argeriquiz etc.[48] O que dá bem a ideia da contemporização social entre vencidos e vencedores. Ideia exata de quanto foi plástica, movediça e flutuante a sociedade moçárabe em Portugal.

O que sucedeu com os mouros, verificou-se também, até certo ponto, com os judeus. De uns e de outros deixou-se penetrar, em suas várias camadas, a sociedade portuguesa. E nunca – mais uma vez acentue-se – as classes estratificaram-se em Portugal a ponto de simplesmente pelo nome de pessoa ou família poder identificar-se o nobre ou o plebeu, o judeu ou o cristão, o hispano ou o mouro.

Nas guerras contra os mouros e os castelhanos, muitos foram os portugueses que se enobreceram, ganhando direito a terras e a títulos. Poucos, porém, conservaram-se na posse de propriedades difíceis de desenvolver, em competição com as grandes empresas capitalistas representadas pelas ordens religiosas e militares. Quando as melhores atenções começaram a voltar-se para o mar, verificou-se a promoção social de muitos indivíduos nascidos na servidão do campo para o trabalho livre nas cidades. E deu--se ao mesmo tempo a diminuição de outros, entre os quais pequenos proprietários rurais. Senhores de terras ganhas por serviços guerreiros. Homens incapazes de competir com as empresas latifundiárias, e por elas absorvidos. As próprias leis de D. Fernando contra o latifúndio quase não tiveram outro efeito senão subtrair as terras dos proprietários menores, incapazes de desenvolvê-las devido à penúria de capital e falta de trabalhadores, para incorporá-las ao domínio dos todo-poderosos. De onde uma numerosa nobreza de joões-sem-terra em Portugal. Nobreza que começou a afluir para as cidades, para a Corte principalmente, farejando empregos públicos em torno do rei e mais tarde nas possessões ultramarinas.

Alberto Sampaio dá-nos a respeito da noção nada rígida de linhagem ou exclusivismo aristocrático entre os primeiros portugueses informações valiosas. Os nomes de pessoas foram então, como até certo ponto ainda hoje, em Portugal e no Brasil, os mesmos entre grandes e humildes. Nomes em geral germânicos, "porque depois do advento dos suevos e visigodos, os hispanos denominaram-se com os nomes deles, como dantes com os dos romanos". E acrescenta: "nos documentos da alta Idade Média a nomenclatura pessoal é comum para todos e em regra tão uniforme que nos diplomas pelas assinaturas não se diferenciam os cavaleiros dos herdadores; este fato repete-se mais notavelmente nas inquirições, onde por entre os patronímicos d'uso geral começam a despontar os apelidos atuais, designando ora nobres ora populares".[49] "Uma raça dominante, de sangue diverso dos habitantes", é ainda Sampaio quem escreve, "é inadmissível sem denominação pessoal privativa. E a contraprova é ainda patente nos nomes e no tipo físico, confundidos e misturados em toda a população". Cita o historiador português a esse respeito um depoimento do maior interesse: o do próprio *Livro velho*. Livro antigo de linhagens em que já se dizia: "ca muitos vem de bom linhagem e nom o sabem elles [...] e muitos som naturaes e padroeiros de muitos mosteiros, e de muitas egrejas, e de muitos coutos, e de muitas honras, que o perdem à mingua de saber de que linhagem vem".[50]

Estava aliás no interesse dos reis, que tão cedo se afirmaram em Portugal contra os vagos esboços de feudalismo, nivelar o mais possível as classes sociais, sem permitir o predomínio de nenhuma. O que em parte conseguiram fazendo mais vontades à burguesia que à aristocracia; concedendo privilégios às classes mecânicas; desprestigiando o mais possível os senhores territoriais. Menos a nobreza eclesiástica. Que esta soube em tempo, e com a proteção do Papa, conter os ímpetos dos dois Sanchos e conservar imensos privilégios econômicos.

Ser simplesmente filho d'algo em Portugal não valeu tanto como ser freire, isto é, reunir à espada de cavaleiro o hábito religioso de alguma das poderosas ordens militares. É a filhos d'algo que responde D. Dinis nos fins da Idade Média negando-lhes as honras de nobres enquanto vivessem de ofícios industriais ou de arrendamento de lavouras: "filhando mester de ferreiro ou de sapateiro ou d'alfaiate ou de cerieiro ou d'outro mester semelhavel a este porque careça, ou lavrando por seu preço em outro herdamento alheo".[51] Aliás, esse estado de coisas prolongou-se no Brasil. Colonos de origem elevada aqui se desprestigiaram, vencidos na competição em torno das melhores terras e do maior número de escravos agrários. Nos princípios do século XIX Martim Francisco conheceu no interior da capitania de São Paulo homens de procedência nobre exercendo ofícios mecânicos como se fossem plebeus.[52] Prejudicados, portanto, em sua qualidade de nobres, pois as leis do reino derrogavam em tais casos os foros de nobreza.

Depois de cinco séculos não se haviam estratificado as classes sociais em Portugal em exclusivismos intransponíveis. "Qualquer que fosse a sua preponderância em certo tempo", escreve Alberto Sampaio, "a nobreza nunca conseguiu formar uma aristocracia fechada; a generalização dos mesmos nomes a pessoas das mais diversas condições, como acontece com apelidos atuais, não é um fato novo da nossa sociedade; explica-o assaz a troca constante de indivíduos, duns que se ilustram, doutros que voltam à massa popular donde haviam saído; e a lei de D. Dinis aí está como miliário entre duas épocas, a dar-nos a confirmação histórica".[53]

O que vem reforçar a nossa convicção de ter sido a sociedade portuguesa móvel e flutuante como nenhuma outra, constituindo-se e desenvolvendo-se por uma intensa circulação tanto vertical como horizontal de elementos os mais diversos na procedência. Sorokin não acharia melhor laboratório para verificação e estudo de sua teoria de mobilidade do que entre esse povo cujo passado étnico e social não acusa predomínio exclusivo ou absoluto de nenhum elemento, mas contemporizações e interpenetrações sucessivas.

Ainda uma observação sobre os mouros e os moçárabes; sobre o processo de valorização desses dois elementos. A era comercial portuguesa, a princípio de comércio limitado à Europa, quando muito estendendo-se ao Levante, mas, a partir do século XV, de empresas ousadamente ultramarinas, foi particularmente favorável, como já dissemos, aos antigos servos. Permitiu-lhes empenharem-se, já homens livres, em aventuras cheias de possibilidades de engrandecimento social e econômico. Para o Brasil é provável que tenham vindo, entre os primeiros povoadores, numerosos indivíduos de origem moura e moçárabes, junto com cristãos-novos e portugueses velhos. Debbané supõe que fossem eles os principais colonizadores do nosso país: *"de l'an 1550 à l'an 1600, les premiers colons de l'Amerique du Sud appartiennent à l'Espagne et au Portugal méridional, c'est à dire à la partie fortement orientalisée et arabisée de l'Espagne et du Portugal".* E ainda: *"Ce n'étaient pas en effet les Espagnols ni les Portugais du Nord descendants des visigothes qui émigraient en Amérique; ceux-ci étaient les triomphateurs, les vainqueurs des guerres livrées contre des populations arabisées du Sud de la Péninsule Ibérique".*[54] A suposição de Debbané pode tachar-se de extremada, pecando em sentido oposto à de Oliveira Viana. Este ideou um Brasil colonizado em grande parte e organizado principalmente por dólico-louros.[55] Pesquisas mais minuciosas sobre o assunto, como em São Paulo o estudo dos inventários e testamentos do século XVI, tendem a revelar que a colonização do Brasil se fez muito à portuguesa. Isto é: heterogeneamente quanto a procedências étnicas e sociais. Nela não terão predominado nem morenos nem louros. Nem moçárabes como pretende Debbané nem aristocratas como imaginou o arianismo quase místico de Oliveira Viana. Nem os dourados fidalgos de frei Gaspar nem a escória do reino – criminosos e mulheres perdidas – de que tanto se acusa Portugal de ter enchido o Brasil nos primeiros séculos de colonização.

Vindos para o Brasil, os descendentes de moçárabes e de mouros cristianizados, Debbané acha que até prisioneiros de guerra nas campanhas de Marrocos e mouriscos expulsos em 1610, já não viriam diretos da servidão da gleba, mas do serviço de poderosos e das ocupações urbanas a que muitos se acolheram para escapar às leis de D. Fernando. Outros, do trabalho livre de lavoura em terra de coito. Ainda outros, dos ofícios úteis de sapateiro e alfaiate. Nas cidades e nos povoados, muitos teriam chegado ao século XVI já engrandecidos, econômica e socialmente, pelo comércio de peles de coelho e pelo exercício da arte não só de sapateiro ou de alfaiate como de ferreiro e peleteiro. Mas alguns estariam ainda lutando com dificuldades; ansiosos por uma oportunidade de melhorarem de vida.

Suas aptidões técnicas tornavam-nos decerto elementos de grande valor nas expedições colonizadoras de fidalgos arruinados e soldados aventureiros que outra cousa não sabiam senão manejar a espada, agora quase inútil. "Desta escassez de perita mão de obra", escreve João Lúcio de Azevedo referindo-se a Portugal, "derivou a importância que os mestres ou homens de ofícios, vieram a ter nos povoados, e seu influxo nas deliberações conselhiais".⁵⁶ Ferreiros, sapateiros, peleteiros, pedreiros, ourives, moedeiros, tanoeiros, tornaram-se uma verdadeira aristocracia técnica impondo-se ao respeito de uma sociedade saída quase de repente da monotonia agrícola e da simplicidade rural; saída quase de repente de um regime em que as reduzidas necessidades industriais supriam-nas os próprios servos domésticos e a arte caseira das mulheres. E tendo, agora, de atender a diversificações e requintes de atividade industrial, e esta livre, nos novos centros urbanos. Daí a força em que se transformaram, ao lado dos comerciantes das cidades marítimas, os técnicos, os obreiros, os artistas. Os nomes das ruas de Lisboa ainda hoje recordam o predomínio que sob doce forma religiosa exerceram sobre a vida da cidade esses técnicos e artistas. Concentrando-se em bairros ou arruamentos como que estratégicos, formavam quase uns feudos. Sapateiros, fanqueiros, ferreiros, pescadores, douradores. Todos os ofícios. Todas as atividades – cada uma com o seu santo, sua bandeira, seus privilégios. Através das casas-dos-vinte-e-quatro, exerceram esses técnicos e artistas influência sensível sobre a administração das cidades. Vários privilégios foram-lhes concedidos pelos reis.⁵⁷ Privilégios importando em sua elevação na escala social e política. Dos mestres sindicalizados é que se derivaram as irmandades e confrarias de caráter religioso que mais tarde floresceram também no Brasil, abrangendo até escravos mas sem traço, sequer, do prestígio que gozavam, em Portugal, como expressão dos direitos de classe.

Analisando as primeiras camadas de povoadores de São Vicente, através dos inventários e testamentos dos séculos XVI e XVII, Alfredo Ellis Júnior verificou que a "região sulina de Portugal, compreendendo o Alentejo, a Estremadura Portuguesa e os Algarves" – a zona, deve-se observar, mais penetrada de sangue mouro nos mandou cerca de vinte e oito por cento dos povoadores de origem conhecida, porcentagem igual à que a região do Norte luso nos enviou".[58] E contra a teoria lapougiana, representada entre nós por Oliveira Viana,[59] de serem, os nórdicos a raça mais dotada de qualidades de iniciativa e de arrojo, o que as pesquisas de Ellis Júnior revelam é que a eugenia dos vinte e oito por cento que o Sul enviou ao Brasil e de seus descendentes, de muito excedeu a demonstrada pelos vinte e oito por cento do Norte e dos seus descendentes. Quer tenhamos em vista os feitos praticados pelos sertanistas, quer se considerem sua fecundidade, longevidade e varonilidade.

Seriam originários da plebe moçárabe, já valorizada por dois séculos de promoção social, muito dos carpinteiros, dos ferreiros, dos alfaiates, dos sapateiros, dos açougueiros de que se formou, em grande parte, a sociedade paulista. Já vimos, porém, que através dos primeiros séculos de vida nacional portuguesa as classes não se estratificaram nem se isolaram nunca dentro de fronteiras intransponíveis. Que o rei D. Dinis reconhecia em sapateiros e alfaiates fidalgos a quem só faltavam recursos para lhes serem concedidas regalias de nobreza. Para estes a emigração, a colonização de terras virgens na América, deve ter aberto oportunidades magníficas de promoção ou de reajustamento social. Ao mestre-construtor que acompanhou Tomé de Sousa ao Brasil el-Rei recompensou largamente pelos seus serviços técnicos. Iguais recompensas devem ter tido os fabricantes de cal, os carpinteiros, os pedreiros.

Aos representantes da plebe moçárabe, entre os primeiros colonos do Brasil, devem-se, entretanto, juntar representantes da pequena e sólida nobreza agrária. Tais os reunidos em Pernambuco, em torno à figura patriarcal de Duarte Coelho. Representantes também, embora em pequeno número, da aristocracia militar e errática, trazidos ao Brasil pelo espírito de aventura ou para cumprirem pena de degredo nos ermos tropicais.

Mas o ponto a destacar é a presença, não esporádica porém farta, de descendentes de moçárabes, de representantes da plebe enérgica e criadora, entre os povoadores e primeiros colonizadores do Brasil. Através desse elemento moçárabe é que tantos traços de cultura moura e mourisca se transmitiram ao Brasil. Traços de cultura moral e material. Debbané destaca um: a doçura no tratamento dos escravos[60] que, na verdade, foram entre os brasileiros, tanto quanto entre os mouros, mais gente de casa do que besta de trabalho. Outro traço de influência moura que se pode identificar no Brasil: o ideal de mulher gorda e bonita de que tanto se impregnaram as gerações coloniais e do Império.[61] Ainda outro: o gosto dos voluptuosos banhos de gamela ou de "canoa"; o gosto da água corrente cantando nos jardins das casas-grandes. Burton surpreendeu no Brasil no século XIX várias reminiscências de costumes mouros. O sistema das crianças cantarem todas ao mesmo tempo suas lições de tabuada e de soletração recordou-lhe as escolas maometanas.[62] E tendo viajado no interior de Minas e de São Paulo, ainda encontrou o hábito das mulheres irem à missa de mantilha, o rosto quase tapado, como o das mulheres árabes. Nos séculos XVI, XVII e XVIII os rebuços e mantilhas predominam por todo o Brasil, dando às modas femininas um ar mais oriental que europeu. Os rebuços eram uma espécie de "dominós pretos", "mantilhas fúnebres em que se andam amortalhadas muitas das beldades portuguesas", como os descreveu Sebastião José Pedroso no seu *Itinerário*, referindo-se às mulheres do reino.[63]

E não esqueçamos de que nossas avós coloniais preferiram sempre ao requinte europeu das poltronas e dos sofás estofados, o oriental, dos tapetes e das esteiras. Em casa e até nas igrejas era sobre os tapetes de seda ou as frescas esteiras de pipiri que se sentavam, de pernas cruzada à mourisca, os pezinhos tapados pela saia. "Quando vão visitar", informa um relatório holandês do século XVII, referindo-se às mulheres luso-brasileiras, "primeiramente mandam participar; a dona da casa senta-se sobre um belo tapete turco de seda estendido sobre o soalho e espera suas amigas que também se sentam a seu lado sobre o tapete, à guisa dos alfaiates, tendo os pés cobertos, pois seria grande vergonha deixar alguém ver os pés".[64]

Diversos outros valores materiais, absorvidos da cultura moura ou árabe pelos portugueses, transmitiram-se ao Brasil: a arte do azulejo que tanto relevo tomou em nossas igrejas, conventos, residências, banheiros, bicas e chafarizes; a telha mourisca; a janela quadriculada ou em xadrez; a gelosia; o abalcoado; as paredes grossas.[65] Também o conhecimento de vários quitutes e processos culinários; certo gosto pelas comidas oleosas, gordas, ricas em açúcar. O cuscuz, hoje tão brasileiro, é de origem norte-africana.

O cronista que acompanhou a Lisboa o cardeal Alexandrino em 1571 notou o abuso de açúcar, canela, especiarias e gemas de ovos cozidos na comida portuguesa. Informaram-lhe que a maior parte dos quitutes eram mouros. Observou também o fato de a meio do jantar mudarem-se os guardanapos – requinte de limpeza talvez desconhecido entre os italianos. Os velhos livros de cozinha portuguesa como a *Arte de cozinha* de Domingos Rodrigues, mestre de cozinha de Sua Majestade (Lisboa, 1692), vêm cheios de receitas mouras e mouriscas: "Carneyro Mourisco", "Chouriço Mourisco", "Gallinha Mourisca", "Peyxe Mourisco", "Olha Moura".

Da influência dos maometanos, em geral, sobre a Península Hispânica – sobre a medicina, a higiene, as matemáticas, a arquitetura, as artes decorativas – limitamo-nos a observar que, abafada por severas medidas de repressão ou reação católica, ainda assim sobreviveu à reconquista cristã. A arte de decoração mourisca dos palácios e das casas atravessou incólume os séculos de maior esplendor cristão para vir, no XVIII, enfrentar vantajosamente o rococó. Dominou em Portugal, vindo florescer na decoração de casas-grandes do Brasil do século XIX.

Os artífices coloniais, a quem deve o Brasil o traçado de suas primeiras habitações, igrejas, fontes e portões de interesse artístico, foram homens criados dentro da tradição mourisca. De suas mãos recolhemos a herança preciosa do azulejo, traço de cultura em que insistimos devido a sua íntima ligação com a higiene e a vida de família em Portugal e no Brasil. Mais que simples decoração mural em rivalidade com o pano-de-rás, o azulejo mourisco representou na vida doméstica do português e na do seu descendente brasileiro dos tempos coloniais a sobrevivência daquele gosto pelo asseio, pela limpeza, pela claridade, pela água, daquele quase instinto ou senso de higiene tropical, tão vivo no mouro. Senso ou instinto de que Portugal, reeuropeizando-se sob as sombras da reconquista cristã, infelizmente perdeu grande parte. O azulejo quase se transformou, para os cristãos, em tapete decorativo de que o hagiológio tirou o melhor partido na decoração piedosa das capelas, dos claustros e das residências. Guardou, porém, pela própria natureza do seu material, as qualidades higiênicas, caracteristicamente árabes e mouriscas, de frescura, lustro fácil e limpeza.

O contraste da higiene verdadeiramente felina dos maometanos com a imundície dos cristãos, seus vencedores, é traço que aqui se impõe destacar. Conde, em sua história do domínio árabe na Espanha, tantas vezes citada por Buckle, retrata os cristãos peninsulares, isto é, os intransigentes, dos séculos VIII e IX, como indivíduos que nunca tomavam banho, nem lavavam a roupa, nem a tiravam do corpo senão podre, largando os pedaços. O horror à água, o desleixo pela higiene do corpo e do vestuário permanecem entre os portugueses. Cremos poder afirmar que mais intenso nas zonas menos beneficiadas pela influência moura. Alberto Sampaio destaca o desasseio do minhoto, típico da gente mais europeia, mais loura e mais cristã de Portugal.[66] É verdade que Estanco Louro, em uma bem documentada monografia sobre o Alportel, freguesia rural do Sul, registra "flagrante desleixo pelo asseio" da parte do alportelense: "falta de higiene corpórea que na maior parte dos casos se limita a lavagem da cara aos domingos, de modo muito sumário"; "falta na vila de retretes públicas e de urinóis; no campo de retretes, junto dos *montes*"; "a permanência de pocilgas e de estrumeiras mesmo junto das casas de habitação e das cavalariças em comunicação com estas".[67] Mas salienta por outro lado certas noções de asseio entre os habitantes que vão até à obsessão. Noções porventura conservadas do mouro. "E o que se pode ver na lavagem frequente do solo da casa, na caiação constante de casas e muros; na infalível mudança da roupa da semana por outra muito limpa [...]".[68] Aliás com relação ao sul de Portugal deve-se tomar na devida conta a escassez de água que coloca o morador de seus povoados e campos em condições idênticas à do sertanejo do Brasil – outro que raramente toma banho, embora capriche na roupa escrupulosamente limpa e em outros hábitos de asseio pessoal e doméstico.

A casa portuguesa do sul, sempre calada de fresco, contrasta pela sua alvura franciscana com a dos portugueses do norte e do centro – suja, feia, emporcalhada. Influência evidente do mouro no sentido da claridade e da alegre frescura da higiene doméstica. Por dentro, o mesmo contraste. Faz gosto entrar em uma casa do sul, onde o trem de cozinha espelha nas paredes; onde se tem uma impressão deliciosa de louça limpa e de toalhas lavadas.

Devemos fixar outra influência moura sobre a vida e o caráter português: a da moral maometana sobre a moral cristã. Nenhum cristianismo mais humano e mais lírico do que o português. Das religiões pagãs, mas também da de Maomé, conservou como nenhum outro cristianismo na Europa o gosto de carne. Cristianismo em que o Menino-Deus se identificou com o próprio Cupido e a Virgem Maria e os Santos com os interesses de procriação, de geração e de amor mais do que com os de castidade e de ascetismo. Neste ponto o cristianismo português pode-se dizer que excedeu ao próprio maometanismo. Os azulejos, de desenhos assexuais entre os maometanos, animaram-se de formas quase afrodisíacas nos claustros dos conventos e nos rodapés das sacristias. De figuras nuas. De meninozinhos-Deus em que as freiras adoraram muitas vezes o deus pagão do amor de preferência ao Nazareno triste e cheio de feridas que morreu na cruz. Uma delas, sóror Violante do Céu, foi quem comparou o Menino Jesus a Cupido:

> *Pastorzillo divino*
> *que matas de amor*
> *Ay, tened no flecheis,*
> *No tereis, nó,*
> *Que no caben más flechas*
> *En mi coraçon!*
> *Mas tirad, y flechadme*
> *Matadme d'amor,*
> *que nó quiro más vida*
> *Que morir por vós!*[69]

No culto ao Menino Jesus, à Virgem, aos Santos, reponta sempre no cristianismo português a nota idílica e até sensual. O amor ou o desejo humano. Influência do maometanismo parece que favorecida pelo clima doce e como que afrodisíaco de Portugal. É Nossa Senhora do Ó adorada na imagem de uma mulher prenhe. É São Gonçalo do Amarante só faltando tornar-se gente para emprenhar as mulheres estéreis que o aperreiam com promessas e fricções. É São João Batista festejado no seu dia como se fosse um rapaz bonito e namorador, solto entre moças casadouras, que até lhe dirigem pilhérias:

> *Donde vindes, São João,*
> *que vindes tão molhadinho?*

Ou

> *Donde vindes, ó Batista,*
> *que cheirais a alecrim?*

E os rapazes ameaçam de pancadas o santo protetor de namoros e idílios:

> *As moças não me querendo*
> *Dou pancadas no santinho.*[70]

Impossível conceber-se um cristianismo português ou luso-brasileiro sem essa intimidade entre o devoto e o santo. Com Santo Antônio chega a haver sem-cerimônias obscenas. E com a imagem de São Gonçalo jogava-se peteca em festas de igreja dos tempos coloniais.

Em Portugal, como no Brasil, enfeitam-se de teteias, de joias, de braceletes, de brincos, de coroas de ouro e diamante as imagens das virgens queridas ou dos meninos-Deus como se fossem pessoas da família. Dão-se-lhes atributos humanos de rei, de rainha, de pai, de mãe, de filho, de namorado. Liga-se cada um deles a uma fase da vida doméstica e íntima.

Nenhum resultado mais interessante dos muitos séculos do contato do cristianismo com a religião do profeta – contato que tantas vezes se aguçou em asperezas de rivalidade – que o caráter militar tomado por alguns santos no cristianismo português e mais tarde no Brasil. Santos milagrosos como Santo Antônio, São Jorge e São Sebastião foram entre nós sagrados capitães ou chefes militares como qualquer poderoso senhor de engenho. Nas procissões carregavam-se outrora os andores dos santos como a grandes chefes que tivessem triunfado em lutas ou guerras. Alguns eram mesmo postos a cavalo e vestidos de generais. E acompanhando essas procissões, uma multidão em dia de festa. Gente fraternal e democraticamente baralhada.

Grandes senhoras com tapa-missa no cabelo e prostitutas de pereba nas pernas. Fidalgos e moleques.

A festa de igreja no Brasil, como em Portugal, é o que pode haver de menos nazareno no sentido detestado por Nietzsche. No sentido sorumbático e triste. Pode-se generalizar do cristianismo hispânico que todo ele se dramatizou nesse culto festivo de santos com trajos e armas de generais: São Tiago, Santo Isidoro, São Jorge, Santo Emiliano, São Sebastião. Nesse culto de santos que foram também patriotas, mata-mouros, campeões da causa da independência. No Brasil o culto de São Jorge, a cavalo e de espada na mão, armado para combater hereges; o de Santo Antônio, não sabemos exatamente por que, militarizado em tenente-coronel, prolongaram através da época colonial e do Império esse aspecto nacionalista e militarista, cívico e patriótico, do cristianismo peninsular, obrigado pelos embates religiosos com os mouros ou judeus a revestir-se de armadura e penacho guerreiro. Certos louvado-seja-o-santíssimo-sacramento como um que, até os nossos dias, se conservou à entrada de velha rua em Salvador da Bahia, são restos dos gritos de guerra do tempo em que os cristãos portugueses sentiam-se rodeados de inimigos de sua fé.

Tanto quanto do contato com os mouros, resultaram da convivência com os judeus traços inconfundíveis sobre os portugueses colonizadores do Brasil. Sobre sua vida econômica, social e política. Sobre seu caráter. Influência que agiu no mesmo sentido deseuropeizante que a moura. As relações dos portugueses com os judeus, exatamente como as relações com os mouros, quando se avermelharam em conflito, a mística de que se revestiram não foi, como em grande parte da Europa, a de pureza de raça, mas a de pureza de fé. Publicistas que hoje pretendem interpretar a história étnica e política de Portugal à europeia e filiar os conflitos com os judeus a ódios de raça acabam contradizendo-se. É assim que Mário Sáa, depois de agitar essa tese e defendê-la com ardor e até brilho de panfletário, termina confessando: "por toda parte têm os judeus o conhecimento de serem judeus; em Portugal não o têm. Atravessaram as idades sob a designação de cristãos-novos, e, há pouco mais de cem anos, com o decreto pombalino que abolia a designação infamada, e com a perda da unidade religiosa, se foram de si próprios desmemoriando".[71] Em essência o problema do judeu em Portugal foi sempre um problema econômico criado pela presença irritante de uma poderosa máquina de sucção operando sobre a maioria do povo, em proveito não só da minoria israelita como dos grandes interesses plutocráticos. Interesses de reis, de grandes senhores e de ordens religiosas. Técnicos da usura, tais se tornaram os judeus em quase toda parte por um processo de especialização quase biológica que lhes parece ter aguçado o perfil no de ave de rapina, a mímica em constantes gestos de aquisição e de posse, as mãos em garras incapazes de semear e de criar. Capazes só de amealhar.

Circunstâncias históricas assim conformaram os judeus. Max Weber atribui o desenvolvimento dos judeus em povo comercial a determinações ritualistas proibindo-lhes, depois do exílio, de se fixarem em qualquer terra e, portanto, na agricultura. E salienta-lhes o dualismo de ética comercial permitindo-lhes duas atitudes: uma para com os correligionários; outra para com os estranhos.[72] Contra semelhante exclusivismo era natural que se levantassem ódios econômicos. Em virtude daquela ética ou moralidade dupla, prestaram-se os judeus em Portugal aos mais antipáticos papéis na exploração dos pequenos pelos grandes. Por aí se explica que tivessem gozado da proteção dos reis e dos grandes proprietários e, à sombra dessa proteção, prosperado em grandes plutocratas e capitalistas. Concentrando-se nas cidades e nos portos marítimos, concorreram para a vitória da burguesia sobre a grande propriedade territorial, aliada mais à Igreja do que aos reis. Mas é interessante observar que mesmo a grande propriedade agrícola, quando enfraquecida pela política marítima e antifeudal dos reis, não hesitou em buscar forças que a reanimassem na plutocracia israelita. Nos dotes das judias ricas. O sangue da melhor nobreza em Portugal mesclou-se com a plutocracia hebreia pelo casamento de fidalgos ameaçados de ruína com filhas de agiotas ricos. É o que explica terem judeus ilustres, já aristocratizados por ligações com a nobreza, tomado o partido, essencialmente aristocrático da rainha Da. Leonor, contra o da plebe e da burguesia, na sucessão del-Rei D. Fernando.

Varnhagen escreve que a agiotagem conseguira monopolizar na Espanha e em Portugal os "suores e os trabalhos de toda a indústria do lavrador, do armador e até a renda do Estado". E acrescenta: "o rápido giro de fundos dado pelas letras de câmbio, a prontidão com que se passavam grandes créditos de Lisboa para Sevilha, para a feira de Medina, para Gênova, para Flandres, deu aos desta classe, ajudados pelos estabelecimentos dos correios, de que souberam tirar partido, tal superioridade nos negócios que ninguém podia com eles competir. Às vezes acudiam nas urgências do Estado e o socorro era reputado um grande serviço e recompensado como tal. Outras vezes era o herdeiro de um grande nome e representante de muitos heróis, que para acomodar-se ao luxo da época, não desdenhava aliar-se com a neta do saião convertido, cujo descendente se fizera rico tratante, como então se dizia, sem que o vocábulo se tomasse em mau sentido, como as obras deles tratantes ou tratadores vieram a fazer que se tomasse".[73] Vê-se que, com relação aos judeus, como com relação aos mouros, foi grande a mobilidade em sentido vertical, confundindo-se no casamento origens étnicas diversas.

Constituíram-se os judeus em Portugal em grande força e sutil influência pelo comércio, pela agiotagem, pelo exercício de altos cargos técnicos na administração, pelas ligações de sangue com a velha nobreza guerreira e territorial, pela superioridade de sua cultura intelectual e científica. Especialmente a dos médicos – rivais poderosos dos padres na influência sobre as famílias e sobre os reis. O rumo burguês e cosmopolita tão precocemente tomado pela monarquia portuguesa, contra as primeiras tendências agrárias e guerreiras, cavou-o mais fundo que qualquer outra influência a dos interesses econômicos dos judeus, concentrados estrategicamente, e por ancestral horror dos "homens de nação" à agricultura, nas cidades marítimas; e daí, em fácil e permanente contato com centros internacionais de finança judia.

Os reis de Portugal é evidente que não protegeram aos judeus pelos seus belos olhos orientais mas interesseiramente, fazendo-os concorrer com largas taxas e impostos para a opulência real e do Estado. É digno de nota o seguinte: que a marinha mercante portuguesa desenvolveu-se em grande parte graças a impostos especiais pagos pelos judeus por todo navio construído e lançado no mar. De modo que da prosperidade israelita aproveitaram-se os reis e o Estado para enriquecerem. Na prosperidade dos judeus baseou-se o imperialismo português para expandir-se.

Chamberlain salienta que os judeus desde o começo do período visigótico souberam impor-se entre os povos peninsulares como negociantes de escravos e credores de dinheiro. De modo que para o pendor português para viver de escravos parece ter concorrido o sefardim. Inimigo do trabalho manual, o judeu desde remotos tempos inclinou-se à escravidão. Diz Chamberlain que Isaías insinua a ideia de que os estrangeiros deveriam ser os lavradores e os vinhateiros dos hebreus.[74] E o certo é que na Península muitos dos judeus mais longínquos de que se tem notícia foram donos de escravos cristãos e possuíram concubinas cristãs.[75]

Parece terem mais tarde estendido sua especialização econômica ao comércio de gêneros alimentícios: "peixe seco e as mais coisas", dirá um memorial de 1602 acusando-os de exploradores "do povo miúdo que se sustenta de peixe seco".[76]

Em 1589 fora à Mesa de Consciência e Ordem, por consulta del-Rei, o problema dos cristãos-novos estarem fazendo também monopólio dos ofícios de médico e boticário; bem assim do reino estar se enchendo de bacharéis.[77] Um e outro excesso resultado, ao que nos parece, do fato dos cristãos-novos virem procurando ascender na escala social servindo-se de suas tradições sefardínicas de intelectualismo. De sua superioridade, em traquejo intelectual, sobre os rudes filhos da terra. Pode-se atribuir à influência israelita muito do mercantilismo no caráter e nas tendências do português: mas também é justo que lhe atribuamos o excesso oposto: o bacharelismo. O legalismo. O misticismo jurídico. O próprio anel no dedo, com rubi ou esmeralda, do bacharel ou do doutor brasileiro, parece-nos reminiscência oriental, de sabor israelita. Outra reminiscência sefardínica: a mania dos óculos e do pincenê – usados também como sinal de sabedoria ou de requinte intelectual e científico. O abade de la Caille, que esteve no Rio de Janeiro em 1751, diz ter visto tudo o que era doutor ou bacharel em teologia, direito ou medicina de óculos no nariz *"pour se faire respecter des passans"*.[78] E a mania de sermos todos doutores em Portugal e sobretudo no Brasil – até os guarda-livros bacharéis em comércio, os agrônomos, os engenheiros, os veterinários – não será outra reminiscência sefardínica?

Lembra Varnhagen que valendo-se da classe média e dos leigos letrados, pôde a monarquia libertar-se, em Portugal, da pressão do clero e dos antigos senhores territoriais. E escreve: "Essa magistratura letrada, por seu saber, por seus enredos, sua atividade, sua loquela e a proteção que lhe davam as ordenações, redigidas por indivíduos de sua classe, vem, pelo tempo adiante, a predominar no país, e até alistar-se no número de seus primeiros aristocratas, depois de haver em geral hostilizado a classe, antes de chegar a ela".[79] Um caso rápido de promoção social. Pois dessa burguesia letrada que se aristocratizou rapidamente pela cultura universitária e por serviços intelectuais e jurídicos à monarquia, grande parte seria de cristãos-novos ou "homens de nação". Rebentos de outra burguesia: a de comerciantes, de traficantes, de agiotas, de intermediários. De tal modo se empenharam os cristãos-novos em alastrar de seus filhos doutores e bacharéis as cátedras e a magistratura que a Mesa de Consciência e Ordem, em fins dos século XVII, decidiu limitar o bacharelismo em Portugal, sugerindo ao rei restringir para dois o número de filhos que pudesse enviar para a Universidade de Coimbra uma pessoa nobre, a um, o pai mecânico, e fazendo depender de licença de Sua Majestade a inscrição de cristãos-novos. Porque "ainda desta maneira sobrepujarão letrados neste reino". Formavam os cristãos-novos a maioria dos lentes das escolas superiores – um deles o famoso doutor Antônio Homem; salientavam-se entre os advogados, magistrados e médicos. Coimbra chegou a tornar-se "covil d'heréticos", na frase de João Lúcio de Azevedo, tal o número de judeus dentro das batinas de estudantes ou das becas de professores.[80]

Compreende-se que os cristãos-novos, vindos da usura, do comércio de escravos e da agiotagem, encontrassem nos títulos universitários de bacharel, de mestre e de doutor a nota de prestígio social que correspondesse às suas tendências e ideais sefardínicos. Que encontrassem na advocacia, na medicina e no ensino superior a maneira ideal de se aristocratizarem. Seus apelidos é interessante observar que se dissolveram nos germânicos e latinos dos cristãos-velhos. Facilitou aliás D. Manuel I aos cristãos-novos a naturalização, e, ao mesmo tempo, a aristocratização de seus nomes de família, permitindo-lhes usar os mais nobres apelidos de Portugal. O que se proibia aos outros – tomar "apelido de fidalgos de solar conhecido, que tenham terras com jurisdição em nossos reinos" – concedeu-se amplamente aos cristãos-novos: "porém os que novamente se tornarem à nossa santa fé poderão tomar, e ter em suas vidas, e trespassar a seus filhos somente, os apelidos de quaisquer linhagens que quiserem, sem pena alguma". Tudo isto nos mostra como, mesmo no caso do judeu, foi intensa a mobilidade e livre a circulação por assim dizer de uma raça a outra; e, literalmente, de uma classe a outra. De uma a outra esfera social.

Concorreram os judeus em Portugal, e em partes da Espanha, para o horror à atividade manual e para o regime do trabalho escravo – tão característico da Espanha e de Portugal. Concorreram para a situação de riqueza artificial observada por Francisco Guicciardini, historiador italiano que no princípio do século XVI esteve nas Espanhas, como embaixador de Florença junto ao rei de Aragão: "A pobreza é grande e ao meu ver não provém tanto da natureza do país quanto da índole de seus habitantes, oposta ao trabalho; preferem enviar a outras nações as matérias-primas que seu reino produz para comprá-las depois sob outra forma, como se verifica com a lã e a seda que vendem a estranhos para comprar-lhes depois panos e tecidos".[81] Excetuavam-se da generalização de Guicciardini as zonas agrícolas em que por muito tempo se projetaram os benefícios da ciência ou da técnica mourisca. Entre outras, as regiões próximas de Granada. Zonas privilegiadas. Outro viajante, Navajero, descreve-as com verdadeiro lirismo: farto arvoredo, muita fruta madura pendendo das árvores, grande variedade de uvas, espessas matas de oliveiras. E no meio desse luxo de verdura, as casas dos descendentes de mouros: pequenas, é certo, mas todas com água e roseiras, "mostrando que a terra fora mais bela ainda quando em poder dos mouros".[82] E Navajero contrasta com a atividade dos mouriscos os desmazelos e o ócio dos hispanos, nada industriosos, sem amor nenhum pela terra, guardando seu melhor entusiasmo para as empresas de guerra e as aventuras comerciais nas Índias. O mesmo que na região andaluza se observava no Sul de Portugal e no Algarve: terras igualmente beneficiadas pelos mouriscos e nas quais o polaco Nicolas de Popielovo, ao percorrê-las em fins do século XV, quase não encontrou diferença das de Andaluzia: "em todas as terras de Andaluzia, Portugal e Algarvia [...] os edifícios e os homens se assemelham e a diferença na educação e costumes entre sarracenos e cristãos unicamente se pode perceber na religião [...]".[83]

Devendo-se observar, de passagem, que os cristãos não eram grandes devotos, só se confessando na hora da morte; e não jejuavam senão raramente. Nem era fácil praticar o jejum em terras que, em vez de pobres de mantimento como a maior parte das Espanhas, conservaram-se por largo tempo, devido ao reflexo da atividade moura e mourisca, fartas de cereais, de carnes e de vinho.

Com relação a Portugal, deve-se salientar que seus começos foram todos agrários; agrária a sua formação nacional depois pervertida pela atividade comercial dos judeus e pela política imperialista dos reis. Agrário também o seu primeiro comércio de exportação de produtos da terra: azeite, mel, vinho, trigo. Dos mouros, como já vimos, muito aproveitara a terra portuguesa. Sobretudo o Sul, necessitado de irrigação e tornado zona produtiva pela ciência dos invasores.

A reconquista, embora seguida da concessão de largos trechos de terra aos grandes guerreiros, não acentuou em Portugal traços e característicos feudais. Entre as concessões de terra a particulares encravaram-se sempre terras da Coroa ou do rei, cultivando-as foreiros e rendeiros. Destes é que recebia o monarca, através de mordomos, rendas e foros às vezes exagerados. Metade da colheita do vinho. A terça parte da de trigo. Nas terras dos grandes senhores incumbia aos foreiros e rendeiros levantar e reparar os castelos e os moinhos, os fornos e os celeiros. A unidade econômica formava-a o solar – a mansão senhorial de taipa ou de barro amassado, avó da casa-grande de engenho brasileiro. O regime econômico não se pode dizer que tenha sido a princípio o da grande propriedade – considerando-se grandes proprietários o rei, as fundações eclesiásticas e todos aqueles por quem a conquista foi dividida – mas uma combinação desse regime com o da cultura parcelada, "achando-se repartido o solo de cada grande acervo senhorial pelas subunidades a cargo dos adstritos, no primeiro período, entregue mais tarde aos rendeiros e foreiros".[84]

Teve assim a formação agrária de Portugal, na sua primeira fase, um equilíbrio e uma solidez que nenhum dos dois regimes, sozinho, teria conseguido manter. Nem a pequena propriedade teria sido capaz da tensão militar, necessária em terras agrícolas rodeadas de inimigos fortes, nem o latifúndio, sem a cultura parcelada, teria dado aos começos da economia portuguesa cores tão boas de saúde. Acresce a vantagem da grande propriedade nunca ter representado em Portugal desbragado privativismo. Contra os interesses particulares se fez sentir muitas vezes não só o poder da Coroa como o das grandes corporações religiosas, donas de algumas das melhores terras agrícolas. Terras a que fizera jus o esforço guerreiro dos freires nas guerras da reconquista; e acrescidas, depois, de doações e legados dos monarcas e dos particulares, indivíduos devotos ou incapazes de vida agrícola. "No povoamento e redução à cultura de um país devastado pelas guerras cabe parte notável à Igreja", escreve João Lúcio de Azevedo. "À roda dos mosteiros", acrescenta, "desenvolvia-se o labor agrícola. Parte considerável da Estremadura foi arroteada e povoada, à iniciativa dos monges de Alcobaça. Outro tanto se pode dizer de lugares e de regiões diferentes. Também bispos, monges e simples párocos foram grandes edificadores e reparadores de pontes, obras das mais meritórias naquele tempo rude".[85]

Durante os tempos indecisos de luta com os mouros foi principalmente à sombra das abadias e dos grandes mosteiros que se refugiou a agricultura, sob o cuidado dos monges. No interior dos claustros refugiaram-se indústrias e artes. Esteves Pereira escreve que os mosteiros em Portugal "a par de mansões de oração e de estudos se tornaram em focos e escolas de atividade industrial, em laboriosas colônias agrícolas, que arrotearam sertões, desdobraram campinas incultas, que fecundaram vários territórios, até então desertos e maninhos".[86] Aos grandes mosteiros e corporações monásticas e religiosas, informa ainda Esteves Pereira que os particulares doaram várias terras "por lhes faltarem elementos para os seus exercícios". Reconhecia-se assim no latifúndio, isto é, na grande propriedade ativa, a capacidade de ação colonizadora e civilizadora que faltava aos proprietários pequenos ou ausentes. Estes foram absorvidos nas grandes propriedades por outro meio, além do das doações por incapacidade: pelas obrigações criadas por empréstimos que lhes facilitavam as ricas corporações religiosas, no desempenho de funções como de bancos agrícolas que por largo tempo exerceram na economia portuguesa. Mecanismo vantajoso para os interesses agrários por não desviar as terras e os bens para a posse de capitalistas judeus ou burgueses ricos das cidades.

Um ponto nos surge claro e evidente: a ação criadora, e de modo nenhum parasitária, das grandes corporações religiosas – freires, cartuxos, alcobacenses, cistercienses de São Bernardo – na formação econômica de Portugal. Eles foram como que os verdadeiros antecessores dos grandes proprietários brasileiros. Daqueles cujas casas-grandes de engenho foram também focos de atividade industrial e de beneficência. Oficinas, asilos de órfãos, hospitais, hospedarias. Os frades não foram em Portugal as simples montanhas de carne, asfixiantes e estéreis, em que alguns se deliciam em caricaturá-los. Na formação agrária do tempo dos afonsinos foram eles o elemento mais criador e mais ativo. Eles e os reis. Ao lado da tradição moura, foi a influência dos frades, grandes agricultores, a força que em Portugal mais contrariou a dos judeus. Se mais tarde o parasitismo invadiu até os conventos é que nem a formidável energia dos monges pôde remar contra a maré. Contra o Oceano Atlântico – diga-se literalmente. Tanto mais que no sentido do grande oceano, e das aventuras ultramarinas de imperialismo e de comércio, remavam os fortes interesses israelitas, tradicionalmente marítimos e antiagrários.

Até trigo exportara Portugal na sua fase agrária, de saúde econômica; aquela em que maior foi a ação dos mosteiros. "Demos pão aos ingleses desde o reinado do Senhor D. Diniz até o do Senhor D. Fernando", lembra-nos o esclarecido autor de certo opúsculo escrito nos fins do século XVIII, em defesa dos frades portugueses.[87] Para esse publicista, a decadência da agricultura devia atribuir-se aos senhores inertes, ausentes de suas terras, entregues ao luxo das capitais. Enquanto nas propriedades eclesiásticas era mais difícil de verificar-se o absenteísmo do mesmo modo que o desmazelo: as fazendas nas mãos dos frades "são de ordinário mais bem cultivadas; porque se hum prelado ou presidente se descuida, o prelado-maior em suas visitações os adverte, e os companheiros os accusam da sua ignorância ou negligencia: assim estas propriedades sempre têm olhos, e braços que as auxiliam, e por isso sempre rendem e se melhoram".[88] Daí ter-se conservado melhor nos conventos do que nas mãos dos particulares a riqueza agrícola em Portugal – bem administrada pelos frades e pessimamente pelos particulares, senhores de latifúndios estéreis. Beckford, visitando Portugal no século XVIII – um Portugal já de fidalgos arruinados – ainda pôde recolher nos mosteiros por onde andou impressões de grande fartura. A cozinha de Alcobaça, por exemplo, maravilhou-o. Seus olhos, ele próprio o confessa que nunca viram em convento nenhum da Itália, da França ou da Alemanha tão largo espaço consagrado aos ritos das cousas culinárias. Muito peixe fresco das águas do próprio convento. Uma fartura de caça das matas próximas. Hortaliças e frutas maduras de toda espécie das próprias hortas dos frades. Montes de farinha e de açúcar. Gordas jarras de azeite. Trabalhando nesta abundância enorme de massas, de frutas, de hortaliças, numerosa tribo de serventes e leigos. Gente toda feliz, cantando enquanto preparava os pastéis e bolos para a mesa hospitaleira de Alcobaça. E o D. Abade a dizer ao estrangeiro, maravilhado de tanta fartura, que "em Alcobaça não haveria de morrer de fome".[89]

Nada indica que nos solares de Portugal – a não ser no de Marialva – acolhesse ao viajante inglês metade sequer daquela abundância e variedade de víveres, todos frescos e da melhor qualidade. Víveres que, alimentando centenas de eclesiásticos, ainda chegavam para dar de comer a numerosos viajantes e indigentes. O Portugal que chegara a exportar trigo para a Inglaterra tornou-se, na sua fase de mercantilismo, o importador de tudo para a sua mesa – menos sal, vinho e azeite. Do estrangeiro vinham trigo, centeio, queijo, manteiga, ovos, galinha. A não ser para os últimos redutos de produção agrícola e portanto de alimentação fresca e sadia. Esses redutos foram os conventos.

Por onde se vê que não deixou de ter motivos Ramalho Ortigão para desenvolver curiosa teoria sobre os frades em Portugal e a profunda influência dos conventos no progresso do país. Os frades, argumentava Ramalho Ortigão, tendo constituído por vários séculos a classe pensante da nação, uma vez extintas as ordens religiosas, a civilização portuguesa ficou acéfala. Nenhuma outra classe herdou-lhes a preponderância intelectual. Resultado, concluía Ortigão, da alimentação regular e perfeita dos frades; da irregular e imperfeita das outras classes, prejudicadas na sua capacidade de trabalho e estudo pela insuficiência alimentar.

Colonizou o Brasil uma nação de homens malnutridos. É falsa a ideia que geralmente se faz do português: um superalimentado. Ramalho atinou com o engano, embora por um caminho incerto: através do reduzido consumo de carne em Portugal. Seria anti-higiênico que esse consumo fosse, em terra de clima africano, proporcionalmente o mesmo que nos países do Norte. O grande publicista idealizou um português alimentando-se da mesma fartura de bife que o inglês. Ora, esse português idealizado por Ortigão teria sido um absurdo. Mas o consumo de carne que suas pesquisas surpreenderam em Lisboa espanta pela miséria: quilo e meio por mês para cada habitante.[90]

A deficiência não foi, porém, só de carne de vaca: também de leite e de vegetais. Desde cedo parece ter atuado desfavoravelmente sobre a saúde e a eficiência do português a preponderância de peixe seco e da comida em conserva no seu regime de alimentação. "O povo miúdo vive pobremente, sendo a sua comida diária sardinhas cozidas", informam Trom e Lippomani que estiveram em Portugal em 1520. "Raras vezes compram carnes, porque o alimento mais barato é esta casta de peixe [...]". E o pão "nada bom [...] todo cheio de terra." Vitela, rara. Trigo vindo de fora: da França, de Flandres, da Alemanha.[91]

Estrabão informa que "na Península, antes da ocupação romana, durante os três quartos do ano, os habitantes viviam de pão de glandes", isto é, de uma massa de glandes esmagadas e trituradas depois de secas. Vinhos só em dia de festa, nos banquetes ou comezainas, quando era evidentemente mais farta e variada a alimentação.[92]

Desde esses remotos tempos que se deve distinguir entre comezainas e banquetes e a alimentação dos dias comuns. Entre o regime de reduzido número de ricos e o da grande maioria – o da plebe rural e das cidades. As generalizações sobre o assunto baseiam-se em fatos excepcionais – quase os únicos registrados pelas crônicas históricas. Daí a crença em um português tradicionalmente regalão, sempre rodeado de gordos pitéus. De bois inteiros assados em espeto. De galinhas, porcos, carneiros. Resultado de não se saber descontar nas crônicas o fato de elas só registrarem o extraordinário ou excepcional.

Alberto Sampaio dá-nos como cultivados na Península, nos tempos da dominação romana e nos imediatos, o centeio, a cevada, a aveia, o farelo, o trigo – reservado o trigo, devido a sua produção pouco abundante, para a gente rica, "enquanto o mais comum devia ser a mistura de centeio e milho alvo". Das leguminosas, o historiador nos dá a certeza das seguintes: fava, ervilha, lentilhas e chícharo. Frutas, os romanos introduziram várias nas províncias e desenvolveram a cultura de outras, indígenas. Mas foram os árabes que introduziram as laranjas, os limões e as tangerinas e os processos adiantados de conservação e aproveitamento dos frutos em "frutos secos". Processo que se comunicaria vantajosamente ao Brasil, através das matronas portuguesas do século XVI que tão cedo se tornaram peritas confeiteiras de frutas tropicais.

Como circunstância particularmente desfavorável à agricultura e, por conseguinte, ao suprimento de víveres frescos em Portugal, mesmo nos seus tempos de melhor saúde econômica, devem ser lembradas: as crises de clima, por um lado; por outro, as crises ou perturbações sociais – guerras, epidemias, invasões etc. Ainda assim pode-se concluir que a gente portuguesa atravessou nos seus começos, antes de transformar-se em potência marítima, um período de alimentação equilibrada que talvez explique muito da sua eficiência e das suas superiores qualidades de arrojo e de iniciativa até o século XVI. Indicam-no documentos antigos decifrados por Alberto Sampaio. Por exemplo: as obrigações da comida fornecida aos mordomos reais por ocasião de receberem as rendas. Dessas obrigações constam ora pão, carne, vinho, ora pão, vinho, leite fervido, frangos, filhós, carne de porco, queijo, manteiga, ovos etc. Sampaio é o primeiro a comentar que muito maior era então a frequência dos laticínios na alimentação portuguesa que depois tanto se empobreceu deles e de carne vermelha. O que o ilustre historiador atribui, com evidente parcialidade, à "revolução cultural apurada pela introdução do milho mais".[93]

As causas desse empobrecimento parecem-nos mais profundas e complexas. Ele reflete a situação de miséria geral que criou para as Espanhas o abandono da agricultura, sacrificada pelas aventuras marítimas e comerciais; depois, a monocultura, estimulada em Portugal pela Inglaterra através do Tratado de Methuen. As crônicas de banquetes, as tradições de comezainas, as leis contra a gula não nos devem deixar a ilusão de um povo de superalimentados. Sampaio mesmo deixa-nos perceber nas populações do Minho o contraste entre a alimentação fraca e insuficiente dos dias comuns e a desbragada dos jantares de festa. "Nos jantares de festa", escreve ele, "as vitualhas acumulam-se em massas enormes: as grandes terrinas e escudelas de víveres, os largos pratos com peças desmedidas, seguem-se numa sucessão interminável, intermeados com as *infusas* e canecões de vinho verde, que quanto mais rascante, mais estimula o apetite, aliás sempre complacente".[94] Desbragamento que indica alimentação normalmente pobre. Não nos esqueçamos nunca do caráter excepcional dessas comezainas: sua própria intemperança faz pensar em estômagos mal alimentados que umas quantas vezes por ano se expandissem em excessos como que compensadores do regime de parcimônia alimentar dos dias comuns.

Os jejuns devem ser tomados na devida conta por quem estude o regime de alimentação do povo português, sobretudo durante os séculos em que sua vida doméstica andou mais duramente fiscalizada pelo olhar severo da Inquisição. Da Inquisição e do jesuíta. Dois olhos tirânicos, fazendo as vezes dos de Deus. Fiscalizando tudo.

É possível que correspondessem aos jejuns e aos frequentes dias de comida de peixe, fortes razões de Estado. Os jejuns terão contribuído para o equilíbrio entre os limitados víveres frescos e as necessidades da população. Estimulava-se o povo ao regime de peixe seco e de artigos de conserva, em grande número importados do estrangeiro. O foral de Gaia, conferido por Afonso III em 1255, deixa entrever que já nos tempos afonsinos, de relativa saúde econômica, o peixe seco ou salgado avultava no regime da alimentação portuguesa. Os pescadores, além da costa portuguesa, exploravam a galega, colhendo peixe, salgando-o e remetendo-o para o consumo do povo. Já no século XIII, a carne vermelha começava a ser luxo ou pecado para imperar, triunfante e virtuoso, o peixe salgado. León Poinsard, no seu estudo *Le Portugal inconnu*, lembra que os portugueses chegaram a exportar, na Idade Média, peixe salgado para Riga e que em 1353 Eduardo III da Inglaterra concedia-lhes o direito de pescarem nas costas inglesas.[95] Mas esse exagerado consumo de peixe seco, com deficiência do de carne fresca e de leite, acentuou-se com o declínio da agricultura em Portugal. E deve ter contribuído de maneira considerável para a redução da capacidade econômica do português, depois do século XV. Fato por alguns vagamente atribuído à decadência de raça; por outros à Inquisição.

Pompeyo Gener pretende que *"con los ayunos predicados por el clero"* tenha degenerado *"en costumbre el comer mal y poco"*. Refere-se à Espanha mas pode estender-se a Portugal sua curiosa maneira de explicar por que *"las razas antes inteligentes y fuertes que poblavan la península enflaqueceran, se encanijaron, debilitándose física e moralmente; volviéranse improductivas y visionarias"*.[96] O crítico espanhol, através das palavras transcritas, parece-nos inclinado a sobrecarregar de responsabilidades a Igreja pela deficiência da alimentação espanhola. Exagero com que de modo nenhum concordamos. Parece-nos, porém, fora de dúvida que o apelo religioso às virtudes de temperança, frugalidade e abstinência; a disciplina eclesiástica contendo no povo o apetite de mesa farta, reduzindo-o ao mínimo, soltando-o apenas nos dias de festas e sufocando-o nos de preceito – consciente ou inconscientemente agiram no interesse de equilíbrio entre os limitados meios de subsistência e os apetites e necessidades da população. De maneira que a crítica, não é o clero ou a Igreja que a merece. O mal vinha de raízes mais fundas. Do declínio da agricultura causado pelo desenvolvimento anormalíssimo do comércio marítimo. Do empobrecimento da terra depois de abandonada pelos mouros. Do parasitismo judeu. O fato é que os observadores da vida peninsular nos tempos modernos, depois das conquistas, dos descobrimentos, da expulsão dos mouros e dos mouriscos, é que são os mais insistentes em salientar a extrema parcimônia da alimentação portuguesa ou espanhola. "A temperança, ou melhor, abstinência, chega a limites inverossímeis", escreve um. Outro salienta a extrema simplicidade da comida da gente pobre: um taco de pão com uma cebola. No século XVII a fome chegaria até aos palácios: a embaixatriz de França em Madri nessa época diz ter estado com oito ou dez camaristas que há tempo não sabiam o que era comer carne. Morria-se de fome pelas ruas.[97]

Já no século anterior – o da descoberta do Brasil – Clenardo notara nos lusitanos, mesmo fidalgos, que eram uns comedores de rábano, alimentando-se pouco e mal. Admiráveis de realismo e exatidão – observemos de passagem – as cartas desse Clenardo. Excedem as de Sasseti. Neste, a tendência para a caricatura está sempre a deformar-lhe o traço; o abuso da nota pitoresca a prejudicar-lhe a limpidez das informações. Clenardo, ao contrário, contém-se nas gaiatices, oferecendo-nos um retrato honesto e fiel da vida lusitana de seu tempo. Antes de Alexandre de Gusmão dar seu grito de alarme contra o regime de trabalho escravo em Portugal, atribuindo a essa instituição a indolência do português, sua lentidão e esterilidade, já Clenardo salientara a extensão dos efeitos perniciosos do cativeiro sobre o caráter e a economia lusitana. Com a diferença de Alexandre de Gusmão diagnosticar um império já começando a desfazer-se de podre; Clenardo receitou-o pelos primeiros escarros de sangue. "Se há povo algum dado à preguiça, sem ser o português, então não sei eu onde ele exista... Esta gente tudo prefere suportar a aprender uma profissão qualquer". Tão grande indolência, à custa da escravidão: "Todo o serviço é feito por negros e mouros cativos. Portugal está a abarrotar com essa raça de gente. Estou quase a crer, que só em Lisboa, há mais escravos e escravas que portugueses livres de condição... Os mais ricos têm escravos de ambos os sexos e há indivíduos que fazem bons lucros com a venda de escravos novos, nascidos em casa. Chega-me a parecer que os criam como quem cria pombas, para vender, sem que se ofendam com as ribaldias das escravas".[98] Ao excesso de escravos Clenardo filiou a horrível carestia da vida em Portugal. Só a barba levava-lhe uma fortuna toda a semana. Assim mesmo o barbeiro fazendo-se esperar como um lorde. Serviços e gêneros – tudo tinha de ser arrancado às mãos dos vendedores e dos artífices; a carne das mãos do carniceiro depois de se ter esperado a pé firme no talho duas ou três horas.

A carestia da vida sofriam-na, entretanto, os portugueses de preferência na sua vida íntima, simulando fora de casa ar e fausto de fidalgos. Em casa, jejuando e passando necessidades; na rua, ostentando grandeza. O caso do ditado: "Por fora muita farofa, por dentro mulambo só".

Clenardo retrata nas suas cartas os "faustosos comedores de rabanetes que trazem todavia pelas ruas atrás de si maior número de criados do que de reais gastam em casa". Tamanho era o luxo de escravos que alguns senhores se acompanhavam de um para levar-lhes o chapéu, outro o capote, um terceiro a escova para limpar o fato, um quarto o pente para pentear o cabelo. Mas toda essa opulência de roupa e criadagem na rua à custa de verdadeiro ascetismo dentro de casa. Esse brilho de vestuário à custa de verdadeira indigência na alimentação. Da falta absoluta de conforto doméstico. Ou então à custa de dívidas. Situação esta comum às Espanhas como mais tarde à América hispânica. Aos senhores de engenho do Brasil, por exemplo. Dos hispanos já generalizara em princípios do século XVI o historiador Guicciardini: "se têm o que gastar, levam-no sobre o corpo ou sobre a cavalgadura, ostentando mais do que possuem em casa onde subsistem com extrema mesquinharia e tão economicamente que causa maravilha".[99] De outro humorista italiano, Lúcio Marineo, resta-nos idêntica observação: "Uma coisa não quero deixar de dizer: que a maioria dos espanhóis tem grande cuidado em vestir-se e em ataviar-se muito bem como gente de gastar mais no trajo e nos atavios do corpo do que na alimentação e em outras cousas por muito necessárias que sejam".[100] O mesmo observariam viajantes ingleses e franceses no Brasil dos séculos XVII e XVIII, onde ao esplendor das sedas e ao número excessivo de escravos raramente correspondia o conforto doméstico das nações do Norte da Europa. Dampier surpreendeu na Bahia, em fins do século XVII, casarões enormes, mas mal mobiliados. Coisa de que os portugueses e espanhóis não fazem caso – anota ele. Daí as casas-grandes de senhores de engenho que viu no Brasil – todas de escasso mobiliário. E quadros na parede, raros – só em uma ou em outra, mais requintada.[101]

Engana-se, ao nosso ver, quem supõe ter o português se corrompido na colonização da África, da Índia e do Brasil. Quando ele projetou por dois terços do mundo sua grande sombra de escravocrata, já suas fontes de vida e de saúde econômica se achavam comprometidas. Seria ele o corruptor, e não a vítima. Comprometeu-o menos o esforço, de fato extenuante para povo tão reduzido, da colonização dos trópicos, que a vitória, no próprio reino, dos interesses comerciais sobre os agrícolas. O comércio marítimo precedeu ao imperialismo colonizador e é provável que, independente deste, só pelos desmandos daquele, Portugal se tivesse arruinado como país agrícola e economicamente autônomo. A escravidão que o corrompeu não foi a colonial mas a doméstica. A de negros de Guiné que emendou com a de cativos mouros.

Compreende-se que os fundadores da lavoura de cana no trópico americano se tivessem impregnado, em condições de meio físico tão adversas ao seu esforço, do preconceito de que "trabalho é só pra negro". Mas já seus avós, vivendo em clima suave, haviam transformado o verbo *trabalhar* em *mourejar*.

Desde quando a economia portuguesa deixou-se empolgar pela fúria parasitária de explorar e transportar riqueza, em vez de produzi-la, não é fácil de dizer-se com precisão. Dois Portugais antagônicos coexistiram por algum tempo, baralhando-se e confundindo-se, na fervura das guerras e revoluções, antes de vencer o Portugal burguês e comercial. Poinsard assinalou a coexistência de dois tipos de família ou de formação social, entre os portugueses. A família feudal e a família comunitária.[102] Mas os grandes antagonismos que se defrontaram foram os econômicos. O interesse agrário e o comercial.

A decadência da economia agrária em Portugal, o modo por que a nação se mercantilizou a ponto de tornar-se grande casa de negócios com o próprio rei e os maiores fidalgos transformados em negociantes – está magnificamente traçado por Costa Lobo, Alberto Sampaio, Oliveira Martins, João Lúcio de Azevedo.[103] Antes deles já economistas antigos, de Quinhentos e de Seiscentos, haviam atinado com os inconvenientes do latifúndio de um lado e do mercantilismo do outro. Este roubando braços à lavoura e desviando dela as melhores energias. Aquele dificultando o aproveitamento de vastas regiões incultas e estéreis. "Porque, sendo as herdades de muitos filhos", escrevia Severim de Faria nas suas *Notícias de Portugal* (Lisboa, 1655), "ficam de ordinário as tres partes della por semear, faltando por esta causa os muitos fructos que della se poderam colher e a commodidade que poderam dar a tantos homens que não acham lugar onde fazer um recolhimento onde se meta". Outro economista houve, entre os de Seiscentos, admirável de intuição e de bom senso. Mostrou compreender que Portugal, mesmo dono das Índias e do Brasil, tornara-se, com a sua improdutividade de nação simplesmente comercial, mero explorador ou transmissor de riqueza: "será de estrangeiros a utilidade que a nossa industria descobriu nellas" – refere-se às colônias – "e o nosso trabalho cultivou, e viremos a ser no Brasil uns feitores da Europa, como são os castelhanos, que para ella tira das entranhas da terra o ouro e a prata". Essa voz de profeta que tão claramente anteviu a exploração de Portugal pela Inglaterra foi a de Ribeiro de Macedo que em 1675 escreveu o ensaio: *Sobre a introdução da artes*.[104]

Muito se tem falado do caráter oceânico do território português como o irresistível motivo de ter o povo lusitano abandonado a vida agrícola pela de comércio e conquistas ultramarinas. O mercantilismo português, como a própria independência do reino, teria sido inevitável consequência de condições geográficas. Tudo muçulmanamente determinado, e o velho de Restelo, em cuja boca Camões dramatizou o conflito entre os interesses da agricultura e os do oceano, teria apenas repetido o gesto ingênuo do rei Canuto querendo parar as ondas.

Mas as condições geográficas não determinam de modo absoluto o desenvolvimento de um povo; nem hoje se acredita na peculiaridade geográfica ou étnica de Portugal em relação ao conjunto peninsular. A própria oceanidade do território português em oposição à continentalidade da Espanha não constitui senão fator insignificante de diferenciação: "porque também há oceanidade no território espanhol como há continentalidade no território português", observa o professor Fidelino de Figueiredo. E o erudito historiador lembra que "há povos marítimos durante séculos desinteressados do mar como a Inglaterra e a França".[105] O mar não teria determinado sozinho a independência nem o comercialismo português. Pode-se, ao contrário, salientar que Portugal quebrou a solidariedade peninsular fazendo da agricultura e não do comércio marítimo sua base principal de autonomia política. Que foram as igualdades e não as diferenças econômicas que separaram Portugal da Espanha. O excesso de semelhanças e não o de diferenças. É verdade que esse excesso de semelhanças, tanto quanto o de diferenças, explorados por um elemento exótico – os adventícios vindos do Norte que, por traição a Castela, fundaram a monarquia portuguesa.

Ganivet andou próximo dessa interpretação, extravagante só na aparência, ao referir-se no seu *Idearium español* a "*la antipatia historica entre Castilla e Portugal, nacida acaso de la semejanza, del estrecho parecido de sus caracteres*". O ódio ao espanhol, já assinalamos como fator psicológico de diferenciação política de Portugal. Mas nem esse ódio nem o fundamental, ao mouro, separaram o português das duas grandes culturas, uma materna, outra, por assim dizer, paterna, da sua. A hispânica e a berbere. Contra elas formou-se politicamente Portugal, mas dentro de sua influência é que se formou o caráter português. Neste a romanização intensa não apagou os traços essenciais hispânicos nem a reconquista cristã os profundos traços berberes e mouros. É ponto que nos sentimos na necessidade de salientar porque explica nossa insistência em considerar hispânica a formação social e cultural da América colonizada por espanhóis e portugueses. Hispânica e não latina. Católica, tingida de misticismo e de cultura maometana, e não resultado da Revolução Francesa ou da Renascença Italiana. Neste ponto, colocamo-nos com Antônio Sardinha e contra F. García Calderón. Impossível negar-se que ao imperialismo econômico da Espanha e de Portugal ligou-se, da maneira mais íntima, o religioso, da Igreja. À conquista de mercados, de terras e de escravos – a conquista de almas. Pode-se dizer que o entusiasmo religioso foi o primeiro a inflamar-se no Brasil diante de possibilidades só depois entrevistas pelo interesse econômico. Colônia fundada quase sem vontade, com um sobejo apenas de homens, estilhaços do bloco de gente nobre que só faltou ir inteira do reino para as Índias, o Brasil foi por algum tempo a Nazaré das colônias portuguesas. Sem ouro nem prata. Somente pau-de-tinta e almas para Jesus Cristo.

Para a escravidão, saliente-se mais uma vez que não necessitava o português de nenhum estímulo. Nenhum europeu mais predisposto ao regime de trabalho escravo do que ele. No caso brasileiro, porém, parece-nos injusto acusar o português de ter manchado, com instituição que hoje tanto nos repugna, sua obra grandiosa de colonização tropical. O meio e as circunstâncias exigiriam o escravo. A princípio o índio. Quando este, por incapaz e molengo, mostrou não corresponder às necessidades da agricultura colonial – o negro. Sentiu o português com o seu grande senso colonizador, que para completar-lhe o esforço de fundar agricultura nos trópicos – só o negro. O operário africano. Mas o operário africano disciplinado na sua energia intermitente pelos rigores da escravidão.

Deixemo-nos de lirismo com relação ao índio. De opô-lo ao português como igual contra igual. Sua substituição pelo negro – mais uma vez acentuemos – não se deu pelos motivos de ordem moral que os indianófilos tanto se deliciam em alegar: sua altivez diante do colonizador luso em contraste com a passividade do negro. O índio, precisamente pela sua inferioridade de condições de cultura – a nômade, apenas tocada pelas primeiras e vagas tendências para a estabilização agrícola – é que falhou no trabalho sedentário. O africano executou-o com decidida vantagem sobre o índio principalmente por vir de condições de cultura superiores. Cultura já francamente agrícola. Não foi questão de altivez nem de passividade moral.[106]

Teria sido mesmo "um crime escravizar o negro e levá-lo à América?", pergunta Oliveira Martins. Para alguns publicistas foi erro e enorme. Mas nenhum nos disse até hoje que outro método de suprir as necessidades do trabalho poderia ter adotado o colonizador português do Brasil. Apenas Varnhagen, criticando o caráter latifundiário e escravocrata dessa colonização, lamenta não se ter seguido entre nós o sistema das pequenas doações. "Com doações pequenas, a colonização se teria feito com mais gente e naturalmente o Brasil estaria hoje mais povoado talvez – do que os Estados Unidos; sua população seria porventura homogênea e não teriam entre si as províncias as rivalidades que, se ainda existem, procedem, em parte, das tais capitanias".[107] Cita o exemplo da Madeira e dos Açores. Mas essas doações pequenas teriam dado resultado em país, como o Brasil, de clima áspero para o europeu e grandes extensões de terra? E de onde viria toda a gente que Varnhagen supôs capaz da fundação de lavouras em meio tão diverso do europeu? Terra de insetos devastadores, de secas, inundações. A saúva sozinha, sem outra praga, nem dano, teria vencido o colono lavrador; devorando-lhe a pequena propriedade do dia para a noite; consumindo-lhe em curtas horas o difícil capital de instalação; o esforço penoso de muitos meses. Tenhamos a honestidade de reconhecer que só a colonização latifundiária e escravocrata teria sido capaz de resistir aos obstáculos enormes que se levantaram à civilização do Brasil pelo europeu. Só a casa-grande e a senzala. O senhor de engenho rico e o negro capaz de esforço agrícola e a ele obrigado pelo regime de trabalho escravo.

Compreenderam os homens mais avisados em Portugal, logo após as primeiras explorações e notícias do Brasil, que a colonização deste trecho da América tinha de resolver-se em esforço agrário. Um deles, Diogo de Gouveia, escreveu nesse sentido a D. João III. E ao decidir povoar os ermos da América, seguiu efetivamente el-Rei o critério agrário e escravocrata de colonização, já esboçado nas ilhas do Atlântico.

Tudo deixou-se, porém, à iniciativa particular. Os gastos de instalação. Os encargos de defesa militar da colônia. Mas também os privilégios de mando e de jurisdição sobre terras enormes. Da extensão delas fez-se um chamariz, despertando-se nos homens de pouco capital, mas de coragem, o instinto de posse; e acrescentando-se ao domínio sobre terras tão vastas, direitos de senhores feudais sobre a gente que fosse aí mourejar. A atitude da Coroa vê-se claramente qual foi: povoar sem ônus os ermos da América. Desbravá-los do mato grosso, defendê-los do corsário e do selvagem, transformá-los em zona de produção, correndo as despesas por conta dos particulares que se atrevessem a desvirginar terra tão áspera. A estes se deve, na verdade, a coragem de iniciativa, a firmeza de ânimo, a capacidade de organização que presidiram o estabelecimento, no Brasil, de uma grande colônia de plantação.

Diante do sucesso alcançado pelo esforço dos primeiros senhores de engenho, é que a Coroa compreendeu as possibilidades de riqueza colonial pela produção do açúcar. Como observa João Lúcio de Azevedo, "o privilégio, outorgado ao donatário, de só ele fabricar e possuir moendas e engenho de água, denota ser a lavoura do açúcar a que se tinha especialmente em mira introduzir".[108] E as concessões todas e, mais tarde, o *Regimento* de Tomé de Sousa, afirmam a mesma política de prestigiar-se a cultura do açúcar na pessoa quase feudal do senhor de engenho.[109] Claro que daí só poderia resultar o que resultou: de vantajoso, o desenvolvimento da iniciativa particular estimulada nos seus instintos de posse e de mando; de maléfico, a monocultura desbragada. O mandonismo dos proprietários de terras e escravos. Os abusos e violências dos autocratas das casas-grandes. O exagerado privativismo ou individualismo dos sesmeiros.

Mesmo assim, a economia colonial praticada no Brasil durante os primeiros dois séculos restituiu a Portugal cores de saúde há muito desaparecidas sob a fúria mórbida de exploração de riqueza, de rapina, de saque. Nos fins do próprio século XVI já havia em Portugal quem sentisse a superioridade do método de colonização adotado no Brasil sobre o seguido na Índia e na Mina; e o quisesse generalizar às outras terras da Coroa. "É juiso de Deus", argumentava o autor do *Discurso sobre as cousas da Índia e da Mina* (1573), "é juiso de Deus que ganhando-se no Brasil dinheiro em assucar e algodão, pau e papagaios, Va. A. perca muita fazenda em ouro fino".[110] Palavras a que o rei fez – literalmente – ouvidos de mercador. Seu chamego continuou a ser com as terras ricas em metais preciosos.

É verdade que para Portugal a política social exigida pela colonização agrária representava esforço acima de suas possibilidades. Por maior que fosse a elasticidade do português, essas exigências ficavam-lhe superiores aos recursos de gente. Em uma feitoria, o capital humano era um; em uma colônia agrícola tinha de ser muito maior, mesmo contando-se com a ação multiplicadora da poligamia e da miscigenação. E Portugal, desde seus mais remotos tempos históricos, foi um país em crise de gente. As condições disgênicas de região de trânsito – pestes, epidemias, guerras – acrescidas das de meio físico em largos trechos desfavorável à vida humana e à estabilidade econômica – secas, terremotos, inundações – encarregaram-se de conservar a população rente com as necessidades nacionais, desbastando-a dos excessos porventura conseguidos pela poligamia dos conquistadores africanos e pela fecundidade patriarcal dos lavradores e dos criadores nos trechos de clima e de solo fértil.

Refletiu-se nas leis portuguesas o problema de escassez de gente ao qual parece às vezes ter-se sacrificado a própria ortodoxia católica. Vemos com efeito a Igreja consentir, em Portugal, no casamento de *juras*, ou secreto, consumado com o coito; e as Ordenações Manuelinas, e depois as Filipinas, o permitirem, considerando cônjuges os que vivessem em pública voz e fama de marido e mulher. Uma grande tolerância para com toda espécie de união de que resultasse o aumento de gente. Uma grande benignidade para com os filhos naturais. Na própria Espanha, notaram viajantes dos séculos XVI e XVII que havia o maior desprezo pelas leis contra a mancebia, educando-se juntos, em muitas casas, filhos legítimos e naturais.[111] Nem se alegue o ascetismo dos frades e padres como obstáculo aos interesses nacionais e imperiais de povoamento e de geração. O concurso de grande parte, senão da maioria deles, à obra de procriação, foi tão generosamente aceito em Portugal que as Ordenações do Reino mandavam que as justiças não prendessem nem mandassem prender clérigo algum, ou frade, por ter barregã.

Os interesses de procriação abafaram não só os preconceitos morais como os escrúpulos católicos de ortodoxia; e ao seu serviço vamos encontrar o cristianismo que, em Portugal, tantas vezes tomou característicos quase pagãos de culto fálico. Os grandes santos nacionais tornaram-se aqueles a quem a imaginação do povo achou de atribuir milagrosa intervenção em aproximar os sexos, em fecundar as mulheres, em proteger a maternidade: Santo Antônio, São João, São Gonçalo do Amarante, São Pedro, o Menino Deus, Nossa Senhora do Ó, da Boa Hora, da Conceição, do Bom Sucesso, do Bom Parto. Nem os santos guerreiros como São Jorge, nem os protetores das populações contra a peste como São Sebastião ou contra a fome como Santo Onofre – santos cuja popularidade corresponde a experiências dolorosamente portuguesas – elevaram-se nunca à importância ou ao prestígio dos outros patronos do amor humano e da fecundidade agrícola. Importância e prestígio que se comunicaram ao Brasil, onde os problemas do povoamento, tão angustiosos em Portugal, prolongaram-se através das dificuldades da colonização com tão fracos recursos de gente. Uma das primeiras festas meio populares, meio de igreja, de que nos falam as crônicas coloniais do Brasil é a de São João já com as fogueiras e as danças.[112] Pois as funções desse popularíssimo santo são afrodisíacas; e ao seu culto se ligam até práticas e cantigas sensuais. É o santo casamenteiro por excelência:

*Dai-me noivo, São João, dai-me noivo,
dai-me noivo, que me quero casar.*

As sortes que se fazem na noite ou na madrugada de São João, festejado a foguetes, busca-pés e vivas, visam no Brasil, como em Portugal, a união dos sexos, o casamento, o amor que se deseja e não se encontrou ainda. No Brasil faz-se a sorte da clara de ovo dentro do copo de água; a da espiga de milho que se deixa debaixo do travesseiro, para ver em sonho quem vem comê-la; a da faca que de noite se enterra até o cabo na bananeira para de manhã cedo decifrar-se sofregamente a mancha ou a nódoa na lâmina; a da bacia de água, a das agulhas, a do bochecho. Outros interesses de amor encontram proteção em Santo Antônio. Por exemplo: as afeições perdidas. Os noivos, maridos ou amantes desaparecidos. Os amores frios ou mortos. É um dos santos que mais encontramos associados às práticas de feitiçaria afrodisíaca no Brasil. É a imagem desse santo que frequentemente se pendura de cabeça para baixo dentro da cacimba ou do poço para que atenda às promessas o mais breve possível. Os mais impacientes colocam-na dentro de urinóis velhos. São Gonçalo do Amarante presta-se a sem-cerimônias ainda maiores. Ao seu culto é que se acham ligadas as práticas mais livres e sensuais. Às vezes até safadezas e porcarias. Atribuem-lhe a especialidade de arrumar marido ou amante para as velhas como a São Pedro a de casar as viúvas. Mas quase todos os amorosos recorrem a São Gonçalo:

> *Casai-me, casai-me,*
> *São Gonçalinho,*
> *Que hei de rezar-vos,*
> *Amigo santinho.*

Exceção só das moças:

> *São Gonçalo do Amarante,*
> *Casamenteiro das velhas,*
> *Por que não casais as moças?*
> *Que mal vos fizeram elas?*

Gente estéril, maninha, impotente, é a São Gonçalo que se agarra nas suas últimas esperanças. Antigamente no dia da sua festa dançava-se dentro das igrejas – costume que de Portugal comunicou-se ao Brasil. Dançou-se e namorou-se muito nas igrejas coloniais do Brasil. Representaram-se comédias de amor. Em uma de suas pastorais, recomendava em 1726 aos padres de Pernambuco D. frei José Fialho, por mercê de Deus e da Santa Sé Apostólica, bispo de Olinda: "não consintão que se fação comedias, colloquios, representações nem bailes dentro de alguma Egreja, capella, ou seus adros".[113] Isto em princípios do século XVIII. De modo que talvez não exagere Le Gentil de la Barbinais ao descrever-nos as festas do Natal de 1717 que teria presenciado no convento de freiras de Santa Clara na Bahia. Cantavam e dançavam as freiras com tal algazarra que o viajante chegou a acreditar que estivessem possuídas de algum espírito zombeteiro. Depois do que representaram uma comédia de amor.[114]

Em Pernambuco parece ter D. frei José Fialho clamado em vão porque em princípio do século XIX Tollenare soube, no Recife, que ainda se dançava na igreja de São Gonçalo de Olinda. Só em 1817 os cônegos proibiram tais danças "porque os europeus as censuravam como uma indecência indigna do templo de Deus".[115] Na Bahia dançava-se dia de São Gonçalo não só no convento do Desterro como na ermida de Nazaré, na igreja de São Domingos, na do Amparo, em várias outras.[116] E mesmo depois da proibição das danças, continuou o namoro nas igrejas. Até nas da Corte. Max Radiguet ainda alcançou as moças das melhores famílias do Rio de Janeiro namorando com os rapazes na Capela Imperial: *"accroupies sur leur chaise de tapisserie prenaient sand scrupule des sorbets et des glaces avec les jeunes gens qui venaient converser avec elles dans le lieu Saint"*.[117] Namorando e tomando sorvete nas igrejas exatamente como noventa anos depois nas confeitarias e nas praias.

Mas outros característicos pagãos do culto de São Gonçalo conservam-se em Portugal. Entre outros, as enfiadas de rosários fálicos fabricados de massa doce e vendidos e "apregoados em calão fescenino" – informa Luís Chaves – pelas doceiras à porta das igrejas. E já nos referimos ao costume das mulheres estéreis de se friccionarem "desnudadas", pelas pernas da imagem jacente do Bem-Aventurado, "enquanto os crentes rezam baixinho e não erguem os olhos para o que não devem ver".[118] A fricção sexual dos tempos pagãos acomodada a formas católicas.

Como era natural, esses santos, protetores do amor e da fecundidade entre os homens, tornaram-se também protetores da agricultura. Com efeito tanto São João e Nossa Senhora do Ó – às vezes adorada na imagem de uma mulher grávida – são santos amigos dos lavradores, favorecendo-os ao mesmo tempo que aos amorosos. No Brasil, como em Portugal, o povo do interior quando quer chuva costuma mergulhar Santo Antônio dentro de água. Em certas regiões do Norte quando há incêndio nos canaviais coloca-se a imagem do santo em uma das janelas da casa-grande até abrandar o fogo. Quando ronca cheia ou inundação é ainda sua imagem que se opõe ao perigo das águas alagarem a lavoura. O São João é no Brasil, além de festa afrodisíaca, a festa agrícola por excelência. A festa do milho, cujos produtos culinários – a canjica, a pamonha, o bolo – enchem as mesas patriarcais para as vastas comezainas da meia-noite.

No Norte, quando dá lagarta no algodão, ainda hoje costumam os lavradores rezar em cada canto da roça: "Virgem no parto, Virgem antes do parto, Virgem depois do parto". E no fim, três ave-marias.[119] A mesma associação da ideia de fecundidade humana à ideia de fecundidade da terra.

A festa de São Gonçalo do Amarante a que La Barbinais assistiu na Bahia no século XVIII surge-nos das páginas do viajante francês com todos os traços dos antigos festivais pagãos. Festivais não só de amor, mas de fecundidade. Danças desenfreadas em redor da imagem do santo. Danças em que o viajante viu tomar parte o próprio vice-rei, homem já de idade, cercado de frades, fidalgos, negros. E de todas as marafonas da Bahia. Uma promiscuidade ainda hoje característica das nossas festas de igreja. Violas tocando. Gente cantando. Barracas. Muita comida. Exaltação sexual. Todo esse desadoro – por três dias e no meio da mata. De vez em quando, hinos sacros. Uma imagem do santo tirada do altar andou de mão em mão, jogada como uma peteca de um lado para outro. Exatamente – notou La Barbinais – "o que outrora faziam os pagãos num sacrifício especial anualmente oferecido a Hércules, cerimônia na qual fustigavam e cobriam de injúrias as imagens do semideus".[120]

Festa evidentemente já influenciada, essa de São Gonçalo, na Bahia, por elementos orgiásticos africanos que teria absorvido no Brasil.[121] Mas o resíduo pagão característico, trouxera-o de Portugal o colonizador branco no seu cristianismo lírico, festivo, de procissões alegres com as figuras de Baco, Nossa Senhora fugindo para o Egito, Mercúrio, Apolo, o Menino Deus, os doze Apóstolos, sátiros, ninfas, anjos, patriarcas, reis e imperadores dos ofícios; e só no fim o Santíssimo Sacramento".[122] Não foram menos faustosas nem menos pagãs as grandes procissões no Brasil colonial. Froger notou na do *Corpus Christi*, na Bahia, músicos, bailarinos e mascarados em saracoteios lúbricos. E uma que se realizou em Minas em 1733 foi uma verdadeira parada de paganismo ao lado dos símbolos do cristianismo. Turcos e cristãos. A Serpente do Éden. Os quatro pontos cardeais. A lua rodeada de ninfas. E no fim, uma verdadeira consagração das raças de cor: caiapós e negros congos dançando à vontade suas danças gentílicas e orgiásticas em honra dos santos e do Santíssimo.[123]

Um catolicismo ascético, ortodoxo, entravando a liberdade aos sentidos e aos instintos de geração teria impedido Portugal de abarcar meio mundo com as pernas. As sobrevivências pagãs no cristianismo português desempenharam assim papel importante na política imperialista. As sobrevivências pagãs e as tendências para a poligamia desenvolvidas ao contato quente e voluptuoso com os mouros.

A culinária portuguesa, tanto quanto o hagiólogo, recorda nos velhos nomes de quitutes e gulodices, nas formas e ornamentos meio fálicos de bolos e doces, na condimentação picante, como que afrodisíaca, dos guisados, cozidos e molhos, a vibração erótica, a tensão procriadora que Portugal precisou de manter na sua época intensa de imperialismo colonizador. Na culinária colonial brasileira surpreendem-se estímulos ao amor e à fecundidade. Mesmo nos nomes de doces e bolos de convento, fabricados por mãos seráficas, de freiras, sente-se às vezes a intenção afrodisíaca, o toque fescenino a confundir-se com o místico: suspiros de freira, toucinho do céu, barriga de freira, manjar do céu, papos de anjo. Eram os bolos e doces porque suspiravam os freiráticos à portaria dos conventos. Não podendo entregar-se em carne a todos os seus adoradores, muitas freiras davam-se a eles nos bolos e caramelos. Estes adquiriam uma espécie de simbolismo sexual. Afrânio Peixoto observa em um dos seus romances de costumes brasileiros: "não foram outros como nós, gozadores, que lhes demos [aos bolos e doces da sobremesa patriarcal] tais apelidos, mas as suas autoras, as respeitáveis abadessas e freiras dos conventos portugueses nos quais a ocupação, mais do que o serviço divino, era a fábrica dessas iguarias".[124] Isto depois de recordar os nomes, alguns bem fesceninos, da guloseima luso-brasileira: beijinhos, desmamados, levanta-velho, língua de moça, casadinhos, mimos de amor. Não há quem não possa acrescentar à lista outros nomes, igualmente sugestivos, de bolos e gulodices. E é curioso o fato de chamar-se "dinheiro para comprar bolo" o que dão certos pais brasileiros aos filhos rapazes, em idade, segundo eles, de "conhecer mulher". De conhecer outro bolo, sem ser o de goma ou de milho. Sabe-se aliás da íntima relação entre a libido e os prazeres do paladar.[125]

Outro aspecto da obsessão que se tornou em Portugal o problema do amor físico surpreende-se no fato de não haver, talvez, nenhum país onde a anedota fescenina ou obscena tenha maiores apreciadores. Nem em nenhuma língua os palavrões ostentam tamanha opulência. Os palavrões e os gestos. Byron foi o que aprendeu do idioma português na sua rápida passagem por Lisboa; sonoros palavrões que nas cartas ao seu amigo, o Rev. Francis Hogson, felizmente não soube escrever direito: *carracho, ambra di merdo. Carracho,* para D. G. Dalgado – nos seus comentários às cartas de Byron – deve ser caramba;[126] identificação que não nos parece correta. Quer nos parecer que o poeta inglês procurasse grafar palavra menos inocente e mais portuguesa do que caramba. O erotismo grosso, plebeu, domina em Portugal todas as classes, considerando-se efeminado o homem que não faça uso dos gestos e dos palavrões obscenos. A mesma cousa do Brasil, onde esse erotismo lusitano só fez encontrar ambiente propício nas condições lúbricas de colonização. A maior delícia do brasileiro é conversar safadeza. Histórias de frades com freiras. De portugueses com negras. De ingleses impotentes. Cremos, porém, que só em Portugal se consideraria pilhéria de salão a que nos referiu um amigo ilustre. Passou-se com ele em uma das mais fidalgas casas de Lisboa e em sociedade mista elegantíssima. À hora da ceia anunciou-se uma surpresa aos convivas. Essa surpresa era nada mais nada menos do que os pratos, à mesa, substituídos por papéis higiênicos; e sobre eles, fino doce de cor parda, esparramado em pequenas porções. Imaginem-se entre os convivas, ingleses ou norte-americanos! Teriam sucumbido de pudor. Em Portugal e no Brasil é comum pilheriar-se em torno desse e de assuntos parecidos; somos todos de um rude naturalismo, em contraste com os excessos de reticência característicos dos anglo-saxões.

Certo Rev. Creary, que andou pelo Brasil nos tempos da escravidão e cujo diário se conserva na seção de manuscritos da Biblioteca do Congresso, em Washington, diz horrores da pouca-vergonha dos brasileiros. Cita o exemplo de uma menina de onze ou doze anos que ele ouviu, bestificado, dizer de um irmão pequeno, menino de andar ainda no colo, que lhe fizera pipi no vestido. Outro fato o horrorizou: os anúncios em jornais do Rio de Janeiro de solteirões indecorosos dizendo precisarem de ama mas dando a entender que para outros misteres, além de cuidar da cozinha ou da casa.[127] Não imaginemos o Rev. Creary nenhum monstro de puritanismo: estava-se então na época da rainha Vitória. Livros de etiqueta ingleses chegavam a aconselhar às senhoras de tom que não misturassem na mesma prateleira de estante livros de autores masculinos e femininos. Cada sexo na sua prateleira. Em boa sociedade não se falava, nem na Inglaterra nem nos Estados Unidos, em perna de cadeira ou de mesa, evitando-se a sugestão sensual de perna de mulher. Pelo que respondendo a um inglês quase da marca de Creary – o naturalista Mansfield – escrevia em 1861 um nosso compatriota, A. D. de Pascual: "a nossas brasileiras não desmaiam se pronunciamos na sua presença as palavras perna, colo, etc., como as inglesas, embora não façam ver nas ruas, carruagens e salões as realidades dessas palavras". Apenas não negava Pascual, depois de opor tão triunfantemente uma convenção à outra, que "a existência dos escravos nas nossas habitações" fosse "um grande inconveniente para a educação das nossas filhas e famílias [...]".[128]

Nessa instituição social – a escravidão – é que encontramos na verdade o grande excitante de sensualidade entre os portugueses, como mais tarde entre os brasileiros. Talvez o maior, em Portugal, abaixo da necessidade de gente para a tarefa de colonização. Tarefa desproporcionada aos recursos normais da população e obrigando-a a manter-se sempre superexcitada, no interesse da procriação à grande.

A escravidão, de que sempre se serviu a economia portuguesa, mesmo nos seus tempos de rija saúde, tomou aspecto acentuadamente mórbido ao tornar-se a monarquia mercantil e imperialista. "A vida do escravo", diz-nos Alexandre Herculano referindo-se ao século XVI, "era nessa época verdadeiramente horrível em Portugal".[129] E isto devido à necessidade de corrigir-se a todo custo o desequilíbrio demográfico e econômico causado pelas conquistas e aventuras de ultramar. Foi o que corrompeu o regime de trabalho. O que azedou as relações, outrora, senão saudáveis, dentro de limites mais doces, entre senhores e servos em Portugal. Sob novos estímulos, os senhores foram os primeiros a favorecer a dissolução "para aumentar o número das crias, como quem promove o acréscimo de um rebanho". "Era permitido entre eles [os escravos] o concubinato, misturando-se batizados e não batizados, e tolerando-se, até, essas relações ilícitas entre servos e pessoas livres".[130] Não é outra a impressão que nos transmite o italiano João Batista Venturino que em 1571 esteve em Portugal acompanhando o cardeal Alexandrino, legado do Papa. Os escravos, consideravam-nos então os portugueses como os italianos as raças de cavalo. Tratavam-nos pelo mesmo método. "Que o que se buscava", informa o italiano, "era ter muitas crias para as vender a trinta e a quarenta escudos".[131] As necessidades de braços, tanto no reino, desfalcado pela imigração, como nas colônias agrícolas, tornavam proveitosíssimo o comércio de gente.

Não se pode atribuir ao regime de trabalho escravo, por si, toda a dissolução moral da sociedade portuguesa salientada pelos viajantes estrangeiros depois do século XV. Nem a devassidão era só portuguesa, mas ibérica, embora acentuando-se em traços mais grossos entre os portugueses.

Da Espanha, e não de Portugal, escreveu no século XVII Madame D'Aulnoy, baseada em bons informantes, que os jovens aristocráticos desde os doze ou quatorze anos começavam a ter mancebas, havendo poucos que em tão verde idade não estivessem doentes de males venéreos. Que as mancebas se ostentavam. Que se educavam muitas vezes em promiscuidade os filhos legítimos e os naturais. Que nas casas mais nobres se falava abertamente de doenças do mundo, por todos suportadas com paciência, sem ninguém envergonhar-se de tamanha desgraça.[132]

Sofreram os colonizadores, não exclusiva ou diretamente da América, mas das colônias em geral, dos contatos com povos exóticos e raças atrasadas, das conquistas e das relações ultramarinas, decidida influência no sentido da dissolução moral. O ônus moral do imperialismo.

Reconhecendo essa influência geral do imperialismo sobre a vida e a moral sexual dos povos hispânicos, devemos, entretanto, recordar que sobre eles atuaram condições de meio físico de situação geográfica, de desenvolvimento histórico particularmente perturbadoras da moralidade cristã: o constante estado de guerras causando na Península o fluxo e o refluxo de populações; as alternativas de hegemonia; a extrema mobilidade social; a instabilidade econômica, os contatos cosmopolitas por via marítima; a convivência com os maometanos polígamos. Junte-se a essas circunstâncias certa disparidade, nos vestuários e nas práticas de higiene doméstica, entre as exigências ou normas de moral sexual cristã no norte da Europa e o clima africano de Portugal e de grande parte da Espanha. Todas essas influências devem ter concorrido para o fato de excitar-se mais cedo que no norte a fome sexual nos adolescentes espanhóis e portugueses.

No caso do brasileiro, desde menino tão guloso de mulher, atuaram, ainda com mais força, influências de caráter social contrárias à continência, ao ascetismo, à monogamia. Entre nós o clima tropical terá indiretamente contribuído para a superexcitação sexual de meninos e adolescentes; para a sua antecipação, tantas vezes mórbida, no exercício de funções sexuais e conjugais. Menos, porém, que as influências puramente sociais. Procuraremos mostrar no capítulo seguinte a força tremenda com que estas atuaram.

Montesquieu e tempos depois o escritor político, tão em voga na Alemanha imperialista de antes da guerra, Treitschke, atribuíram ao clima tropical a sensualidade, a poligamia e a escravidão. A primeira devido ao fato de as meninas parecerem tornar-se mais cedo mulheres nos trópicos do que nos países de clima frio ou temperado. A própria escravidão julga-a Treitschke "o complemento do harém" e, por conseguinte, da sensualidade precoce.

Não é ponto sobre o qual se possa sentenciar, esse do clima tropical antecipar por influência sua, direta, a vida sexual. Há quem desloque o fato para a questão de raça e até para a social, de classe e ambiente. Que nos adventícios o clima superexcite os órgãos sexuais e antecipe nas mulheres a menstruação parece fora de dúvida.[133] Que continue a excitá-los nos indivíduos já aclimatados, é ponto dúbio. Quanto à menstruação ocorrer mais cedo nos trópicos, as estatísticas nos surpreendem com o fato de também entre esquimós a puberdade ser precocemente atingida.[134] Daí o critério de raça que alguns pretendem aplicar ao assunto, de preferência ao de clima. Mas a despeito de tão importante exceção, a tendência geral, registrada pelas estatísticas, é efetivamente no sentido da menstruação verificar-se mais cedo nos trópicos que nos países de clima frio ou temperado.

Referindo-nos à influência do clima africano sobre a vida sexual dos hispanos consideramos menos a influência direta, que a indireta, provocadora de reações importantes – as instituições sociais norte-africanas correspondentes a necessidades do ambiente, do meio físico, do clima. A poligamia e a escravidão, entre outras. O fato é que essas instituições, com a sua série de irregularidades sexuais, se apresentam particularmente ligadas ao clima por assim dizer muçulmano do norte da África. Clima que teria atuado sobre as populações hispânicas a favor da África moura e contra a Europa cristã. Que teria predisposto singularmente portugueses e espanhóis para a colonização polígama e escravocrata dos trópicos na América.

O português no Brasil muito transigiu com a higiene nativa, quer a da habitação quer a pessoal. Na pessoal, adotando o banho diário e desembaraçando as crianças dos cueiros e abafos grossos. Na da habitação, adotando dos índios a coberta de palha, como adotara dos asiáticos a parede grossa e o alpendre. Também teve o bom-senso de não desprezar de todo os curandeiros indígenas pela medicina oficial do reino, apesar dos jesuítas declararem àqueles guerra de morte. Mas os próprios jesuítas, combatendo nos curandeiros os místicos, absorveram deles vários conhecimentos de plantas e ervas. É provável que nas mãos de um curandeiro indígena estivesse mais segura a vida de um doente, no Brasil dos primeiros tempos coloniais, do que nas de um médico do reino estranho ao meio e à sua patologia. Frei Caetano Brandão, bispo do Grão-Pará e homem de profundo bom senso, dizia ser "melhor tratar-se uma pessoa com um tapuia do sertão, que observa com mais desembaraçado instinto, do que com um médico desses vindos de Lisboa".[135] E Joaquim Jerônimo Serpa, tendo estudado para cirurgião nos hospitais de Lisboa, ao voltar à colônia inclinou-se mais à arte dos tapuias que à ciência dos doutores da metrópole: não perdendo ocasião de aconselhar o pau-cardoso em lugar da raiz de alteia, o pau-tacagé para adstringente, a goma de cajueiro em vez da arábica.[136] São traços todos esses que indicam o pendor português para adaptação.

A aclimatação propriamente dita é difícil de determinar até que ponto tem-se realizado com vantagem no Brasil. Difícil de separá-la da adaptação. Difícil de precisar até que ponto os europeus do Sul, os portugueses em particular, se têm aclimatado melhor que os do Norte. O confronto seria quase impossível. Raras são as famílias no Brasil tropical que se têm mantido brancas ou quase brancas. Mas um caso talvez seja suscetível de estudo no Norte, região essencialmente tropical e de formação aristocrática como nenhuma: o dos Wanderleys de Serinhaém e Rio Formoso. Família fundada nos princípios do século XVII, por Gaspar van der Lei, fidalgo da confiança do conde Maurício de Nassau, radicou-se no extremo sul da capitania e aqui tem conservado, por *inbreeding,* relativa pureza nórdica. Atesta-o a predominância nos seus membros, da pigmentação cor-de-rosa, dos olhos azuis muito claros e do cabelo louro ou ruivo. O *inbreeding* – note-se bem – menos por preconceitos de raça do que pelos sociais, de família, observados sempre nas velhas zonas rurais do Brasil em que os casamentos de primos com primas e tios com sobrinhas se sucederam através de gerações. Maria Graham surpreendeu-se da frequência dessas uniões consanguíneas, em que parece ter sentido certo gosto mau de incesto; e nos meados do século XIX chegou o casamento de primos com primas e de tios com sobrinhas a ser o assunto de muita tese alarmista de doutoramento nas faculdades de medicina do Império.[137]

Dos Wanderleys têm saído para a vida política, para a magistratura e o sacerdócio, alguns homens ilustres, embora nenhum com características de gênio – exceção, talvez, do barão de Cotegipe, um dos maiores estadistas do Império. Mas este, ao que parece, com a sua pinta de sangue negro. Por outro lado poderiam colher-se exemplos numerosos, entre os Wanderleys autênticos – entre os mais louros e cor-de-rosa –, de degenerados pelo álcool. Irregularidade pela qual chegam a ser celebrados no folclore rural brasileiro, do mesmo modo que os Albuquerques pela tendência para mentir (mitomania), os Cavalcantis – família pernambucana que se deriva do fidalgo florentino Filipe Cavalcante – pelo horror a pagar dívidas, e os Sousa Leão e Carneiro da Cunha pela erotomania. Nas palavras do povo: "Não há Wanderley que não beba; Albuquerque que não minta; Cavalcanti que não deva". Ou segundo uma variante: "Não há Sá que não minta, Cavalcanti que não deva, Wanderley que não beba".[138] Nem Sousa Leão ou Carneiro da Cunha que não goste de negra.[139]

Mas contra generalizações que interpretassem o alcoolismo dos Wanderleys como degeneração de raça nórdica por efeito do clima quente, levanta-se a circunstância de não sabermos até que ponto seja responsável por tais excessos a raça em conflito, ou dificuldade de adaptação, com o clima. O alcoolismo bem pode ser resultado de tara de família favorecida por condições sociais. Os estudos genealógicos entre nós, em geral realizados superficialmente para atender a vaidade de barões do Império e de esnobes da República, carecem de realismo[140] e de profundidade que correspondam às necessidades propriamente científicas. No caso dos Wanderleys impõe-se detalhado estudo dos antecedentes de Gaspar. Dele se sabe por Wätjen que era de gente nobre mas homens de caráter fraco. Pelo menos na opinião dos cronistas holandeses. Que fraqueza de caráter seria essa? A de caçador de dote? A de trânsfuga? A de ébrio? Até que ponto podemos aceitar o depoimento dos holandeses, suspeitos no assunto, desde que Gaspar foi uma espécie de Calabar às avessas, traindo a própria gente para colocar-se ao lado dos pernambucanos e da noiva? É verdade que noiva rica, filha de senhor de engenho. Outros holandeses casaram-se com brasileiras – informa-nos o marquês de Basto; mas de famílias menos importantes.

O fato de se encontrarem tantos Wanderleys degenerados pelo álcool e destituídos do antigo prestígio aristocrático prende-se a causas principalmente sociais e econômicas que envolveram outras famílias ilustres, da era colonial, hoje igualmente decadentes: a instabilidade da riqueza rural causada pelo sistema escravocrata e da monocultura; as leis sobre sucessão hereditária, favoráveis à dispersão dos bens; a lei da abolição, sem nenhuma indenização aos senhores de escravos. Lei que colhendo São Paulo já cheio de imigrantes europeus, apanhou o Norte desprevenido, sem outros valores que os escravos africanos.

Uma família, por exemplo, como os Pais Barreto, também de Pernambuco e tanto quanto os Wanderleys, em Serinhaém e Rio Formoso, radicada, através de séculos, a uma só região do Estado – o atual município de Cabo; família garantida, como nenhuma outra no Brasil, na sucessão dos seus bens e na pureza de sua linhagem aristocrática, pelo privilégio do morgadio; uma família assim privilegiada e defendida contra os perigos de dispersão, é hoje das mais dispersas e decadentes. Onde estão os Pais Barreto, continuadores dos que, até o princípio do século XIX, exerceram ação preponderante sobre os destinos de Pernambuco? Muitos, dos de melhor ascendência, arrastam-se por mesquinhos empregos públicos. Outros ainda são donos de engenhocas miseráveis.[141]

A questão da degenerescência de europeus que se têm conservado relativamente puros no Brasil é dificílima de apurar diante das condições de instabilidade social característica de nossa formação agrária. Da dependência em que vivemos, primeiro do açúcar; depois do café; e sempre do escravo negro.

Em regiões de clima diverso do nosso, consideradas de clima *bom* e até *ótimo*, no sentido técnico desses graus, têm-se verificado, por efeito das mesmas influências sociais – a escravidão e a monocultura – fenômenos de degenerescência e dispersão semelhantes aos verificados no Brasil. Entre nós, Joaquim Nabuco, ocupando-se da sociedade escravocrata do seu tempo, notou a tendência para a fortuna passar das mãos dos que a fundaram para a dos credores. Acrescentando: "poucos são os netos de agricultores que se conservam à frente das propriedades que seus pais herdaram; o adágio 'pai rico, filho nobre, neto pobre' expressa a longa experiência popular dos hábitos da escravidão, que dissipam todas as riquezas, não raro no estrangeiro".[142] Fato idêntico observou-se no sul dos Estados Unidos sob a pressão das forças sociais de inconstância e instabilidade; no próprio norte, sob a influência de outros fatores de degradação;[143] e no Brasil, em São Paulo – região de clima mais favorável que o de Pernambuco, da Bahia e do Maranhão aos europeus do Norte. Que sirva de exemplo a família Leme, também de origem nórdica, outrora tão ilustre, hoje meio decadente, quase só lhe restando do antigo brilho a eloquência do cardeal D. Sebastião Leme. "E o que é feito dessa família? Que fim teve?", perguntava há anos Antônio A. da Fonseca, referindo-se aos descendentes diretos do patriarca Leme e portadores do nome. "O mesmo fim que terão quase todas as famílias hoje importantes e que na segunda ou terceira geração serão o que hoje se chama caipira, ou caboclos, como são os descendentes dos poderosos Lemes de 1720... Eu conheci no bairro do Cajuru um caipira ou caboclo, que vivia do seu trabalho de enxada, e que acompanhou meu pai nas corridas de veado na qualidade de cachorreiro, ganhando por isso alguns patacos; este caipira era Apolinário Leme, descendente dos potentados aos quais el-Rei de Portugal perdoava seus crimes..." E não só Apolinário Leme reduzido a cachorreiro conheceu Fonseca; mas netos de capitães-mores arrastando-se por empregos rasteiros: uns feitores, outros *camaradas*. "O filho de um dos signatários das emendas do projeto da Constituição" achatado em meirinho de Itu. O neto legítimo de um barão do império – feitor de uma fazenda de café. E os descendentes dos colonos europeus subindo. Tornando-se os grandes da terra. Substituindo os antigos barões de Pedro II com os seus títulos de condes do papa.

Essa debacle devida, principalmente, à instabilidade da riqueza agrária baseada em um só produto, e este sujeito, como o açúcar ou o café, a grandes flutuações, nos mercados consumidores; e explorado pelo braço escravo. Porque as famílias degeneradas ou decadentes não são apenas as raras, de sangue nórdico, mantido relativamente puro através da época colonial pelos casamentos de primos com primas e tio com sobrinha; são também muitas das portuguesas pelos quatro costados, ou aqui avigoradas por mais de uma mistura com gente de cor; famílias outrora de prol e hoje sem relevo ou expressão nenhuma.

Resta-nos salientar o fato, de grande significação na história social da família brasileira, de ter sido o Brasil descoberto e colonizado – do fim do século XVI em diante o Brasil autocolonizou-se, defendendo-se por si das agressões estrangeiras – na época em que os portugueses, senhores de numerosas terras na Ásia e na África, haviam-se apoderado de uma rica variedade de valores tropicais. Alguns inadaptáveis à Europa. Mas todos produtos de finas, opulentas e velhas civilizações asiáticas e africanas. Desses produtos, o Brasil foi talvez a parte do império lusitano que, graças a suas condições sociais e de clima, mais largamente se aproveitou: o chapéu de sol, o palanquim, o leque, a bengala, a colcha de seda, a telha à moda sino-japonesa, o telhado das casas caído para os lados e recurvado nas pontas em cornos de lua,[144] a porcelana da China e a louça da Índia. Plantas, especiarias, animais, quitutes. O coqueiro, a jaqueira, a mangueira, a canela, a fruta-pão, o cuscuz.[145] Móveis da Índia e da China.

O aristocrata brasileiro do litoral de Pernambuco e do Recôncavo entrou imediatamente no gozo de vantagens que na Europa só as cortes requintadas conheceram no século XVI. Foram com efeito os portugueses que primeiro trouxeram do Oriente à Europa o leque, a porcelana de mesa, as colchas da China e da Índia, os aparelhos de chá, e parece que também o chapéu de sol.[146] É provável que até o gosto do banho diário tenha-o transmitido do Oriente à Inglaterra o português do século XVI;[147] fato que, se for verdadeiro, tem sua ironia; lembra o do missionário que salvou as almas dos outros, e perdeu a própria. Talvez tenham sido ainda os portugueses os introdutores, ou pelo menos os divulgadores na Europa, dos foguetes e dos fogos de artifício da China, tão característicos das festas das igrejas portuguesas e brasileiras; também da moda das muitas joias e teteias.

Parecem-nos às vezes patranhas de frade – de frades coloniais com letra bonita, sem assunto para seus exercícios de caligrafia e de gramática – as histórias que se contam da opulência e do luxo dos senhores de engenho baianos e pernambucanos nos séculos XVI e XVII. E não de um nem dois, mas de muitos desses senhores. Particularmente dos grandes, que costumavam descer do engenho para vir passar a festa em Olinda – a festa dos antigos, que era a estação das chuvas, do carnaval a São João. Histórias, em que deve haver exagero, de jantares comidos a garfo, requintado instrumento ainda tão pouco em uso nas cortes europeias. De mesas cobertas de prata e de louça fina. De camas forradas de riquíssimas colchas de seda. De portas com fechaduras de ouro. De senhoras cobertas de pedras preciosas. Mas atentando-se no fato de que muitos dos requintes de mesa e de tratamento doméstico e de vestuário adotados pela Europa, nos séculos XVI e XVII, foram requintes orientais, compreende-se a opulência de alguns senhores de engenho pernambucanos e baianos. Compreende-se o uso, em terras tão novas, de artigos refinados e de luxo. Por que não, se Pernambuco e a Bahia desde cedo tornaram-se pontos de escala de naus que voltavam do Oriente, rangendo de tão carregadas de mercadorias de valor, arrastando-se pelo mar com vagares de mulher grávida; cheias de objetos finos que os portugueses vinham introduzindo por essa época na Europa aristocrática e burguesa? A só presença de baixelas de prata entre os senhores de engenho de Olinda, do século XVI, basta, não há dúvida, para causar-nos pasmo. É luxo que surpreende entre homens que tinham acabado de abrir os primeiros claros na mata virgem e fundar os primeiros engenhos de cana.

Desse luxo é bem de ver, não falam apenas frades-capelães, em tom de quem faz panegírico de santo; também estrangeiros da marca de Pyrard de Laval. Foi talvez Pyrard o primeiro europeu a fazer o elogio das casas-grandes dos engenhos do Brasil: "belas casas nobres" – "*des belles maisons nobles*". Refere-se às do Recôncavo. Em uma delas esteve o francês em visita ao senhor de engenho; mas só nos dá o apelido do dono da casa, e este mesmo, ao que parece, estropiado: Mangue la Bote. Pois esse Mangue la Bote vivia no seu engenho, em princípios do século XVII, à maneira de grande fidalgo: até banda de música mantinha para alegrar seus jantares. Uma banda de trinta figuras, todos negros, sob a regência de um marselhês. A Mangue la Bote atribuía-se uma fortuna superior a trezentos mil escudos, feitos todos no açúcar ("*riche de plus de trois cent mille écus*").[148] No açúcar e em negros. Foi, aliás, em que se fundou a colonização aristocrática do Brasil: em açúcar e em negros.[149]

Homens de fortuna feita em açúcar e em negros devem ter sido todos aqueles "moradores ricos de fazendas de raiz" de que nos fala Gabriel Soares: os mais de cem moradores da Bahia do século XVI que tinham cada ano de mil cruzados até cinco mil de renda; senhores cujas fazendas valiam vinte mil até cinquenta ou sessenta mil cruzados. Os quais – diz o cronista – "tratam suas pessoas mui honradamente com muitos cavalos, creados e escravos, e com vestidos demasiados, especialmente as mulheres, porque não vestem sinão sedas [...]." Na sua mesa, "serviço de prata." Muitos dos seus engenhos, soberbos, de roda de água, como o de Sebastião de Faria, à beira do riacho Cotegipe: "grandes edifícios de casa de purgar e de vivenda, e uma egreja de S. Jeronymo, tudo de pedra, cal, no que gastou mais de doze mil cruzados"; ou movidos a bois, como o de Vasco Rodrigues Lobato, "todo cercado de cannaviaes de assucar, de que se faz muitas arrobas".[150]

De modo que talvez não exagere o padre Fernão Cardim ao descrever os senhores de engenho que conheceu em Pernambuco em 1583: "homens muito grossos de quarenta, cincoenta e oitenta mil cruzados". Suas fazendas, "maiores e mais ricas que as da Bahia". É verdade que alguns, nesse tempo ainda de altos preços do açúcar – 460 réis por arroba, o branco, e 320 o mascavado – muito cheios de dívidas; mas precisamente por causa das "demasias e gastos grandes que tem em seu tratamento". Ginetes de duzentos e trezentos cruzados. Leitos de damasco, franjados de ouro. Colchas da Índia. Escravos além do número necessário. Banquetes, nos dias de casamento e batizado, com iguarias extraordinárias e muito gasto de comida e bebida cara.[151]

Vida opulenta, e até espaventosa, a daqueles colonos portugueses que, dispondo de capitais para se estabelecerem com engenhos, conseguiram prosperar no Brasil, logo nos primeiros tempos, à custa do açúcar e do negro – os de Pernambuco com 23 engenhos movidos a bois ou a água produzindo, em 1576, de 50 a 70 mil arrobas de açúcar; os da Bahia com 18. Cada engenho desses construído à razão de 10.000 cruzados pouco mais ou menos; e com 50 peças de escravos ao seu serviço e 15 ou 20 juntas de bois. E uma produção anual – a dos melhores, pelo menos – de 6 a 10 mil arrobas de açúcar mascavo.[152]

Já nesse primeiro século de escravidão podia dizer-se, como no último diria Silveira Martins – "o Brasil é o café, e o café é o negro" – que o Brasil era o açúcar, e o açúcar era o negro. Porque na Bahia e em Pernambuco – os dois grandes centros de opulência, econômica e social, os dois grandes portos brasileiros de expressão internacional, no século XVI – o índio ficou logo no segundo plano. Achatado na sua inferioridade cultural. Inútil e incapaz, dentro do sistema de colonização que ia criar a economia brasileira. E "a lavoura de mantimentos" abafada pelas bandeiras dos canaviais. Nestas é que o português, desenganado das riquezas da Índia, viu quase de repente o *In hoc signo vinces* que o animou à colonização agrária e escravocrata do Brasil.

Notas ao Capítulo III

1. Alexandre Herculano, *História de Portugal*, cit.; *Controvérsias e estudos históricos*, na série Opúsculos, Lisboa, 1887.

2. Traduzidos pelo padre M. Gonçalves Cerejeira, depois cardeal-patriarca de Lisboa, e publicados no seu excelente estudo *O humanismo em Portugal – Clenardo*, Coimbra, 1926.

3. Alexandre Herculano, Opúsculos, cit.

4. Bell, *Portugal of the portuguese*, cit.

5. Servimo-nos aqui de conhecida expressão sociológica, criada pelo nosso velho mestre da Universidade de Columbia, professor Franklin Giddings.

6. James Bryce, *South America – Observations and impressions*, Londres, 1911.
   O professor Everett V. Stonequist recorda já ter sido observado que os contatos da gente das nações chamadas latinas com povos escuros foram afetados por doutrinas religiosas, isto é, pelo fato da Igreja Católica, dominante naquelas nações, ser uma organização internacional: *"an international organization [...] committed in spirit and objective in favor of assimilation. The North European peoples, on the other hand, belonged to the more nationalminded prostestant churches"*. Também o professor Stonequist destaca o fato desde 1933 salientado neste ensaio e posteriormente em *O mundo que o português criou* (Rio de Janeiro, 1940) de terem as autoridades civis portuguesas estimulado as uniões inter-raciais, concorrendo assim para a cristianização dos nativos empreendida pela Igreja ("Race, mixture and the mulatto" em *Race relations and the race problem*, organizado por Edgar T. Thompson, Durham, 1939, p. 248). Deve-se entretanto notar que os jesuítas nem sempre seguiram no Brasil essa orientação: no Brasil como no Canadá, mais de uma vez os encontramos em atitudes como que de antecipação ao moderno etnocentrismo ou racismo. Veja-se Gilberto Freyre, *Brazil: an interpretation*, Nova York, 1945.

7. João Lúcio de Azevedo, "Algumas notas relativas a pontos de história social" em *Miscelânea de estudos em homenagem de dona Carolina Michaëlis de Vasconcelos*, Coimbra, 1930.

8. João Lúcio de Azevedo, "Organização econômica", em *História de Portugal*, ed. Monumental, Barcelos, 1931, vol. III.

9. Alexandre Herculano, Introdução a *O bobo* (*Época de dona Teresa, 1128*), Lisboa, 1897.

10. Parece ter sido do mesmo feitio, por assim dizer, matriarcal, de Da. Francisca do Rio Formoso – que era uma Wanderley – Da. Joaquina do Pompeu, de Pitangui e Paracatu (Minas Gerais), onde foi dona de grandes fazendas e, com a doença do marido, o "homem da casa". Em livro aparecido em Belo Horizonte em 1948, sob o título *Serra da saudade*, o Sr. C. Cunha Correia opõe-se a que Da. Joaquina do Pompeu seja considerada de Paracatu (p. 85). Segundo notas que nos forneceu um dos ilustres descendentes da matriarca, o professor Alberto Álvares, já falecido, era Da. Joaquina "filha do Dr. Jorge de Castelo Branco, Juiz de Direito de Mariana [...] que depois de viúvo ordenou-se e foi vigário de Pitangui". Pitangui teria sido o centro do sistema matriarcal encarnado pela notável mineira. Entretanto, das suas fazendas – segundo as mesmas notas, baseadas em dados extraídos de cartórios – as denominadas Gado Bravo, Novilha Brava, Tapera e Cotovelo estavam "situadas no município de Paracatu, antiga vila de Paracatu do Príncipe".

    De Da. Francisca do Rio Formoso (Francisca da Rocha Lins Wanderley) conta o desembargador Pais Barreto que foi ela a "última senhora do engenho Rio Formoso". Foi seu neto o Visconde do Rio Formoso.

    Da mesma matriarca, informa o desembargador Pais Barreto, confirmando o que se diz neste ensaio: "Ficou tradicional um dos seus atos de prepotência. Pelo engenho passava grande carregamento de açúcar conduzido em carros de bois. Trazia a marca J.M.W., iniciais de um preto abastado que adotara o nome de João Maurício Wanderley. Da. Francisca mandara parar os carros e colocar no chão todas as caixas, nas quais um carpinteiro, com forte enxó, ia inutilizando o W, riscando-o da madeira. Concluído o serviço e recolocadas as caixas no carro, determinou que seguisse o comboio e que ao seu dono fosse dito que Wanderley era nome de branco e que pessoa ou coisa pertencente a negro não tinha o direito de passar pelo seu engenho com tal denominação. Vingou-se o preto argentário, comprando o trapiche Rio Formoso e expedindo ordens para que fosse retirada a mercadoria de Da. Francisca, porquanto daquela data em diante não se receberia ali açúcar de Wanderley branco" ("Fatos reais ou lendários atribuídos à família Barreto", *Revista das Academias de Letras*, Rio de Janeiro, ano VII, nº 45, maio-junho de 1943, p. 11).

11. Esses limites foram impostos por Afonso V de acordo com o direito canônico. Pelas *Constituições do Bispado do Porto* estabelecendo condições menos suaves de asilo nas igrejas pode-se fazer ideia dos abusos. Veja-se o trecho das *Constituições* citado Por A. A. Mendes Correia, *A nova antropologia criminal*, Porto, 1931.

12. André João Antonil (João Antônio Andreoni, S. J.), *Cultura e opulência do Brasil por suas drogas e minas*, p. 80, ed. de Afonso de E. Taunay, cit.

13. Handelmann, *História do Brasil*, cit.

14. Escreve Rodrigo Otávio que "cumpre registrar, em honra ao espírito liberal da legislação do pequeno reino, que ali nunca existiram os 'direitos de albinágio e de detração' (Rodrigo Otávio, *Direito do estrangeiro no Brasil*, Rio de Janeiro, 1909). E Pontes de Miranda: "No direito português não se encontra o direito de albinágio [...] nem o de naufrágio, que autorizava reis e senhores a se apoderarem das pessoas e cousas naufragadas no mar e nos rios, nem o de represálias" (Pontes de Miranda, *Fontes e evolução do direito civil brasileiro*, Rio de Janeiro, 1928).

15. João Lúcio de Azevedo "Organização econômica", cit.

16. João Lúcio de Azevedo, loc. cit.

17. Antônio Sérgio, *A sketch of the history of Portugal*, trad. de Constantino José dos Santos, Lisboa, 1928.

18. Alberto Sampaio, *Estudos históricos e econômicos*, Lisboa, 1923; Antônio Sérgio, op. cit. De Antônio Sérgio veja-se também sua inovadora e sugestiva *História de Portugal*, tomo I (Introdução geográfica), Lisboa, 1941.

19. William Dampier, *Voyages* [...] *aux terres australes, à la nouvelle Hollande, & C., fait en 1699*, (trad.), Amsterdã, 1705, p. 93.

20. Coreal, cit. por Afonso de E. Taunay, *Non ducor, duco*, cit.

21. *The principal navigations voyages traffiques and discoveries of the English nation* [...] *by Richard Hakluyt*, VIII, p. 16. Sobre a influência no Brasil desde a época colonial, veja-se Gilberto Freyre, *Ingleses no Brasil – Aspectos da influência britânica sobre a vida, a paisagem e a cultura do Brasil*, Rio de Janeiro, 1948.

22. *The principal navigations, etc.*, cit., VIII, p. 19.

23. Manuscrito no Arquivo do Instituto Arqueológico, Histórico e Geográfico Pernambucano.

24. Handelmann, op. cit.

25. Mendes Correia, *Os povos primitivos da Lusitânia*, Porto, 1924; *Raça e nacionalidade*, cit.

26. Boule, *Les hommens fossiles*, apud Mendes Correia, *Os povos primitivos da Lusitânia*, cit.

27. Mendes Correia, *Os povos primitivos da Lusitânia*, cit.

28. Opinião de Bosh, cit. por Mendes Correia, *Os povos primitivos da Lusitânia*, cit.

29. W. Z. Ripley, *The races of Europe*, Londres, s.d.

30. Fonseca Cardoso, "Antropologia portuguesa", em *Notas sobre Portugal*, Lisboa, 1908.

31. A. C. Haddon, *The races of man and their distribution*, Cambridge, 1929.

32. Alberto Sampaio, *Estudos históricos e econômicos*, cit.

33. Mendes Correia, *Os povos primitivos da Lusitânia*, cit.

34. Referindo-se aos descendentes dos franceses que nos princípios do século XVI se amancebaram com mulheres tupinambás, em doce poligamia, "sem se quererem tomar para a França", diz Gabriel Soares: "não é de espantar serem estes descendentes dos franceses alvos e louros pois que saem a seus avôs". "Louros, alvos e sardos", dissera antes. A observação do cronista leva-nos a acreditar que não eram comuns os louros puros entre os colonizadores portugueses do século XVI, que estes identificavam o louro ardente com os franceses. A propósito convém lembrar também palavras de Hans Staden, cronista do século XVI, que aliás vêm citadas por Pedro Calmon na sua também inovadora *História da civilização brasileira* (Rio de Janeiro, 1933): "Disseram-me que se tinha barba vermelha como os franceses, também tinham visto portugueses com igual barba, mas eles tinham geralmente barbas pretas". Os índios – recorda ainda Calmon, baseado na relação de Gonçalo Coelho – distinguiam os franceses dos portugueses pela cor da barba.

35. Haddon, op. cit.

36. Alberto Sampaio, *Estudos*, cit.; Mendes Correia, *Os povos primitivos da Lusitânia*, cit.

37. Fleury, *Hist. Eccles.*, apud Buckle, *Bosquejo de una historia del intelecto español* (trad.), Madri, s.d.

38. Buckle, op. cit.

39. Durham, cit.; Buckle, op. cit.

40. Antônio Sérgio, *A sketch of the history of Portugal*, cit.

41. João Lúcio de Azevedo, "Algumas notas relativas a pontos de história social", cit.

42. Pontes de Miranda, *Fontes e evolução do direito civil brasileiro*, cit.

43. Martim Francisco, "Jornal de viagens por diferentes vilas da capitania de São Paulo", *Rev. Inst. Hist. Geog. Bras.*, nº 45.

44. J. M. Esteves Pereira, *A indústria portuguesa (século XII a XIX)*, com uma introdução sobre as corporações operárias em Portugal, Lisboa, 1900.

45. João Lúcio de Azevedo, "*Organização econômica*", cit. Escrevera Alberto Sampaio em seu estudo sobre as vilas do norte de Portugal: "Mais interessante é a terminologia agrícola-industrial da oliveira, que apresenta a singularidade de ser em parte latina e em parte árabe: – *oliveira, olival,*

olivedo pertencem à primeira – *azeite, azeitona,* à segunda [...]" (*Estudos históricos e econômicos,* cit.)

46. João Lúcio de Azevedo, "Organização Econômica", cit.

47. João Lúcio de Azevedo, loc. cit.

48. Alexandre Herculano, *História de Portugal,* cit.

49. Alberto Sampaio, *Estudos,* cit.

50. Alberto Sampaio, *Estudos,* cit.

51. Alberto Sampaio, *Estudos,* cit.

52. Martim Francisco, "Jornal de viagens", cit.

53. Alberto Sampaio, *Estudos,* cit.

54. Nicolas J. Debbané, *Au Brésil: L'influence arabe dans la formation historique, la littérature et la civilisation du peuple brésilien,* Le Caire, 1911. É oportuno recordar aqui as localizações de indivíduos de origem mourisca observadas em São Paulo por Martim Francisco.

55. Na segunda edição da *Evolução do povo brasileiro* salienta o ilustre sociólogo que esta tese apresentara-a "como uma pura hipótese, uma suposição meramente conjetural." Nunca como "afirmação definitiva". Acrescenta: "Devo confessar entretanto que um estudo mais profundo dos problemas de raça e o crescente contato, em que entrei, com as grandes fontes de elaboração científica, neste domínio, renovaram profundamente minhas ideias sobre este e outros problemas da etnologia e da antropossociologia" (*Evolução do povo brasileiro,* Prefácio, 2ª ed., São Paulo, 1933).

56. João Lúcio de Azevedo, "Organização econômica", cit.

57. "A casa dos 24", diz J. de Oliveira Simões em estudo sobre "A evolução da indústria portuguesa", "com o seu juiz do povo, escrivão e almotacé, junta formada por delegados dos ofícios mecânicos, que funcionava nas principais cidades, mostra a importância social que conquistava na vida da nação o trabalho do povo" (*Notas sobre Portugal,* cit.). Vejam-se também sobre o assunto os trabalhos de João Lúcio de Azevedo, "Organização econômica", cit.; J. M. Esteves Pereira, *A indústria portuguesa,* cit.; Paulo Merea, "Organização social e administração pública", em *História de Portugal.*

58. Alfredo Ellis Júnior, *Raça de gigantes (A civilização no planalto paulista),* cit.

59. Veja-se o seu *Populações meridionais do Brasil,* São Paulo, 1933. Também *Evolução do povo brasileiro,* São Paulo, 1933.

60. Debbané, loc. cit.

61. "*One of the greatest compliments that can be paid a lady is to tell her that she is becoming daily fatter and more beautiful*" notou Gardner (George Gardner, *Travels in the interior of Brazil, principally through the Northern provinces*, Londres, 1846).

62. Richard F. Burton, *Explorations of the higlands of the Brazil*, Londres, 1869.

63. *Itinerário de Lisboa e Viana do Minho*, etc., apud Leite de Vasconcelos, *Ensaios etnográficos*, Lisboa, 1910.

64. Informa ainda o relatório que as senhoras do século XVII quando saíam, era dentro de redes sobre as quais se lançava um tapete ou enclausuradas em palanquins. Vestidos custosos e muitas joias, ainda que algumas falsas. "Breve discurso sobre o estado das quatro capitanias conquistadas, de Pernambuco, Itamaracá, Páráhybá e Rio Grande, situadas na parte septentrional do Brasil", trad. do holandês, de manuscrito existente no Arquivo de Haia e publicado na *Rev. do Inst. Arq. Hist. Geog. Pernambucano*, nº 34.

65. Araújo Viana, no seu estudo "Das artes plásticas no Brasil em geral e na cidade do Rio de Janeiro em particular" (*Rev. Inst. Hist. Geog. Bras.*) destaca entre reminiscências mouriscas nas nossas casas-grandes as "rótulas" e as "barras de azulejo nos saguões e nas casas de jantar." José Mariano ("As razões da arquitetura brasileira", *O Jornal*, Rio de Janeiro) escreve da arquitetura doméstica brasileira: "O excesso de luminosidade ambiente foi inteligentemente corrigido pelos grandes lençóis de paredes, os alpendres amplos (copiares de Pernambuco), especialmente destinados a proteger as peças de habitação contra os rigores da insolação direta; as venezianas em adufa (rótulas), os balcões e *moucharabiehs* muriscos". Deve-se salientar outro traço de cultura moura aproveitado pelo bom senso português na colonização do Brasil tropical: as ruas estreitas que, infelizmente, vão sendo todas substituídas por avenidas e ruas largas.

66. Alberto Sampaio, *Estudos*, cit.

67. Estanco Louro, *O livro de Alportel – Monografia de uma freguesia rural*, Lisboa, 1929.

68. Estanco Louro, *O livro de Alportel*, cit.

69. Soror Violante do Céu, *Parnaso de divinos e humanos versos*, Lisboa, 1733, apud Leite de Vasconcelos, *Ensaios etnográficos*, cit.

70. Do folclore português. No Brasil, quando chove na noite de São João, diz-se sem o menor respeito pelo Santo Menino que é *mijão*. Até do venerando São Pedro diz-se quando chove na sua noite, que é *mijão*.

71. Mário Sáa, *A invasão dos judeus,* Lisboa, 1924.

72. Max Weber, *General economic history* (trad.), Nova York, 1927.

73. Varnhagen, *História geral do Brasil*, cit.

74. Chamberlain, *The foundations of the nineteenth century,* cit.

75. João Lúcio de Azevedo, *História dos cristãos-novos portugueses,* Lisboa, 1922.

76. João Lúcio de Azevedo, *História dos cristãos-novos,* cit.

77. João Lúcio de Azevedo, *História dos cristãos-novos,* cit. Mário Sáa, op. cit.

78. Abade de La Caille, *Journal historique du voyage fait au Cap de Bonne Espérance*, Paris, 1763, p. 211. Sobre a mania dos óculos ou quevedos em Portugal, nos séculos XVI, XVII, XVIII, leia-se Júlio Dantas, *Figuras de ontem e de hoje*, Lisboa, 1914. Recorda o escritor terem sido os dois traços que Montesquieu salientou nos portugueses: os óculos e bigodes (*les lunettes et* [...] *la moustache*). Montesquieu deu ao abuso dos óculos em Portugal a mesma interpretação que La Caille no Brasil. Não nos esqueçamos do fato de que, lá como aqui, quase todos os doutores, em medicina pelo menos, parece que eram judeus. O autor da *Voyage de Marseille à Lima et dans les autres Indes Occidentales* (Paris, 1720), diz, à página 132, que a cidade de Salvador estava cheia de judeus. Igual observação faz Frézier. Esse conta que um vigário fugira da Bahia para a Holanda, depois de largos anos de falsa devoção católica, apurando-se que era muito bom judeu. *Rélation du voyage de la mer du Sud aux côtes du Chily et du Perou,* (A Paris, 1716), p. 276.

79. Seriam também, em grande número, judeus disfarçados, ou homens de origem hebreia os advogados que, desde o século XVI, começaram a emigrar do reino para as colônias com os seus óculos, as suas chicanas e o seu parasitismo. Da cidade de Goa, invadida por agiotas e chicanistas no século XVI, escreveu um contemporâneo: "E parece a cidade de Goa mais academia de litigantes que escola de armas" (Ferdinand Dénis, *Le Portugal,* Paris, 1746). De reino escrevia um observador do século XVIII: "A multidão dos advogados é notória e a sua utilidade muito equivoca" (*Os frades julgados no tribunal da razão,* Lisboa, 1814).

80. João Lúcio de Azevedo, *História dos cristãos-novos*, cit.

81. J. Garcia Mercadal, *España vista por los estranjeros*, cit.

82. Mercadal, *España vista por los estranjeros*, cit.

83. Mercadal, *España vista por los estranjeros*, cit.

84. João Lúcio de Azevedo, "Organização econômica", cit. Veja-se também *Épocas de Portugal econômico*, Lisboa, 1929, pelo mesmo autor.

85. João Lúcio de Azevedo, *Épocas de Portugal econômico*, cit.

Impugnando a ideia, exposta no presente estudo e em escritos posteriores do Autor, de ter sido o português no Brasil, apesar de seu desapego à terra, um dos fundadores da agricultura moderna nos trópicos, o Sr. Sérgio Buarque de Holanda escreve: "Não faltam indícios de que a atividade dos portugueses em quase todas as épocas, e já *antes da colonização do Brasil*, se associou antes à mercancia e à milícia do que à agricultura e às artes mecânicas" ("Panlusismo", *Cobra de vidro*, São Paulo, 1944, p. 74-75).

A generalização é aceitável e, no presente ensaio, desde 1933 se apresentam aspectos do desenvolvimento português que parecem favorecê-la. Mas restrições sérias devem ser opostas ao excesso – de que não pode, aliás, ser acusado o Sr. Sérgio Buarque de Holanda – de considerar-se o português povo sem passado agrário ou "raça" como que biologicamente incapaz de esforço agrícola ou inimiga da lavoura. Os próprios estudiosos da formação portuguesa que acentuam nela a predominância da mercancia e da milícia sobre a agricultura e as artes mecânicas, como Alberto Sampaio e Léon Poinsard, não negam ter havido em Portugal uma "raça eminentemente agricultora" (*Estudos Históricos e Econômicos*, Lisboa, 1923, I, p. 535) e centros de "*une vaste exploitation agricole*" (Poinsard, *Le Portugal inconnu*, Paris, 1910, I, p. 25). Esses outros foram principalmente os mosteiros, como mostram Poinsard e o anônimo que escreveu *Os frades julgados no tribunal da razão* (Lisboa, 1814).

É certo que o Brasil foi colonizado por um povo português já afastado da agricultura e empolgado por outros interesses; mas nem por isso destituído de aptidões para a agricultura. Daí ter esse povo concorrido, é verdade que através de escravos, para fundar a agricultura moderna nos trópicos, antecipando-se nisto a outros europeus. Que eles, valendo-se do trabalho escravo, desenvolveram notável esforço na organização de uma economia agrária no Brasil, é inegável. Devido ao sucesso da agricultura de cana e do fabrico de açúcar pelos portugueses no Brasil é que Egerton considera o Brasil "*example of genuine colonization*" (cit. por Ellen Deborah Ellis, *An introduction to the history of sugar as commodity*, Filadélfia, 1905, p. 61).

Sobre o assunto vejam-se também: L. Capitan e Henri Lorin, *Le travail en Amérique avant et aprés Colomb*, Paris, 1930; P. Leroy-Beaulieu, *De la colonisation chez les peuples modernes*, Paris, 1891; Luís Amaral, *História geral da agricultura brasileira*, São Paulo, 1939; Lemos Brito, *Pontos de partida para a história econômica do Brasil*, São Paulo, 1939; J. F. Normano, *Brazil, a study of economic types*, Chapel Hill, 1935; J. F. de Almeida Prado, *Primeiros povoadores do Brasil,* São Paulo, 1939.

Não deve ser esquecido o fato de que o português tornou-se um dos fundadores da moderna agricultura nos trópicos por meio de combinações de métodos e valores trazidos da Europa com métodos e valores indígenas. A adoção da coivara pelo agricultor português no Brasil ilustra até que ponto foi essa combinação nem sempre feliz de métodos. Devemo-nos mais uma vez recordar de que, embora o português, antes do seu contato com a América, já se entregasse à devastação de matas, ele aqui encontrou a devastação a fogo de florestas tropicais praticadas sistematicamente pelos indígenas. Método que adotou. Sobre este aspecto do assunto, veja-se o estudo especializado de O. F. Cook, *Milpa agriculture, a primitive tropical system (Smithsonian Report for 1919)*, Washington, 1921. Leia-se também H. Martin Leake, *Land tenure and agricultural production in the tropics,* Cambridge, 1927.

Aliás o assunto – aptidão do português para a colonização agrícola – foi em 1916 objeto de um inquérito promovido no Rio de Janeiro por Carlos Malheiros Dias, entre brasileiros e portugueses autorizados. Tratava-se principalmente de apurar se o colonizador português se tem apresentado com "as qualidades de atividade, de resistência física e de prolificidade essenciais a uma missão de colonização agrícola e de povoamento". Responderam que sim, entre outros, o conselheiro Rodrigues Alves, Pandiá Calógeras, Miguel Calmon, Eduardo Cotrim e Oliveira Lima, tendo este acentuado, com sua autoridade de historiador-sociólogo, que a demonstração daquelas qualidades do colonizador português "está pois feita, quando fosse precisa, à luz de toda a nossa história de penetração territorial e de conquista pacífica empreendida pelo povo português [...]". O ponto de vista hoje defendido pelo Sr. Sérgio Buarque de Holanda – o da pouca ou nenhuma aptidão do português para a colonização agrícola – teve então quem o manifestasse com nitidez e até ênfase: Alexandre de Albuquerque, português. Disse ele: "Nem Portugal é um país agrícola, nem nós, portugueses, somos um povo de agricultores [...]". "Não amamos a terra, amamos a aventura, como se Portugal fosse apenas um ponto de passagem, simples descanso para a raça. O nosso patriotismo manifesta-se mais no amor às nossas glórias do que às nossas paisagens". E esboçando a interpretação etnocêntrica do assunto há tempo desenvolvida entre nós pelo Sr. Sérgio Milliet: "A missão histórica da nossa raça não foi uma missão agrícola, uma missão sedentária, foi a missão nômade de um povo, fusão e resumo de povos nômades". A atividade agrícola dos portugueses no Brasil é assim explicada: "Os portugueses, quando proprietários agrícolas, ficam senhores de engenhos e de escravos, exploram conjuntamente a terra, os escravos e os engenhos, mas sem amor e sem carinho" (Joaquim da Silva Rocha, "A imigração portuguesa e o seu rumo à terra ou ao comércio", *História da Colonização do Brasil*, Rio de Janeiro, 1918, II, p. 297-305).

Para fins comparativos, leiam-se acerca das atividades de colonos portugueses em outras partes da América – onde se têm salientado como bons e até ótimos lavradores e horticultores – Donald R. Taft, *Two Portuguese communities*, Nova York, 1923 e E. A. Ross, *The old world in the new*, Nova York, 1914, William Carlson Smith, *Americans in the making*, Nova York-Londres, 1934. E. A. Ross destaca valiosas contribuições portuguesas para o aperfeiçoamento da técnica agrícola nos Estados Unidos: *"The Portuguese raise vegetables in their walnut groves, grow currants between the rows of trees in the orchard, and beans between the currant row. They know how to prevent the splitting of their laden fruittrees by inducing a living brace to grow between opposite branches. The black-beetle problem they solve by planting tomato slips inclosed in paper"* (*The old world in the new*, p. 202-203). Sabe-se também que foram agricultores portugueses que introduziram a cultura do tabaco no norte dos Estados Unidos mostrando que essa cultura era possível em condições de solo e de clima que se acreditavam inteiramente adversas ao tabaco (Urban Tigner Holmes Jr., "Portuguese Americans", em *Our racial and national minorities*, organizado por Francis J. Brown e Joseph Slabey Roucek, Nova York, 1937, p. 401). Sobre o assunto vejam-se também Hiram Bingham, "The contribution of Portugal", *Annual Report of the American Historical Association (1909)*, Washington, 1911, e E. P. Peck, "An immigrant parming country", *New England Magazine,* vol. XXI, outubro, 1904. Pelas evidências e fatos apresentados nesses e em outros trabalhos por estudiosos objetivos do assunto se vê que sob condições sociais favoráveis os portugueses se têm salientado como bons colonos agrícolas, especialmente como horticultores.

86. J. M. Esteves Pereira, *A indústria portuguesa*, cit.

87. *Os frades julgados no tribunal da razão*, obra póstuma anônima, doutor Conimbrense, Lisboa, 1814.

88. *Os frades julgados*, etc., cit.

Note-se ainda, em relação com a vocação do português, ou de certo tipo de português, para agricultor, principalmente para horticultor, que Lisboa chegou a ser no século XVI o que Ramalho Ortigão chama "o primeiro jardim de aclimatação, o primeiro jardim zoológico [...] da Europa, pela introdução do chá, do café, do açúcar, do algodão, da pimenta, do gengibre, da canela do Ceilão, do cravo das Molucas, do sândalo de Timor, das tecas de Cochim, do benjoim de Achem, do pau de Solor, do anil de Cambaia [...]" (*O culto da arte em Portugal*, Lisboa, 1896, p. 98-99). Veja-se também sobre o assunto nosso *O mundo que o português criou* (Rio de Janeiro, 1940), principalmente a excelente introdução que escreveu para o mesmo o pensador e economista Antônio Sérgio, que discute o problema das deficiências de produção agrícola em Portugal em relação com "a secura excessiva do nosso estio" (p. 23) e "as condições de pobreza constitucional" que, segundo Azevedo Gomes e seus colaboradores no estudo "A situação econômica da agricultura portuguesa" (*Revista do Centro de Estudos Econômicos do Instituto Nacional de Estatística*, nº 1, Lisboa), "caracterizam em larga zona o solo agrícola português". J. M. Esteves Pereira chega a escrever do Portugal da primeira fase que "mercê dos mouros e dos religiosos", isto é, de obras de irrigação e outros cuidados técnicos que corrigiam até certo ponto aquelas deficiências, "tinha a agricultura, sua principal indústria, melhor desenvolvida do que os outros países mais ao norte" (*A indústria portuguesa – séculos XII a XIX*, Lisboa, 1900).

Não deve ser esquecida, como afirmação de capacidade do português, ou de certo tipo de português, para a agricultura, especialmente para a horticultura, a chamada "fórmula natural e clássica" da exploração agrícola portuguesa, que é a *quinta*, situada entre o *casal* ou *horta* (pequena cultura) e a *lavoura* (grande cultura) e especialmente adaptada, segundo os técnicos, às condições de um clima irregular e seco. Caracteristicamente uma criação portuguesa quase sempre une, dentro dos seus muros ou cercas, pomares, talhões de cereais e forragens e jardim em redor da habitação. Jardim que, além de decorativo, serve de abrigo às culturas úteis, fazendo que a velha instituição lusitana seja, como nenhuma outra do mesmo gênero, encontrada em outros países, "simultaneamente de recreio e de exploração" ou obra, ao mesmo tempo, de "arte e de técnica agrícola", como sugere Sertório do Monte Pereira em sua excelente página sobre a *quinta* no estudo "A produção agrícola" [portuguesa], em *Notas sobre Portugal*, Lisboa, 1908, vol. I, p. 133.

No Brasil, a *quinta* manifestou desde o início da colonização portuguesa do país seu poder muito lusitano de adaptação conservando seus característicos essenciais nos *sítios,* nas *chácaras*, em alguns casos, nas próprias *lavouras*, junto às casas-grandes de engenho ou ancilares desse tipo feudal-tropical de exploração agrícola.

Octávio Tarquínio de Souza e Sérgio Buarque de Holanda, em sua *História do Brasil* (Rio de Janeiro, 1945), parecem concordar plenamente com a interpretação dos fatos da colonização agrícola do Brasil oferecida neste ensaio desde 1933. (Veja-se na mesma *História* o capítulo "Desenvolvimento econômico", seção 1 ("A vida rural: desenvolvimento da agricultura") especialmente p. 139-143). E em um trabalho extraordinário, também se mostra de acordo com nossa interpretação e caracterização dos fatos de formação agrária da América Portuguesa o Sr. Caio Prado Júnior, ao destacar que na colonização portuguesa do Brasil o elemento fundamental foi "a grande propriedade monocultural trabalhada por escravos" e que "dando à organização econômica da colônia esta solução a colonização portuguesa foi estritamente levada pelas circunstâncias em que se processou, e sofreu as contingências fatais criadas pelo conjunto das condições internas e externas que acompanham a obra aqui realizada por ela [...]". Pois "a grande propriedade, monocultura, trabalho escravo são formas que se combinam e se completam e derivam diretamente daqueles fatores" (*Formação do Brasil contemporâneo – Colônia*, São Paulo, 1942). E ainda, em uma confirmação, para nós honrosa, da ideia esboçada por nós neste ensaio, desde 1933, sob a forma do complexo casa-grande e senzala: ou do sistema patriarcal agrário, isto é, latifúndio, monocultura e trabalho escravo: "estes três elementos se conjugam num sistema típico, a grande exploração rural, isto é, a reunião, *numa mesma unidade produtora*, de grande número de indivíduos. É isto que constitui a célula fundamental da economia agrária brasileira". Esse "sistema típico" é que nos parece desde 1933 ter sido o centro da organização social do Brasil agrário e, até certo ponto – por transbordamento de influência – do pastoril e do urbano, em uma afirmação, ao nosso ver irrecusável, do fato de que o português revelou aqui, sob a pressão das circunstâncias, capacidade para o trabalho-rotina ao lado do pendor para a aventura, característico principal de sua atividade expansionista e imperialista.

Em erudita publicação da Câmara de Reajustamento Econômico do Ministério da Fazenda, intitulada Reajustamento econômico dos agricultores (Rio de Janeiro, 1945) e, como as anteriores, mais que simples relatório burocrático, pois adquire nas suas melhores páginas qualidades de síntese sociológica da nossa história ou situação econômica ou social, lê-se o seguinte: "Se os elementos constitutivos da organização agrária do Brasil colonial são – como conclui Caio Prado Júnior – a grande propriedade, a monocultura e o trabalho escravo, as dívidas foram resultantes desses três elementos" (p. 3). Sem deixarmos de reconhecer por um instante a importância dos estudos do Sr. Caio Prado Júnior sobre nossa formação econômica, não podemos, por outro lado, deixar sem reparo a afirmativa oficial, pois a sugestão de que a organização agrária do Brasil colonial se apoiou sobre a grande propriedade ou o latifúndio, a monocultura e o trabalho escravo encontra-se no presente trabalho, e foi nele desenvolvida sistematicamente sob critério sociológico – talvez pela primeira vez entre nós – desde 1933.

89. William Beckford, *Excursion to the monasteries of Batalha and Alcobaça*, Londres, 1835. Veja-se também o seu *Italy with sketches from Spain and Portugal*, Londres, 1834.

90. Ramalho Ortigão, *As farpas*, Lisboa. Vários os fisiologistas modernos que ligam, como McCollum, Simmonds, Benedict, McCarrison, McCay, Nitti, Chricton-Browne, à prosperidade dos povos e à sua eficiência, o consumo de alimento proteico. Principalmente de carne e leite. As estatísticas de Roberts, para o Ministério da Agricultura dos Estados Unidos, parecem indicar essa relação. O consumo de carne seria maior nos países de gente mais eficiente e próspera: na data em que foram levantadas aquelas estatísticas, Austrália (262 lb.), Estados Unidos (150), Inglaterra e Irlanda (122), Alemanha (99), França (80), Suécia e Noruega (62) ("Annual production of animals for food and per capita consumption of meat in the United States", U. S. Department of Agriculture (1905), apud Rui Coutinho, *Valor social da alimentação*, São Paulo, 1935).

91. Alexandre Herculano, Opúsculos, cit.

92. Estrabão, apud Alberto Sampaio, *Estudos*, cit.

93. Alberto Sampaio, *Estudos*, cit.

94. Alberto Sampaio, *Estudos*, cit.

95. Léon Poinsard, *Le Portugal inconnu*, Paris, 1910.

96. Pompeyo Gener, *Herejías*, Barcelona, 1888, apud Fidelino de Figueiredo, *Crítica do exílio*, Lisboa, 1930.

97. Bucke, op. cit.; Mercadal, *España vista por los estranjeros*, cit.

98. As cartas de Clenardo foram admiravelmente traduzidas pelo cardeal Gonçalves Cerejeira e publicadas no seu livro *O humanismo em Portugal – Clenardo*, cit.

99. Mercadal, *España vista por los estranjeros*, cit.

100. Mercadal, *España vista por los estranjeros*, cit.

101. Dampier, *Voyages*, cit.

102. Léon Poinsard, *Le Portugal inconnu*, cit.

103. A. Costa Lobo, *A história da sociedade em Portugal no século XV*, cit.; Alberto Sampaio, *Estudos*, cit.; Oliveira Martins, *História de Portugal*, cit.; João Lúcio de Azevedo, *Épocas de Portugal econômico*, cit.

104. Veja-se Antônio Sérgio, *Antologia dos economistas portugueses*, Lisboa, 1924.

105. Fidelino de Figueiredo, *Crítica do exílio*, cit.

106. Aliás, os negros, no Brasil, não foram assim tão passivos. Ao contrário: mais eficientes – por mais adiantados em cultura – na sua resistência à exploração dos senhores brancos que os índios. "Os negros lutaram", escreve Astrojildo Pereira a propósito da tese de Oliveira Viana de não ter havido luta de classes no Brasil. Para A. Pereira houve entre nós "autêntica luta de classes que encheu séculos de nossa história e teve o seu episódio culminante de heroísmo e grandeza na organização da República dos Palmares, tendo à sua frente a figura épica de Zumbi, o nosso Spartacus negro" (Astrojildo Pereira, "Sociologia ou apologética?", cit.)

107. Varnhagen, *História Geral do Brasil*, cit. Varnhagen é sempre de um simplismo infantil quando deixa a pura pesquisa histórica pela filosofia da história.

108. João Lúcio de Azevedo, *Épocas de Portugal econômico*, cit.

109. Política que também se revelou na jurisprudência de se impedir a execução de senhores de engenho – que adquiriam assim uma situação excepcional como devedores (Gilberto Freyre, "A agricultura da cana e a indústria do açúcar", *Livro do nordeste*, cit.). Entre outros documentos, alguns já divulgados, marcam a situação privilegiada do senhor de engenho a "provisão do Exmo. Sr. Marquez de Ang.ª V. Rey e capitão general de mar e terra deste Estado do Brasil, paçada a favor dos moradores desta capitania de Pernambuco par não serem executados nas suas fabricas como della largamente consta" e a "provisão de S. Magde. que Deos ge. a favor dos senhores de engenho e lavradores" (*Cartas régias, decretos e provisões, 1711-1824*, manuscrito, Biblioteca do Estado de Pernambuco).

110. João Lúcio de Azevedo, *Épocas de Portugal econômico*, cit.

111. Mercadal, *España vista por los estranjeros*, cit.

112. Fernão Cardim, *Tratados da terra e gente do Brasil*, cit., p. 316.

113. Pastoral de D. frei José Fialho, "dada em Olinda sob nosso selo, e sinal aos dezenove dias do mes de fevereiro de mil setecentos e vinte e seis annos". Manuscrito do Arquivo da Catedral de Olinda gentilmente posto à nossa disposição pelo Rev. José do Carmo Barata.

114. Le Gentil de La Barbinais, *Nouveau voyage autour du monde*, cit., p. 112.

115. Tollenare, *Notas dominicais tomadas durante uma viagem em Portugal e no Brasil em 1816, 1817 e 1818* (parte relativa a Pernambuco traduzida do manuscrito francês inédito por Alfredo de Carvalho), *Rev. Inst. Arq. Hist. Geog. de Pernambuco*, XI, nº 61, p. 448.

116. J. da Silva Campos, "Tradições baianas", *Rev. Inst. Geog. Hist. da Bahia*, nº 56.

117. Max Radiguet, *Souvenirs de l'Amérique Espagnole*, Paris, 1848, p. 265.

Outro aspecto das igrejas do Brasil patriarcal como centros de convivência profana é o destacado pelo Sr. Sérgio D. T. de Macedo em seu interessante *No tempo das sinhazinhas* (Rio de Janeiro, 1944): "Nesses templos se reunia o carioca" [refere-se às igrejas de São Sebastião, no morro do Castelo, São Francisco Xavier, São Bento, Carmo e ermida de Nossa Senhora do Ó] "para rezar, ver as modas, olhar as damas. Não havia cadeiras ou bancos no interior das igrejas. Certo é, como mostram as gravuras antigas, que as senhoras se acocoravam ou sentavam-se sobre pequenos tapetes, pernas cruzadas à moda oriental. Naquele tempo em que não havia imprensa, as beatas faziam nas igrejas o jornal falado, veiculando as notícias do dia". Recorda o mesmo autor a informação do historiador Afonso de E. Taunay de que as beatas contavam "as novidades de casamentos, de recentes partos destas ou daquelas, ou conjeturas de mortes para estes ou aqueles, a descrição das moléstias, as mil coisas triviais da vida" (p. 110).

118. Luís Chaves, "O namoro, o casamento, a família", *O amor português*, Lisboa, 1922.

119. Alberto Deodato, *Senzalas*, Rio de Janeiro, 1919.

120. La Barbinais, *Nouveau voyage autour du monde*, cit., p. 114.

121. Não se faz ideia do que foram as procissões de *Corpus Christi* em Portugal nos séculos XVI e XVII. Uma do século XV que vem descrita em *O Panorama* (Lisboa), vol. 2, 1838, pode servir de exemplo. Primeiro a procissão organizando-se ainda dentro da igreja: pendões, bandeiras, dançarinos, apóstolos, imperadores, diabos, santos, rabis comprimindo-se, pondo-se em ordem. Pranchadas de soldados para dar modos aos salientes. À frente, um grupo dançando a "judinga", dança judia. O rabi levando a Toura. Depois dessa seriedade toda, um palhaço, fazendo mungangas. Uma serpente enorme, de pano pintado, sobre uma armação de pau, e vários homens por baixo. Ferreiros. Carpinteiros. Uma dança de ciganos. Outra de mouros. São Pedro. Pedreiros trazendo nas mãos castelos pequenos, como de brinquedo. Regateiras e peixeiras dançando e cantando. Barqueiros com a imagem de São Cristóvão. Pastores. Macacos. São João rodeado de sapateiros. A Tentação representada por mulher dançando, aos requebros. São Jorge, protetor do exército, a cavalo e aclamado em oposição a Santo Iago, protetor dos espanhóis. Abraão. Judite. Davi. Baco sentado sobre uma pipa. Uma Vênus seminua. Nossa Senhora em um jumentinho. O Menino-Deus.

São Jorge. São Sebastião nu cercado de homens malvados fingindo que vão atirar nele. Frades. Freiras. Cruzes alçadas. Hinos sacros. O rei. Fidalgos. Toda a vida portuguesa, enfim.

Depois das conquistas, acrescentaram-se danças de índios e negros às figuras das procissões do reino.

122. Sabe-se a grande importância de certos Orixás entre os Ioruba como deuses da fecundidade agrícola. (Veja-se sobre o assunto Wilson D. Wallis, *An introduction to anthropology*, Londres, s.d.) Ainda hoje, em festas de seitas africanas no Brasil, sentem-se reminiscências do culto da terra, o regozijo pelas colheitas fartas associado ao sentimento de amor e de fecundidade humana. Também reminiscências do culto fálico (*Elegba* dos Ioruba) dos africanos.

123. Afonso de E. Taunay, *Sob el-Rei nosso senhor – Aspecto da vida setecentista brasileira, sobretudo em São Paulo*, São Paulo, 1923.

Já no segundo reinado, o francês Lavollée assistiu a uma quarta-feira de cinzas no Rio de Janeiro. Segundo esse observador europeu, cujas impressões vêm resumidas pelo Sr. Sérgio D. T. de Macedo no seu *No tempo das sinhazinhas*, cit., "grande procissão" desfilava à noite pelas ruas da cidade, com "todas as confrarias de negociantes" carregando círios acesos, imagens de santos, um santo preto, crianças vestidas de anjo, um regimento de linha. As senhoras, às janelas das ruas por onde passava a procissão, apresentavam-se "com os seus melhores vestidos", transformando "a religião em espetáculo" (p. 112).

124. Afrânio Peixoto, *Uma mulher como as outras*, Rio de Janeiro, 1927. Já salientara Sousa Viterbo em *Artes e artistas em Portugal* (*contribuição para a história das artes e indústrias portuguesas*), Lisboa, 1892, o fato de que as freiras portuguesas – nem todas amantes de reis, fidalgos ou eclesiásticos, algumas simples namoradas de freiráticos e muitas verdadeiras noivas de Nosso Senhor – "satisfaziam a sua índole caseira, entregando-se aos misteres da culinária, consagrando o seu melhor afeto aos 'peitos de Vênus' e aos 'papos d'anjo'".

125. Inevitável, aqui, a citação de Freud, que já estava tardando. Pensa ele ter-se derivado da primitiva expressão da libido – a transmissão de sêmen pela boca, como no caso do *paramoecium* e de outras formas atrasadas de vida – o fato de, ainda hoje, observar-se no amor humano reminiscência do antigo processo como que de assimilação (S. Freud, *Psychologie collective et analyse du moi* (trad.), Paris, 1924). No Brasil, o uso do verbo "comer" é bem característico, sob esse ponto de vista. Também o uso das expressões "comida", "pitéu", "suco", "pirão", "uva" etc. Pelo mesmo critério cremos poder explicar-se o simbolismo sexual dos nomes de bolos e dos doces portugueses e brasileiros e as formas fálicas de alguns.

126. D. G. Dalgado, *Lord Byron's Childe Harold's pilgrimage to Portugal*, Lisboa, 1919.

127. R. Creary, "Brazil under the monarchy – A record of facts and observations" e "Chronicas lageanas", manuscrito na Biblioteca do Congresso de Washington.

128. A. D. de Pascual, *Ensaio crítico sobre a viagem ao Brasil em 1852* de Carlos B. Mansfield, Rio de Janeiro, 1861. As observações de Charles B. Mansfield vêm no livro *Paraguay, Brazil and the Plate,* Cambridge, 1856.

129. Alexandre Herculano, *História da origem e estabelecimento da inquisição em Portugal*, Lisboa, 1879.

130. Alexandre Herculano, op. cit.

131. "Viagem do cardeal Alexandrino", em Alexandre Herculano, Opúsculos, cit.

132. Mercadal, *España vista por los extranjeros*, cit.

133. A. Jousset, apud William Z. Ripley, *The races of Europe, a sociological study*, cit.

134. O assunto foi estudado por Ribbing (*L'hygiène sexuelle et ses conséquences morales*) que reuniu os seguintes dados estatísticos sobre a idade do início da menstruação: Lapônia, Suécia, 18 anos; Cristiânia, 16 anos, 9 meses e 25 dias; Berlim, 15 anos, 7 meses e 6 dias; Paris, 15 anos, 7 meses, 18 dias; Madeira, 14 anos e 3 meses; Serra Leoa e Egito, 10 anos. Nas mulheres esquimós a menstruação começa aos 12 ou 13 anos. Moll registra a informação (de Jacobus X – *Lois genitales*, Paris, 1906) de entre as mulheres francesas das Antilhas a menstruação raramente verificar-se antes dos 14 anos; enquanto nas mulheres africanas, nas mesmas ilhas, a menstruação começa, como na África, aos 10 ou 11 anos. Salienta Moll a possibilidade da influência do clima exercer-se cumulativamente em sucessivas gerações, não produzindo efeito completo depois de várias gerações (Albert Moll, *The sexual life of the child* (trad.), Nova York, 1924). No Brasil, não são as mesmas as idades em que se inicia o aparecimento da puberdade, variando do Amazonas ao Rio Grande (Joaquim Moreira da Fonseca, "Casamento e eugenia", Atas, *1º Congresso Brasileiro de Eugenia*, Rio de Janeiro, 1929). Em Portugal, a idade em que as meninas atingem a puberdade é fixada por Dalgado em 14 anos (D. G. Dalgado, *The climate of Portugal*, cit.). De acordo com os estudos, mais recentes que os de Ribbing, de G. J. Engelman ("First age of menstruation in the North American Continent", *Transaction of the American Gynecological Society*, 1901), a idade da menstruação varia com o clima de 12,9 anos nos países quentes para 16,5 nos frios. Deve-se notar que, em geral, as meninas das classes baixas atingem mais cedo a puberdade que as das classes altas (Pitirim Sorokin, *Contemporary social theories*, Nova York, Londres, 1928). Sobre o assunto continua realizando pesquisas em profundidade o médico brasileiro Nélson Chaves. Veja-se, dele, o estudo pioneiro "Aspecto da fisiologia hipotálamo-hipofisária – Interpretação da precocidade sexual no nordeste", *Neurobiologia*, tomo III, nº 4, Recife, 1940, ao qual se vêm seguindo vários outros, hoje de renome internacional.

135. Frei Caetano Brandão, apud Luís Edmundo, *O Rio de Janeiro no tempo dos vice-reis*, Rio de Janeiro, 1932.

136. Antônio Joaquim de Melo, *Biografias* (mandadas publicar pelo Governador Barbosa Lima), Recife, 1895. No seu livro *Alimentação, instinto, cultura* (Rio de Janeiro, 1943), o professor Silva Melo salienta a opinião de que o clínico não deve desprezar de modo absoluto as sugestões da chamada "sabedoria popular" com relação a alimentos, doenças etc.

137. Os casamentos consanguíneos foram comuns no Brasil não só por motivos econômicos, fáceis de compreender no regime de economia particular, como sociais, de exclusivismo aristocrático. Sobre os aristocratas rurais da Bahia escreveu Sá Oliveira que, conservando-se indivíduos altos, revelavam entretanto no todo "qualquer coisa de degenerescência física". O que atribuiu às "uniões conjugais dentro de esfera mui limitada, a fim de não introduzirem na família sangue que revele a condição de ex-escravo" (J. B. de Sá Oliveira, *Evolução psíquica dos baianos*, Bahia, 1894). Mas não indica quais fossem os traços de degenerescência. Os modernos estudos de genética, em vez de confirmarem de modo absoluto a ideia de Darwin – "*Nature abhorres perpetual self-fertilization*" – indicam que os resultados do *inbreeding*, quando maus, dependem mais da composição genética dos indivíduos que de influência perniciosa inerente ao processo (East e Jones, *Inbreeding and outbreeding* apud Pitt-Rivers, op. cit.)

Confirmando com exemplos concretos o que a respeito do assunto se diz neste ensaio, escreve o desembargador Carlos Xavier Pais Barreto: "Certo número de famílias intercruzavam-se constantemente. Isso sucedia" [em Pernambuco] "a Pais Barreto, Rego Barros, Holanda, Cavalcanti Albuquerque, Lins, Wanderley, Pimentel e várias outras. Damos aqui, por exemplo, o parentesco entre Pais Barreto e Amorim Salgado. Ligaram-se várias vezes através de Barros, Rego, Pimentel, Lins Accioli e Wanderley. Rosa Mauricea Wanderley e Francisca de Melo, filhas de Maria Melo, casaram-se, respectivamente, com Cristóvão Pais Barreto e Paulo de Amorim Salgado. Vários descendentes do velho Paulo de Amorim Salgado cruzaram-se com os Pais Barreto. Queremos aqui especializar apenas a ligação da família do coronel Paulo de Amorim Salgado com a do coronel Manoel Xavier, avô do autor. Descendia Paulo de Amorim Salgado 3º, como Estêvão Pais Barreto, de Miguel Fernandes Távora e era casado com Francisca de Melo, cunhada de Cristóvão Pais Barreto. Seu neto, José Barros Pimentel, descendente, como Manoel Xavier, de Antônio de Barros Pimentel, Arnau de Holanda, Cristóvão Luís, Baltazar de Almeida Botelho e João Batista Accioli, casou-se com Margarida Francisca, filha de José Luís Pais de Melo. Paulo Salgado 5º era primo de Manoel Xavier, ambos do mestre-de-campo José Luís. O sangue ficou mais solidificado com o consórcio de Paulo Salgado 5º e do seu irmão José Luís Salgado com Francisca Wanderley e Maria Florência, irmãs de Manoel Xavier e o de Paulo Salgado 6º com Maria Antônia, sobrinha de Manoel Xavier. Estreitou-se ainda mais a união. O coronel Manoel Xavier matrimoniou-se, em segundas núpcias e terceiras núpcias, com suas sobrinhas Margarida e Francisca Salgado, filhas de Paulo de Amorim Salgado 5º O parentesco ainda foi renovado com o casamento de Maria Rita Wanderley, filha do coronel Manoel Xavier, com Manoel de Amorim Salgado, seu cunhado e filho de Paulo de Amorim. Assim, pois, Manoel Xavier, compadre várias vezes de Paulo de Amorim, era dele primo, cunhado, genro duas vezes e ainda sogro de Manoel Salgado, filho de Paulo de Amorim Salgado 5º" ("Fatos reais ou lendários atribuídos à família Barreto", *Revista das Academias de Letras*, Rio de Janeiro, ano VII, nº 45, maio-julho de 1943, p. 13-14).

Do mesmo trabalho são as informações, em páginas anteriores: "Frequentíssimas eram as uniões com parentes em quarto grau civil, mesmo quando a linha duplicada no parentesco [...]." "Primos eram João Pais Barreto, 5º Morgado, e Maria Maia de Albuquerque; João Pais Barreto, 6º Morgado, e Manuela Luzia de Melo; Estêvão José Pais Barreto, 7º Morgado, e Maria Isabel Pais Barreto; João Francisco Pais Barreto e Cândida Rosa Sá Barreto; Antônio Januário e Ana Delfina Pais Barreto; Paulo de Amorim Salgado 5º e Francisca Wanderley; Paulo de Amorim Salgado 6º e Maria Antônia; Francisco Xavier e Maria Rita Wanderley [...]." "Laços ainda mais fortes se deram, não poucas vezes, nos enlaces de tio e sobrinha. Entre muitos outros, citaremos Catarina de Albuquerque, filha de Filipe Pais Barreto, com seu tio José de Sá Albuquerque. José Luís Pais de Melo 3º casou quase todas as filhas com seus irmãos [...]." "Aliás o Brasil, antes do Código Civil, quando em vigor a Lei 181, não via inconveniente nos casamentos entre tio e sobrinha, hoje permitidos pela Lei 3.200, de 19 de abril de 1941. Critério contrário era o do papa Gregório que estabelecera o impedimento até o 7º grau [...]." "O coronel Manoel Xavier Pais Barreto, avô do autor, casou-se sucessivamente com três sobrinhas. Foi além de todos os outros Francisco de Paula Pais Barreto, marido de Catarina de Mendonça Pais Barreto, bisneta de seu irmão Francisco Pais Barreto." Desses casamentos o desembargador Pais Barreto salienta o inconveniente da grande diferença de idade: "enquanto um dos nubentes estava na fase do crescimento, o outro se encontrava na do declínio" (Carlos Xavier Pais Barreto, loc. cit., p. 12-13).

Em nossas pesquisas em arquivos de família temos encontrado numerosos documentos relativos à dispensa de impedimentos estabelecidos pela Igreja. Nem sempre, porém, eram essas dispensas obtidas pelas famílias importantes das casas-grandes.

Das frequentes dispensas é típico o despacho do Bispo de Pernambuco, de 22 de outubro de 1847, à petição, também típica, de André Dias de Araújo e Francisca Joaquina de Jesus, ligados "no 2º e 3º graus de consanguinidade" e na qual são alegados motivos econômicos para o matrimônio: o do "or.^{or}" possuir de "legitima materna" apenas a quantia de 6:678$616 e de, "por seu pai pouco ou nada vir a possuir [...] porque possuindo este algumas propriedades de Eng.^{os} se acha devendo maior quantia do que o valor das mesmas tendo com o or.^{or} 9 filhos" e o da "or.^a si por si nada possue, seus paes possuem o valor de 80:000$000 em propriedades e outros bens [...]". Pelo que "PP a V. Exa. Rma. pelas chagas de Jesus Cristo, amor de Maria Santissima, para dispensar com elles no referido parentesco, impondo-lhes saudaveis penitencias". O despacho do bispo: "Pelo Breve de 25 anos dispensamos (conforme o deduzido) nos graos eguaes de consanguinidade 2º simples e 3º triplicando em q. se achavão ligados para poderem contrahir Matrimonio. O Revdo. Parocho lhes imporá saudaveis penitencias. Palacio da Soledade. O Rvdo. Parocho não execute esta Dispensa sem q. seja antes pago o Sello Nacional de dez mil reis".

138. A este propósito escreveu Júlio Belo interessante comédia em que um representante de cada uma das três velhas famílias aparece no esplendor do vício que a tradição lhe atribui. É trabalho de que existe apenas uma edição particular, da *Revista do Norte*, de José Maria Carneiro de Albuquerque e Melo, Recife. Veja-se também de Júlio Belo, *Memórias de um senhor de engenho*, Rio de Janeiro, 1939.

139. Tem havido também muito Wanderley doido por negra. De um senhor de engenho em Serinhaém, a tradição conserva o dito: "que botina e mulher só pretas".

Outras famílias tradicionais têm suas caracterizações populares ou folclóricas. Caracterizações nem sempre justas. Dos Mendonça Furtado se diz no Norte: "não há Mendonça que não tenha Furtado". Na ilha de Itamaracá (Pernambuco), diziam outrora os maliciosos:

Ilha, quem te persegue?
Formigas, paisagem e os Guedes!

E Ambrósio Leitão da Cunha ficou assim caricaturado no folclore do Norte:

Ambrósio, nome de negro,
Leitão, filho de porca,
Cunha, pau de patíbulo
Onde a liberdade se enforca.

Algumas famílias, no Norte e em Minas, principalmente, são conhecidas pelo acentuado gosto de luta por elas conservado como uma espécie de fogo sagrado, através de gerações. Famílias de valentões. A outras se atribui – nem sempre com justiça, é claro – inteligência fraca: aos Machados, em Alagoas, aos Lins, em Pernambuco. Ainda a outros, sovinice tradicional; ou esperteza em negócios; ou glutoneria. Aos Siqueiras se atribui no Norte fraqueza de vontade: "Siqueira, para onde se queira", diz a voz do povo. A mesma fraqueza é atribuída aos Albuquerques, isto é, aos homens da família, em contraste com as mulheres, consideradas de vontade excessivamente forte. Principalmente quando esposas.

Não raras famílias ilustres da Bahia, de Pernambuco, do Maranhão, do Pará, de Minas, do Rio Grande do Sul, do Rio de Janeiro e mesmo de São Paulo – onde nem todo plutocrata menos puro ao seu arianismo é descendente só de caboclo – conservam traços negroides, consagrados também pela malícia popular. Ventas chatas, beiços grossos. A certo membro de uma dessas famílias, agraciado por Pedro II com um título de nobreza, o povo ficou chamando "Barão de Chocolate".

A respeito de alcunhas dadas a senhores de casas-grandes, informa o desembargador Pais Barreto: "*Francisco de Souza*, sogro de Catarina Barreto, filha de João Pais, era conhecido por Francisco das Manhas pela diplomacia com que tratava as partes. Maria Soares Maia chamou-se a *tainha*. Ao nosso 8º avô, cavaleiro Clemente da Rocha Barbosa, chamavam *pé-de-pato*. Já brasileiros eram Jerônimo de Albuquerque, cognominado o *torto*, pelo seu defeito na vista, e também por *Adão*

Pernambucano em razão de seus 26 filhos legítimos, legitimados e ilegítimos. Antônio José de Sá e Albuquerque, genro de Filipe Pais Barreto e sogro de João Pais Barreto, era alcunhado por *olho de vidro* e Cristóvão Barreto por *façanhudo*, em virtude de seus feitos na guerra dos Mascates. Francisco de Paula Pais Barreto tinha o nome que depois se constituiu em apelido de alguns filhos, de *Patriota*, derivado da atuação de seu pai na célebre Academia do Paraíso. Antônio Francisco Xavier Pais Barreto era denominado *Mariúna*, e o seu irmão Dr. João Francisco Pais Barreto, *Ioiô do Barracão*, pelo costume de preparar barracões com abundantes iguarias e bebidas em tempo de eleições, sobretudo durante a vida de seu irmão, conselheiro Pais Barreto. José Luís Pais de Melo, 2º avô do autor, era cognominado cel. Caju". Cita ainda o desembargador Pais Barreto alcunhas de famílias, como a do padre Goiabeira (Cristóvão do Rego Barros) – ("Fatos reais ou lendários atribuídos à família Barreto", *Revista das Academias de Letras*, Rio de Janeiro, ano VII, nº 45, p. 16-17). Em antigas áreas patriarcais do Brasil, nós próprios ainda conhecemos um Cavalcanti de Albuquerque, senhor de engenho na Paraíba, com a alcunha de *Trombone*, um Lima *Gordo*, um Cristóvão *Fumaça*. E são dos nossos dias João *Beleza* e Brito *Peixe* (fabricante de doce de goiaba). Algumas alcunhas foram uma espécie de vingança do povo miúdo contra senhores de casas-grandes ou sobrados – inclusive palácios de governo, cuja base mais ou menos sórdida de riqueza ou de importância social ou cuja etnia ou fidalguia mais ou menos suspeita ou cujos característicos físicos ou pessoais mais pitorescos eram atingidos crua ou ironicamente. Lembraremos alguns de épocas diversas: *Xumbergas* (Mendonça Furtado), *Onça* (Luís Vaía), Seixas *Bacalhau*, *Bode Cheiroso* (A. P. Maciel Monteiro), *Tio Pita* (Epitácio Pessoa), *João Pobre* (José Tomás Nabuco de Araújo contra quem chegaram os adversários políticos a publicar um jornaleco (Recife, 1844-1845) intitulado *O João Pobre:* José Tomás Nabuco era acusado de ter enriquecido em Pernambuco, casando-se com moça rica), *Maria Patranha* (José Maria da Silva Paranhos), *Pedro Banana* (D. Pedro II), Ribeiro *Camorim,* Mota *Cabeção,* Bezerra *Barriga, Bico de Lacre* (Júlio Prestes), *Chico Macho* (Francisco do Rego Barros, parente do seu homônimo barão da Boa Vista e acusado pelos adversários políticos do mesmo barão de constituir com José do Rego Barros e José Maria Pais Barreto, perigoso grupo de valentões, senhores de engenho violentos, a serviço do mesmo barão, considerado homem fraco), *Aragão Bengala* (Baltasar de Aragão, assim chamado pela "multidão negra" – sugere João da Silva Campos em *Tempo antigo*, Bahia, 1942, p. 33 – pelo "uso excessivo que faria da bengala para castigar os negros" e que segundo o mesmo Silva Campos será o mesmo senhor de casa-grande alcunhado *Mangue la Bote,* a que se refere Pyrard de Laval), Pedro *Bode* (Paranhos Ferreira), *Goela de Prata* (J. de Aquino Fonseca), *Sereia Barbada* (Rodolfo Araújo), *Cu de Veludo* (B. de Melo), Antônio *Bigodão* (A. Souto Maior), Barbosa *Fera*, Sales *Pavão*, Câmara *Cabrinha*, Celso *Papa Ovo*, Santos *Maricas*, Amorim *Repolho,* Pereira *Casca Grossa, Braço Forte* (Washington Luís).

140. Do manuscrito da "Nobiliarchia pernambucana", de Borges da Fonseca, dizia um redator d'*O Sete de Setembro*, do Recife (nº 34, vol. I, 1846), que se encontrava na Biblioteca de São Bento de

Olinda "com folhas arrancadas e outras substituídas". Ao mesmo redator não satisfaziam as evidências até então apresentadas, de origem nobre dos Cavalcantis de Pernambuco; e a propósito de alegações, nesse sentido, de João Maurício Cavalcanti da Rocha Wanderley, escrevia: "Até hoje ninguém viu documento algum, desenterrado dos archivos italianos, que isto prove de uma maneira que faça fé". Também aos Wanderleys pedia que provassem pertencer à família fidalga da Holanda. Veja-se, a esse respeito, Gilberto Freyre, "Introdução", *Memórias de um Cavalcanti*, São Paulo, 1940.

141. Já o padre Lopes Gama, escrevendo em 1846, dizia: "A quantos almocreves não tenho comprado farinha, arroz, feijão, milho, e sabidas as contas são uns fidalgos de primeira ordem! Veujo-os descalços, de camiza, e celouras, cabellos desgrenhados, pelle rugosa e cor de viola velha, tracto-os com pouca cerimonia; e eis que me dizem que são fidalgos; porque são Cavalcantis, e não dos tes, cuja nobreza é de enxertio; mas dos tis, que são limpos e claros como um clistel!" (*O sete de setembro*, nº 34, vol. I, 1845).

142. Joaquim Nabuco, *O abolicionismo*, cit.

143. Fatores gerais, de degradação e renovação, que se têm feito sentir também em países europeus, no decorrer do século XIX e princípios do XX, com a ascensão social das massas proletárias. Com relação aos Estados Unidos escreve o professor Pitirim Sorokin: "*many families of the old Americans are already extinct; part sunk; part are surrounded by the newcomers in the highest social strata. The rapidity of the burning out of the best material has been grasped already in a popular statement that prominent American families rise and sink back within three generations*" (Pitirim Sorokin, *Social mobility*, cit.).

144. Esse traço de arquitetura asiática, recolhido pelos portugueses na China e no Japão e adaptado ao Brasil, é dos que melhor demonstram seu gênio plástico de colonizadores e seu talento de adaptação aos trópicos. Morales de Los Rios pretende que a telha sino-japonesa recurvada em asa de pombo e outros valores de arquitetura oriental tenham sido introduzidos entre nós "pelos mestres lusitanos que praticaram nas colônias asiáticas do reino" (A. Morales de Los Rios, "Resumo monográfico da evolução da arquitetura do Brasil", *Livro de ouro comemorativo do centenário da independência e da exposição internacional do Rio de Janeiro*, Rio de Janeiro, 1934). Faltam-nos infelizmente pormenores sobre os mestres portugueses que edificaram as primeiras casas, fortalezas e igreja no Brasil. Sabe-se apenas que um deles – o que acompanhou Tomé de Sousa ao Brasil – ganhou uma fortuna.

145. O cuscuz é um prato que em geral se supõe muito nosso. Trata-se de um velho prato patriarcal do norte da África. Nas palavras de Edmond Richardin, "*plat primitif et lointain, plat patriarcal dont la saveur nomade réjouit la fantaisie du voyageur qui se souvient!*" (Edmond Richardin, *La cuisine française du XIVᵉ au XVᵉ siècle*, Paris, 1913). No Brasil foi o antigo processo norte-

-africano aplicado a produtos indígenas. Outra ilusão a desfazer: sobre a cabidela. Não é prato português, muito menos brasileiro. Muito bom do quitute francês. Origem: Châteauroux.

146. Em *Culto da arte em Portugal*, Lisboa, 1896, afirma Ramalho Ortigão que foram os portugueses os primeiros que fabricaram e introduziram o chapéu de sol na Europa. O que talvez não seja exato com relação à Itália. Quanto aos primeiros aparelhos de chá, vasos de porcelana e cristais, caixas de pastilhas e sinais, lembra que foram trazidos com os primeiros leques, pelos companheiros de Fernão Mendes Pinto doando os portugueses – nas palavras de Ortigão – "a Roma e a Florença, a Paris e a Londres todos os principais atributos e os temas fundamentais de toda a arte da casa e a de toda elegância feminina da civilização moderna". Sobre o leque, a porcelana e o aparelho de chá parece não haver dúvida. Salienta ainda Ortigão o fato de se ter tornado Lisboa no século XVI "o primeiro jardim de aclimatação, o primeiro jardim zoológico e o primeiro mercado da Europa, pela introdução do chá, do açúcar, do algodão, da pimenta, do gengibre do Malabar, do sândalo de Timor, das tecas de Cochim, do benjoim do Achem, do pau de Solor, do anil de Cambaia, da onça, do elefante, do rinoceronte, do cavalo árabe". Sobre a influência geral das conquistas ultramarinas sobre a vida europeia, particularmente a inglesa, vejam-se os trabalhos de James E. Gillespie, *The influence of oversea expansion on England to 1700*, Nova York, 1920, e Jay Barrett Bedsford, *English society in the eighteenth century as influence from oversea*, Nova York, 1924. Veja-se também sobre o assunto Sousa Viterbo, *Arte e artistas em Portugal*, cit.

147. Por intermédio ou não dos portugueses, a moda inglesa do banho frio diário veio do Oriente. E não se generalizou na Inglaterra antes do século XVIII. Também o uso do chapéu de sol ou de chuva não se generalizou na Inglaterra antes do fim do século XVII (Bedsford, *English society in the eighteenth century*, cit.).

148. Em artigo sobre este ensaio lembrou o Sr. Afonso Arinos de Melo Franco que "Rodolfo Garcia já identificou claramente nas suas notas à *História do Brasil*, de frei Vicente do Salvador, este Mangue la Bote, como sendo o célebre capitão-mor Baltasar de Aragão, que morreu bravamente no mar".

149. Acrescenta Pyrard sobre a organização feudal aristocrática dos senhores de engenho da colônia portuguesa da América: "*Il y a des Seigneurs qui y ont un grand domaine, entr'autres force engins à sucre, que le Roy d'Espagne leur a donné en recompense de quelque service, et cela est erigé en titre de quelque dignité, comme Baraonie, Comté, etc. Et ces Seigneurs là donnent des terres à ceux qui y veulent aller demeurer et planter des cannes de sucre à la charge de les porter aux moulins aux engins de ces Seigneurs en leur payant le prix*" (*Voyage de François Pyrard de Laval contenant as navigation aux Indes Orientales, Maldives, Molugues et au Brésil*, etc., Paris, 1679, p. 203.)

150. Gabriel Soares de Souza, *Tratado descritivo do Brasil em 1587*, ed. de F. A. Varnhagen, *Rev. Inst. Hist. Geog. Bras.*, vol. XIV, Rio de Janeiro, 1851, p. 133.

151. Fernão Cardim, *Tratados da terra e gente do Brasil*, cit., p. 329 e 334-335. Em interessante estudo – "The rise of the Brazilian aristocracy" (*The Hispanic American Historical Review*, vol. XI, nº 2) – lembra Alan P. Manchester que enquanto o pernambucano dormia em leito de damasco carmesim, o paulista dormia em rede, seus bens raramente excedendo de oito mil cruzados. O que depois se inverteu com a vitória do café sobre o açúcar.

152. Pero de Magalhães Gandavo, *Historia da Província de Santa Cruz a que vulgarmente chamamos Brasil*, Rio de Janeiro, 1924. *Diálogos das grandezas do Brasil,* cit. Veja-se também Pereira da Costa, *Origens históricas da indústria açucareira de Pernambuco,* Recife, 1905. Lembra este autor que desde 1559 houve ordem régia permitindo a cada senhor de engenho do Brasil mandar vir até 120 escravos do Congo; que em 1584 havia já uns dez mil escravos africanos em Pernambuco, segundo informação do padre Anchieta.

IV | O escravo negro na vida sexual e de família do brasileiro

Vendedor de flores no domingo, à porta de uma igreja. J.-B. Debret, *Voyage Pittoresque et Historique au Brésil*, 1834, vol. 3, pr. 6. Acervo do Instituto de Estudos Brasileiros da USP.

Todo brasileiro, mesmo o alvo, de cabelo louro, traz na alma, quando não na alma e no corpo – há muita gente de jenipapo ou mancha mongólica pelo Brasil – a sombra, ou pelo menos a pinta, do indígena ou do negro. No litoral, do Maranhão ao Rio Grande do Sul, e em Minas Gerais, principalmente do negro. A influência direta, ou vaga e remota, do africano.

Na ternura, na mímica excessiva, no catolicismo em que se deliciam nossos sentidos, na música, no andar, na fala, no canto de ninar menino pequeno, em tudo que é expressão sincera de vida, trazemos quase todos a marca da influência negra. Da escrava ou sinhama que nos embalou. Que nos deu de mamar. Que nos deu de comer, ela própria amolengando na mão o bolão de comida. Da negra velha que nos contou as primeiras histórias de bicho e de mal-assombrado. Da mulata que nos tirou o primeiro bicho-de-pé de uma coceira tão boa. Da que nos iniciou no amor físico e nos transmitiu, ao ranger da cama de vento, a primeira sensação completa de homem. Do moleque que foi o nosso primeiro companheiro de brinquedo.

Já houve quem insinuasse a possibilidade de se desenvolver das relações íntimas da criança branca com a ama de leite negra muito do pendor sexual que se nota pelas mulheres de cor no filho-família dos países escravocratas. A importância psíquica do ato de mamar, dos seus efeitos sobre a criança, é na verdade considerada enorme pelos psicólogos modernos; e talvez tenha alguma razão Calhoun para supor esses efeitos de grande significação no caso de brancos criados por amas negras.[1]

É verdade que as condições sociais do desenvolvimento do menino nos antigos engenhos de açúcar do Brasil, como nas plantações *ante-bellum* da Virgínia e das Carolinas – do menino sempre rodeado de negra ou mulata fácil – talvez expliquem por si sós, aquela predileção. Conhecem-se casos no Brasil não só de predileção mas de exclusivismo: homens brancos que só gozam com negra. De rapaz de importante família rural de Pernambuco conta a tradição que foi impossível aos pais promoverem-lhe o casamento com primas ou outras moças brancas de famílias igualmente ilustres. Só queria saber de molecas. Outro caso, referiu-nos Raoul Dunlop de um jovem de conhecida família escravocrata do Sul: este para excitar-se diante da noiva branca precisou, nas primeiras noites de casado, de levar para a alcova a camisa úmida de suor, impregnada de budum, da escrava negra sua amante. Casos de exclusivismo ou fixação. Mórbidos, portanto; mas através dos quais se sente a sombra do escravo negro sobre a vida sexual e de família do brasileiro.

Não nos interessa, senão indiretamente, nesse ensaio, a importância do negro na vida estética, muito menos no puro progresso econômico, do Brasil. Devemos, entretanto, recordar que foi imensa. No litoral agrário, muito maior, ao nosso ver, que a do indígena. Maior, em certo sentido, que a do português.

Ideia extravagante para os meios ortodoxos e oficiais do Brasil, essa do negro superior ao indígena e até ao português, em vários aspectos de cultura material e moral. Superior em capacidade técnica e artística. Mas já um livro de acadêmico acolheu, em páginas didáticas, a primeira tese – a superioridade do negro sobre o indígena. E deu o seu a seu dono, reconhecendo no africano, aqui introduzido pelo colonizador português, cultura superior ao indígena: "estavam [os africanos] numa evolução social mais adiantada que a dos nossos índios".[2] É certo que semelhante ousadia do professor Afrânio Peixoto custou-lhe severas restrições da *Revista do Instituto Histórico e Geográfico Brasileiro*. "Com efeito, os nossos aborígines", escreveu a douta *Revista* em comentário ao livro do professor Peixoto, "eram já astrólatras, enquanto os filhos do continente negro aqui introduzidos não haviam ainda transcendido o fetichismo puro, sendo alguns francamente dendrólatras". Acrescentando com soberano desdém pela realidade: "nem pelos artefatos, nem pela cultura dos vegetais, nem pela domesticação das espécies zoológicas, nem pela constituição da família ou das tribos, nem pelos conhecimentos astronômicos, nem pela criação da linguagem e das lendas, eram os pretos superiores aos nossos silvícolas", para concluir com ar de triunfo: "e até quanto à separação dos poderes temporal e espiritual, da sua rudimentar organização política, ainda não podem os autóctones do Brasil ser postos em degrau inferior aos filhos da terra adusta de Cam".³

O estudo realizado entre as sociedades primitivas da América, em torno dos valores de cultura desigualmente acumulados nas várias partes do continente – acumulação que, elevando-se em semicivilizações no centro, achata-se, em grande pobreza de relevo, na região da floresta tropical para estender-se ainda mais rente com o solo na da Patagônia – deixa grande parte da população indígena do Brasil nessas duas áreas menos favorecidas. Apenas às margens, como em Marajó, verificam-se expressões mais salientes de cultura. Resultado, naturalmente, do contágio com o centro da América.

O mapa de áreas de cultura da América, organizado por Kroeber, dá-nos ideia exata da maior ou menor quantidade ou elaboração de valores. Dos altos e baixos característicos da formação cultural do continente. Vê-se que a área da Patagônia, mais rasteira que a da floresta tropical, contrasta notavelmente com as duas ou três áreas que dão relevo cultural à América.

Nem da cultura nativa da América pode-se falar sem muita e rigorosa discriminação – tal a desigualdade de relevo cultural – nem da África basta excluir o Egito, com a sua opulência inconfundível de civilização, para falar-se então à vontade da cultura africana, chata e uma só. Esta se apresenta com notáveis diferenças de relevo, variando seus valores na quantidade e na elaboração. Um mapa das diferentes áreas já identificadas, umas por Leo Frobenius, diversas, de modo geral, por Melville J. Herskovits,⁴ nos permitiria apreciar mais a cômodo que através de secas palavras de antropólogos ou de etnólogos, essas variações, às vezes profundas, da cultura continental africana. Semelhante mapa nos alertaria, pelo puro alarme dos altos e baixos, contra o perigo das generalizações sobre os colonizadores africanos do Brasil.

Porque nada mais anticientífico que falar-se da inferioridade do negro africano em relação ao ameríndio sem discriminar-se antes que ameríndio; sem distinguir-se que negro. Se o tapuio; se o banto; se o hotentote. Nada mais absurdo do que negar-se ao negro sudanês, por exemplo, importado em número considerável para o Brasil, cultura superior à do indígena mais adiantado. Escrever que "nem pelos artefatos, nem pela cultura dos vegetais, nem pela domesticação das espécies zoológicas, nem pela constituição da família ou das tribos, nem pelos conhecimentos astronômicos, nem pela criação da linguagem e das lendas, eram os pretos superiores aos nossos silvícolas", é produzir uma afirmativa que virada pelo avesso é que dá certo. Por todos esses traços de cultura material e moral revelaram-se os escravos negros, dos estoques mais adiantados, em condições de concorrer melhor que os índios à formação econômica e social do Brasil. Às vezes melhor que os portugueses.

Pode-se juntar, a essa superioridade técnica e de cultura dos negros, sua predisposição como que biológica e psíquica para a vida nos trópicos. Sua maior fertilidade nas regiões quentes. Seu gosto de sol. Sua energia sempre fresca e nova quando em contato com a floresta tropical. Gosto e energia que Bates foi o primeiro a contrastar com o fácil desalento do índio e do caboclo sob o sol forte do norte do Brasil. Bates notou nos índios – que conheceu, não superficialmente, mas na intimidade, tendo vivido entre eles de 1848 a 1859 – *"constitutional dislike to the heat"*. Acrescentando que sempre os viu mais alegres, mais bem-dispostos, mais vivos nos dias de chuva, o corpo nu escorrendo água. Nostalgia, talvez, dos gelos ancestrais. *"How different all this is with the negro, the true child of tropical climes!"*[5]

O escritor Waldo Frank, em admirável ensaio sobre o Brasil, quase repete Bates nessa exaltação do negro como o verdadeiro filho dos trópicos;[6] como o ungido do Senhor para as regiões de sol forte; como o homem melhor integrado no clima e nas condições de vida brasileira. Adaptação que talvez se realize por motivos principalmente psíquicos e fisiológicos. Questão de constituição psicológica, como pretende McDougall. E fisiológica também, através da capacidade do negro de transpirar por todo o corpo e não apenas pelos sovacos. De transpirar como se de todo ele manasse um óleo, e não apenas escorressem pingos isolados de suor, como do branco. O que se explica por uma superfície máxima de evaporação no negro, mínima no branco.⁷

Um tanto à maneira de Bates, Wallace contrastou o indígena do Brasil, taciturno e moroso, com o negro, alegre, vivo e loquaz.⁸ Em termos modernos de psicologia, essa diferença seria expressa atribuindo-se ao ameríndio a qualidade de introvertido e ao negro a de extrovertido. E a teoria que McDougall esboça nos seus trabalhos *National welfare and national group* e *Group mind*. Teoria ousada porque importa na aplicação de um critério até hoje empregado em casos individuais, critério quase circunscrito às clínicas psiquiátricas – ao difícil problema de discriminação e caracterização de traços étnicos ou "instintivos" em contraste com os evidentemente culturais ou adquiridos.⁹ McDougall atribui o fato de contrair-se o índio mais do que o negro ao contato civilizador do europeu, opor-lhe maior resistência ao domínio para afinal perecer em luta desigual – a essa diferença de constituição psicológica. O indígena na América, caracteristicamente introvertido, e, portanto, de difícil adaptação. O negro, o tipo do extrovertido. O tipo do homem fácil, plástico, adaptável. Absoluto esse critério, não deixariam de ter motivos, embora indiretos, os indianófilos, para acreditarem na superioridade moral dos indígenas do Brasil. Estes se teriam recusado a trabalhar de enxada nos canaviais portugueses, em um gesto superior de grandes de Espanha. Grandes de Espanha por temperamento. Duros, hirtos, inadaptáveis.

O critério histórico-cultural, porém, que tantas vezes tem retificado o fisiológico e o psíquico na discriminação de característicos étnicos, mostra-nos ter havido da parte dos ameríndios incapacidade antes social e técnica que psíquica e biológica. Embora não se devam desprezar as indisposições psíquicas, o fato que avulta é o do nomadismo, de vida econômica atuando poderosamente sobre os ameríndios; incapacitando-os para o trabalho agrícola regular. Ora, a esse trabalho e ao da criação de gado e utilização de sua carne e leite, já se tinham afeito várias sociedades africanas de onde nos vieram escravos em grandes massas.

Fique bem claro: não pretendemos negar ao critério de tipos psicológicos a possibilidade de vantajosa aplicação à discriminação de traços étnicos. A introversão do índio, em contraste com a extroversão do negro da África, pode-se verificar a qualquer momento no fácil laboratório que, para experiências desse gênero, é o Brasil. Contrastando-se o comportamento de populações negroides como a baiana – alegre, expansiva, sociável, loquaz – com outras menos influenciadas pelo sangue negro e mais pelo indígena – a piauiense, a paraibana ou mesmo a pernambucana – tem-se a impressão de povos diversos. Populações tristonhas, caladas, sonsas e até sorumbáticas, as do extremo Nordeste, principalmente nos sertões; sem a alegria comunicativa dos baianos; sem aquela sua petulância às vezes irritante. Mas também sem a sua graça, a sua espontaneidade, a sua cortesia, o seu riso bom e contagioso. Na Bahia tem-se a impressão de que todo dia é dia de festa. Festa de igreja brasileira com folha de canela, bolo, foguete, namoro.

Pitt-Rivers confronta as danças dos negros com as dos índios, salientando naquelas a espontaneidade de emoção exprimida em grandes efeitos de massa mas sem rigidez nenhuma de ritual com o compassado e o medido das danças ameríndias.[10] Danças quase puramente dramáticas. Apolíneos, diria Ruth Benedict, a quem devemos estudos tão interessantes sobre os povos que denomina apolíneos, em oposição aos dionisíacos. Esse contraste pode-se observar nos xangôs afro-brasileiros – ruidosos, exuberantes, quase sem nenhuma repressão de impulsos individuais; sem a impassibilidade das cerimônias indígenas.

Tais contrastes de disposição psíquica e de adaptação talvez biológica ao clima quente explicam em parte ter sido o negro na América portuguesa o maior e mais plástico colaborador do branco na obra de colonização agrária; o fato de haver até desempenhado entre os indígenas uma missão civilizadora no sentido europeizante. Missão que quiséramos fosse melhor conhecida pelos nossos indianófilos. Roquette-Pinto foi encontrar evidências, entre populações do Brasil Central, da ação europeizante de negros quilombos. Escravos fugidos que propagariam entre os indígenas, antes de qualquer missionário branco, a língua portuguesa e a religião católica. Aquilombados na serra dos Pareci, os negros fugidos cruzaram com mulheres roubadas aos indígenas. Uma bandeira que os foi dispersar no século XVIII encontrou ex-escravos dirigindo populações aquilombadas de cafuzos. Encontrou grandes plantações. Criação de galinhas. Cultura de algodão. Fabrico de panos grossos. E todos os caborés de maior idade verificaram os bandeirantes que "sabiam alguma doutrina cristã que aprenderam com os negros [...] todos falavam português com a mesma inteligência dos pretos, de quem aprenderam".[11]

Mas admitido que predomine a extroversão entre os negros, não lhes atribuamos influência absoluta. Os antecedentes e as predisposições de cultura do africano é que devem ser tomados em maior conta. E dentro desses antecedentes e predisposições de cultura, a dieta ou o regime alimentar.

A cultura e o peso do homem variam consideravelmente sob a ação da dieta tanto de região para região como de classe para classe. Os indivíduos de classe elevada são quase sempre mais altos e corpulentos que os de classe inferior. Superioridade atribuída pelos pesquisadores modernos ao fato de consumirem aqueles indivíduos maior quantidade de produtos ricos em "vitamina de crescimento".[12] F. P. Armitage procura mostrar, em livro bem documentado, que até a cor e a forma de crânio dependem da qualidade de alimento.[13] Na Rússia verificou-se, diz-nos Sorokin, que em consequência da fome de 1921-1922 houve diminuição de estatura,[14] enquanto na Holanda, segundo Otto Ammon, e na América, segundo Ales Hrdlicka, tem-se observado a elevação da estatura, devida, provavelmente, a modificações de condições sociais e de alimentação.[15]

No caso dos negros, comparados com os indígenas do Brasil, pode-se talvez atribuir parte de sua superioridade de eficiência econômica e eugênica ao regime alimentar mais equilibrado e rico que o dos outros, povos ainda nômades, sem agricultura regular nem criação de gado. Devendo-se acrescentar que vários dos mais característicos valores nutritivos dos negros – pelo menos os vegetais – acompanharam-nos à América, concorrendo para o processo como que de africanização aqui sofrido por brancos e indígenas; e amaciando para os africanos os efeitos perturbadores da transplantação. Uma vez no Brasil, os negros tornaram-se, em certo sentido, verdadeiros donos da terra: dominaram a cozinha. Conservaram em grande parte sua dieta.

É verdade que não deixou de verificar-se neles certa tendência para se conformarem aos usos do homem nativo; menos, porém, que nos adventícios de origem europeia, para os quais a transplantação foi experiência mais radical; maior a novidade do clima e do meio físico e bioquímico.

Em 1909 Leonard Williams, em trabalho que ficou então abafado sob as ideias ortodoxas da biologia weismanniana, sugeriu as possibilidades da influência do clima fazer-se sentir sobre o caráter racial através das glândulas endócrinas. Essa influência pareceu-lhe explicar diferenças entre asiáticos e europeus, latinos e anglo-saxões. Se em um dos seus exemplos – acolhido aliás por W. Langdon Brown sem retificação nenhuma – Williams foi de todo infeliz – o dos judeus terem adquirido em climas frios da Europa cabelo arruivado e pele fina – em outros pontos, sua argumentação impõe-se ao interesse dos antropólogos modernos. A base endocrinológica da teoria de Leonard Williams é que a pele pode se comparar a uma placa sensível: estimulada, produz atividades reflexas em órgãos distantes.[16] A formação do pigmento cutâneo se teria desenvolvido como proteção a excessos de tais estímulos: e os órgãos distantes nos quais se produziriam as mais importantes atividades reflexas seriam as glândulas endócrinas. Esta teoria, a que em 1909 quase não se prestou atenção nenhuma, vai sendo hoje estudada com interesse. Em uma das mais sugestivas monografias médicas editadas pelo professor Maclean, da Universidade de Londres, W. Langdon Brown versa o assunto a propósito das relações das glândulas endócrinas com o metabolismo geral. Parece-lhe fora de dúvida que na produção do pigmento intervenham as glândulas suprarrenais e pituitária. "Que a pituitária tanto quanto as suprarrenais intervenham de modo importante no processo de pigmentação, demonstra-o a maneira por que os girinos, após a extração dessa glândula, tornam-se albinos." Parece-lhe também estabelecida a íntima relação entre as glândulas produtoras de calor e a pigmentação; de onde se concluiria a melhor adaptabilidade dos morenos que dos louros e albinos aos climas quentes. Brown cita a propósito que o governo da França vem recusando empregar gente alva e loura no serviço colonial nos trópicos, preferindo os franceses do Sul, "capazes de desenvolver pigmento protetor".[17]

Para Leonard Williams outras alterações ocorreriam em adventícios por efeito do clima e através do processo químico cuja importância destacou; e veremos mais adiante que as possibilidades dessas alterações constituem um dos problemas por assim dizer dramáticos na antropologia e na sociologia moderna. Assim os descendentes de europeus na América do Norte estariam se conformando aos traços aborígines: *"the stereotyping by the climate of the North American continent of the descendants of its widely dissemblant annual*

European recruits into the hatchet-shaped face and wiry frame of the red Indian oborigins".[18]

O assunto se acha ainda cheio de sombras. Dele o que se sabe de certo é quase nada: apenas o bastante para nos advertir contra os preconceitos de sistema e os exageros de teoria. A verdadeira relação do pigmento com o meio físico permanece um dos problemas mais obscuros em antropologia. À generalização de que o homem é escuro ou preto nas regiões quentes, róseo ou alvo no hemisfério Norte, opõem-se restrições sérias. Haddon salienta que se encontram povos de cor e de caracteres físicos diferentes cujas condições de ambiente e de clima são entretanto análogas. Cita o exemplo do negro retinto do Congo, cujo meio físico pouco difere das condições do interior de Bornéu ou da Amazônia. Entretanto, os nativos dessas regiões são de um amarelo-pálido ou cor de canela. Tampouco lhe parece haver motivo de clima para os australianos serem tão escuros na cor da pele. Os australianos e os tasmanianos. Pode-se concluir, segundo esse antropólogo: *a)* que a pigmentação surgiu espontaneamente, independente da ação do meio em período de variabilidade, e que os indivíduos de pigmento escuro, mais aptos para resistir às condições tropicais, sobreviveram aos outros; *b)* ou, por outro lado, que a pigmentação represente adaptação ao meio, tendo resultado de longa influência deste sobre o homem em época em que os tecidos seriam mais plásticos e suscetíveis do que hoje; a variação assim adquirida ter-se-ia tornado transmissível, embora se desconheça o mecanismo pelo qual as células do germe possam receber influência exterior.[19]

É onde o problema se entronca em outro – talvez o mais importante que agite a biologia moderna: o da transmissão de caracteres adquiridos. Ninguém hoje se abandona com a mesma facilidade de há vinte ou trinta anos ao rígido critério weismanniano da não transmissão de caracteres adquiridos. Ao contrário: um neolamarckismo se levanta nos próprios laboratórios onde se sorriu de Lamarck. Laboratórios onde o ambiente vai se assemelhando um pouco ao das catedrais católicas no século XVII. Para Bertrand Russell o ceticismo científico de que Eddington é talvez o representante mais ilustre pode resultar no fim da era científica; precisamente como do ceticismo teológico da Renascença resultou o fim da era católica. O homem de cultura científica de hoje já não sorri apenas do darwinismo ortodoxo de seus avós. Começa a sorrir também do entusiasmo weismanniano da geração de seus pais. Mas esse profundo ceticismo talvez não signifique o fim da era científica. Dele é possível que se aproveite a ciência para avigorar-se em vez de enfraquecer-se. Nunca porém para encher-se das pretensões à onipotência que a caracterizaram durante a segunda metade do século XIX e nos princípios do XX.

Sob o novo ceticismo científico o problema dos caracteres adquiridos é dos que se recolocam entre as questões flutuantes e suscetíveis de debate. Já não soa tão persuasiva a palavra de Weismann: os caracteres adquiridos não se transmitem. Os caracteres somatogênicos não se convertem em blastogênicos. São as experiências práticas de Pavlov, na Rússia, e de McDougall, nos Estados Unidos, que vêm enriquecer o neolamarckismo ou, pelo menos, afetar o weismannismo. Em comunicação ao Congresso de Fisiologia reunido em Edimburgo o professor russo versou o problema dos reflexos, isto é, das "respostas automáticas aos estímulos de várias espécies por meio do sistema nervoso". Distinguiu o professor Pavlov os reflexos condicionados, isto é, adquiridos individualmente, dos não condicionados. E apresentou o resultado de suas pesquisas sobre os estímulos de vista e cheiro de alimento. Estímulos naturais. Certos movimentos característicos se verificam; vem a saliva; a água na boca. Toda uma série de reflexos não condicionados. Mas se toda vez que se der alimento ao animal se estabelecer gradualmente uma ligação entre o som de uma campainha e o reflexo alimentar, depois da coincidência repetir-se durante suficiente número de vezes, a reação alimentar se verificará em respostas ao som puro e simples. Nas exatas palavras do professor Pavlov: "Conseguimos obter o reflexo condicionado de alimentação em ratos brancos, por meio do som de uma campainha elétrica. Com o primeiro grupo de ratos foi necessário repetir a coincidência do toque da campainha com a alimentação trezentas vezes para conseguir-se um reflexo satisfatório (*well-established reflex*"). A segunda geração formou o mesmo reflexo após cem repetições. A terceira adquiriu o reflexo depois de trinta repetições. A quarta, depois de dez. A quinta depois de cinco, somente... Tendo por base esses resultados, antecipo o fato de que uma das próximas gerações dos ratos mostrará a reação alimentar ao ouvir o primeiro toque da campainha elétrica".[20]

O professor Arthur Dendy, que salienta a importância social das experiências do mestre russo, lembra uma das mais sugestivas evidências indiretas a favor da possível transmissão dos caracteres adquiridos: o endurecimento da pele ou a calosidade do calcanhar humano. Sabe-se, diz ele, que calosidades dessa natureza podem-se obter por fricção ou pressão. O fato, por conseguinte, da criança nascer com a pele da sola do pé já endurecida, e desse característico endurecimento verificar-se antes mesmo da criança nascer, longo tempo antes – de modo a não poder atribuir-se à fricção ou à pressão – leva-nos a concluir por uma modificação causada originalmente pelo uso do pé, e tornada fixa, por assim dizer, por hereditariedade.[21] Em outras palavras: seria este um caso de caráter somatogênico que através de muitas gerações se teria tornado blastogênico.

Impressionantes são também as experiências de Kammerer; experiências sobre mudanças de cor e de hábitos de reprodução de anfíbios e répteis ao estímulo de meios ou ambientes novos.[22] E, dentre as mais recentes, as de Guyer e Smith sobre defeitos adquiridos de visão, transmitidos, ao que parece, hereditariamente, e comportando-se como recessivos mendelianos.[23] Também as de Little, Bagg, Harrison, Muller. São experiências, sem dúvida, necessitando de confirmação; mas que indicam o muito de flutuante que encerra o assunto. De flutuante e duvidoso. Weismannianos e neolamarckianos são hoje em fisiologia e biologia uns como teólogos da predestinação e do livre-arbítrio.

Diante da possibilidade da transmissão de caracteres adquiridos, o meio, pelo seu físico e pela bioquímica, surge-nos com intensa capacidade de afetar a raça, modificando-lhe caracteres mentais que se tem pretendido ligar a somáticos. Já as experiências de Franz Boas[24] parecem indicar que o *biochemical content* – como o chama Wissler – é capaz de alterar o tipo físico do imigrante. Admitida essa alteração, e a possibilidade de gradualmente, através de gerações, conformar-se o adventício a novo tipo físico, diminui, consideravelmente, a importância atribuída a diferenças hereditárias de caráter mental, entre as várias raças. Diferenças interpretadas como de superioridade e inferioridade e ligadas a traços ou caracteres físicos.

Aliás, na inferioridade ou superioridade de raças pelo critério da forma do crânio já não se acredita; e esse descrédito leva atrás de si muito do que pareceu ser científico nas pretensões de superioridade mental, inata e hereditária, dos brancos sobre os negros. A teoria da superioridade dos dólico-louros tem recebido golpes profundos nos seus próprios redutos. Hertz mostrou recentemente, baseado em pesquisas de Nystrom entre quinhentos suecos, que naquele viveiro de dólico-louros os indivíduos das classes mais altas eram em grande maioria braquicéfalos. E não só eles; também os homens eminentes, vindos das classes baixas. E é Hertz quem salienta não terem sido nórdicos puros nem Kant nem Goethe nem Beethoven nem Ibsen nem Lutero nem Schopenhauer nem Schubert nem Schumann nem Rembrandt. Quase nenhum dos homens mais gloriosos dos países nórdicos.[25]

Quanto ao peso do cérebro, à capacidade do crânio e à sua significação, são pontos indecisos. Se as pesquisas antropométricas realizadas por Hunt no exército americano durante a Guerra Civil e continuadas por Bean indicam que o cérebro do negro é mais leve e menor do que o do branco e as de Pearson parecem indicar no negro menor capacidade de crânio do que no branco europeu, contra as conclusões de inferioridade da raça preta, baseadas em tais resultados, opõem-se fatos consideráveis. Aceitas as médias do peso do cérebro do negro – 1.292 – e do branco – 1.341 – há entretanto que considerar o fato da média do peso do cérebro da mulher branca ser de 1.250 g; e a média do cérebro do chinês, 1.428 g.[26] Por conseguinte – notavelmente inferior a média da mulher branca à do homem negro; e a do amarelo (chinês) superior à do branco.

O que se sabe das diferenças da estrutura entre os crânios de brancos e negros não permite generalizações. Já houve quem observasse o fato de que alguns homens notáveis têm sido indivíduos de crânio pequeno, e autênticos idiotas, donos de crânios enormes.

Nem merece contradita séria a superstição de ser o negro, pelos seus característicos somáticos, o tipo de raça mais próximo da incerta forma ancestral do homem cuja anatomia se supõe semelhante à do chimpanzé. Superstição em que se baseia muito do julgamento desfavorável que se faz da capacidade mental do negro. Mas os lábios dos macacos são finos como na raça branca e não como na preta – lembra a propósito o professor Boas.[27] Entre as raças humanas são os europeus e os australianos os mais peludos de corpo e não os negros. De modo que a aproximação quase se reduziria às ventas mais chatas e escancaradas no negro do que no branco.

São esses característicos físicos – principalmente a forma do crânio – que se tem pretendido ligar à inferioridade do negro em realizações e iniciativas de ordem intelectual e técnica; inferioridade essa que seria congênita. Outra tem sido a conclusão dos que mais demoradamente têm procurado confrontar a inteligência do negro com a do branco. Bryant e Seligman, por exemplo, de estudos comparativos entre escolares bantos e europeus na África do Sul concluíram pela maior precocidade e mais rápido desenvolvimento mental dos bantos até a idade de doze anos, em contraste com o desenvolvimento mais demorado e tardonho do europeu até a puberdade, porém maior que o dos negros daí em diante; concluíram ainda que o africano, excedido pelo europeu no confronto de qualidades de reflexão, julgamento, compreensão, excede o branco em memória, intuição ou percepção imediata das coisas, e capacidade de assimilação.[28] Diferenças difíceis de reduzir, como nota Pitt-Rivers, a um fator de inteligência geral[29] que sirva de base a conclusões de inferioridade ou superioridade de uma raça sobre a outra.

O depoimento dos antropólogos revela-nos no negro traços de capacidade mental em nada inferior à das outras raças: "considerável iniciativa pessoal, talento de organização, poder de imaginação, aptidão técnica e econômica", diz-nos o professor Boas.[30] E outros traços superiores. O difícil é comparar-se o europeu com o negro, em termos ou sob condições iguais. Acima das convenções: em uma esfera mais pura, onde realmente se confrontassem valores e qualidades. Por longo tempo, a grande e forte beleza da arte de escultura, por exemplo, foi considerada pelos europeus simples *grotesquerie*. E simplesmente por chocarem-se suas linhas, sua expressão, seu exagero artístico de proporções e de relações, com a escultura convencional da Europa greco-romana. Esse estreito critério ameaçou de sufocar, no Brasil, as primeiras expressões artísticas de espontaneidade e de força criadora que, revelando-se principalmente nos mestiços, de mãe ou avó escrava, trouxeram à tona valores e cânones antieuropeus. Quase por milagre restam-nos hoje certas obras do Aleijadinho. Requintados no gosto europeu de arte ou na ortodoxia católica, várias vezes pediram a destruição de "figuras que mais pareciam fetiches".[31]

Quanto aos testes chamados de inteligência, muitos deles de resultados tão desfavoráveis ao negro,[32] sua técnica tem sofrido restrições sérias. Goldenweiser ridiculariza-os como método de medir qualidades de raça; deixam o negro pouco acima do macaco, escreve ele. "O ponto de vista estatístico", acrescenta, "o desejo de exprimir os fatos em números e curvas é uma louvável atitude, resultado do método crítico e objetivo: mas tem seus perigos. Quando alguém exprime qualquer bobagem em palavras não há dano nenhum; mas se a exprime em fórmulas matemáticas surge o perigo da roupagem matemática dissimular a bobagem."[33] Também Kelsey critica os testes na sua pretensão de medirem qualidades de raça; e aponta neles grossos defeitos e irregularidades de técnica desfavoráveis ao negro.[34]

Aliás os resultados desses testes têm sido contraditórios; e não unânimes em fixarem a "inferioridade mental" do negro, como pretende Sorokin. As pesquisas realizadas entre 408 escolares de Missouri chegaram à conclusão de que as diferenças de capacidade mental entre eles e os brancos diminuíam com a idade; as realizadas em Atlanta que as diferenças aumentavam. A pesquisa de Freeman concluiu pela superioridade dos americanos sobre os negros em todas as idades menos no grupo de 10 anos; mas concluiu também pela superioridade dos negros americanos sobre os italianos brancos, com exceção de dois grupos. Pintner e Keller encontraram entre os negros o mesmo Q. I. que entre os escoceses; e superior ao dos gregos, italianos, polacos. E Hirsh encontrou nos negros Q. I. superior ao dos portugueses. Nos próprios testes do exército americano, tão citados contra o negro, os resultados acusaram maiores diferenças entre os negros do norte e do sul dos Estados Unidos que entre negros e brancos; e colocaram os negros do Estado de Ohio em plano superior aos brancos de todos os Estados do Sul, com exceção da Flórida.[35]

Não se negam diferenças mentais entre brancos e negros. Mas até que ponto essas diferenças representam aptidões inatas ou especializações devidas ao ambiente ou às circunstâncias econômicas de cultura é problema dificílimo de apurar. Sorokin inclina-se a admitir a superioridade do fator *hereditariedade* sobre o fator *ambiente,* aproximando-se assim do biologismo. Ninguém investe com maior vigor contra Huntington e o determinismo geográfico.[36] Esquece, porém, ao nosso ver, que os dois fatores em muitos pontos se cruzam, sendo difícil de separar a hereditariedade, do meio. Principalmente se admitirmos a possibilidade de se transmitirem influências adquiridas em novo meio físico ou sob ação bioquímica.

Lowie parece-nos colocar a questão em seus verdadeiros termos. Como Franz Boas, ele considera o fenômeno das diferenças mentais entre grupos humanos mais do ponto de vista da história cultural e do ambiente de cada um do que da hereditariedade ou do meio geográfico puro. "Como explicar, senão pela história, as grandes oscilações na cultura britânica?", pergunta Lowie. "Ou admite-se que os patriarcas elisabetanos eram portadores em suas células sexuais de fatores que desapareceram sob o puritanismo e reapareceram sob a restauração? O mesmo pode perguntar-se do povo japonês e do seu sensacional desenvolvimento desde 1876. De Atenas e da sua rápida floração de gênios de 530 a 430 a.C. E, ainda, da Alemanha e da sua brilhante superioridade musical. Superioridade de raça? Mas fundamentalmente a raça é a mesma que a inglesa – gente que mal sabe assobiar no banho e cantar hinos de igreja. A diferença étnica que há, deveria ser a favor dos ingleses, pois ela os aproxima dos gregos [...]. Devemos ter a franqueza de admitir que a aptidão musical é inata na raça [...]. A sociedade alemã vem desde algum tempo estimulando sistematicamente a cultura musical, ao contrário da sociedade inglesa que a tem negligenciado. Naquela, a natural habilidade para a música encontrou campo livre para desenvolver-se; nesta, escassa simpatia [...]. A proeminência alemã [na música] é recentíssima. Até poucos séculos atrás a Alemanha se achava em situação inferior à Holanda, à Itália e à própria Inglaterra. Mozart, no século XVIII, ainda desenvolveu-se sob a influência de tradições italianas."[37]

No caso dos africanos vindos para o Brasil, dos princípios do século XVI aos meados do XIX, devemos procurar surpreender nos principais estoques de imigrantes não só o grau como o momento de cultura que nos comunicaram.

Momento que entre as tribos variou consideravelmente nesses trezentos e tantos anos de profundas infiltrações maometanas na África negra. Grau que variou de maneira notável de sudaneses para bantos. Importa determinarmos a área de cultura de procedência dos escravos, evitando-se o erro de vermos no africano uma só e indistinta figura de "peça da Guiné" ou de "preto da Costa".

A verdade é que importaram-se para o Brasil, da área mais penetrada pelo islamismo, negros maometanos de cultura superior não só à dos indígenas como à da grande maioria dos colonos brancos – portugueses e filhos de portugueses quase sem instrução nenhuma, analfabetos uns, semianalfabetos na maior parte. Gente que quando tinha de escrever uma carta ou de fazer uma conta era pela mão do padre-mestre ou pela cabeça do caixeiro. Quase só sabiam lançar no papel o jamegão; e este mesmo em letra troncha. Letra de menino aprendendo a escrever.

O abade Étienne revela-nos sobre o movimento malê da Bahia em 1835 aspectos que quase identificam essa suposta revolta de escravos com um desabafo ou erupção de cultura adiantada, oprimida por outra, menos nobre. Não romantizemos. Fosse esse movimento puramente malê ou maometano, ou combinação de vários grupos sob líderes muçulmanos, o certo é que se destaca das simples revoltas de escravos dos tempos coloniais. Merece lugar entre as revoluções libertárias, de sentido religioso, social ou cultural. O relatório do chefe de polícia da província da Bahia, por ocasião da revolta, o Dr. Francisco Gonçalvez Martins, salienta o fato de quase todos os revoltosos saberem ler e escrever em caracteres desconhecidos. Caracteres que "se assemelham ao árabe", acrescenta o bacharel, pasmado, naturalmente, de tanto manuscrito redigido por escravo. "Não se pode negar que havia um fim político nesses levantes; pois não cometiam roubos nem matavam seus senhores ocultamente."[38] É que nas senzalas da Bahia de 1835 havia talvez maior número de gente sabendo ler e escrever do que no alto das casas-grandes. Mal saíra a nação, vencidos apenas dez anos de vida independente, do estado de ignorância profunda em que a conservara a Coroa no século XVIII e princípios do XIX, quando "os mais simples conhecimentos elementares eram tão pouco espalhados que, não raro, ricos fazendeiros do interior encarregavam seus amigos do litoral de lhes arranjar um genro que em vez de quaisquer outros dotes apenas soubesse ler e escrever".[39]

Os historiadores do século XIX limitaram a procedência dos escravos importados para o Brasil ao estoque banto. É ponto que se deve retificar. De outras áreas de cultura africana transportaram-se para o Brasil escravos em grosso número. Muitos de áreas superiores à banto. A formação brasileira foi beneficiada pelo melhor da cultura negra da África, absorvendo elementos por assim dizer de elite que faltaram na mesma proporção ao sul dos Estados Unidos. "*I have often thought that slaves of the United States are descended not from the noblest African stock*", observou Fletcher confrontando os escravos das senzalas brasileiras com os dos Estados Unidos.[40]

Sá Oliveira errou ao escrever que na estratificação social da Bahia "veio colocar-se nas ínfimas camadas uma onda volumosa de africanos quase todos colhidos nas tribos mais selvagens dos cafres e atirados aos traficantes de escravos do litoral da África".[41] Exagero. Porque não foi menor o número de sudaneses; estes, segundo as pesquisas de Nina Rodrigues, é que predominaram na formação baiana: pelo menos a certa altura.

Foram Spix e Martius – pensa Nina Rodrigues – que criaram o erro de supor-se exclusivamente banto a colonização africana do Brasil. E ao ilustre professor, então catedrático da Faculdade de Medicina da Bahia, deve-se o primeiro esforço crítico no sentido da discriminação dos estoques africanos de colonização do Brasil. "Nos seus prestimosos estudos sobre o nosso país", diz Nina Rodrigues nas páginas do seu trabalho *O problema da raça negra na América portuguesa*,[42] "reduzem estes autores [Spix e Martius] as procedências do tráfico para o Brasil às colônias portuguesas da África Meridional e às ilhas do golfo de Guiné. Para eles, dos Congos, Cabindas e Angolas na costa ocidental da África, dos Macuas e Angicos, na oriental, provieram todos os africanos brasileiros. Também se referem às procedências de Cacheo e Bissau para os negros de Pernambuco, Maranhão e Pará, naturalmente mais conhecidos pela história da Companhia de Comércio do Grão-Pará e Maranhão, com que foi feito o contrato da introdução desses negros. Mas nem destes, nem dos procedentes das ilhas de Fernando Pó, Príncipe, São Tomé e Ano Bom, a que também aludem, convenientemente se ocuparam. Mal se concebe como os negros sudaneses tivessem escapado à sagaz observação de Spix e Martius que a propósito da Bahia se ocuparam do tráfico africano e estiveram nesta província precisamente ao tempo em que dominavam aqui os sudaneses".

Infelizmente as pesquisas em torno da imigração de escravos negros para o Brasil tornaram-se extremamente difíceis, em torno de certos pontos de interesse histórico e antropológico, depois que o eminente baiano, conselheiro Rui Barbosa, ministro do Governo Provisório após a proclamação da República de 1889, por motivos ostensivamente de ordem econômica – a circular emanou do Ministro da Fazenda sob o nº 29 e com data de 13 de maio de 1891 – mandou queimar os arquivos da escravidão. Talvez esclarecimentos genealógicos preciosos se tenham perdido nesses autos de fé republicanos.

Mesmo sem o valioso recurso das estatísticas aduaneiras de entrada de escravos pôde Nina Rodrigues destruir o mito do exclusivismo banto na colonização africana no Brasil. Basta, na verdade, atentar-se na política portuguesa de distribuição de negros nas colônias para duvidar-se de semelhante exclusivismo. Ora, essa política foi não permitir que se juntasse em uma capitania número preponderante da mesma nação ou estoque. "Do que facilmente podem resultar perniciosas consequências" como em carta a Luís Pinto de Sousa dizia em fins do século XVIII D. Fernando José de Portugal.[43] Se na Bahia predominaram sudaneses e no Rio de Janeiro e em Pernambuco negros austrais do grupo banto, não significa que outros estoques não fornecessem seu contingente aos três grandes centros de imigração e distribuição de escravos.

A carta escrita por Henrique Dias aos holandeses em 1647 traz a respeito preciosos dados: "De quatro nações se compõe esse regimento: Minas, Ardas, Angolas e Creoulos: estes são tão malevolos que não temem nem devem; os Minas tão bravos que aonde não podem chegar com o braço, chegam com o nome; os Ardas tão fogosos que tudo querem cortar de um só golpe; e os Angolas tão robustos que nenhum trabalho os cança".[44]

Ora, os "Ardas" ou "Ardras" eram gege ou daomeanos do antigo reino da Ardia; os Minas, nagô; os Angola, apenas, banto.

Já Barléus, lembra Nina Rodrigues que se referia aos ardenses. E refere-se. Mas para considerá-los péssimos escravos agrários. Eles, os calabrenses, os de Guiné, Cabo, Serra Leoa. Bons para o trabalho no campo eram os Congos, os sombrenses e os Angola. Os da Guiné, Cabo, Serra Leoa, maus escravos, porém, bonitos de corpo. Principalmente as mulheres. Daí serem as preferidas para os serviços domésticos; para o trabalho das casas-grandes.[45] Fácil é de imaginar, completando a insinuação do cronista, que também para os doces concubinatos ou simples amores de senhor com escrava em que se regalou o patriarcalismo colonial.

Um depoimento valioso a favor da tese de Nina Rodrigues, e que este parece ter desconhecido, é o de João de Laet na sua *História ou*

Annaes dos feitos da companhia privilegiada das Indias Occidentaes desde o seu começo até o fim de 1636, publicada originalmente em Leide em 1644. Dos negros de Angola, diz Laet, resumindo informações do conselheiro político Servacios Carpentier sobre a capitania da Paraíba, que eram os empregados em maior número no serviço da lavoura. Mas "sempre mantidos com muitos açoites". Acrescentando: "os negros de Guiné são excelentes, de sorte que a maior parte são utilizados nos serviços domésticos, para copeiros etc.; os do Cabo Verde são os melhores e os mais robustos de todos e são os que custam mais caro aqui". Quanto à capitania de Pernambuco trazem os *Annaes* a informação de grande tráfico anual entre o porto do Recife e não somente Angola mas "outras regiões da África". É verdade que maiores seriam as facilidades de comunicação com Angola. O conde de Nassau quis fazer do Recife o principal centro distribuidor de escravos para as plantações americanas e para as minas do Peru, ficando Angola sob a imediata dependência do governo de Pernambuco. Ao seu ver Pernambuco tinha direitos adquiridos sobre Angola, São Tomé e Ano Bom: as forças holando-brasilianas é que haviam tomado dos espanhóis essas colônias africanas. E do Recife e não de Amsterdã pensava ele que devia ser dirigido o comércio de escravos.[46]

Embora o plano do conde não tivesse vingado – temendo-se porventura em Amsterdã que Nassau preparasse o terreno para a fundação de um principado tropical, unidas aquelas colônias africanas ao norte do Brasil – o certo é que a importação de negros se fez à grande sob o domínio holandês. Mas as informações de Laet indicam que mesmo sob o domínio holandês os escravos importados não procederam exclusivamente de Angola.

As evidências históricas mostram assim, ao lado das pesquisas antropológicas e de linguística realizadas por Nina Rodrigues entre os negros da Bahia, a frouxa base em que se firma a ideia da colonização exclusivamente banto do Brasil.[47] Ao lado da língua banto, da quimbunda ou congoense falaram-se entre os nossos negros outras línguas-gerais: a gege, a haúça, a nagô ou ioruba – que Varnhagen dá como mais falada do que o português entre os antigos negros da Bahia.[48] Língua ainda hoje prestigiada pelo fato de ser o latim do culto gege-iorubano.

Nina Rodrigues identificou entre os negros do Brasil que ele conheceu ainda no tempo da escravidão os chamados pretos de raça branca ou Fulas. Não só fula-fulos ou Fulas puros, mas mestiços provenientes da Senegâmbia, Guiné Portuguesa e costas adjacentes. Gente de cor cóbrea avermelhada e cabelos ondeados quase lisos. Os negros desse estoque, considerados, por alguns, superiores aos demais do ponto de vista antropológico, devido à mistura de sangue hamítico e árabe, vieram principalmente para as capitanias, e mais tarde províncias, do Norte. Daqui, devem alguns ter emigrado para Minas e São Paulo. Os místicos da superioridade de raça talvez enxerguem no fato explicação das famílias mestiças do Norte e de certas regiões de Minas e São Paulo virem contribuindo para o progresso brasileiro com maior número de homens de talento – estadistas do Império, escritores, bispos, artistas, presidentes e vice-presidentes da República – do que as do Sul – Rio de Janeiro, parte de Minas e São Paulo, o Rio Grande do Sul. Poderão alegar tratar-se de um elemento com larga dose de sangue berbere, e talvez até de origem berbere. Predominantemente não negroide, considera Haddon a esse povo africano de que dá como verdadeiro nome, *Pulbe*. O mais (Fula, Fulani, Felava, Filani, Fube) seriam corruptelas. Descreve-os Haddon como gente alta, a pele amarela ou avermelhada, o cabelo ondeado, o rosto oval, o nariz proeminente.

Os Haúça, estoque de que também houve larga importação para o Brasil, notadamente para a Bahia, são igualmente mestiços de hamitas e talvez de berberes, embora neles os traços negros predominem. Também os Niam Niam, os Mangbatu, os Kanembu, os Bagirmi, os Bornu, os Kanuri.[49]

Os Mandingo, de que o Brasil recebeu várias levas, acusam por sua vez sangue árabe e tuaregue; os Ioruba acusam sangue não negro, ainda por identificar, e os próprios Banto se nos apresentam, na sua grande variedade de tipos, tocados de vários sangues: de hamita e negrilo, principalmente. Nos demais característicos físicos são: na cor, de um pardo escuro, chocolate, diferente do amarelo sujo ou do pardo claro, avermelhado, dos fulos, tanto quanto da cor de couro dos hotentotes e dos boximanes ou do preto retinto dos naturais da Guiné; dolicocéfalos (havendo entretanto grupos de mesocéfilos): menor prognatismo que o dos negros considerados "puros", o nariz mais proeminente e estreito.[50]

Várias invasões e migrações têm alterado, em tempos históricos, a população da Angola – origem de numerosos escravos importados para o Brasil – na sua antropologia e na sua cultura: uma delas a dos Jaga em 1490. Mas sem nenhuma alteração profunda de raça, dada a semelhança entre os estoques invasores e nativos: todos já heterogêneos desde época remota.

Dos negros importados para o Brasil podem-se incluir os Banto – sem contar exceções, consideradas apenas as grandes massas étnicas – entre os mais caracteristicamente negros; pelo que não significamos a cor – convenção quase sem importância – e sim traços de caracterização étnica mais profunda: o cabelo em primeiro lugar. Este, como se sabe, mostra-se encarapinhadíssimo nos *ulotrichi africani*. Esse característico não se encontra tão carregado nos indivíduos dos vários estoques mestiços de hamitas e até de berberes de que nos vieram numerosos escravos: enquanto os fulos e outros povos da África oriental que contribuíram também para a formação da família brasileira se filiam pelo cabelo aos *cynotrichi*. Cabelo mais suave. Nariz mais afilado. Traços mais próximos dos europeus. Mais doces ou "domesticados", como se diria em linguagem antropológica.

Mas dentro da orientação e dos propósitos deste ensaio, interessam-nos menos as diferenças de antropologia física (que ao nosso ver não explicam inferioridades ou superioridades humanas, quando transpostas dos termos de hereditariedade de família para os de raça) que as de antropologia cultural e de história social africana. Estas é que nos parecem indicar ter sido o Brasil beneficiado com um elemento melhor de colonização africana que outros países da América. Que os Estados Unidos, por exemplo.

. Nina Rodrigues percebeu as diferenças nos estoques africanos de colonização das duas Américas; mas fixou-as do ponto de vista, por ele rigidamente adotado, da inferioridade da raça negra. "Não eram negros boçais os Haúça que o tráfico lançava no Brasil", escreveu o então professor da Faculdade de Medicina da Bahia.[51] E ao lado dos Haúça mesclados de sangue hamita, cita triunfante, dominado pelo critério de raça, os fula-fulos. Os "negros de raça branca", dos quais não se teria feito nenhuma grande corrente imigratória da África para os Estados Unidos.

De passagem observamos que o professor Oliveira Viana, o maior místico do arianismo que ainda surgiu entre nós, menos coerente que o cientista maranhense, escreveu em um dos seus brilhantes trabalhos:

"Os próprios negros americanos, muito superiores, aliás, aos nossos, em virtude da seleção imposta pelas contingências da luta com um adversário temível, como é o anglo-saxão, ficou muito abaixo do teor médio da civilização norte-americana, etc.". Tendo antes escrito que "a potencialidade eugenística do *H. Afer*" não só "é reduzida em si mesma, como posta em função de civilização organizada pelo homem da raça branca, ainda mais reduzida se torna".[52] As duas afirmativas do ilustre publicista brasileiro se repelem: em uma, a fraca civilizabilidade do negro se reduziria em contato com a organização social da raça superior; em outra, ao contrário, se desenvolveria nesse contato.

Fique bem claro, para regalo dos arianistas, o fato de ter sido o Brasil menos atingido que os Estados Unidos pelo suposto mal da "raça inferior". Isto devido ao maior número de fula-fulos e semi-hamitas – falsos negros e, portanto, para todo bom arianista, de estoque superior ao dos pretos autênticos – entre os emigrantes da África para as plantações e minas do Brasil.

Em trabalho, já hoje clássico,[53] sobre a escravidão africana nos Estados Unidos, situa Phillips as principais fontes de escravos para as plantações do seu país em Serra Leoa, Costa do Grão, Costas do Marfim, do Ouro, do Escravo, Rio do Eleo, Camarão, Gabão e Loango. Na Carolina do Sul os negros da Gâmbia, principalmente os Mandingo, teriam sido os preferidos; boa aceitação tiveram também os da Angola. Os Carromantes (da Costa do Ouro), a julgar pelas palavras que Phillips transcreve de Christopher Codrington, governador das ilhas Lesward, teriam sido apreciadíssimos pelos ingleses na América colonial; e encontram-se referências a negros do Senegal, com o seu salpico de sangue árabe, preferidos pela sua "maior inteligência" para o serviço doméstico.[54] Não há, porém, evidência nenhuma de emigração africana para a América inglesa levando consigo fula-fulos – pelo menos na mesma proporção que para a América portuguesa; nem representantes tão numerosos da cultura maometana. Esta só no Brasil desabrochou em escolas e casas de oração; em movimentos e organizações que acusam a presença de uma verdadeira elite malê entre os colonos africanos do nosso país.

Parece que para as colônias inglesas o critério de importação de escravos da África foi quase exclusivamente o agrícola. O de energia bruta, animal, preferindo-se, portanto, o negro resistente, forte e barato.

Para o Brasil a importação de africanos fez-se atendendo-se a outras necessidades e interesses. À falta de mulheres brancas; às necessidades de técnicos em trabalhos de metal, ao surgirem as minas. Duas poderosas forças de seleção.

Oliveira Viana salienta que em Minas Gerais observam-se hoje nos negros "delicadeza de traços e relativa beleza", ao contrário das "cataduras simiescas [...] abundantíssimas na região ocidental da baixada fluminense – o que indica que ali se concentrou e fixou alguma tribo de negros caracterizados pela sua fealdade: talvez os "Bisago" ou "Iebu" ou "Mandingo".[55] Deve-se notar que a primeira das regiões atraiu negros afeitos ao trabalho de metais, por conseguinte de cultura mais elevada, enquanto na segunda bastavam aos plantadores de cana-de-açúcar ou de café simples pretalhões vigorosos, capazes de dar conta do amanho da terra. Até hotentotes boximanes com suas ventas esparramadas e suas nádegas enormes. Ao nosso ver essas circunstâncias explicam o melhor estoque negro importado para a região mineira. Por outro lado, a superioridade de recursos econômicos talvez explique o fato de Pernambuco e da Bahia terem sido beneficiados com melhor gente africana do que o Rio de Janeiro. Puderam os senhores de engenho do Norte dar-se ao luxo de importar escravos mais caros.

Oliveira Viana cita de Luís Vaía Monteiro, governador do Rio de Janeiro em 1730, palavras que vêm favorecer nossa interpretação quanto a Minas Gerais: "e pela mesma razão não há mineiro que possa viver sem nenhuma negra Mina, dizendo que só com elas têm fortuna".[56] Foram essas Minas e as Fulas – africanas não só de pele mais clara, como mais próximas, em cultura e "domesticação" dos brancos – as mulheres preferidas, em zonas como Minas Gerais, de colonização escoteira, para "amigas", "mancebas" e "caseiras" dos brancos. Ilustres famílias daquele Estado, que ainda hoje guardam traços negroides, terão tido o seu começo nessa união de brancos com negras Minas, vindas da África como escravas, mas aqui elevadas à condição, segundo o testemunho de Vaía Monteiro, "de donas de casa". Outras terão permanecido escravas, ao mesmo tempo que amantes dos senhores brancos: "preferidas como mucamas e cozinheiras". Araripe Júnior escreveu que a negra mina apresentou-se sempre no Brasil com todas as qualidades para ser "uma excelente companheira". Sadia, engenhosa, sagaz, afetiva. "Com semelhantes predicados", acrescenta Araripe, e "nas condições precárias em que no primeiro e segundo século se achava o Brasil em matéria de belo sexo era impossível que a *mina* não dominasse a situação".[57] Dominou-a em várias regiões. Particularmente em Minas no século XVIII.

Em meados do século XIX, Burton encontrou em Minas Gerais uma cidade de cinco mil habitantes com duas famílias apenas de puro sangue europeu. No litoral observou o inglês que fora possível aos colonos casar suas filhas com europeus. Mas nas capitanias do interior o mulatismo tornara-se um "mal necessário" (*"mulatism became a necessary evil"*). A princípio – é de supor – menos por casamento do que por uniões irregulares de brancos com negras, muitas vezes suas escravas. Daí a "estranha aversão ao casamento" que Burton ainda surpreendeu nas populações mineiras.

Os homens "não gostavam de casar para toda a vida", mas de unir-se ou de amasiar-se; as leis portuguesas e brasileiras, facilitando o perfilhamento dos filhos ilegítimos, só faziam favorecer essa tendência para o concubinato e para as ligações efêmeras. É verdade que já os moralistas brasileiros vinham dando combate a tamanha irregularidade, alguns tendo mesmo lembrado que se não admitissem aos cargos públicos indivíduos que vivessem em franco concubinato.[58]

Os escravos vindos das áreas de cultura negra mais adiantada foram um elemento ativo, criador, e quase que se pode acrescentar nobre na colonização do Brasil; degradados apenas pela sua condição de escravos. Longe de terem sido apenas animais de tração e operários de enxada, a serviço da agricultura, desempenharam uma função civilizadora. Foram a mão direita da formação agrária brasileira, os índios, e sob certo ponto de vista, os portugueses, a mão esquerda.

E não só da formação agrária. Eschwege salienta que a mineração do ferro no Brasil foi aprendida dos africanos.[59] E Max Schmidt destaca dois aspectos da colonização africana que deixam entrever superioridade técnica do negro sobre o indígena e até sobre o branco: o trabalho de metais e a criação de gado.[60] Poderia acrescentar-se um terceiro: a culinária, que no Brasil enriqueceu-se e refinou-se com a contribuição africana.

Schmidt observou em Mato Grosso que muitas das práticas ligadas à criação de gado eram de origem africana. Também os instrumentos de ferreiro. Teriam sido transmitidas aos mestiços de índios com brancos pelos escravos negros. E Roquette-Pinto fixou interessante caso, que já referimos, da ação civilizadora dos escravos fugidos entre os índios da serra dos Pareci. Pode-se aliás generalizar dos negros fugidos, internados nas matas e nos sertões, que desempenharam todos uma útil função civilizadora: quase sempre elevando a cultura das populações indígenas, raramente deixando-se achatar ou degradar por elas. Diante dos caboclos os negros foram elemento europeizante. Agentes de ligação com os portugueses. Com a Igreja. Exerceram não só aquele papel de mediadores plásticos entre os europeus e indígenas a que se refere José Maria dos Santos,[61] mas, em alguns casos, função original e criadora, transmitindo à sociedade em formação elementos valiosos de cultura ou técnica africana.

O contato mais íntimo entre algumas das áreas mais elevadas de cultura negra e o Brasil explica, ao nosso ver, o fato observado pelo professor Nina Rodrigues e por ele atribuído ao fator *raça* – isto é, infusão de sangue hamita – da superioridade da colonização negra do Brasil sobre a dos Estados Unidos. Fato que já fora salientado por um americano: Fletcher. E antes de Fletcher, pelo naturalista inglês George Gardner.[62]

O Brasil não se limitou a recolher da África a lama de gente preta que lhe fecundou os canaviais e os cafezais; que lhe amaciou a terra seca; que lhe completou a riqueza das manchas de massapê. Vieram-lhe da África "donas de casa" para seus colonos sem mulher branca; técnicos para as minas; artífices em ferro; negros entendidos na criação de gado e na indústria pastoril; comerciantes de panos e sabão; mestres, sacerdotes e tiradores de reza maometanos. Por outro lado a proximidade da Bahia e de Pernambuco da costa da África atuou no sentido de dar às relações entre o Brasil e o continente negro um caráter todo especial de intimidade. Uma intimidade mais fraternal que com as colônias inglesas. O cônsul O'Sullivan Beare, que juntamente com Sir Roger Casement foi um dos melhores informantes de Sir Harry Johnston no Brasil, recolheu estes dados interessantíssimos sobre o comércio entre a Bahia e as cidades africanas de Lagos e Daomé nos princípios do século XIX. Comércio muito ativo e conduzido por Fulos e Mandingos: em geral escravos.[63]

O estudo de Melville J. Herskovits sobre a África, baseado na ideia de áreas de cultura,[64] permite-nos surpreender, nos seus altos e baixos, a cultura africana de que se contagiou e enriqueceu a brasileira, através de larga e variada importação de escravos e de frequente comunicação comercial com portos africanos. Por esse critério, deparamo-nos com as seguintes áreas principais: *a*) hotentote, caracterizada pela criação de gado, pelo uso de bois no transporte de fardos, pela utilização de suas peles no vestuário, pelo largo consumo de sua carne etc.; *b*) boximane – cultura inferior à primeira, pobre, nômade, sem animal nenhum a serviço do homem a não ser o cachorro, sem organização agrária ou pastoril, semelhante nesses traços à cultura indígena do Brasil, mas superior a esta em expressão artística, em pintura pelo menos, como o demonstram os exemplos destacados por Frobenius; *c*) a área de gado da África oriental (Banto), caracterizada pela agricultura, com a indústria pastoril superimposta; tanto que a posse do gado numeroso e não de terras extensas é que dá ao indivíduo prestígio social; trabalhos em ferro e madeira; poligamia; fetichismo; *d*) área do Congo (também de língua banto, ainda que na fronteira ocidental se falem ibo, fanti etc.), estudada por Leo Frobenius no seu trabalho *Ursprung der Afrikanischen Kulturen*, em que salienta as diferenças, entre o Congo e as áreas circunvizinhas, de vestuário, tipo de habitação, tatuagem, instrumentos de música, uso da banana etc., traços a que Herskovits acrescenta outros: a economia agrícola, além da caça e da pesca; a domesticação da cabra, do porco, da galinha e do cachorro; mercados em que se reúnem para a venda produtos agrícolas e de ferro, balaios etc.; a posse da terra em comum; fetichismo, de que é interessante expressão artística e escultura em madeira, os artistas ocupando lugar de honra na comunidade; *e*) Horn Oriental – região difícil de caracterizar, representando já o contato da cultura negra do Sul com a maometana do Norte; atividade pastoril; utilização de numerosos animais – vaca, cabra, carneiro, camelo; organização social influenciada pelo islamismo; *f*) Sudão Oriental – área ainda mais influenciada que a anterior pela religião maometana; língua árabe; abundância de animais a serviço do homem; atividade pastoril; grande uso do leite de camela; nomadismo; tendas; vestuário de panos semelhantes aos dos berberes; *g*) Sudão Ocidental – outra área de interpenetração de culturas, a negra propriamente dita e a maometana; região de grandes monarquias ou reinos – Daomei, Benim, Axanti, Haúça, Bornu, Ioruba; sociedades secretas de largo e eficiente domínio sobre a vida política; agricultura, criação de gado e comércio; notáveis trabalhos artísticos de pedra, ferro, terracota e tecelagem; fetichismo e maometismo; *h*) área do deserto (berbere); *i*) área egípcia, cujas características dispensamo-nos de fixar por não interessarem diretamente à colonização do Brasil. Notaremos apenas o fato de terem uma e outra projetado larga influência sobre o continente africano.[65]

Através dessa caracterização, vê-se que nenhuma área de cultura negra, nem mesmo a boximane, se some ou achata em confronto com a dos povos indígenas do Brasil. Deve-se, porém, salientar que a colonização africana do Brasil realizou-se principalmente com elementos bantos e sudaneses. Gente de áreas agrícolas e pastoris. Bem alimentada a leite, carne e vegetais.[66] Os sudaneses da área ocidental, senhores de valiosos elementos de cultura material e moral próprios, uns e outros adquiridos e assimilados dos maometanos.

Aos sudaneses Nina Rodrigues dá a "proeminência intelectual e social" entre os negros importados para o Brasil, parecendo-lhe filiarem-se à organização religiosa dos sudaneses maometanos, não só o movimento de 1835 da Bahia mas outras revoltas de senzala. Atribui Nina grande importância à influência exercida sobre os Iorubanos ou Nagô e sobre os Ewes ou Gege pelos Fulas e Haúça maometanos. Estes parecem ter dirigido várias revoltas de escravos. Teriam sido uns como aristocratas das senzalas. Vinham eles dos reinos de Wurno, Sokotô, Gandê, de organização política já adiantada; de literatura religiosa já definida – havendo obras indígenas escritas em caracteres arábicos; de arte forte, original, superior às anêmicas imitações portuguesas dos modelos mouriscos. Semelhantes escravos não podiam conformar-se ao papel de manés-gostosos dos portugueses; nem seria a água benta do batismo cristão que, de repente, neles apagaria o fogo maometano.

Notou o abade Étienne que o islamismo ramificou-se no Brasil em seita poderosa, florescendo no escuro das senzalas. Que da África vieram mestres e pregadores a fim de ensinarem a ler no árabe os livros do Alcorão. Que aqui funcionaram escolas e casas de oração maometanas.[67]

O ambiente que precedeu o movimento de 1835 na Bahia foi de intenso ardor religioso entre os escravos. No beco de Mata-Porcos, na ladeira da Praça, no cruzeiro de São Francisco, à sombra das igrejas e mosteiros católicos, dos nichos da Virgem Maria e de Santo Antônio de Lisboa, escravos lidos no Alcorão pregavam a religião do Profeta, opondo-se à de Cristo, seguida pelos senhores brancos, no alto das casas-grandes. Faziam propaganda contra a missa católica dizendo que era o mesmo que adorar pau; e aos rosários cristãos, com a cruz de Nosso Senhor, opunham os seus, de cinquenta centímetros de comprimento, noventa e nove contas de madeira, terminando com uma bola em vez da cruz.[68]

Forçosamente o catolicismo no Brasil haveria de impregnar-se dessa influência maometana como se impregnou da animista e fetichista, dos indígenas e dos negros menos cultos. Encontramos traços de influência maometana nos papéis com oração para livrar o corpo da morte e a casa dos ladrões e dos malfeitores; papéis que ainda se costumam atar ao pescoço das pessoas ou grudar às portas e janelas das casas, no interior do Brasil. E é possível que certa predisposição de negros e mestiços para o protestantismo, inimigo da missa, dos santos, dos rosários com a cruz, se explique pela persistência de remotos preconceitos anticatólicos, de origem maometana. Melo Morais Filho descreve uma Festa dos Mortos, em Penedo (Alagoas),[69] que para Nina Rodrigues é, sem dúvida nenhuma, muçulmana. Longas rezas e jejuns. Abstinência de bebidas alcoólicas. Relação da festa com as fases da Lua. Sacrifício de carneiro. A vestimenta, umas longas túnicas alvas.[70]

Em nossas observações de práticas e ritos de seitas africanas em Pernambuco temos várias vezes notado o fato dos devotos tirarem as botinas ou os chinelos antes de participarem das cerimônias; e em um terreiro que visitamos no Rio de Janeiro notamos a importância atribuída ao fato do indivíduo estar ou não pisando sobre velha esteira estendida no meio da sala. No centro da esteira, de pernas muçulmanamente cruzadas, o negro velho, pai de terreiro. Junto dele um alguidar com a comida sagrada – toda picada dentro de sangue de galinha preta. Nas festas das seitas africanas que conhecemos no Recife – na dirigida por Elói, rapaz quase branco, de seus dezessete anos, criado por negras velhas, e na de Anselmo, negro de seus cinquenta anos, filho de africanos, que vai, frequentemente, à Bahia "no interesse da religião" – temos observado o fato de dançarem as mulheres com uma faixa de pano amarelo em volta do pescoço. Exatamente como nos jejuns maometanos da Bahia, que Manuel Querino descreve,[71] celebrados na mesma semana das festas que a Igreja dedica ao Espírito Santo. Nas festas de Anselmo, quando uma mulher termina a dança, passa o pano amarelo a outra, que, de pescoço envolvido, continua a dançar. Em outras seitas africanas, temos visto panos vermelhos, com funções evidentemente místicas. E entre seus adeptos como entre os devotos da Igreja, é comum à mística das cores se associarem promessas a santos. Manuel Querino fala também de uma "tinta azul", importada da África, de que se serviam os malês para seus feitiços ou mandingas: escreviam com essa tinta sinais cabalísticos sobre uma tábua preta. Depois lavavam a tábua, e davam a beber a água a quem quisesse fechar o corpo; ou atiravam-na no caminho da pessoa que se pretendia enfeitiçar.[72]

Importaram-se até pouco tempo da África para o Brasil *tecebas* ou rosários; instrumentos sagrados como o *heré ou chéchéré* – chocalho de cobre que nos xangôs ou toques alvoroça as filhas de santo; ervas sagradas e para fins afrodisíacos ou de puro prazer.[73]

O catolicismo das casas-grandes aqui se enriqueceu de influências muçulmanas contra as quais tão impotente foi o padre-capelão quanto o padre-mestre contra as corrupções do português pelos dialetos indígenas e africanos. É ponto a que nos havemos de referir com mais vagar, esse da interpenetração de influências de cultura no desenvolvimento do catolicismo brasileiro e da língua nacional. A esta altura apenas queremos salientar a atuação cultural desenvolvida na formação brasileira pelo islamismo, trazido ao Brasil pelos escravos malês.

Os negros maometanos no Brasil não perderam, uma vez distribuídos pelas senzalas das casas-grandes coloniais, o contato com a África. Não perderam-no aliás os negros fetichistas das áreas de culturas africana mais adiantada. Os Nagô, por exemplo, do reino de Ioruba, deram-se ao luxo de importar, tanto quanto os maometanos, objetos de culto religioso e de uso pessoal. Noz-de-cola, cauris, pano e sabão da costa, azeite de dendê.

Aliás é curioso notar que até fins do século XIX deu-se o repatriamento de haúças e nagôs libertos da Bahia para a África; que geges libertos repatriados fundaram em Ardra uma cidade com o nome de Porto Seguro.[74] Tão íntimas chegaram a ser as relações da Bahia com cidades africanas que chefes de casas comerciais de Salvador receberam distinções honoríficas do governo de Daomé.[75]

Na Bahia, no Rio de Janeiro, no Recife, em Minas, o trajo africano, de influência maometana, permaneceu longo tempo entre os pretos. Principalmente entre as pretas doceiras; e entre as vendedeiras de aluá. Algumas delas amantes de ricos negociantes portugueses e por eles vestidas de seda e cetim. Cobertas de quimbembeques. De joias e cordões de ouro. Figas da Guiné contra o mau-olhado. Objetos de culto fálico. Fieiras de miçangas. Colares de búzios. Argolões de ouro atravessados nas orelhas. Ainda hoje se encontram pelas ruas da Bahia negras de doce com os seus compridos xales de pano da costa. Por cima das muitas saias de baixo, de linho alvo, a saia nobre, adamascada, de cores vivas. Os peitos gordos, em pé, parecendo querer pular das rendas do cabeção. Teteias. Figas. Pulseiras. Rodilha ou turbante muçulmano. Chinelinha na ponta do pé. Estrelas marinhas de prata. Braceletes de ouro. Nos princípios do século XIX Tollenare, em Pernambuco, admirou a beleza dessas negras quase rainhas. E Mrs. Graham surpreendeu-lhes a graça do talhe e o ritmo do andar.

São em geral pretalhonas de elevada estatura – essas negras que é costume chamar de baianas. Heráldicas. Aristocráticas. A estatura elevada é aliás um característico sudanês, que convém salientar.

O sudanês é um dos povos mais altos do mundo. No Senegal veem-se negros tão altos que parecem estar andando de pernas de pau; tão compridos dentro de seus camisões de menino dormir que de longe parecem almas do outro mundo. Magricelas, dentuços, angulosos, hieráticos. Mais para o sul da África, é que se encontra gente baixa e redonda. Mulheres culatronas. Redondezas afrodisíacas de corpo. Hotentotes e boximanes verdadeiramente grotescos com as suas nádegas salientes (esteatopigia).

Os característicos físicos dos negros importados para o Brasil, é interessante segui-los através da linguagem pitoresca do povo, nos anúncios de compra e venda de escravos para o serviço doméstico ou agrícola. Nesse sentido a coleção do *Diário de Pernambuco* – o diário mais antigo da América chamada Latina, fundado em 1825 – apresenta-se com particular interesse para o estudante de antropologia.[76] Vê-se através dos velhos anúncios de 1825, 1830, 35, 40, 50, a definida preferência pelos negros e negras altas e de formas atraentes – "bonitas de cara e de corpo" e "com todos os dentes da frente". O que mostra ter havido seleção eugênica e estética de pagens, mucamas e molecas para o serviço doméstico – as negras mais em contato com os brancos das casas-grandes; as mães dos mulatinhos criados em casa – muitos deles futuros doutores, bacharéis e até padres.

Considerados esses pontos, que nos parecem de importância fundamental para o estudo da influência africana sobre a cultura, o caráter e a eugenia do brasileiro, sentimo-nos agora mais à vontade para o esforço de procurar surpreender aspectos mais íntimos dessa influência e desse contágio.

Mas logo de início uma discriminação se impõe: entre a influência pura do negro (que nos é quase impossível isolar) e a do negro na condição de escravo. "Em primeiro lugar o mau elemento da população não foi a raça negra, mas essa raça reduzida ao cativeiro", escreveu Joaquim Nabuco em 1881.[77] Admiráveis palavras para terem sido escritas na mesma época em que Oliveira Martins sentenciava em páginas gravíssimas: "Há decerto, e abundam os documentos que nos mostram no negro um tipo antropologicamente inferior, não raro próximo do antropoide, e bem pouco digno do nome de homem".[78]

Sempre que consideramos a influência do negro sobre a vida íntima do brasileiro, é a ação do escravo, e não a do negro por si, que apreciamos. Ruediger Bilden pretende explicar pela influência da escravidão todos os traços de formação econômica e social do Brasil.[79] Ao lado da monocultura, foi a força que mais afetou a nossa plástica social. Parece às vezes influência de raça o que é influência pura e simples do escravo: do sistema social da escravidão. Da capacidade imensa desse sistema para rebaixar moralmente senhores e escravos. O negro nos aparece no Brasil, através de toda nossa vida colonial e da nossa primeira fase da vida independente, deformado pela escravidão. Pela escravidão e pela monocultura de que foi o instrumento, o ponto de apoio firme, ao contrário do índio, sempre movediço.

Goldenweiser salienta quanto é absurdo julgar-se o negro, sua capacidade de trabalho e sua inteligência, através do esforço por ele desenvolvido nas plantações da América sob o regime da escravidão. O negro deve ser julgado pela atividade industrial por ele desenvolvida no ambiente de sua própria cultura, com interesse e entusiasmo pelo trabalho.[80]

Do mesmo modo, parece-nos absurdo julgar a moral do negro no Brasil pela sua influência deletéria como escravo. Foi o erro grave que cometeu Nina Rodrigues ao estudar a influência do africano no Brasil: o de não ter reconhecido no negro a condição absorvente de escravo. "Abstraindo pois", escreve ele às primeiras páginas do seu trabalho sobre a raça negra na América portuguesa, "da condição de escravos em que os negros foram introduzidos no Brasil e apreciando as suas qualidades de colonos como faríamos com os que de qualquer outra procedência etc.". Mas isto é impossível. Impossível a separação do negro, introduzido no Brasil, de sua condição de escravo.

Se há hábito que faça o monge é o do escravo; e o africano foi muitas vezes obrigado a despir sua camisola de malê para vir de tanga, nos negreiros imundos, da África para o Brasil. Para de tanga ou calça de estopa tornar-se carregador de tigre. A escravidão desenraizou o negro do seu meio social e de família, soltando-o entre gente estranha e muitas vezes hostil. Dentro de tal ambiente, no contato de forças tão dissolventes, seria absurdo esperar do escravo outro comportamento senão o imoral, de que tanto o acusam.

Passa por ser defeito da raça africana, comunicado ao brasileiro, o erotismo, a luxúria, a depravação sexual. Mas o que se tem apurado entre os povos negros da África, como entre os primitivos em geral – já o salientamos em capítulo anterior – é maior moderação do apetite sexual que entre os europeus. É uma sexualidade, a dos negros africanos, que para excitar-se necessita de estímulos picantes. Danças afrodisíacas. Culto fálico. Orgias. Enquanto no civilizado o apetite sexual de ordinário se excita sem grandes provocações. Sem esforço. A ideia vulgar de que a raça negra é chegada, mais do que as outras, a excessos sexuais, atribui-a Ernest Crawley ao fato do temperamento expansivo dos negros e do caráter orgiástico de suas festas criarem a ilusão de desbragado erotismo. Fato que "indica justamente o contrário", demonstrando a necessidade, entre eles, de "excitação artificial". Havelock Ellis coloca a negra entre as mulheres antes frias do que fogosas: "indiferentes aos refinamentos do amor". E, como Ploss, salienta o fato dos órgãos sexuais entre os povos primitivos serem, muitas vezes, pouco desenvolvidos (*"comparatively undeveloped"*).[81]

Diz-se geralmente que a negra corrompeu a vida sexual da sociedade brasileira, iniciando precocemente no amor físico os filhos-família. Mas essa corrupção não foi pela negra que se realizou, mas pela escrava. Onde não se realizou através da africana, realizou-se através da escrava índia. O padre Manuel Fonseca, na sua *Vida do padre Belchior de Pontes*, é quem responsabiliza pela fácil depravação dos meninos coloniais a mulher índia. E de uma zona quase sem salpico nenhum de sangue negro é que escreveu no século XVIII o bispo do Pará: "a miseria dos costumes neste paiz me faz lembrar o fim das cinco cidades por me parecer que moro nos suburbios de Gomorra, mui proximo, e na visinhança de Sodoma".[82]

É absurdo responsabilizar-se o negro pelo que não foi obra sua nem do índio mas do sistema social e econômico em que funcionaram passiva e mecanicamente. Não há escravidão sem depravação sexual. É da essência mesma do regime. Em primeiro lugar, o próprio interesse econômico favorece a depravação criando nos proprietários de homens imoderado desejo de possuir o maior número possível de crias. Joaquim Nabuco colheu em um manifesto escravocrata de fazendeiros as seguintes palavras, tão ricas de significação: "a parte mais produtiva da propriedade escrava é o ventre gerador".[83]

Fora assim em Portugal, de onde a instituição se comunicou ao Brasil, já opulenta de vícios. "Os escravos mouros, e negros, além de outros trazidos de diversas regiões, aos quais se ministrava o batismo, não recebiam depois a mínima educação religiosa", informa Alexandre Herculano. Entre esses escravos os senhores favoreciam a dissolução para "aumentarem o número de crias como quem promove o acréscimo de um rebanho".[84] Dentro de semelhante atmosfera moral, criada pelo interesse econômico dos senhores, como esperar que a escravidão – fosse o escravo mouro, negro, índio ou malaio – atuasse senão no sentido da dissolução, da libidinagem, da luxúria? O que se queria era que os ventres das mulheres gerassem. Que as negras produzissem moleques.

Joaquim Nabuco salientou "a ação de doenças africanas sobre a constituição física do nosso povo".[85] Teria sido esta uma das terríveis influências do contágio do Brasil com a África. Mas é preciso notar que o negro se sifilizou no Brasil. Um ou outro viria já contaminado. A contaminação em massa verificou-se nas senzalas coloniais. A "raça inferior", a que se atribui tudo que é *handicap* no brasileiro, adquiriu da "superior" o grande mal venéreo que desde os primeiros tempos de colonização nos degrada e diminui. Foram os senhores das casas-grandes que contaminaram de lues as negras das senzalas. Negras tantas vezes entregues virgens, ainda molecas de doze e treze anos, a rapazes brancos já podres da sífilis das cidades. Porque por muito tempo dominou no Brasil a crença de que para o sifilítico não há melhor depurativo que uma negrinha virgem. O Dr. João Álvares de Azevedo Macedo Júnior registrou, em 1869, o estranho costume, vindo, ao que parece, dos tempos coloniais: e de que ainda se encontram traços nas áreas pernambucana e fluminense dos velhos engenhos de açúcar. Segundo o Dr. Macedo seriam os blenorrágicos que o "bárbaro prejuízo" considerava curados se conseguissem intercurso com mulher púbere: "a inoculação deste vírus em uma mulher púbere é o meio seguro de o extinguir em si".[86]

É igualmente de supor que muita mãe negra, ama de leite, tenha sido contaminada pelo menino de peito, alastrando-se também por esse meio, da casa-grande à senzala, a mancha da sífilis. Já o Dr. José de Góis e Siqueira, em estudo publicado em 1877, julgava que se deviam sujeitar a multas e indenizações aqueles que, sem escrúpulo, entregavam os filhos sifilíticos aos cuidados de amas em perfeita saúde. "Sendo o aleitamento um dos meios comuns de transmissão, compreende-se quantos resultados favoráveis à população produzirá uma medida de natureza tão simples e de fácil exequibilidade". As negras amas de leite "não poderiam se entregar ao aleitamento mercenário sem atestações ou exames de sanidade pelo médico competente": mas também "teriam o direito de reclamação sobre os pais ou tutores dos meninos que lhes houvessem comunicado a moléstia sifilítica".[87]

É claro que, sifilizadas – muitas vezes ainda impúberes – pelos brancos seus senhores, as escravas tornaram-se, por sua vez, depois de mulheres feitas, grandes transmissoras de doenças venéreas entre brancos e pretos. O que explica ter se alagado de gonorreia e de sífilis a nossa sociedade do tempo da escravidão.

O mesmo se verificou no sul dos Estados Unidos. Janson, no seu livro *The stranger in America*,[88] refere-se à verdadeira epidemia de curandeiros de doenças venéreas nos Estados Unidos durante a primeira metade do século XIX. Sinal de muita gente doente de gonorreia e de sífilis. E Odum atribui proporções alarmantes à sífilis nos Estados escravocratas do sul.[89] Entre nós, no litoral, isto é, na zona mais colorida pela escravidão, sempre foi larga a extensão da sífilis. Continua a ser impressionante. A publicidade de remédios, elixires e garrafadas para tratamento de males venéreos faz-se ainda hoje com uma insistência escandalosa. Até em estampas devotas, com imagens do Menino-Deus cercado de anjinhos, anuncia-se que o elixir tal "cura sífilis"; que se "o próprio Cristo viesse hoje ao mundo seria Ele que ergueria a sua santa palavra para aconselhar o uso do Elixir [...] aos sofredores de todas as molestias que teem como origem a impureza do sangue". E os mestres da medicina brasileira recomendam aos discípulos que, em clínica, pensem sempre sifiliticamente, isto é, considerando antes de tudo a possível origem sifilítica do mal ou da doença.[90]

A sífilis fez sempre o que quis no Brasil patriarcal. Matou, cegou, deformou à vontade. Fez abortar mulheres. Levou anjinhos para o céu. Uma serpente criada dentro de casa sem ninguém fazer caso de seu veneno. O sangue envenenado rebentava em feridas. Coçavam-se então as perebas ou "cabidelas", tomavam-se garrafadas, chupava-se caju. A sifilização do Brasil – admitida sua origem extra-americana – vimos, às primeiras páginas deste trabalho, que data dos princípios do século XVI. Mas no ambiente voluptuoso das casas-grandes, cheias de crias, negrinhas, molecas, mucamas, é que as doenças venéreas se propagaram mais à vontade, através da prostituição doméstica – sempre menos higiênica que a dos bordéis. Em 1845 Lassance Cunha escrevia que o brasileiro não ligava importância à sífilis, doença "como que hereditária e tão comum, que o povo a não reputa um flagelo, nem tampouco a receia". Doença como que doméstica, de família, como o sarampo e os vermes. E insurgia-se contra a frequência dos casamentos de sifilíticos. Casamentos sabidos por "nós outros médicos, que penetramos os segredos patológicos das famílias".[91] Já Manuel Vieira da Silva, depois barão de Alvaesar, nas suas *Reflexões sobre alguns dos meios propostos por mais conducentes para melhorar o clima da cidade do Rio de Janeiro*, observara, nos princípios do século XIX, o fato de as "moléstias cutâneas" serem "reputadas de muito pouca monta nesta cidade, chegando o prejuízo público a afirmar que elas não devem curar-se, quando talvez que a disposição morbosa, em que aparecem os naturais desta cidade, desde a sua infância, seja devida a semelhante desprezo."[92] Mas não foi Vieira da Silva o primeiro que teve o bom-senso de insinuar fosse efeito da sífilis e do desprezo pelo seu tratamento o que para muitos era efeito do clima ou do "calor". Antes dele, vamos encontrar Vilhena, professor régio de língua grega na Bahia nos fins do século XVIII, rebatendo a ideia de ser "o calor" a causa principal dos vícios e das doenças de sensualidade na colônia. "Meros subterfúgios", escreveu Vilhena. A verdadeira causa lhe pareceu sempre "a desordenada paixão sexual". E não só a das ruas, como a das casas-grandes, contaminadas pelas senzalas. Contaminadas pelos escravos. Estes é que, para Vilhena, teriam transformado o clima saudável do Brasil em um clima mortífero: em um clima que "tendo sido admirável, por sadio, pouco ou nada difere hoje do da Angola [...]".[93]

Em princípios do século XVIII já o Brasil é assinalado em livros estrangeiros como terra da sífilis por excelência. O autor da *Histoire générale des pirates* escreve que *"presque tous les brésiliens sont atteints d'affections vénériennes"*.[94] E Oscar da Silva Araújo traduz de John Barrow, viajante inglês que no século XVIII andou pelo Brasil, pela ilha de Java e pela Cochinchina, curioso trecho sobre a sífilis no Rio de Janeiro. Segundo esse viajante até nos mosteiros o mal-gálico causava devastações. E a propósito de certa caixa com medicamento mercurial, receitado à abadessa de um convento por um médico conhecido de Barrow e aberta, indiscretamente, pelo portador – "galhofeiro frade de São Bento" – conta o viajante que o tal eclesiástico levando a caixa ao nariz teria dito com expressivo piscar de olhos: *Ah! Domine! Mercurialia! Ista sunt mercurialia!*". Acrescentando que a abadessa e todas as damas do Rio *"pronae sunt omnes at deditae veneri"*.[95]

Transcrevemos ainda de Silva Araújo estas palavras do Dr. Bernardino Antônio Gomes, velho médico colonial, em resposta ao inquérito do Senado da Câmara do Rio de Janeiro em 1789 para apurar quais as doenças endêmicas na cidade dos vice-reis: que para a prostituição e para o mal venéreo no Brasil concorria poderosamente "o exemplo familiar de escravos, que quase não conhecem outra lei que os estímulos da natureza". Devia o Dr. Bernardino ter salientado que essa animalidade nos negros, essa falta de freio aos instintos, essa desbragada prostituição dentro de casa, animavam-na os senhores brancos. No interesse da procriação à grande, uns; para satisfazerem caprichos sensuais, outros. Não era o negro, portanto, o libertino: mas o escravo a serviço do interesse econômico e da ociosidade voluptuosa dos senhores. Não era a "raça inferior" a fonte de corrupção, mas o abuso de uma raça por outra. Abuso que implicava conformar-se a servil com os apetites da todo-poderosa. E esses apetites estimulados pelo ócio – pela "riqueza adquirida sem trabalho", diz o referido Dr. Bernardino; pela "ociosidade" ou pela "preguiça", diria Vilhena; por conseguinte, pela própria estrutura econômica do regime escravocrata.

Se é certo, como querem antropólogos modernos, que "a irregularidade de relações sexuais tem em geral manifestado a tendência para crescer com a civilização";[96] que nos animais domesticados encontra-se o sistema sexual mais desenvolvido que nos selvagens;[97] que entre os animais domésticos, amolecidos pela relativa falta de luta e de competição, as glândulas reprodutoras absorvem maior quantidade de alimento;[98] e, ainda, que o poder reprodutor no homem tem aumentado com a civilização da mesma maneira que, nos animais, com a domesticação,[99] – podemos nos arriscar a concluir que dentro de um regime como o da monocultura escravocrata, com uma maioria que trabalha e uma minoria que só faz mandar, nesta, pelo relativo ócio, se desenvolverá, necessariamente, mais do que naquela, a preocupação, a mania, ou o refinamento erótico. É o exemplo da Índia, onde o amor é tanto mais fina, artística e até perversamente cultivado quanto mais elevada é a casta e maior o seu lazer.

Nada nos autoriza a concluir ter sido o negro quem trouxe para o Brasil a pegajenta luxúria em que nos sentimos todos prender, mal atingida a adolescência. A precoce voluptuosidade, a fome de mulher que aos treze ou quatorze anos faz de todo brasileiro um don-juan não vem do contágio ou do sangue da "raça inferior" mas do sistema econômico e social da nossa formação; e um pouco, talvez, do clima; do ar mole, grosso, morno, que cedo nos parece predispor aos chamegos do amor e ao mesmo tempo nos afastar de todo esforço persistente. Impossível negar-se a ação do clima sobre a moral sexual das sociedades. Sem ser preponderante, dá entretanto para acentuar ou enfraquecer tendências; endurecer ou amolecer traços sociais. A voz sabemos que se torna estridente e áspera nos climas quentes; enquanto sob a influência da maior ou menor pressão atmosférica, do ar menos ou mais seco, altera-se no homem a temperatura, a circulação, a eliminação de gás carbônico. Tudo isso com repercussão sobre o seu comportamento social; sobre sua eficiência econômica; sobre sua moral sexual. Pode-se concluir, com Kelsey,[100] que certos climas estimulam o homem a maiores esforços e consequentemente a maior produtividade; outros, o enlanguescem. Para admiti-lo não necessitamos de ir aos exageros de Huntington e dos outros fanáticos da "influência do clima".

Nada, entretanto, de desviar-se para o fator clima a massa enorme de responsabilidades que, bem apuradas, tocam a forças sociais e econômicas dentro das quais se têm articulado culturas, organizações, tipos de sociedade. É certo que, muitas vezes, em uma como aliança secreta com as forças naturais. Outras vezes, porém, quase independentes delas.

O negro no Brasil, nas suas relações com a cultura e com o tipo de sociedade que aqui se vem desenvolvendo, deve ser considerado principalmente sob o critério da história social e econômica. Da antropologia cultural. Daí ser impossível – insistamos neste ponto – separá-lo da condição degradante de escravos, dentro da qual abafaram-se nele muitas das suas melhores tendências criadoras e normais para acentuarem-se outras, artificiais e até mórbidas. Tornou-se, assim, o africano um decidido agente patogênico no seio da sociedade brasileira. Por "inferioridade de raça", gritam então os sociólogos arianistas. Mas contra seus gritos se levantam as evidências históricas – as circunstâncias de cultura e principalmente econômicas – dentro das quais se deu o contato do negro com o branco no Brasil. O negro foi patogênico, mas a serviço do branco; como parte irresponsável de um sistema articulado por outros.

Nas condições econômicas e sociais favoráveis ao masoquismo e ao sadismo criadas pela colonização portuguesa – colonização, a princípio, de homens quase sem mulher – e no sistema escravocrata de organização agrária do Brasil; na divisão da sociedade em senhores todo-poderosos e em escravos passivos é que se devem procurar as causas principais do abuso de negros por brancos, através de formas sadistas de amor que tanto se acentuaram entre nós; e em geral atribuídas à luxúria africana.

Acresce que o culto de Vênus Urânia, trouxeram-no para o Brasil os primeiros colonos vindos da Europa – portugueses, espanhóis, italianos, judeus. Aqui encontraram na moral sexual dos indígenas e nas condições, a princípio desvairadas, de colonização, o meio de cultura favorável à expansão daquela forma de luxúria e de amor. Europeus de nome ilustre figuram como sodomitas em processos da *Visitação do Santo Ofício às partes do Brasil*.[101] Um deles, o fidalgo florentino

Felipe Cavalcanti, fundador de família que lhe conserva o nome. O que não é de estranhar, dado o desenvolvimento da sodomia na Itália da Renascença. Da Itália da Renascença é que se internacionalizaram os principais termos para designar particularidades do *pecado nefando;* e em processos e condenações espanholas dos séculos XVI e XVII Arlindo Camilo Monteiro encontrou numerosos casos de sodomitas italianos.[102] João Lúcio de Azevedo particulariza os caorsinos, dos quais chegou a haver numerosa colônia em Lisboa, e que teriam sido propagadores do amor socrático entre os portugueses.[103]

Mas entre os próprios portugueses e espanhóis, e entre os judeus e mouriscos da Península, lavrava intensamente essa forma de luxúria ao descobrir-se e colonizar-se o Brasil, figurando nos processos frades, clérigos, fidalgos, desembargadores, professores, escravos. Vários vieram degredados para o Brasil, entre outros certo Fruitoso Alvarez, vigário de Matoim, que na Bahia confessou ao visitador do Santo Ofício em 29 de julho de 1591: "de quinze annos a esta parte que ha que esta nesta capitanya da Baya de Todos os Sanctos, cometeo a torpeza dos tocamentos desonestos com algumas quarenta pessoas pouco mais ou menos, abraçando, beyjando [...]".[104]

Por "abraçar e beijar" – eufemismo que indica várias formas de priapismo – foram degredados de Portugal para o Brasil numerosos indivíduos; e a esse elemento branco e não à colonização negra deve-se atribuir muito da lubricidade brasileira. Um elemento de colonização portuguesa do Brasil, aparentemente puro, mas na verdade corruptor, foram os meninos órfãos trazidos pelos jesuítas para seus colégios. Informa Monteiro que nos "livros de nefando são citados com relativa frequência".[105]

Entre os próprios homens de armas portugueses sabe-se que nos séculos XV e XVI, talvez pelo fato das longas travessias marítimas e dos contatos com os países de vida voluptuosa do Oriente, desenvolveram-se todas as formas de luxúria. Heróis por todos admirados, deles facilmente se comunicaram às outras classes sociais os vícios e os requintes eróticos. Lopo Vaz de Sampaio faz crer que o próprio Afonso de Albuquerque – o "Albuquerque terrível" – teria tido seus requintes libidinosos.[106]

A frequência da feitiçaria e da magia sexual entre nós é outro traço que passa por ser de origem exclusivamente africana. Entretanto,

O primeiro volume de documentos relativos às atividades do Santo Ofício no Brasil registra vários casos de bruxas portuguesas. Suas práticas podem ter recebido influência africana: em essência, porém, foram expressões do satanismo europeu que ainda hoje se encontra entre nós, misturado à feitiçaria africana ou indígena. Antônia Fernandes, de alcunha Nóbrega, dizia-se aliada do Diabo: as consultas, quem respondia por ela era "certa cousa que falava, guardada num vidro". Magia medieval do mais puro sabor europeu. Outra portuguesa, Isabel Rodrigues, ou Boca-Torta, fornecia pós miríficos e ensinava orações fortes. A mais célebre de todas, Maria Gonçalvez, de alcunha Arde-lhe--o-Rabo, ostentava as maiores intimidades com o Diabo. Enterrando e desenterrando botijas, os bruxedos de Arde-lhe-o-Rabo ligavam-se quase todos a problemas de impotência e esterilidade. A clientela dessas feiticeiras coloniais parece que era quase exclusivamente de amorosos, infelizes ou insaciáveis.

Sabe-se aliás que em Portugal a bruxaria chegou a envolver a vida de pessoas as mais cultas e ilustres. Júlio Dantas retrata o próprio D. Nuno da Cunha, inquisidor-mor do reino no tempo de D. João V, todo embrulhado na púrpura de cardeal – "espécie de bicho-da--seda", diz o cronista – a tremer com medo de bruxas e feitiços. E graves doutores, espíritos adiantados da época como Curvo Semedo, recomendavam aos seus doentes, contra a infidelidade conjugal, "certa bruxaria feita às palmilhas do sapato da mulher e do marido". "Boticários astutos, de capas negras pingadas e grandes fivelas de prata nos sapatos, faziam fortuna vendendo a erva 'pombinha' defumada com dentes de defunto lançados sobre tijolos em brasa – estranho feitiço que despertava para o amor o organismo decrépito dos velhos e a frigidez desdenhosa dos moços".[107]

O amor foi grande motivo em torno do qual girou a bruxaria em Portugal. Compreende-se aliás a voga dos feiticeiros, das bruxas, das benzedeiras, dos especialistas em sortilégios afrodisíacos, no Portugal desfalcado de gente que, em um extraordinário esforço de virilidade, pôde ainda colonizar o Brasil. A bruxaria foi um dos estímulos que concorreram, a seu modo, para a superexcitação sexual de que resultou preencherem-se legítima ou ilegitimamente, na escassa população portuguesa, os claros enormes abertos pelas guerras e pelas pestes. Da crença nos sortilégios já chegavam impregnados ao Brasil os colonos portugueses. A feitiçaria de direta origem africana aqui desenvolveu-se em lastro europeu. Sobre abusões e crenças medievais.

Como em Portugal a bruxaria, a feitiçaria no Brasil, depois de dominada pelo negro, continuou a girar em torno do motivo amoroso, de interesse de geração e de fecundidade; a proteger a vida da mulher grávida e da criança ameaçada por tantos males – febres, cãibra de sangue, mordedura de cobra, espinhela caída, mau-olhado. A mulher grávida passou a ser profilaticamente resguardada desses e de outros males por uma série de práticas em que às influências africanas misturaram-se, muitas vezes descaracterizados, traços de liturgia católica e sobrevivências de rituais indígenas.

Vindas de Portugal, desabrocharam aqui várias crenças e magias sexuais: a de que a raiz de mandrágora atrai a fecundidade e desfaz malefícios contra os lares e a propagação das famílias; o hábito das mulheres trazerem ao pescoço durante a gravidez "pedras de ara" dentro de um saquinho; o cuidado de não passarem, quando prenhes, debaixo de escadas, sob o risco do filho não crescer; o hábito de cingirem-se, quando aperreadas pelas dores do parto, com o cordão de São Francisco; o de fazerem promessas à Nossa Senhora do Parto, do Bom Sucesso, do Ó, da Conceição, das Dores, no sentido de um parto menos doloroso ou de um filho são ou bonito. Atendido o pedido por Nossa Senhora, pagava-se a promessa, consistindo muitas vezes em tomar a criança o nome de Maria; de onde as muitas Marias no Brasil: Maria das Dores, dos Anjos, da Conceição, de Lurdes, das Graças.[108] Outras vezes, em sair a criança vestida de anjo ou de santo em alguma procissão; em estudar para padre; em tornar-se freira; em deixar crescer o cabelo até criar longos cachos que servissem para ofertar à imagem do Senhor Bom Jesus dos Passos; em vestir-se até a idade de doze ou treze anos de branco e azul, ou só de branco, em homenagem à Virgem Maria.[109]

Deve-se ainda registrar o costume dos ex-votos de mulheres grávidas: ofertas de meninos de cera ou madeira às santas e Nossas Senhoras conhecidas como protetoras da maternidade. Algumas capelas de engenho guardam numerosas coleções de ex-votos de mulheres.

Mas o grosso das crenças e práticas da magia sexual que se desenvolveram no Brasil foram coloridas pelo intenso misticismo do negro; algumas trazidas por ele da África, outras africanas apenas na técnica, servindo-se de bichos e ervas indígenas. Nenhuma mais característica que a feitiçaria do sapo para apressar a realização de casamentos demorados. O sapo tornou-se também, na magia sexual afro-brasileira, o protetor da mulher infiel que, para enganar o marido, basta tomar uma agulha enfiada em retrós verde, fazer com ela uma cruz no rosto do indivíduo adormecido e coser depois os olhos do sapo. Por outro lado, para conservar o amante sob seu jugo precisa apenas a mulher de viver com um sapo debaixo da cama, dentro de uma panela. Neste caso, um sapo vivo e alimentado a leite de vaca. Ainda se emprega no Brasil o sapo na magia sexual ou no feitiço, cosendo-se-lhe a boca depois de cheia de restos de comida deixada pela vítima. Outros animais ligados à magia sexual afro-brasileira são o morcego, a cobra, a coruja, a galinha, o pombo, o coelho, o cágado. Ervas, várias – umas indígenas, outras trazidas da África pelos negros. Algumas tão violentas, diz Manuel Querino, que produzem tonturas, apenas trituradas com as mãos. Outras que se bebem, se mascam, ou se fumam, tragando, como a maconha. Até o caranguejo é instrumento de magia sexual: preparado com três ou sete pimentas-da-costa e atirado ao solo produz desarranjos no lar doméstico.[110]

Foi a perícia no preparo de feitiços sexuais e afrodisíacos que deu tanto prestígio a escravos macumbeiros junto a senhores brancos já velhos e gastos. Agrippino Grieco recolheu no Rio de Janeiro, na região das velhas fazendas de café, a tradição de senhores de 70, 80 anos, que estimulados pelos afrodisíacos dos negros macumbeiros, viviam rodeados de negrinhas ainda impúberes; e estas a lhes proporcionarem as últimas sensações de homem. De um barão do império conta Grieco que morreu já octogenário, a acariciar mucamas púberes e impúberes. Era "muito camarada das bruxas e dos curandeiros que o aprovisionavam de afrodisíacos".[111] Não teve outra velhice, em Portugal, o marquês de Marialva: Beckford diz que ele se fazia rodear de anjinhos, isto é, de crianças vestidas de anjos; e que essas crianças prodigalizavam-lhe toda espécie de carícias.

Não devemos esquecer o papel importante que chegou a representar o café na magia sexual afro-brasileira. Há mesmo no Brasil a expressão "café mandingueiro". Trata-se de um café com mandinga dentro: muito açúcar e "alguns coágulos de fluxo catamenial da própria enfeitiçante".[112] Antes filtro amoroso do que mandinga. Mas um filtro amoroso como não se pode imaginar outro mais brasileiro: café bem forte, muito açúcar, sangue de mulata. Há outra técnica: a de coar-se o café na fralda de uma camisa com que tenha dormido a mulher pelo menos duas noites consecutivas. Este café deve ser bebido pelo homem duas vezes, uma no almoço, outra no jantar.[113] Aliás a fralda suja de camisa de mulher entra na composição de muita mandinga de amor, como entram outras coisas nojentas. Pelos de sovaco ou das partes genitais. Suor. Lágrimas. Saliva. Sangue. Aparas das unhas. Esperma. Alfredo de Carvalho menciona ainda: "o muco catamenial, excreto das glândulas de Bortholin e até mesmo dejeções". De posse de qualquer destas substâncias, o catimbozeiro, mandingueiro ou macumbeiro diz que "abranda o coração" das pessoas mais esquivas.[114]

Há catimbozeiros que confeccionam bonecos de cera ou de pano. São os feitiços mais higiênicos do ponto de vista do enfeitiçado. Sobre esses calungas operam os mestres-carlos tudo quanto desejam que se reflita sobre o indivíduo a enfeitiçar; questão de rezarem forte. O mais é só brincar com o boneco: apertá-lo, machucá-lo, estender-lhe os braços, escancarar-lhe as pernas. Que tudo se reflete na pessoa distante.

Há outro feitiço que consiste em cortar à tesoura cruzes na camisa do homem, bem no meio do peito. Para isso roubam-se peças da trouxa de roupa lavada.

Não só para fins amorosos, como em torno ao recém-nascido, reuniram-se, no Brasil, as duas correntes místicas: a portuguesa, de um lado; a africana ou a ameríndia do outro. Aquela representada pelo pai ou pelo pai e mãe brancos; esta, pela mãe índia ou negra, pela ama de leite, pela mãe de criação, pela mãe-preta, pela escrava africana. Os cuidados profiláticos de mãe e ama confundiram-se sob a mesma onda de ternura maternal. Quer os cuidados de higiene do corpo, quer os espirituais contra os quebrantos e o mau-olhado.

Na proteção mística do recém-nascido salientou-se porém a ação da ama africana. Tradições portuguesas trazidas pelos colonos brancos – a do cordão umbilical ser atirado ao fogo ou ao rio, sob pena de o comerem os ratos, dando a criança para ladra; a da criança trazer ao pescoço o vintém ou a chave que cura os *sapinhos do leite*; a de não se apagar luz enquanto o menino não for batizado para não vir a feiticeira, a bruxa ou o lobisomem chupar-lhe o sangue no escuro; a de se darem nomes de santos às crianças pois, do contrário, se arriscam a virar lobisomens – foram aqui modificadas ou enriquecidas pela influência da escrava africana. Da ama do menino. Da negra velha.

Também as canções de berço portuguesas, modificou-as a boca da ama negra, alterando nelas palavras; adaptando-as às condições regionais; ligando-as às crenças dos índios e às suas. Assim a velha canção "*escuta, escuta, menino*" aqui amoleceu-se em "*durma, durma, meu filhinho*", passando Belém de "fonte" portuguesa, a "riacho" brasileiro. Riacho de engenho. Riacho com mãe-d'água dentro, em vez de moura-encantada. O riacho onde se lava o timãozinho de nenê. E o mato ficou povoado por "um bicho chamado carrapatu". E em vez do papão ou da côca, começaram a rondar o telhado ou o copiar das casas-grandes, atrás dos meninos malcriados que gritavam de noite nas redes ou dos trelosos que iam se lambuzar da geleia de araçá guardada na despensa – cabras-cabriolas, o boitatá, negros de surrão, negros velhos, papa-figos.

Deixou-se de ninar o menino cantando como em Portugal:

Vai-te, Côca, vai-te, Côca,
Para cima do telhado:
Deixa dormir o menino
Um soninho descansado.[115]

para se cantar de preferência:

Olha o negro velho
Em cima do telhado.
Ele está dizendo
Quero menino assado.[116]

Não que a côca ou cuca tenha desaparecido de todo das canções de acalanto do Brasil. Amadeu Amaral (pai) ainda recolheu esta quadrinha – evidentemente no Sul:

Durma, meu benzinho,
Que a cuca j'ei vem;
Papai foi na roça,
Mamãe logo vem.[117]

Mas seu prestígio empalideceu diante de fantasmas mais terríveis. De novos medos e mal-assombrados.

Novos medos trazidos da África, ou assimilados dos índios pelos colonos brancos e pelos negros, juntaram-se aos portugueses, da côca, do papão, do lobisomem; ao dos olharapos, da cocaloba, da farranca, da Maria-da-Manta, do trangomango, do homem-das-sete-dentaduras, das almas penadas. E o menino brasileiro dos tempos coloniais viu-se rodeado de maiores e mais terríveis mal-assombrados que todos os outros meninos do mundo. Nas praias o homem-marinho – terrível devorador de dedos, nariz e piroca de gente.[118] No mato, o saci-pererê, o caipora, o homem de pés às avessas, o boitatá. Por toda parte, a cabra-cabriola, a mula sem cabeça, o tutu-marambá, o negro do surrão, o tatu-gambeta, o xibamba, o mão de cabelo. Nos riachos e lagoas, a mãe-d'água. À beira dos rios, o sapo-cururu. De noite, as almas penadas. Nunca faltavam: vinham lambuzar de "mingau das almas" o rosto dos meninos. Por isso menino nenhum devia deixar de lavar o rosto ou de tomar banho logo de manhã cedo. Um outro grande perigo: andar o menino na rua fora de horas. Fantasmas vestidos de branco, que aumentavam de tamanho – os "cresce-e-míngua" – eram muito capazes de aparecer ao atrevido. Ou então redes mal-assombradas de bexiguentos. E havia ainda o papa-figo – homem que comia fígado de menino. Ainda hoje se afirma em Pernambuco que certo ricaço do Recife, não podendo se alimentar senão de fígado de criança, tinha seus negros por toda parte pegando menino em um saco de estopa. E o Quibungo? Este, então, veio inteiro da África para o Brasil. Um bicho horrível. Metade gente, metade animal. Uma cabeça enorme. E no meio das costas um buraco que se abre quando ele abaixa a cabeça. Come os meninos abaixando a cabeça: o buraco do meio das costas se abre e a criança escorrega por ele. E adeus! está no papo do Quibungo. O Quibungo se aproximava das casas onde havia menino malcriado, dizendo:

De quem é esta casa,
Anê,
Como gérê, como gérê,
Como erá?[119]

O Cabeleira, o bandido dos canaviais de Pernambuco, que foi afinal enforcado, é outro que tornou-se quase um fantasma. Quase um Quibungo. Não houve menino pernambucano que do fim da era colonial até os princípios do século XX – o século da luz elétrica, que acabou com tanto mal-assombrado bom, para só deixar os banais, das sessões de espiritismo – não tremesse de horror ao ouvir o nome de Cabeleira. A negra velha só tinha de gritar para o menino chorão: "Cabeleira vem aí!". E o menino se calava logo, engolindo o choro, entre soluços:

Fecha porta, Rosa,
Cabeleira eh-vem
Pegando mulheres,
Meninos também!

Em zonas rurais do Sul perdura a superstição do *turco* comer menino;[120] superstição que não se encontra no Norte. A do negro do surrão é que não perdeu de todo o seu antigo prestígio. Ainda há meninos que se arrepiam ouvindo cantar a história:

Canta, canta, meu surrão,
Senão te meto este bordão.

E não querem saber de encontrar negro velho de surrão. Lembram-se logo da *menina que tinha uns brincos de ouro*. Era uma menina que tinha uma madrasta muito malvada (as madrastas são sempre muito malvadas nas histórias brasileiras e portuguesas: haja vista a do figo da figueira). Um dia a menina foi tomar banho no rio; e como de costume tirou os brincos de ouro e botou em cima de uma pedra. Chegando em casa deu por falta dos brincos: "– Valha-me Nossa Senhora, onde estão meus brinquinhos! Meus brinquinhos do coração!... E minha madrasta! Minha madrasta me mata por causa desses brincos". E voltou ao rio para procurar os brincos. Quando chegou ao rio – quem havia de encontrar? Um negro velho e feio que agarrou a menina e botou dentro do seu surrão. Saiu o velho com a menina e onde chegava botava o surrão no chão e dizia:

Canta, canta, meu surrão,
Senão te meto este bordão.

E o surrão cantava em uma vozinha doce:

Neste surrão me meteram,
Neste surrão hei de morrer,
Por causa de uns brincos de ouro
Que no riacho eu deixei.

Todo o mundo gostava da voz do surrão; e dava dinheiro ao negro velho. Um dia chegou o negro à casa da madrasta. Convidaram o velho para descansar. Para comer e beber; e como já era tarde, para dormir. Parece que as irmãs da menina tinham desconfiado da voz bonita do surrão. De noite, quando o negro pegou no sono, as moças foram, abriram o surrão, tiraram a menina. Estava se acabando de fraca. Coitadinha, o negro só lhe tinha dado de comer sola de sapato velho. Em lugar da menina, as moças encheram o surrão de cocô. No dia seguinte o negro levantou-se, tomou café e partiu – sem dar pela coisa. Quando na casa próxima o negro mandou o surrão cantar – o surrão calado. O negro pensou que era a menina dormindo. Meteu o pau no surrão. Mas este se arrebentou todo, emporcalhando o velho.

As histórias portuguesas sofreram no Brasil consideráveis modificações na boca das negras velhas ou amas de leite. Foram as negras que se tornaram entre nós as grandes contadoras de histórias. Os africanos, lembra A. B. Ellis, possuem os seus *contistas*. "Alguns indivíduos fazem profissão de contar histórias e andam de lugar em lugar recitando contos".[121] Há o *akpalô* fazedor de *alô* ou conto; e há o *arokin*, que é o narrador das crônicas do passado. O *akpalô* é uma instituição africana que floresceu no Brasil na pessoa de negras velhas que só faziam contar histórias. Negras que andavam de engenho em engenho contando histórias às outras pretas, amas dos meninos brancos. José Lins do Rego, no seu *Menino de engenho*,[122] fala das velhas estranhas que apareciam pelos banguês da Paraíba: contavam histórias e iam-se embora. Viviam disso. Exatamente a função e o gênero de vida do *akpalô*.

Por intermédio dessas negras velhas e das amas de menino, histórias africanas, principalmente de bichos – bichos confraternizando com as pessoas, falando como gente, casando-se, banqueteando-se – acrescentaram-se às portuguesas, de Trancoso, contadas aos netinhos pelos avós coloniais – quase todas histórias de madrastas, de príncipes, gigantes, princesas, pequenos-polegares, mouras-encantadas, mouras-tortas.

A linguagem infantil também aqui se amoleceu ao contato da criança com a ama negra. Algumas palavras, ainda hoje duras ou acres quando pronunciadas pelos portugueses, se amaciaram no Brasil por influência da boca africana. Da boca africana aliada ao clima – outro corruptor das línguas europeias, na fervura por que passaram na América tropical e subtropical.

O processo de reduplicação da sílaba tônica, tão das línguas selvagens e da linguagem das crianças, atuou sobre várias palavras dando ao nosso vocabulário infantil um especial encanto. O "dói" dos grandes tornou-se o "dodói" dos meninos. Palavra muito mais dengosa.

A ama negra fez muitas vezes com as palavras o mesmo que com a comida: machucou-as, tirou-lhes as espinhas, os ossos, as durezas, só deixando para a boca do menino branco as sílabas moles. Daí esse português de menino que no norte do Brasil, principalmente, é uma das falas mais doces deste mundo. Sem *rr* nem *ss*; as sílabas finais moles; palavras que só faltam desmanchar-se na boca da gente. A linguagem infantil brasileira, e mesmo a portuguesa, tem um sabor quase africano: *cacá, pipi, bumbum, tentém, neném, tatá, papá, papato, lili, mimi, au-au, bambanho, cocô, dindinho, bimbinha.* Amolecimento que se deu em grande parte pela ação da ama negra junto à criança; do escravo preto junto ao filho do senhor branco. Os nomes próprios foram dos que mais se amaciaram, perdendo a solenidade, dissolvendo-se deliciosamente na boca dos escravos. As Antônias ficaram Dondons, Toninhas, Totonhas; as Teresas, Tetés; os Manuéis, Nezinhos, Mandus, Manés; os Franciscos, Chico, Chiquinho, Chicó; os Pedros, Pepés; os Albertos, Bebetos, Betinhos. Isto sem falarmos das Iaiás, dos Ioiôs, das Sinhás, dos Manus, Calus, Bembens, Dedés, Marocas, Nocas, Nonocas, Gegês.

E não só a língua infantil se abrandou desse jeito mas a linguagem em geral, a fala séria, solene, da gente grande, toda ela sofreu no Brasil, ao contato do senhor com o escravo, um amolecimento de resultados às vezes delicioso para o ouvido. Efeitos semelhantes aos que sofreram o inglês e o francês em outras partes da América, sob a mesma influência do africano e do clima quente. Mas principalmente do africano. Nas Antilhas e na Louisiana *"bonnes vieilles négresses"* adocicaram o francês, tirando-lhe o fanhoso antipático, os *rr* zangados; no sul dos Estados Unidos as *"old mammies"* deram ao ranger das sílabas ásperas do inglês uma brandura oleosa. Nas ruas de Nova Orléans, nos seus velhos restaurantes, ainda se ouvem anunciar nomes de bolos, de doces, de comidas em um francês mais lírico que o da França: *"pralines de pacanes"*, *"bon café tout chaud"*, *"blanches tablettes à la fleur d'oranger"*. Influência das *"bonnes vieilles négresses"*.

Caldcleugh, que esteve no Brasil em princípios do século XIX, deliciou-se com o português colonial. Um português gordo, descansado. Distinguiu-o logo do da metrópole. A pronúncia dos brasileiros pareceu-lhe menos nasal do que a dos portugueses; e menos judia (*"not so Jewish"*) na maneira de pronunciar o *s*; *"and on the whole is a more agreeable language than in the mouth of a native"*.[123] Fato que Caldcleugh atribuiu exclusivamente ao clima. Ao calor dos trópicos. O clima lhe pareceu agir sobre a fala, como sobre a atividade mental dos brasileiros, no sentido de uma grande lassidão. Curioso, porém, que, tão atento à influência dos judeus sobre a pronúncia reinol do *s*, Caldcleugh não tivesse reparado na influência dos negros sobre o português no Brasil. Quando os negros foram maiores inimigos que o clima dos *ss* e dos *rr*; maiores corruptos da língua no sentido da lassidão e do langor. Mães negras e mucamas, aliadas aos meninos, às meninas, às moças brancas das casas-grandes, criaram um português diverso do hirto e gramatical que os jesuítas tentaram ensinar aos meninos índios e semibrancos, alunos de seus colégios; do português reinol que os padres tiveram o sonho vão de conservar no Brasil. Depois deles, mas sem a mesma rigidez, padres-mestres e capelães de engenho procuraram contrariar a influência dos escravos, opondo-lhe um português quase de estufa. Mas quase em vão.

Embora tenha fracassado o esforço dos jesuítas, contribuiu entretanto para a disparidade, a que já aludimos, entre a língua escrita e a falada do Brasil: a escrita recusando-se, com escrúpulos de donzelona, ao mais leve contato com a falada; com a do povo; com a de uso corrente.

Mesmo a língua falada conservou-se por algum tempo dividida em duas: uma, das casas-grandes; outra, das senzalas. Mas a aliança da ama negra com o menino branco, da mucama com a sinhá-moça, do sinhozinho com o moleque acabou com essa dualidade. Não foi possível separar a cacos de vidro de preconceitos puristas forças que tão frequente e intimamente confraternizavam. No ambiente relasso da escravidão brasileira, as línguas africanas, sem motivos para subsistirem à parte, em oposição à dos brancos, dissolveram-se nela, enriquecendo-a de expressivos modos de dizer; de toda uma série de palavras deliciosas de pitoresco; agrestes e novas no seu sabor; muitas vezes, substituindo com vantagem vocábulos portugueses, como que gastos e puídos pelo uso. João Ribeiro, mestre em assuntos de português e de história da língua nacional, que o diga com voz autorizada: "Número copioso de vocábulos africanos penetraram na língua portuguesa, especialmente no domínio do Brasil, por efeito das relações estabelecidas com as raças negras". E não apenas vocábulos soltos, desconjuntados, se acrescentaram à língua do colonizador europeu: verificaram-se alterações "bastante profundas não só no que diz respeito ao vocabulário, mas até ao sistema gramatical do idioma".[124] É certo que as diferenças a separarem cada vez mais o português do Brasil do de Portugal não resultaram todas da influência africana; também da indígena; "dos ciganos"; "dos espanhóis"; e João Ribeiro acrescenta: "do clima, de novas necessidades, novas perspectivas, novas cousas e novas indústrias". Mas nenhuma influência foi maior que a do negro. As palavras africanas hoje do nosso uso diário, palavras em que não sentimos o menor sabor arrevesado do exótico, são inúmeras. Os menos puristas, escrevendo ou falando em público, já não têm, como outrora, vergonha de empregá-las. É como se nos tivessem vindo de Portugal, dentro dos dicionários e dos clássicos; com genealogia latina, árabe ou grega; com pai ou mãe ilustre. São entretanto vocábulos órfãos, sem pai nem mãe definida, que adotamos de dialetos negros sem história nem literatura; que deixamos que subissem, com os moleques e as negras, das senzalas às casas-grandes. Que brasileiro – pelo menos do Norte – sente exotismo nenhum em palavras como *caçamba, canga, dengo, cafuné, lubambo, mulambo, caçula, quitute, mandinga, moleque, camundongo, munganga, cafajeste, quibebe, quengo, batuque, banzo, mucambo, banguê, bozô, mocotó, bunda, zumbi, vatapá, caruru, banzé, jiló, mucama, quindim, catinga, mugunzá, malungo, birimbau, tanga, cachimbo, candomblé*? Ou acha mais jeito em dizer "mau cheiro" do que "catinga"? Ou "garoto" de preferência a "moleque"? Ou "trapo" em vez de "molambo"? São palavras que correspondem melhor que as portuguesas à nossa experiência, ao nosso paladar, aos nossos sentidos, às nossas emoções.

Os padres-mestres e os capelães de engenho, que, depois da saída dos jesuítas, tornaram-se os principais responsáveis pela educação dos meninos brasileiros, tentaram reagir contra a onda absorvente da influência negra, subindo das senzalas às casas-grandes; e agindo mais poderosamente sobre a língua dos sinhô-moços e das sinhazinhas do que eles, padres-mestres, com todo o seu latim e com toda a sua gramática; com todo o prestígio das suas varas de marmelo e das suas palmatórias de sicupira. Frei Miguel do Sacramento Lopes Gama era um dos que se indignavam quando ouvia "meninas galantes" dizerem "mandá", "buscá", "comê" "mi espere", "ti faço", "mi deixe", "muler", "coler", "le pediu", "cadê ele", "vigie", "espie".[125] E dissesse algum menino em sua presença um "pru mode" ou um "oxente"; veria o que era beliscão de frade zangado.

Para frei Miguel – padre-mestre às direitas – era com os portugueses ilustres e polidos que devíamos aprender a falar, e não "com tia Rosa" nem "mãe Benta", nem com nenhuma preta da cozinha ou da senzala. Meninos e moças deviam fechar os ouvidos aos "oxentes" e aos "mi deixe" e aprender o português correto, do reino. Nada de expressões bundas nem caçanjes.

Sucedeu, porém, que a língua portuguesa nem se entregou de todo à corrupção das senzalas, no sentido de maior espontaneidade de expressão, nem se conservou acalafetada nas salas de aula das casas-grandes sob o olhar duro dos padres-mestres. A nossa língua nacional resulta da interpenetração das duas tendências. Devemo-la tanto às mães Bentas e às tias Rosas como aos padres Gamas e aos padres Pereiras. O português do Brasil, ligando as casas-grandes às senzalas, os escravos aos senhores, as mucamas aos sinhô-moços, enriqueceu-se de uma variedade de antagonismos que falta ao português da Europa. Um exemplo, e dos mais expressivos, que nos ocorre, é o caso dos pronomes. Temos no Brasil dois modos de colocar pronomes, enquanto o português só admite um – o "modo duro e imperativo":[126] *diga-me, faça-me, espere-me*. Sem desprezarmos o modo português, criamos um novo, inteiramente nosso, caracteristicamente brasileiro: *me diga, me faça, me espere*. Modo bom, doce, de pedido. E servimo-nos dos dois. Ora, esses dois modos antagônicos de expressão, conforme necessidade de mando ou cerimônia, por um lado, e de intimidade ou de súplica, por outro, parecem-nos bem típicos das relações psicológicas que se desenvolveram através da nossa formação patriarcal entre os senhores e os escravos: entre as sinhá-moças e as mucamas; entre os brancos e os pretos. "Faça-me", é o senhor falando; o pai; o patriarca; "me dê", é o escravo, a mulher, o filho, a mucama. Parece-nos justo atribuir em grande parte aos escravos, aliados aos meninos das casas--grandes, o modo brasileiro de colocar pronomes. Foi a maneira filial, e meio dengosa, que eles acharam de se dirigir ao *pater familias*. Por outro lado o modo português adquiriu na boca dos senhores certo ranço de ênfase hoje antipático: "faça-me isso"; "dê-me aquilo". O mestre ilustre que é João Ribeiro permita-nos acrescentar esta tentativa de interpretação histórico-cultural ao seu exame psicológico da questão dos pronomes; e ao mesmo tempo fazermos nossas estas suas palavras: "Que interesse temos, pois, em reduzir duas fórmulas a uma única e em comprimir dois sentimentos diversos numa só expressão?"[127] Interesse nenhum. A força, ou antes, a potencialidade da cultura brasileira parece-nos residir toda na riqueza dos antagonismos equilibrados; o caso dos pronomes que sirva de exemplo. Seguirmos só o chamado "uso português", considerando ilegítimo o "uso brasileiro", seria absurdo. Seria sufocarmos, ou pelo menos abafarmos metade de nossa vida emotiva e das nossas necessidades sentimentais, e até de inteligência, que só encontram expressão justa no "me dê" e no "me diga". Seria ficarmos com um lado morto; exprimindo só metade de nós mesmos. Não que no brasileiro subsistam, como no anglo-americano, duas metades inimigas: a branca e a preta; o ex-senhor e o ex-escravo. De modo nenhum. Somos duas metades confraternizantes que se vêm mutuamente enriquecendo de valores e experiências diversas; quando nos completarmos em um todo, não será com o sacrifício de um elemento ao outro. Lars Ringbom vê grandes possibilidades de desenvolvimento de cultura no mestiço: mas atingido o ponto em que uma metade de sua personalidade não procure suprimir a outra.[128] O Brasil pode-se dizer que já atingiu esse ponto: o fato de já dizermos "me diga", e não apenas "diga-me", é dos mais significativos. Como é o de empregarmos palavras africanas com a naturalidade com que empregamos as portuguesas. Sem aspas nem grifo.

À figura boa da ama negra que, nos tempos patriarcais, criava o menino lhe dando de mamar, que lhe embalava a rede ou o berço, que lhe ensinava as primeiras palavras de português errado, o primeiro "padre-nosso", a primeira "ave-maria" a", o primeiro "vôte!" ou "oxente", que lhe dava na boca o primeiro pirão com carne e molho de ferrugem", ela própria amolegando a comida – outros vultos de negros se sucediam na vida do brasileiro de outrora. O vulto do moleque companheiro de brinquedo. O do negro velho, contador de histórias. O da mucama. O da cozinheira. Toda uma série de contatos diversos importando em novas relações com o meio, com a vida, com o mundo. Importando em experiências que se realizavam através do escravo ou à sua sombra de guia, de cúmplice, de curandeiro ou de corruptor.

Ao moleque companheiro de brinquedo do menino branco e seu leva-pancadas, já nos referimos em capítulo anterior. Suas funções foram as de prestadio mané-gostoso, manejado à vontade por nhonhô; apertado, maltratado e judiado como se fosse todo de pó de serra por dentro; de pó de serra e de pano como os judas de sábado de aleluia, e não de carne como os meninos brancos. "Logo que a criança deixa o berço", escreve Koster, que soube observar com tanta argúcia a vida de família nas casas-grandes coloniais, "dão-lhe um escravo do seu sexo e de sua idade, pouco mais ou menos, por camarada, ou antes, para seus brinquedos. Crescem juntos e o escravo torna-se um objeto sobre o qual o menino exerce os seus caprichos; empregam-no em tudo e além disso incorre sempre em censura e em punição [...]. Enfim, a ridícula ternura dos pais anima o insuportável despotismo dos filhos."[129] "Não havia casa onde não existisse um ou mais moleques, um ou mais curumins, vítimas consagradas aos caprichos de nhonhô", escreve José Veríssimo, recordando os tempos da escravidão. "Eram-lhe o cavalo, o leva-pancadas, os amigos, os companheiros, os criados."[130] Lembra-nos Júlio Belo o melhor brinquedo dos meninos de engenho de outrora: montar a cavalo em carneiros; mas na falta de carneiros, moleques. Nas brincadeiras, muitas vezes brutas, dos filhos dos senhores de engenho, os moleques serviam para tudo: eram bois de carro, eram cavalos de montaria, eram bestas de almanjarras, eram burros de liteiras e de cargas as mais pesadas. Mas principalmente cavalos de carro. Ainda hoje, nas zonas rurais menos invadidas pelo automóvel, onde velhos cabriolés de engenho rodam pelo massapê mole, entre os canaviais, os meninos brancos brincam de carro de cavalo "com moleques e até molequinhas filhas das amas", servindo de parelhas.[131] Um barbante serve de rédea; um galho de goiabeira, de chicote.

É de supor a repercussão psíquica sobre os adultos de semelhante tipo de relações infantis – favorável ao desenvolvimento de tendências sadistas e masoquistas. Sobre a criança do sexo feminino, principalmente, se aguçava o sadismo, pela maior fixidez e monotonia nas relações da senhora com a escrava, sendo até para admirar, escrevia-o mesmo Koster em princípios do século XIX, "encontrarem-se tantas senhoras excelentes, quando tão pouco seria de surpreender que o caráter de muitas se ressentisse da desgraçada direção que lhes dão na infância".[132] Sem contatos com o mundo que modificassem nelas, como nos rapazes, o senso pervertido de relações humanas; sem outra perspectiva que a da senzala vista da varanda da casa-grande, conservavam muitas vezes as senhoras o mesmo domínio malvado sobre as mucamas que na infância sobre as negrinhas suas companheiras de brinquedo. "Nascem, criam-se e continuam a viver rodeadas de escravos, sem experimentarem a mais ligeira contrariedade, concebendo exaltada opinião de sua superioridade sobre as outras criaturas humanas, e nunca imaginando que possam estar em erro", escreveu Koster das senhoras brasileiras.[133] Além disso, aborrecendo-se facilmente. Falando alto. Gritando de vez em quando. Fletcher e Kidder, que estiveram no Brasil no meado do século XIX, atribuem a fala estridente e desagradável das brasileiras ao hábito de falarem sempre aos gritos, dando ordens às escravas.[134] O mesmo teriam observado no sul dos Estados Unidos, que sofreu influências sociais e econômicas tão semelhantes às que atuaram sobre o Brasil durante o regime de trabalho escravo. Ainda hoje, por contágio das gerações escravocratas, as moças das Carolinas, do Mississipi, de Alabama falam gritando do mesmo modo que no Brasil as nortistas, filhas e netas de senhor de engenho.

Quanto à maior crueldade das senhoras que dos senhores no tratamento dos escravos é fato geralmente observado nas sociedades escravocratas. Confirmam-no os nossos cronistas. Os viajantes, o folclore, a tradição oral. Não são dois nem três, porém muitos os casos de crueldade de senhoras de engenho contra escravos inermes. Sinhá-moças que mandavam arrancar os olhos de mucamas bonitas e trazê-los à presença do marido, à hora da sobremesa, dentro da compoteira de doce e boiando em sangue ainda fresco. Baronesas já de idade que por ciúme ou despeito mandavam vender mulatinhas de quinze anos a velhos libertinos. Outras que espatifavam a salto de botina dentaduras de escravas; ou mandavam-lhes cortar os peitos, arrancar as unhas, queimar a cara ou as orelhas. Toda uma série de judiarias.

O motivo, quase sempre, o ciúme do marido. O rancor sexual. A rivalidade de mulher com mulher.

"Entre nós", escreveu Burlamaqui nos começos do século XIX, "as phrases mais communs quando huma mulher desconfia que seu marido, ou seu amante, tem contactos illicitos com alguma escrava são: eu a frigirei, eu a assarei, lhe queimarei ou cortarei tal ou tal parte & C. E quantas vezes estas ameaças não vão a effeito mesmo por simples desconfianças".[135] Anselmo da Fonseca, escrevendo cinquenta anos depois de Burlamaqui, salienta a crueldade das "brasileiras escravocratas" que "se regosijão em sobre ellas [as escravas] exercer na estreiteza do lar, ferrea tyrannia, nestas condições affligentissimas: porque as victimas são obrigadas a estar constantemente ao lado, e a viver ao pé do algoz". Como exemplo, cita Fonseca o caso de Da. F. de C. – tão exagerada na sua crueldade para com as escravas, que chegou a ser processada pela morte de uma delas, Joana.[136]

O isolamento árabe em que viviam as antigas sinhá-donas, principalmente nas casas-grandes de engenho, tendo por companhia quase exclusivamente escravas passivas; sua submissão muçulmana diante dos maridos, a quem se dirigiam sempre com medo, tratando-os de "Senhor", talvez constituíssem estímulos poderosos ao sadismo das sinhás, descarregado sobre as mucamas e as molecas em rompantes histéricos; "passado adiante", como em certos jogos ou brinquedos brutos. Sadistas eram, em primeiro lugar, os senhores com relação às esposas.

Tanto quanto o inglês Koster, admirou-se o padre-mestre Lopes Gama que crescendo as brasileiras entre o "desprimor, a sem vergonha, a frascaria, os desregramentos dos escravos [...], as surras, as bofetadas, que estes infelizes recebem quasi todos os dias de nossos paes", ainda assim dessem para virtuosas e até para delicadas. "Pudera além disso sustentar que as brasileiras são de todas as mulheres as mais propensas ás virtudes; pois vendo desd'a infancia tantos exemplos de lublicidade, ha entre ellas tão crescido numero de senhoras honestas, e verdadeiramente honradas. Que fariam, se tivessem huma educação delicada e cuidadosa?".[137]

Verificaram-se, é certo, casos de irregularidades sexuais entre sinhá-donas e escravos. Um que teria ocorrido em Pernambuco nos meados do século passado e no seio de importante família, assegura-nos velho senhor de engenho ter visto registrado, em documento íntimo, com detalhes persuasivos. Mas nem as tradições rurais nem os relatos dos estrangeiros merecedores de fé, nem as críticas, muitas vezes verdadeiros libelos, dos más-línguas desabusados da marca do padre Lopes Gama, autorizam-nos a concluir com M. Bonfim, no seu *América Latina*: "não raro a sinhá-moça criada a roçar os molecotes, entrega-se a eles, quando os nervos degenerados acordam em desejos irreprimíveis; então intervém a moral paterna: castra-se com uma faca mal afiada o negro ou mulato, salga-se a ferida, enterram-no vivo depois. A rapariga, com um dote reforçado, casa com um primo pobre...".[138]

Não que o despotismo paterno do tempo da escravidão nos pareça incapaz de malvadeza dessas, ou ainda piores; nem a sensibilidade muitas vezes mórbida das iaiás, de desejos ainda mais lúbricos. Mas o ambiente em que eram criadas nas casas-grandes dificilmente permitia aventuras tão arriscadas. O "não raro" de M. Bonfim nos soa artificial ou pelo menos exagerado. Basta recordarmos o fato de que, durante o dia, a moça ou menina branca estava sempre sob as vistas de pessoa mais velha ou da mucama de confiança. Vigilância que se aguçava durante a noite. À dormida das meninas e moças reservava-se, nas casas-grandes, a alcova, ou camarinha, bem no centro da casa, rodeada de quartos de pessoas mais velhas. Mais uma prisão que aposento de gente livre. Espécie de quarto de doente grave que precisasse da vigília de todos. Não louvamos o sistema: apenas procuramos lembrar sua quase incompatibilidade com aventuras da espécie referida por M. Bonfim. Estas ocorreram, decerto; porém raramente.

Objetar-se-á que o sexo é todo-poderoso quando desembestado; e não o negamos de modo algum. A dificuldade que reconhecemos é mais a física: a das grossas paredes, a dos verdadeiros ralos de convento em que, nas casas-grandes, se guardavam as sinhá-moças. Aí vinha colhê-las verdes o casamento: aos treze e aos quinze anos. Não havia tempo para explodirem em tão franzinos corpos de menina grandes paixões lúbricas, cedo saciadas ou simplesmente abafadas no tálamo patriarcal. Abafadas sob as carícias de maridos dez, quinze, vinte anos mais velhos; e muitas vezes inteiramente desconhecidos das noivas. Maridos da escolha ou da conveniência exclusiva dos pais. Bacharéis de bigodes lustrosos de brilhantina, rubi no dedo, possibilidades políticas. Negociantes portugueses redondos e grossos; suíças enormes; grandes brilhantes no peitilho da camisa, nos punhos e nos dedos. Oficiais. Médicos. Senhores de engenho. Desses casamentos feitos pelos pais nem sempre resultaram dramas ou infelicidades. Talvez pelo fato dos velhos, pensando a frio, encararem o problema com mais realismo e melhor senso prático que os jovens romanticamente apaixonados.

É certo que nem sempre os pais foram obedecidos nas suas escolhas de noivos para as filhas. As tradições referem casos, raros, é verdade, de raptos e fugas românticas. Sellin afirma que do meado do século XIX em diante esses raptos tornaram-se frequentes.[139] Neles figurava sempre um negro ou mucama – cúmplice do raptor ou da raptada; negro ou mucama que era costume alforriar-se. Com a cumplicidade de esperta mucama é que fugiu, em Pernambuco, por volta de 1860, bonita moça da família C... Ocorreu a fuga bem na véspera do seu casamento com ilustre bacharel da escolha dos pais. Estes ofereceram logo ao noivo ludibriado a mão de outra filha, que foi imediatamente aceita. De modo que o casamento realizou-se tranquilamente, sem outro incidente que o perturbasse.

Sabe-se que enorme prestígio alcançaram as mucamas na vida sentimental das sinhazinhas. Pela negra ou mulata de estimação é que a menina se iniciava nos mistérios do amor. "A mucama escrava", observou no meado do século XIX o romancista Joaquim Manuel de Macedo, o célebre, d'*A moreninha,* "embora escrava, é ainda mais que o padre-confessor e do que o médico da donzela: porque o padre-confessor conhece-lhe apenas a alma, o médico, ainda nos casos mais graves de alteração da saúde, conhece-lhe imperfeitamente o corpo enfermo, e a mucama conhece-lhe a alma tanto quanto o padre e o corpo mais do que o médico".

Histórias de casamento, de namoros, ou outras, menos românticas, mas igualmente sedutoras, eram as mucamas que contavam às sinhazinhas nos doces vagares dos dias de calor, a menina sentada, à mourisca, na esteira de pipiri, cosendo ou fazendo rendas; ou então deitada na rede, os cabelos soltos, a negra catando-lhe piolho, dando-lhe cafuné; ou enxotando-lhe as moscas do rosto com um abano. Suprira-se assim para uma aristocracia quase analfabeta a falta de leitura. Modinhas e canções, era ainda com as mucamas que as meninas aprendiam a cantar – essas modinhas coloniais tão impregnadas do erotismo das casas-grandes e das senzalas; do erotismo dos ioiôs nos seus derreios pelas mulatinhas de cangote cheiroso ou pelas priminhas brancas; voluptuosas modinhas de que Elói Pontes recolheu uma tão expressiva do amor entre brancos e mulatas:

> *Meu branquinho feiticeiro,*
> *Doce ioiô meu irmão,*
> *Adoro teu cativeiro,*
> *Branquinho do coração,*
>
> *Pois tu chamas de irmãzinha*
> *A tua pobre negrinha*
> *Que estremece de prazer,*
> *E vais pescar à tardinha*
> *Mandi, piau e corvina*
> *Para a negrinha comer.*

Em nenhuma das modinhas antigas se sente melhor o visgo de promiscuidade nas relações de sinhô-moços das casas-grandes com mulatinhas das senzalas. Relações com alguma coisa de incestuoso no erotismo às vezes doentio. É mesmo possível que, em alguns casos, se amassem o filho branco e a filha mulata do mesmo pai. Walsh, nas suas viagens pelo Brasil, surpreendeu uma família brasileira francamente incestuosa: irmão amigado com irmã.[140] E na Mantiqueira viu uma dança em que os membros de certa família mestiça revelavam hábitos lamentavelmente incestuosos, que escandalizaram o padre inglês.

É verdade que para escandalizar o padre inglês não eram precisos casos extremos de incesto: bastavam os casamentos, tão frequentes no

Brasil desde o primeiro século da colonização, de tio com sobrinha; de primo com prima. Casamentos cujo fim era evidentemente impedir a dispersão dos bens e conservar a limpeza do sangue de origem nobre ou ilustre. Tudo indica ter sido este o intuito de Jerônimo de Albuquerque, o patriarca da família pernambucana, ao casar seus dois primeiros filhos varões, havidos de Da. Maria do Espírito Santo Arcoverde – a princesinha índia – com duas irmãs de sua mulher legítima, Da. Filipa de Melo, filha de D. Cristóvão de Melo.[141] A mulher que lhe recomendara para esposa a rainha Da. Catarina, horrorizada com a vida muçulmana de polígamo do cunhado de Duarte Coelho. Não foram uniões consanguíneas: mas de indivíduos que, casando-se, apertavam os laços de solidariedade de família em torno do patriarca. Era esse o fim dos casamentos de tios com sobrinhas.

Maria Graham ficou encantada com certos aspectos da vida de família no Brasil: um apego, uma intimidade, uma solidariedade entre as pessoas do mesmo sangue que lhe recordaram o espírito de clã dos escoceses. Mas notou esta inconveniência: dos casamentos só se realizarem entre parentes. Principalmente tios com sobrinhas. Casamentos, escreve ela, que em vez de alargarem as relações da família e de difundirem a propriedade, concentravam-nas, estreitando-as e limitando-as. Além de "prejudicarem a saúde".[142]

Mas quem ao referir-se à frequência dos casamentos consanguíneos no Brasil levanta a voz, indignado, contra a Igreja e os padres, é o capitão Richard Burton. "Licenças para cometer incesto", chama ele às dispensas da Igreja. Mas confessa não ter deparado casos em que se revelassem "os resultados terríveis" do horroroso pecado.[143] Não que Burton – livre-pensador à inglesa, embora casado com uma mulher ranzinza e de ideias estreitíssimas – acreditasse em pecado no sentido teológico: se estava convencido do mal dos casamentos de tio com sobrinha e de primo com prima era do ponto de vista da eugenia.

O que os casamentos entre parentes, tão comuns no Brasil do tempo da escravidão, nunca impediram, foi que lutas tremendas separassem primos e até irmãos, genros e sogros, tios e sobrinhos, extremando-os em inimigos de morte; que grandes famílias se empenhassem em verdadeiras guerras por questões de heranças ou de terras, às vezes por motivos de honra ou de partidarismo político. Um trecho de canavial, uma mulher, um cravo, um boi, uma eleição de deputado. Escreveu

Andreoni (Antonil) no século XVIII: "ha no Brasil muitas paragens em que os senhores de engenho são entre si muito chegados por sangue, e pouco unidos por caridade, sendo o interesse a causa de toda a discordia, e bastando talvez um páo que se tire ou um boi que entre em um canavial por descuido para declarar o odio escondido, e para armar demandas e pendencias mortaes".[144] Mal inseparável do privativismo: do exagerado sentimento de propriedade privada. O qual começa criando rivalidades sangrentas entre vizinhos – grandes senhores de terras – para terminar balcanizando continentes.

As crônicas coloniais guardam a memória das lutas em que se empenharam Pires e Camargos em São Paulo; no século XIX foi terrível o conflito entre os Montes e Feitosas no Nordeste. E os escravos sempre fiéis e valentes ao lado dos senhores. Brigando. Morrendo por eles. No tempo do Império, com a rivalidade entre os partidos, os negros das senzalas, tanto quanto os brancos das casas-grandes, dividiam-se em "liberais" e "conservadores" e participavam das rixas eleitorais dos brancos, esfaqueando-se, navalhando-se e brigando a cacete.

As lutas entre Pires e Camargos romperam em 1640; e prolongaram-se por mais de um século. Arrastaram outras famílias: os Taques, os Lemes, os Laras, do lado dos Pires; os Buenos e os Redons, do lado dos Camargos.[145] Combateram nessas lutas entre grandes famílias índios de arco e flecha; negros escravos; cabras. Foi nelas que se desenvolveram os nossos *bravi* de cor: os cabras, negros, caboclos que a princípio defenderam as casas-grandes dos seus senhores dos ataques dos índios; que depois serviram nas guerras contra a Holanda; nas expedições contra os quilombos; na Guerra do Paraguai. Que deram força ao espírito de ordem representado pelos senhores de engenho do tipo do Morgado do Cabo contra a demagogia das cidades; ao espírito de independência brasileira contra as pretensões dos portugueses de administrarem o Brasil como simples colônia de plantação. Não só os *bravi* de cor desenvolveram-se nessas lutas em *suíços da América* – como aos negros das charqueadas e estâncias do sul do Brasil chamou uma vez um oficial argentino:[146] também os brancos, seus senhores, em chefes desassombrados e temíveis. *Condottieri*. Chefes da marca de Pedro Ortiz de Camargo – o que mandou dizer ao governador português do Rio de Janeiro ser desnecessária sua presença em São Paulo. Da marca dos senhores de engenho pernambucanos que em 1666 tiveram a afoiteza de prender na rua de São Bento o 4º governador e capitão-general de Pernambuco, Jerônimo de Mendonça Furtado, e de expulsá-lo da capitania para o reino. Da marca dos Antônio Cavalcanti, dos Vidal de Negreiros, dos Fernandes Vieira – que venceram a guerra contra os holandeses, quase sozinhos e sem auxílio da metrópole. Apenas com seus negros e cabras de engenho.[147]

Voltando às modinhas de engenho do Brasil – resultado do erotismo patriarcal: chamegos com negras, mulatas, primas – recordaremos que elas fizeram furor nos salões portugueses do século XVIII alternando com as novenas, os lausperenes e as festas de igreja. William Beckford, que teve ocasião de ouvi-las em casa fidalga, frequentada também pelo arcebispo do Algarve, D. José Maria de Melo – grande apreciador de modinhas cantadas ao violão – procurou interpretar-lhes o encanto viscoso: "Penetram elas no coração como que insinuando-se infantilmente antes que ele tenha tempo para defender-se dessa influência enervante; julgareis beber um doce leite e é o veneno da voluptuosidade que penetra até aos mais íntimos recessos do vosso organismo".[148]

Nem todas as modinhas celebravam o quindim das mulatas das senzalas; muitas exaltavam as iaiás das casas-grandes, filhas de senhor de engenho. Meninas de doze, treze, quatorze anos. "Anjos louros." "Santas imaculadas." "Pálidas madonas." "Marias do Céu." "Marias da Graça." "Marias das Dores." "Marias da Glória." E eram de fato umas Nossas Senhoras: quando saíam de palanquim ou de liteira, nos ombros de negros de libré, era como se saíssem de andor. Brincos de ouro. Teteias. Figas. Às vezes iam mucamas, na frente, levando outros brincos e outras teteias das sinhazinhas; e tanto era o ouro que levavam algumas negras ou mulatas em cordões, pulseiras, braceletes e bentinhos que "sem hipérbole", diz Vilhena, "basta para comprar duas ou três negras ou mulatas como a que o leva".[149] Desde o dia da primeira comunhão que deixavam as meninas de ser crianças: tornavam-se sinhá-moças. Era um grande dia. Maior só o do casamento. Vestido comprido, todo de cassa, guarnecido de folhos e pregas. O corpete franzido. A faixa de fita azul caindo para trás, em pontas largas, sobre o vestido branco. A bolsa esmoleira de tafetá. O véu de filó. A capela de flor de laranja. Os sapatinhos de cetim. As luvas de pelica. O livrinho de missa encadernado em madrepérola. O terço, de cordãozinho de ouro. Cruz também de ouro.

O livrinho de missa nem sempre se sabia ler. Tollenare observou em princípios do século XIX: "Há ainda muitos pais que não querem que as filhas aprendam a ler e a escrever".[150] Mas outros confiavam-nas aos Recolhimentos: aí aprendiam a ler, a coser e a rezar. No Recolhimento que o grande bispo Azeredo Coutinho fundou em Pernambuco – o de Nossa Senhora da Glória – aprendiam também a tratar cristãmente os escravos: "irmãos e filhos do mesmo Pai". A "necessidade de uns e a escravidão de outros, imposta pelas leis humanas, ou em pena de seus delitos, ou para lhes acautelar um maior mal", é que estabelecera a "acidental desigualdade".[151] Muitas brasileiras, porém, tornaram-se baronesas e viscondessas do Império sem terem sido internas dos Recolhimentos: analfabetas, algumas; outras fumando como umas caiporas; cuspindo no chão; e ainda outras mandando arrancar dentes de escravas por qualquer desconfiança de xumbergação do marido com as negras.

Isto no século XIX. Imagine-se nos outros: no XVI, no XVII, no XVIII. No XVIII esteve no Brasil uma inglesa que achou horrorosa a situação das mulheres. Ignorantes. Beatas. Nem ao menos sabiam vestir-se. Porque a julgar por Mrs. Kindersley, que não era nenhuma parisiense, nossas avós do século XVIII trajavam-se que nem macacas: saia de chita, camisa de flores bordadas, corpete de veludo, faixa. Por cima desse horror de indumentária, muito ouro, muitos colares, braceletes, pentes. As mocinhas ou meninotas não eram feias; notou, porém, Mrs. Kindersley que as brasileiras envelheciam depressa; seu rosto tornava-se logo de um amarelo doentio.[152]

Resultado, decerto, dos muitos filhos que lhes davam os maridos; da vida morosa, banzeira, moleirona, dentro de casa; do fato de só saírem de rede e debaixo de pesados tapetes de cor – *modus gestandi lusitanas*, escreveu Barléus no século XVII;[153] ou então de banguê ou liteira; e no século XIX de palanquim e carro de boi. Algumas senhoras até nas igrejas entravam de rede, muito anchas e triunfantes, nos ombros dos escravos. Verdadeira afronta aos santos. Foi preciso que os bispos proibissem tamanha ostentação de indolência. "Por nos parecer indecente entrarem algumas pessoas do sexo feminino em serpentinas, ou redes, dentro da igreja, ou capellas, prohibimos o tal ingresso", escreveu em pastoral de 19 de fevereiro de 1726 o bispo de Pernambuco, D. frei José Fialho.[154] Aliás, a julgar pelas palavras de

D. frei José contra os modos de as pernambucanas se vestirem, não trajavam elas tão amacacadamente como as baianas de Mrs. Kindersley. Pelo menos o bispo viu nos seus trajos alguma coisa de diabólica: "Por vermos, não sem grande magoa do nosso coração, a profanidade com que se vestem as mais das pessoas do sexo feminino usando de modas e inventos diabolicos, admoestamos a taes pessoas que, nelles compreendidas, que se abstenham dos taes vestidos". Eram essas pernambucanas descendentes das "grandes senhoras" que o padre Cardim conheceu no século XVI: mais "grandes senhoras" do que devotas. Das senhoras de engenho que já no tempo do cronista dos *Diálogos* pintavam o rosto de vermelho. Descendentes das bonitas iaiás por amor de quem hereges holandeses abjuraram no século XVII da fé calvinista para abraçarem a católica.

Foi geral, no Brasil, o costume de as mulheres casarem cedo. Aos doze, treze, quatorze anos. Com filha solteira de quinze anos dentro de casa já começavam os pais a se inquietar e a fazer promessa a Santo Antônio ou São João. Antes dos vinte anos, estava a moça solteirona. O que hoje é fruto verde, naqueles dias tinha-se medo que apodrecesse de maduro, sem ninguém o colher a tempo. Em Salvador, conta-nos um viajante do século XVII ter encontrado o preconceito de que "*la fleur de virginité doit se cueillir* [...] *dans les premières années, afin qu'elle ne se flétrisse pas*". Também dá como "*fort ordinaire aux mères de questionner leurs filles sur ce qu'elles sont capables de sentir à l'age de douze ou treize ans & de les inviter à faire ce qui peut émousser les aiguillons de la chair*".[155]

Com relação ao preconceito da virgindade perder logo o gosto, as palavras de Coreal parecem exatas. Desde o século XVI dominou no Brasil semelhante prejuízo. Quem tivesse sua filha, que a casasse meninota. Porque depois de certa idade as mulheres pareciam não oferecer o mesmo sabor de virgens ou donzelas que aos doze ou aos treze anos. Já não conservavam o provocante verdor de meninas-moças apreciado pelos maridos de trinta, quarenta anos. Às vezes de cinquenta, sessenta, e até setenta. Burton escreve que no meado do século XIX ainda eram comuns os casamentos de velhos de setenta com mocinhas de quinze anos.[156]

Do padre Anchieta, que foi, como todo jesuíta no século XVI, um grande casamenteiro, aproximou-se um dia certo Álvaro Neto com uma filha nesta tristíssima situação: quinze anos e ainda solteira. "Fazia-lhe grandes queixas Álvaro Neto, morador da villa de São de Paulo", diz-nos o padre Simão de Vasconcelos na sua *Vida do venerável padre Ioseph de Anchieta da Companhia de Iesu*, "que tinha huma filha já de quinze anos & nam tinha remedio para casalla". Outra moça aparece na crônica jesuítica na mesma situação da filha de Álvaro Neto: Filipa da Mata. Esta fora noiva de Joseph Adorno: mas desmanchara-se o casamento, ficando a família inconsolável. Não teria talvez quinze anos a desgraçada Filipa, já solteirona dolorosa: em um instante consolou-a e aos seus pais o grande missionário. Não só profetizou-lhe casamento para muito breve com um rapaz de Lisboa como uma vida ideal depois de casada: "tantos filhos que nam saberá quaes sam as camisas de uns & outros".[157]

Ainda hoje, nas velhas zonas rurais, o folclore guarda a reminiscência dos casamentos precoces para a mulher; e a ideia de que a virgindade só tem gosto quando colhida verde. Diz-se no interior de Pernambuco:

*Meu São João, casai-me cedo,
Enquanto sou rapariga,
Que o milho rachado tarde
Não dá palha nem espiga.*

Em outros pontos do Brasil a quadra varia:

*Minha mãe, nos casa logo
Quando somos raparigas:
O milho plantado tarde,
Nunca dá boas espigas.*

Quase todos os viajantes que nos visitaram durante o tempo da escravidão contrastam a frescura encantadora das meninotas com o desmaiado do rosto e o desmazelo do corpo das matronas de mais de dezoito. De Mrs. Kindersley já vimos a opinião: as senhoras "ficavam com o ar de velhas muito depressa" (*"they look old very early in life"*). Seus traços perdiam a delicadeza e o encanto. O mesmo notou Luccock no Rio de Janeiro. Olhos vivos, dentes bonitos, maneiras alegres – tal o retratro que nos traça de meninas de treze ou quatorze anos. Aos dezoito anos, já matronas, atingiam a completa maturidade. Depois dos vinte decadência.[158] Ficavam gordas, moles. Criavam papada. Tornavam-se pálidas. Ou então murchavam. Algumas, é certo, tornavam-se fortes e corpulentas como o original de certo retrato antigo, que hoje se vê na galeria do Instituto Histórico da Bahia: mas feias, de buço, um ar de homem ou virago.

No século XVII, notara em Pernambuco um observador holandês que as mulheres, ainda moças, perdiam os dentes; e pelo costume de estarem sempre sentadas, no meio das mucamas e negras que lhes faziam as menores coisas, andavam "como se tivessem cadeias nas pernas".[159] Sem a agilidade das holandesas. Mawe, nas suas viagens pelo interior do Brasil, surpreendeu nas mulheres a mesma tendência para, ainda novas, perderem a vivacidade.[160] Mrs. Graham, na Bahia, notou que elas se tornavam *"almost indecently slovenly, after very early youth"*.[161]

No meado do século XIX, Burton, no sul do Brasil, ficou encantado com as mineiras de treze para dezesseis anos. Em Minas, escreve ele, não há *"beauté du diable"*.[162] As meninas adquiriam encantos de moça sem atravessarem a fase da puberdade, tão antipática na Europa.

Outro que se deixou seduzir pelas meninas-moças do Brasil foi von den Steinen que aqui esteve em 1885. "Um anjo de moça", chamou a uma delas o cientista germânico. Expressão de bacharel de Olinda em verso para ser recitado ao som da *Dalila* na casa da prima. "Estas brasileiras", são ainda palavras líricas de von den Steinen, "aos doze e treze anos, quando já na puberdade, e a mãe começa a pensar seriamente em casamento, encantam e enleiam com sua beleza florescente". Para o cientista alemão evolava-se "destas criaturas tropicais, antes da completa maturidade, tão delicado, tão delicioso perfume de feminilidade, como não o possuem os nossos botões de rosa europeus".[163] Pena que tão cedo se desfolhassem essas entrefechadas rosas. Que tão cedo murchasse sua estranha beleza. Que seu encanto só durasse mesmo até os quinze anos.

Idade em que já eram sinhá-donas; senhoras casadas. Algumas até mães. Na missa, vestidas de preto, cheias de saias de baixo e com um véu ou mantilha por cima do rosto; só deixando de fora os olhos – os grandes olhos tristonhos. Dentro de casa, na intimidade do marido e das mucamas, mulheres relassas. Cabeção picado de renda. Chinelo sem meias. Os peitos às vezes de fora. Maria Graham quase não conheceu no teatro as senhoras que vira na manhã dentro de casa – tamanha a disparidade entre o trajo caseiro e o de cerimônia.[164]

Mulheres sem ter, às vezes, o que fazer. A não ser dar ordens estridentes aos escravos; ou brincar com papagaios, saguis, molequinhos. Outras, porém, preparavam doces finos para o marido; cuidavam dos filhos. As devotas, cosiam camisinhas para o Menino Jesus ou bordavam panos para o altar de Nossa Senhora. Em compensação, havia freiras que se encarregavam de coser enxovais de casamento e de batizado para as casas-grandes.

"Os casamentos se fazem aqui muito cedo", escreveu do Brasil o inglês Alexander Caldcleugh: "não é raro encontrarem-se mães de treze anos". "O clima", acrescenta, "e hábitos retraídos das brasileiras têm considerável efeito sobre seu físico. Quando novas, os belos olhos escuros e a figura bonita atraem a admiração de todos; mas dentro de poucos anos, dá-se uma mudança na sua aparência, que longa e contínua doença dificilmente causaria na Europa".[165] Walter Colton, no seu diário de viagem, conta que no Rio de Janeiro lhe mostraram uma criança de doze anos – já senhora respeitável.[166] Mãe! Na idade de brincar com boneca, já estava lidando com filho.

O casamento era dos fatos mais espaventosos em nossa vida patriarcal. Festa de durar seis, sete dias, simulando-se às vezes a captura da noiva pelo noivo. Preparava-se com esmero a "cama dos noivos" – fronhas, colchas, lençóis, tudo bordado a capricho, em geral, por mãos de freiras; e exposto no dia do casamento aos olhos dos convidados.[167] Matavam-se bois, porcos, perus. Faziam-se bolos, doces e pudins de todas as qualidades. Os convivas eram em tal número que nos engenhos era preciso levantar barracões para acomodá-los. Danças europeias na casa-grande. Samba africano no terreiro. Negros alforriados em sinal de regozijo. Outros dados à noiva de presente ou de dote: "tantos pretos", "tantos moleques", uma "cabrinha".

Um fato triste é que muitas noivas de quinze anos morriam logo depois de casadas. Meninas. Quase como no dia da primeira comunhão. Sem se arredondarem em matronas obesas; sem criarem buço; sem murcharem em velhinhas de trinta ou quarenta anos. Morriam de parto – vãs todas as promessas e rogos à Nossa Senhora da Graça ou do Bom Parto. Sem tempo de criarem nem o primeiro filho. Sem provarem o gosto de ninar uma criança de verdade em vez dos bebês de pano, feitos pelas negras de restos de vestidos. Ficava então o menino para as mucamas criarem. Muito menino brasileiro do tempo da escravidão foi criado inteiramente pelas mucamas. Raro o que não foi amamentado por negra. Que não aprendeu a falar mais com a escrava do que com o pai e a mãe. Que não cresceu entre moleques. Brincando com moleques. Aprendendo safadeza com eles e com as negras da copa. E cedo perdendo a virgindade. Virgindade do corpo. Virgindade de espírito. Os olhos, dois borrões de sem-vergonhice. A boca como a das irmãs de Maria Borralheira: boca por onde só saía bosta. Meninos que só conversavam porcaria. Ou então conversas de cavalo, de galo de briga, de canário.

Isto sucedeu a muito menino com a mãe ainda viva: vivinha da silva e enérgica, mandando castigar escravos safados ou negras sem-vergonhas que ensinassem porcaria aos filhos. Imaginem-se os meninos sem mãe; sem madrinha; sem avó; entregues a mucamas nem sempre capazes de lhes substituir a mãe.

"Primeiramente eu estou persuadido", escrevia em 1837 no seu jornal *O Carapuceiro* o padre-mestre Miguel do Sacramento Lopes Gama, "que a escravaria que desgraçadamente se introduziu entre nós, he a causa primordial da nossa pessima educação e em verdade quaes os nossos primeiros mestres? São sem duvida a africana, que nos amamentou, que nos pensou, e nos subministrou as primeiras noções, e quantos escravos existião na casa paterna em a quadra dos nossos primeiros annos. Maneiras, linguagem, vícios, tudo nos innocula essa gente safara, e brutal, que à rusticidade da selvageria une a indolencia, o despejo, o servilismo proprio da escravidão. Com pretas e pretos boçaes, e com os filhinhos destes vivemos desde que abrimos os olhos; e como poderá ser bôa nossa educação?" E ainda: "Molequinhos, que nascem na casa paterna, são os companheiros da nossa infancia, e as mães destes as nossas primeiras mestras; porque muitas vezes ou nos mamentão ou nos servem de aias; e que sementes de moralidade, que virtudes poderão escravas plantar em nossos tenrinhos corações?".[168] Em 1823 já perguntara José Bonifácio, em sua *Representação à Assembleia Geral Constituinte*: "que educação podem ter as famílias que se servem com esses infelizes sem honra, sem religião? Que se servem com as escravas, que se prostituem ao primeiro que as procura? Tudo se compensa nesta vida. Nós tyrannizamos os escravos e os reduzimos a brutos animaes; elles nos innoculam toda a sua immoralidade e todos os seus vicios. E na verdade, senhores, se a moralidade e a justiça de qualquer povo se fundam, parte nas suas instituições religiosas e políticas, e parte na philosophia, por assim dizer domestica, de cada familia, que quadro pode apresentar o Brasil, quando o consideramos de baixo desses dois pontos de vista?".[169] Cinco anos depois o marquês de Santa Cruz, arcebispo da Bahia, feriu a mesma nota em discurso no Parlamento: "Sempre estive persuadido que a palavra escravidão desperta as ideas de todos os vicios e crimes; sempre lastimei, finalmente, a sorte dos tenros meninos brasileiros que, nascendo e vivendo entre escravos, recebem desde os primeiros anos as funestas impressões dos contagiosos exemplos desses seres degenerados; e oxalá que eu me enganasse! oxalá que fossem mais raros os triumphos da sedução e os naufragios na innocencia! oxalá que tantas familias não tivessem de deplorar a infamia e a vergonha em que as tem precipitado a immoralidade dos escravos!".[170]

Descontem-se nas palavras do patriarca da Independência e principalmente nas do marquês-arcebispo da Bahia os exageros da ênfase parlamentar; nas do padre Lopes Gama os excessos de moralista e panfletário. Elas refletem, assim desbastadas, experiências por eles vividas. Fatos que observaram. Influências que sofreram. Deve-se notar que nenhum dos três atribui ao negro, ao africano, à "raça inferior", as "funestas consequências" da senzala sobre a casa-grande. Atribuem-nas ao escravo. Ao fato social e não o étnico. Seus depoimentos constituem material de primeira ordem a favor daqueles que, como R. Bilden, procuram interpretar os males e vícios da formação brasileira, menos pelo negro ou pelo português, do que pelo escravo.

José Bonifácio, ao escrever libelo tão forte contra a escravidão, não sabemos se teria consciência dos vícios de caráter por ele próprio adquiridos no contato dos escravos: seu estranho sadismo, por exemplo. Revelou-o bem ao assistir por puro prazer, sem nenhuma obrigação, ao castigo patriarcal que a soldados portugueses mandou infligir de uma feita o Imperador D. Pedro I no Campo de Santana: cinquenta açoites em cada um. Castigo de senhor de engenho em negros ladrões.

Arrumaram-se os soldados em grupos de cinco, conforme a estatura. Despiram-se-lhes as fardas e as camisas. Os homens ficaram então nus das espáduas às nádegas, curvadas para a frente. E começaram os açoites. Alguns soldados terminaram deitados de bruços sobre o chão, vencidos pela dor da chibata. José Bonifácio, que assistiu a tudo por gosto, conservou-se no campo até o final da flagelação.[171] Até o cair da noite. Sinal de que a cena não lhe desagradara. Outras evidências poderiam juntar-se de vários traços, no caráter de José Bonifácio, que se podem atribuir à influência da escravidão. E se destacamos José Bonifácio é para que se faça ideia da mesma influência sobre homens de menor porte e personalidade menos viril.

Mas aceita, de modo geral, como deletéria a influência da escravidão doméstica sobre a moral e o caráter do brasileiro da casa-grande, devemos atender às circunstâncias especialíssimas que entre nós modificaram ou atenuaram os males do sistema. Desde logo salientamos a doçura nas relações de senhores com escravos domésticos, talvez maior no Brasil do que em qualquer outra parte da América.

A casa-grande fazia subir da senzala para o serviço mais íntimo e delicado dos senhores uma série de indivíduos – amas de criar, mucamas, irmãos de criação dos meninos brancos. Indivíduos cujo lugar na família ficava sendo não o de escravos mas o de pessoas de casa. Espécie de parentes pobres nas famílias europeias. À mesa patriarcal das casas-grandes sentavam-se como se fossem da família numerosos mulatinhos. Crias. Malungos. Moleques de estimação. Alguns saíam de carro com os senhores, acompanhando-os aos passeios como se fossem filhos.

Quanto às mães-pretas, referem as tradições o lugar verdadeiramente de honra que ficavam ocupando no seio das famílias patriarcais. Alforriadas, arredondavam-se quase sempre em pretalhonas enormes. Negras a quem se faziam todas as vontades: os meninos tomavam-lhe a bênção; os escravos tratavam-nas de senhoras; os boleeiros andavam com elas de carro. E dia de festa, quem as visse anchas e enganjentas entre os brancos de casa, havia de supô-las senhoras bem-nascidas; nunca ex-escravas vindas da senzala.

É natural que essa promoção de indivíduos da senzala à casa-grande, para o serviço doméstico mais fino, se fizesse atendendo a qualidades físicas e morais; e não à toa e desleixadamente. A negra ou mulata para dar de mamar a nhonhô, para niná-lo, preparar-lhe a comida e o banho morno, cuidar-lhe da roupa, contar-lhe histórias, às vezes para substituir-lhe a própria mãe – é natural que fosse escolhida dentre as melhores escravas da senzala. Dentre as mais limpas, mais bonitas, mais fortes. Dentre as menos boçais e as mais ladinas – como então se dizia para distinguir as negras já cristianizadas e abrasileiradas, das vindas há pouco da África; ou mais renitentes no seu africanismo.

No Brasil, país de formação social profundamente católica, sempre se fez mais questão do que nas Antilhas e no sul dos Estados Unidos da condição religiosa do escravo: "Os africanos importados de Angola", informa Koster, "são batizados em massa antes de saírem de sua terra, e chegando ao Brasil ensinam-lhes os dogmas religiosos e os deveres do culto que vão seguir. Trazem no peito o sinal da Coroa Real a fim de indicar que foram batizados e por eles pagos os direitos. Os escravos que se importam das outras regiões da África chegam ao Brasil sem ter sido batizados e antes de proceder-se a cerimônia que os deve fazer cristãos é necessário ensinar-lhes certas orações, para o que concede-se aos mestres o prazo de um ano no fim do qual são obrigados a apresentar os discípulos à igreja paroquial".[172] Essa lei não acreditava Koster que fosse rigorosamente cumprida com relação ao tempo: era-o porém em essência, não havendo senhor brasileiro capaz de trair os preceitos da Igreja contra o paganismo. "Do seu lado o escravo deseja a qualidade de cristão porque os camaradas tendo com ele a menor questão terminam sempre o excesso dos injuriosos epítetos que lhe dirigem, com o de pagão." Pagão ou mouro. Acrescenta Koster. "O negro sem batismo, vê-se com pesar considerado um ser inferior e embora ignorando o valor que os brancos ligam àquela cerimônia, sabe que deve lavar a mancha que lhe exprobram e mostra-se impaciente por tornar-se igual aos outros. Os africanos, chegados há muito tempo, estando já imbuídos de sentimentos católicos, parecem esquecer que outrora estiveram nas mesmas condições que os recém-chegados. Não se pergunta aos escravos se querem ou não ser batizados; a entrada deles no grêmio da Igreja Católica é considerada como questão de direito. Realmente eles são tidos menos por homens do que por animais ferozes até gozarem do privilégio de ir à missa e receber os sacramentos."[173]

Não pretendemos aqui considerar o grau de cristianização atingido pela massa escrava – assunto de que nos ocuparemos em estudo próximo; mas o certo é que, por contágio e pressão social, rapidamente se impregnou o escravo negro, no Brasil, da religião dominante. Aproximou-se por intermédio dela da cultura do senhor; dos seus padrões de imoralidade. Alguns tornaram-se tão bons cristãos quanto os senhores; capazes de transmitir às crianças brancas um catolicismo tão puro quanto o que estas receberiam das próprias mães.

Sílvio Romero, recordando o seu tempo de menino em um engenho do Norte, disse uma vez que nunca viu rezar tanto quanto a escrava Antônia, sua mãe-negra. Ela é que o fizera religioso. "Devo isso [a religião] à mucama de estimação a que foram, em casa de meus avós, encarregados os desvelos de minha meninice. Ainda hoje existe, nonagenária, no Lagarto, ao lado de minha mãe, essa adorada Antônia, a quem me acostumei a chamar também de mãe... Nunca vi criatura tão meiga, e nunca vi rezar tanto. Dormia comigo no mesmo quarto e, quando, por alta noite, eu acordava, lá estava ela de joelhos... rezando... Bem cedo aprendi as orações e habituei-me tão intensamente a considerar a religião como coisa seria, que ainda agora a tenho na conta de uma criação fundamental e indestrutível da humanidade. Desgraçadamente, ai de mim! não rezo mais, mas sinto que a religiosidade jaz dentro do meu sentir inteiriça e irredutível."[174] Outros brasileiros, da geração de Sílvio, poderiam dizer o mesmo. O próprio Joaquim Nabuco terá porventura aprendido com a sua velha ama negra de Massangana o padre-nosso que, no fim da vida, voltou a rezar na igreja do Oratório em Londres. Quando morreu-lhe a madrinha – "cena de naufrágio" que evoca em uma das páginas mais comovidas de *Minha formação* – foi o seu grande consolo: a velha ama negra continuar a servi-lo como dantes. "O menino está mais satisfeito", escrevia a seu pai o amigo que o devia levar à Corte, "depois que eu lhe disse que a sua ama o acompanharia".[175]

Mas o ponto que pretendemos destacar não é o dessas fundas afeições, quase de mãe e filho, que no tempo da escravidão se formaram entre escravas amas de leite e nhonhôs brancos; mas retificar a ideia de que através da ama de leite o menino da casa-grande só fizesse receber da senzala influências ruins; absorvendo com o primeiro alimento os germes de todas as doenças e superstições africanas. Os germes de doenças, recebeu-os muitas vezes; e outras os transmitiu; mas recebeu também nos afagos da mucama a revelação de uma bondade porventura maior que a dos brancos; de uma ternura como não a conhecem igual os europeus; o contágio de um misticismo quente, voluptuoso, de que se tem enriquecido a sensibilidade, a imaginação, a religiosidade dos brasileiros.

Verificou-se entre nós uma profunda confraternização de valores e de sentimentos. Predominantemente coletivistas, os vindos das senzalas; puxando para o individualismo e para o privativismo, os das casas-grandes. Confraternização que dificilmente se teria realizado se outro tipo de cristianismo tivesse dominado a formação social do Brasil; um tipo mais clerical, mais ascético, mais ortodoxo; calvinista ou rigidamente católico; diverso da religião doce, doméstica, de relações quase de família entre os santos e os homens, que das capelas patriarcais das casas-grandes, das igrejas sempre em festas – batizados, casamentos, "festas de bandeiras" de santos, crismas, novenas – presidiu o desenvolvimento social brasileiro. Foi este cristianismo doméstico, lírico e festivo, de santos compadres, de santas comadres dos homens, de Nossas Senhoras madrinhas dos meninos, que criou nos negros as primeiras ligações espirituais, morais e estéticas com a família e com a cultura brasileira. "Os escravos tornados cristãos fazem mais progresso na civilização", observou Koster. "Não se tem lançado mão de constrangimento para os fazer adotar os costumes dos senhores, mas insensivelmente lhes dirigem as ideias para este lado; os senhores ao mesmo tempo contraem alguns hábitos dos seus escravos e desta sorte o superior e o inferior se aproximam. Eu não duvido que o sistema de batizar negros importados tenha antes a sua origem na devoção dos portugueses do que em vistas políticas, mas tem produzido os melhores resultados."[176]

Não foi só "no sistema de batizar os negros" que se resumia a política de assimilação, ao mesmo tempo que de contemporização seguida no Brasil pelos senhores de escravos: consistiu principalmente em dar aos negros a oportunidade de conservarem, à sombra dos costumes europeus e dos ritos e doutrinas católicas, formas e acessórios da cultura e da mítica africana. Salienta João Ribeiro o fato de o cristianismo no Brasil ter concedido aos escravos uma parte no culto; de santos negros como São Benedito e Nossa Senhora do Rosário terem se tornado patronos de irmandades de pretos; dos escravos terem se reunido em grupos que foram verdadeiras organizações de disciplina, com "reis do Congo" exercendo autoridade sobre "vassalos".[177]

Já Koster notara que a instituição dos reis do Congo no Brasil, em vez de tornar os negros refratários à civilização, facilitava esse processo e o da disciplina dos escravos: "os reis do Congo eleitos no Brasil rezam a Nossa Senhora do Rosário e trajam a moda dos brancos; eles e seus súditos conservam, é certo, as danças do seus país: mas nas suas festas admitem-se escravos africanos de outras regiões, crioulos e mulatos que dançam da mesma maneira; essas danças atualmente são mais danças nacionais do Brasil do que da África".[178] Vê-se quanto foi prudente e sensata a política social seguida no Brasil com relação ao escravo. A religião tornou-se o ponto de encontro e de confraternização entre as duas culturas, a do senhor e a do negro; e nunca uma intransponível ou dura barreira. Os próprios padres proclamavam a vantagem de concederem-se aos negros seus folguedos africanos. Um deles, jesuíta, escrevendo no século XVIII, aconselha os senhores não só a permitirem, como a "acodirem com sua liberalidade" às festas dos pretos. "Portanto não lhe estranhem o criarem seus reis, cantar e bailar por algumas horas honestamente em alguns dias do anno, e o alegrarem-se honestamente à tarde depois de terem feito pela manhã suas festas de Nossa Senhora do Rosário, de São Benedicto e do orago da capela do engenho [...]."[179]

A liberdade do escravo de conservar e até de ostentar em festas públicas – a princípio na véspera de Reis, depois na noite de Natal, na de Ano-Bom, nos três dias de carnaval – formas e acessórios de sua mítica, de sua cultura fetichista e totêmica, dá bem a ideia do processo de aproximação das duas culturas no Brasil. Liberdade a que não deixou nunca de corresponder forte pressão moral e doutrinária da Igreja sobre os escravos. Koster observou em Pernambuco: "a religião que ensinam [os senhores] aos escravos do Brasil tem operado neles salutar efeito porque conseguiu diminuir ou destruir a cega confiança, que depositavam nos sortilégios de seus compatriotas. Exercem a sua credulidade do modo mais inocente. Os terríveis resultados da autoridade dos *Obeahs* nas Antilhas não se verificam no Brasil entre os mandingueiros".[180] Gente pronta a admitir a eficácia das mandingas, nunca deixou de haver entre nós; mas esse "prejuízo", não o considerou o inglês nem "geral" nem de "perniciosas consequências". É verdade que muito senhor de engenho, já sem forças para dar conta dos haréns de negras e mulatas, teve os dias encurtados pelo uso de beberagens afrodisíacas preparadas por pretos mandingueiros. Também houve quem morresse de "coisas feitas" e de veneno africano. Casos raros, porém. Esporádicos.

Ocupando-se da cristianização do negro, no Brasil, Nina Rodrigues se extrema, ao nosso ver, em um erro: o de considerar a catequese dos africanos uma ilusão.[181] Mesmo diante das evidências reunidas pelo cientista maranhense – maranhense de origem, embora o centro de sua ação intelectual tenha sido a Bahia – a favor de sua tese, não pode se negar a extensa ação educativa, abrasileirante, moralizadora no sentido europeu, da religião católica sobre a massa escrava. Aliás o ponto de partida da tese de Nina Rodrigues, consideramo-lo falso: o da incapacidade da raça negra de elevar-se às abstrações do cristianismo. Nina Rodrigues foi dos que acreditaram na lenda da inaptidão do negro para todo surto intelectual. E não admitia a possibilidade do negro elevar-se até o catolicismo.

Foi, porém, ao calor da catequese católica – de um catolicismo, é certo, que para atrair os índios já se opulentara de novas cores e até de imitações, pelos padres, das gatimonhas dos pajés – que se amoleceram nos africanos, vindos de áreas de fetichistas, os traços mais duros e grossos da cultura nativa. A catequese era a primeira fervura que sofria a massa de negros, antes de integrar-se na civilização oficialmente cristã aqui formada com elementos tão diversos. Esses elementos, a Igreja quebrou-lhes a força ou a dureza, sem destruir-lhes toda a potencialidade.

Na ordem de sua influência, as forças que dentro do sistema escravocrata atuaram no Brasil sobre o africano recém-chegado foram: a igreja (menos a Igreja com I grande, que a outra, com i pequeno, dependência do engenho ou da fazenda patriarcal); a senzala; a casa-grande propriamente dita – isto é, considerada como parte, e não dominador do sistema de colonização e formação patriarcal do Brasil. O método de desafricanização do negro "novo", aqui seguido, foi o de misturá-lo com a massa de "ladinos", ou veteranos; de modo que as senzalas foram uma escola prática de abrasileiramento.

A verdadeira iniciação do "negro novo" na língua, na religião, na moral, nos costumes dos brancos, ou antes, dos negros "ladinos", fez-se na senzala e no eito, os "novos" imitando os veteranos. Foram ainda os "ladinos", os que iniciaram os "boçais" na técnica ou na rotina da plantação da cana e do fabrico do açúcar. Um cronista holandês do século XVII gaba os negros "ladinos" de origem angola como mestres ou iniciadores dos negros "novos". Do mesmo modo que aconselha a só se importarem pretos da Angola.[182] Que os de Arda eram cabeçudos e tardos; difíceis de se habituarem à rotina dos engenhos. Levantavam-se às vezes contra os feitores e moíam-nos de pancadas.

Outras forças podem-se particularizar como tendo atuado sobre os negros no sentido do seu abrasileiramento; modificando-lhes a plástica moral e é possível que também a física; conformando-as não só ao tipo e às funções de escravo como ao tipo e aos característicos de brasileiro. O meio físico. A qualidade e o regime da alimentação. A natureza e o sistema de trabalho.

A repercussão de todas as influências, naturais umas, outras artificiais e até perversas, sobre o físico e a moral do negro no Brasil, é assunto para ser estudado com minúcia. Falta-nos infelizmente material de pesquisa antropológica que permita exato confronto do negro brasileiro – estreme de cruzamento, rigorosamente puro – com o africano.[183] Os estudos de Roquette-Pinto revelam-nos uma disparidade surpreendente, que talvez se possa atribuir à influência da perístase, entre os negros do Brasil e os da África: geral a braquicefalia entre os nossos, em contraste com a dolicocefalia dos africanos. Diferenças também de índice nasal: – os melanodermos brasileiros de nariz mais achatado, aproximando-se dos bastardos do sul da África e dos filipinos. O que os coloca fora do grande grupo negro.[184]

As diferenças de índice nasal, atribui-as Roquette-Pinto ao fato de serem raros os negros realmente puros no Brasil; a própria braquicefalia acredita que deva correr por conta de "diferenciação local, muito possivelmente oriunda de velhos cruzamentos". Mas não deixa de admitir a possibilidade de casos de imitação (Davenport) ou de influência de perístase (Boas).[185]

Interessante é ainda o fato, salientado pelo professor Roquette-Pinto, dos mulatos brasileiros tenderem para estatura "nas proximidades dos brancos mais baixos",[186] quando nos Estados Unidos, para onde parece ter sido menor a migração dos sudaneses altos, os mulatos se apresentam com uma média elevada de estatura. Pode muito bem tratar-se de diminuição de estatura por efeito da qualidade e do regime de alimentação; resultado do modo por que variou do regime nativo a nutrição do negro no Brasil e nos Estados Unidos. Ou pode ser simplesmente a influência do cruzamento com o branco mais alto e melhor alimentado nos Estados Unidos.

Sá Oliveira, em trabalho publicado em 1895, indicou vários efeitos sobre indivíduos da raça negra das novas circunstâncias, que podemos chamar econômicas, de sua vida doméstica e de trabalho no Brasil; primeiro como escravos, depois como párias. Por exemplo: obrigadas as negras, no trabalho agrícola de longas horas por dia, a trazerem os filhos atados às costas – costume seguido na África, mas só durante viagens ou pequena parte do dia – "veem mais tarde os seus filhos ficarem com as pernas defeituosas, arqueadas, de modo que, tocando-se pelos pés formam uma elipse alongada".[187] Por outro lado, quase todas, obrigadas a se entregarem a ocupações agrícolas ou domésticas, atiravam os filhos ao berço, à esteira ou à rede – aí permanecendo as crianças dias inteiros. Daí, para Sá Oliveira, o fato de muitos negros e mulatos que se encontram no Brasil com a "região occipital projetada para a parte posterior como os africanos e outros têm-na achatada, diminuindo de algum modo a projeção do crânio posterior". Efeito de pressão invariável e constante no *occiput*, quase o dia inteiro.

Brandão Júnior refere o fato de um fazendeiro no Maranhão que obrigava as escravas negras a deixarem seus filhos, crianças ainda de mama, no *tejupabo*, metidos até o meio do corpo em buracos para esse fim cavados na terra.[188] O fim era evidentemente assegurar-lhe a imobilidade, evitando-se o perigo de engatinharem para o mato; ou para os pastos, chiqueiro, estrebaria etc. Acreditamos ter sido costume seguido em uma ou em outra fazenda, ou engenho de cana, e não prática generalizada, mesmo no Maranhão, cujos fazendeiros e senhores de engenho criaram fama de extremamente cruéis com os escravos. Prática generalizada, teria sido outra causa de deformações patológicas dos escravos negros e seus descendentes, tantas vezes contrariados no seu desenvolvimento físico, moral e eugênico pelas circunstâncias de sua situação econômica; pelas necessidades ou abusos do regime de trabalho nas plantações brasileiras. Deve-se notar, por outro lado, que as negras conservaram no Brasil, sempre que lhes foi possível, certos costumes, para elas quase sagrados, de deformação física das crianças – como o de "amassarem-lhes a cabeça". Costumes que conservaram nas senzalas; mas que terão empregado às vezes nas casas-grandes, onde chegaram algumas a ser quase onipotentes como mães de criação de meninos brancos.

A escolha da escrava negra para ama de menino sugere-nos outro aspecto interessantíssimo das relações entre senhores e escravos no Brasil: o aspecto higiênico. De Portugal transmitira-se ao Brasil o costume das mães ricas não amamentarem os filhos, confiando-os ao peito de saloias ou escravas. Júlio Dantas, nos seus estudos sobre o século XVIII em Portugal, registra o fato: "o precioso leite materno era quase sempre substituído pelo leite mercenário das amas".[189] O que atribui à moda. Com relação ao Brasil, seria absurdo atribuir-se à moda a aparente falta de ternura materna da parte das grandes senhoras. O que houve, entre nós, foi impossibilidade física das mães de atenderem a esse primeiro dever de maternidade. Já vimos que se casavam todas antes do tempo; algumas fisicamente incapazes de ser mães em toda a plenitude. Casadas, sucediam-se nelas os partos. Um filho atrás do outro. Um doloroso e contínuo esforço de multiplicação. Filhos muitas vezes nascidos mortos – anjos que iam logo se enterrar em caixõezinhos azuis. Outros que se salvavam da morte por milagre. Mas todos deixando as mães uns mulambos de gente.

Nossos avós e bisavós patriarcais, quase sempre grandes procriadores, às vezes terríveis sátiros de patuá de Nossa Senhora sobre o peito cabeludo, machos insaciáveis colhendo do casamento com meninas todo um estranho sabor sensual, raramente tiveram a felicidade de se fazerem acompanhar da mesma esposa até a velhice. Eram elas que, apesar de mais moças, iam morrendo; e eles casando com irmãs mais novas ou primas da primeira mulher. Quase uns barba-azuis. São numerosos os casos de antigos senhores de engenho, capitães-mores, fazendeiros, barões e viscondes do tempo do Império, casados três, quatro vezes; e pais de numerosa prole. Fatos que são indicados quase como glórias nos seus testamentos e os vários matrimônios, nos túmulos e catacumbas dos velhos cemitérios e das capelas de engenho. Pois essa multiplicação de gente se fazia à custa do sacrifício das mulheres, verdadeiras mártires em que o esforço de gerar, consumindo primeiro a mocidade, logo consumia a vida.

A esse fato, e não a nenhuma imposição da moda, deve-se atribuir a importância, em nossa organização doméstica, da escrava ama de leite, chamada da senzala à casa-grande para ajudar franzinas mães de quinze anos a criarem os filhos. Imbert observou que no Brasil as senhoras brancas, além de mães prematuras, sofriam "a acção incessante de um clima situado debaixo dos trópicos"; clima que lhes "exgota as forças vitaes" e "irrita o systema nervoso". Enquanto as amas negras "organisadas para viver nas regiões calidas em que sua saude prospera mais que em qualquer outra parte, adquirem nesta condição climaterica um poder de amamentação que a mesma zona recusa geralmente ás mulheres brancas por isso que a organisação physica destas não se allia com tanta harmonia á acção da temperatura extrema destas regiões equatoriaes".[190] Observação que se concilia com a de Bates sobre a tristeza do índio e do branco nos trópicos em contraste com a alegria exuberante, a vivacidade e a saúde esplêndida do negro. Talvez não seja ponto inteiramente desprezível o salientado por Imbert, do maior poder de amamentação da mulher preta de que a branca nos países tropicais. A tradição brasileira não admite dúvida: para ama-de-leite não há como a negra.

Mas a razão principal do maior vigor das negras que das brancas estaria porventura em suas melhores condições eugênicas. Em motivos principalmente sociais, e não de clima. Em Portugal divergiam, nos séculos XVII e XVIII, os mestres na "arte de curar e crear meninos" quanto à cor que se devia preferir nas amas de leite. O que mostra ter o problema de louras e morenas preocupado os médicos antes de inquietar os estetas encarregados de escolher coristas para os teatros de Paris e Nova York. O Dr. Francisco da Fonseca Henriques – grande celebridade médica em Portugal no século XVIII – opunha-se às mulheres fuscas e morenas: aconselhava as louras;[191] o autor da *Polyanthea* era grande partidário das morenas. Alegava que "alem de serem mais sanguinhas, convertem melhor o alimento em sangue e em leite, á maneira da terra, que quanto é mais negra, tanto é mais fertil".[192]

Os conselhos do autor da *Polyanthea* devem ter repercutido simpaticamente entre os portugueses da América, por várias circunstâncias predispostos a criar seus meninos em peito de escrava negra. Negra ou mulata. Peitos de mulheres sãs, rijas, cor das melhores terras agrícolas da colônia. Mulheres cor de massapê e de terra roxa. Negras e mulatas que além do leite mais farto apresentavam-se satisfazendo outras condições, das muitas exigidas pelos higienistas portugueses do tempo de D. João V. Dentes alvos e inteiros (nas senhoras brancas era raro encontrar-se uma de dentes sãos, e pode-se afirmar, através dos cronistas, das anedotas e das tradições coloniais, ter sido essa uma das causas principais de ciúme ou rivalidade sexual entre senhoras e mucamas). Não serem primíparas. Não terem sardas. Serem mães de filhos sadios e vivedouros.

J. B. A. Imbert, no seu *Guia medica*, ao abeirar-se do delicado problema das amas de leite, principia um tanto acacianamente: "os peitos deverão ser convenientemente desenvolvidos, nem rijos nem molles, os bicos nem muito pontudos nem encolhidos, accommodados ao labio do menino".[193] Imbert reconhecia a conveniência das amas de criar serem escravas, não admitindo "em regra geral, que as mães ainda mui jovens possam no Brasil supportar as fadigas de uma amamentação prolongada sem grave detrimento de sua saude bem como dos filhos". Mas salientando sempre a necessidade de fiscalizarem as senhoras as amas negras.

Os fazendeiros deviam preocupar-se com a higiene pré-natal e infantil, não só nas casas-grandes, como nas senzalas. Muito negrinho morria anjo por ignorância das mães. "As negras de ordinário", informa o *Manual do fazendeiro ou Tratado domestico sobre as enfermidades dos negros,* "cortão o cordão muito longe do embigo e estão de mais a mais no pernicioso costume de lhe porem em cima pimenta, e fomental-o com oleo de ricino ou qualquer outro irritante. Feito isto apertam essas malditas o ventre da creança a ponto quasi de suffocal-a. Este barbaro costume corta o fio da vida a muitas e muitas creanças e contribue para desenvolver no embigo essa inflammação a que no Brasil se dá o nome de mal de sete dias". Ainda as negras nas senzalas "mal nasce a creança, costumam [...] amassar-lhe a cabeça, afim de dar à testa uma forma mais agradável; sem attenderem à fraqueza dos orgãos digestivos dos recem-nascidos, dão-lhes algumas vezes, poucos dias depois delles nascerem, alimentos grosseiros, tirados de sua própria comida". Contra práticas dessa natureza é que as senhoras brancas deviam conservar-se atentas, não somente impedindo que as grosserias das negras subissem às casas-grandes, mas que continuassem a proliferar nas senzalas. Afinal "as negras que acabam de parir", diz Imbert, "acabam de augmentar o capital de seu senhor [...]".[194] Importava a mortalidade nas senzalas em diminuição séria no capital dos senhores.[195]

É curioso surpreender o mesmo Imbert (tão intolerante de tudo o que cheirasse a científico em matéria de criar menino e curar doente: de quanto remédio, elixir, unguento ou pomada para boubas, úlceras, impingens, icterícia, erisipela, escoriações na virilha, coxas e nádegas de meninos novos devido a não mudarem frequentemente de cueiro, sapinhos na boca, tinha, bexiga doida, sarampo, lombriga, solitária etc., parecesse coisa de curandeiro africano)[196] aconselhando contra o mal das crianças mijarem na cama este infalível remédio: comerem carne assada e beberem um pouco de bom vinho; ou então "o medo, a ameaça de castigo". "A ameaça de castigo e o medo, produzem algumas vezes effeito salutar, sobre tudo quando a incontinência é o resultado da preguiça, ou de um mal habito [...]."[197] O que mostra que médicos e curandeiros nunca estiveram muito distanciados uns dos outros, antes da segunda metade do século XIX.

A arte de sangrar, exerceram-na no Brasil colonial e do tempo do Império escravos africanos, que foram também barbeiros e dentistas; e o mister de parteiras, exerceram-no ao lado de brancas e caboclas boçais, negras nas mesmas condições; todas apelidadas *comadres*. *Comadres* que, além de partejarem, curavam doenças ginecológicas por meio de bruxedos, rezas, benzeduras. As casas que habitavam tinham à porta uma cruz branca. E elas quando saíam a serviço, era debaixo de uns mantos ou xales compridos, como umas côcas; muitas "levando debaixo das mantilhas cartas de alcoviteiras, feitiços e puçangas"; algumas conduzindo também, "a abandonar nas ruas e recantos, os produtos das práticas ilícitas e criminosas a que essa profissão se presta e a que sem escrúpulos se entregavam".[198]

A ignorância das mães brasileiras de outrora – meninas inexperientes – não encontrava nas *comadres* o corretivo necessário. Nada porém nos autoriza a concluir que as *comadres* e os curandeiros africanos dos tempos coloniais excedessem à medicina oficial, isto é, europeia, dos séculos XVI, XVII e XVIII, em porcaria ou simulação.

É ao patriarca da literatura médica no Brasil, o Dr. Joam Ferreyra da Rosa, físico do século XVII, que vamos encontrar receitando aos seus doentes: "pós de carangueijos queimados dados a beber em hum copo de agua de herva cidreira"; trazerem "debaixo do braço no sovaco [...] pasta ouropimiente" como "goma arabica"; e para a "supre-são de ourina" untarem com óleo de copaúba "as verilhas, cano intersemine e ventre". A peste que nos fins do século XVII devastou Pernambuco pareceu-lhe arte dos astros: "pode o ar receber [...] sordicie, ou qualidade contagiosas dos Astros". Ou então obra da Justiça Divina, "em quanto não se reformarem nossos pessimos costumes". A população devia combatê-la com fogueiras. Queimando "cousas aromaticas". Andando com "pomos aromaticos na mão".[199] Isto escreveu Ferreyra da Rosa, que não era nenhum doutor caturra, mas um dos mais adiantados de sua época; tirando seus remédios e suas doutrinas "não dos Empiricos, mas dos Methodicos & Racionaes".

Em Portugal, no século XVIII, Fonseca Henriques, pediatra ilustre, ainda se orientava pelos astros na sua clínica. Quem lhe abrir o célebre *Soccorro delfico aos clamores da natureza humana* depara com estas graves palavras sobre a Lua: "a sua luz é nociva aos meninos". Nem mesmo as roupas e panos da criança deviam deixar-se à luz da Lua. Seriam robustos, segundo ele, os meninos que nascessem chorando alto e "muyto mays os que nacem com o escroto corrugado".[200]

Nas *Observações doutrinárias*, de Curvo Semedo, Luís Edmundo foi encontrar receitas que na verdade pouco se distanciam das dos curandeiros africanos ou caboclos; e em certa *Pharmacopéa Ulysiponense*, de João Vigier, recolheu coisas ainda mais imundas. Remédios caseiros, comuns em Portugal e que de lá se transmitiram ao Brasil: chás de percevejos e de excremento de rato para desarranjos intestinais; moela de ema para dissolução de cálculos biliares; urina de homem ou de burro, cabelos queimados, pós de esterco de cão, pele, ossos e carne de sapo, lagartixa, caranguejos etc.[201]

Uma medicina que pela voz de seus doutores mais ortodoxos receita aos doentes tamanhas imundícies dificilmente pode firmar pretensões de superior à arte de curar dos africanos e ameríndios. Porque a verdade é que destes tão desdenhados curandeiros absorveu a mal--agradecida uma série de conhecimentos e processos valiosíssimos: o quinino, a cocaína, a ipecacuanha. No Brasil colonial parece-nos justo concluir terem médicos, *comadres*, curandeiros e escravos sangradores contribuído quase por igual para a grande mortalidade, principalmente infantil e das mães, que por épocas sucessivas reduziu quase 50% a produção humana nas casas-grandes e nas senzalas.

A mortalidade infantil vimos que foi enorme entre as populações indígenas desde o século XVI. Naturalmente devido ao contato perturbador e disgênico com a raça conquistadora. Considerável tornou-se também a mortalidade de crianças entre as famílias das casas-grandes. Foi talvez a esfera em que mais dolorosa e dificilmente se processou a adaptação dos europeus ao meio tropical americano – a da higiene infantil. Traziam eles da Europa noções rígidas de resguardo e de agasalho. Supersticioso horror de banho e do ar. Noções que, nocivas à criança em clima temperado, em clima quente significaram muitas vezes a morte. Piso contrastou-as com a higiene infantil dos caboclos para concluir pela superioridade do método indígena: conclusão a que antes chegara, sem ser médico nem naturalista, mas simples homem de bom-senso, o francês Jean de Léry.

À higiene infantil indígena ou africana – à maior liberdade da criança dos panos grossos e dos agasalhos pesados – é que se foi acomodando a europeia, através da mediação da escrava índia ou negra. Mas aos poucos. À custa de muito sacrifício de vida.

Nieuhof salientou a grande mortalidade infantil nos primeiros séculos de colonização: teve, porém, o bom-senso de atribuí-la menos ao clima ou à escrava africana que à alimentação imprópria.[202] E Fernandes Gama quase repete ao escrever que "as mulheres portuguesas a principio crearam mui poucos filhos"; que "dois terços destes morriam pouco depois de nascidos." Que já "as filhas destas mulheres que chegaram a crear-se, e mesmo ellas, accommodando-se ao clima e regeitando o peso dos vestidos, e o uso de abafar a cabeça dos filhinhos, banhando-os em agua morna, não se queixaram mais de que o clima fosse destruidor das vidas dos recem-nascidos".[203]

Abrandou, decerto, a mortalidade infantil no Brasil, da segunda metade do século XVI em diante; mas continuou impressionante. No século XVIII preocupa-se com ela o Dr. Bernardino Antônio Gomes; no século XIX é um dos problemas que mais inquietam os higienistas do Segundo Império – Sigaud, Paula Cândido, Imbert, o barão de Lavradio; até que em 1887 José Maria Teixeira consagra-lhe

Acima: **Gilberto Freyre quando da publicação da primeira edição de** *Casa-grande & senzala*.

Ao lado: **O autor em diversas fases de sua vida.**

Acervo da Fundação Gilberto Freyre

Acrescentar a pg. 143, vol. 1, de
C. & S., 4 nota ⟨?⟩ 112.

A afirmativa do sr. A. Marchant
(Do Escambo à Escravidão, etc., S. Paulo, 1943,
p. 183), com referência à capital da Bahia
em 1580, de que "os citadinos eram bem
aprovisionados por eus produtos locais", isto
é, frutas e verduras, baseia-se em informação
de Cardim que se refere à presença de
"legumes de terra e de Portugal": beringelas,
alfaces, couves, abóboras, rabãos e outros legumes e
hortaliças." (Tratados da Terra e Gente do Brasil, ed. p. 289).
Se houve abundância desses produtos outros
⟨...⟩ a ⟨...⟩ que foi por um certo periodo
durante o quatro ⟨?⟩ primeiros séculos da Bahia
puderam conciliar com a grande ⟨...⟩ lavoura
tropical inimiga da policultura, nos velhos gostos
pela horticultura. No princípio do século XVII,
⟨...⟩ Salvador padeceria — é sabido aqui ⟨...⟩
entre pela escassez de ⟨...⟩ a situação de
guerra no ⟨...⟩ — de facto até de fome de
mantimentos, como o indicam documentos recentemente
publicados (Documentos Históricos do Arquivo
Municipal — Atas da Camara — 1625-1641, Salvador,
1944, pp. 399, 401 e outros). Desde então o testemunho
dos cronistas e viajantes no sentido de que a diminuição
dos ⟨...⟩ em Salvador ⟨...⟩ preço dos alimentos
⟨...⟩ ⟨...⟩ tem-se de ter em conta seu
caráter de fato isolado, excepcionalmente bem recebido pelos
estudiosos e eruditos, do mesmo modo que com relação a

Nações negras, Maria Graeude e Senzala, pag. 330 ordenada ⟨?⟩
Angico   Songo ou Sungo
Angola   Sobacê (nos mapas de 1500 ⟨...⟩)
Ardras (⟨...⟩ em um mapa de 1500 ⟨...⟩)   Songo ou Songô
Bolce
Benguella   Whóa
Bonda ou Gainí (no mapa Benin)(?)
Bundo ou Bunda   36 nações
Calabria
Calambá
Calabar
Caminhongo ou Cambundongo
Caçange
Casca
Cango
Cavile
Imbaca (Amboca)
Gôzo
Guissalla
Goga (Seja (?) do mapa)

Haussá
Louanda
Magé
Malemba (no mapa Malemba) (no mapa)
Massanganos (no mapa Massangano)
Pongongo — no mapa ⟨...⟩ por onde ⟨...⟩ ⟨...⟩ ⟨...⟩ ⟨...⟩
Mina
Moçambique
Muxicongo
Songos
Quelimane
Quissamá (no mapa Quissamã) sem acento

Rebollo ⟨...⟩

NA PÁGINA AO LADO:

NO TOPO: **Carteira de acesso ao clube da Universidade de Stanford - EUA, onde o autor realizou importantes pesquisas para o desenvolvimento de sua obra.**

EM BAIXO: **Originais manuscritos do livro.**

NESTA PÁGINA:

IV

"Joaquim Falcão esteve aqui e me deu noticias suas, me disse que o pessoal do Noruega não quer que voce publique o testamento todo porque aparece o C. Mór como filho de padre, e elle disse que antes voce não publicasse todo este testamento porque assim voce continuaria comendo os doces e os queijos do Noruega.
Esse livro vae sahir cheio de coisas é o diabo.
Você mande dizer se fora o mappa ainda é precizo vinhetas."

Carta de Cícero Dias a Gilberto Freyre, 1933.
ACERVO DA FUNDAÇÃO GILBERTO FREYRE

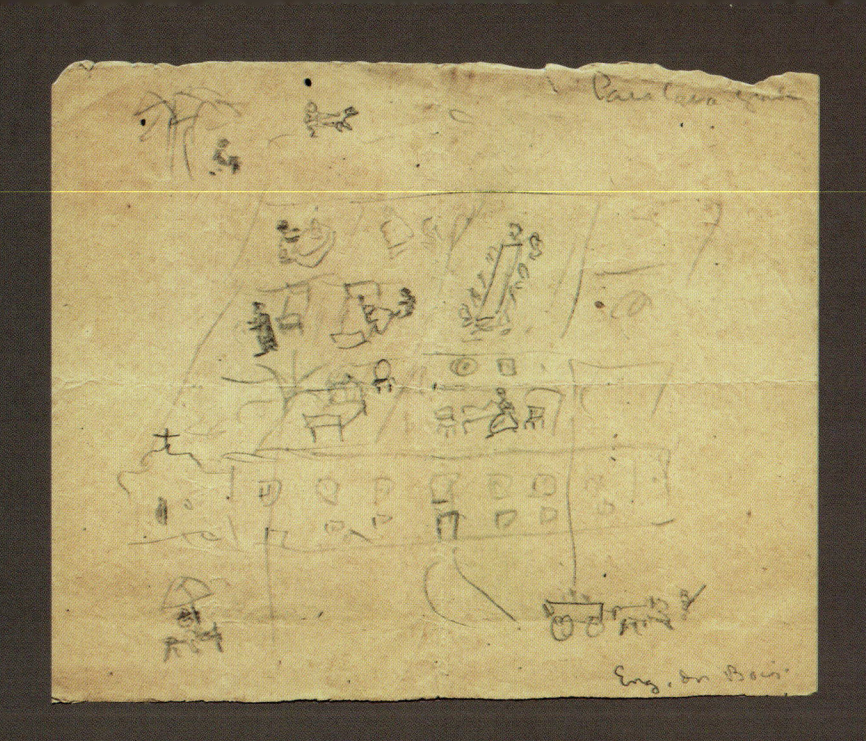

Engenho Noruega.
Antigo Engenho dos
Bois.

ACIMA: **Esboço de
Gilberto Freyre.**

AO LADO: **Mapa de
Cícero Dias.**

ACERVO DA FUNDAÇÃO
GILBERTO FREYRE

GILBERTO FREYRE

CASA-GRANDE
&
SENZALA

FORMAÇÃO DA FAMILIA BRASILEIRA
SOB O REGIMEN DE ECONOMIA
PATRIARCHAL

MAIA & SCHMIDT L.TDA
RIO — 1933

ACABA DE APPARECER:
O MAGNIFICO LIVRO DE
GILBERTO FREYRE

Casa Grande & Senzala

Com o seguinte sumario:
Colonização portugueza no Brasil: formação de uma sociedade agraria, escravocrata e hybrida; o colonizador portuguez; o escravo negro na vida sexual e de familia do brasileiro.
(Um grosso volume ornado de mappas e gravuras)
PREÇO: 20$000
EM TODAS AS LIVRARIAS
Pedidos a
MAIA & SCHMIDT
RUA SACHET, 27   RIO DE JANEIRO

NESTA PÁGINA:

Primeira edição brasileira de
Casa-grande & senzala.

Anúncio de lançamento publicado pelo
Boletim de Ariel.

NA PÁGINA AO LADO:

Página de abertura do primeiro capítulo.

ACERVO DA FUNDAÇÃO GILBERTO FREYRE

I — CARACTERISTICAS GERAES DA COLONIZAÇÃO PORTUGUESA DO BRASIL: FORMAÇÃO DE UMA SOCIEDADE AGRARIA, ESCRAVOCRATA E HYBRIDA

Quando em 1532 se organizou economica e civilmente a sociedade brasileira, já foi depois de um seculo inteiro de contacto dos portugueses com os tropicos; de demonstrada na India e na Africa sua aptidão para a vida tropical. Mudado em São Vicente e em Pernambuco o rumo da colonização portuguesa do facil, mercantil, para o agricola; organizada a sociedade colonial sobre base mais solida e em condições mais estaveis que na India ou nas feitorias africanas, no Brasil é que se realizaria a prova definitiva daquella aptidão. A base, a agricultura; as condições, a estabilidade patriarchal da familia, a regularidade do trabalho por meio da escravidão, a união do português com a mulher india, incorporada assim á cultura economica e social do invasor.

Formou-se na America tropical uma sociedade agraria na estructura, escravocrata na technica de exploração economica, hybrida de indio — e mais tarde de negro

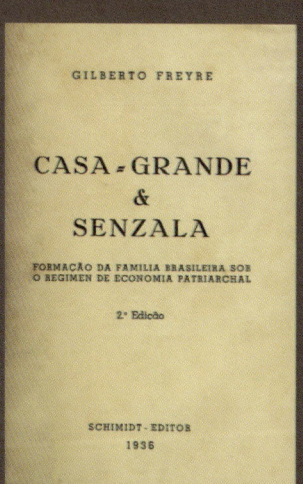

1936 - 2ª edição.

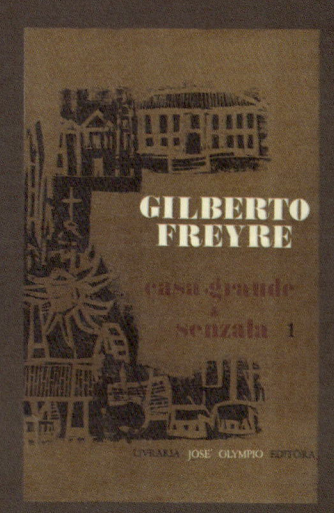

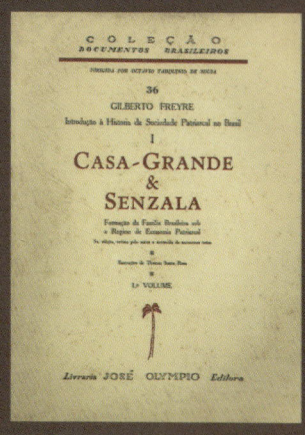

1969 - 15ª edição.

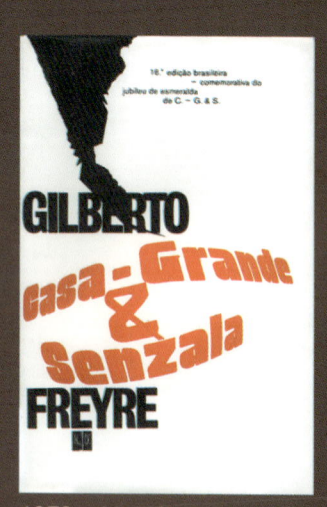

1943 - 4ª edição.

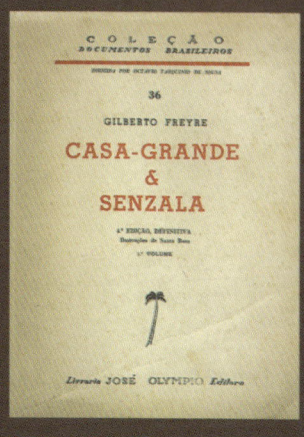

1973 - 16ª edição.

1946 - 5ª edição.

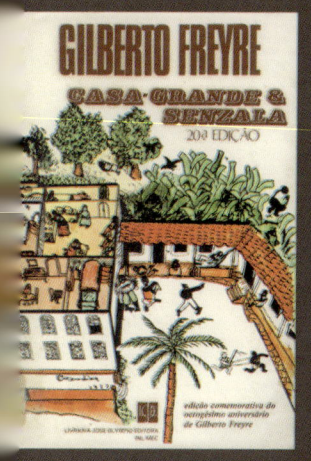

1980 - 20ª edição.

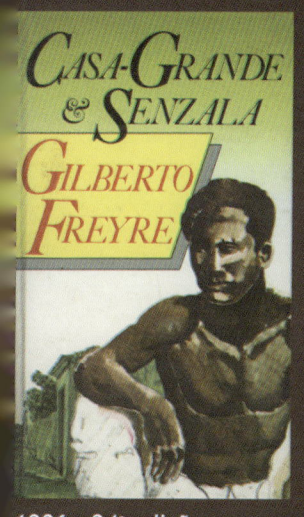

1986 - 24ª edição.

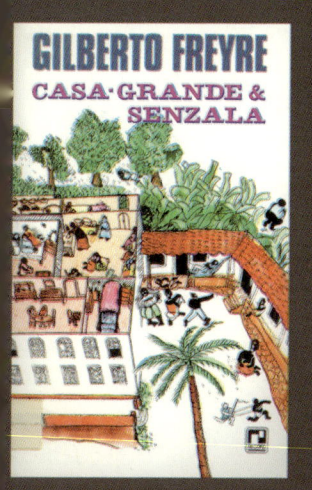

1989 - 26ª edição.

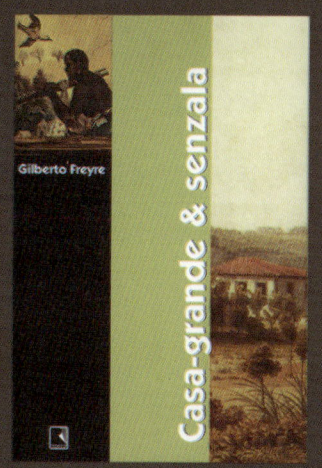

2000 - 38ª edição.

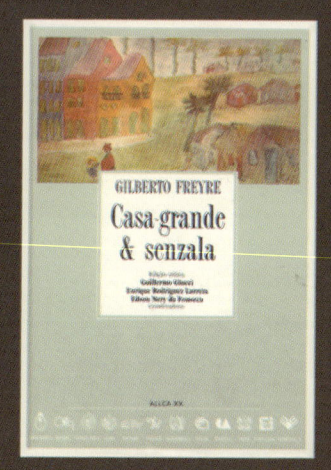

2002 - Edição crítica.

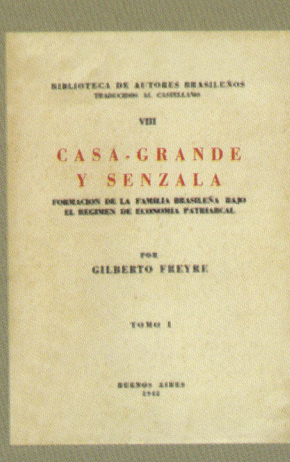

A EDIÇÃO ARGENTINA DE "CASA GRANDE E SENZALA"

"Gilberto Freyre, um homem de ciencia que põe a beleza moral de sua energia ao serviço da verdade"

A IMPRENSA DE NOVA YORK ELOGIA "CASA GRANDE E SENZALA"

"Um dos seis maiores estudos sociais da America Latina", escreve o "New York Times"

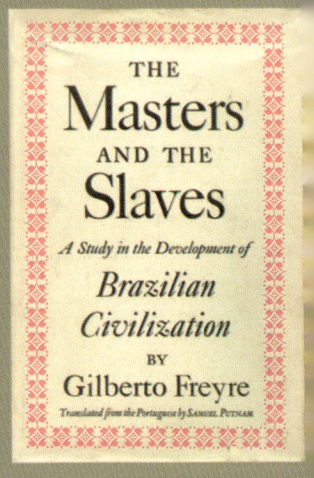

Argentina - 1942.

Estados Unidos da América - 1946.

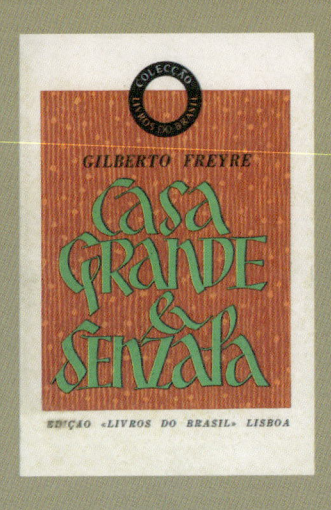

"Casa-Grande & Senzala" em francês julgado "livro épico" pela melhor crítica francêsa

Portugal - 1957.   França - 1952.

Alemanha - 1965.   Itália - 1965.   Venezuela - 1977.

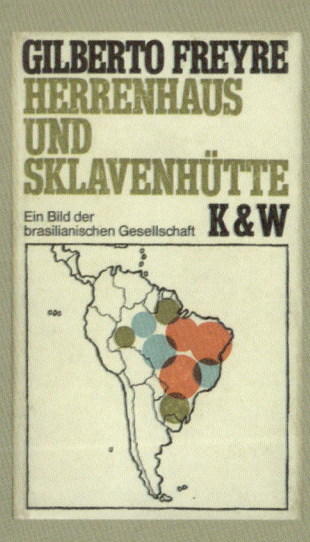

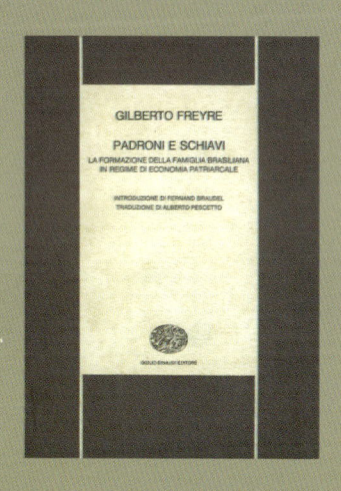

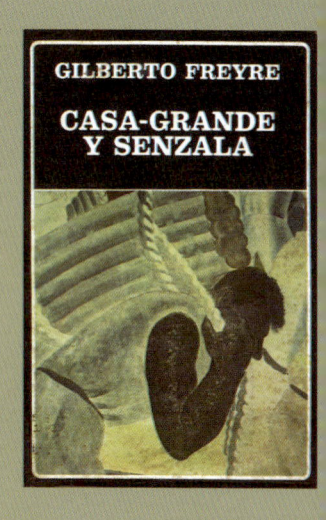

Hungria - 1985.   Polônia - 1985.   Romênia - 2000.

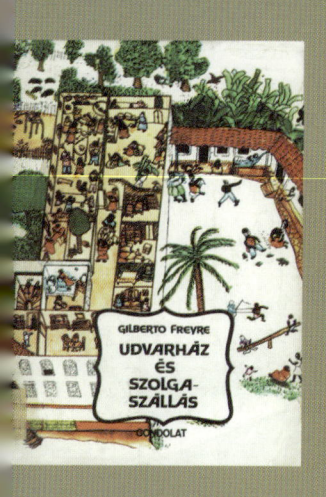

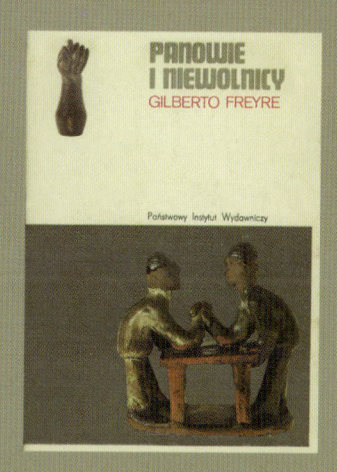

DRAMATISAÇÃO DE «CASA GRANDE E SENZALA»

Concluido o trabalho de José Carlos Cavalcanti Borges

Foi concluida a dramatização de "Casa-Grande e Senzala", a grande obra de Gilberto Freyre, cujo trabalho de transferência para o teatro foi realizado pelo escritor José Carlos Cavalcan[ti Bor]ges, nosso colaborador.

Foram iniciados os ens[aios sob] a direção do teatrólogo [Gracindo] Costa. A "premiere" es[tá mar]cada para o dia 3 de j[unho no] Santa-Isabel.

TEATRO SANTA ISABEL
1 de Setembro de 1954, às 20,30 horas
Casa Grande & Senzala
A obra de Gilberto Freyre, dramatização de José Carlos Cavalcanti Borges
Poltrona Cr$ 25,00
Fila M   N. 6

TEATRO SANTA ISABEL
1 de Setembro de 1954, às 20,30 horas
Casa Grande & Senzala
A obra de Gilberto Freyre, dramatização de José Carlos Cavalcanti Borges
Poltrona Cr$ 25,00
Fila M   N 6

A ESTRÉIA DE CASA GRANDE E SENZALA NO SANTA ISABEL

ACONTECIMENTO ARTÍSTICO E MUNDANO — NAS FRISAS E CAMAROTES AS FIGURAS MAIS REPRESENTATIVAS DA SOCIEDADE LOCAL

Adaptação teatral por José Carlos Cavalcanti Borges.

ACIMA: Ingresso para o espetáculo encenado no Recife, em 1954.

AO LADO: Montagem realizada pelo Teatro da Escola de Comunicações e Artes da Universidade de São Paulo, em 1980.

ACERVO DA FUNDAÇÃO GILBERTO FREYRE

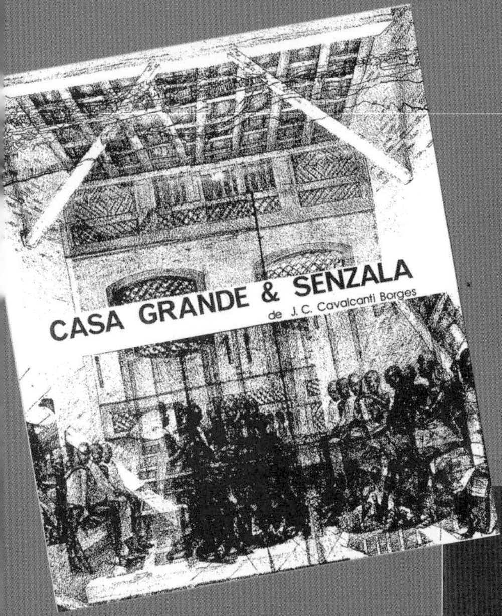
CASA GRANDE & SENZALA
de J. C. Cavalcanti Borges

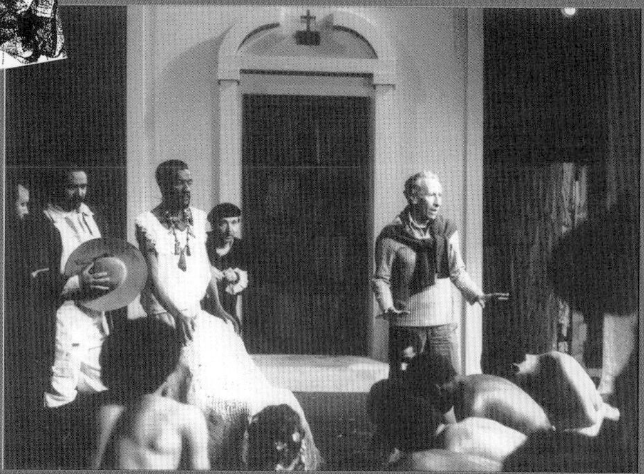

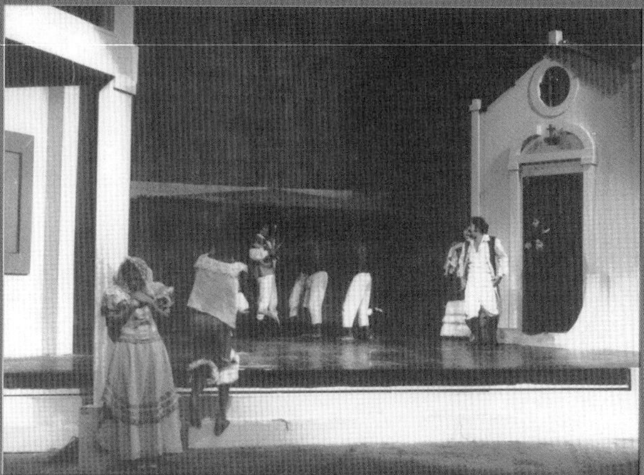

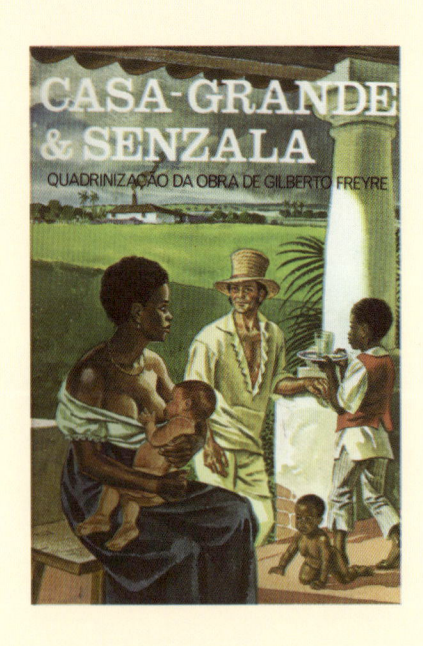

Casa-grande & senzala quadrinizado por Estêvão Pinto, com desenhos de Ivan Wasth Rodrigues.

ACIMA: **1ª edição, em preto e branco, 1981.**

AO LADO: **2ª edição, colorida, 2000.**

ACERVO DA FUNDAÇÃO GILBERTO FREYRE

um estudo verdadeiramente notável: *Causas da mortalidade das crianças no Rio de Janeiro.*

Na sessão da Academia de Medicina de 18 de junho de 1846 o assunto é posto em discussão e debate, dentro dos seguintes itens: 1) *a que causa se deve atribuir tão grande mortalidade nas crianças nos seus primeiros anos de vida; a prática de amamentação por escravas, com pouco escrúpulo escolhidas, poderá ser considerada como uma das principais?* 2) *quais as moléstias mais frequentes nas crianças?* Os registros da Academia talvez não guardem matéria mais cheia de interesse social que a ata da memorável sessão.

As opiniões são as mais desencontradas. Ergue-se o Dr. Reis para salientar como influência particularmente nociva sobre a saúde das crianças brasileiras o uso e abuso de comidas fortes, o vestuário impróprio, o aleitamento mercenário; as moléstias contagiosas das amas africanas, muitas delas portadoras de sífilis e principalmente de boubas e escrófulas. Mas fala depois o Dr. Rego para responsabilizar pela mortalidade das crianças brasileiras menos as escravas e o vestuário que o hábito de se conservarem os meninos nus; salientando outro fator importante: a falta de tratamento médico na invasão das moléstias. Levanta-se então Paula Cândido que insiste no perigo das amas de leite escravas, escolhidas sem cuidadoso exame; que salienta os males da dentição e dos vermes. Vários outros médicos e higienistas falam nessa reunião memorável. O Dr. De Simone que também se refere ao perigo das amas escravas e da alimentação imprópria. O Dr. Jobim que lembra a influência perniciosa da "umidade das casas".[204] O Dr. Feital que salienta a alimentação imprópria. O Dr. Nunes Garcia que insiste no mesmo ponto e no da amamentação mercenária para ser contestado pelo Dr. Lallemant: este diz considerar a alimentação da criança no Brasil melhor que na Europa. Quem fala por último é o Dr. Marinho: salienta como causa da mortalidade infantil no Brasil a umidade, as fortes alternativas de temperatura, o vestuário, a alimentação prematura, a amamentação mercenária.

Em 1847, o barão de Lavradio, em série de artigos no jornal da Imperial Academia sob o título "Algumas considerações sobre as causas da mortalidade das creanças no Rio de Janeiro e molestias mais frequentes nos seis ou sete primeiros mezes de idade" faz do assunto larga sondagem, concluindo pela predominância das seguintes causas:

o mau tratamento do cordão umbilical; vestuário impróprio; pouco cuidado no princípio das moléstias das escravas e das crianças de mais idade; alimentação desproporcional, insuficiente ou imprópria; desprezo no princípio das moléstias da primeira infância, apresentando-se ao médico crianças já moribundas de gastroenterites, hepatites e tubérculos mesentéricos.

A verdade é que perder um filho pequeno nunca foi para a família patriarcal a mesma dor profunda que para uma família de hoje.[205] Viria outro. O anjo ia para o céu. Para junto de Nosso Senhor, insaciável em cercar-se de anjos. Ou então era mau-olhado. Coisa-feita. Bruxedo. Feitiço. Contra o que só as figas, os dentes de jacaré, as rezas, os tesconjuros.

O Dr. Teixeira registra, na sua memória, ter frequentemente ouvido dos pais estas palavras: "é uma felicidade a morte das crianças";[206] e o fato é que se prolongaram pelo século XIX os enterros de anjos. Uns em caixões azuis ou encarnados, os cadáveres pintados a carmim como o do meninozinho que Ewbank viu morto no Rio de Janeiro; os mais pobres, em tabuleiros cheios de flores; alguns até em caixas de papelão, das grandes, de camisas de homem.

As causas da mortalidade infantil no Brasil do tempo da escravidão – causas principalmente sociais – fixa-as com admirável nitidez de senso crítico José Maria Teixeira, atribuindo-as principalmente ao sistema econômico da escravidão, isto é, aos costumes sociais dele decorrentes: falta de educação física e moral e intelectual das mães; desproporção na idade dos cônjuges; frequência de nascimentos ilícitos.[207] Devendo acrescentar-se: o regime impróprio da alimentação; o aleitamento por escravas nem sempre em condições higiênicas de criar; a sífilis dos pais ou das amas. Foi evidentemente a ação dessas influências que muitos confundiram com a de clima. Luccock observou no Brasil dos princípios do século XIX "grande negligência" ("*actual great neglect*") com relação ao bem-estar das crianças ("*with regard to the welfare of children, to their life or death*").[208]

Várias foram as doenças que afligiram a criança brasileira no tempo da escravidão. Mal dos sete dias (inflamação do umbigo). Tinha. Sarna. Impingem. Crostas leitosas. Sarampo. Bexiga. Lombrigas. Doenças que se combateram a clisteres, purgantes, bichas, medicação evacuante, sangrias, vomitórios, sinapismos. É provável que alguns remédios e preventivos se tenham antecipado às doenças, levando muito anjinho para o céu.

Alguns cronistas atribuem ao contato dos meninos brancos com os moleques o "vício", que muitos adquiriram, de comer terra. "Vício" que foi a causa da morte de tanto escravo no Brasil colonial – desde o tempo dos escravos índios. "Um dos meios que esses infelizes empregam na própria destruição", escreve Koster, "é comer terra e cal. Tão estranho hábito, contraído às vezes pelos africanos, o é igualmente por moleques crioulos e com frequência também por meninos livres tanto quanto pelos escravos. Tal disposição não é considerada doença, mas vício, que se pode vencer com a vigilância dos que cuidam das crianças, sem recorrer à medicina. Em várias ocasiões, verifiquei que não empregam como necessário nenhum tratamento medicinal e que os meninos curam-se à força de castigo e de vigilância. Tive conversações a este respeito e notei que muitas pessoas livres que conhecem essa afecção através dos exemplos que observam nos filhos ou nos meninos do vizinho, a tinham por costume e não por doença. Nos adultos, é mais comum nos escravos do que nos forros".[209]

Parece que Koster não teve ocasião de observar o tratamento de crias ou moleques viciados em comer terra, e até de meninos brancos, pelo sistema da máscara de flandres. Muito menos pelo do panacum de cipó: enorme balaio dentro do qual o negro era guindado até o teto de improvisado lazareto com auxílio de cordas metidas por entre os caibros e presas em argolas nos portais. Esses lazaretos existiram até meados do século XIX em engenhos do Norte; viu-os, ainda menino, Faelante da Câmara: "o paciente era isolado num lazareto ou hospital *sui generis*, onde lhe era de todo impossível manter o abominável vício da geofagia". Metido no tal panacum e suspenso do solo "impunha-se-lhe uma quarentena de muitos dias enquanto se lhe dava leite de jaracatiá a fim de corrigir-lhe a anemia e era submetido a um regime de alimentação substanciosa levada a horas certas na ponta de uma vara, quando não era possível descer o panacum à vista da pessoa da maior confiança".[210]

O menino do tempo da escravidão parece que descontava os sofrimentos da primeira infância – doenças, castigos por mijar na cama, purgante uma vez por mês – tornando-se dos cinco aos dez anos verdadeiro menino-diabo. Seus jogos e brincadeiras acusam nele, como já observamos, tendências acremente sadistas. E não era só o menino de engenho, que em geral brincava de bolear carro, de matar passarinho e de judiar com moleque: também o das cidades.

Mesmo no jogo de pião e no brinquedo de empinar papagaio achou jeito de exprimir-se o sadismo do menino das casas-grandes e dos sobrados do tempo da escravidão, através das práticas, de uma aguda crueldade infantil, e ainda hoje corrente no Norte, de "lascar--se o pião" ou de "comer-se o papagaio" do outro; papagaio alheio é destruído por meio da lasca, isto é, lâmina de vidro ou caco de garrafa, oculto nas tiras de pano do rabo. Nos próprios jogos coloniais de sala surpreendem-se tendências sadistas: no "jogo do beliscão", tão querido das crianças brasileiras nos séculos XVIII e XIX, por exemplo. Oferecendo aos meninos larga oportunidade de beliscarem de rijo as primas ou os crias da casa, não é de admirar a popularidade de jogo tão besta:

Uma, duas, angolinhas
Finca o pé na pampolinha
O rapaz que jogo faz?
Faz o jogo do capão.
Ó capão, semicapão,

Veja bem que vinte são
E recolha o seu pezinho
Na conchinha de uma mão
Que lá vai um beliscão...[211]

E ia mesmo o beliscão em quem fosse atingido na roda por "lá vai um beliscão". Beliscão medroso da parte dos crias; doloroso e forte quando dado pelos meninos brancos. Mas o maior sofrimento reservava-se ao último a ser atingido pela frase. Este era agarrado por todas as crianças que batiam com ele no chão, cantando com toda força:

É de rim-fon-fon,
É de rim-fon-fon,
Pé de pilão,
Carne-seca com feijão.

E é de imaginar quanto se judiava então com os crias e com as meninas. Sobre este ponto, os depoimentos por nós recolhidos de sobreviventes da ordem escravocrata – um deles Leopoldo Lins – são muito expressivos.

Em outro jogo, o de "belilisco de pintainho que anda pela barra de vinte e cinco", manifestavam-se iguais tendências: começava com beliscões para terminar em bolos nas mãos da criança menos esperta, que nem o do feitor nas mãos do moleque safado. E no jogo de peia-queimada é bem possível que muitas vezes a peia servisse de imitação do tira-mandinga-de-negro do feitor nas costas do escravo fugido; como o galho de goiabeira fez tantas vezes o papel de chicote no brinquedo de carro de cavalo.

"E que são pela maior parte os filhos destes madraços?" pergunta o padre Lopes Gama, referindo-se aos filhos do senhor de engenho. "Muitos nem aprendem a ler, e escrever [...]. As deshumanidades e cruezas, que desd'os tenros annos vêm praticar com os miseros escravos os tornam quasi insensiveis aos padecimentos do seu proximo [...]." E "na verdade como se formarão para as virtudes sociaes os nossos corações, se nós brasileiros, desde que abrimos os olhos, é logo observando a cruel distinção entre senhor e escravo, e vendo pelo mais pequeno motivo e ás vezes por méro capricho rasgar desapiedadamente em açoites as carnes dos nossos semelhantes? Como apreciaremos o pudor, nós que vemos, ou mandamos levantar as roupas de uma desgraçada escrava para ser surrada?".[212] "Apenas nos assoma á intelligencia", são palavras do mesmo padre-mestre, em outro dos seus artigos de crítica aos costumes brasileiros dos princípios do século XIX, "vamos observando de uma parte o desprimor, a sem vergonha, a frascaria, o desregramento dos escravos, e de outra os duros tratamentos, as surras, as bofetadas, que estes infelizes recebem quasi todos os dias de nossos paes, sem que taes creaturas degradadas sintam mais do que sensação physica, e rarissima vez o sentimento moral; e dahi o que deverá seguir-se? o tornarmo-nos grosseiros, voluntariosos, e cheios d'orgulho".[213] Nas suas recordações de infância o visconde de Taunay, que foi um homem tão suave, quase uma moça, confessa que gostava de fazer suas judiariazinhas com os moleques.[214] E há um trecho do romance de Machado de Assis em que o fino observador da sociedade brasileira do tempo do Império retrata-nos o tipo do menino sadista; da criança pervertida pelas condições sociais de sua formação entre escravos inermes; entre criaturas dóceis aos seus caprichos. Não há brasileiro de classe mais elevada, mesmo nascido e criado depois de oficialmente abolida a escravidão, que não se sinta aparentado do menino Brás Cubas na malvadeza e no gosto de judiar com negro. Aquele mórbido deleite em ser mau com os inferiores e com os animais é bem nosso: é de todo menino brasileiro atingido pela influência do sistema escravocrata. "Desde os cinco anos merecera eu a alcunha de 'menino-diabo [...]'", confessa o herói das *Memórias póstumas de Brás Cubas*. "Por exemplo, um dia quebrei a cabeça de uma escrava, porque me negara uma colher do doce de coco que estava fazendo, e, não contente com o malefício, deitei um punhado de cinza ao tacho, e, não satisfeito da travessura, fui dizer à minha mãe que a escrava é que estragara o doce 'por pirraça'; e eu tinha apenas seis anos. Prudêncio, um moleque de casa, era o meu cavalo de todos os dias; punha as mãos no chão, recebia um cordel nos queixos, à guisa de freio, eu trepava-lhe ao dorso, com uma varinha na mão, fustigava-o, dava-lhe mil voltas a um e outro lado, e ele obedecia – algumas vezes gemendo –, mas obedecia sem dizer palavra, ou, quando muito, um – 'ai, nhonhô!' – ao que eu retorquia: – 'Cala a boca, besta!' – Esconder os chapéus das visitas, deitar rabos de papel a pessoas graves, puxar pelo rabicho das cabeleiras, dar beliscões nos braços das matronas, e outras muitas façanhas deste jaez, eram mostras de um gênio indócil, mas devo crer que eram também expressões de um espírito robusto, porque meu pai tinha-me em grande admiração; e se às vezes me repreendia, à vista de gente, fazia-o por simples formalidade: em particular dava-me beijos."

Era essa atitude dos pais, tolerando nos filhos a estupidez e a malvadeza e até estimulando-os a bravatas, que o padre Lopes Gama não compreendia nem perdoava. Não compreendia que deixassem os meninos de família viver pelos telhados como gatos e pelas ruas empinando papagaio; jogando a pedrada e o pião "com a rapaziada mais porca e brejeiral". Isso nas cidades e subúrbios. "Pelos nossos mattos (com poucas, e honrosas excepções) é lastimosa a educação dos meninos. Ali o primeiro divertimento que se lhes dá é uma faquinha de ponta; e assim como no seculo da cavalleria andante os paes de bom-tom armavam cavalleiros os seus filhos, apenas estes começavam a ensaiar os passos, e os beatos vestiam de fradinhos os seus pequenos, assim muitos dos nossos matutos armam cavalleiros da faca aos seus filhinhos, logo que estes podem enfiar-se em uma ceroulinha." E acrescentava o padre-mestre sobre a educação do menino filho do senhor de engenho: "ali o menino é um perseguidor cruel das innocentes avesinhas, espiolhando-lhes os ninhos, e não podendo com a clavina, já têm gabos de insigne escupeteiro. Desd'os tenros annos avesam-se as creanças ao sangue, à matança e à crueldade; porque tomar por divertimento o tirar a vida a animaesinhos, que nos não offendem, antes nos regosijam, e concorrem para louvar as obras do Creador, é em meu humilde entender formar o coração para a barbaridade e a crueza. Lidando quasi só com escravos ali os meninos adquirem uma linguagem viciosa, e montesinha, e os mais grosseiros modos, e não poucos tomam a terrivel manha de comer terra".[215]

Em outros vícios escorregava a meninice dos filhos do senhor de engenho; nos quais, um tanto por efeito do clima e muito em consequência das condições de vida criadas pelo sistema escravocrata, antecipou-se sempre a atividade sexual, através de práticas sadistas e bestiais. As primeiras vítimas eram os moleques e animais domésticos; mais tarde é que vinha o grande atoleiro de carne: a negra ou a mulata. Nele é que se perdeu, como em areia gulosa, muita adolescência insaciável.

Daí fazer-se da negra ou mulata a responsável pela antecipação de vida erótica e pelo desbragamento sexual do rapaz brasileiro. Com a mesma lógica poderiam responsabilizar-se os animais domésticos; a bananeira; a melancia; a fruta do mandacaru com o seu visgo e a sua adstringência quase de carne. Que todos foram objetos em que se exerceu – e ainda se exerce – a precocidade sexual do menino brasileiro.

Na "Idéa Geral de Pernambuco em 1817" fala-nos um cronista anônimo de "grande lubricidade" dos negros de engenho; mas adverte-nos que estimulada "pelos senhores avidos de augmentar seus rebanhos".[216] Não seria extravagância nenhuma concluir, deste e de outros depoimentos, que os pais, dominados pelo interesse econômico de senhores de escravos, viram sempre com olhos indulgentes e até simpáticos a antecipação dos filhos nas funções genésicas: facilitavam-lhes mesmo a precocidade de garanhões. Referem as tradições rurais que até mães mais desembaraçadas empurravam para os braços dos filhos já querendo ficar rapazes e ainda donzelos, negrinhas ou mulatinhas capazes de despertá-los da aparente frieza ou indiferença sexual.

Nenhuma casa-grande do tempo da escravidão quis para si a glória de conservar filhos maricas ou donzelões. O folclore da nossa antiga zona de engenhos de cana e de fazendas de café quando se refere a rapaz donzelo é sempre em tom de debique: para levar o maricas ao ridículo. O que sempre se apreciou foi o menino que cedo estivesse metido com raparigas. Raparigueiro, como ainda hoje se diz. Femeeiro. Deflorador de mocinhas. E que não tardasse em emprenhar negras, aumentando o rebanho e o capital paternos.

Se este foi sempre o ponto de vista da casa-grande, como responsabilizar-se a negra da senzala pela depravação precoce do menino nos tempos patriarcais? O que a negra da senzala fez foi facilitar a depravação com a sua docilidade de escrava; abrindo as pernas ao primeiro desejo do sinhô-moço. Desejo, não: ordem. Os publicistas e até cientistas brasileiros que se têm ocupado da escravidão é um ponto em que sempre exageram a influência perniciosa da negra ou da mulata: esse de terem sido elas as corruptoras dos filhos-famílias. "Corruptoras da feminil e máscula filharada", chamou às negras F. P. do Amaral.[217] E Burlamaqui: "corrompem os costumes dos filhos de seus senhores [...]".[218] Antonil observou das mulatas de engenho que conseguiam alforriar-se: o dinheiro com que se libertam "raras vezes sahe de outras minas que dos seus mesmos corpos, com repetidos peccados: e depois de forras continuam a ser ruina de muitos".[219] O professor Moniz de Aragão, em comunicação à Sociedade de Medicina de Paris, chegou a considerar "o grande número" de contaminações insólitas de cancros extragenitais nos negros e mestiços do Brasil resultado da "lubricidade simiesca sem limites", das pretas e mulatas.[220] Mas não é de estranhar: o próprio Nina Rodrigues acreditou ser a mulata um tipo anormal de superexcitada genésica.

Melhor sentido de discriminação revelou Vilhena escrevendo no século XVIII: "As negras e ainda huma grande parte das mulatas, para quem a honra he hum nome chimerico e que nada significa, são ordinariamente as primeiras que começão a corromper logo de meninos os senhores moços, dando-lhes os primeiros ensaios da libidinagem em que de creanças se engolfão; principios de onde para o futuro vem huma tropa de mulatinhos e crias que depois vem a ser perniciosissimos nas familias". Mas salientando logo: "Succede muitas vezes que os mesmos senhores chamados velhos, para distincção dos filhos, são os mesmos que com suas proprias escravas dão maior exemplo às suas proprias familias [...]".[221] Superexcitados sexuais foram antes estes senhores que as suas negras ou mulatas passivas. Mas nem eles: o ambiente de intoxicação sexual criou-o para todos o sistema econômico da monocultura e do trabalho escravo, em aliança secreta com o clima. O sistema econômico, porém, e seus efeitos sociais, em franca preponderância sobre a ação do clima.

"*Les jeunes brésiliens*", escreveu Alp. Rendu, "*sont souvent pervertis presque au sortir de l'enfance*". O que lhe pareceu em grande parte devido ao clima: "*la chaleur du climat hâte le moment de la puberté*"; mas devido principalmente a causas sociais; e estas ligadas ao sistema de produção econômica: "*les désirs excités par une éducation vicieuse et le mélange des sexes souvent provoqués par les négresses*".[222] Ninguém nega que a negra ou a mulata tenha contribuído para a precoce depravação do menino branco da classe senhoril; mas não por si, nem como expressão de sua raça ou do seu meio-sangue: como parte de um sistema de economia e de família: o patriarcal brasileiro.

O padre Lopes Gama escreveu dos meninos de engenho do seu tempo: "apenas tocam os limiares da virilidade já se entregam desenfreiadamente aos mais porcos apptetites: são os garanhões daquelles contornos [...]".[223] Quando não estavam garanhando sua ocupação era barganhar cavalos e bois e jogar o maior ponto e o trunfo na casa de purgar. Mas isso – acentue-se ainda uma vez – depois de uma primeira infância de constipações, de clisteres, de lombrigas, de convalescenças; de uma primeira infância cheia de dengos, de agrados, de agarrados com as mucamas e com a mãe; de banhos mornos dados pelas negras; de mimos; de cavilação; de cafuné por mão de mulata; de leite mamado em peito de negra às vezes até depois da idade da mama; da farofa ou pirão com carne comido na mão gorda da mãe-preta; de pereba coçada por mulata; de bicho-de-pé tirado por negra; de sonos dormidos em colo da mucama.

Mimos que em certos casos prolongavam-se pela segunda infância. Houve mães e mucamas que criaram os meninos para serem quase uns maricas. Moles e bambos. Sem andar a cavalo nem virar bunda canastra com os moleques da bagaceira. Sem dormir sozinhos, mas na cama de vento da mucama. Sempre dentro da casa brincando de padre, de batizado e de pais das bonecas das irmãs. O padre Gama nos fala de meninos que conheceu sempre "empapelados e envidraçados"; e tratados com tantas "cautelas de sol, de chuva, de sereno, e de tudo, que os pobres adquirem uma constituição debil, e tão impressionavel que qualquer ar os constipa, qualquer solzinho lhes causa febre, qualquer comida lhes produz indigestão, qualquer passeio os fadiga, e molesta".[224] Amolegado por tantos mimos e resguardos da mãe e das negras, era natural que muito menino crescesse amarelo: a mesma palidez das irmãs e da mãe enclausuradas nas casas-grandes. Por outro lado, houve molequinhos da senzala criados nas casas-grandes com os mesmos afagos e resguardos de meninos brancos. Coisa, já se vê, de iaiás solteironas, ou de senhoras maninhas, que não tendo filho para criar deram para criar moleque ou mulatinho. E às vezes com um exagero ridículo de dengos. "O molequinho quebra quanto encontra", informa desse privilegiado o padre Gama, "e tudo é gracinha; já tem 7, e 8 annos; mas não pode ir de noite para a cama, sem dormir o primeiro somno em o regaço da sua yayá que o faz adormentar balanceando-o sobre a perna, e cantando-lhe uma embirrante enfiada de chacaras, e cantilenas monotonas do tempo do capitão Frigideira". E mais: "eu conheço uma respeitavel Sibila, que creando uma negrinha que hoje já terá os seus 14 annos, esta não vae de noite para a cama sem que primeiramente se deite no regaço de sua yayá gorda, que esta lhe vá dando trincos na carapinha (que é uma graxa de pomada) e fazendo mechas do vestido da pateta, e chupando-as até adormecer! aqui há porcaria, má creação e desaforo".[225] Outro caso curioso refere entre sério e gaiato o padre-mestre: o de meninos, estes brancos e de família, que se habituaram a ir para a cama, embriagando-se antes com cheiro de sovaco; vício talvez adquirido quando crianças de peito, nos braços da mãe-preta.

Vilhena ficou admirado do número de molequinhos – negros e mulatos – criados dentro de casa "com mimo extremoso". Escreveu numa de suas cartas da Bahia: "he aqui tão dominante a paixão de ter mulatos e negros em casa que logo que seja cria que nasceo nella, só por morte he que della sahe; havendo muitas familias que das portas para dentro tem 60, 70 e mais pessoas desnecessarias; fallo dentro da cidade, porque no campo não admira".[226]

Os molequinhos criados nas casas-grandes chamaram também a atenção de Maria Graham, nos engenhos de cana que visitou no sul do Brasil: um deles o engenho dos Afonsos, de propriedade da família Marcos Vieira – uma boa propriedade com 200 bois e 170 escravos agrícolas e produzindo 3 mil arrobas de açúcar e setenta pipas de aguardente. Aí viu Maria Graham crianças de todas as idades e de todas as cores comendo e brincando dentro da casa-grande; e tão carinhosamente tratadas como se fossem da família.[227]

Tanto o excesso de mimo de mulher na criação dos meninos e até dos mulatinhos, como o extremo oposto – a liberdade para os meninos brancos cedo vadiarem com os moleques safados na bagaceira, deflorarem negrinhas, emprenharem escravas, abusarem de animais – constituíram vícios de educação, talvez inseparáveis do regime de economia escravocrata, dentro do qual se formou o Brasil. Vícios de educação que explicam melhor do que o clima, e incomparavelmente melhor que os duvidosos efeitos da miscigenação sobre o sistema do mestiço, a precoce iniciação do menino brasileiro na vida erótica. Não negamos de todo a ação do clima: também na zona sertaneja do Brasil – zona livre da influência direta da escravidão, da negra, da mulata – o menino é um antecipado sexual. Cedo se entrega ao abuso de animais. A melancia e o mandacaru fazem parte da etnografia do vício sexual sertanejo. A virgindade que ele conserva é a de mulher. E nisto tem consistido sua superioridade tremenda sobre o menino de engenho.

Certas tendências do caráter do sertanejo puxando para o ascetismo; alguma coisa de desconfiado nos seus modos e atitude; o ar de seminarista que guarda a vida inteira; sua extraordinária resistência física; seu corpo anguloso de Dom Quixote, em contraste com as formas mais arredondadas e macias dos brejeiros e dos indivíduos do litoral; sua quase pureza de sangue, que só agora começa a contaminar-se de sífilis e de doenças venéreas – são traços que se ligam da maneira mais íntima ao fato do sertanejo em geral, e particularmente nas zonas mais isoladas das capitais e das feiras de gado, só conhecer mulher tarde; e quase sempre pelo casamento. Gustavo Barroso, em estudo sobre as populações sertanejas no Nordeste, diz serem comuns, no sertão, rapazes de mais de vinte anos ainda virgens.[228] O que, no brejo e no litoral, seria motivo para debiques e troças ferozes. Sente-se aí o resultado da influência direta da escravidão sobre estas duas zonas; e apenas indireta e remota sobre o sertão. Esse antagonismo de condutas sexuais – que seriam tão interessantes de contrastar-se por meios estatísticos, procedendo-se a um inquérito entre estudantes de escolas superiores vindos das duas regiões – só tem feito empalidecer nos últimos anos. Vão rareando nos sertões os donzelos de mais de vinte anos. A sífilis vai se alastrando entre os sertanejos. Aos bordéis de Itabaiana e às célebres seiscentas meretrizes de Campina Grande – "dois centros de contato de sertanejos com adventícios do Recife e da Paraíba" – atribui José Américo de Almeida a rápida sifilização, nos últimos anos, dos sertanejos paraibanos.[229]

Fosse o clima a causa principal da sensualidade brasileira e teria agido sobre os sertanejos ao mesmo tempo que sobre os brejeiros e as populações do litoral; e não três séculos depois. Não tenhamos hoje a ingenuidade que não teve Vilhena no século XVIII. Em uma de suas cartas da Bahia, critica Vilhena os pais e mães que, concorrendo para "a destruição da innocencia dos seus filhos", atribuíam depois ao calor "certos descuidos que só são producções de sua grosseiria e má-creação".[230]

Além do que, confrontando-se os efeitos morais, ou antes, sociais, da monocultura e do sistema de trabalho escravo sobre a população brasileira, com os efeitos produzidos pelo mesmo sistema sobre populações de raça diferente e em condições diversas de clima e de meio físico – nas Antilhas e no sul dos Estados Unidos, por exemplo – verifica-se a preponderância das causas econômicas e sociais – a técnica escravocrata de produção e o tipo patriarcal de família – sobre as influências de *raça* ou de *clima*.

No sul dos Estados Unidos criou-se e desenvolveu-se, do século XVII ao XVIII, um tipo aristocrático de família rural muito mais parecido ao do norte do Brasil de antes da Abolição que à burguesia puritana da outra metade da América, de origem também anglo-saxônia, porém influenciada por um regime econômico diverso. Quase os mesmos fidalgos rústicos – cavalheiros a seu jeito; orgulhosos do número de escravos e da extensão das terras; multiplicando-se em filhos, crias e moleques; regalando-se com amores de mulatas; jogando cartas, divertindo-se em brigas de galo; casando-se com meninas de quinze, dezesseis anos; empenhando-se em lutas por questões de terra; morrendo em duelos por causa de mulher; embriagando-se com rum em grandes jantares de família – vastos perus com arroz assados por "*old mammies*" peritas nas arte do forno, geleias, pudins, guisados, doce de pera, quitutes de milho.

No sul dos Estados Unidos, como em Cuba, a criança e a mulher sofreram passivamente, nas casas-grandes, as mesmas influências, não tanto de "clima", nem da "simiesca lubricidade africana", como do sistema de produção econômica e de organização patriarcal da família, sofridos pelo menino e pela sinhá-dona, nos engenhos e nas fazendas do Brasil. No Brasil, os meninos de engenho anteciparam-se aos do sertão em experiências de mulher, os do sul dos Estados Unidos anteciparam-se aos do norte. Refere Calhoun que um negociante do sul em visita a amigos de Nova York informou-os de que estivera há pouco na fazenda de um seu irmão; e que aí todos os escravos domésticos estavam sofrendo de doença venérea; e no meio deles, não tardando a se infeccionarem, os filhos do fazendeiro. Era o mesmo que crescessem e se educassem num bordel. ("*I told him he might as well have them educated in a brothel at once.*") Interessante é também este depoimento de velho escravocrata de Alabama recolhido por Calhoun: que na sua fazenda, "*every young man [...] became addicted to fornication at an early age*".²³¹ O mesmo que nos engenhos do Brasil.

Não eram as negras que iam esfregar-se pelas pernas dos adolescentes louros; estes é que, no sul dos Estados Unidos, como nos engenhos de cana do Brasil os filhos dos senhores, criavam-se desde pequenos para garanhões. Ao mesmo tempo que as negras e mulatas para "ventres geradores". "*Slave women were taught*", escreveu Calhoun, "*that it was their duty to have a child once a year, and that it mattered little who was the father*".²³² O mesmo interesse econômico dos senhores em aumentar o rebanho de escravos que corrompeu a família patriarcal no Brasil e em Portugal corrompeu-a no sul dos Estados Unidos. Os viajantes que lá estiveram durante o tempo da escravidão referem fatos que parecem do Brasil.²³³ É verdade que lá como aqui não faltou quem, confundindo resultado e causa, responsabilizasse a negra e seus "*strong sex instincts*" e principalmente a mulata – "*the lascivious hybrid woman*"²³⁴ – pela depravação dos rapazes brancos.

Entre nós, já vimos que Nina Rodrigues considerou a mulata um tipo anormal de superexcitada sexual; e até José Veríssimo, de ordinário tão sóbrio, escreveu da mestiça brasileira: "um dissolvente de nossa virilidade física e moral".[235] Nós, uns inocentinhos: elas, uns diabos dissolvendo-nos a moral e corrompendo-nos o corpo.

A verdade, porém, é que nós é que fomos os sadistas; o elemento ativo na corrupção da vida de família; e moleques e mulatas o elemento passivo. Na realidade, nem o branco nem o negro agiram por si, muito menos como raça, ou sob a ação preponderante do clima, nas relações do sexo e de classe que se desenvolveram entre senhores e escravos no Brasil. Exprimiu-se nessas relações o espírito do sistema econômico que nos dividiu, como um deus poderoso, em senhores e escravos. Dele se deriva toda a exagerada tendência para o sadismo característica do brasileiro, nascido e criado em casa-grande, principalmente em engenho; e a que insistentemente temos aludido neste ensaio.

Imagine-se um país com os meninos armados de faca de ponta! Pois foi assim o Brasil do tempo da escravidão. Na sua *Histoire des Indes Orientales* diz Monsieur Souchu de Rennefort, que aqui esteve no século XVII: "*Tous les habitants de ce Pays jusques aux enfants, ne marchent point en campagne, qu'ils ne portent de grands couteaux nuds, trenchans des deux côtez* [...]". Souchu de Rennefort atribuiu à necessidade de se defenderem, grandes e pequenos, das cobras-veados, esse uso generalizado de faca de ponta: "*pour couper ces serpens nommez cobre-veados* [...]". Mas nem sempre matavam-se apenas serpentes; também homens e mulheres.

A verdade, porém, é que o hábito da faca de ponta deve datar dos primeiros tempos da colonização, quando meninos e gente grande deviam estar sempre prontos a enfrentar surpresas de índios e de animais selvagens. Daí, em grande parte, certa precocidade nas crianças coloniais, cedo chamadas a participar das angústias e preocupações dos adultos. E também dos prazeres ou gozos, que eram principalmente os do sexo.

Notas ao Capítulo IV

1. Arthur W. Calhoun, *A social history of the American family from colonial times to the present*, Cleveland, 1918.

2. Afrânio Peixoto, *Minha terra e minha gente,* Rio de Janeiro, 1916. Opinião de dois outros pedagogos ilustres, em livro didático: mas estes, nada ortodoxos. Referimo-nos a Sílvio Romero e João Ribeiro no seu *Compêndio de história da literatura brasileira*, 2ª ed., Rio de Janeiro, 1909.

3. *Rev. Inst. Hist. Geog. Bras.,* tomo LXXVIII, parte II.

4. Melville J. Herskovits, "A preliminary consideration of the culture areas of Africa",*American Anthropologist*, vol. XXVI, nº 1. Esse esboço de delimitação de áreas africanas de cultura o professor Herskovits tem desenvolvido em trabalhos exaustivos, acrescentando-lhes novos traços.

    Vejam-se deste autor "On the provenience of new world negroes", *Social Forces*, dez. 1933, XII; *Dahomey: an ancient West African Kingdom* (2 vols.), Nova York, 1938; "The negro in the new world: the statement of a problem",*American Anthropologist*, janeiro-março, 1930, XXXII; "The social history of the negro", em *A handbook of social psichology*, organizado por C. Murchison, Worcester, 1935.

    Sobre as áreas de cultura africanas veja-se também Wilfrid Dyson Hambly, *Source-book for African anthropology,* Chicago, 1937, obra que infelizmente não vem destacada pelo professor Artur Ramos em sua bem orientada *Introdução à antropologia brasileira* (Rio de Janeiro, 1943). Sobre a cultura trazida pelo negro para a América, de diferentes áreas africanas, veja-se o trabalho do professor M. J. Herskovits, *The myth of the negro past*, Nova York e Londres, 1941.

5. Henry Walter Bates, *The naturalist in the Amazon river*, Londres, 1863.

6. Waldo Frank, loc. cit.

7. Nas palavras do professor L. W. Lyde, *"the black man is normally covered with a complete and continuous film, and this means a maximum surface for evaporation – in which quantities of heat are consumed – a maximum reflection of light, and maximum protection against nerve injury"* (L. W. Lyde, "Skin colour", *The spectator,* Londres, 16 de maio de 1931). "De todas as raças humanas", escreve A. Osório de Almeida, "só os negros são perfeitamente

adaptados à vida nos trópicos e só eles podem sem sofrimento suportar completamente nus o sol ardente dessas regiões; essa resistência especial devem eles à sua pele negra que os protege contra os raios actínicos mas que apresentaria o grave inconveniente de se superaquecer ao sol se não fosse aquele mecanismo de defesa completado por um outro geral, seja a de possuírem uma grande capacidade de sudação que corrige a tendência ao superaquecimento da superfície cutânea" ("A ação protetora do urucu", cit.).

8. Alfred R. Wallace, *A narrative of travels on the Amazon and rio Negro*, Londres, 1852.

9. Tratando do modo por que varia, nos primitivos, a adaptabilidade a novas formas de cultura – o melanésio em confronto com o polinésio, o ameríndio em contraste com o negro – Pitt-Rivers (op. cit.) salienta a opinião de McDougall, para quem essas variações resultariam de "diferenças de constituição fisiológica"; e lembra que já Wallace contrastara o aborígine da América com o negro alegre e palrador.

No seu estudo *Da esquizofrenia – Formas clínicas – Ensaio de revisão da casuística nacional* (Rio de Janeiro, 1931), Cunha Lopes e Heitor Peres discriminaram "a contribuição das principais raças para cada forma clínica". Pela sua "tabela discriminativa dos tipos étnicos" vê-se que a forma clínica mais frequente para todos os tipos étnicos é a hebefrenia: entretanto, é o negro que se revela "sobretudo hebefrênico" e "o mestiço, paranoide". Em comunicação feita anteriormente, em 1927, à Sociedade Brasileira de Psiquiatria, sobre "Psicoses nos selvagens", o professor Cunha Lopes sustentara que "o selvagem autóctone, através da literatura e dos informes de nossos cronistas, é antes ciclotímico e só por exceção esquizotímico [...]". Em pesquisa realizada em Pernambuco sobre "as doenças mentais entre os negros", o professor Ulisses Pernambucano encontrou "frequência menor da esquizofrenia e das chamadas nevroses entre os negros", percentagens mais elevadas de negros "nas psicopatias com lesões anatômicas, exceto quanto à epilepsia e à paralisia geral", que as das outras raças reunidas; "maior frequência do alcoolismo e dos delírios infecciosos entre os negros" (*Arquivos da Assistência a Psicopatas de Pernambuco*, abril, nº 1, 1932). Faz algum tempo, em estudo estatístico especializado sobre a paralisia geral, o mesmo pesquisador encontrou em cem paralíticos gerais "menor número de brancos" e "maior de negros" (*Arquivos*, cit., nº 2, 1933).

Adauto Botelho, em estudo realizado no Rio de Janeiro em 1917, concluíra pela pouca frequência da demência precoce entre negros e pardos (cit. *Boletim de Eugenia*, Rio de Janeiro, nº 38, abril-junho de 1932). Sobre o assunto vejam-se também os interessantes trabalhos de W. Berardinelli, que admite não seja o índio exclusivamente esquizotímico nem o negro exclusivamente ciclotímico, e Isaac Brown (*O normotipo brasileiro,* Rio de Janeiro, 1934) e o estudo de Álvaro Ferraz e Andrade Lima Júnior, *A morfologia do homem do Nordeste*, Rio de Janeiro, 1939. Do ponto de vista sociológico, Oliveira Viana ocupa-se do problema em um dos seus sugestivos ensaios.

O professor Donald Pierson, por algum tempo da Escola Livre de Sociologia e Política de São Paulo, em artigo que escreveu para a *American Sociological Review* (nº 4, vol. I, outubro, 1947), sobre a edição em língua inglesa de *Casa-grande & senzala*, aparecida em 1946 com o título de *The masters and slaves,* generosamente lembrou ao autor brasileiro, a propósito do emprego, neste ensaio, de expressões por ele consideradas suspeitas de heresia instintivista, o descrédito das teorias de instintivismo entre os modernos estudiosos de sociologia. Talvez devesse dizer o crítico, mais modestamente, entre "os atuais estudiosos norte-americanos de sociologia", para cujos ouvidos a palavra "instinto" tornou-se, na verdade, de tal modo herética que o seu emprego, mesmo por um mestre da grandeza e da modernidade de T. Veblen, lhes soa hoje como sinal de ignorância ou de arcaísmo. Quando a verdade é que o instintivismo não morreu de todo e sobrevive, sob as novas formas assinaladas pelo professor James W. Woodward em trabalho recente ("Social psychology", *20th Century Sociology*, Nova York, 1945, p. 226): "reflexo prepotente" (Allport), "desejo" (Dunlap), "direção" (Holt e Warden), "motivo" (Gurnee), "necessidade viscerogênica" (Murray), "motivo de que se dependa" (Woodworth, Klineberg), "wishes" (Thomas), "hábito dinâmico" (Dewey). Vitorioso de modo absoluto o anti-instintivismo radical de Bernard e Kuo, a que se filia, segundo parece, o professor Donald Pierson, como a uma seita rígida, à mesma condenação que Veblen teriam que ser submetidos vários outros mestres modernos de sociologia, entre os quais Vilfredo Pareto, com quem em 1935 o mais notável dos instintivistas modernos, o professor W. McDougall, discutiu o emprego, em sociologia, de palavras como "instinto", "sentimento" e "interesse" ("The mind and society", *Journal of Social Philosophy*, vol. I, outubro, 1935), Alfred Vierkandt (*Handwörterbuch der Soziologie*, Stuttgart, 1931), R. S. Woodworth (*Heredity and environment*, Nova York, 1941). E não apenas os psicólogos e sociólogos apegados ao "instintivismo" de Freud.

Como salienta o professor Woodward no seu já referido estudo, pesquisas recentes, entre as quais as de Healey sobre o comportamento do feto e as de Buehler sobre o comportamento de crianças, vêm modificando *"our earlier radical environmentalism"* (p. 227), ao qual o professor Donald Pierson se apega como à última e definitiva palavra da ciência, indiferente ao fato, salientado ainda pelo professor Woodward, de que *"the general problem of occurrence and the degre of specificity of innate traits at the human level is not yet solved"*. Para um sociólogo moderníssimo como o professor Morris Ginsberg o problema de caracterização de tipos nacionais, tão ligado ao de instintos, ou *"innate traits"*, é agravado pelo da ignorância, em que nos encontramos ainda, a respeito da "importância relativa" a ser atribuída à "hereditariedade", por um lado, e ao "ambiente" por outro, na formação do "caráter nacional" ("National character", *Reason and Unreason in Society*, Londres, 1948, p. 135).

Quanto ainda ao emprego da expressão "instinto econômico" que, encontrada neste trabalho pelo professor Pierson, fez que ele nos desse, na *Americam Sociological Review,* tão grave lição de "modernismo sociológico", esquecido de que o anti-instintivismo radical de Bernard e Kuo já se acha superado, deve-se salientar que expressões como a referida – "instinto econômico": equivalente a "propensão" ou a "hábito dinâmico" de criação ou acumulação de valores essenciais à vida ou à alimentação humana pelo trabalho ou pela arte do homem – não se referem a instintos específicos, mas a "propensões", "tendências", "hábitos dinâmicos". Tais palavras são admitidas por sociólogos e psicólogos modernos para a definição daquelas expressões psicossociais no comportamento de um grupo humano que se apresentem, ou parecem apresentar-se, independentes das puras circunstâncias históricas ou geográficas. Na obra de Veblen – que é, talvez, a mais viva dentre as obras de sociólogos, psicólogos sociais ou economistas norte-americanos do nosso tempo – encontra-se a expressão *instinct of workmanship*, isto é, instinto de trabalho criador, à qual o sociólogo espanhol Francisco Ayala, em obra notável (*Tratado de sociología: I – História de la sociología*, Buenos Aires, 1947), refere-se, justificando o seu uso contra as críticas dos instintivistas radicais: "[...] *instinto de laboriosidad* (instinct of workmanship), *discutido concepto, contra el que se objeta la no existencia de semejante 'instinto' en la especie humana, sin reparar en que la palabra está empleada por Veblen con el mismo carácter aproximativo que la frase 'lucha por la existencia', para señalar un hecho universal en la historia: la aplicación del hombre al trabajo y su complacencia en la obra cumplida)"* (p. 146). Note-se que recentemente apareceram em Madri as obras completas desse mestre espanhol de sociologia (Aguilar, 2 vols.).

10. Pitt-Rivers, *The clash of cultures and the contact of races*, cit.

    Sobre o assunto vejam-se também Ruth Benedict, *Patterns of culture*, Boston, 1934; Franz Boas, "Race", *Encyclopaedia of the Social Sciences*, Nova York, 1935, XIII; R. E. Park, *The problem of cultural differences*, Nova York, 1931.

11. Documentos inéditos encontrados por Roquette-Pinto no arquivo do Instituto Histórico Brasileiro (arquivo do Conselho Ultramarino, correspondência do governador de Mato Grosso – 1777-1805 – códice 246), em *Rondônia*, cit.

12. Apert, *La croissance*, apud Sorokin, *Social mobility*, cit.

13. F. P. Armitage, *Died and race*, cit.

14. Sorokin, *Social mobility*, cit.

15. Ales Hrdlicka, *The old Americans*, cit. McCay, tendo estudado a alimentação dos diversos povos que habitam a Índia, para verificar a ação da dieta sobre o desenvolvimento físico e a capacidade dos mesmos, constatou que os Bengali mais baixos viviam com pequenas quantidades de proteína. Quantidades mais baixas, mesmo, que as julgadas por Chittenden como compatíveis com o bem-estar físico.

    As observações efetuadas por McCay, em estudantes de um mesmo colégio, sob as mesmas condições de clima e fazendo idêntico trabalho, apenas recebendo dietas diferentes, mostraram que os anglo-indianos tinham maior desenvolvimento físico que os Bengali. Os anglo-indianos recebiam 94,97 g de proteína, das quais 38,32 g eram de origem animal, enquanto os Bengali recebiam 64,11 g de proteína, sendo somente 9,3 g de origem animal.

Por sua vez McCarrison, em pesquisa realizada em 1927, chegou a resultados idênticos aos de McCay. Principalmente com relação a maior resistência e beleza física dos povos do norte da Índia, em confronto com os do sul e leste (D. McCay, "The relation of food to physical development" – Part II – *Scient. Memor. by Officers of the Med. And Sanit. Dept. of the Govern. of India* – 1910 – N. S., nº 37, "The relation of food to development", *Philip. J. Sc.* – 1910 – vol. 5, R. McCarrison, "Relative value of the national diets of India", *Transac. of the 7th Cong. British India,* Tóquio, 1927, vol. III, apud Rui Coutinho, trabalho cit.).

16. Leonard Williams, apud W. Langdon Brown, *The endocrines in general medicine*, Londres, 1927.

17. W. Langdon Brown, *The endocrines in general medicine,* cit.

18. Leonard Williams, apud W. Langdon Brown, op. cit.

19. Haddon, *Races of man*, cit.

20. *British Medical Journal*, August, 1923, apud Arthur Dendy, *The Biological Foundation of Society*, Londres, 1924. Segundo o professor G. V. Anrep "as conclusões positivas" das experiências de Pavlov, que McDougall, professor da Universidade de Harvard, supusera desde o princípio prejudicadas por erro de técnica, foram "retiradas provisoriamente" pelo próprio investigador russo. Anrep, que é professor da Universidade de Cambridge, publicou em inglês e sob o título *Conditioned reflexes* o trabalho de I. V. Pavlov sobre a atividade fisiológica do córtex cerebral. Neste trabalho, de 1927, posterior à comunicação de Pavlov ao Congresso de Edimburgo, o problema de transmissão hereditária dos reflexos condicionados é considerado questão aberta.

MacDougall vem desde 1920 realizando experiências com ratos brancos, de outro ponto de vista, diverso do puramente objetivo, de Pavlov. Nessas experiências diz McDougall vir obtendo resultados que parecem indicar a validade do princípio lamarckiano (J. T. Cunningham, *Modern biology, a review of the principal phenomena of animal life in relation to modern concepts and theories*, Londres, 1928).

21. Dendy, op. cit.

22. P. Kammerer, *The inheritance of acquired characteristics*, Nova York, 1924.

23. M. F. Guyer e E. Smith, apud *Our present knowledge of heredity (a series of lectures given at the Mayo Foundation etc.)*, Filadélfia e Londres, 1923-1924. O neolamarckismo tem uma das suas expressões mais vigorosas em Oskar Hertwig, que sustenta a influência metabólica do ambiente sobre as disposições hereditárias, criticando ao mesmo tempo a teoria de seleção

(*Das Werden der Organismen*, 1916, apud Erik Nordenskiöld, *The history of biology, a survey* (trad.), Londres, 1929). Em torno das experiências de Kammerer e Tower, citadas por Hertwig, vem se formando um ambiente, de dúvida da parte de uns, de divergência na interpretação dos resultados, da parte de outros, chegando a haver quem ligue o suicídio do primeiro desses investigadores, ocorrido em 1926, à falta de rigor ou escrúpulo que teria havido em suas pesquisas. Lentz, salientando que Kammerer era judeu, diz que tem havido predileção dos judeus pelo lamarckismo, sendo judeus, segundo ele, muitos dos defensores da "herança de caracteres adquiridos", possivelmente pelo desejo, da parte dos israelitas – é ainda opinião de Lentz – de não haver "distinções inextinguíveis de raça" (Erwin Baur, Eugen Fischer, Fritz Lentz, *Human heredity* (trad.), Londres, 1931). O sueco Nordenskiöld porém no trabalho citado salienta que a teoria da possibilidade da transmissão de caracteres adquiridos se tem enriquecido com as pesquisas posteriores à de Kammerer, de Little, de Bagg e de Harrison (ingleses), as deste sobre o melanismo nas borboletas, "por meio da introdução de sais metálicos no alimento". Também com as de Muller, americano. J. T. Cunningham, professor da Universidade de Londres, oferece-nos em seu trabalho *Modern biology* (Londres, 1928) uma descrição imparcial, acompanhada de reparos críticos, não só das experiências de Kammerer, como de todas as pesquisas mais recentes em torno do problema da possibilidade da transmissão de caracteres adquiridos. Problema de importância máxima para os estudos de antropologia social. O debate que ora se trava entre os ortodoxos do weismannismo, ou da "genética clássica", e os do mitchourinianismo, parece indicar que o problema da transmissão de caracteres adquiridos continua aberto a discussões. Um dos aspectos mais curiosos do debate, para quem dele se aproxima com critério de sociólogo atento às relações entre grupos étnicos, é o fato de vir sendo o weismannismo ou o mendelismo--morganista condenado pelos mitchourinianos devido aos "prolongamentos políticos, não biológicos, que parece ter no racismo [...]" (Aragon, "De la libre discussion des idées", *Europe*, Paris, outubro, 1948, p. 24). O mesmo crítico francês salienta outro aspecto da revolta do professor T. D. Lyssenko contra a "genérica clássica": o de "libertar" a biologia, de "metáforas sociológicas" (p. 25). Sobre o assunto vejam-se também, no mesmo número de *Europe*, "État de la science biologique", relatório apresentado em 1948 por T. D. Lyssenko à Academia Lenine de Ciências Agrárias, onde Weismann, Mendel e Morgan são apresentados como "fundadores da genética reacionária contemporânea" (p. 34) e a doutrina de Mitchourine consagrada como "base da biologia científica" (p. 52), sustentando-se que "o organismo e as condições de vida que lhe são necessárias são um todo indivisível" (p. 53), "Discussion du Rapport de T. D. Lyssenko", por S. Alikhanian e outros, "Interview de T. D. Lyssenko sur la concurrence à l'intérieur des espéces", "L'épanouissement de la science agrobiologique soviétique", por A. Mitine.

É evidente que os geneticistas soviéticos procuram colocar-se em posição de desafio àquela sociologia biológica que, no Ocidente, através de estudos de eugenia, vem concluindo pela existência de fortes ou decisivas diferenças hereditárias entre grupos humanos, quer os classificados pela "raça" ("raça" em oposição ao "meio social", de Vacher de Lapouge, a "antropossociologia" de Alfredo Otto Armon, para recordar duas expressões típicas dessa tendência), quer os classificados por "classe". Da última tendência são característicos ensaios como os de Francis Galton (*Hereditary genius*, 1871), Karl Pearson (*The scope and importance to the state of the science of eugenics,* 1911), C. B. Davenport (*Heredity in relation to eugenics*, 1911), W. C. D. Whetham (*Heredity and society*, 1912), L. M. Terman (*The measurement of intelligence*, 1916). Pelos estudos de Terman e de outros parece evidente a muitos que a estrutura de classe corresponde a condições naturais de hereditariedade, justificando-se, sob esse critério, o afã daqueles que fazem da eugenia um meio de defesa da classe superior contra o que T. Lothrop Stoddard, autor de *The rising tide of color* (1920) e de *The revolt of civilization* (1922) denomina "deterioração progressiva" das populações.

Lamentável como parece ser a tendência, na Rússia de hoje (1949) e na Alemanha nazista, para pôr a biologia a serviço da política, ou de ideologia política do grupo dominante, deve-se reconhecer que igual tendência se encontra, é claro que desacompanhada de favor oficial ou de solidariedade absoluta de Estado ou de Governo ao cientista-político, em trabalhos e atividades de biólogos, psicólogos e antropólogos do Ocidente voltados para o estudo de diferenças de capacidade, ou de demonstrações de capacidade, entre "raças" ou entre "classes". Sobre as relações a entre algumas dessas atividades e certas correntes de pensamento político autoritário ou conservador, vejam-se os estudos de G. Landtman, *The origin of the inequality of the social classes* (Londres, 1938), F. H. Hankis, "Race as a factor in political theory", na obra publicada por C. E. Merriam e H. E. Barnes, *History of political theories* (Nova York, 1924), E. A. Hooton, *Twilight of man* (Nova York, 1939), Ruth Benedict, *Race science: and politics* (Nova York, 1940), J. S. Huxley e A. C. Haddon, *We Europeans* (Nova York, 1936) e A. J. Toynbee, *A study of history* (Londres, 1934).

E nunca será demasia salientar-se a importância da obra científica de Franz Boas, desde seus memoráveis estudos sobre alterações de forma de corpo de imigrantes (1911), no sentido de conter os excessos na identificação de "raça" ou "classe" com os chamados "monopólios [...] de virtudes ou vícios humanos". Do que, entretanto, devemos nos guardar é do exagero de nos fecharmos de modo absoluto ao reconhecimento de diferenças hereditárias entre grupos humanos; e também do de considerarmos certos grupos, como o israelita, sagrados, ou invariavelmente caluniados, no que se refere ao seu comportamento, como minoria étnica, ou antes, religiosa ou cultural, entre outros grupos, só para não parecermos "antissemitas" ou "racistas".

24. Franz Boas, *Changes in bodily form of descendants of immigrants, Senate documents*, Washington, 1910-1911.

Sobre o problema de "raça", tal como o situam autoridades modernas, veja-se também *Rasse und Rassenentstehung bein Menschen* de Eugen Fischer, Berlim, 1927. E em oposição à teoria de Boas, em vários pontos essenciais, o trabalho de H. F. K. Günther, *Rassenkunde des Deutschen Volkes* (11ª ed.), Munique, 1927, e o de G. Sergi, Europa, Torino, 1908.

Em relação com o assunto devemos considerar ainda fundamentais: a obra de H. E. Ziegler, *Die Vererbungslehre in der Biologie und in der Soziologie,* Jena, 1918; a de E. Fischer e outros, *Anthropologie,* Leipzig und Berlin, 1923; a de Baur, Fischer e Lentz, *Human heredity* (trad. com acréscimos pelos autores), Londres, 1931; a de W. Scheid, *Allgemeine Rassenkunde,* Berlim, 1926; a de Théophile Simiar, *Étude critique sur la fondation de la doctrine des races,* Bruxelas, 1922; a de Erich Voegelin, *Rasse und Staat,* Tübingen, 1933; a de S. J. Holmes, *The negro's struggle for survival,* Berkeley, 1937; a de Fischer, *Die Rehobother Bastards und das Bastardierungsproblem bein Menschen,* Jena, 1913; a de S. J. Holmes, *The trend of the race,* Nova York, 1923; a de M. Boldrini, *Biometrica, problemi della vita, della specie e degli individui,* Pádua, 1928; e a de W. Schmidt e W. Koppers, *Völker und Kulturen,* Regensburg, 1924; a de C. B. Davenport e Morris Steggerda, *Race crossing in Jamaica,* Washington, 1929; a de Henri Neuville, *L'espèce, la race et le métissage en anthropologie,* Paris, 1933; a de A. Keith, *Ethnos,* Londres, 1931; a de H. Muckermann, S. J., *Rassenforschung und Volk der Zukunft,* Berlim, 1932; a de M. Rossell I Vilar, *La raça,* Barcelona, 1930; a de Elie Faure, *Trois Gouttes de Sang,* Paris, 1929; a de R. Martin, *Lehrbuch der Anthropologie,* Berlim, 1914; a de R. R. Bean, *The races of man,* Nova York, 1932; a de E. A. Hooton, *Up from the Ape,* Nova York, 1931. Também Otto Klineberg, *Race differences,* Nova York, 1935; Julian Huxley e A. C. Haddon, *We Europeans,* Nova York, 1936; E. B. Reuter, *Race and culture contacts,* 1934; F. H. Hankins, *The racial basis of civilization,* Nova York, 1931; M. Hirschfeld, *Racism* (trad.) Londres, 1938; Paul Radin, *The racial myth,* Nova York, 1934.

25. F. Hertz, *Rasse und Kultur,* apud Kelsey, *The physical basis of society*, cit.

    Quanto aos trabalhos de Jean Rostand *(Hérédité et racisme,* Paris), Georges Lakhovsky *(La civilisation et la folie raciste,* Paris, 1939), Hermann Warner Siemen *(Théorie de l'hérédité)*, René Martial *(Vie et constance des races,* Paris, 1938), interessantes pela maneira, às vezes ousada, de agitar o problema antropológico e sociológico das raças em relação com a cultura e da hereditariedade em relação com o meio, pouco acrescentam de científica ou filosoficamente importante, aos estudos acima destacados.

26. R. R. Bean, "The negro brain", *Century Magazine,* 1906; Kelsey, op. cit.; Franz Boas, *The mind of primitive man,* Nova York, 1911; Alexander Goldenweiser, "Concerning racial differences", *Menorah Journal,* vol. VIII, 1922. Para Pearson (cit. por Kelsey) a capacidade de crânio nos negros é, nos homens, 140 cm^3, e nas mulheres 100 cm^3 menos do que nos europeus modernos. Sobre o assunto veja-se também o livro do professor E. B. Reuter, *The American race problem,* Nova York, 1927.

27. Franz Boas, *Anthropology and modern life,* Londres, 1929.

28. A. T. Bryant e C. G. Seligman, "Mental development of the South African native", *Eugenics Review,* vol. IX.

29. George Henry Lane-Fox Pitt-Rivers, *The clash of cultures and the contact of races*, cit.

30. Franz Boas, *The mind of primitive man*, cit.

31. Padre Júlio Engrácia, *Relação cronológica do santuário e irmandade do Senhor Bom Jesus de Congonhas no Estado de Minas Gerais,* São Paulo, 1908.

32. Principalmente os realizados nos Estados Unidos. Deles, entretanto, se prevalece Hankins para considerar de grande importância as diferenças hereditárias de caráter mental, entre as duas raças. E ele nos adverte contra o perigo de substituirmos um misticismo, de raça, por outro, de cultura: o de Lapouge e de Gobineau – que criaram o mito da superioridade nórdica – pelo dos antropólogos e sociólogos que insistem em atribuir as diferenças entre as raças a puro fenômeno de difusão de cultura; a simples questão de maior ou menor oportunidade social (F. H. Hankins, "Individual diferences and their significance for social theory", *Publications of the American Sociological Society*, vol. XVII, 1922).

33. Alexander Goldenuceiser, "Race and culture in the modern world", *Journal of Social Forces*, vol. III, 1924.

34. Kelsen, op. cit.

35. *Opportunity*, 1927, apud Kelsey, op. cit. Veja-se também Sorokin, *Contemporary social theories*, Nova York e Londres, 1928. A propósito destes testes, Lentz procura explicar os resultados favoráveis aos negros do norte dos Estados Unidos em relação aos brancos de certas regiões do sul, observando ser grande, nos Estados do norte daquele país, a população mestiça indistintamente chamada negra. Os negros puros seriam, na maior parte, os que se conservam nas zonas rurais do sul (Erwin Bauer, Eugen Fischer, Fritz Lentz, *Human heredity* (trad.), Londres, 1931).

Sobre o negro na vida e na cultura dos Estados Unidos vejam-se M. J. Herskovits, *The American negro: a study in racial crossing*, Nova York, 1928, e *The myth of the negro past*, Nova York e Londres, 1941; Charles S. Johnson, *The negro in American civilization*, Nova York, 1930, e *Shadow of the plantation*, Chicago, 1934; William H. Thomas, *The American negro*, Nova York, 1901; Ulrich B. Phillips, *Life and labor in the old South*, Boston, 1929, e também W. E. B. Dubois, *The negro*, Nova York, 1915; S. D. Spero e A. L. Harris, *The black worker*, Nova York, 1931; E. W. Lewis, *The mobility of the negro*, Nova York, 1932; A. L. Harris, *The negro as capitalist*, Filadélfia, 1936; Willis Duke Weathford, *The negro from África to America*, Nova York, 1924, e *Race relations: adjustment of whites and negroes in the United States*, Boston, 1934; Carter G. Woodson, *The rural negro*, Washington, 1930; *The negro professional, man and the community*, Washington, 1934, e *The negro in our history*, Washington, 1922; Ray Stannard Baker, *Following the color line: an account of negro citizenship in the American democracy*, Nova York, 1908; Herman Feldman, *Racial factors in American history*, Nova York, 1931; Ira de A. Reid, Valien Preston e Charles S. Johnson, *The urban negro worker in the United States*, 1925-1936, Washington, 1938; Paul E. Baker, *Negro-white adjustment*, Nova York, 1934; Paul Lewinson, *Race, class and party*, Nova York, 1932; J. M. Mecklin, *Democracy and race friction*, Nova York, 1924; Horace Mann Bond, *Education of the negro in the american social order*, Nova York, 1924; Ball Irving Wiley, *Southern negroes*, 1861-1865, New Haven, 1938; James W. Johnson, *Autobiography of an ex-colored man*, Nova York, 1937; Donald R. Young, *American minority peoples*, Nova York, 1932; Bertran W. Doyle, *The etiquette of race relations in the South; a study in social control*, Chicago, 1937; E. Franklin Frazier, *The free negro family*, Nashville, 1932; *The new negro* (organizado por Alain Locke), Nova York, 1925; Gunnar Myrdal, *An American dilemma* (com extensa bibliografia), Nova York, Londres, 1944; Claude McKay, *A long way from home*, Nova York, 1937; Booker T. Washington, *Up from slavery*, Nova York, 1901. Todos esses estudos oferecem páginas de considerável interesse para efeitos de comparação com a influência do negro na vida e na cultura do Brasil, particularmente sob a influência do regime de trabalho escravo. Para um estudo do negro no Brasil escrito, em parte, do ponto de vista de um norte-americano e em comparação com a situação de descendente de africano na vida americana veja-se Donald Pierson, *Negroes in Brazil*, Chicago, 1942, há anos traduzido e publicado em português (e agora reeditado). A obra norte-americana *The negro in the Americas* (Washington, 1940) dá uma visão de conjunto da situação do descendente de africano em diferentes áreas americanas, estudadas também em conjunto pelo antropólogo e sociólogo brasileiro Artur Ramos em seu notável trabalho *As culturas negras do novo mundo* (Rio de Janeiro, 1937). Sobre o negro nas Américas espanhola e francesa, além das obras, já clássicas, de Fernando Ortiz sobre Cuba, vejam-se Ildefonso Pereda Valdés, *Negros esclavos y negros libres*, Montevidéu, 1941, e Vicente Rossi, *Cosas de negros*, Rio de la Plata, 1926. Vejam-se também, sobre o assunto, as indicações dadas por Artur Ramos em sua *Introdução à antropologia brasileira*, Rio de Janeiro, 1943, na seção de sua vasta bibliografia dedicada ao Novo Mundo (exceto o Brasil). No México, segundo informação do professor A. Métraux, publicou-se interessante trabalho sobre a influência do negro na vida daquele país, trabalho em que, ainda conforme o professor Métraux, se segue a orientação do presente ensaio.

36. Sorokin, *Contemporary social theories*, cit.

37. Robert H. Lowie, *Are we civilized?*, Londres, s.d.

38. Étienne, loc. cit.; Manuel Querino, "A raça africana e seus costumes na Bahia", *Rev. da Academia Brasileira de Letras*, nº 70.

39. Handelmann, *História do Brasil*, cit. Veja-se também Koster, *Travels*, cit., em quem provavelmente se inspirou Handelmann. No século XVI e primeira metade do século XVII a situação intelectual dos colonos foi menor que no XVIII devido aos educadores jesuítas: aos seus colégios e escolas.

Confirmando o que aqui se diz desde 1933, o professor Afonso de E. Taunay escreve na sua excelente *História do café no Brasil – no Brasil Imperial, 1822-1872*, Rio de Janeiro, 1939, vol. V, p. 166, que ao se verificar o deslocamento de escravos dos engenhos e fazendas de criação do norte para as grandes fazendas de café de São Paulo – fenômeno de 1860, 70, 80 – aos fazendeiros paulistas "causou verdadeiro pasmo verificarem entre as levas vindas do norte a existência de numerosos escravos alfabetizados, alguns deles até mais letrados talvez que os seus novos senhores e outros, sobretudo os baianos, sabendo recitar trechos e trechos de Castro Alves, Junqueira Freire e Gonçalves Dias. Nas revoltas que se deram nas vésperas da Abolição seguidas de linchamentos na praça pública por fazendeiros mascarados" (informação de Elói de Andrade), "os autores, os cabeças como os chamavam, foram filhos de Pernambuco e Alagoas". Sobre o assunto, veja-se também nosso prefácio para o estudo de Luís Viana Filho, *Negros na Bahia*, Rio de Janeiro, 1945.

40. D. P. Kidder e J. C. Fletcher, *Brazil and the Brazilians,* Boston,1879.

41. J. B. de Sá Oliveira, *Craniometria comparada das espécies humanas na Bahia sob o ponto de vista evolucionista e médico-legal*, Bahia, 1895. Veja-se também seu estudo *Evolução psíquica dos baianos*, Bahia, 1898.

42. Devemos a leitura dos originais à gentileza do Sr. Homero Pires, que nos franqueou sua excelente Brasiliana. Posteriormente o trabalho de Nina Rodrigues foi publicado sob o título *Os africanos no Brasil*, São Paulo, 1933, por iniciativa do mesmo Sr. Pires.

O trabalho de Nina Rodrigues vem sendo continuado dentro e fora da Bahia por um grupo notável de estudiosos brasileiros das origens africanas da nossa população e da nossa cultura. Entre esses estudiosos destacaram-se como antropólogos e historiadores sociais os professores Artur Ramos, autor de *O folclore negro no Brasil*, Rio de Janeiro, 1935, *As culturas negras do novo mundo*, Rio de Janeiro, 1937, e *The negro in Brazil*, Washington, 1939; Luís Viana Filho, autor de *O negro na Bahia*, Rio de Janeiro, 1945; Aires da Mata Machado Filho, *O negro e o garimpo em Minas Gerais*, Rio de Janeiro, 1944; Gonçalves Fernandes, *Xangôs do nordeste*, Rio de Janeiro, 1937; Édison Carneiro, *Religiões negras*, Rio de Janeiro, 1936. Veja-se a respeito a bibliografia dada por Artur Ramos, *Introdução à antropologia brasileira*, Rio de Janeiro, 1943, p. 510-534.

43. Citação de Nina Rodrigues, a favor da qual se encontram várias evidências em manuscritos do Arquivo Histórico Colonial de Lisboa. É assunto que merece estudo à parte. Antes de Nina Rodrigues, um observador francês, Adolphe D'Assier, salientara a perspicácia da política portuguesa nos tempos coloniais, importando negros de "nações" diversas e até antagônicas (*Le Brésil contemporain*, cit.).

44. Citada por Nina Rodrigues no referido trabalho.

45. Gaspar Barléus, *Rerum per Octennium in Brasilien*, Cléves, 1660, traduzido para o português e editado no Brasil, por iniciativa feliz do então Ministério da Educação e Saúde, Rio de Janeiro, em 1940. "Os Ardentes", escreve Barléus, "são muito preguiçosos, teimosos, estúpidos, têm horror ao trabalho se excetuarmos pouquíssimos que, muito pacientes no trabalho, aumentam o seu preço [...]"; dos Calabrenses destaca "a frouxidão e preguiça"; dos negros de Guiné, Serra Leoa, Cabo, a delicadeza ou suavidade, principalmente das mulheres; dos Congo e Sonhenses, a aptidão para o trabalho: *aptissimi ad opera*. Os mais laboriosos informa eram os Angolenses (*laboriosissimi Angolenses*). Antonil por sua vez escreveu no século XVIII: "E porque commumente [os escravos] são de nações diversas, e huns mais boçaes que outros, e de figuras muito diferentes, se ha de fazer repartição com reparo e escolha, e não ás cegas. Os que vem para o Brasil são Ardas, Minas, Congos, de S. Thomé, d'Angola, de Cabo Verde, e alguns de Moçambique, que vem nas náos da India. Os Ardas e os Minas são robustos. Os de Cabo Verde e S. Thomé são mais fracos. Os d'Angola criados em Loanda são mais capazes de aprender officios mechanicos que os das outras partes já nomeados. Entre os Congos ha alguns bastantemente industriosos e bons não só por o serviço da canna, mas para os officios, e para o menos da casa" (Antonil, op. cit.). Com relação ao norte nos princípios do século XIX deixou-nos Koster as seguintes informações: os escravos importados em maior número eram de Angola, Congo e os conhecidos por Moçambiques, Rebelos, Angico, Gabão. Os Moçambiques, só nos últimos tempos (*Travels*, cit.). Maria Graham baseada em estatísticas aduaneiras obtidas no Rio de Janeiro dá como os negros mais geralmente importados nos princípios do século XIX: Moçambiques, Cabindos, Benguelas, Quilumanos, Angolas (*Journal*, cit.).

46. Wätjen, op. cit. Também Wätjen foi traduzido para o português e publicado no Brasil (1938), na Brasiliana, da Companhia Editora Nacional.

Sobre o assunto – o contato do Brasil com os holandeses – vêm publicando ensaios em que são estudados aspectos interessantes daquelas relações sociais e de cultura, os pesquisadores brasileiros especializados no conhecimento da língua holandesa, entre eles, José Antônio Gonsalves de Melo, neto, e José Honório Rodrigues. O ensaio do primeiro, intitulado *Tempo dos flamengos*, e já publicado (Rio de Janeiro, 1947), é decerto o estudo mais minucioso sobre o assunto; e mais completo do ponto de vista brasileiro que o do próprio professor Wätjen.

47. Sílvio Romero, que parece se haver inclinado a princípio para a ideia do exclusivismo banto, na colonização brasileira, no seu *Compêndio de história da literatura brasileira*, escrito em colaboração com João Ribeiro, faz inteligente discriminação dos estoques africanos. "Não foram, porém, só as numerosas tribos de Guiné, da Nigrícia ou África subtropical, e as do grupo Banto que serviram de viveiro à escravidão brasileira. Os vários ramos de Boximanes e Hotentotes entraram com seu contingente. Deles nos provieram – alguns Ba-cancalas, Ba-cubais, Ba-corocas, Ba-cuandos, Ba-cassequeres, e, provavelmente, Ba-sutos e Be-xuanas. Revela não esquecer o contingente do grupo Núbio. Foram os saídos desta última fonte os mais inteligentes escravos brasileiros. Seu número,

porém, foi muito reduzido em confronto com os demais." Em seu estudo sobre os mercados de escravos no Brasil e as tribos importadas, apresentado ao Congresso de História Nacional (*Rev. Inst. Hist. Geog. Bras.*, tomo especial, parte II), identifica Brás do Amaral os seguintes estoques: Iorubas, Egbas, Geges, Daomeanos, Ijejas, Angolas, Minas, Haúças, Krumanos, Filanio, Timinis, Bengos, Galinhas, Efans, Axantes, Cabindas. As costas da Serra Leoa, Angola e os portos do golfo de Guiné teriam sido os principais mercados de escravos para o Brasil. Em pesquisa que realizamos, com o auxílio de José Antônio Gonçalves de Melo, neto, na coleção *Diário de Pernambuco*, recolhemos dos anúncios de Vende-se e de Escravos Fugidos as seguintes denominações de "nações" africanas: Camundongo ou Cambundongo, Angola, Moçambique, Caçanje, Congo, Rebôlo, Benguela, Muxicongo, Mina, Cabinda, Calabar, Angico, Cabundá, Costa, Gabão, Gegá, Quizamá, Beni ou Benim, Costa de Nagou, Luanda, Quelimano, Songa ou Songo, Magó, Baca, Mazango, Ubaca ou Embaca, Ganguela, Malembá, Macangana, Costa de Caxéu, Senze ou Senge, Ibanara, Bude ou Bufe.

48. Nina Rodrigues no seu trabalho já citado. Varnhagen, *História geral do Brasil*, cit.

49. Haddon, *The races of man*, cit.

50. Haddon, *The races of man*, cit. Sobre o assunto vejam-se também: Monroe N. Work, *A bibliography of the negro in Africa and America,* Nova York, 1928; Frank A. Ross e Louise Venable Kennedy, *A bibliography of negro migration*, Nova York, 1931; Wilfrid Dyson Hambly, *Source-book for African anthropology*, Chicago, 1937. Em português veja-se o trabalho de Artur Ramos, *Introdução à antropologia brasileira*, Rio de Janeiro, 1943, com opulenta bibliografia.

51. Nina Rodrigues, trabalho referido. Sobre o tráfico de africanos para a América, incluindo o Brasil, vejam-se *British and foreign state papers,* especialmente volumes 24, 44, 57, 62, *British parliamentary papers*, especialmente *reports of the committees, select Committees on sugar and coffee planting (1847-1848); Documents illustrative of the history of slave trade to America* (organizado por Elizabeth Donnan), Washington, 1930-1935; Gaston-Martin, *Nantes au XVIII siècle: l'ère des négriers (1714-1744) d'après des documents inédits*, Paris, 1931; padre Dieudonné Rinchon, *La traite et l'esclavage des congolais par les européens*, Wetteren, 1929 e *Le trafic négrier, d'aprés les livres de commerce du capitaine Gantois*, Pierre-Ignace-Liévin van Alstein, Bruxelas, 1938; W. D. Weatherford, *The negro from Africa to America*, Nova York, 1924; José Antônio Saco, *História de la esclavitud de la raza africana en el nuevo mundo y en especial en los paises américo-hispanos* (edição F. Ortiz), Havana, 1928; Charles de La Roncière, *Nègres et négriers*, Paris, 1933; Tito Franco de Almeida, *O Brasil e a Inglaterra ou o tráfico dos africanos*, Rio de Janeiro, 1865; Afonso de E. Taunay, *Subsídios para a história do tráfico africano no Brasil*, São Paulo, 1941; Roberto Simonsen, *História econômica do Brasil, 1500--1820*, São Paulo, 1937; J. M. de Camargo Júnior, "A Inglaterra e o tráfico", em *Novos Estudos Afro-Brasileiros*, Rio de Janeiro, 1937.

52. F. J. Oliveira Viana, *Evolução do povo brasileiro*, São Paulo, 1933.

53. Ulrich Bonnell Phillips, *American negro slavery, a survey of the supply, employment and control of negro labor as determined by the plantation regime*, Nova York, Londres, 1929.

    Sobre o assunto vejam-se também Ralph B. Flanders, *Plantation slavery in Georgia*, Chapel Hill, 1933; Elizabeth Donnan, *Documents illustrative of the history of slave trade to America*, Washington, 1930; *Plantation and frontier, 1649-1863, Documentary History of America Industrial Society* (documentos reunidos por U. B. Phillips), Cleveland, 1909-1910; *Culture in the South* (organizado por Willian T. Couch), Chapel Hill, 1935; Rupert B. Vance, *Human factors in cotton industry*, Chapel Hill, 1929 e *Human geography of the South*, Chapel Hill, 1932.

54. Phillips, *American negro slavery*, cit.

55. Oliveira Viana, *Evolução do povo brasileiro*, cit.

56. Luiz Vaía Monteiro, cit. Por Oliveira Viana, *Evolução do povo brasileiro*, cit.

57. Araripe Júnior, *Gregório de Matos*, Rio de Janeiro, 1894.

58. Richard Burton, *The highlands of the Brazil*, cit.

59. Eschwege, citado por J. Capistrano de Abreu, *Capítulos de história colonial (1500-1800)*, Rio de Janeiro, 1928. "Em um caso mesmo foram guias dos brasileiros", diz por sua vez João Pandiá Calógeras, "seu é o mérito da primeira indústria de preparo direto de ferro, nas forjas rudimentares de Minas Gerais, fruto natural da ciência prática infusa nesses metalurgistas natos que são os africanos" (João Pandiá Calógeras, *Formação histórica do Brasil*, Rio de Janeiro, 1930).

60. Max Schmidt, artigo em *Koloniale Rundschau*, abril, 1909, resumido por Sir Harry H. Johnston, *The negro in the new world*, Londres, 1910. Vários trabalhos de Max Schmidt, de considerável interesse para o Brasil, permaneceram em manuscritos que tivemos ocasião de consultar em Assunção do Paraguai, no Museu Barbero.

61. José Maria dos Santos, *Política geral do Brasil*, Rio de Janeiro, 1930.

62. Gardner esteve no Brasil em 1836, visitando a Bahia. Aí observou que os escravos eram mais difíceis de dominar do que em qualquer outro ponto do Brasil. "A causa é óbvia", escreveu o cientista inglês. "Quase a população inteira [refere-se aos negros] daquela província é originária da Costa do Ouro. Os homens e as mulheres não só são mais altos e de melhores formas que os de Moçambique, Bengala e de outras partes da África como possuem maior (*"a much greater share"*) energia mental devido talvez às suas íntimas relações com os mouros e árabes. Entre eles há muitos que leem e escrevem o arábico" (George Gardner, *Travels in the interior of Brazil*, cit.).

63. Sir Harry H. Johnston, *The negro in the new world*, cit. Também Nina Rodrigues referiu-se a esse comércio, como adiante veremos. O professor Lorenzo D. Turner vem recolhendo sobre o assunto interessante material. Veja-se seu "Some contacts of Brazilian ex-slaves with Nigeria, West Africa", *Journal of Negro History*, XXVII, Washington, 1942.

64. Melville J. Herskovits, "A preliminary consideration of the culture areas of Africa", cit. Também "The social history of the negro", cit.

65. Para Artur Ramos "embora essa divisão se apresente em algumas áreas arbitrária e sujeita a revisões ulteriores, ela é útil, pois nos proporciona uma visão de conjunto sobre a distribuição espacial dos principais povos e culturas da África" (*Introdução à antropologia brasileira*, Rio de Janeiro, 1943, I).

Sobre o assunto vejam-se também de M. J. Herskovits, "The culture areas of Africa", *África*, 1930, 3, e de W. D. Hambly, *Source-book for African anthropology*, Chicago, 1937.

Sílvio Romero e João Ribeiro (*Compêndio de história da literatura brasileira*, cit.) não deixaram de sugerir o estado de cultura das principais tribos ou "nações" africanas que concorreram para a nossa civilização. "Não estavam todas, é certo, no mesmo grau de cultura; mas do seu contato com os árabes desde o VII século, com os egípcios e os berberes, desde épocas imemoriais tinham na mor parte de suas tribos chegado já a notável grau de adiantamento." E mencionaram: Jalofos, "aptos à vida do mar"; Mandingas, "convertidos em geral ao maometismo, inteligentes e empreendedores"; Jorubas ou Minas, "quase todos maometanos e tão hábeis quanto os Mandingas"; Haúças, "cuja língua é a mais espalhada no Soldão"; Felupos, "os mais selvagens da zona"; Fulas, "os sectários de Maomé, melhor organizados no país"; Balantos, "gentios democratas"; Biafadas, "senhores de regular império destruído pelos Bijagozes"; Ba-Congos, cujo "vasto reino" era "um dos mais adiantados da África nos séculos XV e XVI"; Cabindas, "excelentes trabalhadores"; Ambaquistas, "ladinos, hábeis sofistas, amigos da escrita"; Ma-quicos, "destros caçadores"; Guissamas, "bons extraidores de sal"; Libolos, agricultores; Bienos, artistas; Ba-gangelas ou Ambuelas, mineradores de ferro; Guimbandes, artistas; Banharecas e Bancumbis, pastores e agricultores; Ajaus, "relacionados há séculos com os árabes"; Sengas mercadores de marfim; Mazuzuros, criadores de gado e dados à mineração; Vatuas ou Zulus, guerreiros; Tongas ou Bitongos, "inferiores em cultura"; Mabingelas, Ma-changanas, Macuacuas, Ma-chopes, Mindongues, Landins, pastores e agricultores; Núbios – fonte dos "mais inteligentes escravos brasileiros", importados "em número muito reduzido". Mencionam outras tribos que teriam concorrido para a colonização do Brasil; mas sem destacar-lhes a significação cultural. Diogo de Vasconcelos destaca na sua excelente *História Média de Minas Gerais* (Belo Horizonte, 1918) e também na *Antiga*, a presença, entre os colonos africanos do Brasil, de negros vindos de áreas de cultura adiantada: "Limítrofes com países maometanos". Veja-se também o trabalho de Melville J. Herskovits, "On the provenience of new world negroes", *Journal of Social Forces*, vol. XII, nº 2, 1933.

66. Estudos de Orr e Gilks mostram que os Masai, por exemplo, são um povo superiormente alimentado. Tal é a abundância de seus rebanhos de carneiros, cabras e bois que a cada indivíduo "caberia uma média de 25 cabeças de bovinos e duas vezes mais carneiros e cabras". Os elementos básicos de sua dieta são: leite, carne e sangue (este retirado do animal pela punção jugular). Diversas raízes e cascas são usadas para infusões que os homens tomam com carne cozida e leite. Segundo aqueles investigadores a quantidade de proteína ingerida pelos Masai é: homens, 300 g; mulheres, 165 g (J. B. Orr e J. L. Gilks, "The physique and health of two Africain tribes", *Medical Research Council; Special Report Series*, nº 155, 1932, apud Rui Coutinho, cit.). Sobre o regime alimentar de várias sociedades africanas veja-se também Wallis, *An introduction to anthropology*, cit.

67. Ignace Brazil Étienne, "La secte musulmane des Malés du Brésil et leur révolt en 1835", *Anthropos*, Viena, janeiro-março, 1909.

68. Nina Rodrigues, trabalho cit.; Manuel Querino, "A raça africana e seus costumes na Bahia", cit.

69. Melo Morais Filho, *Festas e tradições*, Rio de Janeiro.

70. O mesmo, quanto à relação de festas com as fases da Lua e o uso de túnicas alvas durante as cerimônias, observamos em Pernambuco, entre os adeptos da seita "Adoradores dos astros e das águas", no Fundão (Recife), dissolvida pela polícia do Estado, que também fechou as casas de Xangô de Anselmo e outras, referidas no texto. Os "adoradores" eram também estritos na abstinência de bebidas alcoólicas. Adoravam principalmente a Estrela-d'Alva, a Lua e a Água-Viva, organizando peregrinações a cachoeiras, rios e quedas de água. O culto, na sede da seita, que era uma casinha toda branca, constava principalmente de danças, imitando os "movimentos dos astros", executados por meninos que também cantavam, ora em português, ora em "línguas estranhas", ao que parece inventadas. Uma "água sagrada", que recebia os "fluidos dos astros", era distribuída aos fiéis em garrafas ou copos. Mantinham escola, "aula de catecismo" e tinham emissário no Pará.

Ninguém podia assistir às cerimônias que não estivesse vestido de branco. Os cânticos tinham alguma coisa dos hinos das igrejas protestantes:

> *A união das águas*
> *Com as estrelas eu via*
> *O círculo e o meu reino*
> *Que a Deus pertencia.*

Sobre o assunto veja-se também João do Rio, *As religiões no Rio*, Rio de Janeiro, 1904.

71. Manuel Querino, "A raça africana e seus costumes na Bahia", cit.

72. Manuel Querino, "A raça africana e seus costumes na Bahia", cit.

73. Entre outras, a erva conhecida no Rio de Janeiro – segundo Manuel Querino – por pungo e por macumba na Bahia; e em Alagoas por maconha. Em Pernambuco é conhecida por maconha; e também, segundo temos ouvido entre seus aficionados, por diamba ou liamba. Diz Querino que o uso de macumba foi proibido pela Câmara do Rio de Janeiro em 1830, o vendedor pagaria 20$000 de multa; o escravo que usasse seria condenado a 3 dias de cadeia. Já fumamos a macumba ou diamba. Produz realmente visões e um como cansaço suave; a impressão de quem volta cansado de um baile, mas com a música ainda nos ouvidos. Parece, entretanto, que seus efeitos variam consideravelmente de indivíduo para indivíduo. Como o seu uso se tem generalizado em Pernambuco, a polícia vem perseguindo com rigor os seus vendedores e consumidores – os quais fumam-na em cigarros, cachimbos e alguns até a ingerem em chás.

Alguns consumidores da planta, hoje cultivada em várias partes do Brasil, atribuem-lhe virtudes místicas; fuma-se ou "queima-se a planta" com certas intenções, boas ou más. Segundo Querino, o Dr. J. R. da Costa Dória atribui-lhe também qualidade afrodisíaca. Entre barcaceiros e pescadores de Alagoas e Pernambuco verificamos que é grande ainda o uso da maconha.

74. Nina Rodrigues, trabalho cit.

75. Nina Rodrigues, trabalho cit. Quando chegou ao Rio de Janeiro em 1852 a delegação da Sociedade dos Amigos (Quakers) foi recebida por uma comissão de Minas libertos. Sessenta tinham sido repatriados para Benim. Os ingleses receberam dos Minas papéis redigidos em arábico (veja-se John Candler e W. Burgess, *Narrative of recent visit to Brazil*, Londres, 1853).

76. Eis alguns anúncios, dos que nos parecem mais interessantes do ponto de vista da caracterização antropológica: "escravo [...] alto, fullo, barbado, cabeça puxada para traz" (*Diário de Pernambuco*, 7 de março de 1828); "escravo [...] fullo, Nação Massambique, com signaes na cara da mesma nação, pés apalhetados" (13 de março de 1828); "ladino de nação Angola e de nome João, bastante preto, bem parecido, pouca barba, alto, olhos grandes" (6 de agosto de 1828); "qualquer capitão de campo poderá pegar o preto chamado Benedicto, Nação Gabão [...] baixo e seco de corpo, barbado, e tem suíças, bonito de cara e de corpo" (25 de agosto de 1828); "Catarina do gentio Benguella, alta, grossa de corpo, peitos em pé, cara larga, beiços grossos, dentes abertos, bem preta, de bonita figura" (9 de outubro de 1828); "Antonio, de Gentio da Costa, edade 25 annos, tem 3 talhos na testa, signal de sua terra, tem o dedo grande do pé esquerdo sem unha, tem a falla fina, e a cor fulla" (3 de agosto de 1829); "escravo da Nação Benguella de nome Manoel [...] delgado de corpo, pouca barba, nariz algum tanto afilado" (6 de setembro de 1828); "escrava preta de Angola com bom leite e bastante" (7 de agosto de 1828); "Izabel, Nação Congo, 30 annos [...] alta e grossa [...] pouco cabelo na cabeça" (22 de janeiro de 1835); "Bento, de nação Camundá, alto, cheio de corpo, sem barba, pés grandes, anda um tanto banzeiro" (9 de julho de 1850). Numerosos anúncios se referem a fulos; também a "negros altos [...] e com todos os dentes da frente"; alguns a pretas com nádegas grandes, de chamarem a atenção como traço identificador de

negro fugido. O que revela a presença de hotentotes ou boximanes entre os escravos de Pernambuco no século XIX. Que negro ou negra feia era artigo quase sem importância no mercado de escravos vê-se através de vários anúncios. Deste, por exemplo (*Diário de Pernambuco*, 23 de setembro de 1830): "Vende-se uma escrava por preço tão favorável que seria incrível no tempo presente por tal comprá-la; a mesma escrava não tem vício algum, e he quitandeira, e só tem contra si huma figura desagradável e he o motivo porque, se vende; na cidade de Olinda na segunda casa sobre o aterro das vicas, ou no Recife na rua do Crespo D. 3". O negro que se vendia bem ou que, quando fugia, se procurava como quem procura uma joia de família, fazendo-se até promessas a Santo Antônio, era o negro forte e bonito de corpo. Ainda em 1882, o *Diário de Notícias* do Rio de Janeiro publicava um anúncio prometendo a gratificação de 200$000 a quem apreendesse o escravo Sabino, "bons dentes [...] quando falla carrega muito nos rr [...] um pouco gago [...] intelligente e muito esperto" (10 de julho de 1882). O assunto foi por nós versado em conferência na Sociedade Felippe d'Oliveira, no Rio de Janeiro, em 1934, sobre "O escravo nos anúncios de jornais do tempo do Império", em trabalho apresentado ao 1º Congresso Afro-Brasileiro, em 1935, "Deformações de corpo nos negros fugidos", em *Sociologia, introdução ao estudo dos seus princípios*, Rio de Janeiro, 1945, e em prefácio para o trabalho do Sr. Ademar Vidal, sobre os escravos negros na Paraíba, no qual sugerimos a predominância de longilíneos talvez dolicocefálicos, entre os negros fugidos caracterizados pelos anúncios.

Em minucioso estudo antropológico, a Sra. Maria Júlia Pourchet chegou à conclusão de que os estudos do índice cefálico no Brasil nos permitem afirmar que "o negro brasileiro surpreende o pesquisador com seu alto valor de índice cefálico, numa tendência franca à braquicefalia"; também que "nos indivíduos brancos uma série de pesquisas têm revelado um índice alto, perto da braquicefalia, parecendo estar a população branca do Brasil sujeita ao processo geral de 'braquicefalização' já apontado por vários autores em outros continentes" (*Índice cefálico no Brasil*, Rio de Janeiro, 1941, p. 45). Sobre o assunto vejam-se também Roquette-Pinto, "Nota sobre os tipos antropológicos do Brasil", *Arquivos do Museu Nacional*, Rio de Janeiro, vol. XXX, Maria Júlia Pourchet, *Contribuição ao estudo antropofísico da criança de cor (Bahia, Brasil)*, Rio de Janeiro, 1939; Bastos de Ávila, "O negro em nosso meio escolar" *Novos Estudos Afro-Brasileiros*, Rio de Janeiro, 1936; Ulisses Pernambucano de Mello e outros, "Dados antropológicos sobre a população do Recife", *Estudos Afro-Brasileiros*, Rio de Janeiro, 1935; Júlia Magalhães Viotti, "contribuição à antropologia da moça mineira", *Boletim da Secretaria da Educação e Saúde,* Belo Horizonte, nº 13, 1933; Lucas de Morais, *Estudos de antropometria constitucional nos brancos nativos do Estado de São Paulo*, São Paulo, 1939; Sette Ramalho, *Lições de biometria aplicada*, Rio de Janeiro, 1940; Alfredo Ellis Júnior, *Raça de gigantes*, São Paulo, 1926.

77. Joaquim Nabuco, *O abolicionismo*, cit. Por esse e por outros pontos de vista de intensa atualidade, Joaquim Nabuco está a pedir um estudo que o situe nas melhores tradições brasileiras

de vitalidade intelectual das quais o mundanismo, o francesismo e o anglo-americanismo às vezes o afastaram.

78. J. P. de Oliveira Martins, *O Brasil e as colônias portuguesas*, Lisboa, 1887.

79. Ruediger Bilden, em trabalho que não chegou a publicar em livro. Para ele, o estudo do desenvolvimento histórico do Brasil demonstra que males atribuídos por alguns críticos à composição racial do país derivam-se da escravidão. Burlamaqui, Abreu e Lima, Peckolt são alguns dos brasileiros que se anteciparam nessa interpretação da nossa história, seguidos, entre autores dos nossos dias, pelo escritor Gilberto Amado.

80. Alexander Goldenweiser, "Race and culture in the modern world", *Journal of Social Forces*, vol. III, 1924.

81. Ernest Crawley, *Studies of savages and sex*, cit.; Havelock Ellis, *Analysis of the sexual impulse*, cit. Veja-se também Pitt-Rivers, *The clash of cultures and the contact of races*, cit.

82. Fr. João de S. José Queirós, *Memórias*, p. 22, Porto, 1868. Em estudo sobre "Gente e coisas d'antanho – crimes célebres", referente à área de Mato Grosso, o historiador José de Mesquita chega à conclusão de que a subárea mato-grossense de monocultura, latifúndio e outrora de escravidão apresenta fortes semelhanças com áreas mais antigas e caracteristicamente agrário-patriarcais do Brasil, que foram as do açúcar, do litoral. Com relação ao negro da mesma subárea escreve ele ter encontrado "casos típicos que ilustram ao vivo" o asseverado no presente ensaio: "o negro foi patogênico mas a serviço do branco; como parte irresponsável de um sistema articulado por outros" (*Revista do Instituto Histórico de Mato Grosso*, ano XVI, tomo XXXIII, p. 110). Acrescenta o historiador mato-grossense: "nossa [mato-grossense] organização social se esteou, de começo, nos engenhos de aguardente, como no Nordeste, e ainda hoje é essa a única indústria organizada que existe nos arredores da capital, sob feição mais moderna, que é a usineira, mas sempre girando em torno dos produtos e subprodutos da cana-de-açúcar" (p. 140). Conclusões semelhantes têm sido alcançadas, ou nos tem sido comunicadas, por outros pesquisadores de história regional especializados no estudo de áreas, ou subáreas, hoje aparentemente diversas da antigas áreas agrário-patriarcais ou feudal-tropicais do Brasil, isto é, as do açúcar, do litoral (Pernambuco, Bahia, Maranhão), a ponto de serem apresentadas como contradições absolutas as mesmas áreas por observadores menos prudentes em suas generalizações. Entre aqueles outros pesquisadores, recordaremos os Srs. Artur Reis (Pará e Amazonas), Manuel da Silveira Soares Cardoso, Mirian de Barros Latif, João Camilo de Oliveira Torres e Augusto de Lima Júnior (Minas Gerais), Moisés Marcondes (Paraná), Dante de Laytano e Atos Damasceno (Rio Grande do Sul), Roger Bastide, Pierre Monbeig, Luís Martins e Da. Amélia de Rezende Martins (São Paulo). E nós mesmos, em viagem pelo sul do Brasil (São Paulo, Paraná, Santa Catarina, Rio Grande do Sul) e por Minas Gerais, temos verificado, através de sobrevivências merecedoras de estudos, a

extensão por grande parte do Brasil da colonização anterior ao século XIX porém menos antiga que a de São Vicente, Pernambuco, Bahia, Maranhão e Rio de Janeiro, com seus elementos mais característicos (monocultura do açúcar, casas-grandes e terras de senhores latifundiários de origem principalmente hispânica, escravos africanos) ou os substitutos menos sociológicos que culturais deles (café, gado, cacau, a própria borracha, indígenas ou caboclos, em estado de escravidão ou de quase escravidão, senhores de origem não hispânicas). Quanto ao Rio de Janeiro, sua semelhança com o norte açucareiro-patriarcal é tal que sociologicamente são inseparáveis embora as diferenças de conteúdo histórico-político.

83. Joaquim Nabuco, *O abolicionismo*, cit.

84. Alexandre Herculano, *História da origem e estabelecimento da inquisição em Portugal*, cit.

85. Joaquim Nabuco, *O abolicionismo*, cit.

86. João Álvares de Azevedo Macedo Júnior *Da prostituição do Rio de Janeiro e da sua influência sobre a saúde pública*, tese apresentada à Faculdade de Medicina do Rio de Janeiro, 1869. Veja-se também Evaristo de Morais, *A escravidão africana no Brasil*, São Paulo, 1933.

    Ainda sobre sífilis no Brasil, vejam-se Antônio José das Neves, "Memória", *Anais Brasilienses de Medicina*, Jornal da Academia Imperial de Medicina do Rio de Janeiro, nº 1, março de 1856, e nos mesmos *Annaes* (nº 4, tomo XXV, setembro de 1873), o "Discurso do Conselheiro Dr. José Pereira do Rego na Sessão Anniversaria do Corrente Anno".

    O Dr. Pereira das Neves, escrevendo no meado do século XIX, afirmava que era comum os doentes brasileiros de males venéreos "communicarem a molestia a muitas outras pessoas antes de se tratarem [...]". Acrescentava que "desgraçadamente alguns factos me teem feito conhecer que existe no povo o funesto prejuizo de um homem afectado de blenorrhagia cura-se della communicando-a a uma menina impubere. Não me esquecerei de um corpo de delicto, que fiz com o meu collega o Sr. Dr. Paula Menezes, de uma menina francesa de cinco annos de edade, a quem um miserável sapateiro portuguez communicou a mais grave syphilis primitiva pela crença em que vivia daquelle prejuiso". "Memória", *Anais Brasilienses de Medicina*, nº 1, 1856, p. 15-16.

87. José de Góis e Siqueira, *Breve estudo sobre a prostituição e a sífilis no Brasil*, Rio de Janeiro, 1877.

88. Janson, cit. por Calhoun, *A social history of the American family*, etc., cit.

89. Odum, cit. por Calhoun, *A social history of the American family* etc., cit. Sobre o assunto vejam-se também Edgar Sydenstricker, *Health and environment*, Nova York, 1933, e E. R. Stitt, "Our disease in inheritance from slavery", *U. S. Naval Medical Bulletin*, XXVI, outubro, 1928.

90. Lembra Oscar da Silva Araújo, repetindo, aliás, o velho Silva Araújo, que o barão de Lavradio calculava em 50% o número de crianças sifilíticas encontradas no seu serviço no Hospital da Misericórdia do Rio de Janeiro; que Moncorvo e Clemente Pereira verificaram a percentagem de 40% a 50% de infecções sifilíticas no Serviço de Pediatria e Policlínica; Moura Brasil a de 20% nos doentes de olhos por ele tratados na Policlínica do Rio de Janeiro (Oscar da Silva Araújo, *Alguns comentários sobre a sífilis no Rio de Janeiro*, Rio de Janeiro, 1928).

91. Herculano Augusto Lassance Cunha, *Dissertação sobre a prostituição em particular na cidade do Rio de Janeiro*, tese apresentada à Faculdade do Rio de Janeiro, Rio de Janeiro, 1845.

92. Citado por Oscar da Silva Araújo, op. cit., que supõe estarem incluídas nas "moléstias cutâneas", tão toleradas pelos brasileiros, as sifilíticas. Lembra a propósito a abusão, então reinante, quanto ao perigo de poderem tais doenças "recolher, com grave dano para o enfermo".

93. Luís dos Santos Vilhena, *Recompilação de notícias soteropolitanas e brasílicas (ano de 1802)*, Bahia, 1921.

94. Citado por Oscar Clark, *Sífilis no Brasil e suas manifestações viscerais*, Rio de Janeiro, 1918.

95. Citado por Oscar da Silva Araújo, *Alguns comentários sobre a sífilis no Rio de Janeiro*, cit. Em 1875 calcularia Góis e Siqueira (op. cit.) que se achando em 1872 infestada de sífilis a sexta parte do Exército, em seis anos estaria inteiro atacado pelo mal. Quanto à população civil, escrevia: "não se ignora que a sífilis invade todas as classes sociais". À sífilis atribui Ruediger Bilden nos seus estudos sobre a formação brasileira grande importância como fator de depauperamento da população.

Os estudos modernos sobre a sífilis e o êxito já alcançado pela luta contra sua ação em vários países indicam a relativa facilidade que o Brasil terá em libertar-se dessa herança da escravidão. Com relação à luta contra a sífilis escreve em livro hoje raro o médico Durval Rosa Borges que se trata de uma campanha "remuneradora desde o início" pois "estamos com todas as armas nas mãos" (*Estudos sobre sífilis, com especial referência à classe média paulistana*, Rio de Janeiro, 1941).

96. E. A. Westermarck, *The history of human marriage*, cit.

97. Havelock Ellis, *The analysis of the sexual impulse*, cit.

98. G. Adlez, cit. por Crawley, op. cit.

99. W. Heape, cit. por Crawley, op. cit.

100. Kelsey, *The physical basis of society*, cit.

101. A denúncia de Filipe Cavalcanti como sodomita vem nas *Denunciações da Bahia* (1591-1593), p. 448. Denunciou-o Belchior Mendes D'Azevedo, morador em Pernambuco, na Vila de Olinda.

102. Arlindo Camilo Monteiro, *Amor sáfico e socrático – Estudo médico-forense*, Lisboa, 1922.

103. João Lúcio de Azevedo, "Organização econômica", cit.

104. *Primeira visitação do Santo Ofício às partes do Brasil, Confissões da Bahia*, cit., p. 20.

105. A. Camilo Monteiro, op. cit.

106. A. Camilo Monteiro, op. cit.

107. Júlio Dantas, *Figuras de ontem e de hoje*, cit.

João da Silva Campos em *Tempo antigo* (Bahia, 1942) confirma o que desde 1933 se diz neste ensaio sobre a origem das práticas de feitiçaria no Brasil patriarcal: nem sempre foi africana. "Atribuir-se a influência do feitiço no Brasil exclusivamente ao africano é torcer a verdade", escreve o pesquisador baiano (p. 11), que por isso mesmo se insurge contra a generalização de Paulo Cursino de Moura (*São Pauto de outrora*, São Paulo, 1943) no sentido de terem sempre os negros no Brasil primado "na arte da feitiçaria, de rezas, de quebrantos, de maus-olhados, de mistificações, de dengues, de benzimentos". Silva Campos salienta que "salvo erro mínimo, dos vinte e sete indivíduos denunciados nesta Bahia como sortílegos ao visitador Furtado de Mendonça em 1591 e em 1593, conforme se vê no livro da *Primeira visitação do Santo Ofício às partes do Brasil – Denunciações da Bahia*, somente dois eram negros de Guiné e um mulato. Os vinte e quatro restantes, dois homens e vinte e duas mulheres, eram portugueses. Um que outro, se não o fosse, seria branco da terra" (*Tempo antigo*, cit., p. 11-12).

Deve-se também separar a prática da chamada "arte de feitiçaria" e de danças ou ajuntamentos religiosos de africanos e descendentes de africanos, de prática de crimes. Tanto quanto Silva Campos, concorda conosco o Sr. José de Mesquita ao salientar, em excelente estudo sobre a antiga área agrária e escravocrata de Mato Grosso, como causa principal dos "desvios da moralidade social" que ali devem ser observados – desvios entre os quais nem sempre incluídos os de ordem religiosa como "patológicos" – "a criminosa apatia dos poderes públicos", a falta de "conforto, de instrução, até de recursos materiais, concorrendo todos esses fatos combinados para gerar os surtos de delinquência que acabamos de apontar". ("Crimes célebres", *Revista do Instituto Histórico de Mato Grosso*, ano XVII, tomos XXXIII e XXXIV, 1935, p. 143, Veja-se do mesmo autor e sobre a mesma área, "Grandeza e decadência de serra acima", na mesma *Revista*, n°s XXI a XXVIII, 1931-1932, p. 31-56.) Honrando-nos com uma referência a este ensaio, o Sr. José de Mesquita escreve: "Ninguém ignora o papel decisivo que a presença do escravo – negro ou de qualquer outra espécie – exerceu na gênese do crime, nos diversos países onde fermentou esse podrideiro social" ("Crimes célebres", p. 140). Mas o escravo, como procuramos mostrar desde 1933 neste ensaio, "a serviço do branco". Apresentando em seu estudo "casos típicos que ilustram ao vivo" (p. 110) a afirmativa encontrada neste ensaio, o Sr. José de Mesquita refere-se aos batuques de escravos ou de negros de Mato Grosso (que muito figuram nas crônicas policiais por ele examinadas) como "excelente caldo de cultura" onde "germinava a fauna mórbida e sinistra do crime" (p. 113), tendo porém o cuidado de não atribuir à arte de feitiçaria ou aos ritos e danças religiosas dos negros, ação de causa na proliferação dos crimes examinados. O cuidado, também, de não confundir inferioridade social com inferioridade étnica.

De outro pesquisador brasileiro do assunto, o Sr. Luciano Pereira da Silva é a observação de que no Brasil e em outros países "tem-se visto criminosos dos mais perversos frequentar assiduamente as igrejas e cumprir todas as cerimônias do ritual católico" (*Estudos de sociologia criminal*, Pernambuco, 1906, p. 529). Observação a favor de quantos consideram injusto identificar-se o comportamento criminoso da plebe urbana ou rural em nosso meio com a prática "da feitiçaria" e de ritos ou religiões africanas.

108. Um estudo a fazer-se no Brasil é o das promessas a santos como reflexo das tendências estéticas do nosso povo; das suas predileções de cor, de nome etc. Com relação ao "culto de Maria na linguagem popular do Brasil" deixou-nos Afonso Arinos páginas interessantíssimas. "Cada família nossa tem, com raras exceções, uma ou muitas Marias" (Afonso Arinos, *Lendas e tradições brasileiras*, São Paulo, 1917). Resultado, muitas dessas numerosas Marias, de promessas a Nossa Senhora. Resultados de promessas ou do culto de Maria são ainda os nomes de muitos lugares do Brasil – Graças, Penha, Conceição, Montesserrate – que tornam a nomenclatura geográfica do nosso país tão mais poética que a dos Estados Unidos com os seus Minneapolis, Indianápolis, e outros nomes em "polis" que Matthew Arnold achou horrorosamente inexpressivos.

109. Aliás esta última forma de pagar promessa encontra-se também entre negros fetichistas com relação a seus orixás. Ortiz observou em Cuba, entre os negros, promessas de devotos de "santos" só se vestirem de branco. Nina Rodrigues e Manuel Querino surpreenderam semelhantes na Bahia: "filhas de santo" cujos trajes variam de cor conforme o orixá.

110. Manuel Querino, "A raça africana e seus costumes na Bahia", cit. Veja-se também Pereira da Costa, "Folclore pernambucano", *Rev. Inst. Arq. Hist. Geog. de Pernambuco;* Alfredo de Carvalho, "A magia sexual no Brasil" (fragmento), *Rev. Inst. Arq. Hist. Geog. de Pernambuco,* nº 106; Julio Ribeiro, *A carne*, São Paulo, 1888.

111. Agrippino Grieco, "Paraíba do Sul", *O Jornal*, Rio de Janeiro, edição especial comemorativa do bicentenário do café.

112. Basílio de Magalhães, "As lendas em torno da lavoura do café", *O Jornal*, Rio de Janeiro, ed. especial comemorativa do bicentenário do café. Sobre o assunto veja-se do mesmo Basílio de Magalhães, *O café na história, no folclore e nas belas-artes*, Rio de Janeiro, 1937.

113. Basílio de Magalhães, "As lendas em torno da lavoura do café", loc. cit.

114. Alfredo de Carvalho, "A magia sexual no Brasil", cit.

115. Leite de Vasconcelos, *Tradições populares de Portugal*, cit.

116. Lindolfo Gomes, apud Amadeu Amaral Júnior "Superstições do povo paulista", *Revista Nova*, São Paulo, nº 4.

117. Citada por Amadeu Amaral Júnior "Superstições do povo paulista", loc. cit. Do professor Luís da Câmara Cascudo é o bem documentado *Geografia dos mitos brasileiros* (Rio de Janeiro, 1947).

118. Vários são os mitos brasileiros que envolvem sugestão ou ameaça de castração. Entre outros, o mão de cabelo, do qual se diz, em Minas, aos meninos que mijam na cama: "óia, si nenen mijá na cama, mão de cabelo vem te pegá e corta minhoquinha de nenen!" Veja-se Basílio de Magalhães, *O folclore do Brasil*, 1928.

119. Nina Rodrigues, em trabalho cit.

120. Amadeu Amaral Júnior, loc. cit.

121. Sir A. B. Ellis, citado por Nina Rodrigues, trabalho citado sobre o assunto veja-se também Artur Ramos, *O folclore negro no Brasil*, Rio de Janeiro, 1935.

122. José Lins de Rego, *Menino de engenho*, cit.

123. Alexander Caldcleugh, *Travels in South America during the years 1819-1820-21, containing an account of the present state of Brazil, Buenos Ayres and Chili*, Londres, 1825.

124. João Ribeiro, *Dicionário gramatical contendo em resumo as matérias que se referem ao estudo histórico-comparativo*, Rio de Janeiro, 1889. Veja-se também sobre a influência das línguas sobre o Português do Brasil o estudo de A. J. Macedo Soares, "Estudos lexicográficos do dialeto brasileiro", *Revista Brasileira*, Rio de Janeiro, 1880, tomo IV. Dos trabalhos mais recentes destacaremos: o de Jacques Raimundo, *O elemento afro-negro na língua portuguesa*, Rio de Janeiro, 1933, e o de Renato Mendonça, *A influência africana no português do Brasil*, Rio de Janeiro, 1933. Notável contribuição para esses estudos é o que traz o professor Mário Marroquim: *A língua do Nordeste (Alagoas e Pernambuco)*, São Paulo, 1934. Mário Marroquim se insurge contra o "bilinguismo dentro de um só idioma" e contra as regras de gramática "baseadas em fatos linguísticos isolados do homem".

125. Padre Miguel do Sacramento Lopes Gama, *O Carapuceiro*, Recife, 1832-34, 37, 43 e 47. Em vários dos seus artigos, de diferentes épocas, o padre Lopes Gama se ocupa de aspectos do problema da deturpação da língua portuguesa no Brasil patriarcal sob a influência africana ou do escravo africano.

126. João Ribeiro, *A língua nacional*, São Paulo, 1933. "É esse [o modo brasileiro] um modo de dizer de grande suavidade e doçura ao passo que o – 'diga-me' – e o – 'faça-me' – são duros e imperativos."

127. João Ribeiro, *A língua nacional*, cit. A primeira edição deste ensaio apareceu ainda em vida de João Ribeiro, que o acolheu com simpatia e generosidade na sua seção de crítica ou registro literário no *Jornal do Brasil*.

128. Lars Ringbom, *The renewal of culture* (trad.), Londres, s.d. Sobre o assunto veja-se Gilberto Freyre, *Sociologia*, Rio de Janeiro, 1945, notas à seção dedicada à sociologia biológica, p. 381-403 e notas à seção dedicada à sociologia da cultura, p. 624-632.

129. Koster, *Travels in Brazil*, cit., p. 388-389.

130. José Veríssimo, *A educação nacional*, Rio de Janeiro, 1894.

131. Antíogenes Chaves, "Os esportes em Pernambuco", *O Jornal*, Rio de Janeiro, edição especial de Pernambuco, 1928.

132. Koster, *Travels*, cit.

133. Koster, *Travels*, cit.

134. J. C. Fletcher e D. P. Kidder, *Brazil and the Brazilians*, Boston, 1879. O mesmo reparo havia sido feito por Saint-Hilaire, em zonas escravocratas do sul do Brasil, nos princípios do século XIX.

135. F. L. C. B. Frederico Leopoldo César Burlamaqui, *Memória analytica acerca do commercio d'escravos e acerca da escravidão domestica*, Rio de Janeiro, 1837.

136. L. Anselmo da Fonseca. *A escravidão, o clero e o abolicionismo*, Bahia, 1887.

137. Padre Lopes Gama, *O Carapuceiro*, cit.

138. M. Bonfim, *América Latina*, Rio de Janeiro, 1903. Em Sabará, Minas Gerais, mostraram-nos no fundo do quintal de uma velha casa-grande dos tempos coloniais o lugar em que teria sido supliciado um escravo por ter sido surpreendido em relações com uma moça branca da casa.

139. A. W. Sellin, *Geografia geral do Brasil* (trad.), Rio de Janeiro, 1889. Confirma-o com relação a Pernambuco Da. Flora Cavalcanti de Oliveira Lima, íntima conhecedora da história social da região, em informações pessoais ao Autor.

140. R. Walsh, *Notices of Brazil*, II, Londres, 1830, p. 164.

141. José Vitoriano Borges da Fonseca, *Nobiliarquia pernambucana (1776-1777)*, Rio de Janeiro, 1935, p. 9.

142. Maria Graham, *Journal*, cit., p. 226.

143. Burton, *The highlands of the Brazil*, cit.

144. Antonil, *Cultura e opulência do Brasil*, cit., p. 75.

145. Afonso de E. Taunay, *Sob El-Rei Nosso Senhor*, São Paulo, 1923.

146. Nicolau Dreys, *Noticia descriptiva da provincia do Rio Grande do São Pedro do Sul*, Rio de Janeiro, 1839.

147. Um relatório holandês do século XVII destaca a resistência que foi oposta aos invasores pela gente da terra: *"Moradores, Mulatten, Mamalucquen, Brazilianen, als Negros"* (Relatório de Schonemburgh e Haecks, em Aitzema. "Saken van Staet en Oorlogh in ende Ontrent de Veroenidge Nederlanden, Regions Beginnende met het Jaer 1645, ende enynidigend met het Jaer 1658", Graven--Haghe, 1669).

148. Beckford, op. cit.

149. Vilhena, *Cartas*, cit., I, p. 48.

150. Tollenare, *Notas dominicais*, cit., p. 437.

151. *Estatutos do recolhimento de Nossa Senhora da Glória*, cit., pelo cônego José do Carmo Barata, "Um grande sábio, um grande patriota, um grande bispo" (conferência), Pernambuco, 1921.

152. Mrs. Kindersley, *Letters from the Islands of Teneriff, Brazil, The Cape of Good Hope and the East Indies*, Londres, 1777.

153. Gaspar Barléus, *Rerum per Octennium* etc., cit. Dessa célebre crônica sobre o Brasil do século XVII já existe excelente tradução portuguesa.

154. Pastoral de D. frei José Fialho de 19 de fevereiro de 1726, inédita. Manuscrito no Arquivo da Catedral de Olinda.

155. *Voyages de François Coreal aux Indes Occidentales* [...] *depuis 1666 jusq'en 1697*, Amsterdã, 1722, p. 153.

Em seu interessante depoimento "Fatos reais ou lendários atribuídos à Família Barreto" (*Revista das Academias de Letras*, Rio de Janeiro, maio-junho de 1943) o desembargador Carlos Xavier Pais Barreto confirma com vários casos concretos o que a este respeito se diz neste ensaio: "Matrimoniavam--se crianças as filhas dos nobres [brasileiros] [...]". Era grande a precocidade porquanto mesmo no direito romano e canônico anterior a Benedito XV, a idade mínima seria de 12 anos, que passou depois para as legislações da Inglaterra, da Espanha, da Bolívia, do Uruguai, da Argentina e do Chile.

No Brasil, entretanto, embora contra a lei, a nobreza quase que imitou o Código de Manu onde se permitia a mulher casar-se até com oito anos. Eram frequentes os casamentos com crianças menores de 13 anos. Entre grande número de exemplos citaremos, mesmo no século XIX, "Margarida Francisca Pais de Melo, avó do Autor, casada aos 11 anos, idade com que também se matrimoniou, no engenho Saué, Francisca de Barros Wanderley com o senador alagoano Jacinto Pais de Mendonça. Margarida Francisca era desenvolvida, o mesmo não acontecendo com Francisca de Barros" (p. 13).

Também nos manuscritos (livros de assentos) de família, da coleção Luís Antônio Pinto, por nós examinados em Caeté (Minas Gerais), são numerosos os casos como os de: Maria Salomé Perpétua de Queiroga, casada em 1787 com o alferes Bernardino José de Queiroga, tendo ela 14 anos e ele 33; Cândida Joaquina Perpétua de Vasconcelos, casada em 1795 com Francisco José Sessa, tendo ela de idade 13 anos e o marido 31; Maria de Vasconcelos, casada em 1812 com Joaquim Manuel de Morais e Castro, tendo ela 15 anos.

156. *"Unions between December of seventy and May of fifteen are common and the result is a wife coeval with her grandchildren by marriage"*, diz Burton (*The highlands of the Brazil*, cit.). Verifica-se o mesmo através de velhos inventários e testamentos da primeira metade do século XIX existentes em arquivos de engenhos e nos cartórios antigos. São também interessantes as diferenças de idade entre marido e mulher, em famílias pernambucanas, que se observam através de *Uma estatística* de João Francisco Pais Barreto, publicada em Pernambuco em 1857 e hoje raríssima. As diferenças de 40 para 20, 23 para 15, 31 para 21, 47 para 20, 57 para 22, ocorrem frequentemente. E. Walsh escreve (op. cit., II, p. 90), referindo-se ao Brasil de 1828-1829: *"Men of sixty frequently marry girls of twelve, and have a family about them where the wife seems the daughter and the little ones the grandchildren"*.

157. Padre Simão de Vasconcelos, *Vida do veneravel padre Joseph de Anchieta da Companhia de Iesu*, cit., p. 209.

158. John Luccock, *Notes*, cit., p. 112.

159. "Breve discurso sobre o estado das quatro capitanias conquistadas etc.", citado.

160. John Mawe, *Travels in the interior of Brazil*, Filadélfia, 1816, p. 208.

161. Maria Graham, *Journal*, cit., p. 135.

162. Burton, *The highlands of the Brazil*, cit.

163. Herbert S. Smith, *Do Rio de Janeiro a Cuiabá* (com um capítulo de Karl von den Steinen sobre a capital de Mato Grosso), Rio de Janeiro, 1922.

164. Mawe (op. cit.) notou igualmente essa disparidade entre o trajo da rua e o caseiro no Brasil. Também a notou Henderson (op. cit.).

165. Alexander Caldcleugh, *Travels in South America*, cit.

166. Walter Colton, *Deck and port*, Nova York, 1850.

167. Em contraste com certas franquezas e até exibicionismos que caracterizam a vida sexual do brasileiro antigo, houve exageros verdadeiramente mórbidos de discrição ou pudor. Cônjuges, por exemplo, que nunca se viram despidos na intimidade das alcovas, processando-se entre eles o ato

sexual vedado por uma colcha com orifício no meio: evitava-se assim não só o contato direto do corpo com corpo como a revelação da nudez. Uma dessas colchas é conservada por pessoa nossa amiga, entre outras relíquias da ordem patriarcal brasileira.

168. Padre Lopes Gama, *O Carapuceiro*, cit.

169. A *Representação* se acha entre os documentos reunidos por Alberto de Sousa, *Os Andradas*, São Paulo, 1922.

170. *Anais do parlamento*, Rio de Janeiro.

171. Tobias Monteiro, *História do Império – A elaboração da independência*, Rio de Janeiro, 1927.

172. Koster, *Travels*, cit., p. 409.

173. Koster, *Travels*, cit. p. 410.

174. Sílvio Romero, na sua resposta ao inquérito realizado por João do Rio entre intelectuais brasileiros e reunido em volume sob o título *O momento literário*, Rio de Janeiro, 1910.

175. Carolina Nabuco, *A vida de Joaquim Nabuco*, Rio de Janeiro, 1931. Sobre o assunto – relações dos meninos brancos com suas "mães negras" – informações pessoais de ilustres sobreviventes da ordem social escravocrata que temos procurado entrevistar – Da. Flora Cavalcanti de Oliveira Lima, baronesa de Bonfim, baronesa da Estrela, Sr. Raul Fernandes, baronesa de Contendas, Sr. Leopoldo Lins – confirmam os depoimentos de Joaquim Nabuco e Sílvio Romero.

176. Koster, *Travels*, cit., p. 411.

177. João Ribeiro, *História do Brasil*, curso superior, Rio de Janeiro. Veja-se também Handelmann, *História do Brasil* (trad.), cit.

178. Koster, *Travels*, cit., p. 411.

179. André João Antonil (João Antônio Andreoni, S. J.), *Cultura e opulência do Brasil por suas drogas e minas*, cit., p. 96.

180. Koster, *Travels*, cit., p. 422.

181. Nina Rodrigues, *L'animisme fétichiste des nègres de Bahia*, Bahia, 1900. Veja-se também o seu *As raças humanas e a responsabilidade penal no Brasil*, Bahia, 1894. Os estudos de Nina Rodrigues foram inteligentemente continuados, do ponto de vista da psicologia, por Artur Ramos, no Rio de Janeiro, e Ulisses Pernambucano de Mello e Gonçalvez Fernandes em Pernambuco.

182. "Breve discurso sobre o estado das quatro capitanias conquistadas", cit. Em 1850, C. Lavollée, autor de *Voyage en Chine* (Paris, 1852), notou, de passagem pelo Rio, que os negros de Angola continuavam os preferidos para escravos. Escreve ele: "Os negros, como os cavalos, são classificados pelas

raças que têm suas qualidades particulares e sua cotação no mercado. As nações Angola, Congo e Moçambique são as preferidas" (cit. por Sérgio D. T. de Macedo, *No tempo das sinhazinhas*, Rio de Janeiro, 1944, p. 78).

183. É curioso notar que em 1869 o médico brasileiro Dr. Nicolau Joaquim Moreira, em estudo sobre o cruzamento de raças, salientava que na fazenda de Camorim (Rio de Janeiro), pertencente aos religiosos beneditinos, por três séculos se vinha conservando sem mistura "uma população negra, homogenea e vigorosa [...] augmentando de intelligencia e modificando seu craneo que se aproxima hoje ao da raça caucasica [...]" ("Questão ethnico-anthropologica: o cruzamento das raças acarreta a degradação intellectual e moral do produto hybrido resultante?", *Annaes Brasilienses de Medicina*, tomo XXI, nº 10). É pena que nos faltem pormenores sobre essa experiência de segregação de raça negra no Brasil feita pelos frades de São Bento – experiência de grande interesse para os estudos de antropologia em nosso meio.

184. E. Roquette-Pinto, "Notas sobre os tipos antropológicos do Brasil", *Atas e Trabalhos, 1º Congresso Brasileiro de Eugenia*, Rio de Janeiro, 1929.

185. Convém recordar que em 1914 Alberto Torres (*O problema nacional brasileiro*), já antiweismanniano, considerava demonstrada por Boas "a alteração de caracteres somáticos de uma geração para outra". Mas falta a algumas de suas afirmações rigoroso espírito científico, prejudicado pela facilidade e ênfase nas convicções.

186. E. Roquette-Pinto, loc. cit.

187. J. B. de Sá Oliveira, *Craniometria comparada das espécies humanas na Bahia sob o ponto de vista evolucionista e médico-legal*, Bahia, 1895.

188. F. A. Brandão Júnior, *A escravatura no Brasil, precedida dum artigo sobre agricultura e colonização no Maranhão*, Bruxelas, 1865.

189. Júlio Dantas, *Figuras de ontem e de hoje*, cit.

190. J. B. A. Imbert, *Guia medica das mães de familia ou a infancia considerada na sua hygiene, suas molestias e tratamentos*, Rio de Janeiro, 1843, p. 89.

191. *Socorro delfico aos clamores da natureza humana* [...], pelo Dr. Francisco de Fonseca Henriques, Amsterdã, 1731, p. 126.

192. Apud Júlio Dantas, op. cit.

193. J. B. A. Imbert, *Guia medica das mães de familia ou a infancia considerada na sua hygiene, suas molestias e tratamento*, cit., p. 89. Vejam-se também Francisco de Melo Franco, *Tratado da educação physica dos meninos para uso da nação portuguesa*, Lisboa, 1790; Pena Marinho, *Contribuição para a história da educação física no Brasil*, Rio de Janeiro, 1943.

194. J. B. A. Imbert, *Manual do fazendeiro ou tratado domestico sobre as enfermidades dos negros*, Rio de Janeiro, 1839. Veja-se também C. A. Taunay, *Manual do agricultor brasileiro*, Rio de Janeiro, 1839.

195. A mortalidade infantil nas senzalas chegou a ser considerável. Em Mata-Paciência, no engenho de Da. Mariana, filha mais velha do barão e da baronesa de Campos – talvez o primeiro engenho a vapor instalado no Brasil, dispondo de 200 escravos de trabalho e cerca de 200 bois – Maria Graham foi informada pela própria senhora do engenho que menos da metade dos negros nascidos na propriedade chegavam aos dez anos de idade (*"not half the negroes born on her estate live to be ten years old"*), o que muito alarmou Mrs. Graham (*Journal*, cit.). Já Eschwege apurara em Minas Gerais que entre os mulatos escravos em 105 nasciam 4, em 100 morriam 6; e que entre os escravos negros, em 103 nasciam 3, em 102 morriam 7; enquanto os brancos livres, em 99 nasciam 4, em 106 morriam 3; entre índios livres, em 99 nasciam 4, em 108 morriam 4; entre os mulatos livres, em 109 nasciam 4, em 109 morriam 3; entre os negros livres, em 84 nasciam 4, em 93 morriam 5. Estatística, esta de Eschwege, que fez Oliveira Viana concluir pela "formidável ação destrutiva das seleções étnicas e patológicas no interior das senzalas", o negro e o mulato tendo "uma mortalidade inferior à sua natalidade".

Entretanto, os resultados da estatística que em 1827 se empreendeu em Pernambuco, referentes à população de Santo Antônio, acusam diferença mínima na mortalidade de negros, pardos e brancos. Por exemplo, com referência ao ano de 1826 temos:

Nascidos	Mortos
Brancos 192, pardos 178, pretos 294	Brancos 135, pardos 60, pretos 125

E com relação aos anos anteriores, a começar pelo da Independência:

Nascidos

1822	Brancos	279,	pardos	197,	pretos	239
1823	"	294,	"	223,	"	256
1824	"	281,	"	209,	"	276
1825	"	221,	"	234,	"	271

Mortos

1822	Brancos	103,	pardos	61,	pretos	87
1823	"	108,	"	49,	"	95
1824	"	115,	"	53,	"	87
1825	"	124,	"	70,	"	119

(Esta estatística foi-nos gentilmente fornecida pelo cônego José do Carmo Barata, da Sé de Olinda, com numerosos outros manuscritos do arquivo da mesma Sé.)

196. J. B. A. Imbert, *Uma palavra sobre o charlatanismo e os charlatões*, Rio de Janeiro, 1837.

197. Imbert, *Guia medica*, cit. O medo consistia principalmente em dizer-se, em voz grossa, ao menino mijão que o Mão de pelo, o Quibungo ou o Negro Velho havia de comer-lhe ou cortar-lhe a piroca. Medo que se fazia também à criança masturbadora.

198. Alfredo Nascimento, *O centenário da academia nacional de medicina do Rio de Janeiro – Primórdios e evolução da medicina no Brasil*, Rio de Janeiro, 1929.

199. Joam Ferreyra da Rosa, *Trattado unico da constituiçam pestilencial de Pernambuco offerecido a Elrey N. S.*, Lisboa, 1694.

200. Fonseca Henriques, *Socorro delfico*, cit.

201. Luís Edmundo, *O Rio de Janeiro no tempo dos vice-reis*, Rio de Janeiro, 1932. Em meados do século XIX, acometida de cólera uma filha de Félix Cavalcanti de Albuquerque Melo e sobrevindo "suppressão de urina [...] tudo quanto os dois systemas medicos aconselham applicou-se, mas em vão. Cinco moscas torradas, dissolvidas numa colher d'agoa morna, fel-a urinar em 13 minutos" (*Livro de Assentos*, manuscrito cit.). Este manuscrito de Félix Cavalcanti, completado por outras notas deixadas pelo velho pernambucano, foi em 1940 pela primeira vez publicado pelo bisneto Diogo de Melo Menezes em livro sob o título *Memórias de um Cavalcanti*, com introdução de Gilberto Freyre.

202. John Nieuhof, *Voyages and travels into Brazil and the East Indies* (trad.), Londres, 1703. Da relação de viagem ao Brasil de Nieuhof já apareceu, em livro, tradução portuguesa.

203. Fernandes Gama, *Memórias históricas de Pernambuco*, Recife, 1844.

204. Procuraremos mostrar, em ensaio próximo, que muitas habitações coloniais e do tempo do Império foram, com efeito, horríveis de umidade, menos pelo plano e pelas condições da arquitetura das casas que pela falta de escrúpulo no material empregado.

205. Observou Burton em Minas Gerais: *"an 'anjinho' or 'innocent', a very young child dies unregretted because its future happiness is certain"* (*The highlands of the Brazil*, cit.). A superstição dos anjinhos é provável que se tenha derivado do seguinte: diante do número alarmante de crianças índias que a morte levou no século XVI, os jesuítas teriam espalhado, para o consolo das mães e no interesse da catequese, que era "uma felicidade": os pequeninos iam para o céu.

A mortalidade infantil era compensada pelo fato de serem fecundas as mães brasileiras nas famílias patriarcais. De acordo com registros, genealogias, tradições de famílias, testamentos e livros de assentos como o de Félix Cavalcanti de Albuquerque Melo publicado e anotado por seu bisneto Diogo de Melo Menezes sob o título *Memórias de um Cavalcanti* (São Paulo, 1940), podemos avançar a generalização de que o número de filhos legítimos, em uma família patriarcal típica do Brasil, que atingiam a adolescência ou a mocidade, regulava, nos séculos XVIII e XIX, e provavelmente no XVII, entre 10 e 20. O desembargador Carlos Xavier dá-nos seu depoimento de profundo conhecedor da história íntima da sociedade patriarcal do sul de Pernambuco durante os séculos XVIII e XIX – sub-região característica e época igualmente característica: "Antonio de Sá Maia foi genitor de alguns filhos de sua 1ª mulher – Maria de Albuquerque – e de 23 da 2ª, Catarina Albuquerque, 9ª avó do Autor. João Maurício Wanderley, Sebastião Antônio de Barros Melo, Francisco de Paula Pais Barreto, Camerino Francisco Pais Barreto, Luís Filipe de Sousa Leão, Antônio Nobre de Castro, Antônio Dinis de Mendonça e José Carneiro Pais Barreto foram chefes de numerosas proles" ("Fatos reais ou lendários atribuídos à família Barreto", *Revista das Academias de Letras*, Rio de Janeiro, ano VII, nº 45, maio-junho de 1943, p. 15).

A fecundidade entre os brasileiros de origem social alta, nas zonas do país onde se tem prolongado de modo mais saudável a influência da organização patriarcal de família – como Minas Gerais – já foi objeto de interessante estudo sociológico, infelizmente pouco conhecido no Brasil. Referimo-nos ao trabalho em que o professor John B. Griffing compara "os efeitos de certos fatores socioeconômicos sobre o tamanho de família" por ele estudado na China, na Califórnia do Sul e no Brasil, chegando à conclusão de que *"in both China and Brazil a trend in size of family was found that is exactly opposite the trend generally reported in the United States and Western Europe. The families of the well-to-do and educated are substantially larger than those in lower levels"* (*A comparison of the effects of certain socioeconomic factors; upon size of family in China, Southern California and Brazil* (publicação particular). A área brasileira especialmente estudada pelo professor John B. Griffing foi Minas Gerais. Veja-se também de Griffing, "Natural eugenics in Brazil", *Journal of Heredity* (American Genetic Association), Washington, D. C., vol. XXXI, nº 1, jan. 1940). Aí salienta o pesquisador norte-americano: *"The number of living children of the planter in the State of Minas Gerais is nearly double that of the common laborer. The chief cause of this difference is the higher mortality rate of children in the poorer classe. A favorable differential in increase of superior over inferior classes exists in Brazil as in China. The rate of fecundity of mothers in Brazil is higher than that in China"* (p. 16). Veja-se do mesmo autor "The acceleration of biological deterioration", *Sociology and Social Research*, vol. 23, nº 3, p. 228. Sobre o assunto vejam-se as cartas e ofícios de Ricardo Gumbleton Daunt, manuscritos conservados no arquivo do Instituto Histórico e Geográfico Brasileiro, nos quais se encontram informações de interesse sociológico sobre a história íntima da família patriarcal brasileira na área paulista. Também os nossos *Problemas brasileiros de antropologia* (Rio de Janeiro, 1943) e *Brazil: an interpretation*, Nova York, 1945.

206. José Maria Teixeira, *Causas da mortalidade das crianças no Rio de Janeiro*, 1887. Luccock (op. cit.) diz que no enterro de anjo no Rio de Janeiro, ouviu-se a mãe do meninozinho exclamar: "Oh, como sou feliz! Como sou feliz! Morreu-me o último filho! Como sou feliz! Agora quando eu morrer e for para o Céu não deixarei de entrar: lá estarão meus cinco filhinhos para me arrastarem para dentro agarrados às minhas saias: Entra, mãe! Entra!"

207. José Maria Teixeira, op. cit. Quanto à desproporção na idade dos cônjuges deve-se notar o seguinte: Teixeira exagera o que possa haver de essencialmente pernicioso nos casamentos de homens já maduros com meninas de treze ou quatorze anos. Nesta idade as meninas, nos países tropicais, já podem se achar aptas à procriação. Não há evidências de dano físico causado às mães ou à sua descendência pela simples discrepância de idade entre os cônjuges. Entre várias sociedades primitivas, de gente forte e robusta, as moças geralmente se casam logo depois da puberdade, a idade nupcial dos homens sendo o dobro e às vezes mais do dobro da idade das noivas. Dentro do nosso sistema patriarcal de família é provável que em muitos casos as meninas não se achassem aptas ao casamento e à procriação, daí resultando males gravíssimos. As principais causas, porém, da morte de tantas mães franzinas e de tantas crianças em idade de mama foram sociais: a falta de educação física das meninas que atingiram à maternidade não só ignorantes de higiene sexual e maternal como prejudicadas no seu desenvolvimento e na sua saúde. "As moléstias do fígado, dos órgãos de respiração e dos intestinos, a que em geral estão sujeitas desde a infância, as enerva", escreveu nos meados do século XIX o médico Luís Correia de Azevedo referindo-se às mães brasileiras (*Annaes Brasilienses de Medicina*, vol. 21). Acrescentando que as enervavam também "exagerados cuidados contra a influência do ar livre", os "vestuários comprimentes, prejudiciaes ao desenvolvimento das visceras, e por conseguinte actuando sobre o utero", "a leucorrhéa, molestia muito mais generalizada do que se supõe nos collegios". Sobre o assunto veja-se também Nicolau Moreira, "Discurso sobre a educação moral da mulher", Rio de Janeiro, 1868.

208. John Luccock, *Notes on Rio de Janeiro and the Southern parts of Brazil; Taken during a residence of ten years in that country from 1808 to 1818*, cit., p. 117.

209. Koster, *Travels*, cit., p. 420.

210. Faelante da Câmara, "Notas dominicais de Tollenare", *Cultura Acadêmica*, Recife, 1904.

211. Sílvio Romero, *Cantos populares do Brasil*, Rio de Janeiro, 1883.

212. *O Carapuceiro*, cit.

213. *O Carapuceiro*, cit.

214. Visconde de Taunay, *Trechos de minha vida*, ed. póstuma, 1923. Em carta a um amigo do autor, o professor Afonso de E. Taunay considera sem fundamento a generalização de ter sido seu ilustre pai "homem suave, quase uma moça", recordando que teve através da vida pública atitudes enérgicas e fortes.

215. *O Carapuceiro*, cit. Ainda hoje, nas zonas rurais mais influenciadas pelas tradições do regime escravocrata, o menino aproxima-se, pelas suas tendências sadistas, precoce iniciação no amor físico e vícios, do menino no tempo de Lopes Gama e de Machado de Assis. Vejam-se a este propósito

os romances regionais. *A bagaceira*, de José Américo de Almeida e *Menino de engenho*, de José Lins do Rego.

216. "Idéa geral de Pernambuco em 1817". *Rev. Inst. Arq. Hist. Geog. de Pernambuco,* 29. Veja-se também Vilhena, *Cartas*, I, p. 138, sobre as relações de brancos de boas famílias com negros e mulatos na Bahia.

217. F. P. do Amaral, *Escravações*, Recife, 1884.

218. F. L. C. Burlemaqui, *Memória Analytica*, cit. Refere-se principalmente às regiões agrárias do sul na primeira metade do século XIX.

219. Antonil, *Cultura e opulência do Brasil*, cit., p. 92-93.

220. Egas Moniz de Aragão, "Contribution à l'étude de la syphilis au Brésil", apud Oscar da Silva Araújo, *Alguns comentários sobre a sífilis no Rio de Janeiro*, cit. Aliás Oscar da Silva Araújo chegou a conclusões inteiramente opostas às de Egas Moniz de Aragão: "O número de cancros sifilíticos" diz ele resumindo observações em hospitais e ambulatórios frequentados por avultado número de pretos, pardos e mulatos, "não é relativamente elevado, não se verificando uma maior percentagem entre os negros ou mestiços; nota-se um número mais elevado entre os brancos e principalmente entre os estrangeiros" (*Alguns comentários*, cit.).

221. Vilhena, *Cartas*, cit., I, p. 138.

222. Alp. Rendu, *Études sur le Brésil*, Paris, 1848.

223. Padre Lopes Gama, *O Carapuceiro*, cit.

224. Padre Lopes Gama, *O Carapuceiro*, cit.

225. Padre Lopes Gama, *O Carapuceiro*, cit.

226. Vilhena, *Cartas*, cit., I, p. 139.

227. Maria Graham, *Journal*, cit., p. 280.

228. Gustavo Barroso, *Terra de sol*, Rio de Janeiro, 1913.

229. José Américo de Almeida, *A Paraíba e seus problemas*, Paraíba, 1923.

230. Vilhena, *Cartas*, cit., I, p. 166. Vê-se claramente que para Vilhena eram sociais as causas da ociosidade e do desbragamento sexual dos brasileiros do século XVIII e não "os mantimentos, o clima e a natural inclinação [...]".

231. Calhoun, *A social history of the American family*, cit. Sobre a vida patriarcal nas mansões do sul dos Estados Unidos, antes da Guerra Civil, vejam-se também Francis P. Gaines, *The Southern*

plantation, Nova York, 1924; Saxon Lyle, *Old Louisiana*, Nova York, 1929; Herman Whitaker, *The planter*, Nova York, 1909; Edgar T. Thompson, "The plantation: the physical basis of traditional race relations", em *Race relations and the race problem*, Durham, 1939; John Spencer Bassett, *The Southern plantation overseer*, Northampton, 1925; Ralph B. Flanders, *Plantation slavery in Georgia*, Chapel Hill, 1933; D. R. Hundley, *Ante-Bellum North Carolina*, Chapel Hill, 1937.

232. Calhoun, op. cit.

233. Entre outros viajantes William Faux, *Memorable days in America*, Londres, 1823; Harriet Martineau, *Retrospect of Western travel*, Londres, 1838; Sir Charles Lycel, *Travels in the United States*, Londres, 1845; Francis Trollope, *Domestic manners of the Americans*, Londres, 1832. Para uma visão de conjunto, leiam-se os trechos referentes ao Sul de antes da Guerra Civil no excelente trabalho de compilação de Allan Nevins, *American social history as recorded by British travellers*, Londres. Com relação à vida de engenho em Jamaica veja-se o *Journal of a West India Proprietor*, Londres, 1929, escrito por M. S. Lewis de 1815 a 1873, e com relação a Cuba e à vida de senhores e escravos nas suas plantações de açúcar e em Havana vejam-se os trabalhos de Fernando Ortiz: *Los cabildos afrocubanos*, Havana, 1921, *Hampa afrocubana – los negros brujos*, Madri, 1917, e especialmente *Los negros esclavos*, Havana, 1916. Também o estudo de J. A. Saco, *Historia de la esclavitud de la raza africana en el nuevo mundo*, Havana, 1938, e o de Ramiro Guerra, *Azucar y población en las Antillas*, Havana, 1930. Vejam-se também Rajani Kanta Das, *Plantation labour in India,* Calcutá, 1931; L. Ainsworth, *The confessions of a planter in Malaya*, Londres, 1933; Ladislao Szekely, *Tropic Feverer*, Nova York, 1937; Lewis C. Gray, *History of agriculture in the Southern United States*, Washington, 1933; A. S. Salley, *The introduction of rice culture in South Carolina*, Columbia, S. C. 1919; Lowell J. Ragatz, *The fall of the planter class in the British Caribbean*, Nova York, 1928; John Johnson, *Old Maryland manors*, Baltimore, 1883; T. J. Wertenbacker, *The old South*, Nova York, 1942; Henry C. Forman, *Early manor houses of Maryland*, Easton, Md., 1934; C. O. Brannen, *Relation of land tenure to plantation organization*, Fayetteville, Ark., 1928; P. T. Laborie, *The coffee planter of Saint Domingo*, Londres, 1788; R. Maestri, *El latifundismo en la economia cubana*, Havana, 1929; Gry Josa, *Les industries du sucre et du rhum à la Martinique*, Paris, 1931; CH. G. J. Van der Mandere, *De Javassuikerindustrie*, Amsterdã, 1928; D. Garcia Vasquez, *Los haciendados de la otra banda y el cabildo de Cali*, Cali, 1928; E. V. Wilcox, *Tropical agriculture*, Nova York, 1916; Leland H. Jenks, *Our Cuban colony: a study in sugar*, Nova York, 1929.

234. Veja-se Calhoun, *A social history of the American family*, cit.

235. José Veríssimo, A educação nacional, cit.

V | O escravo negro na vida sexual e de família do brasileiro (continuação)

Cena de carnaval. J.-B. Debret, *Voyage Pittoresque et Historique au Brésil*, 1834, vol. 2, pr. 33. Acervo do Instituto de Estudos Brasileiros da USP.

Os viajantes que aqui estiveram no século XIX são unânimes em destacar este ridículo da vida brasileira: os meninos, uns homenzinhos à força desde os nove ou dez anos. Obrigados a se comportarem como gente grande: o cabelo bem penteado, às vezes frisado à Menino Jesus; o colarinho duro; calça comprida; roupa preta; botinas pretas; o andar grave; os gestos sisudos; um ar tristonho de quem acompanha enterro.

Meninos-diabos eles só eram até os dez anos. Daí era diante tornavam-se rapazes. Seu trajo, o de homens feitos. Seus vícios, os de homens. Sua preocupação, sifilizarem-se o mais breve possível, adquirindo as cicatrizes gloriosas dos combates com Vênus que Spix e Martius viram com espanto ostentadas pelos brasileiros.

Quando visitou o Brasil em princípios do século XIX surpreendeu-se o Dr. Rendu, médico francês, da precocidade dos meninos. A qual lhe pareceu sobretudo grotesca. E são dos seus *Études topographiques, médicales et agronomiques sur le Brésil* estes reparos: "*À sept ans le jeune Brésilien a déjà la gravité d'un adulte; il se promène majestueusement, une badine à la main, fier d'une toilette que le fait plutôt ressembler aux marionettes de nos foires qu'à un être humain*".[1] Vinte e poucos anos depois anotaria Fletcher sobre o menino brasileiro de meado do século XIX: "*he is made a little old man before he is twelve* *years of age, having his stiff black hat, standing collar and in the city he walks as if everybody were looking at him and as if he were encased in corset. He does not run or jump or play roops or throw stones as boys in Europe and North America".*²

Foi quase um Brasil sem meninos, o dos nossos avós e bisavós. Aos sete anos já muito menino dizia de cor os nomes das capitais da Europa; os dos "trez inimigos da alma"; somava, diminuía, multiplicava, dividia; declinava em latim; recitava em francês. Tirado o retrato da primeira comunhão, de sobrecasaca preta e botinas pretas ou borzeguins – todo esse luto a contrastar com o amarelo desmaiado do rosto anêmico – estava a criança rapaz.

Luccock, que esteve no Brasil em princípio do século XIX, observou a falta de alegria nos meninos e de vivacidade nos rapazes. A educação da criança pareceu-lhe reduzir-se a esta função melancólica: destruir nos pequenos toda a espontaneidade. Em casa, até os cinco anos, notou que os meninos de família andavam nus do mesmo modo que os moleques; mais tarde é que vinham as roupas pesadas e solenes distinguir os filhos-família dos molecotes da senzala. Roupas de homem.

De uma escola de meninos que o observador inglês conheceu no Rio ficou-lhe para sempre a impressão tristonha. Viu os pequenos dando lição em salas acanhadas e sem ar. Todos lendo alto ao mesmo tempo. Conheceu também Luccock um colégio de padres no Rio: o Seminário de São José. Viu bandos de colegiais no recreio; todos de batina encarnada. Alguns tonsurados. A maior parte, umas crianças. Não surpreendeu neles nenhuma elasticidade de inteligência. Nenhuma curiosidade de espírito. Nem mesmo boas maneiras. "Olharam-nos com olhar estúpido" (*"they surveyed us with a stupid glare"*), diz Luccock, que os achou, ainda por cima, pouco asseados.³ Olhos remelentos e dentes sujos, talvez. Quanto ao ensino, parece que exclusivamente eclesiástico. Os professores pouco versados em ciência.⁴ Entretanto, por essa mesma época, o ilustre bispo Azeredo Coutinho imprimia ao Seminário de Olinda feição bem diversa da que Luccock observava no Seminário de São José.

Até meados do século XIX, quando vieram as primeiras estradas de ferro, o costume nos engenhos foi fazerem os meninos os estudos em casa, com o capelão ou com mestre particular. As casas-grandes tiveram quase sempre sala de aula, a muitas até cafua para o menino vadio que não soubesse a lição. Muitas vezes aos meninos se reuniam crias e moleques, todos aprendendo juntos a ler e a escrever; a contar e a rezar. Em outros engenhos cresceram em igual ignorância meninos e moleques.

Os colégios dos jesuítas nos primeiros dois séculos, depois os seminários e colégios de padre, foram os grandes focos de irradiação de cultura no Brasil colonial. Aqueles estenderam tentáculos até os matos e sertões. Descobriram os primeiros missionários que andavam nus e à toa pelos matos meninos quase brancos, descendentes de normandos e portugueses. E procuraram recolher aos seus colégios esses joões-felpudos. Foi uma heterogênea população infantil a que se reuniu nos colégios dos padres, nos séculos XVI e XVII: filhos de caboclos arrancados aos pais; filhos de normandos encontrados nos matos; filhos de portugueses; mamelucos; meninos órfãos vindos de Lisboa. Meninos louros, sardentos, pardos, morenos, cor de canela.

Só negros e moleques parecem ter sido barrados das primeiras escolas jesuíticas. Negros e moleques retintos. Porque a favor dos pardos levantou-se no século XVII a voz del-Rei em um documento que honra a cultura portuguesa e deslustra o cristianismo dos jesuítas; é pena que todo este tempo tenha se conservado inédito papel de tamanha significação. "Honrado Marquez das Minas Amigo", escreveu em 1686 o rei de Portugal ao seu representante no Brasil: "Honrado Marquez das Minas Amigo. Eu Elrey vos envio muito saudar como aquelle que prezo. Por parte dos mossos pardos dessa cidade, se me propoz aqui que estando de posse ha muitos annos de estudarem nas Escolas publicas do Collegio dos Religiozos da Companhia, novamente os excluirão e não querião admittir, sendo que nas escolas de Evora e Coimbra erão admittidos, sem que a cor de pardo lhes servisse de impedimento. Pedindo-me mandasse que os taes religiozos os admittisem nas suas escolas desse Estado, como o são nas outras do Reyno. E pareceo-me ordenar-vos (como por esta o faço) que houvindo aos padres da Companhia vos informeis se são obrigados a ensinar nas escolas desse Estado e constando-vos que assim he os obrigareis a que não excluão a estes mossos geralmente só pela qualidade de pardos, por que as escolas de sciencias devem ser igualmente comuns a todo o genero de pessoas sem excepção alguma. Escripta em Lisboa a 20 de Novembro de 1686. Rey."⁵

"Por que as escolas de sciencias devem ser igualmente comuns a todo o genero de pessoas sem excepção alguma" – são palavras que quase não se acredita virem até nós do remoto século XVII. Nelas devem atentar os que acusam os portugueses de terem sempre tratado o Brasil de resto – terra de pés-de-cabra e de curibocas; negrada; indiada. A atitude quase demagógica de Luís Edmundo, por exemplo, no seu *O Rio de Janeiro no tempo dos vice-reis*. Salienta aí o cintilante beletrista que contra a frequência dos casamentos legítimos no Brasil colonial – instituição por muitas vezes substituída pelo concubinato e pelas ligações efêmeras, como ainda em meados do século XIX notou Burton em Minas Gerais – teria atuado poderosamente "o preconceito de muitos portugueses contra os naturais do país, preconceito ensinado pela lei portuguesa desse tempo, uma vez que infames eram por ela considerados os que se ligassem à chamada raça desprezível dos caboclos".⁶ Não nos parece que a preconceitos rigorosamente de portugueses contra brasileiros deva atribuir-se a frequência do concubinato; os mazombos que aqui se amasiaram com caboclas e pretas tiveram decerto as mesmas razões para fugirem do casamento que mais tarde brasileiros brancos – tantos deles amigados com negras minas e mulatas, em vez de casados. Preconceitos não de reinóis contra coloniais; nem mesmo de brancos contra mulheres de cor. Mas de senhores contra escravas e filhas de escravas. Quanto à lei portuguesa ter considerado infames os que se ligassem a caboclas e negras – quando é que as leis de proibição portuguesas e brasileiras foram escritas para ser cumpridas à risca? Também as leis portuguesas proibiam os indivíduos com sangue de mouro ou negro de ser admitidos ao sacerdócio; e Pandiá Calógeras afirma que assim se praticou; que o sacerdócio foi no Brasil uma espécie de aristocracia branca, exclusivista e fechada.⁷ Talvez o tenha sido até o século XVIII. Observadores estrangeiros dos mais merecedores de fé – Koster e Walsh, por exemplo – deixam bem clara a existência – no século XIX, pelo menos – de padres com sangue negro; e alguns até, negros retintos. Um que Walsh viu celebrando aparatosa missa era tão preto que a cor escura do rosto (*"jet-black visage"*) contrastava fortemente com a alvura das rendas e dos

paramentos eclesiásticos. Notou entretanto o inglês que seus gestos revelavam mais decoro que os dos sacerdotes brancos.[8]

Lei por lei, contra a que declarou "infames os portugueses que se ligassem a caboclas" deve-se opor a do Marquês de Pombal, em sentido justamente contrário: animando o casamento deles com as índias.[9] Há tanto que criticar na política dos colonizadores portugueses no Brasil que para acusá-los de erros tremendos não é necessário recorrer à imaginação; e fazer do tipo mais complacente e plástico do europeu um exclusivista feroz, cheio de preconceitos de raça que nunca teve no mesmo grau elevado dos outros. Raros os governadores portugueses no Brasil que tiveram, já não diremos contra os índios, mas contra os negros, a atitude áspera e intolerante do 8º vice-rei, Marquês de Lavradio; o qual em portaria de 6 de agosto de 1771 rebaixou a um índio do posto de capitão-mor por ter casado com uma negra e assim "haver manchado o seu sangue e se mostrado indigno do cargo".[10] Aliás, já depois de independente o Brasil houve padres que se recusaram a casar branco com negra. Padres e juízes. Um dos juízes, o pernambucano Castelo Branco. Mas, atitudes, todas essas, esporádicas; fora da tendência genuinamente portuguesa e brasileira, que foi sempre no sentido de favorecer o mais possível a ascensão social do negro. Estamos, porém, a sair dos limites deste ensaio; e a invadir os de trabalho próximo.

Os pretos e pardos no Brasil não foram apenas companheiros dos meninos brancos nas aulas das casas-grandes e até nos colégios; houve também meninos brancos que aprenderam a ler com professores negros. A ler e a escrever e também a contar pelo sistema de tabuada cantada. Artur Orlando refere que seu professor de primeiras letras, em Pernambuco, foi um preto chamado Calisto. Calisto andava de cartola cinzenta, casaca preta e calças brancas.[11] Trajo de gente lorde. De doutores e fidalgos coloniais com medo de hemorroidas ou já sofrendo da maldita doença que desde o século XVI parece ter perseguido os portugueses ricos ou letrados e seus descendentes no Brasil. O que não é para admirar andando os colonos dos séculos XVI, XVII e XVIII de roupas tão impróprias para o clima; veludo, seda, damasco; muitos deles só saindo em palanquins também de seda, de veludo ou de damasco por dentro. Uns verdadeiros fornos ambulantes, os palanquins de luxo: cobertos de pesados tapetes azuis, verdes e encarnados ou de grossas cortinas. Nas redes e palanquins deixavam-se os senhores carregar pelos negros dias inteiros; uns viajando de um engenho a outro; outros passeando pelas ruas das cidades, onde ao se avistarem dois conhecidos, cada um na sua rede, era costume pararem para conversar, mas sempre deitados ou sentados nas almofadas pegando fogo. Em casa, também, sempre sentados; ou então deitados nas redes e almofadas quentes. As mulheres, de tanto viverem sentadas, diz um cronista holandês do século XVII que cambaleavam quando se punham de pé. Até nas igrejas esparramavam-se pelo chão – sentando-se de pernas cruzadas sobre as sepulturas, às vezes ainda frescas. Dentro de casa, nas horas de modorra, é que homens, mulheres e meninos desforravam-se dos excessos europeus de vestuário. Os meninos andando nus ou de sunga-nenê. Os grandes, de chinelos sem meia; de pés descalços; os senhores de engenho, de chambre de chita por cima das ceroulas; as mulheres, de cabeção. "Quando sahem às suas visitas de cerimonia", escreveu Vilhena das senhoras baianas, "he em sumo grão aceadas, sem que duvidem gastar em hum vestido quatrocentos mil reis e mais, para apparecer em huma só função [...]".[12] Cetins. Sedas. Cambraias ou cassa bordada. Suas mucamas também: "ricas sayas de setim, becas de lemiste finissimo, e camizas de cambraya". Com o bom-senso de sempre, defendeu Vilhena as senhoras brasileiras da crítica de "pouco honestas por andarem dentro em suas casas em mangas de camiza, com as gollas tão largas que às vezes cahem e se lhes veem os peitos [...]". Os "maus criticos" parecem ao professor de grego esquecidos do fato de estar-se não na Europa, mas no Brasil "debaixo da zona torrida, onde o grande frio corresponde ao que ahi [em Portugal] sentimos em Mayo".[13]

A falta de adaptação do trajo brasileiro ao clima prolongou-se, porém, ao século XIX. Acentuou-se, mesmo.[14] Homens, mulheres e até meninos continuaram a vestir-se para a missa, para as visitas e para ir ao colégio como se um eterno luto de mães os obrigasse ao preto felpudo, espinhento e solene. A rodar em vitórias e cabriolés de almofadas quentes como as dos palanquins. Os homens, de cartola desde sete horas da manhã. Até os princípios do século XX os estudantes de direito em São Paulo e em Olinda, os de medicina no Rio e na Bahia, os médicos, os advogados, os professores, só achavam jeito de andar de cartola e sobrecasaca preta. Um ou outro chapéu do chile mais afoito branquejou no meio desse preto ortodoxo de cartolas. A transigência dos doutores e dos fidalgos com o clima tropical foi se fazendo de baixo para cima: pelas calças brancas. Desde meados do século XIX que começaram a usá-las na Bahia e no Recife os armazenários de açúcar ou de café, os altos funcionários públicos, os médicos, advogados, professores. De modo que o preto Calisto, apresentando-se aos seus alunos de cartola, sobrecasaca preta e calças brancas, apresentava-se ortodoxamente vestido: no trajo por assim dizer oficial da classe alta e letrada do seu tempo. "Comprometeu-se com meu pai", escreveu Artur Orlando do seu professor negro, "a ensinar-me as primeiras letras em troca de uma flauta de ébano com chaves de prata". Os pretos foram os músicos da época colonial e do tempo do Império. Os moleques, meninos de coro nas igrejas. Várias capelas de engenho tiveram coros de negros; várias casas-grandes, conservando a tradição de Mangue la Bote, mantiveram, para deleite dos brancos, bandas de música de escravos africanos. No engenho Monjope, em Pernambuco – por muito tempo de uns Carneiro da Cunha que acabaram barões de Vera Cruz – houve não só banda de música de negros, mas circo de cavalinhos em que os escravos faziam de palhaços e de acrobatas. Muitos acrobatas de circo, sangradores, dentistas, barbeiros e até mestre de meninos – tudo isto foram os escravos no Brasil; e não apenas negros de enxada ou de cozinha. Muito menino brasileiro deve ter tido por seu primeiro herói, não nenhum médico, oficial de marinha ou bacharel branco, mas um escravo acrobata que viu executando piruetas difíceis nos circos e bumbas meu boi de engenho; ou um negro tocador de pistom ou de flauta.

E felizes dos meninos que aprenderam a ler e a escrever com professores negros, doces e bons. Devem ter sofrido menos que os outros: os alunos de padres, frades, "professores pecuniários", mestres-régios – estes uns ranzinzas terríveis, sempre fungando rapé; velhos caturras de sapato de fivela e vara de marmelo na mão. Vara ou palmatória. Foi à força de vara e palmatória que "os antigos", nossos avós e bisavós, aprenderam latim e gramática; doutrina e história sagrada.

É verdade que depois da Independência começaram a aparecer colégios particulares, alguns de estrangeiros – pedagogos ou charlatães; e a frequentá-los, filhos de magistrados e altos funcionários públicos, de negociantes e até de senhores de engenho. Imagine-se a saudade com que os meninos de engenho, acostumados a uma vida toda de vadiação – banho de rio, arapuca de apanhar passarinho, briga de galo, jogo de trunfo na casa de purgar com os negros e os moleques, chamego com as primas e as negrinhas – deixavam essas delícias para virem, de barcaça ou a cavalo, parando pelo caminho nos engenhos dos parentes e conhecidos dos pais, estudar nos internatos; ou mesmo nos externatos – neste caso hospedando-se em casa dos comissários de açúcar ou café. Os comissários foram muitas vezes uns segundos pais dos meninos de engenho; e nem sempre terríveis sanguessugas dos proprietários de terras. Às vezes amigos leais dos senhores de engenho e dos fazendeiros.

Dos colégios de estrangeiros escreveu em 1842 o padre-mestre Lopes Gama: "qualquer francez, qualquer inglez, qualquer suisso etc., qualquer abelha mestra desses paizes aporta em Pernambuco, e não tendo outro genero de vida diz que vem repartir comnosco das suas muitas luzes". E antecipava o sagaz do padre todo o mal do desenvolvimento de semelhantes colégios: "em breve irão sahindo desses fócos de heterodoxia uns socianos, outros anabaptistas, outros presbiterianos, outros methodistas, etc. [...]".[15]

Vieram depois de 1850 as estradas de ferro facilitar o internato dos meninos de engenho nos colégios das capitais. Dessa fase em que se ampliou a influência dos internatos pode ser considerado típico o de Nossa Senhora do Bom Conselho, fundado em 1858 no Recife pelo bacharel Joaquim Barbosa Lima. Ensinava-se aí aritmética, geografia, latim, francês, caligrafia, música. Os alunos compareciam às aulas de paletó preto e calças pardas, sapatos de tapete ou couro e gravata azul. Nos dias de festa e nos domingos deviam apresentar-se de sobrecasaca preta, calça preta, chapéu preto, colete branco, gravata de seda preta, sapatos ou borzeguins pretos. Eram obrigados a banhar os pés nas quartas e sábados e a tomar banho geral uma vez por semana.[16]

Com o aparecimento de maior número de colégios, um assunto que começou a preocupar os higienistas da época foi o da higiene escolar; particularmente a higiene dos internatos. Muito menino do interior morreu de febre ou de infecção nos colégios das capitais. Em seu trabalho *Esboço de uma higiene dos colégios aplicável aos nossos*, escreveu em 1855 José Bonifácio Caldeira de Andrade Júnior: "Infelizmente contamos um grande número de colégios no coração mesmo da nossa cidade [Rio de Janeiro], em ruas acanhadas e tortuosas, pela maior parte pouco asseadas, o que à vista das nossas condições higrométricas e de temperatura, e da pouca elevação do solo em que repousamos não pode deixar de exercer uma fatal influência sobre a saúde dos educandos". E não era só isso: "as iluminações com o azeite e a gás são as mais usadas em nossos colégios, e são exageradamente as menos convenientes: a última sobretudo".[17] Outro trabalho sobre os colégios, este de um doutorando da Faculdade de Medicina da Bahia, Frutuoso Pinto da Silva, versa de preferência o problema da moralidade e da higiene sexual nos internatos. Chama-se aí a atenção dos pais, dos mestres e dos censores para os perigos do onanismo; e isto em palavras alarmantes. Também para a pederastia. "A pederastia", escreveu Pinto da Silva nesse seu ensaio de 1864, "parece ir com passo sorrateiro fazendo suas perniciosas conquistas no meio da mocidade dos colégios [...]".[18] Mais graves eram porém os avanços da gonorreia e da sífilis – indício de grandes excessos sexuais entre os meninos de colégio. Já no século XVIII, a acreditarmos no relatório do padre Cepeda, discretamente arquivado no Instituto Histórico do Rio de Janeiro, a quinta de São Cristóvão, onde então funcionaram aulas de filosofia, fora "uma Sodoma". Os discípulos dos padres Cardim e Faria "sem temor de Deus nem vergonha dos homens" andavam o dia inteiro como uns bodes, pulando cercas e saltando valados, atrás de escravas e de "outras mulheres que para esse fim mandam vir da cidade".[19]

Nos antigos colégios, se houve por um lado, em alguns casos, lassidão – fazendo-se vista grossa a excessos, turbulências e perversidades dos meninos – por outro lado abusou-se criminosamente da fraqueza infantil. Houve verdadeira volúpia em humilhar a criança; em dar bolo em menino. Reflexo da tendência geral para o sadismo criado no Brasil pela escravidão e pelo abuso do negro. O mestre era um senhor todo-poderoso. Do alto de sua cadeira, que depois da Independência tornou-se uma cadeira quase de rei, com a coroa imperial esculpida em relevo no espaldar, distribuía castigos com o ar terrível de um senhor de engenho castigando negros fujões. Ao vadio punha de braços abertos; ao que fosse surpreendido dando uma risada alta, humilhava com um chapéu de palhaço na cabeça para servir de mangação à escola inteira; a um terceiro, botava de joelhos sobre grãos de milho. Isto sem falarmos da palmatória e da vara – esta, muitas vezes com um espinho ou um alfinete na ponta, permitindo ao professor furar de longe a barriga da perna do aluno.

O aluno que não soubesse a lição de português, que desse uma silabada em latim, que borrasse uma página do caderno – quase um missal – de caligrafia, arriscava-se a castigo tremendo da parte do padre-mestre, do mestre-régio, do diretor do colégio – de um desses terríveis Quibungos de sobrecasaca ou de batina. Da letra bonita fez-se sempre muita questão: o ensino da caligrafia teve alguma coisa de litúrgico nos antigos colégios do Brasil. Escrevia-se com pena de ganso. "O mestre gastava horas e horas em aperfeiçoar-lhes os bicos, tendo antes talhado o *aparão* com um canivete de molas", diz-nos o padre Antunes de Sequeira.[20] Preparados os bicos das penas de ganso, começava a tortura – o menino com a cabeça para o lado, a ponta da língua de fora, em uma atitude de quem se esforça para chegar à perfeição; o mestre, de lado, atento à primeira letra gótica que saísse troncha. Um errinho, qualquer – e eram bordoadas nos dedos, beliscões pelo corpo, puxavante de orelha, um horror. Os rapazes de letra bonita que o Visconde de Cabo Frio sempre preferiu, para secretários de legações, aos de letra de médico, foram educados por esses mestres terríveis que fizeram do ensino da caligrafia um rito; alguma coisa de religioso e de sagrado.

Outro estudo sagrado foi o de latim. Quanto à soletração, aprendia-se "em uma balburdia enfadonha", diz-nos o padre Sequeira. Soletrando-se tudo alto. Cantando-se:

B – a – bá
B – e – bé
Ba! bé!

Com o Método Valdetaro, adotado já no meado do século XIX, a coisa melhorou um pouco. Vieram *As cartas syllabicas com exercicios parietaes, Simão de Mantua ou o Mercador de feiras, Poesias sacras*, de Lopes Gama, *Synonimos* de frei Lúis de Sousa.[21] Gramática latina – a do padre Pereira. Catecismo, o de Montpellier. Quem tiver a pachorra, em um dia de veneta, de passar a vista pelos compêndios, livros de leitura, aritméticas, por onde estudaram nossos avós coloniais e do tempo do Império, ficará com uma ideia de coisa terrivelmente melancólica que foi outrora aprender a ler.[22] Imaginem-se esses horrorosos compêndios completados pelos mestres-régios, pelos professores de colégio do tempo do Império – todos eles fedendo a rapé, assoando-se de vez em quando em grandes lenços encarnados; todos de palmatória e de vara de marmelo na mão; no polegar ou no indicador da mão direita, uma unha enorme, de mandarim chinês.

A outros tormentos esteve obrigada a criança branca – e até a preta ou mulata, quando criada pelas iaiás das casas-grandes. "A sociedade tem também sua grammatica", escreveu em 1845 o autor de certo *Código do bom-tom* que alcançou grande voga entre os barões e viscondes do Império.[23] Os quais, para tomarem ar de europeus, não só deram para forrar os tetos das casas-grandes – até então de telha-vã – como para adotar regras de bom-tom francesas e inglesas na criação dos filhos. E adotá-las com exageros e excessos.

A vítima desse esnobismo dos barões foi o filho. Que judiasse com os moleques e as negrinhas, estava direito; mas na sociedade dos mais velhos o judiado era ele. Ele que nos dias de festa devia apresentar-se de roupa de homem, e duro, correto, sem machucar o terno preto[24] em brinquedo de criança. Ele que em presença dos mais velhos devia conservar-se calado, um ar seráfico, tomando a bênção a toda pessoa de idade que entrasse em casa e lhe apresentasse a mão suja de rapé. Ele que ao pai devia chamar "senhor pai" e à mãe "senhora mãe": a liberdade de chamar "papai" e "mamãe" era só na primeira infância. Esse duro costume modificou-se, porém, no século XIX. Como modificou-se o das mulheres só chamarem o marido de "senhor"; as mais afoitas foram chamando-o de "tu", as outras de "você", acabando-se com o rígido tratamento colonial de "senhor" da parte das esposas e dos filhos.[25] Até então, esposas e filhos se achavam quase no mesmo nível dos escravos.

É verdade que desde esses tempos remotos o "senhor" se adoçou em "sinhô", em "nhonhô", em "ioiô"; do mesmo modo que "negro" adquiriu na boca dos brancos um sentido de íntima e especial ternura: "meu nego", "minha nega"; e nas cartas coloniais: "Saudoso primo e muito seu negro", "negrinha humilde" etc.[26]

Só depois de casado arrisca-se o filho a fumar na presença do pai; e fazer a primeira barba era cerimônia para que o rapaz necessitava sempre de licença especial. Licença sempre difícil, e só obtida quando o buço e a penugem da barba não admitiam mais demora.

À menina, a esta negou-se tudo que de leve parecesse independência. Até levantar a voz na presença dos mais velhos. Tinha-se horror e castigava-se a beliscão a menina respondona ou saliente; adoravam-se as acanhadas, de ar humilde. O ar humilde que as filhas de Maria ainda conservam nas procissões e nos exercícios devotos da Semana Santa, as meninas de outrora conservavam o ano inteiro. É verdade que as atrevidas namoravam nas festas de São Gonçalo; outras nos concertos de igreja. Mas isso nas cidades: no Rio, no Recife, na Bahia; e assim mesmo namoros a sinais de leque; quase sem conversa ou agarrado de mão.

As meninas criadas em ambiente rigorosamente patriarcal, estas viveram sob a mais dura tirania dos pais – depois substituída pela tirania dos maridos.[27] E se mucamas e moleques foram quase sempre aliados naturais dos filhos contra os "senhores pais", das mulheres de quinze anos contra os "senhores maridos" de quarenta e cinquenta, de sessenta e setenta, houve casos de escravas enredeiras e fuxiquentas, umas delatoras, outras que por vingança inventavam histórias de namoro das sinhá-moças ou das sinhá-donas. De modo que estas deviam estar sempre prevenidas; e nunca se considerarem sozinhas, nem mesmo para inocentes namoros de leque, de lenço ou de recados trazidos pelas negras boceteiras.

Dizia-se outrora em Portugal, como advertência aos indiscretos no falar e no escrever, que detrás de cada tinteiro estava um frade. Um olho ou um ouvido de frade do Santo Ofício vendo os atos e ouvindo as palavras menos ortodoxas. No Brasil o olho de frade enredeiro não desapareceu das casas: foi um eclesiástico que avisou a Da. Verônica Dias Leite, matrona paulista do século XVII, que a filha estivera por algum tempo à janela. Crime horrendo de que resultou – conta a tradição – a mãe ter mandado matar a filha. Antônio de Oliveira Leitão, patriarca às direitas, este não precisou do enredo de ninguém – nem de frade nem de escravo: tendo visto tremular no fundo do quintal da casa um lenço que a filha tinha levado para enxugar ao sol, maldou logo que era senha de algum don-juan a lhe manchar a honra e não teve dúvida – sacou de uma faca de ponta e com ela atravessou o peito da moça.[28]

Mas em geral, nessas histórias de filhas ou esposas assassinadas pelos patriarcas, andou sempre enredo, ou de frade ou de escrava. Principalmente de escrava. No Brasil quem tivesse seu namoro ou seu segredo, que desconfiasse não só dos tinteiros, por trás dos quais podiam andar frades escondidos, mas, principalmente, dos tachos de doce. Por trás dos tachos de doce estavam às vezes olhos de negras enredeiras. D. Domingos do Loreto Couto, o frade beneditino que em *Desagravos do Brasil e glórias de Pernambuco*[29] retratou tantos aspectos interessantes da vida patriarcal no Brasil, refere casos impressionantes de assassinatos por suspeitas de infidelidade conjugal. Crimes ocorridos por "falsos testemunhos", de indivíduos que "livres na sua vida, são escrupulosos na dos Senhores". Carapuça que D. Domingos talhou só para os escravos; mas que se ajustaria também à coroa de eclesiásticos.

O coronel Fernão Bezerra Barbalho, por exemplo, senhor de engenho na Várzea, "no lugar que hoje chamam de matança". Homem de maus bofes, deixando-se levar por enredos de um escravo que fugira para desviar o castigo que a senhora lhe mandara dar por crimes que havia cometido na ausência do senhor, não teve dúvidas em assassinar a mulher e as filhas. "Acompanhado de seu filho primogenito e de alguns escravos caminhou apreçado para a Varzea, chegou a sua casa, e tomadas as portas da rua, subio cima." Foi uma matança horrível. Só escapou à morte uma filha – justamente a mais alvejada pelo escravo enredeiro. E quem a salvou da ira paterna foi outro escravo – talvez sua mãe-preta. Fernão Bezerra "foi preso, e remetido para a Relação da Bahia, onde em publico cadafalso pagou com a cabeça coberta de cãas as leviandades e os desatinos do seu errado juizo".[30] O mesmo destino de Antônio de Oliveira Leitão.

Foi também uma escrava, aliada à terrível sogra, que causou em Pernambuco o assassinato de Da. Ana, moça de "rara fermosura", diz o cronista, filha do sargento-mor Nicolau Coelho e mulher de André Vieira de Melo. A escrava contou à mãe de André Vieira de Melo que Da. Ana "dava furtivas entradas a João Paes Barreto que com sacrilego desprezo do sacramento e de tão authorisadas pessoas injuriava o thalamo conjugal". André Vieira de Melo quis desprezar as notícias. Mas tal foi a insistência de sua mãe e de seu pai que acabou mandando matar João Pais Barreto e envenenar a esposa. Da. Ana antes de tomar o veneno pediu que lhe trouxessem um padre para se confessar e um hábito de São Francisco para se amortalhar. Confessou-se e amortalhou-se. Deram-lhe então o veneno. Desconfiando da eficácia da potagem, deram-lhe outra. O resultado foi o segundo veneno desfazer os efeitos do primeiro. De modo que Da. Ana só veio a morrer depois, do "golpe de hum garrote que lhe deu a sogra" na garganta. "He fama constante que passados annos, abrindo-se a sua sepultura se achara seo corpo fragrante, e incorrupto", diz-nos Loreto Couto. O qual sustenta que "castidade, vergonha, recolhimento, pejo, encolhimento, sizudesa e modestia" foram sempre "o insigne distinctivo das mulheres do Brasil [...]". É verdade, acrescentou, que "em muitas mulheres pretas, e pardas falta talvez a compostura, e sobeja a liberdade". E mais: "Não negamos que sirvão [as mulheres de cor] de tentação, mas esta guerra permitte Deus no mundo para os vencedores merecerem a coroa da gloria". Palavras que encerram um grande ainda que indireto elogio à tentadora beleza das pretas e pardas; tentadora beleza de que se serviria o Senhor para experimentar a firmeza dos homens brancos.

Mas o próprio D. Domingos refere casos de mulheres pardas virtuosíssimas. O da linda Joana de Jesus, por exemplo. Floresceu "no novo convento da villa Iguarassu", onde se salientou como "cordialissima devota de Maria Santissima Senhora Nossa". Principiou a vida grande pecadora; terminou-a quase uma santa. Quando morreu causou surpresa seu "rosto tão corado, e com tanta formosura, que nella desapparecerão todos os signaes de morte e os estragos causados pelos rigores da penitência".

Outro caso interessante foi o de Clara Henriques, mulher preta, escrava de Maria Henriques, branca que não somente deixou de instruir a escrava em doutrina cristã, "senão que a provocou com ruins exemplos". "Seguindo Clara Henriques os costumes de sua senhora na idade de quatorze annos se entregou a huma vida torpe [...]". Desta vida libertou-se Clara por graça de Nossa Senhora do Rosário, padroeira dos negros. Tornou-se então uma santa mulher. Aproveitando-lhe o Senhor suas predisposições africanas deu-lhe "o dom da prophecia, porque disse muitas cousas, que ao depois se virão cumpridas".[31]

Os viajantes franceses que nos séculos XVII e XVIII estiveram no Brasil não se mostram tão crentes como o beneditino D. Domingos na castidade e na fidelidade conjugal das senhoras brasileiras. Mas, em compensação, D. Domingos tem a seu favor depoimentos de viajantes ingleses. É verdade que em assuntos de amor e de mulheres os franceses passam por mais entendidos que os ingleses; como viajantes, porém, os ingleses levam a palma aos franceses em lisura, exatidão e honestidade de narrativa. Raro um Rendu ou um Saint-Hilaire; um Pyrard mesmo; numerosos os exagerados; e não de todo raro os pouco escrupulosos ou fantásticos nas suas informações. Gênero em que se salientaram Thévet, Dabadie, Expilly.

Pyrard diz que passeando um dia pelas ruas de Salvador, todo gabola, vestido de seda, ar de fidalgo, aproximou-se dele uma negra. Pediu-lhe que a acompanhasse: havia um senhor muito desejoso de lhe falar. Seguiu-a Pyrard, através de vielas e de ruas tronchas, feias, até que se viu, como em um conto de mil e uma noites, em uma casa muito bonita. Um verdadeiro palácio. E em vez de senhor, quem lhe apareceu foi uma "jovem dama portuguesa". A "jovem dama portuguesa" não se limitou a dispensar ao viajante grandes carinhos; ainda deu-lhe de presente um chapéu de lã de Espanha novo. O que fez Pyrard de Laval generalizar que as mulheres do Brasil eram mais amigas dos estrangeiros do que os homens.[32]

Ninguém, porém, mais afoito em suas generalizações contra as senhoras coloniais do que Coreal – viajante ainda mal identificado. Achou-as mais enclausuradas que no México; mas nem por isso menos libertinas. Tamanho seu fogo sexual, que arriscavam honra e vida por uma aventura de amor. Daí resultava serem, umas apunhaladas pelos maridos, outras, tornarem-se públicas cortesãs à disposição de brancos e negros.[33]

Frézier e Froger tiveram quase a mesma impressão que Coreal das mulheres baianas: muito enclausuradas e só saindo de casa para irem à igreja; mas "quase todas libertinas" e sempre engendrando meios ou achando jeito de iludir a vigilância dos maridos ou dos pais. O que conseguiam, diz Frézier, auxiliadas pelas mães.[34] Mas nas histórias galantes contadas por Pyrard e Coreal, quem aparece auxiliando as senhoras brancas nas suas aventuras de amor são escravas negras. O mais provável é que fossem as negras as principais alcoviteiras. Tudo, porém, nos leva a crer na extrema dificuldade das aventuras de amor das mulheres coloniais, a toda hora cercadas de olhos indiscretos. Olhos de frades. Olhos de negros. Olhos de sogras. Os olhos dos negros mais vigilantes, elas podiam mandar arrancar sob um pretexto qualquer. Mas os dos frades e os das sogras eram de mais difícil eliminação.

O certo é que John Mawe, tendo chegado ao Brasil na expectativa de uma terra de moral feminina muito lassa, onde os viajantes fossem abordados por escravas alcoviteiras com recadinhos e oferecimentos das senhoras libidinosas, teve impressão inteiramente diversa. "Devo observar", escreve ele, "que nem em São Paulo nem em parte alguma que tenho visitado, testemunhei um só exemplo de leviandade que alguns escritores dizem ser o traço mais saliente do caráter das mulheres brasileiras".[35] A mesma observação do médico inglês John White que esteve no Brasil em fins do século XVIII: depois de um mês de permanência no Rio de Janeiro concluiu que as mulheres mal-comportadas eram as de classe baixa.[36] É verdade que alguns anos depois, em uma festa em casa de Luís José de Carvalho e Melo, em Botafogo – festa requintada com baronesas, filhas de baronesas, viscondessas, moças falando francês, outras inglês, senhoras bem-vestidas, negros servindo chá em bandejas de prata – um compatriota de Mrs. Graham contou-lhe entre goles de chá coisas escandalosas das senhoras da Corte: naquela reunião, pelo menos dez senhoras presentes... Mas tendo olhado em redor, atalhou logo: "Não, aqui não. Mas no Rio..." O que mostra que a generalização não era fácil de reforçar com exemplos concretos, pelo menos imediatamente. Esse mesmo inglês observou a Mrs. Graham que a causa de toda a corrupção no Brasil eram os escravos.[37] As escravas. As negras. As mucamas. Mas seria muito maior a corrupção das senhoras da Corte do Brasil do que as da Europa?[38]

Loreto Couto, que evidentemente exagerou no seu culto da mulher brasileira do tempo da escravidão, escreveu do "fogo sexual" que era "mal hereditário" dos filhos de Adão – poderia ter acrescentado das filhas de Eva – e não peculiar às terras ou climas quentes. "As influencias sensuaes" pareciam-lhe atuar "em toda a parte"; e "em qualquer lugar o seu fogo sempre está ardendo, se o não apagão com muita oração e com multa penitencia, e assim aquelle que for mais devoto e mais penitente será o mais casto". Não compreendia que se chamasse o Brasil, como o autor de certa *História*, país de "clima adusto, provocativo de sensuaes torpezas". Que exemplo citava o tal historiador a favor de sua tese? O de certo "expulso de sua religião pelas torpezas de seus appetites" que para cá viera degredado e que no Brasil teria aumentado de "intemperança libidinosa". Como se o clima – comenta o frade – pudesse ter aumentado na alma do depravado "o infernal incendio". Já vimos, porém, que Loreto Couto enxergou nas mulheres pretas e pardas do Brasil uma tentação a serviço do aperfeiçoamento das almas; por conseguinte, combustível do "infernal incendio". O clima, não, mas a presença de negras e mulatas pareceu-lhe uma excitação ao pecado, difícil de resistir-se no Brasil. Mas negras e mulatas degradadas pela escravidão; porque à raça negra faz o frade beneditino a devida justiça, destacando-lhe os serviços ao Brasil. Não só serviços prestados na execução de "dificultosas e laboriosas empresas", como iniciativas de "valor e prudencia".

O que houve no Brasil – cumpre mais uma vez acentuar com relação às negras e mulatas, ainda com maior ênfase do que com relação às índias e mamelucas – foi a degradação das raças atrasadas pelo domínio da adiantada. Esta desde o princípio reduziu os indígenas ao cativeiro e à prostituição. Entre brancos e mulheres de cor estabeleceram-se relações de vencedores com vencidos – sempre perigosas para moralidade sexual.

Os jesuítas conseguiram vencer nos primeiros colonos a repugnância pelo casamento com índias. "Os mais aqui", escrevia de Pernambuco, em 1551, o padre Nóbrega, "tinham india de muito tempo de que tinham filhos e tinham por grande infamia casarem com ellas. Agora se vão casando, e tomando vida de bom estado". Havendo também "muita somma de casados em Portugal, outros que vivem cá em graves peccados; a uns fazemos ir, a outros mandar buscar suas mulheres". Das mestiças informa: "se não casavam dantes era porque continuavam a viver os homens em seus peccados livremente, e alguns diziam que não peccavam porque o arcebispo do Funchal lhes dava licença". Da mesma suposta licença do arcebispo se prevaleceram, aliás, clérigos libidinosos para viverem regaladamente amancebados. Oito anos mais tarde escrevia de Salvador o grande missionário: "com os christãos desta terra se faz pouco, porque lhes temos cerrada a porta da confissão por causa dos escravos que não querem senão ter e resgatar mal e porque geralmente todos ou os mais estão amancebados das portas à dentro com suas negras, casados e solteiros, e seus escravos todos amancebados, sem em um caso nem no outro quererem fazer consciencia e acham lá padres liberaes da absolvição em que vivem da mesma maneira...". E da mesma Bahia no meado do século XVI: "a gente da terra vive em peccado mortal, e não ha nenhum que deixe de ter muitas negras, das quaes estão cheios de filhos, e é grande mal".[39]

Introduzidas as mulheres africanas no Brasil dentro dessas condições irregulares de vida sexual, a seu favor não se levantou nunca, como a favor das mulheres índias, a voz poderosa dos padres da Companhia. De modo que por muito tempo as relações entre colonos e mulheres africanas foram as de franca lubricidade animal. Pura descarga de sentidos. Mas não que fossem as negras que trouxessem da África nos instintos, no sangue, na carne, maior violência sensual que as portuguesas ou as índias.

Dampier, que esteve na Bahia, no século XVII, soube de vários colonos amasiados com negras: *"Plusieurs des portugais, qui ne sont pas marrez, entretennent de ces femmes noires pour leurs maitresses"*.[40] Já não eram as relações dos portugueses com as pretas, as de pura animalidade dos primeiros tempos. Muita africana conseguira impor-se ao respeito dos brancos; umas, pelo temor inspirado por suas mandingas; outras, como as Minas, pelos seus quindins e pela sua finura de mulher. Daí ter uma minoria delas conquistado para si uma situação quase idêntica à que o moralismo parcial dos jesuítas só soubera assegurar para as índias. Situação de "caseiras" e "concubinas" dos brancos; e não exclusivamente de animais engordados nas senzalas para gozo físico dos senhores e aumento do seu capital-homem.

Com a vida mais descansada e mais fácil para os colonos; com o açúcar vendido em quantidade maior e por melhores preços na Europa do que nos princípios do século XVI, desenvolveu-se dos fins desse século aos começos do XVII, não tanto o luxo como desbragada luxúria entre os senhores de engenho do Brasil. Em Pernambuco, ao aumento de produção de açúcar de duzentas mil arrobas em 1584[41] para "passante de cento e vinte navios" por ano em 1618;[42] e do número de engenhos de trinta em 1576[43] para sessenta e seis em 1584 e 1590 e cento e vinte e um, ao findar o primeiro quartel do século XVII,[44] correspondeu o aumento do número de escravos africanos – tudo concorrendo para o maior ócio dos senhores; e para sua maior libertinagem. Ócio que a tal ponto se desenvolveu, nas zonas dominadas pelos engenhos de cana, que doutores moralistas da época chegaram a associá-lo ao muito consumo do açúcar: "talvez que da abundância deste humor" – o fleumático, causado pela alimentação abundante em açúcar – "proceda aquela preguiça que a tantos reduz a hum mizeravel estado", escreveu um deles. Acrescentando: "Muito certamente predomina este humor em muitos homens do Brasil. Passão muitos a vida, com huma mão sobre a outra, e nascendo o homem para o trabalho, elles só querem descanço. Ha alguns que num dia inteiro não dão hum só passo". E terminando por aconselhar que se comesse pouco açúcar – além do mais, propagador de lombrigas.

O açúcar não teve, por certo, responsabilidade tão direta pela moleza dos homens. Teve-a, porém, e grande, como causa indireta: exigindo escravos; repelindo a policultura. Exigindo escravos para "mãos e pés do senhor de engenho", como disse Antonil. E não só de senhor de engenho português, já viciado na escravidão: os holandeses, quando no século XVII se instalaram nas plantações de cana de Pernambuco,[45] reconheceram a necessidade de se apoiarem no negro; sem escravos não se produziria açúcar. E escravos em grande número; para plantarem a cana; para a cortarem; para colocarem a recortada entre as moendas impelidas a roda de água – nos engenhos chamados de água, e por giro de bestas ou de bois, nos chamados almanjarras ou trapiches; limparem depois o sumo das caldeiras de cocção; fazerem coalhar o caldo; purgarem e branquearem o açúcar nas formas de barro; destilarem a aguardente. Escravos que se tornaram literalmente os pés dos senhores: andando por eles, carregando-os de rede ou de palanquim. E as mãos – ou pelo menos as mãos direitas; as dos senhores se vestirem, se calçarem, se abotoarem, se limparem, se catarem, se lavarem, tirarem os bichos dos pés. De um senhor de engenho pernambucano conta a tradição que não dispensava a mão do negro nem para os detalhes mais íntimos da toalete; e de ilustre titular do Império refere von den Steinen que uma escrava é que lhe acendia os charutos passando-os já acesos à boca do velho. Cada branco de casa-grande ficou com duas mãos esquerdas, cada negro com duas mãos direitas. As mãos do senhor só servindo para desfiar o rosário no terço da Virgem; para pegar as cartas de jogar; para tirar rapé das bocetas ou dos corrimboques; para agradar, apalpar amolegar os peitos das negrinhas, das mulatas, das escravas bonitas dos seus haréns.

No senhor branco o corpo quase se tornou exclusivamente o *membrum virile*. Mãos de mulher, pés de menino;[46] só o sexo arrogantemente viril. Em contraste com os negros – tantos deles gigantes enormes, mas pirocas de menino pequeno. Imbert, nos seus conselhos aos compradores de escravos, foi ponto que salientou: a necessidade de se atentarem nos órgãos sexuais dos negros, evitando-se adquirir os indivíduos que os tivessem pouco desenvolvidos ou mal-conformados.[47] Receava-se que dessem maus procriadores.

Ociosa, mas alagada de preocupações sexuais, a vida do senhor de engenho tornou-se uma vida de rede. Rede parada, com o senhor descansando, dormindo, cochilando. Rede andando, com o senhor em viagem ou a passeio debaixo de tapetes ou cortinas. Rede rangendo, com o senhor copulando dentro dela. Da rede não precisava afastar-se o escravocrata para dar suas ordens aos negros; mandar escrever suas cartas pelo caixeiro ou pelo capelão; jogar gamão com algum parente ou compadre. De rede viajavam quase todos – sem ânimo para montar a cavalo: deixando-se tirar de dentro de casa como geleia por uma colher. Depois do almoço, ou do jantar, era na rede que eles faziam longamente o quilo – palitando os dentes, fumando charuto, cuspindo no chão, arrotando alto, peidando, deixando-se abanar, agradar e catar piolho pelas molequinhas, coçando os pés ou a genitália; uns coçando-se por vícios; outros por doença venérea ou da pele. Lindley diz que na Bahia viu pessoas de ambos os sexos deixando-se catar piolhos; e os homens coçando-se sempre de "sarnas sifilíticas".[48]

É verdade que esses homens moles, de mãos de mulher, amigos exagerados da rede; voluptuosos do ócio; aristocratas com vergonha de ter pernas e pés para andar e pisar no chão como qualquer escravo ou plebeu – souberam ser duros e valentes em momentos de perigo. Souberam empunhar espadas e repelir estrangeiros afoitos; defender-se de bugres; expulsar da colônia capitães-generais de Sua

Majestade. Foram os senhores de engenho pernambucanos que colonizaram a Paraíba e o Rio Grande do Norte, tendo de enfrentar índios dos mais brabos, e valentes; que livraram o Maranhão dos franceses; que expulsaram os holandeses do norte do Brasil.

E não só os senhores: também as senhoras de engenho tiveram seus assomos de energia. Seus rompantes de estoicismo. *"No mostraran por cierto menos valor en esta acción que nuestros soldados"*, diz o marquês de Basto das senhoras pernambucanas que tomaram parte na retirada para Alagoas deixando os engenhos e as casas-grandes em ruínas.[49]

Mas excetuados esses rompantes guerreiros, a vida dos aristocratas do açúcar foi lânguida, morosa. Uma vez ou outra, as "canas" e as "argolinhas"; cavalhadas; danças. Mas raramente. Os dias se sucediam iguais; a mesma modorra; a mesma vida de rede, banzeira, sensual. E os homens e as mulheres, amarelos, de tanto viverem deitados dentro de casa e de tanto andarem de rede ou de palanquim. Nos Estados Unidos, onde a rede não chegou a dominar como aqui; onde a moleza dos senhores de escravos se contentou com o sofá e a cadeira de balanço, mais tarde adotada pelo patriarcalismo brasileiro, os homens criados sob a influência da escravidão africana impressionaram aos europeus pelas suas atitudes sempre comodistas; pelo seu andar desengoçado; pela nenhuma esbelteza do seu porte; pelo seu ar de indivíduos fracos do peito, os ombros curvos, as espáduas estreitas. Só a voz, grande e imperiosa. Francis Trollope dá-nos um retrato de americano dos tempos da escravidão que parece de brasileiro do Norte: *"I never saw an American man walk or stand well* [...]".[50] E raros os europeus que não se deixaram impressionar pela palidez doentia dos homens e das senhoras americanas de antes da Guerra Civil. O regime econômico de produção – o da escravidão e da monocultura – dominando a diversidade de clima, de raça, de moral religiosa, criou no sul dos Estados Unidos um tipo de aristocrata mórbido, franzino, quase igual ao do Brasil nas maneiras, nos vícios, nos gostos e no próprio físico. Os ingredientes diversos; mas a mesma forma. O clima quente pode ter contribuído para a maior lubricidade e a maior languidez do brasileiro; mas não as criou ou produziu.[51]

Souchu de Rennefort escreveu dos colonos de Pernambuco: "*ils vivent dans une grande licence* [...]". Uma *nonchalance* levantina a dos senhores de escravos pernambucanos: "*ils dorment & fument & n'ont guères d'autres meubles que des brambes de cotton & des nattes; les plus somptueux ont une table & des chaises de cuir façonné; quelques-uns se servent de vaisselles d'argent la plus grande partie de vaisselles de terre*".[52] Notaremos de passagem que nem Rennefort com relação a Pernambuco, nem Pyrard, Dampier e Mrs. Kindersley com relação à Bahia, salientam nenhum grande luxo de móveis ou de pratas. Dampier e Pyrard, apenas o tamanho das casas e o número de escravos; e todos, a vida mole dos senhores descansando o dia inteiro dentro de casa, ou atravessando as ruas nos ombros dos negros a caminho das igrejas. Dampier chegou a escrever que os colonos do Brasil, do mesmo modo que os espanhóis e os portugueses, pouca importância ligavam a mobiliário ou a quadros; só faziam questão de grandes casas.[53] De grandes casas e de muitos escravos, festas de igreja, mulheres, molecas.

Coreal impressionou-se na Bahia com a voluptuosidade dos colonos. Uns grandes indolentes sempre nas suas redes.[54] Voluptuosidade e indolência quebradas, porém, pelo espírito de devoção religiosa que só no século XIX diminuiu nos homens, para refugiar-se nas mulheres, nos meninos e nos escravos. No século XVII e mesmo no XVIII não houve senhor branco, por mais indolente, que se furtasse ao sagrado esforço de rezar ajoelhado diante dos nichos: às vezes rezas quase sem fim tiradas por negros e mulatos. O terço, a coroa de Cristo, as ladainhas. Saltava-se das redes para rezar nos oratórios: era obrigação. Andava-se de rosário na mão, bentos, relicários, patuás, Santo Antônios pendurados ao pescoço; todo o material necessário às devoções e às rezas. Maria Graham ainda alcançou o tempo das ladainhas cantadas ao anoitecer, nas ruas do Recife; brancos, negros, mulatos, todos rezando ao mesmo Deus e à mesma Nossa Senhora. Alguns senhores mais devotos acompanhavam o Santíssimo à casa dos moribundos. Dentro de casa rezava-se de manhã, à hora das refeições, ao meio-dia; e de noite, no quarto dos santos – os escravos acompanhavam os brancos no terço e na salve-rainha. Havendo capelão cantava-se *Mater purissima, ora pro nobis*. Em Cantagalo, na casa-grande do fazendeiro Joaquim das Lavrinhas, Mathison ficou encantado com o patriarcalismo do dono da casa, ajoelhando-se diante de todo o pessoal da fazenda – parentes, agregados e escravos – para pedir a bênção de Deus e a proteção da Virgem Maria. E nada lhe pareceu mais digno no brasileiro colonial que o fato de ter sempre em sua casa lugar destinado ao culto divino. Sinal de "respeito pela religião", concluiu. E não esqueceu de salientar a observância, pelos negros, dos ritos da igreja.[55] Ao jantar, diz-nos um cronista que o patriarca benzia a mesa e cada qual deitava a farinha no prato em forma de cruz.[56] Outros benziam a água ou vinho fazendo antes, no ar, uma cruz com o copo.[57] No fim davam-se graças em latim:

> *Per haec dona et coetera data*
> *Sit Sancta Trinitas semper laudata.*[58]

Ao deitar-se, rezavam os brancos da casa-grande e, na senzala, os negros veteranos:

> *Com Deus me deito, com Deus me levanto,*
> *Com graça de Deus e do Espírito Santo,*
> *Se dormir muito, acordai-me,*
> *Se eu morrer, alumiai-me*
> *Com as tochas da vossa Trindade*
> *Na mansão da Eternidade.*[59]

E de manhã, ao levantarem-se, era também com o nome de Nosso Senhor na boca: "Meu Deus, é ainda por efeito de vossa bondade que eu vejo a luz do dia! Fazei que eu caminhe seguro, guiado por vossa providência infalível". Quando alguém espirrava dizia-se: "Deus vos salve". Os negros tomavam a bênção ao senhor dizendo: "Louvado seja o nome de Nosso Senhor Jesus Cristo!". E o senhor respondia: "Para sempre!" ou "Louvado seja!".

Quando trovejava forte, brancos e escravos reuniam-se na capela ou no quarto do santuário para cantar o bendito, rezar o Magnificat, a oração de São Brás, de São Jerônimo, de Santa Bárbara. Acendiam-se velas; queimavam-se ramos bentos, recitava-se o credo em cruz. Certas doenças, tratavam-se com orações e com óleo, como nos tempos apostólicos: a erisipela, por exemplo:

Pedro e Paulo foi a Roma
e Jesus Cristo encontrou
Este lhe perguntou.
– Então que há por lá?
– Senhor, erisipela má.
– Benze-a com azeite
e logo te sarará.

Pelas janelas e portas da casa grudavam-se papéis com orações para proteger a família de ladrões, assassinos, raios, tempestades. Orações a Jesus, Maria e José. E nos velhos engenhos patriarcais, cantavam-se hinos à Sagrada Família. Entre os papéis e manuscritos do capitão-mor Manuel Tomé de Jesus – patriarca pernambucano que floresceu nos fins do século XVIII e na primeira metade do XIX – fomos encontrar os seguintes versos devotos em louvor de Sant'Ana, "mãe de Maria e avó de Jesus":

Decantemos todos
Em lirios divinos
Os dons de Sta. Anna
....
Na Santa familia
Sta. Anna nasceo
Para avó de Cristo
Deus Padre escolheo
....
....

Sta. Anna bemdita
Rogai com affecto
Por nós miseraveis
A Deos vosso neto

Louvores a Sta. Anna
E ao Espozo tambem
E toda a Trindade
Para sempre Amen.[60]

Hino que nos parece interessante, pelo destaque que dá às relações de família entre Sant'Anna, Nossa Senhora, Jesus Cristo.

Nos engenhos jejuava-se e observavam-se os preceitos da Igreja. É verdade que combinando-se a observância dos preceitos divinos com as necessidades do trabalho agrícola e com o regime de alimentação dos escravos: "pessoas de trabalho". O mesmo Manuel Tomé de Jesus, homem muito devoto, que deu à sua casa grande um aspecto de convento, espécie de Escurial rústico, como observou Luís Cedro, com cruzeiro na frente e capela de lado,[61] não hesitou em dirigir-se a D. João, bispo de Pernambuco, pedindo a S. Exa. Revma. conceder-lhe e aos seus negros o privilégio de comerem carne em dias de abstinência: "Diz Manoel Thomé de Jesus, Snr. do Engenho da Noruega, que tendo no d.º Engenho hua numeroza famba de escravos e outras pessôas do seu serviço, e não sendo possivel dar a todos o alimento proprio aos dias de abstinencia, que é necessario para as pessôas de trabalho, e querendo elle em tudo conformar-se com os Preceitos da S. M. Igreja, e com a obediencia que lhe hé divida, por isso com o mais profundo respeito.

Pede a V Excia. Revma. que pelas faculdades que tem da Sta. Sé se digne dispensar com o supplicante e com toda a familia do seu Engº. e pessôas do seu serviço o preceito d'abstinencia de carne com excepção de alguns poucos dias, que V Excia. Notar".

Ao que D. João atendeu, despachando: "Attentas as faculdades que a Santa Sé nos tem comunicado concedemos que o supe. possa usar de comida de carne em todos os dias em que a Santa Igreja tem prohibido o seu uso ainda mesmo na Quaresma, e nesta concessão é comprehendida toda a sua familia e escravatura. Exceptuamos todavia a vespera de Natal, a quarta-feira de Cinzas, a Semana Santa, a Vigilia de Ascensão da Jezus C, sobre todos os Ceos e os que se celebrão no Sabbado junto ao Domingo do Espirito Santo e no dia 14 d'Agosto ou 13 qdo. a Vigilia de N. S. d'Assumpção for antecipada. O supe. entregará na Caixa Pia cem mil rs. pa. serem divididos pelos pobres por sua intenção, Pal.º da Soledade, 16 de Dezembro de 18 – João Bispo de Pernambuco".[62]

No dia da botada – primeiro dia de moagem das canas – nunca faltava o padre para benzer o engenho; o trabalho iniciava-se sob a bênção da Igreja. O sacerdote primeiro dizia missa; depois dirigiam-se todos para o engenho, os brancos debaixo de chapéus de sol, lentos, solenes, senhoras gordas, de mantilha. Os negros contentes, já pensando em seus batuques à noite. Os moleques dando vivas e soltando foguetes. O padre traçava cruzes no ar com o hissope, aspergia as moendas com água benta – muitos escravos fazendo questão de ser também salpicados pela água sagrada. Seguiam-se outros gestos lentos do padre. Frases em latim. Às vezes discurso.[63] Depois de todo esse cerimonial, é que se colocavam entre as moendas as primeiras canas maduras, atadas com laços de fita verde, encarnada ou azul. Só então o trabalho começava nos engenhos patriarcais. Foi assim desde o século XVI. Já o padre Cardim observara dos senhores de engenho pernambucanos: "Costumam elles a primeira vez que deitam a moer os engenhos benzel-os, e neste dia fazem grande festa, convidando uns aos outros. O padre, à sua petição lhes benzeu alguns, cousa que muito estimaram".[64] Seguiam-se à bênção dos engenhos, banquetes de senhores nas casas-grandes, comezaina e danças dos escravos no terreiro. Festas até de madrugada. Banquetes de vitelas, porcos, galinhas, perus. Tudo sob a bênção da Igreja: não consagrava esta "nos seus ritos uma cerimonia ecclesiastica chamada vulgarmente Ladainhas de Maio, que não são mais de que preces a Deus pela prosperidade das searas".[65]

Ao sentirem aproximar-se a morte, pensavam os senhores nos seus bens e escravos em relação com os filhos legítimos seus descendentes; os testamentos acusam a preocupação econômica de perpetuidade patriarcal através dos descendentes legítimos. Mas acusam – às vezes em antagonismo com esse espírito de perpetuidade e de legitimidade – um vivo sentimento cristão de ternura pelos bastardos e pelas negras. Jerônimo de Albuquerque determina no seu testamento, datado de Olinda, "aos treze dias do mez de Novembro do anno do nascimento do Nosso Senhor Jesus Christo de mil quinhentos e oitenta e quatro: Mando que se dê a todos os meus filhos naturaes solteiros quinhentos mil réis para entre si repartirem irmamente". E dirigindo-se aos filhos legítimos: "No segundo lugar lhes encomendo todos os seus irmãos e irmãs naturaes e para isso lhes baste entender, e saber, que são meus filhos [...]". Preocupado com a paz de sua alma de grande pecador pede Jerônimo à "Virgem Nossa Senhora, e a todos os Santos, e Santas da Côrte dos Céos, que quando a minha alma do meu corpo sahir a queiram apresentar diante da Magestade Divina" e "ao Sr. Provedor e Irmãos da Santa Misericordia" que acompanhem seu corpo "á Egreja que tenho no meo Engenho de Nossa Senhora da Ajuda onde tenho minha sepultura"; e determina várias maneiras de ser dividido seu dinheiro – esmolas de cinquenta mil-réis aos irmãos da Misericórdia, de vinte cruzados aos pobres; ofícios de lições cantadas em intenção de sua alma; trinta mil-réis para um alampadário de prata destinado à capela do engenho; vinte cruzados à Confraria do Santíssimo Sacramento; seis ou três mil-réis a outras confrarias. Uma grande dispersão de dinheiro, em prejuízo da perpetuidade e coesão patriarcal dos bens nas mãos dos filhos legítimos.[66]

Raro o senhor de engenho que morreu sem deixar alforriados, no testamento, negros e mulatas de sua fábrica. É verdade que "o alforriado", observa Alcântara Machado, referindo-se aos escravos das fazendas de São Paulo, nos séculos XVI e XVII, "é muita vez um bastardo, fruto dos amores do testador ou de pessoa da família com uma negra da casa".[67] Bastardos e filhos naturais – que senhor de engenho não os deixou em grande número? Raríssimo o patriarca do tempo da escravidão, que no momento de "descarregar a consciência", pôde seraficamente escrever como em Pernambuco Manuel Tomé de Jesus: "Em nome de Deos, Amen. Padre Filho Espirito Santo, Tres Pessoas Distinctas e hum só Deos verdadeiro. Saibão quantos este testamento virem, que no anno do Nascimento de Nosso Senhor Jesus Christo de mil oitocentos cincoenta e cinco, aos dois dias do mez de Outubro do dito anno, eu Manoel Thomé de Jezus, estando em meo perfeito juiso e em casa de minha moradia no engenho novo da Noruega, freguezia de Nossa Senhora da Escada etc... faço o meo solemne testamento na forma, modo e maneira seguinte – (segue-se a encomendação da alma do grande devoto e escrupuloso Católico a N. S. Jesus Cristo, 'meo Redemptor, Salvador e Glorificador', a Maria Santíssima Nossa Senhora, ao Arcanjo São Miguel, 'Principe da Côrte do Céo, e aos seus companheiros principaes que alli estão sempre na presença de Deus e a cumprirem as suas ordens, São Gabriel, São Rafael, São Uriel, São Theatriel e São Baraquiel' – para virem então as declarações impressionantes): *'declaro que tenho sido cazado tres vezes sempre em face da Igreja [...]'* e: *'por não ter filho nenhum natural ou bastardo [...]'*". A última declaração, verdadeiramente sensacional para a época.

Determinou Manuel Tomé que, por morte do seu neto André ficassem forros vários escravos: um deles, Filipa, mulata, mulher de Vicente, "por ter dado bastantes crias."[68] A glorificação do "ventre gerador". E seguem-se numerosas dotações a confrarias e igrejas.

Em 1886 escreveu Perdigão Malheiro no seu "ensaio histórico--jurídico-social" *A escravidão no Brasil*: "Em testamentos e codicilos é comum a concessão de alforrias; posso mesmo atestar como Procurador dos Feitos nesta Corte que raro é aquele de pessoa que possui escravos, em que algum não seja libertado, e melhor o atesta o registro da Provedoria". O mesmo podemos dizer dos testamentos do século XIX que nos foi possível examinar em Pernambuco não só em arquivos de engenhos, como em cartórios mais antigos, de regiões escravocratas.[69]

Desde o tempo de Jerônimo de Albuquerque, cunhado do fundador da capitania de Pernambuco, ao de Manuel Tomé de Jesus, capitão-mor por graça de D. João VI, patriarca que veio a morrer de uma ferida na perna, aos oitenta e um anos de idade, depois de uma vida que tanto teve de severa quanto a de Jerônimo de dissoluta e libertina – foi costume sepultarem-se os senhores e pessoas da família quase dentro de casa: em capelas que eram verdadeiras puxadas da habitação patriarcal. Os mortos ficavam na companhia dos vivos: até que os higienistas, já no segundo Império, começaram perguntar: "até quando persistirá a triste prerrogativa dos mortos envenenarem a vida dos vivos?".[70]

Os enterros faziam-se à noite, com grandes gastos de cera; com muita cantoria dos padres em latim; muito choro das senhoras e dos negros. Que estes ficavam sem saber que novo senhor a sorte lhes reservava; e choravam não só com saudades do senhor velho, como pela incerteza do seu próprio destino.

Ewbank descreve-nos o luxo dos enterros de gente fidalga no Rio de Janeiro; o vaidoso aparato da toalete dos defuntos – fardas, uniformes, sedas, hábitos de santos, condecorações, medalhas, joias; as criancinhas muito pintadas de ruge, cachos de cabelo louro, asas de anjinhos; as virgens, de branco, capela de flor de laranja, fitas azuis".[71] Nesse luxo de dourados, ruge, sedas, eram os defuntos conduzidos para as sepulturas nas igrejas; igrejas que nos dias úmidos ficavam fedendo horrivelmente a podre, os defuntos só faltando estourar das covas.[72]

Os negros, é claro, não se enterravam envolvidos em sedas e flores, nem dentro das igrejas. Enrolavam-se seus cadáveres em esteiras; e perto da capela do engenho ficava o cemitério dos escravos, com cruzes de pau preto assinalando as sepulturas. Quando eram negros já antigos na casa morriam como qualquer pessoa branca: confessando-se, comungando, entregando a alma a Jesus e a Maria; e a São Miguel, São Gabriel, São Rafael, São Uriel, São Teatriel, São Baraquiel. Arcanjos louros que devem ter acolhido os pretos velhos como São Pedro à negra Irene do poema de Manuel Bandeira: "Entra, Irene! entra, Cosme! entra, Benedita! entra, Damião!". Alguns senhores mandavam dizer missa por alma dos escravos de estimação;[73] enfeitavam-lhes as sepulturas de flores; choravam com saudade deles como se chora com saudade de um amigo ou de um parente querido. Mas havia também muito senhor bruto. E na cidade, com a falta de cemitérios durante os tempos coloniais, não era fácil aos senhores, mesmo caridosos e cristãos, darem aos cadáveres dos negros o mesmo destino piedoso que nos engenhos. Muitos negros foram enterrados na beira da praia: mas em sepulturas rasas, onde os cachorros quase sem esforço achavam o que roer e os urubus o que pinicar. Maria Graham, na praia entre Olinda e Recife, viu horrorizada um cachorro desenterrar o braço de um negro. Segundo Mrs. Graham nem mesmo sepulturas rasas se davam aos "negros novos": estes, atados a pedaços de pau, eram atirados à maré. É um ponto, esse, em que se pode acusar a Igreja, os padres e as Misericórdias no Brasil de não terem cumprido rigorosamente seu dever.[74]

Outro ponto houve em que a doutrina da Igreja e os interesses dos senhores de escravos por algum tempo andaram em conflitos: em relação à guarda do domingo nos engenhos de cana. Loreto Couto dedica ao assunto um capítulo inteiro do seu livro, *Desagravos do Brasil e glórias de Pernambuco*, concluindo por não achar "culpa moral trabalharem nos Domingos e dias santos os officiaes de assucar, e escravos dos senhores de engenho do Brasil". Isto devido ao fato, alegado por todo plantador de cana e fabricante de açúcar, da moagem depender do tempo de verão: "porque entrando o inverno com as suas chuvas ou pejão os engenhos, e ficão as cannas no campo, ou essas cannas faltam com o rendimento por ficarem aguosas, e insulsas, porque de maduras as tornam verdes, rasão por onde se sente claramente a falta de rendimento". E "alem desta necessidade", acrescenta D. Domingos, na sua defesa dos senhores de engenho, "lha outras varias cousas pelas quaes se excusão de peccado mortal os que trabalhão em taes dias, como são o costume, a utilidade, temor de perder grande lucro, e outras semelhantes das que apontão os doutores, as quaes todas, ou quasi todas se achão juntas e unidas no nosso caso."[75] Deve-se observar, de passagem, que os frades da Ordem a que pertenceu D. Domingos – a de São Bento – e também do Carmo, foram no Brasil grandes proprietários de terras e de escravos. Frades senhores de engenho. Os de São Bento tratando muito bem os seus negros; deixando os molequinhos brincar a maior parte do dia, cuidando dos negros velhos, arrumando os casamentos entre as raparigas de quatorze e quinze anos e os rapazes de dezessete ou dezoito; facilitando a alforria aos diligentes.[76] Os do Carmo parece que nem sempre primaram pelo bom tratamento dispensado aos escravos; um deles, na Bahia, acabou assassinado de modo bárbaro: cortado em pedacinhos pelos negros.

Nem todos os senhores de escravos seriam capazes de pedir aos seus bispos – como o capitão-mor do Noruega a D. João da Purificação Marques Perdigão – dispensa para si e para os negros dos dias de abstinência. Para alguns, os dias de jejum devem ter representado um elemento de equilíbrio em sua vida precária; dias de economia não só das despesas de carne, mas de toda comida forte. Dias de peixe seco e farinha. Presos à tradição peninsular – não fôssemos nós descendentes dos *comedores de rábanos* que Clenardo retratou de modo tão cruel – muitos dos nossos avós menos opulentos sacrificaram o conforto doméstico e a alimentação da família e dos negros à vaidade de simularem grandeza. Uns cobrindo de joias os santos seus padroeiros e as pretas suas amantes; outros ostentando sedas e veludos pelas ruas e igrejas. E os negros da lavoura, e às vezes até domésticos, mulambentos ou quase nus – sobretudo depois que o Tratado de Methuen tornou caríssimos os panos em Portugal e no Brasil. O bispo de Pernambuco D. Frei José Fialho chegou a recomendar aos reverendos párocos que proibissem de entrar nas igrejas negras seminuas; considerou-as em estado de "deplorável indecência". "Tambem advertimos aos senhores de escravos não consintão que estas andem despidas como vulgarmente costumão mas sim cobertas com aquelle ornato que seja bastante para cobrir a provocação da sensualidade […]." Isto em pastoral de 19 de fevereiro de 1726.⁷⁷ Em 16 de agosto de 1738, em nova carta aos seus paroquianos, insistiu no assunto; desta vez não só reprovando nos senhores de escravos a desnudez de certas negras como o fato de outras "trazerem aberturas grandes nas saias, e que vulgarmente chamam maneiras […]". Os enfeites ficaram proibidos "sob pena de excommunhão maior".⁷⁸

Cem anos depois, os anúncios de escravos fugidos, do *Jornal do Commércio*, do Rio, e do *Diário de Pernambuco*, esclarecem-nos sobre a indumentária dos domésticos das famílias pernambucanas: uns ainda seminus, isto é, "só de tanga"; a maioria, porém, de "camisa de baeta encarnada e ceroula de algodão"; ou de "calça e camisa de estopa"; ou de "camisa de algodão grosso e calça de ganga". Molecas de vestidos de "panno da Costa com listras vermelhas"; pretas velhas de "vestidos de chita roxa, saia lila, preta por cima, panno da Costa azul com matames brancos, e lenço azul amarrado na cabeça".⁷⁹ Alguns negros de argola na orelha – ornamentação de sua terra que aqui lhes foi permitido conservar.

Le Gentil de la Barbinais escreveu que se não fossem os santos e as amásias os colonos, no Brasil, seriam muito ricos.⁸⁰ Mas todo dinheiro era pouco para fazerem figura nas festas de igrejas, que se realizavam com uma grande pompa – procissões, foguetes, cera, incenso, comédias, sermões, danças – e no adorno das fêmeas; de negras e mulatas cheias de balangandãs e teteias de ouro.

Grandes comezainas por ocasião das festas; mas nos dias comuns, alimentação deficiente, muito lorde falso passando até fome. Tal a situação de grande parte da aristocracia e principalmente da burguesia colonial brasileira e que se prolongou pelo tempo do Império e da República. O mesmo velho hábito dos avós portugueses, às vezes guenzos de fome, mas sempre de roupa de seda ou veludo, dois, três, oito escravos atrás, carregando-lhes escova, chapéu de sol e pente. Na Índia encontrou Pyrard fidalgos lusitanos que se revezavam no uso de um só trajo de seda – um fidalgo ostentando a seda nas ruas, dois permanecendo em casa em trajes menores. Ainda hoje se encontra no brasileiro muita simulação de grandeza no vestuário e em outras exterioridades, com sacrifício do conforto doméstico e da alimentação diária. Os estudantes das escolas superiores foram até pouco tempo uma mocidade alimentada irregularmente, alguns passando fome do dia 15 até o fim do mês, e quase todos morando em repúblicas sem conforto nenhum – apenas redes penduradas das paredes, cabides para a roupa e caixões de querosene para os três ou quatro livros indispensáveis. Mas na rua, uns príncipes, de fraque e cartola; fumando charutos; ostentando amantes caras; andando de vitória.

O que nem o português, nem o brasileiro, nunca sacrificaram a interesse nenhum, foi o culto faustoso de Vênus. E particularmente o da Vênus fusca: *"Est etiam fusco grata colore Venus"*. Frézier, exagerado, foi além: *"Matres omnes filiis in peccato adjutrices, etc."*[81] Exagero só, não: talvez calúnia.

E Froger reparou nos brasileiros: *"Ils aiment le sexe à la folie* […]".[82]

E não apenas os simples cristãos: também frades e eclesiásticos. Que muitos levaram a mesma vida turca e debochada dos senhores de engenho, sob a provocação de mulatinhas e negras da casa se arredondando em moças; de molecas criando peitos de mulher; e tudo fácil, ao alcance da mão mais indolente. Foi decerto um dos motivos de Antonil recomendar aos capelães que morassem "fóra da casa do senhor do engenho". Fora da casa-grande – antro de perdição. E mesmo morando em casinha à parte, que não tivessem escrava para seu serviço senão velha ou adiantada em idade. A mesma recomendação de D. frei José Fialho aos reverendos párocos de Pernambuco: que não tivessem escravas em casa de "menos de quarenta anos". De quarenta anos para cima já não se consideravam as negras perigosas.[83]

Na fixação da idade perigosa das escravas é que talvez tenha se enganado D. frei José. Parece que as negras não ficam velhas tão depressa, nos trópicos, como as brancas; aos quarenta anos dão a impressão de corresponder às famosas mulheres de trinta anos dos países frios e temperados. Uma preta quarentona é ainda uma mulher apenas querendo ficar madura; ainda capaz de tentações envolventes.

Le Gentil de la Barbinais, que aqui esteve em princípios do século XVIII, notou a preferência quase mórbida dos colonos pelas negras e mulatas: *"Les portugais naturels du Brésil préfèrent la possession d'une femme noir ou mulâtre à la plus belle femme. Je leur ai souvent demandé d'où procedait un gout si bizarre mais ils l'ignorent eux--mêmes. Pour moi je crois qu'élevez & nourris par ces Esclaves, ils en prennent l'inclination avec le lait*". Nada menos que a teoria da Calhoun aplicada aos anglo-americanos do sul dos Estados Unidos – louros finos em quem se desenvolveu a mesma acentuada predileção por negra e mulata. Ficaram célebres os bailes de octorunas e mulatas de Nova Orleans em que os rapazes das melhores famílias brancas iam farejar amantes de cor.

Le Gentil de la Barbinais particulariza um caso curioso dentre os que observou no Brasil do século XVIII: o de uma encantadora mulher de Lisboa casada com um luso-brasileiro. Em pouco tempo separou-os profunda discórdia, o brasileiro desprezando a lisboeta pelo amor de uma negra que não teria merecido "as atenções do mais feio preto de toda a Guiné". A opinião é do francês – nostálgico, talvez, das parisienses de cabelo louro e pele sardenta.

O intercurso sexual de brancos dos melhores estoques – inclusive eclesiásticos, sem dúvida nenhuma, dos elementos mais seletos e eugênicos na formação brasileira – com escravas negras e mulatas foi formidável. Resultou daí grossa multidão de filhos ilegítimos – mulatinhos criados muitas vezes com a prole legítima, dentro do liberal patriarcalismo das casas-grandes; outros à sombra dos engenhos de frades; ou então nas "rodas" e orfanatos.

O grande problema da colonização portuguesa do Brasil – o de gente – fez que entre nós se atenuassem escrúpulos contra irregularidades de moral ou conduta sexual. Talvez em nenhum país católico tenham até hoje os filhos ilegítimos, particularmente os de padre, recebido tratamento tão doce; ou crescido, em circunstâncias tão favoráveis. Dos filhos ilegítimos, recolhidos nos numerosos orfanatos coloniais, observou La Barbinais: *"Ces sortes d'énfants sont fort considerez dans ce Pais: le Roi les adopte, & les Dames les plus qualifiés se font un honneur de les retirer dans leurs maisons, & de les élever comme leurs propres enfans. Cette charité est bien louable mais elle est suyette à bien des inconvenens"*.[84] Mais dignos de admiração eram porém os meninos nascidos nas senzalas e criados em casa, misturados aos brancos e legítimos.

No século XVI, com exceção dos jesuítas – donzelões intransigentes – padres e frades de ordens mais relassas em grande número se amancebaram com índias e negras; os clérigos de Pernambuco e da Bahia escandalizando o padre Nóbrega. Através dos séculos XVII e XVIII e grande parte do XIX continuou o livre arregaçar de batinas para o desempenho de funções quase patriarcais, quando não para excessos de libertinagem com negras e mulatas. Muitas vezes por trás dos nomes mais seráficos deste mundo – Amor Divino, Assunção, Monte Carmelo, Imaculada Conceição, Rosário – dizem-nos certos cronistas que, em vez de ascetas angustiados pelo voto de virgindade, floresceram garanhões formidáveis. O padre La Caille ficou horrorizado com a libertinagem dos frades no Rio de Janeiro.[85]

Froger, que esteve no Rio de Janeiro antes de La Caille – no século XVII – informa que não somente os burgueses, mas os religiosos, ostentavam amantes; Le Gentil de la Barbinais escreve que na Bahia religiosos e frades seculares mantinham comércio público com mulheres, acrescentando: *"on les cannoit plûtot par le nom de leurs Maitresses que par celui qu'ils ont"*. E mais: *"Ils courent pendant la nuit travestis les uns en femmes en habits d'Esclaves, armez de poignards & d'armes encore plus danzereuses. Les couvens mêmes [...] servent de retrait aux femmes publiques"*. O autor das Revoluções do Brasil referindo-se ao século XVIII, conta horrores dos conventos: "centros [...] de ignorância, atrevimento, e libertinagem de costumes". Carmelitas, beneditinos, franciscanos, marianos, barbinos italianos, congregados do Oratório – a todos acusa de safadezas. Deve haver, porém, exagero tanto nesse panfleto como no relatório do padre Bento José Cepeda sobre os jesuítas, documento que se conserva nos arquivos do Instituto Histórico Brasileiro; aí foi colher Luís Edmundo a informação de que um jesuíta, em solenidade do Carmo, teria pedido ao povo "uma Ave Maria para a mulher do bispo que está em trabalho do parto"; que outro, certo Vítor Antônio, teria por costume tomar da cabeleira do Senhor dos Passos e ir com ela disfarçado para a pândega. O padre Lopes Gama, no O Carapuceiro, não poupou fradinhos de mão-furada: retratou-os, ou antes, caricaturou-os de maneira cruel.

Maria Graham teve má impressão do clero brasileiro nos princípios do século XIX: mas fala do assunto quase de oitiva, pelo que ouviu dizer, em Pernambuco. Não perdoou aos padres o estado de abandono do colégio e da biblioteca de Olinda.[86]

Mas os eclesiásticos libertinos – padres e frades que andavam escandalosamente com mulheres da vida, esquecidos de Deus e dos livros – não se pode afirmar que tenham sido o maior número; houve sacerdotes que impressionaram protestantes ingleses como Mathison pela sua vida pura e santa; a Koster, pelo seu saber e por suas preocupações elevadas; a Burton, pela sua bondade e instrução.[87] Outros tiveram *comadres*; mas discretamente, quase sem pecado. Vivendo vida como de casado; criando e educando com esmero os *afilhados* ou *sobrinhos*. Sem perderem o respeito geral.[88]

Dessas uniões, muitas foram mulheres de cor, escravas ou ex-escravas; outras, porém, com moças brancas ou brancaranas, verdadeiros tipos de beleza, do ponto de vista ariano.[89] Não insistimos neste ponto com o fim de acentuar a fraca vocação para o ascetismo do clero colonial – deficiência que, no caso das ligações de párocos com *comadres*, foi largamente compensada pela virtudes patriarcais, que souberam desenvolver e cultivar. Nossa insistência visa outro fim: acentuar que à formação brasileira não faltou o concurso genético de um elemento superior, recrutado entre as melhores famílias e capaz de transmitir à prole as maiores vantagens do ponto de vista eugênico e de herança social. Daí o fato de tanta família ilustre no Brasil fundada por padre ou cruzada com sacerdote; o fato de tanto filho e neto de padre, notável nas letras, na política, na jurisprudência, na administração.

Baseado em Lapouge, Alfredo Ellis Júnior inclui a "seleção religiosa" entre as forças ou influências que teriam feito diminuir "a potencialidade eugênica" do paulista.[90] A Igreja teria subtraído à procriação indivíduos dotados de altas qualidades de espiritualidade, concorrendo assim para sua própria decadência. Alfredo Ellis Júnior imagina resultados ainda "mais funestos" da seleção religiosa exercida pelo catolicismo sobre a família brasileira: "também afastou da reprodução os elementos de maior valor cerebral, diminuindo assim a força do intelecto da população, visto como era costume, entre as famílias paulistas, dedicarem à carreira sacerdotal o filho que maiores pendores manifestasse pelas coisas intelectuais. Seguindo esse destino, os melhores elementos das famílias, sob esse ponto de vista, deixavam de se reproduzir, só o fazendo os que não tinham mostrado tendência às coisas do intelecto". Discordamos neste ponto do sociólogo paulista. Se é certo que foi elevadíssimo o número de sacerdotes e frades saídos das melhores casas coloniais – em geral a flor, a expressão intelectual mais fina de cada família – não nos parece que todo esse superior potencial eugênico tenha sido abafado e esterilizado pela "seleção religiosa". Lapouge refere-se à influência da Igreja naqueles meios em que o ascetismo ou o celibato é rigorosamente observado pelo clero. Não foi de modo nenhum o caso brasileiro. Raros, entre nós, os eclesiásticos que se conservaram estéreis; e grande número contribuiu liberalmente para o aumento da população, reproduzindo-se em filhos e netos de qualidades superiores. O fato alegado por Alfredo Ellis Júnior dos paulistas se virem revelando "no passado, muito medíocres no concernente às funções cerebrais" parece-nos derivar-se de outras causas, ainda indeterminadas. A verdade é que a "seleção religiosa", de que fala Lapouge, mal se fez sentir no Brasil. São numerosos os casos de brasileiros notáveis, filhos ou netos de padre.

E notáveis não só pelo talento ou a cultura, como pela excelente conduta moral. Ainda hoje filhos e netos de padres se salientam na política, nas letras, na diplomacia. Poderíamos citar o nome do notável romancista do tempo do Império, o de sábio jurisconsulto, ainda vivo, o de ilustre higienista dos começos da República, o de eminente diplomata colaborador de Rio Branco, o de um ministro de Estado do governo Vargas, os de vários médicos, advogados, professores de escolas superiores. Não são duas, nem três, porém várias, as famílias que no Brasil se entrocam em padre, ou se derivam de vigário ou pároco. Na ascendência do ramo de uma das mais finas – a dos Andradas – encontra-se, informa Alberto de Sousa, a figura respeitável de velho sacerdote colonial: o Revmo. Padre patrício Manuel Bueno de Andrade, rico proprietário em Santos, cuja filha Da. Maria Sebinda casou-se com um primo, Francisco Xavier da Costa Aguiar, recolhendo a família legítima a fortuna do velho ministro da Igreja.[91]

Luís dos Santos Vilhena, o erudito professor régio de língua grega nos tempos coloniais, enxergava sério inconveniente no patriarcalismo torto dos clérigos. Ligando-se muitos, não com moças brancas ou brancaranas, cuja descendência pudesse ser reabsorvida facilmente na família antiga e legítima, mas com negras ou mulatas chapadas, resultava daí a dispersão dos bens por mãos de mulatos. "Ha ecclesiasticos e não poucos", informa Vilhena, "que por aquelle antigo e mao habito, sem lembrarem-se do seu estado e caracter, vivem assim em dezordern com mulatas e negras de quem por morte deixam os filhos por herdeiros de seus bens; e por estes e semelhantes modos vem a parar nas mãos de mulatos presumpçosos, soberbos e vadios muitas das mais preciosas propriedades do Brasil, como são aqui os engenhos que em breve tempo se destroem com gravissimo prejuiso do Estado [...]". Tão grave parecia a Vilhena o inconveniente, e tão generalizados deviam ser os casos de padres de fortuna amigados com negras e mulatas, que o professor de grego chamou para o fato a atenção de D. João VI: "Sendo cousa bem digna da Real attenção de S. Magestade; porque, a não se obviar a virem os engenhos e fazendas a cahir nas mãos desses pardos naturaes, homens commumente estragados, e que estimam aquellas incomparáveis propriedades em tanto quanto lhes custam, a elles, pelo decurso dos tempos lhes hão de vir a cahir das mãos, e por consequência a perder-se, bem como tem succedido á maior parte dos que por este modo tem vindo ao poder de donos desta natureza".[92] Talvez exagerasse mestre Vilhena: de qualquer modo, na frequência das uniões irregulares de homens abastados – negociantes, eclesiásticos, proprietários rurais – com negras e mulatas, devemos enxergar um dos motivos da rápida e fácil dispersão da riqueza nos tempos coloniais, com prejuízo, não há dúvida, para a organização da economia patriarcal e para o Estado capitalista, mas com decididas vantagens para o desenvolvimento da sociedade brasileira em linhas democráticas.

Acresce que a atividade patriarcal dos padres, embora exercida, muitas vezes, em condições morais desfavoráveis, trouxe à formação do Brasil a contribuição de um elemento social e eugenicamente superior. Homens das melhores famílias e da mais alta capacidade intelectual. Indivíduos educados e alimentados como nenhuma outra classe, em geral transmitiram aos descendentes brancos, e mesmo mestiços, essa sua superioridade ancestral e de vantagens sociais. Inclusive a da cultura intelectual e a de riqueza. É o que explica tanto filho de padre, cuja ascensão social, quando branco ou mestiço claro, tem se feito sempre com grande facilidade, abrindo-se para eles as profissões e carreiras mais nobres, ao mesmo tempo que os casamentos no seio das famílias mais exclusivas. Não é sem razão que a imaginação popular costuma atribuir aos filhos de padre sorte excepcional na vida. Aos filhos de padre, em particular, e aos ilegítimos, em geral. "Feliz que nem filho de padre", é comum ouvir-se no Brasil. "Não há nenhum que não seja...", diz a gente do povo. Querendo dizer: "Não há nenhum filho ilegítimo, particularmente filho de padre, que não seja feliz".

Aos bastardos, em geral, pode estender-se, é verdade que sem a mesma intensidade, o que ficou dito dos filhos de padre; quando mestiços resultaram quase sempre da união do melhor elemento masculino – os brancos afidalgados das casas-grandes – com o melhor elemento feminino das senzalas – as negras e mulatas mais bonitas, mais sadias e mais frescas.

Comte – não o filósofo da rue Monsieur le Prince, mas outro, Charles, que infelizmente não alcançou entre nós a mesma voga que Auguste – salientou este fato de grande significação para o estudo da formação brasileira: a ampla oportunidade de escolherem os senhores, nas sociedades escravocratas, as escravas mais belas e mais sãs para suas amantes: *"les plus belles et les mieux constituées"*. Oportunidade que no Brasil já tivera o colonizador português com relação às índias.

Dessas uniões pensa Charles Comte ter quase sempre resultado, nos países de escravidão, o elemento melhor; cremos que diria "o mais eugênico" se em vez de ter escrito em 1833, escrevesse hoje, mais de cem anos depois. *"Les enfans nés de ces alliances"*, são palavras de Charles Comte, *"n'ont pas tous été affranchis; ce n'ést cependant que par mieux qu'il y a eu de nombreux affranchissemens. Les personnes de cette classe auxquelles la liberté n'a pas été ravie, ayant été soustraites aux fatigues et aux privations des esclaves, et n'ayant pu contracter les vices que donne a domination, ont formé la classe la mieux constituée et la plus énergique"*.[93] Em vez de considerar os filhos de senhores com escravas indivíduos socialmente perigosos, reunindo os vícios dos dois extremos,[94] considera-os Charles Comte livres dos inconvenientes, tanto de uma classe como de outra; e constituindo um feliz meio-termo.

No Brasil, muita cria e mulatinho, filho ilegítimo do senhor, aprendeu a ler e a escrever mais depressa que os meninos brancos, distanciando-se deles e habilitando-se aos estudos superiores. As tradições rurais estão cheias de casos desses: de crias que subiram, social e economicamente, pela instrução bem aproveitada, enquanto os meninos brancos só deram, depois de grandes, para lidar com cavalos e galos de briga. Nas mãos desses brancos legítimos e não nas dos "pardos naturais", tão desdenhados por Vilhena, é que se dispersou muita propriedade; é que se malbarataram fortunas acumuladas pelo esforço de duas, três, quatro gerações.

Deve-se, entretanto, restringir nas afirmações de Charles Comte as vantagens que ele destaca nos filhos mestiços de senhores com escravas. Porque não faltam desvantagens: os preconceitos inevitáveis contra esses mestiços. Preconceitos contra a cor da parte de uns; contra a origem escrava, da parte de outros.

Sob a pressão desses preconceitos desenvolvem-se em muito mestiço evidente complexo de inferioridade que mesmo no Brasil, país tão favorável ao mulato, se observa em manifestações diversas. Uma delas, o enfático arrivismo dos mulatos, quando em situação superior de cultura, de poder ou de riqueza. Desse inquieto arrivismo podem-se salientar duas expressões características: Tobias Barreto – o tipo do novo culto, que recorda em tantos aspectos a curiosa figura de Luciano estudada por Chamberlain; e na política, Nilo Peçanha. Por outro lado, ninguém mais reticente que Machado de Assis; nem mais sutil que o barão de Cotegipe. Deste e de outros aspectos da miscigenação pretendemos nos ocupar em ensaio próximo.

Atribuem alguns cronistas da escravidão grande importância à prostituição das negras; mas das negras e mulatas exploradas pelos brancos. La Barbinais afirma que até senhoras se aproveitavam de tão nefando comércio. Enfeitavam as molecas de correntes de ouro, pulseiras, anéis e rendas finas, participando depois dos proventos do dia.[95] Os negros e as pretas chamados de ganho serviram para tudo no Brasil: vender azeite de carrapato, bolo, cuscuz, manga, banana, carregar fardos, transportar água do chafariz às casas dos pobres – trazendo de tarde os proventos para o senhor; e a acreditarmos em La Barbinais serviram até para isso... Mas, admitida uma exceção ou outra, não foram senhoras de família, mas brancas desclassificadas, que assim exploraram as escravas. Às vezes negrinhas de dez, doze anos já estavam na rua se oferecendo a marinheiros enormes, grangazás ruivos que desembarcavam dos veleiros ingleses e franceses, com uma fome doida de mulher. E toda essa superexcitação dos gigantes louros, bestiais, descarregava-se sobre molequinhas; e além da superexcitação, a sífilis; as doenças do mundo – das quatro partes do mundo; as podridões internacionais do sangue.

Em meados do século XIX, reinando sobre o Brasil Sua majestade o imperador D. Pedro II, um homem tão casto e puro – tipo do marido ideal para a rainha Vitória – em contraste com seu augusto pai que, muito brasileiramente, até negrinhas desvirginou e emprenhou – as ruas do Sabão – hoje, desaparecida, com a construção da avenida Presidente Vargas – e da Alfândega eram ainda piores do que o Mangue carioca: escravas de dez, doze, quinze anos mostrando-se às janelas, seminuas; escravas a quem seus senhores e suas senhoras (geralmente *maitresses de maison*) obrigavam – diz-nos um escrito da época – "a vender seus favores, tirando desse cínico comércio os meios de subsistência".[96] Nas ruas da Bahia, diz-nos Vilhena, referindo-se aos últimos anos de vida colonial, que era um horror: "Libidinozos, vadios e ociosos de hum e outro sexo que logo que anoitece entulhão as ruas, e por ellas vagão, e sem pejo nem respeito a ninguém, fazem gala de sua torpeza...". Refere-se ainda o professor de grego a "paes de familias pobres" – os nossos "brancos pobres" – que não deixando às filhas outra herança senão a da ociosidade e a dos preconceitos contra o trabalho manual, "depois de adultas se valem dellas para poderem subsistir...".[97] Mas o grosso da prostituição, formaram-no as negras, exploradas pelos brancos. Foram os corpos das negras – às vezes meninas de dez anos – que constituíram, na arquitetura moral do patriarcalismo brasileiro, o bloco formidável que defendeu dos ataques e afoitezas dos don-juans a virtude das senhoras brancas.

Burton lembra a relação entre Agapemone e a pureza dos lares; tanto mais opulento Agapemone, mais livres os lares do don-juanismo. A teoria de Bernard de Mandeville. Aplicada ao Brasil patriarcal, dá realmente nisto: a virtude da senhora branca apoia-se em grande parte na prostituição da escrava negra. A mãe de família, a moça solteira, a mulher, não só em Minas, como no Brasil em geral, pareceu a Burton "excepcionalmente pura" ("*exceptionally pure*"). Que não se julgasse a mulher brasileira pelos costumes da Corte e das cidades, e sim pelos do interior. Nas províncias viviam as senhoras em um sistema de semirreclusão oriental, é certo; mas dentro desse sistema, eram mulheres de uma pureza rara. Pureza que o viajante inglês não hesitou em contrastar com as *"flirtations"* das moças inglesas antes do casamento, com a relativa liberdade das canadenses e das norte-americanas antes e depois de casadas.[98] Mas somos forçados a concluir, antes de nos regozijarmos com os elogios de Burton à pureza das senhoras brasileiras do tempo da escravidão, que muita dessa castidade e dessa pureza manteve-se à custa da prostituição da escrava negra; à custa da tão caluniada mulata; à custa da promiscuidade e da lassidão estimulada nas senzalas pelos próprios senhores brancos.

"Oppoem-se alguns senhores aos casamentos dos escravos e escravas" escreveu o jesuíta Andreoni, "e não somente não fazem caso dos seus amancebamentos, mas quasi claramente os concentem, e lhes dão principio, dizendo: Tu Fulano a seu tempo casarás com Fulana: e dahi por diante os deixão conversar entre como si já fossem recebidos por marido, e mulher; e dizem que os não casão, porque temem que enfadando-se do casamento se matem logo com peçanha, ou com feitiço; não faltando entre elles mestres insignes". "Outros", escreveu ainda o padre, referindo-se a senhores dos fins do século XVII, "depois de estarem casados os escravos, os apartão de tal sorte por annos que ficão como se fossem solteiros; o que não podem fazer em consciência".[99]

Deve-se porém distinguir entre os escravos de trabalho agrícola e os do serviço doméstico – estes beneficiados por uma assistência moral e religiosa que muitas vezes faltava aos do eito.[100] Na maior parte das casas-grandes sempre se fez questão de negros batizados, tendo-se uma como repugnância supersticiosa a "pagãos" ou "mouros" dentro de casa, fossem embora simples escravos. E os testamentos e inventários do século XIX referem-se frequentemente a negros casados: Fulano, mulher de Sicrano. Diz-nos Perdigão Malheiro que houve senhoras de tal modo interessadas no bem-estar dos escravos que levavam aos próprios seios molequinhos, filhos de negras falecidas em consequência de parto, alimentando-os do seu leite de brancas finas; que nos engenhos e fazendas vários escravos chegaram a unir-se pelo casamento "vivendo assim em família, com certas regalias que os senhores lhes conferem".[101]

Esses negros batizados e constituídos em família tomavam em geral o nome de família dos senhores brancos: daí muitos Cavalcantis,

Albuquerques, Melos, Mouras, Wanderleys, Lins, Carneiros Leões, virgens do sangue ilustre que seus nomes acusam. No Brasil ainda mais do que em Portugal, não há meio mais incerto e precário de identificação de origem social do que o nome de família. Contou-nos senhora de distinta família pernambucana, viúva de um diplomata e historiador eminente, que uma vez, em Londres ou Washington, apareceu como adido militar da legação brasileira um oficial do Exército com o mesmo nome de família que o dela. Quis saber se seriam parentes. Indagou. Tratava-se de um nome de família ilustre adotado por motivos de pura estética – o oficial achara-o bonito e adotara-o. É o que têm feito também alguns filhos de padre e vários filhos naturais. Muitos sem se contentarem com nomes bonitos ou fidalgos da terra têm ido buscar na história de Portugal e da Espanha nomes de ainda maior ressonância e glória; os mais requintados não se esquecem de um "da" ou "de" que surgira nobreza; Fulano *de Alba*, Sicrano *de Cadaval*, Beltrano *da Gama*. Daí o que o escritor Antônio Torres chamou uma vez a nossa "nobreza de sobrecarta" ou de livro de registro de hotel.[102]

No caso dos escravos constituídos cristãmente em família, à sombra das casas-grandes e dos velhos engenhos, terá havido, na adoção dos nomes fidalgos, menos vaidade tola que natural influência do patriarcalismo, fazendo os pretos e mulatos, em seu esforço de ascensão social, imitarem os senhores brancos e adotarem-lhe as formas exteriores de superioridade. É, aliás, digno de observar-se que muitas vezes o nome ilustre ou fidalgo dos senhores brancos foi absorvido no indígena e até no africano[103] das propriedades rurais – a terra como que recriando os nomes dos proprietários à sua imagem e semelhança. Foi assim que, em Pernambuco, um ramo da antiga família Cavalcanti de Albuquerque tornou-se Suaçuna; também houve um ramo da família Carneiro Leão que transformou-se em Cedro. Suaçuna e Cedro – nomes de engenho em que se apagaram os europeus e ilustres das famílias proprietárias.[104]

Logo depois da Independência correu por todo o Brasil grande furor nativista fazendo que muitos senhores mudassem os nomes de famílias portuguesas para os nomes indígenas das propriedades, às vezes confirmados por títulos de nobreza concedidos pelo Império. Muitos indivíduos de origem europeia, e outros de procedência africana, ficaram tendo nomes de famílias indígenas; pelo que alguns supõem-se caboclos e não de origem predominantemente portuguesa ou africana. Nomes arrogantemente nativistas: Buritis, Muritis, Juremas, Jutaís, Araripes.[105] O depois visconde de Jequitinhonha, transformou em Francisco Jê Acaiaba Montezuma o nome portuguesíssimo de Francisco Gomes Brandão. Brasileiros menos indianistas nas suas tendências, porém não menos nativistas – alguns até bairristas – intercalaram no nome um "Brasileiro", um "Pernambucano", um "Paraense", um "Maranhão" enfático, anunciando-lhes a origem brasileira ou particularizando-lhes a regional. Tal o caso do velho José Antônio Gonçalvez de Melo que pôs em um filho o nome de Cícero Brasileiro, em outro o de Ulisses Pernambucano – nomes que se têm conservado na família, já estando na terceira ou quarta geração. Outro patriarca, da mesma família, do ramo ligado aos Fonseca Galvão, mudou o nome legitimamente português para Carapeba; e com esse nome horrível de Carapeba morreu-lhe heroicamente um filho na Guerra do Paraguai. Este, aliás, recebera do pai, talvez maçom dos ranzinzas, o nome – pode-se dizer cristão? – de Voltaire. Voltaire Carapeba.

Muitos foram os nomes de engenhos que se encostaram aos nomes e às vezes aos apelidos dos donos. Daí os Joaquins de Lavrinha, os Sinhôzinhos (Sousa Leão) de Almécega, os Orico do Vena (Eurico Chaves, do Vênus), os Sebastiões (Wanderley) do Rosário, os Serafins (Pessoa de Melo) de Matari, os Pedrinhos (Paranhos Ferreira) de Japaranduba, os Zezinhos (Pereira Lima) do Brejo, os Pinheiros de Itapeçoca, os Coelhos Castanhos de Maçaranduva, os Vieiras de Calugi, os Pedros (Wanderley) de Bom-Tom, os Lulus (Pessoa de Melo) de Maré.

Quanto aos nomes cristãos, parece que por muito tempo pouca diferença houve entre os dos brancos e os dos negros, tirados todos da folhinha.[106] Nomes de santos – predominando o de João – que livrava a casa de menino com esse nome, do diabo vir dançar à porta: e os de Antônio, Pedro, José, nomes de santos poderosos que impediam o sétimo filho da família de virar lobisomem. Mesmo sem ter havido diferenciação ostensiva, podem-se considerar certos nomes – Benedito, Bento, Cosme, Damião, Romão, Esperança, Felicidade, Luzia – como caracteristicamente de negros.

Um traço importante de infiltração de cultura negra na economia e na vida doméstica do brasileiro resta-nos acentuar: a culinária. O escravo africano dominou a cozinha colonial, enriquecendo-a de uma variedade de sabores novos. "Da áspera cozinha do caboclo", escreve Luís Edmundo, "ao passarmos à cozinha laudável do mazombo veremos que ela nada mais era que uma assimilação da do reinol, sujeita apenas às contingências ambientes."[107] Palavras injustas em que vem esquecida, como sempre, a influência do negro sobre a vida e a cultura do brasileiro.

No regime alimentar brasileiro, a contribuição africana afirmou-se principalmente pela introdução do azeite de dendê e da pimenta-malagueta, tão característicos da cozinha baiana; pela introdução do quiabo; pelo maior uso da banana; pela grande variedade na maneira de preparar a galinha e o peixe. Várias comidas portuguesas ou indígenas foram no Brasil modificadas pela condimentação ou pela técnica culinária do negro, alguns dos pratos mais caracteristicamente brasileiros são de técnica africana: a farofa, o quibebe, o vatapá.

Dentro da extrema especialização de escravos no serviço doméstico das casas-grandes, reservaram-se sempre dois, às vezes três indivíduos, aos trabalhos de cozinha. De ordinário, grandes pretalhonas; às vezes negros incapazes de serviço bruto, mas sem rival no preparo de quitutes e doces. Negros sempre amaricados; uns até usando por baixo da roupa de homem cabeção picado de renda, enfeitado de fita cor-de-rosa; e ao pescoço teteias de mulher. Foram estes, os grandes mestres da cozinha colonial; continuaram a ser os da moderna cozinha brasileira.

Se é certo que no Rio de Janeiro fidalgos reinóis mantiveram por muito tempo cozinheiros vindos de Lisboa, nas cozinhas tipicamente brasileiras – as dos engenhos e fazendas, as das grandes famílias patriarcais ligadas à terra – quem desde o século XVI preparou os guisados e os doces foi o escravo ou a escrava africana. "Os senhores de épocas afastadas" diz-nos Manuel Querino no seu estudo sobre *A arte culinária na Bahia*, "muitas vezes, em momentos de regozijo, concediam cartas de liberdade aos escravizados que lhes saciavam a intemperança da gula com a diversidade de iguarias, cada qual mais seleta, quando não preferiam contemplá-la ou dar expansão aos sentimentos de filantropia em algumas das verbas do testamento... Era vulgar nos jantares da burguesia uma saudação, acompanhada de cânticos, em honra da cozinheira, que era convidada a comparecer à sala do festim e assistir à homenagem dos convivas".[108]

Vários são os alimentos pura ou predominantemente africanos em uso no Brasil. No norte especialmente: na Bahia, em Pernambuco, no Maranhão. Manuel Querino anotou os da Bahia;[109] Nina Rodrigues os do Maranhão;[110] tentamos o mesmo com relação aos de Pernambuco.[111]

Desses três centros de alimentação afro-brasileira é decerto a Bahia o mais importante. A doçaria de rua aí desenvolveu-se como em nenhuma cidade brasileira, estabelecendo-se verdadeira guerra civil entre o bolo de tabuleiro e o doce feito em casa. Aquele, o das negras forras, algumas tão boas doceiras que conseguiram juntar dinheiro vendendo bolo. É verdade que senhoras de casas-grandes e abadessas de convento entregaram-se às vezes ao mesmo comércio de doces e quitutes; as freiras aceitando encomendas, até para o estrangeiro, de doces secos, bolinhos de goma, sequilhos, confeitos e outras guloseimas. Mestre Vilhena fala desses doces e dessas iguarias – quitutes feitos em casa e vendidos na rua em cabeça de negras mas em proveito das senhoras – mocotós, vatapás, mingaus, pamonhas, canjicas, acaçás, abarás, arroz-de-coco, feijão-de-coco, angus, pão de ló de arroz, pão-de-ló-de-milho, rolete de cana, queimados, isto é, rebuçados etc. "Viandas tediozas", chama-as Vilhena; "e o que mais escandaliza he huma agoa suja feita com mel e certas misturas a que chamão o aloá que faz vezes de limonada para os negros".[112] Nostalgias de reinol. Saudades do caldo verde.

Mas o legítimo doce ou quitute: de tabuleiro foi o das negras forras. O das negras doceiras. Doce feito ou preparado por elas. Por elas próprias enfeitado com flor de papel azul ou encarnado. E recortado em forma de corações, de cavalinhos, de passarinhos, de peixes, de galinhas – às vezes com reminiscências de velhos cultos fálicos ou totêmicos.[113] Arrumado por cima de folhinhas frescas de banana. E dentro de tabuleiros enormes, quase litúrgicos, forrados de toalhas alvas como pano de missa. Ficaram célebres as mães-bentas; e ainda hoje se vendem em Garanhuns, no interior de Pernambuco, as "broas das negras do Castainho". Tudo doce de negra.

Desses tabuleiros de pretas quituteiras, uns corriam as ruas, outros tinham seu ponto fixo, à esquina de algum sobrado grande ou em um pátio de igreja, debaixo de velhas gameleiras. Aí os tabuleiros repousavam sobre armações de pau escancaradas em X. A negra ao lado, sentada em um banquinho.

Por esses pátios ou esquinas, também pousaram outrora, gordas, místicas, as negras de fogareiro, preparando ali mesmo peixe frito, mungunzá, milho assado, pipoca, grude, manuê; e em São Paulo, que nos fins do século XVIII tornou-se a grande terra do café, as pretas de fogareiro deram para vender a bebida de sua cor a "dez réis a xícara acompanhada de fatias do infalível cuscuz de peixe, do pãozinho cozido, do amendoim, das pipocas, dos bolos de milho sovado ou de mandioca 'purva', das empadas de piquira ou lambari, do quitunga (amendoim torrado e socado com pimenta-cumari), do pé de moleque com farinha de mandioca e amendoim, do içá torrado, do quentão, do ponche e quejandas guloseimas vindas em linha reta das cozinhas africanas e da indígena".[114] De noite os tabuleiros iluminavam-se como que liturgicamente de rolos de cera preta; ou então de candeeirinhos de folha de flandres ou de lanternas de papel.

Dessas pretas de bolo e de fogareiro vê-se hoje uma ou outra na Bahia, no Rio, ou no Recife. Vão rareando. Mas ainda sobrevivem traços da antiga rivalidade entre seus doces mais coloridamente africanos e os das casas de família. No preparo de vários quitutes elas ganham longe: acaçá, acarajé, manuê. É nossa opinião que no preparo do próprio arroz-doce, tradicionalmente português, não há como o de rua, ralo, vendido pelas negras em tigelas gordas de onde o guloso poder sorvê-lo sem precisar de colher. Como não há tapioca molhada como a de tabuleiro, vendida à maneira africana, em folha de bananeira. Só conhecemos uma exceção; a preparada por ilustre senhora pernambucana da família Andrade Lima.[115]

No preparo do acaçá e de outros quitutes africanos o ortodoxo é usar-se a pedra de ralar, também africana, que se incorporou vitoriosamente à técnica da cozinha afro-brasileira; a colher de pau; e depois de pronto, servir sobre macia cama de folha de bananeira o creme ou bolo. A pedra de ralar mede cinquenta centímetros de altura:[116] tritura facilmente o milho, o feijão, o arroz etc. Na pedra de ralar prepara-se o acaçá: depois de deitado o milho com água em vasilha limpa até amolecer é ralado, passado em urupema, refinado. Quando já está aderindo ao fundo da vasilha escoa-se a água, põe-se a massa no fogo com outra água, até cozinhar em ponto grosso. Enquanto no fogo a massa, mexe-se com colher de pau; com a mesma colher vão-se depois retirando pequenos bocados que se enrolam em folhas de bananeira.

O arroz-de-auçá é outro quitute afro-baiano que se prepara mexendo com colher de pau o arroz cozido na água sem sal. Mistura-se depois com o molho em que entram pimenta-malagueta, cebola e camarão: tudo ralado na pedra. O molho vai ao fogo com azeite de cheiro e um pouco de água. Bem africano é também o acarajé, prato que é um dos regalos da cozinha baiana. Faz-se com feijão-fradinho ralado na pedra. Como tempero, leva cebola e sal. A massa é aquecida em frigideira de barro onde se derrama um bocado de azeite de cheiro. Com alguns quitutes baianos de origem africana, se come um molho preparado com pimenta-malagueta seca, cebola e camarão, tudo moído na pedra e frigido em azeite de dendê.

Mas os dois pratos de origem africana que maior triunfo obtiveram na mesa patriarcal brasileira foram o caruru e o vatapá, feitos com íntima e especial perícia na Bahia. Prepara-se o caruru com quiabo ou folha de capeba, taioba, oió, que se deita ao fogo com pouca água. Escoa-se depois a água, espreme-se a massa que novamente se deita na vasilha com cebola, sal, camarão, pimenta-malagueta seca, tudo ralado na pedra de ralar e lambuzado de azeite de cheiro. Junta-se a isto a garoupa ou outro peixe assado. O mesmo processo do efô em que foi perita a grande preta Eva, descoberta na Bahia por Manuel Bandeira, poeta. Morreu essa boa Eva no ano fatídico de 1930, em que também morreu em Pernambuco o cozinheiro José Pedro, negro fulo, filho de mãe africana, sobrinho de macumbeiro e talvez o maior especialista do seu tempo em comidas de milho e de leite de coco: mungunzá, cuscuz, pamonha, canjica, bolo de milho. Foi cozinheiro dos Baltar, no Poço da Panela; dos Santos Dias; dos Pessoa de Queirós; dos Pessoa de Melo; e ultimamente da casa do Carrapicho, de uns solteiros, hoje dispersos. Mãe Eva dizem-nos que era também grande perita no preparo de xinxim – uma galinha feita com camarão seco, cebola, pevide de jerimum e azeite de dendê.[117]

A galinha, aliás, figura em várias cerimônias religiosas e tisanas afrodisíacas dos africanos no Brasil. Já o notara Dampier no século XVII referindo-se particularmente a uma grelha chamada "Macker", cujo caldo servia para o fabrico de filtros amorosos.[118] Alguns pratos afro-brasileiros guardam alguma coisa de religioso ou litúrgico na sua preparação. E para o seu preparo com todos os *ff* e *rr* importaram-se por muito tempo da África, além do azeite de cheiro ou de dendê, esquisitos condimentos: o bejerecum, o ierê, o uru, o ataré. Manuel Querino refere-se a umas bolas de arroz feitas no azeite de cheiro, ou no mel de abelha, que os pretos muçulmanos na Bahia costumavam comer em cerimônias religiosas.[119]

Da cozinha afro-brasileira muito se aproximam alguns dos pratos afro-carolinianos que conhecemos no sul dos Estados Unidos, na casa do Dr. E. C. Adams, na Carolina do Sul, na da viúva Simkins, na de Clint Graydon, e em Charleston. Verdadeira casa de engenho do norte do Brasil, cheia de molecas, moleques, negros velhos, a desse Dr. Adams, médico e folclorista, autor de estudos bem interessantes sobre os negros das Carolinas; e senhor da melhor cozinha dos arredores de Columbia. Também em Nova Orleans saboreamos doces e quitutes nos quais se sente o gosto bom da África e que lembram os da Bahia e de Pernambuco. Principalmente as comidas de galinha cozida com arroz e quiabo.

A cozinha brasileira em que predomina a influência africana tem tido ao lado de entusiastas e apologistas do valor de Pereira Barreto[120] e de John Casper Branner,[121] críticos severos e até detratores. Sigaud, que foi talvez quem primeiro se ocupou com critério científico da alimentação brasileira, considerou a cozinha baiana – por conseguinte caracteristicamente afro-brasileira – *"la veritable cuisine nationale"*, destacando o *matapá* (sic) que considerou uma espécie de *Kari*. O luxo da mesa brasileira – da mesa das casas-grandes em dia de festa, pois Sigaud acentua que *"ce luxe [...] ne se déploie qu'à l'occasion des fêtes nationales ou de famille"* – impressionou-o agradavelmente. Principalmente o luxo da sobremesa, dos doces e das guloseimas de açúcar – estas de criação mais pernambucana do que baiana. Berthelemot, diz Sigaud, ficaria pasmo *"de tout ce que le genie peut extraire du coco, des amandes de menduby, de sapotille, et des palmiers..."*. E este gênio foi mais da escrava africana do que da senhora branca. Refere-se ainda Sigaud à fruta-pão cozida, a certos cactos, de gosto doce, também cozidos, como outras delícias da sobremesa brasileira. Se esses pitéus todos escapavam à atenção dos viajantes estrangeiros, que saíam do Brasil falando mal da comida, é que, muitos deles só conheceram a alimentação das vendas e das péssimas estalagens. Teriam deixado o país com outra ideia de sua arte culinária, se tivessem gozado da hospitalidade de uma casa-grande de engenho ou fazenda.

Se tivessem provado os quitutes de uma boa cozinheira preta de família patriarcal. Que dessem seu testemunho Mawe, Spix, Martius, St.-Hilaire, Koster. Ele, Sigaud, só sabia dizer bem da comida brasileira, que aliás observava ir sendo sensivelmente modificada, desde os princípios do século XIX, pela influência inglesa, quanto ao maior uso do chá, do vinho e da cerveja. Modificada também pela introdução do gelo em 1834, trazido pela primeira vez ao Brasil por um navio norte-americano, o *Madagáscar*.[122] Grandes bebedores de água – talvez pela predominância do açúcar e da condimentação africana em sua comida – os brasileiros regozijaram-se imensamente com a introdução do gelo no país. Datam daí os deliciosos sorvetes de frutas tropicais – deliciosos para o olfato e para o gosto – tão apreciados por Max Radiguet,[123] que deve ter sido um *gourmet* de primeira ordem.

Outros críticos têm tido a cozinha afro-brasileira – bem menos simpáticos do que o cientista francês. De Vilhena já vimos a impressão de repugnância que lhe deixou a comida colonial. Repugnância por assim dizer estética. Outros criticaram-na ferozmente do ponto de vista higiênico. A Antônio José de Sousa, o uso imoderado de condimentos, "tais como o azeite de dendê, a pimenta e principalmente dos bredos (carurus, quibebes), pareceu a causa de várias enfermidades generalizadas a senhores e escravos no Brasil; que todos abusavam desses "afrodisíacos do paladar". "Um tal gênero de alimentos" forçosamente concorria para as "indigestões, diarreias, disenterias, hemorroidas e todas as moléstias das vias digestivas".[124] Em 1850 José Luciano Pereira Júnior, ocupando-se do regime das classes abastadas, salientava com grande satisfação o fato da "cozinha brasileira, representada hoje pela Bahia e Pernambuco", vir sendo "pouco a pouco modificada". A alimentação "toda excitante de outro tempo tem sido mudada por uma outra mais simples sob a influência da cozinha estrangeira". Já não eram tão comuns as feijoadas; raros os guisados em que "apenas aparecem hoje". escreve radiante de tanto progresso culinário no sentido da desafricanização da mesa brasileira, "a pimenta" e "outros condimentos excitantes". "O uso imoderado da gordura que fazia parte dos guisados de outro tempo tem sido refreado e em muitas casas substituído pela manteiga francesa". Em vez do aluá, da garapa de tamarindo, do caldo de cana – o chá à inglesa; e em vez da farinha, do pirão ou do quibebe – a batata chamada inglesa. Juntando-se a tudo isso o requinte do gelo "que muito se compadece com o ardor do nosso clima".[125] Manteiga francesa, batata-inglesa, chá também à inglesa, gelo – tudo isso agiu no sentido da desafricanização da mesa brasileira, que até os primeiros anos da Independência estivera sob maior influência da África e dos frutos indígenas.

O pão foi outra novidade do século XIX. O que se usou nos tempos coloniais, em vez de pão, foi beiju de tapioca ao almoço, e ao jantar a farofa, o pirão escaldado ou a massa da farinha de mandioca feita no caldo do peixe ou da carne. O feijão era de uso cotidiano. Comuns, como já dissemos, as feijoadas com carne salgada, cabeça de porco, linguiça, muito tempero africano; e mais comuns do que durante o século XIX, as verduras e os vegetais, tão característicos da alimentação africana. Com a europeização da mesa é que o brasileiro tornou-se um abstêmio de vegetais; e ficou tendo vergonha de suas mais características sobremesas – o mel ou melado com farinha, a canjica temperada com açúcar e manteiga. Só se salvou o doce com queijo. É que a partir da Independência os livros franceses de receita e de bom-tom começaram o seu trabalho de sapa da verdadeira cozinha brasileira; começou o prestígio das negras africanas de forno e fogão a sofrer consideravelmente da influência europeia.

Não negamos que a influência africana sobre a alimentação do brasileiro necessitasse de restrições ou de corretivo no seu exagero de adubos e de condimentos. Principalmente no caso das classes mais nobres, que alimentando-se insuficientemente, nem por isso deixavam de abusar dos adubos mais picantes e de servir-se de miseráveis peixes salgados. "Sobremesas condimentadas com todas essas substâncias excessivamente excitantes, e com esse pernicioso azeite da Costa d'África tão usado por nossa população pobre que de um lado acha uma alimentação insuficiente por sua quantidade, e de outro por sua qualidade."[126] Além de deficiente, a nossa alimentação – escreveu meio século depois de Sampaio Viana outro crítico da cozinha brasileira em geral, e da afro-baiana em particular – ainda se ressente do "abuso da pimenta e das substâncias oleosas que entram especialmente nas decantadas moquecas, carurus, vatapás, *et reliqua*, resquícios da ação funesta dos africanos introduzidos no país pelos nossos colonizadores". A cozinha afro-baiana pareceu a Santos Sousa – não à *insuficiente* como *prejudicial*. Porque sendo "insuficiente é necessária grande quantidade de alimentos para uma ração, trazendo como resultado dilatação do estômago e suas consequências". Prejudicial, ainda, pelo "abuso da pimenta, cuja causticidade é superior à mostarda, originando as gastrites e gastroenterites (infecções intestinais), tão frequentes entre nós"; pelo "abuso do azeite de palma e demais condimentos que trazem mais tarde perturbações para o fígado, devido à superexcitação da bílis e pela ação irritante de tais condimentos". E mais pelo uso, senão também abuso, das "comidas excessivamente cozidas que contendo grande quantidade de bases cretinícias e sânticas (fontes de ácido úrico, segundo Fawel) são causas principais das manifestações artríticas tão frequentes no nosso meio".[127]

Restrições tão severas quanto as de Santos Sousa à cozinha afro-baiana fez Eduardo de Magalhães no seu estudo *Higiene de alimentação:* "a dispepsia, a úlcera no estômago, as moléstias do fígado, as desordens intestinais, as enfermidades dos rins, a síncope cardíaca, o aneurisma, a apoplexia e outros mais são o epílogo de tanto abuso e tanta sensualidade". Aplicou ao Brasil as palavras de Rasforil – a "indigestão dos ricos vinga a fome dos pobres". Poderia ter acrescentado que os escravos, preparando para a mesa dos senhores brancos carnes e peixes sobrecarregados de pimenta e de temperos alimentaram-se melhor nas suas senzalas, conservando no Brasil a saudável predileção africana pelos vegetais. Enquanto no regime dos brancos, vegetais e legumes verdes chegaram quase a desaparecer. "Há muita gente, entre nós, que na sua vida nunca se serviu de salada, de um prato de ervas ensopadas, restringindo-se à simples carne e ao pão ou à farinha",[128] notaria Magalhães em 1908. Veremos em ensaio próximo que no regime alimentar dos escravos negros[129] os vegetais tiveram parte saliente, foram de uso diário. E um dos característicos da cozinha ortodoxamente afro-brasileira é fazer acompanhar de verduras – de quiabo, couve, taioba, jerimum – os seus quitutes de peixe, de carne, de galinha.

Quanto à pimenta, tão característica dos vatapás e carurus afro-baianos, tem tido defensores mesmo entre estrangeiros. O príncipe Maximiliano considerou-a *"excellente pour la digestion"*; Burton *"excelente stomachic"*. Burton, aliás, foi um voluptuoso da cozinha brasileira: o tutu de feijão mineiro encantou-o; e proclama-o um prato higiênico, combinando carbono e nitrogênio; ainda que indigesto, quando comido diariamente.[130]

Não nos parece justo acusar a negra quituteira, cozinheira ou criada de copa, de suja ou descuidada, no preparo da comida ou na higiene doméstica. Um tabuleiro de bolo de negra quituteira chega a brilhar de limpeza e de alvura de toalhas. A cozinha da casa-grande brasileira dos tempos coloniais não foi decerto nenhum modelo de higiene. Mawe, Luccock, Mathison referem-se todos com repugnância à sujeira das cozinhas que conheceram. Menos, porém, por culpa das escravas negras que dos senhores brancos, essa falta de limpeza nas cozinhas não só das casas pobres, como das casas-grandes.

Ao escravo negro se obrigou aos trabalhos mais imundos na higiene doméstica e pública dos tempos coloniais. Um deles, o de carregar à cabeça, das casas para as praias, os barris de excremento vulgarmente conhecidos por tigres. Barris que nas casas-grandes das cidades ficavam longos dias dentro de casa, debaixo da escada ou em um outro recanto acumulando matéria. Quando o negro os levava é que já não comportavam mais nada. Iam estourando de cheios. De cheios e de podres. Às vezes largavam o fundo, emporcalhando-se então o carregador da cabeça aos pés. Foram funções, essas e várias outras, quase tão vis, desempenhadas pelo escravo africano com uma passividade animal. Entretanto, não foi com o negro que se introduziu no Brasil o piolho; nem a "mão de coçar";[131] nem o percevejo de cama. E é de presumir que o escravo africano, principalmente o de origem maometana, muitas vezes experimentasse verdadeira repugnância pelos hábitos menos asseados dos senhores brancos.[132]

Não se pode acusar de sujos e propagadores de imundície os negros que, quando libertos, deram para barbeiros, dentistas, fabricantes de vassouras de piaçava, importadores de sabão da costa; alguns para lavar chapéus do chile; as negras para doceiras caprichosas na limpeza dos seus tabuleiros; ou para lavadeiras igualmente asseadas. Profissões cujo exercício, com evidentes preocupações de higiene, em parte os redime da mancha infamante de carregadores de tigres. É verdade que alguns negros barbeiros tinham um caroço de macaíba comum, para os clientes brancos botarem dentro da boca e tomarem a face saliente e fácil de barbear. Mas botava o caroço de macaíba dentro da boca quem fosse porco. O cliente asseado limitava-se a encher a boca de ar no momento em que o africano lhe pedia: *Ioiô, fazê buchichim*.[133]

Foi ainda o negro quem animou a vida doméstica do brasileiro de sua maior alegria. O português, já de si melancólico, deu no Brasil para sorumbático, tristonho; e do caboclo nem se fala: calado, desconfiado, quase um doente na sua tristeza. Seu contato só fez acentuar a melancolia portuguesa. A risada do negro é que quebrou toda essa "apagada e vil tristeza" em que se foi abafando a vida nas casas-grandes. Ele que deu alegria aos são-joões de engenho; que animou os bumbas meu boi, os cavalos-marinhos, os carnavais, as festas de Reis. Que à sombra da Igreja inundou das reminiscências alegres de seus cultos totêmicos e fálicos as festas populares do Brasil; na véspera de Reis e depois, pelo carnaval, coroando os seus reis e as suas rainhas; fazendo sair debaixo de umbelas e de estandartes místicos, entre luzes quase de procissão seus ranchos protegidos por animais – águias, pavões, elefantes, peixes, cachorros, carneiros, avestruzes, canários – cada rancho com o seu bicho feito de folha de flandres conduzido à cabeça, triunfalmente; os negros cantando e dançando, exuberantes, expansivos. Ainda no carnaval de 1933, na praça Onze, no Rio de Janeiro, tivemos ocasião de admirar esses ranchos totêmicos de negros; e nos carnavais de Pernambuco estamos cansados de vê-los quando se exibem, felizes, contentes, dançando atrás dos seus estandartes, alguns riquíssimos, bordados a ouro, com emblemas de vaga reminiscência sindicalista misturando-se aos totêmicos: a pá dourada do clube das *Pás*, a vassoura dos *Vassourinhas*, o espanador dos *Vasculhadores*, o cachorro do *Cachorro do Homem do Miúdo* etc.

Nos engenhos, tanto nas plantações como dentro de casa, nos tanques de bater roupa, nas cozinhas, lavando roupa, enxugando prato, fazendo doce, pilando café; nas cidades, carregando sacos de açúcar, pianos, sofás de jacarandá de ioiôs brancos – os negros trabalharam sempre cantando: seus cantos de trabalho, tanto quanto os de xangô, os de festa, os de ninar menino pequeno, encheram de alegria africana a vida brasileira.[134] Às vezes de um pouco de banzo: mas principalmente de alegria. Os pianos não se carregavam outrora sem que os negros cantassem:

É o piano de ioiô, é o piano de iaiá...

Os requintados é que foram achando feio esse costume, que acabou objeto de medidas de severa repressão da parte dos administradores e das câmaras municipais.

Maria Graham ainda alcançou o tempo dos senhores das casas-grandes mandarem os negros cantar suas cantorias africanas quando chegava ao engenho qualquer visita.[135] Cantos de trabalho. Cantos religiosos. Talvez dos mesmos que em Pernambuco os negros da seita africana de Anselmo ainda cantam nos seus dias de festa, meio escondidos da polícia:

Xéco, xéco, xéco, Ô ni – ba – rá
Xéco, xéco, xéco, Ô ni – ba – rá
Xéco, xéco, xéco, Ô ni – ba – rá

Anselmo sozinho:

Ogunmanjô, marnô.

Todos:

Colé marnô, ôcunmanjô marnô, ocólangé
Ogun hô!!?!
É cun dô dô. É cun gé gé.[136]

Anselmo sozinho, dirigindo-se a Orixá:

Ôgunni tôcôbá, oni, ômaroli rolé
Ó dê, ó dê, panilé, ó dê, ó dê, panilé.

E todos:

Ôdixarobô, panilé, olé.

Mas não foi toda de alegria a vida dos negros, escravos dos ioiôs e das iaiás brancas. Houve os que se suicidaram comendo terra, enforcando-se, envenenando-se com ervas e potagens dos mandingueiros. O banzo deu cabo de muitos. O banzo – a saudade da África. Houve os que de tão banzeiros ficaram lesos, idiotas. Não morreram: mas ficaram penando. E sem achar gosto na vida normal – entregando-se a excessos, abusando da aguardente, da maconha, masturbando-se. Doenças africanas seguiram-nos até o Brasil, devastando-os nas senzalas.[137] As boubas e talvez o pião, entre outras. E comunicando-se às vezes aos brancos das casas-grandes. A África também tomou vingança dos maus-tratos recebidos da Europa. Mas não foram poucas as doenças de brancos que os negros domésticos adquiriram; e as que se apoderaram deles em consequências da má higiene no transporte da África para a América ou das novas condições de habitação e de trabalho forçado. Trabalho forçado que nas cidades foi quase sempre "em desproporção com a nutrição"; diz-nos Jobim que, em 1835, anotou as seguintes moléstias, como predominando entre os operários e escravos domésticos do Rio de Janeiro: sífilis, hipertrofia do coração, reumatismo, bronquites, afecções das vias aéreas, pneumonias, pleurises, pericardites, irritações e inflamações encefálicas, tétano, hepatites, erisipelas, ordinariamente nos membros inferiores e nos escrotos e aí determinando hipertrofia e degenerescência fibrolardácea do tecido celular subcutâneo, extravasões nas diversas cavidades sonoras, raras vezes nas articulações e frequentemente no abdômen, na pleura, no pericárdio, na serosa testicular, nos ventrículos cerebrais determinando paralisia; e ainda tubérculos pulmonares, febres intermitentes, opilação. "Os vermes e particularmente a toenia, e as ascarides lombricoides abundão muito", acrescenta Jobim.[138]

Notas ao Capítulo V

1. Alp. Rendu, *Études topographiques, médicales et agronomiques sur le Brésil*, cit.

2. Fletcher e Kidder, *Brazil and the Brazilians*, cit.

3. Luccock, *Notes*, cit., p. 71.

4. Luccock,*Notes*, cit., p. 71, "[...] *no ray of science has penetrated here*", diz o observador inglês.

5. *Cartas régias*, doc. 881 bis, seção de manuscritos da Biblioteca Nacional, Rio de Janeiro.

6. Luís Edmundo, *O Rio de Janeiro no tempo dos vice-reis*, cit.

7. "Entre os privilégios negados à gente de cor achava-se o sacerdócio; por esse motivo grande empenho faziam as famílias de avoengos mais respeitáveis em ter entre seus membros padres ou religiosos; era uma prova de pureza de sangue [...]" (Pandiá Calógeras, *Formação histórica do Brasil*, cit.). Parece que o exclusivismo rompeu-se depois de fundada a diocese de Mariana sob D. João V. Cita Capistrano de Abreu nos seus *Capítulos de história colonial* um documento em que vem acusado o governador daquele bispado, Oliveira Gondim, de ter ordenado em menos de três anos cento e um pretendentes e os dispensado em mulatismos e ilegitimidades. É curioso observar que Minas Gerais parece ter sempre tomado a dianteira nos movimentos de democratização social do Brasil, contra os preconceitos de branquidade e de legitimidade.

8. Walsh, *Notices of Brazil*, cit., II, p. 56.

9. J. F. Lisboa transcreve o decreto pombalino no *Jornal de Timon*. Existe do mesmo decreto cópia da época na seção de manuscritos do Instituto Arqueológico, Geográfico e Histórico Pernambucano onde primeiro o lemos. É pena que seja tão pouco conhecido.

10. Citado por Alfredo de Carvalho, *Frases e palavras – Problemas históricos e etimológicos*, Recife, 1906.

11. Artur Orlando em resposta ao inquérito de João do Rio para a *Gazeta de Notícias,* depois publicada no livro *O momento literário*, cit.

12. Vilhena, *Cartas*, cit., I, p. 47.

13. Vilhena, *Cartas*, cit., I, p. 47.

14. Em 1871 dizia na Academia Imperial de Medicina do Rio de Janeiro o seu membro titular Luís Correia de Azevedo que "a casaca de panno preto e o descomunal e incomprehensivel chapéo alto, das côrtes da Europa, vierão a seu turno augmentar a temperatura desta zona, já quasi torrida em si" (*Anais Brasilienses de Medicina*, nº 11, tomo XXI, I abril de 1872).

15. Padre Lopes Gama, *O Carapuceiro*, cit.

16. Colégio de Nossa Senhora do Bom Conselho, *Estatutos*, Recife, 1859.

17. Tese apresentada e sustentada no dia 12 de dezembro de 1855 perante a Faculdade de Medicina do Rio de Janeiro, Rio de Janeiro, 1855.

18. Tese apresentada para ser sustentada em novembro de 1869 perante a Faculdade de Medicina da Bahia, Bahia, 1869.

19. Relatório do padre Cepeda, cit. por Luís Edmundo, *O Rio de Janeiro no tempo dos vice-reis*, cit.

20. Padre Antunes de Sequeira, *Esboço histórico dos costumes do povo espírito-santense desde os tempos coloniais até nossos dias*, Rio de Janeiro, 1893.

21. Padre Antunes de Sequeira, *Esboço*, cit.

22. Recomendamos alguns ao leitor mais pachorrento: *Compêndio de aritmética*, por Cândido Batista de Oliveira, Rio de Janeiro, 1832; *Educador da mocidade*, por Alexandre J. Melo Morais, Bahia, 1852; *Guia de leitura e máximas gerais de conduta*, por Antônio Alves Branco Moniz Barreto, Rio de Janeiro, 1854; *Lições elementares de aritmética*, por "Hum brasileiro", Rio de Janeiro, 1825. Quanto aos séculos XVI e XVII, Alcântara Machado encontrou em testamentos paulistas referências aos seguintes trabalhos didáticos: *Epítome historial, Floro histórico, Prosódia, Tratado prático de aritmética, Cartilha pastoral, Repertório, Segredos da natureza* (*Vida e morte do bandeirante*, São Paulo, 1930).

23. J. I. Roquette, *Código do bom-tom*, Paris, 1845.

24. É verdade que já em princípios do século XIX Joaquim Jerônimo Serpa, no seu *Tratado de educação física-moral dos meninos*, adaptação da pedagogia de um Mr. Gardien, e publicado em Pernambuco em 1828, aconselha os pais a vestirem os filhos das "cores que mais se aproximam da branca", condenando ao mesmo tempo o uso entre certos pais medrosos de piolho, de "raspar à navalha as cabeças dos meninos". Uso que talvez não fosse de todo mau. Insurgindo-se contra o sadismo dos mestres-escolas e dos pais, Serpa condena severamente o uso de se açoitarem os meninos nas nádegas, "prática perniciosa", própria para "fomentar costumes funestos: a irritação que se ocasionar sobre esta parte, communicar-se-ha ás partes da geração, logo que a impressão de dôr principiar a enfraquecer-se". De modo que talvez fossem melhores os suplícios de que nos

fala o padre Sequeira: o menino ajoelhado em caroço de milho durante duas, três, quatro horas; os bolos das várias palmatórias pedagógicas e domésticas – a pele de cação, a de jacarandá e a maior, para os valentões, de gramari. Em Minas dizem que certo padre do Caraça, padre Antunes, "amarrava o lenço no braço para ter mais força de puxar a palmatória" (Era Nigra, "Histórias da idade média", *Rev. Arq. Púb. Min.*, ano XII, 1907). A pedagogia como a disciplina patriarcal no Brasil apoiou-se sobre base distintamente sadista. Resultado, em grande parte, das condições do seu início: uma pedagogia e uma disciplina de vencedores sobre vencidos, de conquistadores sobre conquistados, de senhores sobre escravos. É um estudo a fazer-se, o das várias formas e instrumentos de suplícios a que esteve sujeito o menino no Brasil em casa e no colégio: as várias espécies de palmatórias, a vara de marmelo, às vezes com alfinete na ponta, o cipó, o galho de goibeira, o muxicão, o cachação, o puxavante de orelha, o beliscão simples, o beliscão de frade, o cascudo, o cocorote, a palmada. O menino foi vítima quase tanto quanto o escravo do sadismo patriarcal.

25. O uso, ainda hoje, em português, de "o senhor", "a senhora" em casos que em outros idiomas seriam de segunda, e não de terceira pessoa do singular e também o de "vossa senhoria" e o abuso de "vossa excelência", talvez se possa atribuir à herança do regime patriarcal-escravocrata, que dominou a vida brasileira, depois de ter dominado a portuguesa. Miss Betham-Edwards observou em certas camadas da sociedade francesa, cuja vida íntima procurou estudar, a persistência do uso da terceira pessoa do singular, da parte de criadas e subordinados com relação a patrões, superiores etc. Tratamento em que surpreendeu *"survival of the ancien régime and caste"* (*Home life in France*, Londres, 1913).

Entre nós as sobrevivências dessa natureza são numerosas e muito mais fortes. Contrastando com o tratamento arcaico de "o senhor", "a senhora", "o senhor doutor", "o coronel", observa-se hoje no Brasil grande relutância no uso de "por favor", "por obséquio" etc. Com muita razão notou Tobias Monteiro: "Vem dos males da escravidão a nossa falta de polidez quando falamos aos que nos servem, a quem nunca pedimos as coisas por favor e a quem nunca agradecemos nada, como se faz entre os povos cultos" (*Funcionários e doutores*, Rio de Janeiro, 1917).

Sousa Bandeira recolheu da tradição o seguinte: que tendo os revolucionários de 1817 adotado o tratamento de vós, um dos próceres foi assim interpelado por um correligionário negro. Ao que o fidalgo pernambucano respondeu, indignado, que só admitia aquele tratamento, para os seus iguais. "Para ti serei sempre Senhor Coronel, vossa senhoria!" (J. C. Sousa Bandeira, *Evocações e outros escritos*, Rio de Janeiro, 1920).

26. Afonso de E. Taunay no seu *Sob el-Rei Nosso Senhor*, cit., registra vários modos de tratamento característicos das relações de marido com mulher, irmão com irmã etc., sob o regime patriarcal. Uma irmã ao irmão, em carta: "Senhor capitão", e no fim: "De V.mce irmã no amor e serva". Do padre José de Almeida Lara ao seu primo-irmão Diogo de Toledo Lara: "Saudoso primo e muito seu negro".

27. Tirania que chegava ao extremo de se internarem moças casadas nos conventos. O marido ficava então à vontade, passando a viver com a amante de sua predileção (Handelmann, *História do Brasil,* trad., cit.). Da Correspondência da Corte (manuscritos na Biblioteca do Estado de Pernambuco) constam alguns pedidos nesse sentido, despachados pelas autoridades do reino.

28. Afonso de E. Taunay, *Sob el-Rei Nosso Senhor*, cit.

29. Domingos do Loreto Couto, *Desagravos do Brasil e glórias de Pernambuco* (Anais da Biblioteca Nacional do Rio de Janeiro, vol. XXIV).

30. Loreto Couto, *Desagravos do Brasil*, etc., cit., parte II, p. 123.

31. Loreto Couto, *Desagravos do Brasil*, cit., parte II, livro VI, capítulo 5º.

32. Pyrard de Laval, cit., p. 211-212.

33. Coreal, cit., p. 192.

34. Diz Frézier referindo-se às mulheres coloniais. *"Les Portugais sont si jaloux qu'a peine leur permettent ils d'aller à la Messe les jours de Fêtes & Dimanches; neanmois malgrès toutes leurs precautions, elles sont presque toutes libertines & trouvent le moyen de tromper la vigilance des pères & des maris, s'exposant à la cruauté de ces derniers qui les tuent impunément, dés qu'ils découvrent leurs intrigues. Ces exemples sont si frequens, qu'on comploit depuis un an, plus de trente femmes égorgées par leurs maris [...]"* (*Relation du Voyage de la mer du sud aux côtes du Chily et du Pérou fait pendant les années 1712, 1713 et 1714*, Paris, 1716, p. 275).

35. John Mawe, cit.

36. John White, *Journal of a voyage to New South Wales*, p. 52-53, Londres, 1790.

37. Maria Graham, *Journal*, cit., p. 225. O fato referido por Mrs. Graham de uma senhora da alta sociedade do Rio de Janeiro, assassinada quando na companhia de duas filhinhas, parece ser o mesmo de que se ocupou o professor Assis Cintra em um dos capítulos do seu livro *As amantes do imperador*, Rio de Janeiro, 1933. Mrs. Graham diz que se atribuiu o crime a ciúme de outra senhora, apaixonada pelo marido da vítima; ou ao fato de ela se achar no conhecimento de importantes segredos políticos. Segundo Assis Cintra o crime teria sido praticado por um mulato, a mandado da rainha Da. Carlota Joaquina, que foi na verdade uma garanhona capaz de todos os excessos. Da. Carlota estaria apaixonada pelo marido da pobre senhora, certo Fernando Carneiro Leão, homem muito elegante; e a vítima teria se queixado ao próprio D. João VI. Não foram raros os casos de assassinatos de senhores e senhoras brancas de qualidade, praticados por negros ou mulatos a mandado de seus donos.

38. A Alexander Caldcleugh a imoralidade no Rio de Janeiro nos princípios do século XIX não pareceu maior que em Paris, Londres ou Berlim: "*I shall conclude with observing and without wishing to extenuate any thing, that taking into account the mixed nature of the inhabitants, the number of foreigners, and the mulatto and black population, no greater quantity of vice exists here than in the europeen cities of London, Paris or Berlin*" (*Travels in South America*, cit.).

39. Padre Manuel da Nóbrega, *Cartas*, cit., p. 119-121.

40. Dampier, cit.

41. Segundo o padre Cardim que escreveu: "[...] a fertilidade dos cannaviaes não se pode contar; tem sessenta e seis engenhos, que cada um é uma bôa povoação; lavram-se em alguns annos duzentas mil arrobas de assucar e os engenhos não podem esgottar as cannas, que em um anno se faz descer para moer, e por essa causa as não podem vencer, pelo que moem canna de tres a quatro annos; e com virem cada anno quarenta navios a Pernambuco, não podem levar todo o assucar [...]" (*Tratado*, cit., p. 334).

42. *Diálogos das grandezas do Brasil*, cit., p. 52.

43. Cardim, *Tratado*, cit., p. 329. Veja-se também Pero de Magalhães Gandavo, *História da província de Santa Cruz* etc., cit.

44. O Sr. Rodolfo Garcia em nota I ao "Diálogo terceiro" dos *Diálogos*, cit., diz que quando a esquadra de Lonck apareceu diante do Recife, contavam-se nas capitanias de Pernambuco, Itamaracá, Paraíba e Rio Grande 166 engenhos, dos quais 121 em Pernambuco. Frei Manuel Calado no seu *O valeroso lucideno* (Lisboa, 1648) dá-nos interessantes informações sobre o estado econômico e a vida moral de Pernambuco antes da ocupação holandesa. O açúcar produzido pelos engenhos pernambucanos deve ter sido de qualidade superior para ser disputado pelos pilotos de navios que faziam muitos "mimos e regalos aos senhores de engenhos e lavradores para que lhes dessem suas caixas de assucar [...]". Era o açúcar transportado em grandes caixas de madeira contendo vinte arrobas cada uma. Eram essas caixas que, segundo o frade, penduradas na ponta da vara dos ministros da justiça, "logo dobravão" as varas. No meio de tamanha prosperidade "as usuras, onzenhos e ganhos illicitos era cousa commum", havendo na terra muitos cristãos-novos. Comuns os "amancebamentos publicos [...] ladroices, roubos [...] as brigas, ferimentos, mortes [...] os estupros e adultérios [...]". O "dinheiro fazia suspender os castigos...".

45. "Sem taes escravos não é possível fazer alguma cousa no Brasil; sem elles os engenhos não podem moer, nem as terras ser cultivadas, pelo que necessariamente devem de haver escravos no Brasil, e por nenhum modo podem ser dispensados: se alguem sentir-se nisto aggravado será um escrupulo inutil" (*Breve discurso sobre o estado das quatro capitanias conquistadas*, cit.).

46. Burton (*The highlands of the Brazil*, cit.) notou no "anglo-americano" como no "ibero-brasileiro" a "beleza, pequenez e delicadeza dos pés e das mãos, delicadeza às vezes exagerada, degenerando em efeminação" em contraste com as mãos e pés grandes dos ingleses e portugueses. O que atribui, mas vagamente, a influências locais idênticas. Parece-nos que resultado, principalmente, de causas sociais.

47. Imbert, *Manual do fazendeiro*, cit. A impressão de que os órgãos sexuais muito desenvolvidos nos homens indicam superior capacidade procriadora regulou também casamentos aristocráticos. Descendente de opulento senhor de engenho pernambucano do meado do século XIX nos informa que seu bisavô quando algum rapaz se candidatava a esposo de alguma de suas filhas mandava pessoa de sua confiança surpreendê-lo em banho de rio, a fim de verificar se tinha os supostos sinais de bom procriador. O critério da avaliação sem ser científico era sociologicamente significativo.

48. Thomas Lindley, *Narrative of a voyage to Brasil (...) with general Sketches of the country, its natural productions, colonial inhabitants and a description of the city and provinces of St. Salvador and Porto Seguro*, Londres, 1805, p. 35. Deve-se observar que o "catar piolho" era muitas vezes simbólico, não havendo piolho a catar. Tratava-se de simples, ou antes, complexo cafuné, cujo estudo psicológico está admiravelmente feito pelo professor Roger Bastide em seu ensaio *A psicologia do cafuné*, Curitiba-São Paulo e Rio de Janeiro, 1941.

Resumindo suas impressões da vida em Pernambuco nos começos do século XIX, escreveu Luís do Rego Barreto: "[...] os escravos fazem tudo. Quem possue dois ou trez destes entes desgraçados passa a vida lançado em huma – rede – entregue ao mais vergonhoso desleixo" (*Memoria justificativa sobre a conducta do marechal de campo Luiz do Rego Barreto durante o tempo em que foi governador de Pernambuco e presidente da Junta Constitucional do Governo da mesma provincia offerecida á nação portuguesa*, Lisboa, 1822, p. 12).

49. Duarte de Albuquerque Coelho, *Memorias diarias de la Guerra del Brasil*, Madri, 1654.

50. Francis Trollope, *Domestic manners of the American*, Londres, 1832. Vejam-se também John Bernard, *Retrospection of America* (1797-1811), Nova York, 1887; William Faux, *Memorable days in America*, Londres, 1823; Anthony Trollope, *North America*, Londres, 1862.

51. Adolphe D'Assier salientando a soltura de costumes, no Brasil do tempo da escravidão, diz que os brasileiros eram os primeiros a confessá-la, atribuindo-a à ação do clima. Também os viajantes, notou D'Assier *"repètent cette excuse"*. Ele, não: *"Il serait peut-être, plus exact de chercher dans l'esclavage la principale cause de la vie licencieuse de l'Américain"* [refere-se principalmente ao brasileiro]. Leia-se desse excelente observador, que aqui esteve nos meados do século XIX, o seu *Le Brésil contemporain – Races – Moeurs – Institutions – Paysage*, Paris, 1867.

Para comparação da vida rural no Brasil patriarcal com a vida rural nos Estados Unidos durante seus dias de patriarcalismo escravocrata de desbravamento de terras vejam-se Isaiah Bowman, *The pioneer fringe*, Nova York, 1931; J. F. Normano, *Brazil: a study of economic types*, Chapel Hill, 1932, e Gilberto Freyre, *Brazil: an interpretation*, Nova York, 1945, especialmente o capítulo "Frontier and plantation in Brazil". Sobre a escravidão considerada como sistema industrial ou econômico veja-se a obra clássica de H. J. Nieboer, *Slavery as an industrial system*, Haia, 1910. Também L. C. Gray, *History of agriculture in Southern United States to 1860*, Washington, 1933; C. O. Brannen, *Relation of land tenure to plantation organization with developments since 1920*, Fayetteville, 1928; Gaetano Mosca, *The ruling class* (trad.), Nova York, 1939.

52. Urbain Souchu de Rennefort, *Histoire des Indes Orientales*, Paris, 1688.

53. É provável que se faça às vezes ideia exagerada do luxo nortista dos séculos XVI e XVII. Aquelas casas com fechaduras de ouro de que fala frei Manuel devem ter sido raras; e só os mais ricos ostentariam leitos finos. Não se deve porém confundir a vida Pernambucana nos séculos XVI e XVII com a de São Paulo – vida de uma simplicidade, de um ascetismo de móveis, e de uma rudeza de utensílios quase franciscana. Muitos dos colonos de Pernambuco foram homens de origem europeia mais elevada e de capitais de instalação mais fortes que os de São Vicente. E maiores aqui do que no sul, os proventos da agricultura da cana e do fabrico do açúcar. Cardim, que percorreu do norte ao sul o Brasil do século XVI, deixou-nos bem clara a distinção: muito mais fausto em Pernambuco que no sul. Afonso de E. Taunay reconhece terem os "colossais proventos do açúcar" permitido "na Bahia e sobretudo em Pernambuco" grande importação e uso de objetos de luxo como sedas, veludos, vinhos finos (*São Paulo nos primeiros anos*, cit.). E do século XVII restam-nos entre outros depoimentos os dos capuchinhos italianos frei Miguel Ângelo de Gattina e frei Dionísio de Piaceza recolhidos pelo mesmo Taunay. Foram dois missionários que em 1667 estiveram no Brasil a caminho do Congo. Ao entrarem no porto de Recife observaram em carga e descarga oitenta navios. Saltaram e assistiram à festa do *Corpus Christi*. Muita gente. Excelente música de harpas, clarins e violinos. Das casas dizem: "ricamente adornadas"; de um engenho de açúcar que visitaram ficou-lhes impressão triste do doloroso trabalho dos negros empurrando aos magotes a enorme roda motora e arriscando a cada passo ter as mãos e os braços colhidos pela moenda; mas a impressão que os dominou foi a da riqueza dos pernambucanos. Riqueza baseada no trabalho dos negros. Os altos preços pagos por uma missa e por um sermão registram-nos, admirados, os capuchinhos (Afonso de E. Taunay, *Non ducor, duco*, cit.). O Sr. Lúcio Costa salienta a simplicidade do mobiliário de que se tem notícia ter adornado as primeiras casas-grandes do Brasil: "além do pequeno oratório com o santo de confiança, camas, cadeiras, tamboretes, mesas e ainda arcas. Arcas e baús para ter onde meter a tralha toda" ("Evolução do mobiliário luso-brasileiro", *Revista do Serviço do Patrimônio*

Histórico e Artístico Nacional, Rio de Janeiro, nº 3, 1939, p. 150-151). Veja-se também Clado Ribeiro de Lessa, "Mobiliário brasileiro dos tempos coloniais", na revista *Estudos Brasileiros*, Rio de Janeiro, nº 6, 1939, p. 5.

54. *"La mollese des habitans de San Salvador & la pente de rues, que est fort roide; leur fait regarder l'usage de marcher comme une chose indigene d'eux. Ils se font porter dans une espece de lit de coton à raiseau, suspendus à une perche longue, & épaisse, que deux Nègres portent sur leurs épaules. Ce lit est couvert d'une imperiale d'où pendent des rideaux verts, rouges ou bleus [...]."* Palavras quase iguais às de Frézier: *"Le gens riches [...] auroient honte de se servir des jambes [...]"* (*Relation du voyage de la mer du sud aux côtes du Chily et du Pérou*, etc., p. 272).

"Je n'ai vû de lieu", acrescenta Coreal, *"où le Christianisme parut avec plus d'éclat qu'en cette ville soit par la richesse & la multitude des Eglises, de Couvens & des Gentishommes, des Dames & des courtisannes & généralement des tous les citoiens de la Baie. On n'y marche point sans un Rosaire à la main, un chapelet au col & un saint Antoine sur l'estomac. On est exact à s'agenouiller au son de l'Angelus au milieu des rues: mais em même temps on a la precaution de ne point sortir de chez soi sans un poignard dans le sein, un pistollet dans la poche & une épée des plus longues au coté gauche [...]"*. O excessivo número de pessoas se confessando pareceu a Coreal ter ligação com o excessivo número de pecados: *"la confession y est fort commune, sans doute à cause de la multitude des péches [...]"* (*Voyage*, de François Coreal, cit.).

55. Gilbert Farquhar Mathison, *Narrative of a visit to Brazil, Chile, Peru and Sandwich Islands during the years 1821 and 1822*, Londres, 1825.

56. Padre Antunes de Sequeira, *Esboço histórico* etc., cit.

57. Costume ainda hoje observado em certos pontos do Brasil. O autor, quando menino, viu esse rito praticado por pessoa idosa de sua família.

58. Padre Antunes de Sequeira, *Esboço histórico*, etc., cit.

59. Padre Antunes de Sequeira, *Esboço histórico*, etc., cit.

60. Manuscrito no arquivo do capitão-mor Manuel Tomé de Jesus, engenho Noruega (Pernambuco). Parte do manuscrito se acha ilegível, muito picado de traça.

61. Nas palavras de Luís Cedro: "casa-grande [...] enorme, conventual, solarenga, com reminiscências, na mole pesada da construção, de qualquer cousa do Escurial. Um cruzeiro imenso plantado no pátio [...] sombreando a paisagem de um tom místico e taciturno" ("O Dr. Gerôncio de Noruega", *Diário de Pernambuco*, 26 de julho de 1925).

62. Manuscrito encontrado no arquivo do capitão-mor Manuel Tomé de Jesus, no engenho Noruega (Pernambuco).

63. O ilustre pregador sacro do século XIX, padre-mestre Lino do Monte Carmelo Luna, ao benzer o engenho Maçuaçu a 4 de novembro de 1868, pronunciou uma alocução que foi muito aplaudida e publicada depois em folheto, hoje raríssimo: *A bênção do engenho Maçuaçu*, Recife, 1869. É o elogio do senhor de engenho patriarcal. "É sempre bella e aprazivel a reunião familiar composta de pae, do esposo, de filhos, de irmãos", começou dizendo o padre-mestre Lino. Mas ao mesmo tempo faz o elogio da máquina; do progresso industrial representado, no momento, por "um sistema de serviço, adoptado na casa da moenda deste engenho, isto é, a facilidade com que um simples carro sobre trilhos de ferro recolhe todo o bagaço que sae da moenda, e com impulso de um fragil braço corre ao logar competente para o depositar". Significava o novo sistema grande economia de escravos. Regulava por essa época o número de escravos ao serviço de um bom engenho em cem ou duzentos. Já no século XVI, Cardim observara que nos engenhos da Bahia precisava-se, no mínimo, de sessenta escravos: "mas os mais delles têm cento e duzentos escravos de Guiné e da terra" (*Tratado*, cit.). O padre Luna fazia o elogio de duas coisas inconciliáveis: a família patriarcal e a máquina.

64. Cardim, *Tratado*, cit., p. 329.

65. Introdução a *A bênção do engenho Maçuaçu*, cit., arquivo da família.

66. Transcrito por Antônio José Vitoriano Borges da Fonseca, *Nobiliarquia pernambucana* (1777), cit.

67. Alcântara Machado, *Vida e morte do bandeirante*, cit. O livro do professor Alcântara Machado é um excelente estudo dos inventários processados em São Paulo de 1578 a 1700.

68. Testamento do capitão-mor Manuel Tomé de Jesus. Manuscrito no arquivo do Engenho Noruega. Interessados neste ponto, examinamos numerosos testamentos em cartórios do Recife e Ipojuca. Confirmam eles o que aqui se denomina a "glorificação do ventre gerador".

69. Principalmente no cartório de Ipojuca, município onde se concentraram muitos Sousa Leão. Também em Minas Gerais, nos inventários e testamentos dos tempos coloniais recolhidos ao Arquivo Público, em Belo Horizonte, que tivemos o gosto de examinar com o auxílio de Luís Camilo de Oliveira, esclarecido pesquisador do passado mineiro.

70. "Discurso inaugural que na Sessão Pública da Instalação da Sociedade de Medicina do Rio de Janeiro recitou José Martins da Cruz Jobim", Rio de Janeiro, 1830. Já em 1808 Manuel Vieira da Silva nas suas "Reflexões para melhorar o clima do Rio de Janeiro" salientara a necessidade de proibir-se o sepultamento dentro das igrejas. Também em 1812 José Correia Picanço, na monografia: "Ensaio sobre os perigos das sepulturas dentro das cidades e seos contornos". Só em 1838

o Código Municipal do Rio de Janeiro consignou a proibição absoluta de enterramentos "dentro das igrejas, ou nas sacristias, claustros dos conventos" etc. (Antônio Martins de Azevedo Pimentel, *Subsídios para o estudo da higiene do Rio de Janeiro*, Rio de Janeiro, 1890). Em outros pontos do Brasil a prática anti-higiênica continuou ainda por longos anos.

71. Thomas Ewbank, *Life in Brazil, or a journal of a visit to the land of Cocoa and the Palm*, Nova York, 1856.

72. "As catacumbas do Carmo, São Pedro, São Francisco de Paula empestão, assim como as outra Egrejas, os lugares circumvisinhos pois as emanações se filtrão ao travez das paredes. As que escapão das catacumbas do ultimo dos referidos templos são até sensiveis ao olfato de quem transita pela rua do Cano, proximo aos fundos da Egreja" (*Relatorio da Commissão de Salubridade Geral da Sociedade de Medicina do Rio de Janeiro sobre as causas de infecção da atmosphera da corte*, Rio de Janeiro, 1832). A propósito veja-se também Walsh, *Notices of Brazil*, cit.

73. "E costumavão [muitos senhores] fazer-lhes administrar os ultimos sacramentos, encommendar antes de serem dados á terra e suffragar depois a sua alma" (Perdigão Malheiros, op. cit.).

74. Criados pela Misericórdia, os primeiros cemitérios para negros, indigentes e hereges, a situação melhorou. Mas eram cemitérios imundos. Do Cemitério da Misericórdia da Corte informa um documento de 1832 que os cadáveres eram "atirados aos montes em hum grande vallado", sendo "mal cobertos de terra e ainda peor socadas; as camadas que della lhes lanção". Faziam-se exumações antes do tempo: "os ossos sahem ainda pegados pelos ligamentos e capsulas e a putrilagem dos outros tecidos brandos sahe como lama nas enxadas" (*Relatorio da Commissão de Salubridade Geral*, cit.).

75. Loreto Couto, *Desagravos do Brasil*, etc., cit., p. 182 e 183.

76. Koster, *Travels*, cit., p. 425-426.

77. Manuscrito do arquivo da catedral de Olinda, cit.

78. Pastoral de D. frei José Fialho "datada nesta villa de S. Antonio do Recife [...] aos 16 dias do mez de agosto de 1738". Manuscritos no arquivo da catedral de Olinda.

79. Coleção do *Diário de Pernambuco*. A fase 1825-1880 é a mais interessante para o estudo dos anúncios de negros fugidos e de compra e venda de escravos.

80. Escreve La Barbinais dos luso-brasileiros: "*ils dépensent le revenu d'une année en courses de Taureaux, Comédies, en Sérmons, en ornemens d'Eglise & ils meurent de faim le reste de l'année. Si on ôtoit aux Portugais leurs Saints & leurs, maitresses, ils devientroient richs*" (Le Gentil de La Barbinais, *Nouveau voyage au tour du monde par M. Le Gentil Enrichi de*

Plusieurs Plais, vues & perspectives des principales villes & ports du Pérou, Chily, Brésil & de la Chine, Amsterdam, 1728).

81. *Relation du voyages de la mer du sud aux côtes du Chily et du Pérou, fait pendant les années 1712,1713 et 1714* [...] *par M. Frézier, Ingenier ordinaire du Roy*, Paris, 1715, p. 275.

82. *Rélation d'une voyage fait em 1695, 1696 et 1697 au côtes d'Afrique, Détroit de Magellan, Brésil, Cayenne & les Isles Antiles par une escadre des vaisseaux du roy commandée par Monsieur De Gennes, faite par le Sieur De Froger* [...] Paris, 1700, p. 142. Sobre o Recife escreve Pierre Moreau que no tempo de sua permanência nesta cidade tropical – meados do século XVII – foi lugar onde *"tous les vices y estoint en vogue* [...]*"*. Durante o domínio holandês diz Moreau que cristãos e judeus *"faisoint commerce non seulement des enfans esclaves qu'ils permettoiant aux negres de venir abuser en leurs maisons mais encore de ceux que avoint esté engendrez de leur propre sang avec les negrines lesquelles debauchoint & tenoient comme concubines, vendoint & acheptoint, comme l'on fait ici avec les veaux & les moutons"*. Acrescentando que todos – e não somente os portugueses, reinóis ou crioulos – levavam aqui vida lasciva e escandalosa: *"Juifs, Chrestiens, Portugois, Hollandois, Anglois, François, Allemands, Nègres, Brésiliens, Tapoyos, Molates, Mammelus & Crioles habitoint pesle-mesle sans parler des incestes & pechez contre nature pour lesquels plusieurs Portugois coinvaincus furent executez à mort"* (*Histoire des derniers troubles du Brésil entre les hollandois et les portugois*, Paris, 1651, p. 211).

83. D. frei José Fialho, manuscrito cit.

84. La Barbinais, cit. Convém salientar que às vezes os meninos eram enjeitados à porta de pessoas, que se encarregavam de criá-los, mediante subvenções arbitradas pelas câmaras municipais. Tal o caso da menina enjeitada à porta do cirurgião-mor Manuel da Costa Bacelar, de Sabará, em 1782 (manuscrito do Arquivo da Câmara Municipal de Sabará, 1782, na coleção de Manuscritos do Arquivo Público Mineiro).

85. La Caille, cit. E. Froger, a propósito do Rio de Janeiro do século XVII, já falara *"d'une autre Sodome"* (*Relation du voyage*, cit., p. 75).

86. Maria Graham, *Journal*, cit., p. 111. Veja-se também o que diz no seu relatório a Sua Santidade o bispo de Pernambuco D. frei Luís de Santa Teresa referindo-se ao estado do clero no século XVIII (cônego José do Carmo Barata, *História eclesiástica de Pernambuco,* Recife, 1922). O relatório de D. frei Luís de Santa Teresa, de que se conserva cópia no arquivo da catedral de Olinda, é documento interessantíssimo.

87. Richard Burton, insuspeito de parcialidade a favor da Igreja, observou que em geral os estrangeiros exageravam nas suas críticas aos padres brasileiros (*"As a rule they are grossly and unworthy*

abused by foreigners, especially by English catholics, who as a rule are Ultramontanes"). Burton achou-os *"sufficiently elevated in point of education above their flocks"*. E além disto – liberais bondosos e hospitaleiros. Lembra que da mesma opinião fora Liais que escrevera do clero brasileiro: *"J'ai eu occasion à Olinda, surtout, de voir souvent des prêtres très recommendables sous tous les rapports"* (Richard Burton, *The highlands of the Brazil*, cit.).

88. Richard Burton notou o fato de os paroquianos pouco caso fazerem da circunstância dos vigários terem mulher ou "caseira". "O clima", escreve ele, "não é favorável à castidade; a raça, especialmente quando cruzada, é material inflamável; e a influência, desde cedo, dos escravos, por palavras e ações, não conduz ao decoro. Quase não preciso dizer que o celibato do clero é questão puramente de disciplina [...]". "Por outro lado", acrescenta com preconceitos de liberal à maneira do século XIX mas ao mesmo tempo com o sentido exato das necessidades brasileiras, "a dignidade superior do ascetismo, da virgindade estéril, quer forçada, quer voluntária, é uma ideia que repugna à razão e ao bom senso, especialmente num país novo, onde a poligamia se justifica moralmente, os males sendo mais do que compensados pelos benefícios" (Richard Burton, *The highlands of the Brazil*, cit.).

89. Alexander Caldcleugh conheceu em Minas um velho padre, Antônio Freitas, cuja caseira salientou ser uma bela mulher, de lindos olhos pretos (Caldcleugh, *Travels*, cit.). Anos depois Burton esteve na casa-grande que foi do padre Freitas: aí soube que a alma do padre costumava não só aparecer, mas vir abastecer-se de iguarias no guarda-comida. Um antigo escravo do padre, Pedro, com a cabecinha já toda branca, tinha o cuidado de deixar carne na mesa para o espírito do seu senhor, que dava mostras de não se ter saciado das delícias terrenas. Gardner encontrou no Ceará um vigário, homem de setenta para oitenta anos, que era um patriarca completo, com seis filhos. Um destes, também padre, fora presidente de Província e era senador do Império. Amigado com uma prima, dela houvera dez filhos. E era pai de outros, avulsos (Gardner, *Travels*, cit.).

90. Alfredo Ellis Júnior, *Raça de gigantes*, cit.

91. Alberto de Sousa, *Os Andradas*, cit. Pedro P. da Fonseca, em trabalho inédito, que nos foi franqueado à leitura – "Fundação de Alagoas – Apontamentos históricos, biográficos e genealógicos" (1886) – menciona alguns nomes ilustres de padres, entre os fundadores de famílias alagoanas. Segundo esse pesquisador, o vigário Manuel José Cabral (século XVIII) foi dos que tiveram numerosa descendência, notando-se entre seus filhos três que se ordenaram sacerdotes, um deles, padre Joaquim, deixando também descendentes. Em interessante estudo, *Ibiapina, um apóstolo do Nordeste* (Paraíba, 1942), o Sr. Celso Mariz chega a conclusões que confirmam o que desde 1933 sugerimos no presente ensaio, isto é, que "ter filhos foi dos fenômenos interessantes da vida de padres e vigários do século passado", resultando dessa atividade parapatriarcal de sacerdotes brasileiros, homens notáveis pela "inteligência", "altos

serviços" e "brilho das posições". O Sr. Celso Mariz pormenoriza: "Vigários ativos e padres avulsos povoavam gordamente o solo, sem qualquer embaraço ou cerimônia além do ralhar espaçado e longínquo dos bispos e da crítica inútil dos maçons. Não era ter um filhinho perdido no anonimato dos bastardos. Era constituir famílias enormes, criá-las dentro de casa, a mulher aparecendo na sala de visitas, os meninos chamando-os padrinhos. Sabemos de vários que assim se comportavam, não se diria sem o reparo íntimo, mas sem a sublevação do escrúpulo católico nem dos preconceitos sociais, parados ambos diante de uma invencível força tradicional. Alguns subiram a culminâncias intelectuais e públicas como os padres Martiniano de Alencar e Tomás Pompeu, senadores, Lindolfo Correia, deputado federal e vários outros [...]". "Mas também humildes vigários do interior, capelães e pregadores modestos, padre Amorim, padre Firmino, padre Calisto Nóbrega, padre Torres, padre Bento, padre Pinto... O padre Magalhães em São João do Cariri, atingia a sem-cerimônia de ir para a igreja acompanhado dos filhos, os quais educava, desse modo, com perfeita dignidade paterna sem perder a dignidade religiosa. O vigário Marques, em Sousa, criou e educou os filhos em uma paz consagrada, em igualdade de condições com as melhores famílias do lugar. Dois fizeram cursos científicos e alcançaram destacadas situações na clínica, no foro e na política. Um deles foi o bondoso e popular médico Dr. Silva Mariz, representante do Estado em três legislaturas na Câmara da República (páginas VI-VII). Entre os descendentes de padres no Brasil nem todos têm tido prole ilegítima, destacando-se o caso do jesuíta de nome Pedro Parente Dias Velho que tendo vindo ao Brasil em 1554 tornou-se fundador de família numerosa "sem abjurar os votos monásticos e sem que fosse ele viúvo ou desquitado pois jamais se casara e, moço, ingressara para a Ordem, o que lhe não fora difícil, fidalgo que era, e de alta prosápia, na luso-pátria" (J. de Almeida Barros, "Os Garcias na Caiapônia", *Revista do Instituto Histórico de Mato Grosso,* ano XVII, tomo XXIV, 1935, p. 156). Segundo conclusão do Sr. J. de Almeida Barros, paciente estudioso de história regional, possuía o cacique Tevereçá mais uma filha, além da que se casara com João Ramalho, inimigo irredutível dos jesuítas. Pelo que teriam deliberado os padres da Companhia, no intuito de golpear o prestígio de Ramalho junto ao poderoso cacique, fazer aquela outra filha de Tevereçá "esposa de um dos irmãos de hábito" e "cunhada dos demais em consequência do que se tornava pessoa inteiramente familiar à Companhia" (p. 158). Para conseguir tal objetivo, os padres teriam conseguido licença especial dos superiores de Pedro Parente Dias Velho para seu ingresso no sistema patriarcal luso-ameríndio por meio de casamento legítimo.

92. Vilhena, *Cartas,* cit., I, p. 139.

93. Charles Comte, *Traité de législation ou exposition des lois génerales suivant lesquelles les peuples prospèrent, dépérissent ou restent stationnaires,* Paris, 1835.

94. A opinião mais generalizada. Recolheu-a no Brasil Mathison. "Parece [o mulato] unir aos vícios da vida selvagem os da vida civilizada sem contrabalançá-los com nenhum estoque

de virtudes características; e as mulheres são tão notáveis quanto os homens pela violência de suas paixões, que nenhum princípio religioso ou de moralidade natural governa" (Gilbert Farquhar Mathison, *Narrative of a visit to Brazil*, etc., cit.). Sobre a miscigenação, propriamente dita, é o capítulo do livro do autor *Sobrados e mucambos*, intitulado "Ascensão do bacharel e do mulato".

95. Le Gentil de La Barbinais, *Nouveau voyage autour du monde*, cit.

96. João Álvares de Azevedo Macedo Júnior, *Da prostituição no Rio de Janeiro e da sua influência sobre a saúde pública* (tese sustentada no dia 6 de dezembro de 1868 na augusta presença de Sua Majestade o Imperador), cit.

97. Vilhena, *Cartas*, cit., I, p. 166.

98. Richard Burton, *The highlands of the Brazil*, cit.

99. Antonil, *Cultura e opulência do Brasil*, cit., p. 9.

100. Cartas régias de 1663, 1701, 1704 e de 1719 indicam que muitos senhores não davam então aos escravos o necessário descanso nem tempo de trabalharem para si; que alguns negligenciavam as necessidades espirituais dos pretos, a ponto de não batizarem os pequenos nem mandarem administrar os últimos sacramentos aos moribundos. (Veja-se Perdigão Malheiro, *A escravidão no Brasil*, cit.). Mas é evidente que se referiam antes à escravatura grossa que aos escravos do serviço doméstico.

    Em 1938, em uma das nossas conferências em seminário realizadas na Universidade de Columbia, sobre a história e a sociologia da escravidão, salientamos que de cada fazenda ou engenho grande do Brasil patriarcal se podia dizer, desculpado o sacrilégio: "Na casa de meu Pai há muitas moradas". Referíamo-nos à hierarquia entre a escravatura, da qual a parte aristocrática eram os escravos de serviço doméstico. Mesmo entre estes havia, porém, distinções marcadas de *status*. O Sr. Sérgio D. T. de Macedo alude a essa hierarquia quando escreve que dentro da típica casa-grande brasileira, de engenho ou fazenda, "havia um mundo de escravos" que ia "desde as mucamas arrumadeiras, mulatas bonitas e dengosas, que levavam aos quartos as grandes bacias de cobre e os largos jarros de água quente e fria para as abluções da manhã, até os copeiros que serviam a mesa e os molequinhos cuja missão era conservar brasas acesas para os cigarros e charutos. Na vida de fazenda cada coisa tinha o seu lugar, cada um o seu serviço. Na cozinha, por exemplo, onde era enorme a aglomeração, cada mulher tinha a sua função bem definida, no preparo dos quitutes. A uma competia o preparo do peixe, a outra o da caça, àquela o das massas, àqueloutra, o dos pratinhos delicados. Refere Taunay que em muitas fazendas o preparo do arroz, indispensável nas mesas brasileiras, era delegado a um especialista. Às criloulinhas incumbia o asseio do vasilhame. No serviço da fazenda havia funções de muita importância. Importante era o chaveiro a quem competia zelar pelas chaves das várias dependências. O chaveiro era também dentista e aplicador de bichas e ventosas. O escrivão da fazenda – precursor do moderno guarda-livros – era outro homem importante, como importante era o chefe dos tropeiros, responsável pela boa condução dos sacos de açúcar ou de café aos portos de embarque" (*No tempo das sinhazinhas*, Rio de Janeiro, 1944, p. 57-58). Não nos esqueceremos das mucamas escolhidas para damas de companhia das sinhás e sinhá-moças, da mãe-preta, das pajens, cujas funções eram ainda mais importantes e que eram tratadas quase como pessoas de família. Na hierarquia da escravatura brasileira das grandes fazendas ou engenhos, o *status* do escravo ia desde o de quase pessoa de família ao de quase animal ou quase bicho. De onde a necessidade – ponto já destacado por nós em trabalho sobre o assunto – que experimentavam os anunciantes de distinguirem, nos anúncios de jornal, cabra-escrava, de cabra-animal.

101. Perdigão Malheiro, *A escravidão no Brasil*, cit. Convém notar que deste excelente ensaio – obra do século passado – existe, mais recente, nova edição. O mesmo estão a merecer os notáveis ensaios de F. L. C. Burlamaqui e Abreu e Lima, há muito esgotados, assim como memórias como as de Fernandes Gama sobre Pernambuco e as de frei João de São José sobre o Pará – para só falar nessas.

102. Adolphe D'Assier escreve que encontrou às vezes no Brasil "*les plus grands noms du Portugal portés par des tropeiros* [...]". E acrescenta: "*L'explication est cependant des plus simples: tout affrenchi prend à volonté le nom de son patron, de son parrain ou de out autre protecteur* [...]" (Adolphe D'Assier, op. cit.).

103. Parecem de origem africana os seguintes nomes de engenhos do Norte: Qualombo, Malemba, Mamulunga, Inhamã; e o são com certeza os nomes de lugares ou engenhos: Zumbi, Macangano, Catucá, Cafundó. Em Minas, o Sr. Nélson de Sena dá como africanos ou de origem africana, numerosos nomes de lugares: Angola, Bengo, Cabinda, Fubá, Mumbaça, Zungu etc. ("Toponímia geográfica de origem brasílico-indígena em Minas Gerais", *Rev. Arq. Púb. Min.*, ano X, 1924).

104. Os nomes indígenas de engenho são muitos: Tibiri, Una, Cacaú, Catende etc. Africanos, alguns, como Luango. Sousa Bandeira lembra vários casos de nomes de família absorvidos pelas denominações das propriedades: Chico do Caxito, Casusa do Quisenga, Ioiô de Cursaí, Joca de Pindobal (*Evocações*, cit.). Veja-se também a biografia do barão de Goiana, por João Alfredo Correia de Oliveira (*Rev. Inst. Arq. Hist. Geog. de Pernambuco*, vol. XXVII), onde vem uma lista de nomes de senhores e propriedades.

105. Teodoro Sampaio, *O tupi na geografia nacional*, cit., Alfredo de Carvalho, *Frases e palavras*, cit.

106. No século XIX, começa a quebrar-se a tradição dos nomes de santos indicados pela folhinha: e a aparecerem os inspirados pela "História profana, pela mytologia, pelas novellas, e pela geographia" (Padre Gama, *O Carapuceiro*). Os nomes, na família de Félix Cavalcanti de Albuquerque Melo (Livro de assentos, manuscrito) refletem esta tendência: Demócrito, Heráclito, Tales, Licurgo, Lisbela, Ranuzia etc. Sobre o assunto veja-se também Gilberto Freyre, *Brazil: an interpretation*, cit.

107. Luís Edmundo, op. cit.

108. Veja-se também Richard Burton, *The highlands of the Brazil*, cit. Burton refere-se a essas saudações cantadas depois do jantar que devem ter sido uma das notas mais interessantes e alegres dos jantares patriarcais de outrora.

109. Manuel Querino, *A arte culinária na Bahia*, cit.

110. Nina Rodrigues, *O regime alimentar do norte do Brasil*, Maranhão, 1881.

111. Trabalho lido perante o Congresso Regionalista do Nordeste, Recife, 1925.

112. Vilhena, *Cartas,* cit. I, p. 131. Do médico sueco Gustavo Beyer, que esteve no Brasil nos começos do século XIX, informa o professor Afonso de E. Taunay que se impressionou, em viagem pelos arredores de São Paulo, com as plantações de cana (que ainda não haviam sido substituídas pelas de café), tendo escrito: "Viajando pelos arredores de Itu é impossível não se notar que toda a gente da classe baixa tem os dentes incisivos perdidos pelo uso constante da cana de açúcar que sem cessar chupa e conserva na boca em pedaços de algumas polegadas.

"Quer em casa, quer fora dela, não a larga, e é possível que esta também seja a causa de haver aqui mais gente gorda do que em outros lugares.

"A classe superior gosta igualmente de doce, pelo que recebeu a alcunha 'mel-de-tanque', isto é, o melhor melado produzido na fabricação do açúcar. Os próprios bois e burros também participam da mesma inclinação. Encontram-se eles tal qual seus condutores, mastigando cana. É um refresco para todos durante o calor" (*História do café no Brasil – No Brasil colonial, 1727-1822*, Rio de Janeiro, 1939, vol. II, p. 311). O médico sueco se mostra mais complacente para com o gosto brasileiro pelo açúcar ou pelo melado do que o mestre português.

113. Em Portugal ainda hoje é costume, em Bragança, por ocasião dos casamentos, fazerem-se dois bolos, um representando os órgãos sexuais masculinos e o outro os femininos. À saída da igreja, o noivo ergue o seu bolo, o mesmo fazendo a noiva. Os rapazes e as moças procuram então tirar das mãos dos noivos o bolo simbólico; quem o conseguir, casa breve. E em Azurei, próximo de Guimarães, vendem-se bolos com o nome de sardões (termo popular dado ao órgão genital masculino); em outros pontos com o nome de passarinhas (órgão genital feminino). Veja-se a este propósito o trabalho de Emanuel Ribeiro, *O doce nunca amargou... (Doçaria portuguesa. História. Decoração. Receituário)*, Coimbra, 1928. No Brasil já observamos que vários bolos e doces tomaram nomes de sugestões fesceninas. De doces e bolos reunimos algumas receitas de famílias do Nordeste em açúcar, Rio de Janeiro, 1939.

114. João Vampré, "Fatos e festas na tradição", *Rev. Inst. Hist. de São Paulo*, vol. XIII.

115. Da. Angelina Barros de Andrade Lima. Também sua irmã, Da. Angelita Ferraz. A receita é uma tradição de família.

116. Manuel Querino. *A arte culinária na Bahia*, cit. Veja-se também Sodré Viana, *Caderno de xangô, 50 receitas da cozinha baiana do litoral e do nordeste*, Bahia, s.d. Quem está na obrigação de nos dar um guia completo da cozinha baiana é o Sr. Godofredo Filho, que a conhece como ninguém e é, ao mesmo tempo, um artista genuíno e um pesquisador honesto.

117. Infelizmente a Bahia não tem restaurante à altura de suas tradições culinárias. Nenhum que se compare com os afro-franceses de Nova Orleans. Digna substituta de Mãe Eva, foi Da. Valéria, à rua da Assembleia. Em algumas residências baianas mesa e sobremesa conservam-se ainda hoje à altura das melhores tradições patriarcais. Recordaremos aqui apenas a do ilustre baiano Sr. Godofredo Filho, que é capaz de banquetear em sua residência o europeu de paladar mais exigente com quitutes baianos de origem africana, destruindo no estrangeiro a impressão de faltar delicadeza aos pratos africanos. O mesmo foi certo da família Madureira de Pinho, hoje residente no Rio, e das famílias do já falecido Pânfilo de Carvalho, da Senhora Costa Pinto e do hoje também residente no Rio, Luís Viana Filho.

118. Dampier, op. cit.

119. Manuel Querino, *A arte culinária na Bahia*, cit. Querino anota vários pratos afro-baianos além dos que já mencionamos: o eran-patetê, o efun-oguedê, o ipetê, o ebó, o abará, o abarém. E muitos outros ainda.

120. L. Pereira Barreto, "A higiene da mesa", *O Estado de S. Paulo*, 7 de setembro de 1922.

121. John Casper Branner, "O que eu faria se fosse estudante brasileiro nos Estados Unidos" (*El estudiante latino-americano*, Nova York, janeiro, 1921). Esse artigo do sábio geólogo norte-americano foi escrito a nosso pedido.

122. Sigaud, *Le climat et les maladies du Brésil*, cit.

123. Max Radiguet, *Souvenirs de l'Amérique Espagnole*, cit. Parece, entretanto, que o ilustre gourmet não teve ocasião de, em festa em um dos salões mais elegantes de famílias patriarcais com residência na Corte – como o da gente do barão de Pati do Alferes, "senhor feudal de 7 fazendas nos áureos tempos da Província fluminense – experimentar um daqueles "desejos de moça", doce cuja receita é revelada pelo Sr. Sérgio D. T. de Macedo (*No tempo das sinhazinhas*, Rio de Janeiro, 1944, p. 41) que a copiou de velho caderno de sua antepassada, a baronesa de São Diogo: "Quilo e meio de farinha de trigo, 500 gramas de manteiga, 500 gramas de açúcar, 1 copo de leite. Depois de tudo bem amassado, até estar em ponto de estender em rolo, corta-se em formas para irem ao forno em bandejas".

124. Antônio José de Sousa, *Do regime das classes pobres, e dos escravos, na cidade do Rio de Janeiro em seus alimentos e bebidas: qual a influência desse regime sobre a saúde?* (tese apresentada à Faculdade de Medicina do Rio de Janeiro, Rio de Janeiro, 1851).

125. José Luciano Pereira Júnior,*Algumas considerações sobre [...] o regime das classes abastadas da cidade do Rio de Janeiro em seus alimentos e bebidas*, cit. (tese apresentada à Faculdade de Medicina do Rio de Janeiro), Rio de Janeiro, 1850. Veja-se também José Maria Rodrigues Regadas, *Regime das classes abastadas no Rio de Janeiro em seus alimentos e bebidas*, etc. (tese apresentada à Faculdade de Medicina do Rio de Janeiro), Rio de Janeiro, 1852, e Ferdinand Dénis, Brésil (Coleção L'Univers), Paris, 1839.

126. Azevedo César de Sampaio Viana, *Qual a causa da frequência das ascites na Bahia?* (tese apresentada à Faculdade de Medicina da Bahia, Bahia, 1850).

127. Francisco Antônio dos Santos Sousa,*Alimentação na Bahia – Suas consequências* (tese apresentada à Faculdade de Medicina da Bahia, Bahia, 1910).

128. Eduardo de Magalhães, *Higiene alimentar*, Rio de Janeiro, 1908. Koster observou entre os moradores do sertão – a zona menos influenciada pelo negro – que quase não se comia legume verde: "riem-se à ideia de comer salada", diz ele dos sertanejos (*Travels*, cit., p. 154).

129. Ao 1º Congresso Afro-Brasileiro do Recife (novembro, 1934) o Dr. Rui Coutinho apresentou interessante estudo sobre a alimentação do escravo negro no Brasil.

130. Burton,*The highlands of the Brazil*, cit. Aliás Burton manifesta a opinião de ser a carne alimento de melhor digestão nos trópicos do que os vegetais.

131. Referimo-nos às "mãozinhas de coçar" de marfim, outrora muito usadas em Portugal pelas famílias aristocráticas, vítimas complacentes do piolho. (Visite-se o Museu Etnográfico Português.) Deve-se também registrar o fato de que no Brasil senhores e senhoras das casas-grandes tiveram o costume de deixar crescer em um dos dedos uma unha enorme, à chinesa, costume que Thomas Lindley observou nos colonos da Bahia, no século XVII Lindley, op. cit.). Evidentemente com o fim de aliviar a coceira dos piolhos e das sarnas. Ainda conhecemos velhos com essas unhas à chinesa.

132. "É um ponto, o da higiene", escreveu Afonso Cláudio no seu trabalho "As tribos negras importadas" (*Rev. Inst. Hist. Geog. Bras.*, tomo especial do Congresso de História Nacional, parte II), "em que é preciso salientar o cuidado instintivo do africano, de maneira a evitar a invasão de epidemias. Comparados sob esse aspecto de higiene preventiva não há dúvida que ele está muito acima do indígena da Oceania e da América".

133. Manuel Querino, *Bahia de outrora*, Bahia, 1916.

134. Doce, alfenim e cocada os negros vendiam cantando:

> *Chora, menino, chora*
> *Chora porque não tem*
> *Vintém.*

Fletcher viu no Rio enormes montanhas de café, movendo-se como que sozinhas: mas por baixo delas verdadeiros gigantes negros. Os negros carregadores de fardos cantavam:

> *Maria, rabula auê*
> *Calunga auê.*

Sobre a influência do negro na música popular brasileira, veja-se Mário de Andrade, *Compêndio de história da música*, São Paulo, 1929. Também o seu *Ensaio sobre música brasileira*, São Paulo, 1928, e a *História da música brasileira*, de Renato de Almeida, 2ª ed., Rio de Janeiro, 1942, livro de interesse não só técnico como histórico-social.

135. Maria Graham, *Journal*, cit., p. 282.

136. Esta loa é para pedir milho, feijão etc. nos festivais de fecundidade. Recolheu a música, juntamente com outras, nas festas da seita africana dirigida pelo negro Anselmo, uma auxiliar do Instituto de Assistência a Psicopatas de Pernambuco, cujo diretor, o professor Ulisses Pernambucano, tanto concorreu para que a polícia de Pernambuco reconhecesse de 1930 a 1935 como seitas religiosas, associações de negros indistintamente classificados como catimbó e injustamente perseguidas pelos delegados e subdelegados. Essa perseguição, porém, foi retomada com maior intensidade do que nunca pelo governo atual de Pernambuco, segundo se diz sob a pressão dos jesuítas portugueses, muito poderosos hoje naquele Estado do Norte.

Possuímos várias outras loas, umas recolhidas do "menino Elói", outras da seita dos "adoradores dos astros", trabalho em que tivemos a colaboração do Dr. Pedro Cavalcanti. Também recolhemos de Elói um vocabulário místico; o Instituto reuniu extenso vocabulário, ao que parece nagô, organizado com o auxílio de Anselmo. As palavras parecem muito estropiadas; algumas podem ser identificadas como de língua iorubana.

137. Segundo o professor Otávio de Freitas, em trabalho lido no 1º Congresso Afro-Brasileiro do Recife (novembro, 1934), foram as seguintes as doenças trazidas ao Brasil pelos "negros bichados": bicho-da-costa, maculo, bouba, gandu, frialdade, ainhum, bicho-de-pé, filárias. O assunto – a origem dessas e de outras doenças outrora comuns no Brasil – pede estudo mais demorado, como já observou outro médico que se vem inteligentemente dedicando ao estudo de doenças e de medicina no Brasil, o Dr. Eustáquio Duarte.

138. José Martins da Cruz Jobim "Discurso sobre as molestias que mais affligem a classe pobre do Rio de Janeiro (lido na sessão publica da Sociedade de Medicina a 30 de junho de 1835) [...]", Rio de

Janeiro, 1835. Vejam-se também Sigaud, op. cit.; Roberto Jorge Haddock Lobo, "Discurso recitado em presença de S. M. o Imperador na sessão solemne anniversaria da Academia Imperial de Medicina do Rio de Janeiro", Rio de Janeiro, 1847. Seguido de "Reflexões acerca da mortalidade da cidade do Rio de Janeiro", Rio de Janeiro, 1847; Resposta ao Inquérito da Câmara do Rio de Janeiro entre médicos sobre o clima e a salubridade da corte dos vice-reis (1798), nº 5, vol. 2, de 1846, dos *Annaes Brasilienses de Medicina*; Antônio Martins de Azevedo Pimentel, Quais os melhoramentos que devem ser introduzidos no Rio de Janeiro etc. (tese apresentada à Faculdade de Medicina do Rio de Janeiro, Rio de Janeiro, 1884).

Bibliografia

As publicações e os documentos incluídos nesta bibliografia são, na sua quase totalidade, aqueles a que se faz referência no texto. Apresentam-se primeiro as fontes (manuscritos, documentos, litogravuras, fotografias, mapas, plantas de casas e engenhos etc.) e depois o material auxiliar ou subsidiário. Deste, primeiro os livros, depois os periódicos. Às publicações de interesse particular e aos documentos e manuscritos que ofereceram ao autor material concreto e às vezes virgem e original, de informação, e da maioria dos quais são dadas, em notas ao texto, indicações tanto quanto possível exatas, precisando-se, no caso de publicações, as páginas citadas, acrescentam-se os livros e periódicos de interesse geral mais proveitosamente consultados, para fins de confirmação daquele material e de sugestões e interpretações esboçadas no presente ensaio. Também para fins de comparação sociológica.

1. Fontes: manuscritos, documentos etc.

Atas da Câmara de São Paulo, de vol. I a XXXII, publicações da Prefeitura do Município de São Paulo.

"A discours of the West Indies and South Sea written by Lopez Vaz a Portugal borne in the citie of Elvas continued unto the yere 1587 etc.," em *The principal navigations voyages traffiques & discoveries of the English nation* [...] by Richard Hakluyt, Londres, 1927.

AGUIAR, Durval Vieira de. *Descrições pátrias da província da Bahia*, Bahia, 1888.

Album Brésilien. Ludwig & Briggs (lit.).

Álbum. Litografia de F. H. Carls e desenhos de L. Schlappriz.

Álbuns de fotografias do século XIX. Coleções das famílias Sousa Leão (Pernambuco-Rio de Janeiro), Cavalcanti de Albuquerque (Pernambuco-Rio de Janeiro), Sousa Bandeira (Pernambuco-Rio de Janeiro), Rocha Wanderley (Pernambuco), Albuquerque Melo (Pernambuco), Cunha Figueiredo (Pernambuco), Pereira de Lyra-Bivar (Ceará), Pires de Albuquerque (Bahia), Albuquerque Maranhão (Rio Grande do Norte).

Almanaque administrativo, mercantil, industrial e agrícola da província de Pernambuco, Rio de Janeiro.

Almanaque de lembranças luso-brasileiro, Lisboa, 1851-[...].

Almanaque do Brasil, Rio de Janeiro.

Almanaque do Rio Grande do Sul (Ferreira Rodrigues).

Almanaque dos negociantes do Império do Brasil, Rio de Janeiro.

ALMEIDA, J. M. *Algumas notas genealógicas*, São Paulo, 1886.

ALMEIDA, Miguel Calmon du Pin e. *Ensaio sobre o fabrico do açúcar*, Bahia, 1834.

Anais Brasilienses de Medicina, Rio de Janeiro, 1849-1885.

Anais da Academia de Medicina do Rio de Janeiro, Rio de Janeiro, 1885-[...].

Anais de Medicina Brasiliense, Rio de Janeiro, 1845-1849.

Anais do 1º Congresso Brasileiro de Eugenia, Rio de Janeiro, 1929.

ANCHIETA, Padre Joseph de. *Informação da província do Brasil para nosso padre*, 1585.

"Informações e fragmentos históricos, 1584-1586", em *Achegas para a história e geografia* por ordem do Ministério da Fazenda, Rio de Janeiro, nº 1, 1886.

ANDRADE JÚNIOR, José Bonifácio Caldeira de. *Esboço de uma higiene dos colégios aplicável aos nossos*, tese apresentada e sustentada no dia 12 de dezembro de 1855 perante a Faculdade de Medicina do Rio de Janeiro, Rio de Janeiro, 1855.

ANTONIL, André João. *Cultura e opulência do Brasil por suas drogas e minas*, com um estudo biobibliográfico por Afonso de Taunay, São Paulo-Rio de Janeiro, 1923.

Arquivo da Câmara Municipal de Sabará, na coleção de manuscritos do Arquivo Público de Minas Gerais, 1782.

Arquivo do Distrito Federal, publicações da Prefeitura da Cidade do Rio de Janeiro, 1895-1897.

ASSIER, Adolphe D'. *Le Brésil contemporain – Races – Moeurs – Institutions – Paysages*, Paris, 1867.

Autobiografia (manuscrito) do Dr. Cássio Barbosa de Resende, Minas Gerais.

Autobiografia (manuscrito) de Higino Cunha, Maranhão.

Autobiografia (manuscrito) de José Cupertino Dantas, engenho Unha do Gato, Sergipe.

Autobiografia (manuscrito) de Júlio de Albuquerque Belo, engenho Queimadas, Pernambuco.

Autobiografia (manuscrito) de Leopoldo Lins, Pernambuco.

BAENA, Antônio Ladislau Monteiro. *Ensaio corográfico sobre a província do Pará*, Pará, 1839.

BALBI, Adrien. *Essai statistique sur le Portugal*, Paris, 1822.

BARLÉUS, Gaspar. *Rerum per Octennium in Brasilien*, Clèves, 1660.

BARRETO, Antônio Alvez Branco Moniz. *Guia de leitura e máximas gerais de conducta*, Rio de Janeiro, 1854.

BARRETO, João Francisco Pais. *Uma estatística (sobre diferença de idades entre marido e mulher em famílias pernambucanas)*, Pernambuco, 1857.

BARRETO, Luís do Rego.*Memória justificativa sobre a conducta do marechal de campo [...] durante o tempo em que foi governador de Pernambuco e presidente da Junta Constitucional do Governo da mesma província offerecida á nação portugueza*, Lisboa, 1822.

BATES, Henry Walter. *The naturalist on the river Amazons*, Londres, 1863. (A edição principalmente utilizada pelo autor deste ensaio foi a de 1915).

BECKFORD, William. *Excursion to the monasteries of Batalha and Alcobaça*, Londres, 1835.

_____. *Italy with sketches from Spain and Portugal*, Londres, 1834.

BELO, Júlio. *Memórias de um senhor de engenho*, Rio de Janeiro, 1939.

BILDEN, Ruediger. *Race relations in Latin America with special references to the development of indigenous culture*, Institute of Public Affairs, University of Virginia, 1931, manuscrito (conferência).

_____. *British and foreign state papers*, Londres, especialmente volumes 24, 44, 57, 62, 1825-1841.

BURLAMAQUI, Frederico Leopoldo César.*Memoria analytica acerca do commercio d'escravos e acerca da escravidão domestica*, Rio de Janeiro, 1837.

_____. *Monographia da canna do assucar,* Rio de Janeiro, 1862.

BURTON, Richard F. *Explorations of the highlands of the Brazil*, Londres, 1869.

CALDCLEUGH, Alexander. *Travels in South America in the years 1819, 1820, 1821. Containing an account of the present state of Brazil, Buenos Ayres and Chili*, Londres, 1825.

CALADO, Frei Manuel. *O valeroso Lucideno*, Lisboa, 1648.

CANDLER, John e BURGESS, W. *Narrative of a recent visit to Brazil*, Londres, 1853.

Carapuceiro (O). Recife, 1837-1842.

CARDIM, Fernão. *Tratados da terra e gente do Brasil*, introdução e notas de Batista Caetano, Capistrano de Abreu e Rodolfo Garcia, Rio de Janeiro, 1925.

"Carta de Américo Vespúcio", em Capistrano de Abreu, *O descobrimento do Brasil*, Rio de Janeiro.

"Carta de Duarte Coelho a el-Rei", em *História da colonização portuguesa do Brasil*.

"Carta de Pero Vaz de Caminha", em Manuel Aires de Casal, *Corografia brasílica*, 2ª ed., Rio de Janeiro, 1833.

"Carta Régia de 3 de setembro de 1709 e bando de 1740 no Maranhão" em Agostinho Marques Perdigão Malheiro, *A escravidão no Brasil, ensaio jurídico-histórico-social*, Rio de Janeiro, 1866.

Cartas de datas de terra, de volume I a III, Publicações da Prefeitura do Município de São Paulo.

Cartas econômico-políticas sobre o comércio e a agricultura da Bahia, Lisboa, 1821.

Cartas e ofícios de Ricardo Gumbleton Daunt, manuscritos no arquivo do Instituto Histórico e Geográfico Brasileiro.

Cartas jesuíticas (1550-1568), Rio de Janeiro, 1887.

Cartas régias, decretos e provisões, 1711-1824, manuscrito da Biblioteca do Estado de Pernambuco.

Cartas régias, doc. nº 81-bis, seção de manuscritos da Biblioteca Nacional, Rio de Janeiro.

CASTELO, Maria e ZAVALA, Sílvio. *Fuentes para la historia del trabajo em nueva España*, México, 1930-1941.

CASAL, Manuel Aires de. *Corografia brasílica*, 2ª ed., Rio de Janeiro, 1833.

CEPEDA, Padre. "Relatório", em Luís Edmundo, *O Rio de Janeiro no tempo dos vice-reis*.

"Crônica da Companhia de Jesus pelo padre Jacinto de Carvalho", manuscrito da Biblioteca de Évora, em João Lúcio de Azevedo, *Os jesuítas no Grão-Pará*.

COELHO, Duarte de Albuquerque. *Memorias diarias de la guerra del Brasil*, exemplar raro da Coleção Oliveira Lima, Biblioteca da Universidade Católica, Washington, Madri, 1654.

Coleção de manuscritos do Instituto Histórico de Alagoas.

Coleção de plantas, desenhos e fotografias de casas de engenho e fazenda do Serviço do Patrimônio Histórico e Artístico Nacional, Rio de Janeiro.

Coleção de retalhos de jornal, arquivo particular de Alberto Lamego, Campos, Estado do Rio de Janeiro.

COLTON, Walter. *Deck and port*, Nova York, 1850.

Compromisso da Irmandade de N. S.ª de Guadalupe de Sergipe.

Compromissos de Irmandades, manuscritos de Pereira da Costa, Biblioteca do Estado de Pernambuco.

COMTE, Charles. *Traité de législation ou exposition des lois générales suivant lesquelles les peuples prospèrent ou restent stationnaires*, Paris, 1835.

COREAL, François. *Voyages aux Indes Occidentales* [...] *depuis 1666 jusqu'en 1697*, Amsterdã, 1722.

CORREIA, Gaspar. *Lendas da Índia*, Lisboa, 1858-1864.

Correspondência da Corte, manuscritos na Biblioteca do Estado de Pernambuco.

COSTA, Antônio Correia de Sousa. *Qual a alimentação de que vive a classe pobre do Rio de Janeiro e a sua influência sobre a mesma classe?*, tese, Rio de Janeiro, 1865.

CREARY, Reverendo. *Brazil under the monarchy – A record of facts and observation*, manuscrito na Biblioteca do Congresso de Washington.

_____. *Chronicas Lageanas*, manuscrito na Biblioteca do Congresso de Washington.

CRÉVAUX, Jules. *Voyages dans l'Amérique du Sud*, Paris, 1883.

CUNHA, Augusto Lassance. *Dissertação sobre a prostituição, em particular na cidade do Rio de Janeiro*, tese apresentada à Faculdade do Rio de Janeiro, Rio de Janeiro, 1845.

CUNHA, Francisco. *Reminiscências*, Rio de Janeiro, 1914.

Dados genealógicos de algumas das mais importantes famílias mineiras, coligidos por Luís Pinto, manuscrito de coleção particular de família, Minas Gerais.

DAMPIER, William. *Voyages* [...] *aux terres australes, à la nouvelle Hollande & C, fait en 1699* (trad.), Amsterdã, 1705.

DEBRET, J.-B. *Voyage pittoresque et historique au Brésil ou séjour d'un artiste français au Brésil depuis 1816 jusqu'en 1831, inclusivement, époques de l'avènement, et de l'abdication de S. M. D. Pedro ler foundateur de l'empire brésilien*, Firmin-Didot, 1834-1839, 3 vols., gr. *infol.*

DÉNIS, Ferdinand. *Brasil*, Coleção l'Univers, Paris, 1839.

_____. *Le Portugal*, Paris, 1846.

Diálogos das grandezas do Brasil, introdução de Capistrano de Abreu e notas de Rodolfo Garcia, ed. da Academia Brasileira de Letras, Rio de Janeiro, 1930.

Diário da Bahia (1835-1838; 1877-[...]).

Diário do Rio de Janeiro (1821-1878).

Diário de Pernambuco (1825-[...]).

DIAS, Cícero. *Jundiá*, manuscrito de romance autobiográfico em preparo.

Documentos históricos, correspondência dos governadores-gerais, Provisões etc., publicações da Biblioteca Nacional do Rio de Janeiro.

Documentos históricos do Arquivo Municipal, Atas da Câmara, 1625-1641, vol. I – Prefeitura Municipal de Salvador, Bahia, 1944.

Documentos históricos, portarias e cartas dos governadores-gerais e governo interno, vol. VIII da série VI dos Documentos da Biblioteca Nacional, Rio de Janeiro, 1929.

DONNAN, Elizabeth. *Documents illustrative of the history of the slave trade to America*, Washington, 1930.

Documentos na *Revista do Arquivo Público do Estado do Rio Grande do Sul*, Porto Alegre.

Documentos na *Revista do Arquivo Municipal de São Paulo*.

Documentos na *Revista do Arquivo Público Mineiro*, Belo Horizonte.

Documentos na *Revista do Instituto Arqueológico e Geográfico Pernambucano* (depois *Revista do Instituto Arqueológico, Histórico e Geográfico Pernambucano*).

Documentos na *Revista do Instituto Histórico do Ceará*.

Documentos na *Revista do Instituto Histórico e Geográfico Brasileiro*, Rio de Janeiro.

Documentos na *Revista do Instituto Histórico*, Bahia.

Documentos na *Revista do Instituto Histórico de Mato Grosso*, Cuiabá.

Documentos na *Revista do Instituto Histórico de São Paulo*, São Paulo.

Documentos nos *Anais do Arquivo Público da Bahia*, Bahia.

Documentos nos *Anais da Biblioteca Nacional do Rio de Janeiro*, publicações da Biblioteca Nacional, Rio de Janeiro.

Documentos nos *Anais de Medicina Brasiliense*, Rio de Janeiro, 1845-1849.

Documentos nos *Anais Brasilienses de Medicina* (Jornal da Academia Imperial de Medicina do Rio de Janeiro), Rio de Janeiro, 1849-1885.

Documentos nos *Anais da Academia de Medicina do Rio de Janeiro*, Rio de Janeiro (1885-[...]).

Documentos nos *Anais do Parlamento*, Rio de Janeiro.

Documentos nas *Publicações do Arquivo Nacional*, Rio de Janeiro.

Documentos na *Revista Trimensal do Instituto Histórico e Geográfico de Santa Catarina*.

Documentos nos *Anais do Museu Paulista*, São Paulo.

Documentos inéditos encontrados pelo professor Roquette-Pinto no Arquivo do Instituto Histórico e Geográfico Brasileiro (Arquivo do Conselho Ultramarino, correspondência do governador de Mato Grosso – 1777-1805 – Código 246).

Documentos relativos ao Brasil, no período da invasão holandesa, existentes no Arquivo Real de Haia (publicados na *Revista do Inst. Arq. Hist. e Geog. Pernambucano*, nº 33, Recife, 1887) e na seção de manuscritos do Instituto Arqueológico, Recife.

DUARTE, José Rodrigues de Lima. *Ensaio sobre a higiene da escravatura no Brasil*, tese, Rio de Janeiro, 1849.

Essai historique sur la colonie de Surinam [...] *le tout redigé sur des pièces authentiques y joustes, & mis en ordre par les regens & représentans de la dite Nation Juive Portugaise*, à Paramaribo, 1788.

Estatutos do Colégio N. S.ª do Bom Conselho, Recife, 1859.

EVREUX, Ives D'. *Voyages dans le nord du Brésil*, Leipzig e Paris, 1864.

EWBANK, Thomas. *Life in Brazil, or a journal of a visit to the land of Cocoa and the Palm*, Nova York, 1856.

FIGUEIRA, Padre Luís. *Relação do Maranhão, documentos para a história do Brasil, especialmente do Ceará, 1608-1625*, Fortaleza, 1904.

FLETCHER, J. C. e KIDDER, D. P. *Brazil and the Brazilians*, Boston, 1879.

FONSECA, Borges da. "Nobiliarquia pernambucana", manuscrito no Instituto Arqueológico, Histórico e Geográfico Pernambucano.

FONSECA, Joaquim Moreira da. "Casamento e eugenia", *Atas*, 1º Congresso Brasileiro de Eugenia, Rio de Janeiro, 1929.

FONSECA, Pedro P. da. *Fundação de Alagoas – Apontamentos históricos, biográficos e genealógicos*, 1886. (trabalho inédito).

Frades julgados no Tribunal da Razão (Os), obra póstuma de Frei – ? –, Doutor Conimbrense, Lisboa, 1814.

"Fragmentos de uma memoria sobre as sesmarias da Bahia" (cópia de um manuscrito que parece ter sido do falecido marquês de Aguiar e talvez de sua pena) [...] em *Livro das terras ou Collecção da lei, regulamentos e ordens Expedidos a respeito desta materia até ao presente* [...], 2ª ed., Rio de Janeiro, 1860.

FRANCO, Francisco de Melo. *Tratado da educação physica dos meninos para uso da nação portuguesa,* Lisboa, 1790.

FRÉZIER, M. *Relation du voyage de la mer du Sud aux côtes du Chily et du Pérou, fait pendant les années 1712,1713 et 1714*, Paris, 1716.

FROGER Sr. *Relation d'un voyage fait en 1695, 1696 et 1697, aux côtes d'Afrique, Détroit de Magellan, Brésil, Cayenne & les Isles Antilles par une escadre des vaisseaux du Roy commandée par monsieur de Gennes*, Paris, 1700.

GAMA, Padre Miguel do Sacramento Lopes. *Carapuceiro,* Recife, 1832-1834-37, 1843 e 1847.

_____. Poesias sacras.

GANDAVO, Pero de Magalhães. *História da província de Santa Cruz a que vulgarmente chamamos Brasil,* Rio de Janeiro, 1924.

GARDNER, George. *Travels in the interior of Brazil, principally through the Northen Provinces and the Gold and Diamond Districts, during the years of 1836-1841*, Londres, 1846.

Gazeta do Rio de Janeiro, 1808-1822.

GRAHAM, Maria. *Journal of a voyage to Brazil and residence there during the years 1821,1822,1823*, Londres, 1824.

HAKLUYT, Richard. *The principal navigations voyages traffiques & discoveries of the English nation*, Londres, 1927.

HENRIQUES, Dr. Francisco da Fonseca. *Soccorro delfico aos clamores da natureza humana* [...], Amsterdã, 1731.

"Historia profana, pela mithologia, pelas novellas e pela geographia", cit. pelo padre Gama, *O Carapuceiro.*

Idade d'Ouro do Brazil, Bahia, 1811-1823.

IMBERT, J. B. A. *Ensaio hyggienico e medico sobre o clima do Rio de Janeiro e o regme alimentar de seus habitantes*, Rio de Janeiro, 1837.

_____. *Guia medica das mães de familia ou a infância considerada na sua hygiene, suas molestias e tratamentos*, Rio de Janeiro, 1843.

_____. *Manual do fazendeiro ou tratado domestico obre as enfermidades dos negros*, Rio de Janeiro, 1839.

_____. *Uma palavra sobre o charlatanismo e os charlatões*, Rio de Janeiro, 1837. Inventários e testamentos, arquivo do Estado de São Paulo, 1920-1921.

Inventários, arquivos do Cartório de Ipojuca.

João Pobre (O) (jornal), Recife, 1844-1845.

JOBIM, José Martins da Cruz. "Discurso inaugural que na seção pública da installação da Sociedade de Medicia do Rio de Janeiro recitou [...]", Rio de Janeiro, 1830.

_____. "Discurso sobre as molestias que mais affligem a classe pobre do Rio de Janeiro (lido na sessão pública da Sociedade de Medicina a 30 de junho de 1835) [...]", Rio de Janeiro, 1835.

Jornal do Comercio, Rio de Janeiro, (1827-[...])

KIDDER, D. P. e FLETCHER, J. C. *Brazil and the Brazillians*, Boston, 1879.

KINDERSLEY, Mrs. *Letters from the Islands of Teneriff, Brazil, the Cape of Good Hope, and the East Indies*, Londres, 1777.

KOCH-GRÜNBERG, Theodor. *Zwei Jahre unter den Indianern*, Stuttgart, 1908-1910.

KOSTER, Henry. *Travels in Brazil*, Londres, 1816.

KRAUSE, Fritz. *In den Wildnissen Brasiliens*, Leipzig, 1911.

LA CAILLE, Abade de. *Journal historique du voyage fait au Cap de Bonne Espérance*, Paris, 1763.

LA BARBINAIS, Le Gentil de. *Nouveau voyage autour du monde par M. LE GENTIL. Enrichi de plusieurs plais, vues & perspectives des principales villes & ports du Pérou, Chily, Brésil & de la Chine – à Amsterdã*, 1728.

LAET, João de. *Historia ou annaes dos feitos da companhia privilegiada das Indias Occidentaes desde o seu começo até o fim de 1636*, Leide, 1644.

LAVRADIO, Barão de. "Algumas considerações sobre as causas da mortalidade das crianças no Rio de Janeiro e molestias mais frequentes nos seis ou sete primeiros mezes de idade", artigos publicados no *Jornal da Imperial Academia*, 1847.

LAVRADIO, Marquês do. Portaria de 6 de agosto de 1771, cit. por Alfredo de Carvalho, em *Frases e palavras – Problemas históricos e etimológicos*, Recife, 1906.

Livro de assentos, manuscritos da Família Félix Cavalcanti de Alburquerque Melo, coleção particular de família, Recife.

Livro de modinhas, de Cícero Brasileiro de Melo, manuscrito da coleção particular de família, Recife.

Livro de modinhas e receitas de bolos de Gerôncio Dias de Arruda Falcão, manuscrito da coleção particular de família, Recife.

Livros de Assentos de Família, manuscritos da coleção Luís Antônio Pinto, Caeté, Minas Gerais.

LÉRY, Jean de. *Histoire d'un voyage fait en la terre du Brésil* (nouvelle édition avec une introduction et des notes par Paul Gaffarel), Paris, 1770.

Lições elementares de aritmética, por "Hum Brasileiro", Rio de Janeiro, 1825.

LINDLEY, Thomas. *Narrative of a voyage to Brazil [...] with general sketches of the country, its natural productions, colonial inhabitants and a description of the city and province of St. Salvador and Porto Seguro*, Londres. 1825.

LOBO, Roberto Jorge Haddock. *Discurso recitado em presença de S. M. o Imperador na sessão solemne anniversaria da Academia Imperial de Medicina, Rio, a 30 de julho de 1847, seguido de reflexões acerca da mortalidade da cidade do Rio de Janeiro*, Rio de Janeiro, 1847.

LUCCOCK, John. *Notes on Rio de Janeiro and the Southern Parts of Brazil, taken during a residence of ten years in that country from 1808 to 1818*, Londres, 1820.

LUNA, Padre-Mestre Lino do Monte Carmelo. *A bênção do engenho Maçauaçu*, Recife, 1869.

MACEDO JÚNIOR, João Álvares de Azevedo. *Da prostituição do Rio de Janeiro e de sua influência sobre a saúde pública*, tese apresentada à Faculdade de Medicina do Rio de Janeiro, Rio de Janeiro, 1869.

MAIA, Manuel A. Velho da Mota. *O conde de Mota Maia*, Rio de Janeiro, 1937.

MANSFIELD, Charles B. *Paraguay, Brazil and the Plate*, Cambridge, 1856.

Mapa topográfico com a demarcação que se fez no ano de 1779 das terras do engenho da Aldeia de Serinhaém, Pernambuco, coleção do autor.

MARCONDES, Moisés. *Pai e patrono*, Rio de Janeiro, 1926.

MARTIUS, C. F. Phil von. *Beiträge zur Ethnographie und Sprachenkund Amerika's zumal Brasiliens*, Leipzig, 1767.

MARTIUS, C. F. Phil von e SPIX, J. B. von. *Travels in Brazil* (trad.), Londres, 1824.

MATHISON, Gilberto Farquhar. *Narrative of a visit to Brazil, Chili, Peru, and the Sandwich Islands during the years 1821 and 1822*, Londres, 1825.

MAWE, John. *Travels in the interior of Brazil*, Filadélfia, 1816.

MELO, Félix Cavalcanti de Albuquerque. *Livro de assentos particulares*, iniciado em Olinda em 1º de março de 1843 (manuscrito).

MENDONÇA, Marcos de. *O Intendente Câmara (1764-1835)*, Rio de Janeiro, 1936.

MENEZES, Diogo de Melo. *Memórias de um Cavalcanti*, São Paulo, 1940.

MESSINA, Frei Plácido de. Ofício ao presidente de Pernambuco barão da Boa Vista, datado de 26 de novembro de 1842, manuscrito no arquivo do Instituto Arqueológico, Histórico e Geográfico Pernambucano.

Monitor Campista (1834-1929); 1931-[...], Campos, Estado do Rio de Janeiro.

MOREAU, Pierre. *Histoire des derniers troubles du Brésil entre les Hollandois et les Portugois*, Paris, 1651.

MOREIRA, Nicolau. *Discurso sobre a educação moral da mulher*, Rio de Janeiro, 1868.

Manuscrito de Max Schmidt no Museu Barbero, em Assunção do Paraguai.

Manuscrito sobre inglês, existente no arquivo do Instituto Arqueológico, Histórico e Geográfico Pernambucano.

Manuscrito de memórias da família Guimarães Peixoto (1800-1850).

Manuscrito do diário íntimo de L. L. Vauthier (1840-1846).

Manuscrito sobre conversões, existente no arquivo do Instituto Arqueológico, Histórico e Geográfico Pernambucano.

Manuscrito do arquivo Histórico Colonial de Lisboa.

Manuscrito do arquivo de família do engenho Itapuá, Paraíba.

Manuscrito do arquivo de família da fazenda Forquilha, Rio de Janeiro.

Manuscrito do arquivo do capitão-mor Manuel Tomé de Jesus, engenho Noruega, Pernambuco.

Manuscrito na coleção particular de M. de Oliveira Lima, Washington.

NEVES, Antônio José Pereira das. "Memoria", *Anais Brasilienses de Medicina*, Jornal da Academia Imperial de Medicina do Rio de Janeiro, nº 1, março de 1856.

NIEUHOF, John. *Voyages and travels into Brazil and the East Indies* (trad.), Londres, 1703.

NÓBREGA, Padre Manuel da. *Cartas do Brasil (1549-1560)*, Rio de Janeiro, 1931.

OLIVEIRA, Cândido Batista de. *Compêndio de aritmética*, Rio de Janeiro, 1832.

Ordenações Filipinas, Livro V, título III.

PADILHA, Francisco Fernandes. *Qual o regime das classes nobres do Rio de Janeiro?*, tese, Rio de Janeiro, 1852.

Parliamentary Papers (Londres) especialmente *Reports from committees, sugar and coffee, planting, House of Commons, Session, 1847-1848.*

Pastoral de D. frei José Fialho, inédita, manuscrito no arquivo da catedral de Olinda, de 19 de fevereiro de 1726.

Pastoral de D. Frei José Fialho, "Dada nesta Villa de Santo Antonio do Recife [...] aos 16 dias do mez de Agosto de 1738", manuscrito no arquivo da catedral de Olinda.

Pequeno Almanaque do Rio de Janeiro, Rio de Janeiro, 1842.

PEREIRA JÚNIOR, José Luciano. *Algumas considerações sobre [...] o regime das classes abastadas do Rio de Janeiro em seus alimentos e bebidas*, tese apresentada, à Faculdade de Medicina do Rio de Janeiro, Rio de Janeiro, 1850.

PICANÇO, José Correia. *Ensaio sobre os perigos das sepulturas dentro das cidades e seos contornos*, 1812.

PIMENTEL, Antônio Martins de Azevedo. *Quais os melhoramentos que devem ser introduzidos no Rio de Janeiro* etc., tese apresentada à Faculdade de Medicina do Rio de Janeiro, Rio de Janeiro, 1884.

PISONIS, G. *Historia naturalis brasiliae*, Amsterladami, 1648.

Plantas dos engenhos Grajaú de Baixo e de Cima (Pernambuco) e outros limitados pelas terras que foram de Arnau d'Olanda, manuscrito do fim do século XVIII, arquivo do engenho dos Bois ou Noruega, e hoje da coleção do autor.

POMBAL, Marquês de. Decreto referente a casamento de portugueses e índias, cópia da época na seção de manuscrito do Instituto Arqueológico, Histórico e Geográfico Pernambucano.

Primeira visitação do Santo Ofício às partes do Brasil pelo licenciado Heitor Furtado de Mendonça – Confissões da Bahia – 1591-1592, série Eduardo Prado, editada por Paulo Prado, com introdução de Capistrano de Abreu, São Paulo, 1927.

Primeira visitação do Santo Ofício às partes do Brasil etc. – Denunciações da Bahia – 1591-1593, série Eduardo Prado, editada por Paulo Prado, com introdução de Capistrano de Abreu, São Paulo, 1925.

Primeira visitação do Santo Ofício às partes do Brasil etc. – Denunciações de Pernambuco – 1593-1595, série Eduardo Prado, editada por Paulo Prado, com introdução de Rodolfo Garcia, São Paulo, 1929.

PURSER, Thomas Grigs. "Certain notes of the voyage to Brazil with the Minion of London [...] in the yere 1580", in *The principal navigations voyage traffiques & discoveries of the English nation* [...] *by* Richard Hakluyt, Londres, 1927.

RADIGUET, Max. *Souvenirs de l'Amérique Espagnole*, Paris, 1848.

REBOUÇAS, André. *Diário e notas autobiográficas*, anotado por Ana Flora e Inácio José Veríssimo, Rio de Janeiro, 1940.

REGADAS, José Maria Rodrigues. *Regime das classes abastadas no Rio de Janeiro em seus alimentos e bebidas*, tese apresentada à Faculdade de Medicina do Rio de Janeiro, Rio de Janeiro, 1852.

REGO, José Pereira de. "Discurso na sessão anniversaria do corrente anno", *Anais Brasilienses de Medicina*, Jornal da Academia Imperial de Medicina do Rio de Janeiro, nº 4, tomo XXV, setembro de 1873.

Receitas de doce de Da. Angelina Barros Andrade Lima (manuscrito).

Registro de sesmarias e datas de terras, 1689-1730, manuscrito na Biblioteca Pública do Estado de Pernambuco.

Relatório de Schonenburgh e Haecks, "Saken van Staet en Oorlogh in Ende Outrent de Veroenidge Nederlanden, Regions Beginnende met her Jaer 1645, nde Enyndigende met Jaer 1658", Graven-Haghe, 1669.

Registro Geral da Câmara da Cidade de São Paulo, de volume I a XXIII, publicações da Prefeitura do Município de São Paulo.

Relatórios de cônsules, manuscritos na Biblioteca do Estado de Pernambuco.

Relatórios de cônsules, manuscritos no Arquivo do Estado da Bahia.

Relatório da commissão de salubridade geral da Sociedade de Medicina do Rio de Janeiro, sobre as causas de infecção da athmosphera da côrte, Rio de Janeiro, 1832.

RENDU, Alp. *Études topographiques, médicales et agronomiques sur le Brésil*, Paris, 1848.

RENNEFORT, Urbain Souch de. *Histoire des Indes Orientales*, Paris, 1688.

REYNAL, Abade. *Histoire philosophique et politique des établissemets & du commerce des européens dans les deux indes*, à Genève, 1775.

RODRIGUES, Nina. *Regime alimentar no norte do Brasil*, Maranhão, 1881.

ROQUETTE, J. I. *Código do bom-tom*, Paris, 1845.

ROQUETTE-PINTO, E. "Notas sobre os tipos antropológicos do Brasil", em *Atas e Trabalhos*, 1º Congresso Brasileiro de Eugenia, Rio de Janeiro, 1929.

_____. *Rondonia*, Rio de Janeiro, 1917.

RUGENDAS, Maurice. *Voyage pittoresque dans le Brésil, par Maurice Rugendas, traduit de l'allemand par M. de Golbery, conseiller à la court Royale de Colmar, correspondant de l'Institut, membre de plusieurs sociétés savants, chevalier de la Légion d'Honneur. Publié par Engelmant et Cie.*, Paris et Mulhouse, 1835, gr. *in-fol.*

SAINT-HILAIRE, August de. *Voyages dans l'intérieur du Brésil*, Paris, 1852.

SAINT MARBIAL. *Au Brésil*, Paris, s.d.

SALVADOR, Frei Vicente do. *História do Brasil*, ed. revista por Capistrano de Abreu, São Paulo e Rio de Janeiro, 1918.

SANTA TERESA, D. Frei Luís de. *Relatório a Sua Santidade*, manuscrito de que se conserva cópia no arquivo da catedral de Olinda.

SAY, Horace. *Histoire des relations commerciales entre la France et le Brésil*, Paris, 1839.

SCHMIDT, Max. *Indianerstudien in Zentralbrasilien*, Berlim, 1905.

SERPA, Joaquim Jerônimo. *Tratado de educação physica-moral dos meninos*, Pernambuco, 1828.

SIGAUD, J. F. X. *Du climat et des maladies du Brésil*, Paris, 1844.

SILVA, Frutuoso Pinto da. *O problema da moralidade e da higiene sexual nos internatos*, tese apresentada para ser sustentada em novembro de 1869, perante a Faculdade de Medicina da Bahia, Bahia, 1869.

SILVA, Manuel Vieira da (Barão de Alvaesar). *Reflexões sobre alguns dos meios propostos por mais conducentes para melhorar o clima na cidade do Rio de Janeiro*, 1808.

SIQUEIRA, José de Góis E. *Breve estudo sobre a prostituição e a sífilis no Brasil*, Rio de Janeiro, 1877.

SMITH, Herbert S. *Do Rio de Janeiro a Cuiabá* (com um capítulo de Karl von den Steinen sobre a capital de Mato Grosso), Rio de Janeiro, 1922.

SOUSA, Antônio José de. *Do regime das classes pobres e dos escravos na cidade do Rio de Janeiro, em seus alimentos e bebidas. Qual a influência desse regime sobre a saúde?*, tese apresentada à Faculdade de Medicina do Rio de Janeiro, Rio de Janeiro, 1851.

SOUSA, Francisco Antônio dos Santos. *Alimentação na Bahia – Suas consequências*, tese apresentada à Faculdade de Medicina da Bahia, Bahia, 1910.

SOUSA, Gabriel Soares de. "Tratado descritivo do Brasil em 1587", ed. de Varnhagen, *Rev. do Inst. Hist. e Geog. Bras.*, tomo XIV, Rio de Janeiro, 1851.

SOUSA, Tomé de. *Regimentos*, manuscrito na Biblioteca do Estado de Pernambuco.

STEINEN, Karl von den. *Unter den Naturvölkern Zentral-Brasiliens*, Berlim, 1894.

Synopsis de sismarias registradas nos livros existentes no Archivo da Tesouraria da Fazenda da Bahia, prefaciado por Alcides Bezerra, publicações do Arquivo Nacional, XXVII.

TAUNAY, C. A. *Manual do agricultor brasileiro*, Rio de Janeiro, 1839.

Testamento do capitão-mor Manuel Tomé de Jesus, manuscrito no arquivo do engenho Noruega, Pernambuco.

Testamentos, manuscritos no arquivo do cartório de Ipojuca.

"Thesouro descoberto no maximo rio Amazonas", princípio da 2ª parte, que trata dos índios do Amazonas, sua fé, vida, costumes etc., copiado de um manuscrito da Biblioteca Pública do Rio de Janeiro, em *Rev. Inst. Hist. e Geog. Bras.*, vol. II, nº 7, Rio de Janeiro, 1858.

THÉVET, Frei André. *Les singularitez de la France Antarctique autrement nommée Amérique* [...], Paris, 1878.

TOLLENARE. *Notas dominicais tomadas durante uma viagem em Portugal e no Brasil, em 1816, 1817 e 1818*, parte relativa a Pernambuco traduzida do manuscrito francês inédito por Alfredo de Carvalho, em *Rev. do Inst. Arq., Hist. e Geogr. Pernambucano*, vol. XI, nº 61.

VASCONCELOS, Padre Simão de. *Crônica da ompanhia de Jesus do Estado do Brasil* etc., introdução do cônego Fernandes Pinheiro, 2ª ed., Rio de Janeiro, 1864.

_____. *Vida do veneravel padre Ioseph de Anchieta da Companhia de Iesu, taumaturgo do novo mundo na provincia do Brasil* [...], Lisboa, 1672.

VAUTHIER, L. L. "Des maisons d'habitation au Brésil", *Revue Générale de l'Architecture et des Travaux Publics*, XI, Paris, 1853.

VELOSO, Frei José Mariano. *Extrato sobre os engenhos de assucar e sobre o methodo já então praticado da fartura deste sal essencial, tirado da obra* Riqueza e opulencia do Brasil, *para se combinar com os novos methodos que agora se propõem debaixo dos auspícios de S. Alteza Real o principe regente Nosso Senhor*, Lisboa, 1800.

"Viagem a Portugal dos cavaleiros Trom e Lippoman (1580)", trad. de Alexandre Herculano, *Opúsculos*, Lisboa, 1897.

VIANA, Azevedo César de Sampaio. *Qual a causa da frequência das ascites na Bahia?*, tese apresentada à Faculdade de Medicina da Bahia, Bahia, 1850.

VILHENA, Luís dos Santos. *Recompilação de notícias soteropolitanas e brasílicas (ano de 1802)*, Bahia, 1921.

Voyage du Marseille à Lima et dans les autres Indes Occidentales, Paris, 1720.

WALLACE, Alfred R. *A narrative of travels on the Amazons and Rio Negro*, Londres, 1852.

WALSH, R. *Notices of Brazil*, Londres, 1830.

WERNECKE, F. P. L. *Memória sobre a fundação de uma fazenda*, Rio de Janeiro, 1860.

WHITE, John. *Journal of a voyage to New South Wales*, Londres, 1790.

ZAVALA, Sílvio e CASTELO, Maria. *Fuentes para la historia del trabajo en Nueva España*, México, 199-1941.

2. Material subsidiário: livros

ABREU, J. Capistrano de. *Capítulos de história colonial*, Rio de Janeiro, 1928.

_____. *O descobrimento do Brasil*, Rio de Janeiro, 1922.

ADAMS, E. V. *The conquest of the tropics*, Nova York, 1914.

AINSWORTH, L. *The confessions of a planter in Malaya*, Londres, 1933.

ALENCAR, José de. *Mãe,* Rio de Janeiro, 1862.

_____. *Lucíola*, Rio de Janeiro, s.d

_____. *Senhora*, Rio de Janeiro, s.d.

_____. *O demônio familiar*, Rio de Janeiro, s.d.

_____. *O tronco do ipê*, Rio de Janeiro, 1871.

_____. *Sonhos d'oiro*, Rio de Janeiro, s.d.

_____. *Pata da gazela*, Rio de Janeiro, s.d.

ALMEIDA, José Américo de. *A bagaceira*, Paraíba, 1928.

_____. *A Paraíba e seus problemas*, Paraíba, 1923.

ALMEIDA, Manuel Antônio de. *Memórias de um sargento de milícias*, Rio de Janeiro, 1863.

ALMEIDA, Pires de. *L'instruction publique au Brésil*, Rio de Janeiro, 1889.

ALMEIDA, Renato de. *História da música brasileira*, 2ª ed., Rio de Janeiro, 1942.

ALMEIDA, Tito Franco de. *O Brasil e a Inglaterra ou o tráfico dos africanos*, Rio de Janeiro, 1865.

ALTAMIRA, Rafael. *Filosofia de la historia y teoria de la civilización*, Madri, 1915.

AMARAL, Azevedo. *Ensaios brasileiros*, Rio de Janeiro, 1930.

AMARAL, F. P. do. *Escavações, fatos da história de Pernambuco*, Recife, 1884.

AMARAL, Luís. *História geral da agricultura brasileira*, São Paulo, 1939.

AMADO, Gilberto. *Grão de areia*, Rio de Janeiro, 1919.

ANDRADE, Almir de. *Formação da sociedade brasileira*, Rio de Janeiro, 1941.

ANDRADE, Mário de. *Compêndio de história da música*, São Paulo, 1929.

_____. *Ensaio sobre música brasileira*, São Paulo, 1928.

"Annual production of animals for food and per capita consumption of meat in the United States", U. S. Department of Agriculture (1905), apud Rui Coutinho, *O valor social da alimentação*.

Anuário Estatístico de Pernambuco, Recife, 1929-1930.

APERT. "La Croyssance", apud Sorokin, *Social mobility*.

AQUINAS, Thomas. *Summa theologica*.

ARAGÃO, Egas Moniz de. "Contribution à l'étude de la syphilis au Brésil", apud Oscar da Silva Araújo, *Alguns comentários sobre a sífilis no Rio de Janeiro*.

ARARIPE JÚNIOR. *Gregório de Matos*, Rio de Janeiro, 1894.

ARAÚJO, Oscar da Silva. *Alguns comentários sobre a sífilis no Rio de Janeiro*, Rio de Janeiro, 1928.

_____. *L'organisation de la lutte antivénérienne au Brésil*, Paris, 1928.

_____. *Subsídios ao estudo da framboesia trópica*, Rio de Janeiro, 1928.

ARINOS, Afonso. *Lendas e tradições brasileiras*, São Paulo, 1917.

ARMITAGE, F. P. *Diet and race*, Londres, 1922.

ARROIO, Antônio. "O povo português", em *Notas sobre Portugal*, Lisboa, 1908.

ASSIS, Machado de. *Memórias póstumas de Brás Cubas*, Rio de Janeiro, 1881.

_____. *Helena*, Rio de Janeiro, 1929.

_____. *Iaiá Garcia*, Rio de Janeiro, s.d.

_____. *Dom Casmurro*, Rio de Janeiro, s.d.

_____. *Casa Velha*, São Paulo, 1944.

ATAÍDE, Tristão de. *Estudos*, 1ª série, Rio de Janeiro, 1927.

ÁVILA, Bastos de. "O negro em nosso meio escolar", em *Novos estudos afro-brasileiros*, Rio de Janeiro, 1936.

AYALA, F. *Tratado de sociologia: I – Historia de la sociologia*, Buenos Aires, 1947.

AZEVEDO, Fernando de. *Canaviais e engenhos na vida política do Brasil*, Rio de Janeiro, 1948.

AZEVEDO, João Lúcio de. "Algumas notas relativas a pontos de história social", em *Miscelânia de Estudos em Homenagem de Dona Carolina Michaëlis de Vasconcelos*, Coimbra, 1930.

_____. *Épocas de Portugal Econômico*, Lisboa, 1929.

_____. *História dos cristãos-novos portugueses*, Lisboa, 1922.

_____. "Organização econômica", em *História de Portugal*, edição monumental, vol. III, Barcelos, 1931.

_____. *Os jesuítas no Grão-Pará, suas missões e a colonização*, 2ª ed., Coimbra, 1930.

AZEVEDO, Pedro de. "Os primeiros donatários", em *História da colonização do Brasil*, Lisboa.

AZEVEDO, Tales de. *Gaúchos, Notas de antropologia social*, Bahia, 1943.

BAKER, John. *Sex in man and animals*, Londres, 1926.

BAKER, Paul E. *Negro-white adjustment*, Nova York, 1934.

BAKER, Ray Stannard. *Following the color line: an account of negro citizenship in the American democracy*, Nova York, 1908.

BALLAGHE, J. C. *A history of slavery in Virginia*, Baltimore, 1902.

BANDEIRA, J. C. Sousa. *Evocações e outros escritos*, Rio de Janeiro, 1920.

BATISTA, V. *Vitaminas e avitaminoses*, São Paulo, 1934.

BARATA, Cônego José do Carmo. *História eclesiástica de Pernambuco*, Recife, 1922.

BARNES, H. E. e MERRIAM, C. E. *History of political theories*, Nova York, 1924.

BARROS, Gama. *História da administração pública moderna em Portugal nos séculos XV e XVI*, Lisboa, 1896.

BARROS, J. J. Soares de. "Memórias sobre as causas da diferente população de Portugal em diferentes tempos da monarquia portuguesa", em *Memórias econômicas da Academia Real das Ciências*, 2ª ed., Lisboa, 1885.

BARROS, Paulo de Morais. *Impressões do nordeste*, São Paulo, 1923.

BARROSO, Gustavo. *Terra de sol*, Rio de Janeiro, 1913.

BASSET, John Spencer. *The Southern plantation overseer*, Northampton, 1925.

BASTIDE, Roger. *A psicologia do cafuné*, Curitiba-São Paulo-Rio de Janeiro, 1941.

BAUER, Erwin, FISCHER, Eugen e LENTZ, Fritz. *Human heredity*, trad. com acréscimos pelos autores, Londres, 1931.

BEAN, Robert Bennett. *The races of man*, Nova York, 1932.

BECKER, Jerônimo. *La politica española em las Indias*, Madri, 1920.

BEDSFORD, Jay Barrett. *English society in eighteenth century as influenced from oversea*, Nova York, 1924.

BELL, Aubrey F. G. *Portugal of the Portuguese*, Londres, 1915.

BELO, Júlio. *Uma comédia*, edição particular da *Revista do Norte*, de José Maria Carneiro de Albuquerque e Melo, Recife.

BENEDICT, Ruth. *Patterns of culture*, Boston, 1934.

_____. *Race, science and politics*, Nova York, 1940.

BÉRINGER, Émile. *Estudos sobre o clima e a mortalidade da capital de Pernambuco*, trad. Manuel Duarte Pereira, Pernambuco, 1891.

BERNARD, John. *Retrospection of America (1797-1811)*, Nova York, 1887.

BEVILÁQUA, Clóvis. "Instituições e costumes jurídicos dos indígenas brasileiros no tempo da conquista", apud Martins Júnior, *História do Direito Nacional*, Rio de Janeiro, 1895.

BOAS, Franz. *Anthropology and modern life*, Londres, 1929.

_____. *Changes in bodily form of descendants of immigrants*, Senate Documents, Washington, 1910-1911.

_____. *The mind of primitive man*, Nova York, 1911.

BOGART, Ernest Ludlow. *The economic study of the United States*, Nova York, 1913.

BOLDRINI, M. *Biometrica, problemi della vita, della specie e degli individui*, Pádua, 1928.

Boletim Geográfico, Rio de Janeiro, nº 17, agosto de 1944.

BONFIM, Manuel. *América Latina*, 1903.

_____. *O Brasil na América*, Rio de Janeiro, 1929.

_____. *O Brasil na história*, Rio de Janeiro, 1931.

BOND, Horace Mann. *Education of the negro in the American Social Order*, Nova York, 1934.

BONIFÁCIO, José. *Representação à Assembleia Geral Constituinte*, em Alberto de Sousa, *Os Andradas*, São Paulo, 1922.

BORGES, Durval Rosa. *Estudos sobre sífilis com especial referência à classe média paulistana*, Rio de Janeiro, 1941.

BOULE. *Les hommes fossiles*, apud Mendes Correia, *Os povos primitivos da Lusitânia*, Porto, 1924.

BOWMAN, Isaiah. *The pionner fringe*, Nova York, 1931.

BRAGA, Teófilo. *O povo português*, Lisboa, 1885.

BRANDÃO, Alfredo. *A vida no engenho*, Viçosa de Alagoas, Recife, 1914.

BRANDÃO, Ulisses. *A Confederação do Equador*, Pernambuco, 1924.

BRANDÃO JÚNIOR, F. A. *A escravatura no Brasil*, precedida de um artigo sobre agricultura e colonização no Maranhão, Bruxelas, 1865.

BRANNEN, C. O. *Relation of land tenure to plantation organization with developments since 1920*, Fayetteville, 1928.

BRIFFAULT, Robert. *The mothers, a study of the origins of sentiments and institutions*, Londres, 1927.

BRITO, Lemos. *Pontos de partida para a história econômica do Brasil*, São Paulo, 1939.

BROCE, P. A. *Economic history of Virginia in the seventeenth century*, Nova York, 1895.

BROWN, Francis J. "The contribution of the immigrant", em *Our racial and national minorities* (organizado por Francis J. Brown e Joseph Slabey Roucek), Nova York, 1937.

BROWN, Isaac. *O normotipo brasileiro*, Rio de Janeiro, 1934.

BROWN, W. Langdon. *The endocrines in general medicine*, Londres, 1927.

BRÜHL, Levy. *La mentalité primitive*, Paris, 1922.

BRUNHES, Jean. *La géographie humaine*, Paris, 1912.

BRYCE, James. *The relations of the advanced and backward races of mankind*, Oxford, 1902.

_____. *South America. Observations and impressions*, Londres, 1911.

BUCKLE. *Bosquejo de una historia del intelecto español* (trad.), Madri, s.d.

BURET, F. *La syphilis aujourd'hui et chez les anciens*, Paris, 1890.

CALHOUN, Arthur W. *A social history of the American family from colonial times to the present*, Cleveland, 1918.

CALMON, Pedro. *História da civilização brasileira*, Rio de Janeiro, 1933.

CALÓGERAS, João Pandiá. *Formação histórica do Brasil*, Rio de Janeiro, 1930.

_____. *Os jesuítas e o ensino*. Rio de Janeiro, 1911.

CAMARGO JÚNIOR, J. M. de. "A Inglaterra e o tráfico", em *Novos estudos afro-brasileiros*, Rio de Janeiro, 1937.

CAMPOS, João da Silva. *Tempo antigo*, Bahia, 1942.

CANNON, Walter B. *Bodily changes in pain, hunger, fear and rage*, Nova York, Londres, 1929.

CAPITAN, L. e LORIN, Henri. *Le travail en Amérique avant et après Colomb*, Paris, 1930.

CARBIA, Romulo D. *Historia de la leyenda negra hispano-americana*, Buenos Aires, s.d.

CARDOSO, Fonseca. "Antropologia portuguesa", em *Notas sobre Portugal*, Lisboa, 1908.

CARNEIRO, Edison. *Religiões negras*, Rio de Janeiro, 1936.

CARVALHO, Alfredo de. *Frases e palavras – Problemas históricos e etimológicos*, Recife, 1906.

CASAS, Bartolomé de las. *Apologética historia de las Indias*, Madri, 1909.

CASTELLANI, Aldo. *Climate and acclimatization*, Londres, s.d.

CASTRO, Josué de. "O problema fisiológico da alimentação brasileira", Recife, 1933.

_____. *A alimentação brasileira à luz da geografia humana*, São Paulo, 1937.

CEREJEIRA, M. Gonçalvez. *O humanismo em Portugal – Clenardo*, Coimbra, 1926.

CÉU, Soror Violante do. "Parnaso de divinos e humanos versos", Lisboa, 1733, apud Leite de Vasconcelos, *Ensaios etnográficos*, Lisboa, 1910.

CHAMBERLAIN, Alexander Francis. *The child and childhood in folk thought*, Nova York, 1896.

_____. *The child*, 3ª ed., Londres, 1926.

CHAMBERLAIN, Houston Stewart. *The foundations of the nineteenth century*, Londres, 1911.

CHAVES, Luís. *O amor português. O namoro, o casamento, a família*, Lisboa, 1922.

_____. *Legendas de Portugal*, Porto, 1924.

_____. *Páginas folclóricas*, Lisboa, 1929.

CHILD, C. N. *Physiological foundations of behavior*, Nova York, 1925.

CINTRA, Assis. *As amantes do imperador*, Rio de Janeiro, 1933.

CLARK, Oscar. *Sífilis no Brasil e suas manifestações viscerais*, Rio de Janeiro, 1918.

COOK, O. F. *Milpa agriculture, a primitive tropical system* (*Smithsonian Report for 1919*), Washington, 1921.

CORNILLI, J. J. J. *Recherches chronologiques et historiques sur l'origine et la propagation de la fièvre jaune aux Antilles*, s.d.

CORREIA, C. Cunha. *Serra da saudade*, Belo Horizonte, 1948.

CORREIA, A. A. Mendes. *A nova antropologia criminal*, Porto, 1931.

_____. *Os criminosos portugueses*, Lisboa, 1914.

_____. *Os povos primitivos da Lusitânia*, Porto, 1924.

_____. *Raça e nacionalidade*, Porto, 1919.

CORREIA, Alberto C. Germano da Silva. "Les lusos descendants de l'inde portugaise", Goa, 1928.

_____. "Os lusos descendentes de Angola – Contribuição para o seu estudo antropológico", *Memória*, 3º Congresso Colonial Nacional, 1930.

CORREIA, Francisco Antônio. *História econômica de Portugal*, Lisboa, 1929.

CORREIA, J. Alves. *A dilatação da fé no império português*, Lisboa, 1936.

CORTESÃO, Jaime. "A cartografia do açúcar e o seu significado histórico", *Brasil Açucareiro*, vol. XXV, nº 1, janeiro, 1945.

_____. "Tradição", em *Cartas à mocidade*, Lisboa, 1940.

COSTA, Pereira da. *Origens históricas modernas da indústria açucareira de Pernambuco*, Recife, 1905.

COUTINHO, Rui. *Valor social da alimentação*, São Paulo, 1935.

COUTY, Louis. *L'esclavage au Brésil*, Paris, 1881.

COWAN, Andrew Reid. *Master clues in world history*, Londres, 1914.

CRAWLEY, Ernest. *Studies of savages and sex*, ed. by Theodore Besterman, Nova York, 1927.

_____. *The mystic rose*, ed. by Besterman, Nova York, 1927.

CRULS, Gastão. *A Amazônia que eu vi*, Rio de Janeiro, 1930.

_____. *Hiléia amazônica*, Rio de Janeiro, 1944.

_____. *Aparência do Rio de Janeiro*, Rio de Janeiro, 1949.

_____. *Culture in the South* (organizado por William T. Couch), Chapel Hill, 1935.

CUNHA, Euclides da. *Os sertões*, Rio de Janeiro, 1902.

_____. "Amazonia", *À margem da história*, Porto, 1909.

CUNHA, Mário Wagner Vieira da. *Descrição da festa de Bom Jesus de Pirapora*, São Paulo, 1937.

CUNNINGHAM, J. T. *Modern biology, a review of the principal phenomena of animal life in relation to modern concepts and theories*, Londres, 1928.

DALGADO, D. G. *Lord Byron's Childe Harold's Pilgrimage to Portugal*, Lisboa, 1919.

_____. *The climate of Portugal*, Lisboa, 1914.

DAMASCENO, Atos. *Imagens sentimentais da cidade*, Porto Alegre, 1940.

DANTAS, Júlio. *Figuras de ontem e de hoje*, Lisboa, 1914.

DAS, Rajani Kanta. *Plantation labour in India*, Calcutá, 1931.

DAVENPORT, C. B. *Heredity in relation to eugenics*, Nova York, 1911.

DAVENPORT, C. B. e STEGGERDA, Morris. *Race crossing in Jamaica*, Washington, 1919.

DEBBANÉ, Nicolas J. *Au Brésil, L'influence arabe dans la formation historique, la litterature et la civilisation du peuple brésilien*, Le Caire, 1911.

DELAFAGE-BREHIER. *Les portugais d'Amérique (souvenirs, historiques de la Guerre du Brésil en 1635)*, Paris, 1847.

DELPECHE, Adrien. *Roman brésilien*, Paris, 1904.

DENDY, Arthur. *The biological foundation of society*, Londres, 1924.

DEODATO, Alberto. *Senzalas*, Rio de Janeiro, 1919.

DETLEFSEN, J. A. *Our present knowledge of heredity*, Filadélfia, 1925.

DEXTER, Edwin Grant. *Weather influences*, Nova York, 1904.

DIAS, Carlos Malheiros. *Historia da colonização portuguesa do Brasil*, Introdução, Lisboa, 1924.

_____. "O regime feudal dos donatários anteriormente à instituição do governo-geral", *História da colonização portuguesa do Brasil*, III.

DIAS, Gonçalves. *O Brasil e a Oceânia*, São Luís, 1869.

DIEGUES JÚNIOR, M. *O banguê nas Alagoas*, Rio de Janeiro, 1949.

_____. "Discurso sobre as cousas da India e da Mina", Lisboa, 1573.

DOOD, W. E. *The Cotton Kingdom*, New Haven, 1916.

DORNAS FILHO, João. *Influência social do negro brasileiro*, Curitiba, 1943.

DOYLE, Bertran W. *The etiquette of race relations in the South: a study in Social Control*, Chicago, 1937.

DREYS, Nicolau. *Noticia descriptiva da provincia do Rio Grande de São Pedro do Sul*, Rio de Janeiro, 1839.

DUBOIS, W. E. B. *The negro*, Nova York, 1915.

EAST e JONES. "Inbreeding and outbreeding" apud Pitt-Rivers, *The clash of cultures and the contact of races*, Londres, 1927.

ECKARDT, Carl Conrad. *The papacy and world affairs as reflected in the secularization of politics*, Chicago, 1937.

EDMUNDO, Luís. *O Rio de Janeiro no tempo dos vice-reis*, Rio de Janeiro, 1932.

EDWARDS, Miss Betham. *Home life in France*, Londres, 1913.

EHRENREICH, Paul. *Beiträge zur Völkerkunde Brasiliens*, Berlim, 1891.

ELLIS, Ellen Deborah. *An introduction to the history of sugar as a commodity*, Filadélfia, 1905.

ELLIS, Havelock. *Studies in the psychology of sex*, Filadélfia, 1908.

ELLIS JÚNIOR, Alfredo. *Raça de gigantes*, São Paulo, 1926.

_____. "Amador Bueno e a evolução da psicologia planaltina", *História da civilização brasileira*, nº 4, Boletim LXII da Faculdade de Filosofia, Ciências e Letras da Universidade de São Paulo.

_____. *O ouro e a Paulistânia*, São Paulo, 1948.

ENGELHARDT, Frei Zephyrin. *The missions and missionaries of California*, 1929.

ENGRÁCIA, Padre Júlio. *Relação cronológica do santuário e irmandade do Senhor Bom Jesus de Congonhas no Estado de Minas Gerais*, São Paulo, 1908.

EVIN, Paul-Antoine. *L'architecture portugaise au Maroc et le style Manuelin*, Lisboa, 1942.

FAITHFUL, Theodore. *Bisexuality*, Londres, 1927.

FANFANI, Amintore. *Cattolecismo e protestantismo nella formazione storica del capitalismo*, Milão, 1934.

FARIA, Manuel de Severim de. *Notícias de Portugal*, Lisboa, 1655.

FAURE, Emile. *Trois gouttes de sang*, Paris, 1929.

FAUX, William. *Memorable days in America*, Londres, 1923.

FEHLINGER, H. *Sexual life of primitive people*, Londres, 1921.

FELDMAN, Herman. *Racial factors in American history*, Nova York, 1931.

FERENZI, Imre. *International migrations*, Nova York, 1929-1931.

FERNANDES, Gonçalves. *Xangôs do Nordeste*, Rio de Janeiro, 1937.

FERRAZ, Álvaro e LIMA JÚNIOR, Andrade. *A morfologia do homem do Nordeste*, Rio de Janeiro, 1939.

FIGUEIREDO, Fidelino de. *Crítica do exílio*, Lisboa, 1930.

FISCHER, Eugen. *Rasse und Rassenentstehung bein Menschen*, Berlim, 1927.

_____. *Die Rehobother Bastards und das Bastardierungsproblem bein Menschen*, Jena, 1913.

FISCHER, E. e outros. *Anthropologie,* Leipzig und Berlin, 1923.

FLANDERS, Ralph B. *Plantation slavery in Georgia*, Chapel Hill, 1933.

FLEMING, E. K. Le e outros. *Report of committee on nutrition, Supp. to the British Medical Journal*, vol. II, 1923.

FLEURY. *Hist. Eccles.*, apud Buckle, *Bosquejo de una historia del intelecto español* (trad.), Madri, s.d.

FONSECA, José Vitoriano Borges da. *Nobiliarquia pernambucana (1776-1777)*, Rio de Janeiro, 1935.

FONSECA, L. Anselmo da. *A escravidão, o clero e o abolicionismo*, Bahia, 1887.

FONSECA, Padre Manuel. *Vida do padre Belchior de Pontes*, Lisboa, 1752.

FORMAN, Henry C. *Early manor houses of Maryland*, Easton, 1934.

FRANCO, Afonso Arinos de Melo. *Desenvolvimento da civilização material do Brasil*, Rio de Janeiro, 1944.

_____. *Síntese da história econômica do Brasil*, Rio de Janeiro, 1938.

FRAZIER, E. Franklin. *The free negro family*, Nashville, 1932.

FREEMAN, E. A. *Historical geography of Europe*, Londres, 1882.

FREER, Arthur S. B. *The early franciscans and jesuits*, Londres, 1922.

FREITAS, João Alfredo de. *Algumas palavras sobre o fetichismo religioso e político entre nós*, Pernambuco, 1883.

_____. *Lendas e superstições do norte do Brasil*, Recife, 1884.

FREITAS, José Antônio de. *O lirismo brasileiro*, Lisboa, 1873.

FREUD, S. *Psychologie collective et analyse du moi* (trad.), Paris, 1924.

FREYRE, Gilberto. "A agricultura da cana e a indústria do açúcar, em *Livro do Nordeste*, Recife, 1925.

_____. *Açúcar*, Rio de Janeiro, 1939.

_____. *Introdução a memórias de um Cavalcanti*, São Paulo, 1940.

_____. *Sobrados e mucambos – Decadência do patriarcado rural e desenvolvimento urbano*, São Paulo, Companhia Editora Nacional, 1936.

_____. *Social life in Brazil in the middle of the 19th century*, tese apresentada em 1923 à Faculdade de Ciências Políticas e Sociais da Universidade de Columbia, EUA.

_____. "Vida social no Nordeste", em *Livro do Nordeste*, comemorativo do Centenário do *Diário de Pernambuco*, Recife, 1925.

_____. *Uma cultura ameaçada: a luso-brasileira*, Recife, 1940.

_____. *Continente e ilha*, conferência lida em Porto Alegre em 1940, Rio de Janeiro, 1943.

_____. *Nordeste*, Rio de Janeiro, 1937.

_____. *Problemas brasileiros de antropologia*, Rio de Janeiro, 1943.

_____. *Sociologia*, Rio de Janeiro, 1945.

_____. *O mundo que o português criou*, Rio de Janeiro, 1940.

_____. *Brazil: an interpretation*, Nova York, 1945.

_____. Prefácio a *O negro na Bahia*, de Luís Viana Filho, Rio de Janeiro, 1945.

_____. Prefácio e Notas a *Diário íntimo do engenheiro Vauthier*, publicação nº 4 do Serviço do Patrimônio Histórico e Artístico Nacional, Ministério da Educação e Saúde, Rio de Janeiro, 1940.

_____. Introdução e notas à tradução de "Des maisons d'habitation au Brésil", *Revue Générale de l'Architecture et des Travaux Publics*, XI, Paris, 1853, de L. L. Vauthier, na *Revista do Serviço do Patrimônio Histórico e Artístico Nacional*, VII, Rio de Janeiro, 1943.

_____. *Ingleses no Brasil – Aspectos da influência britânica sobre a vida, a paisagem e a cultura do Brasil*, Rio de Janeiro, 1948.

FRIEDERICI, Georg. *Die Europaeische Eroberung nach Kolonisation Amerikas*, 1º vol., 1930; 2º e 3º vols., 1937, Stuttgart.

FROBENIUS, Leo. *Und Afrika Sprach*, *"Unter den Unsträflichen Aethiopen"*, Charlottenburg, 1913.

_____. *Ursprung der Afrikanischen Kulturen*, apud Melville J. Herskovits, "A preliminary consideration of the culture areas of Africa", em *American Anthropologist*, vol. XXVI, 1924.

_____. *Atlas africanus,* Munique, 1922.

GAFFAREL, Paul. *Histoire du Brésil français au seizième siècle*, Paris, 1878.

GAINES, Francis P. *The Southern plantation*, Nova York, 1924.

GALTON, Francis. *Heredity genius*, Londres, 1871.

GAMA, Fernandes. *Memórias históricas de Pernambuco*, Recife, 1844.

GANIVET, Angel. *Idearium español*, Madri, s.d.

GARCIA, J. Uriel. *El nuevo indio*, Cuzco, 1937.

GARCÍA, Luís Pericot y. "El hombre americano – Los pueblos de América", *América Indígena*, tomo I, Barcelona, 1936.

GASTON MARTIN. *Nantes au XVIII e siècle: l'ères des négriers (1714-1744) d'après des documents inédits*, Paris, 1931.

GENER, Pompeyo. *Herejías*, Barcelona, 1888.

GILLESPIE, James E. *The influence of oversea expansion on England to 1700*, Nova York, 1920.

GINSBERG, Morris. "National character", *Reason and Unreason in Society*, Londres, 1948.

GOMES, Luís Sousa. *A evolução econômica do Brasil e seus principais fatores*, Rio de Janeiro, 1941.

GOMES, Azevedo, e outros. "A situação econômica da agricultura portuguesa", *Revista do Centro de Estudos Econômicos do Instituto Nacional de Estatística*, nº 1, Lisboa.

GOODWIN, Philip L. *Brazil builds – Architecture new and old, 1652-1942*, Nova York, 1943.

GRANT, Madison. *The passing of the great race*, Nova York, 1916.

GRAY, L. C. *History of agriculture in Southern United States to 1860*, Washington, 1933.

GREGORY, J. W. *The menace of colour*, Filadélfia, 1925.

GUERRA, Ramiro. *Azucar y población en las Antillas*, Havana, 1930.

GUENTHER, Konrad. *Das Antlitz Brasiliens*, Leipzig, 1927.

GUEVARA, Francisco Maldonado. *El primer contacto de blancos y gentes de color en América*, Valladolid, 1924.

GÜNTHER, H. F. K. *Rassenkunde des Deutschen Volkes*, 11ª ed., Munique, 1927.

GUIMARÃES, Francisco Pinheiro. *História de uma moça rica*, Rio de Janeiro, 1861.

_____. *Punição*, Rio de Janeiro, s.d.

HADDON, A. C. *The races of man and their distribution*, Cambridge, 1929.

HADDON, A. C. e HUXLEY, Julian. *We Europeans*, Nova York, 1936.

HALL, G. S. "A study of fears", apud Alexander Francis Chamberlain, *The child, a study in the evolution of man*, 3ª ed., Londres, 1926.

HAMBLY, Wilfrid Dyson. *Origins of education among primitive peoples*, Londres, 1926.

_____. *Source-book for African anthropology*, Chicago, 1937.

HANDELMANN, H. *História do Brasil* (trad.), Rio de Janeiro, 1931.

HANKE, Lewis. *Gilberto Freyre – Vida y obra – Bibliografia, antologia*, Nova York, 1939.

_____. *The first social experiments in America – A study in the development of Spanish Indian policy in the sixteenth century*, Cambridge, 1935.

_____. *Cuerpo de documentos del siglo XVI*, México, 1943.

HANKINS, F. H. *The racial basis of civilization*, Nova York, 1931.

_____. "Race as a factor in political theory", na obra publicada por C. F. Merriam e H. E. Barnes, *History of political theories*, Nova York, 1924.

HANNS, Julius. *Handbuch der kilimatologie*, Stuttgart, 1897.

HARMAND, Jules. *Domination et colonisation*, Paris, 1910.

HARRIS, A. L. *The negro as capitalist*, Filadélfia, 1936.

HARRIS, A. L. e SPERO, S. D. *The black worker*, Nova York, 1931.

HARTLAND, Edwin Sidney. *The science of fairy tales*, 2ª ed., Londres, 1925.

HAYES, Ricardo Sáenz. Introdução a *Casa-grande & senzala*, ed. espanhola, Buenos Aires, 1942.

HEARN, Lafcadio. *Two years in the French West Indies*, Nova York e Londres, 1923.

HELPS, Arthur. *The Spanish conquest in America and its relation to the history of slavery and the government of colonies*, Londres, 1900-1905.

HENDERSON, James. *A history of the Brazil*, Londres, 1821.

HERCULANO, Alexandre. "Controvérsias", em *Opúsculos*, Lisboa, 1887.

_____. *História da origem e estabelecimento da inquisição em Portugal*, Lisboa, 1879.

_____. *História de Portugal*, Lisboa, 1853.

_____. Introdução a "*O bobo* (Época de dona Teresa, *1128*)", *Opúsculos*, Lisboa, 1897.

HERNÁNDEZ, Pablo. *Organización social de las doctrinas guaranies de la Compañia de Jesús*, Barcelona, 1913.

HERRICK, A. J. *Neurological foundations of animal behavior*, Nova York, 1924.

HERSKOVITS, Melville J. *Acculturation*, Nova York, 1938.

_____. *Dahomey: an ancient West African Kingdom*, Nova York, 1938.

_____. *The myth of the negro past*, Nova York, Londres, 1941.

_____. *The American negro: a study in racial grossing*, Nova York, 1928.

HERTWIG, Oskar. "Das venden der organisme", 1916, apud Erik Nordenskiöld, *The history of biology*.

HERTZ, F. *Rasse und Kultur* (traduzido em inglês por A. S. Lovetus e W. Entz sob o título *Race and civilization*, Londres, 1928).

HESS, A. F. *Rickets, including osteomalacia and tetany*, Henry Kimpton, Londres, 1930.

_____. "Histoire générale des pirates", cit. por Oscar Clark, *Sífilis no Brasil e suas manifestações viscerais*.

HINMAN, George W. *The American Indian and christian missions*, Nova York, 1933.

HIRSCHFELD, M. *Racism* (trad.), Londres, 1938.

HOBEY, C. W. *Bantu beliefs and magic* (intr. de J. C. Frazer), Londres, 1922.

HOBHOUSE, L. T., Wheeler, G. C. e GINBERG, M. *The material culture and social institutions of the simpler peoples*, Londres, 1915.

HOEHNE, F. C. *Botânica e agricultura no Brasil no século XVI*, São Paulo, 1937.

HOLANDA, Sérgio Buarque de. *Monções*, Rio de Janeiro, 1945.

_____. *Cobra de Vidro*, São Paulo, 1944.

HOLANDA, Sérgio Buarque de e SOUSA, Octávio Tarquínio de. *História do Brasil*, Rio de Janeiro, 1945.

HOLMES JR., Urban Tigner. "Portugueses americanas", em *Our racial and national Minorities* (organizado por Francis J. Brown e Joseph Slabey Roucek), Nova York, 1937.

HOLMES, S. J. *The trend of race*, Nova York, 1923.

_____. *The negro's struggle for survival*, Berkeley, 1937.

HOOTON, E. A. *Up from the ape*, Nova York, 1931.

_____. *Twilight of man,* Nova York, 1939.

HRDLICKA, Ales. *The old Americans*, Baltimore, 1925.

HUNTINGTON, E. *Civilization and climate*, New Haven, 1915.

HUNDLEY, D. R. *Ante-Bellum North Carolina*, Chapel Hill, 1937.

HUXLEY, Julian e HADDON, A. C. *We Europeans*, Nova York, 1936.

IRELAND, Alleyne. *Tropical colonization, an introduction to the study of the subject*, Nova York--Londres, 1899.

JANSON. *The stranger in America*, cit. por Calhoun, *A social history of the American family*.

JOHNSON, Charles S. *The negro in American civilization,* Nova York, 1930.

_____. *Shadow of the plantation*, Chicago, 1934.

JOHNSON, Charles S., REID, Ira de A. e PRESTON, Valien. *The urban negro worker in the United States, 1925-1936,* Washington, 1938.

JOHNSON, James W. *Autobiography of an ex-colored man*, Nova York, 1937.

JOHNSON, John. *Old Maryland manors,* Baltimore, 1883.

JOHNSTON, Sir Harry H. *The negro in the new world*, Londres, 1910.

JENKS, Leland H. *Our cuban colony: a study in sugar*, Nova York, 1929.

JENNINGS, H. S. *Prometheus,* Nova York, 1925.

JOSA, Gry. *Les industries de sucre et du rhum à la Martinique*, Paris, 1931.

KAMMERER, P. *The inneritance of acquired characteristics,* Nova York, 1924.

KARSTEN, Rafael. *The civilization of the South American Indians, with special reference to magic and religion,* Nova York, 1926.

KEITH, A. *Ethnos,* Londres, 1931.

KELLER, Albert Galloway. *Colonization, study of the founding of new societies,* Boston-Nova York, 1908.

KELLER, C. *Madagascar, Mauritius and other East African Islands,* Londres, 1901.

KELSEY, Carl. *The physical basis of society,* Nova York-Londres, 1928.

KENNEDY, Louise Venable e ROSS, Frank A. *A bibliography of negro migration,* Nova York, 1931.

KIDD, Benjamin. *The control of the tropics,* Londres, 1898.

KLINEBERG, Otto. *Race differences,* Nova York, 1935.

KORDON, Bernardo. *Candombe, contribución al estudio de la raza negra en el Rio de la Plata,* Buenos Aires, 1938.

LABORIE, P. T. *The coffee planter of Saint Domingo,* Londres, 1788.

LACERDA, Carlos. Prefácio à tradução de *Do escambo à escravidão,* de Alexander Marchant, São Paulo, 1944.

LAKHOVSKY, Georges. *La civilisation et la folie raciste*, Paris, 1939.

LAMEGO, Alberto. *A terra goitacá,* Rio de Janeiro, 1913-1925.

LAMEGO, Alberto Ribeiro. *O homem e o brejo,* publicação nº 1 da série A, "Livros", Biblioteca Geográfica Brasileira, Instituto Brasileiro de Geografia e Estatística, Rio de Janeiro, 1925.

_____. *O homem e a Guanabara,* Rio de Janeiro, 1948.

LAMEGO FILHO, Alberto. *A planície do solar e da senzala,* Rio de Janeiro, 1934.

LANDMAN, G. *The origin of the inequality of the social classes,* Londres, 1938.

LANNOY, Charles de. *Histoire de l'expansion des peuples européens,* Bruxelas, 1938.

LAVAL, François Pyrard de. *Voyage contenant sa navigation aux Indes Orientales, Maldives, Molugues et au Brésil etc.,* 1679.

LAVOLLÉE, Charles. *Voyage en Chine,* Paris, 1852.

LEAKES, L. Martin. *Land tenure and agricultural production in the tropics,* Cambridge, 1927.

LEÃO, A. Carneiro. *Oliveira Lima,* Recife, 1913.

LEÃO, Duarte Nunes de. *Descrição geral do reino de Portugal,* 1610.

LEITE, Padre Serafim. *História da Companhia de Jesus no Brasil,* Lisboa, 1938.

LEITE FILHO, Solidônio. *Os judeus no Brasil,* Rio de Janeiro, 1923.

LEGENDRE, M. *Portrait de l'Espagne,* Paris, 1923.

LEROY-BEAULIEU, Paul. *De la colonisation chez les peuples modernes,* Paris, 1891.

LEVENE, Ricardo. *Introducción a la historia del derecho indiano,* Buenos Aires, 1924.

LEWINSON, Paul. *Race, class and party*, Nova York, 1932.

LEWIS, E. W. *The mobility of the negro*, Nova York, 1932.

LEWIS, M. S. *Journal of a West India Proprietor*, Londres, 1929.

LIMA, Oliveira. "A nova Lusitânia", em *História da colonização portuguesa do Brasil,* Porto, 1924.

_____. *Aspectos da literatura colonial brasileira,* Leipzig, 1895.

LIND, Andrew W. *An Island Community, Ecological Sucession in Havaii,* Chicago, 1938.

LIPPMANN, Edmund von. *História do açúcar,* trad. de Rodolfo Coutinho, Rio de Janeiro, 1941.

LISBOA, João Francisco. *Jornal de Timon* (ed. de Luís Carlos Pereira e Castro e Dr. A. Henriques Leal), São Luís do Maranhão, 1864.

LOBO, Costa. *A história da sociedade em Portugal no século XV*, Lisboa, 1904.

_____. *Lois genitales, de Jacobus X*, Paris, 1906.

LOPES, Cunha e PERES, Heitor. *Da esquizofrenia – Formas clínicas,* Ensaio de Revisão da Casuística Nacional, Rio de Janeiro, 1931.

LOPES, Renato Sousa. *Regime alimentar nos climas tropicais,* tese, Rio de Janeiro, 1909.

LORIN, Henri e CAPITAN, L. *Le travail en Amérique avant et après Colombo,* Paris, 1930.

LOURO, Estanco. *O livro de Alportel – Monografia de uma freguesia rural,* Lisboa, 1929.

LOWIE, Robert H. *Are we civilized?,* Londres, s.d.

LYCEL, Sir Charles. *Travels in the United States*, Londres, 1945.

LYLE, Saxon. *Old Lousiana*, Nova York, 1929.

MACEDO, Ferraz de. *Bosquejos de antropologia criminal*, Lisboa, 1900.

MACEDO, Joaquim Manuel de. *As vítimas algozes*, Rio de Janeiro, 1869.

_____. *O moço loiro*, Rio de Janeiro, 1876.

_____. *As mulheres de mantilha*, Rio de Janeiro, 1870.

_____. *A moreninha*, Rio de Janeiro, 1929.

MACEDO, Ribeiro de. "Sobre a introdução das artes", 1675, apud Antônio Sérgio, *Antologia dos economistas portugueses*, Lisboa, 1924.

MACEDO, Sérgio D. T. de. *No tempo das sinhazinhas*, Rio de Janeiro, 1944.

MACHADO, Alcântara. *Vida e morte do bandeirante*, São Paulo, 1930.

MACIVER, R. M. *Community*, Nova York, 1928.

MACHADO, Brasílio. Trabalho em *Terceiro centenário do venerável Joseph de Anchieta,* Paris-Lisboa, 1900.

MACHADO FILHO, Aires da Mata. *O negro e o garimpo em Minas Gerais*, Rio de Janeiro, 1944.

MACLEAD, William C. *The American Indian Frontier*, Nova York-Londres, 1928.

MADUREIRA (S. J.), J. M. de. *A liberdade dos índios e a Companhia de Jesus, sua pedagogia e seus resultados*, tomo especial do Congresso Internacional de História da América, vol. IV, Rio de Janeiro, 1927.

MAESTRI, R. *El latifundismo en la economia cubana*, Havana, 1929.

MAGALHÃES, Basílio de. *O folclore no Brasil*, Rio de Janeiro, 1928.

_____. *O café na história, no folclore e nas belas-artes*, Rio de Janeiro, 1937.

MAGALHÃES, Couto de. *O selvagem*, Rio de Janeiro, 1876.

MAGALHÃES, Eduardo. *Higiene alimentar*, Rio de Janeiro, 1908.

MALHEIRO, Agostinho Marques Perdigão. *A escravidão no Brasil, ensaio jurídico-histórico-social,* Rio de Janeiro, 1866.

MALINOWSKI, Bronislaw. *The sexual life of savages in North Western Melanesia*, Londres, 1929.

MANDERE, CH. G. J. van der. *De Javasuikerindustrie*, Amsterdã, 1928.

MARCHANT, Alexander. *Do escambo à escravidão* (trad.), São Paulo, 1943.

MARINHO, Pena. *Contribuição para a história da educação física no Brasil*, Rio de Janeiro, 1943.

MARIZ, Celso. *Ibiapina, um apóstolo do Nordeste*, Paraíba, 1942.

MARKHAN, S. F. *Climate and the energy of nations*, Londres-Nova York-Toronto, 1944.

MARROQUIM, Mário. *A língua do Nordeste (Alagoas e Pernambuco)*, São Paulo, 1934.

MARTIAL, René. *Vie et constance des races*, Paris, 1938.

MARTIN, R. *Lehrbuch der Anthropologie*, Berlim, 1914.

MARTINEAU, Harriet. *Retrospect of Western Travel*, Londres, 1838.

MARTINS JÚNIOR, J. Isidoro. *História do direito nacional*, Rio de Janeiro, 1895.

MARTINS, J. P. de Oliveira. *O Brasil e as colônias portuguesas*, Lisboa, 1887.

_____. *A história de Portugal*, Porto, 1882.

McCARRISON, R. "Relative value of the national diets of India", Transac. of the 7th Congr. British India, 1927, vol. III, apud Rui Coutinho, *Valor social da alimentação*.

McCAY. "The relation of food to physical development" – Part II.

_____. *Scient. Memor. by Officers of the Med. and Sanit. Dept. of the Govern. of India, 1910* – N. S., nº 37.

_____. "The relation of food to development", Philip J. Sc. 1910, vol. 5, apud Rui Coutinho, *Valor social da alimentação*.

McCOLLUM, E. V. e SIMMONDS, Nina. *The newer knowledge of nutrition, the use of foods for the preservation of vitality and health*, Nova York, 1929.

McDOUGALL, William. *National welfare and national group*, Londres, 1921.

_____. *The group mind*, Cambridge, 1920.

MC KAY, Claude. *A long way from home*, Nova York, 1937.

MEANS, P. A. *Democracy and civilization*, Boston, 1918.

MECKLIN, J. M. *Democracy and race friction*, Nova York, 1924.

MELLO, Ulisses Pernambucano de e outros. "Dados antropológicos sobre a população do Recife", *Estudos Afro-Brasileiros,* Rio de Janeiro, 1935.

MELO, A. da Silva. *Alimentação, instinto, cultura*, Rio de Janeiro, 1943.

MELO, Antônio Joaquim de. *Biografias* (mandadas publicar pelo governador Barbosa Lima), Recife, 1895.

MELO NETO, José Antônio Gonsalves de. *Tempo dos flamengos*, Rio de Janeiro, 1947.

MENDES JÚNIOR, João. *Os indígenas do Brasil – Seus direitos individuais e políticos,* São Paulo, 1912.

MENDONÇA, Renato. *Influência africana no português do Brasil*, Rio de Janeiro, 1933.

MERCADAL, J. García. *España vista por los estranjeros; relaciones de viajeros y embajadores (siglo XVI)*, Madri, s.d.

MEREA, Paulo. "Organização social e administração pública" em *História de Portugal.*

MERRIAM, C. E. e BARNES, H. E. *History of political theories,* Nova York, 1924.

MÉTRAUX, A. *La civilisation metérielle dos tribus tupi-guarani,* Gotemburgo, 1928.

_____. *La réligion des tupinamba,* Leroux, 1928.

MEY, Carmelo Viñas. *El estatuto del obrero indigena en la colonización española*, Madri, 1929.

MIRANDA, Pontes de. *Fontes e evolução do direito civil brasileiro*, Rio de Janeiro, 1928.

MOLINARI, Diego Luís. *Introducción*, tomo VII, *Documentos para la historia argentina, comercio de Indias.* Consulado, comércio de negros y de estranjeros (1791-1809), Buenos Aires, 1916.

MOLL, Albert. *The sexual life of the child* (trad.), Nova York, 1924.

Momento Literário (O), inquérito por João do Rio entre intelectuais brasileiros, Rio de Janeiro, 1910.

MONBEIG, Pierre. *Ensaios de geografia humana brasileira,* São Paulo, 1940.

MONTEIRO, Arlindo Camilo. *Amor sáfico e socrático – Estudo médico forense*, Lisboa, 1922.

MONTEIRO, Tobias. *Funcionários e doutores*, Rio de Janeiro, 1917.

_____. *História do império – A elaboração da independência,* Rio de Janeiro, 1927.

MORAIS, Alexandre J. de Melo. *Educador da mocidade*, Bahia, 1852.

_____. *Corografia*, Rio de Janeiro, 1859.

MORAIS, Lucas de. *Estudos de antropometria constitucional dos brancos nativos do Estado de São Paulo,* São Paulo, 1939.

MORAIS, Padre José de. "Memórias sobre o Maranhão", apud A. J. de Melo Morais, *Corografia.*

MORAIS FILHO, Melo. *Festas e tradições,* Rio de Janeiro.

MORISON, Samuel Eliot. *Admiral of the South Sea,* citado por Siegried Giedion, *Mechanization takes command, a contribution to anonymous history,* Nova York, 1948.

MOSCA, Gaetano. *The ruling class* (trad.), Nova York, 1939.

MOURA, Paulo Cursino de. *São Paulo de outrora,* São Paulo, 1943.

MUCKERMANN (S. J.), H. *Rassenforschung und Volk der Zukunft,* Berlim, 1932.

MUNTZ, Earl Edward. *Race contact,* Nova York, 1927.

MYERSON, A. *The inheritance of mental disorders,* Baltimore, 1925.

MYRDAL, Gunnard. *An American dilemma,* Nova York-Londres, 1944.

NABUCO, Carolina. *A vida de Joaquim Nabuco,* Rio de Janeiro, 1931.

NABUCO, Joaquim. *O abolicionismo,* Londres, 1883.

_____. *Minha formação,* Rio de Janeiro-Paris, 1900.

_____. Trabalho em *III Centenário do venerável Joseph de Anchieta,* Paris-Lisboa, 1900.

NASCIMENTO, Alfredo. *O Centenário da Academia Nacional de Medicina do Rio de Janeiro – Primórdios e evolução da medicina no Brazil,* Rio de Janeiro, 1929.

NASH, Roy. *The conquest of Brazil,* Nova York, 1926.

NEIVA, Artur. *Esboço histórico sobre a botânica e zoologia no Brasil,* São Paulo, 1929.

NEUVILLE, Henri. *L'espèce, la race et le métisage en anthropologie,* Paris, 1933.

NEVINS, Allan. *American social history as recorded by Britsh travellers,* Nova York, 1923.

NEWTON, A. R. *The colonizing activities of the English puritans,* New Haven, 1914.

_____. *The great age of discovery,* Londres, 1932.

NICEFORO, A. *Les classes pauvres,* Paris, 1905.

NIEBOER, H. J. *Slavery as an industrial system,* Haia, 1910.

NORDENSKIÖLD, Erik. *The history of biology, a survey* (trad.), Londres, 1929.

NORDENSKIÖLD, Erland. *Indianerleben: el gran chaco,* Leipzig, 1912.

_____. *Modifications in Indian culture through inventions and loans,* Gotemburgo, 1930.

NORMANO, J. F. *Brazil, a study of economic types,* Chapel Hill, 1935.

OTÁVIO, Rodrigo. *Direito do estrangeiro no Brasil,* 1909.

OLIVEIRA, J. B. de Sá. *Craniometria comparada das espécies humanas na Bahia sob o ponto de vista evolucionista e médico-legal,* Bahia, 1895.

_____. *Evolução psíquica dos baianos,* Bahia, 1898.

OLIVEIRA, José Osório de. *História breve da literatura brasileira,* Lisboa, 1939.

ORLANDO, Artur. Resposta ao inquérito de João do Rio, realizado entre os intelectuais do Rio de Janeiro em *O Momento Literário,* Rio de Janeiro, 1910.

ORNELAS, Manoelito de. *Gaúchos e beduínos,* Rio de Janeiro, 1948.

ORTIGÃO, Ramalho. *As farpas,* Lisboa, 1887-1890.

_____. *O culto da arte em Portugal,* Lisboa, 1896.

ORTIZ, Fernando. *Los cabildos afrocubanos,* Havana, 1921.

_____. *Hampa afrocubana – Los negros esclavos,* Havana, 1916.

_____. *Hampa afrocubana – Los negros brujos,* Madri, 1917.

_____. *Contrapunteo cubano del tabaco y el azucar,* Havana, 1940.

_____. *Our present knowledge of heredity* (a series of lectures given at the Mayo Foundation etc.), Filadélfia e Londres, 1923-1924.

PAIVA, Tancredo de Barros. *Bibliografia do clima brasílico,* Rio de Janeiro, 1929.

PALÁCIOS, A. *El Islan cristianizado,* Madri, 1931.

PALÁCIOS, Padre Asín. *La escatologia musulmana en la Divina Comedia,* Madri, 1919.

PARK, R. E. *The problem of cultural differences,* Nova York, 1931.

PASCUAL, A. D. de *Ensaio crítico sobre a viagem ao Brasil em 1852 de Carlos B. Mansfield,* Rio de Janeiro, 1861.

PAVLOV, I. P. *Conditioned reflexes* (trad. pelo Professor da Universidade de Cambridge G. V. Anrep), Londres, 1927.

PAYNE, E. George. "Education and cultural pluralism", em *Our Racial and National Minorities* (organizado por Francis J. Brown e Joseph Slabey Roucek), Nova York, 1937.

PAYNE, Edward J. *History of the new world called America,* Oxford, 1892-1899.

_____. *History of European colonies,* Londres, 1878.

PEARSON, Karl. *The scope and importance to the state of the science of eugenics,* Londres, 1911.

PECKOLT, Theodoro. *História das plantas alimentares e do gozo do Brasil,* Rio de Janeiro, 1871.

PEDROSO, Consiglieri. *Contos populares portugueses,* Lisboa, 1910.

PEDROSO, Sebastião José. Itinerário de Lisboa e Viana do Minho etc., apud Leite de Vasconcelos, *Ensaios etnográficos,* Lisboa, 1910.

PEIXOTO, Afrânio. *Minha terra e minha gente,* Rio de Janeiro, 1916.

_____. *Uma mulher como as outras,* Rio de Janeiro, 1927.

PENTA, Pascale. *I pervertimenti sessuali,* Nápoles, 1893.

PERALTA, Juan Suárez de. *Noticias históricas de la nueva España,* Madri, 1878.

PEREIRA, J. M. Esteves. *A indústria portuguesa (séculos XII a XIX), com uma introdução sobre as corporações operárias em Portugal,* Lisboa, 1900.

PEREIRA, Juan Solórzano. *Política indiana,* Madri, 1647.

PEREIRA, Lúcia Miguel. Introdução a *Casa Velha,* de Machado de Assis, São Paulo, 1944.

PEREIRA, Sertório do Monte. "A produção agrícola", em *Notas sobre Portugal,* vol. I, Lisboa, 1908.

PERESTRELO, Danilo. *Sífilis,* Rio de Janeiro, 1943.

PERETTI, João. *Barleu e outros ensaios,* Recife, 1941.

_____. *Novos ensaios,* 2ª série, Recife, 1945.

PERNAMBUCANO, Ulisses e outros. "Dados antropológicos sobre a população do Recife", *Estudos Afro-Brasileiros,* Rio de Janeiro, 1935.

PFISTER, Oscar. *Love in children and its aberrations* (trad.), Londres, 1924.

PHILLIPS, Ulrich Bonnel. *American negro slavery, a survey of the supply, employment and control of negro labor as determined by the plantation regime,* Nova York-Londres, 1929.

_____. *Plantation and frontier documents,* Clarke, 1909.

_____. *Life and labor in the old South,* Boston, 1929.

PIERSON, Donald. *Negroes in Brazil,* Chicago, 1942.

PIMENTEL, Antônio Martins de Azevedo. *Subsídios para o estudo da higiene do Rio de Janeiro,* Rio de Janeiro, 1890.

_____. *O Brasil central,* Rio de Janeiro, 1907.

PINHO, Péricles Madureira de. *Fundamentos da organização corporativa das profissões rurais,* Rio de Janeiro, 1941.

PINHO, Wanderley de. *Um engenho do Recôncavo,* Rio de Janeiro, 1947.

PITA, Rocha. *História da América Portuguesa,* Lisboa, 1730.

PITT-RIVERS, Fox Lane Georges Henry. *The clash of cultures and the contact of races,* Londres, 1927.

_____. *Plantation and frontier, 1649-1863, documentary history of American industrial society* (reunido pelo Professor U. B. Phillips), Cleveland, 1909-1910.

PLEKHANOV, George. *Introduction à l'histoire sociale de la Russie* (trad.), Paris, 1926.

PLOSS-BARTELS. *Das Weib,* Berlim, 1927.

POINSARD, Léon. *Le Portugal Inconnu,* Paris, 1910.

POMPEIA, Raul. *O ateneu,* Rio de Janeiro, 1905.

POURCHET, Maria Júlia. *Índice cefálico no Brasil,* Rio de Janeiro, 1941.

_____. *Contribuição ao estudo antropofísico da criança de cor (Bahia, Brasil),* Rio de Janeiro, 1939.

PRADO, Eduardo. Trabalho em *III Centenário do venerável Joseph de Anchieta,* Paris-Lisboa, 1900.

PRADO, J. F. de Almeida. *Primeiros povoadores do Brasil,* São Paulo, 1939.

_____. *A Bahia e as capitanias do centro do Brasil,* São Paulo, 1945.

PRADO, Paulo. *Paulística,* 2ª ed., Rio de Janeiro, 1934.

_____. *Retrato do Brasil,* São Paulo, 1928.

PRADO JÚNIOR, Caio. *Evolução política do Brasil (ensaio de interpretação materialista da história brasileira),* São Paulo, 1933.

_____. *Formação do Brasil contemporâneo – Colônia*, São Paulo, 1942.

PRESTAGE, Edgar. *The Portuguese pioneers,* Londres, 1934.

PRESTON, Valien, REID, Ira de A. e JOHNSON, Charles S. *The urban negro worker in the United States, 1925-1936*, Washington, 1938.

PRÉVILE, A. D. *Les societés africaines,* Paris, 1894.

PRICE, A. Grenfell. *White settlers in the tropics,* Nova York, 1939.

PRIESTLEY, Herbert I. *The coming of the white man, 1492-1848*, Nova York, 1929.

PRIULI, Girolamo. *I diari, città di castello,* 1911, Bolonha, 1933.

QUEIRÓS, Eça de. *A ilustre casa de Ramires,* Porto, 1904.

QUEIRÓS, Frei João de São José. *Memórias,* Porto, 1868.

QUERINO, Manuel. *A arte culinária na Bahia,* Bahia, 1928.

_____. *Bahia de outrora,* Bahia, 1916.

QUETELET, Adolphe. *Physique sociale,* Bruxelas, 1869.

RADIN, Paul. *The racial myth,* Nova York, 1934.

_____. *Indians of South America,* Nova York, 1942.

RAGATZ, Lowell J. *The fall of the planter class in the British Caribean,* Nova York, 1928.

RAIMUNDO, Jacques. *O elemento afro-negro na língua portuguesa,* Rio de Janeiro, 1933.

RALEIGH, Walter. In *Oxford English Dictionary,* citado por Siegfried Giedion, *Mechanization takes command, a contribution to anonymous history,* Nova York, 1948.

RAMALHO, Sette. *Lições de biometria aplicada,* Rio de Janeiro, 1940.

RAMOS, Artur. *As culturas negras do novo mundo,* Rio de Janeiro, 1937.

_____. *O folclore negro no Brasil,* Rio de Janeiro, 1935.

_____. *The negro in Brazil,* Washington, 1939.

_____. *Introdução à antropologia brasileira,* Rio de Janeiro, 1942.

RANGEL, Alberto. *Rumos e perspectivas,* Rio de Janeiro, 1914.

_____. "Aspectos gerais do Brasil", *Rumos e perspectivas,* São Paulo, 1934.

RAVIGNANI, Emílio. "El verreynato del Plata (1776-1810)", em *História de la Nación Argentina*, vol. IV, Buenos Aires, 1940.

Reajustamento Econômico dos Agricultores, publicação da Câmara de Reajustamento Econômico do Ministério da Fazenda, Rio de Janeiro, 1945.

REBELO, Silva. *Memória sobre a população e a agricultura em Portugal desde a fundação da monarquia até 1865*, Lisboa, 1868.

REDFIELD, Robert. *Tepoltzlan*, Chicago, 1930.

REGO, José Lins do. *Menino de engenho,* Rio de Janeiro, 1932.

REID, Ira de A., PRESTON, Valien e JOHNSON, Charles S. *The urban negro worker in the United States, 1925-1936*, Washington, 1938.

REIS, Artur. *Estadistas portugueses na Amazônia,* Rio de Janeiro, 1948.

REUTER, E. B. *The American race problem,* Nova York, 1927.

_____. *Race and culture contacts,* Nova York, 1934.

REVELLO, José Torre. "Sociedad colonial. Las classes sociales: la ciudad y la campaña", em *História de la Nación Argentina*, vol. VI, Buenos Aires, 1939.

RIBEIRO, Emanuel. *O doce nunca amargou... (Doçaria portuguesa), história, decoração.* Receituário, Coimbra, 1928.

RIBEIRO, João. *Dicionário gramatical contendo em resumo as matérias que se referem ao estudo histórico-comparativo,* Rio de Janeiro, 1889.

_____. *História do Brasil,* curso superior, Rio de Janeiro, 1900.

_____. *A língua nacional,* São Paulo, 1933.

RIBEIRO, Joaquim e RODRIGUES, José Honório. *Civilização holandesa no Brasil*, São Paulo, 1940.

RIBEIRO, Júlio. *A carne*, São Paulo, 1888.

RICARD, Robert. *Étude et documents pour l'histoire missionaire de l'Espagne et Portugal,* Paris, 1931.

_____. *Conquête Spirituelle du Méxique – Essai sur l'apostolat et les méthodes missionaires des ordres mendiants en Nouvelle-Espagne de 1523-24 à 1572*, Paris, 1933.

RICARDO, Cassiano. *Marcha para oeste,* Rio de Janeiro, 1939.

RICHARDING, Edmond. *La cuisine française du XVe ou XVIe siècle,* Paris, 1913.

RINCHON, Padre Dieudonné. *La traite et l'esclavage des Congolais par les européens,* Wetteren, 1929.

_____. *Les trafic négrier d'après les Livres de Commerce du Capitaine Gantois Pierre-Ignace-Liéven van Alstein,* Bruxelas, 1938.

RINGBOM, Lars. *The renewal of culture* (trad.), Londres, s.d.

RIO, João do. *As religiões no Rio,* Rio de Janeiro, 1904.

RIOS, A. Morales de los. "Resumo monográfico da evolução da arquitetura do Brasil", em *Livro de Ouro Comemorativo do Centenário da Independência e da Exposição Internacional do Rio de Janeiro,* Rio de Janeiro, 1934.

RIPLEY, W. Z. *The races of Europe,* Londres, s.d.

ROBERTSON, W. R. *Aspects of the rise of capitalism,* Cambridge, 1929.

ROCHA, Joaquim da Silva. "A imigração portuguesa e o seu rumo à terra ou ao comércio", *História da Colonização do Brasil,* Rio de Janeiro, 1918.

RODRIGUES, Domingos. *A arte de cozinha,* Lisboa, 1692.

RODRIGUES, José Honório e RIBEIRO, Joaquim. *Civilização holandesa no Brasil,* São Paulo, 1940.

RODRIGUES, José Wasth. *Documentário arquitetônico relativo à antiga construção civil no Brasil,* São Paulo, 1944-1947.

RODRIGUES, Nina. *Os africanos no Brasil,* São Paulo, 1933.

_____. *L'animisme fétichiste des nègres de Bahia,* Bahia, 1900.

_____. *As raças humanas e a responsabilidade penal no Brasil,* Bahia, 1894.

ROMERO, Sílvio. *Contos populares do Brasil,* Rio de Janeiro, 1883.

_____. *História da literatura brasileira,* Rio de Janeiro, 1888.

_____. *Provocações e debates,* Porto, 1916.

_____. Resposta ao inquérito de João do Rio, realizado entre intelectuais do Rio, em *O Momento Literário,* Rio de Janeiro, 1910.

ROMERO, Sílvio e RIBEIRO, João. *Compêndio de História da Literatura,* 2ª edição refundida, Rio de Janeiro, 1909.

RONCIÈRE, Charles de la. *Nègres et négriers,* Paris, 1933.

ROQUETTE-PINTO, E. *Seixos rolados,* Rio de Janeiro, 1927.

ROSA, Joam Ferreyra da. *Trattato unico da constituiçam pestilencial de Pernambuco offerecido a Elrey N. S.*, Lisboa, 1694.

ROSENAU, Milton J. *Preventive médicine and hygiene,* 5ª ed., Nova York-Londres, 1927.

ROSS, E. A. *The old world in the new*, Nova York, 1914.

ROSS, Frank A. e KENNEDY, Louise Venable. *A bibliography of negro migration,* Nova York, 1931.

ROSSEL, Ivilar M. *La raza,* Barcelona, 1930.

ROSSI, Vicente. *Cosas de negros,* Rio de la Plata, 1926.

ROSTAND, Jean. *Hérédité et racisme,* Paris.

ROWER, Frei Basílio. *Páginas da história franciscana no Brasil,* Rio de Janeiro, 1941.

RUSSELL, Francis Albert Rollo. *The atmosphere in relation to human life and health,* Smithsonian Institution, Misc. Collection, vol. 39.

SÁA, Mário. *A invasão dos judeus,* Lisboa, 1924.

SACO, José Antônio. *Historia de la esclavitud de la raza africana en el nuevo mundo y en especial en los países américo-hispanos,* Havana, 1938.

SALLEY, A. S. *The introduction of rice culture in South Carolina*, Columbia, 1919.

SAMPAIO, A. J. de. *A alimentação sertaneja e do interior da Amazônia,* São Paulo, 1944.

SAMPAIO, Alberto. *Estudos históricos e econômicos*, Lisboa, 1923.

SAMPAIO, Teodoro. "São Paulo no tempo de Anchieta", em *III Centenário do Venerável Joseph de Anchieta,* São Paulo, 1900.

_____. *O tupi na geografia nacional,* 3ª ed., Bahia, 1928.

_____. *O Rio São Francisco e a Chapada Diamantina,* Bahia, 1938.

SANT'ANNA NERY, Barão de. *Folklore brésilien*, Paris, 1889.

SANTOS, José Maria dos. *Política geral do Brasil*, Rio de Janeiro, 1930.

SARMENTO, Morais. *Dom Pedro I e sua época*, Porto, 1924.

SCHÄFFER, H. *Geschischte von Portugal*, Hamburgo, 1836-1854.

SCHÄFFER, Ritter von. *Brasilien als Unabhaengiges Reich*, Altona, 1924.

SCHEIDT, W. *Allgemeine Rassenkunden,* Berlim, 1926.

SCHMIDT, W. e KOPPERS, W. *Völker und Kulturen,* Regensburg, 1924.

SCHWEINFURTH, Georg. *Im Herzen von Afrika*, 3ª ed., Leipzig, 1908.

SELLIN, A. W. *Geografia geral do Brasil* (trad.), Rio de Janeiro, 1889. Prefácio de Capistrano de Abreu.

SEMEDO, Curvo. "Observações doutrinárias", em Luís Edmundo, *O Rio de Janeiro no Tempo dos Vice-Reis*.

SEMPLE, Ellen Churchill. *Influences of geographic environment*, Nova York, 1911.

SEQUEIRA, Gustavo de Matos. *Relação de vários casos notáveis e curiosos sucedidos em tempo na cidade de Lisboa* etc., Coimbra, 1935.

SEQUEIRA, Padre Antunes de. *Esboço histórico dos costumes do povo espírito-santense desde os tempos coloniais até nossos dias*, Rio de Janeiro, 1893.

SERGI, G. *Europa*, Torino, 1908.

SÉRGIO, Antônio. *Antologia dos economistas portugueses*, Lisboa, 1924.

_____. *História de Portugal*, tomo I (Introdução Geográfica), Lisboa, 1941.

_____. *A sketch of the history of Portugal*, trad. de Constantino José dos Santos, Lisboa, 1928.

SERRA, Astolfo. *A balaiada*, Rio de Janeiro, 1945.

SEVERO, Ricardo. *A arte tradicional no Brasil (a casa e o templo)*, São Paulo, 1916.

SHALER, Nataniel S. *The neighbor: the natural history of human contacts*, Boston, 1904.

SIEMEN, Hermann Warner. *Théorie de l'hérédité*.

SILVA, Luciano Pereira da. *Estudos de sociologia criminal*, Pernambuco, 1906.

SILVA, O. B. de Couto. *Sobre a lei de Rubner-Richet*. Tese para livre-docência, Rio de Janeiro, 1926.

SIMIAR, Théophile. *Étude critique sur la fondation de la doctrine des races*, Bruxelas, 1922.

SIMKINS, Francis Butler e WOODY, Robert Hilliard. *South Carolina during reconstruction*, Chapel Hill, 1932.

SIMÕES, J. de Oliveira. "A evolução da indústria portuguesa", em *Notas sobre Portugal*.

SIMONSEN, Roberto. *História econômica do Brasil, 1500-1820*, São Paulo, 1937.

SMITH, Lynn. *Brazil: people and institutions,* Louisiana, 1946.

SMITH, Mayo. *Statistics and sociology,* Nova York, 1907.

SMITH, William Carlson. *Americans in the making,* Nova York-Londres, 1934.

SNOW, A. H. *The question of aborigines,* Nova York, 1921.

SODRÉ, Nelson Werneck. *Formação da sociedade brasileira,* Rio de Janeiro, 1944.

SOROKIN, Pitirim. *Contemporary social theories,* Nova York e Londres, 1928.

_____. *Social mobility,* Nova York, 1927.

SOUSA, Alberto de. *Os Andradas,* São Paulo, 1922.

SOUSA, Frei Luís de. "Sinônimos", cit. por Padre Antunes de Sequeira, *Esboço histórico dos costumes do povo espírito-santense* etc.

SOUSA, Octávio Tarquínio de e HOLANDA, Sérgio Buarque de. *História do Brasil,* Rio de Janeiro, 1945.

SOUTHEY, Robert. *History of Brazil,* Londres, 1910-1919.

SPENGLER, Oswald. *La decadencia del Occidente* (trad.), Madri, 1927.

SPERO, S. D. e HARRIS, A. L. *The black worker,* Nova York, 1931.

STEPHENS, H. M. *The story of Portugal,* Nova York, 1891.

STILES, Percy Goldthwait. *Nutritional physiology,* Filadélfia e Boston, 1931.

STODDARD, T. Lothrop. *The rising tide of color,* Nova York, 1920.

_____. *The revolt of civilization,* Nova York, 1922.

STONE, Alfred Holt. "Some problems of Southern economic history" em *Readings in the Economic History of American Agriculture* (organizado por Schmidt e Ross), Nova York, 1925.

STONEQUIST, Everett V. "Race mixture and the mulatto", em *Race Relations and the Race Problem* (organizado por Edgar T. Thompson), Durham, 1939.

SUMMER, Willia Graham. *Folkways,* Boston, 1906.

SYDENSTRICKER, Edgar. *Health and environment,* Nova York, 1933.

SZEKELY, Ladislao. *Tropic fever,* Nova York, 1937.

TAFT, Donald R. *Two Portuguese communities,* Nova York, 1923.

TAUNAY, Afonso de E. *História geral das bandeiras paulistas*, São Paulo, 1924-1929.

_____. *Non ducor, duco,* São Paulo, 1924.

_____. *Sob el-Rei Nosso Senhor – Aspectos da vida setecentista brasileira, sobretudo em São Paulo,* São Paulo, 1923.

_____. *São Paulo no século XVI,* Tours, 1921.

_____. *São Paulo nos primeiros tempos, 1554-1601,* Tours, 1920.

_____. *História do café no Brasil – No Brasil colonial, 1727-1822,* Rio de Janeiro, 1939.

_____. *História do café no Brasil – No Brasil imperial, 1822-1872,* Rio de Janeiro, 1939.

_____. *Subsídios para a história do tráfico africano no Brasil,* São Paulo, 1941.

TAUNAY, Visconde de. *Trechos de minha vida,* ed. póstuma, 1923.

TAWNEY, R. H. *Religion and the rise of capitalism,* Londres, 1926.

TAYLOR, Griffith. *Enviroment and race,* Oxford, 1926.

TAYLOR, Paul S. *An American-Mexican frontier,* Chapel Hill, 1934.

TEIXEIRA, Bento. *Prosopopeia,* Rio de Janeiro, 1873.

TEIXEIRA, José Maria. *Causas da mortalidade das crianças no Rio de Janeiro,* 1887.

TERMAN, L. M. *Genetic studies of genius,* Stanford University, 1925-1930.

_____. *The measurement of intelligence,* Nova York, 1916.

_____. *The negro in the Americas,* Washington, 1940.

_____. *The new negro* (organizado por Allain Locke), Nova York, 1925.

_____. *The poor white problem in South Africa* (pesquisas feitas pela Comissão Carnegie), Stellensboch, 1935.

THOMAS, William H. *The American negro,* Nova York, 1901.

THOMAS, W. I. *Sex and society,* Chicago, 1907.

THOMPSON, Edgar T. "The plantation: the physical basis of tradicional race relations", em *Race Relations and the Race Problem,* Durham, 1939.

THOMPSON, R. Lowe. *The history of the devil,* Londres, 1929.

THORPE, M. R. e colaboradores. *Organic adaptation to environment,* Nova York, 1918.

TOMÁS, Pedro Fernandes. *Canções populares da Beira,* Lisboa, 1896.

TORRES, Alberto. *O problema nacional brasileiro*, Rio de Janeiro, 1914.

_____. *A organização nacional,* Rio de Janeiro, 1914.

TOYNBEE, A. J. *A study of History,* Londres, 1934.

TROLLOPE, Anthony. *North America,* Londres, 1862.

TROLLOPE, Francis. *The domestic manners of the Americans,* Londres, 1832.

TURNER, F. J. *The frontier in American history*, Nova York, 1921.

TYLOR, Edward B. *Primitive culture,* 5ª ed., Londres, 1929.

UNAMUNO, M. *Por tierras de Portugal y España*, Madri, 1911.

VALDÉS, Gonzalo Fernández de Oviedo y. *La historia general de las Indias,* Madri, 1851-1855.

VALDÉS, Ildefonso Pereda. *Negros esclavos y negros livres,* Montevidéu, 1941.

VANCE, Rupert B. *Human geography of the South – A study in regional resources and human adequacy,* Chapel Hill, 1935.

_____. *Human factors in cotton industry,* Chapel Hill, 1929.

VÁRZEA, Afonso. *Geografia do açúcar no leste do Brasil,* Rio de Janeiro, 1943.

VASCONCELOS, Diogo de. *História média de Minas Gerais,* Belo Horizonte, 1918.

VASCONCELOS, Leite de. *Ensaios etnográficos,* Lisboa, 1910.

_____. *Tradições populares de Portugal,* Porto, 1882.

VÁSQUEZ, D. García. *Los haciendados de la otra banda y el cabildo de Cali,* Cali, 1928.

VÁSQUEZ, Guilhermo Núñez. "La conquista de los indios americanos por los primeros misioneros", *Biblioteca Hispan Missionum*, Barcelona, 1930.

VERÍSSIMO, José. *A educação nacional,* Rio de Janeiro, 1906.

VIANA, Oliveira. *Evolução do povo brasileiro*, São Paulo, 1933.

_____. *Populações meridionais do Brasil*, São Paulo, 1933.

_____. *Raça e assimilação*, São Paulo, 1932.

VIANA, Sodré. *Caderno de Xangô, 50 receitas da cozinha baiana do litoral e do nordeste,* Bahia, s.d.

VIANA, Vítor. *Formação econômica do Brasil,* Rio de Janeiro, 1922.

VIANA FILHO, Luís. *O negro na Bahia,* Rio de Janeiro, 1946.

VIEIRA, Padre Antônio. *Obras várias,* Lisboa, 1856-1857.

VIERKANDT, Alfred. *Handwörterbuch der Soziologie,* Stuttgart, 1931.

VIGIER, João. "Pharmacopéa Ulysiponense", em Luís Edmundo, *O Rio de Janeiro no tempo dos vice-reis.*

VITERBO, Sousa. *Artes e artistas em Portugal (contribuição para as artes e indústrias portuguesas),* Lisboa, 1892.

VOEGELIN, Erich. *Rasse und Staat,* Tübingen, 1933.

WALLIS, Wilson D. *An introduction to anthropology,* Londres, s.d.

WARD, Robert D. Coursy. *Climate considered especially in relation to man,* Nova York, 1908.

WASHINGTON, Booker T. *Up from slavery,* Nova York, 1901.

WÄTJEN, Hermann. "Das Judentum und die Anfange der Modernes Colonisation" apud *Das Holandische Kolonialreich in Brasilien,* Gota, 1921.

WEATHERFORD, Willis Duke. *The negro from Africa to America,* Nova York, 1924.

_____. *Race relations: adjustment of whites and negroes in the United States,* Boston, 1934.

WEBER, Max. *Gesammelt Aufsätze zur Religionsoziologie,* Berlim, 1922.

_____. *General economic history* (trad.), Nova York, 1927.

WEBSTER, Hutton. *Primitive secret societies,* Nova York, 1927.

WERNECK, Américo. *Graciema,* Rio de Janeiro, 1920.

WERTENBACKER, T. J. *Patrician and plebeian in Virginia,* Virgínia, 1912.

_____. *The planters of colonial Virginia,* Princeton, 1922.

_____. *The old South,* Nova York, 1942.

WESTERMARCK, E. A. *The history of human marriage,* Londres, 1921.

_____. *The origin of development of moral ideas,* Londres, 1926.

WHETHAM, Catherine Durning e WHETHAM, William Cecil Dampier. *The family and the nation – A Study in natural inheritance and social responsability,* Londres, 1909.

WHETHAM, W. C. D. *Heredity and society,* Londres, 1912.

WHIFFEN, Thomas. *The North-West Amazons,* Londres, 1915.

WHITAKER, Herman. *The planter,* Nova York, 1909.

WILCOX, E. V. *Tropical agriculture,* Nova York, 1916.

WILEY, Ball Irving. *Southern negroes, 1861-1865,* New Haven, 1938.

WILLEMS, Emílio. *Cunha – Tradição e transição em uma cultura do Brasil,* São Paulo, 1948.

WISSLER, Clark. *The American indian,* Nova York, 1922.

_____. *Man and culture,* Nova York, 1923.

WOODSON, Carter G. *The rural negro,* Washington, 1930.

_____. *The negro professional man and the community,* Washington, 1934.

_____. *The negro in our history,* Washington, 1922.

WOODWORTH, R. S. *Heredity and environment,* Nova York, 1941.

WORK, MONROE N. *A bibliography of the negro in Africa and America,* Nova York, 1928.

YOUNG, Donald. *American minority peoples,* Nova York, 1932.

ZAVALA, Sílvio. *New viewpoints on the spanish colonization of America,* Filadélfia, 1943.

_____. *Las instituciones juridicas en la conquista de América,* Madri, 1935.

ZIEGLER, H. E. *Die Vererbungslehre in der Biologie und in der Soziologie,* Jena, 1918.

ZIMMERMANN, A. *Die Europaeischen Kolonien,* Berlin, 1896-1903.

3. Material subsidiário: memórias e periódicos

a) Indicações gerais

Africa (African Institute of African Languages and Cultures), Inglaterra.

American Anthropologist, Estados Unidos.

American Journal of Physical Anthropology, Estados Unidos.

American Journal of Sociology, Estados Unidos.

Anais Brasilienses de Medicina, Rio de Janeiro.

Anais do Arquivo Público da Bahia, Bahia.

Anais da Academia de Medicina do Rio de Janeiro, Rio de Janeiro.

Anais de Medicina Brasiliense, Rio de Janeiro.

Annales, Museo de la Plata, La Plata, Argentina.

Archiv für Ethnographic, Alemanha.

Archivio per l'Antropologia e la Etnologia, Itália.

Arquivos e Boletim, Museu Nacional, Rio de Janeiro.

Annual Reports, Bureau de Etnologia, Washington.

Anthropos, Áustria.

Anuário Estatístico, Estado de Pernambuco, Recife.

Arqueólogo Português, (O), Portugal.

Arquivos de Angola, Luanda.

Boletim, Museu Goeldi, Pará.

Boletim da Sociedade Luso-Africana do Rio de Janeiro, Rio de Janeiro.

Boletim Geográfico, Rio de Janeiro.

Boletín de la Academia Nacional de la Historia, Buenos Aires.

Boletin del Instituto de Sociologia, Buenos Aires.

Documentos Históricos do Arquivo Municipal, Atas da Câmara, 1625-1641, 1º volume, Prefeitura Municipal do Salvador, Bahia.

Folk-Lore (A Quarterly Review of Myth, Tradition, Institution and Custom), Londres.

Geografia, São Paulo.

Handbook of Latin American Studies, Cambridge, Estados Unidos, 1936-[...].

Hispanic American Historical Review, Durham, N. C.

Journal of Anthropology, Inglaterra.

Journal of the African Society, Londres.

L'Anthropologie, França.

Man, Inglaterra.

Memoirs, Museu Peabody de Arqueologia e Etnologia, Cambridge, Mass., Estados Unidos.

Moçambique, Documentário Trimestral, Lourenço Marques.

Publicações do Arquivo Público da Bahia, Bahia.

Revista Brasileira de Estatística, Rio de Janeiro.

Revista Brasileira de Geografia, Rio de Janeiro.

Revista de Estudos Brasileiros, Rio de Janeiro.

Revista de História de América, México.

Revista do Arquivo Municipal, São Paulo.

Revista do Arquivo Público Mineiro, Belo Horizonte.

Revista do Serviço do Patrimônio Histórico e Artístico Nacional, Rio de Janeiro.

Scientia (Revista Internazionale di Sintesi Cientifica), Itália.

Sección de Investigaciones Históricas, Institución Carnegie, *Informe Anual de la Subsección de Historia Antigua de América,* Washington, 1932.

Smithsonian Contributions to Knowledge, Estados Unidos.

The American Journal of Orthopsychiatry, XVII, 4, 1947.

The Geographical Review – American Geographical Society, Nova York.

The Manchester Guardian, 1947.

The Sociological Review, Londres.

Trabalhos, Sociedade Portuguesa de Antropologia e Etnologia, Portugal.

b) Indicações particulares

ALIKHANIAN, S., e outros – "Discussion du Rapport de T. D. Lyssenko", *Europe*, Paris, outubro, 1948.

ALMEIDA, A. Osório de. "A ação protetora do Urucu", sep. do *Boletim do Museu Nacional*, vol. VII, nº I, Rio de Janeiro, 1931.

_____. "O metabolismo basal do homem tropical de raça branca", em *Journal de Physiologie et de Pathologie Générale*.

AMARAL, Brás do. Estudo apresentado ao Congresso de História Nacional, em *Revista do Instituto Histórico e Geográfico Brasileiro*, tomo especial, parte II.

AMARAL JÚNIOR, Amadeu. "Superstições do povo paulista", em *Revista Nova*, nº 4, São Paulo.

Anais Brasilienses de Medicina, nº 5, vol. 2, ano II.

ANCHIETA, Padre Joseph de. "Informação dos casamentos dos índios do Brasil", em *Rev. do Inst. Hist. e Geog. Bras.*, vol. VIII.

ANDRADE, Antônio Alfredo de. "Alimentos brasileiros", em *Anais da Faculdade de Medicina do Rio de Janeiro*, vol. 6º, 1922.

ANDRADE, Mário de. "O samba rural paulista", *Revista do Arquivo Municipal de São Paulo*, vol. 41, 1937.

ARAGON. "De la libre discussion dez idées", *Europe*, Paris, outubro, 1948.

ARARIPE, Tristão de Alencar. "Pater-familias no Brasil nos tempos coloniais", em *Rev. do Inst. Hist. e Geog. Bras.*, vol. 55.

ARAÚJO, H. C. de Sousa. "Costumes paraenses", em *Boletim Sanitário*, ano 2º, 5, Rio de Janeiro, 1924.

Artigo do jornal *O Sete de Setembro*, do Recife, nº 34, vol. 1, 1846, sobre o manuscrito da "Nobiliarquia pernambucana", de Borges da Fonseca.

AZEVEDO, Luís Correia de. Trabalho apresentado à Academia Imperial de Medicina do Rio de Janeiro, em *Anais Brasilienses de Medicina*, tomo XXII, de abril de 1872, nº 11.

_____. Artigo, em *Anais Brasilienses de Medicina*, vol. 21.

BALFOUR, A. "Sejourners in the tropics", em *The Lancet*, 1923, vol. I.

BARRETO, Carlos Xavier Pais. "Fatos reais ou lendários atribuídos à família Barreto", *Revista das Academias de Letras*, Rio de Janeiro, ano VII, nº 45, maio-junho de 1943.

BARRETO, Luís Pereira. "A higiene da mesa", em *O Estado de S. Paulo*, 7 de setembro de 1922.

_____. "O século XX sob o ponto de vista brasileiro", em *O Estado de S. Paulo*, 23 de abril de 1901.

BARROS, J. Almeida. "Os Garcias na Caiapônia", *Revista do Instituto Histórico de Mato Grosso*, ano XVII, tomo XXXIV, 1935.

BEAM, R. R. "The negro Brain", *Century Magazine*, 1906.

BEZERRA, André. Palestra realizada no Rotary Club do Recife, *Diário de Pernambuco*, 2 de abril de 1933.

BILDEN, Ruediger. "Brazil, laboratory of civilization", em *Nation*, CXXVIII, jan., 16, Nova York, 1929.

BINGHAM, Hiram. "The contribution of Portugal", *Annual Report of the American Historical Association, 1909*, Washington, 1911.

BOAS, Frans. *Handbook of American Indian Languages, 40th Bulletin of American Indian Ethnology*, Washington, 1911.

_____. "Race", *Encyclopaedia of the Social Sciences*, XIII, Nova York, 1935.

Boletim do Museu Goeldi (Museu Paraense) de História Natural e Etnografia, vol. VII, Pará, 1913.

BOND, Beverley W. "The quint-rent system in the American colonies", em *The American Historical Review*, vol. XVII, n° 3, abril, 1912.

BOTELHO, Adauto. "Estudo sobre a demência precoce entre negros e pardos realizado no Rio em 1917", citado pelo *Boletim de Eugenia*, Rio de Janeiro, abril-junho, 1932, n° 38.

BOUDITCH, H. P. "The growth of children", *8th Annual Report of the State Bureau of Health of Massachusetts*.

BRANNER, John Casper. "O que eu faria se fosse estudante brasileiro nos Estados Unidos", *El Estudiante Latino-Americano*, Nova York, 1921.

"Breve Discurso sobre o estado das quatro capitanias conquistadas, de Pernambuco, Itamaracá, Parahyba e Rio Grande, situadas na parte septentrional do Brasil", tradução do holandês de manuscrito existente no Arquivo de Haia e publicado na *Revista do Instituto Arqueológico, Histórico e Geográfico Pernambucano*, n° 31.

"British Medical Journal", August, 1923, apud Arthur Dendy, *The Biological Foundation of Society*.

BRYANT, A. T. e SELIGMAN, C. G. "Mental development of the South America native", em *Eugenics Review*, vol. IX.

CÂMARA, Faelante da. "Notas dominicais de Tollenare", em *Cultura Acadêmica*, Recife, 1904.

CAMPOS, J. da Silva. "Tradições baianas", em *Rev. do Instituto Histórico e Geográfico da Bahia*, n° 56.

CARDOSO, Joaquim. "Um tipo de casa rural do Distrito Federal e Estado do Rio", *Revista do Serviço do Patrimônio Histórico e Artístico Nacional*, VII, Rio de Janeiro, 1943.

CARDOSO, Manuel Soares. "Some remarks concerning André Thévet", *The Americas*, vol. I, julho, 1944, nº 1.

CARVALHO, Alfredo de. "O Zoobiblion Zacarias Wagner", em *Rev. do Inst. Arq. Hist. e Geog. Pernambucano,* tomo XI, 1904.

_____. "A magia sexual no Brasil" (fragmentos), em *Rev. do Inst. Arq., Hist. e Geog. Pernambucano*, nº 106.

_____. Trabalho incompleto sobre magia sexual no Brasil, em *Rev. do Inst. Arq., Hist. e Geog. Pernambucano*, nº 102.

CASTRO, Josué de. "Áreas alimentares do Brasil", *Resenha Clínico-Científica*, São Paulo, ano XIV, nº 4, abril de 1945.

CEDRO, Luís. "O Doutor Gerôncio de Noruega", em *Diário de Pernambuco,* de 26 de julho de 1925.

CHAVES, Antiógenes. "Os esportes em Pernambuco", em *O Jornal,* Rio de Janeiro, edição especial de Pernambuco, 1928.

CHAVES, Nelson. "Aspecto da fisiologia hipotálamo-hipofisária – Interpretação da precocidade sexual no Nordeste", em *Neurobiologia,* tomo, III, nº 4, Recife, 1940.

CLÁUDIO, Afonso. "As três raças na sociedade colonial – Contribuição social de cada uma", em *Rev. do Inst. Hist. e Geog. Bras.,* tomo especial, vol. III, 1927.

_____. "As tribos negras importadas", em *Rev. do Inst. Hist. e Geog. Bras.,* tomo especial do Congresso de História Nacional, parte II.

CORREIA, Padre J. Alves. Artigo de crítica a *Casa-grande & senzala.*

CORREIA, Ernani. "A Arquitetura no Rio Grande do Sul", *Lanterna Verde*, Rio de Janeiro, julho, 1944.

COSTA, Henrique de Moura. "Aspectos e particularidades da sífilis no Brasil", *Brasil Médico*, nº 11, Rio de Janeiro, 16 de março de 1935.

COSTA, Lúcio. "Evolução do mobiliário luso-brasileiro", *Revista do Serviço do Patrimônio Histórico e Artístico Nacional,* nº 3, Rio de Janeiro, 1939.

_____. "O Aleijadinho e a arquitetura tradicional", em *O Jornal,* edição especial de Minas Gerais, Rio de Janeiro.

COSTA, Pereira da. "Folclore pernambucano", em *Rev. do Inst. Arq. Hist. e Geog. Pernambucano.*

COUTINHO, Rui. "Estudo sobre a alimentação do escravo negro no Brasil", apresentado ao *1º Congresso Afro-Brasileiro do Recife,* novembro de 1934.

COUTO, Domingo de Loreto. "Desagravos do Brasil e glórias de Pernambuco", em *Anais da Biblioteca Nacional do Rio de Janeiro*, vol. XXIV.

COUTY, Louis. "L'alimentation au Brésil. Et dans les pays voisins", em *Revue d'Hygiène,* Paris, 1881.

CUNHA, Alberto da. "Higiene mental", em *Arquivos de Higiene*, nº 11, Rio de Janeiro.

DANTAS, Pedro. "Perspectivas", em *Revista Nova,* nº 4, São Paulo, 1931.

DESSOIR, Max. "Zur Psychologie der Vita Sexualis", em "Allgemeine Zeitschrift für Psychischgerichtliche Medicin", apud Westermarck, *The Origin and Development of the Moral Ideas.*

Diário de Notícias, Rio de Janeiro, 10 de julho de 1882 (anúncios de escravos).

Diário de Pernambuco, 27 de março de 1828; 3 de março de 1828; 6 de agosto de 1828; 25 de agosto de 1828; 9 de outubro de 1828; 3 de agosto de 1829; 6 de setembro de 1828; 7 de agosto de 1828; 22 de janeiro de 1835; 9 de julho de 1850; 23 de setembro de 1830 (anúncios de escravos).

ENGELMAN, G. J. "First age of menstruation in the North American continent", *Transaction of the American Gynecological Society*, 1901.

ESCUDERO, Pedro. "Influencia de la alimentación sobre la raza", *La Prensa,* 27 de março de 1933.

Estatutos do Recolhimento de N. S.ª da Glória, cit. pelo cônego Antônio do Carmo Barata, "Um grande sábio, um grande patriota, um grande bispo" (conferência), Pernambuco, 1921.

ÉTIENNE, Abbé Ignace Brazil. "La secte musulmane des malés du Brésil et leur révolte en 1935", em *Anthropos,* Viena, jan.-mar., 1909.

FAZENDA, José Vieira. "Antigualhas e memórias do Rio de Janeiro", em *Rev. do Inst. Hist. e Geog. Bras.,* tomo 95, vol. 149.

FERREIRA, Costa. "La capacité du crane chez les portugais", em *Bulletins et Mémoires de la Société d'Anthropologie,* Paris, série V, vol. IV.

FRANCISCO, Martim. "Jornal de viagens por diferentes vilas da capitania de São Paulo", em *Rev. do Inst. Hist. e Geog. Bras.*, nº 45.

FRANCO, Afonso Arinos de Melo. "Mundo imaginário", artigo em *A manhã,* de 12 de abril de 1942.

FRANK, Waldo. "La selva", em *Sur* nº 1, Buenos Aires, 1931.

FRAZIER, E. Franklin. "The negro in Bahia, Brazil: a problem in method", *American Sociological Review*, VIII, agosto, 1943.

FREITAS, Otávio de. "Trabalho sobre doenças trazidas ao Brasil pelos 'negros bichados'", lido no *1º Congresso Afro-Brasileiro* do Recife, novembro de 1934.

FREYRE, Gilberto. "A propósito de um livro em 3ª Edição", em *Revista do Brasil*, julho de 1938.

_____. *Deformações de corpo nos negros fugidos*, trabalho apresentado ao 1º Congresso Afro--Brasileiro, do Recife.

_____. *O escravo nos anúncios de jornais do tempo do império*, conferência na Sociedade Felipe d'Oliveira, Rio de Janeiro, 1934.

_____. *Trabalho sobre regime alimentar em Pernambuco*, lido perante o Congresso Regionalista do Nordeste, Recife, 1925.

GOELDI, Emílio. "O estado atual dos conhecimentos sobre os índios do Brasil", em *Boletim do Museu Paraense e História Natural e de Etnografia*, nº 4, vol. II.

GOETZ, Walter. "Artigo sobre as reduções jesuíticas no Paraguai", em *Encyclopaedia of the Social Sciences*, Nova York, 1935.

GOLDENWEISER, Alexander. "Concerning racial differences", *Menorah Journal*, vol. VIII, 1922.

_____. "Diffusionism and the American School of Historical Ethnology", em *American Journal of Sociology*, vol. XXXI, 1925.

_____. "Race and culture in the modern world", em *Journal of Social Forces*, vol. III, 1924.

_____. "Sex and primitive society", em *Sex and Civilization*, ed. by Calverton and Schmalhausen, Londres, 1929.

_____. "The significance of the study of Culture for Sociology", em *Journal of Social Forces*, vol. III, 1924.

GREGORY, John W. "Inter-racial problems and white colonization in the tropics", *Report of the British Associations for the Advancement of Science*, Toronto, 1924.

GRIECO, Agrippino. "Paraíba do Sul", em *O Jornal*, Rio de Janeiro, ed. especial comemorativa do bicentenário do café.

GRIFFING, John B. "A comparison of the effects of certain socioeconomic factors upon size of family in China, Southern California and Brazil" (publicação particular).

_____. "Natural eugenics in Brazil", *Journal of Heredity* (American Genetic Association), vol. XXXI, nº 1, Washington, janeiro, 1940.

_____. "The acceleration of biological deterioration", *Sociology and Social Research*, vol. 23, nº 3.

HANKINS, F. H. "Individual differences and their significances, for social theory", publications of *The American Sociological Society*, vol. XVII, 1922.

HERRMANN, Lucila. "Evolução da estrutura social de Guaratinguetá num período de trezentos anos", *Revista e Administração*, São Paulo, ano II, nºs 5-6, março-junho de 1948.

HERSKOVITS, Melville J. "A preliminary consideration of the culture areas of Africa", em *American Anthropologist*, vol. XXVI, nº 1, 1924.

_____. "On the provenience of new world negroes", em *Journal of Social Forces*, vol. XII, nº 2, 1933.

_____. "The negro in the new world: the statement of a problem", *American Anthropologist*, XXXI, janeiro-março, 1930.

_____. "The social history of the negro", *A Handbook of Social Psychology*, organizado por C. Murchinson, Worcester, 1935.

_____. "The culture areas of Africa", *Africa*, 3, 1930.

_____. "The significance of West Africa for negro research", *The Journal of Negro History*, vol. XXI, 1936.

"Histórias da idade média", em *Revista do Arquivo Público Mineiro*, ano XII, 1907.

HRDLICKA, Ales. "Disease, medicine and surgery among the American Aborigines", *The Journal of the American Medical Association*, vol. 99, nº 20, nov. 1932.

"Idéa geral de Pernambuco em 1817", artigo de autor anônimo em *Rev. do Inst. Arq., Hist. e Geog. Pernambucano*, nº 29.

IVANOVSKY, A. "Physical modifications; of the population of Russia under famine", *American Journal of Physical Anthropology*, nº 4, 1923.

KEITH, Arthur. "On certain factors concerned in the evolution of human races", *Journal of the Royal Antropological Institute*, vol. XLVI, Londres.

KEYSERLING, Conde Herman de. "Portugal" (trad. do alemão por Herta Openheimer e Osório de Oliveira), em *Descobrimento*, nº 2, Lisboa, 1931.

LACOMBE, Lourenço L. "A mais velha casa de Correias", *Revista do SPHAN*, Rio de Janeiro, nº 2, 1928.

LAYTANO, Dante de. "O português dos Açores na consolidação moral do domínio lusitano no extremo sul do Brasil", *Revista do Ensino*, nº 15-18, Porto Alegre, nov. 1940-fev. 1941.

LEAL, Antônio Henriques. "Apontamentos para a história dos jesuitas, extrahidos dos chronistas da Companhia de Jesus", em *Rev. do Inst. Hist. e Geog. Bras.*, tomo XXXIV, Rio de Janeiro, 1871.

LEITE, Padre Serafim. Artigo de crítica a *Casa-grande & senzala*, na revista *Broteria*.

LESSA, Clado Ribeiro de. "Mobiliário brasileiro dos tempos coloniais", *Estudos Brasileiros*, nº 6, Rio de Janeiro, 1939.

LIMA, J. F. de Araújo. "Ligeira contribuição ao estudo do problema alimentar das populações rurais do Amazonas", em *Boletim Sanitário*, Rio de Janeiro, ano II, nº 4, 1923.

LINS, Dr. Sinval. "Fundamentos científicos modernos de alimentação racional nos climas quentes", em *Brasil Médico*, ano XLV, nº 40.

LOPES, Cunha. *Psicoses nos selvagens*, comunicação à Sociedade Brasileira de Psiquiatria, 1927.

LOWIE, Robert H. e NIMUENDAJÚ, Curt. "The dual organization of the canella of Northern Brazil", *American Anthropologist*, vol. 39.

LYDE, L. W. "Skin colour", em *The Spectator*, Londres, 16 de maio de 1931.

_____. "The colour bar", *The Spectator*, Londres, junho de 1931.

LYSSENKO, T. D. "État de la science biologique", *Europe*, Paris, outubro, 1948.

MACHADO FILHO, Aires da Mata. "Índios e negros", *Planalto*, São Paulo, janeiro de 1945.

MAGALHÃES, Basílio de. "As lendas em torno da lavoura do café", em *O Jornal*, Rio de Janeiro, ed. especial comemorativa do bicentenário do café.

MANCHESTER, Alan P. "The rise of the Brazilian aristocracy", em *The Hispanic American Historical Review*, vol. XI, nº 2.

MARCHANT, Alexander. "Feudal and capitalistic elements in the Portuguese settlement of Brazil", *The Hispanic American Historical Review*, XXII, Durham, 1942.

_____. "Colonial Brazil as a way station for the Portuguese india fleets", *The Geographical Review*, vol. 31, nº 3, Nova York, julho de 1941.

MARIANO FILHO, José. História da arquitetura brasileira, São Paulo, 1944.

_____. Conferência na Escola de Belas-Artes do Recife, abril de 1933.

MASON, O. T. "Cradles of american aborigines", em *Report of the United States Museum*, 1886-1887.

McDOUGALL, W. "The mind and society", *Journal of Social Philosophy*, vol. I, outubro, 1935.

MESQUITA, José de. "Gente e coisas d'antanho – Crimes célebres", *Revista do Instituto Histórico de Mato Grosso*, ano XVI, tomo XXXIII.

_____. "Grandeza e decadência de serra acima", *Revista do Instituto Histórico de Mato Grosso*, n.os XXV a XXVIII, 1931-1932.

MILLIET, Sérgio. "Psicologia do cafuné", em *Planalto*, 1-9-1941, São Paulo.

MITINE, A. "Interview de T. D. Lyssenko sur la concurrence à l'intérieur des espèces", *Europe*, Paris, outubro, 1948.

_____. "L'épanouissement de la science agrobiologique sovietique", *Europe*, Paris, outubro, 1948.

MONTOYA. "Manuscrito guarani da Biblioteca Nacional do Rio de Janeiro sobre a primitiva catechese dos indios das missões", em *Anais da Biblioteca Nacional*, vol. VI.

MORAIS, Eugênio Vilhena de. "Qual a influência dos jesuítas em nossas letras?", em *Rev. do Inst. Hist. e Geog. Bras.*, tomo especial, Congresso de História Nacional, parte V, Rio de Janeiro, 1917.

MOREIRA, Nicolau Joaquim. "Questão ethnico-anthropologica: o cruzamento das raças acarreta a degradação intelectual e moral do producto hybrido resultante?", em *Anais Brasilienses de Medicina*, tomo XXI, nº 10.

NIMUENDAJÚ, Curt e LOWIE, Robert H. "The Dual Organization of the Canella of Northem Brazil", *American Anthropologist*, vol. 39.

OLIVEIRA, João Alfredo Correia de. Biografia do Barão de Goiana, em *Rev. do Inst. Arq., Hist. e Geog. Pernambucano*, vol. XXVII.

OLIVEIRA, J. J. Machado de. "Notícia raciocinada sobre as aldeias de índios da província de São Paulo", em *Rev. do Inst. Hist. e Geog. Bras.*, VIII.

ORR, J. B. e GILKS, J. L. "The physique and health of two African tribes", em *Medical Research Council*, Special Report Series, 1932, nº 155, apud Rui Coutinho, *O valor social da alimentação*.

_____. *Panorama (O)*, Lisboa, vol. II, 1838.

PECK, E. P. "An immigrant farming country", *New England Magazine*, vol. XXI, outubro, 1904.

PEIXOTO, Afrânio. "O homem cósmico da América", em memória do 3º Congresso Internacional de Catedráticos de Literatura Ibero-Americana, Nova Orleans, 1944.

PEREIRA, Astrojildo. "Sociologia ou apologética?", em *A Classe Operária*, Rio de Janeiro, 1º de maio de 1929.

PERNAMBUCANO, Ulisses. *Trabalho sobre as doenças mentais entre os negros*, em Arquivos da Assistência a Psicopatas de Pernambuco, nº 1, abril de 1932.

PIERSON, Donald. "Artigo sobre *The masters and the slaves*" (edição inglesa de *Casa-grande & senzala*), em *American Sociological Review*, vol. I, nº 4, outubro, 1947.

PINHEIRO, Cônego Fernandes. "Ensaio sobre os jesuítas", em *Rev. do Inst. Hist. e Geog. Bras.*, tomo XVIII.

QUERINO, Manuel. "A raça africana e seus costumes na Bahia", em *Rev. da Academia Brasileira de Letras*, nº 70.

RENDON, José Arouche de Toledo. "Memórias sobre as aldeias de índios da província de São Paulo", em *Rev. do Inst. Hist. e Geog. Bras.*, VI.

Resposta ao Inquérito da Câmara do Rio de Janeiro entre médicos sobre o clima e a salubridade da Corte dos Vice-Reis (1789), *Anais Brasilienses de Medicina*, nº 5, vol. 2, de 1846.

Rev. do Inst. Arq., Hist. e Geog. Pernambucano, nº 33, Recife, 1887, tomo XI, 1904.

Rev. do Inst. Hist. e Geog. Bras., tomo XIV (Gabriel Soares de Sousa, *Tratado Descritivo do Brasil em 1587*, ed. de Varnhagen); tomo LXXVIII, parte II.

RHOT, H. Ling. "On the significance of the couvade", *Journal of the Anthropological Institute of Great Britain and Ireland*, vol. 22, 1893.

RHOT, Walter E. "An inquiry into the animism and the folklore of the Guiana Indians", *13th Annual Report, Bureau of American Ethnology*, Washington, 1915.

RIBEIRO, João. "Artigo de crítica a *Casa-grande & senzala*", em *Jornal do Brasil*, Rio de Janeiro, 1933.

RIBEIRO, Joaquim. "Folclore do açúcar", XVII, *Brasil Açucareiro*, vol. XXV, nº 3, março de 1945.

RIBEIRO, René. "On the *amaziado* relationship, and other aspects for the family in Recife (Brazil)", *American Sociological Review*, vol. X, nº 1, fev., 1945.

ROQUETTE-PINTO, E. Nota sobre os tipos antropológicos do Brasil, Arquivos do Museu Nacional, vol. XXX, Rio de Janeiro.

ROSA, Francisco Luís da Gama. "Costumes do povo nos nascimentos, batizados, casamentos e enterros", em *Rev. do Inst. Hist. e Geog. Bras.*, tomo especial, 1º Congresso de História Nacional, parte V, Rio de Janeiro, 1917.

SAIA, Luís. "O alpendre nas capelas brasileiras", *Revista do Serviço do Patrimônio Histórico e Artístico Nacional*, Rio de Janeiro, nº 3, 1939.

SAMPAIO, Teodoro. "São Paulo de Piratininga no fim do século XVI", em *Revista do Inst. Hist. de São Paulo*, tomo IV, vol. II.

SCHMIDT, Max. Artigo em *Koloniale Rundschau*, abr. 1909, resumido por Sir Harry H. Johnston, *The negro in the new world*.

SCHMIDT, W. "Kulturkreise und Kulturschichten in Sudamerika", *Zeitschrift für Etnologie*, Berlim, 1913.

SCHULLER, R. R. "A couvade", em *Boletim do Museu Goeldi*, vol. VI, 1910.

SENA, Nelson de. "Toponímia geográfica de origem brasílico-indígena em Minas Gerais", em *Rev. do Arquivo Público Mineiro*, ano X, 1924.

SILVA, Jorge R. Zamudio. "Para una caracterización de la sociedad del Rio de la Plata (siglos XVI a XVIII) – La contribución indígena", *Revista de la Universidad de Buenos Aires*, ano II, nº 4, outubro-dezembro, 1944.

_____. "Para una caracterización de la sociedad del Rio de la Plata (siglos XVI a XVIII) – La contribución europea", *Revista de la Universidad de Buenos Aires*, ano III, nº 1, janeiro-março, 1945.

_____. "Para una caracterización de la sociedad del Rio de la Plata (siglos XVI a XVIII) – La contribución africana", *Revista de la Universidad de Buenos Aires*, ano III, nº 2, abril-junho, 1945.

SOARES, A. J. de Macedo. "Estudos lexicográficos do dialeto brasileiro", em *Revista Brasileira*, tomo IV, Rio de Janeiro, 1880.

SPENCER, Frank Clarence. "Education of the pueblo child", *Columbia University Contributions to Philosophy, Psychology and Education*, vol. 7, nº 1, Nova York, 1899.

STEVENSON, T. E. "The religious life of the zuñi child", *Bureau of Ethnology Report*, vol. V, Washington.

STITT, F. P. "Our disease in inheritance from slavery", *U. S. Naval Medical Bulletin*, XXVI, outubro, 1928.

TAUNAY, Afonso de E. "A fundação de São Paulo", vol. III, tomo especial do 1º Congresso Internacional de História da América, em *Rev. do Inst. Hist. e Geog. Bras.*, Rio de Janeiro, 1927.

TORRES, Heloísa Alberto. "Cerâmica de Marajó", Rio de Janeiro, 1929 (conf.).

TURNER, Lorenzo D. "Some contacts of brazilian ex-slaves with Nigeria, West Africa", *Journal of Negro History*, XXVII, Washington, 1942.

UCHOA, Samuel. "Costumes amazônicos", em *Boletim Sanitário* (Departamento Nacional de Saúde Pública), ano 2º, nº 4, Rio de Janeiro, 1923.

VAMPRÉ, João. "Fatos e festas na tradição", *Rev. do Inst. Hist. de São Paulo*, vol. XIII.

VÁRZEA, Afonso. "Geografia dos engenhos cariocas", *Brasil Açucareiro*, vol. XXII, nº 1, janeiro de 1944.

_____. "Engenhos dentre Guanabara-Sepetiba", *Brasil Açucareiro*, vol. XXV, fevereiro de 1945, nº 2.

VERÍSSIMO, Inácio José. "Problemas do reagrupamento das nossas populações", *Política,* nº 2, São Paulo, 1945.

VIANA, Araújo. "Das artes plásticas no Brasil em geral e da cidade do Rio de Janeiro em particular", em *Rev. do Inst. Hist. e Geog. Bras.*

VIOTTI, Júlio Magalhães. "Contribuição à antropologia da moça mineira", *Boletim da Secretaria da Educação e Saúde*, nº 13, Belo Horizonte, 1933.

WOODWARD, James W. "Social psychology", *20th Century Sociology*, Nova York, 1945.

ZAVALA, Sílvio. "Casa-grande & senzala" etc., *Revista de História de América*, nº 15, México, dezembro de 1942.

4. Acréscimos à bibliografia de *Casa-grande & senzala* na 15ª edição brasileira*

ALMEIDA, Prado, J. F. *O Brasil e o colonialismo europeu*, Rio de Janeiro, 1956.

ARRAES, Monte. *O espírito inventivo e as tendências imitativas do povo brasileiro*, Fortaleza, 1954.

ARROYO, Leonardo. *A carta de Pero Vaz de Caminha, ensaio de informação à procura de constantes válidas de método*, São Paulo, 1971.

AZEVEDO, Fernando de. *A cultura brasileira,* 3ª ed. rev. e ampl., São Paulo, 3 vols., 1958.

AZEVEDO, Tales de. *Povoamento da Cidade do Salvador,* 2ª ed. rev., São Paulo, 1955.

BASTIDE, Roger. *Anthropologie Appliquée* (contendo justificativa, sobre base antropossociológica, das teorias brasileiras de tropicologia e lusotropicalismo), Paris, 1971.

_____. *Brésil. Terres des contrasts*, Paris, 1957.

BETHELL, Leslie. *The abolition of the Brazilian slave trade*, Cambridge, Inglaterra, 1970.

BONIFÁCIO, José. *Obras científicas, políticas e sociais,* Santos, 1963.

BRUNO, Ernani Silva. *Viagem ao país dos paulistas. Ensaios sobre a ocupação da área vicentina e a formação de sua economia e de sua sociedade nos tempos coloniais*, Rio de Janeiro, 1966.

BUARQUE DE HOLANDA, Sérgio. *A época colonial, história geral da civilização brasileira*, São Paulo, 1960.

CALMON, Pedro. *História da civilização brasileira*, São Paulo, 1953, e *História do Brasil* (7 vols.), Rio de Janeiro, 1959.

CAMPOS, Renato. *Ideologia dos poetas populares do Nordeste*, Recife, 1959.

_____. *Igreja, política e religião*, Recife, 1967.

CARNEIRO, José Fernando. *Psicologia do brasileiro*, Porto Alegre, Faculdade de Filosofia da Universidade Federal do Rio Grande do Sul, 1967.

CASCUDO, Luís da Câmara. *A alimentação no Brasil* (Brasiliana/33), São Paulo.

CIDADE, Hernani A. *O bandeirismo paulista na expansão territorial do Brasil*, Lisboa, 1952; 2ª ed., 1954.

Conselho Federal de Cultura. *Atlas cultural do Brasil,* coordenado por Artur Reis, contendo entre outros ensaios o sintético "Áreas culturais", de M. Diegues Júnior, Rio de Janeiro, 1972.

CORTESÃO, Jaime. *História do Brasil nos velhos mapas*, Rio de Janeiro, 1965.

COSTA, Emília Viotti da. *Da senzala à colônia,* São Paulo, 1966.

COUTINHO, Afrânio. *A tradição afortunada.* Rio de Janeiro, 1968.

Departamento de Assuntos Culturais do Ministério da Educação e Cultura. *Memória da independência,* Rio de Janeiro, 1972.

DE SOUSA, Octávio Tarquínio. *A vida de D. Pedro I,* 2ª ed. Rio de Janeiro, 1972.

DIAS, Cícero. *Catalogue du fonds Perdinand Denis*, Paris, 1972.

DIAS, Jorge. *Estudos do carácter nacional português*, Lisboa, 1971.

DORNAS FILHO, João. *O ouro das Gerais e a civilização da capitania,* São Paulo, 1957.

DUARTE, Eustáquio e ANDRADE, Gilberto Osório de. *Morão, rosa e pimenta*, Recife, 1956.

EINAUDI, L. e STEPAN, A. C. *Latin America Institutional Development*, Santa Mônica, Califórnia, 1971.

FERGUSON, J. Halcro. *Latin America: the balance of race redressed*, Londres, 1961.

FERNANDES, Florestan. *A integração do negro na sociedade de classes*, São Paulo, 1965, 2 vols.

_____. *Ensaios de sociologia geral e aplicada*, São Paulo, 1960.

FERREIRA, Tito Lívio. *História da civilização brasileira*, São Paulo 1959.

FRANÇA, Eduardo d'Oliveira. *Engenhos, colonização e cristãos-novos na Bahia colonial*, São Paulo, 1969.

FREYRE, Gilberto. *A casa brasileira*. Tentativa de síntese de três diferentes abordagens, já realizadas pelo autor, de um assunto complexo: a antropológica, a histórica, a sociológica. Rio de Janeiro, 1971.

_____. *Açúcar*, 2ª ed. muito aumentada, Rio de Janeiro, 1971.

_____. *Aventura e rotina*. 2ª ed., Lisboa, s.d.

_____. *Contribuição para uma sociologia da biografia: o exemplo de Luís de Albuquerque, governador de Mato Grosso no fim do século XIX*, Lisboa, 1968.

_____. *Nós e a Europa Germânica*, Rio de Janeiro, 1971.

_____. *O Brasil em face das Áfricas negras e mestiças*, Rio de Janeiro, 1962; Lisboa, 1963.

_____. *O luso e o trópico*, Lisboa, 1961.

_____. *Racial factors in contemporary politics*, Sussex, Inglaterra, 1965.

_____. *Race mixture and cultural interpenetration: the Brazilian example* (texto em inglês, francês, espanhol e russo), Nova York, 1966.

_____. *Sociologia da medicina*, Lisboa, s.d.

GONSALVES DE MELLO, J. A. *Ingleses em Pernambuco*, Recife, 1972.

GORDON, Eugene. *An essay on race amalgamation*, Rio de Janeiro, 1954.

GÖRGEN, Hermann M. *Brasilien landschaft, politische organization, Geschichte*, Nuremberg, s.d.

GRAHAM, Richard. *A century of brazilian history since 1963* (seleção de escritos de vários historiadores, alguns relativos à formação social do Brasil), Nova York, 1969.

_____. *Britain and the onset of modernization in Brazil (1850-1914)*, Cambridge, Inglaterra, 1968.

GURVITCH, Georges. *Traité de sociologie*, Paris, 1963.

HARING, C. H. *Empire in Brazil. A new world experiment with monarchy,* Cambridge, Mass., 1958.

HOLANDA, Sérgio Buarque de. *Visão do paraíso. Os motivos edêmicos no descobrimento e colonização do Brasil*, 2ª ed. rev. e ampl., São Paulo, 1969.

JAMES, Preston. *Latin America (a parte referente à geografia humana, inclusive a do Brasil)*, Nova York, 1959.

LAMBERT, Jacques. *Le Brésil: structuras politiques e institutions*, Paris, 1953.

LAPA, José Roberto do Amaral. *A Bahia e a carreira da Índia*, São Paulo, 1968.

LEITE, Dante Moreira. *O caráter nacional brasileiro – História de uma ideologia*, 2ª ed. rev., ref. e ampl., São Paulo, 1969.

LE LANNON, Maurice. *Brasil* (tr.), Lisboa, s.d.

MAURO, Frédéric. *Nova história e novo mundo*, São Paulo, 1969.

MEIRA PENNA, J. O. de. "O homem brasileiro", em *Anuário Delta Larousse*, Rio de Janeiro, 1972.

MELO NETO, João Cabral de. ed. *O arquivo das Índias e o Brasil*, Rio de Janeiro, 1966.

MELLO, José Antônio Gonsalves de. ed. *Cartas de Duarte Coelho a El-Rei*, Edição fac-similar, com leitura paleográfica e versão moderna, anotada, Recife, 1967.

_____. ed. *Diálogos das grandezas do Brasil*, 1ª e 2ª edições integrais, segundo o apógrafo de Leiden. Recife, 1962 e 1966.

_____. ed. *Primeira visitação do Santo Ofício às partes do Brasil. Confissões de Pernambuco, 1594-1595*. Recife, 1970.

METRAUX, A. e outros. *Resistência à mudança*, Rio de Janeiro, 1960.

Ministério das Relações Exteriores. *Livro primeiro do Governo do Brasil, 1607-1633*, Rio de Janeiro, 1958.

MINDLIN, Henrique E. *Modern architecture in Brazil. Rio de Janeiro e Amsterdan 1956*. (É trabalho em que o arquiteto se mostra atento à sociologia da casa ou da arquitetura brasileira.)

MONBEIG, Pierre. *Pionniers et planteurs de São Paulo*, Paris, 1952.

MONTELLO, Josué (diretor). *História da independência do Brasil* (em 4 vols., reúne trabalhos de vários autores), Rio de Janeiro, 1972.

MOOG, Clodomir Vianna. *Bandeirantes e pioneiros. Paralelo entre duas culturas*, Porto Alegre, 1954.

MORAES, Rubens Borba de. *Bibliografia brasileira de período colonial*. Catálogo comentado das obras dos autores nascidos no Brasil e publicadas antes de 1808, São Paulo, 1969.

MORNER, Magnus. *Race mixture in the history of Latin America*, Boston, 1967.

MORSE, Richard. *The bandeirantes*, Nova York, 1965.

MOZARÉ, Charles. *Les 3 ages du Brésil*, Paris, 1954.

OLIVEIRA CAMPOS, Roberto. *Temas e sistemas*, Rio de Janeiro, 1969.

OLIVEIRA TORRES, João Camilo. *Interpretação da realidade brasileira*, Rio de Janeiro, s.d.

_____. *O positivismo no Brasil*, Rio de Janeiro, 1943, seguido de outros trabalhos de igual importância para a história cultural do Brasil; porém da mais pública e menos íntima como é o caso de recente ensaio de Afonso Arinos de Mello Franco.

ORTEGA Y MEDINA, J. *Historiografia soviética iberoamericana*, cidade do México, 1966.

PIERSON, Donald. *Negroes in Brazil*, 2ª ed., 1972.

PORTO, José da Costa. *Estudo sobre o sistema sesmarial*, Recife, 1965.

PRADO, João Fernando de Almeida. *A conquista da Paraíba. Séculos XVI a XVIII*, São Paulo, 1964.

_____. *História da formação da sociedade brasileira. São Vicente e as Capitanias do Sul do Brasil; as origens (1501-1513)*, São Paulo, 1961.

PRADO JÚNIOR, Caio. *Evolução política do Brasil e outros estudos*, São Paulo, 1971.

RABELLO, Sylvio. *Cana-de-açúcar e região*, Recife, 1969.

RANGEL, Alberto. *Quando o Brasil amanhecia. Fantasia e passado*. Com notas biobibliográficas, introdução crítico-filológica e estabelecimento do texto por Philomena Filgueiras. Edição comemorativa do centenário de nascimento do autor, Rio de Janeiro, 1971.

RAVILA, Affonso. *O lúdico e as projeções do mundo barroco*, São Paulo, 1971.

REIS, Arthur Cézar Ferreira. *A expansão portuguesa na Amazônia nos séculos XVII e XVIII*, Rio de Janeiro, 1959.

_____. *Estadistas portugueses na Amazônia*, Rio de Janeiro, 1943.

RHEINGANTZ, Carlos G. *Primeiras famílias do Rio de Janeiro. Séculos XVI e XVIII*, A-E, Rio de Janeiro, 1966.

RIBEIRO, Darci. *Teoria do Brasil*, Rio de Janeiro, 1972.

RICARDO, Cassiano. *O homem cordial e outros pequenos estudos brasileiros*, Rio de Janeiro, 1959.

RIOS, José Artur & DIEGUES JUNIOR, Manuel. "O caráter brasileiro". Em Lopes, F. Leme, S. J., ed. *Estudos de problemas brasileiros*, 3ª ed., Rio de Janeiro, 1971, p. 89-94.

RODRIGUES, José Honório. *Conciliação e reforma no Brasil*, Rio de Janeiro, 1965.

SAYA, Luís. *Morada paulista*, São Paulo, 1972.

SMITH, Lynn. *Brazil: people and institutions*, 2ª ed., Baton Rouge, 1963.

SOUSA, Bernardino José de. *Ciclo do carro-de-bois no Brasil*, São Paulo, 1958.

SOUTO MAIOR, Mário. *Cachaça, história, humor medicina empírica, proibições, religião, serenata, sinonímia, sociologia e outros aspectos da aguardente no Brasil*, Rio de Janeiro, 1971.

TEJO, Limeira. *Brasil*, São Paulo, 1964.

VALADARES, Clarival do Prado. *Arte e sociedade nos cemitérios brasileiros*, Rio de Janeiro, 1922.

VALENTE, Waldemar. *Serrinha*, Recife, 1972.

VALLANDRO, Amélia. *Doces de Pelotas*, Rio de Janeiro, Porto Alegre e São Paulo, s.d.

VERGER, Pierre. *Les afro-americains*, Dacar, 1953.

VIANA, Hélio. *História diplomática do Brasil*, São Paulo, s.d.

WAGLEY, Charles. *Amazon town*, Nova York, 1964.

WERNECK SODRÉ, Nelson. *O que se deve ler para conhecer o Brasil*, Rio de Janeiro, 1967.

WILLEMS, Emílio. "Luzo-Brazilian character", em *Atas do Colóquio Internacional de Estudos Luso-Brasileiros*, Vanderbilt University, 1953, p. 77-78.

Nota do autor à 16ª edição (out. 1973)*

(*) Os acréscimos feitos à bibliografia, para a presente edição deste livro, referem-se tão somente a ligações de material contido nessas novas obras, ou em suas novas edições, ou a obras não mencionadas até agora nas indicações bibliográficas, com os assuntos versados pelo autor nos primeiros volumes da sua *Introdução à história social* (ou *sociológica*) *da sociedade patriarcal brasileira*. História a ser concluída com *Jazigos e covas rasas,* ainda em elaboração. Daí não aparecerem, entre os acréscimos, alguns estudos notáveis de sociologia, história, antropologia, arte, literatura, aparecidos no Brasil, ou sobre o Brasil, nos últimos 15 ou 20 anos. Inclusive, sobre assuntos tropicológicos, em geral – especialização do autor – ou da história comparada – com áreas americanas, africanas, asianas, europeias, como os do professor Sílvio Zavala, do México. Assim, haverá omissões para as quais o autor se antecipa em pedir desculpas aos omitidos.

Apêndice 1 – Biobibliografia de Gilberto Freyre

1900 Nasce no Recife, em 15 de março, na antiga Estrada dos Aflitos (hoje Avenida Rosa e Silva), esquina da Rua Amélia (o portão da hoje residência da família Costa Azevedo está assinalado por uma placa), filho do dr. Alfredo Freyre educador, juiz de direito e catedrático de Economia Política da Faculdade de Direito do Recife e de Francisca de Mello Freyre.

1906 Tenta fugir de casa, abrigando-se na materna Olinda, desde então, cidade muito de seu amor e da qual escreveria, em 1939, *Olinda, 2º guia prático, histórico e sentimental de cidade brasileira*.

1908 Entra no jardim de infância do Colégio Americano Gilreath. Lê as *Viagens de Gulliver* com entusiasmo. Não consegue aprender a escrever, fazendo-se notar pelos desenhos. Tem aulas particulares com o pintor Telles Júnior, que reclama contra sua insistência em deformar os modelos. Começa a aprender a ler e escrever em inglês com Mr. Williams, que elogia seus desenhos.

1909 Primeira experiência da morte: a da avó materna, que muito o mimava por supor que o neto tinha *deficit* de aprendizado, pela dificuldade em aprender a escrever. Temporada no engenho São Severino do Ramo, pertencente a parentes seus. Primeiras experiências rurais de menino de engenho. Mais tarde escreverá sobre essa temporada uma das suas melhores páginas, incluída em *Pessoas, coisas & animais*.

1911 Primeiro verão na Praia de Boa Viagem, onde escreve um soneto camoniano e enche muitos cadernos com desenhos e caricaturas.

1913 Dá as primeiras aulas no colégio. Lê José de Alencar, Machado de Assis, Gonçalves Dias, Castro Alves, Victor Hugo, Emerson, Longfellow, alguns dramas de Shakespeare, Milton, César, Virgílio, Camões e Goethe.

1914 Ensina latim, que aprendeu com o próprio pai, conhecido humanista recifense. Toma parte ativa nos trabalhos da sociedade literária do colégio. Torna-se redator-chefe do jornal impresso do colégio *O Lábaro*.

1915 Tem lições particulares de francês com Madame Meunieur. Lê La Fontaine, Pierre Loti, Molière, Racine, *Dom Quixote*, a Bíblia, Eça de Queirós, Antero de Quental, Alexandre Herculano, Oliveira Martins.

1916 Corresponde-se com o jornalista paraibano Carlos Dias Fernandes, que o convida a proferir palestra na capital do estado vizinho. Como o dr. Freyre não apreciava Carlos Dias Fernandes, pela vida boêmia que levava, viaja autorizado pela mãe e lê no Cine-Teatro Pathé sua primeira conferência pública, dissertando sobre Spencer e o problema da educação no Brasil. O texto foi publicado no jornal *O Norte*, com elogios de Carlos Dias Fernandes. Influenciado pelos mestres do colégio e pela leitura do *Peregrino*, de Bunyan, e de uma biografia do dr. Livingstone, toma parte em atividades evangélicas e visita a gente miserável dos mucambos recifenses. Interessa-se pelo socialismo cristão, mas lê, como espécie de antídoto a seu misticismo, autores como Spencer e Comte. É eleito presidente do Clube de Informações Mundiais, fundado pela Associação Cristã de Moços do Recife. Lê ainda, nesse período, Rui Barbosa, Joaquim Nabuco, Oliveira Lima, Nietzsche e Sainte-Beuve.

1917 Conclui o curso de Bacharel em Ciências e Letras do Colégio Americano Gilreath, fazendo-se notar pelo discurso que profere como orador da turma, cujo paraninfo é o historiador Oliveira Lima, daí em diante seu amigo (ver referência ao primeiro encontro com Oliveira Lima no prefácio à edição de suas *Memórias*, escrito a convite da viúva e do editor José Olympio). Leitura de Taine, Renan, Darwin, Von Ihering, Anatole France, William James, Bergson, Santo Tomás de Aquino, Santo Agostinho, São João da Cruz, Santa Teresa, Padre Vieira, Padre Bernardes, Fernão Lopes, São Francisco de Assis, São Francisco de Sales e Tolstói. Começa a estudar grego. Torna-se membro da Igreja Evangélica, desagradando a mãe e a família católica.

1918 Segue, no início do ano, para os Estados Unidos, fixando-se em Waco (Texas) para matricular-se na Universidade de Baylor. Começa a ler Stevenson, Pater, Newman, Steele e Addison, Lamb, Adam Smith, Marx, Ward, Giddings, Jane Austen, as irmãs Brönte, Carlyle, Mathew Arnold, Pascal, Montaigne, Euclides da Cunha e Monteiro Lobato. Inicia sua colaboração no *Diário de Pernambuco*, com a série de cartas intituladas "Da outra América".

1919 Ainda na Universidade de Baylor, auxilia o geólogo John Casper Branner no preparo do texto português da *Geologia do Brasil*. Ensina francês a jovens oficiais norte-americanos convocados para a guerra. Estuda Geologia com Pace, Biologia com Bradbury, Economia com Wright, Sociologia com Dow, Psicologia com Hall e Literatura com A. J. Armstrong, professor de Literatura e crítico literário especializado na filosofia e na poesia de Robert Browning. Escreve os primeiros artigos em inglês publicados por um jornal de Waco. Divulga suas primeiras caricaturas.

1920 Conhece pessoalmente, por intermédio do professor Armstrong, o poeta irlandês William Butler Yeats (ver, no livro *Artigos de jornal*, um capítulo sobre esse poeta), os "poetas novos" dos Estados Unidos: Vachel Lindsay, Amy Lowell e outros. Escreve em inglês sobre Amy Lowell. Como estudante de Sociologia, faz pesquisas sobre a vida dos negros de Waco e dos mexicanos marginais do Texas. Conclui, na Universidade de Baylor, o curso de Bacharel em Artes, mas não comparece à solenidade da formatura: contra as praxes acadêmicas, a Universidade envia-lhe o diploma por intermédio de um portador. Segue para Nova York e ingressa na Universidade de Colúmbia. Lê Freud, Westermarck, Santayana, Sorel, Dilthey, Hrdlicka, Keith, Rivet, Rivers, Hegel, Le Play, Brunhes e Croce. Segundo notícia publicada no *Diário de Pernambuco* de 5 de junho, a Academia Pernambucana de Letras, por proposta de França Pereira, elege-o sócio-correspondente.

1921 Segue, na Faculdade de Ciências Políticas (inclusive as Ciências Sociais Jurídicas) da Universidade de Colúmbia, cursos de graduação e pós-graduação dos professores Giddings, Seligman, Boas, Hayes, Carl van Doren, Fox, John Basset Moore e outros. Conhece pessoalmente Rabindranath Tagore e o príncipe de Mônaco (depois reunidos no livro *Artigos de jornal*), Valle-Inclán e outros intelectuais e cientistas famosos que visitam a Universidade de Colúmbia e a cidade de Nova York. A convite de Amy Lowell, visita-a em Boston (ver, sobre essas visitas, artigos incluídos no livro *Vida, forma e cor*). Segue, na Universidade de Colúmbia, o curso do professor Zimmern, da Universidade de Oxford, sobre a escravidão na Grécia. Visita a Universidade de Harvard e o Canadá. É hóspede da Universidade de Princeton, como representante dos estudantes da América Latina que ali se reúnem em congresso. Lê Patrick Geddes, Ganivet, Max Weber, Maurras, Péguy, Pareto, Rickert, William Morris, Michelet, Barrès, Huysmans, Verlaine, Rimbaud, Baudelaire, Dostoiévski, John Donne, Coleridge, Xenofonte, Homero, Ovídio, Ésquilo, Aristóteles e Ratzel. Torna-se editor associado da revista *El Estudiante Latinoamericano*, publicada mensalmente em Nova York pelo Comitê de Relações Fraternais entre Estudantes Estrangeiros. Publica diversos artigos no referido periódico.

1922 Defende tese para o grau de M. A. (*Magister Artium* ou *Master of Arts*) na Universidade de Colúmbia sobre *Social life in Brazil in the middle of the 19th century*, publicada em Baltimore pela *Hispanic American Historical Review* (v. 5, n. 4, nov. 1922) e recebida com elogios pelos professores Haring, Shepherd, Robertson, Martin, Oliveira Lima e H. L. Mencken, que aconselha o autor a expandir o trabalho em livro. Deixa de comparecer à cerimônia de formatura, seguindo imediatamente para a Europa, onde recebe o diploma, enviado pelo reitor Nicholas Murray Butler. Vai para a França, a Alemanha, a Bélgica, tendo antes passado pela Inglaterra, estabelecendo-se em Oxford. Vai para a França, atravessa a Espanha e conhece Portugal, onde se fixa. Lê Simmel, Poincaré, Havelock Ellis, Psichari, Rémy de Gourmont, Ranke, Bertrand Russell, Swinburne, Ruskin, Blake, Oscar Wilde, Kant e Gracián. Tem o retrato pintado pelo modernista brasileiro Vicente do Rego Monteiro. Convive com ele e com outros artistas modernistas brasileiros, como Tarsila do Amaral e Brecheret. Na Alemanha conhece o Expressionismo; na Inglaterra, estabelece contato com o ramo inglês do Imagismo, já seu conhecido nos Estados Unidos. Na França, conhece o anarcossindicalismo de Sorel e o federalismo monárquico de Maurras. Convidado por Monteiro Lobato a quem fora apresentado por carta de Oliveira Lima –, inicia sua colaboração na *Revista do Brasil* (n. 80, p. 363-371, agosto de 1922).

1923 Continua em Portugal, onde conhece João Lúcio de Azevedo, o Conde de Sabugosa, Fidelino de Figueiredo, Joaquim de Carvalho e Silva Gaio. Regressa ao Brasil e volta a colaborar no *Diário de Pernambuco*. Da Europa escreve artigos para a *Revista do Brasil* (São Paulo), a pedido de Monteiro Lobato.

1924 Reintegra-se no Recife, onde conhece José Lins do Rego, incentivando-o a escrever romances, em vez de artigos políticos (ver referências ao encontro e início da amizade entre o sociólogo e o futuro romancista do Ciclo da Cana-de-Açúcar no prefácio que este escreveu para o livro *Região e tradição*). Conhece José Américo de Almeida através de José Lins do Rego. Funda-se no Recife, a 28 de abril, o Centro Regionalista do Nordeste, com Odilon Nestor, Amaury de Medeiros, Alfredo Freyre, Antônio Inácio, Morais Coutinho, Carlos Lyra Filho, Pedro Paranhos, Júlio Bello e outros. Excursões pelo interior do estado de Pernambuco e pelo Nordeste com Pedro Paranhos, Júlio Bello (que a seu pedido escreveria as *Memórias de um senhor de engenho*) e seu irmão, Ulysses Freyre. Lê, na capital do estado da Paraíba, conferência publicada no mesmo ano: Apologia pro generatione sua (incluída no livro *Região e tradição*).

1925 Encarregado pela direção do *Diário de Pernambuco*, organiza o livro comemorativo do primeiro centenário de fundação do referido jornal, *Livro do Nordeste*, onde foi publicado pela primeira vez o poema modernista de Manuel Bandeira "Evocação do Recife", escrito a seu pedido (ver referências no capítulo sobre Manuel Bandeira no livro *Perfil de Euclides e outros perfis*). O *Livro do Nordeste* consagra, também, o até então desconhecido pintor Manuel Bandeira e publica desenhos modernistas de Joaquim Cardoso e Joaquim do Rego Monteiro. Lê na Biblioteca Pública do Estado de Pernambuco uma conferência sobre Dom Pedro II, publicada no ano seguinte.

1926 Conhece a Bahia e o Rio de Janeiro, onde faz amizade com o poeta Manuel Bandeira, os escritores Prudente de Morais Neto (Pedro Dantas), Rodrigo M. F. de Andrade, Sérgio Buarque de Holanda, o compositor Villa-Lobos e o mecenas Paulo Prado. Por intermédio de Prudente, conhece Pixinguinha, Donga e Patrício e se inicia na nova música popular brasileira em noitadas boêmias. Escreve um extenso poema, modernista ou imagista e ao mesmo tempo regionalista e tradicionalista, do qual Manuel Bandeira dirá depois que é um dos mais saborosos do ciclo das cidades brasileiras: "Bahia de todos os santos e de quase todos os pecados" (publicado no Recife, no mesmo ano, em edição da *Revista do Norte*, reeditado em 20 de junho de 1942, na revista *O Cruzeiro* e incluído no livro *Talvez poesia*). Segue para os Estados Unidos como delegado do *Diário de Pernambuco*, ao Congresso Panamericano de Jornalistas. Convidado para redator-chefe do mesmo jornal e para oficial de gabinete do governador eleito de Pernambuco, então vice-presidente da República. Colabora (artigos humorísticos) na *Revista do Brasil* com o pseudônimo de J. J. Gomes Sampaio. Publica-se no Recife a conferência lida, no ano anterior, na Biblioteca Pública do Estado de Pernambuco: A propósito de Dom Pedro II (edição da *Revista do Norte*, incluída, em 1944, no livro *Perfil de Euclides e outros perfis*). Promove no Recife o 1º Congresso Brasileiro de Regionalismo.

1927 Assume o cargo de oficial de gabinete do novo governador de Pernambuco, Estácio de Albuquerque Coimbra, casado com a prima de Alfredo Freyre, Joana Castelo Branco de Albuquerque Coimbra. Conhece Mário de Andrade no Recife e proporciona-lhe um passeio de lancha no rio Capibaribe.

1928 Dirige, a pedido de Estácio Coimbra, o jornal *A Província*, onde passam a colaborar os novos escritores do Brasil. Publica no mesmo jornal artigos e caricaturas com diferentes pseudônimos: Esmeraldino Olímpio, Antônio Ricardo, Le Moine, J. Rialto e outros. Lê Proust e Gide. Nomeado pelo governador Estácio Coimbra, por indicação do diretor A. Carneiro Leão, torna-se professor da Escola Normal do Estado de Pernambuco: primeira cadeira de Sociologia que se estabelece no Brasil com moderna orientação antropológica e pesquisas de campo.

1930 Acompanhando Estácio Coimbra ao exílio, visita novamente a Bahia, conhece parte do continente africano (Dacar, Senegal) e inicia, em Lisboa, as pesquisas e os estudos em que se basearia *Casa-grande & senzala* ("Em outubro de 1930 ocorreu-me a aventura do exílio. Levou-me primeiro à Bahia; depois a Portugal, com escala pela África. O tipo de viagem ideal para os estudos e as preocupações que este ensaio reflete", como escreverá no prefácio do mesmo livro).

1931 A convite da Universidade de Stanford, segue para os Estados Unidos, como professor extraordinário daquela universidade. Volta, no fim do ano, para a Europa, permanecendo algum tempo na Alemanha, em novos contatos com seus museus de antropologia, de onde regressa ao Brasil.

1932 Continua, no Rio de Janeiro, as pesquisas para a elaboração de *Casa-grande & senzala* em bibliotecas e arquivos. Recusando convites para empregos feitos pelos membros do novo governo brasileiro um deles José Américo de Almeida –, vive, então, com grandes dificuldades financeiras, hospedando-se em casas de amigos e em pensões baratas do Distrito Federal. Estimulado pelo seu amigo Rodrigo M. F. de Andrade, contrata com o poeta Augusto Frederico Schmidt então editor a publicação do livro por 500 mil-réis mensais, que recebe com irregularidades constantes. Regressa ao Recife, onde continua a escrever *Casa-grande & senzala*, na casa do seu irmão, Ulysses Freyre.

1933 Conclui o livro, enviando os originais ao editor Schmidt, que o publica em dezembro.

1934 Aparecem em jornais do Rio de Janeiro os primeiros artigos sobre *Casa-grande & senzala*, escritos por Yan de Almeida Prado, Roquette-Pinto, João Ribeiro e Agrippino Grieco, todos elogiosos. Organiza no Recife o 1º Congresso de Estudos Afro-Brasileiros. Recebe o prêmio da Sociedade Felipe d'Oliveira pela publicação de *Casa-grande & senzala*. Lê na mesma sociedade conferência sobre O escravo nos anúncios de jornal do tempo do Império, publicada na revista *Lanterna Verde* (v. 2, fev. 1935). Regressa ao Recife e lê, no dia 24 de maio, na Faculdade de Direito e a convite de seus estudantes, conferência publicada, no mesmo ano, pela Editora Momento: O estudo das ciências sociais nas universidades americanas. Publica-se no Recife (Oficinas Gráficas The Propagandist, edição de amigos do autor, tiragem de apenas 105 exemplares em papel especial e coloridos a mão por Luís Jardim) o *Guia prático, histórico e sentimental da cidade do Recife*, inaugurando, em todo o mundo, um novo estilo de guia de cidade, ao mesmo tempo lírico e informativo e um dos primeiros livros para bibliófilos publicados no Brasil. Nomeado em dezembro diretor do *Diário de Pernambuco*, cargo que exerceu por apenas quinze dias por causa da proibição, por Assis Chateaubriand, da publicação de uma entrevista de João Alberto Lins de Barros.

1935 A pedido dos alunos da Faculdade de Direito do Recife e por designação do ministro da Educação, inicia na referida escola superior um curso de Sociologia com orientação antropológica e ecológica. Segue, em setembro, para o Rio de Janeiro, onde, a convite de Anísio Teixeira, dirige na

Universidade do Distrito Federal o primeiro Curso de Antropologia Social e Cultural da América Latina (ver texto das aulas no livro *Problemas brasileiros de antropologia*). Publica-se no Recife (Edições Mozart) o livro *Artigos de jornal*. Profere, a convite de estudantes paulistas de Direito, no Centro XI de Agosto, da Faculdade de Direito de São Paulo, a conferência Menos doutrina, mais análise, tendo sido saudado pelo estudante Osmar Pimentel.

1936   Publica-se no Rio de Janeiro (Companhia Editora Nacional, volume 64 da Coleção Brasiliana) *Sobrados e mucambos,* livro que é uma continuação da série iniciada com *Casa-grande & senzala*. Viaja à Europa, permanecendo algum tempo na França e em Portugal.

1937   Viaja de novo à Europa, dessa vez como delegado do Brasil ao Congresso de Expansão Portuguesa no Mundo, reunido em Lisboa. Lê conferências nas Universidades de Lisboa, Coimbra e Porto e na de Londres (King's College), publicadas no Rio de Janeiro no ano seguinte. Regressa ao Recife e lê conferência política no Teatro Santa Isabel, a favor da candidatura de José Américo de Almeida à presidência da República. A convite de Paulo Bittencourt, inicia colaboração semanal no *Correio da Manhã*. Publica-se no Rio de Janeiro (José Olympio) o livro *Nordeste: aspectos da influência da cana sobre a vida e a paisagem do Nordeste do Brasil*.

1938   É nomeado membro da Academia Portuguesa de História pelo presidente Oliveira Salazar. Segue para os Estados Unidos como lente extraordinário da Universidade de Colúmbia, onde dirige seminário sobre sociologia e história da escravidão. Publica-se no Rio de Janeiro (Serviço Gráfico do Ministério da Educação e Saúde) o livro *Conferência na Europa*.

1939   Faz sua primeira viagem ao Rio Grande do Sul. Segue, depois, para os Estados Unidos, como professor extraordinário da Universidade de Michigan. Publica-se no Rio de Janeiro (José Olympio) a primeira edição do livro *Açúcar* e no Recife (edição do autor, para bibliófilos) *Olinda, 2º guia prático, histórico e sentimental de cidade brasileira*. Publica-se em Nova York (Instituto de las Españas en los Estados Unidos) a obra do historiador Lewis Hanke *Gilberto Freyre, vida y obra*.

1940   A convite do governo português, lê no Gabinete Português de Leitura do Recife a conferência (publicada no Recife, no mesmo ano, em edição particular) Uma cultura ameaçada: a luso-brasileira. E, em Aracaju, na instalação da 2ª Reunião da Sociedade de Neurologia, Psiquiatria e Higiene Mental do Nordeste, lê conferência publicada no ano seguinte pela mesma sociedade; no dia 29 de outubro, na Biblioteca do Ministério das Relações Exteriores e a convite da Casa do Estudante do Brasil, profere conferência sobre Euclides da Cunha, publicada no ano seguinte; no dia 19 de novembro, na Biblioteca do Estado do Rio Grande do Sul, faz uma conferência por ocasião das comemorações do bicentenário da cidade de Porto Alegre, publicada em 1943. Participa do 3º Congresso Sul-Rio-Grandense de História e Geografia, ao qual apresenta, a pedido do historiador Dante de Laytano, o trabalho Sugestões para o estudo histórico-social do sobrado no Rio Grande do Sul, publicado no mesmo ano pela Editora Globo e incluído, posteriormente, no livro *Problemas brasileiros de antropologia*. Publica-se em Nova York (Columbia University Press) o opúsculo Some aspects of the social development on Portuguese

America, separata da obra coletiva *Concerning Latin American culture*. Publicam-se no Rio de Janeiro (José Olympio) os livros *Um engenheiro francês no Brasil* e *O mundo que o português criou*, com longos prefácios, respectivamente, de Paul Arbousse-Bastide e Antônio Sérgio. Prefacia e anota o *Diário íntimo do engenheiro Vauthier*, publicado no mesmo ano pelo Serviço do Patrimônio Histórico e Artístico Nacional.

1941 Casa-se no Mosteiro de São Bento do Rio de Janeiro com a senhorita Maria Magdalena Guedes Pereira. Viaja ao Uruguai, Argentina e Paraguai. Torna-se colaborador de *La Nación* (Buenos Aires), dos *Diários Associados*, do *Correio da Manhã* e de *A Manhã* (Rio de Janeiro). Prefacia e anota as *Memórias de um Cavalcanti*, do seu parente Félix Cavalcanti de Albuquerque Melo, publicadas pela Companhia Editora Nacional (volume 196 da Coleção Brasiliana). Publica-se no Recife (Sociedade de Neurologia, Psiquiatria e Higiene Mental do Nordeste) a conferência Sociologia, psicologia e psiquiatria, depois ampliada e incluída no livro *Problemas brasileiros de antropologia*, contribuição para uma psiquiatria social brasileira que seria destacada pela Sorbonne ao conceder-lhe o título de doutor *honoris causa*. Publica-se no Rio de Janeiro (Casa do Estudante do Brasil) e em Buenos Aires a conferência Atualidade de Euclides da Cunha (incluída, em 1944, no livro *Perfil de Euclides e outros perfis*). Ao ensejo da publicação, no Rio de Janeiro (José Olympio), do livro *Região e tradição*, recebe homenagem de grande número de intelectuais brasileiros, com um almoço no Jóquei Clube, em 26 de junho, do qual foi orador o jornalista Dario de Almeida Magalhães.

1942 É preso no Recife, por ter denunciado, em artigo publicado no Rio de Janeiro, atividades nazistas e racistas no Brasil, inclusive as de um padre alemão a quem foi confiada, pelo governo do estado de Pernambuco, a formação de jovens escoteiros. Com seu pai reage à prisão, quando levado para "a imunda Casa de Detenção do Recife", sendo solto, no dia seguinte, por interferência direta de seu amigo general Góes Monteiro. Recebe convite da Universidade de Yale para ser professor de Filosofia Social, que não pôde aceitar. Profere, no Rio de Janeiro, discurso como padrinho de batismo de avião oferecido pelo jornalista Assis Chateaubriand ao Aeroclube de Porto Alegre. É eleito para o Conselho Consultivo da American Philosophical Association. É designado pelo Conselho da Faculdade de Filosofia da Universidade de Buenos Aires Adscrito Honorário de Sociologia e eleito membro correspondente da Academia Nacional de História do Equador. Discursa no Rio de Janeiro, em nome do sr. Samuel Ribeiro, doador do avião Taylor à campanha de Assis Chateaubriand. Publica-se em Buenos Aires (Comisión Revisora de Textos de Historia y Geografía Americana) a 1ª edição de *Casa-grande & senzala* em espanhol, com introdução de Ricardo Saenz Hayes. Publicam-se no Rio de Janeiro (José Olympio) o livro *Ingleses* e a 2ª edição de *Guia prático, histórico e sentimental da cidade do Recife*. A Casa do Estudante do Brasil divulga, em 2ª edição, a conferência Uma cultura ameaçada: a luso-brasileira, proferida no Gabinete Português de Leitura do Recife (1940).

1943 Visita a Bahia, a convite dos estudantes de todas as escolas superiores do estado, que lhe prestam excepcionais homenagens, às quais se associa quase toda a população de Salvador. Lê na

Faculdade de Medicina da Bahia, a convite da União dos Estudantes Baianos, a conferência Em torno de uma classificação sociológica e no Instituto Histórico da Bahia, por iniciativa da Faculdade de Filosofia do mesmo estado, a conferência A propósito da filosofia social e suas relações com a sociologia histórica (ambas incluídas, com os discursos proferidos nas homenagens recebidas na Bahia, no livro *Na Bahia em 1943*, que teve quase toda a sua tiragem apreendida, nas livrarias do Recife, pela Polícia do Estado de Pernambuco). Recusa, em carta altiva, o convite para ser catedrático de Sociologia da Universidade do Brasil. Inicia colaboração no *O Estado de S. Paulo* em 30 de setembro. Por intermédio do Itamaraty, recebe convite da Universidade de Harvard para ser seu professor, que também recusa. Publicam-se em Buenos Aires (Espasa-Calpe Argentina) as 1ᵃˢ edições, em espanhol, de *Nordeste* e de *Uma cultura ameaçada* e a 2ª, na mesma língua, de *Casa-grande & senzala*. Publicam-se no Rio de Janeiro (Casa do Estudante do Brasil) o livro *Problemas brasileiros de antropologia* e o opúsculo Continente e ilha (conferência lida, em Porto Alegre, no ano de 1940 e incluída na 2ª edição de *Problemas brasileiros de antropologia*). Publica-se também, no Rio de Janeiro (Livros de Portugal), uma edição de *As farpas*, de Ramalho Ortigão e Eça de Queirós, selecionadas e prefaciadas por ele, bem como a 4ª edição de *Casa-grande & senzala*, livro publicado a partir desse ano pelo editor José Olympio.

1944 Visita Alagoas e Paraíba, a convite de estudantes desses estados. Lê na Faculdade de Direito de Alagoas conferência sobre Ulysses Pernambucano, publicada no ano seguinte. Deixa de colaborar nos *Diários Associados* e em *La Nación*, em virtude da violação e do extravio constantes de sua correspondência. Em 9 de junho de 1944, comparece à Faculdade de Direito do Recife, a convite dos alunos dessa escola, para uma manifestação de regozijo em face da invasão da Europa pelos Exércitos Aliados. Lê em Fortaleza a conferência Precisa-se do Ceará. Segue para os Estados Unidos, onde profere, na Universidade do Estado de Indiana, seis conferências promovidas pela Fundação Patten e publicadas no ano seguinte, em Nova York, no livro *Brazil: an interpretation*. Publicam-se no Rio de Janeiro os livros *Perfil de Euclides e outros perfis* (José Olympio), *Na Bahia em 1943* (edição particular) e a 2ª edição do guia *Olinda*. A Casa do Estudante do Brasil publica, no Rio de Janeiro, o livro *Gilberto Freyre*, de Diogo Melo Menezes, com prefácio consagrador de Monteiro Lobato.

1945 Toma parte ativa, ao lado dos estudantes do Recife, na campanha pela candidatura do brigadeiro Eduardo Gomes à presidência da República. Fala em comícios, escreve artigos, anima os estudantes na luta contra a ditadura. No dia 3 de março, por ocasião do primeiro comício daquela campanha no Recife, começa a discursar, na sacada da redação do *Diário de Pernambuco*, quando tomba a seu lado, assassinado pela Polícia Civil do Estado, o estudante de Direito Demócrito de Sousa Filho. A UDN oferece, em sua representação na futura Assembleia Nacional Constituinte, um lugar aos estudantes do Recife, que preferem que seu representante seja o bravo escritor. A Polícia Civil do Estado de Pernambuco empastela e proíbe a circulação do *Diário de Pernambuco*, impedindo-o de noticiar a chacina em que morreram o estudante Demócrito e um popular. Com o jornal fechado, o retrato de Demócrito é inaugurado na redação, com memorável discurso de Gilberto Freyre: Quiseram matar o dia seguinte (cf. *Diário de Pernambuco*, 10 de abril de 1945). Em 9 de junho, comparece à Faculdade de Direito do Recife como orador oficial da sessão contra a ditadura. Publicam-se no Recife (União dos Estudantes de Pernambuco) o opúsculo de sua autoria em apoio à candidatura de Eduardo Gomes: *Uma campanha maior do que a da abolição,* e a conferência lida, no ano anterior, em Maceió: Ulysses. Publica-se em Fortaleza (edição do autor) a obra *Gilberto Freyre e alguns aspectos da antropossociologia no Brasil*, de autoria do médico Aderbal Sales. Publica-se em Nova York (Knopf) o livro *Brazil: an interpretation*. A editora mexicana Fondo de Cultura Económica publica *Interpretación del Brasil*, com orelhas escritas por Alfonso Reyes.

1946 Eleito deputado federal, segue para o Rio de Janeiro, a fim de participar nos trabalhos da Assembleia Constituinte. Em 17 de junho, profere discurso de críticas e sugestões ao projeto da Constituição, publicado em opúsculo: Discurso pronunciado na Assembleia Nacional Constituinte (incluído na 2ª edição do livro *Quase política*). Em 22 de junho lê no Teatro Municipal de São Paulo, a convite do Centro Acadêmico XI de Agosto, conferência publicada no mesmo ano pela referida organização estudantil Modernidade e modernismo na arte política (incluída, em 1965, no livro *6 conferências em busca de um leitor*). Em 16 de julho, na Faculdade de Direito de Belo Horizonte, a convite de seus alunos, apresenta conferência publicada no mesmo ano: Ordem, liberdade, mineiralidade (incluída, em 1965, no livro *6 conferências em busca de um leitor*). Em agosto inicia colaboração no *Diário Carioca*. Em 29 de agosto profere na Assembleia Constituinte outro discurso de crítica ao projeto da Constituição (incluído na 2ª edição do livro *Quase política*). Em novembro, a Comissão de Educação e Cultura da Câmara dos Deputados indica, com aplauso do escritor Jorge Amado, membro da Comissão, o nome de Gilberto Freyre para o Prêmio Nobel de Literatura de 1947, com o apoio de numerosos intelectuais brasileiros. Publica-se no Rio de Janeiro a 5ª edição de *Casa-grande & senzala* e em Nova York (Knopf) a edição do mesmo livro em inglês, *The masters and the slaves*.

1947 Apresenta à Mesa da Câmara dos Deputados, para ser dado como lido, discurso sobre o centenário de nascimento de Joaquim Nabuco, publicado no ano seguinte. Em 22 de maio, lê no auditório da Associação Brasileira de Imprensa, a convite da Sociedade dos Amigos da América, conferência sobre Walt Whitman, publicada no ano seguinte. Trabalha ativamente na Comissão de Educação e Cultura da Câmara dos Deputados. É convidado para representar o Brasil no 19º Congresso dos Pen Clubes Mundiais, reunido em Zurique. Publica-se em Londres a edição inglesa de *The masters and the slaves*, em Nova York, a 2ª impressão de *Brazil: an interpretation* e no Rio de Janeiro, a edição brasileira deste livro, em tradução de Olívio Montenegro: *Interpretação do Brasil* (José Olympio). Publica-se em Montevidéu a obra *Gilberto Freyre y la sociología brasileña*, de Eduardo J. Couture.

1948 A convite da Unesco, toma parte, em Paris, no conclave de oito notáveis cientistas e pensadores sociais (Gurvitch, Allport e Sullivan, entre eles), reunidos pela referida Organização das Nações

Unidas por iniciativa do então diretor Julian Huxley para estudar as Tensões que afetam a compreensão internacional, trabalho em conjunto depois publicado em inglês e francês. Lê, no Ministério das Relações Exteriores, a convite do Instituto Brasileiro de Educação, Ciência e Cultura (Comissão Nacional da Unesco), conferência sobre o conclave de Paris. Repete na Escola de Comando do Estado-Maior do Exército a conferência lida no Ministério das Relações Exteriores. Inicia em 18 de setembro sua colaboração em *O Cruzeiro*. Em dezembro, profere na Câmara dos Deputados discurso justificando a criação do Instituto Joaquim Nabuco de Pesquisas Sociais, com sede no Recife (incluído na 2ª edição do livro *Quase política*). Lê no Museu de Arte de São Paulo duas conferências: uma sobre Emílio Cardoso Ayres e outra sobre d. Veridiana Prado. Apresenta mais uma conferência na Escola de Comando do Estado-Maior do Exército. Publicam-se no Rio de Janeiro (José Olympio) o livro *Ingleses no Brasil* e os opúsculos *O camarada Whitman* (incluído, em 1965, no livro *6 conferências em busca de um leitor*), *Joaquim Nabuco* (incluído, em 1966, na 2ª edição do livro *Quase política*) e *Guerra, paz e ciência* (este editado pelo Ministério das Relações Exteriores). Inicia sua colaboração no *Diário de Notícias*.

1949 Segue para os Estados Unidos, a fim de participar, na categoria de ministro, como delegado parlamentar do Brasil, na 4ª Conferência Internacional da Organização das Nações Unidas. Lê conferências na Universidade Católica da América (Washington, D.C.) e na Universidade de Virgínia. Profere, em 12 de abril, na Associação de Cultura Franco-Brasileira do Recife, conferência sobre Emílio Cardoso Ayres (apenas pequeno trecho foi publicado no *Bulletin* da Associação). Em 18 de agosto, apresenta na Faculdade de Direito do Recife conferência sobre Joaquim Nabuco, na sessão comemorativa do centenário de nascimento do estadista pernambucano (incluída no livro *Quase política*). Em 30 de agosto, profere na Câmara dos Deputados discurso de saudação ao Visconde Jowitt, presidente da Câmara dos Lordes do Reino Unido da Grã-Bretanha e Irlanda do Norte (incluído em *Quase política*). No mesmo dia, lê, no Instituto Histórico e Geográfico Brasileiro, conferência sobre Joaquim Nabuco. Publica-se, no Rio de Janeiro (José Olympio), a conferência apresentada no ano anterior, na Escola de Comando do Estado-Maior do Exército: *Nação e Exército* (incluída, em 1965, no livro *6 conferências em busca de um leitor*).

1950 Profere na Câmara dos Deputados, em 17 de janeiro, discurso sobre o pernambucano Joaquim Arcoverde, primeiro cardeal da América Latina, por ocasião da passagem do primeiro centenário de seu nascimento (incluído em *Quase política*). Apresenta na Câmara dos Deputados, em 5 de abril, discurso sobre o centenário de nascimento de José Vicente Meira de Vasconcelos, constituinte de 1891 (incluído em *Quase política*). Profere na Câmara dos Deputados, em 28 de abril, discurso de definição de atitude na vida pública (incluído em *Quase política*). Discursa na Câmara dos Deputados, em 2 de maio, sobre o centenário da morte de Bernardo Pereira de Vasconcelos (incluído em *Quase política*). Profere na Câmara dos Deputados, em 2 de junho, discurso contrário à emenda parlamentarista (incluído em *Quase política*). Apresenta na Câmara dos Deputados, em 26 de junho, discurso no qual transmite apelo que recebeu de três parlamentares ingleses, em favor de um governo supranacional (incluído em *Quase política*). Discursa na Câmara dos Deputados, em 8 de agosto, sobre o centenário de nascimento de José Mariano (incluído em *Quase política*). Profere no Parque 13 de Maio, do Recife, discurso em favor da candidatura do deputado João Cleofas de Oliveira ao governo do estado de Pernambuco (incluído na 2ª edição de *Quase política*). Em 11 de setembro inicia colaboração diária no *Jornal Pequeno*, do Recife, sob o título Linha de fogo, em prol da candidatura João Cleofas ao governo do estado de Pernambuco. Profere, em 8 de novembro, na Câmara dos Deputados, discurso de despedida por não ter sido reeleito para o período seguinte (incluído na 2ª edição de *Quase política*). Publica-se em Urbana (University of Illinois Press) a obra coletiva *Tensions that cause wars*, em Paris, em 1948, tendo como contribuição de Gilberto Freyre: Internationalizing social sciences. Publicam-se no Rio de Janeiro (José Olympio) a 1ª edição do livro *Quase política* e a 6ª de *Casa-grande & senzala*.

1951 Publicam-se no Rio de Janeiro (José Olympio) a seguinte edição de *Nordeste* e de *Sobrados e mucambos* (esta refundida e acrescida de cinco novos capítulos). A convite da Universidade de Londres, escreve, em inglês, estudo sobre a situação do professor no Brasil, publicado, no mesmo ano, pelo *Year book of education*. Publica-se em Lisboa (Livros do Brasil) a edição portuguesa de *Interpretação do Brasil*.

1952 Lê, na sala dos capelos da Universidade de Coimbra, em 24 de janeiro, conferência publicada, no mesmo ano, pela Coimbra Editora: Em torno de um novo conceito de tropicalismo. Publica-se em Ipswich (Inglaterra) o opúsculo editado pela revista *Progress* de Londres com o ensaio Human factors behind Brazilian development. Publica-se no Recife (Edições Região) o *Manifesto regionalista de 1926*. Publicam-se no Rio de Janeiro (Serviço de Documentação do Ministério da Educação e Cultura) o opúsculo *José de Alencar* (José Olympio) e a 7ª edição de *Casa-grande & senzala* em francês, organizada pelo professor Roger Bastide, com prefácio de Lucien Fèbvre: *Maîtres et esclaves* (volume 4 da Coleção La Croix du Sud, dirigida por Roger Caillois). Viaja a Portugal e às províncias ultramarinas. Em 16 de abril, inicia colaboração no *Diário Popular* de Lisboa e no *Jornal do Comércio* do Recife.

1953 Publicam-se no Rio de Janeiro (José Olympio) os livros *Aventura e rotina* (escritos durante a viagem a Portugal e às províncias luso-asiáticas, "à procura das constantes portuguesas de caráter e ação") e *Um brasileiro em terras portuguesas* (contendo conferências e discursos proferidos em Portugal e nas províncias ultramarinas, com extensa "Introdução a uma possível luso-tropicologia").

1954 Escolhido pela Comissão das Nações Unidas para o estudo da situação racial na união sul-africana como o antropólogo estrangeiro mais capacitado a opinar sobre essa situação, visita o referido país e apresenta à Assembleia Geral da ONU um estudo publicado pela organização nessa nação em: *Elimination des conflits et tensions entre les races*. Publica-se no Rio de Janeiro a 8ª edição de *Casa-grande & senzala*; no Recife (Edições Nordeste), o opúsculo

Um estudo do prof. Aderbal Jurema e, em Milão (Fratelli Bocca), a 1ª edição, em italiano, de *Interpretazione del Brasile*. Em agosto é encenada no Teatro Santa Isabel a dramatização de *Casa-grande & senzala*, feita por José Carlos Cavalcanti Borges. O professor Moacir Borges de Albuquerque defende, em concurso para provimento efetivo de uma das cadeiras de português do Instituto de Educação de Pernambuco, tese sobre *Linguagem de Gilberto Freyre*.

1955 Lê, na sessão inaugural do 4º Congresso Brasileiro de Neurologia, Psiquiatria e Higiene Mental, conferência sobre Aspectos da moderna convergência médico-social e antropocultural (incluída na 2ª edição de *Problemas brasileiros de antropologia*). Em 15 de maio profere no encerramento do curso de treinamento de professores rurais de Pernambuco discurso publicado no ano seguinte. Comparece, como um dos quatro conferencistas principais (os outros foram o alemão Von Wreie, o inglês Ginsberg e o francês Davy) e na alta categoria de convidado especial, ao 3º Congresso Mundial de Sociologia, realizado em Amsterdã, no qual apresenta a comunicação, publicada em Louvain, no mesmo ano, pela Associação Internacional de Sociologia: *Morals and social change*. Para discutir *Casa-grande & senzala* e outras obras, ideias e métodos de Gilberto Freyre, reúnem-se em Cerisy-La-Salle os escritores e professores M. Simon, R. Bastide, G. Gurvitch, Leon Bourdon, Henri Gouhier, Jean Duvignaud, Tavares Bastos, Clara Mauraux, Nicolas Sombart e Mário Pinto de Andrade: talvez a maior homenagem já prestada na Europa a um intelectual brasileiro; os demais seminários de Cerisy foram dedicados a filósofos da história, como Toynbee e Heidegger. Publicam-se no Recife (Secretaria de Educação e Cultura) os opúsculos Sugestões para uma nova política no Brasil: a rurbana (incluído, em 1966, na 2ª edição de *Quase política*) e Em torno da situação do professor no Brasil; em Nova York (Knopf) a 2ª edição de *Casa-grande & senzala* em inglês: *The masters and the slaves*, e em Paris (Gallimard) a 1ª edição de *Nordeste* em francês: *Terres du sucre* (volume 14 da Coleção La Croix du Sud, dirigida por Roger Caillois).

1957 Lê, em 4 de agosto, na Escola de Belas Artes da Universidade Federal de Pernambuco, em solenidade comemorativa do 25º aniversário de fundação daquela instituição, conferência publicada no mesmo ano: Arte, ciência social e sociedade. Dirige, em outubro, curso sobre Sociologia da Arte na mesma escola. Colabora novamente no *Diário Popular* de Lisboa, atendendo a insistentes convites do seu diretor, Francisco da Cunha Leão. Publicam-se no Recife os opúsculos Palavras às professoras rurais do Nordeste (Secretaria de Educação e Cultura do Estado de Pernambuco) e Importância para o Brasil dos institutos de pesquisa científica (Instituto Joaquim Nabuco de Pesquisas Sociais); no Rio de Janeiro (José Olympio), a 2ª edição de *Sociologia*; no México (Editorial Cultural), o opúsculo A experiência portuguesa no trópico americano; em Lisboa (Livros do Brasil), a 1ª edição portuguesa de *Casa-grande & senzala* e a obra *Gilberto Freyre's "lusotropicalism"*, de autoria de Paul V. Shaw (Centro de Estudos Políticos Sociais da Junta de Investigações do Ultramar).

1958 Lê, no Fórum Roberto Simonsen, conferência publicada no mesmo ano pelo Centro e Federação das Indústrias do Estado de São Paulo: Sugestões em torno de uma nova orientação para as relações intranacionais no Brasil. Publicam-se em Lisboa (Centro de Estudos Políticos e Sociais da Junta de Investigações do Ultramar) o livro, com texto em português e inglês, *Integração portuguesa nos trópicos/Portuguese integration in the tropics*, e no Rio de Janeiro (José Olympio), a 9ª edição brasileira de *Casa-grande & senzala*.

1959 Lê, em abril, conferências no Instituto Joaquim Nabuco de Pesquisas Sociais, iniciando e concluindo cursos de Ciências Sociais promovidos pelo referido órgão. Em julho, apresenta na Faculdade de Direito da Universidade Federal de Minas Gerais conferência publicada pela mesma universidade, no ano seguinte. Publicam-se em Nova York (Knopf) *New world in the tropics*, cujo texto contém, grandemente expandido e praticamente reescrito, o livro (publicado em 1945 pelo mesmo editor) *Brazil: an interpretation*; na Guatemala (Editorial de Ministério de Educación Pública José de Pineda Ibarra), o opúsculo Em torno a algunas tendencias actuales de la antropología; no Recife (Arquivo Público do Estado de Pernambuco), o opúsculo A propósito de Mourão, Rosa e Pimenta: sugestões em torno de uma possível hispano-tropicalologia; no Rio de Janeiro (José Olympio), a 1ª edição do livro *Ordem e progresso* (terceiro volume da Série Introdução à história patriarcal no Brasil, iniciada com *Casa-grande & senzala*, continuada com *Sobrados e mucambos* e finalizada com *Jazigos e covas rasas*, livro nunca concluído) e *O velho Félix e suas memórias de um Cavalcanti* (2ª edição, ampliada, da introdução ao livro *Memórias de um Cavalcanti*, publicado em 1940); em Salvador (Universidade da Bahia), o livro *A propósito de frades* e o opúsculo Em torno de alguns túmulos afrocristãos de uma área africana contagiada pela cultura brasileira; e em São Paulo (Instituto Brasileiro de Filosofia), o ensaio A filosofia da história do Brasil na obra de Gilberto Freyre, de autoria de Miguel Reale.

1960 Viaja pela Europa, nos meses de agosto e setembro, lendo conferências em universidades francesas, alemãs, italianas e portuguesas. Publicam-se em Lisboa (Livros do Brasil) o livro *Brasis, Brasil e Brasília*; em Belo Horizonte (edições da *Revista Brasileira de Estudos Políticos*), a conferência Uma política transnacional de cultura para o Brasil de hoje; no Recife (Imprensa Universitária), o opúsculo Sugestões em torno do Museu de Antropologia do Instituto Joaquim Nabuco de Pesquisas Sociais, e no Rio de Janeiro (José Olympio), a 3ª edição do livro *Olinda*.

1961 Em 24 de fevereiro recebe em sua casa de Apipucos a visita do escritor norte-americano Arthur Schlesinger Junior, assessor e enviado especial do presidente John F. Kennedy. Em 20 de abril profere na Faculdade de Medicina da Universidade Federal de Pernambuco uma conferência sobre Homem, cultura e trópico, iniciando as atividades do Instituto de Antropologia Tropical, criado naquela faculdade por sugestão sua. Em 25 de abril é filmado e entrevistado em sua residência pela equipe de televisão e cinema do Columbia Broadcasting System. Em junho viaja aos Estados Unidos, onde faz conferência no Conselho Americano de Sociedades Científicas, no Centro de Corning, no Centro de Estudos de Santa Bárbara e nas Universidades de Princeton e Colúmbia. De volta ao Brasil, recebe, em agosto, a pedido da Comissão Educacional dos

Estados Unidos da América no Brasil (Comissão Fulbright), para uma palestra informal sobre problemas brasileiros, os professores norte-americanos que participam do II Seminário de Verão promovido pela referida comissão. Em outubro, lê, no Instituto Joaquim Nabuco de Pesquisas Sociais, quatro conferências sobre sociologia da vida rural. Ainda em outubro e a convite dos corpos docente e discente da Escola de Engenharia da Universidade Federal de Pernambuco, lê na mesma escola três conferências sobre Três engenharias inter-relacionadas: a física, a social e a chamada humana. Viaja a São Paulo e lê, em 27 de outubro, no auditório da Academia Paulista de Letras, sob os auspícios do Instituto Hans Staden, conferência intitulada Como e porque sou sociólogo. Em 1º de novembro, apresenta, no auditório da ABI e sob os auspícios do Instituto Cultural Brasil-Alemanha, conferências sobre Harmonias e desarmonias na formação brasileira. Em dezembro, segue para a Europa, permanecendo três semanas na Alemanha Ocidental, para participar, como representante do Brasil, no encontro germano-hispânico de sociólogos. Publicam-se em Tóquio (Ministério da Agricultura do Japão, série de Guias para os emigrantes em países estrangeiros), a edição japonesa de *New world in the tropics*, intitulada *Nettai no shin sekai*; em Lisboa (Comissão Executiva das Comemorações do V Centenário da Morte do Infante Dom Henrique) em português, francês e inglês –, o livro *O luso e o trópico*, *Les Portugais et les tropiques* e *The portuguese and the tropics* (edições separadas); no Recife (Imprensa Universitária), a obra *Sugestões de um novo contato com universidades europeias*; no Rio de Janeiro (José Olympio), a 3ª edição brasileira de *Sobrados e mucambos* e a 10ª edição brasileira (11ª em língua portuguesa) de *Casa-grande & senzala*.

1962 Em fevereiro, a Escola de Samba de Mangueira desfila, no Carnaval do Rio de Janeiro, com enredo inspirado em *Casa-grande & senzala*. Em março é eleito presidente do Comitê de Pernambuco do Congresso Internacional para a Liberdade da Cultura. Em 10 de junho, lê, no Gabinete Português de Leitura do Rio de Janeiro, a convite da Federação das Associações Portuguesas do Brasil, conferência publicada, no mesmo ano, pela referida entidade: *O Brasil em face das Áfricas negras e mestiças*. Em agosto reúne-se em Porto Alegre o 1º Colóquio de Estudos Teuto-Brasileiros, organizado por sugestão sua. Ainda em agosto é admitido pelo presidente da República como comandante do Corpo de Graduação da Ordem do Mérito Militar. Por iniciativa do Banco Interamericano de Desenvolvimento, o professor Leopoldo Castedo profere em Washington, D.C., no curso Panorama da Civilização Ibero-Americana, conferência sobre La valorización del tropicalismo en Freyre. Em outubro, torna-se editor associado do *Journal of Interamerican Studies*. Em novembro, dirige na Faculdade de Letras da Universidade de Coimbra um curso de seis lições sobre Sociologia da História. Ainda na Europa, lê conferências em universidades da França, da Alemanha Ocidental e da Espanha. Em 19 de novembro recebe o grau de doutor *honoris causa* pela Faculdade de Letras de Coimbra. Publicam-se no Rio de Janeiro (José Olympio) os livros *Talvez poesia* e *Vida, forma e cor*, a 2ª edição de *Ordem e progresso* e a 3ª de *Sociologia*; em São Paulo (Livraria Martins Editora), o livro *Arte, ciência e trópico*; em Lisboa (Livros do Brasil), as edições portuguesas de *Aventura e rotina* e de *Um* *brasileiro em terras portuguesas*; no Rio de Janeiro (José Olympio), a obra coletiva *Gilberto Freyre: sua ciência, sua filosofia, sua arte (ensaios sobre o autor de Casa-grande & senzala e sua influência na moderna cultura do Brasil, comemorativos do 25º aniversário de publicação desse seu livro)*.

1963 Em 10 de junho, inaugura-se no Teatro Santa Isabel do Recife uma exposição sobre *Casa-grande & senzala*, organizada pelo colecionador Abelardo Rodrigues. Em 20 de agosto, o governo de Pernambuco promulga a Lei Estadual nº 4.666, de iniciativa do deputado Paulo Rangel Moreira, que autoriza a edição popular, pelo mesmo estado, de *Casa-grande & senzala*. Publicam-se em *The American Scholar*, Chapel Hill (United Chapters of Phi Beta Kappa e University of North Caroline), o ensaio On the Iberian concept of time; em Nova York (Knopf), a edição de *Sobrados e mucambos* em inglês, com introdução de Frank Tannenbaum: *The mansions and the shanties (the making of modern Brazil)*; em Washington, D.C. (Pan American Union), o livro *Brazil*; em Lisboa, a 2ª edição do opúsculo Americanism and latinity in Latin America (em inglês e francês); em Brasília (Editora Universidade de Brasília), a 12ª edição brasileira de *Casa-grande & senzala* (13ª edição em língua portuguesa) e no Recife (Imprensa Universitária), o livro *O escravo nos anúncios de jornais brasileiros do século XIX* (reedição muito ampliada da conferência lida, em 1935, na Sociedade Felipe d'Oliveira). O professor Thomas John O'Halloran apresenta à Graduate School of Arts and Science, da New York University, dissertação sobre *The life and master writings of Gilberto Freyre*. As editoras A. A. Knopf e Random House publicam em Nova York a 2ª edição (como livro de bolso) de *New world in the tropics*.

1964 A convite do governo do estado de Pernambuco, lê na Escola Normal do mesmo estado, em 13 de maio, conferência como orador oficial da solenidade comemorativa do centenário de fundação daquela Escola. Recebe em Natal, em julho, as homenagens da Fundação José Augusto pelo trigésimo aniversário da publicação de *Casa-grande & senzala*. Recebe, em setembro, o Prêmio Moinho Santista para Ciências Sociais. Viaja aos Estados Unidos e participa, em dezembro, como conferencista convidado, do seminário latino-americano promovido pela Universidade de Colúmbia. Publicam-se em Nova York (Knopf) uma edição abreviada (*paperback*) de *The masters and the slaves*; em Madri (separata da *Revista de la Universidad de Madrid*) o opúsculo De lo regional a lo universal en la interpretación de los complejos socioculturales; no Recife (Instituto Joaquim Nabuco de Pesquisas Sociais), em tradução de Waldemar Valente, a tese universitária de 1922 *Vida social no Brasil nos meados do século XIX* e o opúsculo (Imprensa Universitária) O estado de Pernambuco e expressão no poder nacional: aspectos de um assunto complexo; no Rio de Janeiro (José Olympio), a seminovela *Dona Sinhá e o filho padre*, o livro *Retalhos de jornais velhos* (2ª edição, consideravelmente ampliada, de *Artigos de jornal*), o opúsculo A Amazônia brasileira e uma possível luso-tropicologia (Superintendência do Plano de Valorização Econômica da Amazônia) e a 11ª edição brasileira de *Casa-grande & senzala*. Recusa convite do presidente Castelo Branco para ser ministro da Educação e Cultura.

1965 Viaja a Campina Grande, onde lê, em 15 de março, na Faculdade de Ciências Econômicas, a conferência (publicada no mesmo ano pela Universidade Federal da Paraíba) *Como e porque sou escritor*. Participa no Simpósio sobre Problemática da Universidade Federal de Pernambuco (março/abril), com uma conferência sobre a conveniência da introdução, na mesma universidade, de "Um novo tipo de seminário (Tannenbaum)". Viaja ao Rio de Janeiro, onde recebe, em cerimônia realizada no auditório de *O Globo*, diploma com o qual o referido jornal homenageou, no seu quadragésimo aniversário, a vida e a obra dos Notáveis do Brasil: brasileiros vivos que, "por seu talento e capacidade de trabalho de todas as formas invulgares, tenham tido uma decisiva participação nos rumos da vida brasileira, ao longo dos quarenta anos conjuntamente vividos". Em 9 de novembro, gradua-se, *in absentia*, doutor pela Universidade de Paris (Sorbonne), em solenidade na qual também foram homenageados outros sábios de categoria internacional, em diferentes campos do saber, sendo a consagração por obra que vinha abrindo "novos caminhos à filosofia e às ciências do homem". A consagração cultural pela Sorbonne juntou-se à recebida das Universidades da Colúmbia e de Coimbra e às quais se somaram as de Sussex (Inglaterra) e Münster (Alemanha), em solenidade prestigiada por nove magníficos reitores alemães. Publicam-se em Berlim (Kiepenheur & Witsch) a 1ª edição de *Casa-grande & senzala* em alemão: *Herrenhaus und sklavenhütte (ein bild der Brasilianischen gesellschaft)*; no Recife (Imprensa Oficial do Estado de Pernambuco), o opúsculo Forças Armadas e outras forças, e no Rio de Janeiro (José Olympio), o livro *6 conferências em busca de um leitor*.

1966 Viaja ao Distrito Federal, a convite da Universidade de Brasília, onde lê, em agosto, seis conferências sobre Futurologia, assunto que foi o primeiro a desenvolver no Brasil. Por solicitação das Nações Unidas, apresenta ao United Nations Human Rights Seminar on Apartheid (realizado em Brasília, de 23 de agosto a 5 de setembro) um trabalho de base sobre Race mixture and cultural interpenetration: the Brazilian example, distribuído na mesma ocasião em inglês, francês, espanhol e russo. Por sugestão sua, inicia-se na Universidade Federal de Pernambuco o Seminário de Tropicologia, de caráter interdisciplinar e inspirado pelo seminário do mesmo tipo, iniciado na Universidade de Colúmbia pelo professor Frank Tannenbaum. Publicam-se em Barnet, Inglaterra, *The racial factor in contemporary politics*; no Rio de Janeiro (José Olympio), a 13ª edição do mesmo livro; e no Recife (governo do estado de Pernambuco), o primeiro tomo da 14ª edição brasileira (15ª em língua portuguesa) de *Casa-grande & senzala* (edição popular, para ser comercializada a preços acessíveis, de acordo com a Lei Estadual nº 4.666, de 20 de agosto de 1963).

1967 Em 30 de janeiro, lançamento solene, no Palácio do Governo do Estado de Pernambuco, do primeiro volume da edição popular de *Casa-grande & senzala*. Em julho, viaja aos Estados Unidos, para receber, no Instituto Aspen de Estudos Humanísticos, o Prêmio Aspen do ano (30 mil dólares e isento de imposto sobre a renda) "pelo que há de original, excepcional e de valor permanente em sua obra ao mesmo tempo de filósofo, escritor literário e antropólogo". Recebe o Nobel dos Estados Unidos na presença de embaixador, enviado especial do presidente Lyndon B.

Johnson, que se congratula com Gilberto Freyre pela honraria na qual o autor foi precedido por apenas três notabilidades internacionais: o compositor Benjamin Britten, a dançarina Martha Graham e o urbanista Constantino Doxiadis por obras reveladoras de "criatividade genial". Em dezembro, lê, na Academia Brasileira de Letras, no Instituto Histórico e Geográfico Brasileiro e no Instituto Joaquim Nabuco de Pesquisas Sociais, conferências sobre Oliveira Lima, em sessões solenes comemorativas do centenário de nascimento daquele historiador (ampliadas no livro *Oliveira Lima, Dom Quixote gordo*). Publicam-se em Lisboa (Fundação Calouste Gulbenkian) o livro *Sociologia da medicina*; em Nova York (Knopf), a tradução da "seminovela" *Dona Sinhá e o filho padre*, intitulada *Mother and son: a Brazilian tale*; no Recife (Instituto Joaquim Nabuco de Pesquisas Sociais), a 2ª edição de *Mucambos do Nordeste* e a 3ª edição do *Manifesto Regionalista de 1926*; em São Paulo (Arquimedes Edições), o livro *O Recife, sim! Recife não!*, e no Rio de Janeiro (José Olympio), a 4ª edição de *Sociologia*.

1968 Em 9 de janeiro, lê, no Palácio do Governo do Estado de Pernambuco, a primeira da série de conferências promovidas pelo governador do estado para comemorar o centenário de nascimento de Oliveira Lima (incluída no livro *Oliveira Lima, Dom Quixote gordo*, publicado no mesmo ano pela Imprensa da Universidade de Recife). Viaja à Argentina, onde faz conferência sobre Oliveira Lima na Universidade do Rosário, e à Alemanha Ocidental, onde recebe o título de doutor *honoris causa* pela Universidade de Münster por sua obra comparada à de Balzac. Publicam-se em Lisboa (Academia Internacional da Cultura Portuguesa) o livro, em dois volumes, *Contribuição para uma sociologia da biografia (o exemplo de Luís de Albuquerque, governador de Mato Grosso no fim do século XVII)*; no Distrito Federal (Editora Universidade de Brasília), o livro *Como e porque sou e não sou sociólogo*, e no Rio de Janeiro (Record), as 2ªs edições dos livros *Região e tradição* e *Brasis, Brasil e Brasília*. Ainda no Rio de Janeiro, publicam-se (José Olympio) as 4ªs edições dos livros *Guia prático, histórico e sentimental da cidade do Recife* e *Olinda, 2º guia prático, histórico e sentimental de cidade brasileira*.

1969 Recebe o Prêmio Internacional de Literatura La Madonnina por "incomparável agudeza na descrição de problemas sociais, conferindo-lhes calor humano e otimismo, bondade e sabedoria", através de uma obra de "fulgurações geniais". Lê conferência, no Conselho Federal de Cultura, em sessão dedicada à memória de Rodrigo M. F. de Andrade. A Universidade Federal de Pernambuco lança os dois primeiros volumes do seminário de Tropicologia, relativos ao ano de 1966: *Trópico & colonização, nutrição, homem, religião, desenvolvimento, educação e cultura, trabalho e lazer, culinária, população*. Lê no Instituto Joaquim Nabuco de Pesquisas Sociais quatro conferências sobre Tipos antropológicos no romance brasileiro. Publicam-se no Recife (Instituto Joaquim Nabuco de Pesquisas Sociais) o ensaio Sugestões em torno da ciência e da arte da pesquisa social, e no Rio de Janeiro (José Olympio), a 15ª edição brasileira de *Casa-grande & senzala*.

1970 Completa setenta anos de idade residindo na província e trabalhando como se fosse um intelectual ainda jovem: escrevendo livros, colaborando em jornais e revistas nacionais e estrangeiros, dirigindo cursos, proferindo conferências, presidindo o conselho diretor e incentivando as atividades do Instituto Joaquim Nabuco de Pesquisas Sociais, presidindo o Conselho Estadual de Cultura, dirigindo o Centro Regional de Pesquisas Educacionais e o Seminário de Tropicologia da Universidade Federal de Pernambuco, comparecendo às reuniões mensais do Conselho Federal de Cultura e atendendo a convites de universidades europeias e norte-americanas, onde é sempre recebido como o embaixador intelectual do Brasil. A editora A. A. Knopf publica em Nova York *Order and progress*, com texto traduzido e refundido por Rod W. Horton.

1971 Recebe a 26 de novembro, em solenidade no Gabinete Português de Leitura, do Recife, e tendo como paraninfo o ministro Mário Gibson Barbosa, o título de doutor *honoris causa* pela Universidade Federal de Pernambuco. Discursa como orador oficial da solenidade de inauguração, pelo presidente Emílio Garrastazu Médici, do Parque Nacional dos Guararapes, no Recife. A rainha Elizabeth lhe confere o título de *Sir* (Cavaleiro Comandante do Império Britânico) e a Universidade Federal do Rio de Janeiro, o grau de doutor *honoris causa* em filosofia. Publicam-se a 1ª edição da *Seleta para jovens* (José Olympio) e a obra *Nós e a Europa germânica* (Grifo Edições). Continua a receber visitas de estrangeiros ilustres na sua casa de Apipucos, devendo-se destacar as de embaixadores do Reino Unido, França, Estados Unidos, Bélgica e as de Aldous Huxley, George Gurvitch, Shelesky, John dos Passos, Jean Duvignaud, Lincoln Gordon e Robert Kennedy, a quem oferece jantar a pedido desse visitante. A Companhia Editora Nacional publica em São Paulo, como volume 348 de sua Coleção Brasiliana, a 1ª edição brasileira de *Novo mundo nos trópicos*.

1972 Preside o Primeiro Encontro Inter-Regional de Cientistas Sociais do Brasil, realizado em Fazenda Nova, Pernambuco, de 17 a 20 de janeiro, sob os auspícios do Instituto Joaquim Nabuco de Pesquisas Sociais. Recebe o título de Cidadão de Olinda, conferido por Lei Municipal nº 3.774, de 8 de março de 1972, e em sessão solene da Assembleia Legislativa do Estado de Pernambuco, a Medalha Joaquim Nabuco, conferida pela Resolução nº 871, de 28 de abril de 1972. Em 14 de junho profere no Instituto Joaquim Nabuco de Pesquisas Sociais palestra sobre José Bonifácio e as duas primeiras conferências da série comemorativa do centenário de Estácio Coimbra. Em 15 de dezembro, inaugura-se na Praia de Boa Viagem, no Recife, o Hotel Casa-grande & senzala. A editora Giulio Einaudi publica em Turim a edição italiana de *Casa-grande & senzala*, intitulada *Case e catatecchie*.

1973 Recebe em São Paulo o Troféu Novo Mundo, "por obras notáveis em sociologia e história", e o Troféu Diários Associados, pela "maior distinção anual em artes plásticas". Realizam-se exposições de telas de sua autoria, uma no Recife, outra no Rio, esta na residência do casal José Maria do Carmo Nabuco, com apresentação de Alfredo Arinos de Mello Franco. Por decreto do presidente Médici, é reconduzido ao Conselho Federal de Cultura. Viaja a Angola, em fevereiro. A 10 de maio, a convite da Assembleia Legislativa do Estado de Pernambuco, profere discurso no Cemitério de Santo Amaro, diante do túmulo de Joaquim Nabuco, em comemoração ao Sesquicentenário do Poder Legislativo no Brasil. Recebe em setembro, em João Pessoa, o título de doutor *honoris causa* pela Universidade Federal da Paraíba. Profere na Câmara dos Deputados, em 29 de novembro, conferência sobre Atuação do Parlamento no Império e na República, na série comemorativa do Sesquicentenário do Poder Legislativo no Brasil, e na Universidade de Brasília, palestra em inglês para o corpo diplomático, sob o título de Some remarks on how and why Brazil is different. Em 13 de dezembro é operado pelo professor Euríclides de Jesus Zerbini, no Hospital da Beneficência Portuguesa de São Paulo.

1974 Faz sua primeira exposição de pintura em São Paulo, com quarenta telas adquiridas imediatamente. A 15 de março, o Instituto Joaquim Nabuco de Pesquisas Sociais comemora com exposição e sessão solene os quarenta anos da publicação de *Casa-grande & senzala*. Em 20 de julho profere no Instituto Joaquim Nabuco de Pesquisas Sociais conferência sobre a Importância dos retratos para os estudantes biográficos: o caso de Joaquim Nabuco. A 29 de agosto, a Universidade Federal de Pernambuco inaugura no saguão da reitoria uma placa comemorativa dos quarenta anos de *Casa-grande & senzala*. A 12 de outubro recebe a Medalha de Ouro José Vasconcelos, outorgada pela Frente de Afirmación Hispanista do México, para distinguir, a cada ano, uma personalidade dos meios culturais hispano-americanos. O cineasta Geraldo Sarno realiza documentário de cinco minutos intitulado *Casa-grande & senzala*, de acordo com uma ideia de Aldous Huxley. O editor Alfred A. Knopf publica em Nova York a obra *The Gilberto Freyre reader*.

1975 Diante da violência de uma enchente do rio Capibaribe, em 17 e 18 de julho, lidera com Fernando de Mello Freyre, diretor do Instituto Joaquim Nabuco, um movimento de estudo interdisciplinar sobre as enchentes em Pernambuco. Profere, em 10 de outubro, conferência no Clube Atlético Paulistano sobre O Brasil como nação hispano-tropical. Recebe em 15 de outubro, do Sindicato dos Professores do Ensino Primário e Secundário de Pernambuco e da Associação dos Professores do Ensino Oficial, o título de Educador do Ano, por relevantes serviços prestados à comunidade nordestina no campo da educação e da pesquisa social. Profere em 7 de novembro, no Teatro Santa Isabel, do Recife, conferência sobre o Sesquicentenário do *Diário de Pernambuco*. O Instituto do Açúcar e do Álcool lança, em 15 de novembro, o Prêmio de Criatividade Gilberto Freyre, para os melhores ensaios sobre aspectos socioeconômicos da zona canavieira do Nordeste. Publicam-se no Rio de Janeiro suas obras *Tempo morto e outros tempos, O brasileiro entre os outros hispanos* (José Olympio) e *Presença do açúcar na formação brasileira* (IAA).

1976 Viaja à Europa em setembro, fazendo conferências em Madri (Instituto de Cultura Hispânica) e em Londres (Conselho Britânico). É homenageado com a esposa, em Londres, com banquete pelo embaixador Roberto Campos e esposa (presentes vários dos seus amigos ingleses, como Lord Asa Briggs). Em Paris, como hóspede do governo francês, é entrevistado pelo sociólogo Jean Duvignaud, na rádio e na televisão francesas, sobre Tendências atuais da cultura brasileira. É homenageado com banquete pelo diretor de *Le Figaro*, seu amigo, escritor e membro da Academia Francesa, Jean d'Ormesson, presentes Roger Caillois e outros intelectuais franceses. Em Viena, identifica mapas inéditos do Brasil no período holandês, existentes na Biblioteca

Nacional da Áustria. Na Espanha, como hóspede do governo, realiza palestra no Instituto de Cultura Hispânica, presidido pelo Duque de Cadis. Em Lisboa é homenageado com banquete pelo secretário de estado de Cultura, com a presença de intelectuais, ministros e diplomatas. Em 7 de outubro, lê em Brasília, a convite do ministro da Previdência Social, conferência de encerramento do Seminário sobre Problemas de Idosos. A Livraria José Olympio Editora publica as 16ª e 17ª edições de *Casa-grande & senzala,* e o IJNPS, a 6ª edição do *Manifesto regionalista*. É lançada em Lisboa 2ª edição portuguesa de *Casa-grande & senzala*.

1977 Estreia em janeiro no Nosso Teatro (Recife) a peça *Sobrados e mucambos*, adaptada por Hermilo Borba Filho e encenada pelo Grupo Teatral Vivencial. Recebe em fevereiro, do embaixador Michel Legendre, a faixa e as insígnias de Comendador das Artes e Letras da França. Profere em março, no Seminário de Tropicologia, conferência sobre O Recife eurotropical e, na Câmara dos Deputados, em Brasília, conferência de encerramento do ciclo comemorativo do Bicentenário da Independência dos Estados Unidos. Exibição, na Biblioteca Municipal Mário de Andrade, em São Paulo, de um documentário cinematográfico sobre sua vida e obra, *Da palavra ao desenho da palavra*, com debates dos quais participam Freitas Marcondes, Leo Gilson Ribeiro, Osmar Pimentel e Egon Schaden. Profere conferências na Câmara dos Deputados, em Brasília, em 19 de agosto, sobre A terra, o homem e a educação, no Seminário sobre Ensino Superior, promovido pela Comissão de Educação e Cultura, e no Teatro José de Alencar de Fortaleza, em 24 de setembro, sobre O Nordeste visto através do tempo. Lançamento em São Paulo, em 10 de novembro, do álbum *Casas-grandes & senzalas*, com guaches de Cícero Dias. Apresenta, no Arquivo Público Estadual de Pernambuco, conferência de encerramento do Curso sobre o Sesquicentenário da Elevação do Recife à Condição de Capital, sobre O Recife e a sua autobiografia coletiva. É acolhido como sócio honorário do Pen Clube do Brasil. Inicia em outubro colaboração semanal na *Folha de S.Paulo*. A Livraria José Olympio Editora publica *O outro amor do dr. Paulo*, seminovela, continuação de *Dona Sinhá e o filho padre*. A Editora Nova Aguilar publica, em dezembro, a *Obra escolhida*, volume em papel-bíblia que inclui *Casa-grande & senzala*, *Nordeste* e *Novo mundo nos trópicos*, com introdução de Antônio Carlos Villaça, cronologia da vida e da obra e bibliografia ativa e passiva, por Edson Nery da Fonseca. A Editora Ayacucho lança em Caracas a 3ª edição em espanhol de *Casa-grande & senzala*, com introdução de Darcy Ribeiro. As Ediciones Cultura Hispánica publicam em Madri a edição espanhola da *Seleta para jovens*, com o título de *Antología*. A Editora Espasa-Calpe publica, em Madri, *Más allá de lo moderno,* com prefácio de Julián Marías. A Livraria José Olympio Editora lança a 5ª edição de *Sobrados e mucambos* e a 18ª edição brasileira de *Casa-grande & senzala.*

1978 Viaja a Caracas para proferir três conferências no Instituto de Assuntos Internacionais do Ministério das Relações Exteriores da Venezuela. Abre no Arquivo Público Estadual, em 30 de março, ciclo de conferências sobre escravidão e abolição em Pernambuco, fazendo Novas considerações sobre escravos em anúncios de jornal em Pernambuco. Profere conferência sobre O Recife e sua ligação com estudos antropológicos no Brasil, na instalação da XI Reunião Brasileira de Antropologia, no auditório da Universidade Federal de Pernambuco, em 7 de maio. Em 22 de maio, abre em Natal a I Semana de Cultura do Nordeste. Profere em Curitiba, em 9 de junho, conferência sobre O Brasil em nova perspectiva antropossocial, numa promoção da Associação dos Professores Universitários do Paraná; em Cuiabá, em 16 de setembro, conferência sobre A dimensão ecológica do caráter nacional; na Academia Paulista de Letras, em 4 de dezembro, conferência sobre Tropicologia e realidade social, abrindo o 1º Seminário Internacional de Estudos Tropicais da Fundação Escola de Sociologia e Política. Publica-se *Recife & Olinda*, com desenhos de Tom Maia e Thereza Regina. Publicam-se as seguintes obras: *Alhos e bugalhos* (Nova Fronteira); *Prefácios desgarrados* (Cátedra); *Arte e ferro* (Ranulpho Editora de Arte), com pranchas de Lula Cardoso Ayres. O Conselho Federal de Cultura lança *Cartas do próprio punho sobre pessoas e coisas do Brasil e do estrangeiro*. A editora Gallimard publica a 14ª edição de *Maîtres et esclaves*, na Coleção TEL. A Livraria Editora José Olympio publica a 19ª edição brasileira de *Casa-grande & senzala*, e a Fundação Cultural do Mato Grosso, a 2ª edição de *Introdução a uma sociologia da biografia*.

1979 O Arquivo Estadual de Pernambuco publica, em março, a edição fac-similar do *Livro do Nordeste*. Participa, no auditório da Biblioteca Municipal de São Paulo, em 30 de março, da Semana do Escritor Brasileiro. Recebe em Aracaju, em 17 de abril, o título de Cidadão Sergipano, outorgado pela Assembleia Legislativa de Sergipe. É homenageado pelo 44º Congresso Mundial de Escritores do Pen Clube Internacional, reunido no Rio de Janeiro, quando recebe a medalha Euclides da Cunha, sendo saudado pelo escritor Mário Vargas Llosa. Recebe o grau de doutor *honoris causa* pela Faculdade de Ciências Médicas da Fundação do Ensino Superior de Pernambuco Universidade de Pernambuco, em setembro. Viaja à Europa em outubro. Profere conferência na Fundação Calouste Gulbenkian, em 22 de outubro, sobre Onde o Brasil começou a ser o que é. Abre o ciclo de conferências comemorativo do 20º aniversário da Sudene, em dezembro, falando sobre Aspectos sociais do desenvolvimento regional. Recebe nesse mês o Prêmio Caixa Econômica Federal, da Fundação Cultural do Distrito Federal, pela obra *Oh de casa!*. Profere na Universidade de Brasília conferência sobre Joaquim Nabuco: um novo tipo de político. A Editora Artenova publica *Oh de casa!*. A Editora Cultrix publica *Heróis e vilões no romance brasileiro*. A MPM Propaganda publica *Pessoas, coisas & animais*, em edição não comercial. A Editora Ibrasa publica *Tempo de aprendiz*.

1980 Em 24 de janeiro, a Academia Pernambucana de Letras inicia as comemorações do octogésimo aniversário do autor, com uma conferência de Gilberto Osório de Andrade sobre Gilberto Freyre e o trópico. Em 25 de janeiro, a Codepe inicia seu Seminário Permanente de Desenvolvimento, dedicando-o ao estudo da obra de Gilberto Freyre. O Arquivo Público Estadual comemora a efeméride, em 26 e 27 de fevereiro, com duas conferências de Edson Nery da Fonseca. Recebe em São Paulo, em 7 de março, a medalha de Ordem do Ipiranga, maior condecoração do estado. Em 26 de março, recebe a medalha José Mariano, da Câmara Municipal do Recife. Por decreto de 15 de abril, o governador do estado de Sergipe lhe confere o galardão de Comendador da Ordem do Mérito Aperipê. Em homenagem ao autor, são realizados diversos eventos, como: missa cantada na Catedral de São Pedro dos Clérigos, do Recife, mandada celebrar pelo governo do estado de Pernambuco, sendo oficiante monsenhor Severino Nogueira e regente o padre Jayme Diniz. Inauguração, na redação do *Diário de Pernambuco*, de placa comemorativa da colaboração de Gilberto Freyre, iniciada em 1918. Almoço na residência de Fernando Freyre. *Open house* na vivenda Santo Antônio. Sorteio de bilhete da Loteria Federal da Praça de Apipucos. Desfile de clubes e blocos carnavalescos e concentração popular em Apipucos. Sessão solene do Congresso Nacional, em 15 de abril, às 15 horas, para homenagear o escritor Gilberto Freyre pelo transcurso do seu octogésimo aniversário. Discursos do presidente, senador Luís Viana Filho, dos senadores Aderbal Jurema e Marcos Freire e do deputado Thales Ramalho. Viaja a Portugal em junho, a convite da Câmara Municipal de Lisboa, para participar nas comemorações do Quarto Centenário da Morte de Camões. Profere conferência A tradição camoniana ante insurgências e ressurgências atuais. É homenageado, em 6 de julho, durante a 32ª Reunião Anual da Sociedade Brasileira para o Progresso da Ciência, realizada no Rio de Janeiro, e em 25 de julho, pelo XII Congresso Brasileiro de Língua e Literatura, promovido pelas universidades estaduais do Rio de Janeiro e Universidade Federal do Rio de Janeiro. Em 11 de agosto, recebe do embaixador Hansjorg Kastl a Grã-Cruz do Mérito da República Federativa da Alemanha. Ainda em agosto, é homenageado pelo IV Seminário Paraibano de Cultura Brasileira. Recebe o título de Cidadão Benemérito de João Pessoa, outorgado pela Câmara Municipal da capital paraibana. Recebe o título do sócio honorário do Instituto Histórico e Geográfico da Paraíba. Em 2 de setembro, é homenageado pelo Pen Clube do Brasil com um painel sobre suas ideias, no auditório do Palácio da Cultura, no Rio de Janeiro. Encenação, no Teatro São Pedro de São Paulo, da peça de José Carlos Cavalcanti Borges *Casa-grande & senzala*, sob a direção de Miroel Silveira, pelo grupo teatral da Escola de Comunicação e Artes da USP. Em 10 de outubro, apresenta conferência da Fundação Luisa e Oscar Americano, de São Paulo, sobre Imperialismo cultural do Conde Maurício. De 13 a 17 de outubro, profere simpósio internacional promovido pela Universidade de Brasília e pelo Ministério da Educação e Cultura, com a participação, como conferencistas, do historiador social inglês Lord Asa Briggs, do filósofo espanhol Julián Marías, do poeta e ensaísta português David Mourão-Ferreira, do antropólogo francês Jean Duvignaud e do historiador mexicano Silvio Zavala. Recebe o Prêmio Jabuti, de São Paulo, em 28 de outubro. Recebe, em 11 de dezembro, o grau de doutor *honoris causa* pela Universidade Católica de Pernambuco. Em 12 de dezembro, recebe o Prêmio Moinho Recife. São publicadas diversas obras do autor, como: o álbum *Gilberto poeta*: algumas confissões, com serigrafias de Aldemir Martins, Jenner Augusto, Lula Cardoso Ayres, Reynaldo Fonseca e Wellington Virgolino e posfácio de José Paulo Moreira da Fonseca (Ranulpho Editora de Arte); *Poesia reunida* (Edições Pirata, Recife); 20ª edição brasileira de *Casa-grande & senzala*, com prefácio do ministro Eduardo Portella; 5ª edição de *Olinda*; 3ª edição da *Seleta para jovens*; 2ª edição brasileira de *Aventura e rotina* (todas pela José Olympio); e a 2ª edição de *O escravo nos anúncios de jornais brasileiros do século XIX* (Companhia Editora Nacional). A editora Greenwood Press, de Westport, Conn., publica, sem autorização do autor, a reimpressão de *New world in the tropics*.

1981 A Classe de Letras da Academia de Ciências de Lisboa reúne-se, em fevereiro, para a comunicação do escritor David Mourão-Ferreira sobre Gilberto Freyre, criador literário. Encenação, em março, no Teatro Santa Isabel, da peça-balé de Rubens Rocha Filho *Tempos perdidos, nossos tempos*. Em 25 de março, o autor recebe do embaixador Jean Beliard a *rosette* de Oficial da Legião de Honra. Inauguração de seu retrato, em 21 de abril, no Museu do Trem da Superintendência Regional da Rede Ferroviária Federal. Em 29 de abril, o Conselho Municipal de Cultura lança, no Palácio do Governo, um álbum de desenhos de sua autoria. Inauguração, em 7 de maio, no Museu Nacional da Quinta da Boa Vista, da edição quadrinizada de *Casa-grande & senzala*, numa promoção da Universidade Federal do Rio de Janeiro, Museu Nacional e Editora Brasil--América. Profere conferência, em 15 de maio, no auditório Benício Dias da Fundação Joaquim Nabuco, sobre Atualidade de Lima Barreto. Viaja à Espanha, em outubro, para tomar posse no Conselho Superior do Instituto de Cooperação Ibero-Americana, nomeado pelo rei João Carlos I.

1982 Recebe em janeiro a medalha comemorativa dos trinta anos do Conselho Nacional de Desenvolvimento Científico e Tecnológico (CNPq). Profere na Academia Pernambucana de Letras a conferência Luís Jardim Autodidata?, comemorativa do octogésimo aniversário do pintor e escritor pernambucano. Na abertura do III Congresso Afro-Brasileiro, em 20 de setembro, apresenta conferência no Teatro Santa Isabel. Em setembro, é entrevistado pela Rede Bandeirantes de Televisão, no programa *Canal Livre*. Recebe do embaixador Javier Vallaure, na Embaixada da Espanha em Brasília, a Grã-Cruz de Alfonso, El Sabio (outubro), e no auditório do Palácio da Cultura, em 9 de novembro, profere conferência sobre Villa-Lobos revisitado. Profere no Nacional Club de São Paulo, em 11 de novembro, conferência sobre Brasil: entre passados úteis e futuros renovados. A Editora Massangana publica *Rurbanização: o que é?* A editora Klett-Cotta, de Stuttgart, publica a 1ª edição alemã de *Das land in der stadt: die entwicklung der urbanen gesellschaft Brasiliens* (*Sobrados e mucambos*) e a 2ª edição de *Herrenhaus und sklavenhütte* (*Casa-grande & senzala*).

1983 Iniciam-se em 21 de março Dia Internacional das Nações Unidas Contra a Discriminação Racial as comemorações do cinquentenário da publicação de *Casa-grande & senzala*, com sessão solene no auditório Benício Dias, presidida pelo governador Roberto Magalhães e com a presença da ministra da Educação, Esther de Figueiredo Ferraz, e do diretor-geral da Unesco, Amadou M'Bow, que lhe entrega a medalha Homenagem da Unesco. Recebe em 15 de abril, da Associação Brasileira de Relações Públicas, Seção de Pernambuco, o Troféu Integração por destaque cultural de 1982. Em abril, expõe seus últimos desenhos e pinturas na Galeria Aloísio Magalhães. Viaja a Lisboa, em 25 de outubro, para receber, do ministro dos Negócios Estrangeiros, a Grã-Cruz de Santiago da Espada. Em 27 de outubro, participa de sessão solene da Academia de Ciências de Lisboa e da Academia Portuguesa de História, comemorativa do cinquentenário da publicação de *Casa-grande*

& senzala. A Fundação Calouste Gulbenkian promove em Lisboa um ciclo de conferências sobre *Casa-grande & senzala* (2 de novembro a 4 de dezembro). É homenageado pela Feira Internacional do Livro do Rio de Janeiro, em 9 de novembro. O Seminário de Tropicologia reúne-se, em 29 de novembro, para a conferência de Edson Nery da Fonseca, intitulada Gilberto Freyre, cultura e trópico. Recebe em 7 de dezembro, no Liceu Literário Português do Rio de Janeiro, a Grã-Cruz da Ordem Camoniana. A Editora Massangana publica *Apipucos: que há num nome?*, a Editora Globo lança *Insurgências e ressurgências atuais* e *Médicos, doentes e contextos sociais* (2ª edição de *Sociologia da medicina*). Realiza-se na Fundação Joaquim Nabuco, de 19 a 30 de setembro, um ciclo de conferências comemorativo dos cinquenta anos de *Casa-grande & senzala*, promovido com apoio do governo do estado e de outras entidades pernambucanas (anais editados por Edson Nery da Fonseca e publicados em 1985 pela Editora Massangana: *Novas perspectivas em Casa-grande & senzala*). A José Olympio Editora publica no Rio de Janeiro o livro de Edilberto Coutinho *A imaginação do real: uma leitura da ficção de Gilberto Freyre*, tese de doutoramento defendida na Universidade Federal do Rio de Janeiro. A Editora Record lança no Rio de Janeiro *Homens, engenharias e rumos sociais*.

1984 Lançamento, em 20 de janeiro, de selo postal comemorativo do cinquentenário de *Casa-grande & senzala*. Viaja a Salvador, em 14 de março, para receber homenagem do governo do estado pelo cinquentenário de *Casa-grande & senzala*. Inauguração, no Museu de Arte Moderna da Bahia, da exposição itinerante sobre a obra. Conferência de Edson Nery da Fonseca sobre Gilberto Freyre, *Casa-grande & senzala* e a Bahia. Convidado pelo governador Tancredo Neves, profere em Ouro Preto, em 21 de abril, o discurso oficial da Semana da Inconfidência. Profere em 8 de maio, na antiga Reitoria da UFRJ, conferência sobre Alfonso X, o sábio, ponte de culturas. Recebe da União Cultural Brasil-Estados Unidos, em 7 de junho, a medalha de merecimento por serviços relevantes prestados à aproximação entre o Brasil e os Estados Unidos. Convidado pelo Conselho da Comunidade Portuguesa do Estado de São Paulo, lê no Clube Atlético Paulistano, em 8 de junho (Dia de Portugal), a conferência Camões: vocação de antropólogo moderno?, publicada no mesmo ano pelo conselho. Em setembro, o Balé Studio Um realiza no Recife o espetáculo de dança *Casa-grande & senzala*, sob a direção de Eduardo Gomes e com música de Egberto Gismonti. Recebe a Medalha Picasso da Unesco, desenhada por Juan Miró em comemoração do centenário do pintor espanhol. Em setembro, é homenageado por Richard Civita no Hotel 4 Rodas de Olinda, com banquete presidido pelo governador Roberto Magalhães e entrega de passaportes para o casal se hospedar em qualquer hotel da rede. Participa, na Arquidiocese do Rio de Janeiro, em outubro, do Congresso Internacional de Antropologia e Práxis, debatedor do tema *Cultura e redenção*, desenvolvido por D. Paul Poupard. É homenageado no Teatro Santa Isabel do Recife, em 31 de novembro, pelo cinquentenário do 1º Congresso Afro-Brasileiro, ali realizado em 1934. Lê no Museu de Arte Sacra de Pernambuco (Olinda) a conferência Cultura e museus, publicada no ano seguinte pela Fundação do Patrimônio Histórico e Artístico de Pernambuco (Fundarpe).

1985 Recebe da Fundarpe a Homenagem à Cultura Viva de Pernambuco, em 18 de março. Viaja em maio aos Estados Unidos, para receber, na Baylor University, o prêmio consagrador de notáveis triunfos (Distinguished Achievement Award). Profere em 21 de maio, na Harvard University, conferência sobre My first contacts with american intellectual life, promovida pelo Departamento de Línguas e Literaturas Românicas e pela Comissão de Estudos Latino-Americanos e Ibéricos. Realiza exposição na Galeria Metropolitana Aloísio Magalhães do Recife: Desenhos a cor: figuras humanas e paisagens. Recebe, em agosto, o grau de doutor *honoris causa* em Direito e em Letras pela Universidade Clássica de Lisboa. É nomeado em setembro, pelo presidente da República, para compor a Comissão de Estudos Constitucionais. Recebe o título de Cidadão de Manaus, em 6 de setembro. Profere, em 29 de outubro, conferência na inauguração do Instituto Brasileiro de Altos Estudos (Ibrae) de São Paulo, subordinada ao título À beira do século XX. Em 20 de novembro, é apresentado, no Cine Bajado, de Olinda, o filme de Kátia Mesel *Oh de casa!*. Em dezembro viaja a São Paulo, sendo hospitalizado no Incor para cirurgia de um divertículo de Zenkel (hérnia de esôfago). A José Olympio Editora publica a 7ª edição de *Sobrados e mucambos* e a 5ª edição de *Nordeste*. Por iniciativa do Centro de Estudos Latino-Americanos da Universidade da Califórnia em Los Angeles, a editora da universidade publica em Berkeley reedições em brochuras do mesmo formato de *The masters and the slaves*, *The mansions and the shanties* e *Order and progress*, com introduções de David H. E. Mayburt-Lewis e Ludwig Lauerhass Jr., respectivamente.

1986 Em janeiro, submete-se a uma cirurgia do esôfago para retirada de um divertículo de Zenkel, no Incor. Regressa ao Recife em 16 de janeiro, dizendo: "Agora estou em casa, meu Apipucos". Em 22 de fevereiro, retorna a São Paulo para uma cirurgia de próstata no Incor, realizada em 24 de fevereiro. Recebe em 24 de abril, em sua residência de Apipucos, do embaixador Bernard Dorin, a comenda de Grande Oficial da Legião de Honra, no grau de Cavaleiro. Em maio, é agraciado com o Prêmio Cavalo-Marinho, da Empitur. Em agosto, recebe o título de Cidadão de Aracaju. Em 24 de outubro, reencontra-se no Recife com a dançarina Katherine Dunhm. Em 28 de outubro é eleito para ocupar a cadeira 23 da Academia Pernambucana de Letras, vaga com a morte de Gilberto Osório de Andrade. Toma posse em 11 de dezembro na Academia Pernambucana de Letras. Recebe, em 16 de dezembro, o título de Pesquisador Emérito do Instituto de Pesquisas Sociais da Fundação Joaquim Nabuco. Publica-se em Budapeste a edição húngara de *Casa-grande & senzala*, intitulada *Udvarház és szolgaszállás*. A professora Élide Rugai Bastos defende na Pontifícia Universidade Católica de São Paulo (PUC) a tese de doutoramento *Gilberto Freyre e a formação da sociedade brasileira*, orientada pelo professor Octavio Ianni. A Áries Editora publica em São Paulo o livro de Pietro Maria Bardi *Ex-votos de Mário Cravo*, e a Editora Creficullo lança o livro do mesmo autor *40 anos de Masp*, ambos prefaciados por Gilberto Freyre.

1987 Instituição, em 11 de março, da Fundação Gilberto Freyre. Em 30 de março, recebe em Apipucos a visita do presidente Mário Soares. Em 7 de abril, submete-se a uma cirurgia para implantação de marca-passo no Incor do Hospital Português. Em 18 de abril, Sábado Santo, recebe de Dom Basílio Penido, OSB, os sacramentos da Reconciliação, da Eucaristia e da Unção dos Enfermos. Morre no Hospital Português, às 4 horas de 18 de julho, aniversário de Magdalena. Sepultamento no Cemitério de Santo Amaro, às 18 horas, com discurso do ministro Marcos Freire. Em 20 de julho, o senador Afonso Arinos ocupa a tribuna da Assembleia Nacional Constituinte para homenagear sua memória. Em 19 de julho, o jornal *ABC de Madri* publica um artigo de Julián Marías: Adiós a um brasileño universal. Em 24 de julho, missas concelebradas, no Recife, por Dom José Cardoso Sobrinho e Dom Heber Vieira da Costa, OSB, e em Brasília, por Dom Hildebrando de Melo e pelos vigários da catedral e do Palácio da Alvorada com coral da Universidade de Brasília. Missa celebrada no seminário, com canto gregoriano a cargo das Beneditinas de Santa Gertrudes, de Olinda. A Editora Record publica *Modos de homem e modas de mulher* e a 2ª edição de *Vida, forma e cor*; *Assombrações do Recife Velho* e *Perfil de Euclides e outros perfis*; a José Olympio Editora, a 25ª edição brasileira de *Casa-grande & senzala*. O Círculo do Livro lança nova edição de *Dona Sinhá e o filho padre*, e a Editora Massangana publica *Pernambucanidade consagrada* (discursos de Gilberto Freyre e Waldemar Lopes na Academia Pernambucana de Letras). Ciclo de conferências promovido pela Fundação Joaquim Nabuco em memória de Gilberto Freyre, tendo como conferencistas Julián Marías, Adriano Moreira, Maria do Carmo Tavares de Miranda e José Antônio Gonsalves de Mello (convidado, deixou de vir, por motivo de doença, o antropólogo Jean Duvignaud). Ciclo de conferências promovido em Maceió pelo governo do estado de Alagoas, a cargo de Maria do Carmo Tavares de Miranda, Odilon Ribeiro Coutinho e José Antônio Gonsalves de Mello. Homenagem do Conselho Latino-Americano de Ciências Sociais, na abertura de sua XIV Assembleia Geral, realizada no Recife, de 16 a 21 de novembro. A editora mexicana Fondo de Cultura Económica publica a 2ª edição, como livro de bolso, de *Interpretación del Brasil*. A revista *Ciência e Cultura* publica em seu número de setembro o necrológio de Gilberto Freyre, solicitado por Maria Isaura Pereira de Queiroz a Edson Nery da Fonseca.

1988 Em convênio com a Fundação Gilberto Freyre e sob os auspícios do Grupo Gerdau, a Editora Record publica no Rio de Janeiro a obra póstuma *Ferro e civilização no Brasil*.

1989 Em sua 26ª edição, *Casa-grande & senzala* passa a ser publicada pela Editora Record, até a 46ª edição, em 2002.

1990 A Fundação das Artes e a Empresa Gráfica da Bahia publicam em Salvador *Bahia e baianos*, obra póstuma organizada e prefaciada por Edson Nery da Fonseca. A editora Klett-Cotta lança em Stuttgart a 2ª edição alemã de *Sobrados e mucambos* (*Das land in der Stadt*). Realiza-se na Fundação Joaquim Nabuco o seminário O cotidiano em Gilberto Freyre, organizado por Fátima Quintas (anais publicados no mesmo ano pela Editora Massangana).

1994 A Câmara dos Deputados publica, como volume 39 de sua Coleção Perfis Parlamentares, *Discursos parlamentares*, de Gilberto Freyre, texto organizado, anotado e prefaciado por Vamireh Chacon. A Editora Agir publica no Rio de Janeiro a antologia *Gilberto Freyre*, organizada por Edilberto Coutinho como volume 117 da Coleção Nossos Clássicos, dirigida por Pedro Lyra. A Editora 34 publica no Rio de Janeiro a tese de doutoramento de Ricardo Benzaquen de Araújo *Guerra e paz:* Casa-grande & senzala *e a obra de Gilberto Freyre nos anos 30*.

1995 Realiza-se na Fundação Joaquim Nabuco a semana de estudos comemorativos dos 95 anos de Gilberto Freyre, com conferências reunidas e apresentadas por Fátima Quintas na obra coletiva *A obra em tempos vários* (Editora Massangana), publicada em 1999. A Fundação de Cultura da Cidade do Recife e a Imprensa Universitária da Universidade Federal de Pernambuco publicam no Recife *Novas conferências em busca de leitores*, obra póstuma organizada e prefaciada por Edson Nery da Fonseca. A Editora Massangana publica o livro de Sebastião Vila Nova *Sociologias e pós-sociologia em Gilberto Freyre*.

1996 Realiza-se na Fundação Joaquim Nabuco o simpósio Que somos nós?, organizado por Maria do Carmo Tavares de Miranda em comemoração aos sessenta anos de *Sobrados e mucambos* (anais publicados pela Editora Massangana em 2000).

1997 Comemorando seu septuagésimo quinto aniversário, a revista norte-americana *Foreign Affairs* publica o resultado de um inquérito destinado à escolha de 62 obras "que fizeram a cabeça do mundo a partir de 1922". *Casa-grande & senzala* é apontada como uma delas pelo professor Kenneth Maxwell. A Companhia das Letras publica em São Paulo a 4ª edição de *Açúcar*, livro reimpresso em 2002 por iniciativa da Usina Petribu.

1999 Por iniciativa da Fundação Oriente, da Universidade da Beira Interior e da Sociedade de Geografia de Lisboa, iniciam-se em Portugal as comemorações do centenário de nascimento de Gilberto Freyre, com o colóquio realizado na Sociedade de Geografia de Lisboa, de 11 e 12 de fevereiro, Lusotropicalismo revisitado, sob a direção dos professores Adriano Moreira e José Carlos Venâncio. A Fundação Oriente institui um prêmio anual de 1 milhão de escudos para "galardoar trabalhos de investigação na área da perspectiva gilbertiana sobre o Oriente". As comemorações pernambucanas são iniciadas em 14 de março, com missa solene concelebrada na Basílica do Mosteiro de São Bento de Olinda, com canto gregoriano pelas Beneditinas Missionárias da Academia Santa Gertrudes. Pelo Decreto nº 21.403, de 7 de maio, o governador de Pernambuco declara, no âmbito estadual, Ano Gilberto Freyre 2000. Pelo Decreto de 13 de julho, o presidente da República institui o ano 2000 como Ano Gilberto Freyre. A UniverCidade do Rio de Janeiro institui, por sugestão da editora Topbooks, o prêmio de 20 mil dólares para o melhor ensaio sobre Gilberto Freyre.

2000 Por iniciativa da TV Cultura de São Paulo, são elaborados os filmes *Gilbertianas I* e *II*, dirigidos pelo cineasta Ricardo Miranda com a colaboração do antropólogo Raul Lody. Em 13 de março, ocorre o lançamento nacional da produção, numa promoção do Shopping Center Recife/UCI Cinemas/Weston Táxi Aéreo. Em 21 de março são lançados na sala Calouste Gulbenkian da Fundação Joaquim Nabuco, no Núcleo de Estudos Freyrianos, no governo do estado de Pernambuco, na Sudene e no Ministério da Cultura. Por iniciativa do canal GNT, VideoFilmes e Regina

Filmes, o cineasta Nelson Pereira dos Santos dirige quatro documentários intitulados genericamente de *Casa-grande & senzala*, tendo Edson Nery da Fonseca como corroteirista e narrador. Filmados no Brasil, em Portugal e na Universidade de Colúmbia em Nova York, o primeiro, *O Cabral moderno*, exibido pelo canal GNT a partir de 21 de abril. Os demais, *A cunhã: mãe da família brasileira, O português: colonizador dos trópicos* e *O escravo na vida sexual e de família do brasileiro*, são exibidos pelo mesmo canal, a partir de 2001. As editoras Letras e Expressões e Abregraph publicam a 2ª edição de *Casa-grande & senzala em quadrinhos*, com ilustrações de Ivan Wasth Rodrigues colorizadas por Noguchi. A editora Topbooks lança a 2ª edição brasileira de *Novo mundo nos trópicos*, prefaciada por Wilson Martins. A revista *Novos Estudos Cebrap*, n. 56, publica o dossiê Leituras de Gilberto Freyre, com apresentação de Ricardo Benzaquen de Araújo, incluindo as introduções de Fernand Braudel à edição italiana de *Casa-grande & senzala*, de Lucien Fèbvre à edição francesa, de Antonio Sérgio a *O mundo que o português criou* e de Frank Tannenbaum à edição norte-americana de *Sobrados e mucambos*. Em 15 de março, realiza-se na Maison de Sciences de l'Homme et de la Science o colóquio Gilberto Freyre e a França, organizado pela professora Ria Lemaire, da Universidade de Poitiers. Nesse mesmo dia, o arcebispo de Olinda e Recife, José Cardoso, celebra missa solene na Igreja de São Pedro dos Clérigos, com cantos do coral da Academia Pernambucana de Música. Na tarde de 15 de março, é apresentada, na sala Calouste Gulbenkian, em projeção de VHF, a Biblioteca Virtual Gilberto Freyre, disponível imediatamente na internet. De 21 a 24 de março realiza-se na Fundação Gilberto Freyre o Seminário Internacional Novo Mundo nos Trópicos (anais publicados com título homônimo). De 28 a 31 de março é apresentado no Centro Cultural Banco do Brasil do Rio de Janeiro o ciclo de palestras A propósito de Gilberto Freyre (não reunidas em livro). De 14 a 16 de agosto realiza-se o seminário Gilberto Freyre: patrimônio brasileiro, promovido conjuntamente pela Fundação Roberto Marinho, pela UniverCidade do Rio de Janeiro, pelo Colégio do Brasil, pela Academia Brasileira de Letras, pela *Folha de S.Paulo* e pelo Instituto de Estudos Avançados da USP. Iniciado no auditório da Academia Brasileira de Letras e num dos *campi* da UniverCidade, é concluído no auditório da *Folha de S.Paulo* e na cidade universitária da USP. Em 18 de outubro, realiza-se no anfiteatro da História da USP o seminário multidisciplinar Relendo Gilberto Freyre, organizado pelo Centro Angel Rama da Faculdade de Filosofia, Letras e Ciências Humanas na mesma universidade. Em 20 de outubro realiza-se na embaixada do Brasil em Paris o seminário Gilberto Freyre e as ciências sociais no Brasil, promovido pelo Ministério das Relações Exteriores e Fundação Gilberto Freyre. Em 30 de outubro realiza-se em Buenos Aires o seminário À la busquêda de la identidad: el ensayo de interpretación nacional en Brasil y Argentina. De 6 a 9 de novembro é realizada no Sun Valley Park Hotel, em Marília (SP), a Jornada de Estudos Gilberto Freyre, organizada pela Faculdade de Filosofia e Ciências da Unesp. Em 21 de novembro, na Universidade de Essex, ocorre o seminário *The english in Brazil:* a study in cultural encounters, dirigido pela professora Maria Lúcia Pallares-Burke. Em 27 de novembro, realiza-se na Universidade de Cambridge o seminário

Gilberto Freyre & história social do Brasil, dirigido pelos professores Peter Burke e Maria Lúcia Pallares-Burke. De 27 a 30 de novembro, acontece no Centro de Ciências Humanas, Letras e Artes da Universidade Federal da Paraíba o simpósio Gilberto Freyre: interpenetração do Brasil, organizado pela professora Elisalva Madruga Dantas e pelo poeta e multiartista Jomard Muniz de Brito (anais com título homônimo publicados pela editora Universitária em 2002). De 28 a 30 de novembro, ocorre na sala Calouste Gulbenkian da Fundação Joaquim Nabuco o seminário internacional Além do apenas moderno. De 5 a 7 de dezembro é apresentado no auditório João Alfredo da Universidade Federal de Pernambuco o seminário Outros Gilbertos, organizado pelo Laboratório de Estudos Avançados de Cultura Contemporânea do Departamento de Antropologia da mesma universidade. Publica-se em São Paulo, pelo Grupo Editorial Cone Sul, o ensaio de Gustavo Henrique Tuna *Gilberto Freyre: entre tradição & ruptura*, premiado na categoria "ensaio" do 3º Festival Universitário de Literatura, organizado pela Xerox do Brasil e pela revista *Livro Aberto*. Por iniciativa do deputado Aldo Rebelo a Câmara dos Deputados reúne no opúsculo Gilberto Freyre e a formação do Brasil, prefaciado por Luís Fernandes, ensaios do próprio deputado, de Otto Maria Carpeaux e de Regina Maria A. F. Gadelha. A Editora Comunigraf publica no Recife o livro de Mário Hélio *O Brasil de Gilberto Freyre: uma introdução à leitura de sua obra*, com ilustrações de José Cláudio e prefácio de Edson Nery da Fonseca. A Editora Casa Amarela publica em São Paulo a 2ª edição do ensaio de Gilberto Felisberto Vasconcellos *O xará de Apipucos*. A Embaixada do Brasil em Bogotá publica o opúsculo Imagenes, com texto e ilustrações selecionadas por Nora Ronderos.

2001   A Companhia das Letras publica em São Paulo a 2ª edição de *Interpretação do Brasil*, organizada e prefaciada por Omar Ribeiro Thomaz (nº 19 da Coleção Retratos do Brasil). A editora Topbooks publica no Rio de Janeiro a obra coletiva *O imperador das ideias: Gilberto Freyre em questão*, organizada pelos professores Joaquim Falcão e Rosa Maria Barboza de Araújo, reunindo conferências do seminário realizado no Rio de Janeiro e em São Paulo de 14 a 17 de agosto de 2000. A editora Topbooks e a UniverCidade publicam no Rio de Janeiro a 2ª edição de *Além do apenas moderno*, prefaciada por José Guilherme Merquior e as 3ªs edições de *Aventura e rotina*, prefaciada por Alberto da Costa e Silva, e de *Ingleses no Brasil*, prefaciada por Evaldo Cabral de Mello. A Editora da Universidade do Estado de Pernambuco publica, como nº 18 de sua Coleção Nordestina, o livro póstumo *Antecipações*, organizado e prefaciado por Edson Nery da Fonseca. A Editora Garamond publica no Rio de Janeiro o livro de Helena Bocayuva *Erotismo à brasileira: o excesso sexual na obra de Gilberto Freyre*, prefaciado pelo professor Luiz Antonio de Castro Santos. O *Diário Oficial da União* de 28 de dezembro de 2001 publica, à página 6, a Lei nº 10.361, de 27 de dezembro de 2001, que confere o nome de Aeroporto Internacional Gilberto Freyre ao Aeroporto Internacional dos Guararapes do Recife. O Projeto de Lei é de autoria do deputado José Chaves (PMDB-PE).

2002   Publica-se no Rio de Janeiro, em coedição da Fundação Biblioteca Nacional e Zé Mário Editor, o livro de Edson Nery da Fonseca *Gilberto Freyre de A a Z*. É lançada em Paris, sob os auspícios da ONG da Unesco Allca XX e como volume 55 da Coleção Archives, a edição crítica de *Casa-grande & senzala*, organizada por Guillermo Giucci, Enrique Rodríguez Larreta e Edson Nery da Fonseca.

2003 O governo instalado no Brasil em 1º de janeiro extingue, sem nenhuma explicação, o Seminário de Tropicologia criado em 1966 pela Universidade Federal de Pernambuco, por sugestão de Gilberto Freyre, e incorporado em 1980 à estrutura da Fundação Joaquim Nabuco. Gustavo Henrique Tuna defende, no Departamento de História do Instituto de Filosofia e Ciências Humanas da Unicamp, a dissertação de mestrado *Viagens e viajantes em Gilberto Freyre*. A Editora da Universidade de Brasília publica, em coedição com a Imprensa Oficial do Estado de São Paulo, as seguintes obras póstumas, organizadas por Edson Nery da Fonseca: *Palavras repatriadas* (prefácio e notas do organizador); *Americanidade e latinidade da América Latina e outros textos afins*, *Três histórias mais ou menos inventadas* (com prefácio e posfácio de César Leal) e *China tropical*. A Global Editora publica a 47ª edição de *Casa-grande & senzala* (com apresentação de Fernando Henrique Cardoso). No mesmo ano, lança a 48ª edição da obra-mestra de Freyre. A mesma editora publica a 14ª edição de *Sobrados e mucambos* (com apresentação de Roberto DaMatta). Publica-se pela Edusc, Editora Unesp e Fapesp o livro *Gilberto Freyre em quatro tempos* (organização de Ethel Volfzon Kosminsky, Claude Lépine e Fernanda Arêas Peixoto), reunindo comunicações apresentadas na Jornada de Estudos Gilberto Freyre, realizada em Marília (SP), em 2000. É lançado pela Edusc, Editora Sumaré e Anpocs o livro de Élide Rugai Bastos *Gilberto Freyre e o pensamento hispânico: entre Dom Quixote e Alonso El Bueno*.

2004 A Global Editora publica a 6ª edição de *Ordem e progresso* (apresentação de Nicolau Sevcenko), a 7ª edição de *Nordeste* (com apresentação de Manoel Correia de Oliveira Andrade), a 15ª edição de *Sobrados e mucambos* e a 49ª edição de *Casa-grande & senzala*. Em conjunto com a Fundação Gilberto Freyre, a editora lança o Concurso Nacional de Ensaios Prêmio Gilberto Freyre 2004/2005, destinado a premiar e a publicar ensaio que aborde "qualquer dos aspectos relevantes da obra do escritor Gilberto Freyre".

2005 Em 15 de março é premiado o trabalho de Élide Rugai Bastos intitulado *As criaturas de Prometeu: Gilberto Freyre e a formação da sociedade brasileira*, vencedor do Concurso Nacional de Ensaios Prêmio Gilberto Freyre 2004/2005, promovido pela Fundação Gilberto Freyre e pela Global Editora. Esta publica a 50ª edição (edição comemorativa) de *Casa-grande & senzala*, em capa dura. Em agosto, o grupo de teatro Os Fofos Encenam, sob a direção de Newton Moreno, estreia a peça *Assombrações do Recife Velho*, adaptação da obra homônima de Gilberto Freyre, no Casarão do Belvedere, situado no bairro Bela Vista, em São Paulo. Em 18 de outubro, na Livraria Cultura do Shopping Villa-Lobos, em São Paulo, é lançado *Gilberto Freyre: um vitoriano dos trópicos*, de Maria Lúcia Pallares-Burke, pela Editora Unesp, em mesa-redonda com a participação dos professores Antonio Dimas, José de Souza Martins, Élide Rugai Bastos e a autora do livro. A Global Editora publica a 3ª edição de *Casa-grande & senzala em quadrinhos*, com ilustrações de Ivan Wasth Rodrigues colorizadas por Noguchi.

2006 Realiza-se em 15 de março na 19ª Bienal Internacional do Livro de São Paulo, sediada no Pavilhão de Exposições do Anhembi, no salão A-Mezanino, a mesa de debate sobre os setenta anos de *Sobrados e mucambos*, de Gilberto Freyre, com a presença dos professores Roberto DaMatta, Élide Rugai Bastos, Enrique Rodríguez Larreta e mediação de Gustavo Henrique Tuna. No evento, é lançado o 2º Concurso Nacional de Ensaios Prêmio Gilberto Freyre 2006/2007, organizado pela Global Editora e pela Fundação Gilberto Freyre, que aborda qualquer aspecto referente à obra *Sobrados e mucambos*. A Global Editora publica a 2ª edição, revista, de *Tempo morto e outros tempos*, prefaciada por Maria Lúcia Garcia Pallares-Burke. Realiza-se no auditório do Instituto de Filosofia e Ciências Humanas da Unicamp, nos dias 25 e 26 de abril, o Simpósio Gilberto Freyre: produção, circulação e efeitos sociais de suas ideias, com a presença de inúmeros estudiosos do Brasil e do exterior da obra do sociólogo pernambucano.

A Global Editora publica *As criaturas de Prometeu: Gilberto Freyre e a formação da sociedade brasileira*, de Élide Rugai Bastos, trabalho vencedor da 1ª edição do Concurso Nacional de Ensaios Prêmio Gilberto Freyre 2004/2005, promovido pela editora e pela Fundação Gilberto Freyre.

2007 Publicam-se em São Paulo, pela Global Editora: a 5ª edição do livro *Açúcar*, apresentada por Maria Lecticia Monteiro Cavalcanti; a 5ª edição revista, atualizada e aumentada por Antonio Paulo Rezende do livro *Guia prático, histórico e sentimental da cidade do Recife*; a 6ª edição revista e atualizada por Edson Nery da Fonseca do livro *Olinda: 2º guia prático, histórico e sentimental de cidade brasileira*. Publica-se no Rio de Janeiro, pela Civilização Brasileira, o primeiro volume da obra *Gilberto Freyre, uma biografia cultural*, dos pesquisadores uruguaios Enrique Rodríguez Larreta e Guillermo Giucci, em tradução de Josely Vianna Baptista. Publica-se no Recife, pela Editora Massangana, o livro de Edson Nery da Fonseca *Em torno de Gilberto Freyre*.

2008 O Museu da Língua Portuguesa de São Paulo encerra em 4 de maio a exposição, iniciada em 27 de novembro de 2007, *Gilberto Freyre intérprete do Brasil*, sob a curadoria de Élide Rugai Bastos, Júlia Peregrino e Pedro Karp Vasquez. Publicam-se em São Paulo, pela Global Editora: a 4ª edição revista do livro *Vida social no Brasil nos meados do século XIX*, com apresentação e índices de Gustavo Henrique Tuna; e a 6ª edição do livro *Assombrações do Recife Velho*, com apresentação de Newton Moreno, autor da adaptação teatral representada com sucesso em São Paulo. O editor Peter Lang de Oxford publica o livro de Peter Burke e Maria Lúcia Pallares-Burke *Gilberto Freyre: social theory in the tropics*, versão de *Gilberto Freyre, um vitoriano nos trópicos*, publicado em 2005 pela Editora Unesp, que em 2006 recebeu os Prêmios Senador José Ermírio de Moraes da ABL (Academia Brasileira de letras) e Jabuti, na categoria Ciências Humanas.

A Global Editora publica *Ensaio sobre o jardim*, de Solange de Aragão, trabalho vencedor da 2ª edição do Concurso Nacional de Ensaios Prêmio Gilberto Freyre 2006/2007, promovido pela editora e pela Fundação Gilberto Freyre.

2009 A Global Editora publica a 2ª edição de *Modos de homem & modas de mulher* com texto de apresentação de Mary Del Priore. A É Realizações Editora publica em São Paulo a 6ª edição do livro *Sociologia: introdução ao estudo dos seus princípios*, com prefácio de Simone Meucci e posfácio de Vamireh Chacon, e a 4ª edição de *Sociologia da medicina*, com prefácio de José Miguel Rasia. O Diário de Pernambuco edita a obra *Crônicas do cotidiano: a vida cultural de Pernambuco nos artigos de Gilberto Freyre*, antologia organizada por Carolina Leão e Lydia Barros. A Editora Unesp publica, em tradução de Fernanda Veríssimo, o livro de Peter Burke e Maria Lúcia Pallares-Burke *Repensando os trópicos: um retrato intelectual de Gilberto Freyre*, com prefácio à edição brasileira.

2010 Publica-se pela Global Editora o livro *Nordeste semita: ensaio sobre um certo Nordeste que em Gilberto Freyre também é semita*, de autoria de Caesar Sobreira, trabalho vencedor da 3ª edição do Concurso Nacional de Ensaios Prêmio Gilberto Freyre 2008/2009, promovido pela editora e pela Fundação Gilberto Freyre. A Global Editora publica a 4ª edição de *O escravo nos anúncios de jornais brasileiros do século XIX*, com apresentação de Alberto da Costa e Silva. A É Realizações publica a 4ª edição de *Aventura e rotina*, a 2ª edição de *Homens, engenharias e rumos sociais*, as 2ᵃˢ edições de *O luso e o trópico*, *O mundo que o português criou*, *Uma cultura ameaçada e outros ensaios* (versão ampliada de *Uma cultura ameaçada: a luso-brasileira*), *Um brasileiro em terras portuguesas* (a 1ª edição publicada no Brasil) e a 3ª edição de *Vida, forma e cor*. A Editora Girafa publica *Em torno de Joaquim Nabuco*, reunião de textos que Gilberto Freyre escreveu sobre o abolicionista organizada por Edson Nery da Fonseca com colaboração de Jamille Cabral Pereira Barbosa. Gilberto Freyre é o autor homenageado da 10ª edição da Feira Nacional do Livro de Ribeirão Preto, realizada entre os dias 14 e 18 de junho. É também o autor homenageado da 8ª edição da Festa Literária Internacional de Paraty (Flip), ocorrida na cidade carioca entre os dias 4 e 8 de agosto. Para a homenagem, foram organizadas mesas com convidados nacionais e do exterior. A conferência de abertura, em 4 de agosto, é lida pelo ex-presidente Fernando Henrique Cardoso e debatida pelo historiador Luiz Felipe de Alencastro; no dia 5 realiza-se a mesa Ao correr da pena, com Moacyr Scliar, Ricardo Benzaquen e Edson Nery da Fonseca, com mediação de Ángel Gurría-Quintana; no dia 6 ocorre a mesa Além da casa-grande, com Alberto da Costa e Silva, Maria Lúcia Pallares-Burke e Ângela Alonso, com mediação de Lilia Schwarcz; no dia 8 realiza-se a mesa Gilberto Freyre e o século XXI, com José de Souza Martins, Peter Burke e Hermano Vianna, com mediação de Benjamim Moser. É lançado na Flip o tão esperado inédito de Gilberto Freyre *De menino a homem*, espécie de livro de memórias do pernambucano, pela Global Editora. A edição, feita com capa dura, traz um rico caderno iconográfico, conta com texto de apresentação de Fátima Quintas e notas de Gustavo Henrique Tuna. O lançamento do tão aguardado relato autobiográfico até então inédito de Gilberto Freyre realiza-se na noite de 5 de agosto, na Casa da Cultura de Paraty, ocasião em que o ator Dan Stulbach lê trechos da obra para o público presente. O Instituto Moreira Salles publica uma edição especial para a Flip de sua revista *Serrote*, com poemas de Gilberto Freyre comentados por Eucanaã Ferraz. A Funarte publica o volume 5 da Coleção Pensamento Crítico, intitulado *Gilberto Freyre, uma coletânea de escritos do sociólogo pernambucano sobre arte*, organizado por Clarissa Diniz e Gleyce Heitor.

2011 Realiza-se entre os dias 31 de março e 1º de abril na Universidade Lusófona, em Lisboa, o colóquio Identidades, hibridismos e tropicalismos: leituras pós-coloniais de Gilberto Freyre, com a participação de importantes intelectuais portugueses como Diogo Ramada Curto, Pedro Cardim, António Manuel Hespanha, Cláudia Castelo, entre outros. A Global Editora publica *Perfil de Euclides e outros perfis*, com texto de apresentação de Walnice Nogueira Galvão. O livro *De menino a homem* é escolhido vencedor na categoria Biografia da 53ª edição do Prêmio Jabuti. A cerimônia de entrega do prêmio ocorre em 30 de novembro na Sala São Paulo, na capital paulista. A 7ª edição da Festa Literária Internacional de Pernambuco (Fliporto), realizada entre os dias 11 e 15 de novembro na Praça do Carmo, em Olinda, tem Gilberto Freyre como autor homenageado, com mesas dedicadas a discutir a obra do sociólogo. Participam das mesas no Congresso Literário da Fliporto intelectuais como Edson Nery da Fonseca, Fátima Quintas, Raul Lody, João Cezar de Castro Rocha, Vamireh Chacon, José Carlos Venâncio, Valéria Torres da Costa e Silva, Maria Lecticia Cavalcanti, entre outros. Dentro da programação da Feira, a Global Editora lança os livros *China tropical*, com texto de apresentação de Vamireh Chacon, e *O outro Brasil que vem aí*, publicação voltada para o público infantil que traz o poema de Gilberto Freyre ilustrado por Dave Santana. No mesmo evento, é lançado pela Editora Cassará o livro *O grande sedutor: escritos sobre Gilberto Freyre de 1945 até hoje*, reunião de vários textos de Edson Nery da Fonseca a respeito da obra do sociólogo. Publica-se pela Editora Unesp o livro *Um estilo de história A viagem, a memória e o ensaio: sobre Casa-grande & senzala e a representação do passado*, de autoria de Fernando Nicolazzi, originado da tese vencedora do Prêmio Manoel Luiz Salgado Guimarães de teses de doutorado na área de História promovido no ano anterior pela Anpuh.

2012 A edição de março da revista do Sesc de São Paulo publica um perfil de Gilberto Freyre. A Global Editora publica a 2ª edição de *Talvez poesia*, com texto de apresentação de Lêdo Ivo e dois poemas inéditos: "Francisquinha" e "Atelier". Pela mesma editora, publica-se a 2ª edição do livro *As melhores frases de Casa-grande & senzala: a obra-prima de Gilberto Freyre*, organizado por Fátima Quintas. Publica-se pela Topbooks o livro *Caminhos do açúcar*, de Raul Lody, que reúne temas abordados pelos trabalhos do sociólogo pernambucano. A Editora Unesp publica o livro *O triunfo do fracasso: Rüdiger Bilden, o amigo esquecido de Gilberto Freyre*, de Maria Lúcia Pallares-Burke, com texto de orelha de José de Souza Martins. A Fundação Gilberto Freyre promove em sua sede, em 10 de dezembro, o debate "A alimentação na obra de Gilberto Freyre", com presença de Maria Lecticia Monteiro Cavalcanti, pesquisadora em assuntos gastronômicos.

2013 Publica-se pela Fundação Gilberto Freyre o livro *Gilberto Freyre e as aventuras do paladar*, de autoria de Maria Lecticia Monteiro Cavalcanti. Vanessa Carnielo Ramos defende, no Departamento de História do Instituto de Ciências Humanas e Sociais da Universidade Federal de

Ouro Preto, a dissertação de mestrado *À margem do texto: estudo dos prefácios e notas de rodapé de Casa-grande & senzala*. A Global Editora e a Fundação Gilberto Freyre abrem as inscrições para o 5º Concurso Nacional de Ensaios Prêmio Gilberto Freyre 2013/2014, que tem como tema Família, mulher e criança. Em 4 de outubro, inaugura-se no Centro Cultural dos Correios, no Recife, a exposição Recife: Freyre em frames, com fotografias de Max Levay Reis e cocuradoria de Raul Lody, baseada em textos do livro *Guia prático, histórico e sentimental da cidade do Recife*, de Gilberto Freyre. Publica-se pela Global Editora uma edição comemorativa de *Casa-grande & senzala*, por ocasião dos oitenta anos de publicação do livro, completados no mês de dezembro. Feita em capa dura, a edição traz nova capa com foto do Engenho Poço Comprido, localizado no município pernambucano de Vicência, de autoria de Fabio Knoll, e novo caderno iconográfico, contendo imagens relativas à história da obra-mestra de Gilberto Freyre e fortuna crítica. Da tiragem da referida edição, foram separados e numerados 2013 exemplares pela editora.

2014 Nos dias 4 e 5 de fevereiro, no auditório Manuel Correia de Andrade do Centro de Filosofia e Ciências Humanas da Universidade Federal de Pernambuco, realiza-se o evento Gilberto Freyre: vida e obra em comemoração aos 15 anos da criação da Cátedra Gilberto Freyre, contemplando palestras, mesas-redondas e distribuição de brindes. No dia 23 de maio, em evento da Festa Literária Internacional das UPPs (FLUPP) realizado no Centro Cultural da Juventude, sediado na capital paulista, o historiador Marcos Alvito profere aula sobre Gilberto Freyre. Entre os dias 12 e 15 de agosto, no auditório do Instituto Ricardo Brennand, no Recife, Maria Lúcia Pallares-Burke ministra o VIII Curso de Extensão Para ler Gilberto Freyre. Realiza-se em 11 de novembro no Empório Eça de Queiroz, na Madalena, o lançamento do livro *Caipirinha: espírito, sabor e cor do Brasil*, de Jairo Martins da Silva. A publicação bilíngue (português e inglês), além de ser prefaciada por Gilberto Freyre Neto, traz capítulo dedicado ao sociólogo pernambucano intitulado "Batidas: a drincologia do mestre Gilberto Freyre".

2015 Publica-se pela Global Editora a 3ª edição de *Interpretação do Brasil*, com introdução e notas de Omar Ribeiro Thomaz e apresentação de Eduardo Portella. Publica-se pela editora Appris, de Curitiba, o livro *Artesania da Sociologia no Brasil: contribuições e interpretações de Gilberto Freyre*, de autoria de Simone Meucci. Pela Edusp, publica-se a obra coletiva *Gilberto Freyre: novas leituras do outro lado do Atlântico*, organizada por Marcos Cardão e Cláudia Castelo. Marcando os 90 anos da publicação do *Livro do Nordeste*, realiza-se em 2 de setembro na I Feira Nordestina do Livro, no Centro de Convenções de Pernambuco, em Olinda, um debate com a presença de Mário Hélio e Zuleide Duarte. Sob o selo Luminária Academia, da Editora Multifoco, publica-se *O jornalista Gilberto Freyre: a fusão entre literatura e imprensa*, de Suellen Napoleão.

2016 A Global Editora e a Fundação Gilberto Freyre abrem as inscrições para o 6º Concurso Nacional de Ensaios Prêmio Gilberto Freyre 2016/2017. Realiza-se entre 22 de março e 8 de maio no Recife, na Caixa Cultural, a exposição inédita "Vida, forma e cor", abordando a produção visual de

Gilberto Freyre e explorando sua relação com importantes artistas brasileiros do século XX. Na sequência, a mostra segue para São Paulo, ocupando, entre os dias 21 de maio e 10 de julho, um dos andares da Caixa Cultural, na Praça da Sé. Em 14 de abril, Luciana Cavalcanti Mendes defende a dissertação de mestrado *Diários fotográficos de bicicleta em Pernambuco: os irmãos Ulysses e Gilberto Freyre na documentação de cidades na década de 1920* dentro do Programa de Pós-Graduação "Culturas e Identidades Brasileiras" do Instituto de Estudos Brasileiros da USP, sob a orientação da Profa. Dra. Vanderli Custódio. Publica-se pela Global Editora a 2ª edição de *Tempo de aprendiz*, com apresentação do jornalista Geneton Moraes Neto. Em 25 de outubro, na Fundação Joaquim Nabuco, em sessão do Seminário de Tropicologia organizada pela Profa. Fátima Quintas, o Prof. Dr. Antonio Dimas (USP) profere palestra a respeito do *Manifesto Regionalista* por ocasião do aniversário de 90 anos de sua publicação.

2017 O ensaio *Gilberto Freyre e o Estado Novo: região, nação e modernidade*, de autoria de Gustavo Mesquita, é anunciado como o vencedor do 6º Concurso Nacional de Ensaios Prêmio Gilberto Freyre 2016/2017, promovido pela Fundação Gilberto Freyre e pela Global Editora. A entrega do prêmio é realizada em 15 de março na sede da fundação, em Apipucos, celebrando conjuntamente os 30 anos da instituição, criada para conservar e disseminar o legado do sociólogo. Publicam-se pela Global Editora o livro *Cartas provincianas: correspondência entre Gilberto Freyre e Manuel Bandeira*, com organização e notas de Silvana Moreli Vicente Dias, e *Algumas assombrações do Recife Velho*, adaptação para os quadrinhos de sete contos extraídos do livro *Assombrações do Recife Velho*: "O Boca-de-Ouro", "Um lobisomem doutor", "O Papa-Figo", "Um barão perseguido pelo diabo", "O visconde encantado", "Visita de amigo moribundo" e "O sobrado da rua de São José". A adaptação é de autoria de André Balaio e Roberto Beltrão; a pesquisa, realizada por Naymme Moraes e as ilustrações, concebidas por Téo Pinheiro.

2018 Em fevereiro, é publicado pela Global Editora o livro *Gilberto Freyre e o Estado Novo: região, nação e modernidade*, de Gustavo Mesquita. A Editora Gaia lança a 2ª edição da obra *Gilberto Freyre e as aventuras do paladar*, de Maria Lecticia Monteiro Cavalcanti. Em abril, é publicada pela Editora Massangana a obra coletiva *O pensamento museológico de Gilberto Freyre*, organizada por Mario Chagas e Gleyce Kelly Heitor.

2019 Realiza-se, em março, em cerimônia na Fundação Gilberto Freyre, a entrega do Prêmio Gilberto Freyre 2018/2019 a Claudio Marcio Coelho, autor do ensaio vencedor intitulado *Os sherlockismos de Gilberto Freyre: a antecipação metodológica freyriana nas décadas de 1920 e 1930*. Na mesma ocasião, é lançada a antologia *Gilberto Freyre crônicas para jovens*, prefaciada e selecionada por Gustavo Henrique Tuna, publicada pela Global Editora. Encerrando o ciclo de conferências daquele ano da Academia Brasileira de Letras, o acadêmico Joaquim Falcão profere, em 5 de dezembro, a palestra "Na varanda, com Gilberto Freyre" na sede da instituição, na cidade do Rio de Janeiro.

2020 A Cepe (Companhia Editora de Pernambuco) relança o livro *O Brasil de Gilberto Freyre: uma introdução à leitura de sua obra*, de autoria de Mario Helio. A nova edição traz ilustrações de Zé Cláudio e prefácio de Kathrin Rosenfeld. Realiza-se entre os dias 25 e 26 de fevereiro na Universidade de Salamanca, Espanha, o Congresso Internacional de Ciências Sociais e Humanas – A obra de Gilberto Freyre nas Ciências Sociais e Humanas na contemporaneidade, promovido pelo Centro de Estudos Brasileiros daquela universidade. A Global Editora e a Fundação Gilberto Freyre lançam o 1º Concurso Internacional de Ensaios Prêmio Gilberto Freyre 2020/2021, possibilitando, assim, que trabalhos de autoria de pesquisadores de outros países possam ser inscritos no já consagrado concurso literário dedicado à obra do sociólogo pernambucano.

2021 O historiador britânico Peter Burke publica pela Editora Unesp o livro *O polímata – Uma história cultural de Leonardo da Vinci a Susan Sontag*, no qual realiza uma instigante reflexão sobre Gilberto Freyre. Publica-se pela Global Editora o livro *Os sherlockismos de Gilberto Freyre: a antecipação metodológica freyriana nas décadas de 1920 e 1930*, de Claudio Marcio Coelho. É divulgado o resultado do 1º Concurso Internacional de Ensaios Prêmio Gilberto Freyre 2020/2021. O ensaio vencedor é de autoria de Cibele Barbosa, pesquisadora da Fundação Joaquim Nabuco, e intitula-se *Escrita histórica e geopolítica da raça: a recepção de Gilberto Freyre na França*. Em junho, na Universidade de Salamanca, Espanha, Pablo González-Velasco defende a tese de doutorado *Gilberto Freyre y España: la constante iberista en su vida y obra* no Programa de Ciências Sociais daquela universidade, na área de Antropologia.

2022 Sai pela Cepe o livro *A história íntima de Gilberto Freyre*, de autoria de Mario Helio Gomes. Em 18 de maio, a Casa-Museu Magdalena e Gilberto Freyre, situada em Apipucos, Recife, reabre para a visitação do público após ter ficado fechada durante dois anos em virtude de um amplo processo de restauro do imóvel e de conservação de seu acervo.

Nota: após o falecimento de Edson Nery da Fonseca, em 22 de junho de 2014, autor deste minucioso levantamento biobibliográfico, sua atualização está sendo realizada por Gustavo Henrique Tuna e tenciona seguir os mesmos critérios empregados pelo profundo estudioso da obra gilbertiana e amigo do autor.

Apêndice 2 – Edições de *Casa-grande & senzala*

Edições brasileiras

1933   *Casa-grande & senzala: formação da família brasileira sob o regime de economia patriarcal*. 1ª ed. Rio de Janeiro, Maia & Schmidt. Prefácio do autor. Desenho de Cícero Dias.

1936   2ª ed. Rio de Janeiro, Schmidt. Prefácios do autor. Desenho de Cícero Dias.

1938   3ª ed. Rio de Janeiro, Schmidt. Prefácios do autor.

1943   4ª ed. 2 vols. Rio de Janeiro, José Olympio. Prefácios do autor. Ilustrações de Thomaz Santa Rosa. Desenho de Cícero Dias.

1946   5ª ed. 2 vols. Revista pelo autor e acrescida de notas. Rio de Janeiro, José Olympio. Prefácios de autor. Ilustrações de Thomaz Santa Rosa. Desenho de Cícero Dias.

1950   6ª ed. 2 vols. Revista pelo autor e acrescida de notas. Rio de Janeiro, José Olympio. Prefácios do autor. Ilustrações de Thomaz Santa Rosa. Desenho de Cícero Dias.

1952   7ª ed. 2 vols. Rio de Janeiro, José Olympio. Prefácios do autor. Ilustrações de Thomaz Santa Rosa. Desenho de Cícero Dias.

1954   8ª ed. 2 vols. Rio de Janeiro, José Olympio. Prefácios do autor. Ilustrações de Thomaz Santa Rosa. Desenho de Cícero Dias.

1958   9ª ed. 2 vols. Rio de Janeiro, José Olympio. Prefácios do autor. Ilustrações de Thomaz Santa Rosa. Desenho em cores de Cícero Dias. (*Obras Reunidas de Gilberto Freyre*)

1961   10ª ed. 2 vols. Rio de Janeiro, José Olympio. Prefácios do autor. Ilustrações de Thomaz Santa Rosa. Desenho em cores de Cícero Dias. (*Obras Reunidas de Gilberto Freyre*)

1963   11ª ed. Brasília, Editora Universidade de Brasília. Prefácios do autor.

1964   12ª ed. 2 vols. Rio de Janeiro, José Olympio. Prefácios do autor. Ilustrações de Thomaz Santa Rosa. Desenho em cores de Cícero Dias. (*Obras Reunidas de Gilberto Freyre*)

1966 13ª ed. 2 vols. Rio de Janeiro, José Olympio. Prefácios do autor. Ilustrações de Thomaz Santa Rosa. Desenho em cores de Cícero Dias. (*Obras Reunidas de Gilberto Freyre*)

1966-1970 14ª ed. 2 vols. Recife, Imprensa Oficial. Prefácios do autor e de José Antonio Gonsalves de Mello (vol. 1) e Jordão Emerenciano (vol. 2). Ilustrações de Thomaz Santa Rosa. Desenho em cores de Cícero Dias.

1969 15ª ed. 2 vols. Rio de Janeiro, José Olympio. Prefácios do autor. Ilustrações de Thomaz Santa Rosa. Desenho em cores de Cícero Dias. (*Obras Reunidas de Gilberto Freyre*)

1973 16ª ed. Rio de Janeiro, José Olympio. Prefácios do autor. Ilustrações de Thomaz Santa Rosa e Poty. Desenho em cores de Cícero Dias.

1975 17ª ed. Rio de Janeiro, José Olympio. Prefácios do autor. Ilustrações de Thomaz Santa Rosa e Poty. Desenho em cores de Cícero Dias

1977 18ª ed. Rio de Janeiro, José Olympio. Prefácios do autor. Ilustrações de Thomaz Santa Rosa e Poty. Desenho em cores de Cícero Dias.

1977 *Casa-grande & senzala* em *Obra escolhida*, introdução de Antonio Carlos Vilaça. Cronologia e bibliografia de Edson Néry da Fonseca. Rio de Janeiro, Nova Aguilar.

1978 19ª ed. Rio de Janeiro, José Olympio. Prefácios do autor. Ilustrações de Thomaz Santa Rosa e Poty. Desenho em cores de Cícero Dias.

1980 20ª ed. Rio de Janeiro, José Olympio. Brasília, INL. Apresentação de Eduardo Portella. Prefácios do autor. Ilustrações de Thomaz Santa Rosa e Poty. Desenho em cores de Cícero Dias.

1981 21ª ed. Rio de Janeiro, José Olympio; Brasília, INL. Apresentação de Eduardo Portella. Prefácios do autor. Ilustrações de Thomaz Santa Rosa e Poty. Desenho em cores de Cícero Dias.

1983 22ª ed. Rio de Janeiro, José Olympio. Prefácios do autor. Ilustrações de Thomaz Santa Rosa e Poty. Desenho em cores de Cícero Dias.

1984 23ª ed. Rio de Janeiro, José Olympio. Prefácios do autor. Ilustrações de Thomaz Santa Rosa e Poty. Desenho em cores de Cícero Dias.

1986 24ª ed. São Paulo, Círculo do Livro. Prefácios do autor. Desenho em cores de Cícero Dias.

1987 25ª ed. Rio de Janeiro, José Olympio. Prefácios do autor. Ilustrações de Thomaz Santa Rosa e Poty. Desenho em cores de Cícero Dias.

1989 26ª ed. Rio de Janeiro, Record. Prefácios do autor. Ilustrações de Thomaz Santa Rosa e Poty. Desenho em cores de Cícero Dias. (*Introdução à história da sociedade patriarcal no Brasil*)

1990 27ª ed. Rio de Janeiro, Record. Prefácios do autor. Ilustrações de Thomaz Santa Rosa e Poty. Desenho em cores de Cícero Dias. (*Introdução à história da sociedade patriarcal no Brasil*)

1992 28ª ed. Rio de Janeiro, Record. Prefácios do autor. Ilustrações de Antonio Montenegro. Desenho em cores de Cícero Dias. (*Introdução à história da sociedade patriarcal no Brasil*)

1994 29ª ed. Rio de Janeiro, Record. Prefácios do autor. Ilustrações de Antonio Montenegro. Desenho em cores de Cícero Dias. (*Introdução à história da sociedade patriarcal no Brasil*)

1995 30ª ed. Rio de Janeiro, Record. Ilustrações de Antonio Montenegro. Desenho em cores de Cícero Dias.

1996 31ª ed. Rio de Janeiro, Record. Ilustrações de Antonio Montenegro. Desenho em cores de Cícero Dias.

1997 32ª e 33ª eds. Rio de Janeiro, Record. Prefácios do autor. Ilustrações de Antonio Montenegro. Desenho em cores de Cícero Dias.

1999 34ª, 35ª, 36ª e 37ª eds. Rio de Janeiro, Record. Prefácios do autor. Ilustrações de Antonio Montenegro. Desenho em cores de Cícero Dias.

2000 38ª, 39ª, 40ª e 41ª eds. Rio de Janeiro, Record. Prefácio do autor (Prefácios na 38ª ed.). Ilustrações de Antonio Montenegro. Desenho em cores de Cícero Dias.

2000 *Casa-grande & senzala* em *Intérpretes do Brasil*, coordenação de Silviano Santiago. Rio de Janeiro, Nova Aguiar, 3 vols.

2001 42ª, 43ª, 44ª e 45ª eds. Rio de Janeiro, Record. Prefácio do autor. Ilustrações de Antonio Montenegro. Desenho em cores de Cícero Dias.

2002 *Casa-grande & senzala* em *Intérpretes do Brasil*, coordenação de Silviano Santiago. Rio de Janeiro, Nova Aguilar, 3 vols., 2ª ed.

2002 46ª ed. Rio de Janeiro, Record. Prefácio do autor. Ilustrações de Antonio Montenegro. Desenho em cores de Cícero Dias.

2003 47ª e 48ª eds. São Paulo, Global. Apresentação de Fernando Henrique Cardoso. Biobibliografia de Edson Nery da Fonseca. Notas bibliográficas revistas e índices atualizados por Gustavo Henrique Tuna.

2004 49ª ed. São Paulo, Global. Apresentação de Fernando Henrique Cardoso. Biobibliografia de Edson Nery da Fonseca. Notas bibliográficas revistas e índices atualizados por Gustavo Henrique Tuna.

2005 50ª ed. São Paulo, Global. Edição comemorativa em capa dura. Apresentação de Fernando Henrique Cardoso. Biobibliografia de Edson Nery da Fonseca. Notas bibliográficas revistas e índices atualizados por Gustavo Henrique Tuna.

2006 51ª ed. São Paulo, Global. Apresentação de Fernando Henrique Cardoso. Biobibliografia de Edson Nery da Fonseca. Notas bibliográficas revistas e índices atualizados por Gustavo Henrique Tuna.

2007 51ª ed. 1ª reimpr. São Paulo, Global. Apresentação de Fernando Henrique Cardoso. Biobibliografia de Edson Nery da Fonseca. Notas bibliográficas revistas e índices atualizados por Gustavo Henrique Tuna.

2008 51ª ed. 2ª reimpr. São Paulo, Global. Apresentação de Fernando Henrique Cardoso. Biobibliografia de Edson Nery da Fonseca. Notas bibliográficas revistas e índices atualizados por Gustavo Henrique Tuna.

2009 51ª ed. 3ª reimpr. São Paulo, Global. Apresentação de Fernando Henrique Cardoso. Biobibliografia de Edson Nery da Fonseca. Notas bibliográficas revistas e índices atualizados por Gustavo Henrique Tuna.

2010 51ª ed. 4ª reimpr. São Paulo, Global. Apresentação de Fernando Henrique Cardoso. Biobibliografia de Edson Nery da Fonseca. Notas bibliográficas revistas e índices atualizados por Gustavo Henrique Tuna.

2011 51ª ed. 5ª e 6ª reimpr. São Paulo, Global. Apresentação de Fernando Henrique Cardoso. Biobibliografia de Edson Nery da Fonseca. Notas bibliográficas revistas e índices atualizados por Gustavo Henrique Tuna.

2013 51ª ed. 7ª reimpr. São Paulo, Global. Apresentação de Fernando Henrique Cardoso. Biobibliografia de Edson Nery da Fonseca. Notas bibliográficas revistas e índices atualizados por Gustavo Henrique Tuna.

2015 51ª ed. 8ª reimpr. São Paulo, Global. Apresentação de Fernando Henrique Cardoso. Biobibliografia de Edson Nery da Fonseca. Notas bibliográficas revistas e índices atualizados por Gustavo Henrique Tuna.

2016 51ª ed. 9ª reimpr. São Paulo, Global. Apresentação de Fernando Henrique Cardoso. Biobibliografia de Edson Nery da Fonseca. Notas bibliográficas revistas e índices atualizados por Gustavo Henrique Tuna.

2017 51ª ed. 10ª reimpr. São Paulo, Global. Apresentação de Fernando Henrique Cardoso. Biobibliografia de Edson Nery da Fonseca. Notas bibliográficas revistas e índices atualizados por Gustavo Henrique Tuna.

2019 51ª ed. 11ª reimpr. São Paulo, Global. Apresentação de Fernando Henrique Cardoso. Biobibliografia de Edson Nery da Fonseca. Notas bibliográficas revistas e índices atualizados por Gustavo Henrique Tuna.

2020 51ª ed. 12ª reimpr. São Paulo, Global. Apresentação de Fernando Henrique Cardoso. Bio-bibliografia de Edson Nery da Fonseca. Notas bibliográficas revistas e índices atualizados por Gustavo Henrique Tuna.

2021 51ª ed. 13ª reimpr. São Paulo, Global. Apresentação de Fernando Henrique Cardoso. Bio-bibliografia de Edson Nery da Fonseca. Notas bibliográficas revistas e índices atualizados por Gustavo Henrique Tuna.

Edições estrangeiras

ARGENTINA

1942 *Casa-grande y senzala: formación de la familia brasileña bajo el régimen de economía patriarcal.* 2 vols. Buenos Aires, Ministerio de Justicia e Instrucción Pública. Prólogo de Ricardo Sáenz Hayes. Trad. de Benjamin de Garay. Desenho de Cícero Dias.

1943 2ª ed. 2 vols. Buenos Aires, Emecé Editores. Prólogo do autor.

ESTADOS UNIDOS

1946 *The master and the slaves: a study in the development of Brazilian civilization.* New York, Alfred A. Knopf. Prefácios do autor. Trad. de Samuel Putnam. Desenho de Cícero Dias.

1956 2ª ed. New York, Alfred A. Knopf. Prefácios do autor. Trad. de Samuel Putnam. Desenho de Cícero Dias.

1964 3ª ed. New York, Alfred A. Knopf. Introdução do autor. Trad. de Samuel Putnam.

1986 4ª ed. Los Angeles, University of California. Prefácios do autor. Introdução de David H. P. Maybury-Lewis. Trad. de Samuel Putnam.

FRANÇA

1952 1ª e 2ª eds. *Maîtres et esclaves.* Paris, Gallimard. Prefácio do autor e de Lucien Febvre. Trad. de Roger Bastide.

1974 3ª ed. Paris, Gallimard. Prefácios do autor e de Lucien Febvre. Trad. de Roger Bastide.

1978 4ª ed. Paris, Gallimard. Prefácios do autor e de Lucien Febvre. Trad. de Roger Bastide.

1997 5ª ed. Paris, Gallimard. Prefácios do autor e de Lucien Febvre. Trad. de Roger Bastide.

PORTUGAL

1957 *Casa-grande & senzala: formação da família brasileira sob o regime de economia patriarcal.* Lisboa, Livros do Brasil.

1968 2ª ed. Lisboa, Livros do Brasil. Desenho de Cícero Dias.

1976 3ª ed. Lisboa, Livros do Brasil. Desenho de Cícero Dias.

1979 4ª ed. Lisboa, Livros do Brasil. Desenho de Cícero Dias.

1983 5ª ed. Lisboa, Livros do Brasil. Introdução de Luís Forjaz Trigueiros. Desenho de Cícero Dias.

1993 6ª ed. Lisboa, Livros do Brasil. Introdução de Luís Forjaz Trigueiros. Desenho de Cícero Dias.

2001 7ª ed. Lisboa, Livros do Brasil. Introdução de Luís Forjaz Trigueiros. Desenho de Cícero Dias.

ALEMANHA

1965 *Herrenhaus und sklavenhütte: ein bild der brasiliannischen gesellschaft.* Berlin, Kiepenheur & Witsch. Prefácio de Hermann Mathias Görgen. Trad. de Ludwig Graf von Schönfeldt.

1982 2ª ed. Stuttgart, Klett-Cotta. Prefácio de Hermann Mathias Görgen. Trad. de Ludwig Graf von Schönfeldt.

1990 3ª ed. München, Klett-Cotta. Prefácio de Hermann Mathias Görgen. Trad. de Ludwig Graf von Schönfeldt.

ITÁLIA

1965 *Padroni e schiavi: la formazione della famiglia brasiliana in regime di economia patriarcale.* Torino, Giulio Einaudi. Introdução de Fernand Braudel. Trad. de Alberto Pescetto.

VENEZUELA

1977 *Casa-grande y senzala: formación de la família brasileña bajo el régimen de la economia patriarcal.* Caracas, Biblioteca Aycucho. Prólogo e cronologia de Darcy Ribeiro. Trad. de Benjamin de Garay e Lucrecia Manduca. Ilustrações de Thomaz Santa Rosa e Poty. Desenho em cores de Cícero Dias.

POLÔNIA

1985 *Panowie i niewolnicy.* Warszawa, Panstwowy Instytut Wydawniczy. Ilustrações de Poty. Trad. de Helena Czajka.

HUNGRIA

1985 *Udvarhāz es szolgaszāllās: a Brazíl család a patriarchális gazdasági rendezerben.* Budapest, Goudolat. Trad. de S. Tóth Eszter.

ROMÊNIA

2000 *Stăpâni şi sclavi*. Bucureşti, Univers. Prefácio de Olavo de Carvalho. Trad. de Despina Niculescu.

UNESCO

2002 *Casa-grande & senzala*. Edição crítica coordenada por Guillermo Giucci, Enrique Rodrigues Larreta e Edson Nery da Fonseca. Madrid, Barcelona, La Habana, Lisboa, Paris, México, Buenos Aires, São Paulo, Lima, Guatemala, San José. (Coleção Archivos, 55)

Edições em quadrinhos

P&B

1981 *Casa-grande & senzala em quadrinhos*. Rio de Janeiro, Brasil-América. Desenhos de Ivan Wasth Rodrigues.

1982 Primeira reimpressão da 1ª ed. Rio de Janeiro, Brasil-América. Desenhos de Ivan Wasth Rodrigues.

1983 Segunda reimpressão da 1ª ed. Rio de Janeiro, Brasil-América. Desenhos de Ivan Wasth Rodrigues.

COLORIDA

2000 *Casa-grande & senzala em quadrinhos*. Rio de Janeiro, Brasil-América. Desenhos de Ivan Wasth Rodrigues. Colorização de Noguchi.

2001 2ª ed. Rio de Janeiro, Brasil-América. Desenhos de Ivan Wasth Rodrigues. Colorização de Noguchi.

2001 Primeira reimpressão da 2ª edição em cores. Rio de Janeiro, Brasil-América. Desenhos de Ivan Wasth Rodrigues. Colorização de Noguchi.

2001 Segunda reimpressão da 2ª edição em cores, patrocinada pela Companhia Hidroelétrica de Pernambuco. Rio de Janeiro, Brasil-América. Desenhos de Ivan Wasth Rodrigues. Colorização de Noguchi.

2001-2002 Terceira reimpressão da 2ª edição em cores, patrocinada pela Companhia Energética de Pernambuco, Grupo Iberdrola e Governo do Estado de Pernambuco. Rio de Janeiro, Brasil-América. Desenhos de Ivan Wasth Rodrigues. Colorização de Noguchi.

2005 3ª ed. São Paulo, Global Editora. Desenhos de Ivan Wasth Rodrigues. Colorização de Noguchi.

2007 3ª ed. 1ª e 2ª reimpr. São Paulo, Global. Desenhos de Ivan Wasth Rodrigues. Colorização de Noguchi.

2009 3ª ed. 3ª reimpr. São Paulo, Global. Desenhos de Ivan Wasth Rodrigues. Colorização de Noguchi.

2010 3ª ed. 4ª reimpr. São Paulo, Global. Desenhos de Ivan Wasth Rodrigues. Colorização de Noguchi.

2012 3ª ed. 5ª reimpr. São Paulo, Global. Desenhos de Ivan Wasth Rodrigues. Colorização de Noguchi.

2017 3ª ed. 6ª reimpr. São Paulo, Global. Desenhos de Ivan Wasth Rodrigues. Colorização de Noguchi.

2018 3ª ed. 7ª reimpr. São Paulo, Global. Desenhos de Ivan Wasth Rodrigues. Colorização de Noguchi.

2022 3ª ed. 8ª reimpr. São Paulo, Global. Desenhos de Ivan Wasth Rodrigues. Colorização de Noguchi.

Índice remissivo

A

Abatiuí, 194
Acalantos
    afro-brasileiros, 410
    portugueses e brasileiros, 38, 39
Acanijic, 194
Aclimatabilidade dos portugueses, 72
Aclimatação
    teoria de A. Osório de Almeida, 126
Açorianos, 133
Açúcar
    base da riqueza colonial, 324
    consequências sociais de sua grande produção, 32
    contraste entre as áreas açucareiras de Campos e do Nordeste, 134
    moleza dos homens no Brasil, 517
    papel assumido na História do Brasil e de Portugal no fim do séc. XVI, 275
    produção em Pernambuco no final do séc. XVI e começos do XVII, 516
"Afilhados"
    (filhos de padres), 533
África do Sul
    pesquisa da Comissão Carnegie, 127
Africanologia, 238
Afrodisíacos
    afro-brasileiros, 408
    condimentos africanos no Brasil, 547
    preparados por escravos macumbeiros, 408
Agradecimentos pessoais de Gilberto Freyre, 52, 53, 54
Agricultura colonial
    dificuldades que o português encontrou, 77
    Duarte Coelho e a, 86
    o que deve aos rios menores e regulares, 88
    razões de sua implantação no Brasil, 86
Akpalô, 413
Albinágio, 273, 345
Alcoolismo disgênico, 337
Alemães
    pesquisa de 1900 sobre o seu enlanguescimento no sul do Brasil, 74
Alfabetização no Brasil
    método Valdetaro, 508
    suas características, 508
Algarve
    conquista do, 274
Alimentação
    nos climas quentes, tese de Sinval Lins, 139
    papel na diferenciação física e mental dos descendentes de imigrantes, segundo Franz Boas, 35
    papel no vigor físico dos ingleses no séc. XVIII, 148
Alimentação brasileira
    Amazonas, 140
    causas ecológicas e sociológicas do reduzido consumo de leite, ovos e vegetais, 105
    críticas ao abuso de condimentos, 547, 549
    críticas científicas, 140
    deficiente e instável, 95, 104
    dieta nutritiva dos paulistas, 94
    europeização, 547, 548
    influência na formação social do país, 96
    melhor qualidade dentro das senzalas (predileção por vegetais e legumes verdes), 549
    parecer de Josué de Castro e crítica de Gilberto Freyre, 149
    regiões onde houve maior influência africana, 543
    séculos XVI e XVII, 101
    valor nutritivo, segundo Alfredo Antônio de Andrade, 148
Alimentos brasileiros
    críticas ao abuso de condimentos, 549
Ama negra
    amolecimento das palavras da língua portuguesa no Brasil, 414, 415
    contaminada de sífilis por aleitar os meninos brancos, 400
    sua importância no Brasil, 444
Amamentação
    costume português das mães ricas confiarem-na a escravas, 443
Amazônia
    conquista à espera do barateamento do ar-condicionado, 121
    culinária, 194

Amendoí, 197
América Inglesa
  procedência de seus escravos africanos, segundo Ulrich B. Phillips, 388
América Latina
  grupos de Ruediger Bilden, 159
Analfabetismo no séc. XIX, 428
Anel de grau
  reminiscência judaica, 307
Anglo-saxões
  e os portugueses, 138, 157
Angola
  invasões e migrações que alteraram sua população, 386
Animais sexo-mágicos, 408
"Anjinhos no céu"
  origem jesuítica dessa superstição no Brasil Colônia, 493
Antropogeografia, 72
Antropologia de Portugal, 118
Árabes
  efeitos de sua invasão em Portugal, 288
  forte presença no Brasil, 296, 297, 298, 299
  miscigenação em Portugal, 287, 292, 293
Arabu, 195
Áreas culturais
  africanas, 236, 237, 392, 393
  da América, 369
  estudo de A. L. Kroeber, 369
  estudos de Melville J. Herskovits, 236, 237, 369, 391, 392, 393
Áreas culturais africanas, 392
Arianismo, 387
Arquitetura
  inovação representada pela casa-grande no Brasil, 35
  no Brasil, 36, 37, 38
Arte
  de sangrar, 446
  origens, 188
Astrologia dos indígenas, 172
Astrologia médica em Portugal no séc. XVIII, 447
Atenas
  floração de gênios entre 530 e 430 a.C., 381
Azeite
  importância sociológica do étimo árabe, 289
Azeitona
  importância sociológica do étimo árabe, 289
Azulejo
  origem e significado sociológico para Brasil e Portugal, 300

B

Bahia
  alimentação (falta de carne no séc. XVII), 147
  centro de alimentação afro-brasileira mais importante, 543
  comércio com cidades africanas, 391
  movimento de 1835, 382, 393
  origem de seus negros, segundo George Gardner, 476
  sesmarias, 143
Baianos
  biopsicologia, 372
Baito, 188, 207
Bananeira caauaçu, 193
Bananeira-de-são-tomé, 193
Bandeirantes
  fundadores de subcolônias, 88
  origem racial, 42
Bandeirismo
  conquistas positivas e riscos a que expôs o Brasil, 89
  estudos preliminares e definitivos, 137
Banho
  de rio, 182
  diário, 335, 340
  frio, indígena, 181
Banzo, 553
Beiju, 191
Beneditinos e Carmelitas
  latifundiários no Brasil, 528
Beribéri, 151
Bibliotecas, arquivos e museus pesquisados por Gilberto Freyre, 53
Bicho
  complexo brasileiro, 201, 211
Biologia
  lamarckiana, 375, 377
  momentos em que serviu a política, 469
  weismanniana, 376, 377
Biologia weismanniana, 374
Blenorragia
  terapêutica no Brasil Colônia, 482

Bodoques de caçar passarinho, 224
Bonecas de barro (indígenas)
  e de pano (africanas), 204
Bororo
  homossexualismo, 188
  pintura do corpo em cor encarnada, 175
Botânica popular
  designação de grupos naturais no Brasil, 202
Boxímanes
  desprovidos de organização agrária, 392
  em Pernambuco, no séc. XIX, 480
  nádegas salientes, 279, 396
Brasil
  a família rural por unidade básica, 85
  africanos: função civilizadora, 390
  antagonismos entre a atividade nômade e a agrícola, 99
  árabes e moçárabes (contingentes que foram para o Brasil), 296
  autocolonização do fim do séc. XVI em diante, 339
  características do patriarcalismo, 435
  "carta de paus puxada num jogo de trunfo em ouros", 275
  clima no início do século XVI, 76
  colonização comparada com a da América Inglesa, 76
  comparação sociológica com Argentina e Estados Unidos, 77
  condições de confraternização e de mobilidade social peculiares, 117
  confraternização de valores e de sentimentos entre a casa-grande e a senzala, 438
  consanguinidade e incesto, 424
  contraste com as possessões tropicais inglesas, francesas e holandesas, 74
  culinária erotizada, 330
  culinária: origem dos doces de frutas, 315
  descobrimento, 83
  destinos do país como preocupação de Gilberto Freyre, 31
  dificuldade de identificação da origem social a partir do nome de família, 540
  dispersão das propriedades com o passar das gerações, 338
  doçura nas relações de senhores com escravos domésticos, 435
  enquadramento histórico, 275

espécie de Rússia americana, 114
formação econômica e social: teoria de Ruediger Bilden, 397
formação histórica possível graças à colonização latifundiária e escravocrata, 323
formação inicial: ambiente de intoxicação sexual, 161
formação social e cultural hispânica e católica (com forte influência mometana), 322
formação social: processo de equilíbrio de antagonismos, 116, 231
"furor nativista" após a Independência, 540, 541
História Social e Econômica: sentido que teria tomado segundo Varnhagen, sem a escravidão, 323
ideal de mulher gorda e bonita: fruto de influência moura, 299
influência moura sobre a colonização do Brasil, 289
influências de culturas orientais (Índia e China), 339, 340
liberalidade em relação ao estrangeiro, 278
língua falada nos dois primeiros séculos de colonização, 219
luta de classes na formação social do Brasil, 33
luxo asiático, 101
maior civilização moderna nos trópicos, 267
moléstias cutâneas em princípios do séc. XIX, 401
mulheres, segundo Pyrard de Laval, 513
"Nazaré das colônias portuguesas", 322
país americano onde mais se tem respeitado a cultura e os valores nativos, 231
país de "clima adusto, provocativo de sensuais torpezas", 515
"país de Cocagne", 100
"país de cultura da floresta tropical", 212
"país de meninos armados de faca de ponta", 462
política social prudente e sensata com relação ao escravo, 439
povoamento: contraste biológico entre os colonizadores portugueses sulinos e os do Norte, 298
propriedade: campo de conflito entre antagonismos violentos, 213
protestantes convertidos ao catolicismo, 92
religião: ponto de encontro e de confraternização entre a cultura do senhor e a do negro, 439
sécs. XVII e XVIII: depoimentos de ingleses e

franceses sobre a vida no Brasil, 319
senhoras coloniais, segundo François Coreal, 513
senhores de engenho do séc. XVI, descritos por
    Gabriel Soares de Sousa, 341
sifilização a partir do séc. XVI, 401
sifilização acompanhando a civilização, 110
solo: geologia, 77
tendência favorável à ascensão
    social do negro, 503
terra da sífilis por excelência, 402
unidade política apesar da mobilidade
    dispersiva, 89
unidade política baseada no catolicismo, 92
unidade política: papel do clima, 93
unificação possibilitada pelo ódio aos hereges, 269

Brasil Colônia
    administração (mecanismo), 92
    alimentacão baseada na farinha de mandioca, 94
    contrastado com a África, 219
    cultura influenciada pelo Oriente, 123
    cultura intelectual (focos de irradiação), 501
    escassez de víveres frescos (animais
        e vegetais), 103
    escravidão negra: interesses a que atendeu, 389
    generalização da vida pecaminosa, 100
    maternidade: condições em que se efetuava, 443
    medicina indígena superior à portuguesa
        (depoimentos), 335
    naus da Índia aportadas no país
        de 1500 a 1730, 124
    pobreza no séc. XVI, 101
    saúde e alimentação, 98
    sistema econômico, 290
    trabalho aos domingos, 527

Brasil: depoimentos e/ou testemunhos históricos
    A. Marchant, 143
    A. Osório de Almeida, 126
    Abade Reynal, 102
    Alberto R. Lamego, 134
    Alberto Torres, 129
    Alfredo Antônio de Andrade, 148
    Alfredo Brandão, 130
    Alfredo Ellis Júnior, 106
    Antônio Martins de Azevedo Pimentel, 140
    Bispo de Tucumã, 102
    Brandônio, 139
    C. A. Taynay, 133
    C. F. P. von Martius, 106, 109
    Caio Prado Júnior, 129
    Emile Béringer, 109, 151
    Euclides da Cunha, 137
    Francisco Adolfo de Varnhagen, 137
    G. S. Hall, 212
    Gabriel Soares de Sousa, 144
    Gilberto Amado, 141
    Herbert Smith, 141
    Hermann Wätjen, 143
    J. F. Normano, 136
    J. F. X. Sigaud, 152
    James Bryce, 269
    João Ribeiro, 137
    John Whitall, 277
    José Américo de Almeida, 150
    Josué de Castro, 149
    Louis Couty e Joaquim Nabuco, 98
    Manuel Bonfim, 137
    Miguel Pereira, 140
    Morgado de Mateus, 141
    F. J. de Oliveira Viana, 105
    Oscar da Silva Araújo, 111
    padre Antônio Vieira, 101, 149
    padre Baltasar Fernandes, 149
    padre José de Anchieta, 101, 149
    padre Manuel da Nóbrega, 102
    Paulo Prado, 136
    Pitirim Sorokin, 115
    Pyrard de Laval, 341
    René Ribeiro, 130
    Sérgio Buarque de Holanda, 132
    Silveira Martins, 342
    Sinval Lins, 139
    Solidônio Leite Filho, 136
    Teodoro Sampaio, 135
    Theodoro Peckolt, 141
    Viajantes médicos, 112

Brasil e Estados Unidos
    comparação entre as respectivas cozinhas, 546
    comparações entre os "estoques africanos",
        382, 387, 388, 391
    comparações acerca da condição religiosa
        dos escravos, 436

Brasil Holandês
    importância dos escravos negros, 385
    trabalhos importantes de José Antônio Gonsalves
        de Melo e de José Honório Rodrigues, 474

Brasileiros
    água (grandes bebedores), 547

biopsicologia dos baianos, paraibanos etc., 372
constituição física: ação de doenças africanas, 399
costumes herdados dos indígenas, 162
crença no sobrenatural, 212
"culto faustoso de Vênus", 530
"descendentes dos comedores de rábanos", segundo Clenardo, 528
diferentes dos reinóis, 36
duas metades confraternizantes, 418
influência negra, 367
naturalismo rude contrastado com as reticências dos anglo-saxões, 331
notáveis, filhos ou netos de padres, 534
proximidade com a floresta tropical, 212
semelhanças entre os senhores brasileiros e os do sul do norte americano, 519
status: simulação de grandeza no vestuário, 529
talentosos: origem fula, 386
tipo físico: persistências mouras, 288
vida íntima, 288
Bruxas portuguesas, 406
Bugre
semântica da palavra, 189

C

Cabeleira, 412
Cabidela, 364
"Caboclas priápicas", 169
Caboclo
desconfiança e mutismo, 551
exaltação lírica, 107
inferioridade física e intelectual, 97
pesquisa entre caboclos do Norte por J. F. de Araújo Lima, 97
semântica: mulato, 151
Caborés, 108
Cabra-cabriola, 199
Cabras
nocividade à agricultura, 142
Café-mandingueiro e a magia sexual afro-brasileira, 408
Cafuzos, 108
Caiporismo, 172
Caju
complexo alimentar, 196
Calcanhar humano
calosidade: interpretação lamarckiana, 377

Caligrafia
importância na educação colonial, 508
Campos (RJ)
importância sociológica da área açucareira, 134
Cana-de-açúcar
benção da Igreja na moagem, 524
consequências sociais da, 32, 93
efeitos para a saúde das pessoas que a consomem, 569
fertilidade dos canaviais, 558
Canções de ninar, 204
influência negra, 410
norte do Brasil, 201
portuguesas, 410
Canudos
interpretação sociológica, 213
Capitalismo
divergências entre Max Weber e R. H. Tawney sobre filosofias e religiões, 242
Caráter português, 268, 285, 302, 321
luxo de antagonismos, 68, 69
modificado pelo contato com a África, 66
Caruru, 545
Casa-grande
ambiente no qual as sinhá-donas permaneciam isoladas, 421
antro de perdição, 530
arquitetura, 58
com salas de aula, 501
condições para sua construção, segundo C. A. Taunay, 60
descrição de Louis Léger Vauthier, 58
deteriorização material por abandono e falta de conservação, 38
e a senzala
sistema econômico, social e político no Brasil, 36
e a senzala: sistema socioeconômico adequado à conjuntura, 323
elogio de Pyrard de Laval, 341
existência verificada em várias regiões do Brasil, 43, 60
expressão do caráter brasileiro, 45
expressão do "poderio feudal" dos senhores, 38
habilidade para acolher um grande número de indivíduos, 435
habitação de várias funções, 36, 40

hierarquia dentro dela, 43
higiene doméstica, 550
história social, 44
hospitalidade, 37
influência arquitetônica sobre as igrejas, 57
mal-assombradas, 41, 42
mobiliário, 560
parte do sistema de colonização e formação
   patriarcal do Brasil, 440
substituta da Igreja no Brasil, 38, 271
tipo novo de habitação, 35
tipo novo de habitação no Brasil, 43
Casamento
   dos homens, no Brasil patriarcal, 443
   entre grupos, 240
   fato social na vida patriarcal, 432
   idade dos cônjuges: desproporção, 495
   idade em que casavam as moças brasileiras, 423
Casamentos
   aristocráticos (critério de avaliação do noivo
      baseado na sua capacidade procriadora), 559
   consanguíneos no Brasil, 359, 424, 425
   precoces para as mulheres, 429, 430, 431, 432
Casas-grandes mal-assombradas, 40, 41
Catequese católica dos indígenas
   ação deletéria, 178
Catolicismo brasileiro
   artificialismo da catequese jesuítica, 225
   como os índios cumpriam as penitências, 208
   costume de padres benzerem engenhos,
      523, 524, 562
   criminosos que frequentam as igrejas, 485
   culto dos santos: valor sociológico do estudo das
      promessas, 485
   culturação dos negros pelos brancos, 439
   danças dentro das igrejas coloniais, 327
   e a unidade política brasileira, 91
   enterros de negros, 527
   erotismo, 84
   fé católica como condição para
      aquisição de sesmarias, 277
   festa de São Gonçalo do Amarante, 329
   franciscano: tipo de catequista ideal, 214
   grande religiosidade dos senhores, 520, 521
   jejum e abstinência: concessões
      no Brasil Colônia, 523
   local de encontro entre brancos e escravos, 521
   membros do clero tendo relações sexuais com
      negras e mulatas, 530
   ordens latifundiárias, 528
   procissão de quarta-feira de cinzas, 357
   santos militarizados, 304
   santos protetores do amor e do sexo que também
      se tornaram protetores da agricultura, 328
   sob forte influência maometana, 394, 395
   totemismo primitivo latente, 200
   vitória da catequese: estratégia jesuítica, 200
Catolicismo luso-brasileiro
   militarização de alguns santos, 303
Catolicismo português
   aculturação ao maometismo, 302
   modificações com a romanização da Península
      Ibérica, 282
   santos: erotização, 302
   sécs. XVI e XVII: procissão de Corpus Christi, 356
   sensualidade no culto ao Menino Jesus
      e à Virgem, 302
Catolicismo sexual
   "fricção sexual dos tempos pagãos", 328
Cemitérios e casas-grandes
   reação dos higienistas, 526
Cerâmica
   importância como arte indígena, 184
Cérebro
   peso e capacidade mental, 378
Ceuta
   conquista de, 275
Chapéu de sol
   generalização de seu uso, 364
Chinês: peso do cérebro,
Ciência
   consequências do ceticismo em relação à, 376
Cientificismo
   crítica de Gilberto Freyre, 376
Ciúme no Brasil Colônia, 421
Clericalismo
   ausência no Brasil, 271
Clero brasileiro
   castidade reduzida por causa do clima, segundo
      Richard Burton, 565
   comportamento sexual de padres e frades
      comparado com o dos jesuítas, 532
   contribuição liberal para o aumento da
      população, 534, 565, 566

depoimentos diversos sobre o comportamento
  sexual, 532
elementos mais seletos e eugênicos na formação
  brasileira, 531
fundamental no sistema de colonização, 284
padres amasiados ou amigados com negras e
  mulatas, 534, 535
"vida pura e santa" de muitos, 533
vida sexual, pública e notória, 566
"vida turca e debochada" de frades
  e eclesiásticos, 530
Clima
  e a sensualidade no Brasil, segundo D. Domingo
    de Loreto Couto, 515
  influência na formação e desenvolvimento
    das sociedades, 75
  meios de lidar com seus efeitos, 75
  minimização antropogeográfica de seu papel, 152
  português, de Martone, 72
  teoria de Leonard Williams, 374
Clima tropical
  correção de sua influência amolecedora, 66
Côca, 410
Coco, 193
Código de Manu, 488
Coimbra
  "covil d'heréticos", 308
Coivara, 165, 232, 261
Colégios de padres
  coeducação de duas raças, 224
  corpo discente nos sécs. XVI e XVII, 501
  jesuítas: focos de irradiação de cultura no Brasil
    Colônia, 501
"Colônia de plantação", 79
Colonização
  agrária (papel dos portugueses: pontos de vista
    conflitantes), 56
  ajustamento de tradições e de tendências
    no Brasil, 231
  aristocrática no Brasil, 266
  autocolonização do fim do séc. XVI em diante, 339
  base: pureza de fé, 272
  baseada na iniciativa particular, 80
  contraste entre a dos portugueses e a dos demais
    europeus, 73
  equilíbrio de antagonismos, 69
  escassez de mulheres brancas no Brasil, 32, 61
  fator vital, a família, 81

ideal contrariado pela geografia brasileira, 87, 88
mestiços portugueses com duas cores de pelo
  (elementos colonizadores do Brasil nos séculos
  XVI e XVII), 281
minhotos, 281
por indivíduos: caráter irregular e indefinido, 81
portugueses: "Nação de homens mal nutridos",
  313
presença moura e moçárabe, 296, 297
tendência dispersiva, 89
traços feudais causados pelo sistema de capitanias
  hereditárias, 271
Comadres parteiras, 446
Complexo
  conceito socioantropológico, 249
Complexo brasileiro
  bicho, 201, 211
Comunicação
  lei de, entre duas subculturas de níveis
    diferentes, 202
Comunismo do ameríndio e noção de propriedade
  privada do europeu, 213
Consanguinidade no Brasil Colônia, 424, 425
Couvade
  complexo de cultura característico das tribos
    brasílicas, 186
  hipótese explicativa: bissexualidade, 186
  teoria sociológica, 246
  um dos traços culturais principais das tribos do
    Nordeste e Brasil, segundo Whiffen, 165
Cozinha afro-brasileira
  analogias com a cozinha sulista norte-americana,
    546
  depoimentos de seus defensores, 549
  doçaria de rua, 543, 544
  modos de preparo de quitutes, 544, 545
  nomes de grandes peritos, 545, 570
  presença marcante do caruru e do vatapá, 545
  uso da pedra de ralar e da colher de pau, 544, 545
  uso imoderado de condimentos, segundo Antônio
    José de Souza, 547
Cozinha brasileira
  arte refinada das pretas quituteiras, 55
  contato pessoal de Gilberto Freyre, 29
  depoimentos de críticos severos e de grandes
    entusiastas, 546
  exaltação dos pratos baianos por
    Gilberto Freyre, 30

heranças indígenas, 191, 192, 194, 196
modificação sofrida no séc. XIX devido à influência inglesa, 547
processo de desafricanização no séc. XIX, 547, 548
Criança
   identificação sociológica com anjos, 203
   indígena, 218, 221, 222
   na cultura primitiva, 198, 199
Criança brasileira
   doenças causadas pelo sistema econômico da escravidão, 450
   fascínio pelos bichos, 201
   histórias de bichos, 200
Crimes
   suas relações com o fator climático, 128
Criminalidade
   identificação incorreta entre a de plebe urbana ou rural com a prática de feitiçaria, 484
Cristãos e muçulmanos
   influências mútuas, 118
Cristianismo no Brasil
   concessões aos negros, segundo João Ribeiro, 438
   culumin como elo de contato entre o missionário e o indígena adulto, 219, 221
   doméstico, lírico e festivo, 438
   escravos cristianizados à força, 436
   humano e lírico, por influência moura, 302
   intimidade entre o devoto e o santo, 303
   liricamente social, 84
   obra quase exclusiva dos jesuítas, 219
   sentimento dos senhores expresso nos testamentos de ternura pelos bastardos e negros, 524
Culinária
   africana (traço marcante na economia e na vida doméstica do brasileiro), 541
   amazônica, 194
   decadência das tradições culinárias no Brasil, 544, 547
   portuguesa: abuso de açúcar, canela, especiarias de gema de ovos cozidos, 299
Culto de Maria no Brasil, 407, 485
Cultura
   africana: presença na vida brasileira, 367
   brasileira: riqueza dos antagonismos equilibrados, 418
   de floresta tropical, 164, 166, 212
   degradação da cultura atrasada (nativa) pelo contato com a cultura adiantada (europeia), 177
   heranças indígenas no Brasil, 162
   hispânica, 322
   indígena, 164
   moura no Brasil Colônia, 348
   raça e ambiente, 381
Culturas
   "terremotos" ou explosões de sobrevivência, 213
Culumim, 198, 218
Cunhã, 194
Cuscuz, 299, 363
Cynotrichi, 387

D

Danças eróticas
   relação com a sexualidade do homem indígena, 169
   relação inversa entre sua frequência e sua intensidade, 169
Darwinismo ortodoxo, 375
Degredados
   razões pelas quais eram punidos, 82
   versão de Azevedo Amaral e crítica de Gilberto Freyre, 82
Degredo para o Brasil
   hipóteses a respeito, 83
Democratização social do Brasil
   dispersão fácil da riqueza no Brasil devido às uniões de homens abastados com negras e mulatas, 535
   iniciativas de Minas Gerais, 554
   possibilitada pela miscigenação, 33
Diabo católico e o Jurupari indígena, 211
Diário de Pernambuco
   anúncios de 1825 a 1850 (valor antropológico), 396, 479, 480
   anúncios de escravos fugidos, 529
Dieta
   influência sobre o físico das populações, 95
Direito Canônico, 283
Direito penal português nos séculos XV e XVI, 82
Direito português, 273
Doenças
   advertência de L. W. Lyde sobre origens, 153
   africanas no Brasil, 553, 572

causas sociais que afligiram as mães brasileiras no séc. XIX, 495
depoimento de C. F. P. von Martius sobre as mais frequentes em São Paulo, 150
origens climáticas, 127
predominantes em 1835 no Rio de Janeiro, 553
venéreas, 400
Dolicocefalia e braquicefalia, 378
Doutor
mania luso-brasileira (reminiscência judaica), 307

E

Economia
papel central no desenvolvimento das sociedades, 32
regime econômico de produção no sul norte-americano: escravidão e monocultura, 519
Economia brasileira
circunstâncias que afetaram o desenvolvimento da raça negra, 442
infiltração de cultura negra através da culinária, 541
intervenção do Governo Geral, 143
patriarcal: prejuízo com a fácil dispersão da riqueza, 535
sistema econômico da escravidão como causador de vícios, 459
sistema econômico responsável pela deformação do negro, 403
Economia colonial
divisão sexual do trabalho entre os indígenas, 183, 185
grande valor econômico e técnico da mulher indígena, 185, 189
Economia portuguesa
papel da escravidão, 332
Educação brasileira
castigos infligidos aos alunos, 507
Código do Bom-Tom, 509
no Brasil Colônia, em depoimento do Padre Lopes Gama, 453
patriarcal: prejuízo e fácil dispersão da riqueza nos tempos coloniais, 453
trabalho de Joaquim Jerônimo Serpa, 555
Efeminados
papel sociológico nas tribos indígenas, 187

Engenho de moer cana
origem na azenha, 289
Ensino no Brasil
colégios de estrangeiros (depoimento de Lopes Gama), 506
colégios particulares após a Independência, 505
internatos depois de 1850, 506
matérias lecionadas em 1858 em colégio de Recife, 506
Enterros
de crianças, 450
horários e rituais, 526
modos de vestir os mortos, 526
"toalete dos defuntos", 526
Erisipela
tratamento com orações e óleo, 521
Erotismo
a serviço do patriarcalismo, 456
católico, 84
estudos etnológicos, 169
presença forte no cristianismo português, 302
presente nos nomes de doces luso-brasileiros, 330
religioso, 328, 329
Escravas
filhos amamentados por senhoras brancas, 539
negras prostitutas, 538
seleção das mais belas para amantes dos senhores, 536
Escravidão
arquivos históricos (destruição por ordem de Rui Barbosa), 383
atuante na deformação do negro, 397
batismo em massa dos negros importados de Angola para o Brasil, segundo Henry Koster, 436
Brasil e Estados Unidos: nível cultural dos negros importados, 389
circunstâncias especialíssimas que modificaram ou atenuaram os males do sistema no Brasil, 435
comentário de Gilberto Freyre sobre experiência de José Bonifácio, 434, 435
costumes sociais que provocaram o aumento da mortalidade infantil no Brasil, 450
depoimento de José Bonifácio, em 1823, 434
depoimento de Montesquieu, 334
doméstica e a do eito: distinção necessária, 539
e a sexualidade de portugueses e dos brasileiros, 332

efeito de dispersão das propriedades após gerações ("pai rico, filho nobre, neto pobre"), 338
efeito deletério, segundo o Padre Lopes Gama, 433
elemento marcante na formação econômica e social do Brasil, 397
em Portugal: testemunho de Alexandre Herculano, 399
estatística referente à Pernambuco, no séc. XVI, 365
exigência do meio e das circunstâncias no Brasil, 322
leis brasileiras, 51
política social seguida no Brasil, 439
relação com o clima, 335
relação direta com a depravação sexual, 399
semelhanças entre o sul dos EUA e o Brasil, 31
tráfico negreiro: intimidade entre Brasil e África, 391
transformação mórbida em Portugal com o mercantilismo, 332
Escravos
afeição entre mucamas e nhonhôs brancos, 437
africanos de cultura mais adiantada: elementos ativos e criadores na colonização do Brasil, 390
africanos: predominância na cozinha, 541
alimentação boa, 96
anúncios de escravos fugidos, 529
anúncios publicados em jornais do séc. XIX (valor sociológico), 479, 480
batizados e constituídos em família (nomes que adotavam), 539, 540
casamento entre eles (oposição de alguns senhores), 539
cristianização forçada no Brasil, 436, 437
defesa de seus senhores nas lutas entre famílias, 426
diferenças de tratamento dispensado entre os do eito e os domésticos, 539
discussão sobre a área de cultura de procedência dos escravos importados para o Brasil, 81, 382, 383, 384, 385, 386, 387, 392, 393
doenças africanas que foram para o Brasil, 553
domésticos: melhor assistidos, 539, 567, 568
estudo de Rui Coutinho sobre sua alimentação no Brasil, 571
leitores do Alcorão na Bahia, 394
negros dos "estoques" mais adiantados, mais importantes para a formação econômica e social do Brasil que os indígenas, 370
ordens religiosas (como os tratavam), 528
organizações em que se reuniam, 439

protagonistas de assassinatos a mando de seus donos, 557
saudável regime de alimentos dos escravos negros, 549
tamanho dos órgãos sexuais, 518
tratamento doce recebido no Brasil: fruto de influência moura, 298
vestuário dos escravos domésticos, 529
Espanha
precocidade sexual dos jovens no séc. XVII, 333
regime alimentar deficiente (teoria de Pompeyo Gener), 317
sécs. XVI e XVII: tolerância em relação a mancebia, 325
Espanhóis
análise da sua ação colonial, 122
destruidores das culturas americanas, 157
Espanhol
imagem de colonizador, 265
Estados Unidos
comparação entre o sul e o norte, 460
doenças venéreas durante o séc. XIX, 400
o "deep South" e suas semelhanças com o Brasil, 30
opinião de Gilberto Freyre sobre nomes de cidades, 485
procedência de seus escravos africanos, segundo Ulrich B. Phillips, 388
Estatura e alimentação, 373
Esteatopigia, 279, 396
Estradas de Ferro
consequências no séc. XIX, 500, 506
Eugenia, 435, 468, 531, 533, 534, 535, 536
relação com as condições sociais e econômicas, 32
Europeização do Brasil e o contato com as culturas indígenas e africanas, 115
Europeus
degenerescência no Brasil, 338
Exercícios Espirituais
críticas de Hermann Müller e de Houston S. Chamberlain, 116
Exogamia
totemismo, 171

F

Família brasileira
estrutura patriarcal, 435

"figura boa da ama negra", 419
história íntima e sua documentação, 45
sombra do escravo negro, 368
Família colonial
    organização patriarcal, 435
    órgão da formação social brasileira, 85
    patriarcal e semipatriarcal (unidade colonizadora, 130
    rural, 80
    variedade de funções, 85
Família patriarcal
    constituição especial no Brasil, 84
    formas de união de sexos e organização da, 130
Famílias extrapatriarcais e extracatólicas, 130
Faquires masoquistas, 187
Farinha de mandioca
    exaltação mística, 148
    fabricação indígena, 190
    valor alimentício, 148
Fazendas de café de São Paulo, 473
Feitiçaria
    afrodisíaca no Brasil, em associação com os santos católicos, 326
    com crianças, 203
    cultura indígena, 165
    motivação amorosa no Brasil, 406, 407, 409
    origem, 405
Festas juninas
    função sociológica no Brasil, 326
Figas
    origens, 203
Folclore sexual, 409
Frades
    alimentação regular e perfeita, 313
    donos de fazendas, 312
    e padres acompanhados de "mulheres da vida", 533
    e padres: grandes procriadores, 325
    elementos criadores e ativos no tempo dos afonsinos, 312
    enredeiros e fofoqueiros, 510
    grandes agricultores, 312
    grandes proprietários de terras e de escravos, 528
    histórias sobre as uniões deles com freiras, 331
    polígamos, 292
    senhores de engenho, 528
Franceses
    descendência com índias no séc. XVI, 162
    miscigenação com mulheres tupinambás, 346
    tentativas de fixação no Brasil, 74
Franceses do Sul, 374
Franciscanos
    perfil psicossociológico, 215
    preferência de Gilberto Freyre por eles em detrimentos dos jesuítas, 216
Fuero Juego, 283
Fulas
    fula-fulos, os "negros de raça branca", 387
    pretos de raça branca, 386

G

Genealogia brasileira
    superficialidade dos estudos no tempo do Império, 337
Genética clássica
    debates com o mitchourianismo, 468
Genética do povo brasileiro
    híbridos de negros com índias, 108
    imbreedings no Nordeste, 336
    suposta imunidade absoluta do sertanejo à influência africana, 108
Genética humana e a questão da consanguinidade, 359
Genética Soviética
    e a Sociologia biológica ocidental, 468
Geofagia
    métodos de tratamento do vício, 451
    vício adquirido pelos meninos brancos no contato com os moleques, 451
Gosto de mando, 114
Gramática brasileira
    influências africana, 417, 418
Guerras
    contra os índios, 226, 269
    motivações religiosas, 269, 270

H

Havaí
    análise sociológica de Andrew Lind, 144
    colonização anglo-americana, 74
Heré (ou *chéchéré*), 395
Hereditariedade e ambiente, 380

Hibridização
　papel na colonização do Brasil, 75
Hierarquia social no Brasil Colônia
　esposa e filhos quase no nível dos escravos, 509
Higiene
　escolar, 506
　infantil (campo doloroso de adaptação dos europeus aos trópicos), 448
　sexual nos internatos, 507
Higiene corporal
　contraste entre a imundície dos cristãos e a limpeza dos maometanos, 301
　contrastes entre indígenas e europeus, 181
Higiene pré-natal e infantil nas casas-grandes e senzala, 445
História do Brasil
　documentos para o estudo da vida privada, 45, 46, 47, 61
　forças sociais: "unionismo", 90
　Governo Geral (finalidade de sua criação), 92
　luta de classes (teses conflitantes entre si de F. J. de Oliveira Viana e Astrojildo Pereira), 355
　nepotismo em choque com clericalismo, 85
　romances brasileiros como fontes para o estudo da vida privada, 49
　ruralismo por imposição, 85, 86
História social do Brasil
　fontes para o seu conhecimento, 47
Histórias portuguesas
　modificação no Brasil pelas negras velhas ou amas de leite, 413
Holanda
　imperialismo sucedido por fase de fabricação de queijo e manteiga, 268
Holandeses no Brasil
　carta de Henrique Dias, 384
　estudos de José Antônio Gonsalves de Melo e de José Honório Rodrigues, 474
　intenções de Nassau, 385
　pouca influência sobre a culinária, 146
　segundo Euclides da Cunha, 89
　uniões com mulheres brasileiras, 337
Homem tropical
　pesquisa de A. Osório de Almeida sobre o metabolismo basal, 126
Homens efeminados
　teoria de R. Lowe Thompson, 247

Homossexuais
　posição de mando nas sociedades primitivas, 187
Homossexualismo
　depoimento de Frutuoso Pinto da Silva, em 1864, 507
　frequente em várias sociedades primitivas da América, 188
　origens entre os indígenas, 207
　práticas no séc. XVI, 248
Hotentotes
　em Pernambuco, no séc. XIX, 480
　especialistas na criação de gado, 392
　nádegas salientes, 279, 396

I

Iaiás solteironas, 458
Iconografia da escravidão e da vida patriarcal, 50, 62
Idolatria no Brasil Colônia, 241
Igreja Católica
　comentário de Gilberto Freyre sobre a expressão "vá queixar-se ao bispo", 270
　conflito de interesses com senhores de escravos, 527
　cristianização forçada dos negros no Brasil, 436
　em Portugal: ordens religiosas com fins militares e econômicas, 284
　festas pomposas no Brasil Colônia, 529
　heroísmo dos padres, 179
　influência deletéria sobre as culturas ameríndias, 179
　papel socioeconômico na Reconquista, 311
　poder desfrutado em Portugal e Espanha, após a conversão dos godos arianos, 283
　sombra matriarcal no Brasil Colônia, 100
Igrejas
　centros de convivência profana no Brasil patriarcal, 356
　"desinfetório" a serviço da saúde moral da Colônia, 277
　proteção aos criminosos, 271
　sepulturas "fedendo a podre", 526, 563
Imperialismo religioso
　predecessor do econômico, 242
Incesto
　indígenas brasileiros, 169
　no Brasil Colônia, 424

Índias brasileiras
    masoquismo, 113
    nuas nas casas-grandes no séc. XVII, 244
Indígenas
    agricultura rudimentar, 261
    agricultura: plantio de amendoim, 197
    ao tempo do Descobrimento, 86
    asseio do corpo, 181, 182
    asseio impecável, segundo Jean de Léry, 210
    ausência de castigo corporal e disciplina paterna ou materna, 208
    aversão ao calor, segundo Henry Walter Bates, 370
    berço para as crianças, 248
    bibliografia etno-sociológica, 234
    bonecas de barro, 204
    brinquedos das crianças (aves amansadas servindo de boneca), 166
    brinquedos de barro feitos para as crianças, 204
    cantigas de ninar, 204
    casas secretas dos homens, 207
    castigos dados aos recapturados, 226
    como explicavam o nascimento da criança, 246
    comunismo tribal, 213
    conceito que tinham a respeito dos animais e dos homens, 166, 167
    contribuição da criança aos jogos infantis e esportes europeus (bola de borracha), 206
    contribuições para a formação da sociedade brasileira, 162, 163, 164, 166, 167, 175, 190, 192, 193, 194, 196, 197, 200, 206, 211, 232, 263
    cor erótica das "mouras-encantadas", 125
    crianças alegres, 209
    crimes que reconheciam, 260
    critério segundo o qual distinguiam entre si franceses e portugueses, 346
    culinária, 190, 192, 193, 194, 195, 196
    cultura moral, 167
    cultura: dissolução por efeito do contato com os europeus, 158
    culumins mestres dos próprios pais, 221
    danças de diabo, 200
    débitos dos portugueses em relação à cultura vegetal deles, 197
    "Direito público interno", segundo Clóvis Beviláqua, 260
    divisão de trabalho entre os sexos, 183
    dizimados com o trabalho nas lavouras de cana-de-açúcar, 229
    do Brasil: em estado de semicivilização quando comparados aos indígenas da América Hispânica, 158
    doenças a que se expunham devido aos animais, 250
    efeitos nocivos à saúde indígena resultantes do contato com os europeus, 227
    escravos: fracasso como tal, 230
    expedições de captura deles, 226
    falta de correspondência dos indígenas à catequese jesuítica, 214, 217
    ginástica, 208
    higiene bucal, 197
    homossexualismo e pederastia, 188
    importância das mulheres velhas, 184
    inadaptabilidade do homem ao trabalho na lavoura açucareira, 163, 230
    indústria, 184
    inferiores culturalmente aos africanos, 323, 355
    influência sobre a língua portuguesa, 220
    jogos e danças: intuito pedagógico, 206
    jogos eróticos entre as crianças, 205
    jogos infantis, segundo padre Fernão Cardim, 205
    liberdade, lenda da vida livre, 172
    medicina, 196, 197
    medo como ponto de apoio na pedagogia, 199
    moradias: ocas e respectiva população, 204
    moral sexual: influência nas leis da Igreja, 170
    mortalidade infantil: aumento após o início da catequese jesuítica, 203
    mulher, base física da família brasileira, 162
    mulher como elemento mais produtor que o homem, 198
    mulher gentia: base da sociedade colonial, 160, 161
    mulheres e os encargos domésticos, 182
    mulheres sexualmente superiores aos homens, 170
    nomes que davam aos filhos, 210
    "o Brasil é dos países americanos onde mais se tem salvo da cultura e dos valores nativos", 231
    pajés: não aproveitamento de seus conhecimentos, 243
    papel da educação moral e técnica do menino e onde se processava, 207
    papel na formação econômica do Brasil Colônia, 234

parasitismo do homem, 186
parte que cabe aos jesuítas em sua decadência, 178
parto das gestantes, 209
prática de pintar o corpo para evitar espíritos
    maus, 175
recém-nascidos: cerimônias com que eram
    cercados, 202
redução ao cativeiro e à prostituição, 515
relações sociais entre os sexos, 207
remédios e conhecimentos valiosíssimos para a
    medicina oficial, 447
saúde e alimentação: disenterias por abuso da
    pimenta, 196
sincretismo: diabo católico e Jurupari indígena,
    211
submetidos ao mercantilismo dos padres, 224
suor: meio de eliminar o demônio do corpo, 208
superioridade sobre os europeus, no campo da
    higiene corporal, 180
vestuário à europeia: consequências disgênicas de
    sua imposição, 180
violenta pedagogia para tratamento dos indígenas
    segundo padre José de Anchieta, 217
Índios e negros
    análises conflitantes entre si, 368
    comportamento contrastado, 371
Infância e adolescência
    no Brasil Colônia, 457
    segundo J. J. Rousseau, 198
Ingleses
    e franceses: contraste como narradores históricos,
        513
    recepção fraternal no Brasil, 276, 277
Iniciativa particular em Pernambuco,
    no séc. XVI, 129

J

Japoneses
    grande desenvolvimento desde 1876, 381
Jê-Botocudo
    um dos grupos indígenas principais, 166
Jejum
    abuso no Brasil Colônia, 104
    elemento de equilíbrio, 528
    em Portugal: razões políticas e econômicas, 316
Jesuítas
    ação cultural no Brasil (interpretações
        contraditórias), 254, 258

ação dissolvente dos laços familiares, 242
adoção de métodos franciscanos, 216
atitude desfavorável às relações sexuais entre os
    colonos e as mulheres africanas, 516
ausência de preconceitos de cor e de raça, 224
"bons portugueses e talvez até bons semitas", 225
clericalismo conflitante com os políticos, 132
comparados aos franciscanos, por
    Gilberto Freyre, 216
conhecimentos de plantas e ervas absorvidos dos
    curandeiros, 335
contribuição para disparidade entre a língua
    escrita e a falada no Brasil, 415
contribuições para o processo de confraternização
    das raças no Brasil, 223
"donzelões intransigentes", 531
e franciscanos como catequistas dos índios, 215
e Inácio de Loyola, 115
êxitos no Brasil, 115
fracasso na América, 215
grandes escritores de cartas, 48
historiadores simpáticos e antipáticos a eles, 243
imitadores de muçulmanos, 116
imperialismo religioso nos sécs. XVI e XVII, 242
imposição de uma gramática rígida
    no Brasil, 415
influência do seu sistema de educação e de moral
    sobre o Brasil, 90
influência letal sobre os indígenas brasileiros, na
    avaliação de Gilberto Freyre, 179
influência puritana nos costumes sexuais, 178
influência sobre os culumins, 218, 222, 223
intelectuais da Igreja, 215
medidas sociais e morais que adotaram
    no Brasil, 179
menino indígena como veículo civilizador,
    198, 200, 218, 221
mercantilismo, 224
música, 223
no Paraguai, 85, 255
papel civilizador, segundo Joaquim Nabuco, 219
por vezes opostos ao familismo, 81
presença física prejudicial à saúde dos indígenas, 227
racismo nas primeiras escolas no Brasil
    combatidos no século XVII pelo rei de Portugal,
        501
rivais dos senhores de engenho, 37, 272

segregação dos indígenas em missões: malefícios
do sistema, 224
segundo Alexander Chamberlain, 116
sentimento favorável aos casamentos dos primeiros
colonos com índios, 515
sistema jesuítico: força de europeização
técnica, 115
"Jogo do beliscão", 452
Jogo do bicho
dicas durante o sonho, 252
origem, 206
Jogos infantis e eróticos, 205
Judeus
Brasil Colônia, 349
em São Paulo, 136
evolução de seu poder econômico em
Portugal, 285
grande força e sutil influência em Portugal, 306
influência deseuropeizante no Brasil, 304
influência na História do Brasil, 34, 89
inimigos do trabalho manual, 307
mecânicos nas fábricas de açúcar, 80
mercantilismo: origens, segundo Max Weber, 305
miscigenação em Portugal, 293
papel importante na formação do
povo brasileiro, 69
papel na formação portuguesa, 120
segundo João Capistrano de Abreu, 136
"técnicos da usura": "especialização quase
biológica", 305
Juquitaia, 195

L

Ladinos, 440
Lamarckismo, 375, 377
Legumes verdes
desprezados pelos indígenas, 196
Lepra
confusão com sífilis, 112
Leucorreia, 495
Leva-pancadas, 113
Língua portuguesa
africanização no Brasil, 416, 417
amolecimento no Brasil por influência africana,
414, 415

distinção entre a falada na metrópole e a do Brasil
Colônia, segundo Alexander Caldcleugh, 415
vácuo entre a escrita e a falada no Brasil, 220
Língua tupi, 219, 220, 221, 222, 263
Lisboa
consumo de carne, 314
no séc. XVI, 352
Livro velho, 294
Livros de viajantes estrangeiros
fontes importantes para o estudo da História Social
do Brasil, 47
modo como Gilberto Freyre os considera, 62
Loiros
idealização deste tipo, 71
Lua
o luar e a saúde infantil, 447

M

Macacos
lábios finos como os dos homens brancos, 378
Maçoca, 194
Maconha
denominações diferentes entre si, 479
depoimento pessoal de Gilberto Freyre, 479
Macumba, 409
Mães-pretas, 435
Magia negra
estudo de Alfredo de Carvalho, 409
estudos mal iniciados por Alfredo de Carvalho, 253
indígena, 202
sexual afro-brasileira, 408
simpática, 247
Mal de sete dias, 445, 450
Mal-assombração
causas de sua ocorrência nas casas-grandes, 40
depoimento de Gilberto Freyre, 41, 42
em Minas Gerais, 59
Mamelucos
primeira geração em meados do séc. XVI, 162
Mandingueiros, 440
Mandioca
alimento fundamental do brasileiro, 191
processo de preparo da farinha, 191
Mandonismo político no Brasil
disfarces, 114
raízes, 113, 114

Mantilhas
    costume árabe no Brasil Colônia, 299
Maracatus, 174
Máscaras demoníacas, 167
Masoquismo, 187
Mato Grosso
    estudo da subárea de monocultura e latifúndio, 481
Medicina brasileira
    e o curandeirismo, 446
    indígena, 197
    opinião de J. F. X. Sigaud, 196
    situação antes da segunda metade do séc. XIX, 446
    teses de doutorado alarmistas sobre consanguinidade, 336
Medos afro-brasileiros, 411, 412, 413
Meios de transporte
    sécs. XVI a XVIII (palanquins de luxo, redes), 504
Meninas brasileiras
    conversas chulas, 433
Meninas-moças
    educação e status no Brasil Colônia, 510
Meninos brasileiros
    brinquedos e brincadeiras, 419, 452
    comportamento diante dos adultos, 509
    conversas chulas, 433
    depoimento de Alphonse Rendu, 499
    depoimento de J. C. Fletcher, 499
    iniciação sexual precoce nas zonas rurais, 495
    sadismo, segundo depoimentos, 453, 454
    séc. XIX: "homenzinhos à força desde os nove ou dez anos", 499
    tristeza, segundo John Luccock, 500
    vestuário caseiro, 504
Menstruação
    fatores raciais e climáticos, 334
    quando se inicia, em vários países, 358
Mestiços brasileiros
    relação de alguns ilustres, 537
Metabolismo basal do homem tropical
    teoria de A. Osório de Almeida, 126
Milho, 196
Mimbaba, 167
Minas Gerais
    iniciativas de democratização social no Brasil, 554
    negros de traços delicados, 389

Mineração e escravidão, 389
Minhoto
    falta de higiene, 301
    tipo físico português mais frequente entre os primeiros colonizadores do Brasil, 281
Miscigenação
    ascensão social e econômica dos filhos bastardos no Brasil, 537
    colonos amasiados com negras no séc. XVII, 516
    corretora das distâncias sociais no Brasil, 33
    depoimento de Richard Burton e opinião de Gilberto Freyre, 31
    depoimento do padre Manuel da Nóbrega, 515, 516
    e sifilização no Brasil, 110, 111
    eugenia dos filhos bastardos no Brasil, 536
    harmonia particular das relações raciais no Brasil, 160
    leis favoráveis e leis contrárias a ela no Brasil Colônia, 503
    séc. XIX, no Brasil, 390
    suavizadora dos antagonismos existentes entre europeus e indígenas, 231
    zonas de confraternização, 33
Missionários
    papel de comunicação, 137
    simplismo, 218
Missões
    critério funcional, 244
    jesuítas e franciscanas, 215
Mitchourinianismo, 468
Mitomania, 336
Mitos brasileiros, 486
Mixiria, 194
Moçárabes, 286, 290, 291, 296, 298
Modinha
    origem, 222
Modinhas de engenho do Brasil, 424, 427
Moleque brasileiro
    função semelhante à do escravo púbere no Império Romano, 113
    papel sociológico, 419
    primeiro companheiro de brinquedo, 367
Moléstias venéreas
    orgulho dos rapazes no séc. XIX, 499
Monges invertidos
    sublimação sexual, 187

Monocultura
　a propriedade monocultora foi elemento fundamental na colonização portuguesa do Brasil, segundo Caio Prado Júnior, 353
　atuante na deformação do negro, 397
　consequências no Nordeste, 145
　debacle social consequente, 337, 339
　e escravidão: confronto entre seus efeitos sociais no Brasil e noutras regiões climáticas diferentes, 460
　obstáculo à lavoura de alimentos, 32, 33, 97, 149, 342
Monogamia, 167
Moquém, 194
Moral feminina
　a portuguesa e a indígena, 169
　no Brasil, segundo John Mawe, 514
　sexual primitiva (interpretação de observadores), 170
Moralidade brasileira
　opinião de Gilberto Freyre, 515
　testemunho de Adolphe D'Assier, 559
Mortalidade feminina no Brasil Colônia, 432
Mortalidade infantil
　abrandamento a partir da segunda metade do séc. XVI, 448
　Brasil Colônia, 203
　causas sociais no Brasil, segundo estudo de José M. Teixeira, 450
　discussão sobre as suas causas no Brasil, no séc. XIX, 449, 450
　estatística de 1822 a 1825, 492
　estatística de 1826, 492
　índice alto no Brasil Colônia, 448
　mito do anjo que subia ao céu, 450
　nas senzalas, 492
Morte de criança
　idealização, 202-204
Mortos
　enterro dentro de casa, 38
Moura-encantada, 71, 125
Moura-torta
　origem da lenda, 71
Mourejar, 289, 320
Mucamas
　prestígio na vida sentimental das sinhazinhas, 423, 424

Mujanguê, 195
Mujica, 249
Mulata
　ditado que comprova a preferência sexual do português, 72
　responsável pela antecipação de vida erótica do rapaz brasileiro, 455
　tipo anormal de superexcitada genésica, 456
Mulatismo, 390
Mulato cor-de-rosa, 281
Mulatos
　arrivismo dos portadores de bom nível cultural, de poder e riqueza, 537
　brasileiros contrastados com os norte-americanos, 442
　"caboclos", 151
　exaltados por José Américo de Almeida e Lafcadio Hearn, 150
Mulher brasileira
　conduta moral, 538, 539
　razão da sua submissão ao homem, 114
　sadismo em relação à negra, 420
　status no Brasil Colônia e no Brasil Império: mudança, 509
Mulheres brasileiras
　assassinadas por pais ou maridos, 511
　aventuras amorosas das senhoras brancas, 513
　baianas, segundo Frézier e Froger, 513
　caracterizadas pela castidade, segundo Loreto Couto, 512
　casamentos em idade precoce, 429, 432
　castidade conjugal: depoimentos, 513
　diversos casos de negras virtuosas, 512
　no séc. XVIII, segundo Mrs. Kindersley, 428
　pureza das senhoras em virtude da prostituição das negras, 538, 539
　sempre sentadas, segundo cronista holandês, 504
　vestuário em dias de cerimônia, 504
　vivacidade: tendência para perda precoce desta, 430, 431
Música
　papel na catequese dos indígenas, 222
Música brasileira
　origem no conluio entre padres e culumins, 222
Musicalidade
　superioridade alemã, 381

N

Negras
    casos diversos de mulheres castas e virtuosas, 512
    conquista de respeito em relação aos senhores brancos, 516
    doceiras, 543, 544
    e mulatas: agentes da precocidade sexual dos meninos, 455
    e mulatas: degradação em virtude da escravidão, 515
    graça e beleza no séc. XIX, segundo testemunhos, 396
    grandes contadoras de histórias, 413
    mulheres frias, segundo Havelock Ellis,
    "principais alcoviteiras" das aventuras amorosas dos senhores, 513
    seminuas nas igrejas, 528

Negro
    agente patogênico na sociedade brasileira, 404
    cristianização no Brasil: crítica de Gilberto Freyre ao parecer de Nina Rodrigues, 440
    critério a partir do qual deve ser estudado no Brasil, 404
    deformado pela escravidão, 402
    deformado pela escravidão e pela monocultura, 397
    estudos sobre a influência do negro na música popular brasileira, 572
    estudos sobre o negro nas Américas espanhola e francesa, 472
    estudos sobre o negro nos Estados Unidos, 471, 472
    higiene superior à dos indígenas da Oceania e da América, 571
    homem fácil, plástico, adaptável, 371
    impossibilidade de separá-lo de sua condição de escravo no Brasil, 398
    influência amolecedora sobre a língua portuguesa no Brasil, 414, 415
    influência direta ou tênue em todo brasileiro, 367, 368
    influência na formação do povo brasileiro, 106
    responsável pela alegria na "vida doméstica do brasileiro", 551, 552
    superstição de sua maior proximidade com a forma ancestral do homem, 378
    tendência à braquicefalia no Brasil, 480
    tipo antropologicamente inferior na condição de escravos, segundo Oliveira Martins, 397

Negros
    abrasileiramento, 441
    ação cultural no Brasil, 262
    aquilombados, 108
    cantos de trabalho e de festa, 551, 552, 572
    cemitérios criados pelas Misericórdias, 563
    condição escrava: explicação sobre a imoralidade de seu comportamento no Brasil, 398
    conhecimento de árabe, 479
    contraste com os índios, 229, 230
    contribuições (como escravos) para a formação da sociedade brasileira, 367, 368, 372, 373, 392, 397, 399, 402, 408, 409, 410, 411, 413, 414, 415, 416, 417, 418, 419, 435, 437, 438, 444, 446, 541, 542, 543, 544, 545, 546, 547, 548, 549, 551
    crueldades impostas aos moleques, 453
    cultura: diferenças entre os que contribuíram para a formação histórica brasileira, 477
    de ganho no Brasil: grande utilidade, 537
    deformações físicas adquiridas no Brasil, 441
    desafricanização no Brasil: métodos utilizados, 440
    diferenças de índole entre os grupos, 474
    efeitos biológicos do tipo de vida levada no Brasil, 442
    eugenia: seleção para o serviço doméstico, 397
    forças que atuaram sobre os recém-chegados, 440
    fugidos (papel cultural que desempenharam), 391
    grandes mestres da cozinha brasileira, 542
    Guiné, 227
    índice cefálico: estudos de Maria Júlia Pourchet, 480
    influência, na condição escrava, sobre a vida íntima do brasileiro, 397
    intermediários entre a cultura europeia e a indígena, 115
    libertos (profissões que exercem), 550
    ligações espirituais morais e estéticas com a família e com a cultura brasileira, 438
    línguas faladas no Brasil, 385
    línguas originais: dissolução no português brasileiro, 416
    maometanos: manutenção do contato com a África, 395
    "metalurgistas natos", 476

mulheres frias, segundo Havelock Ellis, 398
músicos no Brasil Colônia e no Brasil Império, 505
negros quilombos (ação europeizante, segundo Roquette-Pinto), 372
predisposição biológica e psíquica para a vida nos trópicos, 370
professores, 503, 505
protestantismo: possível explicação da propensão para esta religião no Brasil, 394
sepulturas nas praias, 527
sexo e excitação artificial, 234
superiores culturalmente aos indígenas, segundo Afrânio Peixoto, 368
tipos raciais, 386
traços físicos delicados observados por F. J. de Oliveira Viana, 389

Negros e brancos
áreas de sudorese da pele, 370
comparação a respeito das estruturas cranianas, 378
inteligência comparada, 379
testes de inteligência com resultados contraditórios, 380

Negros e índios
alimentação contrastada, 373
análises conflitantes entre si, 368
comportamento comparado por Alfred Russel Wallace, 371
comportamento contrastado, 371
contraste como escravos, 322
danças contrastadas, 372

Neolamarckianos, 377
Neolamarckismo, 375, 376, 467
Nora, 288

Nordeste
consequências nefastas da monocultura, 143

Nórdicos
e sua adaptabilidade aos trópicos, 73

Norte-americano
obsessão pela situação dos problemas de movimento, 248

Nudez
origem do horror europeu à, 182

Nutrição brasileira
grande contribuição africana, 107
precariedade e suas consequências, 34
prejudicada pela monocultura, 34
qualidade nos primeiros séculos, 106

O

Objetivos e metodologia do livro, segundo Gilberto Freyre, 50

Obscenidades
função, em Portugal, 331

Ocas
casas-grandes de caráter comunista, 204

Ordenações Filipinas
sintonia com os interesses de procriação, 325

Ordenações Manuelinas
pressionadas por preconceitos religiosos, 273
severidade, 82
sintonia com os interesses de procriação, 325

Ordens religiosas e militares em Portugal, 283

P

Padres
e frades acompanhados de "mulheres da vida", 533
elogio de Richard Burton, 565
filhos de padre e suas carreiras de sucesso, 535, 536
fundadores de famílias no Brasil, 533, 534, 566

Padres "voadores"
referência aos missionários, 137

Pajés
indivíduos efeminados ou invertidos, 186

Pamonha, 194, 329

Pão
de glandes, 314
de trigo e a farinha de mandioca, 190

Papagaio de papel, 224

Papão
generalização entre todas as culturas primitivas, 199

Paraíba
colonização, 519
sifilização crescente, 460

Particularismo
segundo Euclides da Cunha, 137

Passarinhos
bodoques de caçar, 224
costume indígena de pegar, 205

Patriarcado monocultor e escravocrata
existência verificada em diferentes partes do Brasil, segundo vários autores, 145

Patriarcalismo
   adoção da cadeira de balanço, 519
   adoção de nomes fidalgos pelos escravos, 540
   amostra na preocupação de senhores com a "alma do escravo de estimação", 527, 563
   choro dos negros pela morte de seu senhor, 526
   como se manifestava nos testamentos, 525
   como se manifestava nos testamentos dos senhores, 524
   destruído após a Abolição, 109
   do clero brasileiro, segundo Luís dos Santos Vilhena, 534, 535
   "figura boa da ama negra", 419
   marcado pela depravação sexual no Brasil, 456
   moral sexual no Brasil, 538
   ordem social amparadora dos escravos, 51
   reclusão das antigas sinhá-donas, 421
   relação com as formas de tratamento no Brasil ("o senhor, a senhora"), 556
   sadismo nas relações entre senhores e escravos, 462
   semelhanças entre Brasil e Estados Unidos, 461
   senhores com numerosa prole, 443
   sifilização, 401
   significado expressado pelas casas-grandes, 36
   sistema de plástica contemporização, 35
   traço central da formação histórica brasileira, 34
   união entre os moradores da casa-grande e os da senzala, 435
Paulistas
   boa dieta alimentar, 94
   potencialidade eugênica (diminuição por culpa da Igreja), 533, 534
Paxicá, 195
"Peças de Guiné", 227
Pecuária brasileira
   métodos de criação de gado de origem africana, 390
Pedagogia ameríndia, 199
Pederastia
   libelo de 1864, de Frutuoso Pinto da Silva, 507
   nos baitos, 188
Pediatria brasileira
   doenças da criança brasileira na escravidão, 450
   estudo de José Maria Teixeira, em 1887, 449
Peixe
   culinária indígena, 194, 195
Perístase, 441
Pernambucanos
   atividade vertical, 126

Pernambuco
   depoimento do padre Fernão Cardim sobre senhores de engenho que conheceu no séc. XVI, 341
   foco de energia criadora, 73
   opulência dos engenhos de açúcar, no séc. XVI, 147
   peste no séc. XVII, 447
   riqueza e luxo nos sécs. XVI e XVII, 560
   situação econômica antes da invasão holandesa, 558
   terra favorável para a cultura do açúcar, 43
Picata ou *cegonha*
   máquina para retirada da água dos poços, 288
Pigmentação cutânea e meio físico, 375
Pimenta
   abuso do uso pelos indígenas, 195
Pintura profilática, 176, 177
Piolho
   ocorrência comum no séc. XVI, 182
Pipoca
   étimo, 194
Plantas medicinais indígenas, 335
Poder democratizador da miscigenação no Brasil, 33
Poesia brasileira
   origem no conluio entre padres e culumins, 222
Poligamia, 167, 334, 335
Portugal
   aclimatabilidade, 72
   agricultura, 310
   agricultura durante os tempos da dominação romana, 314
   agricultura: monocultura estimulada pela Inglaterra, 315
   agricultura: origem, 288
   alerta de Alexandre de Gusmão sobre a decadência, 318
   alimentação: causas do empobrecimento do séc. XVII em diante, 315
   ambiente de luxúria entre militares nos sécs. XV e XVI, 405
   amor físico e anedotário obsceno, 331
   antagonismos econômicos: coexistência de interesses agrários e comerciais, 320
   ao tempo da invasão romana, 282
   bacharelismo exagerado, 308
   bruxaria, 406
   burguesia marítima, 118
   carestia de vida, 318

casa: contraste entre as do sul e as do norte, 301
casamento de juras, 325
climática e geograficamente africano
    e não europeu, 72
colonização agrária do Brasil: esforço exigido
    superior às suas possibilidades, 325
colonização aristocrática e agrária no Brasil, 275
constituição social vulcânica, 278
contraste entre a influência árabe e a judaica, 289
costume das mães ricas confiarem a
    amamentação a escravas, 443
crescimento demográfico motivado pelas leis, 325
cristianismo fálico, 326
cristianismo marcado por sobrevivências pagãs, 330
culinária afrodisíaca, 330
culinária com influência mouras, 299
culturas de base: a hispânica e a berbere, 321
decadência econômica: causas, 319
depoimentos de viajantes ilustres, 309, 312
direito penal severo, 82
distinção entre os banquetes e a alimentação nos
    dias comuns, 315
divisão em dois subpaíses (louro e moreno), 278
dolicocefalia e baixa estatura, 280
e Espanha: regiões de constante estado
    de guerra, 333
economia agrária: decadência propiciada pelo
    mercantilismo, 320
elemento semito-fenício visto nas populações,
    118, 120
erotismo em todas as classes, 331
escravidão: grande número de escravos, 318
exagerado consumo de peixe seco e suas
    consequências, 316
expansão colonial: português como corruptor, e
    não vítima, 319
formação agrária sólida, 310
frades: teoria de Ramalho Ortigão, 313
heranças moçárabes, 290
higiene individual: cristãos e maometanos, 301
história étnica e política: interpretações falsas
    sobre os judeus, 304
história marcada pela miscigenação,
    279, 280, 281
histórico genético da população, 279
idealização errônea de Ramalho Ortigão sobre a
    alimentação, segundo Gilberto Freyre, 314

imperialismo: base na prosperidade
    dos judeus, 306
imperialismo: métodos, 330
importância dos jejuns, 316
indecisão étnico-cultural entre Europa e África, 67
interesses de procriação, 325
invasão árabe e suas consequências, 285, 288
invasões sofridas antes e depois do domínio
    romano, 282
judeus e a miscigenação, 293
judeus: interesses econômicos, 305
latifúndio, 311
legislação favorável aos filhos naturais, 325
mania de grandeza, 268
mercantilismo: origens e consequências, 321
miscigenação árabe, 287, 292, 293
miscigenação racial: invasão moura e berbere, 285
mobilidade étnica vertical: judeus e mouros, 306
mobilidade, segredo da vitória colonizadora, 70
mobilidade social, 286
monarquia e sua libertação do clero, 307
nivelamento das classes sociais, 294
nobreza de "joões-sem-terra", 294
nação decaída, 268
oceanidade e continentalidade, 321
papel das ordens religiosas, 283, 284
pediatria no séc. XVIII, 447
pesca durante a Idade Média, 316
pestes no séc. XIV, 290
política colonial no Brasil: Governo Geral, 92
política de colonização constratada com a da
    Espanha, 91
população ostentando falsa grandeza, 318
população: "país em crise de gente", 325
potência marítima, 315
precoce ascendência da burguesia, 286
presença moura e moçárabe, 297
racismo dos jesuítas no Brasil: documento de
    1686, 501
raízes judaicas do bacharelismo exagerado, 308
regime alimentar antes da ocupação romana, 314
regime econômico após a Reconquista, 310
reis e suas funções, 294
reis enriquecendo com o tráfico de especiarias
    asiáticas no séc. XVI, 86
relações comerciais (quando e com quem se
    iniciaram), 274

remédios caseiros imundos transmitidos para o Brasil, 447
retrato histórico traçado por Alexandre Herculano, 67
sarracenos: consequências dos contatos com estes, 71
sociedade móvel e flutuante, 295
testemunho de Clenardo sobre a alimentação no séc. XVI, 317
testemunho linguístico e semântico da influência árabe, 289
variedade de antagonismos, 278
Portugal e Espanha
diferenças e semelhanças, 321
Português
capacidade de adaptação, 335
colonização do Brasil: causa da sua vitória, 74
colonizador contemporizador, 265
contraste com o colonizador espanhol, 266
cosmopolitismo, 273, 274, 276
costumes e hábitos higiênicos no Brasil, 335
"culto faustoso de Vênus", 530
desamor pela terra e pela agricultura, 133
dificuldades encontradas na América tropical, 78
elogio da raça por Luís Pereira Barreto, 120
furor femeeiro, 113
heterogeneidade étnica e cultural, 278, 280
idealização errônea de Ramalho Ortigão sobre a alimentação, segundo Gilberto Freyre, 314
imagem de colonizador: a meio caminho entre o inglês e o Espanhol, 265
indecisão já pré-histórica entre Europa e África, 278
melancólico, 551
nacionalismo quase sem base geográfica, 274
ódio ao espanhol, 268
ódio ao mouro, 269
plasticidade social, 265, 278
plebeísmo, segundo Conde Hermann de Keyserling, 266
predisposição para colonização híbrida, 66
raça forte e adaptável a qualquer clima, 120
romanização, 321
simulador de qualidades europeias e imperiais, 268
superioridade de raça: ausência deste sentimento, 272
tipo normal, dificuldades de definir, 68
traços apontados por Montesquieu, 349
união de espírito de aventura ao de precaução, 119
vocação para a colonização agrícola discutida, 351
xenófobo, segundo H. Handelmann, 272
xenofobia rara, 138
Português e espanhol
tese de Everett Stonequist, 121
tese de Waldo Frank e posição de Gilberto Freyre, 119
Portugueses
aclimatação no Brasil, 336
alimentação no Brasil, 76, 77
ausência de preconceitos em relação aos indígenas (opinião de Henry Koster), 161
colonização do Brasil: causas da vitória, 133
comparados com os colonizadores ingleses, 272
contraste entre as colônias africanas e o Brasil, 219
dualidade na cultura e no caráter, 285
e os anglo-saxões, 138
e espanhóis: ódio profilático aos hereges, 269
fundadores da agricultura brasileira: teses de Sérgio Buarque de Holanda e Gilberto Freyre, 350
luxúria "no meio da indiada nua", 161
miscibilidade, 70
miscibilidade com árabes: contemporização social entre vencidos e vencedores, 293
ótimos lavradores e horticultores, 351
preferência pela mulher morena, 71
sifilização no Brasil, 111, 113
superioridade sobre os outros europeus, 73
teses conflitantes sobre a colonização agrária, 132
vermelho no vestuário, 173
Povo brasileiro
gosto pelo governo másculo e autocrático, 114
Povoamento do Brasil
baseado nos instintos de posse e de mando, 324
franceses no primeiro contingente, 162
Povos
apolíneos e dionisíacos, 372
Pré-história nacional, 81
Pretos de raça branca, 385
Prisão de ventre
meio de compensação do homem introvertido, 246
Professores
"do tempo do Império", 509
negros, 503, 505

Propriedade
   campo de conflito no Brasil, 213
Prostituição negra
   e a moralidade branca, 538, 539
   grande importância para o processo de miscigenação, 537
   no Rio de Janeiro do séc. XIX, 538
Proteínas
   classificação, 148
Psiquiatria brasileira
   estudos sobre negros e índios, 464
Puberdade
   rituais dos indígenas, 207
Puritanos, 74

Q

Quibungo, 411
Quinta
   criação portuguesa, 352
   no Brasil, 353

R

Raça
   concepção neo-lamarckiana, 74
   contatos entre as consideradas superiores e as inferiores, 178
   critérios de avaliação qualitativa, 377
   degradação da raça atrasada (nativa) pelo contato com a raça adiantada (europeia), 157
   e clima (teoria de Leonard Williams), 374
   e cultura (diferenciação proposta por Franz Boas), 32
   e o meio social, 55
   "latino-americana", segundo Ernest Ludlow Bogart, 77
   nórdica: teoria lapougiana, 298
Racismo
   mito da superioridade nórdica, 471
   nas escolas jesuíticas, 501
   no Brasil em relação aos mestiços, 537
   padres que se recusavam a casar branco com negra, 503
Raquitismo, 148
Realismo econômico
   herança portuguesa, 65
   sua função no Brasil, 70

Recém-nascido
   proteção mística, 409
Recife
   conto de ladainhas ao anoitecer, 520
   vida marcada por vícios no séc. XVII, segundo Pierre Moreau, 564
Rede
   "Brazil bed", 248
   complexo da, 202, 251
   elogio de Cristóvão Colombo, 248
   estudo psicossociológico a ser realizado, 249
   função de berço, 202
   no Brasil e nos Estados Unidos, 519
   presença marcante no cotidiano dos senhores de engenho, 518
Reflexos pavlovianos, 376
"Reis do Congo", 439
Remédios brasileiros
   medicina oficial e curandeirismo, 447
Revolução Pernambucana de 1817
   "a única digna desse nome", 213
Revoluções brasileiras
   desordens propícias ao saque, 213
   liberais: interpretações de Sílvio Romero e de Gilberto Freyre, 212
Rio de Janeiro
   imoralidade no início do século XIX, segundo Alexander Caldcleugh, 558
   semelhanças com o Nordeste açucareiro, 482
Rio Grande do Norte
   colonização, 519
Rio São Francisco
   análise de Alberto Rangel, 135
   sua importância, 135
Rios brasileiros
   contraste entre os rios maiores e menores, 87
   importância dos de pequeno porte, 135

S

Sadismo brasileiro
   característico, 462
   criado pela escravidão e pelo abuso do negro, 507
   das senhoras, 421
   dos senhores, 421
Samba
   origem e deformação, 239
   sexualidade, 239

Santo Ofício
   em Portugal (origens do Tribunal), 284
   importância do estudo das confissões e denúncias reunidas pela visitação, 45
Santos
   intimidade dos brasileiros com eles, 39, 303
   popularidade em Portugal, 326
   sexualização em Portugal, 326
São Paulo
   aristocracia técnica colonial de origem moçárabe, 298
   foco de energia criadora, 73
   nobres exercendo ofícios mecânicos no séc. XIX, 295
   núcleo brasileiro de maior contingente semita, 136
   paulistas com características mouriscas, 288
   superioridade sobre o Rio de Janeiro e Norte, no campo da alimentação do povo, 105
São Vicente
   fundação, 129
Saúva, 323
Semântica
   verbos trabalhar e mourejar, 320
Seminário
   de Olinda, 500
   de São José, no Rio de Janeiro, 500
Senhores de engenho
   alcunhas de alguns, 361
   depoimento de Karl von den Steinen, 517
   mais poderosos que vice-reis e bispos, 38
   opulência e luxo, 340
   pessoas quase feudais, 324
   testamentos, 524, 525, 526, 562
   vida morosa, 518, 519, 520
   "vida de rede", 518
Senzalas
   alimentação de boa qualidade (predileção por vegetais), 549
   "corruptoras" da língua portuguesa, 417
   escolas práticas de abrasileiramento,
   índices consideráveis de mortalidade infantil, 492
   locais de culto islâmico, 393
   presença de doenças africanas, 553
Sexualidade
   abuso de negros por brancos no Brasil: causas, 404
   associação do gozo do paladar com o gozo sexual, 175, 331
   aventuras entre negros e sinhás brancas, 422
   brasileira: ambiente de intoxicação sexual no início da colonização, 161
   brasileira: sombra do escravo negro, 368
   cantigas lascivas dos indígenas substituídas por hinos devotos, 205
   casamento e concubinato em Portugal e no Brasil Colônia, 502
   causa da atração das índias pelos europeus, 160
   causas das rivalidades entre brancos e negros no Brasil, 444
   clima tropical (ação intensificadora), 334
   colonos amasiados com negras no séc. XVII, 516
   comentários sobre a lubricidade dos brasileiros, 168
   comparações entre o português, o indígena e o africano, 168
   comportamento do clero católico, 532
   contraste entre a prostituição doméstica e a dos bordéis, 401
   contraste entre negros e europeus, 398
   contraste entre primitivos e civilizados, 171
   criança, 113
   culto fálico, 240
   "culto faustoso de Vênus" no Brasil, 530
   das senhoras no Brasil, segundo John Mawe, 430
   depoimento de Luís dos Santos Vilhena sobre "desordenada paixão sexual", 402
   depoimentos sobre o grau de excitação sexual dos negros, 456, 457
   depravação do menino brasileiro pela escrava índia ou pela escrava africana, 399
   ditado sobre brancas, mulatas e negras no Brasil, 72
   dos senhores no Brasil, segundo John Mawe, 514
   e bruxaria, 406
   erotismo do português, 71
   europeus ilustres acusados de práticas homossexuais no Brasil, 404
   excessos sexuais dos degredados para o Brasil, 83
   grande incidência de gonorreia e sífilis no Brasil, 400
   homossexualismo no Brasil Colônia e o Santo Ofício, 405
   ibérica, 333
   Índia: relação direta entre refinamento erótico e a categoria social superior, 403
   indígenas e o tamanho do pênis, 170
   indígenas efeminados ou invertidos (como eram vistos pelos demais, 186

linguística: verbo "comer" e outros, 357
maricas (como era visto), 456
masculina branca: "femeeiro", 456
masturbação masculina, 455, 459
medo que se fazia à criança que
   se masturbava), 493
o português e a mulher indígena, 168
órgãos genitais dos povos primitivos, 398
preferência dos colonos por negras e mulatas no
   início do séc. XVIII, 530
promiscuidade no Brasil, 131
pudor mórbido: casos de ato sexual praticado
   através de colchas, 490
razões da superexcitação no Brasil, 334
relações entre o conquistador europeu e a mulher
   índia, 113
relações entre sinhô-moços e mulatinhas, 424
relações sexuais entre brancos dos "melhores
   estoques com escravas negras e mulatas", 531
semelhança entre a precocidade sexual observada
   no Brasil e no sul dos Estados Unidos, 461
sensualidade da mulher brasileira, segundo D.
   Domingo de Loreto Couto, 514
uniões consanguíneas entre os indígenas, 169
vida sexual indígena marcada por tabus e
   impedimentos, 170, 172

Sífilis
   como é vista no Japão, 112
   no Oriente, 112
   no sul dos Estados Unidos, no séc. XIX, 400
   proliferação na Europa, 182

Sífilis no Brasil
   ação sobre as negras, 400
   causadora do aumento da mortalidade infantil, 450
   controvérsia sobre sua origem, 153
   estatísticas de crianças sifiléticas no séc. XIV,
   estudos modernos sobre a, 483
   maior incidência entre brancos do que em negros
      e mestiços, segundo Oscar da Silva Araújo, 496
   "mulatos doentes", 34
   origem francesa, segundo Oscar da Silva Araújo,
      111
   origem, segundo Milton Rosenau, 153
   terapêutica: depuração através de relações com
      negrinhas virgens, 400
   testemunho de J. F. X. Sigaud, 152
   testemunhos médicos do séc. XIX, 400

Sobrenatural no Brasil, 212

"Sobrinhos" (filhos de padres), 533
Sociedade colonial brasileira
   no sentido de Sorokin, 126
   origem, 65
Sociedade portuguesa
   dissolução moral após o séc. XV, 333
Sociedades primitivas
   secretas, 188
Sociologia genética e psicologia sexual
   especialidades de Havelock Ellis, 168
Sodomia
   na Itália renascentista, 405
   no Brasil Colônia, 189, 404
Solo brasileiro
   pobreza de cálcio, 105
Subcolônias dentro do Brasil, 88
Superstições
   brasileiras, 250, 251
   no sul do Brasil, 412
Surrão, 413

T

Tapioca, 192
"Tara étnica inicial", 81
Tartaruga
   complexo alimentar de herança indígena, 195
Taylorismo
   arremedo brasileiro nos engenhos, 107
Testes de inteligência, 379, 380
Tipoia, 202
Tipologia psicológica e índios e negros, 371
Transporte marítimo
   difusor de traços orientais no Brasil, 123
   importância para Portugal, 122
   interesses portugueses e brasileiros no séc. XVII,
      123
Tratado de Methuen, 315
Trigo
   vencido pela mandioca, 191
Tupi
   micção e defecção, 182
   sodomia, 189
   um dos grupos indígenas principais, 166
   uniões incestuosas, 171
Tupinambá
   ausência de repressões dos pais aos filhos, 208

hipertrofia do pênis, 170
homomixia, 188
"muitos bárbaros" de entendimento, 214
repugnância pelas letras, 214
trabalho dos homens, 183
Tutu de feijão mineiro, 549

U

Ulotrichi africani, 387
Urucu
 meio de proteção contra luz e calor tropicais, 173, 241

V

Vatapá, 545
Vermelho
 cor comum no trajo das mulheres do interior, 173, 175
 preferência brasileira tem origem ameríndia, 175
Vestuário
 africano: sob forte influência maometana, 396
 desleixo por parte dos portugueses, 301
 dos escravos domésticos, descrito nos anúncios de escravos fugidos, 529
 falta de adaptação ao clima no Brasil, 504
 falta de adaptação no Brasil, 503
 impróprio para o clima brasileiro nos sécs. XVI, XVII e XVIII, 503
 na Europa nos sécs. XVI e XVII, 340
 relação com a mortalidade infantil no Brasil, 450
 simulação de grandeza no Brasil, 529
 simulação de riqueza, 319
Vida familiar no Brasil
 testemunho de Maria Graham, 425
Vida sentimental das sinhazinhas, 422, 423
Vinagrada, 213
Violão
 na vida musical patriarcal, 427
Virgindade
 preconceitos em relação à, 429

Z

Zoologia folclórica
 falta de designação de espécies animais, 202

Índice onomástico

A

ABBEVILLE, Claude d', 189, 245
ABREU, João Capistrano de, 35, 53, 61, 100, 103, 134, 136, 142, 143, 144, 146, 147, 152, 160, 233, 240, 242, 243, 244, 476, 554, 578, 579, 587, 590
ADORNO, Joseph, 430
AGUIAR, Durval Vieira de, 135, 575
AGUIAR, Francisco Xavier da Costa, 534
AGUIAR, Marquês de, 143, 582
AINSWORTH, L., 497, 590
ALAFE, Pelágio Iban, 293
ALBUQUERQUE, Afonso de (o terrível), 405
ALBUQUERQUE, Alexandre de, 351
ALBUQUERQUE, Antônio José de Sá e, 362
ALBUQUERQUE, Catarina de, 360, 494
ALBUQUERQUE, Francisco Casado de Holanda Cavalcanti de, 61
ALBUQUERQUE, Jerônimo de, 110, 132, 361, 425, 524, 526
ALBUQUERQUE, Manuel Cavalcanti de, 144
ALBUQUERQUE, Maria Maia de, 360
ALEIJADINHO, 379
ALENCAR, José de, 49, 50, 590, 591
ALENCAR, padre Martiniano de, 566
ALIKHANIAN, S., 468, 626
ALLPORT, Gordon W., 465
ALMEIDA, A. Osório de, 126, 241, 463, 626, 627
ALMEIDA, José Américo de, 140, 460, 496
ALMEIDA, Manuel Antônio de, 50, 591
ALMEIDA, Miguel Calmon du Pin e, 61, 576
ALMEIDA, Pires de, 224, 257, 262, 591
ALMEIDA, Renato de, 572, 591
ALMEIDA, Tito Franco de, 475
ALSTEIN, Pierre-Ignace-Liéven van, 617
ALTAMIRA, Rafael, 118, 591
ÁLVARES, Alberto, 344
ÁLVARES, Diogo, 110
ÁLVARES, Siman, 147
ALVAREZ, Fruitoso (Vigário de Matoim), 405
ÁLVARO Neto, 429, 430
ALVES, Castro (Antônio C.A.), 473
ALVES, conselheiro Rodrigues, 351
AMADO, Gilberto, 141, 481
AMARAL JÚNIOR, Amadeu, 486, 627
AMARAL, Amadeu, 410
AMARAL, Azevedo, 81, 82, 83, 89, 110, 111, 131, 137, 591
AMARAL, Brás do, 475, 627
AMARAL, F. P. do, 123, 456, 591
AMARAL, Luís, 350, 591
AMARAL, Vasquez, 262
AMARANTE, São Gonçalo do, 84, 302, 326, 327, 328, 329
AMORIM, coronel Paulo de, 359
AMORIM, padre, 566
ANCHIETA, padre José de, 48, 49, 62, 101, 102, 147, 149, 161, 168, 169, 171, 205, 214, 217, 221, 240, 244, 247, 256, 260, 365, 429, 576, 627
ANDRADA, Martim Francisco de, 288, 295, 347
ANDRADE JÚNIOR, José Bonifácio Caldeira de, 507, 576
ANDRADE, Alfredo Antônio de, 141, 148, 627
ANDRADE, Almir de, 133, 591
ANDRADE, Elói de, 473
ANDRADE, Mário de, 239, 572, 627
ANDRADE, padre Patrício Manuel Bueno de, 534
ANDRADE, Rodrigo Mello Franco de, 54
ANREP, G. V., 467
ANSELMO (negro), 394, 395, 478, 552, 572
ANTÃO, Santo, 181
ANTÔNIA (escrava), 437
ANTONIL, padre André João, 142, 272, 344, 426, 456, 474, 487, 490, 496, 517, 530, 539, 567, 577
ANTÔNIO, Santo, 39, 303, 304, 326, 328, 394, 429, 480, 492, 520
APERT, 466, 591
AQUINO, Santo Tomás de, 248, 591
ARAGÃO, Baltazar de, 362, 364
ARAGÃO, Egas Moniz de, 456, 496, 591
ARAGON, 468, 627
ARARIPE JÚNIOR, 389, 591
ARARIPE, Tristão de Alencar, 59, 627
ARARUAMA, Visconde de, 59
ARAÚJO, André Dias de, 360
ARAÚJO, H. C. de Sousa, 191, 249, 627
ARAÚJO, Oscar da Silva, 111, 112, 152, 154, 402, 483, 496, 591, 592
ARAÚJO, Rodolfo, 362
ARCOVERDE, Dona Maria Espírito Santo, 425
ARGERIQUIZ, Egas Abdallah, 293
ARMITAGE, F. P., 34, 56, 139, 373, 466, 592
ARNOLD, Matthew, 485
AROUCHE, General, 225
ARRAES, Monte, 637
ARRAIDE, Cristóvão de Mendonça, 137
ARRAIDE, João Pais de Mendonça, 137

ARROIO, Antônio, 119, 592
ARROYO, Leonardo, 637
ARZAM, 92
ASSIER, Adolphe d', 43, 60, 473, 559, 568, 576
ASSIS, Joaquim Maria Machado de, 49, 453, 495, 537, 592, 613
ASTRUC, 112
ATAÍDE, Tristão de, 138, 592
AULNOY, Mme. d', 333
ÁVILA, Bastos de, 480, 592
ÁVILA, Garcia d', 60, 284
ÁVILA, Pires d', 41
AVILKINSON, Thomas, 277
AVIS, Mestre de, 118, 275
AYALA, Francisco, 466, 592
AZEVEDO, Belchior Mendes d', 483
AZEVEDO, Fernando de, 592, 637
AZEVEDO, João Lúcio de, 29, 48, 101, 120, 121, 124, 146, 226, 256, 259, 260, 270, 274, 286, 289, 290, 297, 308, 311, 320, 324, 343, 345, 347, 349, 350, 355, 405, 484, 578, 592
AZEVEDO, Luís Correia de, 495, 555, 627
AZEVEDO, Pedro de, 91, 138, 592
AZEVEDO, Tales de, 145, 592

B

BACALHAU, Seixas, 362
BACELAR, Manuel da Costa, 564
BACO, 329, 356
BAENA, Antônio Ladislau Monteiro, 30, 55, 577
BAHIA, Arcebispo da, 434
BAKER, John, 170, 240, 593
BAKER, Paul E., 472, 593
BAKER, Ray Stannard, 471, 593
BALBI, Adrien, 121, 577
BALFOUR, A., 125, 627
BALLAGHE, J. C., 593
BANDEIRA, J. C. Sousa, 556, 568, 575, 593
BANDEIRA, Manuel, 52, 527, 545
BANDEMBORG, 92
BARATA, José do Carmo, 54, 355, 492, 564, 593
BARBALHO, coronel Fernão Bezerra, 511
BARBOSA, Clemente da Rocha, 361
BARBOSA, Francisco, 248
BARBOSA, Rui, 383
BAREWEL, 92
BARLÉUS, Gaspar de, 54, 384, 428, 474, 488, 577
BARNES, Harry Elmer, 469, 593, 603, 610
BARRETO, Ana Delfina Pais, 360
BARRETO, Antônio Alves Branco Moniz, 555
BARRETO, Antônio Francisco Xavier Pais, 362
BARRETO, Carlos Xavier Pais, 359, 360, 488, 627
BARRETO, Catarina de Mendonça Pais, 360, 361
BARRETO, Cristóvão Pais, 359, 362

BARRETO, Estevão Pais, 359
BARRETO, Francisco de Paula Pais, 360, 362, 494
BARRETO, João Francisco Pais, 360, 362, 489, 577
BARRETO, João Pais, 360, 362, 512
BARRETO, José Carneiro Pais, 494
BARRETO, José Maria Pais, 362
BARRETO, Luís do Rego, 559
BARRETO, Luís Pereira, 120, 570, 627
BARRETO, Manoel Xavier Pais, 359
BARRETO, Maria Isabel Pais, 360
BARRETO, Tobias, 537
BARROS, Francisco do Rego, 362
BARROS, Gama, 82, 121, 132
BARROS, J. Almeida, 566, 627
BARROS, J. J. Soares de, 121, 593
BARROS, José do Rego, 362
BARROS, Paulo de Morais, 593
BARROSO, Gustavo, 459, 496, 593
BARROW, John, 402
BARTHOLIN, 409
BASSET, John Spencer, 593
BASTIDE, Roger, 251, 481, 637
BASTO, Marquês de, 337, 519
BASTOS, Silva, 118
BATES, Henry Walter, 370, 371, 444, 463, 577
BATISTA, São João, 302, 303
BATISTA, V., 151, 593
BAUER, Erwin, 468, 470, 471, 593
BAXTER, 34
BEAN R, B., 378, 593
BEARE, O'Sullivan, 391
BECKER, Jerônimo, 234, 593
BECKFORD, William, 69, 267, 312, 354, 408, 427, 488, 577
BEDSFORD, Jay Barrett, 364, 593
BEETHOVEN, 378
BEJA, Sóror Mariana de, 59
BELL, Aubrey, 68, 69, 120, 267, 268, 343, 593
BELO, Júlio, 52, 151, 361, 577, 593
BENEDICT, Ruth, 56, 238, 354, 372, 466, 469, 593
BENEDITO XV, 488, 541
BENGALA, Aragão, 362
BENTINCK, 92
BENTO, Padre, 541, 566
BÉRINGER, Emile, 109, 120, 151, 152, 594
BERNARD, John, 465, 559, 594
BERNARDA, Maria, 52
BERNARDINELLI, W., 464
BERREDO, Bernardo Pereira, 146
BERTHELEMOT, 546
BERTIOGA, Pascoal Barrufo da, 243
BESTERMAN, Theodore, 239, 597
BETHAM-EDWARDS, 556
BETHELL, Leslie, 637
BEVILÁQUA, Clóvis, 232, 260, 594

BEYER, Gustavo, 150, 569
BEZERRA, Alcides, lxvi, 62, 589
BEZERRA, André, 63, 628
BEZERRA, Fernão, 511
BILDEN, Ruediger, 31, 34, 80, 124, 150, 159, 201, 233, 397, 434, 481, 483, 577, 628
BINGHAM, Hiram, 352, 628
BOA VISTA, Barão da, 131
BOAS, Franz, 31, 32, 34, 35, 55, 57, 377, 378, 379, 381, 441, 466, 469, 470, 471, 491, 594, 628
BOGART, Ernest Ludlow, 77, 129, 594
BOLDRINI, M., 470
BOND, Beverley W., 628
BOND, Horace Mann, 472, 594
BONFIM, Baronesa do, 490
BONFIM, Manuel, 85, 89, 90, 132, 137, 161, 164, 233, 259, 422, 487, 594
BONIFÁCIO, José, 433, 434, 435, 594, 637
BOREY, Thomas, 277
BORGES, Durval Rosa, 154, 483, 594
BOSH, 345
BOTE, Mangue la, 341, 364
BOTELHO, Adauto, 464
BOTELHO, Baltazar de Almeida, 359
BOUDITCH, H. P., 55, 628
BOULE, 345, 594
BOWMAN, Isaiah, 136, 560, 594
BRADFORD, 267
BRAGA, Teófilo, 119
BRAGANÇA, Mendes de, 293
BRANCO, Jorge de Castelo, 344
BRANDÃO JÚNIOR, F. A., 442, 491, 594
BRANDÃO, Alfredo, 130, 594
BRANDÃO, Frei Caetano, 335, 358
BRANDÃO, Ulisses, 108, 151, 594
BRANNEN, O. C., 560, 595
BRANNER, John Casper, 546, 570, 628
BRASIL, Moura, 483
BRIFFAULT, Robert, 595
BRITO PEIXE, 362
BRITO, Antônio Guedes, 99
BRITO, Lemos, 350, 595
BROCE, P. A., 595
BROWN, Francis J., 138, 352, 595
BROWN, Isaac, 464, 595
BROWN, W. Langdon, 374, 467, 595
BRÜHL, Levy, 256, 595
BRUNHES, Jean, 128, 595
BRUNO, Ernani Silva, 637
BRYANT, A. T., 379, 470, 628
BRYCE, James, 242, 269, 343, 595
BUCHANAN, 267
BUCKLE, 283, 301, 346, 354, 595, 600
BURET, F., 154, 595
BURGESS, W., 479, 577

BURITIS, 541
BURLAMAQUI, F. L. C., 61, 421, 456, 481, 487, 568, 577
BURTON, Richard F., 47, 299, 348, 390, 425, 429, 431, 476, 487, 489, 493, 502, 533, 538, 539, 549, 559, 564, 565, 567, 569, 571, 577
BYRON, 331

C

CABELEIRA (O), 412
CABO FRIO, Visconde de, 508
CABRAL, padre Joaquim, 565
CABRAL, Pedro Álvares, 83, 196, 229, 275
CAETANO, Batista, 143
CAJU, Cel., 362
CALABAR (Domingos Fernandes C.), 337
CALADO, frei Manuel, 558, 577
CALDCLEUGH, Alexander, 415, 432, 486, 489, 558, 565, 577
CALDERÓN, F. García, 322
CALHOUN, Arthur W., 368, 461, 463, 482, 496, 497, 531, 595, 605
CALISTO (preto), 503, 505
CALMON, Miguel, 351
CALMON, Pedro, 346, 595, 638
CALÓGERAS, Pandiá, 351, 476, 502, 554, 595
CALUGI, Vieiras de, 541
CALVERTON, 247
CÂMARA, Faelante da, 451, 495, 628
CAMARGO JÚNIOR, J. M., 475, 595
CAMARGO, Pedro Ortiz de, 426
CAMINHA, Pero Vaz de, 87, 125, 134, 175, 260, 637
CAMÕES, Luís de, 49, 321
CAMPOS, Barão, 492
CAMPOS, João da Silva, 356, 362, 595, 628
CAMPOS, Murilo de, 112
CAMPOS, Renato, 638
CAMPOS, Roberto de Oliveira, 641
CANANEIA, Bacharel de, 129
CÂNDIDO, Paula, 448, 449
CANDLER, John, 479
CANNON, Walter B., 42, 60, 595
CAPAREBA, Voltaire, 541
CAPITAIN, L., 259, 350
CARAPEBA, Voltaire, 541
CARBIA, Rómulo D., 122
CARDIM, padre Fernão, 98, 99, 100, 143, 144, 145, 146, 189, 200, 202, 205, 206, 207, 208, 209, 228, 229, 244, 251, 252, 253, 260, 341, 355, 365, 429, 507, 524, 558, 560, 562, 578
CARDOSO, Fonseca, 118, 120, 280, 345, 596
CARDOSO, Joaquim, 58, 628
CARDOSO, Manuel da Silveira Soares, 481
CARDOSO, Manuel Soares, 245, 629
CARDOSO, Vicente Licínio, 154
CARLOS V, da Espanha, 206

CARNEIRO, Edison, 596
CARNEIRO, José Fernando, 638
CARPENTER, 187, 248
CARPENTIER, Servacios, 385
CARVALHO, Alfredo de, 233, 253, 356, 409, 485, 554, 568, 584, 589, 596, 629
CARVALHO, padre Jacinto de, 259, 578
CARVALHO, Pânfilo de, 570
CASAL, Manuel Aires de, 125, 134, 142, 147, 243, 578
CASCUDO, Luís da Câmara, 486, 638
CASEMENT, Sir Roger, 391
CASTELLANI, Aldo, 127, 596
CASTELO, María, 122, 578, 590
CASTRO, Antônio Nobre de, 494
CASTRO, Joaquim Manuel de Morais e, 489
CASTRO, Josué de, 141, 144, 145, 146, 149, 596, 629
CASTRO, Luís Carlos Pereira de, 132, 607
CATARINA, Da., 425
CAVALCANTI, Antônio Jerônimo de, 427
CAVALCANTI, Felipe, 336, 405, 483
CAVALCANTI, Joaquim, 52
CAVALCANTI, Pedro, 572
CAVALCANTI, Samuel Hardman, 172
CAXITO, Chico de, 568
CEDRO, Luís, 523, 561, 629
CEPEDA, padre Bento José, 507, 532, 555, 578
CEREJEIRA, padre M. Gonçalves, 343, 354, 596
CÉU, sóror Violante do, 302, 348
CHAMBERLAIN, Alexander Francis, 199, 250, 252, 253, 596, 603
CHAMBERLAIN, Houston Stewart, 116, 154, 307, 349, 596
CHAMPLAIN, 199
CHAVES, Antíogenes, 487, 629
CHAVES, Eurico, 541
CHAVES, Luís, 125, 241, 328, 356, 596
CHAVES, Nelson, 358, 629
CHILD, C. N., 596
CHITTENDEN, 466
CHOCOLATE, Barão de, 361
CHRICTON-BROWNE, 354
CIANCIO, Nicolau, 152
CIDADE, Hernani A., 638
CINTRA, Assis, 557, 596
CLARA, 512
CLARK, Oscar, 483, 596
CLÁUDIO, Afonso, 263, 571, 629
CLENARDO, 317, 318, 343, 354, 528
COCKERAN, Martin, 277
CODRINGTON, Christopher, 388
COELHO, Duarte de Albuquerque, 48, 70, 80, 83, 86, 132, 284, 298, 425, 559, 578
COELHO, Gonçalo, 346
COELHO, Nicolau sargento-mor, 511
COIMBRA, Estácio, 52, 62
COLOMBO, Cristovão, 248

COLTON, Walter, 432, 489, 579
COMTE, Auguste, 536
COMTE, Charles, 536, 537, 566, 579
CONTENDAS, Baronesa de, 490
COOK, O. F., 351, 596
COREAL, François, 276, 345, 429, 488, 513, 520, 557, 561, 579
CORNILLI, J. J. J., 150, 596
CORREIA, A. A. Mendes, 82, 118, 119, 120, 121, 132, 278, 281, 344, 345, 346, 594, 596, 597
CORREIA, Alberto C. Germano da Silva, 121, 597
CORREIA, C. Cunha, 344, 596
CORREIA, Ernani, 145, 629
CORREIA, Francisco Antônio, 124, 131, 597
CORREIA, Gaspar, 112
CORREIA, Lindolfo, 566
CORREIA, padre J. Alves, 255
CORTESÃO, Jaime, 119, 131, 597, 638
COSME, 527, 541
COSTA, Antônio Correia de Sousa, 141
COSTA, Bento José da, 42
COSTA, Dante, 141
COSTA, Domingos da, 147
COSTA, Emília Viotti da, 638
COSTA, Henrique de Moura, 154, 629
COSTA, Lúcio, 44, 61, 560, 629
COSTA, Pereira da, 365, 485, 597, 629
COTEGIPE, Barão de (João Maurício Wanderley), 336, 537
COTRIM, Eduardo, 351
COUCH, William, 127, 476, 597
COULANGES, Fustel de, 138
COUTINHO, Bispo de Azeredo, 428, 500
COUTINHO, Rui, 141, 148, 151, 354, 467, 478, 571, 591, 597, 609, 629, 634
COUTO, D. Domingo de Loreto, 511, 512, 514, 515, 527, 557, 563, 630
COUTY, Louis, 140, 141, 597, 630
COWAN, Andrew Reid, 99, 142, 597
CRAWFORD, W. Rex, 262
CRAWLEY, Ernest, 168, 239, 240, 398, 481, 483, 597
CREARY, Reverendo, 331, 332, 357, 579
CRÉVAUX, Jules, 108, 173, 579
CRISTÓVÃO FUMAÇA, 362
CRULS, Gastão, 108, 151, 173, 232, 234, 235, 241, 263, 597
CUNHA, Alberto da, 141, 630
CUNHA, Ambrósio Leitão da, 361
CUNHA, Augusto Lassance, 401, 483, 579
CUNHA, D. Nuno da, 406
CUNHA, Euclides da, 89, 107, 108, 135, 137, 249, 597
CUNHA, Francisco, 579
CUNHA, Higino, 576
CUNHA, Mário Wagner Vieira de, 239, 597
CUNNINGHAM, J. T., 467, 468, 597
CURINGA, Maria, 52

CURSAÍ, Ioiô de, 568

D

DABADIE, 47, 513
DALGADO, D. G., 120, 127, 331, 357, 358, 597
DAMASCENO, Atos (A. D. Ferreira), 145, 481, 598
DAMIÃO, 527, 541
DAMPIER, William, 255, 276, 319, 345, 355, 516, 520, 545, 558, 570, 579
DANIEL, padre João, 207, 208, 250, 252
DANTAS, José Cupertino, 576
DANTAS, Júlio, 349, 406, 443, 484, 491, 598
DANTAS, Pedro, 89, 136
DARWIN, Charles, 227, 359
DAS, Rajani Kanta, 497, 598
DAUNT, Ricardo Gumbleton, 494
DAVENPORT, C. B., 441, 469, 470, 598
DE SIMONE, Dr., 449
DEBBANÉ, Nicolas J., 281, 296, 298, 347, 348, 598
DEBRET, Jean-Baptiste, 50, 58, 64, 156, 264, 498, 579
DELAFAGE-BREHIER, Mme. Julie, 62, 598
DELPECHE, Adrien, 598
DEMMOLINS, Ed., 127
DENDY, Arthur, 55, 56, 377, 467, 598, 628
DÉNIS, Ferdinand, 349, 579
DEODATO, Alberto, 356, 598
DESSOIR, Max, 113, 154
DETLEFSEN, J. A., 598
DEWEY, John, 465
DEXTER, Edwin Grant, 73, 128, 598
DIAS, Carlos Malheiros, 82, 122, 129, 351, 598
DIAS, Cícero, 52, 54, 253, 580, 638
DIAS, Cristovão, 137
DIAS, Gonçalves, 242, 598
DIAS, Henrique, 384
DIEGUES JÚNIOR, Manuel, 598
DOMINGUES, Edgar, 52
DONNAN, ELizabeth, 475, 476, 580
DOOD, W. E., 598
DÓRIA, José Rodrigues da Costa, 479
DORNAS FILHO, João, 262, 263, 598, 638
DOYLE, Bertran W., 472, 598
DREYS, Nicolau, 37, 57, 488, 598
DUARTE, Eustáquio, 572, 638
DUARTE, José Rodrigues de Lima, 141, 581
DUBOIS, W. E. B., 471, 599
DUNLOP, Raoul, 368, 465
DURHAM, 283, 343, 346

E

ECKARDT, Carl Conrad, 131, 599
EDMUNDO, Luís, 358, 447, 493, 502, 532, 542, 554, 555, 569, 578, 599, 619, 623

EDUARDO III da Inglaterra, 316
EDWARDS, Miss Betham, 164, 556, 599
EGAS, frade, 292
EGERTON, 350
EHRENREICH, Paul, 164, 236, 599
ELKINGTON, 72
ELLIS JÚNIOR, Alfredo, 56, 60, 94, 106, 139, 149, 150, 233, 297, 298, 347, 480, 533, 534, 565, 599
ELLIS, A. B., 413, 486
ELLIS, Ellen Deborah, 350, 599
ELLIS, Havelock, 168, 183, 239, 240, 398, 481, 483, 599
ENGELHARDT, frei Zephyrin, 215, 254, 599
ENGELMAN, G. J., 358, 630
ENGRÁCIA, padre Júlio, 471, 599
ERASMO de Rotterdam, 182
ESCHWEGE, 390, 476, 492
ESCUDERO, Pedro, 34, 56, 630
ESPERANÇA, 541
ESTÊVÃO, Carlos, 234
ESTRABÃO, 314, 354
ESTRELA, Baronesa da, 490
ÉTIENNE, Abbé Ignace Brazil, 254, 382, 393, 472, 478, 630
EVIN, Paul-Antoine, 599
EVREUX, Ives d', 125, 181, 189, 244, 245
EWBANK, Thomas, 450, 526, 563, 581
EXPILLY, Charles, 47, 513

F

FAITHFUL, Theodore J., 187, 246, 247, 599
FALCÃO, André Dias de Arruda, 52, 54
FALCÃO, Gerôncio Dias de Arruda, 52, 54, 62
FANFANI, Amintore, 242, 599
FARIA, Manuel de Severim de, 121, 320, 599
FARIA, Otávio de, 154
FARIA, padre, 507
FARIA, Sebastião de, 341
FAURE, E., 470, 599
FAUX, William, 599
FAZENDA, José Vieira, 50, 630
FEHLINGER, H., 170, 239, 599
FELDMAN, Herman, 599
FERENZI, Imre., 131, 600
FERGUSON, J., 638
FERNANDES, Aníbal, 62
FERNANDES, Antônia, 406
FERNANDES, padre Baltasar, 149
FERNANDES, Florestan, 638
FERNANDES, Gonçalo, 241
FERNANDES, Gonçalves, 473, 600
FERNANDO, D., 118, 119, 275, 291, 293, 296, 305, 312
FERRAZ, Álvaro, 464
FERREIRA, Costa, 118, 630
FERREIRA, Pedro Paranhos (Pedro Bode), 52, 362
FERREIRA, Tito Lívio, 639

FIALHO, Dom Frei José, 327, 328, 355, 428, 488, 528, 530, 563, 564, 586
FIGUEIREDO, Fidelino de (F. de Sousa F.), 321, 354, 355, 600
FIRMINO, padre, 566
FISCHER, Eugen, 468, 469, 470, 471, 593, 600
FLANDERS, Ralph B., 476, 497, 600
FLEIUSS, Max, 53
FLEMING, E. K. Le, 148, 600
FLETCHER, J. C., 47, 383, 391, 420, 473, 487, 499, 554, 572, 581, 583
FLORÊNCIA, Maria, 359
FONSECA FILHO, Olímpio da, 112
FONSECA, Antônio A. da, 338, 339
FONSECA, Borges da, 47, 362, 487, 562, 600, 627
FONSECA, J. A. Aquino, 362
FONSECA, Joaquim Moreira da, 358, 581
FONSECA, L. Anselmo da, 421, 487, 600
FONSECA, padre Manuel, 399, 600
FONSECA, Pedro P. da, 565, 581
FORMAN, Henry C., 497
FRANÇA JÚNIOR, 50
FRANÇA, Eduardo d'Oliveira, 639
FRANCISCA, Margarida, 488
FRANCISCO DE ASSIS, São, 215, 216
FRANCISCO, Martim, 288, 295, 346, 347, 630
FRANCO, Afonso Arinos de Melo, 134, 252, 254, 261, 262, 600
FRANCO, Francisco de Melo, 491, 582
FRANK, Waldo, 119, 370, 463, 630
FRAZER, J. G., 256
FRAZIER, E. Franklin, 130, 472, 600, 630
FREEMAN, E. A., 118, 380, 600
FREER, Arthur S. B., 215, 254, 600
FREIRE, Junqueira (Luís José J. F.), 473
FREITAS, padre Antônio, 565
FREITAS, João Alfredo de, 251, 600
FREITAS, José Antônio de, 223, 258, 600
FREITAS, Otávio de, 572, 630
FREUD Sigmund, 357, 601
FREYRE, Alfredo, 52
FREYRE, Gilberto, 58, 119, 122, 132, 134, 138, 146, 253, 262, 343, 345, 355, 363, 487, 493, 560, 568, 601, 603, 631, 639
FRÉZIER, 349, 513, 530, 557, 561, 564, 582
FRIEDERICI, George, 131, 601
FRIGIDEIRA, Capitão, 458
FROBENIUS, Leo, 164, 236, 238, 239, 369, 392, 602
FROGER, Sr., 147, 329, 513, 530, 532, 564, 582
FURTADO, Jerônimo de Mendonça, 362, 427

G

GAFFAREL, Paul, 127, 244, 584, 602
GAINES, Francis P., 496, 602
GALTON, Francis, 469, 602
GALVÃO, Fonseca, 541

GAMA, padre Fernandes, 448, 493, 568, 602
GAMA, padre Miguel do Sacramento Lopes, 363, 417, 421, 422, 433, 434, 453, 454, 457, 486, 490, 495, 496, 506, 508, 532, 555, 582
GAMA, Vasco da, 112, 275
GANDAVO, Pero de Magalhães, 49, 144, 228, 253, 260, 365, 558, 582
GANIVET, Angel, 321, 602
GARCÍA, J. Uriel, 235
GARCÍA, Louis Pericot y, 234, 602
GARCIA, Nunes, 449
GARCIA, Rodolfo, 53, 61, 139, 143, 240, 250, 364, 558, 578, 579, 587
GARDNER, George, 47, 53, 348, 391, 476, 565, 582
GASPAR, Frei, 296
GATTINA, Frei Miguel Ângelo de, 560
GENER, Pompeyo, 317, 354, 602
GIDDINGS, Franklin, 343
GIEDION, Siegried, 248, 611, 615
GILKS, J. L., 478, 634
GILLESPIE, James E., 364, 602
GINSBERG, Morris, 465, 602, 604
GOBINEAU, Conde de, 471
GODOFREDO FILHO, 570
GOELDI, Emílio, 204, 257, 631
GOETHE, 378
GOETZ, Walter, 255, 631
GOIANA, Barão de (José Correia Picanço), 568, 634
GOLDENWEISER, Alexander A., 187, 230, 231, 236, 247, 248, 260, 380, 397, 470, 471, 481, 631
GOMES, Azevedo, 352, 602
GOMES, Bernardino Antônio, 402, 403, 448
GOMES, Lindolfo, 486
GOMES, Luís Sousa, 134, 602
GONCOURT, Irmãos (Edmond e Jules), 44
GONDIM, Oliveira, 554
GOODWIN, Philip L., 57, 602
GORDON, Eugene, 639
GÖRGEN, Hermann M., 639
GOULD, 34
GOUVÊA, Padre Cristovão de, 205
GOUVEIA, Diogo de, 323
GRAHAM, Maria, 43, 47, 53, 60, 101, 146, 336, 396, 425, 431, 432, 459, 474, 487, 489, 492, 496, 514, 520, 527, 532, 552, 557, 564, 572, 582
GRAHAM, Richard, 639
GRANT, Madison, 125, 602
GRAY, Lewis C., 497, 560, 602
GRAYDON, Clint, 546
GREGÓRIO, Papa, 360
GREGORY, John W., 72, 73, 125, 126, 127, 602, 631
GRIECO, Agrippino, 62, 408, 485, 631
GRIFFING, John B., 494, 631
GUARINOS, Sempere y, 283
GUATUSMUS, Patrício, 277

GUERRA, Ramiro, 497, 602
GUEVARA, Francisco Maldonado, 233, 234, 603
GUICCIARDINI, Francisco, 309, 319
GUIMARÃES, Francisco Pinheiro, 49, 603
GURVITCH, Georges, 639
GUSMÃO, Alexandre de, 318
GUYER, M. F., 377, 467

H

HADDON, A. C., 280, 346, 375, 386, 467, 469, 470, 475, 603, 605
HAKLUYT, Richard, 138, 147, 345, 575, 582, 587
HALL, G. S., 212, 253, 603
HAMBLY, Wilfrid, 238, 244, 463, 475, 477, 603
HANDELMANN, H., 91, 125, 138, 272, 277, 344, 345, 472, 490, 557, 603
HANKE, Lewis, 122, 255, 603
HANKINS, F. H., 470, 471, 603, 632
HANKINS, William, 277
HANNS, Julius, 128, 603
HARING, C. H., 639
HARMAND, Jules, 255, 603
HARRIS, A. L., 471, 603, 620
HARTLAND, Edwin Sidney, 211, 253, 603
HAYES, Ricardo Sáenz, 154, 603
HEAPE, W., 483
HEARN, Lafcadio, 150, 603
HELPS, Arthur, 122, 604
HENDERSON, James, 54, 146, 489, 604
HENRIQUES, Clara, 512
HENRIQUES, Francisco da Fonseca, 444, 447, 491, 493, 582
HENRIQUES, Maria, 512
HERCULANO, Alexandre, 67, 119, 125, 266, 270, 287, 293, 332, 343, 344, 347, 354, 358, 399, 482, 590, 604
HERNANDEZ, Pablo, 234, 604
HERRICK, A. J., 56, 604
HERRMANN, Lucila, 632
HERSKOVITS, Melville J., 233, 236, 237, 238, 369, 391, 392, 463, 471, 477, 602, 604, 632
HERTWIG, Oskar, 467, 468, 604
HERTZ, A. F., 378, 470, 604
HESS, A. F., 148, 604
HINMAN, George W., 255, 604
HIRSCHFELD, M., 470, 604
HOBEY, C. W., 256, 604
HOBHOUSE, L. T., 236, 604
HOEHNE, F. C., 146, 604
HOLANDA, Arnau de, 359
HOLANDA, Sérgio Buarque de, 26, 52, 131, 132, 134, 139, 254, 350, 351, 353, 604, 605, 620, 638, 639
HOLMES, Oliver Wendel, 55
HOLMES Jr. Urban Tigner, 352, 605
HOLMES, S. J., 470, 605
HOMEM, Dr. Antônio, 308

HOOTON, E. A., 469, 470, 605
HOSTÍLIO, Tulo, 226
HRDLICKA, Ales, 55, 153, 373, 466, 605, 632
HUM BRASILEIRO, 555, 584
HUNDLEY, D. R., 497, 605
HUNT, 378
HUNTINGTON E., 72, 73, 127, 128, 148, 380, 404, 605
HUXLEY, Julian, 469, 470, 603, 605

I

IAGO, Santo, 356
IBSEN, Henri, 378
IMBERT, J. B. A., 140, 444, 445, 446, 448, 491, 492, 493, 518, 559, 582
IRELAND, Alleyne, 127, 605
ISAÍAS, 307
ISIDORO, Santo, 304
IVANOVSKY, A., 55, 632

J

JACOBUS, 358, 607
JAMES, Preston, 640
JANSON, 400, 482, 605
JANUÁRIO, Antônio, 360
JARDIM, Luís, 52
JENKS, Leland H., 497, 605
JENNINGS, H. S., 56, 605
JEQUITINHONHA, Visconde de, 541
JESUS, André de, 526
JESUS, Francisca Joaquina de, 360
JESUS, Joana de, 512
JESUS, Manuel Tomé de, 47, 54, 522, 523, 525, 526, 561, 562, 585, 589
JOANA (escrava), 421
JOÃO BELEZA, 362
JOÃO III, Dom, 70, 323
JOÃO V, Dom, 406, 445, 554
JOÃO VI, Dom, 526, 535, 557
JOÃO, Bispo de Pernambuco, D., 523
JOAQUIM, Padre, 565
JOAQUINA, Dona Carlota, 557
JOBIM, José Martins da Cruz, 140, 562, 572, 583
JOHNSON, Charles S., 471, 472, 605, 615, 616
JOHNSON, James W., 472, 605
JOHNSON, John, 605
JOHNSTON, J. F., 261
JOHNSTON, Sir Harry H., 391, 476, 477, 605, 636
JOSA, Gry, 605
JOUSSET, A., 358

K

KAMMERER, P., 377, 467, 468, 605
KANT, Immanuel, 378
KARSTEN, Rafael, 125, 167, 173, 175, 176, 208, 210, 232, 235, 239, 242, 247, 252, 263, 606
KEITH, Arthur, 42, 60, 470, 606, 632
KELLER, Albert Galloway, 127, 144, 260, 606
KELLER, C., 127, 606
KELSEY, Carl, 127, 128, 380, 403, 470, 471, 483, 606
KENNEDY, Louise Venable, 475, 606, 618
KEYSERLING, Conde Hermann de, 67, 119, 266, 268, 632
KIDD, Benjamin, 73, 126, 606
KIDDER, D. P., 47, 420, 473, 487, 554, 581, 583
KINDERSLEY, Mrs., 428, 429, 430, 488, 520, 583
KIMPTON, Henry, 148, 604
KINSEY, 267
KLINEBERG, Otto, 465, 470, 606
KOCH-GRÜNBERG, Theodor, 164, 176, 200, 235, 239, 242, 583
KOEMPFER, Engelbert, 112
KOPPERS, 619
KORDON, Bernardo, 235, 606
KOSTER, Henry, 47, 53, 151, 161, 277, 419, 420, 421, 436, 438, 439, 451, 472, 474, 487, 490, 495, 502, 533, 547, 563, 571, 583
KRAUSE, Fritz, 164, 173, 235, 236, 583
KROEBER, A. L., 164, 369

L

LA BARBINAIS, Le Gentil de, 147, 327, 329, 356, 529, 530, 531, 532, 537, 563, 564, 567, 583
LABOREIRO, Castro, 280
LABORIE, P. T., 497, 606
LA CAILLE, Abade de, 307, 349, 532, 564
LACERDA, Carlos, 234, 606
LACOMBE, Lourenço L., 60, 632
LAET, João de, 384, 385, 583
LAKHOVSKY, Georges, 470, 606
LALLEMANT, Dr., 449
LAMBERT, Jacques, 640
LAMEGO FILHO, Alberto, 61, 147, 606
LAMEGO, Alberto Ribeiro, 59, 134, 147, 578, 606
LANDMAN, G., 469, 638
LANNOY, Charles de, 124, 131, 606
LAPA, José Roberto do Amaral, 640
LAPOUGE, Vacher de, 469, 471, 533, 534
LARA, Padre, José de Almeida, 556
LAS CASAS, Bartolomé de, 234, 596
LATIF, Mirian de Barros, 145, 481
LAVAL, Francisco Pyrard de, 341, 362, 364, 513, 520, 529, 557, 606
LAVOLLÉE, Charles, 357, 490, 606
LAVRADIO, Barão de (José Pereira Rego), 448, 449, 483, 583
LAVRADIO, Marquês de, 584
LAVRINHA, Joaquim, 541
LAYTANO, Dante de, 145, 632
LE LANNON, Maurice, 640
LEAKES, H. Martin, 351, 606
LEAL, A. Henriques, 132, 258, 607, 633
LEÃO, A. Carneiro, 152, 607
LEÃO, Duarte Nunes de, 121, 607
LEÃO, família Carneiro, 540
LEÃO, Fernando Carneiro, 557
LEÃO, Luís Filipe de Sousa, 494
LEGENDRE, M., 155, 607
LEITÃO, Antônio de Oliveira, 510, 511
LEITE FILHO, Solidônio, 136, 607
LEITE, Da. Verônica Dias, 510
LEITE, Dante Moreira, 640
LEITE, Padre Serafim, 254, 259, 607, 633
LEME, Apolinário, 339
LEME, Cardeal D. Sebastião, 338
LENTZ, Fritz, 468, 470, 471, 593
LEONOR, Rainha D., 305
LEROY-BEAULIEU, Paul, 80, 131, 350, 607
LÉRY, Jean de, 47, 176, 181, 182, 183, 189, 190, 209, 210, 229, 244, 245, 248, 249, 251, 252, 260, 448, 584
LESSA, Clado Ribeiro de, 561, 633
LEVENE, Ricardo, 235, 607
LEWINSON, Paul, 472, 607
LEWIS, E. W., 471, 607
LEWIS, M. S., 497, 607
LIMA JÚNIOR, Andrade, 464, 600
LIMA JÚNIOR, Augusto, 145, 481
LIMA, A. J. Barbosa, 506
LIMA, Abreu e, 481, 568
LIMA, Da. Angelina Barros de Andrade, 570, 587
LIMA, Da. Flora Cavalcanti de Oliveira, 487, 490
LIMA, J. F. de Araújo, 97, 140, 192, 193, 195, 249, 633
LIMA, Joaquim Barbosa, 506
LIMA, Manoel de Oliveira, 53, 62, 91, 138, 139, 152, 213, 245, 351, 578, 607
LIND, Andrew W., 144, 607
LINDLEY, Thomas, 518, 559, 571, 584
LINS, Leopoldo, 453, 490, 576
LINS, Sinval, 139, 140, 141, 241, 633
LIPPMANN, Edmund von, 607
LIPPOMANI, 125, 268, 314, 590
LISBOA, João Francisco, 132, 259, 260, 554, 607
LITTLE, 377, 468
LOBATO, Vasco Rodrigues, 341
LOBO, A. Costa, 121, 320, 355, 607
LOBO, Roberto Jorge Haddock, 140, 573, 584
LOCKE, Alain, 472, 621
LOMBA, Baltasar de, 248
LOPES, Cunha, 464, 607, 633
LOPES, Renato Sousa, 141, 607
LORIN, Henri, 259, 350, 595, 607

LOS RIOS, A. Morales de, 363
LOURO, Estanco, 301, 348, 607
LOVETUS, A. S., 604
LOWIE, Robert H., 181, 235, 244, 381, 472, 607, 633, 634
LOYOLA, Santo Ignácio de, 115, 116, 154, 155
LUCCOCK, John, 146, 430, 450, 489, 494, 495, 500, 550, 554, 584
LUÍS XIV, 181
LUÍS, Cristóvão, 359
LUÍS, Washington, 46, 47, 106, 137, 362
LUNA, padre-Mestre, Lino do Monte Carmelo, 562, 584
LUSITANO, Anato, 282
LUTERO, 378
LYCEL, Sir Charles, 497, 607
LYDE, L. W., 153, 463, 633
LYLE, Saxon, 497, 607
LYSSENKO, T. D., 468, 626, 633, 634

M

MAC LEAD, William C., 233, 234, 255, 608
MACEDO JÚNIOR, Dr. João Álvares de Azevedo, 400, 482, 567, 584
MACEDO SOARES, A. J., 486
MACEDO, Ferraz de, 68, 119, 280, 608
MACEDO, Joaquim Manuel de, 49, 423
MACEDO, Ribeiro de, 320, 608
MACEDO, Sérgio D. T., 356, 357, 491, 567, 570, 608
MACHADO FILHO, Aires da Mata, 262, 473, 608, 633
MACHADO, Alfredo, 54,
MACHADO, António de Alcântara, 106, 137, 149, 525, 555, 562
MACHADO, Brasílio, 258, 608
MACIVER, R. M., 608
MADUREIRA, J. M. de, 608
MAESTRI, R., 497, 608
MAFRENSE, Domingos Afonso, 284
MAGALHÃES, Basílio de, 162, 251, 485, 486, 608, 633
MAGALHÃES, Couto de, 191, 223, 246, 249, 257, 608
MAGALHÃES, Eduardo de, 141, 549, 571, 608
MAGALHÃES, Padre, 566
MAIA, Antônio de Sá, 494
MAIA, Manuel A. Velho da Mota, 584
MAIA, Maria Soares, 361
MAIOR, A. Souto, 362
MAIOR, Mário Souto, 642
MALHEIRO, Agostinho Marques Perdigão, 59, 259, 526, 539, 563, 567, 568, 578, 608
MALINOWSKI, Bronislaw, 252, 608
MANCHESTER, Alan P., 365, 633
MANDERE, Ch. G. J. van der, 497, 608
MANSFIELD, Charles B., 251, 332, 584
MARCHANT, Alexander, 124, 143, 144, 234, 606, 609, 633
MARCONDES, Moisés, 481, 584
MARETT, 188
MARIALVA, Marquês de, 408

MARIANO FILHO, José, 37, 57, 633
MARIANO, José, 348
MARICAS, Santos, 362
MARINEO, Lúcio, 319
MARINHO, Dr. Pena, 491
MARIZ, Celso, 565, 566, 609
MARKHAM, S. F., 121, 126, 609
MARROQUIM, Mário, 609
MARTIAL, René, 470, 609
MARTIN, Gaston, 475, 602
MARTIN, Percy Alvin, 30
MARTIN, R., 470, 609
MARTINEAU, Harriet, 497, 609
MARTINS JÚNIOR, J. Isidoro, 260, 609
MARTINS, Da. Amélia de Rezende, 481
MARTINS, Francisco Gonçalvez, 382
MARTINS, J. P. Oliveira, 121, 129, 320, 323, 355, 481, 609
MARTINS, Luís, 481
MARTINS, Silveira, 342
MARTIUS, C. F. Phil von, 151, 176, 236, 584, 585
MASON, O. T., 248, 633
MATA, Filipa da, 430
MATEUS, Morgado de, 141
MATHISON, Gilberto Farquhar, 520, 533, 550, 561, 566, 567, 585
MATOS, Gregório de, 50, 476, 591
MAURO, Frédéric, 640
MAWE, John, 47, 53, 431, 489, 514, 547, 550, 557, 585
MAXIMILIANO, Príncipe, 53, 549
McCARRISON, R., 354, 467, 609
McCAY, 56, 354, 466, 467, 609
McCOLLUM, E. V., 56, 354, 609
McDOUGALL, 370, 371, 376, 464, 465, 467
McKAY, Claude, 472, 609
MEAD, Margaret, 238
MEANS, P. A., 234, 609
MECKLIN, J. M., 472, 609
MEDINA, J. Ortega y, 641
MELLO, Ulisses Pernambucano de, 251, 480, 490, 613, 614
MELO NETO, José Antônio Gonsalves de, 52, 474, 610
MELO, André Vieira de, 511
MELO, Antônio da Silva, 359, 609
MELO, Antônio Joaquim de, 359, 610
MELO, Cícero Brasileiro de, 62, 541, 584
MELO, D. Cristovão de, 425
MELO, D. José Maria de, 427
MELO, Da. Filipa de, 425
MELO, Félix Cavalcanti de Albuquerque, 61, 493, 568, 585
MELO, Francisca de, 359
MELO, José Luís Pais de, 359, 360, 362
MELO, José Maria Carneiro de Albuquerque e, 54, 361, 593
MELO, Luís José de Carvalho e, 514

MELO, Manuela Luzia de, 360
MELO, Margarida Francisca Pais de, 359, 488
MELO, Maria, 359
MELO, Pessoa de, 53, 541, 545
MELO, Sebastião Antônio de Barros, 494
MENCKEN, Henry L., 48
MENDES JÚNIOR, João, 259, 610
MENDONÇA, Afonso Furtado de, 123
MENDONÇA, Antônio Dinis de, 494
MENDONÇA, Heitor Furtado de, 61, 241, 248, 587
MENDONÇA, Jacinto Pais de, 488
MENDONÇA, Marcos de, 585
MENDONÇA, Pascoal Leite de, 137
MENDONÇA, Renato, 486, 610
MENESES, Agrário de, 50
MENEZES, Diogo de Melo, 493
MENEZES, Paula, 482
MERCADAL, J. García, 252, 349, 354, 355, 358, 610
MEREA, Paulo, 347, 610
MERRIAM, C. E., 469, 593, 603, 610
MESQUITA, José de, 145, 481, 484, 634
MESSINA, Plácido de, 130, 131, 585
MÉTRAUX, A., 234, 235, 245, 472, 610, 640
MEY, Carmelo Viñas, 255, 610
MILLIET, Sérgio, 132, 251, 351, 634
MINAS, Marquês das, 501
MINDLIN, Henrique E., 640
MIRANDA, Pontes de, 287, 345, 346, 610
MITINE, A., 468, 634
MOLINARI, Diego Luís, 235, 610
MOLL, Albert, 113, 154, 358, 610
MONBEIG, Pierre, 134, 136, 481, 610, 640
MONTEIRO, A. P. Maciel, 362
MONTEIRO, Arlindo Camilo, 405, 484, 610
MONTEIRO, Luís Vaía, 389, 476
MONTEIRO, Tobias, 490, 556, 610
MONTELLO, Josué, 640
MONTESQUIEU, (Charles de Secondat M.), 334, 349
MONTOYA, padre Antônio Ruiz, 203, 210, 218, 251, 253, 257, 634
MOOG, Vianna, 640
MORAES, Rubens Borba de, 640
MORAIS FILHO, Melo, 394, 478, 611
MORAIS, Alexandre J. de Melo, 259, 555, 610
MORAIS, Eugênia Vilhena de, 258, 634
MORAIS, Evaristo de, 482
MORAIS, Lucas de, 480, 610
MORAIS, padre José de, 259, 610
MOREAU, Pierre, 564, 585
MOREIRA, Nicolau Joaquim, 491, 585, 634
MORISON, Samuel Eliot, 248, 611
MORNER, Magnus, 640
MORSE, Richard, 641
MOSCA, Gaetano, 560, 611
MOURA, Paulo Cursino de, 484, 611

MOZARÉ, Charles, 641
MOZART, 381
MUCKERMANN, S. J. H., 470, 611
MÜLLER, Hermann, 116
MULATINHO, Luís, 52
MUNTZ, Earl Edward, 233, 611
MURCHISON, Carl, 237, 463
MURRAY, 465
MYERSON, A., 56, 611
MYRDAL, Gunnar, 472, 611

N

NABUCO, Carolina, 490, 611
NABUCO, Joaquim, 41, 98, 141, 219, 258, 338, 363, 397, 399, 437, 480, 482, 490, 611
NABUCO, José Tomás, 362
NASCIMENTO, Alfredo, 493, 611
NASH, Roy, 63, 124, 132, 611
NASSAU, Conde Maurício de, 99, 103, 336, 385
NAVARRA, Margarida de, 181
NEGREIROS, André Vidal de, 427
NEIVA, Artur Hehll, 253, 611
NETO, Álvaro, 429, 430
NEUVILLE, Henri, 470, 611
NEVES, Antônio José Pereira das, 482, 586
NEVINS, Allan, 497, 611
NEWTON, A. R., 127, 131, 611
NICEFORO, A., 611
NIEBOER, H. J., 560, 611
NIETZSCHE, Friedrich, 304
NIEUHOF, John, 448, 493, 586
NIMUENDAJÚ, Curt, 235, 633, 634
NÓBREGA, padre Calisto, 566
NÓBREGA, padre Manuel de, 102, 128, 129, 146, 169, 222, 224, 228, 260, 515, 532, 558, 586
NOGUEIRA, João, 144
NORDENSKIÖLD, Erik, 468, 604, 611
NORDENSKIÖLD, Erland, 164, 204, 234, 235, 236, 252, 611
NORMANO, J. F., 136, 350, 560, 612
NORUEGA, Dr. Gerôncio de, 561, 629
NOVAIS, Américo, 222
NUNES, Leonardo, 137
NYSTROM, 378

O

OKAMURA, 112
OLIVEIRA, Cândido Batista de, 555, 586
OLIVEIRA, Carlos Estêvão, 234
OLIVEIRA, Domingos de, 240
OLIVEIRA, J. B. de Sá, 359, 383, 442, 473, 491, 612
OLIVEIRA, J. J. Machado de, 259, 634
OLIVEIRA, João Alfredo Correia de, 568, 634
OLIVEIRA, José Osório de, 56, 612

OLIVEIRA, Luís Camilo de, 562
OPPENHEIMER, Herta, 119
ORLANDO, Artur, 503, 505, 554, 612
ORNELAS, Manoelito de, 612
ORR, J. B., 478, 634
ORTIGÃO, Ramalho, 313, 314, 352, 354, 364, 612
ORTIZ, Fernando, 174, 242, 472, 475, 497, 612
OTÁVIO, Rodrigo, 345, 612

P

PADILHA, Francisco Fernandes, 141, 586
PAIS, Catarina Barreto, 361
PAIS, João, 361
PAIVA, Tancredo de Barros, 128, 612
PALACIOS, Padre Asin, 155, 612
PARETO, Vilfredo, 465
PARK, R. E., 466, 612
PASCUAL, A. D. de, 332, 358, 612
PAVÃO, Sales, 362
PAVLOV, 376, 467, 612
PAYNE, E. George, 138, 613
PAYNE, Edward J., 129, 613
PEARSON, Karl, 378, 469, 470, 613
PEÇANHA, Nilo, 537
PECK, E. P., 352, 634
PECKOLT, Theodoro, 107, 141, 150, 196, 249, 261, 481, 613
PEDRO I, D., 131, 434, 618, 638
PEDRO II, D., 59, 223, 271, 272, 339, 361, 362, 538
PEDROSO, Consiglieri, 125, 613
PEDROSO, Sebastião José, 299, 613
PEIXOTO, Afrânio, 121, 262, 330, 357, 368, 369, 463, 613, 634
PEIXOTO, Floriano, 114
PEIXOTO, Guimarães, 585
PENA, Belisário, 97, 140
PENA, Martins, 50
PENTA, Pascale, 113, 154, 613
PERALTA, Juan Suárez de, 255, 613
PERDIGÃO, João de Purificação Marques, 528
PEREIRA JÚNIOR, José Luciano, 547, 571, 586
PEREIRA, Astrojildo, 56, 355
PEREIRA, J. M. Esteves, 288, 311, 346, 347, 352, 613
PEREIRA, Juan Solórzano, 234, 613
PEREIRA, Lúcia Miguel, 49, 613
PEREIRA, Manuel Duarte, 120, 594
PEREIRA, Miguel, 97, 140
PEREIRA, Sertório do Monte, 353, 613
PERES, Heitor, 464, 607
PERESTRELO, Danilo, 154, 613
PERETTI, João, 139, 613
PERKING, Thomas, 277
PFISTER, Oscar, 113, 154, 613
PHILLIPS, Ulrich Bonnel, 388, 471, 476, 613, 614
PIACEZA, Dionísio, 560
PICANÇO, José Correia, 562, 586

PIERSON, Donald, 130, 465, 472, 614, 635, 641
PIMENTEL, Antônio de Barros, 359
PIMENTEL, Antônio Martins de Azevedo, 140, 148, 563, 573, 586, 614
PIMENTEL, José Barros, 359
PINHEIRO, cônego Fernandes, 137, 258, 589, 635
PINHO, Péricles Madureira de, 133, 134, 614
PINHO, Wanderley de, 614
PINTO, Estevão, 245
PINTO, Fernão Mendes, 364
PINTO, Luís Antônio, 384, 489, 579, 584
PINTO, padre, 566
PISO, 54, 448
PITA, Sebastião da Rocha, 127
PITT-RIVERS, George Henry Lane-Fox, 177, 179, 242, 255, 256, 359, 372, 379, 464, 466, 471, 481
PLEKHANOV, George, 56, 614
PLOSS-BARTELS, 240, 614
POINSARD, Léon, 316, 320, 350, 354, 355, 614
POMBAL, marquês, 219, 224, 586
POMPEIA, Raul, 50
POMPEU, Da. Joaquina do, 344
POMPEU, Tomás, 566
PONTES, Elói, 424
POPIELOVO, Nicolas de, 309
PORTO, José da Costa, 641
PORTUGAL, D. Fernando José de, 384
POST, Frans, 50
POURCHET, Maria Júlia, 480, 614
PRADO JÚNIOR, Caio, 56, 129, 353, 354, 614, 615, 641
PRADO, Eduardo, 61, 219, 258, 587, 614
PRADO, Luís, 53
PRADO, Paulo, 53, 58, 61, 83, 106. 110, 111, 132, 136, 141, 149, 152, 160, 169, 233, 240, 587, 614
PRATT, Thomas, 277
PRESTAGE, Edgar, 131, 615
PRESTES, Júlio, 362
PRESTON, Valien, 471, 472, 605, 615, 616
PRÉVILLE, A. de, 238
PRICE, A. Grenfell, 126, 127, 615
PRIESTLEY, Herbert I., 127, 234, 615
PROUST, 44
PURSER, Thomas Grigs, 138, 587

Q

QUEIROGA, Bernardino José de, 489
QUEIROGA, Maria Salomé Perpétua de, 489
QUEIRÓS, Eça de, 68, 119, 281, 615
QUEIRÓS, família, Pessoa de, 545
QUEIRÓS, Frei João de São José, 481, 615
QUERINO, Manuel, 46, 141, 395, 408, 472, 478, 479, 485, 542, 543, 546, 569, 570, 571, 615, 635
QUETELET, Adolphe, 128, 615

QUISENGA, Casusa de, 568

R

RABELLO, Sílvio, 641
RADIGUET, Max, 328, 356, 547, 570, 587
RADIN, Paul, 235, 470, 615
RAGATZ, Lowell J., 497, 615
RAIMUNDO, Jacques, 486, 615
RALEIGH, Walter, 248, 615
RAMALHO, João, 566
RAMALHO, Sette, 615
RAMIRES, Gonçalo, 68
RAMOS, Artur, 233, 236, 237, 238, 262, 463, 472, 473, 475, 477, 486, 490, 615
RANGEL, Alberto, 88, 134, 135, 615, 641
RAVIGNANI, Emílio, 235, 616
REBELO, Silva, 616
RAVILA, Afonso, 641
REBOUÇAS, André, 587
REDFIELD, Robert, 234, 616
REGADAS, José Maria Rodrigues, 141, 571, 587
REGO, José Lins do, 53, 253, 413, 486, 496, 616
REGO, José Pereira do, 482, 587
REID, Ira de A., 471, 605, 615, 616
REIS, Artur, 145, 481, 616, 638
REMBAO, Alberto, 262
REMBRANDT, 378
RENDON, José Arouche de Toledo, 225, 259, 635
RENDU, Alphonse, 47, 140, 457, 499, 513, 554, 588
RENIGAR, Robert, 277
RENNEFORT, Urbain Souchu de, 462, 520, 560, 588
RESENDE, Cássio Barbosa de, 576
REUTER, E. B., 470, 616
REVELLO, José Torre, 235, 616
REYNAL, Abade, 103, 588
RHEINGANTZ, Carlos G., 641
RHOT, H. Ling, 635
RHOT, Walter E., 635
RIBEIRO, Darcy, 641
RIBEIRO, Emanuel, 569, 616
RIBEIRO, João, 90, 137, 263, 416, 418, 438, 463, 474, 477, 486, 487, 490, 616, 617, 635
RIBEIRO, Joaquim, 146, 616, 617, 635
RIBEIRO, Júlio, 50, 616
RIBEIRO, René, 130, 635
RICARD, Robert, 254, 616
RICHARDING, Edmond, 363, 616
RICARDO, Cassiano, 131, 616, 641
RINCHON, Padre Dieudonne, 475, 617
RINGBOM, Lars, 418, 487, 617
RIO, João do, 478, 554, 617
RIOS, A. Morales de los, 363, 617
RIOS, José Artur, 641
RIO BRANCO, Barão do, 52

RIPLEY, W. Z., 280, 345, 358, 617
ROBERTSON, W. R., 617
ROCHA, Coelho da, 273
ROCHA, Joaquim da Silva, 351, 617
RODRIGUES, Domingos, 300, 617
RODRIGUES, Isabel, 406
RODRIGUES, José Honório, 146, 474, 616, 617, 642
RODRIGUES, José Wasth, 59, 617
RODRIGUES, Nina, 29, 53, 175, 237, 262, 383, 384, 385, 387, 391, 393, 394, 398, 440, 456, 462, 466, 473, 475, 477, 478, 479, 485, 486, 490, 543, 569, 588, 617
ROMERO, Sílvio, 92, 127, 139, 150, 212, 213, 254, 263, 437, 463, 474, 477, 490, 495, 617
RONCIÈRE, Charles de la, 475, 617
ROQUETTE, J. I., 555, 588
ROQUETTE-PINTO, Edgar, 31, 34, 107, 108, 151, 164, 166, 201, 202, 204, 206, 234, 235, 236, 238, 239, 251, 252, 372, 391, 441, 466, 480, 491, 581, 588, 617, 635
ROSA, Francisco Luís da Gama, 251, 635
ROSA, Joam Ferreira da, 447, 493, 618
ROSÁRIO, Sebastião do, 151
ROSENAU, Milton J., 152, 153, 618
ROSS, E. A., 351, 618
ROSS, Frank A., 475, 606, 618
ROSSELL, I Vilar, 470, 618
ROSSI, Vicente, 472, 618
ROSTAND, Jean, 470, 618
ROTH, H. Ling, 247
ROTH, Walter E., 247
ROUCEK, Joseph Slabey, 138, 352, 595, 605, 613
ROUSSEAU, J. J., 198
RÖWER, frei Basílio, 254, 255, 618
RUGENDAS, J. M., 50, 588
RUSSELL, Francis Albert Rollo, 128, 618
RUSSELL, Bertrand, 375

S

SÁA, Mário, 304, 348, 349, 618
SACO, José Antônio, 475, 618
SAIA, Luís, 57, 635
SAINT-HILAIRE, Auguste de, 47, 53, 214, 254, 487, 513, 547, 588
SALGADO, Francisca, 359
SALGADO, José Luís, 359
SALGADO, Manoel, 360
SALGADO, Margarida, 359
SALGADO, Paulo de Amorim, 359, 360
SALLEY, A. S., 497, 618
SALVADOR, frei Vicente do, 74, 146, 207, 208, 252, 364, 588
SAMPAIO, A. J. de, 146, 618
SAMPAIO, Alberto, 275, 281, 294, 295, 301, 314, 315, 320, 345, 346, 347, 348, 350, 354, 355, 618
SAMPAIO, Lopo Vaz de, 405
SAMPAIO, Ribeiro de, 152

SAMPAIO, Teodoro, 36, 57, 135, 166, 191, 194, 195, 210, 220, 221, 239, 244, 249, 254, 257, 258, 263, 568, 618, 635
SANCHO I, 290
SANCHO II, 283
SANT'ANNA NERY, barão de, 251, 618
SANTA CRUZ, Marquês de, 434
SANTA TERESA, frei Luís de, 46, 277, 564, 588
SANTO ANTÔNIO, madre Rosa Maria de, 59
SANTOS, Constantino José dos, 345, 619
SANTOS, José Maria dos, 391, 476, 618
SAPPER, Karl, 72, 126
SARDINHA, Antônio, 322
SARMENTO, Morais, 82, 131, 618
SAY, Horace, 89, 137, 588
SCHÄFFER, H., 138, 618
SCHÄFFER, Ritter von, 138, 618
SCHEIDT, W., 619
SCHLAPPRIZ, L., 62, 575
SCHMALHAUSEN, 247, 631
SCHMIDT, Max, 164, 236, 262, 390, 476, 585, 588, 636
SCHMIDT, W., 235, 470, 619, 636
SCHMOLLER, G., 57
SCHOPENHAUER, Artur, 378
SCHUBERT, 378
SCHULLER, R. R., 246, 247, 636
SCHUMANN, 378
SCHWEINFURTH, Georg, 239, 619
SEBINDA, Maria, 534
SELIGMAN, C. G., 379, 470, 628
SELLIN, A. W., 152, 423, 487, 619
SEMEDO, Curvo, 406. 447, 619
SEMPLE, Ellen Churchill, 74, 75, 127, 128, 619
SENA, Nelson de, 568, 636
SEQUEIRA, Gustavo de Matos, 59, 619
SEQUEIRA, padre Antunes de, 508, 555, 556, 561, 619, 620
SERGI, G., 469, 619
SÉRGIO, Antônio, 118, 274, 275, 345, 346, 352, 355, 608, 619
SERPA, Joaquim Jerônimo, 335, 555, 588
SERRA, Astolfo, 619
SERRASSIM, D. Fifes, 293
SESNANDO, conde de Coimbra D., 292
SESSA, Francisco José, 489
SEVERO, Ricardo, 619
SHALER, Nathanael S., 233, 619
SHATTUCK, George C., 153
SIEMEN, Hermann Warner, 470, 619
SIGAUD, J. F. X., 112, 140, 152, 181, 196, 197, 233, 244, 249, 250, 448, 546, 547, 570, 573, 588
SILVA, Frutuoso Pinto da, 507, 588
SILVA, Jorge R. Zamudio, 235, 636
SILVA, Luciano Pereira da, 485, 619
SILVA, Manuel Carneiro da, 59
SILVA, Manuel Vieira da, 401, 562
SILVA, O. B. de Couto e, 126, 141, 619
SILVA, Pirajá da, 112

SIMIAR, Théophile, 470, 619
SIMKINS, Francis Butler, 31, 619
SIMMONDS, Nina, 34, 56, 139, 148, 354, 609
SIMÕES, J. de Oliveira, 347, 619
SIMONSEN, Roberto, 475, 619
SIQUEIRA, José de Góis e, 400, 482, 483, 589
SMITH, Adam, 134
SMITH, E., 377, 467
SMITH, G. E. Kidder, 57
SMITH, Herbert S., 141, 185, 245, 489, 589
SMITH, Lynn, 620, 642
SMITH, Mayo, 73, 126, 620
SMITH, William C., 351, 620
SNOW, A. H., 620
SOROKIN, Piritim, 55, 115, 126, 358, 363, 373, 380, 466, 472, 591
SOARES, A. J. de Macedo, 486, 636
SODRÉ, Nelson Werneck, 56, 129, 620, 642
SOUSA, Antônio José de, 141, 547, 571, 589
SOUSA, Bernardino José de, 30, 642
SOUSA, Francisco Antônio dos Santos, 148, 548, 549, 571, 589
SOUSA, frei Luís de, 620
SOUSA, Gabriel Soares de, 49, 144, 162, 169, 170, 171, 182, 183, 184, 188, 189, 190, 191, 197, 208, 210, 214, 216, 229, 231, 233, 234, 240, 245, 246, 248, 253, 256, 281, 341, 346, 364, 589, 635
SOUSA, Octávio Tarquínio de, 353, 605, 620, 638
SOUSA, Tomé de, 298, 324, 363, 589
SOUTHEY, Robert, 79, 129, 160, 161, 222, 233, 245, 620
SPENCER, Frank Clarence, 199, 250, 636
SPENCER, Oswald, 34, 36, 56, 57, 620
SPERO, S. D., 603, 620
SPIX, J. B. von, 47, 53, 151, 176, 383, 499, 547
STAPES, Richard, 276
STEINEN, Karl von den, 173, 175, 176, 188, 235, 236, 242, 247, 431, 489, 517, 589
STEPHENS, H. M., 90, 138, 620
STEVENSON, T. E., 199, 250, 636
STILES, Percy Goldthwait, 100, 146, 620
STITT, F. P., 636
STODDARD, T. Lothrop, 620
STONE, Alfred Holt, 620
STONEQUIST, Everett V., 121, 122, 343, 620
SUMMER, William Graham, 244, 620

T

TAFT, Donald R., 351, 620
TAQUES, Pedro, 47
TAUNAY, Afonso d'Escragnolle, 47, 106, 137, 142, 143, 149, 150, 223, 228, 243, 251, 254, 257, 258, 260, 344, 345, 356, 357, 473, 475, 487, 495, 556, 557, 560, 567, 569, 576, 621, 636
TAUNAY, C. A., 60, 61, 133, 589
TAUNAY, Visconde de, 50, 453, 495, 621

TÁVORA, Franklin, 50
TÁVORA, Miguel Fernandes, 359
TAVORA, Simão de Souza de, 123
TAWNEY, R. H., 242, 621
TAYDE, Fernão Cabral de, 240
TAYLOR, Griffith, 72, 73, 126, 128, 621
TAYLOR, Paul S., 234, 621
TEGUACARI (feiticeiro), 257
TEIXEIRA, Bento, 139, 621
TEIXEIRA, José Maria, 448, 450, 494, 495, 621
TEJO, Limeira, 642
TERMAN, L. M., 469, 621
THÉVET, frei André, 47, 183, 245, 513, 589
THOMAS, W. I., 169, 186, 240, 246, 465, 621
THOMAS, William H., 471, 621
THOMPSON, Edgar T., 122, 343, 497, 620, 621
THOMPSON, R. Lowe, 187, 247, 621
THORPE, M. R., 128, 622
THURNWOLD, R., 238
TIOMNO, Mariam, 58
TOLLENARE, Louis François de, 47, 328, 356, 396, 428, 488, 589
TOMÁS, Pedro Fernandes, 241, 622
TORRES, Alberto, 89, 129, 136, 491, 622
TORRES, Heloísa Alberto, 185, 234, 246, 636
TORRES, João Camilo de Oliveira, 481, 641
TOYNBEE, A. J., 469, 622
TREWARKA, Glenn, 72
TROLLOPE, Anthony, 559, 622
TROLLOPE, Francis, 497, 519, 559, 622
TURNER, Frederick J., 261, 622
TURNER, Lorenzo D., 477, 636
TYLOR, Edward B., 242, 622

U

UCHOA, Samuel, 173, 241, 636
UNAMUNO, Miguel de, 120, 622

V

VALADARES, Clarival do Prado, 642
VALDÉS, Gonzalo Férnandez de Oviedo y, 234, 622
VALDÉS, Ildefonso Pereda, 235, 472, 622
VALENTE, Waldemar, 642
VALERA, Juan, 62
VALLANDRO, Amélia, 642
VAMPRÉ, João, 60, 569, 637
VAN ALSTEIN, Pierre-Ignace-Van, 475, 617
VANCE, Rupert B., 261, 476, 622
VARGAS, Getúlio, 534
VARNHAGEN, Francisco Adolfo de, 137, 160, 222, 224, 233, 257, 258, 305, 307, 323, 349, 355, 364, 385, 475, 589, 635
VÁRZEA, Afonso, 61, 622, 637

VASCONCELOS, Cândida Joaquina Perpétua de, 489
VASCONCELOS, Carolina Michaëlis de, 343, 592
VASCONCELOS, Diogo de, 477, 622
VASCONCELOS, el-Rei Diogo de, 160
VASCONCELOS, Leite de, 53, 118, 125, 241, 348, 486, 596, 613, 622
VASCONCELOS, Maria de, 489
VASCONCELOS, padre Simão de, 137, 215, 216, 221, 243, 244, 245, 253, 256, 257, 258, 260, 430, 489, 589
VÁSQUEZ, D. García, 497, 622
VÁSQUEZ, Guillermo Núñez, 234, 622
VAUTHIER, Louis Léger, 58, 585, 590, 601
VAZ, Lopes, 147, 575
VEBLEN, T., 465, 466
VELHO, Pedro Parente Dias, 566
VELOSO, frei José Mariano, 590
VENTURINO, João Batista, 333
VERA CRUZ, Barões de, 505
VERGER, Pierre, 642
VERÍSSIMO, Ana Flora, 587
VERÍSSIMO, coronel Inácio José, 136, 587
VERÍSSIMO, José, 419, 462, 487, 497, 622
VESPÚCIO, Américo, 87, 134, 169, 170, 245
VIANA FILHO, Luís, 473, 601, 623
VIANA, Araújo, 348, 637
VIANA, Azevedo César de Sampaio, 548, 571, 590
VIANA, F. J. de Oliveira, 56, 60, 72, 87, 105, 121, 126, 132, 281, 296, 298, 355, 387, 389, 464, 476, 492, 622
VIANA, Hélio, 642
VIANA, Sodré, 570, 623
VIANA, Vítor, 133, 134, 623
VIDAL, Ademar, 480
VIEIRA, Fernandes, 427
VIEIRA, padre Antônio, 101, 146, 220, 226, 259, 260, 623
VIEIRA, Pedro, 41
VIERKANDT, Alfred, 465, 623
VIGIER, João, 447, 623
VILHENA, Luís dos Santos, 401, 402, 403, 427, 456, 458, 460, 483, 488, 496, 504, 534, 535, 537, 538, 543, 547, 554, 566, 567, 569, 590
VILLEGAIGNON, Nicolas D. de, 74
VIOTTI, Júlia Magalhães, 480, 637
VISTA, Machado da Boa, 271
VITERBO, Sousa, 357, 364, 623
VITÓRIA, Rainha, 332, 538
VOEGELIN, Erich, 470, 623

W

WAGENER, Zacharias, 50, 160
WAGLEY, Charles, 642
WAIBEL, Leo, 131
WALLACE, Alfred R., 371, 464, 590
WALLIS, Wison D., 357, 478, 623
WALSH, Robert, 424, 487, 489, 502, 554, 563, 590

WANDERLEY, Francisca de Barros, 488
WANDERLEY, João Maurício Cavalcanti da Rocha, 363
WANDERLEY, Maria Rita, 359, 360
WANDERLEY, Sebastião do Rosário, 151
WARD, Robert D. Coursy, 76, 128, 623
WASHINGTON, Booker T., 472, 623
WÄTJEN, HERMANN, 52, 120, 143, 337, 474, 623
WEATHERFORD, Willis Duke, 475, 623
WEAVER, Ernest, 31
WEBER, Max, 242, 305, 349, 623
WEBSTER, Hutton, 142, 207, 623
WEISMANN, 376, 468
WERNECK, Américo, 50, 623
WERNECKE, F. P. L., 61, 590
WERTENBACKER, T. J., 497, 623
WESTERMARCK, E. A., 154, 168, 187, 188, 189, 239, 240, 244,
    246, 247, 483, 623
WHEELER, G. C., 236, 604
WHETHAM, Catherine Durning, 255, 624
WHETHAM, William Cecil Dampier, 255, 469, 624
WHIFFEN, Thomas, 164, 210, 236, 238, 252, 624
WHITAKER, Herman, 497, 624
WHITALL, John, 276, 277
WHITE, John, 514, 557, 590
WILCOX, E. V., 497, 624
WILEY, Ball Irving, 472, 624
WILLEMS, Emílio, 624, 642
WILLIAMS, Leonard, 374, 467
WISSLER, Clark, 35, 57, 164, 166, 167, 186, 235, 236, 238,
    246, 250, 256, 377, 624
WOODSON, Carter G., 471, 624
WOODWARD, James W., 465, 637
WOODWORTH, R. S., 465, 624
WOODY, Robert Hilliard, 31, 619
WORK, Monroe N., 475, 624

X

XAVIER, Francisco, 360
XAVIER, Manoel, 359

Y

YOUNG, Donald R., 472, 624

Z

ZARAGOZA, Justo, 255
ZAVALA, Sílvio, 122, 235, 578, 590, 624, 637, 642
ZIEGLER, H. E., 470, 624
ZIMMERMANN, Sir Alfred, 131, 624